גודל חיוב ונחיצות לימוד ואמירת ספר הזהר וכפרט להרבות באמירת תיקוני הזהר אפילו בלי הבנה

לאדם להפטר ממנה בשום אופן והוא עיקר תורת ישראל אשר הש״י הגיד דבריו ליעקב חקיו ומשפטיו לישראל וגו׳ וכו׳ ואומר אני הלואי שלא היו מקילין גדולי הדור בלימוד החכמה הק׳ והלואי היו מלמדים דרך לתלמידים לעסק בחכמה הלזו אזי בודאי לא הי׳ שום הרמת ראש לחכמה החיצוניות והיו כל החכמה נרחים מפניה כמו שנדחה החושך מפני האור אך שעונותינו גרמו שגם כמה וכמה מצדיקי הדור סגרו את הדלתי החכמה בפני פרחי הכהונה ואמרו שלא ילמדו עד שיהיו בעלי מדרגיה ורוה״ק והנה עבור זה נשארנו ערומים מן החכמה הקדושה ונתגבר בעוה״ר חשיכות החכמה החיצוניות הכסיל בחושך הולך וכו׳ ויאמר אלקים יהי אור ויאר לנו (מעיין גנים פרק א׳)

פנימיות התורה הוא בחי׳ משקה המשכרת כמו יין לאחר שנכנס במעייו יצא מהעלמו ומתגלה ואז משכר ומבלבל הדעת וההשגה מפני שהיה בו כח שלמעלה מן השכל בעלם ועתה יצא ונתגלה כמו״כ ברזין דאורייתא שהוא מה שלא נתלבשה במצוה אלא הן סיפור גדולת אור אין סוף ב״ה למעלה עד אין קץ ולמטה עד אין תכלית וכו׳ להשכיל ולהשיג סדר כל ההשתלשלות ולספר בשיעור קומת עצמות המאציל והנאצלים כמו כל מאמרי האד״ר ואד״ז שהוא בחי׳ אהבה רבה שלמעלה מן הדעת וכו׳ ורזין דאורייתא שלמעלה מן ההשגה בהעלם גדול וכשטועמים ומשיגים יתבלבל דעתו כלומר שנולד לו מחמת ההתבוננות בהם אהבה נפלא שלמעלה מן הדעת וההשגה וכו׳ (מאמרי אדמו״ר הזקן תקס״ג ב׳ ד״ה והשתי׳ כדת)

תקנות ראשונות לקבוע לימוד תמידי אשר לא יפסיק בבה״ת הקדוש הזה בספר הזהר הקדוש ותיקונים ללמוד כל איש מהם חלקו זא״ז מאחר תפילת הבוקר ועד עת תפילת מנחה ערב כל הימים תמיד חוץ משבת וי״ט וכו׳ ועוד הוסיחפו בלימוד התמידי של הזהר הק ללמוד כל היום כילו ועוד שש שעות בלילה חוץ מן הלילות ממוצאי יום כיפור וכו׳ וכו׳ ובשנת תצ״א הי׳ גזירות נוראות וכו׳ לבאר ספרי התלמיד של בני ישראל וכו׳ והגאון ר״י באסאן שאל לרבינו דמח״ל לבאר לו סוד הענין ורבינו השיב לו בביאור סוד כל הענין כי הוא האה זאת מקודם והקדים רפואה למכה ותיקון בישיבה שלו שילמדו זהר ותיקונים וזהר חדש בלי הפסק מעלות השחר עד צאת הכוכבים וכו׳ (ירים משה ענינים נפלאים מרבינו משה חיים לוצאטו)

כדבור רמי) הרי הם מעלים את הנפש למקום שלא היתה הנפש מגעת שם מצד שרשה כי שרש אותיות התורה היא הגבה למעלה משרש הנפש אלא שצריך האדם להיות בחי׳ רוכב להאותיות וכו׳ (תורה אור פרשת בשלח ד״ה אשירה לה׳)

ילמוד בכל יום שיעור וכו׳ ותיקוני הזוהר (מרמ״ל סאסיוועראות ז׳)

הנה ספר הזהר בו דבוק נפשי עד אשר בשכבי ובקומי בו נקשרתי לא נח ולא שקט לבי כי באמת הספר הלזה ידוע ומפורסם סגולת עסקו בו והוא מקור לכל ספרי יראים וממנו נובעים כל המוסרים ואהבת ה׳ התמימה וכו׳ עכ״ל (מתוך מכתב מבעל העטרת צבי לרבו הראי״ה מאפטא זצוק״ל)

וכל ספר הזהר מיוסד ממש על זה, ומיסרים גדולים עד אין שעור ובפרט להיות מרכבה ליחוד קוב״ה ושכינתיה ומעיר עיני ישנים מתרדמתם ומסיר לב האבן אם אבן הוא נימוח וגם הוא סגולה להנצל ממים הזדונים מים המרים המארים חכמת החיצוניות וכל הטועם ממנו יטעום בעצמו אשר אין חכמה רעולם כחכמת עמקו סתרי טעמי תוקה וכל החכמות מבלעדה לאפס ותוהו נחשבו (מהרצ״ה מזידיטשוב זצ״ל בספרו סמו״ט)

אנ ר איהו ר״ז וכו׳ דההוא אור דאתמר בה ולכל בני ישראל היה אור במשבותם כגוונא דא בגלותא בתראה הזוהר ביה היה ר״ז דאיהו אור דפרקנא בתרייתא לקיים כימי צאתך מארץ מצרים אראנו נפלאות (תקוני הזהר דף נג)

רבינו הקדוש מוהרצ״א מזידטשוב זי״ע אפי׳ בעת שהיה חולה וצריך לרפואה גדולה תבר גזיזא דברדא וירד וטבל בנהר הקפוא תחת הקרח הנורא ולמד שם כל הלילה הזוה״ק ותיקוני הזהר ותהלים בתוך המים הקפוא (מתוך הקדמה לספר צבי לצדיק ע״ש מעשה באריכות)

ומי שלא זכה להבין הזוהר אף על פי כן ילמוד כי הלשון של הזוהר מזכך הנשמה (אור צדיקים מהמקובל האלקי הר״ר מאיר פאפריש סימן א׳ סק׳ ט״ז)

פנימיות התורה הם חיים לפנימיות הגוף שהוא הנפש והחיצוניות לחיצוניות הגוף והעוסקים ברמז וסוד, אין יצר הרע יכול להתגרות בהם (אבן שלמה פרק ח׳ ס״ק כ״ז)

ונמצא כתוב בספר הקנה ושבתם וראיתם בין צדיק וכו׳ בין עובד אלקים לאשר לא עבדו עובד אלקים היינו העוסק בתלמיד ובזהר לא עבדו העוסק בתלמוד לבד ואינו עוסק בזוהר (מעיין גנים פרק א׳)

אבל החכמה האמיתיות חכמה הקבלה האלקית היא עיקר הצלחת הנפש ואין

גורל חיוב ונחיצות לימוד ואמירת ספר דזהר ובפרט לדרבות באמירת תיקוני דזהר אפילו בלי דבנה

הנה מבואר מזה כי מצדה יזכה העוסק בה לחיי העה ב אפילו שישגה בה וראוי שלא יתרשל ממנה (אע פ שיבאו עליו תוכחת מוסר כי מה תוחלתנו בעה ז אלא לקנות חיי העה ב) ותועלותיה ידועה כי מלבד היות האדם מצדה יודע את קונו ויודע סתרי תורה וטעמי המצות המתוקים מדבש ונופת צופים אשר מצדם היא משיבת נפש כי הנפש מתקוחת בהם ומתבודדת עם קונה גם כן ימשך ממנה עשיית דמצות כתקונן ובאדבה רבה ודיא דמלהבת אותו לעשות בשלימות ועל זה אמר החכם מים רבים לא יוכלו לכבות את דארבה וכו ועוד יגיע לנו ממנה תועלת נמרץ בענין התפילה (של ד הק מאמר ראשון)

והאי חבורא אידו כגוונא דתיבת נח פי כי חבור זה שנקרא ספר הזוהר הוא כמו תיבת נח שבו דיה מינים הרבה ולא דיה קיום לאותם המינים והמשפחות כולם אלא על ידי כניסתם להתיבה כן דוא ממש כי על ידי סוד דגלות וכו ומגיע פגם לצדיקים כולם והחשכת מאורי אורם כמעט טועמת מר ממות ולזה לקיומים שלא ישלוט הגלות בהם דיה לדם סוד דחיבור דזה כענין תיבת נח ממש לתקן מחץ מכת דגלות ומי מבול החיצונים המחשיכים וכו אלא תדיה אור שכינה מאירה קצת ומלבשת דצדיקים כן יכנסו דצדיקים אל סוד אור חיבור דזה להתקיים וכך סגילת החבור שמיד שעוסק בחשקו אהבת ד ישאבנו כשאיבת האבן השואבת את דברזל ויכנס אליו לדצלת נפשו ורוחו ונשמתו ותיקונו ואפי אם יהיה רשע אין חשש אם יכנס מפני שאין כניסתו כניסה אלא יהיה לו אחת משלש או יחזרנו בתשובה ויהיה צדיק ויכנס בו או ידחנו דחיה גמורה ויפרש עצמו כענין תבת נח שהיה דוחה הרשעים ואותם שחטאו מן דחיה והבהמה (אור יקר שער א סימן ה)

כי הנה כתיב כי תרכב על סוסיך מרכבותיך ישועה וביאור הדבר דהנה דאותיות נקראים סוסים כמו הסוס בטל לגבי רוכבו ודרוכב מנהיגו כך הנה אותיות דבורו הם בטלים לגבי דשכל והשכל מנהיגו לכל אשר יחפוץ יטנו אך מ מ יש יתרון מעלה בסוס שיכול להוליך את דרוכב למקום שאין דרוכב יכול לילך שם וכך יש יתרון ומעלה באותיות הדבור שיכולים להגביה את דשכל למדרגה מאד נעלה מה שאין ביכולת השכל להשיג מצד עצם השכלתו כמו שנראה בחוש שע י הדבור יתוסף השפעת שכל בשכלו וכך דוא הענין בנפש האדם דמדברת בתפילה הגם שהדבור הוא רק מלבושי הנפש ואין לו ערך כלל לגבי מהות דנפש עצמה שהאר ממנה בלבד היא מתפשטת להיות שכל ומדות וכו מ מ מבחינות הדבור נעשה אור מקיף להנשמה שמקיפה מראשה ועד רגלה להיות צרורה בצרור החיים את ה ממש וכו מה שלא היה כח בנשמה מצד עצמה והנה כתיב לא בגבורת הסוס יחפץ ולא בשוקי האיש ירצה רוצה ה' את יראיו וכו כי כך כל צירופי אותיות התורה יש בהם יתרון ומעלה יתרה זו שבדביקות נפש האדם בצירפי אותיות אף שאינו יודע ומבין הענין בעיין השכל רק שהוגה ומדבר בהם (לאפוקי הרהור דלאו

גודל חיוב ונחיצו ת לימוד ואמירת ספר הזהר ובפרט לרבות באמירת תיקוני הזהר אפילו בלי הבנה

על ידי ל מוד ואמירת ספר הזהר ותיקונ ם ידע באמת שהעולם בכלל וגופו בפרט איך שהוא נגלה למדות גפרה ויש גשם רחוק מאוד מדריגות לאין קץ מאור אין סוף ב״ה מהיפוך אל ההיפוך ממש כמ ש אין ערוך לך פי שאין ערוך כלל להיות מאתו יתברך איזה התהוות מאחר שלא נודע מדותו כלל וכש ב שיהיה נגלה ההיפוך ממש שהוא גבול ויש גשם ואי לזאת יאתה שתכלה אל ו נפש כל חי להבטל ולהתכלל ביחודו יתברך

על ידי ל מוד ואמירת ספר הזהר ותיקונים הקרב אליו יתברך וליחדו יתברך בעולמו הזיינו שבאמת לגבי תברך אין מדות בלעדו ח״ו רק הכל הוא כחו תברך בל שום שינוי ובזה וסר ההסתרה גמורה שלא להפרץ ח״ו בחיי בשרים גשמים רק לדבקה בה אחד

על ידי ל מוד ואמירת ספר הזהר ותיקונים תבונן על ההיפוך שהוא הסתרה הגמורה ומצד זה יתבונן שכל העולמות בכלל וגופו תמפשו בפרט הוא כלא נחשב כ הוא לברו יתברך וא ן רצתו לומר שבהבינו על ההיפוך יד לו מרירות שרחוק מאור פנ ו כי אדרבה מזה יגיע ליותר יש רק רצונו לומר שאדרבה מזה גיע לבחי שמחה כי בהתבוננותו שהוא לבדו יתברך וכולא קמיה כלא נחשב יולד כלבו התחזקות בשמחה כמשל מאדם שיוצא מבית האסורים כאשר מתבונן היותו בבית האסורים ועתה יצא ממנו לאור הי יותר רץ לביתו בשמחה

על יד ל מוד ואמ רת ספר הזהר ות קונ ם יד בחי ביטול היש לגמרי ומושלל מכל מדות בברי שיה ד בה מקום לקבל אור תורו וכמו״כ יובן בעבודת ה׳ כ אפילו אם תבונן המשכיל הטוב איך שאחה הוא ואין זולתו ואפס בלתו כול להיות שאין זה עדיין נוגע לנקודת לבבו לה וח ונכספה וגם כלתה נשפו להוי יתברך באמת אם לא שנעשה תחילה ליבו חלל והיקן מגסותו וישותו תשפל בע ניו ונבזה ונמאס אך שאין זה עדיין תכלית המכוון כ״א הע קר שיה ה ל בו הומה באהבה עזה ויהאה ויפתיה סר בלבבו ותוכו רצוף אהבה ומלא וגדוש עד שנובע מעצמו

על די ל מוד ואמ רת ספר הזהר ות קונים יתבטל אליו תברך בעצמותו א ך שאינו בגדר הבנה כ באמת ל ת מחת ב כלל ולכרו הוא ומצד שלימותו תברך הוא מקורא הכולא שהוא מקומו של עולם שהוא בח מק ף הסובל כל הפרטים בנושא א באופן כשהוא לבהו לכן צריך לבטל א״ע מכל וכל רוך כלל מצר אמתה

על די ל מוד ואמירת ספר הזהר ות קונים יתבונן בריבוי הפרטים ר בו רבבות מדרגות עד א ן קץ מלאכים וצבא השמים ונמצא בכל האופנ ם א ך שאין עוד מלבדו דוקא ושלא להמתין על התפעלות עצמו ולא לרצות שום דבר כלל כ בה ות ב אזי הוא נחשב לאיזה דבר ומדות בפ ע ובאמת אין זולתו כלל וזה נעשה מצה מקיף דכלל שהא בחינת קדוש ידיד איך שהוא תברך קדוש ומובדל כידוע מכהאריז ל שהמק ף מגרש את החיצונ ם פ כשהגלוי הוא מצד המק ף לבה ומהמה בנפשו שא ן לו שום שייכות ויחס אל ו תברך מצד מדותו ו רג ש מרחוק א ך שאין עוד מלבדו כמ ש מרחוק הו נראה ל פ כשהוא רחוק מהרגשת עצמו אז הו׳ נראה ל וא נו מרגיש א״ע למדות כלל ובטל ממדותו עד שישכח על עצמו וזהו שהמק ף מגרש את החיצונים

על ידי ל מוד ואמ רת ספר הזהר ות קונ ם א ר בנפשו ב טולו מצד עצמותו יתברך אזי בח החרם שהוא ענין ההמ רות וב טול היש יה ג״ב מצד עצמותו יתברך איך שהוא יתברך א״ס וא ן זולתו וא לזאת יתהממה מאוד מקירות לבו על שרחוק מאוד מאוד פנ ו יתברך ונפרד ל ש בפ ע שזהו ביטול היש האמ תי ואינו מחשיב א ע כלל למדות

והעיקר של ל מוד הקבלה הוא שיודע לאדם גדלתו ורוממותו של יוצרו ובוראו ת ש ויתעלה ואין אדם יכול לבוא אל קצת השגת גדולתו ורוממותו ת ש מכל למודינו כמ מל מוד חכמת הקבלה וביחוד מל מוד ספר הזוה״ק והת קונים וכה

גם בראותו בשאר ספרי המקובלים מהשתלשל ת העולמ ת מרום המעלות עד עולם התחתון הזה ובראותו ג כ אף קצת פרט סוד הנהגתם מעולם התחתון עד רום המעלות לאין קץ ותכלית. מזה ישיג האדם קצת גדולתו ורוממותו של יוצרנו ובוראנו כ ה וכ ש וזה ע קר כוונת בריאת אדם בעולם השפל והשכם ל קו ולהשיג גדולתו ורוממותו של יוצרו בורא ת ש ויתעלה גם מל מוד חכמת הקבלה ישיג הא ם קצת מעלת תורת נו ק יה מ ם כ בראותו הא ם בספרי המקובל ם וביחוד בזה הר ק ובתיק נים מפ ושים גפלא ם ונורא ם של תורת נו הק ך נטמן ברמז סודות ג ל ם גפלא ם לפ מ ם בת כ א ת ולפ ש ם כאות א ת גם ברא חו רו ן עליונים וה ת נפלא ם נורא ם הנסתרים בצ ור הא ת ות ביותר ב עמ ם בנקו ות בתג ן מכל זה שיג אדם קצת גודל מעלת תורתינו הק ועל ידי זה כא בלבו א בת בורא ית ש ותשוקתו גדולה עד למאוד מאוד כ מהשגת תורת נו הק בא הא ם ג ב לקצת השגה של הב א ת ש ויתעלה כי א רי תא

וקוב״ה חד הוא וכה ולכן מפליג הזוה״ק ותתיקונים בכמה מקומות גודל מעלת ל מוד הקבלה לאין תכליה

את ודעי אם כל כך גודלה לשמים שיאו ומעלתו וכמה יתק ף חילא הה א לכא הרבבא של לימוד ספר הזה״ק ושורש באורך בזעו לשלה רצוצים תמשי מן הגלות המר ראיך לא תלהב לב האדם להע וא וזן לשמוע כלמודים לקבוע שיעור קבוע בכל יום בזה״ק בתיקונ ם ושאר ספרי המקובלים וכה

ויתנהג בזוך זה שירא לם ם זהר ישן וזהר תרש והת קונים בכל שנה אך אם ילמוד סוד הפרשיות של הזה״ק על סדר השבועות לא ספ ק לפעם ם שנים ושלשה שבועות בפרשה אחת הדיינו כפ גדולות לכן ראו שיקבע שיעו לימוד הזה״ק והתיקונים ג פ ן בכל יום שיוכל להשלים כל הזהר ישן ותרש ותיקונים בכל שנה ואת לימוד ג המין יקבע ל מודו בשאר ספרי המק בלים וילמוד ספרי המקובל ם על סדר שיכול עד שיס ם כל ספרי המק בלים הנמצ ם כו אך הזה ק והת ק ו ם יזה לסיימם בכל שנה כנ״ל כמו תנהג בל מ תיו

יסוד ושורש העבודה שע ביצון

גודל חיוב ונחיצות לימוד ואמירת ספר רזהר ובפרט לדרבות באמירת תיקוני רזדר אפילו בלי דבנר

והנר דעצר דיעוצר לוד להרבות באמירת תקוני וזדר רק ודייקא לומר תיקונים שע״ז נתיסד דתיקונים לתקן בחי׳ מוחין דקטנות כמובא בס׳ כסא מלך בדקדמתו ולומר אמידר פשוטר כלי שום פירוש כלל כמיית אלקות ובהתעוררות. נבאם תרגיל עצמך בזר תראד פלאות, וכאן נתתי לדחברים תקון הנפש לגמור ככל חודש ספר דתיקונים וקודם תגמור רתיקונים בשלש פעמים דדיינו לומר כפעם ראשון שליש היקונים בפעם אחד וככד שנ ושלישיח ואח כ תגמור ככל חודש כל ישוגר זהד יועיל לך יותר מכל למוד ספרי מוסר וכו׳ ובזר תצא בדסשך דזמן מכל מיני קטנות וחשכות (שם אגרת מ״ד)

און נאכין ראווענען ואלסטי אראלבע שעד לערנען תיקתים (שם אגרת מ ו)

ועכשיו נלך לפרט דשני מוד דמדריגר אשר במסילות רחכמר מסילותם ולדרך עץ דחיים דדכם אש חשבו שבזר יתקנו נפשם (וכד עי׳ ש באריכות מאד) ואין בכלל דברינו הנ״ל אמירת דברי רזדר דקדוש בפשטות והתיקונים שאמירד ולימוד בעלמא בזר דוא קדוש תורא אשר כל דוברים דמר מלא ם וגשי קודש מרשם אש לדלדיב הנפש ולטרוו ולקדשו כפרט אמירת דתיקונים אשר נתחבר דוקא על זר לתיקון הנפש לראומרים אותו כבגור רזאת ואשרי דמתמיד כר לאמור בכל יום שור בעצם מגודל תיקתי רנפש ומביא דתעוררות לאדם שיתמיד בתיקון התשובר שדמר תיקת רנפש (ס טדרת דקודש בפתיחד)

ובשעת דקטנות כנ״ל או אין מקבל רשפעד דלצילא כאתגליא ואו עיקר דעבודר שיעבוד ד׳ בכח כמו קודם התפלר כשרואר שקטנות מתגבר עליו ולא יוכל לדתפלל בכונר או דעצר ללמוד ל מודי רזד״ל או גמרא או משניות ודכעש ט

דקודש אמר שיאמר זוד או תיקונים ודכל טוב ודציק שידיד בחיות ובכח ואו נעשד רמתקר ופיתור דענג ם בעוזות ד׳ גם על ידי צדק בדרוחכר כמ בא בסר ק התולדות כ תר ספר יראים (שם מ תשובות סגוליות)

לכן אח אוהבי דגם שתראד לפניך כל דחטאים שפרטת כאן (שאינם עדיין אפילו חלק קטן מדעבירות קלות וחמורות שלא נמנו כאן) עם כל זר לכך לב אכן ולא תרגיש כל זר ולא תראד לפניך כלום לכן צריך קודם שיתן אל לבו לשוב לדפריש סכום דגון וכו׳ (עיי״ש) ויש עוד סגולר שקודם שישכ לדתבונן ולשוב לד ילמוד איזד לימוד ומד טוב לומר איזד דפים בספר ת קוג דזוד׳ או לכל דפחות דף אחר כחיות כי דוא מסוגל לפתוח דלב לתשובד כי על זר נתקן לת קון דנפש כמבואר בשער דיחודים פרק ח (שם)

ועוד יש תיקון לפגם דנ ל לומר תיקונ זודר כ לכן נקרא ת קונים לדיות תיקונ רנשמר וכו׳ ותיקון ם ח מועיל לקרי (שער דיחודים פרק ח) ושם ם תיקון ד סוד)

חד עצד נפלאר ככל מ נ צער ת ו ודיידד וקטנות דמוחין וטמט ם רלב. ללמוד בדברים קלים כמ עין יעקב. מדרש או לומר זודר ותיקונ ם וגם ללמוד גמרא פשוט גם כי לא מובן אצלו כלום וזד עצר גדולד ונפלאר לדתעלות מכל מין ירידה וקטנות ולא כדעת רשוטים שאומרים שא ן ללמוד בשער שלבו בל עמו וידוע כמד מעשיות מאנשים פשוטים שזכו ע לענינים גבוד ם (ס נועם דלבבות ם ל מוד רתורד)

על ידי לימוד ואמירת ספר דזדר ותיקונ ם יסתכל ברוממות עצמותו תברך וגדולת מל יתברך אשר א גו בגדר עלמ ן כלל בעת דתבוננות זאת לא יביט לאחוריו לדסתכל על רע שלו דנעשד מבחי׳ אחוריים ולא יתערב שמחת רנפש בעצבון דגוף כי לדתמרמר ולדיות עצב נבזד מדרע שלו ידיד לו זמן ושעד ידוע לפרקים כמו בתקון תצות או א משעות דיום אשר בחר לו לדתבונן ולדעציב לבו מכ ז אבל בעת עמדו בדתבוננות גרולת ד יתברך לא ידיד דעתו נכון כ א לדסתכל ביקרא דמלכא אבל אם יערב דעצבון מבחי רע שלו בדתבוננות גרולת ד יתברך מראד בעצמו שאודב א ע יותר מכבוד ד וכל ישעו וכל חפצו לדיות דוא צדיק וישר וע״כ בראותו על עצמו כ לא כן דוא ע כ יתמרמר מאר וא נו תפץ ביקר תפארת גדולתו של מלך עולם

על ידי לימוד ואמירת ספר רזדר ותיקונים ישים עצמו דפקר כמרבר שלבבו יבין א ך שמצר עצם מדותו דנגלד בבחי׳ יש דוא רחוק מאוד כו וכל עבודתו לא יתשבו בעיניו לעבודד כלל מחמת דיתוק ערכו ומד פשפשת ומד ידעת כו שיד נמשך דדפקר ודשפלות מצד אנכי דדיינו מצד דביקו אל עצמותו יתברך ידיד דיש שלו בתכל ת דשפלות

על ידי לימוד ואמירת ספר דזדר ותיקונים יעשד יחוד קוב״ד ושכינתי׳ ויתוד דוי׳ ואלקים דדיינו לחבר את כל בחי׳ דגלוי רנגלד בב ״ע ליחדם אליו יתברך שלא ידיד נגלים לנפרדים כ״א לדבין ע״י דכלים יחודו אשר אין עוד מלבדו ובעבודד דוא לבטל דיש דגמור שלו ודכלים דנגלים בבחי׳ יש ולקשרם אל ו ביחודו יתברך ע י ביטולו ומס נ באחד

על יד לימוד ואמירת ספר דזדר ותיקונ ם יאמין דיפוך דחוש בדבר ודיפוכו ממש דדיינו לדאמ ן שדעולמות שנרא ם ליש ודבר שבאמת דם כן ואינם בבחי׳ כח רדמיון לבד כי אסור לדאמין שדבריאר דוא רק בבח רמיון כ כל גופי תורד ודמצות נעש ם עם גשמ ות דיש וחומרו כמו שדוא וגם מחויבים אנו לדאמין שדעולמות אין ואפס ממש ולא נשתנו כלל מכמו שד קודם דבריאד וכן גם עתר ואין שום מדות זולתו יתברך ואפס בלתו ממש ואינם פועל ם שום ש נוי כמ ש אני דוי׳ לא שנ ת

על ידי ל מוד ואמ רת ספר דזדר ות קונים יגלד יחודו תברך אשר גם מצר כל דדמשכות וכתות דתחלקות דמדות לפרטיות אין קץ ובכל דדתלבשות ודדסתרד אין שום מדות אחר מבלעדו יתברך כ״א אני דוי׳ לא שנ ת שאין שום שנו באמת קודם שנד ע ולאחר שנד ע שכמו שקודם שנד ע לא ד שום מציאות מדות אחר ח״ו כ״א א״ס יתברך פשוט בתר״פ וד ממלא כל דחלל במו״כ גם עתד לאחר שנד״ע בכל דמשכת דעולמות ודתחלקות א ן שום מדות אח׳ כלל כ א א ס ב ד פשוט בתד״פ אפ מצר כל דכתות וכל מד שנראד ליש ונפרד ודתחלקות כתות מופרדים דוא דכל לגבי דידן ולע נ בשר שלנו דוא נראד כך שכך עלד ברצונו שיתראד כן לגבי דידן אבל באמת אחד דוא קודם שנד ע ואחד דוא לאחר שנד ע בל שום שינוי כלל ח״ו

על ידי ל מוד ואמירת ספר דזדר ות קונים יאמין שאין שום מדות אחר כלל כ״א יח ד בתכלית ובפרט ות בנפש דוא לבטל מ דות ו אליו יתברך ברצון ואדבד שלא לראות דגשמיות כמו שדוא בבח נת נפרד כ״א לדתדבק בפנ מ ות ול רע א ך שכל דמדות ודרצונות שנ משכו דכל דמד כח אלקי ולא ניגלו לנפרד במדות דפכים כ א מצר דגילוי לגב ד רן אבל באמת דכל דוא יחוד אלקי וע״כ יתדבק באמת בכל מדות ו בלב אחד לאביו שבשמים ולא ירצד בשום אופן ענ ן גשמי ופירוד כ א ואדבת את כו בשנ יצרך גם מצד דרע גם דוא נכלל לאדבד את ד באמת ובכל נפשיך אפ לו דוא נוטל את נפשך

על ידי לימוד ואמירת ספר דזדר ותיקונים לא ילך אחר שדירות לבו במחרו״מ שדוא מצר רגוף שאינם שייכ ם לרצונו תברך ותורתו ועבודתו כ בלא זד גם אם מיגע ויטריח עצמו בכל מ נ יגיעות שבעולם לא תקשר ויתדבק אל ו תברך כ א תחילת כל פנד דוקא לד זת לבו ורצונו פני מכל דפסולת ודברים זרים ברסכם חוק ע״ז שלא ל לך עוד במרו״מ של דנפרד ם שא נם שייכ ם לרצונו

גודל חיוב ונחיצות לימוד ואמירת ספר דזהר ובפרט להרבות באמירת תיקוני דזהר אפילו בלי דבנר

מרות טובות שבעולם ולזר נתגלר ראור דזר תיקר למוד בסנ מיות התורד ידיד שתשיג ראורד וחיות אלוק ת בנפשך בעת למודך ובכל ריום ולא שתריך מקובל או חוקר וכר ולפעמ ם ראדם רוא בקטנות רשכל לא יפטור את עצמו מכלום כי זר מיות וכו ואו עק מת שפתיו רוד מעשר ומלכא שכיב על אבנים ואותיות כמו שדן (ריכל רברכר דברים ר״ח)

ע כ בנ ואחיי תרגילו עצמכם ללמוד כדברי דזהר ודתיקונ ם בשקידד ום שלא דאר אור דזודר מתוקים מדבש לא ראר מאורות מימ ו ולא טעם טעם דתורד ועוד שהוא מטהר הנפש ומזכבר אפילו אמ רד בעלמא מן רשפתיים סגול ות קון רנפש מאר ובפרט ספר דתיקונים שדם תיקת רנפש ממש מכל פגם וס נ וחולאת (בדקרמת ספר עצ עדן מקאמארנא ד״ל)

למוד ספר דזודר נשגב מאד לטרר ולקדש רנפש ואפ אי לא ידע מא קאמר ושונר כו שגיאות דרבר דוא תשוב לפנ רקב ר ונר שבלימוד רמשנ ות וכ ד יש דעות שצריך לרבין לפחות מדו דענ ן שלומד אבל כלמוד תדלים וזודר״ק אם כאין מב ן כלל חשוב ומקובל ומרוצד לפנ ר וכ עיי״ש (סלא יועץ אות ז ור)

עוד אמר לארם אח שיאמר זדר בכל ום ויום ויריד לו פרנסד (סורש סנחם ף לו ע א אות מ ג)

ודע שבל ספר רזודר ות וב למודו וכו רכל מצות עשר לדבקר בו ול דע שיש אלוק מצוי (נת ב מצותיך שביל ריחוד שביל ב׳ אות ג׳)

ידוע של מוד רזודר מס גל מאר מאר ודע שעל ידי לימוד דזודר נעשד חשק לכל מינ לימודים של דתורד רקודשר ודלשון של דזודר מעורר מא לעבודת רשם תברך (שחות ד ן ק ח)

פעם אחר ר מרכר מענין אלול ואמר שמר שנודגין לומר תיקתים כאלול שרו בון של דתיק נים וכר בעשר דברים עליונ ם ותיקת ם גוזל ם למעלר (שם קכ ז)

ודיד מתמיד בל מודו מאד ש ס ופוסקים ותנ ך ועין יעקב וספרי דזודר ות קנ ם וכ ויקצת דייד כל שיעור ובפרט כספרי תנ ך ועין יעקב וכל כתבי ראור וספרי דזודר ותיקונ ם

(שבח דר ן ד׳)

דטמטום דלב ריא שנעשד לב ראבן וכר ש לזר עצר ריעוצר ודבח דד כיד אדם על יד שמבטלין ליד וכו ועצר ריעוצר לזר ללמוד ספר רזודר ב ודד דוא מלשון אדד שמא כמק ם דחושך וכו ובנ רן שאר רל מוד ידיד בזד ראופן ם ש א בעל עסק גדול ידיד רוב למודו בזוד״ק אף שאינ מבין כ ם א כסת לו שא נו מבין אפיל כ דוא סגולר (סס מאד שערים אמרי קרש)

ראנשי מעשר נדיגי לומר בכל יום מאותן ם יום שמר״ח אלול עד יוד״כ א ו פין מס ק ת קות רחדר מבוונים לגמור כל רספר עד וד כ וכו ועיין בספרים ש לדיבו מא על ל מוד תיקת זדר במ יום אל ואף שאינו מבין מכל מקום דלשון של דזד ק והתיקת ם מס גל מאר לנשמר כבאר כל זר בסר ק כאורך (מט אפרים ס תקפ או בשם דרב ז ל אשרי לם שישלים ספר תיקונ ם בימ ם דללו ושם חר ג ס ק ס) ודמקובל ם כתבו כ חמש רפין מזודר רקדוש בכל ם רוא תועלת גדול ותיקון גדול לנפש לריא דר ולזכבר ותקנר דדוא ם מא ת קון לחטא ם לפשע ם של דנפש ועיי״ש בנועם דבריו רקדושים (שם תרס ו סק ז) וכבר נהגו גם כן חס רים ואנשי מעשר בכל יום מאותן מ מ ם מר ר ע וד כ בספר רק וש תיקונ רזודר ב ל מוד ב מ ס דקר ש ס אלו מסדר דגוף נשמר וסגולתו לקרב רגאולר בב א (שם תקפ א קצר דמטר ס״ק כ ג)

כמר ארכ ן ר א זר מרפא וארוכר לימוד דזר כאש ער דעיד בנו ערות נאמנר ר ב רקדוש ראר י״ע ויד עדי ו אמונר שכל דדגיל בל מוד דזוד״ק אפש שא ן ל תלק כב נד מזכך את נפש ד ח נשמר בבן או ר כא ם לב נד ובט ט בספר הת קת ם ד נו ראוהג א ליד תעל ר בא תנ ד שק ר ליד ותקנת דק מוג ם ללמוד בספר דת ק נים מר ח אלול ע ום דכפורים לבדר אובל מתוך פסולת שדיך ד נוק לפ ר בל מוד זר בא עדי בחורי ן בפ וד בוחד וק מו קבלו ידודים על רס ועל זרעם בנדבות דלב דמתנדבים בעם רעלידם קבעונם ח בר ללמוד כר יום ביומו או ודו לשעורי ן שעו א זוטא שעורא רב ומתוך ק מת ר ב דמביא לבית רדפוס תקונ ם דפוס ליוורנו כ ר ר צחק פרח ז ״ע)

רלומד רזהר אפ לו אינו ודע וא נו מבין מר שמוציא מפיו רקב ר מתקן דבריו כך אמר קמא וסמכורו אקרא ודגל על ארכר אל תקרי ודגל אל ודילוגו וע ן כרוב חיד כק נטרים טוב ע ן בשם ר א א וכו ולפ ר תפוש לרמוז ל אע ג שאדם הו בבדמר וא נ דע לק ת עכ ז משמיא כפלו לו שכרו ויש רמז בפסוק אדם ובדמר תושיע ד דתיב ת תושיע ד עם דת וב כולל ם של ב׳ ת בות

יעלו כמסי תיבות זר ר תיקוני ם בדקדוק צ ח (דקדמת רמוציא לאור תיקונים דפוס ליוורנו)

הני מילי מחיים מודעת זאת בכל דארץ מזמן אשר רצין ודוח אור קרות של שני רמאורות ספר רתיקונים וספר דזודר קיימו וקבלו דידודים קרל עדת ישראל לרחזיק בלימוד רקודש של ספר תיקונים ודזודר יחוד ורבים מנער ועד זקן והגם דאין לק״ל ידם לדשיג ולהבין סוד אמונות טהורות שבספרים דקדושים דאלו אף על פ כן שותים בצמא את דבריהם ומתלדבים בקריאתם מאד מאד ברם אם יחזיקו במקום אחד בלימוד זהר דקדוש מאד אנשים דנה בלימוד דתיקונים מחזיקים אלף אנשים במעט רוב בעלי בתים מחזיקים בלימוד התיקונים ודד דבן המנהגם בכל שנד ושנד ודטעם שנתפשט לימוד התיקונים בימ רתשובר יותר מן דזודר כי כל אדם אשר יחטא רוא פוגם יותר בעשיד כאבי ע שבר וידוע כי רשבעים תיקת ם שעשד ר׳ שמעון בר יוחאי דיע א כיון שנדרשים יותר ברוך רמספר על כן ל מודם מתקן בעולם עשיד יותר ששם דוא סוד דמספר ודחשבון לכן בימ רתשובר רכל רגילים בספר התיקונים (בן איש ח בדקדמר לספרו בנידו)

וזאת לפנים בישראל רב בעלי ם מבקש״ י ק״ל באחד באלול ד״ר למאשיי באים ד רצון קונם ראליל ם מתאשרים בפני אשמם כי אחא למודיין מדי שנר ושנר ב א על מקרא ב א עלי״ משנר דין סדר למשנר בספר תיקונים קנ ר וצו ף ת קנ הנפש ותיק נ הגוף לשם נדוסי ן גומרים דללו מסדרי ן ודללו אושרי ם כל כאיר ל ו שוכן (מתוך רקדמת דמגיד לתיד״ז דפוס בילוגראדו)

כפר קרמת רבנן תקום לקודש ם אשר בארץ דמר בנדיין לדו שבילי דנור דע ר ל ודוח ולדלל ולשבח כשבח רמגיד בזדר רקיע על ספר דזדר ד ק לצית כל ישראל לכל דיירי ארעא דלא לאמונר גברו כאר״ש טובר ודחבר מכאן מודעא רמר בתכמתם גלו לנר דז זר ב קרא בספר דתודר וד קריא ד נאמנד קול שישו בלמידר לו נ תנר פריע ר הגר שכרו אתו בית ק״ל ומצאנו לעולם של מו טוב כתשלום כפל ארבעד ואף כ אין איש בביתו לחם ושמלר ולא נדיין ליד שבילין דשמיא כשבילין דארעא מכל מקום זר חלקו מכל עמלו יעשר לו סגולר ונפש ל היד לאור באור דת ם רנצחיים יד ב רחומר שבעד (מתוך לשון רסכמת רדבנים דק״ק ליוורנו לספר דזדר ליוורנו)

וכל אחר שק כל מסג עבודת ד יראר לעסוק בתיקון נפשי ולאחר אריכות מיי ושנותיי ללמוד בעדי כל יום פרק משניות ולומר קצת ת קונ זדר כשביל טובת נפשי לכל רפחות דף אחד וללמוד קצת הגדר ודד בכל יום מ ב חודש דראשונים ובכד כל ימידם ובר ישאור בדתקשרות לעולם (ספר דצוואר לדרד ק בעל שומר אמונים ד׳ פ)

וכן יזדרו בניי ותלמידיי ללמוד כל ביום איזר שיעור תיקוני זד בעבור ובכח זר יריד לרם רתקשרות, ואם יזכו ר לרתקן אזכור לדם זו דטובר וגם לדפריש איזר סכום לטובת נשמת לעג הגון (שם)

איך ראב א ך געשריבן דאס אמ רת תיקת ם איזט אנפלא פארן נפש איערדן מאל צו זאגען מיט אידישען ברען מ ט חיות פארן ראוזענען אין אביטל נאך דעם דאוזענען (אגרות שומר אמונ ם אגרת א)

איך זאלסט ווזרן אמסכת אריסעגעזענריג כ זר טובר גדול לנפש בלי ישועה אין תיקונים איז אזוי ווי אבאר פארן נפש אין אראוונגנען אהאריימס איז אבח דתיצת של נרד דינור פאר די נשמר כמבואר בספרים (שם אגרת ד׳)

ותאמר בכל ום איגר דפ ס תיקונ זדר (שם אגרת ד׳)

ואני מצוד לכל אחר מדאכרכים לומר איזר דפים תקונ זודר בכל יום רמסוגל מאד לנפש ולא לדתרשל מוד תלילד כי אין לשער גודל ועוצם דטובר רנצמח מזד (שם אגרת ט ו)

ווען ראס דארין איז ביטער איז בזוק ומנוסר לויפט מען צו דעם אנ מאמין וואס א ך דאב אייך געשיקט דער נאך וואנט מען אמאדר כלאט דיי״ס תיקת ם אזו כ ווערט זעבער גוט זכו ווען עס מאכט ז ך גוט פון אמתר תורד ותשובר בפרט פון תיקונים וואס איז אמרפא נפשות בל לשער ולספר און מען לויפט צו דער מאמען רעמאלס בעראלט די מאמע א נטערין פאלטאך ודי״ל ודע בנ ארוב שכתבתי לך דברים עמוקים מאד זייד א ך בין געווער גפוואון דעם נוייסן כח פ ן ת ק נ ם פערלט זייט דעמאלטס גורנ ש בע ד און זאל טאקע נישט פעלן (שם אגרת כ ד׳)

ותראר לומ בכל ום אם אפשר קודם דתפלר יותר טוב במר דפ ס תקנ זדר (שם אגרת כ ז)

והנר לרפאות תולאים הפנ מ ם זדיינו לרעלות הנפש מבוו דקטנות דוא לדתעורר תמיד כשמחר ישמח ישראל בעושיר אבל לזר צריך נ כ מיעוא דשמיא

גודל חיוב ונחיצות לימוד ואמירת ספר דזהר ובפרט לדרבות באמירת תיקוני דזהר אפילו בלי דבנה

שלא נגזר עליהם לריות חכמים לוד אמר שיש לרם ב תיקונ ם אחר לגרום בעלמא כי גדול כח דתורה גם בפטפוט לחוד ואפיל בלגלוג ויש לו זכות וב וכנגד זה אמר ב מ שאינו עושה כן אלא שב ק מילי דאורייתא מיל דיי א וכו באילו מתפרש מתמן פ רוש אע פ שיעשר מעשים טובים וכו כל מלוי חיין דמלות לבד בקריאה וגירסא בעלמא למד זה רומר לחולה ששותה משקה מועיל בסגולתו אף כי לא דע בחכמת דרפואה (רמ"ז דף קמח לפ רוש הגדה)

ובל מאן דאשתדל וכו' אפ בקריאה לב ובגומגם דרי הוא כדוגרומפרש את רשם שיש כח בו לעשות ניסים אפ בלא דייעה וכמ"ש בגמרא שיש כח בפסוק ם להגן וכל זה ידיד נשמר מכל רע מיצר רע ומקרים רע ם וכעולם דזה דחומרים וגם בעול דבא דרוחנ כי גם שהוא לא ידע סוד דרוחניות דלא תצורך ל סך עליו (רמ"ז דף קע)

וכתב ר ב ד"ל בוהל אומרים רדיגן לדי כל דארץ ר ת דלבד ובשבת אומרים השתחוו לה בדירת קודש ר ת קבלה כי דקבלה תשתבח ביום דשבת ב קידוש דיא בסוד אצילות דלית תמן קל פין בלל ולמד מאמרי דזהר וקריאתו זו ר א ריללו אף ב גידסא בעלמא (רמ"ז קצג ע"א)

אך לרבין לפ זה תוכן ענין לימוד פנ מית דתורה שדאריבו בזה ותיקונ ם ובע ח בח וב לימוד זה וכמ"ש ג ב בספר דאשית חכמה בדקדמ ובשל"ד במסכתא שבועות שלו בפרק נר מצוה דפל ג מאר במעלת לימוד זה ויובן ענ ן זה ברקר ם תחלת ענין שליש מקרא ב דנה ענין דל מוד במקרא אינ על דרך ל מוד משנה ותלמוד שרעיק דוא לדשיג החכמה שבדן שעל יד ז חקשר ש"ל דאדם בחכמה זו שבתורה וכו' אלא צריך גם כן לרוצ א דדברים בריבור פה רוקא אבל מבל מקום אם אומר דדלבר וא נו מבין א נו נחשב לו לל מוד בלל במו שנתב במגן אברהם ס"י ג מה שא ן בן בעסק מקרא ות ד שבכתב אם מוציא בשפתיו אף אל פ שאינ מבין אפ לו פ דמילות מפני שהוא עם דארץ הרי זה מק ם מצות ולמרתם שלפ כך כל ע מברך ברכת דתורה בשחר לפנ דפסוק ם וכן כשעולה לספר תורה וכן כתוב בפרדס שב"ז פ א נבי לימוד מקרא שגם מי שלא יבין לחכה דתיבות גם דוא אם עסוק בו יומם ולילה שכרו אתו ופעולתו לפניו וכו ואדרבה כתב וה"ל מה בתורה לדעת במו שלומה בבסא זברונות דלוא שלא פם ר ע ש אמנם יש בתורה דברים שלא נ תנו להתלבש למטה בהבמה ושבל בלל וכמ ריוסף דזהר מצרימה ויקנדו פוטיפר (ועיין בפ דמשנ ת לדרמב ם פרק חלק וה"ל ואין דפרש בין ובנ חם כוש מצרים ושם אשתו מה טבאל וכו' ובין אנב ד אלקיך ושמע ישראל כי דבל מפ דגבורה) שבחינה דדמשכה באור אין סוף דמרומז באותיות אלו וספוד זה לא יוכל ל התלבש כלל בחכמה ושבל ולבן דרמשבה ר א רק על ידי דאות ותו פסוק ם בלבד כי נערך סופן בתחלתן וכו' ואף על פי כן נמשך דוא גם כן על ידי ראותיות שבתורה שבכתב ולכן נקרא מקרא שקורא וממשיך דתגלות אור אין סוף על ידי דאות ות אף שא נ משיג כלל וכמו שאמרו רבותינו זכרונם לברכה כל דתורה שמותיו של דקדוש ברוך דוא ועל ידי זה יובן מאמרם זכרונם לברכה יפה שיחתן של עבדי אבות מתורתן של בנין בו כי דן דמשכות ממקור דתורה כמו שדוא דדיין למעלה מבחינת חכמה ועל בן דאריבו דתורה דרבה בם פור מעשה דאליעזר עבד אברדם בו ותר מבמה גופי תורה שתורתן של בנ ם וכו דמשכה זו דוא על ידי דאות ות רוקא ולבן אף עם דארץ שאינו מבין פי' דמלות ממשיך מה שאין כן בתורה שבעל פה שנתלבשה בחכמה לכך כשא נו מבין אינו ממשיך אבל בתורה שבכתב ממשיך אף שא נו מבין ואינו תלוי כל כך בהבנת דפירוש יען מקור המשכה זו דוא מלמעלה מהחכמה וכו' ודנה בכלל ל מוד דמקרא דוא ג"כ ל מוד דאגדות שדוי רוב דאגדות דם על דפסוק ם ומעט מוסר וגם דם אין מושג ם ובכלל מקרא יחשב ודנה בכלל מקרא וא נ ב ל מוד פנים ח דתורה שהוי מדרש דזהר דיא על פסוק דתור ועוד שגם כל מוד דזין דאורייתא א נו משיג רק דמצ אות מדרשתלשלות ולא דמ ת א ב אינ דומה למשנה ותלמוד שמשיג מדות חכמתו ת ובל מוד דדשתלשלות א נ משיג בלל מהות חכמה זו זכו אלא דק דיעת מצ אות אעפ כ דבר גדול דוא מאד כיון דא אפשר ל ות בזה דשנת דסודות ודרי זה במו שבמקרא אף אל פ שא אפשר לה ות רדשגה בבח נת חכמה ביון ששרשה למעלה מהחכמה לבן גם מה שאומר דא חיות דבר גדול ועוצם דוא אף שאות ות דוא ק בחינה דאחרונה תקרא בחינת רוממ לגב השכל וכו' כמ בן ידיעת דמציאות מדפנ מ ות אף אל פ שא נו משיג בלל דמדות דבר גדול ד א עד לדפליא ועל פ זה תרץ מה שנדחקו גדול דמפרשים בפ ממרא דלעולם ישליש א ם שנותיו של ש במקרא של ש במשנה של ש בתלמוד וכו' אמנם לפ מה ששכתבת את שפ דבתחלה ל מוד של א ם שליש של ש במקרא ממש לבד דאף על גב שלתלמוד צריך זמן יותר מבל מק ם ש לו למהר ללמוד דמקרא בתחלה אחר ש גדיל בחכמה יש ל לקיים שליש במק א בתורה שבכתב עם מה שילמוד אחר בן מפנ מיות תו ר שוה נבלל בל בשל ש דמק א בנ"ל (ואפשר וגם לימוד מדרש רבה ושא דמדרש ם מוסר בכלל השליש במקרא) וכו

והנה מכל זה יובן בתוספות ביאור ענין ולא תש ת מלח וכו' שלימוד פנ מיות נקרא בשם מלח שהמלח ממתקת הבשר אף שאין בו טעם בעצמו גם הבשר וכך הנגלה שבתורה נמשל ללחם כמו שכתוב לכו לחמו בלחמי וגם לבש במו שכתבתי במק ם אחר רקא על תורה ד"בעל פה והיינו כמ דלחם ודבשר יש בהן טעם וממש כך בלימוד דנגל שבתורה ש בה דשגת מ ת מס"ם שאין כן בלימוד הפנ מיות שאין בו ק ריעת המצ אות ולא שגת דמהות והמהות נסת ונעלם ואינ מושג בלל לדי ת בח נת טעם ממש במ ר גלה עד לעתיד לבוא שיתגל פנים ח תורה ולכן נמשל למ ח לומ שטעם ח שאין בו טעם גם בל נר הוא דייקא הנותן טעם בבשר (לקוט תורה ויקרא ף ע ב)

והנה כל מוד דמצוות תלמוד משיג תופס דמ ות חכמתו ת מאחר שנתלבשה בדברים גשמים שהן רצונו ית וזה ענין שמן ות ק מה שאין כן בס פו מעשיות ש נת ך שאינו משיג בלל חכמתו ת דמלובש בת ות וצ פ אותיות וכמו שכתב בזהר ברעלותך שפשטות דמובן מן דס פור מעשי ת נקרא לבוש דאורייתא וכאשר בוא ללמוד בתורה צריך שיד בוונתו שה א לומר דענ ן דהוא במה שהם דברים אלדיים שנעלם ממנו עוצם פנ מיותם עם כל נר דאותיות ופשטיות רסיפור דן דן דיה שמגיע שכדם ועל ידם ממש ך רקורא במקרא ריח הארה מבחינת שמן משחת קודש וכמו על דרך משל שמריחים ריח ט ב אף על פ שאינו טועם אותם בפיו בלל ואע פ שהוא רחוק ממנו ואדרבה דריח דזה נמשך ממקום עליון ביותר שהוא בחינת קמן דריח שלמעלה מבחינת שמן סתם חכמה עלאה וכו ולפ שדוא נבוד ותר במעלה לא כל לבא ברתגלות בבח נת ק ת בבח נת טעם בענין שמן תוריק אלא בחינת ריח לבד והנה לימוד דזה דוא בכלל שליש דמקרא שהוי מדרש דזהר ובן מדרש רבה ושא מדרשות דן פ דמקרא ת ובפירוש רש"י דברבות ו ף א) שרמ רש דוא קרוב למקרא ע ש וכו' אבל בלימוד סודות דו ד אין דשגה אפ לגדול דחכמ ם רק ידיעת דמציאות מדרשתלשלות ולא דשגת מ ת גלל ו די זה בענין לימוד דמקרא ש א ק רא בשמות ו של דקב ד אע פ שא נו משיג בלל עצמיות הנג ו בדן ובענין זה דוא בלימוד דזהר ולבן דוא בבלל שליש במקרא ולבן גם זה נקרא לרי"ז יימנך וכו שבל מוד סוד שתלשלות אף אם דשיג מצ אות ל עד ף מצ עצם בלימוד דמצות שמש נ תופס דמדות אלא מצד שידיעת רמציא ת הוא גם בן לגוד דבר ותשאר ואדרבה עולה על בולנ במו שכת ב וידעת ד וט דע את אלק אביך וכו' (לק ט תורה ש ש רים ף ג עמוד ג ד עד ל)

ממנו ודע חיוב וג ל שב למ ש ומה דקבל ב ל מוד ד ג סא בעלמא ב נר עולמות ב"ש אם יזכה ללמוד ולרבין פירוש מאמ אחר יעשה ח קין למעלה בשער אחת מה שלא יעש בל מוד דפשט שנה תמ מה ואין צ רך לדאריך בראיות לזה דמפורש ם מפ גבורות דקדוש א"י ולד ד אלא ודוא לימודו בל דשנה אינ בלום אם א ן מעטרו ביום אחר בלימ דק ד ב ע קולי דוא בנגד כולם ז ש ז ר ם דלא שתדלון בד ן דוק מתיד א אם יתדלק בדון בל אחר כפ יכולתו אפ ל ום לשנה ת חו בולה ע ש פ ות לבעל וב ש אם קובע עת לה שער אחת בבל ל לה או מובטח בו שה א בן ולם ב ב נ בל דמלבא וידיד מ וא פני דמלך יושבים במלב תא ד ק גא בוצרוד ל שחננ ד בינה שבל (כסא מלך תיקון מ נ אות ס)

ובבן ר רצון מלפנ ך שיטע אהבתו ותו תו בלבנו ללמ ב ור בל שלם ובחשק רב ב דוא המדר הגוף ומקדש דנשמה לבל לוב חודש אל אפ ל בגידסא בעלמא ב ז מב ן פ וש אמדיו זכו ומועט מספ ד בחזיק את דמריב ובו יזב ל ות מ נ גל בו אקרים טעם לשב למ קרא רשב ולדי"ד לח בור ת קונ ם וב ב נו אר"י ול ר מפרש שבונת דרשב"י בספר ת קונים ע קר להקן צ לם דעשיה ש"ל מס קטן א בעשי בי שם קל פות תקופ ן ועשיה ז בר ב אם מק א ח וש יתו ר שב ב לם במספר קטן לבן בדי להקן עולם עשיה בנ ם דות ו על מספ קטן וכו וכטעם זה שתנ לשבח ס ר זה לק ות לו ספ תיקונ ם ב ח ק נ דעשיה ע ק בל יק אם ל ת נ ן ותתעלה מ רעם ד א ך ריד תיקון צ ב א בית ילת בלד א ח קן גש (לדנ ל ב קדמ)

ולבן בין ב"ין ש שב על ש ם ח ק נ ב
מבח נת מלבו בי וע לם ין ד ת ק מה לו בו כ
בענין ספ ת כב נת עצם לבן קדם ל ספ ילכ
בם ות דספיר ת (שערי ח ד ודאב שע יי

מק נ ל ב ד שנם ב של דע לם ל ד ל
(הג וה מ רצ ס ס מ פ ס ם נק י ת ט

ובעת עוק מ א תג ירת ע ע ו כ יע
ע ב ב נח ל י מן כ זה ק נ ם ב
דל מוד מבע ד צ ם דע ט פט ד ל עצ לא ע יי

גורל חיוב ונחיצות לימוד ואמירת ספר הזהר ובפרט להרבות באמירת תיקוני הזהר אפילו בלי הבנה

ורבי שמע ן בר יו א ובנו שמחו לקראתכם בקריאתכם זוהר על מע תם וככפר הסמוך ל ם כו ובכן תרע ב ם שמחים מאד בקריאתכם והו על מערתם או בכפ הסמוך להם אם תתמידו לקרות כן גלו לכם רזין צילאין וכו׳ (מגיד מישרים פ אמור)

ובך מצאת כתוב מר ב בעל של ר הקדוש זצ״ל ועל קבר רשב״י לומדים הז כא מ וביאור וכוביקות גדולה וכו ושוב אודיעכם כי היום יום ראשון דייח במערת צדיק ם ושם למדת הזהר (טעמ המנהג ם ענ ני הילולא רשב)

בברכות (ט ע ב) כדאי א ר״ש לסמוך עליו בשעת הדחק כן עוד בכמד דז ת כש ם זלשון בשעה הדחק (ר קא) יש לומ עם ד רש ם סובר (מ ד ע ב) שאמר רשב״י כולנ לפט ר את כל עולם מן הדין מיום שנברא העולם עד סוף ו והאחרון כביד בעת סוף ו של גלות אדום (שהוא קודם ביאת ג צ בב אן שרשב״י ד א שעמד בנפשו כנגד מלכי רומ ובפרט בס ף ומיא אלין באחרית מי גלות אדום וגדול החשכות והדורות הולכ ם וחסרים והסתר פנים יתגבר ת ו הזהר רשב״י בכ ובכה זהר״ק ה בוה דיתפרנסון בהוא בתראה לרציל מחבל משיח דיפקון מן גל תא בכתו אלו מ ם נקרא ם שעת הדחק הדוקחא (בגולתא) בתר וחקא כמב אר ב זה״ק ע כ שם ר אמרו (רק ברשב״י) כרא הוא ד ש לסמוך עליו בשעת הדחק שעומד בעדנו בשעת הדחק דיינו כשנים האלו ועל זכ ת אני ם מכן (דברי תו ד מ וראש אות ל ט) כי בכ רשב״י תחוקו עד ב את גואל צדק על די דברי תורתו שלא כיד מאתנו אור ז ר לדא ר מהן השיגה לכל אחד ואחד להדקמנ בגלותנו כיד ר ב ב (דברי תורה מהדורא א את ס אן נ ג״ל מ הדא ט ל״ט)

עוד אשרי הדעם לומדך אשרי העומדים על סודך לכא דא קשר דביזן שדמד לומ ך לומר ז ר ק וכו איך קוראים בלשון עם שהוא מרגנר פחותה כנודע כו׳ אך מז וא נראה שגם איש פש ט שלא קידש את עצמו כל כך במעל ת הראויים ללמ ר מ מ וקוב אל התכמד הדוא בפרט בסוף ומיא אלין שבהר תליא תקרבות הגאולה ב (שער ששכר מאמ גל ע נ אות י״ח)

בי נ דע האלף ה מ שי ר א כת הוד ע כ לא נתגלה ל ראשונים ב״כ חכמד קבל בם כל ום ר בנודע בכל וספרים ע שבזמן האריז״ל שו״ד באלף דשיש מ מ ו ולאד יד התחלה מן הגאולה של בעתד ע כ נתגלה חכמת האר״י ״ל בם דברי הז ״ק אמנם דש ״ דיד בסוף אלף ב״ע קודם אלף חמישי והלמוהו אבא שכתב ס׳ הזהר שהוא רב נפט בשנת ג לאלף החמיש כמובא וכ כ הקדים רשי ת כמו פואר למכר ט ם תחלת אלף החמ ש (ש א) נכתב ס הזהר שנקרא מדרש יה א ו אור גאצל ם מעטר כב כול הד ר קודם תחלת אלף דתמ ש ב ית דקדים רפוא״ה כו כנ ל עד שנתגל פ הוש בזמן האר״ז ל ביתר שאת וביתר עז של ת הר וכו זע חכמת אמת רשב יד ת קן הזוד כו אור ש על צ ן א כ ב ווד ל שרם בומ בר יוחאי שם קנ ת הוהן הזרך י״י וו גם ר כנ״ל נעשה אדם נאם בעב וך שמעת מקרושת אאזמ ו הנ ק ספר וי ע כי לכאורה ר כן נאמר שנעש אדם קא על רשב דוקא אך הנ הדה ל נעשה אדם נאיר בזכות נעשה ונשמע זה נ בשביל שראל שקבל את תורה ע״י משה רבינו וידוע כ רשב״י יד גשמת מרע ר ומה שנתגלה ע מרע ר תורה בכל פ טות בנגלות ונסתרת אך הנסתר ת נ ל מרע ר רק לא ן ובניו וידושע ועוד ל חוד סגולה מתלמיד ו ו נגל ת לנו לבנינ אבל שב גיל הנסתרות בספ הזד דברא חבורא תפ נסין בהוא בת אר ג כ אור מא ר כא לכל העולם וד א לפ רשב״י חכל ת וגמר ד נרצר ממרע ר ע כ שפ תכן מ ש נעש אדם נאמר כעבורך כ דנעשה אדם בשב ל נעשה נשמע וד ד או מטרת התכל ת לג לוי הנסתרות באחריה רמ ם ע רשב ע כ שם נעשה אדם כו עכדה״ק מאזמ ר צללה (שער ששכר מאמ גל ענ א ת ב ג)

לימוד ספר הזוהר מר מם על כל לימוד בשגם לא ידע מא קאמר אף שיטעה בקריאת ו וא ת קון גדול לנשמה לפ שהגם הכל התורה שמות ו של הקב ה ם ס נתלבשה בכמה ספ ר ם אדם הקורא ומבן הסיפורים נותן דעתו על פשט פש ט כל ס והר מן הסודות עצמן בגלוי הה״ק הא והע ש ם סוד ת וסתר תורה אלא שא נ מובן מקצת הש״ג העומק מושג (מורא באצבע ס׳ מ)

והאר״י ל בית יעצמו ללמו ממש פין כוו בכל יום וד א תועלת ג ול ות קון גד ל לנפש ל איזה ולזכב ל קנ ולבלות קוצים מרות רע ת והאוות רעות לזוכ ת בנועם וישם וד א מרפא ת קון לחטאים ופשע ם של הנפש זכן נתן מהן הא תיקון לבעל חש בר ש אמר חמש דפ ן זוהר או ת קות ם בכל ום וכן נ ג מורי הב וד ק וש מוהר צב (נת כ מצ ח ך מק מא נ ו ע שביל הת אלף ם מן לא)

כתיב מבש ״י אחוה אלוק ת מחודת ב שמעון בן וחא עב ל (בית ארון ל ג בעמ)

וכן אם מורי זכרונו לברכה להר״א הלוי עצה טובה לענין השגה שילמוד בזוהר דרך בקיאות בלכר בל שיעמיק בעיון ארבע ם או חמ שים עלין בבל יום ושיקרא בספר הזהר פעמ ם בות (שער רוח הקודש)

וזו תשובה השכח למשכיל אחד ששאל על אשר כתבו גורי האר״י זכרונו לברכה של מוד הזוהר הוא תיקון גדול לרא ר הנפש ולקדשה והרב זכרונו לברכה נתן ת קון לבעל תשובה ללמוד חמשה דפ ם זוהר בכל יום אף על גב דלא ידע מא קאמר דקריאתו זג דלא לדאיר הנפש ולתקנה ונראה כ דווקא ל מוד הזהר יש בו סגולה זו יזהר על ל מוד משנה ותלמוד ומקרא ור א פלא כמ כח גדול מכל התורה אם למקרא ואם למשנה וכ אלו דבריו ואנ אמרת לו דע כי אין ספק כ בל ל מוד בתורה הקדושה נשא הרם והוא מרומם ובפ ט אם יד לשמה באמיתיות הוא כותר בשמים מעליותיו ומתקן העולמות ומ תר הדוד ם אמנם אשר גדול לימוד הזהר דיינו שהמקרא ומשנה והתלמוד הם מל בשים מאד וא נ נ כר ברם הסוד כלל לא בן רוחו שמדבר בם די התורה בפ ר ש ואיפת דקורא שלא בין דרך כ דבריו בעומקי רזי התורה ולכן לדיות סתרי תורה גלויים כל לבוש הן מודיר ן ומא די ם הנפש אף על גב דבצד מ כוריו סח מים וחתום ם מאד דייתו להבין סתר על ון בעצם ולידע תוכן דברים על ב ריין ועל מתכונתן ודא צריכא דבר גלא בינו הדברים כי אם מע חכם גדול לאוזן מקבל כרם בכללות ג כר ר ותן רזין עילאין והדבורים עושים רושם בש רשידם עליונים למעלה (ספר שם הגדול ם מערכת ספרים אות ב)

אם זכה ילמוד באשמורת בזוה ק כי בזכותו יצאו ישראל מגלות שהמשל ללילה ואף שלא זכה להבינו אפש כ למוד לשון כ דוא מוכן הנשמה (בסידור בית אברהם מה׳ אברהם טבאריק זצ לן)

שמא דחיי חיוב גדול על כל ישראל ללמוד זוה״ק בכל ום אפ ג רסא בעלמא בי בזה בונה עולמות ומטהר ומקדש נשמתו ואין קץ לגודל שכרו בי בזה מקרב הגאולה וע שד נתת רוח גדול ליוצרו כמובא בזוה״ק פ נשא דף קכ בהא חבורא דילך אידו ספר ר יפקון ביה מן גלותא ברחמ ובתיקונים סוף תקון ו מהא חבורא דילך בד תגל לתתא בדרא בתראה בסוף יומ א נבג נר וק אתם ד זד בארץ זבתיקון ל בספר כסא למלך ת״ל כמה גדול חיוב על ת ת ללמוד קבלה ועתשם כמה גדול אם א נם לומדים קבלה גורם אורך גלותא כי הם מעכבים הגאולה דהו״ל בי יעשה בשער א בלמוד הקבלה מה שלא נעשה בלמוד תורש מ ם בפשט התורה כ גדול כחו לקרב הגאולה ובת קון מ״ב שם בכסא למלך כ ל מוד זוה ק בג רסא בעלמא בונה עולמות וכש כ אם יזכה ללמוד ודב ן אפ פ מאמר א יעשה כו תיקון למעלה בשער א שלא יעשה בלמוד הפשט שנה חמ מר מ בטת לו שהוא בן עוה״ב מבנ בלא המלכא ויד מרוא סו המלך דיישב ם ראשונה במלכותא הרקיעא ומה שאומרים וכ אבשר א אדרב שבדורות הראשונים שרוי להם נשמות קדושים ממקומות גבוה ם יכלו לטהר נשמתם בפשט התורה ועכשיו בעיקבא דמשיחא נשמ ת נמוכ ם וגם התגברות התיצונים רת ל א אפשר לטהר נשמתם רק בסמים קרים דיינו בזה ק כי לשון הזה מסוגל לגר אפ בפוטפוט לחוד אפ בל גל ג ובזה יד גשמ מכל רע מ צ ״ך וממקרים רעים בע ר״ז הזומרי זגם בצוה ב הרותג כנודע מזה״ק פ פנחס רף רי ט בוצינא קדישא דנהיר כמתיד בכל הין והוה אמה״ר עד ב את הגואל א תור של שב״י מא ר בא ר ב לד יתח נפש ת ישראל ע כ יחזק בל אדם מאד ללמוד ק לכל הפחות ה רפ ם בבל יום כדי ש ג ום ח וא ופורקנא ברון לע לא ותתא אמן כן יה רצון (צוואת ר מא ב ר א הן שווארץ ד״ע מסידדיי״ן)

סגולה להנצל מגאוה להרבות בלמוד זה״ק כווק ומנוקד (שם)

לאהוב בני יד ר נפש נפשי קשורה בנפשו וכ ובעת באה כמכתב ששכחה להכד עמן קודם נסיעה שתתח ל לומר ת קונ הזהר הקדוש וכו (ספר בית אה ן דף קמט מכתב ם קודש מהרה ק אומה״ר ה אהרן זצ״ל)

ואחר התפ לה בכל יום זכו יאמר מאמר מזה״ק או מת קונ ם (סדר היום ואזהרות שכתב הרה ק ה ב די אהרן מקארלן ספר ב ת אהרן)

וכן אמר מהר מ מקאברין זצוקלה ר אמה״ר זוה ק בכל ום אף בי לא ידע מה הוא אומר עב״ל אמ רת זוה ק מ כך הנשמה (אור ל שרים)

יזהר לעסוק בתורה סמוך לשכיבה איזה שיע ר ג רסא במשנ ות או בספר זוהר ק אשר קדושת התורה אשר למד בשכבו תנצור אותו צפורן שמיר ס מן ח)

זכאה חולק הון דישראל דקודשא בריך הוא אתרע בהון ויהב להון אורייתא דקשוט אילנא חיי דביה אח ד ב נש חיין לדא עלמא וח ן לעלמא דאתי דכל מאן דאשתדל באורייתא ואחיד ביה א ת ליה חי ן וכל מאן שביק מ ל ו דא דייתא ואתפ ש מאודי תא באל מתפ ש מחיין בג ן דה א ה ן וכל מ״ל חיין דה ד ב ח ם רם למוצאיהם עד כאן לשון הז ר רוש ומפרש רמ ז כל מאן דשביק וכו דהא ת דוש אחר והוא שהה א ן כל ז כ ם לכתרה של ת הה וכו ומה יעשו מ

גורל חיוב ונחיצות לימוד ואמירת ספר דזהר ובפרט לדרבות באמירת תיקוני דזהר אפילו בלי רבנה

ובדור דזה דא רזן ה שאינו עוסק בספ רזה ות קנים ש ם ח ם ממש לנפש כלולה במק א ובמשנה ובתלמוד דע נאמנה שכל תורת שעוסק דוא משפה ולתרץ בר אג ואין לו עסק בח ם הדאדה לנפש דדוא כולו טעות ודמאות וא נו עוסק בתורה אלא לריות מאנשי שם לה ת רי וראש וגדול רוד ולדשתרר על דבריות, וא ן ל ח ם ול חלק בחיים וב וב ודא לא יש ג אורח ת חיים אלא על די ל מוד דזהר וברוד ר א אפשר לדמשיך שכינתא על נר אלא על ידי דזהר וכו בזדר ר מ דאיש דחפץ חיים אורב ימים מכל לבלות ום בלת קדושה לראות ט ב עולם דבא בעולם זה ידבק בספ רזה (בדיכל דברב פ עקב דברים ו פ ט)

וממנו תצמח זרע קודש לזרוע בא ר דחיים לדלדיב לבבוה שראל לתודה ולעבודה בחכם דפנ מיות מתוקה מדבש ונופת צוף סא ד ת ע נ ם משיבת נפש תמודה גנוזה מתוק דאור לע נ ם וט ב לנפש לזכבה ול אירה כמ רות טובות יש וה לטעום טעם אור גנוז עולם דבא בעולם דזה על ידי חכמת דזה דתיקונים בו ולמזג רמיז ת בחבל ת ר יכון ענוד רש לות רוח אמת וללמו כדם על צר דכוונה לדא רנפש ול בבר וכו ועיקר דתגל ת רחבמה ד את בדורינו לא ר ד לא לדא על נפש לזכבר בחשוקה ב קות ארבה וירא בקדושה טדרה רענוה לא ל וח חוקר מקובל ובר ב רתגלות דאוד דצפ ן רזה ב מ נו ד ר לדא ר על ג וצל נפשנו לרם מאתנו כל דזודמות ותאוות דרצות בו גאוה ורשתרר ת על ויער ריתר מדות רעות אשר דם לש בים בע ג נו קנאה ושנאה ארבת רע ם אשר בל זה נגש וגו כן לא ר דמא ר על ידי ל מוד תבמה מתוקה מדבש (רק מת רמחב נת ב מצ ת ך)

אבל דע ק תדע אח ל מוד זה שנתגל בזמן זה וכו ר א מחמת שרע גובר מא כנסת שראל נופל וכל מוד ז נ דבך רנפש ב מת בעת ל מוד רסודות ובפרט זדה ותיק נ ם מאיר נפש גל יד לימוד דירע ת בו נת רמצוות מעורר בשרש ם עליונ ם דאיר למטה בעילה ב א ר גדול בפרט בעת ל מוד ספר הזדר שממש רשב נר שורה עליך ודקב ר מא על ך אור ות בלבה שתודה לך דבנער באמת, ועוד שתזבה על ידי ל מוד זה לדיות עפר ואפר ולסבול סורים וחריפ ן ודישות עקב שת יד בעינ ך באסקופ רחתתונה שדבל דס ן על ך שם תבוך יעזור לך בדרחבת רמותין של דקדושה ובנועם דיו דשב נר שלא תרג ש מבל אלה שום רדגש בלל ובלל (שב ל חיד אות מספר נת ב מצות)

דע שבד ות רדאשונים ריד יב ל ם ל ש ג שלימות נפשם לדלר ב בזיכוך רב ובקדושה לרמשיך על עצמם נועם זי או רשב נ בא ר עליון וי א ואר ודבל ע רי פשט ת דתודה תודה שבעל פ נגלה אבל ב ור רז עק ם שרע גובר מתנשא חוצפא סגי ומ גן עליונו מן רקליפות דרעות דמחשיכים ראו ודשבל ועל יד נגלות רתודה א אפש ברו רז באין פנים לרל יב בל בך נפש רמשבלת בדב קד ו שיק שדרע ודמקטרינ ם ר תניים מתגברים ולא עוד אלא שדם מתלבש ם בגשמיות בערב רב שדם רדב ם מושל גובר אם קו סות ומינות ושנאת חנם ולשון דרע ובל מ שד א חצוף ותר גובר ב ותר לולא מתיקת עריבות נועם ו לשון ר דזדר ת קונ ם בתב מ ן דמא רים לנפש משבלה ומיישבין דעת משמחת לב מאידה ע נ ם לא דיד באפשרות לדא ר מר ב דצדות וחליש ת דעת מרשע ם רמינים אפ ק ס ם לבן אחי טעמו או א דגנה ומתוקן ש ש בוד קרוש דמא לנפש ער שמרוב אורה תקבל על עצמך בל דרע ת ודצרות ודיסור ם ולא חלש דעתך ולא תפ ל מ רגתך ותתעל למעלה למעלה עד ם דמעלות תזק ת ק חזק אמ ן לא ת דא ולא תפ (נתיב מצותיך שביל רתודה שביל ראש ן אות ל)

ולו עמי ש מע ל בעק ת משיח אשר רוע ודמ נות נ ב ד ו שקוד ם כל ימידם ללמוד ספר רז ר דהת קנ ם בתב מרן בלול עם סיד ת דרק מות של מרן דריב ש זצ"ל ו מבטלין כל רגזירות רעות וד ו ממש בין שפע ואוד על בל דעולמות בן שפעות פשט וח בן חיי סחו טעמו ודאו כי ט ב ממש יות ארם ד שראל תלו בספר דזדר ובבת מרן ללמוד בקרושה ובשמחה ובנועם וביראה באדבר בל אח לפ השגתו וקדושתו ובל ישראל רקד ש ם בו ול עם שמע ל ברור דרע דזר שדם נות גובר ד ו לומדין צם ת נגק בן תשעה שנים ספ דז ר ודת קונים לדגות בד זד ד דאת חטא קודמת לחכמתו רתק ם (נוצר חסד על אבות פ ר מ ב)

וגם בי סתומים וחתומים הדברים אל נא תמנע מקריאתם ב ברית ברותה לשפתים דנוטם מר באימא רעותא לבא ברג בבש ורחמנ שא נם וזד ת דיקם מעוד את דאדבה צר שת פץ בל גלוג ובמגום א ש ר ג ושוגד בארבתה בו (דרמ ז ברג ותיו לם דב ג ת)

צריך לקרות בספ הזוד ובו אע ג דלא ידע מא קאמר ב תיקון גדול ועצום מאוד לסטרויתא ולנשמתו בנודע מכמה טעמ ם (בתיקון ליל שבועות לדרמ בסו ס ט ב דארץ למדרת ש)

יעס ק בספר דז ר אע ג לא ידע ול מ ין מא קאמר מבל מק ם דלשון של דזהר מס גל לי"ב נתא ולשמתא לקרוא בו תר בבל עסק דתודה (בת קון ליל רוש" שם)

ילמו בספ קבל ואף ם אינו מ ין בדם יאמר ד ז ר תיקונ ם ב ם מס גלים לטהר נשמה (סידור ריו ל ל יעקב קאפ ל ל בסדר בוונת רל מוד)

בשם דבעש ט ממוד ן דלל מפאריטשן מד דבעש ט ל בג דברים בלל דיפך ממה שאמר אחד מרב ואח בד בלבד ש בדין א א אחד דמבדין בו ובלב ש רבר אמ רת דזוד מסוג לנשמה שק דת מק ואות מטר רגוף נת נת צדק אמרו ל נותן סלע לצדק בשביל שי יד בנ ר ז צריק גם דעב פ מח את דעני (נתיב רש עמ ס ל ב)

ע ד רא חא שלשון דזוד ק דזא מסוגל לנשמ אף ש ג מ ן בלל מ שאמ במשל דנבנס לחנ ת של בושם אע פ שלא לקח בל ם סכל מ ם ריח טו קלט עמו (רגל מחנ אפרים בל ק ט ם ד ישקנ)

במו ששמענו בפ ר ש מפ ארמו קן בל אונ ס ש בח נת טמטום דמוד בו ל ר מ ביל ק את בר וד דקדוש אף דל ע סא ק מר (חנד אריא שמור עמ ם)

שמ ת ממדר"ם ל פ שאמ בשם א מר"ר וקן ג ג מ סגולה למח בע תפל רזא ג רב ם וב ובן ספ זוד לש מס גל לנשמר אעפ ל ידע מא קאמר לבן ב ון שג דברים אל א גם צ יב ם מוגר לבן מועיל לט ת מ שבר מה (מ דל עז מאמרי דא ד מגרם "י ב ר חב)

ובענין ל מ ר זוד דק ש אמ בשם רק ש ר אדרן מדיטאמ שזוד ק צרי לא מ ו בלא ב א ר בי ת בו ודדיב של זוד"ק עצמן מתקש ין ת ארם ל סוף תבוך ק מ שיוצ ללמ ד עמ א יציין מקודש בדב ור ודר אמ בסה בלי ב א ר (שארית ישראל שע דרתקשר ת"י ע ד וש מאמר ב)

ג דברים ם רס בל ב נע ם בתפל בר ודג עסק ול מוד בר מום הנמצא מ בזוהר מלש דאדה שמאיר במקום ח שך ש ג א חכמה אבה (ל ט תודה פ תבא)

אגרת מסוי לדודי"י האור דחיים וצ"ר"ד

ריום ום ב ד לא ר ב שנה דית ן ל ו נסענו מעב לצפת ת לדא ת את פנ ראדנן ר בארץ דגליל ואחר בך דלבנו למירון בר ולמדנו שם בחשק גדול ובא בר גדולה בשמח ספ דז ד עד שעות מדלילה ועמדנו לאבול ותורגו ת בף אח דאבילה ל מוד נו בפ שנתן דרב לבל א ד מ ברים שד שם ספ אח של דוזדר ודיד לק ספר בראשית ולמ נו ע ששר שעוח בס ף שע ת נתמלא רב ת רית טוב אשר במדוו לא נריד בו ולמדנו ע ח שעות מרל לד ו לבנ ליש ן וק ום שדאיר ד ום בשני שע ת עמדנו על משמרת מ ולא ישננו כי אם שנ שעות רישבנו ללמוד ובש א פנ מוד תפללנו ב תיקן וישבנו ללמוד עד שע ת בל דפסק בינת ם אפ ל בדיב של ברי תודה ואחר שאבלנו ת רנו לל מודינ בל ם חמיש עד ח שעות מדליי ביום בבוק ובו ובבל יום רשבח יינו ל מדים ודר ובליל ל ל מ צא שבת עשינו משמורת בל רלילה שדאדרות המר רדב שנלמר אותם ב חר בן בשער שדתתלנ דא ות ר תר אוד גדולה ודרגש גדול בגשמ ת נו בר גמור ד דר ת סמוך לא ר יום ולמדנו מאמ בר וחא בשמחה ג ולה (בת"י מא מתלמיד שנסעו עמ ב למק מ ת ק וש ם — טעמ דסג נ ם ילולא ורשב)

אמר המחבר בד ות ברים מקשיבים אצל ציון שב ועוסק ם באמרות אמורות טדור ת ברוב פעמים שגר מעת לעת מסק דד לפק ר בו (ספר דתודים ברקדמה)

לד ות ששנ פעמים בשגה תוק ולא יעבור דולבים בל ח מ סגולה ב למ רזן ושם פורס ם או ל א מן קברו של רשב ע קב של א ר שב ם שם ב ן רשב ו א ים מ די ל לות רצופ ם ועוסק ם בספרי דזודר זד רסדר רם עושים עשרה מ ם ק דם שבועות עשוד ב ם קודם ראש דשנ תמיד (מכתב קודש מדרי שלמד שלימל — ספר מצרף לחבמה)

ובן נהגו דראש נ ם במלאבים בנן קדישין תק פ רע שר ל של א תו דר ר רעד שעל ב צרות ב ת ד במ ר ן שר פעמ ם בשגה ולמ ו שם ו ר דקד ש בקודש שפב את לבם בבבי ותודיות לבם לת ק נפשם בתש בר ע לא ובן מצ נו שנה ו בן תלמיד נודי אריז ל ושא חב ו ל ח רד מצפת ת לצלות ם רזנה שנ פעמ ם בשער ללמוד שם ספרי זודר ק נ טעמ מנדג ם עניצ דילולא דרשב

גודל חיוב ונחיצות לימוד ואמירת ספר הזהר ובפרט להרבות באמירת תיקוני הזהר אפילו בלי הבנה

כמו ששמעת מהאר"י זלה"ה שספר הזהר יש לו בכל יום פ אחר (נלח ח אוז בשם הגל ם א)

הנה כ ע"י בזוהר שב ע ר בת בו הזהר ויהי לו לו ות השכינה בגלות באפס ייסע ב ין תומך ובאין עוזר לה רצה לעשות לה סמך ליהוד בבעלה יחוד בסוד ע ח בו הזהר במה שהיה וא וחבריו עוסקים בסוד ת רתו שז ו נו ם לי קכ שב נתא ע רש ש וא סוד רז בגימטריא א וגם ע ח בור ר א יהיה ביטול הקל פות וקלות הגלות והשבתת הקטרוגים אשר המיצונים להרסים בכל עת כל שעה גג ה ת רקה שה הרשם ת רק רם בסוד השכינה ווו בנ יש רנח נ ם בגל ת כין א הנקרא ח ונן בישין אריות וה בין כו עוסק בת יה נקר קלע ב רוממ ודם כ נות סודות כדי ל צילם מרעתם ע ת בור וה כנזכ וספ ור עתיד להתגלות בימי מלכא משיחא כדי ליתן פדא לשכינתא ודגר כל אותן שיזכ ליו יזמו לגא ל כי צבודה מיעטת בזמן דור הוא ותה ש כ מכל אילי נבי ת שהיה בזמן שיה"ה ביד ם קיים (חסד לאברהם מע ן ראשון נה כ)

אשר חנן לו אלוק ם עושר חטא ו צדקה פרק ויזכר ב מ ם אל כצדקה ובלימוד וה ותיקונים ותה"ם (מורה באצבע ס ח קטע רמ חן)

ועוד ש לתקור מדוע ם הזהר דק לא נתגלה בדורות הראשונים ואיך נתגלה אחר בן בדו ת הגדוע ט מרם ובו אבל אחר שעבר אלף שנ ם מרחורבן שנשלמו שנת ר אלפים התב ה אז ה ר יכול לבוא ובעונותינו הרבים אשתדויי אשתד הזר טא נוסף לכלל ו פרט על כל חטא ם ותילל שמה תבורך ותורתו ונתגבר ריע ד מאד יען כבר נתב"ר הרבה ועתה בהיות בורגלים וכמו שכתוב בעקבות משיחא רצפ יס שהוא א ר שמתגברת בראותה כי בלחה אל ר הער כמו שביא ב ך נ רא זצ ל מתגברת להח א וכמ ש אור האר ז ל ומתגב ת ל חט אב כשל ב ר בענין הרע ח תו ף צר ת ב ככר וב ר הר כאמור מפ כב א צ ל ולבן סם ך להר ות שאח אלף שנה מהחורבן נתגלה א רז ל בן על הדו ת שאם נזב לעס ק בסתרי תורה כ ת סר לעש ת ב כוח זר חפ ח שע ישועות ישראל (חיד א מערת ג ולים א ר ט)

אמר ם דיך רא בת נא קדישא ראמר מיל ן אלין ל ה א ב ון קכ ר ושכינתיה קום אליהו נביאה ליקרא דקב ושכינת א ויתעורון עמך שא נביאי ועביד ליה קנא ב אי חיב א וכ לתברא לון ב בורא לאשתכ ביד נייחא וכו (תיד ו הלג) הייק א מרו כרא ת בורא להודיענו ב ר קא ח בו זה ספר התיקונ ם מסוגל לסג לה לאשתכחא ב ר נייחא ולמעבד קן שכינתיה ואז צפור מצאה ב ת והד ר קן לה ב ושל ם כסא ר כמ ש יעת הדיא קרא ל רושל ם כסא ר וכו בשתותקן עולם רצש ד בסגולת ת בור שבל סוד חיו בנויים על מספ קטן לתקן עולם העשיה (מתוך הקדמה כסא מלך)

ואמר על צצמו שה א א ן לו ת ות ותענוג אפ בל סוד הגמרא כמו מן הזהר ר תיקונ ם (מדרש פנחס מקרן דף ע ב אות נ)

ופעם אחד הזהי לומר ד בר חד ל ט וללמוד זה ר בר (הנ"ל דף יז אות ב')

עוד אמ שב קש מ כו ש נצל מן בגאות ודפצ ר לו מאוד על וה וא ל ללמ זהר וא ל אג לומר זר וא"ל למוד רבר זר (הנ ל ף ל ע א ות ע ג)

ובא דהך שכ ן הא ד לבא לרשגה זאת לזה ת קנו לנו חז ל ש קרא ארט ק ש שחר ת וערבית שמע שראל ד אלוקנו אחד צל כוונה ז ש מליך לה קב ה למעלה מס ו"י רוחות העולם בשיאמ פס ק זה בבוקר בכו נה ובהשתוקקות גדול עד כלות הנפש אל ו וכו' אך מ שעדיין לא תיקן הפידות כרא ולא שבר תאוות הגשמ ות לא כול לק וא פסוק זה לומר אחד על כו נה ז וכו ועצה היעוצה לזה ש כול ל מ אחד שלא לל אותו המחשבות זרות הוא ש למוד הדבר קודם התפ לה משנ ות גמרא וזהר הקדוש על כוונה ו שעל יה ל מ ד בול לומר שמע ישראל ה אלקינ ה אחד כדת תכון (מאור ושמש פרשה בראשית ד ה ויאמר לוק ם יה קוע דף ב)

וקודם התפ לה למעט בה בור כל מה דאפשר וללמוד איזה ענין ב ר דק א בת קונ ם א בוהר ח ש (ס ר היום ואודה ח הקדוש שכתב ארמו ר הה ק מוה ר ארון וצ ל לאנש בבי ק בספר בית הרן)

צריך לש ב באמת על הטאות נעורים ולהתענות חמשה שנים רצופ ם וס אחר כשבוע וכו' ולהיות ניעור כל ליל שישי וללמוד באותו לילה תנ ך משנה גמרא הר ח ת ק נ ם ע ן יעקב וכו (ולקוט תורה מ מ טשערנאביל ז ע ד רבה א)

בח ב א מרבה בא ם שעגם ונפסק הבל שה א קש ר כמאמר יעקב חבל נחלתו ולבו מטמט ם וא נו בול לרבר הבורים וביס א צריך להתבונן מגדלות הבורא יתברך איך שממלא כ"ע וסובב כ"ע ולית אתר פנוי מני והוו יראת ה'

ראשית דעת דעת היא לשון התבוננות וביאר ל בא והוו חבמה בלב וע קר רוא ע התורה כמו שכתוב כשם הבעש ט שצוה לאנשי שקודם כל תפלה ילמדו מאמר זהר ותיקונים וכו (שם הדבור ו)

ועל ספר התיקונים לבד לא יספיק אלפים ספרים לבאר עוצם ריבוי הסודות שיש שם אשר לא כילם הרע ון כידוע לכל גדלות קדושת הת קונ ם הקדוש אשר כל עולות איל נביות לא יספיקו לבאר סודותי ורמז תיו (שיח ת ה ר ן ס רס ר) והפל ג מאד כמה פעם ם בשבח גדלות קדושת הת קונ הזהר והיה נ ל לעסוק בו ביותר גם בכל השנה אפילו שלא בימי אלול ואמר שבספר הת קונ ם כלולים כל החכמות שבעולם וכו (שם קכ ה) ובן בלימוד ז ר היה בוכה ובכה עד שיזכה להבין (שבח ר ן ח') פעם אחר אמר כמתמיה אצל העולם הכל שוין ספ זהר והתיקונ ם והמובן מרבריו היה שבאמת יש חילוק ג ול ועצום בין ספר זהר הקדוש ובין ספר הת קונים אף על פ שספ הזהר הוא קדוש ונורא מאד אין לו ש ם ערך נגד קד שת וסודות של ספר התיקונ ם (שם)

ובאשר התע ות בחצ ת לילה וראית אגרת אחר מונח לפני אשר מצודה כתבל שיגד על ע נ לא יכולה לקראותו עד אש למרת ת ות בספר תיקת הזהר הקדוש והוא עד מחצית שער ב ואז נזכרתי לקראות האגרת של מכ ת והבינות על ד מאמר הזהר הנזכר שנמתקו כל ה נ ם וכו ע ש (סוף ספר עבודת ישראל כלק טים אגרת)

אשרינו מה טוב חלקנו שזכינו לאורו ל לך ולרג ח באמרי נועם בזיו זוהר על ון אור דק תבו ממתק ם וכלו מחמד ם מ ם שאין להם סוף וקץ להבין ולהשכיל במעשה בראשית ובמעשה המרכבה ואיך להיות מרכבה להתייחד ולהשיב נפש אל מקור מחצבה וש שר וזאת נחלט ונשרש בנפש אש מ שלא ראה ספר ה לא רא או מ מ ו (עטרת צבי פ בהעלותך)

תקונ ז ה נ ל שנקרא ספ תיקונ ם כ מ כה בכאן בזה הספר מ חודים צינורות ספ רות הם נקרא ם בלשון הקדוש רו תיק נ ם כמו שאמר בת קון א אנת ה א דאפ קת עשר ת קונ ם וקרינן לה ן עש ספ ות הנהג ספ ות הם הייה קיד ת וכו' ורוב דברי זה פר דולך ע צרופ דשמ ת ו חור ם והם עצם ע לם דת קון מם וב ן ר ש על יד התיח ם בצ נורי הספ ת ל סתכלא אנפ ן באנפין למתק הדינין לכן נקרא זה הספר תיקונים כ מ בה ביחודים תיקון עולם ת לב וללבן הטיב מן הטיג ם והפסולת ע ודי שמ ת הקדוש ם בכלים מבל ם שת ם לפ מן וה שעד נהעולם אש הוא מרבה ב הקר ש הזוד לה שאין כן ספ הזהר שהוב בריו סובב על עצמות המרות בדרך ח ם והוכח ת מוס וא נו מרב מן יחו ים וזלת במקומות מועטים ובספרי אורא וסה"צ (מוב נו הה ה צב הידש הזוטשוב בר"ש ספר הת קונ ם שלו)

שמעונ אחיי הריע החברים המשתוקק ם ומבקש אמת אמתת עבודת הלב לחזות בנועם ה ולבקר בה כלו נפשי תשוקתה ותדבק בספר הזהר כאשר ידוע ומפורסם סגולת ספר הזוה וכ (סור מרע)

ותאמין ל את ם שא נו לומר זאת התכמה וא במו הזה בח ל הומה כמ שאין לו אלוק"י אחר שהתאות גובר והיצה מסית מביא ספק אמונה א"ל המש ם נפשו בכפו ועסוק בחכמה הבה' ובזוהר להבין נתבשר בלב בל חכם לב השנת החכמה ויראת שמ ם הרוממת צח וצלול ואמת ולא שאר לו ש ם ספק בה כי ה המל א פלא ת ויעמוד על עקר ענינ אל ק ת אלוק שראל ולא ישאר לו שום ספק קוש א כלל (סור מרע ועשה טוב)

ותכלית הדברים כשתרבק נפשך בספרי ראים שתראה בכל עת חיובך לבורא כל עלמ ן כפרט בספר הזהר ע קרא הבלא והוא ילהב ל ך שלהובא ראשא ספר הז ר הוא המפתח וה א הסוג (סור מרע ועשה טוב)

והזהר מ גלא בפום ה הרבינו מזידיטשוב לאמ חמיד לאנ ש ותלמידיו ולכל בא ביתו כ רק הל מוד הקדוש הזה הוא שרבהה תורה שה א מגן ומחסה נגד המקטרג ם נגד היצה ה שיזכו לתקן את נה ן שלהם נקי וכה מכל ס נ ופגם לטהר לקרשם בק וש על נה פעם שאל רב נ לאחר התלמידים ה שוב ם מדוע לא ל מ כוזהר הק והת קונ ם ובכתב האריז ל וענה כשמה ן לב ורבי מה אעש כ לל מ ד הקרוש הזה צריכ ם קדושה ח רה טה נברא הא א ן בי את וא ך א כל לגשת לק רש קרש ם ללמוד ואמר לו רב נו אם א נך עוה קדוש טהור צא ולמד ל מו הקדוש ה ה ותרבק בו וכוה ראה וקדש ואז תתק ש ותט ה כ א אפשר בזהר ור להשיג הבר מה בלעדו (מרדקדמה לספר צב לצדיק)

כי למדן משפר ולחרן לא טעם לעולם אור התורה ולא תחדש לו שום אור בל החיה שים שסוב כמחדש בסבוה ז וה ונרסות בדבל הבלים הם פן לבר אמ ת ת ולטהר את הטמא וב והז ר שדם מא ות ע נ ם מתוק ם לנפש ישראל המשכלת ש תחדש ל בכל עת רגע אור חדש ממש צד שנעשה בריה חדשה על ה הזהר ומכן האר"י"ל (היכל הברכה דברים אף כ חו)

גודל חיוב ונחיצות לימוד ואמירת ספר דזדר ובפרט לדדבות באמידת תיקוני דזדר אפילו בלי דבנד

על די לימוד ואם רת ספר דזדר ותיקונ ם בול לדבין על ידי שכל דנמשך בגוף לרת ותו בבחזנת יש שכ ל ויבין יחודו יתברך ועל די דמרות דנמשכין בלב לארוב דיש ודנצרך אל דגוף שרוא דיש ידיד ככח מדד זו לארבד את דו ד ול דא מפנ ו ולכוף את מדותיו שדם מצד דגוף בשביל ראתו תברך ולרפוך מדותיו אליו יתברך

על ידי לימוד ואם רת ספר דזדר ותיקונים ישוב אל דשם תברך בתשובר אמית ת בחדטד אמ ת דיתמרמר בנפשו על דפרדו מח רת ים אין סוף ברוך ונתרבקנפשו בתועבת דוי״ד אשר שנא כביכול ויתעצם במדותיו לדוציאם ממסגר דרע ולדבקר בו תברך

על די לימוד ואמידת ספר דודר ות קונ ם ישיב אל דשם יתברך מנקודת לכבו מצד דאמת ויעודד כתו תברך כאמתתו שלא בבח נת דעלם ומצד דאמת דד דכל דוא לבדו יתברך וממילא תפרדו כל פועלו און

על ד ל מוד ואמירת ספר דודר ותיקונ ם שובלמקורו ושרשו במס רח נפש למעלד מן דטעם ודדעת דק לדש ב לנפשו למקודד ושרשד בדתבוננתו בעיקרא ושרשא דכולא לא חפרץ בבח נת בשדים כ אם לדחז דד למקודא דכולא למקוד דח ים

על ד ל מוד ואמ רת ספר דזדר ות קונים שוב מנקודת דלב ויתדפכו כל מדות ו לגמרי אל ו תברך כמס רת נפש להו ד תבדך אשר בזד מס ר כל דדסתרד לגמרי בדגיעו אל מקורו יתברך וממ לא יתבטלו כלדדסתרוח כ באמת א ן עוד מלבדו

באן נעת ק דק כמר ליקוט ם מפני חוסר זמן שרוצ ם לגמור דדדפסר לל״ג בעומר ובעזרת דשם תברך במהדורות דבא ם נשתדל לדשל ם אח דליקוט אם רצד דשם

ורשותא א חיד ב לון לאלין נשמתין ראתחרכו מא ־ייהו בתר קודשא בר ך ר א ושב נתא לקנא ב א חב רא דאתמר בד בו אבל על מארי קבלד אם א תקת דאם על הבנ ם דל ת סבלתו לאשתמודע בשב נתא באילין מארי קבלד ותיק נים ף א ע בז

ובמר בנ נשא לתתא תפרנסון מדא חבורא ילך ב א תגליא לתתא ב א בתרא בסוף ומיא ובנ ניד וקראתם דרז בארץ גר ושם ף ב ר ע א)

אמר ר שמעון תבריא בורא קב אסתבם עמנא עלאין ורתאין למדדי בדא חבורא ובאד ד א דדא אתגלייא ביד דעתיד בול א לאתחדשא על ידא דמשר כס ף יומ א ב א בתראד לקיימא קרא ם ש דיד ד א ש יר (שם דף ק א)

דכב ן דא ת בורא אם רכבצת על כנ ם לא תקת הגם על דכנ ם אלין אינ ן דאתכד בד ן כנ ם אתם ל אלוקיב״ם ודא ת״ורא דוא כנווגא דת בת נח דא תכנ ש ב כל מ ן ובין רכי מתכנשין בדא ח ב א בל נשמת ן דצדיק״יא ואנש מד ת ראחמ בדון רשע ל צדיקים בוא ב וא רת ן דלא צריק ם ת ח ן מחמן וב א תגלייא דא ת בורא בעלמא סג אנן מתכנשין לגב דאתם בד ן ב את אשר שנו פד גר את אש א נג פד ב א בורא עמנ דיום ועליידו א תמר מצדיק ב ם בב ב ם לעולם ע בא נן דידין קיימין לעלם ולעלם עלמ א אתמר ב ון יד רעך בבובבי שם ם ות ק נ ם חדש

רמשביל ם ב נו מסטרא דבינ רא אילנ ח בנ נ ר אתמר דמשבי ב זר רו ב ורד קיע ב א ח בורא רילך יד ספר זר מן ודרא דאיתא עלא חש בר באיל ן לא צרך נס ון בנ ן עתידין שראל למטעם מא לנא ח רא רא ספר ר פק ן ביד מן גלותא ברחם ויתקיים בד ב נחנ אין עמו אל נבד (מ גשא דף קבב)

הדמשביל ם ב נו א נ ן מא קבלד אתמ ברון משביל ם י יד ב קיע איל ן א נון קא משתדל בזד דאתקרי ספר זד איד בת בת נ דמתכנשין ב שנ ם מעיד ושבנ ממלב תא ב ון חק ם בל דבן ד לוד אור תשל ברו א רספ דא (זרד ברעלותך קנ ג)

עיין שם גודל וב לעסוק במוד ר ובת ק נים ם נשמת דיתויד ב ד יזבר לאסתכלא בנשמתא לנשלתא ברים עת ק ם ב ן ת מלך דף ם ע

ל מוד דד דק בזמן דזד נצ ך לג מ ד לדגן לדצ ל א תנ נג בל דע ב ג לו הבמ ח עתר ב ת גרוע ת וא בר שידי״ לנו כגן עת לא בלבב ש ם לאב נ ע שמם ב א תן דוד ח דקודם מ ר נש מעש ותס״ים הדמעש ם ט ב ם מצ לין א תן כפנ בקט נ עת ד נ סרי״ רעל ן כמנ שמרים בת ך חב ת מ גן על נ אם לא קי״ ות נ בחכמ זאת (רחבם מוד יעק צמ בדק מ ת לע)

מורי לר ד אזמ מ י״ י תדיף ובק בע ון מאוד במד רנת ט ב שיעין שע א ת ו ב ב ון לא ח וב אבל מ ש נ מדיד ב ב ז א קמד רצ ן ת ט ב לו ש ע ן בפנ ב ת דד״ר שרוא פרי מסד שיעין קל פ תגדוא ש נ ן עסוק במ דשם באנ ת ובפ ט ב וד ו ספ קבל נפרי עין ם דנדגת דל מ)

מי ש בעל עסק גדול יד רוב לים דז בזור ק עת קבוע בב ללמו ספר בוס בפרט בספר דז ו במאמר קן צם א מ א מו קן ולם ד ב־ל ם זוד מעט בשבת בל דיום זוד (מא שעו״ם עמוד)

דנר מבואר מבאן שרת בזד מדז ד ר עת ד לדי ת גנוזובו עד שיבא דרו דאת ון בס ף מ ם שא תגלד לתחתנ ם ריזבות עוסק ם ב מש א תמלא ארץ עד בטבתו אשר ז חדיד סב קרוב לב א ז שאם בג נ שבתם איש אל אחיותו וכ בד שבזב ת זר גאלו שראל בשם שלא נגאלו ש אל מצרים עד שרוצ ך דקב ד לקדשם ברם פסח ב ם מ לד בן גאולד עתידד לא יד דנא ל עד שינו לתוספ ח דק שד דז ודוא ד״ין ל יתברך ראשרי דזוב בר (עשור מאמרות מאמר ראשון ספ שנ לות ת דב תו)

דנתו רושם לך לם ר מובדק דד דגאון דק וש ב עקב יוסף דב ן נ בקצרד על ני״ קטן בב ון בבדי שחשא אותו בבל עת ק לת ממ די ורב וכו ת ק נים ילם בבל שנ בבל וס ש אל בע ש ממע ב

ד א ו לך חק מעזב

לבבוד ק ושת חלמ רי רמוב ק צ יק קדוש בא נודא שמו מ ד הד נ מ מ מק ק מיקאלא וב ק ג ד ק מא ד יש ל צינ נ ולמז אבל א עצך אל ק ם אחך בבל לילד ק ם דש נ מס תלמ מ מ א ד מח קונ דזוד ק א חישן בטח ובל ת ר בעזד ת דש ת טע ל נ אדבתו רי אוהו ק אב

מנא מורי ישראל במודד ר אליעזד בע ש ממעזבוד (בתר י״ים ט ב)

ניע בל יינ ש וא ניע ועוסק דק בלבוש ת ר חלק נגלד רנקרא לילד ביד ע וא הפנ וד תו ר ב ר נ מטרי רז די מ ב תודד סוד חיד שז ב תורת ד שנקרא ם דרי מ באל ח את ראת ת ב ל מתח ב בנפש משא ב אם חפץ גם תורת נסת רגם שא א ש ל ל ש נ עלז נאמר ב אם בתו ת ר ת צו במושפ ד לש ך דק ב ל דש נ גם חלק ייבת ב תופס לק מן א דות בא ח פס בול בו בת נת פסים פ ק טיםו

בנ ש אל צא ם ביד ב ותרג מ ב ייד גפק ן ב נ ב ב ס נ עיד דא תא ב ד ק ו קדכת וד בסם פקן כן ל תא ע שמבא ע ר ב תגלד ספ בד פ ון מן גל ודד ש מ בפ ש ל צא ם נ מן גל ר לב מ ת ם ב גל בריש רב שמעון בן תא גל בשיתגלד ספ ק ש ספ דז אז ב א פק ן ו גל תא ודבן (גל מ נ ם פ ט

ח ו ד ט ש מש י״ בשיתגל וב בל דו ור ט ב מ״ א א שב ב נ לט ו וש מ ש רי בבר ש ש ספ או רנד ש וף יינו שיתבטל ג דקל פ ת מיל יד ול שב ב אנ שם פ שת שמ נ ו

בענין ילמ ק בחיי אר ל ל דעת ב אוד בע כך לא תר״ ללמוד בלע ורל כמך לא ת צא ק תלמיד פ שערי ר ננח רע ק ספ ז ת ק נ ם (וש ר אמח סימן ל ט

אתמר ביה עני ורוכב על חמור ומאי ניהו דשליט עליה חכם מופלא ורב רבנן דא שליט עליה. אבל אחרא איהו מחמרא בתריה בחומרא דמתניתין. ובן שור נגח לון בקושיא ונשיך לון ורביץ עלייהו ותבר לון ודא איהו מחלוקת. ובן ברגל תבר מאנין. ובגין דא בשור ובחמור דאינון כמנן דעשו וישמעאל יתון רכיבין עלייהו תרין משיחין ושלטין עלייהו. ומארי מתניתין שלטין עלייהו. ועלייהו אמר יעקב ויהי לי שור וחמור דשליט עלייהו בתלמודא ובמדרשים ובקשירו דתפלין וציצית שליט עלייהו. דאינון מועדים לקרקל דאתמר בהון וימררו את חייהם בעבודה קשה בחמר ובלבנים:

מיד נפק קלא ואמר אנחו ליה ינוקא ויסלק לאתריה. דהא שיתין הלכות דאינון ששים המה מלכות תליין באורא ואיהו אתי לסלקא לון לאתרייהו. מיד פרח ולא חזו מידי. אמר רבי שמעון ודאי דא איהו תינוק יונק משדי אמו ודא נער דאיהו אנהיג ארבין בימא דאינון תלמידי חכמים דאזלין בימא דאורייתא בארבע רוחין די בהון אתמר כה אמר יי' מארבע רוחות באי הרוח. ואית ארבע רוחין אחרנין מסטרא דשטן דאתיין בקושיא ומחלוקת וטבעין ספינות דאינון תלמידי חכמים בימא דאורייתא ולא יכלין לנפקא מתמן. ונלגלין סלקין ונחתין בהון:

אדהכי הא ינוקא קא נחית. פתח ואמר בוצינא קדישא פתח פה באורייתא דהא פומך איהו סיני סלין והבלין תנפקין מפומך עלייהו אתמר וכל העם ראים את הקולות ואת הלפידים וגו'. וכלהו צייתין למולך עלאין ותתאין. דאינון שתין רבוא דמתיבתא עלאה. ושתין רבוא דמתיבתא תתאה. ואנת איהו בדיוקנא דמארך דבזמנא דפתח באנכי שור לא נגח אריה לא שאג עוף דאיהו נשרא לא פרח. וכל חיילין דתליין מניהו בכרסייא יקרא ואדם לשבת על כרסייא דאיהו מכ"ה. איהו צייית למלין דידך בגין דמטרוניתא דילה דאיהו אורייתא קדישא סליק בפומך. מיד

וימררו את חייהם בעבודה קשה. דודאי דא איהו קושיא. בחומר
דא ק"ו דא נחש עקלתון מחלוקת. וזמנא איהו קל בשעבודא דישראל כד
חובין קלין עלייהו וזמנא דאיהו חמור כבד. ומסטרא דיליה תכבד
העבודה. ונחש איהו אזיל בקושיא ומחלוקת כגוונא דגלי ימא. כגוונא
דא כד חשיב בר נש דאיהו בקושיא ומחלוקת דתתא בסיפא דמתני'
אשכח לה ברישא וכד חשיב דאיהו ברישא אשכח לה בסיפא. ולבתר
פליג באמצעיתא דמתניתין. ויחפרו באר אחרת דא פסקתא דתמן
פסקי הלכה. ואיהו תרוץ ולא רבו עליה ויקרא שמה רחובות. ואלין
פסקין ותרוצין. איגון לבנים דאינון לבון ההלכה. ודא איהו ובלבנים.
ובכל עבודה בשדה ודאי דא ברייתא. דעלה אתמר כי בשדה
מצאה וגו את כל עבודתם זו משנה שפחה תניינא לברייתא. אשר
עבדו בהם בפרך הכל תלוי עד שיבא אליהו דא שפחה תליתאה דאיהו
עקרא עבוד"ה (עיבוד ה'):

קם ינוקא הדא פתח ואמר צעיר אני לימים ואתם ישישים: בראשית

תקונא עשיראה

(זהר ח"ג קו, ל')

בראשית ברא אלהים דא בב"א (ודא תקונא תליתין) ואינון תלת בבי
דאתרמיזו בתלת אנפין בראשי"ת בר"א אלהי"ם. ועלה
אתמר על כל דבר פשע על שור על חמור דא בבא קמא. על שה על
שלמה דא בבא מציעא. על כל אבדה אשר יאמר כי הוא זה דא בבא
בתרא. על שור ביה מתוכחים מארי מתניתין דא עם*דא. ואית שור
ואית שור. שור תם ושור מועד ואית חמור ואית חמור. ועל אלין דסטרא
דמסאבו אתמר בהון לא תחרוש בשור ובחמור יחדו ויעסב בגינייהו
אמר ויהי לי שור וחמור צאן דא שה דאתמר ביה על שה. ועבד
ושפחה דא איהו על כל אבדה ושור מועד ארבעה ועשרים תולדות
דנזיקין תלין מניה וכלהו תלין מארבע אבות דאינון קרן ושן וגוף ורגל.
נגיחה בקרן. שן דהוה אכיל בגזל. דבצה בגופא על מאני ותבר לון ולית
מאני אלא תלמידי חכמים וכד הזיק ברגלוי וכלהו במתניתין אתמר
חמור איהו חמור בחומרא דמתניתין. ותלמיד חכם דשליט עליה

מצוה לאקמא לה מן גלותא כאילו אוקיר לקב״ה. למלכא דהוה ליה
כטטר עם מטרוניתא וארמא לה מן היכליה ואיהי אזלת לגבי שכינתא
והלא כל מאן דמקבל לה בביתיה ואוקיר לה (ודאי אוקיר למלכא)
ואע״ל שלם בינהא ובין בעלה. הלא כל יקרא דעביד לה למלכא עביד.
דאם מלכא כעס עלה זמנא חדא או תרין יהא ליה שלם עמה ויחזיר לה
לביתיה. ואיהו שאיל לה מאן אוקיר לך או מאן זלזל בך. או אם תריך
לה למלכותא אחרא. כגוונא דא קב״ה תריך לה לשכינתא וארמי לה
מביתיה הדא הוא דכתיב ובפשעיכם שלחה אמכם. והלא כל מאן
דאוקיר לה בגלותא לקב״ה אוקיר. או מאן דמזלזל בה לקב״ה
מזלזל. ובגין דא כי מכבדי אכבד ובוזי יקלו דאף על גב דקב״ה זבין לה
בחובין דבנהא בגלותא רביעאה. איהו נטיר לה ואיהו יפרוק לה. ורזא
דמלה וכי ימכור איש את בתו לאמה לא תצא כצאת העבדים.
אלא תפוק בת חורין. בגין דבגלותא קדמאה דלא הות לה בעלה דאיהי
אורייתא חירו דילה לא נפקת לה בת חורין. ונפקת בחפזון כעבדא
דברח מרבוניה ולא אית לה שטר חירו. אבל בפורקנא בתרייתא
דאית לה בעלה דאיהו בן חורין לא תצא בחפזון ולא תצא כעבדין
דאתמר בהון עבדים היינו לפרעה במצרים אלא תפוק בת חורין. ובגין
דא וכי ימכור איש את בתו לאמה לא תצא כצאת העבדים. ומנא לן
דאורייתא איהו חירות. הה״ד והמכתב מכתב אלהים חרות על הלחת.
ואיהו יהא לה בפורקנא בתרייתא חירות ממלאך המות דלא ימות
משיח בן אפרים הרות משעבוד מלכיות דלא ישתעבדון בה
ובבנהא לעלם. ויהא לה חירו ולבנהא מכל מרעין בישין דעלמא דאינון
ערב רב וישראל דאינון מסטרא דההוא נער או מכרסיא קדישא אף
על גב דהוו מחוייבין בכמה חובין. כמה דאמרין אין בן דוד בא עד
שיהיה דור שכלו זכאי או כלו חייב אתמר בהון אם רעה בעיני
ארוניה אשר לא יעדה ועם כל דא והפדה בגלותא ולא ימשול

ב רוס שכ נתה עלתה לתר שהית מתימת עלתר שה ת חמות סתפתרת ושכינתת תתתה רתל דתמרה לתפתרת שימני
כתותס על לבך ומשמחה בתורום המות ן הנקרתים חיים

למוכרה בגלותא בבגדו בה בגין דבגרו בעבודה זרה ועוד וכי ימכור איש את בתו לאמה דא נשמתא קדישא דמכר לה בגופא דאיהו אמה דילה, ואתמר ושפחה כי תירש גבירתה. כד תפוק מגופא לא תצא כצאת העבדים. דאינון נפשות דאינון משותפין עם גופא תתאה דתנאה דלהון לאו איהי לעלמא דאתי לאשתדלא באורייתא דאיהו הידו ממלאך המות. אלא לירתא לעלמא דין ובג"ד שמתא דאיהי אשתדלא באורייתא לא תצא כצאת העבדים מגופא ברוחקא בנשמתא

דעם הארץ דאיהי עבד אלא תפוק בת חורין ממלאך המות:

(זהר תקון כ ח) *תקונא תמינאהליום כפור

בראשית דא באר (נ"א בא"ר ש"ת) ואינון תרין חד באר חפרוה שרים כרוה נדיבי העם. חד איהו באר דאתמר בה ויריבו גם עליה ותנינא באר אחרת ולא רבו עליה. באר דרבו עליה דא אורייתא דבעל פה. דאתמר בה ויריבו רועי גרר עם רועי יצחק לאמר לנו המים אלין מקשין על אלין. ואלין חולקין על אלין. אלין מטהרין ואלין מטמאין. אלין פוסלין ואלין מכשירין אלין אוסרין ואלין מתירין. בשית סמרין ואינון בראשית ברא שית:

(זהר תקון כ ט) תקונא תשיעאה

בראשית ברא שית סמרין דאסור והתר כדקאמרן. (ואיהו תקינא כ"ח) ועליה אתמר ועתה יגדל נא כח יי ואיהי כ"ח אתוון דעובדא דבראשית. בהאי (נ"א דאיהו) כ"ח תלמידי חכמים ויחפרו באר אחרת ולא רבו עליה. דאיהי הלכה למשה מסיני קבלה למשה מסיני. ומשה בגינה בזמנא דאמר ליה קב"ה אין שלום בעירך אמר ועתה יגדל נא כח יי' ואיהי תלמוד דאתמר למשה משה קבל תורה מסיני. משנה שפחה דילה. דא אתעביד להלכו, דאיהי ברתא דמלכא לבושא. וברתא דמלכא איהי בת קול מלגו. וברייתא איהי שפחה לה מלבר ואלין תרין סמכין לה לברתא דמלכא בגלותא משנה וברייתא ואית שפחה בישא דאתקריאת שטנה הה"ד ויקרא את שמה שטנה. אתתא דנחש דאיהו שטן ודא איהו מחלוקת וקושיא. ועלה אתמר

מתקשטא בכל מיני תכשיטין ירושלים דאיהו צואר עלמא. סב״ה אסחר לה הה״ד ואני אהיה לה נאם יי׳ חומת אש סביב ואיהו מחבק לה בתרין דרועין הדא הוא דכתיב שמאלו תחת לראשי וימינו תחבקני. וידין דמטרוניתא כלה קדישא. אינון רשימין כלהו בשמא דיקוק בגוונא דא (אמר המגיה הלשון מוטעה וצ״ל שהלשון כך) בכף י׳. בחמש אצבען ה׳ בדרועא דילה ו׳ בכתף דילה ה׳ בכף דילה מצויירין כמה שרטוטין, כענפין דאילנא דהוי לרשמא ביה דאיהו עץ החיים הה״ד עץ חיים היא למחזיקים בה ותמכיה מאשר. מימינא דידיה אתייהיבת אורייתא דבכתב. משמאלא דילה אורייתא דבעל פה. ובאן אתייהיבו בתרין לוחין דאתמר בהון שני שדיך כשני עפרים תאמי צביה ועוד. איהו אורייתא דבכתב דאתייהיבת בתרין דרועין דאינון שית פרקין ובאן אתייהיבת בתרין לוחין דאינון שני שדיך ואינון י׳ י׳ (ובהון צורת י׳) ובהון צר הה״ד וייצר ואינון בתרין דעולמתא דאיהי אורייתא דבעל פה דאתמר בהון וישבר אותם תחת ההר. תקן דילה ההוא דאמר לא נמצאו בתולים לנערה וענשו אותו מאה כסף אלין מאה ברכאן, ולו תהיה לאשה לא יוכל לשלחה בגלותא כל ימיו. שבחא דגופא זאת קומתך דמתה לתמר. ומאן דידע שעור קומה דילה איהו ירית עלמא דאתי. דאיהו ו׳ דאתמר ביה מקוה ישראל יקוק. מקוה דאיהו קומה דילה שעור דילה שעור קומה דא צדיק דאתמר ביה צדיק כתמר יפרח ועלה אתמר דמתה לתמר דאתמר בה ויבאו אילמה ושם שתים עשרה עינות מים ושבעים תמרים י״ב עינות אלין אינון, תרין עשר פרקין דאינון שית בתרין דרועין ושית בתרין שוקין. הה״ד ידיו גלילי זהב ממלאים בתרשיש. מאי בתרשיש בתרי שש בתרין דרועין שית פרקין. וכן שית אחרנין בתרין שוקין. שוקיו עמודי שש. אלין אינון י״ב עינות מים ושבעים תמרים די בהון צדיק כתמר יפרח. הא אינון חמש אצבעאן ובהון תליסר פרקין אינון

הסודות וש גנ דבריס רנסתרס והנעלמים אשר כ סר אותס עת ק ומ ; הא א נון חמש אצבעאן ובהון תליסר פרקין, דא ון ח [illegible] קשה י״ד פרק ס ש בהס ועוד כ ון דחש ב הפרקס א ך תש ב עמהס חמש אצבעאן וה״א ח׳

עם פי תקונא שתיתאה ושביעאה בניהו (קמו ע"א)

ח"י. וכן ח"י כיד ימין תלתין ושית וכן ח"י ח"י בתרין רגלין הא ע"ב (אמר המגיה הימה כ' דפרקין ארבעה וה' ך אמר ת' סר) שבעין דלהון שבעין תמריו. תרין צדיקי כתמר יפרחו בהו. ובהון כתיב מה יפו פעמיך בנעלים בת נדיב נעלים דילה נעילת החג ונעילת הפסח. ולא צריך לאתחזאה קדם נעלים דחול דאינון שאור וחמץ ועלייהו אמר למשה של נעליך מעל רגליה. דתרומה וחולין בגוונא דא. לא צריך לאתערבא תרומה בקדש וכן מלאכה דחול לא צריך לאתחזאה קדם מלאכה דקדש דאיהו מלאכת הכהנים. וכן א"ש דחול לא צריך לאתחזאה בשבת קדם אש דקדש. דבלהו חול ואחרנין קדש. ובגין דא מני המבדיל בין קדש לחול. הא ציון דאיהי שכינתא נפקא בכל משוטין דילה וכל עלמא מודין לה באצבע הה"ד חזה ציון קרית מועדנו ותתן נפים מעוטר לגבה. וכל עלמא אמרי צאנה וראנה בנות ציון במלך שלמה בעטרה שעטרה לו אמו ביום חתונתו וביום שמחת לבו. חתונתו שכינתא עלאה שמחת לבו שכינתא תתאה. יום דתרוייהו עמודא דאמצעיתא. בוצינא קדישא הא כלה מתקשטא לגבי בעלה דאיהו יסוד ברא דמלכא:

(זהו תקון כ"ז)

*תקונא שביעאה

דא איהו בראשית ברא אלהים. בראשית אבא ואמא. יסוד אלקינו. ברא יסוד ברא דאבא ואמא. אלהים ברתא. ועלייהו אתמר איש אמו ואביו תיראו. כבד את אביך ואת אמך אביך דא קב"ה אמך דא שכינתא דתרוייהו דילה בפקודין דלא תעשה אוסירו דילה בפקודין דעשה וכל אינון דמקיימי פקודי דעשה. עלייהו אתמר כי מכבדי אכבד. ואינון דעברין על לא תעשה עלייהו אתמר ובזי יקלו אמר בוצינא קדישא ר' ר' ומה הוא אוסירו ובזיון לקב"ה בפקודין דעשה ולא תעשה. אלא בודאי כד שכינתא איהי בגלותא כל מאן דעביד

הפרקים הן הן האצבעות ונראה כוונתו כי האצבעות שרשם בכף ויוצאין ממנו כאשר תראה בע"ג ך אך ארבעה האצבעות בלבד יוצאין מן הכף אבל אצבע הגודל יוצא מפרק התחתון המחובר עם הכף והוא בכלל הכף ולכן חשיב חמש אצבעות רוצה השורש שלהם שבכף ובפרק התחתון של הגודל שהוא מחובר בכף ונשאר פרקים באצבעות מספר י"ג כי שלשה פרקים יש בכל אצבע מן ארבעה אצבעות ובגודל יש פרק אחד בלבד העליון כי התחתון הוא בכלל הכף שנכנס בחשבון חמש אצבעות כלומר שורש שלהם חת נתו שכינתא עילאה שמחה לבו שכינתא תתאה מציור

ודא איהו רזא דויעבור יי'. רזא דעיבור נהיר בהון לגבי כלה בארבע
אנפין הדא הוא דכתיב וארבעה פנים לאחת ועמודא דאמצעיתא איהו
וא"ו עיבור השנה דאית בה תלת עשר ירחין. ואיהו בראשי תיבין והו
אנ"י ו'הו וביה איהי אשה עוברה. סוד העיבור יסוד. דאיהו יסוד טפה
דמינה אתעבידת עיבור. דאיהו וא"ו דהא וא"ו בלא טפה לית לה עיבור
ודא איהו מוחא דתמן חכמה. וא"ו איהו חוטמא מתתקנא באנפין
עלייהו אתמר וייצר יי' אלקים. ונהרין בחוור וסומק. וחוטמא דאזלא
בארח מישר איהי חותם אמת. ואם לאו איהי בארח קשוט לאו איהי
חותמא דגושפנקא דמלכא. ובגין דא ציורא דמטרוניתא דיוקנא דילה
דחוטמא מתתקנא באנפין ובארח מישר על אנפין ותרין נוקבין דחוטמא
תרי נביאי קשוט. פומא ברתא דמלכא ובה לשון למורים דאיהו צדיק
ועלה (נ"א ועלייהו) אתמר כחוט השני שפתותיך ומדברך נאוה
באורייתא פומא כללא דכלא. מינה קול ודבור דאינון ו"ה מינה הבל
דאידי ה. פומא דסיקא סתימא באות י' מתתקנא בשמא דיי' ובגין
דא כחוט השני שפתותיך ומדברך נאוה. צואריך כמגדל השן דא
ירושלים עלה אתמר כמגדל דוד צוארך. תכשיטין דילה כהנים לויים
ישראלים. בנוי לתלפיות דא צדיק דאיהו תל שהכל פונים בו. פנות
דיליה תרין נביאי קשוט. דשכינתא ודאי איהי ירושלם. תכשיטין
דילה תלת אבהן. חרוזי דילה תרי סמכי קשוט. ד"א צואריך דא
אורייתא תכשיטין דילה רמ"ח פקודין דילה. חרוזין וקמיעין דילה אינון
ממנן על שס"ה לא תעשה דנטרין לה בהון וכד אסתלק צואר
בתכשיטין דילה לגבי התן כמה ריחין טבין סלקין בה הה"ד מי זאת
עולה מן המדבר דא טורא דסיני דאיהו צואר עלמא מקטרת מר דא
קב"ה דאתמר ביה אלך לי אל הר המור. ולבונה דא סיהרא קדישא
עלה אתמר ואל גבעת הלבונה. מכל אבקת רוכל דא צדיק דאיהו כל
כליל בכלא. ד"א צואריך דא אורייתא דבעל פה הלכה למשה מסיני
מקוטרת מור. אמר מר. ולבונה לבון ההלכה מכל אבקת רוכל דא צדיק
דאית ביה מכל מינים ודא נהיר לה לאורייתא דבעל פה. ומיד דאיהי

מתקשטא

בניינין דעלמא ופוסקי הלכות דמאסו בה בגרותא. אתמר בה היתה לראש פנה בגין דאיהי הלכה למשה מסיני. קבלה למשה. ומה דהות בת עינא אוכמא. מינה ובה יהא סב"ה נהיר עלמא בגין דאיהו נהיר בה. ועיינין דנהרין באורייתא עלייהו אתמר עיני כל אליך ישברו ואתה נותן להם את אכלם בעתו. וצריך בר נש לאתעסקא בהון תדיר ערב ובקר וצהרים תמיד לאסתכלא בה סב"ה בעינוי דד"ד תמיד עיני יי' אלקיך בה מראשית השנה ועד אחרית שנה. ואוליפנא תמיד מתמיד. תמיד הערב ובקר מתמיד (ס"א לתמיד) דתמיד עיני יי' אלקיך בה והא תמיד דערב ובקר דקריאת שמע אידו אלא מכאן אוליפנא דמאן דקרי קריאת שמע ערב ובקר בכל-יום תמיד כאלו קיים והגית בו יומם ולילה באורייתא. הה"ד לא ימוש ספר התורה הזה מפיך והגית בו יומם ולילה וספר תורה איהו עין. תרי כנפי עינא תרי לוחי. ועלייהו אתמר תמיד עיני יי' אלקיך בה מראשית השנה. ומהו בה. בבת עין דאיהי שכינתא וכנפי עינא עלייהו אתמר פתחו לי שערי צדק תלת גוונין כלל ופרט וכלל. ואינון אהיה אשר אהיה דאינון כלל בכל אורייתא. אהיה כלל אשר פרט אהיה וכלל. קריצין דעל עיינין עלייהו אתמר תלתלים שחורות כעורב. ואינון תלי תלים מצחא דעל עיינין בה ציץ נזר הקדש מרוקם בגוונין וציורין דבי מקדשא דלעילא וציורין דילה שרטוטין בפותיא ובאורכא. מנהון דקיקין מנהון רברבין. ועלייהו אתמר במקום שאמרו להאריך אינו רשאי לקצר לקצר אינו רשאי להאריך להאריך מסטרא דו' לקצר מסטרא דד' אנפוי דמטרוניתא אינון מ"ט אנפין טהור נהרין כשושנה תור וסומק נטלין מיכינא ושמאלא. גוון תור בלבון דענוה. סומק בשעת דדחילו. ירא בשעת כד אתחזרו ירוקין הא חתן דילה אסתלק לגבי חמה דאיהי אימא עלאה. ומאלין תלת גוונין דאנפין תליין שבעין ותרין אנפין כחושבן חס"ד. ובהון יר"ו אתוון כחשבן גבורה

הרב עם התלמידים שאמרו אין דורשין במעשה בראשית בשנים ולא במרכבה ביחיד אלא כ"כ היה חכם ומבין מדעתו וכן מפורש בתלמוד כמה אזהרות בענין לימוד הסוד להשלימו ואין כל אדם רשאי לעסוק בו וכמה דברים בתלמוד שמגעו למוד אגדה של הסוד, הנה לעת"ד א"ה למוד זה לראש פנה שיתפשט לימוד זה בכל ישראל מגדולים ועד קטנים שיתקיים בהם מאמר הכתוב ומלאה הארץ דעה כמים לים מכסים שכולם אז רו עיניהם בלימוד ורא

* קמד ע"ב

הוה מסטרא דעמודא דאמצעיתא. וכד אתלבש (נ"א אתלבן) בחסד
בנהורא חוורא מניה יהא נהיר לסיהרא מקצה השמים מוצאו דא עמודא
דאמצעיתא. קצה דילה צדיק. ותקופתו על קצותם תרי סמכי קשוט
ובהון אין נסתר מחמתו דא שכינתא עלאה דאיהי חמה. מן תמן
יצטבע בגוון ירוק דאיהו רחמי. בההוא זמנא מתחברין שמשא וסיהרא
בחדא. ואין נסתר מחמתו דאיהי חופה דילה. ובההוא זמנא נטלת
היא מתלת גוונין. לאתפארא קדמיה בתלת גווני דעינא. דאינון
חוור סומק ירוק. ובההוא זמנא איהו יימא לגבה הסבי עיניך
מנגדי שהם הרהיבוני מוקרין לי בשלהובין דרחימו דילך. ובוצינא
דרישא תרין עיינין אינון תרין לוחין יקירין דאורייתא דאתמר בהון
לחות אבן כתובים באצבע אלקים כתובים משני עבריהם. ומרסמאן
מתרין עשר גוונין מהאי סטרא ומתרין עשר גווני מהאי סטרא דאינון
ארבעה ועשרין סטרין, ועלייהו אתמר מזה ומזה הם כתובים. ז"ה
וז"ה תרין זמנין ארבעה ועשרים ספרים. ואינון תרין עשר אנפין ותרי
עשר גדפין דחיון. הה"ד ופני אריה אל הימין לארבעתם גוון חוור
דעינא ופני שור מהשמאל לארבעתם גוון סומק דעינא. ופני נשר
לארבעתם אינון גוון ירוק דעינא. דאתמר וארבעה פנים לאחד וגו'
וד' כנפים וגו' הא ארבעה ועשרים. גדפין אינון גדפי עינא ועלייהו
אתמר מזה ומזה הם כתבים. וחיוון בהון כתיב וקרא זה אל זה ואמר
קק"ק יי' צבאות מלא כל הארץ כבודו זה אל זה ודאי בגוונא דלוחין
דאורייתא דאתמר בהון כתובים משני עבריהם מזה ומזה הם
כתובים לחות אבן כתובים וגומר לחות אבן מאי אבן דא אבן השתיה
שממנה הושתת העולם. והיא בת עינא. עלה אתמר על אבן
אחת שבעה עינים. ואינון שבעה גלדי עינא. ועלייהו אתמר שבע
ביום הללתיך. ודא מלכותא דרישא דאתמר בה אבן מאסו הבונים
היתה לראש פנה. מאי הבונים אלין אינון מארי מתניתין דאינון בנאן

שבעה לוחות יה שהם חו"ב ואינון שבעה גלדי ע"כ עין מ"ב לע' על מאמר שבעה
גלד ע"כ דאתמר שם דאינון בנאן, כנ"ל, דעלמא ופוסקי הלכות דמאסו בה בגלותא פ"רוש בת עין, מפרש
ליה על פסק וליחוד של הסוד וכו', רבונה שאמרו דברים של רסוד אלא רבונר מאסו דעסק של למוד
כנ"ל,

ולששים רבוא ושמונים פלגשים דהוו תמניז ספרי דאגדתא ועלמות אין מספר אינון הלכות דלית לון מספר וחושבן דאינון נימין דשערין דכלה דלית לון חושבנא. ואנת כלה סליקת על כלהו הה״ד רבות בנות עשו חיל ואת עלית על כלנה. ד״א ראשך עליך ככרמל. שערא דילך כמה איהו מתתקנא בתלת עשר תקונין דאינון תרי עשר מזלות וסיהרא תלת עשר ונימין דילך אינון כוכביא ומזלי דלית לון חושבן. ודלת ראשך אנת (הוא) דהוית סיהרא עניה תחות כלהו כוכביא. מהדקא בין רגליין. הה״ד ותגל מרגלותיו ותשכב. כען הא אנת רישא לכולהו. כארגמן דאיהו אמן יאהדונה״י. אנת ארני מ״ך דאיהו יקוק אסור ברהטים דילך ארגמ״ן א״וריא״ל רפ״אל ג״בריאל מ״יכאל נ״וריאל חיילין קדישין שמעו. כד חתו דאיהו שמשא ייתי לאנהרא לסיהרא איהי אתקששת בשערהא דילה. מתתקנא בתלת עשר דמנן (תקונין) דאינון תריסר מזלות. שמשא (יל יט ר״ה) והוא כחתן יוצא מחפתו. ואיהו ישיש כגבור לרוץ ארחיה ברקיעא. ישיש לגבה וראי הה״ד משגיח מן החלונות מציץ מן החרכים לאסתכלא ינבה. ברקיעא דאיהו (ס״א דא איהו) ישיש מאי כגבור מה גבורה עביד בהאי. אלא תרין עשר משקופין אית ברקיע וכלהו הילין מקטרגין לגבייהו נטורי תרעין. שמשא מתעטרא באתוון דתפלין דאיהו שם יקו״ק ואתלבש בגבורה הה״ד יקוק כגבור יצא. ודא איהו ישיש כגבור לרוץ ארח. ובמע חלונות כלהו דרקיע ועביד תרין עשר איהן כמה דעבר משה על ימא ודא איהו לרוץ ארח ובגין דנטיל בקדמיתא מגבורה שמשא נפיק סומקא. לבתר אתלבש בחסד דאיהו הו״ר וביה אשתכך רוגזיה דשמשא. ירוק

ושמונים כ״לגם ס דהוו תמנן ספרי ״אגדתא כ״יוס שר ר לרס שתו״ס ספר ס של א דר בחלק יסוד וג ן י״ג ״(דף קל ו על כסוק זר ספר תולדות אדם) שכתב וז״ל זר סכר דרא כאר סכר, א ן ספרא ״יר״ב רת ו א סבא, ספרא דתנוך ספרא דרב כרוסכדא וכו ע ם ו״זורר בשאר מקורות יזכ״ר עוד ספר ס דקאמר בספרא דשלמר מלכא, וכן באדרא מז״כר באגדתא דרב בא סבא, ובודא כל אותס ר דו״ל ס שר ר ״ירס עסק ו ד וסם בל מוד הסוד ם להם ספר ס על שתם כתו ם ם ״ירב רמ״נוגא סבא וכן ״ירי בא סבא, כן ם ״ירב ספרא סבא ולרב שת״ג א סבא ושאר תנא ס רידו״ל ס ר זכר שתס בזוה ק ובזוהר חדש וכן ם ספר ס ״גדול ר דורות שקדמו לתנא ס ירס מגדול השופט ס שרס עתר אל בן ק ז ותב״ ר ו ו תדול ר ב א ס אשר ר ר לרס עסק בחלק דסוד וק ס ״ירו שר ו סך שתו ם ספר ס של אגדת דסוד כ״ו, סוד וקראס כ לגם ס כל שם שרס אחו ם במ׳ רשם דרו ה הור

* קמד ע א

בגפן. ודלת ראשך בארגמן דא תפלה דיד. מה דהוה דלת בגלותא עניה הה"ד תפלה לעני כי יעטוף. תהא לבושא בארגמן דאיהו סוד א"וריאל ר"פאל ג"בריאל מ"יכאל נ"וריאל מלך אסור ברהטים דא קב"ה יקוק, דיהא אסור בארבע בתים דילה דאינון ארני ארבע רהטי מוחא דיהא אסור ברהטים כגוונא דא יאקדונק"י כי שמך בך ובך שמך ודא איהו סוד אמן מן ארגמן. דבר אחר ראשך עליך ככרמל דא ראש דבריך אמת דלת ראשך בארגמן דא שכינתא. מלך דא אברהם אסור דא יצחק בעקדה בקשרא דתכלין דדרועא שמאלא ברהטים דא יעקב בארבע רהטי מוחא דתפלין דרישא דאתמר ברהטים בשקתות המים. קם רבי שמעון ואמר אתכנשו חיילין קדישין עלאין ותתאין מחמי בקיטוטהא דכלה דהא חופה מתתקנא לגבה וחתן קא יתיל יה תמן פתח ואמר אליהו אליהו נחית הכא את וחיילין דנשמתהון דצדיקייא דכתיבתא עלאה ותתאה לקיטוטא דכלה. מיד הא נחית אליהו בכמה חיילין דמלאכין וכמה נשמתין:

פתח ואמר ראשך עליך ככרמל. כלה כמה מתתקנא ראשך בתפילין דאיהו (נ"א דאינון) פאר על ראשך דעלייהו אתמר פארך חבוש עליך. ורצועין תליין מהאי סטרא ומהאי סטרא. מה דהוו תלתלים שחורות כעורב הא אינון יורקין ככרמל. כעלין יורקין דאינון בגפנין ככרמל ומה דהות בגלותא דלת תפלה לעני ודא תפלה דיד דבה היא מתעטפא עני בגלותא (ס"א בצלותא) הה"ד תפלה לעני כי יעטוף. כען אתמר בה ודלת ראשך כארגמן. מלך אסור ברהטים. אלין ארבע רהטי מוחא ארבע בתי דתפלין דאינון אקיק וכן ביד. אקיק בחושבן חד ועשרין אזכרות דתפלין דרישא וכ"א אזכרות דתפלין דיד וסליקו לחושבן אקיק. אקיק הוא מלך אסור ברהטים אש"ר אקיק ואיהו רא"ש. יקוק קרינן ליה אסור בכלהו אזכרות. ד"א ראשך עליך ככרמל רישא דילך כלה על כלהו חיילין סלקא. על ששים המה מלכות דאינון שתין סדרי משנה וסלקין לשית מאה

ולששים

תא חזי דהא כד ייתי לגבה. יימא יגבי תרין משדין. נשכימה לכרמים דאינון ישראל די בהון אתמר כי כרם יי' צבאות בית ישראל. נראה הפרחה הגפן דאיהי שכינתא ברון הנצו הרמונים. אלין אינון דמליין מצות כרמון׳

קם ר' שמעון ואמר סבא סבא נשכימה לכרמים הא איה כרמים דלאו אינון ישראל בגין דא שמוני (ס"א כגון דשמוני) נוטרה את הכרמים כרמי שלי לא נטרתי. ואינון ערבוביא דערב רב דאינון מעורבין בהון בישראל בגלותא. ובגין דא כד ייתי קב"ה לגבי שכינתא איהו יימא לגבה נשכימה לכרמים נראה אם פרחה הגפן ברון דאתמר בה כי כרם יי' צבאות בית ישראל. הנצו הרמונים אלין וראי אינון דמליין מצות כרמונים. שם אתן את דודי לך אלין דאינון רחימין דילך תמן יהיבנא לון לך. כי הנה הסתו עבר שולטנו דסאר ממנן עמין. הגשם חלף חלף לו שולטנותא דערב רב. בההוא זמנא ייבא לגבה שובי שובי השולמית בתרי בתים דאינון בית ראשון ובית שני לתתא. שובי שובי בבית ראשון ושני לעילא ונחזה בך. דבר אחר שובי שובי ארבע זמנין בארבע אתוון דילה דאינון אדני ונחזה בך בארבע אתוון דיליה דאינון יקוק. אמר קב"ה לגבי ישראל ארבע זמנין שובי בשכינתא בתיובתא ונחזה בך בארבע כוסות דפורקנא דאינון בפסח דהייבין ביה ישראל למשתי ארבע כוסות כגוונא דארבע גאולות. שובי שובי בארבע יחודין (בס א יסודין) דילך ונחזה בך בארבע היון ונחזה בה בשמיא וארעא ומיד ישמחו השמים ותגל הארץ ויאמרו בגוים יי' מלך. בההוא זמנא הנצנים נראו בארץ אלין אברה זכוון דלהון אתגליאו על שכינתא דאיהי ארץ החיים ועל בנהא דאתמר בהון והיה זרעך כעפר הארץ. עת הזמיר הגיע אז ישיר משה ובני ישראל. וקול התור נשמע בארצנו קול צופיך נשאו קול יחדיו ירננו כי עין בעין יראו בשוב יי' ציון. בההוא זמנא קב"ה משבח לה הה"ד ראשך עליך ככרמל דא תפילין דרישא. *ורצועין תליין מכאן ומכאן כזמורות דאינון ככרמל דתליין

אומרת רפדוני. במאי. בתפוחים דמתרבים בעצי היער ואלין אינון עצי בשמים. קם סבא תליתאה ואמר ר' ר' הא אנן בעצי בשמים מבדילין והבא איהי לא אמרת אלא בתפוחים אלא אנן מברכין על עצי בשמים בגין דאתמר בהון וריח אפך כתפוחים ולא עוד אלא כל מיני בשמים אינון טבאן לברכא על יהו. ואנן דעבדין בהדס בגין דאית ביה תלת עלין דאתקריאו תלת הדסים דרמיזין לתלת אבהן. אבל תרין נוקבין דחוטמא. אינון לקבל תרין תפוחין דאינון תרי נביאי קשוט. די בדון עתיד לאפקא רוחא דקודשא דאידו רעיא מהימנא דלעילא. דביה אתישבא נפשא דילה ובגין דא איהי אמרת רפדוני בתפוחים כי חולת אהבה אני *בליליא דשבת אתמר קמתי אני לפתוח לדוד בשבת. וכד נפיק שבת אתמר ודודי חמק עבר ובההוא זמנא בקשתיהו ולא מצאתיהו קראתיו ולא ענני עד דאומנא דבזמנא דייתי זמנא אחרא דאוחיד בידיהו ולא אשבקינה למיזל כמה דאתמר אחזתיו ולא ארפנו עד שהבאתיו אל בית אמי דא בי מקדשא דלעילא ואל חדר הורתי דא בי מקדשא דלתתא ובזמנא דאחיד בידיה בפורקנא בתרייתא לא יהא לי כזמנין אוחרנין. דבכל פורקנא ופורקנא הוה אתי ולבתר הוה פרח מנאי. אבל בפורקנא בתרייתא אנא אחיד ביה וקשיר ליה בכמה קשירין דרחימו דלא יזוז מנאי לעלם ולעלמי עלמין. דבכל גלותא וגלותא הוה אזיל מנאי והוינא שאיל עליה לכל עובר ושב הה"ד כמעט שעברתי מהם עד שמצאתי את שאהבה נפשי. וזמנין לא הוינא אשכח מאן דיימא לי מדי מיניה והוינא אומי בגיניה לכל בני קרתא הה"ד השבעתי אתכם בנות ירושלם אם תמצאו את דודי מה תגידו לו שחולת אהבה אני וכמה זמנין על משכבי בלילות דאינון גליות בקשתי את שאהבה נפשי ולא הוה מאן דיימא לי עד דאיהו הוה אתי וכען בגלותא בתרייתא ברח דודי בבעסא סגיא ושאילנא בגיניה ולא אשכחנא מאן דיימא לי מדי. ובגין דא אנא אומינא. דבזמנא דייתי ואחידנא בידוי דלא יזוז מנאי ואנא אחזתיו ולא ארפנו. אחזתיו בקשורא דתפלין דיד ולא ארפנו בתפלין דרישא.

* קמד ע"א

תדרוש דיפטור נדר ואף על גב דשכינתא איהי בגלותא לגבי בעלה כנדה. דאיהו יפריש בין דם לדם ואתפתח מקורא דילה לדבאה לה במים דאורייתא מים חיים דלא פסקין. ואפריש מינה דם נדה דאיהי ליל"ת דלא אתקריבת בהדה דאיהי חובה דנשמתא דסאיבת לה ולית לה רשו לסלקא נשמתא לגבי בעלה יההוא אתר דאתייהיבת מתמן ואתדנת בין דין לדין בין דיני נפשות לדיני ממונות דאית מאן דפרע בממוניה ואית מאן דפרע בנפשיה. ובין נגע לנגע. כמה דאוקמוה איכה ישבה בדד דאיהי חשיבא שכינתא בגלותא במצורע. דאתמר ביה בדד ישב מחוץ למחנה מחוץ ודאי דא גלותא דאיהי לבר מארעא דישראל דאיהי מותבא דאת ה' ואי מקורא לא יכיל למפתח עד דיפתח ליה ההוא דסגיר ליה. אנא מפייסנא ליה בגין יוד קא ואו קא דאיהי יהודא (דיהודיה תמן) ובגין לבושין דאתלבש מיד אתפתחת מקורא ואתדכיאת שכינתא. ורזא דמלה מקוה ישראל מושיעו בעת צרה. מושיעו ודאי ההוא דמקורא דמקוה בידה:

תקונא שתיתאה ליום ט"ל.

(זרו תקון כ ו)

בראשית תמן תרי אש. ואלין אינון תרין אשין דאינון בורא מאורי האש ועלייהו אתמר סמכוני באשישות בתרי אישות ואמאי אמר בהון סמכוני אלא בליל שבת נשמה יתירה קא נחתא לסמכא שכינתא תתאה בגלותא דאתמר בה נפלה ולא תוסיף קום וכד אתא מוצאי שבת אסתלקת נשמתא יתירתא דכה וינפש. וינפש מיד דאיהי אסתלקת וי נפש דלית מאן דסמיך לה. בההוא זמנא איהי אמרת לישראל. סמכוני באשישות דאינון מאורי האש. ומאי ניהו תרי תורות דאינון הצובות מאש דאיהי אלקים מדת הגבורה ומאי ניהו למודי יי' תרין שפוון דאקרון להבות (נ"א דאוקדון בלהבות אש) ואינון תרין תפוחין דמנהון רוחא דמשיחא נפיק דאתמר ביה ונחה עליו רוח יי' לבת מלך דהות בבי בדעא מרחימו דבעלה דאזל בעירה איהי נפלת למשכבא צווחת ואמרת סמכוני באשישות הא איהי בבי מרעא. היא

טעל ות הנעם ס בשבת קודם ושבת למחר עליה טריתם ך יוח, על ת ס יתקוס גבוה ועל ן, מתקור רת ס אומרת

יימא דא מהימנא מרא. דכמה דאיהו לתתא שופטים ושוטרים תתן לה בכל שעריה לדינא גופין. הכי אית לעילא שופטים ושוטרים לדינא נשמתא ולא יוסיר לדא יתיר מדא. אלא תרוייהו בהשואה בדינא ואינון צריכין למשמע קדם דינא ולא ימללון עד דשאיל לון דינא ויהיב לון רשו למללא ויהון קדמיה בדחילו בגין דשכינתא שריא עלייהו. ומאן דתבע פשוט כאלו מקיים על עלמא דין אמת. וס"א דין אמת וכל שכן מאן דדן דין אמת. כאלו מקיים אמת מארץ תצמח. ווי ליה למאן דאוקים שקרא ואפיל אמת דגרים והשליך אמת ארצה ומאן גרים דא דיינא דלא דן דין אמת. ובודאי דיין דדן דין אמת כאלו הוא אפיק לשכינתא ולישראל מגלותא ואוקים לון מארעא:

קם ר' שמעון על רגלוי וסליק ידוי לגבי עילא ושבח למארי עלמא ואמר רבון עלמא עביד בגין שכינתא דאיהי בגלותא. ואם איהי באומאה הא אבא ואמא דאינון חכמה ובינה יכלין למעבד התרה הה"ד יי' צבאות יעץ ומי יפר. אם התלמיד אומר הרב יכיל למעבד התרה. ואם נדר או נשבע בן דאיהו ו' דלא יפרוס לה אלא דתהי בגלותא עד זמנא ידיעה ונדר או שבועה איהו בי"ה דאינון חכמה ובינה ואיהו אתחרם. הא תלת בני נשא יכלין למפטר ליה ואינון תלת אבהן לעילא לקבליהון ואם לא תתחרם אנא בעינא מינך ומכל אינון דמתיבתא דלעילא ותתא דתעביד בגין רעיא מהימנא דלא זז משכינתא בכל אתר ואיהו על שלם בינך ובינה וזמנין סגיאין ומסר גרמיה למיתה בגינה ובגין בנהא הה"ד ואם אין מחני נא מספרך אשר כתבת ואם הוא נדר מסטרא דאבא ואימא ולא בעי אנא סליק לגבי ההוא דאתמר ביה כי יפלא ממך דבר דאתמר ביה במופלא ממך אל

פנין חוב, דעשרין ב' יתר הם ואמר ר' אוקימו קדמאין דעד עשרין שנין יתמים, ו' לכן נר ך לגרום דא ת הבל אי נים, ואית בות י יתשוע דדבר ם אלו חדש ם הם שלא ר ר מדבר דרם קודם זו ודות פשוט וכרור זמ ב ואת חוכן דישגבן לו למלא ותבעין לון יעילא כרהה אלו הם דבר ם שפטור האדם על רם ביין אדם ורק דואת ב כרם יגלת די שתים ופסים קם רב שמעון על רגלוי וסלק ידוי ליב ע לא ושבח לתאר ע'ית ל'כ קם על רגלוי כו, לרעלות ה' במקום תנ"ה וסלק דו לגב עילא כו, להעלות חי ת במקום חב"ד ע"ד

אלא באתריה. ואלין אינון חובין דעשרין שנין. ואית חובין להתתא דאוקמוהו קדמאין דעד עשרין שנין מענישין לתתא ולא לעילא ואית חובין דמענישין לעילא ותבעין לון לעילא בי דינא רברבא. ובגינייהו מבשכבין נשמתא לעילא ולא מניחין לה לנחתא לתתא אבל בחובין דמענישין עלייהו לתתא לא מענישין לה לעילא ולא מעכבי לה תמן. ואית חובין דנשמתא. דנבין מניהו בכל אתר כוון ומקלל אביו ואמו דאתמר ביה מות יומת מבי דינא דלעילא ומבי דינא דלתתא. דאתדנת בתרין דינין. וכגון חובא דא בכל אתר דאשכחין לה לעילא גבין מינה. ובכל אתר דאשכחין לה לתתא גבין מינה. ולית פקודא דלית לה רשו לאגנא עלה. דאית חובין דדיינין לה בדינים חמורים לנשמתא ויתי מצוה דאיהי מטרוניתא כגון מצות תפילין ואגינת עליה ופר שת גדפהא עלה ולית רשו למקטרג יקרבא תמן. ואית חובין דמטרוניתא לית לה רשו יאגנא עלייהו הה"ד מעם מזבחי תקחנו למות. אבל פקודין אית דאינון שפחות מאלין פקודין דאינון על מנת לקבל פרס אף על גב דייתון לאגנא עלה (נטלי לון) מקטרגין תחות רשותייהו (נ"א נפסין לה מקטרגין מרשותייהו). ואית חובין אחרנין דאתקריאו חלוקי דיינין על חובין דחולקין בהו, מנהון מטה כלפי חסד ודיינין לה לנשמתא במטון. דאיהו דיני ממונות. ואית אחרנין דחולקין עלייהו ואינון נוטין כלפי חובה למידן לה בדיני נפשות אם זכוון מתגברין על חובין דנין לה בדיני ממונות. ובגין מזכוון דאינון גמילות חסדים דיליה. ואם חובין מתגברין. דיינין לה בדיני נפשות מסטרא דגבורה. ובגין בה נפש ורוח. ולעילא לית משוא פנים בין זכאה לחייבא וכן צריך להשוות לתתא גבי דינא. זכאה עם חייבא מסטרא דאמת. עמודא דאמצעיתא. ולא יהא דיינא רשאי למעבד משוא פנים לחד מנייהו בדינא. דבדיינא דלעילא אתמר ביה לא ישא פנים ולא יקח שחד. ווי ליה לדיינא לתתא דאשתני מדיינא דלעילא דאכחיש עובדא דבראשית. ולא

אלא במקום פ' ואית חובין לתתא דאוקמוהו קדמאין דעד עשרין שנין מענישין לתתא ולא לעילא נ"ל דצריך ליגרס דאית חובין שדברים אלו סיום דברים שקדמו להם שאמר ואלין אינון חובין דעשרין שנין וכאן מפרש דבריו

בחובין דתבע עליה יצר הרע וחשיד יצר הרע בהאי ואזלין לגבי בי
דינא והן עלייהו דין הנשבעים. אומאת נשמתא עלייהו ואתפטרת.
ואם לאו פרעת. ואית חובין דאתמר בהון וביד כל אדם יחתום
ומראין לה חתימת ידהא ואית חובין דאינון על תנאי דאתני עליה
לפרעא לון בהאי עלמא דחובין דיליה באתריה דלא יגבה לון תובע

ושת ס וכ ש שלש פעמים אין שכחר של זה חש ב שוגג אלא חש ב פושע וש לו דין מזיד שתח ב עלו וכמ"ש בגמרא על אותו תלמיד ששכח לריח עירוב בערב יו ט ואמר לו שמואל בפעם רחשונה סמוך אדרי ומותר לך לבשל אך אחר ששכח פעם שנית אמר לו פושע את ולא ועל לך ערוב של וכן כאן כיון שחטא ב"פ מחמת שכחה טוען הלה כי שא, לור דין שוגג אלא פושע ורנשמה טוענת הן אמה בשוכח שני פעמים חשיב פושע אך כאן היצר עשר לו המלאות לבלבל לבו כד לגרום לו רשכחר ולא באר השכחה מאלי כפ טבעו של אדם אלא היצר בלבל לבו ורער דו לשכחו עוד פעם שנית ושלשית יא כ בכה"ג אין לו דין פושע, וחש בתקונים דלזמנ, נשמתא לא הות מודר בחוב, דתבע עלה היצר אין רכונר שר לה היצר אומר שחטאה והיא אומרת לא חטאת דזה א"א לריות אלא הכונר שהלה י תובע על מעשה השוגג שהיה מחיית שכחר שא, זר שוגג שתרה הנשמה פטורה עלו אלא זה חשב חוב גמור שרוא פשיעה מאחר ששכח שנים ושלוש פעמים והנשמה אינר מודה בטענה זו שטוען היצר כי אומרת דשכחה היצר עשר אותר ע בלבול המות וטרדת הלב שסיבב לו השכחה ולכן אין לדבר זה דין פשיעה ולא נחשב לחובר ובאמת היצר חשוד בדבר זר שטוענת הנשמר כי כפ רדפתו שרודף אחר האדם להחטיאו יש טעם לחשוד אותו בכך ואז ב"ד של מעלה כאשר דנים תהלה דין זה שבא לפניהם כיון שרם אינם מכירים הנסתרות שבלב כי אם רש"ת לבדו רואה המכיר בנסתרות ולו נגלו כל תעלומות על כן מוכרחים שיפסקו הדין כך שתתחייב הנשמה שבועה להשבע אם אמת הדבר הזה שאומרת שהיצר עשה בלבול וטרדה בלב שלה לגרום לה שכחה שתשכח האיסור ותכשל בו ולזה אמר בתקונים והן הב"ד עלייהו דין הנשבעים כיון דטענות אלו הם דברים שמכוסים בלב ואז אומיאת נשמתא עלייהו דהשכחה באה בלבה מכח הבלבול שעשה לה היצה"ר בלבה ודעי כ נמצא לא נחשב לה בזה דין פושע ואתפטרת מעונש חובין אלו ואם לא תרצה להשבע על זאת מפני שאין הדבר הזה ברור אצלה ולרכ חוששת מן השבועה אז תתחייב בחובין אלו מדין פושע ופרעת בעונש שתקבל בעבורם **ואית** חובין דאתמר בהון וביד כל אדם יחתום ומראין לה חתימת ידהא לכאורה פירוש דם המלאכים דהא, עם נשמתא כמ"ש לעיל מזה כמש"כ מלאכיו לוה לך אמא תחתום האגרת ברודאתר על הם וכ"ל בסוד כי המלאכים מעידין על יחוד שעושה בחוץ ודוקא והנשמה חותמת על מה שנעשה בליל אך גם המלאכים מעידין על רנעשה במעשה והנשמה מודה והותמת על הנעשה בדבור אך גם רמלאכים מעידין בדברים שבין אדם למקום דוקא והנשמה חותמת על דברים שבין אדם לחבירו **ואית** חובין דאינון על תנאי דאתני עליה לפרעא לון בהאי עלמא וכו' פירוש מפורש בספר הראשונים ז"ל דמ"ש רז"ל אין בית דין של מעלה מענישין קודם בן עשרים היינו דוקא אם דנים אותו בעוה"ב שהוא אחר פטירתו מעוה"ז שם לא יענישו אותו על עונות שעשה קודם עשרים אבל אם דנים אותו בב"ד של מעלה בעודו חי בעוה"ז שנפרעין ממנו ביסורין על עונות שבידו גם הב"ד של מעלה מעניש אותו על עונות שעשה קודם היותו בן עשרים דהיינו מזמן י"ג שנה ויום אחד כי כיון דהעונש הוא בעוה"ז גם בב"ד של מעלה אזל בתר דיני אדם בעוה"ז שמתחייבין את האדם על עונות משנת י"ג ויום אחד ומעלה, וזש ואית חובין דאינון על תנאי דאתני עליה לפרעא לון בהאי עלמא ואין הכוונה דאתני קב"ה על האדם תנאי ממש בכך אלא הכונה רוצה לומר כאלו הם על תנאי זה כלומר דדינו לדון חוב שהלוה עשה בו תנאי עם המלוה שאפילו רגיע זמן הפרעון, אינו יכול לתבעו לפרוע לו אלא רק באתריה דלוה וכן זה הפרעון של חוב, שעביד בר נש עד שנת עשרים כאלו נעשה ברם תנאי שלא יהיה הפרעון שלהם ביסורין אלא רק בעודו בעוה"ז ואם לא דנו אותו בה ומת בעוה"ז דנים אותו בעוה"ב אחר שנפטר אז אין מענישים אותו על אותם עונות שעשה עד היותו בן עשרים כיון דעונות אלו דינם להיות פרעון שלהם בעוה"ז דוקא כדין רמתנה על חוב שלא יהיה לו פרעון

אלא

חובין בזכוון ואתמר יצא שכרו בהפסדו מיד חזרין ליה לגופא
קדם דייתי שמשא. ורזא איהו עד בא השמש תשיבנו לו. דכר נאים
בר נש. נשמתא סלקא מניה ולא נחתת בגופא עד דפרעת כל חובין
דעבד בר נש בההוא יומא ובג"ד ממשכן לה ההוא בי דינא דלעילא
בגין דמקטרגא סליק אבתרהא למתבע מינה דינא בארבע מיתות בית
דין תרין דאתמר לעיל ותרין דאינון שריין על אינון דמגלין ערין
דאורייתא. זכאה איהו מאן דנטיר לה בכל יומא. ובזמנא דחובין אינון
רברבין ומלוה בר נש חובין על משכונא. אבד משכונא דאיהי נשמתא
ולא חזרת לגביה. וכלא איהו בדין. דרן לה גבורה דאיהו בי דינא
רברבא בכל לילא בתרין עשר שעתין ובשבעין ותרין רגעין כחושבן
חס"ד דאתמר ביה והוכן בחסד כסא ורזא דמלה ותפקדנו לבקרים
לרגעים תבחננו. ואית חובין דאינון בסתר ולא יכילין לאסהדא בהון
מלאכין דאזלין עם נשמתא דאתמר בה כי מלאכיו יצוה לך. הא
שכינתא סהדית עלייהו הה"ד אם יסתר איש במסתרים בגין
דשכינתא על רישיה דאתמר בה דע מה למעלה ממך עין רואה ואזן
שומעת וכל מעשיך בספר נכתבים ולזמנין נשמתא לא הוית מודה

לה חובין ואית לה זכוון כנגדם אז מיד מחזיר, לו המשכונא דאיהי נשמתא. דרן לה גבורה דאיהו בי ד'
רברבא בכל לילא בתרין עשר שעתין פירוש לתפלה היום והלילה שהן כ"ד שעות יום ואח"כ שעות ומדת לילה
י"ב שעות ואין שם חשך רק יש הפרש גדול יותר כו' וכו' ומצטרף עם י"ב שעות דלילה עוד ע"ב רגעים
מן י"ב שעות דיום אשר באלו רגעים דין ר"ל אך ידין, שהן באלו ע"ב רגעים הוא חסד כנגד, ע"כ יען כי אלו
משעות דיומא נינהו ונגלה כ"ש דיקר יש אחר בתחלת י"ב שעות של יום ודאז נגמרו י"ב שעות דלילה ורב' אחר
ע"ב רגעים של דתחלת י"ב שעות של יום ש אלו ע"ב רגעים מצד שהן בהם דינא נחשבים לילה ואחר שאלו נחשב
בקר שא, דן, כו דין כלל אך מצד שהם באמת יען י"ב שעות דיום נחשבים ממש ולכן שג בחשות בקר ש אחד
בכניסת ע"ב רגעים הנז' ואז' בילות ע"ב רגעים הנז' ולכן אמר תפקדנו לבקרים תרין וסים לרגעים תבחננו ללמד
כ הוא, ש ש כ, שג בקר אלו הם חשבון של רגעים שהם ע"ב ואית חובין דאינון בסתר ולא יכילין לאסהדא
בהון, מלאכין פירוש רם מחשבות רעות והרהורים רעים דאין המלאכים מכירין, מה שבחות ואה שבלב כדי שיעידו
על הן, וגם יצה"ר שרואה רשען שמקטרג אינו יכול לתבוע בעדם ועל אלו שכינתא סהדת על רו ולזמנין
נשמתא לא הוית מודה בחובין דתבע עליה לה"ר ותב ד' ברא ואזי נגב ב"ד וכו', עלייהו ד"ן ר' שבעים
הנה מאמר זה פלא לע"ג, דקודא מאמר נפשך אם חוב, אלו רם במעשה הא איכא מלאכין דסהדין על רו ואם
הם בהרהור מנא ידע השטן לקטרג בהם והלא כבר אמר קודם זה דחובין של בסתר שכינתא אסהדת עלייהו,
ועוד קשה טובא איך הנשמה מכחשת אם היתה הוא כך כמו שאומר ריצ"ר ואם אין היתה כך איך יצ"ר תבע
למעלה דבר בשקר. ועוד מה ענין אומרו דחשיד לה"ר בהא, י"ל בס"ד דחובין א"ו הם על מעשים שהם בשוגג
דשכחה אך שנה החוטא בהם שחטא פעם ושתים ושלוש וכולהו בשוגג ושכחה וע"ש על זה עשגה כיון דחטא פעם
בחובין

לאתעטפא ביה במשכבה, ובגין דא אי בר נש לא אנח תפלין וציצית במה ישכב אירי בגלותא. עלה אתמר אשרי משכיל אל דל ביום רעה ימלטהו יי'. ובזכות פקודין אלין ירתין בני נשא תלת כתרין דאינון נשמתא ורוחא ונפשא ובהג צריך למקרי לישראל עלאה דינחית לאנהרא בשכינתא בנהורא דפורקנא דאיהו שמש צדקה ומרפא בכנפיה לישראל דאינון בבי מרעא בגלותא. דצדקה איהי שכינתא עלאה עלה אתמר מי ירפא לך ואיהי כ"ה כ"ה אתוון דקריאת שמע ערבית ושחרית. וביה נחתא לישראל למפרס שכינתא. אבל כימינא אוקים לה ורחם עלה הה"ד ובחסד עולם רחמתיך ובגין דא נשמתא. ורוחא, ונפשא. אינון משכבא דשכינתא בגלותא ועלייהו אתמר ושכב בשלמתו וברכך ובגין פקודין אלין שריא שכינתא על בר נש ועל נשמתא אתמר משוכבת חיקה שמור פתחי פיה. דלא תדור אם לא תשלם הה"ד אם אין לך לשלם למה יקח משכבה מתחתיך. ואשתארו רוח ונפש יתומים. ואם נשמתא עברת על פקודי אורייתא ואנחת חובין בגופא דין איהו ליפרע מנכסי יתומים בפקודין דעשה דאשתאר לון מנשמתא דבגין חובין נטלין מחייביא משכונא דאיהי נשמתא. ודא איהו אם חבול תחבול שלמת רעה ואי אית ליה חובין ואית ליה זכוון אתפרעו

ואם נשמתא עברת על פקוד אורייתא ואשכחת חובין בגופא דין איהו ליפרע מנכסי יתומים וכו'. ב' אור עג"ן זה אל דמוכרח אפי' ע"ש לאדם נפש בלבד כלול בה רוח ונשמה נ"כ ולכן א"ן לך אדם שא"ן לו נר"ן וידוע כ רמזים לר"ך ש"ק ס' האדם אותם במחשבה ובדבור ובמעשה דהיינו ש"ק ים רמ"ח עש"ן במעשה ועוד כל רמ"ח בדיבור וגם כל רמ"ח במעשה וכן הוא בלאוין וכמפורש בשער הגלגולים וידוע כ' מה שצריך לקיים רמ"ח במחשבה זה שייך לחלק הנשמה ומה שצריך לקיים בדבור זה שייך לחלק הרוח ומה שצריך לקיים במעשה זה שייך לחלק הנפש ולפ"ד ר"ת קו"ס כתן אם אדם חטא וצריך ליקח מתנו משכון רי"ו שמסלקים ממנו חלק הנשמה דמשכונא איהי נשמתא ונ"מ חלק הרוח וחלק הנפש נקראו יתומים אחר סילוק חלק הנשמה יוסם כ' לנשמה ש"ל דין אם והרוח והנפש הם ברא וברתא ו"ש ואם נשמתא עברת על פקוד אורייתא דהיינו שעברה על לאוין ואנחת חובין בגופא דדיינו רושם איסור דלאוין נרשם בגוף ד"ו, א"ה הו אחר סילוק א"ק רנשמה ל' פרע מנכס' תו' ש' אלו הרוח והנפש בפקודין דעשה דאשתאר לון, מן נשמתא ר"ל מה שיש להם מן הנשמה כחות של מצות עשה שנתקיימו מן המחשבה הש"יכ ס לנשמה שנשארו אצל רוח ונפש אחר סילוק הנשמה מהם עו כי כ"ו חובין, ס"ל מ"ח ב' א' משכונה להיי נשמתא כלומר המשכון שלוקחים מן ריחופא אחר חטאו זוא חלק הנשמה וא"כ רנשמה מסתלקת ונשארו כחות הטוב של המצות אצל רוח ונפש אחר סילוק הנשמה מרם **ואי** אית ל"ה חובין ואית ל"ה זכוון אתפרעו חובין בזכוון פי' רוב אם אחר שנתחכבר הנשמה בסלוקה מן הגוף ועשה האדם עוד מעשים למטה ונמצא דאית חובין

איהו לא תלין נבלתו על העץ חובא דא דעם נבל לא תלין נבלתו על העץ דאינון ישראל. ד"א לא תלין וכו דא גיורא דא אתגייר לשמא דקב"ה לא תליא ביה בישראל דאינון עץ כמה דאוקמוה כימי העץ ימי עמי:

ועוד לא תלין נבלתו דא נבלות הפה. על העץ דא לישנא בישא דחובא דא גרים דימות קדם זמניה. ודא איהו כי קבור תקברנו.

ד"א לא תלין נבלתו דא יצר הרע על העץ דא נשמת חיים. דמאן דהלל בה אתמר ביה. כי קבור תקברנו. ויימות בעלמא דין ובעלמא דאתי דא אידי דיניה בחנם מאן דעבר על דא:

תניינא הרג לגנב ולגזלן עונשא ובגין דא דממשכן לחבריה צריך למחזר ליה משכוניה בעידן דצריך ליה כיון דלית ליה אחרא

הה"ד השב תשיב לו את העבוט. ואתמר בקרא אחרא אם חבול תחבול שלמת רעך עד בא השמש תשיבנו לו. האי בנשמתא דבר נש מללי. אם חבול תחבול נפשא ורוחא שלמת רעך דא נשמתא ואם חבול תחבול תפלין דיד ותפלין דרישא. שלמת רעך כסויא דמצוה עד בא השמש דאתמר ביה כי שמש ומגן יי' אלקים. תשיבנו לו קדם דיתכניש מניה דעליה אתמר וזרחה לכם יראי שמי שמש צדקה ומרפא בכנפיה מאי צדקה צלותא. ומרפא בכנפיה כנפי מצוה דאינון תפלין בנפי יונה וכנפי מצות ציצית. היא שמלתו לעורו משכא דתפלין ואם את לא תחזיר אלין כסויין ליה קדם דיתכניש מניה שמשא דאיהו קב"ה דאתמר ביה כי שמש ומגן יי' אלקים הכי יתכניש מינך נשמתא דאתמר בה כסאו כשמש נגדי מדה לקבל מדה. ובגין דא. עד בא השמש תשיבנו לו. לו לעני דאיהו צדיק ולשכינתא דאיהי ענייה בגלותא. כד ייתי ליליא דאיהי גלותא. במה ישכב שכינתא דודאי שמשא דאיהו קב"ה לא נהיר לה בגלותא דאיהי ליליא ואשתארת בחשוכא. ובגין דא צריכין ישראל לאנהרא לה בגלותא באור ונר דאיהו תורה ומצוה אוד נשמתא. נ"ר נפש רוחא דאינון סימן נ"ר. בתי דתפלי למשכב בהו שכינתא בגלותא. וכסויא דציצית

ד"א לא תלין נבלתו על העץ דא שבת דירית ביה ב"נ נשמה יתירה לא צריך לאתחזיא קדמהא נפשא דשלטא בב"נ בזמן דחול במלאכה דאיהי אסורה בשבת אלא קבור תקברנו ביום ההוא דלא אתחזיא קדם זכור ושמור דשבת ובגינה אתמר של נעלך מעל רגלך כי המקום אשר אתה עומד עליו אדמת קדש הוא. ולא תטמא את אדמתך דנשמתא יתירה איהי ארץ ישראל דלעילא אדמת קדש דאתמר בה קדש ישראל ליי':

ועוד לא תלין נבלתו על העץ דא בר נש דאיהו נבל עליה אתמר כל המעמיד תלמיד דלאו איהו הגון כאלו מעמיד אשרה ובג"ד לא תלין נבלתו על העץ דאיהו עץ החיים. ד"א לא תלין וגו' העץ אלין ישראל דאתמר בהו כימי העץ ימי עמי. חובא דעבדו עם נבל לא תהא תליא ליה בישראל דכד עבדו ית עגלא חשיב משה דישראל עבדו ליה. ואמר למה יי' יחרה אפך בעמך א"ל קב"ה לך רד כי שחת עמך מיד נחית וחזא עגל דיוקנא דשור וחמור. שאיל ליה מאן עבד לך. אמר חמור. ערב רב אשר בשר חמורים בשרם. שור אמר נמי הכי. טבעת דעגלה מזל שור. בזמנא דאתמר בערב רב ויתפרקו כל העם את נזמי הזהב אזדמנת תמן וארמי כלא אהרן בנורא ונפקת עגלא דיוקנא דשור וחמור. בההוא זמנא צווחת רוח הקדש ואמרת ידע שור קונהו וחמור אבוס בעליו ישראל לא ידע עמי לא התבונן. ורשיעיא מה חזו למעבד עגל. אלא ודאי אינון הוו מכשפין דפרעה יונו"ס וימברו"ס בני בלעם דאתמר בהון ויעשו כן החרטומים בלטיהם וחזו דלא הוה ממשו בהון. אתחזרו עמיה דמשה וקבילו ברית מילה. וקב"ה דידע גלויין וסתירין דהוה ידע בהון דאינון מגזעא בישא כד הוה נחתא שכינתא אתמר בה ויסע מלאך האלקים ההולך לפני מחנה ישראל ולא אמר לפני העם ובגין דא נטלו קנאה בלבייהו ואמרו קום עשה לנו אלקים אשר ילכו לפנינו. כגוונא דהוה אזיל קדמייכו. ובגין דא עבדו ית עגלא בחרשין דלהון ודא איהו ידע שור קונהו וכו ישראל לא ידע חרשין. עמי אהרן ומשה בני עמרם לא התבוננו. ודא

במטולא עליה עד דהוה הוא להון ודא איהו להתיצב על יי' ועוד להתיצב
על יי' לשאלה ולמתבע דינא תנבי (נ"א סמי) סב"ה יסו"ס כד נחת
עלמא ברחמין ומסטרנין ותבעין דינא ודא איהו להתיצב על יי'. ותו
להתיצב על יי' יסוד עמודא דאמצעיתא דשאין ותבעין דינא מגבורה ב"ד
רברבא דקיימא על עמודא דאמצעיתא ודא הוא על יי'. עד דמקרבין דינין
קדם גבורה אתמר בהון להתיצב על יי'. דאע"ג דבניהו אינון ישראל לית
ליה רשו לאעברא על דינא. דאורייתא בדינא אתיהיבת. ואומי
עליה דלא יעבר עלה. ונבי דינא. גבורה איהו באמצעיתא וחסד
מימינא ועמודא דאמצעיתא משמאלא וכל דינין מהאי אתר תליין. וכל
ספירה כלהו אתקריאו דינין גבורה ואפילו יסוס:

דינא קדמאה חדא אתקרי דין להון בתנס ואתמר לא תלין נבלתו על
העץ. אמר ליה אלעזר ברי הכא צריך לחדשא מלין את עץ ואת
עץ הה"ד כי האדם עץ השדה ואית אדם דאיהו עץ הדעת טוב ורע
וחובא דאדם איהו נבלתו דאדם קדמאה דאיהו עץ החיים לא צריך
לתליא ביה חובא דא הה"ד לא תלין נבלתו על העץ דמאן דאכל
מעץ דיליה דאיהו עץ החיים אתמר ביה ואכל וחי לעולם:

ועוד לא תלין נבלתו על העץ. עץ דהכא דא ת"ח דאשתדל באורייתא
דאיהו עץ החיים הה"ד עץ חיים היא למחזיקים בה. לא תלין בו
נבלתו דאיהו חובא דחב ביומא לא תלין עמה בלילה דמיד יתוב
בתיובתא כמה דאוקמוה מארי מתניתין אם ראית ת"ח שחטא ביום
אל תהרהר אחריו בלילה דודאי עשה תשובה (נ"א שמא עשה תשובה
שמא סד אלא אימא ודאי עשה תשובה):

ועוד לא תלין נבלתו על העץ דא ת"ח. נבלתו דא בת עם הארץ.
דאיהי ריחשא דאם אנת תליא לה ביה או סוברה או סוברתו.
ודא איהו כי קבור תקברנו. כי קבור הוא לה. או תקברנו איהי ליה.
ואתתא דא לאו אקרי זוגא ויחודא דיליה אלא איהי כבמטולא תלייא
עליה בתייא קשיר על סורליה. ובג"ד כי קללת אלקים תלוי דאיהי
קללה דקטלה ליה או איתי ליה לידי עניותא:

אגרא בטיבו בין דלא יהיב ליה. ובג״ד מני באורייתא ואהבת את יי׳ אלקיך בכל לבבך ובכל נפשך ובכל מאדך ואוקמוהו קדמאין אם חביב עליך נפשך ממונך לכך נאמר בכל נפשך. ואם חביב עליך ממונך מנפשך לכך נאמר בכל מאדך דאית בר נש דצלי ואזיל בכל פקודין דלא יהיב עלייהו אגרא ואם הוה יהיב אגרא עלייהו לא הוה עביד לון. דודאי סגיאין אינון מבני נשא דאינון עתידין בעותרא סגיא ואינון חביבין עותרא דלהון יתיר מנשמתא דלהון דעותרא דנפשא איהו פקודין טבין בעלמא דאתי ועותרא דגופא ממונא ועדונא בעלמא דין. ואינון דמחבבין ממונא מנפשא אם הוו יהבין ליה כל אורייתא במאה זוזי לא הוו יהבין להו בגינה בגין דממונא חביב עלייהו מנפשא. ובוה דרחיל ודחים ליה לאו אירו אלא בגין ממונא. האי דשוי ממונא עקרא ואורייתא דרחים קב״ה טפל. האי רחימו ודחילו לא חשיב ליה קב״ה אלא עקרא דרחימו ודחילו דקב״ה דאע״ג דאיהו רחים ממוניה מנפשיה דירחים ליה בממוניה במה דאיהו חשיב עליה ולא בטפל דיליה לכך נאמר בכל מאדך. ובן מאן דחשיב נפשיה ממוניה והוה יהיב כל ממונא דעלמא ולא הוה נזיס אפילו באברא זעירא דאית ביה. לכך נאמר בכל נפשך במאי דרחים ליה:

(זרו תקון כ ו) תקונא חמישאה

בראשית כי באש יי׳ נשפט. אלקים מארי דדינא ועליה אתמר אלקים לא תקלל בודאי כמה דלעילא אתמר כי אלקים שופט זה ישפיל וזה ירים. כך איהו צריך למהוי דיינא לתתא לדא ישפיל בדינא ולדא ירים כפום עובדוי לדא מטה כלפי חסד. לדא כלפי גבורה. אמת באמצעיתא. ובגין דא אתקרי דין אמת. אלקים הבס״א בחושבן. דתמן י״ם דאיהי חכמה ובינה. זה שמי עם י״ם שס״ה. מסטרא דשמאלא. ודא י״ה מן אלקים ה׳ על י׳ נוקבא. ובר דיין איהו דן צריך למהוי איהו יתיב ובעלי דינא קיימין בגוונא דלעילא דאתמר בקב״ה ויבאו בני האלקים להתיצב על יי׳. איהו יתיב ואינון קיימין למתבע דינא ובגין דשטן יעול בינייהו למתבע חוביהון דבני ישראל אינון

ובשלו בפרור דא אצטומכא ברי רזא עלאה הבא אם זכו ישראל הוה נחית
לון אורייתא מן שמיא בלא דוחקא. ולא הוו צריכין לאלפא הד לחבריה
הה״ד הנני ממטיר לכם לחם מן השמים. דלית לחם אלא אורייתא.
לא זכו בגין ערב רב דאינון שטין. אתמר בהו שטו העם ולקטו דיטרחון
לאולפא דא לדא לפרנסה כל חד בדוחקא ולחכימיא ברמיזא אבל
לעתיד לבא יתמחון ערב רב מעלמא ואתמר בהון ולא ילמדו עוד
איש את אחיו וגו ובגין דא וישט איהו לביש ואידו לטב. חזר וסוטם
דינא ורחמי וברי בודאי אינון שלוחיא דצבורא צריכין כד קריאן ספר
תורה. דיתתכון כלין ולא יימרון להון בהלעטה. כגוונא דערב רב.
דאתמר בהון הבשר עודנו בין שניהם והוו אכלין בהלעטה וכגוונא
דעשו דאתמר ביה הלעיטני נא ולא הוו טחנין ליה אתמר בהון
ואף יי׳ חרה בעם. הדרא דכנתא דא א״ו נהיט בריה. נחש עקלתון
דומינין צדיקיא *דמיכל ליה. ואית חלב טמא דאיהו נחש דאיהו אסיר
למיכל עמא קדישא בגין דעליה אתמר ארור אתה מכל הבהמה:

תקונא רביעאה ליום ל״ד

(זהו ת קין כ״ר)

בראשית תמן י״ש להנחיל אוהבי יי׳ ואוצרותיהם אמלא. ובגין דתמן
אוצר דאיהו יראת יי׳ מניה אתכליא לצדיקיא ואינון דחלין
לקב״ה ירתין דאי יש וערבוביא בישא לא הוו דחלין לקב״ה אלא בגין
עותרא והוו מנסין ליה כגוונא דא היש יי׳ בקרבנו אם אין. וכל אינון
דמנסין לקב״ה ורחמין ליה בעותרא ולא דחלין מניה בעניותא כמו
בעותרא לאו אינון אלא ערבוביא בישא. דאית יראה ואית יראה. אית
אהבה ואית אהבה. אית מאן דדחיל לקב״ה בגין דיהון בנוי או דלא
נהית לעניותא או דרחים ליה בגין דיהיב ליה עותרא. ומנסה ליה כגון
נעביד האי פקודא הכי ונחזי היש יי׳ בקרבנו ויהיב לן אגרא בגיניה
אם אין. דאי לא יהיב ליה אגרא בגינדא לא רחים ליה ולא יהיב ליה
צדקה ולא יעביד פקודא ומנסי לקב״ה בכל פקודא ועובדא בודאי האי
איהו מאלין ערבוביא בישא דאתמר בהון היש יי׳ בקרבנו אם אין. אלא
דחימו ודחילו דקב״ה שלים בכל פקודא ופקודא דעביד בגין דיהיב ליה

* קמא ע״א

אגרא

והושיה בנפי ריאה אם זכו שריא בהון רוח קודשא ואתמר בהון ונחה
עליו רוח יי' רוח חכמה ובינה רוח עצה וגבורה רוח דעת ויראת יי
ועלייהו אתמר והיו הכרובים פורשי כנפים הכרובים כגון צורת
אדם. פורשי כנפים לקבל תלת חיוון דפרשין גדפין לקבליה דאדם
ואנון ו' גדפין תרין לכל חיה. מסטרא דשכינתא גדפין דחיוון מרובעים
שית גדפין לקבל שש מעלות לכסא. ארבע גדפין לקבל כרסיא
מרובע פורשי כנפים למעלה סוככים בכנפיהם על הכפרת דא כפרת
דיבא קדש קדשין ודא לבא. נפש רוח נשמה. כהן לוי וישראל כהן
איהו נשמה. אם זכה נר יי נר הוה נהיר ביה מלבא כשמש זורחת.
ורוחא דקודשא הוה נפיק מבין גדפוי דכרובין דאינון כנפי
ריאה והוה ממליל עמיה. ואם לאו נורא ודא נפש הוה דליק
ונפיק אשא מלבא ואוקיד ליה. קרקבנא וקיבה. כד נאים
אתקרי קיבה ישן ואית שינה לטב ואית שינה לביש לטב כגון
חלום דאיהו סלם (נ"א כגון חלום) דהוא יעקב וביה רביק קנה. ושית
עזקין דקנה איהו שית דרגין דנבואה. וסלקין לשתין נשמי דהוה נאים
בהון דוד דהכי אוקמוה דוד הוה מתנמנם כסוס וסוס לא נאים אלא
שתין נשמי. ואית שינה לביש חלמא בישא דאתמר ביה לגבי אברהם
ותרדמה נפלה על אברם והנה אימה חשכה גדולה נופלת עליו.
והא אוקמוה בארבע גליות ובגין דחלום איתי בתרין דרגין אוקמוהו
קדמאין. במה דאי אפשר לבר בלא תבן כך אי אפשר לחלמא בלא
דברים בטלים בגין דאיתי חלמא כאן על ידי מלאך כאן על ידי שד
בגין דחלמא איהו מסטרא דאילנא דטוב ורע. אבל מסטרא דאילנא
דחיי לא אתיא (עליה אלא דסיבה) אלא על ידי קיבה דקב"ה דאיהי
שכינתא דיליה ולית תמן קיבה רע דאיהו שד. קרקבן טוחן אי בר נש
זכאה איהו טוחנת מן לצדיקים דאינון אברים קדישין בפקודין דעשה.
ואי לא אזלין בפקודין טבין מתפרנסין בלחם הקלוקל מזונא קלה בקלון
וושט שטו העם ולקטו שטין (נ"א שטיין) לקטין בשטותא. וטחנו
ברחים ברוחקא. אלין אינון טוחנות בפומא או דכו במדוכה דא חיך

מזבח דביה דם דקרבנין. ועל דא אתמר וזבחת עליו. אם זכו אריה הוה נחית למיכל קרבנא ואי לא כלבא נחית. ובאן אתר בבקר. דתמן מרה גיהנם דאיהי עלוקה דאית לה תרי בנות הב הב. בר"א לעלוקה וכו וכלבא בהון צוות. הב הב. ומרה איהי גיהנם חרבא דמלאך המות דאית לה תרי פיות. כגוונא דגיהנם דאתמר בה לעלוקה שתי בנות הב הב. כגוונא דא אתמר בחרבא ואחריתה מרה כלענה חדה כחרב פיות. וכבר איהו סמא"ל. מרה סם מות דיליה כד שלטא מרה על ערקין דייה ומתגברא בחובין אתמר בפרקין דכבד ומרה ויבאו מרתה ולא יכלו לשתות מים ממרה כי מרים הם. בההוא זמנא אינון ערקין דלבא בדוחקא. ומתטמרין בלבא. כגוונא דנח ואתתיה ובנוי וחיון ובעירין ועופין דמתטמרין בתיבה. ולבא איהו בדוחקא בהון. דאם מרה מטא ללבא מיד ימות בר נש. ומרה לא מתגברא על ישראל דאינון לבא אלא בחובין. אי חזרין בתיובתא דאיהי נשמת חיים שבינתא עלאה. הא אסוותא תהא ללבא ולערקין דילה ואתמר בהון וימתקו המים ואתסין ערקין (גופא) ואברים דיליה. טחו"ל דא לילי"ת אימא דערב רב שחוק הכסיל מאן כסיל דא אל אחר סמא"ל. וערב רב אינון בנהא דאינון מעורבין בישראל רשעים גמורים. ועלייהו אתמר אם דאית רשע שהשעה משחקת לו אל תתגרה בו. עלייהו אתמר למה תביט בוגדים תחריש בבלע רשע צדיק ממנו דישע דא כסיל. ערב רב בגלותא אינון רשעי"ם בבלע צדיק ממנו דא ישראל. ומאן גרים דבלע לון בגין דלאו אינון צדיקים גמורים. כמה דאתמר צדיק ממנו בולע אבל צדיק גמור אינו בולע וטחול איהו לילי"ת מארת ה' בבית רשע. ואיהי אסברה לרביי דאינון חייביא חייבת בהון בעותרא בהאי עלמא *ולבתר קטילת בהון. אמאי אתקריאו רביי בגין דלית בהון דעת לאשתזבא מינה אבל לב מבין אשתזב מינה דתמן צדיק. ודוא דמלה טוב לפני האלקים ימלט ממנה וחוטא ילכד בה כליות אינון יועצות. אם זכו עאל בהון נבואה דאיהי נר יי נשמת אדם ואתעבידו נביאים ואינון יועצים לטב. ואית בהון עצה

* קמ ע"ב

אתמר אדם כי יקריב מכם קרבן. מכם ודאי. לאפקא משכא דחויא דביה מרסמין פקודין דלא תעשה ואדם דעבר עלייהו אתמר ביה אדם להבל דמה ימיו כצל עובר אדם כי ימות באהל. כי ימות ודאי. ודא איהו קריבו דקרבנא דעשו יצה״ר דאתמר ביה יקום אבי ויאכל מציד בנו. בשר איהו שבר מן שברים ואיהו סומס מסטרא דחיה דאיהו שור בשר חי בשר טהור ואית *אחרא דבשר בשדה טריפה דשריא ביה רוח הטומאה מלאך המות דרכיב על קרנוי שור מועד בשר טמא. עצם אית עצם טמא ואית עצם טהור ובשר דרכיו ועצם דרכיו עלייהו אתמר עצם מעצמי ובשר מבשרי ועצם איהו אריה. גידים איהו נשר נטר נשרא דרכיו ונשרא דמסאבו. עצם ובשר וגידים עלייהו שריא ברכה וקדושה ויחוד דאינון כהן לוי וישראל. בעצם כד שריא ברכה ביה מיד ותקרבו עצמות עצם אל עצמו. מתקרבין ומתקשרין דא בדא בקרבנא. ומיד נחית עלייהו משחא ושריא עלייהו ברכה. בשר שריא עליה קדושה דאיהי מסטרא דלוים הה״ד וקדשת את הלוים. מיד מתקרבין ערקין דדמא לגבי לבא. דכרבאן מכהני אינון הה״ד דבר אל אהרן ואל בניו לאמר כה תברכו גידים מישראל. ואינון יהודא וקשה וקשורא דגרמין ובשרא וכד מתקשרין בתרוייהו אתקריאו יחוד. ויחוד איהו בישראל הה״ד שמע ישראל יקו״ק אלקינו יקו״ק אחד. משכא איהו דמות אדם. מלכות כל דיוקנין אתחזיין בה ואיהי כלילא מבשרא וגידין וגרמין. ואיהי תמונת כל. ואיהי ברכה וקדושה ויחוד. כהנים לוים וישראלים. דאינון קשירין בתלת אבהן דאתמר בהון האבות הן הן המרכבה בבשר כד מתקדשא נחית עליה דם טהור וגידים כד מתיחדין נחית עלייהו רוחא קדישא גרמין נחית עלייהו מיין דרכיו דא איהו רזא דקרבנין חדא רבי אליעזר והדרו חבריא ואמרי אילו לא אתינא להאי עלמא אלא למשמע דא די אמר רבי שמעון ברי. ועוד ברזא דקרבנין. לבא איהו

דל״ן קרב דלתין יס ת דקב ר נב ור ר״ח הוח ות שם רו ר ב ת ך בחת ב ם הוח ״ה ועל רו חתור
חדם כ קרב תכם קרבן תכם ודח ב כ שם יו ר ב ית חלפן ת ר מספר חדם וזהו מכם ודח

בההוא זמנא א"ל קב"ה אל תירא מרדה מצרימה וגו. אנכי ארד עמך
מצרימה ואנכי אעלך גם עלה:

תקונא תליתאה (זהר תקון כ ד)

בראשית תמן אר"י דקרבנא דהוה נחית בקרבנא בדיוקנא דארי. אכיל קרבנין ודא איהו קדמאה לחיוון דהוו אכלי קרבנין. א"ל ר' אלעזר ואמאי הוו נחתין חיון למיכל קרבנין. א"ל ברי ארבע חיון אנון בכרסיא אריה שור נשר אדם ובגופא דבר נש ארבע יסודי דממנן עלייהו ארבע חיון דנפש כלילא בהון. ובגין דא פרנסה דנפשא מאלין ארבע. כד חאב בר נש בארבע יסודי דיליה כאלו חאב בנפשא. הה"ד מאשר חטא על הנפש ובההוא זמנא אתפרש מיא מאשא. ורוחא מעפרא. דמעפרא נפקין זרעין דאינון פרנסא דאדם וממיא חיוון דאינון פרנסה דארי ומאשא בעירין דאינון פרנסה דשור ומרוחא עופין דאינון פרנסה דנשר. וכד חב בהון, אתפרשן יסודין ואית בהון מחלוקת דאיהו פרודא וסליק שם יי' מנייהו ועאל יצר הרע דאיהו סמא"ל שטן. דיי' לא שריא בפרודא ורזא דמלה חלק לבם עתה יאשמו. ובג"ד צריך קרבנא מאלין מינין דחב בהון, לקרבא בהון אינון ארבע יסודין דאית בהון, פרודא ובההוא זמנא דמתקרבין יסודין דא לגבי דא. מיד נחית קב"ה עלייהו וברח שטן. ואי לא ברח, הא אשא דקרבנא אוקיד ליה הה"ד והאש על המזבח תוקד בו. ורזא דקרבנין עור ובשר תלבישני ובעצמות וגידים תסוככני. עור איהו לבושא דאדם הה"ד ויעש יי' אלקים לאדם ולאשתו כתנות עור וילבישם. אם זכה כתנות אור מרמן מפקודין דעשה דאגרא דלהון לעלמא דאתי דאיהו אור הגנוז לצדיקייא. ואם לא זכה משכא דחויא דכליל ארבע יסודין דתמן רשימין פקודין דלא תעשה דעבר בר נש עלייהו. ובגין דא אוקמוהו מארי מתניתין עונותיו של אדם חקוקים לו על עצמותיו. וקריבו דמשכא דאדם. פקודין דעשה. דאינון קריבו דאתוון דשמא דקב"ה ועלייהו

על זה דמ ס וידוע מ"ם בגמרא א, או אלא ע ו שנאמר כ ולך עם אחר או אם זכה כתונת אור מרקמת מפקוד, דעשה כ ב החסד נקרא בשם אור כנודע ופקוד, דעשר הם בסוד החסדים כנודע פקודין דעשה אתמר

אדני דינא כד שליט יסוס על אדני יאסדונק"י רחמי איהו. וכד שליט אדני על יסוס אידהנוי"ה דינא איהו. ורזא דמלה. אדני יקוק בחזק יבא בתסיפו ידינא. ובדא עסידה דיצחק דאתעקד קמי אבוי. ומסר גרמיה למיתה בגין דישזבא משיח וישראל דלא ימותון ולא עוד אלא דאפילו אי ישראל להוו עברין בגלותא על שפיכות דמים וגלוי עריות ועבודה זרה זכות אבהן יגן עליהון משרפה הרג וחנק. בגין דאברהם נתנסה בנורא ויצחק בסכינא ויעקב בגלותא זכות אבהן יהא מגין עליהון. ועוד נסיונא דתלת אבהן מעידין. דלא עבר אדם ראיהו ישראל על תלת פקודין אלין דמני לון (נ"א ליה) קב"ה הה"ד ויצו יי' אלסים על האדם ויצו דא עבודה זרה לאמר דא גלוי עריות על האדם דא שפיכות דמים. דנשמתא דאדם עאלת בגלגולא דאברהם. ואם איהו עבד עבודה זרה כד עאל בנורא הוה אתוקד הה"ד פסילי אלסיהם תשרפון באש דאש אית ליה תלת גוונין. חוור. וירוק. ואוכם. ורביעאה תכלת ואינון דכפין בנהלת דאיהו סומקא הא חמשה כחשבן ה (חמש). דאיהי אמונה דקב"ה דאיהו ו דאתלבש בחמש גוונין ונהיר בהון וביה סלקין גוונין דאינון בידין בה. והיא סליקת בהון לגבי ו'. הה"ד היא העולה וכד סלקין תרין דאינון ו ה' בקרבנא נחתין תרין מלעילא דאינון יק ומתקרבין אתוון ומתייחדין ומתקשרין דא בדא. ודא איהו רזא דקרבנא. ורזא דמלה והנה מלאכי אלסים עולים ויורדים בו. סלקין תרין באשא ונחתין תרין ואשתזב אברהם בשמא דיקוס. דאף על גב דאית ארבע מלאכים דאינון ממנן דשמא קדישא לא בעא קב"ה לאשתדלא באברהם לשזבא ליה אלא איהו ממש בגין דקני על שמיה וביה אתלבן אדם הראשון דאיהו ישראל דלא עבר על ויצו דאיהו ע"ז. לבתר אתלבש ביצחק ואצטריך ואמר אל תעש לו מאומה דההוא דאצטריך ביה לא עבד מדעם דלא עבר על שפיכות דמים. וכן יעקב אתגלגל ביה כד נחת לגלותא דמצרים. (י"מ דחוצה לארץ) דדחיל דלא הוה סריס.

אלא בלבד ירא"ה לו השה לעולה. דאפילו ה' שראל לרוו עברין בגלותא על ש"ד ע"ז וג"ע זכות אבהן גן עליהון ל"ב רמז לדבר שלשה המה ממני לעד שלשה האבות ממני עונות שר ה שלהם לעד שהוא ד ה לו

תקונא תניינא

אמר המגיה אלו התקונים מצאתי בספר אחר כתובים מאחד ועשרים תקונים ולהלאה ולמען לא ימלא זה החבור נעדר מאלו המרגליות יקרות וטובות גמרתי אומר לשים בעט ברזל ועפרת את שרשרות העבותות על המשבצות ומלא יתן את מימו ונעזור

תקונא קדמאה נדפס לעיל כ׳ שם מקומו

תקונא תניינא ליום ל״ז

(זרו תקון כ״ב)

בראשית ברא אלקים. בראשית ברא תי״ש דא אילו דיצחק.
זרו תקון כ״ג בראשית תמן א״ש לעולה דיצחק. ורזא דמלה
(ועל אליו תלת גלגולין אתמר. מה יפו פעמיך בנעלים בת נדיב
וזאת לפנים דא אימא עלאה עלמא דאתי דא לגביה צריך חו״לצה
הה״ד של נעליך וגו׳. ואם לאו לית לון רשו לרותא למיתהא (נ״א
לרותא דמיתה) לסלקא לעלמא דאתי. ובגין דאיהי יום הכפורים אסיר
בנעילת הסנדל) הנה האש והעצים ואיה השה לעולה. נפק קלא
ואמר משית יומי בראשית אתברי לעקדה דיצחק בגין דלא אית קרבן
דבטיל מותנא. כעקדה דיצחק דאתמר ביה ויעקוד את יצחק בנו
אתקשר מדת הדין (נ״א מלאך המות) ואתעקר לעילא ולא הוה ליה
רשו לקרבא לבי דינא רברבא דאיהו גבורה לתבעא דינא ועקידה
דנא מעילה לגלותא דהוה עתיד לאתקטלא משיח בן יוסף. וקלא נפיק
מההוא זמנא אל תעש לו מאומה בגין דאתגברו רחמי על דינא. ורזא
דמלה הושיעה לו ימינו. ובתר זרוע קדשו דגבר ימינא על שמאלא
כד אתגבר טפה דדכורא על טפה דנוקבא איהו בן רחמי איהו ודאי
אבל כד אתגבר טפה דנוקבא על דכורא בת איהי. ודינא איהו ורזא
דמלה דכורא שליט על נוקבא גרים דשליט ימינא על שמאלא. ויפקון
ישראל ברחמי ולא בדינא ודא איהו כי גבר עלינו חסדו ורזא דמלה
בטרם יבא חבל לה והמליטה זכר. ובשמא דקב״ה יסוק רחמי

היה ר״ר קודם הקלקול וחוזר לה ות כן אחר התקון לח ס נפק קלא ואמר מ״ת מ בראשית אסבר לעק ד״ה ד׳ לחק נראה רמז לדבר ת״ס שרוה אלו של לחק ברפוף אתוון ש״מ לרמוז ת״ש הוה גברא מ״ת ימי בראשית ולכן א״ל אברהם אע״ה אלהים יראה לו השה לעולה בני דהי״ו מבר אה רש״ת יומ בראשית דנזכר בה שם

אדני

עם פי הכונא שבעין בניהו (קלת ע״א)

בֵּיה. וְהָכָא הֲוָא רְפוּרְקָנָא. עֲשַׂר דָּרִין הֲווֹ מֵאָדָם וְעַד נֹחַ. וַיְחִי לֶמֶךְ
שְׁתַּיִם וּשְׁמֹנִים שָׁנָה וּמְאַת שָׁנָה וַיּוֹלֶד בֵּן. וַיִּקְרָא אֶת שְׁמוֹ נֹחַ לֵאמֹר זֶה
יְנַחֲמֵנוּ מִמַּעֲשֵׂנוּ וּמֵעִצְּבוֹן יָדֵינוּ וְאַמַּאי. דִּבְקַדְמֵיתָא הֲווֹ טָרְחִין בְּגַלְגּוּלִין
עַד דְּאָתָא נֹחַ דְּאִיהוּ שַׁבָּת וּבֵיהּ נָחוּ כֻּלְּהוּ וּבֵיהּ אִתְיַישְּׁבוּ וְאַפִּיק לוֹן
לְעָלְמָא. אָמַר רִבִּי אֶלְעָזָר אַמַּאי הֲווֹ קַדְמָאֵי חַיִין זִמְנִין סַגִּיאִין כְּגוֹן אָדָם
דְּאִתְּמַר בֵּיהּ וַיְחִי אָדָם תְּשַׁע מֵאוֹת שָׁנָה וּשְׁלֹשִׁים שָׁנָה וְנֹחַ תְּשַׁע
מֵאוֹת וַחֲמִשִּׁים שָׁנָה וְכֵן כֻּלְּהוּ דָּרִין עַד נֹחַ הֲווֹ חַיִּין שְׁנִין סַגִּיאִין.
וּמֵאַבְרָהָם (נ״א ומנח) וְאֵילַךְ הֲווֹ מִתְמַעֲטִין כְּשְׁנֵי א״ל בְּרִי. רִבּוּי שְׁנִין
וַאֲרִיכוּ דְּיוֹמִין אִינּוּן מֵאֲרִיךְ אַנְפִּין. וּמִעוּטָא דְּיוֹמִין וּשְׁנִין מִזְּעִיר אַנְפִּין
וּבְגִין דְּבְאַבְרָהָם אִתְּמַר אֵלֶּה תּוֹלְדוֹת הַשָּׁמַיִם וְהָאָרֶץ בְּהִבָּרְאָם בְּה׳
זְעֵירָא. בָּרוּךְ יי׳ לְעוֹלָם אָמֵן וְאָמֵן:

* קלת ע״ב

ישראל ערב רב. אבל צדיקיא דבכל זמנא דייתון מתתקנין ייתון עד ארבעה אפילו עד שיתין רבוא. ודא איהו דור הולך ודור בא. ודא נשמתא דאיהו משה רבינו בלילא משתין רבוא ושכינתא עלאה דאיהי נשמת חיים כד שרייא במשה אתחשב ליה כאלו אתא בשתין רבוא ובגיניה אתמר אשה אחת ילדה ששים רבוא בכרס אחד. ואינון מרעין דבני נשא דאתמר בהון וחלאים רעים. רפאות תהי לשרך כד אינון ברישא רצדיקיא. אבל כד אינון ברישא דרשיעיא. כנסת ישראל אמרת לגבייהו. אל תראוני שאני שחרחרת דאלין שריין לון לפתאה לבני נשא. בכמה דהוו מפתי לישראל בעגלא בשית שעתין. הה"ד וירא העם כי בשש משה הא אוסמוה בשית שעתין עבדו ית עגלא בין שש לשבע אפרישו בין עמודא דאמצעיתא לשבע. דגופא ושכינתא ובגין דא מני קב"ה לאפרשא לון משבע הה"ד אך ביום הראשון אך חלק בין שית לשבע בגין דא אמרה כנסת ישראל ששזפתני השמש שש זפתני השמש דאסתלק מני ו' דאיהו השמש דנהיר בשית תיבין דאינון שמע ישראל יי' אלהינו יי' אחד והא אתמר. ד"א זה ספר תולדות אדם אמר ר' שמעון זה ספר דא צדיק חי עלמין דאיהו אפיק תולדין זה ספר ודאי ולא אחרא ואינון תולדות אדם ההוא דאתמר ביה כתפארת אדם לשבת בית מאן בית דיליה דא שכינתא ורעיא מהימנא אנת הוא כדיוקניה. ולך חילא לאסתכלא בדיוקנין דבני נשא בציורין דההוא דאתמר ביה בדמות אלקים ברא אותו דכל ציורין דבני נשא אינון רשימין בכרסיא ובגין דכל כרסיא ומרכבתא דאנת זכיכא. אנת אית לך חילא לאסתכלא בגין כך ואתה תחזה מכל העם וכו : ע"כ רסגרס

וַיְחִי אָדָם שְׁלֹשִׁים וּמְאַת שָׁנָה וַיּוֹלֶד בִּדְמוּתוֹ כְּצַלְמוֹ וַיִּקְרָא אֶת שְׁמוֹ שֵׁת. ש תְּלַת חֵיוָון דְּמֶרְכַּבְתָּא. ת אִיהִי נֵר יְיָ' נִשְׁמַת אָדָם דְּאִתְּמַר בָּהּ וּדְמוּת פְּנֵיהֶם פְּנֵי אָדָם וְדָא אִיהוּ וַיּוֹלֶד בִּדְמוּתוֹ כְּצַלְמוֹ. וַיִּהְיוּ כָּל יְמֵי אָדָם אֲשֶׁר חַי תְּשַׁע מֵאוֹת שָׁנָה וּשְׁלֹשִׁים שָׁנָה וַיָּמֹת. אֶלָּא כָּל יוֹמִין דַּהֲוָה חַי הֲוָה תְּשַׁע מֵאוֹת וּתְלָתִין שְׁנִין וּשְׁאָר שְׁנִין בְּתוֹסֶפֶת הֲוָה מִית. וְשַׁבְעִין דְּחַסְרוּ מֵאֶלֶף יְהַב לְדָוִד מִשְּׁנוֹי בְּגִין דַּהֲוָה עָתִיד לְאַשְׁלְמָא לוֹן ביה

נפשא דאיהי כגוונא דא לית לה רשו לאסתכלא בשכינתא ולאתחזייא
קדמהא בשעת פטירתה מן גופא פומא דאטימא בדבור. אבן דאיהו
יצר הרע שליט עלה. ואתקרי טומטום בגין דא פטור מן הראיה. דנשמתא
ורוחא ונפשא בגין דא ייתון בגלגולא עד דאתחזרן שלמין לאתרייהו
כמה דאתייהיבו כמה דאת אמר והרוח תשוב אל האלקים אשר נתנה
ומינה אוליפנא קל וחומר באחרנין דאינון נשמתא ונפשא ולא עוד אלא
דקרא אסהיד עלייהו הן כל אלה יפעל אל פעמים שלש עם גבר ומאן
דייתי בגלגולא זמנא קדמאה. אם ייתי חוור אתקיים ביה קרא אם יהיו
חטאיכם כשנים כשלג ילבינו ובמה יתידע בר נש דאיהו בגלגולא
קדמאה אם הוא קליה בשברים או כתרועה וגופיה ואנפוי חוורין. אם
הוא קליה כשברים איהו מזמנא קדמאה. ואם קליה בתרועה. איהו
מזמנא תניינא. ואם גופיה ירוקא ואנפוי ירוקין וקליה תקיעה איהו מזמנא
תליתאה. ואם הדר לגווניה קליה בתקיעה וגופיה חוור ואנפוי חוורין דא
איהו בגווניה קדמאה כמה דאוקמוהו ביין דהחמיץ דחזר לגווניה קדמאה.
כגוונא דא בהפוכא לטב. וכן אנפוי סומקין וקליה בשברים. ואנפוי
ירוקין וקלית תרועה הא אתתקן. ועוד אשכחנא בר נש דכל ציורין
דיליה בארח מישר *שקילין בתקלא ולזמנין שפוון אינון עבים ונפקין
מתקונא דציורין ודיוקנין אחרנין או אינון ארוכין או אינון קצרים תא
חזי ואתה תחזה מכל העם הכא אוקימנא למנדע תקונין אלין אנשי
חיל עיינין. יראי אלקים אודנין הה"ד יי' שמעתי שמעך יראתי. אנשי
אמת חוטמא שונאי בצע פומא. אם חוטמא לאו איהו בשוה עם תקונין
אחרנין דעיינין אריכין ואנפין אריכין. ואודנין אריכין ופומא אריכא
וחוטמא עבה תמן אתגלייא גלגולא דנפש ועם עיינין לא בשוה מאחרנין.
תמן אתגלייא גלגולא דנשמתא. ואם אודנין לאו בשוה תמן אתגלייא
גלגולא דרוחא. פומא בגין דאיהי כללא דכלא. אם לאו איהי בשוה הא
אתמר ביה פקד עון אבות על בנים על שלשים ועל רבעים. ואם על
ארבע גלגולין לא אתתקנת אתמר בההיא שעתא ועל ארבעה לא
אשיבנו. וכל נשמתין דאתיין תלת זמנין ולא מתתקנין אתקריאו פושעי

למעלה י"ס. סככים בכנפיהם ו"ס דאינון ארבע גדפין ועלייהו אתמר
ואשא אתכם על כנפי נשרים וכרובים תרין שפוון על נס היו עומדים
דא לישנא וישמע את הקול קלא דנפיק מגרון וידבר אליו דבור דפומא.
וקלא ודבור תפארת ומלכות. ועשר אמות ארך הקדש ועליה אתמר
תורת אמת היתה בפיהו דא פומא היכל ועליה אתמר אדני שפתי
תפתח. מלגאו מניה קדש הקדשים ודא לבא. כרובים כנפי ריאה.
עלייהו אתמר והיו הכרובים פורשי כנפים למעלה סוככים בכנפיהם על
הכפרת דא כפרת הלב דתמן נר יי' נשמת אדם. ופניהם איש אל אחיו
ב' כליין בלבא דאיהו קדש הקדשים אית תרי בתי בחד סם חיים ובחד
סם מות דאיהי אש. כהנא רבא דעאל לקדש הקדשים. אם זכה סם
חיים הוה נפקא מתמן ונהירא באנפוי וקלא ודבור הוה נפיק מתמן
מקב"ה ושכינתיה ואם לא זכה. סם מות הוה נפיק מסטרא דשמאלא
והוה קטיל ליה ומאי ניהו כהנא בגופא. אלא נשמה ורוח ונפש אינון
לקבל כהנים לויים וישראלים תלת צלותין לקבל תלת קרבנין ואינון
מאכלין דקב"ה ושכינתיה אם הוה עאל בשכינתא דאיהי סם חיים. סם
חיים הוה נפיק לקדמותיה ואם לאו הא סם המות לקבליה דאיהי מרה
אוכמא ומינה ימות בר נש בעניות ואיהי לסטרא שמאלא דלבא ודא
טחול. בני אהרן רוח ונפש דאהרן איהו נשמה. תרין כנוי נצח והוד אם
יעלון קרבנא כדקא יאות הא סם חיים ואם לאו הא סם מות דאיהי מרה
אש זרה אוקיד לון דכתיב ויקריבו לפני יי' אש זרה וגו ותצא אש וגו'
אינון סליקו לה מאתרהא ועאלו לה קמי מלכא ללבא ולא הוה להו רשו
למיעאל לתמן בה קב"ה נטיל דינא בהון. שפוון עסימן לית רשו לכהנא
לקרבא בהון קרבנא דעאל קדם יי' דעלייהו אתמר מעות לא יוכל
לתקון וכו'. וכן עינין עסימין פטורין מן הראיה. דנחש עקלתון תמן
דאיהו נטיל נהורייהו. *ופומא אטימא אתקרי טומטום ואנדרוגינוס איהי
דיוקנא דזכר ונקבה. כגוונא דא איהו בר נש דסליק דבוריה בעסבא
ומאן דאיהו חציו עבד וחציו בן חורין. חציו עבד דיצר הרע וחציו בן
חורין דיצר הטוב כל אלין פטורין מן הראיה. בזמנא דנפקין מן גופא

נפשא

* קיז ע"א ** קלו ע"ב

תפלה דיד ותפלין במשכא אוכמא אינון שנאי בצע. אבל אנפין בלא
ענוה ובלא בשת ובלא תורה ומצוה אינון תהו ובהו וחשך. ורזא דאתמר
בהון והארץ היתה תהו ובהו וכו' דאיהו אחזרין עלמא לתהו ובהו. אנשי
חיל מורעא דאברהם. דביה שכינתא תתאה יראי אלקים מזרעא דיצחק.
דביה שכינתא עלאה דהיא אוגרא לחכמה. אנשי אמת מזרעא דיעקב
דאתמר ביה תתן אמת ליעקב וביה ו' דאיהו תפארת שנאי בצע מסטרא
דדוד דאיהו רגלא רביעאה. וביה י' דאתמר ביה בגינה ודוד הוא הקטן.
האי איהו שמא קקו"י ובגוונא אחרא אתפריש לזמנין קוס"י שכינתא
עלאה ותתאה עמודא דאמצעיתא בינייהו ובגוונא אחרא יקו"ס מסטרא
(דמשה) דמטטרו"ן גוונין מתהפכין לשית סרי בשכינתא כד איהי צריכא
לתתאין. ודא איהו דאמרו מארי מתניתין. דבר נש דצריך לבריות אנפוי
משתנים ככרום דאתהפך לכמה גוונין ואית הפוכא דגוונין לטב דנהרין
בנהורא. ואינון מרקמן מכמה גוונין וכל האי בגופא כגוונא (נ"א דגנתא)
דעדן דאתברי בשמא דיקוק כל גוונין וציורין דאלין גופין. ואינון כגוונא
דגובלת אורה דלעילא גלגל החמה ועלייהו אתמר פני משה כפני חמה
ופני יהושע כפני לבנה. וכך דיוקנא אית ליה ד' גוונין דאית גוונא חיורא
סומקא ירוקא אוכמא. נימין אינון ככבים ומלאכיא וממנן דתליין מאנפין
כחושבן נימין וכלהו משמשי לאנפין. פומא פה אל פה אדבר בו ומראה
ולא בחידות פה איהו ברזא דכרובים דאתמר בהון והיו הכרובים פרשי
כנפים למעלה אלין שפוון כד אתפתחו אתפתחו בארני (יקו"ק אד' ל"ג)
כמה דאת אמר. אדני שפתי תפתח ופי יגיד תהלתך. ואמרו מארי
מתניתין כל הכורע. כורע בברוך וכל הזוקף זוקף בשם יהוה. כד איהו
כורע כרובים סוככים בכנפיהם. ודא איהו סכוך דסוכה דאיהו כ"ו ה"ס.
וסימנ' יקוק אדני פרשי כנפים למעלה איהו רמ"ח כל הן קף זוקף בשם
בתרין שמהן דאינון אקיק יקוק. וסימנא י"א יקו"ק אלקינו יקוק
אחד חכמה ובינה עלייהו אתמר. והיו הכרובים פרשי כנפים למעלה
יקו"ק אחד. עלייהו אתמר סככים בכנפיהם על הכפורת ואינון ו"ת. ד"א
והיו הכרובים אינון צורת אדם דאיהו יוד קא ואו קא פורשי כנפים

אמר לחילוי אנא בעינא לשלטאה האי שליחא דידי עלייכו בגין דהוא
מהימנא. אי אית מאן דידע ביה מלה אחרא יימא. בזמנא דלא אשכח
מקטרגא עליה אמר נעשה אדם. ותו נעשה בעינא אדם דיעביד
פקודי אורייתא וישתדל באורייתא לעבדה ולשמרה ויהא ליה אגרא
טבא ושולטנו עלייכו ודא איהו נצר מטעי מעשה ידי להתפאר דהא
מלאכי עלאי אף על גב דאינון גבורי כח עושי דברו לא עבדי גבורה
בפולחנא דקב"ה דאינון פרחין בהברת. ולית לון ערובא דבשרא
ויצרא בישא ובגין דא נעשה אדם וישלוט בכו הה"ד וירדו בדגת הים
ובעוף השמים וגו'. ותו נעשה אדם אנא יהיב ביה נשמתא דכתיב
בצלמנו וכתיב אך בצלם יתהלך איש ואתון יהבו ביה רוחא ונפשא
וארעא ארבע יסודין וידמה לכלא עלאין ותתאין ומה דרעינא דלהוי
שליט וממנא עלייכו אצדיקו דינא דילי ויהא ברעו דלכון. דאנא אשרי
שמי עליה והותמא דילי בידיה דאיהו חותם הברית. מלאכיא דסטרא
ימינא ברכו ליה ואמרו נעשה ונשמע הה"ד ברכו יי' מלאכיו גברי
כח עשי דברו לשמוע בקול דברו ודא מטטרון לקבליה יוסף לתתא.
והוו אחרנין דהוו שנאין ליה ואמרו מה אנוש כי תזכרנו ובגין דא ניבא
יוסף את דבתם רעה וישנאו אתו ולא יכלו דברו לשלום ולאו דאינון
אלין עז"א ועזא"ל. אלא אינון אחרנין דאתבנשו (ס"א דאתכללו) עמהון:

*המר רמג ד זה מלאת כם ה וטוב לשומו כאן

ד"א זה ספר תולדות אדם וכו זה תרין עשר אנפין דאתמר בהון ופני
אריה אל הימין לארבעתם ופני שור וגו' ופני נשר וגו' ביום ברא
אלקים אדם היה רביעאה. וצריך לאסתכלא בהון באנפין. בארבע גוונין
לנהרין בהון ארבע חיות דאתמר בהון פנים בפנים דבר יי' עמכם ובמשה
נאמר ודבר יי' אל משה פנים אל פנים. בתר דאהדרו לאחורא קב"ה
הדר לון אחורוי ודא איהו וראית את אחורי ופני לא יראו. ואלין אינון
פנים דנראין. ופנים דאינן נראין. אנפין חוורין בענוה אינון אנשי חיל.
אנפין סומקין בבשת דאית לון כסופא מן שמיא אינון יראי אלקים.
אנפין ירוקין באורייתא אינון אנשי אמת. אנפין אוכמין במצוה דאיהי

היתה תהו ובהו וחשך וכו והכי איהו מאן דלא אשתדל באורייתא
עינוי סתים מעלמא דאתי. בתר דאשתדל באורייתא מיד ויאמר אלקים
יהי אור ויהי אור דנהרין ליה בנהורא דההוא עלמא מיד דאזיל לההוא
עלמא מיד יקוו המים מתחת השמים אל מקום אחד אתכנשת נשמתא
לאתר חד הדא הוא דכתיב והרוח תשוב אל האלקים אשר נתנה
וגופא אשתאר יבשה הדא הוא דכתיב ותראה היבשה לבתר
דאתכנשת נשמתיה קב"ה יימא לשכינתא תוצא הארץ נפש חיה
למינה. מאן חיה אלין חיות הקדש ונהרין ליה דנחתין ליה לקבלא
ליה הה"ד על כפים ישאונך וכו'. ועוד תוצא הארץ נפש חיה לקבלא
ליה. למינה דא בת זוגיה דאתייהיבת ליה בההוא עלמא בהמה ורמש
וחיתו ארץ למינה כמה חיילין ומשריין ליקריה. ולבתר אפיק ליה
אילנין ועשבין בגנתא דעדן הה"ד ויאמר אלקים תדשא הארץ וכו כל
מה דאתברי בשית יומי בראשית כלהו מזומן ליה בההוא עלמא בגן עדן
עלאה ותתאה ד"א זה ספר תולדות אדם דא ספרא דחנוך נער דעליה
אתמר ויתהלך חנוך את האלקים ואיננו כי לקח אותו אלקים. ואמאי
קארי ליה תולדות אדם. אלא הכא רזא דגלגולא תולדות אדם אתקרי
דמגיה נפק. ואיהו הוה תולדה דיליה. ואמאי אתקרי נער. אלא הכא
רזא ישוב לימי עלומיו. כמה דהוה בקדמיתא לעילא. ולבתר נחית
בההוא דאתמר ביה והוא נער את בני בלהה ואת בני זלפה נשי
אביו. ויבא יוסף את דבתם רעה מאי דבתם רעה אלא דהוו מגזעא
דאלין דאמרו מה אנוש כי תזכרנו ובן אדם כי תפקדנו ותחסרהו
מעט מאלקים דיהבת ליה כל גנזי שמיא וכל מפתחן דיליה בידיה
ואשלטיה בכל דיליה כגוונא דמלכא דאמר ליוסף רק הכסא אגדל
ממך. *א"ל והא עז"א ועזא"ל הוו אלין א"ל והא אחרנין הוו מתכנשין
עמיה. אמר ליה רבי אלעזר והא קב"ה עד דאתייעץ בחיילין דיליה
לא הוה עביד לאדם דאמר נעשה אדם א"ל לאולפא דרך ארץ לבני
נשא דנטיל דברבא עצה מדזעיר מניה. ולא עוד אלא רזא אחרא אית
הכא למלכא דהוה ליה שליחא מהימנא והוה בעי למיהב ליה אגריה.

אתמר בה והארץ היתה תהו ובהו וחשך על פני תהום דנפיק
עיני סתימין אפתח עיני מיד ויאמר אלקים יהי אור ויהי אור. בתר
דאתכניש מהאי עלמא נשמתיה מה כתיב ביה ויאמר אלקים יקוו המים
מתחת השמים אל מקום אחד ותראה היבשה. כיון דאסתלקת נשמתא
מניה גופא אשתארת *יבשה. א"ל. רבנן מלין אלין לאו אינון אלא
מההוא עלמא. אזלת וההוא שרגא דהוה לה סימנא ביה דכד רבי
ברוספדאי הוה חי הוה שרגא מתנענעא ונהרא בכמה נהורין מרקמן.
חזתה לנהורא דאתחשכת מיד אמרת רבנן רבנן אבדה כא אתאבידת
לי ואנא בעינא למיזל לפשפשא בגינה. אמרו ודאי הא אשתמודעת
לה. אזלו לארחייהו. ואיהי נפקת לפרשת אורחין ואשכחת יונה נוקבא
אמרת לה יונה יונה אנת דהוית שליחא מהימנא למארך הה"ד
וישלח את היונה מאתו ואתמר בך ותשב אליו היונה לעת ערב.
תבת ליה בשליחותה באומאה עלך בההיא יונה בההיא שמא קדישא
דתיזיל בשליחות דילי ותנדע אי ברי חי או מת. מיד לעידן רמשא חזרה
בשליחותה דהכי חזרת לנח לעת ערב הה"ד ותבא אליו היונה לעת
ערב. והות מטרפת גדפהא ותפרת בוכא. מיד יהיבת קלא ואתכנשת
לההוא עלמא. לבתר דהוו אזלין בארחא ר' שמעון וחבריו שאילו ליה
אמאי כד נפיק ינוקא ממעי אמיה איהו עיני סתימין א"ל ודאי דא
איהו רזא ותבהו עינין מראות באלין מראות דאחזיאו ליה במעי אמיה
כמה נהורין כמה דחמא יחזקאל במרכבא לכל ינוקא אחזין ליה כפום
דרגיה אחזין ליה מאתר דאיהו נשמתיה דאי ישתדל באורייתא
ובפקודין דינהיר ההוא אתר דאתנטילת נשמתיה בכמה נשמתין ואיד
נחתין בגיניה כמה מרכבות ואולפין ליה כל אורייתא ואי אשתדל בה
ארכיר ליה כל מה דהוו אולפין ליה במעי אמיה. לבתר אחזין ליה
גיהנם דאם עבר על פקודי אורייתא מהו עונשא דיליה כמה דאחזיאו
ליה אגריה. לבתר דנפיק ממעי אמיה סתים **עיני מכל אינון נהורין
כמה דאתמר ותבהו עינין מראות. ואלין תהו ובהו הה"ד והארץ

שהם בחי' התלבות כנגד ששה סדרי הנו' שהם כמלבות מבינתא תוהר. וגה"ר שיחה הוא ב' ח ה' ושם וה של דיהר

* קלו ע"ב ** קלו ע"א

הָרוּחוֹת שִׁיחַת עוֹפִין. שִׁיחַת כָּל בִּרְיָין דְעָלְמָא. אֱלֹקִים בְּלָא נִסּוּדִין אִתְקְרֵי אֵלֶּם. וְדָא הֲוָא דְמִלָּה אוֹ מִי יָשׂוּם אִלֵּם. אוֹ מִי. מ״י וַדַּאי. אִימָא עִלָּאָה. מַאן שַׁוֵּי אִלֵּם לְאִימָא עִלָּאָה עִלַּת הָעִלּוֹת דְּחִילָא דְּכֹלָּא בִּידֵיהּ:

דָּבָר אַחֵר זֶה סֵפֶר תּוֹלְדוֹת אָדָם.* זֶה סֵפֶר דְּהָא כַּמָּה סִפְרִין אִינוּן. סִפְרָא דְרַב הַמְנוּנָא סָבָא. סִפְרָא דַחֲנוֹךְ. סִפְרָא דְר׳ כְּרוּסְפְּדָאֵי. תָּא חֲזֵי יוֹמָא חַד אַעֲרַעְנָא בְּאֲתַר דְּר׳ כְּרוּסְפְּדָאֵי אֲנָא וַחֲבֵרַיָּיא. וְתַקִּינַת לָן אִמֵּיהּ דְר׳ כְּרוּסְפְּדָאֵי מְנַרְתָּא בְּשִׁבְעָה בוּצִינִן וְאַפִּקַת סִפְרָא דְרַבִּי כְּרוּסְפְּדָאֵי. דְּכִי הֲווּ קָרָאן בְּסִפְרָא דָא. הָכִי הֲווּ נַחְתִּין חֵילָא דְמַלְאֲכַיָּא לְסַהֲרָא לוֹן כִּבְנֵי נָשָׁא דְּמִתְקַבְּצִין לְחוּפַּת בְּמְזוּמְנֵי חָתָן וְכַלָּה וְקב״ה הֲוָה נָחִית בְּכָל מַשִּׁרְיָין דִּילֵיהּ לְמִשְׁמַע מִלִּין מֵהַהוּא סִפְרָא. וְאָבוּי דְּר׳ כְּרוּסְפְּדָאֵי הֲוָה נָחִית לֵיהּ קב״ה עִמֵּיהּ לְמִשְׁמַע מִלִּין דִּבְרֵיהּ ר׳ כְּרוּסְפְּדָאֵי וְלֵילְיָא דָא לֵיל דִּשְׁבוּעוֹת הֲוֵה וְהָכִי הֲוָה חָדֵי קב״ה בְּאִלֵּין מִלִּין כְּיוֹמָא דְאִתְיְהִיבַת אוֹרַיְיתָא בְּטוּרָא דְסִינַי. לֵילְיָא חָדָא אוֹדְמַן לָן לְמֶהֱוֵי אוּשְׁפִּיזִין בְּבֵית אִמֵּיהּ דְּר׳ כְּרוּסְפְּדָאֵי. וְתַקִּינַת לָן פְּתוֹרָא וּמְנַרְתָּא וְהוּא ר׳ כְּרוּסְפְּדָאֵי אִתְכְּנֵישׁ לְהַהוּא עָלְמָא אֲמַרַת אִמֵּיהּ רַבָּנָן וְהָא לָא הֲוֵיתוּן שָׁרְיָין לִפְתוֹרָא דָא בְּלָא אוֹרַיְיתָא מַאי אִשְׁתַּנֵּי זִמְנָא דָא מִשְּׁאָר זִמְנִין. אֲמִינָא לַחֲבֵרַיָּא נִפְתַּח בְּמִלֵּי דְאוֹרַיְיתָא דְּלָא יֵיתֵי תַּקָּלָה דְּהָאי עֲנִיָּה עַל יְדָנָא. דְּאִם יָדַעַת דִּבְרָה אִיהוּ מֵת יֵיתֵי תַּקָּלָה עַל יְדָנָא וְתָמוּת קֹדֶם זִמְנָהּ אַפְתְּחוּ בְּאוֹרַיְיתָא:

פָּתַח וְאָמַר בְּרֵאשִׁית בָּרָא אֱלֹקִים דָּא נִשְׁמָתָא כַּד נָפִיק מִמְּעֵי אִמֵּיהּ

רר״ ס זו ר״א ת, ש חר״ת דת עת דוה ו סתרות למטה וס חס הרוחות גס זו ענ׳ נר ריגדת נסתרות למטה כ
ארבע רוחות ת״בבות בכל׳ וס שהס יתרב ת יזרח ת דרות נפונ ס וככל חד א כא כיה מדינות רוחות דאסו
יתחיית ר והתכ ר, בחכתר זו פורס, של ת קל ס עור ה דוע יהס ומעת ד ס אותו כ, לדד העולס כפ סדר
האוב ס ר דוע ס לפס וברע ס שול רשל ת בקרנות ו הן גיתעלה הן לתגה דעו דבר ס נפתר ס כאשר כ רו
בס חת דקל ס ה ז׳ וס חת עופות רוח כפשוטו שהעופות מלפלפ, ומג ד ס עת דוח וס חת כל בר, דעלמא קאי
על ת, האדס שרס תנוקות שנזיק נבואה בפ הס וגס רשוע ס בכלל וכן מ, בהיות כאשר ידע אותו ע״ב מגע ת
הפרה ע׳ תרבן, ברת ק ועל ׳ דת התס ח ס בא בב א ודר׳ יך ששס ת נ ס חוס ס ס למטה ירוד ע, סתרות
ואלו רס כתו ע, בס קול שה א וגאר יאור רשב״ס כן, אלו רס חות נמשב, וכאן מכת שפע אור רשב״ כה
וכתס מסך יתסס ולכבר שסס כנגד ססה שנ ס של שמ טה ומל נו בשער הפסוק ס (בפסוק הרועה בשושנ ס)
שבתב בזוהר כ רשו פסוק זה ותחלו רדועה בשוש, ס בשש שנ ס של שמ טה גס רמוז על שש ש נ ן ס ס בפסוק
וספרת לך ש ב ע ש בתות ש, ס ש בע ש׳נ ס ש׳בע פעמ ס וכו׳ ע ש, והס תה יקורה בתות ש, ונאמרו שש ש נ,

* קלו ע״א
אתמר

דלית לעילא מניה. ובגין דא אתקרי עלת על כל עלאין. ושמהן אלין אינון צנורין ושמהן דעלייהו מבועין דנחתין לצנורין וכל צנורין אינון באברין דשעור קומה דאזלין בשעור ובמדה ובתכלא. הה"ד ומים תכן במדה. והא אוקמוה כל חד איהו מקבל כפי שעוריה וכפי מדה דיליה. ואית נביען לעילא דלית ליה מדה ושעור ומשקל והא אוקמוה. לא תעשו עול במשפט במדה במשקל ובמשורה. במדה בחמש תקונין דה' עלאה. במשקל דא ו'. במשורה דא ה' משפט דכלא דא י'. הה"ד ויגבה יי צבאות במשפט. דאיהו גבוה מעל גבוה שומר. חמש. זמנין כגוונא דא אאאאא וסימן פתוחי חותם א"ל ר' אלעזר ודא הכא שורק בנקודה חדא בפתוחי חותם והכא בתלת נקודין באתריה א"ל באתר דאית ו' איהו שור"ק בנקודא חדא באתר דלית ו' איהו שור"ק בתלת נקודין באתריה. עלאה ואמצעיתא ותתאה חמש נקודין אינון אלקים כגוונא דא א א א א א תמניא נצוצין אינון תמניא יודי"ן דסלקין תמנין רקיע דאיהו דיוקנא ח' איהו רמיזא בקמץ. הא פ"ו כחשבן אלקים. ואלין נקודין עלייהו אתמר פתוחי חותם. פתוחי דאימא עלאה דאיהי חותם. כלהו פתוחין בה וכלהו מצויירין בה ומתגלפאן בה. ואיהי חותם דכלהו תשע נקודין, אינון גליפין בה. תמניא ניצוצות ורקיע. ואיהי עשירית לון. תשע נקודין עד צדיק ואיהי חותם דכלהון כד"א וצאצאיו חתם באות ברית קדש. ורזא אינון תשע מתתא לעילא. ואימא עלאה חותם לכלהו כתר על כלהו בה נהרין כמרגלאן דנהרין בכתרא. ומסטרא דאלין נקודין אתקריאת שכינתא שיחה דכלא. שיחה דמלאכי השרת. שיחת דקלים. שיחת

תמנה כאן רמז למטה בר ת כ תר ע'שרר י'וד אתקריאת שכ נתא ש חה דכלא נראה נק ע כאן שסה ש חות כ ש חה דכלא קא על הנשמות ש ורדים למטה ומתלבשים בגופ ן ומגידים עת דות ונסתרות וש חת מלאכי השרת היינו נמ שיורד ם למטה ומג דים עתידות ונסתרות וש חת דקל ם מפורשת בתשובות הגאונים (ס ג ד) ושנאתם שיחת דקלים אמרו כ וס שאין בו נשיבת הרוח ובשאתה פורש סד ן א נה מתנענעת וה ודע עומד בין ב דקל ם שרס קרובים זל ז ורואה איך ינוע וא"ז יש לו בו ס מן שמכיר בהם כמה דבר ם ואמרו כ מהר י אברהם קבאסי זל גאון שהיה בשנת אלף ק מ לשמרות ר ה מכ ר בש חת דקל ם וה ר מוד ע פלאות גדולות שמכיר ן בהם האמת בני אדם עכ ל והבאתי דבר תשובה הגז בסה ק בן הוידע (מס סוכה דף כ ח) על מאמר שאמרו על ר ב"ז שהיה מכ ר בשיחת דקלים וכתבת שם שהעיד רבינו יוסף ו ז ל שגם רבינו האר י ז"ל היה מכיר בש חת דקלים

איהי עטרה על ספר תורה דאיהו ו' ואית י' לתתא ואיהו י' מן אדני דאיהי עטרה ברישא דכל צדיק לית ספירה דלא אית ליה עטרה על רישא. וכתר ועטרה דאיהי י' איהי עטרה דברית מילה דסליק למאה. עשר זמנין עשר מאה. ואיהי על כל פקודא ופקודא וכמה עלות אינון על עלות דסלקין על כל ברכאן ופקודין. וכל ספירן סלקין כל חד וחד למאה באת י' ובאת א' סלקין לעשרת אלפים. ואית לעילא מניהו ההוא דאתקרי עלת על כל העלות דסליק על כל עלאין. ולית מאן דסליק עליה. וכמה אתוון אית באורייתא מעוטרין בכתרים ומאלין עלאין נחתין ברכאן ונבועין לכל ספירה וספירה*דאינון י"א על כל ספירה וספירה. ואינון י"א מן יקו"ק אלקינ"ו יקו"ק אח"ד בא' אתקרי אל עליון. כי יקוק וכן בא אתכרי אלקינו אקיק אלקינו אדני והא אוקמוהו ועוד כתר עלאה. אף על גב דאיהו אור קדמון אור צח ואור מצוחצח איהו אוכם קדם עלת העלות וכל חיילין דהליין מניה אתמר בהון קווצותיו תלתלים שחורות כעורב. לית נהורא קיימא קמי נהוריה דכלהו נהורין אתחשכאן קמיה. תא חזי כמה עלות סתימין דאינון מתלבשין ואינון מורכבין בספירן. וספירן מרכבה לגבייהו דאינון טמירין ממחשבות בני אדם ועלייהו אתמר כי גבוה מעל גבוה שומר וגבוהים עליהם. נהורין מצוחצחין אלין על אלין. ואלין דמקבלין אינון כחשוכין מאתרין דעלייהו דמקבלין מנייהו. ועלת על כל העלות לית נהורא קיימא קמיה. כל נהורין מצוחצחין מתחשכאן קמיה. וכל נהורין דאינון לעילא מנהורין. אינון כתרין על רישייהו. ורזא דמלה אלף הא יוד הא דא רזא דעשרה כתרין דאינון מורכבין על עשר ספירן. ודא איהו כי גבוה מעל גבוה שומר. וגבוהים עליהם יוד הא ואו הא. יוד הי ואו הי. אלין על אלין עשר נהורין בעשר הה"ד עשרה עשרה הכף בשקל הקודש. לעילא על כלהו עלת העלות דרכיב על כלא ושליט על כלא. וכלהו שמהן אינון מרכבה ליה. ולית דרכיב עליה

יו"ד מלאה שעולה מספר עשרים ואותיות עשרים הם מספר כתר וכתר ועטרה דאיהי יו"ד ה"א ה' עטרה דברית מילה דסליק למאה הנה מלבד שעולה חשבון מאה כ"ו ד' שמספרה עשר ועשרה פעמים עשר הוא מאה עוד דליה

* קכד ע"ב

מבועין דנפקין מצנורא חדא דאיהו רקיע ואינון תמניא נצוצין ורקיע.
תניינא קרע שטן ונקודה דלהון ויאמר אלקים יהי רקיע ודא יקוק
תליתאה נגדיכש נקודה דיליה ויאמר אלקים יקוו המים ודא יקוק
רביעאה בטרצתג נקודה דיליה ויאמר אלקים יהי מארת ודא יקוק
חמישאה חקבטנע ונקודה דיליה ויאמר אלקים ישרצו המים ודא יקוק
שתיתאה יגלפזק נקודה דיליה ויאמר אלקים תוצא הארץ ודא
נקודה יקוק שקוצית דא נקודה שביעאה כליל ביומא שתיתאה ויאמר
אלקים הנה נתתי ודא יקוק. תא חזי אית שמהן דאורייתא דנפקין
מרישי תיבין דכל פסוקא ופסוקא דאורייתא ואית שמהן דנפקין מסוף
תיבין ואית דנפקין מאמצעיתא ורזא דמלה (נ״א דכלא) אני ראשון
ואני אחרון ומבלעדי אין אלקים. ואית שמהן דנפקין מתרין אתוון כל
חד וחד ואית מתלת תלת ואית מארבע ואית מחמש עד עשרה אינון
מעשר ספירן תליין. בתרין עשר אינון תליין מכתר עלאה כגון
יואהחצביהי״ן בהאי שמא תמן את תמן צ״ץ תמן אביר תמן ירון דא
שמא דתליא מכתרא עלאה כלי שמא דאיהו מתרין עשר אתוון איהו
ברזא דאל״ף דאיהו פל״א ועליה אתמר אודך על כי נוראות נפלאתי
נפלאים מעשיך. ותרין עשר שמהן אינון. אהצביההירון (ס״א
יואחציבבירון) (ס״א אהצביהרירון) (נ״א אהה נצב הרירון) כל חד מתרין עשר
אתוון ואינון ממנן על תרין עשר צנורין דנפקין ממקור עלאה דלית
ליה סוף ואינון מסטרא דאריך אנפין דאיהו וא״ו. ואינון ה״א ה״א יוד
איהו כ׳ כתר ברישא דא (נ״א רא) דאיהו ארך אפים דאיהו וא״ו. א׳
איהו אורייתא דאיהי אתייהיבת בתרין לוחין דאינון ו׳ ו. ואית כתרא
דזעיר אנפין דאתמר ביה כתר לי זעיר ואחוך. וכמה כתרין אינון
כתר תורה וכתר כהונה וכתר מלכות. מאי אית בין כתר לעטרה.
אלא כתר איהו מסטרא דא׳ דאיהו בדיוקנא דאת יוד דסליק כ׳ ודא א׳מן
אקיק דאיהו כתר דאריך אנפין. א׳ מן אדני כתר דזעיר אנפין. י׳ מן יקוק

תעלר לעת ד למעלר למעלה כנגד בח כה העל וכה ששרשה שם אלא כתר א׳ רו יוםטרא דאל ף דא הו בדיוקנא דאות יו״ד דסלק כ׳ פרוש ש אל ף בלור יו ד שרוא נקודה למעלה ו באמצע וד׳ למטה כמלא לורתו הוא אות ות אידי

כגוונא דא ⁝ תשע נקודין לכל סטר. ובנקודה דמלגאו בה
אשתלימו ⁝ לעשר כל תשעה. עד דאתעבידו ארבעין.
ואלין אינון ⁝ ם ⁝ ארבעין סאה ואינון ם עלאה מ תתאה דא
ברבוע"א ⁝ ⁝ ודא בעגולא י' נביעו דתרווייהו ורזא דא מים
חיים ואית ⁝ ענפין עלאין וענפין בינוניים וענפין תתאין
וכלהו ⁝ במדה במשקל דא ברא עלאין במשקל דא
ברא. בינניים במשקל דא ברא תתאין במשקל דא ברא עלאין אינון
אבהן. בינונ"יים ממנן ותתאין שליחן דלהון וכלהו אית לון שמהן
ידיען לאשתמודעאן שליחן וראשין וממנן דתחותייהו. וכל חד אית
ליה נקודה וכ"ה אשתמודע כל ענפא וענפא דאיהו אבר דגופא ראשין
י"קוק מך י"קוק ימלך נקודה דלהון יקים מלך יקום מלך
יקוק ימלך. והכי אינון לתתא בתרין שוקין ואמה. ובגין דא כפר לון
תרין זמנין יי' מך יי' מלך יי' ימלך לעולם ועד שכינתא ונקודה דילה
יקוק. ודא רזא כ"י ב"י חש"כ ואפלטהו. ראשי דראשין (תיבין) דאינון
כתר עלאה, חכמה בינה. והי"ה יקו"ק למלך על כל הארץ ביום
ההוא יהיה יקו"ק אחד ושמו אחד. והי"ה יקו"ק אבא ואמא יהיה יי'
אחד ושמו אחד כתר עלאה. ידין אינון משמשין דגופא רגלין שליחן
דגופא ועלייהו אתמר עושה מלאכיו רוחות משרתיו אש לוהט
ומשמשין דגופא תרין דרועין אינון ע"ב ענפין דויסע ויבא ויט אלין
אינון ענפי דאילנא. שרשא דאילנא. אינון שליחן ואינון שבעין ותרין
ע"ב עלאין לקבל שבעין ותרין תיבין דאינון מן והיה*אם שמע עד
ושמתם ושבעים ותרין אחרנין אינון דפרשת ציצית רישא דאילנא
משמשין דיליה דאינון שופטים ושוטרים אינון מ"ב תיבין מן ואהבת
עד והיה גופא (ס"א נופא) דאילנא ממנן. ושליחאן דיליה חמשין תיבין
דאינון מן ושמתם את עד ויאמר שבעה שמהן דרישא דסלקין למ"ב
אינון אבגיתץ וכו' רקיעא קדמאה אבגית"ץ ונקודה דיליה יקוק דנפקין
מאלין ראשי תיבין בראשית ברא אלקים א"ת. ואית תמן תמניא

אלא להַהוּא דאתמר ביה צדיק כתמר יפרח כפת תמרים סומך ודאי דמיא ללולב דלית ביה קוץ ופרוד ולאו למגנא אוקמוהו מארי מתניתין נפרצו עלין פסול לולב איהו דומה לשדרה דגופא דאיהו ו' קומה דכלא ואיהו שית בתושבן וחמש ענפין מתפשטין מניה ואיהו גופא* דאילנא באמצעיתא וה' ענפין אינון תרין מהאי סטרא ותלת מהאי סטרא. ועלייהו אתמר וענף עץ עבות וערבי נחל. ענף לשמאלא עבות לימינא. עץ באמצעיתא ערבי נחל תרין. עבות ג' וכלהו חמש ואינון לקבל תרין שוקין וברית ותרין דרועין. אתרוג לב באמצעיתא עקרא דאילנא וענפוי ואיהו איבא דאילנא וביה איהו עץ פרי עושה פרי למינו:

צואר על כלהו אימא עלאה כוחא אבא וביה נביעו דאילנא דמקורא דיליה אתקרי אין סוף עלין דאילנא אינון קווצותיו עלייהו אתמר ראשך עליך ככרמל. כלהו ירוקין דהכי צריכא שערא דאתתא דאיהי ברתא דמלכא למהוי ירוק. כטבעה מיני דהבא ואתרוג איהי ירוקא. ואסתר מתמן הוית ירקרוקת:

שערא דרצועין דתפילין אינון. עד לבא והכי שערו לון מארי מתניתין והכי שעורא דשערא דברתא דמלכא עד לבא וכל ענפא וענפא דאילנא דילה דאינון קני מנורה כלהו צריכין במדה ובמשקל ובמדה חדא דלא יהא דרועא חדא אריך מחבריה ולא שוקא חדא אריך מחבריה אלא כלהו במדה במשקל דא בדא והכי עיינין דיליה שקילין דא לדא והכי אודנין. והכי נוקבא דחוטמא דילה והכי אנפין דילה והכי שפוון דילה דלא יהא חד אריך וחד קצר. אלא כלהו בשקולא חדא. מבועא דמיא הכי צריך לאשקאה ולרבאה לכל גופא. ובלא אצטריך במדה ובמשקל כמבועא דמיא. ולכל אבר ואבר דאיהו ענפא דאילנא. במדה ובמשקל וסימנא מי מדד בשעלו מים ושמים בזרת תכן. ומים תכן במדה. מי ודאי. מדה דנביעו כגוונא דא ם. מם ברבועא נקודה בעגולא (מרובעת) ברבועא ורזא דמסוה ארבעים סאה

חֶסֶד. וּמַאן דאית לֵיה דיוּקנָא שַׁפִּירָא ועוּבְדִין טָבִין. דָא צַדִיק וטוֹב לוֹ. וְהָכִי אִיהוּ מַאן דאִיהוּ צַדִיק וּבַת זוּגֵיה צַדֶּקֶת מַאן דאִיהוּ דיוּקנֵיה בִּישָׁא. וְאִיהוּ שַׁפִּיר בְּעוּבָדוֹי דָא צַדִיק וְרַע לוֹ. וְהָכִי אִיהוּ מַאן דאִיהוּ צַדִיק וּבַת זוּגֵיה בִּישָׁא. וּמַאן דאִיהוּ דיוּקְנָא בִּישָׁא וְעוּבָדוֹי בִּישִׁין דָא אִיהוּ רָשָׁע וְרַע לוֹ. וְהָכִי אִיהוּ מַאן דאִיהוּ רַע וְאִתְּתֵיהּ רָעָה. הָכָא אִשְׁתְּמוֹדְעִין תְּלַת גִלְגוּלִין. רָשָׁע וטוֹב לוֹ מַאן דעוּבָדוֹי בִּישִׁין. ודיוּקְנֵיהּ שַׁפִּירָא. וְאִתְּתֵיהּ צַדֶּקֶת שַׁפִּירְתָּא בְעוֹבָדהָא דְגִלְגוּלָא גָרִים דָא לְמֶהֱוֵי בַּר נַשׁ צַדִיק וטוֹב לוֹ צַדִיק וְרַע לוֹ. רָשָׁע וְטוֹב לוֹ. רשע וְרַע לוֹ. תְּגוּפָא בִּישָׁא וְאִתְּתָא בִּישָׁא. לְצַדִיק אִיהוּ עוֹנְשָׁא דִילֵיהּ דִגִלְגוּלָא מְחַיֵּיב לֵיהּ אָמַר ר' אֶלְעָזָר אַבָּא אִם כֵּן מַאי תַקַּנְתֵּיהּ לְמַאן דאִיהוּ צַדִיק וְאִית לֵיהּ אִתְּתָא בִּישָׁא. א"ל בְּרִי. יַעֲבִיד לֵיהּ שִׁנּוּי מָקוֹם וְשִׁנּוּי הַשֵּׁם וְשִׁנּוּי מַעֲשֶׂה וְאִי לָא אִתְתַּקְנַת יִתְרֵךְ לָהּ מִינֵיהּ בְּגֵט וְיִתְסֵי וְאִתְנְטַע בְּאֲתַר אָחֳרָא. וְהֵן כָּל אֵלֶּה יִפְעַל אֵל. פַּעֲמַיִם שָׁלֹשׁ עִם גָּבֶר. עַד הָכָא בְּשִׂרְטוּטִין דִידִין:

בְּקוֹמָה בְּצַוָּאר פָּתַח ר' שִׁמְעוֹן וְאָמַר אֵלִיָּהוּ אֵלִיָּהוּ. הָא שְׁכִינְתָּא הָכָא. וכָלְהוּ חַבְרַיָּיא עִמָּהּ נַטְרִין לָךְ הָכָא. טוּל רְשׁוּ מִקֻבָּ"ה לְנַחְתָּא הָכָא לִיקָרָא דְמַלְכָּא קַדִישָׁא אַנְתְּ וְכָל מָארֵי מְתִיבְתָּאן דִלְעֵילָא וְתֵיתָא עִמָּךְ לְתַקָּנָא שִׁעוּר קוֹמָה דְקֻבָּ"ה כִּדְקָא יָאוּת לֵיהּ אַדְהָכִי הָא אֵלִיָּהוּ קָא נָחִית וְכָל מָארֵי מְתִיבְתָּאן דִלְעֵילָא וְתַתָּא עִמֵּיהּ וְקֻבָּ"ה עַל כָּלְהוּ:

פָּתַח אֵלִיָּהוּ וְאָמַר רִבּוֹן עָלְמָא יְהֵא רַעֲוָא דִילָךְ דְאֵימָא מִלִּין בְּאֹרַח מִישׁוֹר כִּדְקָא יָאוּת כָּלְהוּ בְמִדָּה בְמִשְׁכָּל בְּשִׁעוּר קוֹמָה דִשְׁכִינְתָּךְ:

פָּתַח וְאָמַר זֹאת קוֹמָתֵךְ דָּמְתָה לְתָמָר וְשָׁדַיִךְ לְאַשְׁכֹּלוֹת. מַאי לְתָמָר

יל"ה ר' וא"כ נוגעת בקומתה הילד בעת שלכך להתרמז בו מאי לתמר אלא לדרוש דאתמר צ"ר לד"ק כתמר פרח פירוש לתמר דמתה ליסוד שאמר שרוא למעלה יש לו כח לעלות לתעלה מן חג"ת עד הדעת ששם שרשו דלכן הלולב הוא למעלה מן ההדס והערבה שהם חג"ת ונו"ה וכן המלכות תעלה לעת"ל מקום גבור ועל"ו וכ"מ דבינו האר"י ז"ל (בב"א אר"ז דף מ"ג ע"ג) וז"ל והרא"ם [illegible] שאלה הגקראת [illegible] דלא את דע [illegible] למעלה מן התשעה ספירות הנז' [illegible] ספירות גמורות [illegible] המלכות [illegible] כאלו התשעה ספירות הערביות [illegible] המלכות מסוד הא' [illegible] דלא את דע [illegible] למעלה מן התשעה ספירות [illegible] וגדולה המלכות [illegible] לד"ק [illegible] פנה [illegible] גדולה מן [illegible] זה עכ"ל ולזה [illegible] כאן זאת קומתך דמתה לתמר [illegible] סוד דתע"פ שהוא למטה יש לו כח לעלות למעלה מן חג"ת עד הדעת ששם שרשו כן המלכות אע"פ שהיא למטה

אלא

ורע. וידין דכל יומוי עבדין בהון עובדין בישין דא איהו מאילנא
דאתמר ביה ויקו לעשות ענבים ויעש באושים. ואית אילנא דלא
עביד פירין. ואיהו עקר אלין אינון דלית בהון עובדין טבין. ובגין דא
אמרו מארי מתניתין לא המדרש עיקר אלא המעשה הוא העיקר ובגין
דא עקרא רשרטוטין וציורין וגוונין איהו עוברא. בת עין. איהי
אספקלריאה אף על גב דאיהי אוכמא. בה אתחזיין כל פרצופין וגוונין
דאנפוי דבר נש. כד סתים בר נש עינא איהו מחשבה סתימא. א קמ"ץ
איהו. קמ"ץ סתים עינא איהו י' בעגולא דיליה ו' באורכא דיליה. כד
אתפתח, אתפתח בה' תתאה. כד נהיר נהיר בה' עלאה בההוא
זמנא דאתפתח בה' עלאה אתמר *בעינא נפתחו השמים ואראה
מראות אלקים דאינון חמש אור דעוברא דבראשית דכלילן בה עלאה
חמש אור דנהרין בחמש גוונין. שבתא"י פתיא אוכמא כל גוונין
אתחשכאן ביה איהו גוון גחון דחויא דאתמר ביה על גחונך תלך
ועפר תאכל כל ימי חייך. עפר איהו סר ויבש. הכי טחול קר ויבש.
ובגין דא ועפר תאכל כל ימי חייך. תא חזי לאו למגנא אמרו קדמאין.
אין הרוכב טפילה לסוס. אלא הסוס טפלה לרוכב דסוס איהו נוקבא.
לרוכב דאיהו אדם אם זכה אתמר ביה אעשה לו עזר ואם לאו כנגדו
יצה"ר עליה אתמר. ומוצא אני מר ממות את האשה ודא טחול
שבתאי. עזר דא שכינתא עלה אתמר מצא אשה מצא טוב. ויפק
רצון מיי. ובגין דא הוו אמרי מארי מתניתין מצא או מוצא לזמנין
תשכח סוסיא דאתתא **ואפילו לרוכבו תחותיה. דא אתתא בישא
לזמנין תשכח אדם רכיב על סוסיא לזמנין איש לזמנין
עבד כגוונא דא תשכח לזמנין דאית גוף דאיהו סוס שפיר.
בכל תקונוי ועביד עובדין בישין בגין דאית ליה ההוא נפש
דרכיב עליה דאיהו אדם רע עבד ממזר ובגין דא אוקמוהו מארי
מתניתין לא המדרש הוא העקר. אלא המעשה הוא העקר. ולזמנין
תשכח סוסיא בישא דאיהו גופא דאית ליה דיוקנא בישא ומאן דרכיב
עליה איהו טוב וסטי ליה למעבר עובדין טבין. ודא איהו מטה כלפי

חסד

* קלד ע א ** ואפ ל

וְחוֹטְמָא. נוקבין דחוטמא נוקבין דאודנין ופומא כל נקודין וציורין דאינון עזקא לאת י׳. ואיהי ב״ון כאבנא בריש עזקא. אָדָם דַעֲשִׂיָּה דא ו׳ מ״ה. בינה. איהי אם כל חי מעשה בראשית בה אתעבידו כי עובדין דעובדא דבראשית וגוונין. אריה דביה עביד שרטוטין דא חסד ימינא. שור דביה צייר ציורין דא גבורה. נשר באמצעיתא דביה אשתמודעו כל גוונין ודא תפארת שפירו דכלא דכל גווני נהרין ביה. ונצח הוד יסוד אינון דקבל תלת אבהן כל שרטוטין וציורין ועובדין אינון אתחזיין בשכינתא תתאה. דאיהי דמות אדם. ועלה אתמר. וביד הנביאים אדמה. בלא אתחזי בה לתתאה ולית בר נש יכיל למנדע. ולאסתכלא. בשרטוטין וציורין וגוונין דלעילא אלא בה ובגינה אתמר וראית את אחורי. אבל לעילא מינה ופני לא יראו. דלית בריה דיכילא לאסתכלא תמן בתקיפו דצחצוחים ונהורא דגוונין דעלייהו אתמר כי לא יראני האדם וחי וכי באנפוי דמשה לא הוו יכלין לאסתכלא. כל שכן בעמודא דאמצעיתא דאיהו כליל כל שרטוטין ציורין וגוונין. וביה נהרין כלהו. ואיהו כליל בכלהו (נ״א כלל דכלה) ובגין דא אתקרי ש. כליל תלת אנפין דאינון תלת אבהן. ודא איהו רזא ושכבתי עם אבותי ובגין דא מלכות איהי ב״ת יחידה. שב״ת דבה אתגליין כל גוונין ושרטוטין וציורין לבני נשא. ובה יכלין למנדע כל מה דלעילא ולא באתר אחרא דאיהי כגוונא דאספקלריאה דא שתמודע בה פרצופין דאנפין שרטוטין דידין אינון אילנא דחיי כד אינון פתיחן למעבד טיבו כשושנה דאיהי פתיחא לקבלא ולארקא ריחא טבא ואית עובדין טבין דאינון איבא לאילנא כגון צדקה. וכמה פקודי דתליין בידין למעבד בהון טיבו ידין ד״א אתחזיין בהון שרטוטין. לאו איהו דיוקנא מאילנא דחיי. ואית שרטוטין בארח מישר מסטרא דיצרא טבא ואחרנין מסטרא דיצרא בישא דאין פתיחין לטיבו ואין פתיחין לביש ואית דמורכבין צ״ן בא״ן. אילנא דטוב עם רע ורע עם טוב. אלין אינון דידיהון זמנין עבדין טב. וזמנין עבדין ביש. ידין דעבדין טיבו כל יומוי אין אינון מאילנא דחיי. ואלין דעבדין טוב ורע. אלין אינון מאילנא דטוב

דָּא לְאַרְיֵה, גּוּר אַרְיֵה יְהוּדָה, יוֹסֵף בְּכוֹר שׁוֹרוֹ, יִשָּׂשכָר חֲמוֹר גָּרֶם. יְהִי דָן נָחָשׁ עֲלֵי דֶרֶךְ, בִּנְיָמִין זְאֵב יִטְרָף, וּבְרִי כִי דָא רָזָא דְגִלְגּוּלָא. דִיצֶר הָרַע אִית לְמַאן דְּאִיהוּ דָמֵי לְאַרְיֵה וְאִית לְמַאן דְּאִיהוּ דָמְיָא לְחִוְיָא. וְאִית לְמַאן דְּאִיהוּ דָמֵי כַּחֲמוֹר לְכָל בִּרְיָין אִשְׁתַּנֵּי כְּפוּם עוֹבָדֵיהוֹן וּכְפוּם שַׁעְתָּא דְאִתְעֲבִידוּ בָהּ, וְעִם כָּל דָּא זַכָּאָה נִשְׁמְתָא דְשַׁלִּיט עֲלֵיהּ. וְרָכִיב עֲלֵיהּ כְּבַר נַשׁ דְּרָכִיב עַל סוּסְיָא אוֹ עַל חֲמָרֵיהּ ווֹי לֵיהּ לְמַאן דְּהָוֵי שַׁלִּיט עֲלֵיהּ הַאי אִתְקְרֵי רָשָׁע גָּמוּר. וּמַאן דְּאִיהוּ שַׁלִּיט עֲלֵיהּ אִיהוּ אִתְקְרֵי צַדִּיק גָּמוּר. וַעֲלֵיהּ אִתְּמַר וְאֶתֵּן אָדָם תַּחְתֶּךָ אָדָם בְּלִיַּעַל אִישׁ אָוֶן וּלְאֻמִּים תַּחַת נַפְשֶׁךָ. דְּכַד בַּר נַשׁ אִיהוּ שַׁלִּיט עַל יִצְרֵיהּ הָכֵי אִיהוּ שַׁלִּיט עַל כָּל שַׂנְאוֹי. וְאִם יִצְרֵיהּ שַׁלִּיט עֲלֵיהּ. שַׂנְאוֹי שַׁלְטִין עֲלֵיהּ וּבְרִי:

אַשְׁכַּחְנָא בְּמַתְנִיתִין בְּרָזָא דְשִׂרְטוּטִין וְצִיּוּרִין וְגַוָּונִין. בְּסִתְרָא דְרָזִין טְמִירָא דִטְמִירִין דְּאָדָם דִּבְרִיאָה דְּאִיהוּ קַדְמוֹן לְכָל קַדְמוֹנִים רָכִיב בְּאַרְיֵה סִטְרָא דִימִינָא וְעָבִיד שִׂרְטוּטִין דְּאִינוּן אוֹרְחִין וּשְׁבִילִין דִּימָא. כְּגַוְונָא דְאוֹרַיְיתָא דַעֲלַיְיהוּ אִתְּמַר הַנּוֹתֵן בַּיָּם דֶּרֶךְ וּבְמַיִם עַזִּים נְתִיבָה. אָדָם דִּיצִירָה רָכִיב בְּשׁוֹר וְסִטְרָא לִשְׂמָאלָא וְנָטִיל אֶשָּׁא בְּפוּמֵיהּ *וְצַיֵּיר צִיּוּרִין. אָדָם דַּעֲשִׂיָּה רָכִיב בְּנֶשֶׁר וְנָטִיל רוּחָא בְּפוּמוֹי וְסִטְרָא לְמִזְרָח. בְּאַנְפּוֹי וְעָבֵד גַּוָּונִין בְּעַיְינִין בְּאַנְפִּין. א"ל מַאן אָדָם דִּבְרִיאָה וִיצִירָה וַעֲשִׂיָּה הָכָא. א"ל בְּרִי הַאי אִיהוּ דְאִתְּמַר בֵּיהּ וְאָדָם אַיִן וּמוֹתַר הָאָדָם מִן הַבְּהֵמָה אָיִן. וְאִיהוּ אָדָם דִּבְרִיאָה דְבֵהּ בָּרָא עִלַּת הָעִלּוֹת כָּל בִּרְיָין אָדָם דִּיצִירָה הַכְּבוֹד עֲלֵיהּ אִתְּמַר וְהַחָכְמָה מֵאַיִן תִּמָּצֵא דְּאִיהוּ י' מֵאַיִן. דְּבֵיהּ צַיֵּיר כָּל צִיּוּרִין דְּעָלְמָא. בֵּיהּ צַיֵּיר עַיְינִין

כי רואה קסם כתג, אבר ר במ"ו וד, גם כו"ל ד אות ות רפסוט דשליט עליה ורכיב עליה כבר נש דרכב על סוס ר או על חמריה ... קו [illegible] מ ל בדמיון זה דיתדמה לה לרוכב על סוס או חמור ור בו דלותר שלט עליה ורכב עליה דרוכב על רסוס או חמור ית"ש הרוכב מתרת חדא בשלטה ששולט בסוס ובחמור לרוך כו לתקום שרוצה ולרצונו יתקום שרוצה ולפעמים כו שעור זמן שירנה וא, הסוס והחמור וכל לעבור על רצון הרוכב ככל שאם בטוע כרו בתקלו והב' אוכן, הרכ בה שרוכב על שא, גופו של רוכב ואפ לו מלבוש ונוגע ס בבשר רסוס ורחמור אלא יכ ת על הם אוכף גב שהרוכב ישב על האוכף והאוכף על הסוס שנעשה יסוס תשמש דתשמיש וכן נשמת האדם הטוב והגדק שרוכבת על ה לה ר דמ לזה בתרת חדא מצד השליטה ששולטת ב לה"ר כמו שלטת האדם על הסוס והחמור ורב אופן, רכ בתה ותשמשה בו רואה בנקות ש ש יתסך והבדל בינר לבין

אלין שטיין דלא מסתמרין נרמיידו בזוונא דלהון מרכיבין לון בהון. ואתעביד אילנא דעץ הדעת טוב ורע. נוקבא אית ליה דאתקריאת להט החרב המתהפכת. דכל גלגולין דנשמתין ביה מתהפכין. לזמנין מטה לנחש. לזמנין נחש למטה. והכי מתהפכין דכורא לנוקבא. נוקבא לדכורא ואלין דהפכין לשלחנם נרמין הפוכין אלין הפכפך דכלהו להט החרב המתהפכת מרע לטוב ומטב לביש. והכא רזא דצדיק ורע לו רשע וטוב לו ודא איהו גולל אור מפני חשך והשך מפני אור. מאן דאלים גבר. כד אלים נוקבא על דכורא בגלגולא דיליה לית ליה דיקנא עקר הוא. עובדוי כבעירא תועבה אינון. והכי אינון מתהפכין דרגין מדינא לרחמי ומרחמי לדינא כגוונא דסטרא דדכיו. הכי מתהפכין מסטרא דמסאבו. אם אלים גבר. והוא יהיה פרא אדם ידו בכל. ואם אלימא נוקבא יד כל בו. אית שלטנותא לביש ואית שלטנותא לטב אית שלטנותא דשליט דא על דא ואית שלטנותא דניאופין. כד שליט (נ"א סליק) זונה עליה. כלהו בעירן אתיין עליה כמה דאשתכחנא בנבוכדנאצר דאתמר ביה ומבני אינשא טריד ועשבא כתורין ליה יטעמון. עד דשבעה עדנין יחלפון עלוהי. דאינון שבעה כוכבי דיליה יתחלפון עלוהי מדכורין לנוקבין. ובגין דא כד גלגולא דנוקבא קא רכיבת עליה עובדוי איהו כאתתא כד מליל מליל בפתיחו דידין וכליה ודכוריה וכל עובדוי כאתתא. תועבה איהו. ובגין דא מברכין ישראל עמא קדישא ברוך אתה יי' אלהינו מלך העולם שלא עשני אשה. א"ל ר' אלעזר אבא שמענא דאית נפשא דמרכיבין לה בכלבא. ובגין דא אמר דוד הצילה מחרב נפשי מיד כלב יחידתי. מאי יחידתי דא נשמתא דכי נשמתא אתרכיבת בכלב א"ל ברי אין. בההוא ערל נחש הקדמוני דפתי לחוה ולבני נשא דא איהו כלב ודא יצר הרע דאתא בההוא עלמא מורכב עליה לקבלא עונשיה ואית נשמתין אחרנין דקא אתיין בגלגולא בבמה היון דאתקריאו מזל אריה מזל שור מזל נשר מזל בתולה מזל עקרב מזל טלה מזל מאדים מזל נחש מזל דגים. כמה דאשכחנא בתרי עשר שבטין דאתמתילו לחיון.

דא

בה ובפשעיכם שלחה אמכם. ותיובתא שלימתא מאן דאתיב לה לאתראה דהות בקדמיתא. דבזמנא דנשמתא איהי בלבא אתקריאת מטרוניתא כד נפקת מלבא לא אתקריאת מטרוניתא. כפום חובוי דבר נש. הכי נחית לה מדרגא לדרגא ומאבר לאבר עד דנחית לה לרגלוי. וכפום זכוון דיליה, הכי סליקת עד דסליקת לאתרה. ובגין דא בכל אתר דנחתת תמן. עבדת תנועה יתירה בההוא אבר יתיר מאחרנין:

שרטוטין דידין אשכחנא ראינון כענפין דאילנא. מנהון אריכין. מנהון קצרין מנהון משלבן מנהון בעגולא זעירין:

אשכחנא ברזא דמתניתא. דטורין רמאין עמיקין. גו סוספיתא קונטרא סטרא דסטרין תמן הוה חד אוכמא בלא רגלין. מכפכף הפוכין גוף טריף. כד הוה יתיב אזיל כד הוה אזיל יתיב. כד הוה אזיל מהפך טורין. כד הוה יתיב מעקר טנרי. מאן דאערע ביה. טריף ליה. וקטיל ליה ולא אהני. זכאה איהו מאן דאסתמר מניה כל דיוקנין דבני עלמא ביה רשימין, כל ציורין ביה מצויירין. כל גוונין ביה מרקמן דסטרין אחרנין. כמה ענפין תליין מניה דשרביטין דנורא מלהטא דזריק. כמה גלגלין סחרין ליה כלהו מליין עיינין דגומרין דנורא מלהטין. מנהון מזדעזעאן. תליין ומשריין. לית בהון רחמנותא כלל. זכאה איהו מאן דאסתמר מניה. ביה רשומין דיוקנין דחיוון בישין דאינון מזל אריה מזל שור מזער. מזל נשר. מזל אדם. כל נוני ימא מסאבין. ביה מצויירין. ועופין וחיוון דסטרא דמסאבו ביה רשימין ומצויירין. דכלהו מועדין לקלקל כמה שרביטין וניצוצין אזדריקו מניה על בני נשא ואינון נשמתין דחייביא דהא מרכיבין על בני נשא מנהון דכורין מנהון נוקבין לזמנין מרכיבין נוקבין על דכורין. לזמנין דכורין על נוקבין. כד אזדריקו לא אזדריקו לאתר ידיעא. אלא כל חד באתר דלא*מניה. ווי לון לאינון טיפין דאינון נצוצין ושרביטין אערעו בינייהו

שלומדים לותר מן המדבר בס בפר כ דבר ס שבע כ ה ה רשאי ללמדס בכתב ואס תשכ ל ותר תמלא ית ם ט רו זכור לטוב ב נה לבא ו דוע תורר מב נה כפקא וכן שער תפ"ר שהס נפס רס בב נר, גם מספר פה כזה פ' אלין

* קלב ע"א

ראיהו מום כל שכן אם דבורא דיליה עסים עליה אתמר מעות לא
יוכל לתקון. פומא ולבא אינון לקבל אורייתא דבכתב. ואורייתא דבעל
פה. קלא ודבור דנפיק מתרויהו איהו ו"ה צריך לאפקא ליה בדחילו ורחימו
דיק, ואם לאו לא שריא תמן יקוק. שפוון אריכין מסטרא דאנשי חיל
רחבין מסטרא דיראי אלקים. שפוון בינונים, מסטרא דאנשי אמת זעירין
בעגולא מסטרא דשונאי בצע במה קלין ודבורין נפקין מפומא מיד
דנפקין מפומוי. כמה מלאכים דאתקריאו עופין. נטלין מלולין דפומא.
חמש תקונין אינון בפומא דאתמר בספר יצירה אחה"ע בומ"ף גיכ"ק
דטלנ"ת. זסשר"ץ. ובהון אבנים* שלמות תבנה לקב"ה בכמה צלותין
ופולחנין ועלייהו אמר יעקב וישכב במקום ההוא. וישכב ויש כ"ב
אתוון במקום ההוא. יש להנחיל אוהבי יש. כ"ב בה יברך ישראל.
בה בטחו אבותינו כי בה ארון גדוד. וכה בחר יי'. אשר נשבעת
להם בך. בהון ברוך כבוד יי' ממקומו. דיקנא בספר בן סירא קליל
דקן. קורטמן. עב דקן. איהו ברבויא דליתא בלחותא דיליה ובגין דא
איהו פתיא שטיא. (אמר ר' שמעון) מאן דלית ליה דיקנא באנפוי
ובפומוי אלא זעיר. הוא פקחא (נ"א פקיעא). דמרה ירוקא איהי אתגברת
עליה. ולית ביה לחותא כלל. דיקנא בינוגית דא איהו איש תם דעתיה
שלים. מאן דלית ליה דיקנא באנפוי כלל מרה קרירא ויבשתא
אתגברת עלוי לית ביה לחות וחמימות כלל מארי דעציבו איהו עובדוי
באתתא. תא חזי אית בני נשא דממללן בנענועא דעיינין ואחרנין
בנענועא דידין ואחרנין בנענועא דרישא ואחרנין בנענועא דגופא
ואחרנין בנענועא דרגלין, דא איהו דבכל אתר דנשמתיה ביה תמן.
עביד נענועא יתיר בההוא אתר, א"ל ר' אלעזר. אבא. וכי נשמתא
לא איהי באתר ידיעא בלבא. ואתפשטותה בכל אברין, דלבא. א"ל
ברי והא כתיב בה ותגל מרגלותיו ותשכב. כפום עובדוי דב"נ הכי
נפיק לה מאתרהא ונחית יה לבר מאתראה כגוונא דשכינתא דאתמר

בח' ברכות של רבית דר ותקדש י"ה בקדושת קר שך וגעל לך פ בא ולבא א ין לקבל אורי תא דבכתב ואור יתא
דבע"פ כ ריוש הויר שבכתב דאשר וסופר לב ולכן יבא א ר לקבל אור תא דבכתב ופר לקבל אור תא דבעי"פ
בד

* קלב ע ב

באלי"ם יי' גבריא"ל ממונה על אשא. אוריא"ל על רוחא. רפא"ל על
עפרא מאלין תליין כמה רבי רבון דמלאכיא דתליין מינייהו. ברי
אגרא דאלין פקודין דתליין באלין אברים. הוא דמאן דמיחד
לקב"ה בשכינתיה בהאי עלמא קב"ה מזווג ליה בבת זוגיה לההוא
עלמא. ומאן דקרב ליה לשכינתיה קרבנא. קב"ה מקרב ליה
בבת זוגיה. ומאן דעביד ליה בי מקדשא הה"ד ועשו לי מקדש.
קב"ה עביד ליה בההוא עלמא בית לדיירא תמן דאיהו קדש
קדשין ומאן דעביד ליה סכה קב"ה מסכך עליה בההוא עלמא ואגין
עליה מכל מלאכי חבלה כד נפיק מהאי עלמא ואזיל לההוא עלמא.
וכל מאן דמברך לקב"ה ומקדש ליה בצלותיה בהאי עלמא. קב"ה
מברך ליה בההוא עלמא ומקדש ליה ולית קדושה פחות מעשרה אוף
הכי עביד ליה קב"ה עשרה חופות בגן עדן. דקדושין דקב"ה עם
שכינתיה אינון קמ"ש. ושבע ברכאן דיליה אינון בקריאת שמע.
בשחר שתים לפניה ואחת לאחריה ובערב שתים לפניה ושתים
לאחריה הא שבע ויחוד דיליה שמע ישראל והכי קב"ה מברך ליה ולכלה
דיליה ומקדש ליה עמה בקדושה ומייחד תרוייהו וכלא מדה כנגד
מדה סוף סוף בכל מה דאשתדל בר נש בפקודוי דקב"ה בגיניה ובגין
שכינתיה הכי אשתדל קב"ה בגין בר נש ובת זוגיה בההוא עלמא
זכאה חולקיה מאן דישתדל למעבד רעותיה דלית פומא יכיל למימר
אגרא דיליה בדהוא עלמא דאיהי לדרי דרין. בר נש עביד לקב"ה
רעותיה דאיהו לפום שעתא בהאי עלמא ובני ליה בניינא ביה. קב"ה
בני ליה לבר נש בעלמא דיליה בניינא לדרי דרין זכאה מאן דשריא
ליה בכל אבר ואבר דליה למעבד ליה אתר לישריא תמן ולאמלכא
ליה בכל אבר ואבר דלא יהא ביה אבר פנוי מניה דאם חסר אבר חד
דלא שריא עליה קב"ה בגין ההוא אבר אתחזר לעלמא בגלגולא. עד
דאשתלים באברין דיליה. למהוי כלהו שלמין בדיוקנא דקב"ה דאם
חסר חד לאו איהו בצלמו דקב"ה. פומא עקימא לא שריא ביה קב"ה

בזה ב' משמעות א' על ען רחושיה וא' על הסכל"ה וכל מאן דמברך לקב"ר ומקדש ל"ר בצלות"ר כ' מברך
ראדו

עלאה, כל פקודין דהליכה תליין ברגלין. כגון הליכה לבי כנישתא הליכה לברית מילה הליכה למת מצוה או לכל הליכה דמצוה. והאי פקודא דברית מילה תליא בצדיק. וצדקה בידין. מן נתן תתן. כל פקודין אינון משולבין אלין עם אלין הה"ד משולבות וכו' וכן תפלין תליין ברישא ובידא שמאלא. ציצית על כתפא מצות ללמוד וללמד בפומא. וכן צלותין תליין בפומא. והכי מצות שופר ברוחא דנשיב ביה בפומא וההוא רוחא אתעביד קלא וכן קרבנין דאינון ריח ניחח ליי' תליין בחוטמא ואעי בוסמין דאברהתא וכל דינין תליין בדבורא וכן בעיינין כמה דאוקמוהו מארי מתניתין. אין לדיין אלא מה שעיניו רואות. ואית פקודין דתליין בשמיעה כגון קריאת שמע או פקודין אחרנין. דאתמר בהון אם השמיע לאזנו יצא. ודא תקיעת שופר סוף סוף באלין אכרין תליין כל פקודין אלא פקודא דיראה ואהבה אלו. תליין במוחא ולבא וכל פקודין דעשיה כגון סוכה ולולב תליין בידין ובאלין תקונין (ס"א פקודין) צריך בר נש לאשתמודעא כל מלאכייא דאתקריאו עיני יי' אזני יי'. ואינון דאתמר בהון עושה מלאכיו רוחות (משרתיו אש לוהט) דתליין בחוטמא. ומלאכין דאתמר בהון כי עוף השמים יוליך את הקול דתליין בקלא. ובעל כנפים יגיד דבר. דתליין בדבורא ומלאכים דתליין בעשיה כגון וידי אדם ומלאכין דאתקריאו אותות דתליין מצדיק דאתמר בהון ומאותות השמים אל תחתו. ומלאכין דתליין ברגלין דאתמר בהון והחיות רצוא ושוב. ונענועא דכלהו יקום וצריך למנדע נקודה דיליה בכל אבר ואבר נקודה דאתחייב למלאכה דאיהו (אור) מים ולמלאכא דאיהו אש. ולמלאכא דאיהו רוח דכל נקודין אינון אשא ורוחא ומיא. מלכות עפר מאנא דכלהו עלאין דתליין מספירן ולתתא הכי אית מלאכין דתליין מכסא ומלאך ואופן דמתמן נשמה ורוחא ונפשא. גופא מאנא דכלהו מיכא"ל איהו מיא ואיהו ממונה על ימא. ובגין דא כד אעבר משה לישראל בימא ביה שבח לקב"ה הה"ד מי כמוה

ובגין ואות כ' הוא כתר בסוד הכונה של כי מלתך היא מגותחם אין לדין אלא מה שעיניו רואות פרוש יש באלים

מצוה דכל פקודא ביה שריא יקוק. הוא אשתכח בכל אבר ואבר הוא אשתפח בד' גוונין דשערא ובד' גוונין דעינא. ובד' אדרין דאודנא. ובד' גווני דאנפין. ובקלא ובדבורא ובסריאה ואמירה ובעשיה דידין. ובכל אבר ואבר דגופא. איהו יקוק ממנא על כל מצוה ומצוה דביה מצוה באת בש מ"צ י"ה פ"ץ ו"ה הא מצוה יקוק מצפץ. יקוק בא"ת ב"ש מצפץ. וברי כל אברין אתקריאו בנוין לשמא דיקוק. וכל מלאכין דתליין מההוא אבר כלהו סלקין ונחתין בשליחותיה וכל מאן דקרא למלאכין ולכנויין. ולא בההוא אבר דממנא עליה לית סליק פעולה בידוי. רישא איהו כנויא רשם אקיק. וכל מלאכין וממנן דהויות מהכא תליין וביה שאלין מלאכין איה מקום כבודו להעריצו איס רשים באסיק. ותמן היה דסליק בחושבן כ' דאיהו כתר. איהו רשים בא"ב ג"ד ה"ו ז"ח ט"י (אקיק) אלף הא יוד הא איהו רזא דעשר אתוון מעילא לתתא האי איהו כתר בריש כלהו שמהן. ולעילא מיניה יוד הי ואו (נ"א ויו) הי אלף דלת נון יוד. לעילא מיניה יוד הא ואו הא. וכלהו סלקין לארבעין ותרין אתוון. ואלין אינון אתוון דאתבריאו בהון שמיא עלאין וארצות החיים דאלין אתקריאו שמי השמים ומאן דברא בהון כלא אומנא דכלא עלת העלות מתעלה על כלא הוא בריך דכלא. ולעילא מכל ברכאן הה"ד ומרומם על כל ברכה ותהלה. ולא צריך איהו ברכאן מאחרא דלית עליה מאן דאשפע ליה. ברי אית פקודין דתליין ברגלין. דאתמר בהון ורגליהם רגל ישרה על ארבעת רבעיהם בלכתם ילכו דא מארנ"י דעליה אתמר צדק לפניו יהלך וישם לדרך פעמיו ואינון מאת ארנים למאת הככר דנחתין למאה ברכאן ודא ס' מן צדקה דאיהי צלותא. צ' תשעים אמנים. ד' ארבע סדושות ס' מאה ברכות ה' חמשה חומשי תורה. והאי צדקה איהי אימא עלאה צדק אימא תתאה. דאתמר בה צדק לפניו יהלך צדק יקראהו לרגלו דא דינא ודא רחמי. צדק אימא תתאה. צדקה אימא

וכמ"ש בשער הגלגולים באורך רישא א' הוא כנוי א' דשם אהיה פירוש רישא דז"א שהוא הכתר בו הכינוי דשם אהיה כי נודע דשם אהיה הוא רזא דכתר דז"א ומספר שלו אך, והוא אל"ף הוא הכתר שהוא אלופו של עולם דעמ"ר עלאר

וצריך לפרשא כל פקודין דאינון בדיוקנא דמלכא. אית (אלין) דתליין
מרישא. ואית (ואלין) דתליין בעיינין. וכמה מלאכין ומשריין עלאין
דאינון עיני יי ממנן עלייהו. ואית פקודין דתליין מן אודנין. וכמה
מלאכין דאתקריאו אזני יי ממנן עלייהו ואית פקודין דתליין מאנפין
וכמה מלאכין דאתקריאו פני יי ממנן עלייהו דאתמר בהון וארבעה
פנים לאחד. ואית פקודין דתליין מחוטמא. וכמה מלאכין דאתמר
בהון עושה מלאכיו רוחות כממנן עלייהו. ואית פקודין דתליין מפומא
וכמה מלאכים דממנן על מלין דאורייתא. ועל דבורין דאתמר בהון
כי עוף השמים יוליך את הקול ובעל כנפים יגיד דבר. ואית פקודין
דתליין מידוי דמלכא וכמה מלאכין ממנן עלייהו דאתקריאו ידי"ן.
ה"ה וידי אדם מתחת כנפיהם. ואית פקודין דתליין מגופא בענבין
דאתכלא. א"ל ר' אלעזר אבא. והא לעילא הא אוקמוה דלית גוף
ולית גויה. א"ל ברי. לעלמא דאתי אתמר דאיהי אימא עלאה אבל
לתתא אית גופא בעלמא דין דאיהי שכינתא תתאה. וגופא איהי
אורייתא דמינה תליין כל פקודין. ואית פקודין דתליין מאות ברית.
וכמה מלאכין ממנן עלייהו. דאתקריאו מארי דאותות דאתמר בהון
והיו לאותות ועלייהו אתמר למשה. וזה לך האות. והאי איהו אות
דכל צבא השמים ממנן עליה. ואית פקודין דתליין ברגלין. וכמה
מלאכין ממנן עלייהו דאתמר בהון והחיות רצוא ושוב. ואתמר בהון
ורגליהם רגל ישרה. והכי תליין כלהו מגופא בשערא דתליא מרישא
וכל נימא ונימא אחזי דאיהו מלאך דתליא מרישא. וכל מאן דפשע
בפקודא. כאלו פשע בדיוקנא דמלכא זכאה נשמתא דאיהי (נ"א
בדיוקנא דמלכא. זכאה נשמתא דאיהי) בדיוקנא דמאריה דמקיים
פקודין אלין דמינה תליין כל מלאכין אלין דאתקריאו עיני יי' אזני יי'
וכל תקונין וחיילין ומשריין דגופא דלעילא וכד סלקת נשמתא כל אלין
חיילין סלקין עמה. וכד נחתא כל אלין חיילין נחתין עמה איהי סלם
והנה מלאכי אלקים סלקין ונחתין בה. בה ממש. וכד סלקא קלא
נחית ברומי רקיעין לכל חיילין ומשריין. הבו יקרא לדיוקנא דמלכא.

מצור

פריש̇ן) נדפייהו בחדווה בנגונא לקבלה ליה. הא הבא אגרא דצלותא ותקונין דילה דאיהי פקודא הדא. פקודא דברית מילה. בגזירו דערלה ופריעה במה דאיהו אעבר מההוא אבר כל אלין קליפין דאלהים אחרים והכין ביה אתר לשריא ביה שכינתא דאיהו אות מילה. הכי קב"ה כד נשמתיה *סליקת לעילא הה"ד מי יעלה לנו השמימה קב"ה אעבר מניה כל מלאכי חבלה ומקטרגין. דלא יקרבו לגביה בגין דשמא דיי' שריא עליה דתשבח ליה באין תבין מי יעלה לנו השמימה ראשי תיבות מילה. וסופי תיבות יהוה בשמיה סליק לעילא נשמתיה ובההוא זמנא יתקיים ביה. וראו כל עמי הארץ כי שם יי' נקרא עליך ויראו ממך. וכמה דאיהו מקבל עליה כל פקודין דעשה בדחילו ורחימו. הכי אמליכין ליה לעילא חיילין ומשריין על אלין עלמין דתקין ליה קב"ה לעילא ומקבלין ליה עליהו בדחילו ורחימו דמאריהון. ובזמנא דבר נש אשתדל באורייתא דאיהו אור ובמצוה דאיהו נר. כאלו נהיר עמודא דעננא ביממא קדם יי' ועמודא דאשתא בליליא. הכי כגוונא דא כד אזיל לההוא עלמא מה כתיב ביה ויי' הולך לפניהם יומם בעמוד ענן לנחותם הדרך ולילה בעמוד אש להאיר להם. למאן לנשמה ורוחא ונפשא דיליה דאינון לקבל כהן לוי וישראל. וכלא בזכו אורייתא דאיהי אור ונר. וכל מאן דנטיר שבת ואוקיר ליה ומענג ליה בגין יקרא דקב"ה. הכי קב"ה יהיב ליה אתר לעילא בנייחא דלא טרח ביה ונח תמן מכל טרחא דהאי עלמא דטרח בכמה גלגולין ועובדין. ברי תא חזי כל פקודין אלין תליין בדיוקנא דמלכא. ואית פקודין דאינון על מנת לקבל פרס ותליין מדיוקנא דההוא נער דלעילא

מש"ת ת **וכלא** בזכו דאורייתא דאיהי אור ונר. נראה בס"ד הכוונה דכתיב נר מצוה ותורה אור כמלא מכנה עסק התורה בשם אור ומעשה המצוה בשם נר ועכ"ז נראה שבעסק התורה שרואה אור מקיים האדם מעשה המצות דכתיב זאת התורה לעולה כל הקורא בפרשת עולה כאלו הקריב עולה וכו' וכן הוא בכל המצות אם האדם לומד תורה שלהם נחשב לו כאלו קיים אותם במעשה נמצא התורה איהי אור ונר דאשתעביד בה אור זה שלימוד ונר זה מעשה המצות ולכן כל של הלוחות נקרא ארון שיש בו אות ות אור ויש בו אות ות נר **יהיב** ליה אתר לעילא בג"ה דלא טרח ביה ונח תמן יתיר מכל טרחא דהאי עלמא שמקום גבוה ועליון למעלה שהוא מקום שוכן הנשמות שהם ראוים לבא לעוה"ז בסוד עיבור ולקיים כמה מצות שאין להם טורח בכל ענינים הגשמיים של עוה"ז כי נודע דהבאים בסוד הגלגולים הם סובלים לצער מכל דברים הטבעיים של עוה"ז משא"כ הבאים בסוד העיבור

* קלא ע"א

וכל חיילין ומשריין דמלאכין דתליין מניה בקדהו אתכנשו לההוא אבר
ונטרין ליה מכל מרעין בישין. ומאן דחליף לון או קרא לון באבר דלאו
דלהון ולאו אינון ממנן עלייהו איהו אכחיש סדורא דעובדא דבראשית
ולאו מתכנשין לגביה למלכא דשוי ממנן על מלכותיה ופליג לון על כל
אתר ואתר. ואמר לון אנת תהא ממנא על אתר כך וכך ואנת כך וכך
ולכל חד שוי ליה באתר ידיע ובמלה ידיע. לית ליה חלוף באתר
אחרא אבל קודשא בריך הוא דשלטנותיה בכל אתר. כנשמתא
דשלטנותה על כל אבר ואבר. מלא כל הארץ כבודו בכל אתר דקרי
ליה בר נש עני ליה. אלא אם ההוא אתר דההוא אבר איהו פגום
בחובא דעביד בר נש. קב"ה לא שריא בההוא אבר דעליה אתמר
כל אשר בו מום לא יקרב. ואברין דבר נש כלהו אינון מסודרין
על סדרי בראשית. ובגין דא אתקרי בר נש עולם קטן. ומאן
דאמליך לקב"ה על כל אבר ואבר. כאלו אמליך ליה על כל
עלמא ואגרא דבר נש דאמליך ליה על כל אבר ואבר לא אתייהיב
רשו לגלאה דאלין אינון טעמי מצוות דלא אתייהיבו לגלאה. בגין דלא
יהא בר נש עובד לקב"ה על מנת לקבל פרס. אבל ברי מלין אלין
דלא צריכין לאתגליא יהון טמירין בלבך עלייהו אתמר לאכול
לשבעה ולמכסה עתיק. מלין עתיקין דלא אתמסרו לגלאה יהון
טמירין בלבך. תא חזי כד בר נש מתעטף בעטופא דמצוה. ומנח תפלין
וקרא ליה בקריאת שמע. הא תקין ליה כרסיא בעטופא דמצוה והא
אוקמוהו והוכן בחסד כסא. ובתפלין איהו מעטר ליה הה"ד פארך
חבוש עליך וקרא ליה לשרייא על כרסיא דתקין ליה בקרא דשמע ישראל.
הכי קב"ה מתקן ליה בההוא עלמא כרסיא ועטרה. ובמה דאיהו נחית
ליה תמן ויקום כרסיא בגיניה ואמליך ליה על כל מלאכין (נ"א חיילין)
ומשריין דתמן הה"ד וירדו בדגת הים ובעוף השמים וגו'. ורזא דמלה כי
מכברי אבבר ובוזי יקלו וכמה דנחית (ס"א דנגנין) ליה בכמה נגונין
דשירות תושבחות והודאות. הכי כד סליק לעילא כלהו חיוון דמרכבות
ומשריין דמלאכין קדישין דחיות ואופנים. ושרפים. פתחין ליה (ס"א

מישר בינייהו דא יעקב. א"ל ר"א אבא מנא לך דאימא (ס"א דבינה) איהי לצפון ובה תליא שמיעה. א"ל ברי חמשין תרעין אינון דבינה ובה מייחדין כ"ה כ"ה אתוון תרין זמנין בכל יומא. וישראל איהו בן י"ה. בינה ודאי כללא דתלת אתוון אבא ואימא וברא ובנין דא שמיעה בה תליא. לית תקונא מאלין ארבע אתוון דלא אתכלילן בה עשר ספירן דאינון יוד הא ואו הא. וארבע אתוון דאינון יקוק איהו לא אשתני בכל אתר איהו שמע דשמאלא לישראל ואסתכל בימינא עלייהו ובדרום איהו מרחף עלייהו הה"ד ורוח אלקים מרחפת על פני המים. ובמערב איהו ממלל עמהון שנוין אינון במאני דגופא אבל ביה לית שנויא כלל. הה"ד אני יי' לא שניתי. ובכל אבר ואבר (ואיהו נרא דכל פקודא בעי בר נש לאמלכא לקב"ה ולתקנא ליה אתר דכיא ונקיא לשריא ליה תמן. ובג"ד צריך בר נש לבערא מניה מכל אבר ואבר. כל מחשבין וכל הרהורין בישין דטנופין דאינון קליפין וצריך לאוקדא לון בכל פקודין כשרים דשריין על כל אבר ואבר דאינון נרות דכל פקודא נר אתקריאת הה"ד כי נר מצוה נר יי' נשמת אדם. ובה צריך למהוי חופש כל חדרי בטן ולבערא מינייהו שאור וחמץ. מוץ ותבן. שאור וחמץ מן העסה (נ"א הטפה) מוץ ותבן מן החטה לשריא תמן י"ה. י' בעסה דאיהי טפה. ה' בחטה דאיהי לבערא חט מן ה דאשתארת סלת נקיה. דכל פקודא דשריא על כל אבר ואבר אית לה שם ידיע.

ס וד ן דטורח **א** והאל ה תלו ה ב הם ה א כנגד אות ו' של **א** **לבערא** מ נ ד מכל אבר ואבר כל מחשב ן ורדרור ם קשה כל המחשבות רם במוח והרדיר ם הם בלב אבל בשאר אברים א ן נתל ם ונקשרים מחשבות ורדרור ם ונראה רכונה כאן הוא על המחשב והרדרר במוחו ולבו לעשות רעה בע נ ו לראות ערוה או להר ח בחוטתו בשמ ם של ערור או לשמוע באזניו שמע רע או לדבר בפו דבור רע או ל עץ בכל ות ו עלות רעות או לעשות ב ד ו מעש ם רע ם או ללכת ברגל ו למקום רע וכ ואלא בזה הנה אותם המחשבות שחושב במוחו ולבו על כל אבר ואבר מאלו דאבר ם שוכרנו נדבק ם אותם מחשבות רעות באותם האברים בכל אבר ואבר אשר חושב על ו להרע ועל אלו המחשבות רעות קאמר כאן לבערא מינ ה מכל אבר ואבר כל מחשבות וכל הרהורים ב ש ן **ולבערא** מ רו שאור וחמץ מו ותבן נראה שאור וחמץ ש"כ לע ס ר שרומזות למאות ושאור ריזו לתחשבות רעות שבמות וחמץ רמז לרדהור ם רע ם שבלב אך מוץ ותבן ש"כ לתעים שרומזים לתורה שנקראת בשם תמר ותבואה ויוצן רמז למחשבות רעות שבמות ותבן ימז לרדרור ם רע ם שבלב והכונה ש ה ר למוד התורה נקי מן המחשבות והרהורי ם רע ם שרם מו ותבן וכן רמזות נ כ ר ו נק ם מן מחשבות והרהור ם רע ם שהם שאור וחמץ והרבער כ נו ם אלו דש יכ לתורה ולמצות ם מן שלהם משת ח ריזו לדבר רגואל יתשתה ת יכי המעריכי חסד ורתת ם והדבק בהם קרא אים משתת כת ר ק תמת ת ת ועו"א חבר רוא לא ש משת ת אותיות רמבטא וכל

הוא דנשיך לון ההוא חויא בכמה נשיכין בההוא אבר דחב. עד דאתפרע מההוא חובא. ובגיניה אתמר אפילו נחש כרוך על עקבו לא יפסיק. לא יפסיק ביחודא בצלותיה והא כתיב בכל פקודין וחי בהם ולא שימות בהם. אמר לון בגין דא אמרו אבל עקרב פוסק בגין דקטיל תא חזי בחוטמא אית תרין נוקבין מחד נפיק רוחא. ומחד נפיק תננא. הה״ד כי אז יעשן אף יי׳ וקנאתו באיש ההוא. ברוחא קריר אמר וברוח אפיך נערמו מים בתננא דסליק כעשן אמר נשפת ברוחך כסמו ים:

אודנין אית בהון אדרין ואכסדרין ועליהו אמר דוד שיר למעלות דאינון כי גבוה מעל גבוה שומר וגבוהים עליהם. אי אינון אטימין אודנין לתתא הכי אינון אטימין תרעין דשמיעה לעילא לגבייהו ואינון תרעין דאתמר בהון שומע תפלה שמע ישראל מתמן צריך לכוונא בשמיעה א״ל ר׳ אלעזר אבא והא שמיעה באן אתר הליא לעילא א״ל ברי ראיה הוא כסא למזרח דמתמן נהורא נפיק לעולם. כמה דאוקמוה מארי מתניתין מזרח משם האור יוצא לעולם. יהודה איהו למזרח ואתמר ביה גור אריה יהודה מערב דא פומא דתמן ערוב דבלא ותמן מתערבין כל חיילין וכל דרגין. ומחנה אפרים למערב. ומטה למערב בין צפון לדרום שמיעה לקבל שלתן בצפון ותמן דחילו הה״ד יי׳ שמעתי שמעך יראתי ומחנה דן לצפון ואזן דמות אל״ף דאתמר ביה אלף בינה דאיהי נמי עז לצפון ריחא לדרום. ריח ניחח ליי׳. ואית לחוטמא תרין נוקבין כלילן מדינא ורחמי. ואינון י׳ י׳. חוטמא ו׳ באמצעיתא תרין צנורות אינון דיליה ואתמר לגבי מחנה ראובן לדרום ראו בן. תרין נוקבין דחוטמא אינון לקבל לאה ורחל. חוטמא בארח

וכרובין לשון רבי א׳ שהוא לך קטן **אודנין** א״ת בהון אדרין ואכסדרין ועליהו אמר דוד ש״ר למעלות ר״אח אוזן ה״ס בינה ותורה מבינה נפקא וי״ו א״ת אוד׳ן א״ת בהון אדרין ואכסדרין דהינו תורה שבכתב ותורה שבע״פ א״כמ אדר׳, חלק הסוד אכסדר׳, חלק הנגלה ועליהו אמר דוד ש״ר למעלות דהינו בכלהו כת״ב רתעלות וכאן אמר למעלות בלמ״ד כי למ״ד לשון לימוד בו רמוז עסק התורה **יהודה** א״הו למזרח ואתמר ב״ה גור אר״ה יהודה נראה כם ד׳ דרים אריה אות רא״ה שהיא תלויה באור **ותמן** דחילו הה״ד ה׳ שמעתי שמעך ראה פ״רוש ספירות חג״ת נה״י שהם תחת הבינה ראים מן ספירת הבינה שהיא למעלה יהם ועוד דבינה גבורות מתערין מ״נה לכן תמן דחילו **ואזן** דמות אלף דאתמר ביה אלף בינה פ״רוש בסוף ראזן ס״ס, עגול״ס קטנ״ס שהוא דוגמת מישר

ואנפין דזעם. דברון ואל זועם בכל יום. ובגין דא אמר למשה המתן
לי עד שיעברו פנים של זעם ומיד ויעבור יי' על פניו ויקרא יי' יי' אל
רחום וחנון דאינון ברזא דאת וא"ו תלת עשר מכילן א' דבאמצע תא
דוא"ו ארך אפים מאי אפים דיליה וא"ו. דבהון מאריך אנפיה על
חייביא ומרחם על עלמא ועלייהו אתמר יאר יי' פניו אליך ויחנך.
ישא יי' פניו אליך. ד ה' אינון גוונין דאנפין חוור וסומק. וחוטמא
איהו אריך אנפין. י' פומא כללא דתלת דרגין י' הוט בעגולא. ו
ליון ד' כללא דד' תקונין שפוון ושינים וחך וגרון תא חזי אתמר באדם
משנה פניו ותשלחהו ומאי גרים ליה שנויא דאנפין לשנאה ליה
דלא ישתמודען ביה מארי דדינא האי איהו שנוי מקום שנוי השם
שנוי מעשה. ועוד נקודין אינון סגולין נהרין (נ"א בהדין) נקודה דאורייתא
ואינון נענועין דאתוון. לקבל פרקין ערקין דאינון נענועין דאברין דגופא
ואתקריאו באלין שמהן סדומיא"ל (נ"א קדמיאל) (ס"י סמואל) מלכיא"ל
צוריא"ל הא קמץ באתוי פדא"ל תומיא"ל הסדיא"ל הא פתח. צוריא"ל
רזיא"ל יופיא"ל הא צרי. סטורי"ה *גזריא"ל (נ"א גבריאל) וענא"ל
רמוא"ל הא סגול שמעאיא"ל ברכיא"ל אהניא"ר הא שבא. חניא"ל
להדריא"ל (נ"א להדריא"ל) מתניאל הא חלם. חזקיא"ל רהטיא"ל קרשיא"ל
(נ"א קדושיא"ל) הא חרק. שמועא"ל רעמיא"ל סניא"ל הא שרק.
שמשיא"ל רפא"ל קדשיא"ל הא שרק. הא תמניא ועשרין שמהן דאתמר
בהון, כח מעשיו הגיד לעמו וכאין אנפין דנהרין בהון אלין שמהן ואינון
לקבל י"ד פרקין דיד ימינא. ולקבל י"ד פרקין דיד שמאלא. יסוד
אלקינו יסוס כוז"ו במוכס"ז כוזו עלייהו אתמר. לא יהיה לך אלהים
אחרים על פני. ואם לאו עריהו אתמר יד ליד לא ינקה רע. חוטמא
אריכא דא הוא בר נש דאית ביה רחמי. חוטמא סמיקא מארי דרוגזא
איהו חוטמא עמיקא. מסטרא דחויא איהו. בכל אבר דחב בר נש
ההוא חויא איהו כריכא תמן ונעכים ליה בין באודנין בין בעיינין בין
בחוטמא בין בפומא ועליה אתמר מעוות לא יוכל לתקון וגו'. וכל
כאבין דבני נשא דאינון תקיפין דאתמר בהון וחלאים רעים ונאמנים

בחירק. תמינאה יסוד בג' נקודות. תשיעאה יסוד בשורק. מלכות
יסוד כלילא מכלהו. קמץ אתקרי בנקודה דא ׳ מכתרא דכתר עלאה
דאיהו סתים בקמץ. דאיהו סתים במחשבה דלא ידע בר נש מה דאית
בגויה ומאן דאיהו לגו סתים במחשבה עלת דעלות קרינן ליה ואתקרי
פתח בנקודה דא ־ מסטרא דחכמה דבה אתפתח ואתגלייא מחשבה
סתימא כגוונא דא. לעילא כדיוקנא דא א. לתתא כדיוקנא דא א. ותרין
נקודין אתגליאו באימא בכתרא עלאה סתימין אנון ואתעבידו צרי יסוד
עלייהו אתמר וייצר יי'. כי ביה יי' צור עולמים צייר תרין עלמין עלמא דין.
ועלמא דאתי. סגול. דא חסד ביה שכינתא איהו כגולתא לעילא סגול לתתא
סגולתא ורחימא מסטרא דימינא שבא כגוונא דא ∴ מסטרא
דשמאלא כי בא"ש יי' נשפט ותפול שבא ותקחם שבה עמדי.
דאיהי שכינתא דאתקרי שבא מסטרא דשמאלא. ואתקרי חלם כגוונא
דא . מסטרא דעמודא דאמצעיתא. משם רועה אבן ישראל. אבן
מאסו הבונים היתה לראש פנה. כל מרגליתא יקירא איהי בחלם הה"ד
לשם שבו ואחלמה. וביה ונחלביה חלום. חרק אתקרי מסטרא
דשוקא ימינא כגוונא דא. ביה חקירה החקר אלוה תמצא ואיהו
קרח הנורא קרח מהדוא נורא דאיהו עמודא דאמצעיתא שרק הוד
אתקרי כגוונא דא יקוק. מתמן אתקריאת שכינתא שרק. קשר
המרכבה. ואיהו הוד דמשך ביה אשתלימו חמשה בריחים לקרשי
צלע המשכן כחושבן ה' הירה אשתאר ו"ד דו פרצופין עליה אתמר
עשר אמות ארך הקרש. קרש קשר. שורק יקוק וקוסו דא צדיק דאיהו
קושר המרכבה דאיהי שכינתא עם קב"ה הה"ד כי כל בשמים
ובארץ. ודא דמתרגמינן דאחיד בשמיא ובארעא. ועליה אתמר ואנכי
נטעתיך שורק כלה זרע אמת. זרע אמת דוא ודאי דאתמר ביה תתן
אמת ליעקב איהו זרע ושכינתא עזר הה"ד אעשה לו עזר כנגדו. כל אלין
נקודין אתחייבו בשמא (נ"א אתחייב שמא) קדישא מסטרא דתשע
ספירן ומלכות כלילא דכלהו אהבת כלולתיך. הא הכא אנפין עגולין
דלעילא נקודין בנקודין. ואית אנפי רברבי ואנפי זוטרי. אנפין דרחמי

ואנפין

דאיהו מסטרא דנחש הקדמוני דמפתי לבני נשא אסתמר מניה והאי ירוקא פקיחא לביש. האי כל מה דאית בלביה שפיך לבר. והאי גניז לון לגאו האי כל עובדוי בעכובא ודא כל עובדוי במהירו ואיהו יבש גופא ואנפין וכל אברין דיליה בהפוכא דאחרא בגין דגיהנם דאיהי טרה ירוקא אוקיד ביה דאיהי כעס כעסן איהו ודאי דאוקיד ביה נורא לפום שעתא ומיד שכיך הכי כל עובדוי בעי למעבד במהירו ואחרא דאיהו כבד בנחת דא בהפוכא דדא דא נחש ודא שרף דא מיא ודא אשא מיא דמי טופנא דחביל כל בשרא האי אחרא מניה גפרית ואש:

אנפין סומקין מסטרא אחרא. האי אתחזי בינוני לא גם ולא יבש האי אתאדם מסטרא דמאדים אושיד דמא איהו אסתמר מניה. ותרין אינון בהפוכא סומק ואוכם. דא בינוני במתקלא ודא בהפוכא ומסטרא אחרא. דא שמחו ודא עציב שמחן מסטרא דדם שחוק הכסיל ודא עציב מסטרא דמרה אוכמא דא גזיל ושפיך דמא ואיהו וותרן. ודא כניש קובץ על יד. מסטרא דדכיו בהפוכא. אנשי חיל. אנפין חוורין מסטרא דמוחא. יראי אלקים מסטרא דלבא אנשי אמת מסטרא דפומא. שונאי בצע מסטרא דגופא והא אוקמוה. אנשי חיל יראי אלקים אנשי אמת שונאי בצע מסטרא דאדנ׳. שעור ומדה דלהון יקוק מלגאו ומלבר. י׳ אתלבש באנשי חיל ודא מוחא דתמן חכמה. ה׳ ביראי אלקים דאיהו לבא ותמן דחילו ורחימו. דאינון יק בימינא ובשמאלא ואינון נסתרות במוחא ובלבא ו׳ אתלבש בפומא. מסטרא דאלין אנשי אמת. ה אתלבש בגופא מסטרא דאלין שונאי בצע. ואינון תורה ומצוה ועלייהו אתמר והנגלות:

אנפין עגולין מסטרא דנקודי. דאינון קמץ פתח צרי סגול שבא חלם חרק שרק שורק. מלכות עגולא דכלהו. תא חזי תשע זמנין יקוק בכל ספירה וספירה נקודה דיליה ואיהו יקוק במלכות בלא נקודה ואלין אינון נסורין דמחייבין כל ספירה וספירה תשע נקודין אינון חד יקוק בקמץ. תניינא יקוק בפתח. תליתאה יקוק בצרי. רביעאה יקו״ק בסגול. חמישאה יקוק בשבא. *שתיתאה יקוק בחלם. שביעאה יקוק

נצח והוד לקבלייהו נג"ה כב"ב כגוונא דסטרא דדכיו הכי אינון מסטרא אחרא. שבעה ככבי לכת אינון שבע כפולות בג"ד כפר"ת כגוונא דא ב ב. ג ג. ד ד. כ כ. פ פ. ר ר. ת ת. דינא רפי"א ודינא קשיא. ובהון והחיות רצוא ושוב. רצוא בדג"ש ושוב ברפ"א. ואינון דינא ורחמי. והכי אינון מסטרא אחרא. שבע כפולות לקבלייהו שבע רקיעין שבע ארעין ואינון שבעה ושבעה מוצקות. והכי אינון שבע תרעין דגיהנם. ושבע היכלין מליין נחשים ועקרבים וחשוכא. דמתמן הוה מתנבא בלעם חייבא. ועלייהו אתמר כי שמים כעשן נמלחו והארץ כבגד תבלה. וכוכביא דלהון עלייהו אתמר ונמקו כל צבא השמים המה יאבדו ואתה תעמוד ובאבורא דלהון. ישמחו השמים ותגל הארץ. דאתבריאו בשמא דיקוק. אנפין אינון בארבע גוונין. אית בר נש *דאנפוי חוורין מסטרא דאנשי חיל. ואית בר נש דאנפוי סומקא מסטרא דיראי אלקים דאית בר נש דאנפוי ירוקין מסטרא דאנשי אמת. ואית בר נש דאנפוי אוכמין. מסטרא דשונאי בצע. לקבלייהו ארבע אחרנין מסטרא דמסאבו כלהו חשוכין אנפין מסטרא דימינא בישא עופרת דמתדבין מליחה חוורא אינון עבים וגסים ועינוי גסים ועבים. וגופיה עב וגס. מסטרא דימינא מוחא חוורא כבספא זרע אברהם אוהבי. ומאן דאיהו אנפוי וגופיה וכל אברין דיליה גסין ועבים איהו עציר כבד חשוך. ומסטרא דהאי ליהה אתמר באברהם ותרדמה נפלה על אברם והנה אימה חשכה גדולה נופ"לת עליו. והאי ליהה איהו זוהמא דהטיל נחש בחוה ומסטרא דיליה תכבד העבודה. ומסטראה ולא שמעו אל משה מקצר רוח ומעבודה קשה ומסטראה ויכבד לב פרעה ואיהו כובד המס וכובד המלאכה:

אנפין ירוקין אינון מסטרא דבירה ירוקין חשוכין, האי בר נש איהו קל בהפוכא דליתה דאיהו כבדה האי קל והאי כבד. האי פתי לביש והאי פקחא יביש האי מזקן במהירו ואהדים בסיבו והאי קשיש בסיבו ואיהו מאוחר בסיבו האי אתעביד פתי למפתי בני נשא ברמאות. בגין

זבגין דשמא דיקוק איהו מדה ושעור ומשקל אמר קרא לא תעשו עול במשפט במדה במשקל ובמשורה. ובגוונא דא לא יהיה לך בכיסך אבן ואבן גדולה וקטנה. מאי כיס הבא דא פומא אדהכי הא סבא עלאה אזדמן לגביה ואמר והא אם עיינין שקילין הא אינון במדה אבל אם אינון עיינין רברבן ושפוון זעירין לא אבחיש מדה אלא אם עיינין דא רב ודא קצר דא עב ודא כחוש או אנפין דא אריך ודא קצר. דא עב ודא כחוש. אלא בתר דזווגין שקילין כל חד למיניה ודאי לא אכחיש עובדא דבראשית כ׳ בתוספת תרין כיסות פומא ולבא.
דהכי אוקמוהו מארי מתניתין עלייהו. מי שאין תוכו כברו אל יכנס לבית המדרש דודאי איהו מאילנא דטוב ורע. דאיהו יימא חד בלב וחד בפה. מאי דאיהו מאילנא דחיי איהו תוכו כברו פומא ולבא שוים ועלייהו אתמר ולקח גם מעץ החיים ואכל וחי לעולם אבל אחרא דאין תוכו כברו דלאו פומיה ולביה שוין עליה אתמר ומעץ הדעת טוב ורע לא תאכל ממנו דודאי דא איהו ערבוביא בישא דמשקר מונייטא דמלכא. דמערב כספא בעופרת ודא הות חטא דחוה דהטיל בה נחש זוהמא. דאיהו עופרת דאתערב בטפה (נ"א בכספא) חוורא כספא מזוקק. ולא אתדכי זוהמא מניה. עד דאתא אברהם ועאל בנורא ואתלבן כספא ונפיק עופרת לבר דאיהו ישמעאל. ואתמר באדם מושך בערלתו היה. אתערב ערבוביא בדהבא אצטריך ביצחק ואפיק זוהמא לבר ורא עשו ביעקב נח ואשתרש ואפיק תולדין ואתרבי עץ החיים בענפוי ושרשוי. עיינין בעגולא מסטרא דאת י׳. באריכו מסטרא דאת ו׳. כנפי עינא אינון ה"ה. בארבע אתוון אלין איהו עינא במדה במשקל ובמשורה והכי כל אבר ואבר ביה תשבח יקוק. דאזיל במדה ובמשקל. ואיהו במדה ובמשקל. דדבורא קלא איהו שקל מדה דבור כנפי תכלא תרין הבלין דאינון אמירה וקריאה. גוונין דעינא חוור לב"נה. סומק מאדי"ם. ירוק חמ"ה. אוכם שבתא"י. תכלת צד"ק. ואינון כגוונא דחסד גבורה תפארת יסוד ומלכות. תרי כרובי עינא

ולה לרפך ודוע מ ש המלודור דבת ען כקרה ה שון שכרהר דו לורת ה ש קטן ותות כו ן דה שון מורר על קוטן

וכלל. ועוד עינא כגוונא דגופא תרין כרובין דיליה כגוונא דתרין שוקין. תרין עפעפי עינא לקבל תרין דרועין אלין מסככין ואלין פרחין. ואית כרובי עינא רברבין ועינא זעירא. ואית כרובי עינא זעירין ועינא רברבא בג״ד אמר לאהרן ולבש הכהן מדו בד ואוקמוהו מארי מתניתין מאי מדו כמדתו הכי צריכין לבושי עינא דאינון כרובי עינא דאינון דו פרצופין כתנות עור דיהוו כמדה דעינא ובגין דא לא יהיה לך בביתך אבן ואבן איפה ואיפה גדולה וקטנה. הגודל איהו מדה לעיינין לחוטמא לשפוון לאודנין לפומא. האי איהו מדה דכלא. ובגין דא אמר קרא מדה אחת לכל היריעות. ועל כנפי עינא אתמר עושה מלאכיו רוחות. משרתיו אש לוהט אלין אינון גווני עינא. ולקבל תרין כנפי עינא אינון תרין שפוון דפתחין וסגרין ולקבלייהו תרין כנפי ריאה ועינא לקבל לבא דאיהו אש לוהט ובכנפי ריאה רוחא דנשיב בהון עלייהו אתמר. עושה מלאכיו רוחות וכל אבר ואבר ברא ליה קב״ה במדה במשקל. ואם תשכח עיינין חד זעיר וחד רברבא. לאו איהו דא במשקל ובמדה שכרן איהו אסתמר מניה. או אם עיינין רברבין ופומא זעירא וחוטמא אריכא ואנפין זעירין (נ״א עקימין) דלא אזלין כלהון במדה עיינין וחוטמא ואנפין ופומא. עולן איהו דא ובגין לא תעשו עול במשפט במדה וגו׳. במדה דא מדה דשיעור קומה *דכל מאן דלא איהו בעל מדות אכחיש שעור קומה דלעילא ולא אתנטיל מתמן. דעשר ספירן דלעילא כלהו אזלין במדה מסטרא דאת י׳. ומשקל מסטרא דאת ו׳ תרי מאזני השקל אינון ה״ה. מדה אחת. תא חזי י׳ איהו רישא ואיהו מדה דעיינין דאודנין דאנפין דתרין נוקבין דחוטמא מדה דפומא שקל הקדש דא ו׳ שקל דגופא. בנפי השקל ה׳ אצבען דימינא וה׳ דשמאלא

פרות כנגד עור הקטן, פא נו מכסר אלא קב רע ן רנקרא א פון ודוק ר טב **ואית** כרוב ע נא רברב ן וע א זע רא ואית כרוב ע נא זעיר, וע נא רברבא פרוש כרוב ע״א רוא א פון, בת ע, סקוף, בערב (ע ולד) ודוע מ ם מרר ן באולר רח ס לר ך ם ר ר ם עור א פון, בת ע ן ם עור פלס כראו פאס ה ה רחב ותר מאה פראו לו נזוק ראדס ברא ר כ ע כ נכנס בו אור גדול ואס לר מכד ם עורו רראו לו לא ראר לא במקום אור גדול ואס לאו לא ראר ולכן אמר כאן א ת כרוב ע א רברב ן מם עור הראו לרס וע נא זע רא לנב ד דרין

* קכח ע ב

ובגין

אתוון. וגבה להם. דא חכמה דמתמן נקודין ויראה להם דא כתרא
דתמן טעמי וגבותם מלאות עינים אינון אור צח אור מצוחצח אור
קדמון וכמה נהורין דתליין מניהו דנהרין מלגו כנשמתא בגופא ועוד
וגביהן אלין אינון שבעה גלדי עינא דאינון דא על גב דא כגלדי בצלים
וגבה להם דא עינא דאיהו כליל כל גוונין וגבותם מלאות עינים אלין
כנפי עינא ועפעפי וכרובי עינא דארבע גוונין אית בעינא לקבל ארבע
אנפין דכל חיה. ותרין כנפי עינא דאינון עפעפים. ותרי כרובי עינא.
אינון לקבל ארבע גדפין דכל חיה. ובאלין ארבע גוונין דעינא נהרין
ד' אתוון יקוק. ובארבע כנפי עינא נהיר אדני. דא איהו כי גבוה מעל
גבוה שומר וגבוהים עליהם אלין אינון יקוק אהיה אבא ואימא ועוד
עיינין גבוהין מסטרא דימינא ועיינין עמיקין מסטרא דשמאלא דא עניו ודא
ביישן מסטרא אחרא דא גס רוח ודא עז פנים כרובי עינא ועפעפי עינא
עלייהו אתמר והיו הכרובים פורשי כנפים למעלה סוככים בכנפיהם
על הכפורת דא כפורתא דעינא. תלת גוונין דעינא. אינון אהי"ה
יקו"ק אדני. כלל ופרט וכלל. ואינון יחודא ברכה קדושה. וסימן יעננו
ביום קראנו. דהכי סליק חשבן תלת שמהן אלין בחושבן יב"ק.
אהי"ה כתר עלאה. יקו"ק עמודא דאמצעיתא. אדני שכינתא
תתאה אדנ"י (נ"א יקו"ק) כלל אהי"ה פרט. יקו"ק (נ"א אדנ"י)

וגביהן אלין אינון וכו' בנ"י כ"ה כי אמת עילאה הא בינה וה"א ספירה ג' בשלשה ראשונות ע"ס כח ב א"ין אינון
שבעה גלדי עינא דאינון דא על גב דא כגלדי בצלים הנה הרופא המובהק הקדמון מהר"ר להלן ז"ל כתב בספרו
(אולי הוא ס' דף ס') של עין בתבורה ששה עורות וקרא להם שמות לכל אחד מהם בלשונם ע"ש אמנם הרב
ר' יוב"ק בעל ספר הברית ז"ל (מאמר ז' פרק ג') כתב כל עין בנוי ומורכב משבעה עורות שלשה מהם גדולים
עד שמכסים כל העין, אחד סובב העין, ושלשה האחרים הם קטנים מאלו ורשב"ע קטן מאד ואינו מכסה אלא נקב
העין, הנקרא אישון, לכן לא חשבוהו חכמי הרופאים בפ"ע אבל ש"מ שחושב אותו לעור בפ"ע ע"ש שגם הוא
קרא להם שמות בלשון ועוד שמות בשם לשונות ע"ש ומפורש שם דאלו השבעה עורות הם זה תחת זה והחיק
המסבב אחור העין הוא יותר עב מהחלק המסבב את פני העין כו' ויותר המתקרב אל האישון יותר הוא מתדקדק
ע"ש ובזה יתוכנו דברי רבותינו ז"ל דקרו לשבעה עורות שבעה גלדי עינא ואמר אינון דא על גב דא כגלדי
בצלים וכאשר מפורש בספר הברית הנז' שהם זה תחת זה ונמצאו הם כגלדי בצלים דהחיצון הוא עב ויותר, ומפ"ז
אמרתי בס"ד זהו הטעם דאמרו ז"ל בגמרא דמלכים ב"ד נקראים בשם עיני העדה כי העינים בנויים ומורכבים משבעה
עורות וכן הם כולם יצאו מדוד רע"ה שהוא שבט שביעי ב' חוט השבט של יהודה שניתנה לו המלכות ...
משבעה דורות ולפ"ד הרב ז"ל הנז' שעור השביעי הוא קטן מאד ואינו מכסה אלא נקב העין הנקרא אישון לכן
נאמר דור השביעי ונאמר ודוד הוא הקטן ובזה מובן בס"ד שפי' מ"ש דוד הע"ה שמרני כאישון בת עין מפנ
וכלל

ומותא. הכי עיינין גבהן אינון חיי ומותי. ואית עיינין גבהן מסטרא דההוא דאתמר ביה כי גאה גאה סוס ורוכבו רמה בים. ואית מנהון דאתחזיין גביה (נ"א דאיחזיין על גבי) רותא. ואחרנין דאתקריאו גאונים באורייתא וכלהו אית לון עמרא לעילא. ובגין דא וגביהן וגבה להם ויראה להם. מסטרא דההוא דאתמר ביה כי גבה מעל גבה שמר. ודא מרכבה לעילא מן מרכבה וגבהים עליהם הה"ד משא גיא חזיון מה לך איפה כי עלית כולך לגגות ואלין אינון דרכבין על מרכבות ועוד וגביהן אלין אינון אופנים דא נון כגוונא דאתוון. וגבה להם אלין אינון שרפים. דאינון לקבל טעמי דלעילא כתרין על אתוון. וגבותם מלאות עינים. אלין נקודין דאתוון מלאות עינים מנייהו. כמה דאת אמר. עיני יי' המה משוטטות בכל הארץ. מאי לארבעתם אלין תלת חיוון אינון דאתקריאו בשמא דיקוק תלת זמנין בג"ד יקוק יקוק יקוק. אלין אינון ארבע אנפין לכל סטר לכל חיה וגבותם מלאות עינים כגוונא דא הא הבא שבעין ותרין עיינין, דאינון לקבל שבעים סנהדרין ומשה ואהרן על' אלי'. אינון וגביהן וגבה להם *כגוונא דא הבא חמש וארבעין עיינין כחשבן אדם ואינון יקו וכו' וסי'. ועוד וגביהן דא שכינתא. דאיהי על גבי חיוון ומשריין כלהו הה"ד ומלכותו בכל משלה וגבה להם דא עמודא דאמצעיתא דשכינתא איהי על גבי אופנים. ועמודא דאמצעיתא דאיהו כליל שית ספירן על גבי חיוון דאיהו כליל לון מטטרו"ן. ודא איהו כי גבוה מעל גבוה שומר וגבוהים עליהם אלין אינון אבא ואימא כתרא על ראשיהון דאינון על גבי שרפים דתליין מכרסייא. ועוד וגביהן דא אימא עלאה דאיהי על גבי ספירן דאינון, תחותה דמינה כל

[illegible]

דאיהו מלגאו דכל ספירה וספירה עליה אתמר לך ה' הגדולה והגבורה
וגו'. בעשר ספירן, שבח ליה דוד בגין דאיהו לגו מכלהו ואיהו מלבר
דכל ספירה וספירה ואיהו בין כל ספירה וספירה. איהו לא אשתני
בכל אתר. אית עיינין *מכמה גוונין כגון ארגמן רגמ"ן. ר' רפא"ל ג'
גבריא"ל מ' מיכא"ל ן' נוריא"ל ורזא דמלה מרכבו ארגמן א' אור דנהיר
באלין ארבע גוונין א' אוריפניא"ל ואיהו במטרו"ן אור פניא"ל ובג"ד
אתקרי שר הפנים ואיהו רזיא"ל ואיהו אוריא"ל דהכי סליק לחושבן
רזיא"ל ואיהו סליק לחשבן רמ"ח פקודין דאורייתא בחשבן אברה"ם
ודא מלאך החסד דמתמן אורייתא אתייהיבת הה"ד מימינו אש
דת למו ואיהו ממונה על רזי אורייתא והוא גלי עמיקתא ומסתרתא
ידע מה בחשוכא בגין דחשך איהו לבושא דאור וביה אלי דאתמר ביה
זה אלי ואנוהו אור דוא ר"ז. וכל מאן דידע ביה. עליה אתמר וכל
רז לא אניס לך ואיהו נהיד בגוון חוור דעינא דאיהו נוריא"ל נור דליס
מסטרא דשמאלא דתמן רי"ו גבורה ומתמן פקודין דלא תעשה.
כרסיא דרחמי לימינא כרסיא דדינא לשמאלא עמודא דאמצעיתא
כליל תרוייהו וביה יכוס דכפל שמיה תרין זמנין יי' יי' ומשה דאתאחיד
ביה כפל שמיה משה משה ובגין דא וארעך ב' ש"ם בתרין שמהן
עיינין מרסמן נסרין בנקודין חוורין כגון נקודין ד"ל לול"א אסתמר
מניה דמאי איהו. ומאי דאיהו בנקודין סומקין אושיד דמא איהו. בנקודין
ירוקין, כעסן איהו מסטרא דמרה. בנקודין אוכמין גזלן איהו גנב כר
בישין דעלמא אית ביה. עיינין עמיקין אית בהון עומק טוב ועומק רע.
דאי לא ידע בר נש לביה. לביה עמוק עמוק מי ימצאנו אם הוא עומק
טוב לא יכיל בר נש למנדע חכמתיה. ואם הוא עם הארץ כמה עמוקין
מחשבתין דיליה בישין. האי איהו קבר פתוח. הה"ד קבר פתוח
גרונם וכו' לשונם עמל ואון. אסתמר מעינא דא בכל מה דאסתכל
אתלטיא. איהו מסתכל לתתא למחשב כל מחשבין בישין לית סופא
לרשיעותיה עיינין גבהין בהפוכא עלייהו אתמר וגביהן וגבה להם
ויראה להם וגבותם מלאות עינים וגו'. כמה דעיינין עמיקין אינון דינא

דאיהי נשמת אדם דנהירת על נר. על תרוייהו אתמר את המאור הגדול לממשלת היום. ואת המאור הקטן לממשלת הלילה. גוון חוור ביה אל מלך יושב על כסא רחמים ומתנהג בחסידות גוון תכלת כרסייא דדין. דאינון אימא עלאה אימא תתאה. אקיק אדני מלך דאחיד בתרוייהו יקוק יקוק. עליה אתמר מה שמו ומה שם בנו כי תדע. ואינון חכמה ועמודא דאמצעיתא מסטרא דדין אמר קב״ה אני אמית. ומסטרא דכרסיא דרחמי אמר קב״ה ואחיה ובגין דא תלמידי חכמים כד הוו מסתכלין בגוון תכלת דעינא הוו מענישין ביה. כמה דאוקמוהו מארי מתניתין בכל מקום שנתנו חכמים עיניהם או מיתה או עוני. דבגוון חוור מתלבש אל מן מיכא״ל שר החסד ותחותיה נחש ופורץ גדר ישכנו נחש בגוון סומק אתלבש גבריא״ל שר הגבורה ותחותיה שרף. בגוון ירוק אתלבש אוריא״ל נוריא״ל שר שלום ותחותיה עקרב. בגוון אוכם אתלבש רפאל שר דמבינתא ותחותיה צמאון. ובכל אתר דהוו מסתכלין בגוון חוור הוו מחיי ובזמנא דאסתלק יקוק מכרסיא דדין. ומכרסיא דרחמי לית תמן עונשא ולא אגרא. ובגין דיקוק אסתלק במזלא קדישא עלאה דאיהו כתר עלאה בההוא זמנא בני חיי ומזוני לאו בזכותא תליא מלתא אלא במזלא תליא מלתא. ובההוא זמנא הכל תלוי במזל. ואפילו ספר תורה בהיכל. מה דהוה קרוב ה׳ לכל קוראיו בההוא זמנא אתמר ביה רחוק מה שהיה ועמוק עמוק מי ימצאנו. לית מאן דאשיג ליה אלא בחכמה ובבינה ובגין דא כד אסתלק לההוא אתר לא משיגין ליה בכל ספירן אלא בחכמה ובבינה דאינון י״ם י׳ חכמה ם׳ בינה ובגין דא רחוק מה שהיה ועמוק עמוק מי ימצאנו. ודא דמלה קרובים אל ה׳ אלהינו. וכד אסתכל דוד ברוחא דקודשא. חזא דאסתלק לאי״ן בגלותא בתראה אמר עליהו אשא עיני אל ההרים מאין יבא עזרי. אי״ן א כתר עלאה י׳ חכמה ן׳ בינה חזא דלא הוו משיגין ליה אלא בתלת צלותין דתקינו אבהן דאתקריאו הרי יקוק אמר עליהו אשא עיני אל ההרים מאין יבא עזרי עזרי מעם יי׳ דא מלך יושב על כסא רחמים. וכסא דין אסתלק מתמן ודא יקוק

קמ"ץ נקודה דאת י' מסטרא דימינא לא אתחייב נקודה אחרא. היא העולה. גוונין תנינא דאתאחיד בצלותא דמנחה. ביה סלקא ברתא לגבי שמאלא דתמן ה' עלאה וכה הרוצה להעשיר יצפין. ובגין דאתתא מתמן אמרו מארי מתניתין אוקירו נשייכו כי היכי דתתעתרון. בגין דמצפון אינון ומצפון זהב יאתה. ונקודה דאיהו מחייבא לאת ה' מסטרא דשמאלא שבא ועליה אתמר כי באש יי' נשפט. על מוקדה על המזבח כל הלילה עד הבקר. דא גוון תכלת דאיהו אחיד בצלותא דערבית וביה סלקא שכינתא לגבי עמודא דאמצעיתא. וצלותא דערבית לקבל אמורין ופדרין. דמתאכלין כל הלילה ובגין דא תכלת דומה לרקיע דאתמר יהי רקיע בתוך המים דאפריש מחלוקת בין ימינא ושמאלא ונקודא דרקיע חלם ומאן רקיע דא ו' דאיהו כגוונא דא *ו רקיע והוא ניצוץ חלם עליה והאי נקודה איהו מחייבת לאת ו' ורזא דנקודה ימוס ורזא דמלה ירס באבותיך חשם יי'. כי כי חש"ק וצפלטהו. כ"י ב"י רזא דשמא דארבעים ותרין כ"י ב"י ירבו ימיה וגומר. ואית מאן דאיהו מפרש אלין תרת גוונין ברקיעא. דאינון חוור ואוכם ותכלת חד חוור לעילא מן שרגא וחד תכלת לתתא אוכם באמצעיתא אפריש בתרוייהו ולא אשתמודעו בקדרותא דיליה. ורזא דא מארי מתניתין אוקמוהו כגוונא דא מאמתי קורין את שמע בשחרית כדי שיכיר בין תכלת ללבן. מיד דאתעבר קדרותא דשמיא דאתמר בה אלביש שמים קדרות מיד נהיר שמיא. ואשתמודע איהו בין תכלת ללבן ואשתמודע הכא. תכלת מסטרא דשמאלא. לבן מסטרא דימינא. עמודא דאמצעיתא אחיד בתרוייהו. וביה קורין קריאת שמע בשחרית דאיהי שכינתא בת עין. והכי קריאת שמע דערבית צריכין לייחדא לה בעמודא דאמצעיתא. כמה דתקינו מארי מתניתין לקרות קריאת שמע בכוכבים דאינון בינונים (בנויים). דהכי אוקמוהו לא מן הכוכבים הנראים ביום ולא מן הכוכבים הנראים בלילה אלא מן הבינונים דאינון מסטרא דעמודא דאמצעיתא. הא הכא תלת גוונין בשרגא. שכינתא נר דאתאחדת בהון כי נר מצוה ותורה אור. אור דא אורייתא דכתב

אלקים בגוון סומק. אנשי אמת בגוון ירוק. שונאי בצע בבת עין דאיהי
אוכמא ודא רזא דשבת ש ג' ענפי תלת גוונין דעינא ב"ת דשבת דא
בת עין ועלייהו אתמר ושמרו בני ישראל את השבת וגו. והא אוקמוהו
דאינון תרין שבתות אימא עלאה בתלת דרגין ואימא תתאה
בתלת דרגין עמודא דאמצעיתא כליל שית סטרין דאינון שית
דרגין. עיינין דמסתכלין בארח מישר בהורו אלין אינון עיינין
דרחימו. ובהון שכינתא איהי יפה כלבנה דלית בה פגימו
דאתמר בה הנך יפה רעיתי הנך יפה עיניך יונים. ואית עיינין
דההוא חויא איהו כרוך בהון נחש הקדמוני לאו מסתכלין בארח מישר
בכל מה דאסתכל אתלטיא עינא איהו בגלגל גוון חוור כגוונא דימא
דאסחר כל עלמא ותניינא בגוונא דארעא. תליתאה בגוונא דארעא
דישראל. נקודה זעירא דבת עין איהי כגוונא דציון דא הי נקודה
דעלמא דמתמן הושתת עלמא. ואית בר דגוון דיליה תכלת דאיהו
דומה לרקיע כמה דאוקמוה מארי מתניתין תכלת דומה לים וים דומה
לרקיע ורקיע דומה לכסא הכבוד. ותלת גוונין אינון בעינא חוור אוכם
תכלת לקבל אש דלאו איהו שורף. ואש דאיהו שורף ולא אכיל.
תליתאה דאיהו תכלת לקבל אש דאיהו שורף ואכיל. רביעאה לבת אש
ודא שכינתא בת עין ועלה אתמר. וירא מלאך יי' אליו בלבת אש
מתוך הסנה דא בת עין. וירא והנה הסנה בוער באש דא גוון דעל
בת עין דאיהו גוון תניינא והסנה איננו אכל גוון תליתאה ויאמר
משה אסורה נא ואראה וגו' גוון חוור דשרגא עלאה. ובתלת גוונין
אלין אתאחדת (נ"א אתחברת) בת עין דאיהי שכינתא ובהון סלקא
בתלת צלותין קדם יי' הה"ד זאת תורת העולה וגו' זאת תורת
דא בת עין שכינתא דסלקא בתלת אבהן דתקינו תלת צלותין. ובגין
דא זאת תורת העולה וגו זאת תורת העולה בימינא דאיהו אש דלא
שורף דתמן חכמה דאיהו מבועא דמיא דאתמר ביה הרוצה להחכים
ידרים דתשש חילא דאשא. דאיהו גוון חוור דשרגא דלא יהא שורף
ונקודא דיליה קמ"ץ דאתמר ביה וקמץ הכהן וכהנא איהו לימינא.

קמ"ץ

בעיינין. באודנין. באנפין. בנוקבין דחוטמא בפומא קמ"ץ שרטוט
וציור שרטוט לעילא ונקודה לתתא. דא אחזי על גלגולא קדמאה דקא
נחית לתתא ניצוץ איהו חיה תחות רקיע הה"ד ודמות על ראשי החיה רקיע
רקיע ודאי על רישא דחיה איהו קמ"ץ ניצוץ חיה. רקיע לעילא מינה
ניצוץ איהו י' סליק באת ו' דאיהו רקיע. שית זמנין עשר ואתעבידת
ס ובה סומך יי' לכל הנופלים. וחיה איהו סמך (נ"א איהי י' סמוך)
לרקיע רקיע עם ניצוץ איהו גלגול. רקיע בלא ניצוץ איהו גלגל. כמה
דאוקמוהו גלגל הוא שחוזר בעולם. דאחזיר לעלמא ודא פת"ח ולא
אית ליה הרכבה בגלגול. דלית ליה חיה דרכיב עלה. ודא שרביט
הכוכב דאוקמו ביה דרך כוכב מיעקב דרך בין שתי חיות דאינון
צר"י ואתעביד וייצר ובהון קא אתיא בתרין גלגולין. ודא אדם דיצירה.
דקמ"ץ איהו אדם דבריאה. וכד אתא בתלת גלגולין, דאינון סגו"ל אתעביד
שלישל"ת משולש ב-זן ודא אדם דעשיה והכי איהו שרביט דכוכב כד איהו
עובר בין שתי אופנים דאינון שב"א. אתעביד שור"ק דרג"א. ואינון
טל -ל"ת לעילא בסגו"ל בסגולתא. דרג"א לתתא בשור"ק שב"א צר"י.
חלם כד אסתלק בצר"י אתעביד סגולת"א. חר"ק דנחתא בצר"י
אתעביד סגו"ל. וכד יצאל בשב"א אתעביד שרק ובלא נקודה חדא.
חל"ם איהו לעילא בסגולת"א. חר"ק איהו לתתא בסגול. שורק איהו
באמצעיתא. כגוונא דא ו. הן כל אלה יפעל אל פעמים שלש עם גבר
אחזי גלגולא קדמאה יהוה אחזי גלגולא תניינא יהוה (נ"א ויה ויה) אחזי
גלגולא תליתאה יוקווקו (נ"א אתג"יא ואחזי גלגולא קדמאה יקו"ק גלגולא תניינא
תלת י י י) הרכבה דכלהו תלת אדני. ורזא דא י' י' י' הל"ם חר"ק
שור"ק תלת יודין. אמון מופלא אמון נסתר אמון מכוסה דאתרמיזו
בהאי שמא יוד קי ואו קי אמון מופלא דאשתמודע בכלהו. חד שריא
בנפש הזכרון. ותניינא בנפש המחשבה ותליתאה בנפש המצוייר.
דאינון תלת מוחין י' י' י' ריהטא* דסחיר לון כגוונא דא איהי מרקפתא
דתפלין. שרטוטין כגוונא דא יקוק יי' בהון מלך. הא הכא שרטוטין
דמצחא. עיינין בהון ואתה תחזה מכל העם אנשי חיל בגוון חוור יראי

אלקים

* קכו ע ב

דאתי בההוא אתר דפגים. עליה אתמר מעם מזבחי תקחנו למות. ולא למגנא אמרו קדמאין במקום שאמרו להאריך אינו רשאי לקצר. לקצר אינו רשאי להאריך. דלא יכחיש דיוקניה ויעבד *פריצו בדיוקנא דלעילא באורייתא דלעילא. מאן דרשים וצייר אלין שרטוטין. איהו אמון מופלא ומכוסה. מאן דאסתכל בשפולי משכנא אשתמודע באלין רשימין וציורין דאתמר בהון רקמתי בתחתיות ארץ ציורא דארבע שרטוטין אלין. אינון אריה שור נשר אדם בכלהו ארבע רשימין הה״ד ופני אריה אל הימין לארבעתם. ודא מיכא״ל שר החסד לימינא. ופני שור מהשמאל לארבעתם דא גבריא״ל שר הגבורה. ופני נשר לארבעתם דא נוריא״ל (נ״א אוריא״ל) שר שלום עמודא דאמצעיתא ודמות פניהם פני אדם רפא״ל שר שכינתא דתמן פאר דאתמר בה פארה חבוש עליך. מאן דלא אתחזיין שרטוטין ביה לית ליה דיוקנא כלל לעילא וזכותיה נחית לתתא. עליה אתמר ימחו מספר חיים. אלא אם תב בתיובתא דדא אשתכח דלית ליה במה דייתי בגלגולא. מאן דשרטוטין דיליה רביבין כגוונא דא // (נ״א \\) דא אחזי דקא אתיא בגלגולא חדא ואם תרין שרטוטין מורכבין כגוונא דא ⊜ (נ״א ⊏) אחזי תרין גלגולין. ואם תלת שרטוטין במצחיה מורכבין הא אשרים הן כל אלה יפעל אל פעמים שלש עם גבר. ואם לית ליה שרטוטין במצחיה. ואית שרטוטין על סריטין דעיינין דא אחזי על ארבעה לא אשיבנו. שרטוטין אינון באתוון דאינון יקוק ציורין בנקודין דאינון יוד ק ואו ק. וציורין אינון

[illegible]

* קכו ע״א

לעילא איהי מדה לכל ספירה וספירה מעשר ספיראן. וכה סליקת כל ספירה לעשרת אלפים רבי רבבות. ו' שעורה בכל ספירה וספירה ששת אלפים רבי רבבות. ה' ה' אינון מהלך בכל ספירה וספירה ה' אלפים רבי רבבות מעילא לתתא. ומתתא לעילא. שרטוטין עקימין דלאו אינון רשימין בארח מישר אינון רשימין הנחש עקלתון. דשרטוטין כשלשלאה כגוונא דא -- (אינון מהלך דנונין רימא (נ"א מהלך דלהון כנונין בימא) דאינון כגוונא דתלמידי חכמים דמתרבין בימא ואינון דוא דתרועה ::: ושלשלת והכי מהלך דנוניא. בגוונא דתרועה ואינון דרגא לתתא. שלשלת לעילא כגוונא דקדושה הכי אינון רשימין מסטרא דמסאבו דהכי אוקמוהו מארי מתניתין זה לעמת זה עשה האלהים. שרטוטין אינון כגוונא דלולב. דאתמר ביה נפרצו עליו פסול. הכי שרטוטין דאית בהו פרידו ופריצו דא אחזי בגלגולא דיליה קדם דאתיא לעלמא דההוא מציץ בנטיעות ועביד פרודא באילנא דחיי באתר דאתגזרת נשמתיה ובמאי אשתמודע. אלא שרטוטין דאינון אריכין כגוונא דא -- (נ"א ב) לית בהו פסק שלמין אינון האי בר נש לא אכחיש דיוקניה. ולא עבר פרודא באילנא דחיי. ואם אית בהו פסק כגוונא דא -- (נ"א ב ב) דאי בר נש אכחיש דיוקניה ועבד פגם ומום. בההוא פגם שריא מום כפום מום דסיהרא. פריץ איהו מצח אשה זונה שריא ביה פריצו במצחו מההוא אתר איהו פגים וצריך לכסאה מצחו דלא יתגלי עריתיה למארי דדינא. ואם הדר בתיובתא יהא פגימו דיליה נחית לתתא לקבל בה ענשא. ואם לאו איהו חוזר בתיובתא. מסתלקת לעילא לתבעא ליה דינא בעלמא

כ יתה ש ורר בד וקנ רון רוח מסדר בראש ם שכך רבע רבורא הבריך תשסס מ בראש ם ואי א ת ברון
כסק רא בר נש אבח ש ד וק.ר כ ינם זלבד רס ח ס ש ם בד וק רון ע' רפטולור ריאו ס ירות כל דש
כב בת.חס ושרשס וכפ מזלם ז כלפס ר.ה עוד ש סמ ס אחר ס שמור, אם זר ראבם אבח ש ד וק ר או
לאו ואם וא חזר בת ובחא רא פנ יזו ד י ר הת יתהא לקב י בד ע שא כ רוס עד יש ר וקיו גנו ב ד עו ,ו
ובן אחר ס סרך רעקר דבא רבע ש,ברא יתוגשו רוח יורד ית,ר ותנ א עלו פר גוות ו סור , ו ר ר, זיל יזד
נ ר ס יתווגש עוס ב ע ם ו על קלס סור בעור ז שאינו גלח וסם לא חזר בה ותתא אז אוחם בוחות רעות
ש.ברבא זן עונים ו מתעורר ס להרע יו בודר שא , ב וחר דול ס להרע יו בעור.ין אלא תובע ס על ו ד א ם קבל עו ש ו
בשוה ב שרוא .לח וד נא קא.קק זבע כ.ן, שעבר על ד ת שרס .לח ס בדן רוח .לח ש קבל טו שו ב יתי ולו א להטעא

[illegible]
[illegible]
[illegible]
[illegible]
[illegible]
[illegible]
[illegible]
[illegible]
[illegible]

דאת

שרטוטין אתמר כל ארחות יי' חסד ואמת לנצרי בריתו ועדותיו
שרטוטין באריכו מסטרא דרבי"ע כגוונא דתקיעה. ואלין אינון אריכין
דקומה מסטרא דימינא ארך אפים אריכין בקלא בצלותין באורייתא
אריכין ברוגזא אריכין בשערא בעיינין באנפין בחוטמא. בשפוון
בדיקנא בגופא בדרועין ברגלין באצבען. ורשימו דלהון חור. ווי לון
לאלין דמכחשין דיוקניהון לעילא כאלו מכחשין סדרי בראשית
וכאלו ממעטין את הדמות. דאיהו שעור קומה דלעילא דאלין
דשרטוטידון אריכין וקומה דלהון ואברים דלהון צריכין למהוי מארי
החסד אריכין ברוגזא. מארי דרחימו ההוא דאתמר ביה זרע אברהם
אוהבי. שרטוטין ברחבא כגוונא דשברים תנועה דלהון תבי"ר. ואינון
רחבים וקצרים דקומה ואנפין רחבין וקצרין. ועינוי רחבים וחוטמוי
רחבים ושפוון רחבים. אלין אינון יראי אלקים מארי דיראה מסטרא
דיצחק. ווי למאן דאכחיש קומתיה בעובדוי בישין דירית נשמתא
בישא דרכיב על דיוקניה דאכחיש פמליא לעילא. שרטוטין גבוהין,
ואנפין גבוהין ועינוי גבוהין וחוטמא ושפוון גבוהין וגופא גבוה. אלין
אינון מארי דקשוט זרע אמת מדהוא דאתמר ביה תתן אמת ליעקב
ואלין אינון אדנ"י א אריך אנפין. ועליה שריא י' ד רחבא דאנפין
ועליה שריא ה' נ גובה דאנפין ועליה שריא ו'. י' רחבא דאנפין ועליה
שריא ה'. שרטוטין זעירין מסטרא דתרועה כעגולא בדיוקנא דאת י'
שונאי בצע מסטרא דדוד דאתמר ביה, ודוד הוא הקטן. ואינון עיינין
זעירין שפירין בעגולא. אנפין זעירין בעגולא שפירין. חוטמא זעירא
פומא זעירא. גופא דיליה זעירא שפיר בכלא ועליה שריא ה' שרטוטין
גבהנין מסטרא דתרועה שרשר"ת דתקיעה ושברים. דא סליק
כלא בתרועה ודא תבר לה בשברים ודא בינוני בקליה שלשלאה
דתקיעה ושברים לא אריך ולא קצר מאן דאיהו בדיוקנא דאת
י איהו כול דמטה דקה ודא מדה דכל אברין דאנפין לעילא מתתא

שרטוטא תספר אדם ווי לון לאלין, דמכחשין, דיוקניהון לעילא פירוש לעיל, ורשמו דלהון כד נקרון הצורן
על כנויות טובות רבה הם נים, כנויות רעות הפך וכו' כד נקרון, ולכן כאלו הם מכחשין, סדרי בראשית

בשערא. ומאן אתר מסתלקי מרה אוכמא דטחול, וממרה סומקא דכבד וממרה ירוקא ממרה. וממרה חוורא דריאה. אין אנון ד גוונין חשוכין דמלאכי חבלה. וכלהו כלילן בליל"ת סם המות מאדי"ם איהו במרא אדומה למשפד דמא ואיהו מכת חרב והרג ואבדן. והכי שכינתא אשתמודעת בארבע גוונין שפירין נהירין. גוון חוור. מסטרא דחסד. סומק מסטרא דגבורה ירוק מסטרא דעמודא דאמצעיתא. אוכם מסטרא דאימא עלאה דאתמר בה שמע בני מוסר אביך ואל תטוש תורת אמך. ואתמר בה שחורה אני ונאוה. אימא תתאה נטילת גוון מאימא עלאה. שוקא ימינא. נטיל גוון מדרועא ימינא הה"ד נעימות בימינך נצח. שוקא שמאלא נטיל גוון מדרועא שמאלא. אות ברית נטיל גוון מגופא עמודא דאמצעיתא נטיל חכמה אדם דרכיב על כלא. עליה אתמר חכמת אדם תאיר פניו. ועליה אתמר יי' כלם בחכמה עשית. כתר עלאה איהו סתים לא אשתמודע ביה גוון כלל לעילא ובעמודא דאמצעיתא אחזי כל גוונין. הא הכא רזא דשערא דביה אשתמודעאן אנשי חיל בגוון חוור. יראי אלקים בגוון סומק. אנשי אמת בגוון ירוק. שונאי בצע בגוון אוכם. ארבע אתוון מתלבשין בארבע גוונין אלין. י' בגוון חוור ה' בגוון סומק. ו' בגוון ירוק. ה' בגוון אוכם. דאי שמא איהו דרקים גוונין בכל אתר ואיהו דצייר שרטוטין במצחא כגוונא דא יקוק ואינון ד רשימין דשרטוטי, עומק רום ועומק תחת ועומק מזרח ועומק מערב. שרטוטין זעירין דקריצין דעינא מסטרא דאת י. שרטוטין באורכא בפותיא. בגבהא. מסטרא דתלת אתוון דאינון קוק כלהון אשתמודעין בשעור קומה דבר נש. באורכא מסטרא דאריך קומה דאינון אנשי חיל בפותיא קצר קומה ורחבה דקומה ואינון יראי אלקים. בגבהא גבה קומה ואינון אנשי אמת וזעירין בעגולא שונאי בצע מסטרא דאת י' ודוד מסטרא דאת י אתמר ביה ודוד הוא הקטן. ואלין אינון, שונאי בצע שרטוטין אלין בארח מישר. כשרטוטין דגט פטורין דצריך שרטוטי או אלין דמחייבא אורייתא. ועל אלין

עובדוי ודא איהו שנוי מקום שנוי השם ושנוי מעשה והא אוקמוה
הן כל אלה יפעל אל פעמים שלש עם גבר. שערא חיורא ועיינוי
חוורין ואנפוי חוורין וגופא חוורא אי אית ביה עובדין טבין דא איהו
מסטרא דימינא מסטרא דרחימו דאיהו ואהבת עולם אהבתיך
על כן משכתיך חסד שערא חוורא ועינוי חוורין ואנפין חוורין וגופא
חוורא. דלית ביה גמילות חסדים ברחימו דאהבה. האי הוא רמאי
מסטרא דלבן הארמי אסתמר מניה. בהרת לבנה היא ולילי״ת היא בהרת
לבנה אוכמא סומקא ירוקא הה״ד ואם בהרת לבנה היא בעור בשרו
ועמוק אין מראיה מן העור. בהרת שחורה ושפלה איננה מן העור
והיא כהה תרין *גוונין תניינין אינון ירקרק או אדמדם כלהו מתהפכין
עינוי בכעסא לחוורו ואוכמו וסומקו וירוקא. וכל דא במאי אשתמודע
דלית בר נש דלא אתכלילן ביה אלין ארבע גוונין. אלא ההוא גוון
דשליט על כלהו אחרנין ביה אתכרי וביה אשתמודע לאתכרי חוור
או אוכם או סומק או ירוק ואלין ארבע גוונין בישין אינון ארבע קליפין
דאגוזא. תהו ובהו וחשך ותהום. ואלין אינון נחש שרף ועקרב וצמאון
נחש גוון חוור בהרת לבנה שרף ועקרב אדמדם שרף או ירקרק עקרב.
וצמאון שחורה. אין אינון ארבע גוונין דאשא דגיהנם ואתתא בישא מתמן
קא אתיא עלה אתמר ונתץ את הבית את אבניו ואת עציו בעניותא דלא
אשתאר בביתא ובגין דא הכמות נשים בנתה ביתה ואולת בידיה
תהרסנו. אלין אינון ד׳ גוונין דאשא דגיהנם דמסתלקי בעיינין באנפין

מעש״ס מקום שם רמז ש״ש כאלו ממשות לעשות ע׳ פועל טוב ובזו וכן בש״ד ימז אם ה״ר דחך בקלה רשמ״ס
משם קבלך ה׳ אלריך ומשם יקחך מש״ס ר״ה מקום שם מעשה ובגמרא (ר״ר דף ט״ז) איתא ד׳ דברים מקרעין
גזר דינו של אדם אלו הן לדקה לעקר וש״נו השם ולף לש״נו רשם דכתב ואתר ה׳ אל אברם שר אשתך לא
תקרא את שמה שרי כי שרה שמה ולבסוף וברכה אותה וגם נתתי ממנה וכו׳ מ״ש ומכאן נראה מי שרואה סורין
הרבה ולדות הרבה לדר בת לדה עשר שינו רשם וגם שינו מקום וגם שינו מעש״ם דהיינו שחנרג בו׳ ל
רחם דותא בשלש או ארבע עניים בדברים שהם תד״ר ס שנעש״ס בכל׳ וס ולא כגו באתו לד״ר לפרק״ס **האי**
א״רו רמאה מסטרא דלבן הארמי פירוש לדין ה״ה מראה עלמו לפני העולם כמשמעות שם רעלם שלו שהוא לבן
לשון לובן רמורה על הטוב אך באמת הוכו רע שהוא רמאי כמשמעות שם מקומו כי ארמ בהפוך אתוון רמאי
וכן זה ראדם שאתה רואה מראהו לובן ואין בו ג״ת זה המראה יורה שרות רמאי שדומה ללבן הארמי והשמר
ממנו **איגון** ד׳ גוונין דאשא דגיהנם דמסתלק בעיינין באנפין בשערא פירוש כל רד׳ גוונין עולין ונראין בעינים
בטבע וגם בפנים פעם נראה כך ופעם כך וגם בשערות ש׳ שער מראיו כך וש׳ מראהו כך וכ״ל ר״ח פנים

* קכד ע״א

בשערא

בהון בגין דיחזור מחובוי בתיובתא והאי לבר נש דכל (ס"א דלא)
עובדוי ביעקב וכישראל דבר נ"ש דיעביד עובדוי דיעקב דאתמר
ביה ויעקב איש תם מה כתיב ביה לא כאלה חלק יעקב.
דמסטרא דיעקב וישראל. בג"א בלעם חייבא לאסתכלא בנחשוי
ובסמוי. ולא אשכח אתר לאעלא לגביה ובגין דא אמר כי לא נחש
ביעקב ולא קסם בישראל אמר ליה ר' אלעזר והא בלבן כתיב
נחשתי ויברכני יי' בגללך אם כן אמאי אערב ביה. אמר. ברי הכא
רזא עלאה דלזמנין שושנה אשתכחת בין סוצים והכא רזא
תגלגלא. א"ל ידענא. ועם כל דא ברי. אף על גב דאתמר כי לא
נחש ביעקב. ולא קסם בישראל. בר נש צריך למנדע כלא ואפילו
חרשין כמה דאוקמוהו מארי מתניתין לא תלמד לעשות אבל
אתה למד להבין ולהורות ובגין דא תנועין דעורבא אית תנועה
דסליק ברבי"ע ואחוי דחובא. דיליה תליא לעילא בעלמא דאתי.
ואית תנועה דנחית לה בתבי"ר בשברים ואחוי דחובא דיליה
נחית לתתא בעלמא דין למהוי ליה תבירו בגיניה. וכל אלין
סימנין איהו אחזי בארחא. כגוונא דעמלק דאמר בגיניה אשר
קרה בדרך. דסטרין אחרנין אינון כלסטים דנפקין בארחין.
ובגין דא עורבין תליא דלהון באורחין. ואינון דמזלהון תליא בשבתא"י
אינון עציבין ואינון דוחקין רגלי שכינתא בגלותא דבזמנא דאלין
אתפשטו בעלמא אתמר ברגלי שכינתא ויאסף רגליו אל המטה.
אתכנישת לגבי זרעיה דיעקב מטה שלימה. ובגין דא וישכון ישראל
בטח בדד עין יעקב. דלא זזת שכינתא מניהו בגלותא בגין דלית
בהו פסולא. ושבתא"י אית ליה תרין בתין. חד שפל ראש. ותניינא
בית הסהר דאסירי מלכא אסירין תמן בגלותא ואינון דחקין שכינתא
וישראל (נ"א שעתא לישראל) בגלותא. ובשפל ראש ישראל אינון
שפלין לתתא. ומהאי ככבא ייתי כפנא ועניותא לישראל. ומאן
דבעי לאסתמרא מניה צריך לשנויי שמיה ולשנויי אתריה ולשנויי

כס מנ הס ובהלכות הס פ ר עליו לדעת מר רס מודיעים ומג ד ס כד סתר ר ד עמו ס כס לחזור בתשובה בהסתלותו
בת קון נפשו ומלו תסרכות ו לשנויי סת ס ולשנו אחר ר ולשנו י עובדוי נראה שלשר אלר ר ה יתמש סרות
עובדוי

וכל הולך על ארבע מסטרא דמסאבו. ומנא ידעין כולי האי. בגין דסמא"ל ונחש ממנן על חובין דבני נשא דאתדנו מסטרא דשמאלא. דאיהו גבורה. וכד בר נש עביד חובין יכפום ההוא בר נש הכי סליק חוביה לאתר דאתגזר נשמתיה. ולא זז מתמן ההוא חובא. עד דאתפרע מההוא בר נש. ואם בר נש איהו נשמתיה בארח אצילות. אם חאב חוביה מטי עד ספירן. ועונשא איהו סגי כפום דרגיה אמר רבי אלעזר אבא וכי חובא איהו בבר נש דתליא נשמתיה מההוא אתר. וכי אית ליה חובין והא כתיב לא יאונה לצדיק כל און. א"ל אין הה"ד כי אם עונותיכם היו מבדילים ביניכם לבין אלקיכם. מאי מבדילים. אלא דסליק ההיא נשמתא דאצילותא מניה ואתפרש מניה*ורזא דמלה ויאמר אלקים יקוו המים מתחת השמים אל מקום אחד ותראה היבשה וגו'. אסתלק נשמתיה מניה ואשתאר גופא יבשה. מאן גופא הכא דא נשמתא דכרסיא יקרא (נ"א דקב"ה יקו"ק) דאשתארת יבשה בגין דאסתלקת מניה נשמתא בארח אצילות דהאי נשמתא איהי גופא לנשמתא עלאה ואי בעי דתחזור לגבי ההוא נשמתא לית לה רשו לאחזרא לגביה עד דההוא חובא אתעברת מניה. ורזא דמלה שובו אלי ואשובה אליכם. א"ל ר' אלעזר לר' שמעון אבוי. אבא אלין תנועין דעורבא. מאי לאשתמודע בהו בר נש בגין דיחזור בתיובתא: א"ל ברי. ודאי אסיר לאסתכלא בהון לעמא קדישא הה"ד כי לא נחש ביעקב ולא קסם בישראל. אבל אם יזדמן לבר נש לפום שעתא וידע בהון יסתכל

קל"ק דנשמתא מתמן הא רמזת לתקיעה תרועה תקיעה ואם בר נש איהו נשמתיה באורח אצילות אם חב חוביה מטו עד ספירן פירוש קאי על אצילות דמתלבש הנשמות שגם במתלבש דנשמות הם אבי"ע וידוע כי אצילות דמתלבש דנשמות ביותר סמוך לאתלבש הספירות ולזה אי"ש עד ספירן דהוא יתלבש דספירות והוא עד ולא עד בכלל אך עכ"ז כיון דהוא סמוך וקרוב לאתלבש הספירות עכ"פ דפוגם שם הוא עצום וריב יותר אלין תנועין דעורבא מאי לאשתמודע בהו בר נש בגין דיחזור בתיובתא פי' לפעמים ותנועות שעושה העורב שהיה לראשונים בהם סימנים לדעת מהם עתידות ומקראות הזמן ולאפשר שעל ידי דיעות אלו שידע ודרך בתקון נפשו ויחזור לעשות תשובה בודעו אחריתו וסופו וביודעו מה שראוי לבא עליו אם כן בזה אסור משום דכתיב תמים תהיה עם ה' אלקיך והשיב לו דודאי אסור לבר ישראל לבקש ולחקור ולדרוש בעלילים אלו אך אם דרך מקרה באו לאזניו ונמצאו לנגד עיניו לפי שעה ודאי מכריז ודע ברון

* קכד ע"ב

דעמודא דאמצעיתא צריך דלא יהא לא אריך ולא קצר. ווי ליה למאן דשני ביה סדרי בראשית. שערא אוכמא ועיינין אוכמין ואנפוי אוכמין וגופיה אוכמא. אם הוא זכאה. איהו מסטרא דשכינתא דאתמר בה שחורה אני ונאוה דכל גוונין דסטרא דדכיו הכי אינון כגוונא דא. ואם הוא חייבא הוא מסטרא דשבתאי פתיא אוכמא מצד נוקבא דקליפה דתמן כל סממין דעורבין אוכמין ועופין אוכמין מסטרא דמסאבו דאית עלייהו כמה ממנן דאתקריאו לילות. דעלייהו אמר דוד אף לילות יסרוני כליותי מפחד בלילות וכלהו נחתין תחות גדפוי דעורבין ואחזו לון בתנועה דלהון כמה דינין דנחתין על עלמא. ואית אחרנין דממנן על קלין דלהון וצווחין קלא בתר קלא כלהו בשברים לאחזאה תבירו על בני נשא ולזמנין צווחין בתלת סימנין דאינון קר"ק דאיהו תקיעה תרועה תקיעה לאחזאה דינא רפיא ברישא ובסופא. ובאמצעיתא תבירא סגי בתרועה דחקא בתר דחקא במהירו. ודא דמלה ובחדרי משכבך אל תקלל עשיר כי עוף השמים יוליך את הקול נחש דכיב על קלא דעורבא אל אחד בת וגיה קטם סם המות דבה אשתלים סמא"ל אל אחר. דכיבת איהי על תנועין דגופא דעורב. ואיהו תנועה דכלהו דנפקת לאסטאה לבני נשא בפרשת אורחין תנועה דילה ברישא דעורבא ובזנבא ובגופא ובגדפין דעורבא נחש שריא בבריאה ואמידה וקלא ודבור דעורבא. ובאלין תנועין שריין כל הולך על גחון

ולריך ש כוין האדם שהוא דוגמת ז א ושהוא מספר שער ראשו לה ותס ד כ ס תק פ, וכפרט מ שהוא תשורש ק ן ד גא תק פא ואמנם נודע כ בשערות דראש ש בח' עשר ספירות והמלכות שבהם ה א הנקראת פאת הראש כ לעולם כל פאה היא במלכות ולכן פאה ג' אלה ס והענין כ הד נן הם לורך גבוה ודם מכלל ק וס העולם ור גולם גר ך לרס ולכן אן ראו להעב ר את כולם ולכן מש ר ן רפאר שה א המלכות האחרונה שב ס הראש אבל רספ רות הראשונות אן ראוי ש רא ברס ד נן עכ ל, ולפ דברי רב נו ז"ל הנז' משמע דא כא קפ רא גדולה אם ריה רא ש מגדל שער ראשו ואע ג דכאן בת קונ ס קאמר שערא דעמודא דאמצעיתא גר ך דלא הא לא ארך ולא קצר עכ ז מוכרח לגלחו שאם לא גלחו כמלא הוא מגדלו ואיכא קפ דא במגדלו מירו אם שוהר ב, גיות לגלות פחות משלשים וס לית לן בה ולא מח ב נן, ל ה לגלח כל וס כמו כה"ג אלא סג א לשלש ס שרות ש עור כהן הדיוט והעולם נורג ס לגלח פעם א' בשבוע דר נו מערב שבת לערב שבת אבל אם שוה, ותר לגלח פעם א בחודש לת לן בה כ ב ת ס מועט ס שהוא פחות מחודש לא חש ב מגדל וא, להקפ ד בזר ווי למאן דשני ב ה סדר בראש ת פ רוש אם האסר תגלח שער ראשה והא ש מגדל שער ראשו וא נו מגלחי הרי זה חש ב ש נוי סדרי בראשית בתלת סמנין דאינון קר ק דאידו תקיעה תרועה תקיעה פירוש המוף לווח קר ק כך נשמע מקל אתו וכמ"ש בגמרא על עוף הנקרא רחם דעב ד שרקרק כלומר שנשמע ממנו שלועק קר ק וזו השמיעה של וכל

דָוד שבעָה מִינֵי דַהֲבא הֲוָה בשַעֲרוֹי. זהב יְרַקְרַק. זָהָב אוּפָז. זָהָב אופיר. זהָב פרוים. זָהב סגור. זהָב תַרשיש. זָהָב כליל כָל גווָנים ואיהו זהָב שבא. והָאי איהו זהב מזוקָק שבעָתים. והָכי אינון שבעה מיני חוורו ושבַע מיני סומקו. כל ספירה אתקריאו שביעיות מסטְרָא דצדיק עָמוּדא דאמצעיתא איהו כליל כָל גוונין. שְעָרא חוורָא איהו מסטרא דימינָא. סומקָא מסטרָא דשמָאלָא ירוקָא מסטְרָא דעָמוּדא דאמצעיתא. וכלהו שבעה שבעה. שעָרא אוכמא מסטרא דשכינתא דאתמַר בה שחורה אֲני ונאוה גוון יהודה (נ״א יהודאית) דלָא תָפיס בה גוון כלל מיגָאו דילה גוון חוָור. ורזא דמלה יָשת חשך סתרו. שַעְרָא סומקא צריך לְבַעְרָא ליה מכל וכל בגין דאיהו בי דינא ולויים בגין דָהָוו מסטרא דדינָא אתמר בהון והעבירו תַעַר עַל כל בשרָם. ואתתָא בגין דאידי מסטרא דשמָאלא לא צריך לאתגלייא בה שערא. דלא ישתַמודעון בָה מארי דדינא. ושַערין אחרָנין בבר נַש צריך לבַעְרָא ליה תחות אודנין בגין דלא יתקרבון ביה מארי דדינין לגבי תרעין דשמעין בהון צרותין (ס״א ושערא דאיהו תחות אודנין צריך לבערא דאתקרי מארי דדינא לגבי וכו׳) שערא שעִיר עליה אתמַר גדל פרע שער ראשו. וצריך לגַדְלָא ליה דלא צריך לאַכְחָשא סדורָא דעוּבָדא דבראשית אֲבָל שערא

בכתר עליון כ״ש יאי״ר חודא שעוסקים בהודם כמו שאמר רבנו האר״י בשער יו״ד ק״ם מפורש שהאיר רבנו האר״י ז״ל לרב ו׳ תריא״ו דעסק ר״ח ם רוח גדול אל מוד דקבלי דוד שבער מ׳ דרכא רוה בשער יחיד ר״ת שבער אלו כ״י ק׳ עו״ס יתספר כד כת״ן דוד בו״ד ולפ פשט המאמר יתשמע שר״ר יו שעריה השר שער זך נוער ליגון זה ושער יחוד יער ליגון אחר כנגד כ׳ שבעה מ״ן אלו וסודן של דברים קה על ייחילות ש״ם ר״ת יקראת בשם יוד כמ״ש רב אבא בזור״ק דור אחרא א״ת ל״ה לקב״ר שערא שע״ג על״ר אתתר ידל כ״ע שער ראשו וצריך ינדי״ל פירוש שערא שע״ע כלומר חלק ורוא שער ראשם שהוא אליק ויקח על׳ שער ריאם דאתתא דחוור על דכר ו׳ דרוה משתע בה כמ״ש ואתתא בגין דאיה מסטרא דשמאלא לא ר״ך יתגל״ת כר שערא דר״ו שלא תגלו שערות ראשו ועל אלו השערות של אשה קאמר כאן ולר״ך ו׳ ליא״ר כ״ר ים א״ר ישות לגלות ולרם יו א״ת לגדל״א ל״ר משום דלא צריך לאכחשא ם דור״א דבראש״ת לוי״ר ראשו יתחתו ר״ת דוגמת ויקבא רג״ל ו׳ ר׳ ורקך רוח דורא דבראש״ת שברא דקב״ה ראשו לייטר דוגמת ד׳ יקנה רג״ל ו׳ ר׳ ורות ידבר שכתב רבנו ז״ל בשער הכונות (פרשת קדושים) שהאשה צריכה לגדל שערות ראשו וו׳ ואינם יקבא דו״ת אקראר בת״ת עשה שבא״ל יות וכל את זה רד״ן ושורשם הם בה ואם נעב״ר הד״ן גם ייתם רקבר הבגלו ינתר ולכן ראשה ת״ר מגלחת ראשו ואודיבר ינדל״ת שער ראשו כנודע להשא״ר שורש רד״ן עכ״ל (כ רד״ן הם נורך גבור ורם יתלל קום הפעלים וכו׳ לעיל אבל שערא דעמודא דאמצעיתא לר״ך דל״א דלא לא אר״ך ולא קגר הכר בשער הכונות (פרשת קדושים) הנז׳ כתוב אבל שערות ראש דז״א הם בתנם רד״ן כתם באדרה נשא ולכן צריך ראש לספר שערו בסוד וא״ש כי מרט ראשו טהור הוא כנז׳ בספר הזוהר
דעמודא

בְּכֶתֶר עִלָּאָה דְּאִיהוּ מַחֲשָׁבָה דְּתַמָּן צָרִיךְ לְסַלְּקָא יִחוּדָא בְּמַחֲשָׁבָה
סְתִימָא. וּבְכֻלְּהוּ תִּקּוּנִין אִלֵּין צָרִיךְ לְשַׁבְּתָא לְעֵלַּת עַל כָּל הָעִלּוֹת
דְּאִיהוּ מְלַגָּאו כְּנִשְׁמָתָא בְּגוּפָא. וּבְגִין דִּבְנֵי נָשָׁא רְשִׁימִין בְּאִלֵּין דְּיוּקְנִין
אָמַר לְמשֶׁה וְאַתָּה תֶחֱזֶה וְגו' :

וְאַתָּה תֶחֱזֶה בְּשַׂעְרָא אוֹ אָרִיךְ אוֹ קָמִיט אוֹ עָגוּל שַׂעֲרָא שָׁעַע אָרִיךְ
אָרְחָא מִתְפַּלַּג בֵּיהּ לְכַמָּה אוֹרְחִין . עֲלָהּ אִתְּמַר הַנּוֹתֵן בַּיָּם דָּרֶךְ .
וְאָרְחִין אַחֲרָנִין דְּמִתְפַּרְשִׁין מִנָּהּ אִינּוּן נְתִיבִין הה"ד וּבְמַיִם עַזִּים
נְתִיבָה תִּלָּתִין וּתְרֵי שְׁבִילִין מִתְפַּרְשָׁאן מַדָּאי אָרְחָא אַדְהֲכִי הָא אֵלִיָּהוּ
אָתֵי לְגַבֵּיהּ וְא"ל וְהָא דְּיוּקְנִין אִלֵּין צָרִיךְ לְתַסְנָא לוֹן בְּאָתַר דִּלְהוֹן אָמַר
ר"ש בַּוַּדַּאי אע"ג דְּבְעָלְמָא דְּפֵירוּדָא דְּיוּקְנִין אִית סַגִּיאָין דְּאַכְחֲשִׁין עוֹבָדָא
דִּבְרֵאשִׁית דְּלָאו אִינּוּן אֹרַח מֵישׁוֹר וְאִינּוּן חֲשׁוּבִין . מִגּוֹ חֲשׁוּבָא אִשְׁתְּמוֹדַע
נְהוֹרָא דְּיוּקְנִין דְּגַנְתָּא דְּאַנְהֲרָן כְּצִיּוּרָא דְּעוֹבָדָא דִּבְרֵאשִׁית מֵרְקְמֵי
בְּכַמָּה גַּוְונִין נְהִירִין וְאִינּוּן כֻּלְּהוּ בַּסּוּ וּבַמְּרָה וְאֵלֵין דְּעָלְמָא דְּפֵירוּדָא
אִינּוּן כִּקְלִיפִין דְּאָנּוּזָא לְגַבַּיְיהוּ דְּאִינּוּן מוֹחָא מִלְּגָאו וְעַכ"ד מִגּוֹ חֲשׁוּבָא
אִשְׁתְּמוֹדַע נְהוֹרָא וּמִגּוֹ אִלֵּין קְלִיפִין דְּאִינּוּן דְּיוּקְנִין חֲשׁוּבִין אִשְׁתְּמוֹדְעָן
צִיּוּרִין דְּגַנְתָּא דְּעֵדֶן דִּלְתַתָּא דְּאִינּוּן דִּיוּקְנָא דְּמַאנִי מַשְׁכְּנָא. אָמַר וַדַּאי
הָכִי הוּא פָּתַח וְאָמַר שַׂעֲרָא שָׁעַע אָרִיךְ אִיהוּ רַחֲמֵי מִסִּטְרָא דְּאָרִיךְ
אַנְפִּין דְּאִיהוּ תְרֵין אַנְפִּין דִּילֵיהּ ו' כְּגַוְונָא דָא וא. א בֵּינַיְיהוּ. וְאִיהוּ
סָבָא דְּסָבִין עַתִּיק דְּעַתִּיקִין וְאִיהוּ (ס"א וְאִתְקְרֵי) אֲרֵךְ אַפַּיִם. שַׂעֲרָא
קְמִיטָא וְלָא שָׁעַע אֶלָּא קָמִיט וְחֲרִיט (נ"א וְחָרִיט אִיהוּ דִּינָא דָא רַחֲמֵי
וְדָא דִּינָא דָא אָרִיךְ אַנְפִּין מִסִּטְרָא דו'. וְדָא זְעֵיר אַנְפִּין מִסִּטְרָא דִּי .
שַׂעֲרָא לָא קָמִיט וְלָא אָרִיךְ אִיהוּ בֵּינוּנִי. וְאִיהוּ שַׂעֲרָא דְּאָרִיךְ אַנְפִּין
כְּגַוְונָא דְּתִסְיָעָה וְקָמִיט וְחָרִישׁ (נ"א וְאָרִיךְ) כְּגַוְונָא דִּשְׂבָרִים ו ו ו . לָא
אָרִיךְ וְלָא קָמִיט אִיהוּ כְּגַוְונָא דִּתְרוּעָה שְׁלָשֵׁל"ת דְּתַרְוַויְיהוּ שַׂעֲרָא
בְּעִגּוּלָא כְּלִיל כֹּלָּא וְאִיהוּ כְּמִין בֵּיפָה דִּרְקִיעָא דְּאַסְחַר כֹּלָּא כְּגַוְונָא דָא
יָקוֹק דָּא מַלְכוּתָא קַדִּישָׁא אֲנָשֵׁי חַיִל שַׂעֲרָא שָׁעַע אָרִיךְ יְרָאֵי אֱלֹקִים
שַׂעֲרָא חָרִישׁ (נ"א אָרִיךְ) וְקָמִיט. אֲנָשֵׁי אֱמֶת שַׂעֲרָא לָא אָרִיךְ וְלָא קָמִיט
שֹׁלְשֶׁלֶת דְּכֻלְּהוּ שׂוֹנְאֵי בָצַע שַׂעֲרָא בְּעִגּוּלָא:

יוד

כתר עלאה. יקוק עמודא דאמצעיתא. אדני שכינתא תתאה. ומסטרא דכתר אתקריאו תלת ספירן אהיה אשר אהיה. חסד אל. גבורה אלקים. עמודא דאמצעיתא יקו"ק. והוא דמלה אל אלקים יקוק דבר ויקרא ארץ. נצח והוד צבאות. צדיק שדי. מלכות אדני. ובצלותא ברוך אתה יי'. כל הכורע כורע בברוך. ודא צדיק חי עלמין. ועליה אתמר והמלך שלמה ברוך. אתה את ה' זעירא בה צריך לנחתא ברכאן. וכל הזוקף זוקף בשם דא יקוק עמודא דאמצעיתא. אלקינו אימא עלאה. ואלקי אבותינו אבא האל הגדול חסד. הגבור גבורה. והנורא עמודא דאמצעיתא דביה אתכלילן מתתא לעילא ומעילא לתתא כל ספירן בעמודא דאמצעיתא. ובגין דא צריך לאכללא ביה תתאין בהכרעה ולכתר עלאין בזקיפה. אל עליון גומל חסדים טובים קונה הכל וזוכר חסדי אבות דא כתר עליון על כלהו. ומביא גואל לבני בניהם דאינון אלין נצח והוד. למען שמו באהבה דא שכינתא תתאה. ועמודא דאמצעיתא איהו כליל תלת ברכאן קדמאין דאינון אבהן וגבורות וקדושת השם ואיהו כליל תלת בתראין בעבודה. ואיהו כליל אמצעיות לקיימא ביה אני ראשון ואני אחרון ומבלעדי אין אלקים. זכאה איהו מאן דידע לצלאה לקב"ה בכל תקונין דיליה כדקא יאות ולמשאל מניה בכל דרגא ודרגא כדקא יאות. חכימין כלהו אינון רשימין דיוקניהון בחכמה. ונבונין רשימין דיוקניהון בבינה. ומארי גמילות חסדים דיוקניהון רשימין בחסד. וגברין ביצריהון כלהו רשימין בגבורה. ומארי תורה כלהו רשימין דיוקניהון בעמודא דאמצעיתא ונביאים כלהו רשימין דיוקניהון בנצח והוד דאינון תרי סמכי קשוט. וצדיקים נטרי ברית כלהו רשימין דיוקנייהו בצדיק ומארי מלכותא כלהו רשימין במלכות. ומארי יחודא כלהו רשימין

זה רמז לוב יהוה בחכמה כ כן יכוונס בו בה בה בדחילו שהוא חכמה אך ש ש לוב [illegible] ר"ר קודש יחוד ית הו ר כוה ה' ר ר יוה"ר זר רוה בב כר כ מכוונס בו בה בה רחמו שרוה ב כה ה מה עלאר ונברין ב [illegible] כולרו רשמן, [illegible] פ יוש גבר, [illegible] אלו בעל תשובה שכובשן את יצרם כמ ש איזהו גבור הכובש את יצרו [illegible] נברין ב [illegible] שבה לידם [illegible] ונלחמו [illegible] ונגלו [illegible] ונרמז זה בהוד [illegible] גבורה שהם [illegible] ומארי תורה כולהו רשימין

בכתר

* קכג ע ב

טבין. דהבלים דנפקין מאורייתא מפומא דבני נשא ודא ריחא דהוטמא ואית אבר דמליל ביה. ובאלין אברין אית שנויא אבל ביה לית שנויא. ואית אבר דממנא על דבורא ודא אדני. ואבר דממנא על מחשבה ואברין אלין כלהו בספירן. רישא כתר עליון. מוחא חכמה. בינה לבא ובה לב מבין. תרין דרועין חסד גבורה גופא עמודא דאמצעיתא תרין שוקין נצח והוד יסוד אמה. שכינתא אות דיליה. כתר אתקרי אל עליון קונה הכל. (חכמה ובינה). אלקינו בינה. ואלקי אבותינו חכמה. ואיהו אלקי אברהם אלקי יצחק ואלקי יעקב. האל הגדול בסטרא הגדולה. והגבור מסטרא הגבורה והנורא מסטרא דעמודא דאמצעיתא:

ארדכי הא אליהו קא נחית ואמר ר' בוצינא קדישא. שמענא לעילא תקונא דילך בשמהן דקב"ה ובצלותא דיליה. הזור בך דאת צריך יתקנא שמהן דקב"ה כרסא יאות דהא כלהו אלין בתלת תלת. מסטרא דרחמי אתקריאו יקוק יקוק יקוק תלת אבהן ואינון אש דלא איהו שורף. ואתקריאו בתלת שמהן אקיק אקיק אקיק והאי איהו אש דאיהו שורף ודא אכיר. ואית שמהן דאתקריאו אדני אדני אדני ודא אש דאיהו שורף ואכיל ושצי כלא ההד ותאכל על המזבח את העולה ואת החלבים. א' איהו כתר על כלהו שמהן. ואיהו אתקרי אל אקיק אדני אלקים. אלקי אלוק אלקינו איה אוה (ורזא דמלה אל אלקים אדני דבר ויקרא ארץ) י' ביה אתקרי יק יקו יקוק יקו יקוק. כלהו שמהן דפתחין בהויות בי' עקרא דלהון בחכמה. וכלהו שמהן דפתחין בא עקרא דלהון איבא עלאה. וכמא דעמודא דאמצעיתא דאיהו כליל מימינא ומשמאלא הכי כתר עלאה. כליל תרין שמהן אלין דאבא ואימא. ואיהו כתר על רישיהו. ואשבחנא תקונא כוונא דא. אקי"ק

דא ם נקרא עלת על כל העלות אבל רכתר נקרא עלה רעלות והדבר מובן כאן א, צריך לפרש ואיהו אתקר אל אהיה אדנ אלה ם אלה אלור אלה נו א ה אור ר"ר מ ש א ר אור א, לזר תשמעות ודוחק לפרש על א ר מקום כבודו להעל נו ועל אוה למושב לו ו, ל כס ד דל ל ארו ה ארו ב שת שמות אלו שמות ו של רקב ר רס וה נו אהו ה רמוז בר"ת את השמים ואת הארץ וסם ארו"י למוז ר ת ועלר את רשת ס ולא ר ה כולהו שמהן דפתחין בהו ו"ת ביו"ד עיקרא דילהון בחכמה פ רוש ש ש לוב שהוא רו ה קודם לאות ות אר ה דה נו אר הו"ר ה
כתר

עם כָּל דָא הָבָא רָזָא דְדִיוּקְנָא עִלָּאָה דִילֵיהּ לְאַחֲזָאָה בְּכָל אֵבֶר וְאֵבֶר דְגוּפֵיהּ שָׁלְטָנוּתֵיהּ לְאִשְׁתְּמוֹדְעָא לְבַר נַשׁ אֵיךְ אִתְנְהִיג עָלְמָא וְיִנְדַע לְמִקְרֵי לֵיהּ בְּכָל אֵבֶר כִּדְקָא יָאוּת לֵיהּ. וְאֵיךְ אִשְׁתַּנֵּי שְׁמֵיהּ לְפוּם הַהוּא אֵבֶר וְאִית אֵבֶר דְאִתְקְרֵי בֵּיהּ יקו״ק רַחֲמֵי. וְאִית אֵבֶר דְאִתְקְרֵי בֵּיהּ אֱלֹקִים. וְאִית אֵבֶר דְאִתְקְרֵי בֵּיהּ אקי״ק. וְאִית אֵבֶר דְאִתְקְרֵי בֵּיהּ צְבָאוֹת וְאִית אֵבֶר דְאִתְקְרֵי בֵּיהּ אֵל. וְאִית אֵבֶר דְאִתְקְרֵי בֵּיהּ שַׁדַּי. וְאִית אֵבֶר דְאִתְקְרֵי בֵּיהּ אֲדֹנָי. יקו״ק מְמַנָּא עַל קָלָא הה״ד קוֹל יְיָ בַּכֹּחַ. אקי״ק עַל הויה והבל דלבא דְהוּא דְרָכִיב עַל קָלָא דיקו״ק אִיהוּ עִלַּת עַל כָּל הָעִלּוֹת סָתִים וְטָמִיר וְלָא אִתְגַּלְיָא וְאִידוּ רָכִיב וְשַׁלִּיט עַל כֹּלָּא. אקי״ק אַחֲזֵי עַל עִלַּת הָעִלּוֹת דְאִיהוּ הָיָה הֹוֶה וְיִהְיֶה וְאִיהוּ הֶבֶל דִסְלִיק עַד אֵין סוֹף וּבֵיהּ רָכִיב עִלַּת עַל כָּל הָעִלּוֹת. אֵל אַחֲזֵי עַל אֱלָקוּת דְעִלַּת עַל כָּל הָעִלּוֹת וַעֲלֵיהּ אָמַר אִיּוֹב אֲנִי אֶדְרוֹשׁ אֶל אֵל אֵל אֱלֹקֵי הָאֱלֹקִים וּבַד רָכִיב עַל אֵל אִשְׁתְּמוֹדְעִין לֵיהּ כָּל אֻמִּים וּמִזְדַעְזְעִין מִינֵּיהּ. וְכָל מַלְאֲכַיָּא דְאִתְקְרִיאוּ בְּהַאי אֵל כְּגוֹן מִיכָאֵ״ל גַּבְרִיאֵ״ל כֻּלְּהוּ מִזְדַעְזְעִין מֵהַאי אֵל דְאִיהוּ אֱלֹקֵי הָאֱלֹקִים. וּמַאן דְקָרָא לוֹן בֵּיהּ מִיַּד עוֹנִין לֵיהּ בְּכָל שַׁעֲתָא וְהָכֵי כָּל מָארֵי בְּיָא דְאִתְקְרִיאוּ קָלִין בִּשְׁמָא דיקו״ק כָּל מַאן דְקָרָא לוֹן בִּיקו״ק בְּעִלַּת עַל כָּל הָעִלּוֹת מִיַּד עוֹנִין לֵיהּ בְּקָלֵיהּ. דְעִלַּת עַל כָּל הָעִלּוֹת אִיהוּ חַד בְּכָל שְׁמָהָן וְלָא אִשְׁתַּנֵּי בְּכֻלְּהוּ. דְשַׁנְיִין בִּשְׁמָהָן אִינוּן וְלָאו בֵּיהּ. דְאִיהוּ בְּכֻלְּהוּ כְּנִשְׁמְתָא בְּכָל אֵבֶר וְאֵבֶר. אִית אֵבֶר דְשָׁמַע בֵּיהּ כְּגוֹן אוּדְנִין. וְאִית אֵבֶר דְמִסְתַּכֵּל מִנֵּיהּ (נ״א בֵּיהּ) עַל עָלְמָא. וְאִית אֵבֶר דְאָרַח בֵּיהּ כָּל רֵיחִין וּבוּסְמִין דִצְלוֹתִין וְרֵיחִין

[illegible]

כלהו רחמי. ואית מנייהו דאינון נימין מאשא סומקא וכלהו דין.
ואית נימין כלהו ירוקין מאשא ירוקא. ואית נימין כלהו מאשא
אוכמא אלין אתקריאו שעור דקב״ה. כל ניצוץ שעור מהלך דיליה
עשר אלפין וכל נימא איהי שעורא דאצבעא דקב״ה. וכל אצבעא איהו
פרסה זעירא. וכל פרסה אית בה תלת מיל לקבל תלת פרסין דאצבעא.
וכל מיל איהו עשרת אלפים. אבל מיל דפרסה עלאה איהו עשרת
אלפים רבוא. והכי דרועא תשכח בה תלת פרקין. וכל פרק איהו י׳.
וכל אמה איהו ו׳. אבל אצבע ואמה. דא שעוריה זעיר מסטרא דזעיר
אנפין. ודא שעוריה רב מסטרא דאריך אנפין. ובכל אבר ואבר איהו
יקוק. ואיהו שעורא דכל אבר ואבר בגבהא בארכא עילא ותתא
ולארבע סטרין ואיהו בין כל אבר ואבר לית אתר פנוי מניה כנשמתא
דאשתכחת בכל אבר ואבר דגופא ואית אבר עלאה דאתקרי יקו״ק
על שמיה דשלטנותיה באתר ידיעא הה״ד והיה יי׳ למלך על כל הארץ
ואית תרין אברין עלאין מניה דאתקריאו יקוק אלקים דשלטנותהון
בשמיא ובארעא הה״ד כי יקוק הוא האלקים בשמים ממעל ועל הארץ
מתחת אין עוד. ואית אבר דאתקרי אלקים ושלטנותיה בכל ארעא.
הה״ד מלך כל הארץ אלקים. ואית אחרא דשלטנותיה איהו בתרין
אברין במוחא ובלבא. ועליה אתמר כי יי׳ הוא האלקים אין עוד
מלבדו. ואף על גב דהאי קרא על קב״ה אתמר דאין עוד מלבדו.

אתקר בל שם ב עור קומה דקב״ה פירוש קב״ה קא על התפארת דקרי לה בשם קב״ה בכמה מקומות וכאשר
כתבנו לעיל ושם הו ה ק דע כ ר דש ג רן דת״ר בתיו״ש רם עשר אותיות ולתלו קו׳ קוצר ודוע ב
שם רו ה דאלפין שהוא עשר אותיות רוא בתפארת ר קרא בשם קב״ר ושער ברפוך אתון עשר גם יוד
התפארת רוא פרצוף שלם מן עשר ספירות ולכן קאמר כאן שער שרוא עשר רוא ש עור קומת ר דקב״ר דש ני
קומת פרצוף דתפארת שרוא שלם כ ם וכל נימא וגמא אתקר גשמתא פירוש אות ו ד יוא התחלף
בם״ן בא ל ב ס שרוא י״ם כ ת ואות א׳ דכ מא מתחלף באות ר א באחה ע הר כ יוא רס אותיות שמר ואת
ג מן דאתקריאו מלאכן כ״תה אות ט דכ מא מתחלף בלת״ד בדעלג ת ואות ו ד ד יוא מתחלף בכ ך ב כ ק
הר כימא אותיות מלאך א׳ כמ מין עם סכולל עולה תלאכין וכו׳ גון אתקר אופן והמקר גילגל כראה רמז
לדבר שרכך אכן דסרך אכן ר ת אופן ויגל גמן ואית אחרא דשלטנותיה איהו בתרין אברין במוחא ובלבא
ועל ה אתמר כ ה רוא האלהים פירוש מוחא חכמה ב נר לבא ושם רו ר חכמה וא רו במוחא ושם שר ם ב ה
וא הו בלבא וכת״ש בפת מת אל רו זכור לטוב וכמ ש בת קו״ס (לקמן בדף קכ ג ע״א) י ו א כי ה׳ דא רו במוחא
הסכר כאן שה״ם חכמה שב ז הכא ש לפרש ית דקא אין עוד מבלעדו על שם אלד ם שר ם ב ור דא ר דיוק א
שוא האלהים דא הו בלבא ואע״ג דהאי קרא על קב״ר אתמר דאין עוד מלבדו עם כל דא רכא רוא דד קא עלאה
עם

באיש ההוא. דבור לְקֳבל שונאי בָצַע. תַמָן סלקין סלין ודבורין דאורייתָא וצְלותא. אלין דאתמר עֲלַייהו כי עוף הַשָמַים יוליך אֶת הַקול ובַעַל כנָפַים יַגיד דָבָר. לא אית תקונָא מֵאלֵין אַרבַע דלית תַמָן יקוק. ואיהו י אסתכַל ה ושמַע ו ומריתַ ה ומַמלל באלין אַרבַע תקונין אַריה דָא ראיָה וְאתמַר ביה ופני אַריֵה אל הַיָמין לְארבעתָם. בכָל אַתר אַרבַעתם דָא יקוק ארבַע אתוון דיליה דשַלטין עַל כלָא. וְהַפוך אַריה ותשכַח ליה ראיָה. ואיהו לימינא דחסד דאיהו יוֹמָא קַדמאה דתמָן א' (נ"א י') אור. ראובן דאיהו לימינא עַל שמיה אתקרי אור בן. שמיָעָה לִשמָאלא ועַייה אתמַר ופני שור מֵהַשמאל נשר ריחָא בְאֶמצעיתא עֲייה אתמַר כי אָסַף יוּתַ בחפניו. דאינון תרין נוקבין דחוטמא: פומא דבורא דא אדם כליל אַרבַע אַתוון וכליל עֶשר אַתוָן ודָא שכינתָא. באלין* ארבַע תם נין אמר למשה ואתה תֶחזה מכל הָעָם וגו. וצריך לְאַחזרא עֲלייהו:

ואתה תחזה. בשערא עריה אתמר ראשו כתם פז דָא כתר עָלאה. ומרָגאו מוחא דמניה נַפקין מַבועין לכל סטרא לְאשמאה. לכָל נימָא ונימא דאיהי עַלמא סתימאה. וכל מבועָא אתעביד ניצוץ וכָל נימָא אתַעביד שרביט. מוהא סתימא אתקרי אין סוף דאתפַלג לתלָת מוחין דאינון י' י' י' דאתרמיזו בהָאי שמא (כס ה' יתח כל זר) (יוד קא ואו קא. (נ"א יו"ד ק"י וא"ו ק"י). קָם סָבָא דסבין עַתיקָא דעַתיקין ואָמר בוצינא קַדישא וַדַאי שמָא דאתרַמיזו תלָת יודין דא) יוד קי ואו קי ודא איהו מרגאו. אֲבָר שמא דאיהו יוד קא ואו קא איהו כָליל תלָת אַלפין א א א. אינון תלת אוירין דמתלבשין ברון תלַת מוחין י' י' י' שמא חַד איהו גופָא ושמא תניינא מוחא. דא מלגאו ודָא מלבר. תלָת וָוין אית בהָאי שמא דאינון שַרביטין. שער אתקרי עַל שם שעור קומָתיה דקב"ה. וכָל נימא ונימָא אתקרי נשמתָא ואית נימין דאתקריאו מַלאכין. וכל ניצוץ אתקרי אופָן. ואתקרי גַלגַל. ואית מַנייהו דאינון נימין מאשָא חוורא

כר ך ירתעורר אוהה שעה ב ראר ש תגלו בו ס מכ ס של רחה כד ש לא מן החסד הזה דא אדם דכלל ד' אתוון וכלל עשר אתוון כ יום אדם רוח מספר הו ה דאלפ"ן אשר פשוטו ארבע אותות ומלואו עשר שער

* קכב ע ב

מגו) אודנין דלא יהון סתימין תרעין דשמיעה דצלותא. דבהון שמע צלותין ההוא דאתמר ביה שומע תפלה עדיך כל בשר יבאו. דארבע תקונין אינון ראיה. שמיעה. ריחא. דבור. ראיה איהי למזרח (נ"א לדרום) ועליה אתמר ואתה תחזה מכל העם אנשי חיל. וכמה נטורי תרעין תמן דאתקריאו עיני יי'. ועליהו אתמר פקח עיניך וראה שוממותינו שמיעה יראי אלקים. ועליה אתמר הטה יי' אזנך ושמע ותמן דחילו ופחד יצחק. הה"ד יי' שמעתי שמעך יראתי. ומאן די מתשמע תמן קליה בין באורייתא בין בצלותא בין בצעקה בלא דחילו מיד וישמע יי' ויחר אפו ותבער בם אש יי'. וכמה נטורי תרעין תמן דאתקריאו אזני יי' ריחא תמן אנשי אמת. ותמן סלקין כל ריחין וקטורין ועשנין דקרבנין וצלותין, דאתחשיבו כקרבנין. ואם לא סליק לון בר נש בדחילו ורחימו מה כתיב ביה כי אז יעשן אף יי' וקנאתו

שצריך להעביר שער מן האזן. ומ"ש תחות אודנא יכו' ר"ל מה שהוא תוך נקב האזן שהיא מקום דמתחון באזן וגם קאי על שערות הצומחין עי' האלה של האזן שהיא תחת האזן. וה"ר שם לקמן מבואר דטעם משום דצריך כוונות רד"כ, ממקום זה והוא קרוב לטעם שאמר רבינו האר"י ז"ל בשער הטעמים דתאלה (פרשת קדושים) למה כאן צריך לגלח ולהעביר שערות דהאם משא"כ בשאר שלא תגלח אלא רק [illegible] לגלותם וכו' ולא כזר א"כ לקמן, (דף קכ"ד ע"ב) שאמר ואתתא כו', דאיר מסטרא דשמאלא לא צריך לאת לא כד ספירה דלא ישתמודעון בה מאי דגלא [illegible] ודע דאזהרה על כל [illegible] ולא [illegible] זמן [illegible] שערות באזן [illegible] והיינו מפני שהיא מסטרא דשמאלא ודגלא קשא א', דאי [illegible] כל שערות בתקום [illegible] אך [illegible] מכוסר וכבר היא מוזרית שלא לגלותו [illegible] כל באלהים אמנם [illegible] שערות בתוך האזן וגם על האלה של האזן [illegible] לרם שום שער בתוך האזן ולא על האזן כלל וכודאי אותם שדרכם לגדל שערות באזן [illegible] אותם [illegible] פעם אחת בחודש וא', בזה חשש משום לא ילבש גבר דלאו [illegible] ודע דאם [illegible] לאיתוד [illegible] כאן, דאמר צריך להעביר שערה מעל אזנו [illegible] סתמן [illegible] וכו' וגם [illegible] להעביר השער מעל אזנו [illegible] על השער שלומת באזן אלא קאי על שערות הפאות שלא [illegible] ותלוין על פתח האזן, אלא דחר אותם לגד אחר או [illegible] האזן, מיהו נסתר [illegible] כאן [illegible] צריך להעביר שערה [illegible] שערות תוך האזן והם [illegible] באזן עצמו ואפשר נמי לפרש על שערות הפאות דקאמר שלא [illegible] סוף השערות תוך האזן [illegible] צריך האדם ליזהר לדמות שערות הפאות אחר האזן [illegible] על האזן כלל

דבהון שמע צלותין דרות דאתמר [illegible] שומע תפלה עדיך כל בשר [illegible] מהתא לעילא [illegible] תפלה [illegible]

ומאן דמשתמע תמן קליה [illegible] בצלותא [illegible] תפלה [illegible] בלחש נראה כאן קא על תפלה [illegible] קולו [illegible] ונראה הטעם [illegible] על התעוררות [illegible] כשמשמיע קול [illegible] קול [illegible] מאמרו א', זה מאמין [illegible] בלחש [illegible] המשמיע קולו בתפלתו [illegible] ולכן

לִיַעֲקב חֶסֶד לְאַבְרָהָם. תְּלִיתָאָה פַּחַד יִצְחָק גַּוְן אוּכָמָא מִסִּטְרָא דְהַהוּא דְאִתְּמַר בָּהּ שְׁחוֹרָה אֲנִי וְנָאוָה. מִסִּטְרָא דְאִלֵּין דְאִתְקְרִיאוּ שׂוֹנְאֵי בָצַע. וְאִיהִי שַׂעֲרָא דִילָהּ אוּכָמָא. וְאִיהִי שַׂעֲרָא דְאַתְוָון דְאוֹרַיְיתָא. כָּל נִימָא וְנִימָא דִילֵיהּ. דְּאִתְּמַר עֲלַיְיהוּ קְוֻצּוֹתָיו תַּלְתַּלִּים שְׁחוֹרוֹת כָּעוֹרֵב. וְכָל נִימָא אִית לֵיהּ מַבּוּעָא דְאִיהוּ י' וְנִימָא שַׂעֲרָא דְאָת ו'. שַׂעֲרָא סְמִיכָא בְּרָזָא דְה' זְעִירָא דְנַטְלַת מֵאָת י' שַׂעֲרָא אֲרִיכָא מִסִּטְרָא דְה' עִלָּאָה דְנַטְרַת מֵאָת ו' עֶשֶׂר תִּקּוּנִין כָּל תִּקּוּנָא וְתִקּוּנָא אִית לֵיהּ (נ"א בִּיהּ) אַרְבַּע שַׂעֲרִין דְסַלְקִין לְעֶשֶׂר כְּגַוְונָא דִרְשׁוּת הַיָּחִיד דְּרָחְבּוֹ אַרְבָּעָה וְגָבְהוֹ עֲשָׂרָה. אַרְבָּעָה יְכוּס. עֲשָׂרָה יוֹד כָּא וָאו קָא. לי"ד נִימָא דְשַׂעֲרָא דְלָא אַחֲזֵי עָלְמָא עִלָּאָה סְתִימָא דַעֲלַיְיהוּ אִתְּמַר וַעֲלָמוֹת אֵין מִסְפָּר. כָּל אִלֵּין עָלְמִין תַּלְיָין מִכִּתְרָא דְרֵישָׁא כְּגַוְונָא דְאַבְנִין וּמַרְגְּלָן דְּנַהֲרִין בְּכִתְרָא דס"ת אוֹ בַעֲטָרָא דְמַלְכָּא. וְהָכֵי אִינוּן נַהֲרִין, כְּכֹכְבַיָּא בִּרְקִיעָא. וּבֵיהּ סְבוּעִין. וְהָכֵי תַּלְיָין צְבָא הַשָּׁמַיִם מִימִינָא וּמִשְּׂמָאלָא דְקוּדְשָׁא בְּרִיךְ הוּא. כְּגַוְונָא דְשַׂעֲרָא דְתַלְיָין מֵעַל אוּדְנִין מִימִינָא וּמִשְּׂמָאלָא. הה"ד וְכָל צְבָא הַשָּׁמַיִם עוֹמֵד עָלָיו מִימִינוֹ וּמִשְּׂמֹאלוֹ וּבְגִין דָּא צָרִיךְ לְאַעֲבָרָא שַׂעֲרָא מֵעַל (ס"א

אותיות שהם הוי"ה ואלין אקרון בשם מרכבה ואית ד' אתוון דאתלבשן ברין ואינון ד' אתוון דשם אל. דאקרון דתיין ואיהי שעורא דאתוון דאור תא' פי' כוס שם אותיות גדולות ואותיות בינונין ואותיות זעירין רמז כנגד שלשה גוונים רמז: וכל נימא כו' פי' אלא לר' מבועא דאור ו' דיחוד לכן נקראת נימא שערה אותיות אתין וד' ותיבת אמן הוא כמו ור' אמן אם דהדסר שדרשו ז"ל שר"ה מנק אומר תלמיון אותיות וכן כאן כל שער רואה אתין תן וי"ד דאור מבועין דלר': ובג"ד לריך לגבורה שערא מעל אודן דלית דין שתין חרצן דשמאל דלילות ובאדרא ווא אתמר בזה לא תכאן אוקמנה מיין דבע דרכן מלכא אוד ר' יקב"ר סלסלי ברש"ה דאלכא ופנר שערי מעל אודנו ושמע לר' מלכא בכל מה דבעי וכו' והגר כו' דמאתר כאן ובאדז י"ש ריך לגבורה שער ומש"ה ופנר שער מעל אודנו רינו קא על אורות יעלו כו' אשר אלהים רוויים דשערות וגקראים כ"ב בשם שערות והעברתם מעל אודנו דמלכא למעלה תה"ה ע' כונות ותורים שעושר האדם לישר שהם בכים נגאן זה וגם ע' תורר ויתלות הם יכים לעגין זר אבל אין יכוכר שעב"ר האדם דשערות מעל אזן שלו בגופו ובזה זכר שתה"ה נשמעת תפלתו למעלה. מ"ה עכ"ו יש מדקדקים שאם יש לרם שערות על האזן שלרם או בתוך האזן שמעבירים אותם במספרים וכונתם בזה לעשות פועל דמיון ע"ד שאמרו בלולב וע"ך שאמרו בודוי בהכאה על החזה ואנא דאמרי בדא שמחה דפועל דמיון לא דמי לא דהעברת שער מעל האוזן לדא דלולב וודו שהם בפועל דמיון עושה ומקיים מצוה של נטילת לולב ואתדרת ודוי אך כאן בעת שמעביר השער במספרים לא עביד מצוה שאינו עושר שום כונה ותוד באותו רגע ורק מעביר שער דוקא ע' דמגלת אמנם אני אומר טוב ונכון ושר למי שיש לו שערות על האזן או בתוך האוזן להעבירם ולא ימנם שתה"ה תפלתו מתקבלת דנקיט כאן אלא מטעם אחר דלה"ר לקמן בדף קכ"ד ע"א וז"ל ושערן אחרנין דכר נם לריך לגבורה ליר תחות אודנין בגין דלא יתקרבו ביר מארי דדינין לגבי חרצין דשמאל ברון ללות, וים נסחא אחרת ושערה דאורו תחות אודנין לריך לגבורה דאתקרי מאר דדינא לגבי חרצין דשמאל ברון ללות, ע"ש וזה"ה שם ודא מדבר באדם התחתון

הרוצה להחכים ידרים. יראי אלקים מסטרא דגבורה דתמן ה' ובה אתמר הרוצה להעשיר יצפין. אנשי אמת מסטרא דעמודא דאמצעיתא דתמן ו'. ותמן אמת שונאי בצע מסטרא דמלכות דתמן ה'. הא הכא ד' תקונין דאינון פרצופין דבני נשא אלין אינון מראה (ס"א מראין). ואית ארבע דמתלבשין בהון דאינון דמיון. ואינון אדני ועלייהו אתמר ושמת עליהם שרי אלפים מסטרא דא'. שרי מאות מסטרא דאת ד' דאיהו ד' מאות דאשתעבידו ישראל במצרים בגין דבה חאבו דאתמר ביה ארבע מאות שקל כסף. ושרי חמשים מסטרא דאת נ' ושרי עשרות מסטרא דאת י'. אשתארו עשר תקונין. עלייהו אתמר ואתה תחזה מכל העם. בשערא. בגוונין דיליה באריכו דיליה בקמיטו דיליה. במצחא. בקמיטו דמצחא. באריכו דמצחא. בפותיא דמצחא בשרטוטין דמצחא. באודנין. (ובס"א באודנין שערא דנחית עלייהו או תחותייהו). באלין אדרין דאודנין. בשערא דתחות אודנין. באנפין בדיוקנין דאנפין בפרצופא דאנפין. בעיינין בגוונין דעיינין. בקריצין דעל עיינין בחוטמא באריכו דילה. בפותיא דילה. בקמיטו דילה בפומא. בפתיחו דילה בזעירו דילה. בצואר באריכו דיליה *בקמיטו דיליה. בידין בשרטוטין דידין. בפתיחו דלהון. בסתימו דלהון. בגופא. בקומא דיליה. באריכו דיליה. בקמיטו דיליה. בשערא. בגוונין דשערא שערא חוורא איהו מאלין אנשי חיל דאתמר ביה ועתיק יומין יתיב לבושיה כתלג חיור ושער ראשה כעמר נקא שערא סומקא מאלין דאתקריאו יראי אלקים. שערא ירוקא מאלין דאתקריאו אנשי אמת ואינון מסטרא דיעקב דאתמר ביה תתן אמת ליעקב ותרת גוונין עלייהו אתמר תתן אמת

[illegible]

ליעקב

אינוּ ארבע אַנפין דאַריַה אַרבַע אַנפין דשור אַרבַע אַנפין דנֶשר. דבהון אשתְמודעין פרצופין דבני נָשא. וּכְלהוּ אַנפין אינון רשימין בּאַרבַע אַתְוון דאינון יקו"ק. מַאי אָדם יוד קא ואו קא וַעֲליה אתמַר כתפארת אדם לשבֶת בָית. מַאן בַית דיליה דָא שכינתא דאתקריאַת דמות אָדם דכל דִמְיונין וּפַרצופין דבני נָשָא בָה אשתְמורעו וְכָל ציורין דעלָאין וְתַתָאין ובגיניה אתמַר וביד הַנביאים אֲדַמֶה:

אמר [illegible]

פּתַח ואמַר ואַתה תחזה מכל הָעָם אַנשי חַיִל יראי אֱלקים אנשי אֱמֶת שונאֵי בָצַע. אַנשי חַיִל מִסטְרָא דחסד דתמן י' ובגינֵיה אתמַר

רזין עלאן סתמן, ג, ו.ן עמר, ן דוע שגס במלק רסוד ש פרדס ולק אתיר סתמן, בדרך הפשט ג.ו, ן, בדרך
הרמו וסמל ך, בדרך רדרס ודרן, עיאן, ן רוח רסוד שבסוד ואחיר תלאכ, ן קד ס, ן דלע יא רס מעולם ר ג בה ששם
 רדוצר

[illegible]

צדיק עמוד סביל כרא וביה אשתמודע מאן דאיהו לעילא מכלא בגין דצדיק איהו כליל כל ספירן וביה מתיחדין כלהו ואתעבידו אגודה אחת איהו לולב אגד דכלהו ספירן. ואת צ' ביה מצויירין כל ציורין דהיכלין דסהרין לגנתא דעדן דר"ילא בכמה ציורין דכל עובדא דבראשית דירתין לון צדיקיא. וביה נקודין כל נקודין דאורייתא דאינון נקודין בהיכלא דאיהי שכינתא תתאה. ונהרין כלהו על ציורין. כאבנין מרגלאן דנהרין על רישא דכתרא וכגוונא דכככיא נהרין ברקיעא. ובגיני דכל נקודין דכככיא ביה אתמר ויתן אותם אלקים ברקיע השמים להאיר על הארץ דא שכינתא תתאה, ס"א דא נשמתהון דצדיקייא דמשתדלין באורייתא להוציא יאור כל תעל' מה ההוד והמשכילים יזהירו כזהר הרקיע (גר):

היכלא תניינא. מרקמא מכמה ציורין גלידין במיא. אבנין מרגלן. כלהו מליין מיא. ואינון אבני שיש טהור דהיכלא תניינא בנייה. מניהו איהו בנוי בשמא דא כר"ע שט"ן ואיהו רקיע. קרע דביה קרע ימא ואפריש מתמן השטן דאיהו מיין מסאבין. ובגין דא יהי רקיע בתוך המים ויהי מבדיל בין מים למים. דא הוא שמא דעשר שטן מן ימא דאורייתא ואפריש ליה מתמן. בגין דאיהו עקר האמונה דישראל עלאה דכר עלאין. (ס"א מצאתי סמוך דישראל וביומא תנינא לית תמן טוב בגין דביה אתברי גיהנם) (לון רסר)

זה ספר תולדות אדם פתח ר' שמעון ואמר סליקנא ידין למאן דברא עלמא דיגלי לן רזין עלאין סתימין גניזין טמירין למימר קמי שכינתא ושתין רבוא דחיילין דיליה דמלאכין קדישין דלעילא ושתין רבוא דמלאכין קדישין דלתתא דלא איעול בכסופא קדמך:

פתח ואמר זה ספר תולדות אדם. זה ודאי כליל תרין עשר מזלות דאדם דלעילא דאתמר עלייהו שבטי יה עדות לישראל זה ודאי

של ס"ת מע"א להתא וכגן דה ב' א"ה חכמה ומורה על רכתר כ' חכמה ה"א ספירה שנ"ת סה"א ב' וגם מורה על ר"כתר כ' ר"א אות ור דשתא קד שת אסר רכתר רמוז בקוץ שלר העליון ומקור הברכות רוח בכתר ואות כ' ר"א בירכר אבנין מרגלן, פ' רוש יר"א הם כיתרה המרגלית שהוא הגדולה מקור ן לולו הגמלא"ס כיס סליקנא ד' , לית, דברא עלית גרלה כ' ד' ש כף וחמשה אלבמות שרס ע"ו פרקים כמנין שם ה' שכו ברית רקב"ר את העולם דכתיב ב' ה' ה' לור צורית ס ולכן כנפאות ר"ו מכו , בשם ה' שכו ברכאו העולמים ד' גל ין

אינון

* קכא ע"א

קנה חכמה קנה בינה יי' קנני ראשית דרכו. לעילא מכלא קדם מפעליו מאז. מעולם נסכתי מראש מקדמי ארץ. מאי מראש אלא הכי אמרת אורייתא דאיהי ראשית אנא אסר מת למהוי רישא לעלם.
ב' בידהירון (נ"א ביהדירון) כי ביה יהוה צור עולמים ואיהו ב' ברוך. וסימן ברו"ך ראשי אתוון ר' ראש. ו' ומקור. ך' כל. ב' ברכות דדא הוא ראש ומקור לכל הברכות ובגין דא ב' איהי חכמה ומורה על הכתר דאיהו רישא ומבועא דכל ברכאן (ובג"ד ב תרין לחשבנא. ג גיהדירו"ן ואיהו תליתאה ודא שבינתא ספירה תליתאה.
ובגין דא ב' איהו חכמה ומורה על הכתר דאיהו רישא דמבועא דכל ברכאן) ועלה אתמר כל גיא ינשא. ואיהו ומטריאות פרפראות לחכמה ועוד ברוך ב אחזי תרין. שכינתא עלאה ותתאה. ר' ראשית חכמה. ו אחזי שית ספירן. ך' אחזי על כתר עלאה ודא איהו רזא כל הכורע כורע בברוך מעילא לתתאה למכרע ביה לההוא (נ"א ולמגרע ביה בההוא) דכל מבועין ומקורין דברכאן ביריה דאיהו עלת העלות. וכל הזוקף זוקף בשם צריך לזקפא ליה ביו"ד ה"א וא"ו ה"א דאיהו מלגאו די' ספירן דאיהו עלאה וזקיף על כלא ולית אלוה לעיל מניה. ובגין דא ב' אחזי על הכריעה דכל הכורע כורע בברוך דאתמר ביה וברוך אל עליון. ג' אחזי על הזקיפה דאיהו גאה גאה על כלא ולית מאן דיתגאה עליה. ובמאי אתגאה על כלא באת י' מן אבגית"ץ ודא יגבי"ה. ועוד אשכחנא בגוונא אחרא י"ג בהי"ה (נ"א יגביהיה).
ואתוון דיליה גבי היה (נ"א גבוה היה) עלאה דכל עלאי. ת' תלמי"ה ת' תל שהכל פונים בו דתמן איהו ההוא דכל עיינין ומחשבתין סלקין לגביה בגין דא ת' תורה קדומה דכל קדומין. תורת חכם מקור חיים. תורת יי' תמימה. ועוד תלמי"ה תלמית רוה נחת גדודיה וגו'. כהאי שמא אתעביד ימא תלמים תלמים. ועוד תלמיה דא אורייתא דתליין מינה כמה תלי תלין דהלכות פסוקות דליה לון חושבן. צ' (צתני"ה צתני"ה דא

בחשבן וכס ורה זה שאן לניירו בשוס ליור ולכן נעלם בפינו גם רזכרת אות ות ו אלא מזכיר ס אותו בה כלו שהות שם אדכ שעולה יתספר היכל ודא שכ נתא סם רה תל תאה פירוש שכ כתא עלאה שה א בינה וריא סס רה צדיק

מניה ולית לתתא מניה ולאו באמצעיתא. לית אלוה בכל צד בר מניה. בהאי שמא אשתמודע הוא בלא חושבן. וציורא דהאי היכל אינון עשר ספירן דמתלבשן בי' דברים דאתבריאו ביומא קדמאה ואינון שמים וארץ אור וחשך תהו ובהו רוח ומים מדת יום ומדת לילה. שמים אית לעילא מן שמים דאיהו שמי השמים העליונים. ואית אור לעילא לעילא דאתקרי אור הגנוז לצדיקייא לעלמא דאתי דעינא לא שליט עליה. ואית חשך סתים דאתמר ביה ישת חשך סתרו. ואית תהו ובהו לעילא דאתמר בהון קו תהו ואבני בהו. ואית רוחא דקודשא דאתמר ביה רוח הקדוש *המרחפת על אנפי מיא דאורייתא. מדת יום ומדת לילה: מדת יום שכינתא עלאה מאי יום עמודא דאמצעיתא דכניה יומין ארוכין. הה"ד ארך ימים בימינה. הה"ד יומם יצוה יי' חסדו. יומין זעירין מסטרא דזעיר אנפין צדיס. מדת לילה אימא תתאה עד הכא א' מן אב"ג. מאי ב' (בינה) בה אשתמודעין דו פרצופין דאדם עלאה. ג תלת דיוקנין בגוונא דאדם דבריאה. ואדם דיצירה. ואדם דעשיה. ג' אית לה רישא וגופא וזנבא. רישא דא י. גופא פרצופא קוצא דלתתא זנב. ובגין דא אמרו מארי מתניתין אדם הראשון עשה לו פרצוף. ולבסוף זנב. זנב עליה אתמר ויגדל הילד ויגמל עד דיתעביד פרצוף ועוד אבגית"ץ א' איהי מורה על אל מסתתר מעיני כל חי ונעלם מכל היצורים כלם. אדיריה"ן עליה אתמר קומה אדיר ירון ואית ממנא תחות ידיה דאתקרי אדי"ר אדירים. ותחות ממשלתיה אתני"ס ואיהו נפיק מהאי פסוק אית"ן מושבך ושים בסלע קנך. תמן איתן ואיהו תני"א ק' קנך.

וקולא חד לפתח ע"ש, וכ"א סודו רבינו האר"י ז"ל בספר מאמר רשב"י ע"ש ולאלו תלת קולין קר להו כאן תלת ודין וכפ מקום שלהם נקט עדותם שהם ברא"ש ובאמצע ולמטה ודר"ש שלש חלוקות אלו בפסוק אני ראשון ואני אחרון ומבלעדי אין אלהים דג"כ נקיט שלש חלוקות אני ראשון רומז על עדות לע"י ואני אחרון רומז על עדות דלמטה ומבלעדי א', אלהים יומז על עדות דבאמצע תא, ועל זה קאמר כאן, דרו"ד אשר נכתבר בשלשה חלוקות שהם א' בראש וא' בסוף וא' למטה היא יעדת ששי"ת הוא ראשון והוא אחרון ומבלעדו א', אלהים באמצע ואיתר עוד דשלשה חלוקות של ו"ד ג"כ מעידן דלית אלוה בכל צד בר מ"כ ר' דגם בזה ש"ג חלוקות חלוקה הא' למעלה וחלוקה הב' למטה וחלוקה השלישית הם שאחרבעה מדן, שכולם נכללים בחלוקה אחת בהאי שמא אשתמודע רוח בלא חשבן ול"ורה פירוש בהא שיהא דהוי"ה שאינו נקרא בפה נודע בזה דאיהו חד ולא

אלפים יום דהוה אורייתא טמירא בחיקי שעשועים יום יום ג׳ גומלת ומגדלת ואיהי אימא עלאה גומלת חסד עם ספירה רביעאה דאיהי ד׳. ית״ץ י׳ חכמה. ת׳ תפארת. צ׳ צדיק. ומאן איהו חכמה י׳ הכא דא חכמת שלמה. א אמון מופלא רקים וצייר ציורא בהיכלא דאדם קדמאה דכל קדומים דאית אדם ואית אדם. אית אדם דלית ספירה דלא אתקריאת אדם. אבל אדם קדמאה עלאה דכלהו כתר עליון סתים וטמיר סתים דכל סתימין עלת העלות קדמון לכל קדומים בגין האי אדם קדמון אתמר בעלת העלות ואהיה אצלו אמון. ולההוא קדמון אמר. נעשה אדם בצלמנו כדמותנו. אנת יהיב כל ציורין וכל דיוקנין וכל תקונין סתימין וכל אברין דכל מינין. ואנת (נ״א ואנא) יהיב חילא ביה דאשתמודענא (דישתמודע) ביה דאם לא יהיב ליה שכל הא לא יכיל למנדע אמונה דילי. וברא יהא שליט על כל חילי שמיא וארעא וימא הה״ד וירדו בדגת הים וגו. ומאי ניהו האי אדם דאמר עליה נעשה אדם. דא חכמה עלאה דאיהי בדיוקנא דכתר. ועוד נעשה אדם. דא עמודא דאמצעיתא. בצלמנו דא חכמה. כדמותנו דא אימא עלאה. חכמה דאיהו אדם דבריאה אדם דיצירה אדם דעשיה בדיוקנא דכתר עליון חכמה ובינה. הכי איהו בדיוקנא דעמודא דאמצעיתא וצדיק ושכינתא תתאה דכספירן כלא איהו אצילות. ועוד נעשה אדם עלת העלות למאן אמר האי אלא עלת העלות אמר ליו״ד ה״א וא״ו ה״א דאיהו לגו מעשר ספירן ומאי ניהו עשר ספירן אל״ף ה״א יו״ד ה״א. וההוא דאמר נעשה אדם איהו יו״ד ה״י וא״ו ה״י. אני ראשון ואני אחרון ומבלעדי אין אלקים. תלת יודי״ן. מעידין עליה דלית לעילא

בשם כלומר דעתך בשם רז״ה דאשתלים בך ולזה אתה החיות לבריאות את עבדך ת״ב את אתה קרי בה את ר״א כ״ל את ה׳ יחלות להבריאות את עבדך דאשתלים ב׳ ר׳ בתרא׳ בצלמנו דא חכמה פ׳ רום צלם הוא צ״ל מ״ם ואות העומד בצל אות מ׳ באלפא ב״תא הוא אות למד אשר במילואו עולה מספר חכמה עם הכולל ולזה א׳ בצלמנו דא חכמה דמוזה בצלם שהוא צ״ל מ״ם ובדמותינו דא ב׳ נה כ׳ דמותנו הוא אותיות ד״ם ותנ״ו וד׳ יגו כ׳ אה ה׳ אשר בר בושו עולה דם הוא בבינה נס ב׳ מלואים של אה ה׳ דוד, ואלף, והרן עם הכולל הם תג״ו ת״ת ודין, מעדין, על ה׳ דלית לעילא מ׳ ניה ולית לתתא מינה ולאו באמצעיתא נראה הכוונה דאות י״ד דשמא קד״שא שעומדת בראש הא׳ יש בה ג׳ יוד״ן דה נו שלשה נקודות א׳ בראש וא׳ באמצע וא׳ בסוף כמ״ש בזוה״ק (פ׳ ויקרא) וז״ל ועל דא מאן דבעי למכתב שמא קדישא יו״ד בקדמיתא קוצא חד לעילא וקוצא חד באמצעיתא

פגיר

שתיתאה דרגיה דיעקב. ודא אבן השתיה. דמתמן הושתת עלמא דאתמר בה. משם רועה אבן ישראל. ואבתריה אז *ודא משה **דמדברין ליה בתר יעקב ובגין דא אז הוחל לקרוא בשם יי׳. מתמן ואיבך אז תקרא ויי׳ יענה ובגין דא שתה בתר שת ה׳. ואינון י"ס. י׳ מן שת ה׳ מן הבל ואינון אבא ואימא. שית ו׳ ברא באמצעיתא. ותלתא אתוון אתכלילו ביעקב. כד אתא משה בתר יעקב אשתלים ביה ה׳ בתראה ושריא עליה יק"ו ואשתלים ביה יקו"ק. ובגין דא ושמי יי׳ לא נודעתי להם. אבל למשה. ואמרו לי מ"ה שמו מ"ה אומר אליהם. בגין דאשתלים יקו"ק במשה אמר אז הוחל לקרוא בשם יקוק. דבקדמיתא ושמי יי׳ לא נודעתי להם. ובתר דאשתלים במשה יקוק שריא עליה יו"ד ק"א וא"ו ק"א ואתקרי מ"ה. בההוא זמנא מה דאסתלק בקדמיתא אהדר ליה לאתריה ואתתקן כלא. ולא עוד אלא תרין זמנין אתמר בהאי קרא מה. הה"ד ואמרו יי׳ מה שמו מה אומר אליהם. דכלא חזר לאתריה מה דלעילא מה דלתתא. דאינון מה שמו ומה שם בנו. וחזר כלא על תקוניה ועלת העלות נחית על כלא בההוא זמנא דהדר אמונה (ס"א ממונה) לאתרה אמר משה שמע ישראל יי׳ אלקינו יי׳ אחד. דהא כלא ביחודא חדא לית תמן קצוץ ופרוד. ואי האב אבוי ואנא (ס"א וחוה) ועבידנא הפרשה. הא סבילנא עונשא והדרנא כלא לאתריה ביחודא שלים בלא קצוץ ופרוד:

ועוד בראשית ברא אלקים. ברא"שית שית היכלין אימא עלאה היכלא שבעאה נתא חזי שבע היכלין אינון דבנינא דלהון בשבע שמהן אבגית"ץ וכו:

היכלא קדמאה מרכבא בכל מה דאית ביומא קדמאה דבראשית. א׳ מן אבגית"ץ איהו כתר אמון מופלא ומכוסה את ב איהו ב׳

כב אות ות ויתמם הטיפה ואלה כלולה מן כ ב אותיות פ ם ולכן אמר ובאו ן סים וידע אדם עוד את אשתו ותלד בן והלתא אתוון, אתכלו ביעקב רמז לדבר ה ה שראל שלישיה לכן זכה עקב אע"ר לשלשה שמות ישראל יעקב ישורון וכל שם ראשו וד במלואר עשר ס שסך טלס עולה ששים ועם כללות שלשה יודין הרי ס"ג לכן נתברך בן, ס"ג שכ ס וכל זה הוא כמנין י"ד ה ו"ו עם כולל האותיות וכולל הכא שעולה ס"ג כד אתא משה בתר עקב אשתלים ב ה ה ברכאה ושריא עליה יר ו ואשתלים ב ס רו ה נראה לכן א ל ואתם אמרת ידעתיך אלפים

* קכ צ"א ** דמדברין

ביה. והיה בענני ענן על הארץ ונראתה הקשת בענן ובגיניה
אתמר ולא יהיה לשחת כל בשר בגין דאתהפך בשרו ללפיד
אש וכל מלאכין דממנן על נשמתין דגלגולין מתמן הוו.
ועוד כמראה הקשת עליה אתמר למשה וראה ועשה בתבניתם
אשר אתה מראה בהר כמראה אשר הראה ה' את משה כן עשה
את המנורה ודא מטטרו"ן מ' דיליה מנורה נוריא"ל נו"ר דיליה והוא
ט"ט והיו לטטפות בין עיניך וכלא אתפשט מאנוש ובג"ד אז הוחל
לקרוא בשם יי':

בראשית ברא שית. ואינון שית היכלין אימא עלאה שביעאה. ובאלין
שית וידע אדם עוד את אשתו ותלד בן ותקרא את שמו שת
וכו' שת סיומא דאתוון תחת הבל הה"ד כל שתה תחת רגליו אתתלם י'
מן שית ונחיתת ביה ה' מן הבל ואתעביד שתה כל שתה תחת רגליו.
ועוד שת על שם כי מן המים משיתיהו. ועוד שת עליה אמר איוב מי
שת בטוחות חכמה. ודא י' דבה רוה שית. או מי נתן לשכוי בינה
דא ה' מן הבל. ושת איהו גלגולא קדמאה דהבל להוא דאתמר ביה בשגם
זה הבל בשגם זה משה. והא אוקימנא דהוא דאתמר ביה אז ישיר משה
ובג"ד אז הוחל לקרוא בשם יי'. הוחל תמן התחלה דגלגולא קדמאה
ואתפשטותא דאת י' לעילא משת (נ"א משית) אתפשטת עד ספירה

סלק, בחושבן כמראה הקשת כי חנוך נוטריקון עולם מספר שפ"ה כמנין כמראה דקשת ע"ש. בגין דאתהפך
בשרו ללפיד אש לכן נקרא קשת כי בשר אש הוא מספר *תק"ג כמנין קשת עם ראשי תיבות ודא מטטרון מ'
ד"ל מנורה, פירוש מ"ם של מט"ט רומזת למנורה ואותיות רון של מטט רומזים לנור של
נוריאל ונשאר ט"ט רומזים עלו עלמו שנשאר דכתיב ואיננו כי לקח אותו אלהים ותרגם אונקלוס
דלא אמית ה' ורייני ט"ט עולם מספר א' ולזאת והיו לטטפות בין עיניך כי ט"ט של לטטפות כמ
ג'ת והמגת תפלין זוכה לחיים דכתיב ה' עליהם יחיו כמ"ש בגמרא (מנחות) וכלא אתפשט מאנוש ובג"ד אז
הוחל לקרא בשם ה' פירוש בחוש של דבר המ"ם נקט כי שאז אדם את אנוש וכאשר הב"א הת קונים קודם
זה ותלתא אינון, אדם שת אנוש והנה וא"ו דאנוש איננו ולא במכתא ונמלא אדם שת אנש הם ת' אותיות והרי אנוש
משלים ת' אותיות מספר אז ולז"א אז הוחל לקרא בשם ה' ברא שית ואינון שית רבלין א"מ עלאה שבעתאה
פירוש שש היכלות הם חג"ת נהי"ם ואמא עלאה בינה היא שביעאה מתחת לעילא כי רק כח"ב חג"ת נה"י הם
ספירות ש"ש בשם נקודות ודמלכות עומדת אחר היסוד ואין בה נקודות לכן אם תמנה מלמטה למעלה מן ה' סוד
חד"ר הבינה שביעית ובאלין שית וידע אדם עוד את אשתו ותלד בן ותקרא שמו שת שת סומא דאתוון
פירוש שת הם סוף אותיות אלפא ביתא כעין ת"ש (שער ר"ח) כ"ב אותיות התורה הם שאור שבעיסה
כל האברים והם סוד האבנים שמהם נבנה הבית וכ"ב אותיות נרשמין בסוד הזכר כמ"ש וישכב במקום ההוא ויש

* תת"ג

שתיתאה

בראשית ברא שית ודא מטטרון אות בצבא דיליה. ובגיניה אתמר
וישם ה' לקין אות לאגנא עליה ומה דהוה איזל נע ונד
בגלגולא אתעביר נוד מיד וישב בארץ נוד קדמת עדן ודא אות
דברית מילה דמגייה עליה באחוה בגין דנולד מהול ובאן אתר זכי
ליה בהני בגין דהזר תמן בתיובתא ונפקו בנוי מניה דעאלו לגן עדן.
ובגין דא וישב בארץ נוד קדמת עדן לבתר עביד תולדין מסטרא
דרע ואתפשטו בגלגולין בעלמא ועלייהו אתמר. וידע קין את אשתו
ותהר ותלד את חנוך. חנוך מסטרא דקין ודא יצר הרע חנוכא לביש
ואית חנוך מסטרא דאנוש דאיהו יצר הטוב חנוכא לטב ואתמר ביה
ויתהלך חנוך את האלהים ואיננו כי לקח אותו אלהים ודא חנוך
דאתהפך בשריה ללפיד אש ותלתא איננו. אדם שת אנוש אנוש
דמתמן אתיחסו כל דרין. הה"ד אז הוחל לקרוא בשם ה'. מתמן
נתפשטו כל גלגולין דצדיקייא חנוך דנפיק מאנוש איהו מטטרו"ן
דנהפך בשרו ללפיד אש ואיהו נוריא"ל ועל תרוייהו אתמר והחיות
רצוא ושוב רצוא דא נוריא"ל ושוב דא מטטרון הכי סלקין בחושבן
כמרא"ה הבז"ק. אלא איהו כמראה הקשת אשר יהיה בענן דאתמר

ברא ש ת ודא מטטרו ן א ת בלבא ד ל ר פ רוש שתו ששה אות ות ורוא אות בלבא ד י ה שהוא ב ל רר שר ם
ששה קלות, גם אות ות שתו עם הכולל מספר יל ־ה וזרו אות בלבא ד י ה כ לבא ד ל ה הוא סוד יל ־ה ובג ניה
אתמר ו שם ה לקין, א ת לאגנא על ה ור נו אוה ואו"ו זר מט ע שרוא בן ששה אות ות וגם הוא ב ל רר שב א
ששה קלות חג ת נר ומה דהוה אז ל נע ונד בגל ולא אתעב ד נוד ת בת ונד נהפכה לנוד ומ ד וישב בארץ נוד
ודא אות בר ת מ לה דקנ ה באחיה בג ן דנולד מהול פ ־וש הבל ולד תהול ולכן, ית־ע"ר שר ה גלגול הבל ג כ
נולד מהול דכת ב ותרא אותו כ טוב רוא ואז"ו ל שנולד תהול כ הבר־ית נקרא אות והוא ־וב בלא ער־לה לכן
עתה בת קון שנתפשר בגזרה זו של נע ונד עת ש שב בארץ נוד בא אות וא ו ועוד בתוך נד ו עש ת הפשרה
ש שב בארץ ־וד ובאן, אתר זכ לה פ רוש בא זה גלגול הוע ל וזכה לעצמו והש ב בגלגול קנ ר"ל ב ת־ו
הנוך יתסט־א דקן, ודא נר ־חנוכא ־ב ש פירוש קן, מלד הגבו־ר ואות ות כ ו רוזו ס לחלק הגבורה כ פ א
ד נ ס דמגלפ ך מתחלקים לאתשר וכל חל־ק הוא כ ו ולכן ת וך אות ות כ ח נ ו מסט־א דקן, ואית חנוך מס־רא
דאנוש דא הו לה"ם חנוכא לטב הכונה ע פ מ ש רב נו רלא־ ז ל בשער יאמר רשב" כ־יו ש ם פ"ר ד נ ס דמגלפ ך
כן, ים פ"ר חסד ם כמנ, ורב חסד ו תחלקו נ"כ לחמשה ואלו נרמזים בחנוך חנוכא לטב וה נו חנך רוא
תן, כ ו כ החסדים רם מלד שם יו ה שתספרו כ ו ולזא מסטרא דאנוש אות ות ש א כ ו ש"א לשון
גם אות לג ו הוא חלק מן חמשה חלקים ועל תרוו הו אתמר והח ות רצוא ושוב רצוא דא ־ור אל ושוב דא
מע"ע כ־אר נור אל רוא סוד אש כ נור רוא אש וטבע באש תר ה על תו בתרולה וזהו רצוא לשון מרוץ גם
נור אל עולה מספר רצוא ואתר ושוב דא מט ט דאמרו בגמרא א ן ש בה למלאכ ם יתעלה ורק למט"ט את ה ב
רשות ליסב כשכותב זכ ות שראל וכ ון דא, ש בה ליתעלה אא יק לית"ט לכך אתר ושוב דא יתע"ע ואתר הכי
ביר

בביתא חרבא בביתא. אלא ושמחתם לפני יי' אלהיכם כגוונא (דדוד) דאתמר (ביה) והיה כנגן המנגן ותהי עליו יד יי':

וצלה גם היא ילדה את תובל קין לוטש כל חרש נחשת וברזל. דא יצר הרע דאתמר ביה אם יצרך מתגבר עלך משכהו לבית המדרש וכו' ואחות תובל קין נעמ"ה דא אימן של שדים. וקמד בשעתא דשליט על בר נש ואיהו ביה תקיף כאבנא וכפרזלא ולא עסיק באורייתא. שליט עליה וקטיל ליה ועביד ביה פצע וחבורה כד"א כי איש הרגתי לפצעי וילד לחבורתי בההוא זמנא עתיד לנטלא סב"ה נוקמא מתרווייהו הה"ד כי שבעתים יוקם קין ולמך שבעים ושבעה הה"ד בלע המות ל"נצח: וידע אדם עוד את אשתו ותלד בן ותקרא את שמו ש"ת סוומא דא"ב ועליה אמר איוב מי שת בטוחות חכמה מאי חכמה דא דחסר מניה י' דבה הוה ש"ת דאיהו ברא שית ואיהו ראשית והוה אתמר ביה מגיד מראשית אחרית הוה משמש שת באתר דהבל ובגין דחסר מניה י' אתקרי אחר בגין דכד חב אדם פרח מניה י' ועבד שת בלא י' דאיהי חכמה ובגין דא שירותא הוה מן ח' דאינון ח' יומין, דברית מילה כמה דאת אמר. אז הוחל לקרא בשם יי. ומתמן עברו ברית מילה, ואעברו מניה ערלה ופריעה למעלה בד' ולא בח' דשירותא דח' איהי בינה למנצח על השמינית. ועלה אתמר אז הוחל לישנא דצלותא כמה דאת אמר אז תקרא ויי' יענה דא הוא נטורא טבא. דאף על גב דהבל קטיל ליה קין דמניה הוה נפיק מאן דנוקים ליה הה"ד אז ישיר משה, רועה נוקים לרועה ולבתר אז אהפוך אל עמים שפה ברורה לקרא כלם בשם יי' אבל כד עמלק דאינון בכורי מצרים ערב רב מעורבים בישראל עלייהו אתמר תמחה את זכר עמלק דלא אשתאר מנהון שריד דאלין אינון ערבוביא מכל אומין ואפילו מקין ומיד דיתמחון מעלמא אז הוחל לקרא בשם יי':

והכל נח"ת בה תחלה בזר טובן כ' אלהים שופט זה ישפיל וזה ירים, זה ר"ת זאת ר"א שפל למהו נח"ת בה"א תחלה וזאת ה"א ר"ס למרו סלק בה"א עלאה אלא ושמחתם לפני יי' אלהיכם כגוונא דאתמר והיה כנגן ריגנן וכו' זו גרסא הנכונה ולא כדגרס כגוונא דדוד דאתיר ב"ה כ' פסוק הנז' אחור בא' שע

נָפֵס מִן דִּינָא וְקַבִּיל עֲלֵיהּ כָּל מַה דְּאִתְגְּזַר בֵּיהּ דִּכְתִיב וַיֵּשֶׁב בְּאֶרֶץ נוֹד.
מַה דְּאֲ״ל נָד שַׁוִּי עֲלֵיהּ ו וְאִתְעֲבִיד נוֹד. וְדָא אִיהוּ דְּאִתְּמַר בֵּיהּ וַיֵּשֶׁם
יְיָ׳ לְקַיִן אוֹת לְבִלְתִּי הַכּוֹת אוֹתוֹ. דְּאִם הֲוָה נָד. אִתְּמַר בֵּיהּ וְהָיָה כָל
מוֹצְאִי יַהַרְגֵנִי. וּבְגִין דְּתָב בִּתְיוּבְתָּא וְקַבִּיל עֲלֵיהּ אוֹת בְּרִית שַׁוִּי עֲלֵיהּ
אוֹת ו וּלְשֵׁזָבָא לֵיהּ. וְלָא עוֹד אֶלָּא דְּשַׁוִּי לֵיהּ קַדְמַת עֵדֶן. דְּבִגִינֵיהּ זָכָה
לְגַן עֵדֶן:

וַיֵּדַע קַיִן אֶת אִשְׁתּוֹ וַתַּהַר וַתֵּלֶד אֶת חֲנוֹךְ. כָּל אִלֵּין תּוֹלְדִין מַנָּעִין לֵיהּ
לְאִתְרְעָא בְּהוֹן וְאִינוּן חֲנוֹךְ וְעִירָד וּמְחוּיָאֵל וּמְתוּשָׁאֵל וְלֶמֶךְ וּלְמַד
נָטִיל ב נָשִׁין עָדָה וְצִלָּה. עָדָה חֲנוֹךְ לְטַב. חֲנֹךְ לַנַּעַר עַל פִּי דַרְכּוֹ. צִלָּה
חֲנֹוּכָא דְבִישׁ וְדָא כְּלַאֲךְ דְּמָוֶת דְּמַחֲנַּךְ לְבַר נָשׁ בַּחֲנוּבִין בִּישִׁין. עִירָד
לְבָתַר אָעִיל רְעָדָה בְּבַר נָשׁ בְּאֵבְרִין דִּילֵיהּ. וּלְבָתַר דְּאֲפִיל לְבַר נָשׁ
בַּחוֹבִין, אָלְשִׁין עֲלֵיהּ. וְאַחֲוֵי לָאֵל כָּל מַה דְּעֲבִיד. וְדָא אִיהוּ מְחוּיָאֵל
מֶחֳוִי אֵל. וּלְבָתַר נְהִית וַתְּשַׁשׁ חֵילֵיהּ וְקַטִּיל לֵיהּ וְדָא אִיהוּ מְתוּשָׁאֵל
דְּגָפָן מָוֶת שָׁאָל. וְאֵין מָוֶת אֶלָּא עֲנִיּוּת. וּלְבָתַר אַמְלִיךְ עֲלֵיהּ וְדָא אִיהוּ
לֶמֶךְ. אִתְהַפָּךְ עֲלֵיהּ לְמֵלַד וּתְרֵין נְשִׁין דִּילֵיהּ חַד עָדָה דְּמָעַד עַל חוֹבֵי
דְבַר נָשׁ. וְתִנְיָינָא צִלָּה דְּאֲזִיל עֲלֵיהּ כְּצֵל כד״א כִּי צֵל יָמֵנוּ עֲלֵי אָרֶץ
וּכְתִיב יָמָיו כְּצֵל עוֹבֵר:

וַתֵּלֶד עָדָה אֶת יָבָל בָּתַר דְּקָטִיל לֵיהּ בַּעֲנִיּוּתָא וְשֻׁלְטִין עֲלֵיהּ עָדָה וְצִלָּה.
יָבָל כְּגַוְונָא דִשְׁמַיָּא וְאַרְעָא דְּאִתְּמַר בְּהוֹן כִּי שָׁמַיִם כֶּעָשָׁן
נִמְלָחוּ וְהָאָרֶץ כַּבֶּגֶד תִּבְלֶה. וַיָבָל אִיהוּ אֲבִי יוֹשֵׁב אֹהֶל וּמִקְנֶה דְּכָנִישׁ
מָמוֹנָא וּלְבָתַר אִתְּמַר בֵּיהּ. לֹא יוֹעִיל הוֹן וְהָא אִתְּמַר דְּשַׁלִיט עֲלֵיהּ
עֲנִיּוּתָא דְּאִיהוּ מָוֶת. וְלֵית עֲנִיּוּתָא קַמֵּי קֻבְּ״ה בַּעֲנִיּוּתָא דְּאוֹרַיְיתָא וְלֵית
מָוֶת כְּאִינוּן דְּעַבְרִין עַל פִּתְגְמֵי אוֹרַיְיתָא דְּאִתְקְרִיאוּ מֵתִים. וּבְגִּ״ד אָמַר
קְרָא שׁוּבוּ וִחְיוּ. וַאֲחִי יָבָל הָיָה יוּבָל אֲבִי כָּל תּוֹפֵשׂ כִּנּוֹר וְעֻגָב הַמְּנַגְּנִין
בְּכָל מִינֵי נְגּוּנִין וְכָר נָשׁ דְּחָדֵי בְּהוּ וְאִשְׁתַּדַּל בְּהַבְלֵי עָלְמָא. עֲלֵיהּ אָמַר
קֹהֶלֶת שְׂמַח בָּחוּר בְּיַלְדוּתֶךָ וכו׳. וּלְבָתַר מַה אָמַר לֵיהּ וְדַע כִּי עַל כָּל
אֵלֶּה יְבִיאֲךָ הָאֱלֹקִים בַּמִּשְׁפָּט דְּעֲלֵיהוּ אָמְרוּ מָארֵי מַתְנִיתִין זִמְרָא

אבותיהם בידיהם אלא כד הוה. עובדי אבוה הוה בידיה. על סבה דאשה הוה, כמה דאתמר ויהי בהיותם בשדה ואין שדה אלא אתתא. אתתא גרמת מיתה לאדם. וגרמת מיתה להבל. כמה דאתמר ביעקב עם מכנא דעשו ויאבק איש עמו. כגוונא דא הוה קין והבל ונצח הבל לקין ואיהו מסטרא דרחמי דהיים עליו ולא בעא למקטליה. וכם הוא וקטליה, ואתתא גרמא דא עלה אתמר רגליה יורדות מות. ובקנאה דיליה קטיל ליה. ויאמר קול דמי אחיך צועקים אלי מן האדמה אנת הוא בריה דחויא דגרם מיתה לאדם דאתמר ביה ארור אתה מכל הבהמה כך אית לך ירותא כגיה דעוברא דיליה בידך. בגין דא ארור אתה מן האדמה אשר פצתה את פיה דא הוה ארעא דלית לה סב"ה תשע לווט ן, לית לקין חד לאשלמא לעשרה. ובגין דא אמר ארור אתה מן האדמה וכו'. כי תעבוד את האדמה וכו. דתהא תשש חילהא לגבך ולא יפקון מינך מלכין ושליטין נע ונד תהיה בארין. דאנא אמרית לאדם וירדו בדגת הים ובעוף השמים ובבהמה דאינון בני נשא דתריין במזלות דרכיין לחיוון ובעירין ועופות. כלהו אוזו לגבך לקטלא לך ואנת תזיל נע ונד מקדמאי. נ"ע ונ"ד. עו"ן ד"ן. ועוד נע ונד בגין דאנת עו"ן דנד"ה ובגרה אתעבידת דאיהי זוהמא דדטיל נחש להוה בגין דא נע ונד תהיה. ועוד *נע. בגין דאנת מסטרא דסמא"ל. נד. בגין דאנת מסטרא דנחש נע בעלמא דין נד בעלמא דאתי. דאינון שכינתא עלאה ושכינתא תתאה. דנטלין תרוידו נוקמא מינך. ובגין דא כד שמע דבאתר עלאה דא הוה תליא הבל. מיד ויאמר קין אל יי' גדול עוני מנשוא. הכא תב בתיובתא ואתחרט. בגין דא וישם יי' לקין אות, הכא רמז אות ברית מילה דקביל יתרו דאתמר ביה ובני קיני חותן משה שנפרד מקין. (נ"ל וחבר הקיני נפרד מקין) וביתרו אתתקן קין מחוביה. ועוד בההוא זמנא קביל ליה בגין דאחזי ליה בנוי דקיני חותן משה דהוו עתידין למהוי בלשכת הגזית. אמר וכי לחייבא קביל קב"ה בתשובה על אחת כמה וכמה לצדיקייא מיד ויצא קין מלפני יי' בהאי

אנת בשותפו עמי תעביד במולא. אבל אחרנין דמפסין מפומייהו הבלים דשבועה. עלייהו אתמר כי רבים חללים הפילה ואלין אתקריאו חללים דמחללין שם יי'. ונפקין הבלים מפומייהו וקלא ודבורא לשקרא ואומאה לשקרא. ודכרין שמיה למגנא ושקרא בההוא שמא ונפקין לבטלא ולשקרא. בגין לון בניינין דבטלין לון מעלמא. הה"ד לשוא הכיתי את בניכם. ווי לון לבני נשא דנפקין מפומייהו מלולין ואומאין דשקרא. טב לון דלא ייתון לעלמא. כמו חברייא כלהו ואמרו רחמנא לשזבן דרחמנא לשזבן. אמר ר' שמעון רבנן כל אלין בניינין תליין במחשבה. במה דאשכחנא בקין והבל. קין היה עובד אדמה ומייתי בקרבנא פשתים מההוא סטרא דערוה הוה מחשבה. לקרבא קמי קב"ה ערוה. ומנין דפשתים איהו מסטרא דערוה שנא' ויעש להם מכנסי בד לכסות בשר ערוה. הבל הוה רועה צאן. קריב קרבנא מבכורות צאנו. הה"ד והבל הביא גם הוא מבכורות צאנו מחשבתיה הוה בההוא אתר דאתמר ביה ועתיק יומין יתיב לבושיה כתלג חור ושער ראשה כעמר נקא וקב"ה מחשבתיה טבא צרפא למעשה ובגין דא קביל ליה ומחשבה רעה לא מצרפה למעשה. ודא הוא קרבנא דקין ובגין דא חרה לו. מיד ויאמר יי' לקין למה חרה לך וכו' הלא אם תטיב שאת. אם תטיב עובדך שאת. אנא מאריך לך ואטול מטולד עלי ומנא לך דשאת מטולא דחובין דוא דכתיב נלאתי נשוא. ואם לא תטיב עובדך לפתח חטאת רובץ. ודא פתח דגיהנם דתמן חובין דילך שלטין עלך. ואם תטיב עובדך אתה תמשול בו. רשיעייא לא שליט בהון מוסר אלא נטרין דבבו בגוונא דעשו וישטם עשו את יעקב יעקב בגוונא דהבל. ועשי בגוונא דקין. ויאמר מה עשית וכו'. תובא דא דקטלת לאחוך לא עבדת ליה אלא לשמא דאתקרי מ"ה. מה אעידך ואסהיד עלך ואיהי תבעה לך ולא עוד אלא מ"ה דאיהו אדם דעביד לך. גרם דא דאפיק מלאך המות כד לעלמא ודא איהו פוקד עון אבות על בנים. והא אתמר אם אותיון מעשה

מלאכי חבלה פתחין גדפייהו לקבליהון הה"ד כי עוף השמים יוליך את הקול וכו'. ואלין מלולין אינון בנין כמה בניינין:

אמר רמנ"ה זה התקון מלאת רו תפחד ותפורד ותוטעס ורדבר עמלה וטרחת לרג סו ולסדר רדבר ס גל
לופנירס וכתקומות ממנו כתבקי הדבר ס פעמים מפנ חלוף הנוסחאות
(אמר רמנ"ה לאר עוד זר מלאת)

ותוסף ללדת את אחיו את הבל. תא חזי הבל איהו הלב. ואית ב
בתים בלבא לב חכם לימינו הבל. לב כסיל לשמאלו דא הבל.
קין איהו ינוק מתרוייהו ואיהו עץ טוב ורע. וקין איהו זוהמא דנחש
דאטיל בחוה ועליה אתמר כי משרש נחש יצא צפע. מה ארחיה
דחויא למקטל בך דא קטיל ובתר אתחרט. ובג"ד וישם יי' לקין אות.
אות ברית מילה. ובגין דא אמר קניתי איש את יי'. ואף על גב דקין
איהו זוהמא יכיל למעבד נ"י בגון יתרו דאתמר ביה ובני קני חותן
משה. והוא דמרה הבל דבלים אמר קהלת ואמרו קדמאין אית הבל
ואית הבל. יש צדיקים שמגיע אליהם כמעשה הרשעים אמרתי
שגם זה הבל. הבל דימינא ה כרסייא. ו שש מעלות לכסא ד' ארבע
חיוון. אלין הבלים אינון יבושא לתפארת ומלכות דאינון ו"ק. י"ס
כלילן י' באויר ה' תתאה דבור דסליק בהבל וכלא אתכליל בשמא
דבר נש דצלי צלותא או דעסיק באורייתא אבל הבלים אחרנין
דאתעבידן בארעא סלקין באויר דהאי עלמא בקול ודבור דחול.
וישראל מצלין בהון המבדיל בין קדש לחול. ואית אחרנין דאתמר
בהון הבל המה מעשה תעתועים ואינון הבלים וכול ודבור דנבלות
הפה אינון מסטרא דאלהים אחרים מסגן דשאר עמין דאינון סמא"ל
ונחש. עלייהו אתמר בהבדלה ובין ישראל לעמים. כל חד כפום עובדוי
כד בני בניינא. דזה לעמת זה עשה האלהים:
ותא חזי מאן דבניינא דיליה לעילא בסטרא דרכיו בער ארין הבלים
דאורייתא וצלותא. עליה אמר קרא ואשים דברי בפיך וכו' ולאמר
לציון עמי אתה והא אוקמוהו אל תקרי עמי אלא עמי. מה אנא במלולא
דילי עבדית שמיא וארעא כמה דאת אמר בדבר ה' שמים נעשו. כד

לבדו יחיה האדם כי על כל מוצא פי יי' יחיה האדם. ואלין ז' קלין סלקין בז' רקיעין. ואית ז' דשמאלא דנחתין בשבעה ארעי. ועלייהו אמר קהלת כי מי יודע רוח בני האדם העולה היא למעלה וכו'. שבעה הבלים טבין אלין אינון ז' שני השבע. ולקבלייהו אחרנין לקבל שבע שני הרעב. אלין הבלים דחיי ואלין הבלים דמיתה. ובגין דא יש הבל. ויש הבלים ה' לב. ד' ארבע חיון דכרסיא. ו' שית דרגין דכרסייא. ועלייהו שדין עשר אמירן דאינון י'. ו' דנפיק מהבל איהו קול דאיהו פורח באויר דאיהו אור חמש אור ודאי אינון ה' עלאה י' דבור ואמירה ואינון הבלים. הבל סליק בה עלאה. והבל נחית בה' תתאה נחית דבור ובאלין הבלים סליק בהד קלא סליק ובדא נחית. בה' תתאה סליק קלא דאיהו ו' בה' עלאה נחית דבור דאיהו י'. וההבלים סלקין ונחתין בלבא והנה מלאכי אלקים סלקין ונחתין תמן ואינון יי'. ה' תתאה מוצב ארצה וראשו מגיע השמימה דא ה' עלאה דאתקרי השמימה. ואם לא סלקין במחשבה דאיהי יוד קא ואו קא לא מסתכלין בצלותין. אלין הבלים דלאו אינון מסטרא דיחודא. וההבלים אחרנין אינון בפרודא וסלקין במחשבה בישא ובגין דאית תמן פרודא אתמר במחשבה דלהון מחשבה בישא מצטרפא למעשה, (וההבלים דלית בהון פרודא. מחשבה דלהון מצטרפא למעשה). ועקר דדי אתוון וי' אתוון איהי מלכותא *דאיהי כלילא מכל עשר ספירן. וביה צריך כלא לאכללא. דכל מאן דנטיל מלכות בלא ט' ספירן איהו מקצץ בנטיען וכל מאן דנטיל ט' ספירן בלא מלכות איהו כופר בעיקר הבלים דסטרא אחרא עלייהו אתמר הבל המה מעשה תעתועים דאינון הבלים סלקין בנביות הפה ובשקרות. וכלהו סלקין לגבי מוחא. אית חמה ולבנה וכוכביא ומזליא ברקיעין דאינון קליפין. ועלייהו אתמר הוי מושכי העון בחבלי השוא. ועלייהו אתמר כי שמים כעשן נמלחו והארץ כבגד תבלה ובושה החמה וכו'. וכמה הבלים אית לון דכלהו מלין שקר ושוא. וכל מאן דאפיק מלין דשקרא כמה

בשנם זה משה. משה זה שת. ואיהו שם. ואיהו הבל והן כל אלה יפעל אל פעמים שלש עם גבר ורזא דמלה איה השם בקרבו. ראיהו מה שמו. ודא אדם דאיהו רב עאה. ובגיניה אתמר ועל ארבעה לא אשיבנו. לא אשיבנו בגלגולא יתיר. כיון דנה ביה אבוי דאיהו אדם. בההוא זמנא אשתמודע מה שמו ומה שם בנו כי תדע. ודא איהו רזא מה שנו מה אומר אליהם. ודא איהו מרכבתא שלימא. ש תלת היון דרכיב עליהו מ"ה ועלידו אתמר הן כל אלה יפעל אל פעמים שלש עם גבר. קם ר' שמעון ואמר ותוסף ללדת את אחיו את הבל. ווי לעלמא דאית לון עיינין ולא חזאן. אודנין ולא שמעין ברזין דאורייתא ואזלין בתר בצען דהאי עלמא. תא חזי קין איהו יצר הרע. הבל יצר הטוב. הבל איהו הלב ואינון תרי בתי לבא. הה"ד לב חכם לימינו ולב כסיל לשמאלו. לב חכם לימינו דא הבל דאתמר ביה ותוסף ללדת את אחיו את הבל איהו תוספת רוח הקדש קין איהו רוח הטומאה דאיהו רע ולא אוסיף. קין גופא קן לתרוייהו ובגיניה אתמר אל תסתכל בקנקן אלא במה דאית ביה. ודאי קין איהו לבא דאיהו קליפא דאגוזא. לאו הדוא דלעילא דאיהו איבא דאילנא דחיי. ובגין דהאי קין אית ביה טב וביש. אתמר ביה ומעץ הדעת טוב ורע לא תאכל ממנו. עד דאתעבר ההיא קליפה מניה דאגוזא אבא אתקרי. מיתה וחיי. אור וחשך. הבל טב והבל ביש. הבל דאורייתא דאיהי להב עלה אתמר קול יי' חצב להבות אש. ודא ה' דמשה ממש"ה שש"ת דאתמר ביה כי מן המים משיתיהו ש שם ולאו למגנא הוה שם קובע מדרשות באורייתא. והוה שת סומא דאלפא ביתא. שת בגין כל שתה תחת רגליו והבל מסטרא דימינא איהו כליל ז' הבלים ואינון אבנית"ץ וכו. שית סלקין דאינון להבים בשית עזקאן דמגה. והבל דפה שביעאה. ולקבלייהו אמר דוד שבע קלין דהבו ליי בני אלים. ועל אלין שבע אתמר כי לא על הלחם

משה זה שת ואיהו שם ואיהו הבל נראה לכן רמ"ח על זה דכתיב פעמים שלש עם גבר ג' בר' ודלדיק נקרא בר נקב"ה ודא אדם דאת"ה רב עלאה פירוש רב עי' במרכבה שור אר"ה נשר אדם הבל סליק בר עלאה לבדו

עוד את אשתו ובההוא זמנא כי מלאה הארץ דעה את יי' ובההיא זמנא אתקיים קרא כי כלם ידעו אותי למקטנם ועד גדולם וביום ההוא יהיה יי' אחד ושמו אחד. דבר אחר והאדם ידע את חוה אשתו ותהר ותלד את קין. ידע ודאי כגון ומרדכי ידע. אית ידיעה לטב ואית ידיעה לביש. בזמנא דאולידת לקין ידע את כל אשר נעשה ההוא זוהמא ועד ההוא אתר דמטי ואתפשט ההוא זוהמא בכל דרין ותלת גלגולי עלייהו אתמר הן כל אלה יפעל אל פעמים שלש עם גבר בתר דיתגבר ביצריה דלא עביד חטאה. והאי ידיעה דקין איהו דאתגלי ליה עד ההוא אתר דאתפשט. דעליה אתמר כי משרש נחש יצא צפע. בגין דאיהו משרש נחש דאטיל זוהמא בחוה מלאך המות דגרים מיתה לאדם ובכל דרין דיליה. דכי האי דרכיה לקטרא. ובגין דא קטיל להבל והאי זוהמא דאתנטיל מניה איהו לילי"ת אימא דערב רב עלה אתמר רגליה יורדות מות ובו' דאיהי סם מות דאל אחר דאיהו סמא"ל ואיהי אבא דיליה. גם לרבות אל אחד. נחש בגינה אתמר ותקח מפריו ותאכל הכא רזא רחוה ותתן גם לאישה עמה ויאכל גם לרבות. ובתר חזא ליה דאתחרט כמה דאת אמר גדול עוני מנשוא. ובגין דא קניתי איש את יי. הכא רמיז קני חותן משה. דעתיד לאהדרא בתשובה ולקבלא את ברית הה"ד וישם יי לקין אות. אות ברית מילה לאגנא עליה ובגין דא ותוסף ללדת את אחיו את הבל. מאי ותוסף אלא רזא דמלה ולא יסף עוד לדעתה בגין ההוא זוהמא דנפיק מניה. והמא אתפשטותיה בכל דרא. כיון דחמא להבל דאתפשטותיה בכל דרא לטב. אמר ותוסף ללדת אוסיפת איהי כמה קרבני, וכמה תחנונין יבמו. בבין בגיניה כיון דאיהו הוה עתיד ידבאה זוהמא דיליה מעלמא והא קהלת אמר יש הבל אשר נעשה על הארץ אשר יש צדיקים אשר מגיע אליהם כמעשה הרשעים. הכא אתגלי צדיק ורע לו רשע וטוב לו איה הבל ואית הבל. ועלייהו אתמר לב חכם לימינו ולב כסיל לשמאלו. בשגם זה הבל. והא אוקמוהו

דאיהו הבל. ובגין דא אמר קב"ה אי הבל אחיך. בההוא זמנא אמר איהו לא *ידעתי השמר אחי אנכי חמא קב"ה דלא אדכיר י'. אלא א' דאיהו אנכי. א"ל קול דמי אחיך צועקים אלי. דם אחיך מבעי ליה. מאי דמי. אלא דא דם י'. ועוד דמי איהו ד"ן כחושבן דאשתאר מן אדני. וכלא קשוט. דתלת שמהן כלילן בההוא שמא. אבא ואימא וברתא. דאנון יקו"ק אקי"ק אדני. בגין דהבל הוה דיוקנא דאדם (נ"א דאות) דלעילא דאיהו עמודא דאמצעיתא ואיהו קול דאתמר ביה קול דמי אחיך ואית רזא אחרא. קול דמי. קול דם מבעי ליה. אלא תרגם אונקלוס קל דם זרעין דעתידין למיפק מן אחוך. ואנון שתין רבוא בההוא זמנא דחמא דחובא דא באתר עלאה הוא תליא הרהר בתיובתא ואמר גדול עוני מנשוא הן גרשת אותי היום מעל פני האדמה ומפניך אסתר והייתי נע ונד בארץ וכו' הכא אתרמיז גלגולא דרשיעיא דאתמר בהון ובכן ראיתי רשעים קבורים ובאו וכו'. ודא איהו הן גרשת אותי היום דא גלגולא קדמאה והייתי נע דא גלגולא תניינא ונד דא גלגולא תליתאה. דא איהו רזא על שלשה פשעי ישראל אם תב בתיובתא בתלת גלגולין שפיר ואם לא כתיב ביה ועל ארבעה לא אשיבנו. לא אהדר ליה בגופא אחרא. אלא יד ליד לא ינקה רע והכי אזיל נע ונד עד שתין רבוא. ולכל חד כפים חוליה (ס"א חוביה) דההוא דקטיל. הכי נטיל קב"ה נוקמא מניה ע"כ בס"א

(בדף י"ח ח"ח כל שמא דאדני מן תרין אתוון עד ותרי"ת לבכ"ל ס ב ך כאן)

**(אמר רמג"ה עוד מלאת בס"א זה הלשון)

והאדם ידע את חוה אשתו וכו'. וכי לא אשתמודע בה עד ההיא זמנא. אלא מיומא דאתחרב בי מקדשא קב"ה לא אתיחד בשכינתיה ביומין דחול. ולא הוו ישראל אשתמודען תוקפיה ביומין דחול בגין דממשלה דעבד ושפחה בהון. בתר דיתעברון מעלמא מיד וידע אדם

קולא חד לעילא וקולא חד באמצעיתא וקולא לתתא וכו' ב בזוהר (ו קרח דף י"א) דנר אלו דקול, א כס דוגמא לאות אחרת וא, קרא ס כבס אות אחרת א"א כי הם"ש קול, קרם בבס ו ד קרא ס וא, בדם נוי"ר של אות אחרת י"ו א דל ת באות י שותפו באות אחרא בתר דתעברון, ותשלמא ת ד וידע אדם ג"אמר דר ש פסוק והאדם דב רב ו ה שם זו, כשרו בתואר אדם שרויו לדיות או תעברון קל פ, ותשיראה ו"ב אדם את חור אשתו

ביה קץ כל בשר בא לפני ובגין דא ואל קין ואל מנחתו לא שעה. ועוד מקץ ימים ולא אמר מראש ימים. אלא משיורין דיליה ולא משפירו. כבר נש דאתי מסכנא לתרעיה ובזמנא דאיהו תאיב למיכל. ובגין דלא למיהב ליה משפירו דמאכל. לא בעי למיהב ליה מדי בתר דאכיל שפירו מכלא. כגון ההוא דאיהו בסופא ויהיב למסכנא דא דאתיאש מניה. אמר ליה קב"ה לכלבא תרמון ליה. ובגין דא ואל קין ואל מנחתו לא שעה. אבל דבל לא אקריב אלא משפירו דכלא הה"ד והבל הביא גם הוא מבכורות צאנו ומחלביהן לא קריב לגביה שיורין. ובגין דא וישע יי אל הבל ואל מנחתו ואל קין ואל מנחתו לא שעה. ויאמר יי אל קין למה חרה לך ולמה נפלו פניך. הלא אם תטיב שאת. א"ל אם אנת תטיב עובדך. שאת יסתלק קרבנך (נ"א קרבנך אסתלקת ואתקבלית נ"א או שאת אסתלקת חובך) (ס"א סליק חובך) ואם לא תטיב עובדך לפתח חטאת רובץ דיתפרע מינך. אתמר הכא רובץ ובאתר אחרא כתיב כי תראה חמור שנאך רובץ תחת משאו וכו לא תראה את חמור אחיך דא קין דאיהו רביץ מסובר עונוי. ואי לא בעי לאהדרא בתיובתא. וחדלת מעזוב לו דלא עביד עובדי דאחוך. ואי הדר בתיובתא עזוב תעזוב עמו מה עבד הבל קם עליה ואפליה לארעא ולבתר קם קין וקטליה דכן כתיב ויקם קין אל הבל אחיו ויהרגהו ובגין דא אמר בן סירא טב לביש לא תעביד ובישא לא מטי לך. ויאמר יי אל קין אי הבל אחיך. אמר רבי שמעון וכי לא הוה ידע קב"ה אי הבל ד־וה שאיל אי הבל אחיך וכי איהו לא הוה ידע דקב"ה לית מלה דיתכסי מניה אפילו מחשבה דלבא כל שכן מלה דעלמא. דאמר לא ידעתי השומר אחי אנכי. אא ווי לון לטפשין אטימין דלבא ועיינין לון ולא מסתכלין אלא בתבן למיכל מניה כבעירן. דחכימין דידעין בחטה דאורייתא דאיהי כ"ב אתוון כחשבן חטה. אלין זרקין תבנא מראורייתא ואכלין חטה דאורייתא מלגו. תו אחזי לכון רזין טמירין בהאי קרא בזמנא דקטל קין להבל סליק א' מן ארני ואשתאר ר"ן. א' איהו אנכי אימא עלאה י' יסו"ס דיודין אבא דסליקו למתבע דינא על בנייהו

זרע אות ברית קדש. בההוא זמנא אתא משה בתרין לוחין דאינון ב מן בראשית וכסי על שת ואתעביד בשת. ובאן אתר כסי ב' על שת בזמנא דאמר ויסתר משה פניו ואת י איהי תמונת יי. בשכר ויסתר משה פניו כי ירא מהביט. ותמונת יי' יביט ואשתלים שת. והיינו בראשית בָּרָא אשתלים בבית שת סיומא דאלפא ביתא. אב רישא דאלפא ביתא. ודא הוא רזא דא"ת ב"ש. הכא אתתקן אב עם בן תרוייהו דא על גב דא. בכל אתר דאזלו לא אתפרשו דא מן דא. בראשית תמן א"ת ב"ש. א"ב ש"ת. אשתאר ר י' מן בראשית עליה אתמר וירא ראשית לו דאיהו ראשית חכמה יראת יי' כגוונא דא בן בגו אבא ירא ראשית לו מתמן ירית לו נשמתא ואתקרי ראשית לו כשמיה. ואתקרי אדם כשמיה בתלת אבהן דאינון ש. אתא אדם במשה. ובמשה כליל כלא. ובגין דא ש מן משה שקיל ש לתלת אבהן מ"ה דיליה כגוונא דאדם קדמאה מרכבתא שלימתא הות במשה ביחודי. כמה דהוה בתלת אבהן. ואדם עלאה הוה במשה. תלת ענפין דש אריה. שור נשר. מ"ה ודמות פניהם פני אדם. ואתמר ביה משה תרי זמנין לקיימא ביה מה שהיה הוא שיהיה ואשר להיות *כבר היה. דא אדם הראשון. אשתטחו כלהו קמיה ואמרו זכאה חולקנא דאערענא בך למנדע רזין עלאין טמירין דעתיק יומין. אמר ר' אלעזר אשתמודע מהכא דמשה מאתווי משמע דאיהו הבל ואיהו שת ואיהו משה. ואתפשטותיה דמשה בכל דרא ודרא ובכל צדיק וצדיק. ואיהו אזיל בתלת תלת. ובכל תלת דאיהו רכיב אתמר בהון לא ימושו מפיך ומפי זרעך ומפי זרע זרעך. מהכא אשתמודע דאיהו לא אשתכח אלא באתר דאית ביה אורייתא. ובג"ד זכרו תורת משה עבדי אמר ליה ר יהודה אתפשטותא דיליה בבני נשא אית ליה שעורא. א"ל אין. עד שתין רבוא ורזא דמלה דור הולך ודור בא. ואוקמוה קדמאין דלית דור פחות משתים רבוא. ובגין דא אתמר ביה אשה אחת ילדה במצרים ששים רבוא בכרס א' ומנו דא משה דאיהו שקול כששים רבוא מישראל א"ר ר"ש בריך ברי לעתיק יומין:

ויהי מקץ ימים ויבא קין מאי מקץ ימים אלא מההוא דעתיד לאתמר

דמשה איהי תלת ענפין דשרשא דאילנא ודא ש מן שת. מ"ה מן משה
דא אדם. דאיהו בדיוקנא דאדם דלעילא. ודא איהו מה שמו ומה שם
בנו והאי מ"ה וה' תורת י' תמימה ה' חמשה חומשי תורה דאתייהבו ליה
במ' יודין ומ' לילוון דלחם לא אכל ומים לא שתה. ובגין דעקר ש דאיהי
שרשא דאילנא* מאתרה ואתעבידת תלת ענפין דאינון ג' זיינין כגוונא
דא. ש דזרע דאיהו יורה כחץ. אתעבידו. דתלת טפין אתפשטו ואתעבידו
שרביטין. ובגין דא עקר לון מאתרייהו ומה דהוה שרשא חדא עקרא
חדא. אתפלגו לתתא הכי איהו אזדריק בתלת גלגולין. חד בנח. ותרין
בשם ויפת. ובגין דכד אתא נח לא בעא רחמי על אלין גוברין דטופנא
אתבייש לבתר יאמר ואם אין מחני נא מספרך אשר כתבת ושם לאו
למגנא הוה קבע מדרשות. ויפת אתמר ביה יפת אלקים ליפת וישכון
באהלי שם באלין תלת הוה בעי לאשתרשא בשרשוי חמא דלא אצלח.
אעקר ליה מתמן ונטע ליה לבתר יחידאה. אבל אדם אתנטע בתלת
אבהן ואצטריף ואתלבן בהון ואשתרש בשרשוי ואצלח. מיד אתא משה
דאיהו בריה דאדם ויהיב קב"ה אורייתא על ידוי לאשקאה אילנא
לאתגדלא בשרשוי וענפוי בההוא זמנא אתתקן אילנא דעקר. חובא
דחאב באילנא הכא תקין כלא. לבתר דאתכניש משה מעלמא אתמר
ביה וזרח השמש ובא השמש ואתמר ביה הולך אל דרום וסובב אל
צפון סובב סובב הולך הרוח תלת זמנין סובב לקבל תלת גלגולין דרוחיה
אסחיר תמן. מיד דאשכח תמן לשריא. מה כתיב ועל סביבותיו שב
הרוח א"ל רבי אלעזר אשתמודע הכא רזא עלאה. מרוחא דקודשא
דלעילא דאיהי ה' י"ה דאסחר לימינא ושמאלא ועמודא דאמצעיתא
ולבתר לתלת תתאין דאינון צדיק ותרי סמכי קשוט. והכי אדם עלאה
אוף הכי בשית סטרין. ודא רזא דבראשית. ברא שית לעילא. ברא שית
לתתא. י' דפרח ** מן שת איהו י' דיעקב דפרח י' מניה ואשתאר עקב.
ודא איהו רזא דהוא ישופך ראש ואתה תשופנו עקב. ובגין דא כד פרח
י' מן שת מה כתיב ביה כי שת לי אלקים זרע אחר אתר גרים דאתאבד
י' דאיהי זרע מן שת. ורזא דשת כל שתה תחת רגליו כל ודאי דאיהו

* קיב ע"א ** קג ע ב

ובין החשך. וַי ליה לְמַאן דמְעָרב קליפין דסטרא אַחֲרָא עם דרגין
דסטרָא דדַכיו: (כאן חסר)
*(אחר ריתג ר זר הלשון מלאתי בספר אחר)

בראשית לית ראשית אלא נשמה. א"ל מהכא אשתמודע דבהאי אות
דברית מילה חאב אדם וכל דרין דאתי אבתריה ודא איהו
דאמר קרא פוקד עון אבות על בנים בגין דמעשה אבותיהם בידיהם.
א"ל אשתכח דשת איהו גלגולא דאדם והבל דאתמר ביה בשוי הוא
בשר בשגם זה הבל ורזא דמלה אז הוחל לקרוא בשם יקוק. ואדע בשם.
אז. ההוא דאתמר ביה אז ישיר משה. בשם יי וארעך בשם. בתרין
שמהן מה שמו ומה שם בנו ואתמר ביה הוחל דמתמן הושתת עלמא:
ארהכי הא רבי שמעון ורבי יצחק ורבי יוסי ורבי יהודה ושאר חבריא
פגעו ברבי אלעזר והברוי דהוו עמיה. אמר לון במה עסקיתו.
אמרו ליה ברזא דגלגולא דאדם והבל**. אמר ודאי ברזא עלאה דהוינא
משתדלין. הויתון אתון משתדלין:
פתח במלקדמין ואמר יש הבל אשר נעשה על הארץ וכו'. דא אדם
והבל. במחשבה ובמעשה האבו. כמה דאוקימנא לעילא. ומאי
ניהו מחשבה ומעשה. אבא ואימא חכמה ובינה עלייהו אתמר כלם
בחכמה עשית הרי עשיה בגין דתמן כח מה. דא חכמה דאתפלג לתרין
סטרין, מ"ה איהו אדם מחשבה חשב מ"ה. מ"ה אדם. תשבח דאיהו
אדם מחשבה. בינה. תמן יה אבא ואימא ובן בגוייהו עמוד דסמיך לון.
ההוא דאתמר ביה בשגם הוא בשר בשגם זה הבל דאיהו משה. מתמן
הוה והכי אוקמוהו קדמאין בשגם זה משה. הבל אתקרי על שם ב'
מן בראשית. ל' לעיני כל ישראל. ה חמשה חומשי תורה דעתיד
לאתייהבא על ידיה ודא איהו הב"ל דאתמר ביה כי על כל מוצא פי יי
יחיה האדם ואית הבל דסטרא אחרא דאתמר ביה הבל המה מעשה
תעתועים ודא הוא הבל דנבלות הפה ופתגמין בטלין דלית בהו תועלת
כ"ל. ובגין דא יש הבל וכו' שמגיע אליהם כמעשה הרשעים ויש הבל
אשר מגיע אליהם כמעשה הצדיקים. מאי הרשעים דא סמא"ל ונחש ש

דאתלבשת בה) לשלטאה על כלא הה"ד ומלכותו בכל משלה. ובגין דא אתמר בה נעשה אדם בצלמנו כדמותנו לאתלבשא בכל דיוקנין וקליפין. ועוד אתמר בה בשכינתא תתאה. נעשה אדם בצלמנו כדמותנו דתהא כלילא מכל ספירן. דכל עשר ספירן יהיבו בה כל חד חולקיה ומאי חולקיה. אלא כל ספירה יהיב בה עשור דיליה. דכל ספירה סליק לעשרה, ויהבו ליה כל חד וחד עשור דיליה. אשתארו אינון תשע תשע. וכל חד וחד אשתלים בה לעשרה ובגין דא מעשרין חד מעשרה ובגין דאיהי כלילא מכלהו אתמר בה אהבת כלולותיך כלילא מכלא ולבתר דאתכלילת מעלאין אתמר בה ורדו בדגת הים ובעוף השמים ובבהמה ובכל הארץ. אתכלילת בתתאין ואפילו בכל קליפין דסטרא אחרא אתלבשת לקיימא בה ומלכותו בכל משלה ובכל מה דאתלבשת אתכלילת (נ"א אתקריאת) בשמיה. הא הכא אדם דעשיה ויצירה. אדם דבריאה אוקמוהו על תפארת מאי בצלמו בצלם. תרין דיוקני, דיליה לעילא אלא (ס"א אלין) אינון וא"ו ב' וי"ן אינון ב' דיוקנין דא'. דאיהו אדם דאמצעיתא ד׳שכי״תא עלאה איהי דמות אדם עלאה דאיהו חכמה עלאה ושכינתא תתאה דמות אדם דאיהו עמודא דאמצעיתא ועוד* עמודא דאמצעיתא בדיוקנא דבתר. ודא אדם דבריאה. ואדם דיצירה. צדיק בדיוקנא דחכמה ובגין דא ויי' נתן חכמה לשלמה דאיהו צדיק ברית שלום שלם ה'. ושכינתא תתאה אדם דעשיה דמות דשכינתא עלאה ובלא קשוט (ושכינתא ודאי אתכלילת בכלא). ובגין דא זמנין אתקריאת נשר. זמנין חיה זמנין יונה. זמנין צפור בכל מה דשליטא אתקריאת בשמיה. ובעשבין אתקריאת שושנה. עץ פרי עושה פרי. וכד שלטא על ארעא אתקריאת ארץ. וכד שלטא על ימא אתקריאת ים על שמיה. וכד שלטא על טורין אתקריאת סלע. לית בריה בעלמא דשלטא עליה דלא אתקריאת בשמיה אבל עם כל דא דשלטא על כלא עבידת אפרשותא בין דרגין דאינון מותא ואבא לקליפין דסטרא אחרא דאינון כקליפין דאגוזא דמכסיין על מותא. ורזא דמלה ויבדל אלקים בין האור

(ג א הה"ד) ויברא אלקים את האדם בצלמו איהו נטיל כלא כניה ויהיב ביה בלא שותפו דאחרא דאבא ואימא עבדו ליה בציוריהו בתרין ציורין. הה"ד וייצר יי' אלקים וייצר בתרין ציורין. ציורא דאבא דאיהו יקו"ק וציורא דאלקים דאיהי אימא. דא איהו וייצר יי' אלקים. ובתר עבד ליה מאנא הה"ד עפר מן האדמה. מן האדמה לא כתיב אלא עפר מן האדמה ודא שכינתא תתאה דאתמר בה. ואדם על עפר ישוב דאיהי גלגולא דיליה. אמר ר' אלעזר אבא. בתר דרעוא אשתכח צריך למפתח מלין באתגלייא מאי ארם דברא עלת העלות בדיוקניה. דהא כתיב דלית ביה דמות א"ל ברי דכא לא אמר בצלמנו דאית ביה דיוקנא. אלא בצלמו רוצה לומר בגוונא דאיהו רואה ואינו נראה דיהא איהו הכי ובגוונא דלית ביה דיוקנא דיהא איהו הכי וכגוונא דלית קדמון עליה דיהא איהו הכי. וכגוונא דאידו עלת העלות חד בלא שותפו ובלא חשבן דיהא אידו הכי. כלא כגוונא דיליה, ואית אדם דבריאה ויצירה ועשיה בגוונא אחרא בלבושין וגופא (דלבר) (נ"א בלבר) דבאצילות הא אתמר דלית ביה בריאה ויצירה ועשיה כלל. אית בריאה דברא הוא לתתא בדיוקניה. אבל לאו דאתברי איהו. ותא חזי אף על גב דאתמר בספירן בריאה בלבושא מלבר איהו. ולאו איהו מלגאו. ובג"ד כתיב ויברא אלקים את האדם בצלמו הבא רזא אחרא בגופא. אית ספירן דבריאה. ואית ספירן דאצילות ובגין דא ויברא אלקים את האדם דא עמודא דאמצעיתא דאתמר ביה כתפארת אדם לשבת בית. בצלמו שכינתא תתאה בצלם אלקים שכינתא עלאה. וייצר יי אלקים את האדם דא צדיק חי עלמין. יצרו ביצירה עלאה וביצירה תתאה דאינון י י מן א. ו מן וייצר איהו ו' באמצעיתא דאיהו בתרין יודין באת א ותרין יודין עלייהו אתמר חכמות נשים בנתה ביתה. ואינון חכמה קדומה וחכמה תתאה ואדם מסטרא דאות ברית י' אתיליד מהול. הה"ד ותרא אותו כי טוב הוא אמרו צדיק כי טוב. דתמן לאו קליפה דערלה כלל. והא דאתמר אדם הראשון מושך בערלתו הוה. דא אדם דעשיה ומאי ניהו דא קליפה דאתלבשא ביה (נ"א

ו' מן בורא דאיהו עמודא דאמצעיתא. א' מן בראשית דאיהו כתר. שי"ת שית ספירן. הא בלהו עשר. אם חסר חד לא אשתלים בריאה. אבל עלת על כל העלות איהו ברא כלא בלא שותפו כלל. א"ר אלעזר. וכי הא שמענא דבעשר ספירן לא אתמר תמן אלא אצילות ולא בריאה. א"ר שמעון ומאן אמר דאית בהון בריאה אלא כלהו עשר בשותפו דא עם דא עבדין בריאה בעלמא. ואנא אימא דאם הוה חסר חד מן בניינא לא אשתלים ההיא בריאה אבל עלת על כל העלות איהו בורא בלא שותפו אחרא דאיהו חד בלא שותפו כלל לא לעילא ולא לתתא ולא באמצעיתא ולא מכל סטרא כלל. אמר ודאי כען אתגליא מה דלא אתמסר לגלאה אפילו מלבא לפומא. ורזא דא צריך לאתכסיא מכל בר נש. דלאו כל מוחא יכיל למסבל האי אלא אלין דידעין ברזין אלין דחכמתא דלהון סליק על כל נביאיא וחכימיא. א"ר אלעזר אבא. הא אתגליא א ברזא עלאה כד אסתלק עלת העלות באת י ואשתאר וי אלא מאי או. אמר ליה (א עלאה) (נ"א אית א') לעילא מן א דאית א' מאתוון רברבן. ואית א' מאתוון זוטרן. ואית א' מאתוון בינונים (נ"א זה צריך לדף פ ג ע א ועוד נעשה אדם) אינון אדם דבריאה אדם דיצירה אדם דעשיה ועלייהו אתמר כי גבוה מעל גבוה שומר ואית תלת עלאין עלייהו בארח אצילות. ועלידם אתמר וגבוהים עליהם. ואינון דבריאה אינון לבושין לאינון דאצילות והאי איהו אור לבוש עליון. ואינון עשר מתלבשין בעשר. ואלין דאצילות אמרו לאינון דבריאה דמתלבשין בהון. נעשה אדם בצלמנו כדמותינו. כי ספירה יהיב ביה הולכיה מגנאו ומלבר. ואם חסר חד מעשר ספירן דלא הוה יהיב ביה הולכיה לא הוה אשתלים בניינא דאדם. ובזמנא דחב אדם כל ספירה וספירה נטיל הולכיה מניה ואשתאר אין. ורזא דמלה ומותר האדם מן הבהמה אין. ובג"ד אמרו מארי מתניתין ואדם ביקר בל ילין נמשל כבהמות נדמו. אדם דהוה לן ביקר דלעילא ולא נטיר ליה. נמשל כבהמות דמות דילה דאינון חיות הקדש *אבל עלת העלות כד ברא ליה כד"א

טבין. ואשתארת שכינתא תתאה יחידאה לתתא. ושכינתא עלאה יחידאה לעילא והא אוקמוה איכה ישבה בדד. דבקדמיתא לא הות שכינתא עלאה זזת מנייהו כגוונא דשכינתא תתאה זכאין אינון מארי דתיובתא דנחתי לה עלייהו בכל יומא ושעתא ורגעא ולא זזת מנייהו בכל אתר דעלייהו אתמר בהתהלכך תנחה אותך וכו' ולא אית לה עלייהו יומא ידיע כגוונא דאחרנין דלא נחתת עלייהו אלא בשבתות *ויומין טבין. אבל מארי תיובתא לא זזת מנייהו לעלם. ובגין דא ברי. א"י הבל אחיך. אי יכלינן למימר אי מן אסו"ס אימא עלאה. ואשתארו ה ה'. ואתמר עלייהו ותלכנה שתיהן. הבא חאב אבל אדם חב בי"ו מן יסוק ואסתלק י"ו ואתעביד ו"י. אמר רבי אלעזר והא י"ו אינון י' לעילא ו' לתתא. מאי ו"י אמר ברי הכי איהו ודאי דחובה דא איהו לעילא באת א דאסתלקת במחשבה דאיהי י' עלאה דתמן עלת העלות ואשתאר ו"י כגוונא דא א ועל י' עלאה אתמר כי ידע שמי. שם י'. יקראני ואענהו זכאה איהו מאן דנחית ליה במחשבתיה לאתריה. דהאי מחשבה עלה אתמר זאת התורה לעולה למנחה ולחטאת ולאשם ולמלואים ולזבח השלמים. ואמאי אתמר באת י' כי ידע שמי אלא. כמה דלית באת י' שותפו דאת אחרא. הכי לית ביה שותפו דאיהו אחד ואין שני לו. אחד בלא חשבן הוא ברא כלא ולית בורא עליה. וכי אית דיכיל למברי אפילו יתוש זעיר אלא הוא. אלא. מים אית לון חילא למברי אילנין ועשבין. ואינון אתבריאו אבל בורא עלמין ברא ולית עליה מאן דברא ליה ולהכימא ברמיזא דבאתר דא לית לגלאה יתיר אמר רבי אלעזר מהכא משמע דאית בורא בשותפו דאתוון. כגון ב' מן בראשית דא הי אימא ר מן ראשית דאיהי חכמה.

נ"ל שיתר ולא מאן ערוה ד"ל ס זוריתא בשא נוקבא דעלמא וכו' ומא כה ללת וכו' דלית באות י' שיתפו דאות אחרא פירוש כל אות לוהתר מורכבת דר ו כשבא לכתוב אומר שוסב תחלה דמות אות אחרת ואח"כ משלים לויתר של אות זו שרוצה בה דר נו כשבא לכתוב אות א תחלה כותב צורת י' ואח"כ צורת ו ואח"כ צורת י' ואז נעשו כולם צורת א וכן אות ב תחלה כותב צורת ן פשוט ואח"כ צורת ו עומד ואח"כ צורת ן שוכב ואז נעשית ב וכן הע"ן בשאר אותיות יעשה כ אות י' הע"ג שצריך הסופר לכותבו בשלם קולן ש כתיב

* קטו ע"א ו

ידענא דחובא דאדם הכי הוה עלאה דכתבא לאתר עלאה דכל עלאין אמר אבא. רב לי רשו למשאל אף על גב דלא אתיהיב רשו לכל בר נש למשאל כל שכן למנדע. אמר ליה אימא ברי. דהא רעוא אשתכח ורשותא אתיהיב לגלאה כל מה דיכילנא למנדע. אמר ליה אבא אשתמודע בגין הדוא חשך דאפסיק בין עלת העלות למחשבה סתימא דעלת על כל העלות לא אשתתף בשום מחשבה סתימא כל שכן גליא ולאו בשום אור גניז וטמיר וקדמון וצח ומצוחצח. אמר ודאי הכי רזא דאם אלין נהורין ומחשבין הוו מניה לא הוה יכיל חשך לאפרשא אבל עלת על כל העלות איהו על כל נהורין גניזין וסתימין כנשמתא בגופא. ואור קדמון אף על גב דאיהו סתים וגניז ואיהו קדמון לכל ספירן ולכל אתוון ונקודי וטעמי הכי איהו יגבי עלת על כל העלות. בגופא יגבי נשמתא. דבעלת העלות לית ביה גוון. ולא צורה ולא דיוקנא ולא שותפו. ובאתר דעין לא שליט. מאן יכיל למעבד דמיון בתר דהדר תשובה אדם לתתא. הדרא לבושא לגבי מוחא דאיהו אבא סרקפתא דתפלי ואתחבר מוחא דאיהי חכמה באימא מיד ויעש יי' אלקים לאדם ולאשתו כתנות עור וילבישם ואינון תפלין דאינון מעור. בההוא זמנא קמת תשובה דאיהי אימא סרקפתא דתפלי עם אדם לאגנא עליה ולכסיא עליה דהוה ערום. כגוונא דאיהו כסי על מוחא עלאה. ובגין כל מאן דאנח תפלין כאלו כסי על מוחא עלאה. ובגין דא שכינתא עלאה לא זזה מינה. ורזא דמלה אם עונות תשמור יה יקו"ק מי יעמוד. מ"י יעמוד ודאי דאיהי אימא עלאה תשובה הא קמת באדם עלאה. ושכינתא דאיהי תפלה של יד באדם תתאה שכינתא עלאה נחתת עם אדם ושכינתא תתאה עם הבל. ועם כל (דא) מארי דדבין דקא *אתוון מניידהו ובגין דא ותלכנה שתיהן. מיד דחאבו ישראל בעובדא דעגלא מה כתיב ובפשעיכם שלחה אמכם דאתמר בה כי אם לבינה תקרא אשתלחת (נ"א ואסתלקת) מניידהו ותרם מעל הארץ דלא נחתת עלייהו אלא בשבתות וזמן

כל עלאין. דלית מחשבה אחרא לעילא מניה. וכמה מחשבין אינון
לבושין דא לדא. ואיהו אשתמודע דלא חאב אלא במחשבה דאיהי
לבושא. הה״ד וארא כי עירום אנכי ואחבא אתמר באדם ואחבא
ואתמר במשה ויסתר משה פניו. אמר ר׳ שמעון ברי. בודאי בכלא
חאב אדם. במחשבה דאיהי לבושא ובמחשבה דאיהי מלגאו. ובגין
דא אמר למשה בזמנא דאמר הראני נא את כבודך אמר כי לא
יראני האדם וחי. דאם זכה שיראני וחי לעולם. ובגין דא אמר ליה לא
תוכל לראות את פני. ולאו אינון פנים הכא אלא פנים דלא נראין.
באתר דאשתמודע עלת העלות ובאתר דאתגלייא והובא דאדם גרים
דלא יכיל משה לאסתכלא ביה. כל שכן אחרא. דעלת העלות אסתלק
ממחשבה דחאב בה אדם. ובגין דא עץ לא תשורהו ומחשבה לא
תבילדו. לא יכיל לאשגא ליה דאיהו הי ההיים. ובאתר דאיהו שריא
לית מיתה תמן. ומחשבה דאסתלק מניה בודאי איהו חכמה לבושא
לחכמה סתימאה בודאי ביה חאב אדם. ובגין דא אתמר ביה ואירא
כי עירום אנכי ואחבא. אמר ר׳ אלעזר והא מהכא משמע דלא חאב
במחשבה עלאה אלא בההיא דאיהי לבושא מנה ואשתאר איהו
בההיא *דאיהי מלגאו. במוחא בלא קרקפתא ובג״ד ואירא.
דאודעזעא מההיא דלגו מן מחשבה סתימא דאיהו עלת העלות
א״ל ר׳ שמעון ברי במחשבה דאיהי מוחא אוף הכי חב דזרעא מתמן
נפיק. דאיהו נביעו דאילנא דחיי דאיהו אור קדמון ואור צח ואור
מצוחצח תלת טפין דאתרמיזו בי׳ עלאה. קוצא דלעילא וקוצא דלתתא
וגיו באמצעיתא וערב תמן השך דאפסיק בין עלת העלות למוחא
סתימא. ובגין דא כי לא יראני האדם וחי עד דההוא חשך אתעבר
מתמן ודא איהו רזא כי אם עונותיכם היו מבדילים ביניכם ובין
אלקיכם. ובגין ההוא חשך לית מחשבה יכילא לאשגא תמן כל שכן
עין עד דאתעבר מתמן ההוא חשך. וכגוונא דיליה לתתא אית ענגא
חשוכא דאתמר בה סכתה בענן לך וכו. אודעזע ר׳ אלעזר וכלהו
חבריא ואזדעזעו סבין מארי דמתיבתא. אמר ר׳ אלעזר עד כען לא

* קטו ע״ב

דקב"ה. ודא איהו קול דמי אחיך. אחיך אתקרי מסטרא דאינון דאתמר
בהון הרגו איש את אחיו. אמר ר' אלעזר א"כ אשתמודע דהבל עאסו
דא יהא בגלותא בתראה אמאי אתמר קניתי איש את יי'. אי תימא
בגין סני דנפיק מניה זרעא מעליא בתר דיתכניש איהו. יתערון בנוי
דקין לחרבא עלמא. ומנייהו קול דמי אחיך צועקים. הה"ד משוד
עניים מאנקת אביונים וכו' א"ל ר' שמעון ברי. מן מסטרא דאילנא
דטוב ורע הוה ואתפשטותא דטוב הוה בגלגולא עד מני חותן משה.
מתמן ואילך אתפשטותא דרע ובגין דאחזי ליה קב"ה מה דעתידין
למעבד בנוי לישראל בכל דרא ודרא דכלא אחזי ליה. אמר גדול
עוני מנשוא. ומנא לן דאחזי ליה גלגולא דיליה בכל דרא ודרא. הה"ד
הן גרשת אותי היום מעל פני האדמה ומפניך אסתר והייתי נע ונד
בארץ. נע ונד ודאי. הכא רמיז גלגולא דיליה ובנוי. הה"ד ובכן
ראיתי רשעים קבורים ובאו והא אוקימנא לון ומשלם לשונאיו וכו' הן
גרשת אותי דא גלגולא קדמאה. היום כההוא דאתמר ביה היום אם
בקולו תשמעו והייתי נע ונד ב' גלגולין אחרנין אסתר. הכא
רמיז ויאמר אסתירה פני מהם וכו. והן כל אלה יפעל אל פעמים
שלש עם גבר. ועלייהו אתמר על שלשה פשעי ישראל ועל ארבעה
לא אשיבנו דלא אהדר לון בגופא רביעאה ולאו בפורקנא רביעאת.
אלא אתמר בישראל יי' בדד ינחנו ואין עמו אל נכר. בגין דא אוקמוה
מארי מתניתין אין מקבלים גרים לימות המשיח (י"א כאן ס"ך ואמר א' דכל
סבכך י"א ע"ב יש אזור ס"ס בילות סוגות)*ועוד אי הבל אחיך תא חזי תרין אתוון
אלין שמענא דאתר עלאה הוו סלקין א"י א' אמון מופלא ומכוסה. י'
מחשבה. דבהאי אתר חאבו אדם וחוה. ואתמר דאינון א' כתר עליון
י' מחשבה. לעילא לעילא אסתלק האי חובא. א"ל ר' אלעזר אבא והא
כמה מחשבות אינון. שכינתא אתקרי מחשבה ואיהי י' מן אדני.
וחכמה מחשבה. וכתר דאיהי א' מן אדני מחשבה וכמה מחשבין אינון
דא לעילא מן דא. ודא על גב דא. הה"ד כי גבה מעל גבה שומר
וגבוהים עליהם ולעילא מכלהו מחשבה סתימא דכל סתימין עלאה על

בי

* קטו ע"א

בנוקבא דתהומא רבא. ובליל לאחוי בשקועא דימא רבא דמבסם
דמעין עלאין. ומנהון נחתין נשמתין לעלמא אינש בפום ארחיה. ואף
על גב דטמירין אינון. מתפשטן דא בדא ואתעבדו חד גופא. ומהאי
גופא. נחתין נשמתהון דרשיעיא תקיפי רוחא מתרויהון סלקא דעתך
כחדא. לא. אלא חד לסטרוי וחד לסטרוי זכאין אינון צדקייא. דמשלפי
נשמתיהון מהאי גופא קדישא דאסרי אדם. דכליל כלא. אתר דכתרין
ועטרין קדישין מתחברין תמן בצרורא דאתכלא) :

ויאמר יי' לקין אי הבל אחיך וכו'* אמר ר' שמעון. וכי לא הוה ידע
קב"ה אן הוה הבל דשאיל ליה והא לא אתכסי מניה מלה כמה
דאת אמר אם יסתר איש במסתרים וכו' אלא ווי לון לבני נשא טפשייא
אטימין לבא סתימי עינא דעלייהו אתמר עינים להם ולא יראו בנהורא
דאורייתא אלין אינון בעירן דלא מסתכלין ולא ידעין אלא בתבנא
דאורייתא דאיהי קליפה מלבר ומוץ דילה דאתמר ביה, מוץ ותבן פטורים
מן המעשר דחכימין דאורייתא מארי דרזין זרעי תבנא ומוץ דלבר. ואכלין
חטה דאורייתא דאיהי מלגאו. כ"ב אתוון דאורייתא דסלקין לחשבן חטה. תא
חזי אלין בעירן חשבין דשאיל ליה קב"ה א"י הבל אחיך כמאן דלא ידע
אן הוא. אלא א"י איהו דאסתלק מן ארני דאיהו א' אקי"ק אימא
עלאה אנכי י' יקו"ק דסליק עמה למדן לקין בגין דא כד אסתלק א"י
מן ארני אשתאר ר"ן. ובגין דא א"י הבל אחיך ויאמר לא ידעתי
השומר אחי אנכי. לא ידענא דשכינתא דאיהי אנכי עמיה תמן. א"י
דאסתלק אימא וברא לגבי חכמה למיטל נוקמא מניה ואמאי לגבי
חכמה בגין דאיהו אדם עלאה דאתברי אדם תתאה בדיוקניה. ויאמר
קול דמי אחיך צועקים אלי מאי דמי דם מבעי ליה אלא מאי דמי ד"ן
בחשבן דמ"י. ודא איהו דן אנכי ואחרי כן יצאו ברכוש גדול ועוד
מאי קול דמי קול דם מבעי ליה. אלא תרגם אונקלוס קל זרעין דעתידין
למיפק מן אחוך אינון שתין רבוא דעתידין למיפק מהבל בההוא
דאתמר ביה בשגם זה הבל כלהו צווחין מן ארעא הבא רמיז ענוי
הדין ועוות*הדין וחמס ושוד ושבר דעתידין בנוי דקין למעבד לבנוי

* קיד ע"א ** קיד ע ב

והדלת מעזוב לו. הכא אחזי לקין דעתידין למהוי ישראל ברוחקא בגלותא עני ורוכב על חמור דידון כחמור משאוי על כתפוי מעול המס בגלותא ומכובד דמלאכה. ודא איהו רובץ תחת משאו בגלותא. ובנוי דקין דהוו עתירין ותקיפין כמלכים בתוקפא סגיא. ובגין דא אמר הלא אם תטיב שאת. הלא אם תטיב למהוי שאת דעניי ישראל דאינון כבדים כמשא כבד (יכבדו ממני). אנא אסביל לבריך מעלמא ומאריך עליידו. ואם לאו. לפתח חטאת רובץ לתרעא דגיהנם אתפתחת לנטלא נוקמא מנך ומברך. אמר ר' שמעון בריך ברי לעתיק יומין. דהא רוח קדישא אתער לגבך לגלאה הכא חדושים. דלא אשתמודעו עד השתא. אמר ודאי דא איהו קול דמי אחיך צועקים אלי. אינון דמים דישראל דעתידין למגזל לון בנוי דקין ערב רב רשיעיא חייביא בגלותא. ודא איהו כי מלאה הארץ חמס מפניהם ודא הוא קטולא דקין להבל דעני חשוב כמת:

ויהי מקץ ימים וגו'. פתח ר' שמעון* ואמר מאי מקץ ימים. אלא מההוא אתר דעתיד למימר ביה קץ כל בשר בא לפני קץ שם להשך ותרגם יונתן בן עוזיאל קץ כל בשר. חבילו דכל בשרא מלאכי חבלה חמא דעתידין לקיפסק מניה מחבלים כרמים דאינון ישראל דאתמר בהון כי כרם יי' צבאות בית ישראל. בגין כך ואל קין ואל מנחתו לא שעה. וחמא דעתידין למיפסק מדבל כמה צדיקיא. בגין דא וישע יי' אל הבל ואל מנחתו. ודהא בשעתא דאתייליד קין אתמר ביה קניתי איש את יי'. ולא הוה הבי משום דלא אתבסמת. וחויא תקיפא אטיל בה זוהמא דדינא קשיא ובגין דא לא הוה אתבסמת. וכד קין מסטרא דנוקבא נפק תקיפא קשיא בדינוי. כיון דנפק דא אתחלשת איהי ואתבסמת בתר דא ואפיקת אחרא בסימא יתיר. וסליק קדמאה דהוה תקיף קשיא על אחרא. דהא כל דינין אתערו עמיה. תא חזי מה כתיב ויהי בהיותם בשדה. בשדה דאשתמודע לעילא. בשדה דאקרי שדה של תפוחים. ונצח האי דינא לאחוי משום דהוה קשיא מניה ואכפייה ואטמריה תחותוי עד דאתער בהאי קב"ה ואעבריה מקמיה ושמעיה

מתמן קא אתיין ערב רב דאינון מעורבין בישראל דאתמר בהון הוי גוי חוטא. דאינון זרע מרעים בנים משחיתים וכו׳ ואמרו אלה אלהיך ישראל לעגלא. ובגין דא ואל קין ואל מנחתו לא שעה. והא קב״ה אתמר ביה ורחמיו על כל מעשיו ואתמר ביה כי לא אחפוץ במות המת וקביל לון כל שכן לקרבנא דקין. אלא דהוה רעותיה לביש כמה דאתמר. אבל הבל הוה רעותיה בקרבנא דיליה לקרבא שכינתא לההוא דאתמר ביה ועתיק יומין יתיב לבושיה כתלג חוור ושער רישיה כעמר נקי במאי בההוא דקריב מבכורות צאנו ומחלבהן. ובגין דא וישע יי׳ אל הבל והא אתמר. ומיד דלא אתקבל קרבנא דקין. ויחר לקין מאד. ויאמר יי׳ לקין למה חרה לך דלא מתקבל קרבנך. אם תטיב עובדך בגלגולא שאת לך בעלמא ותתקבל בתיובתא ואם לאו לפתח חטאת רובץ. אמר ר׳ אלעזר הכא לא צריך לאתכסיא רזא מאי שאת. ולא אתיא לדרשא בהאי קרא אלא דהא שאת משא איהו ובהפוך אתוון שאת איהו א״ת הכא רמיז דעבר על ולא אשת עמיתך לא תתן שכבתך וכו דאתא על תאומתו של הבל ודא איהו ויקם קין אל הבל. קם על תאומתו. ולבתר קטיל לבעלה כגוונא דמצרי ורזא דמלה ויפן כה וכה. ואמרו *קדמאין מאי ויפן כה וכה אלא ראה מה עשה בבית ומה עשה בשדה. ולית שדה אלא אשה. כמה דאת אמר כי בשדה מצאה. הה״ד ויהי בהיותם בשדה. ויפן כה וכה אסתכל אם הוה ביה מסטרא דטוב דלזמנין אתפריש טוב מן רע ומתמן אינון גרים ובג״ד אסתכל מכל סטרא עד שתין רבוא ולא חזא תמן גיורא דנפיק מניה. ויך את המצרי ולבתר מה כתיב ואם לא תיטיב אל תקרי ואם אלא ואם. דאיהו יתר שאת ויתר עז. לפתח חטאת רבץ. מאי רובץ. אלא כי תראה חמור שונאך רובץ וכו׳. דאיהו לא יכיל למסבל על כתפוי המורא דאורייתא. לא יכיל ימסבל עליה עול מלכות בגלותא.

שנאמר בו שון כ ש משמעות שנקרא עזור בעבור שגורם ב אר של א סור רן של קר בות ר׳ של א א ר׳ ב אר של גבר ה דנסג ז ו ש ישמעות ש קרא ע׳ ו שם ערוה בעבור רערלר שבו קודם שנמול דהזוהמא רכתם נקראת עזור והיא כבוסר ומוגחת בערלה של הבר רתשת ש ורזא בקרבנו הקריב אותם הזוהמא שבערלה לסטרא דקדושה שכיון לכך ועל כן רוה כשת ש שהוא אות ות ש ס ה ק וה ו קף ז פ׳ וג ה שסמה מספר ה ק כי וחדלת

* קיג ע א

איהי מן חכמה והאי איהי י' זעירא. ובגין דא אתמר בה עקב. הה"ד ואתה תשופנו עקב ודא כף ירך יעקב דאתמר בה ויגע בכף ירכו. ואתמר ביה והוא צלע על ירכו. ודא י' מן ארני. ואיהו י' מן סוסי. דבה ויסתר משה פניו כי ירא מהביט לאתר דהוה ברמרמיתא קדם דייתי בגלגולא. כיון דאתא יעקב תמן מיד ויעקב נסע סכתה ויבן לו בית בת י'. מיד אשתלים י' בעקב ואתעביד יעקב ודא איהו דאמר קרא ויבא יעקב שלם ולבתר אתא משה. והפך סוסי מדינא לרחמי. ואתחזר יסוס. ודא איהו רזא אבן מאסו הבונים. בההוא זמנא אמרו כלהו מאת יי' היתה זאת וכו':

ויהי מקץ ימים ויבא קין מפרי האדמה מנחה ליי' מאן אתר אייתי ליה. מקץ ימים משיורין דילה. כגון בר נש דאיהו בסוף יומוי חזר בתיובתא כד לא אית ליה חילא למעבד טב וביש. ובעולמוי בתוקפיה לא תב במה דאוקמוהו מפני שיבה תקום ובגין דא ואל קין ואל מנחתו לא שעה. אבל הבל מבכורות צאנו אייתי ליה קרבנא משפירו דילה ובגין דא וישע יי' אל הבל ועוד אל קין ואל מנחתו לא שעה. בגין דקרבנא דיליה הוה מההוא אתר דאמרי ערוה ומאי הוה פשתים דאתמר ביה נעשה להם מכנסי בד לכסות בשר ערוה. אמר ליה רבי אלעזר דאתכסי ביה בשר ערוה טב איהו אמר ליה ברי לאו כל "עריות שוין. האי לא קריב קרבנא דא אלא לקרבא ערוה דיליה לה' דאתמר ביה איש איש אל כל שאר בשרו לא תקרבו לגלות ערוה אני ה' ומאי ערוה דיליה זוהמא בישא ערלה נוקבא דערלה. ההיא דאתמר בה אדם הראשון מושך בערלתו הוה. ומאי ניהו אימא דערבוביא בישא אבא דאילנא דטוב ורע דאתמר בה ותקח מפריו ותתן גם לאישה עמה. ומאי ניהו לילית

[illegible]

ואשתלים אילנא בכל תקונין דיליה. אמרו ליה ר' ר' הא אילנא שלים בסוף אמאי נחית א' מן בראשית. אלא בגין דאיהו נביעו לאשקאה אילנא. דמתמן אלקי"ם מליא"ה מכל תשע ספירן דאינון בבראשית שית. אינון שית ספרן, ברא תלת ספירן עלאין. אלקים איהו עשיראה מליאה מכלהו תשע. שלימו דכלהו. ובגין דא בראשית ברא אלקים. בראשית ברא עם אלקים את השמים ואת הארץ אתו לאשקאה ליה פרח לעילא:

אמר ר' שמעון חבריא בודאי קב"ה אסתכם עמנא עלאין ותתאין למהוי בהאי חבורא. זכאה דרא דהאי אתגלייא ביה. דעתיד כולי האי לאתחדשא על ידא דמשה בסוף יומיא בדרא בתראה. לקיימא קרא מה שהיה הוא שיהיה. וביה ממכון שבתו השגיח. אשרי העם שככ"ה לו בגימטריא מש"ה אשרי העם שיי' אלקיו. דעליה אתמר דור הולך ודור בא ולית דור פחות משתין רבוא. ועליה אתמר דבר צוה לאלף דור. ואתפשטותיה הוא בכל דרא ודרא בכל צדיק וחכם דמתעסק באורייתא עד שתין רבוא לאשלמא לכלהו מפגימו דלהון. והוא דמלה והוא מחולל מפשעינו דאיהו שקיל לכלהו כמה דאוקמוה מארי מתניתין אשה אחת ילדה ששים רבוא ומנו משה דשקיל כששים רבוא. ובגין דא אתמר עליה דור הולך (ודור בא) להההוא עלמא. ודור בא איהו יהי כמלקדמין. ועוד כי שת יי אלקים זרע אחר. שת אתפשטותיה הוה עד יעקב. דפרח ביה י' מן שית ואשתאר שת. ואשתאר יעקב עקב. דיעקב דיוקניה דאדם קדמאה הוה. כמה דאוקמוה שופריה דיעקב כעין שופריה דאדם הראשון. ובגין האי י' אתמר אבן מאסו הבונים דאינון אברהם ויצחק. דאתמר בה לגבי אדם הוא ישופך ראש ואתה תשופנו עקב. דהוו ידעין דהוה עתידה לאלקאה מחויא. ובגין דא אתמר בה אבן מאסו הבונים. אמרו ליה חבריא והא אמר ר' פנחס דאת י' איהי ביצחק. אמר ודאי י' עלאה

נוכר כ נד וי"ד והל' ות ובי"ת יתזכון כ-תי רשג ת ר ת יתס יס ת ות דדוע ית ס רכ נו סא"ר" ז"ל ע"פ ותכלת חן כב שה ה בירע ה גלגול ת נ"כ ודוע ריתול ס בתקוס ול ו ולכן ח הול ות ועל ר אתתר דבר אור

קב ע"א

דָא עֵץ ו'. וְדָא פְרִי י' אות הַבְּרִית. ה' תַתָּאָה שָׁרְשָׁא דְאִילָנָא דְאִית בֵּיהּ תְּלַת ווי"ן לָקֳבֵל ג' עַנְפִין דְּשׁ. ה' עִלָּאָה תְּלַת עַנְפִין וְאִינוּן תְּלַת ווי"ן מִן וַיִּסַּע וַיָּבֹא וַיֵּט. הַאי אִיהוּ עֵץ הַחַיִּים דְּאִעֲקַר עַנְפוֹי דְּקִצֵּץ בִּנְטִיעוֹת וְאִסְתַּלַּק אַבָּא. וְאִתְּמַר בְּאִילָנָא גֹּדוּ אִילָנָא וְקַצְּצוּ עַנְפוֹהִי וְכוּ בְּרַם עִקַּר שָׁרְשׁוֹהִי בְּאַרְעָא שְׁבֹקוּ דְּאִיהִי ה' רַתָּאָה אִסְתַּלַּק הו"י וְאִשְׁתָּאַר ה'. וּבְגִין דָּא שָׁלֹשׁ מִשְׁמָרוֹת הו"י הַלַּיְלָה. וּבְכָל מִשְׁמָר וּמִשְׁמָר יוֹשֵׁב הַקבּ"ה וְשׁוֹאֵג כָּאֲרִי וְכוּ. ה' דְּהַלַּיְלָה עֲלָהּ קבּ"ה שׁוֹאֵג בְּשָׁרְשׁ מִשְׁמָרוֹת דְּתַמָּן הו"י. תַּמָּן הו"י אִיהוּ וַדַּאי. וּמ"ל דְּאִעֲקַר אָדָם אִילָנָא וְאַבָּא וְעַנְפִין דִּילֵיהּ וְלָא אִשְׁתָּאַר תַּמָּן אֶלָּא שָׁרְשָׁא דְּאִיהִי ה' תַּתָּאָה. הה"ד וַיֹּאמֶר לוֹ אַיֶּכָּה. כְּגַוְונָא דְּאֵיכָה דְּאִתְּמַר בֵּיהּ אֵיכָה יָשְׁבָה בָדָד אִיד ה' יָשְׁבָה בָדָד בְּגִין דָּא אִתְגַּלְגַּל אָדָם בִּתְלַת אֲבָהָן דְּאִינוּן עַנְפִין דְּאִילָנָא וְגוּפָא וְאַבָּא דְּאִילָנָא וְאִתְתַּקַּן מַה דְּאִעֲקַר נָחִית בְּאַבְרָם וְנָטַע בֵּיהּ ה' דְּאִיהִי עַנְפִין דְּאִילָנָא. נָחִית בְּיִצְחָק וְעָבִיד אַבָּא דְּאִיהוּ י' מִן יִצְחָק. נָחִית בְּיַעֲקֹב וְנָטַע בֵּיהּ ו' דְּאִיהוּ אִילָנָא דְּאִתְּמַר בֵּיהּ וְאִיהִי יַעֲקֹב. לְבָתַר אָתָא מֹשֶׁה דְּאִתְּמַר בֵּיהּ בְּשַׁגַּם הוּא בָשָׂר שְׁנַּם זֶה הֶבֶל וְנָחִית ד' הוֹסִיף תּוֹרָה דְּאִיהוּ שָׁרְשָׁא דְּאִילָנָא וְאַשְׁלִים אִילָנָא בִּשְׁמָא דיקו"ק. וּבְגִין דָּא אִשְׁתְּלִים בֵּיהּ שֵׁם יקו"ק. בד"א וְאָמְרוּ לִי מַה שְּׁמוֹ מָה אֹמַר אֲלֵיהֶם. כִּי יֹאמְרוּ לָא נִרְאָה אֵלָיו יקו"ק דִּלְאֲבָהָן לָא אִתְגַּלֵּי לוֹן בְּגִין דְּלָא הֲוָה שְׁלִים שְׁמָא בַּאֲבָהָן. לָא אִתְגַּלְיָא לוֹן הה"ד וּשְׁמִי יי לֹא נוֹדַעְתִּי לָהֶם בְּמָה דְחָב אָדָם אִתְתַּקַּן. וּבְמָה דְחָב הֶבֶל אִתְתַּקַּן וְאִתְחֲזַר כֹּלָּא בִּתְקוּנֵיהּ בְּעַנְפוֹי בְּשָׁרְשׁוֹי בְּגוּפֵיהּ בְּאַבֵּיהּ וְכֹלָּא אִשְׁתְּלִים בְּבּ"ר דְּאִיהוּ מֹשֶׁה בּ"ר. מִן בְּרֵאשִׁית. מַה דַּהֲוָה שֵׁת נָחִית תַּמָּן י' וְאִתְעֲבִיד שׁי"ת. וּמִתְחִיל בְּבּ דְּאִיהִי בְּרָכָה לְאַפָּקָא אַרְעָא מִלְּוָוטַיָּא דְּאִתְּמַר בָּהּ אֲרוּרָה הָאֲדָמָה בַּעֲבוּרֶךָ. וּלְבָתַר נָחִית ר' עִלָּה דְּאִיהִי רֵאשִׁית חָכְמָה. וְכַד קָרִיב לְטוּרָא דְסִינַי נָחִית א' מִן בְּרֵאשִׁית דְּאִיהִי אָנֹכִי. וְנָחִית עֲלֵהּ כֶּתֶר דְּאִינוּן אַתְוָון דְּעֶשֶׂר אֲמִירָן

והו שעולר ג כמנ, אחד ואתחזר כולא בתקו ר בע פי בשרשו בנופ ר באב ר ירא"ר נק ע ד מוא"ר ם אלו כנגד ד' אות ות שם הוי ה וכנגד ד עולמות אב"ע ענפו כנגד ר א אחרו, ר ועש ר שרשו כנגד וא ו ו ל ר ר ואשתל ם

יש צדיקים שמגיע אליהם כמעשה הרשעים. אמרו ליה חבריא ר ר' אי הכי דאינון צדיקייא אמאי מגיע אליהם כמעשה הרשעים אמר לון גלגולא גרים לון דייתי לון כעובדא דרשיעייא. כאלו הוו רשיעייא הכי ייתי לון יסורין ודחסין. והאי אינון דנשמתין דיהון מסטרא דאדם והבל. דדא חאב במחשבה ועובדא. ובגין דא אמר עלייהו קרא בשגם זה הבל גם לרבות אדם. אמרו ליה ידענא דמחשבה איהי אדם קדמאה מ"ה דלעילא מ"ה שמו עובדא כ"ה דיליה. כ"ח אתוון דעובדא דבראשית ברא וכו' וכלא חכמה כח מה. א"כ במאי הוו יכלי למחטי הכא. אמר לון בודאי כל מאן דחב בגופיה דתמן עובדא וכנשמתיה דתמן מחשבה. כאלו חאב בההוא דאתברי איהו בדיוקניה הה"ד ויברא אלקים את האדם בצלמו וכו'. ויש רשעים שמגיע אליהם כמעשה הצדיקים דאית לון עותרא ושלם ואריכו דיומין בהאי עלמא. אמר ליה בתר דאינון רשעים אמאי אית לון כל האי יקר. א"ל האי טובה דלהון איהו הבל ורעות רוח. תלגולא דלהון גרים לון דהוו רשעים גמורים ועבדו (זכוון כמה מנייהו ואתקצרו בקצרות שנין ולא אשתלים לון) כמה מיני טבין איתי להון קב"ה בגלגולא לאשלמא לון אגרייהו בהאי עלמא הה"ד ומשלם לשונאיו אל פניו וכו ועלייהו אתמר ובכן ראיתי רשעים קבורים ובאו וכו:

אדהכי הא ר פנחס קא נחית ממתיבתא עלאה ואתחזי תחות טולא דרבי שמעון ואמר ליה מאי הבל אשר נעשה על הארץ. וכי על הארץ אתעביד הבל אלא כד"א ואד יעלה מן הארץ. דאית הבל אשר נעשה על הארץ. הבל דצלותין והבל דאורייתא אתעביד על ארעא דקב"ה דאיהי שכינתיה דאתמר בה והארץ הדום רגלי ומאי ניהו הבל דאתעביד עליה. אלא הפוך הבל ותשכחיה הלב. ומניה נפיק הבל. ודא נפש וביה סליק דבור. רוחא נפיק מאודנא שמאלא דלבא ומיניה נפיק קלא. וקלא איהו אילנא דאתפלג לכמה קלין דאינון ענפין דאילנא. ואיבא דיליה דבור ותרוייהו עץ פרי ואינון גוף וברית

יְיָ מסיני בָא וְזָרַח משֵׂעִיר לָמוֹ. וּבָא הַשֶּׁמֶשׁ כד אִתְכְּנִישׁ משֶׁה וְעִם כָּל דָא דְאִתְכְּנִישׁ. אֶל מקומו שׁוֹאֵף זוֹרֵחַ הוּא שָׁם וְדָא יְהוֹשֻׁעַ דַּהֲוָה כִּגְוָונָא דסיהֲרָא דְאיהי שְׁכִינְתָּא. ועוד וְזָרַח הַשֶּׁמֶשׁ דָא משֶׁה כַּד יֵיתֵי בגִלְגּוּלָא בְּצַדִּיק גָּמוּר. וְכַד לָא איהו בְּצַדִּיק גָּמוּר וּבָא הַשֶּׁמֶשׁ. אִתְכְּנִישׁ מִנֵּיהּ וְאָזִל וְאָתֵי בְּגִלְגּוּלָא עַד דְּאַשְׁכַּח אַתְרֵיהּ וּבְגִין דָא אֶל מְקוֹמוֹ שׁוֹאֵף זוֹרֵחַ הוּא שָׁם. ועוד וְזָרַח הַשֶּׁמֶשׁ דָא קב"ה. בְּאָן אֲתַר. בְּבַר נַשׁ דשכינתָא עִמֵּיהּ. כד"א בְּכָל הַמָּקוֹם אֲשֶׁר אַזְכִּיר אֶת שְׁמִי וגו'. ותרגם אנקלוס בְּאֲתַר דתשרי שכינתיה תַּמָּן. וְאִי לֵית שכינתָא תַּמָּן וּבָא הַשמש. אתכניש מניה קב"ה ואשתאר בַּחֲשׁוֹכָא וְשַׁלְטִין עֲלֵיהּ כַּמָּה מתכלין וְכַמָּה יסורין בישין דְּלָאו אינון יְסוּרִין שֶׁל אַהֲבָה הה"ד עַל כִּי אֵין אֱלֹהַי בקרבי מְצָאוּנִי הָרָעוֹת הָאֵלֶּה. דאלין רָעוֹת מְמַנָּן עַל כָּל עתין ורגעין דְּעַלַּייהוּ אתמר וַתִּפְקְדֶנּוּ לַבְּקָרִים לִרְגָעִים תִּבְחָנֶנּוּ וְזֶהוּ שֶׁאָמַר דָּוִד בְּיָדְךָ עִתּוֹתָי וגו'. וּמָאן גָּרִים דְּלָא שַׁרְיָא שכינתא עֲלֵיהּ וְלָא נָהִיר שמשא עֲלֵיהּ בגין הַבֶל דשקרא וּמִלִּין דשקרָא דְּנָפְקִין מפומוי ובגין דָא יֵשׁ הֶבֶל אֲשֶׁר נַעֲשָׂה עַל הָאָרֶץ. אית הֶבֶל ואית הֶבֶל. אית הֶבֶל ממארי דשקרא דְאִתְּמַר בהון הֶבֶל הֵמָּה מַעֲשֵׂה תַּעְתּוּעִים דאינון תועים בְּעוֹבָדָא דשקרָא. וְיֵשׁ הבל דאתמר בֵּיהּ כִּי עַל כָּל מוֹצָא פִי יְיָ יִחְיֶה הָאָדָם וְדָא הַבֶל דְאוֹרַייְתָא דאיהו ה' חוּמְשֵׁי תּוֹרָה מִן ב' דִבְרֵאשִׁית עַד ל' לְעֵינֵי כָּל יִשְׂרָאֵל וְדָא הוּא הב"ל. וְהָא שית אינון עִם זֶה סֵפֶר. אֶלָּא דָא ו' דאיהו קוֹל דְסָלִיק בְּהֶבֶל דאיהו ה' וּבָאָה איהו מָאן דִּמְחַבֵּר לוֹן כַּחֲדָא וְאַפִּיק לוֹן מִפּוּמוֹי ברחימו ודחילו די"ס. ובגין דָא יֵשׁ הֶבֶל וכולי. אֲשֶׁר

שרם עשרים עולה מספר שמש ולזה זורח משעיר כלומר זורח שמש ועוד וזרח השמש דא קב"ה כי הקב"ה נקרא בשם שמש דכתיב כי שמש ומגן ה' צבאות ובא אל צדיק שהוא שמש דהיינו שם ב"ן כי השכינה רמוזה באות ש' כנודע ולזה באתר דשכינתא שריא: אתכניש מנה קב"ה ואשתאר בחשכה פי' השמש עולה מספר תרמ"ה ואם תסיר ימוה מספר ש"ד שהוא שינו של הקב"ה ישאר של"ת כמנין בחשכה. והא שי"ת אינון עם זה ספר פי' רוש מקשי אך אמרת ה' של דכל רס חמשה חומש תורה והלא הם ששה חומשי תורה כגון דכתיב זה ספר ש"מ מכאן נכתב ספר בפני עצמו ונחלק מן בראשית עד זה ספר הוא ספר בפני עצמו והרי נעשו ששה ספרים ואך אתה רוצה אותם באות ה' ונרך תשבון, זה ש' ששה ספרים יש לו רמז בפני עצמו באות ה' של הבל בקר אתה במלואה כזה ה"א שעולה מספר ששה ועוד דאות א' דילוג ה"א הנ"ו הוא סוד וא"ו דאיהו קול כי א' יתספרו אחד שרוא ג' כיתן
יש

שמענא בך ואתינא לגבך. רשאילנא עלך לכל חבריא ולא אשכחנא מאן ראודע לן מינך עד ראערענא בר׳ יוסי ור׳ אלעאי ור׳ אלעזר דהוו מתעסקין ברזא דהבל בכל גלגולין ריריה. אמר ר׳ שמעון ודאי עוברא דצדיקיא לעילא תליא ותמן אשתמודע כלא ואתערותא דלתתא גרים אתערותא דלעילא. בודאי רזא דגלגולא באתר חד איהו וכל גלגולים אינון כגוונא דגלגלים דסלקין ונחתין וגלגל חד איהו קביע באמצעיתא ביניהו ואיהו לא מתנענעא הכא והכא ורזא דמלה הא אוקמוה דור הולך ודור בא והארץ לעולם עומדת דאיהי קביעא ביניהו (כגוונא דא נפש איהו בסביעו דגופא. ורוחא סלקא ונחתא בגופא ומתפשטת בכל ורידי דלבא כבר אמרנא דגלגולים אינון כגוונא דגלגלים. דסלקין ונחתין בגלגול חד) כגוונא דא נפש איהי בסביעו דגופא ורוחא נחתא וסלקא בגופא ומתפשטא בכל ורידי דלבא דמתנענעין. הה״ד אל אשר יהיה שמה הרוח ללכת ילכו אבל נפשא סביעא בלבא. כאתתא דאיהי סביעא בביתא. הה״ד מושיבי עקרת הבית ובעלה ויצא יצא ושוב הכי דור הולך ודור בא דא עמודא דאמצעיתא. איהו אזיל ואתי בגלגולא. אבל שכינתא לעולם עומדת. איהי לא אזלא בגלגולא. ולא אתרכיבת באתר אחרא. ובגין דא*אתמר בה אשתך כגפן פריה. מה גפן לא סבילת הרכבה ממין אחרא מכל אילנא דעלמא הכי שכינתא לא סבילת עליה הרכבה אחרא בעלמא. אלא מבעלה:

קמו כלהו חבריא ואשתטחו קמיה ואמרו אלו לא אתינא לעלמא אלא למשמע דא די. פתח ואמר וזרח השמש ובא השמש וזרח השמש דא עמודא דאמצעיתא דאיהו משה בריוקניה. וזרח הה״ד

דא אמר קרא מגיד מראשית אחרית וכו׳ ואין לדברים אלו סבה עם הקודם ומש״ה שם ב׳ דיליה אמון ג׳ וכו׳ זהו דרש בפני עצמו ואינו ס״ו וס דברים דלעיל ובעלה וגו׳ וגו׳ ושוב הכי דור הולך ודור בא פירוש בעל׳ דנפש הוא הרוח וקרי ליה עמודא דאמצעיתא כי הוא נמשך מן עמודא דאמצעיתא כנודע ועל זה אמר דור הולך ודור בא ונרמז באותיות דור שמספר דור עם האותיות וכולל הוא עולה רוח הכי שכינתא לא קבלת עליה הרכבה אחרא בעלמא פירוש לחלק הנפש קורא אותו בשם שכינה כי כל נפש שורשה בשכינה שהיא בחינת התלכות שנקראת בשם שכינה וזרח הה״ד ר׳ מס׳ כא וזרח משע״ר למו פירוש משע״ר עם ב׳ נקודות לרי

* קיא ע״א

הוו עשרה הרוגי מלכות כגוונא דעשרה שבטין דהוו עתידין לטיפס מניה והוו חשבין חבריא דעשרה בני יעקב הוו. א"ל אם כן מאן יהיב רזא דא בשת. (א"ל נשמתהון דצדיקיא אתבריאו קדם דאתברי עלמא כמה דאוקמוהו קדמאין). (נ"א א"ל בראשית אין ראשית אלא נשמה וכו' ע' לקמן)
א"ל בגין דא אמר קרא. מגיד מראשית אחריה ובגין דא שת איהו סיומא דאתוון. ומינייהו אשתמודען רישא דאתוון דאינון א"ב בא"ת ב"ש. ועוד שת. ש דיליה אינון ג' ענפי אילנא לעילא. ואיהו שרש לתתא. ואחזי בהון תלת גלגולין לעילא ותלת לתתא. ת' תפארת שלום כליל שית סטרין. ודא דרגא דמשה כליל תלת אבהן ותרת דרגין תחותייהו ואינון גלגולא דאדם שת אנוש הבל. נח שם יפת. ומשת ואנוש אתיהסו כל דרין. הה"ד אז הוחל לקרא בשם ה'. אז ההוא דאתמר ביה (כי מן המים משיתהו) אז הוחל למיתי בגלגולא ההוא דאתמר ביה אז ישיר משה. ובגין דא שת מתמן הושתת עלמא. ובגין דא כי שת לי אלהים זרע אחר תחת הבל. דאתמר ביה בשגם זה הבל. ואיוב עליה אמר מי שת בטוחות חכמה. חכמה מ"ים עליונים מתמן אתמשך. ובגין דא כי מן המים משיתיהו. ש תלת אבהן. ודא מ"ש מן משה. ה שכינתא תתאה. הבל ה' ל"ב. וכפל שמיה תרין זמנין משה משה. לאחדא בתרין ההי"ן ה' עלאה ה' תתאה. ולאחדא בתלת ענפין ובתלת שרשין דאינון שית. תרי זמנין מ"ה ממשה איהו אחזי רזא מה שמו ומה שם בנו. דבתלת אבהן אתלבש מ"ה דלעילא. ובתלת דרגין דלתתא מ"ה דלתתא. ומשה כליל תרוייהו. איהו מרכבתא שלימתא עלאה ותתאה כגוונא דא ש מן משה תלת אבהן דאתמר ופני אריה אל הימין ופני שור ופני נשר וכו'. מ"ה דמשה ודמות פניהם פני אד"ם ובגין דאיהו מרכבה לעילא ותתא. אמר ואמרו לי מה שמו מה אמר אליהם. אדהכי הא ר' יצחק ור' יודאי ור' יהודא ושאר חבריא קאתו. אמר להו ר' שמעון במאי עסקיתו. אמרו ליה

רכרוך דאומר זוכר רוו סרהל עבען ב מה דלה הוא רו זכותא לאגוג על רו א"ל א"כ מאן ר ב רזה דה רשת ה ל וכו כאן ש חסרון דבר ס כנראה יפ"ר עג, שנשמטו דבר ס מכאן ולכן אן ק סור לכה דח"ל בגין

משה ואמרו לי מה שמו מה אמר. תלת טפין חד אופה במוחא דאיהו לקבל ימינא דאיהו אופה דאיהו שר האופים. וחד עורכת דא מוחא דאיהו מסטרא דשמאלא דאתמר בה אף ערכה שלחנה. והא אוקמוהו שלחן בצפון לקבל לבא. וחד מקטפת לקבל מוחא דאיהו לאחורא כלפי כתף. ולקבל אלין תלת טפין אינון תלת יודין דאינון ביו"ד ק"י וא"ו ס"י דמעידין על עלת כל העלות דעליה אתמר אני ראשון ואני אחרון ומבלעדי אין אלקים דאיהו ראשון, ואחרון ומבלעדיו אין אלקים ומשית תקונין אלין בעא קב"ה למברי לשת למהוי שמיה שית. למהוי ביה ג' גלגולין דאדם וג' דהבל אלא דפרח י' משת דאיהי נקודה אבן שתיה דמתמן הושתת עלמא. ובהאי י' הב יוסף דה"ד ותשב באיתן קשתו ויפזו זרועי ידיו. מאי ויפזו דאזדריקת טפה דאיהי י' בין עשר אצבעאן ואתפליגת לי' ניצוצין דאזדריקו מקשת דאיהו ברית. ובאן אתר אזדריקו בעשרה הרוגי מלכות. א"ל והא שמענא דעשרה הרוגי מלכות בני יעקב הוו. א"ל ח"ו. אלא בדיוקניהו הוו א"ל ומאן גרים דאזדריקו תמן. א"ל דיוקנא דאבוה דאזדמן לגביה דהוה דיוקנא דאדם קדמאה. דא גרים דאזדריקו לון ונעץ צפרניו בקרקע ובגין גרמיה ולא אזדריקו (בההיא זונה דאי לאו דאתחזיא ליה דיוקנא דאבוה לא הוו אזדריקו הכי ודיוקנא דאבוה גרם דההיא טפה וינם ויצא החוצה. ולאו בעבירה. וכשבר וינם) (נ א בהאי זונה דאי הוה זריק לון בהאי זונה הוו ישראל טבעין בימא ולהו למגנא אוקמוה קדמאין בשכר וינם) *הים ראה וינם. ואי לא. לא הוו נפקין ישראל מן ימא. ואיהו קביל ענשיה באלין עשרה הרוגי מלכות. דהוו עתידין למיפק מניה עשרה שבטין ובג"ד

הכולל שעולה ת גדם דהר א טפה ו נס ו לא רחולה ולאו בעבירה אל תחשוב דכוונתו לויתר אס לא אתחזו את ל ה דיוקנא דאבוהי הוה זרק לון בכה א אתתא ת ו אלא רבונר דאס לא אזדמנת ל ר ד וקנא דאבוה דוה זרק לון ע תגבורת דרהור וזה נחשב בעבירה כ ון דלאו ע דירור אך עתר דאתחזו את י ר דיוק ר דאבוה נסתלק ההרהור ממנו לגמרי אמנם ראה לו אור קדושה גדולה ברא ת פ אב ו דקדוש ונעשה לו פחד ויורא מרוב תוקף אור דקדושה שנראה אליו פתאום ומרוב הפחד נזדעזעו אבר ו וע י זעזוע אבר ו אזדרקו אותם ט פ ן ונמלא הולאת הטיפין מגופו לא ריתה ע י דרהור שהוא נחשב לו לעבירה אלא ע פחד ומורא שר ר לו ממראה הקדושה שנזדעזעו אבריו ואזדריקו הטיפין ועב ז כ ון דאזדרקו מינ ה צריך לקבל עונש כד לסתז ר דבר על ון שנעשה כדמותו למקומו ומ ש ו"א אזדריקו ברסיא זוגה כלומר לא אזדרקו בהרהור שר ר מאותר זוכר דאי הוה זרק לון ע

עִלָּאָה אָמַר ר׳ יוֹסֵי שְׁמַעְנָא דִתְלַת רְבוּיַין אִלֵּין. אִינּוּן תְּלַת טִפִּין
דְּאִזְדְּרִיקוּ מִמּוֹחָא סְתִימָא דִּבְרֵי סְתִימִין. וְאִלֵּין אִינּוּן ג׳ גִּלְגּוּלִין. וְאִלֵּין
ג׳ טִפִּין שְׁמַעְנָא דְּאִינּוּן לָקֳבֵל תְּלַת נָשִׁים דְּאִתְּמַר בְּהוֹן חַכְמוֹת נָשִׁים
בָּנְתָה בֵּיתָהּ. דְּהַר אוֹפָה וְחַד עוֹרֶבֶת וְחַד מְקַטֶּפֶת לְהַהִיא דְּאִתְּמַר
בָּהּ רֵאשִׁית עֲרִיסוֹתֵיכֶם חַלָּה. וְדָא חַלָּה דְּפֶסַח דְּאִיהִי סְגוּלַתָּ״א. אִיהִי
טִפָּה קַדְמָאָה וּמִינָהּ אִזְדְּרִיקוּ תְּלַת טִפִּין. וְאִינּוּן ג׳ יוֹדִי״ן י׳ י׳ דְּאִינּוּן
סְגוּלַתָּ״א וְדָא״י. וְאִינּוּן י׳ יְבָרֶכְךָ י׳ יָאֵר י׳ יִשָּׂא. וּבְאָן אַתָר אִזְדְּרִיקוּ
בְּתַלַת אַבָהָן דְּתַמָּן נָחִית אָדָם בִּתְלַת גִּלְגּוּלִין וּמָאן אַתָר אִזְדְּרִיקוּ.
מֵהַהוּא דְּנָחִית בְּהוֹן (דָא יה״א) מִסִּטְרָא דְּחָכְמָה עִלָּאָה (וּלְקָבֵל ג׳ טִפִּין
אִלֵּין תַּקִּינוּ תְּלַת מַצּוֹת בִּפְסַח. חַד מַצָּה דִּלְעֵילָּא לְבָרְכָא בָּהּ הַמּוֹצִיא.
ב׳ לֶחֶם מִשְׁנֶה ג׳ לֶחֶם עוֹנִי בְּלָא מְלָחָא. דְּהָא אִתְּמַר עַל כָּל קָרְבָּנְךָ
תַּקְרִיב מֶלַח. בְּגִין דְּאִיהִי מַצָּה פְּרוּסָה. כְּגַוְונָא דְּפָרַס פְּרִיסַת מַלְכוּתָךְ
עַד דְּתִתְהָא שְׁלִימָה לָא צָרִיךְ לְסַדְּרָא עֲלַהּ מֶלַח דְּאִיהוּ חַל״ם. וּמַאי
נִיהוּ חָלָם אמְצָעֵי דְּכֻלְּהוּ תְּלַת) תְּלַת טִפִּין עִלָּאִין אִינּוּן סְגוּלַתָּ״א דְּתַלְיִין
מִמּוֹחָא סְתִימָא עַתִּיקָא דְּעַתִּיקִין תְּלַת טִפִּין אִזְדְּרִיקוּ בְּגוּלְגַּלְתָּא מִמּוֹחָא
תְּגִינָא וְאִינּוּן סְג״ל. בְּאָן אוֹדְרִיקוּ. בִּתְרֵי סַמְכֵי קַשּׁוֹט וּגְבִירָת. דְּאִינּוּן
רְקְבַלַיְיהוּ נַח שֵׁם וָיֶפֶת. נַח אוֹדְרִיקוּ בַּצַּדִּיק הה״ד נַח אִישׁ צַדִּיק. שֵׁם
וָיֶפֶת בִּתְרֵי סַמְכֵי קַשּׁוֹט. וַעֲלַיְיהוּ אִתְּמַר בְּרָא שִׁית. תְּלַת טִפִּין עִלָּאִין
דְּאִינּוּן סְגוּלַתָּ״א דְּאִזְדְּרִיקוּ מִמּוֹחָא סְתִימָא. אִינּוּן מוֹצָא דְּאַתְ י׳ לְעֵילָּא
וּמוֹצָא דִּילֵהּ לְתַתָּא. וְגַנֵי בְּאֶמְצָעִיתָא דִּילֵהּ. מוֹחָא דְּאִזְדְּרִיקוּ תְּלַת טִפִּין
אִלֵּין מִנָּהּ אִיהִי י׳. וְדָא י׳ דְּאִיהִי לְעֵילָּא מֵאַת א׳ י׳ לְתַתָּא מִן א׳ מוֹחָא
תְּגִינָא וּתְרֵית טִפִּין דְּאִזְדְּרִיקוּ מִינָהּ אִינּוּן סְג״ל. תְּלַת טִפִּין דְּאָדָם
קַדְמָאָה דְּאִינּוּן תְּלַת גִּלְגּוּלִים. וְתַלַת דְּאָדָם תְּנִינָא תְּלַת גִּלְגּוּלִין. מָאן
אָדָם עִלָּאָה וְאָדָם תְּנִינָא אֶלָּא מַה שְּׁמוֹ וּמַה שֶּׁם בְּנוֹ. מַה שְּׁמוֹ אָדָם
עִלָּאָה. מַה שֵּׁם בְּנוֹ אָדָם תַּתָּאָה. וְתַרְוַיְיהוּ אִתְרְמִיזוּ בְּהַהוּא קְרָא דְּאָמַר

וילת ש״ר ר זוז׳ ירו׳ ד נשמות חדשים ‏   שמעגא דא׳ ט׳ן לקבל ג נש׳ ס׳ נ׳אור קראס ג׳ נש ס׳ כ׳ רס בח גה
יתקב ל ב׳ קיפ טכ׳ דלע׳וא מ׳ טו וחד אוכר תכזר וחד עו־יכת ב נ׳ו וחד תקנ׳טפת דעט שמתחלק לחכ ן עטר ן
כמ ש׳ ירי׳ש׳ן ך ז׳ל‏ ועריהו אתחי׳ ב׳רא ש ס׳ ‏ כ׳רום ש ח׳ ־ ה שם פת ואות ת׳ ש׳יר מספר יא ש׳ נח עס
ר א ל   סטר

תרת רבוין א"ל שמענא דתלת רבוין אין, אינון תלת טפין דאזדריקו מאדם קדמאה.
(נ"א קדמאה דאתמר כרין תלר) א"ל והא אנא שמענא אלה תלדות השמים והארץ תמן
תה"ו. א"ל ודאי הכי הוא דמתמן הוה קין יסודיה ועקריה קדם דאתא לעלמא. אבר
ודאי רזא עלאה אתגלייא דלא שמענא עד השתא א"ל אם כן אלין טפין דאתוספו
הכא מאי נינהו. אמר ודאי על אלין ג' טפין שריין תרת חכמות. חד איהו חכמת
המחשבה. ותניינא חכמת הדבור. ותליתאה חכמת המעשה. ואינון תלת עלמין
סתימין. תלת טפין דתליין מן מוחא עלאה סגי " מרינן ליה ואית תלת עלאין עלייהו
דתליין ממוחא סתימא דעתיקא דעתיקין ואינון סגולתא תלת עלאין אתרמיזו בי' עלאה
דאית לה קוצא לעילא וקוצא לתתא וגו' באמצעיתא ותלת טפין תניינין דאינון סגו"ל
מן י תתאה ורזא דמלה בראשית תלת מאדם קדמאה ותלת מאדם תתאה. ובאלין
תלת נקודין אתמר אני ראשון ואני אחרון ומבלעדי אין אלקים. ואלין אינון ג'
גלגולין דאדם קדמאה דתלת טפין דאזדריקו בתלת אבהן דבהון יברכך יי יאר
יי. ישא יי ותלת תניינין בברית ותרי סמכי קשוט דנח שם ויפת מתמן הוו דאתמר
ביה נח איש צדיק מסטרא דצדיק חי עלמין שם ויפת מסטרא דתרין סמכי קשוט
ורזא דמלה הכא מה שמו ומה שם בנו כי תדע. מה שמו באימא עלאה דתמן חכמה
ומה שם בנו באימא תתאה אשתמודעא אבל תלת גלגולין בתלת אבהן ותלת בתלת
סמכין דלתתא ואלין שית הוו עתידין למהוי תלת בשת ותלת בהבל אלא דפ"ה י'
משת דאיהי נקדה וכו:

ועוד וַתוֹסֶף לָלֶדֶת אֶת אָחִיו אֶת הבל. רבי יוסי ורבי אלעָאי הווּ אָזלי
בארחא. אזדַמן ר' אֶלעָזָר עִמְהוֹן אָמרו. וַדַאי עָלָךְ אתמר וַיִפְגַע
בַמָקוֹם דאַערַענא בשכינתא אמר לון. עֲלַייכו אתמר וַיִפגעו בו מַלאֲכי
אלקים. מַאי מלאֲכי אלקים. אלין דאתמַר בהון עוֹשֶׂה מַלאָכָיו
רוּחוֹת דרוחין דילכון מרוּחָא דקב"ה (נ"א דקודשא) חדו כלהו בְאָרחא
אָמַר ר' יוסי לר' אלעָזָר מָאי וַתוֹסֶף לָלֶדֶת את אחיו את הָבֶל. ועוד
מָאי אֶתָא לרַבות ותוסף ותרין אֶתין אֶת אחיו אֶת הָבֶל. א"ל וַדַאי
וַתוֹסֶף דא תוֹסֶפֶת רוּחָא דקוּדְשָׁא דאיהו עַמודא דאמצעיתָא מתמן
אתוֹסַף ליה רוּחָא דקודְשָׁא. תרין אתין לרַבות ביה נשמתָא ונַפשָׁא
משבינתָא עלאה ותתָאה. ומָאי הֲוָה תוספת עַל רוּחָא דא חָכְמָה מאָדָם

עלא־

עזאזל. ומתמן עז"א ועזא"ל. ואיהו חזריא"ל יכרסמנה חזיר מיער
ועליה אתמר ועל חרבך תחיה. ואיהו שעריא"ל דמתמן רוח סערה
ואיהו עשו איש שעיר. ומתמן שער באשה ערוה. ועליה אתקף ההוא
דאתמר ביה עזי וזמרת יה ויהי לי לישועה. יי איש מלחמה יי שמו
וגו'. לקבל בינה דאתמר בה אלף בינה אלין אלופי עשו לקבל חכמה
אדם בליעל איש און. לעילא כתריא"ל (נ"א כרתיא"ל) לקבל כתר עליון
ומתמן כרת לכל אילין דעברין על אורייתא ואינון כתרין תתאין אינון
קליפין לעשר ספירן. ועשר ספירן מוחא בגווייהו. ואלין קליפין
אינון מחיצה בין ישראל לאביהם שבשמים. באלין קליפין מתלבש
קב"ה ושכינתיה לקיימא בשכינתיה ומלכותו בכל משלה. ולקיימא
ביה כי מלך על כל הארץ אלקים. אבל לעילא באתריה אתמר לא
יגורך רע. אלא קליפין דיליה לעילא אינון לבושין מכמה גוונין שפירין
דנהורא דמנהון אתפשט קב"ה בגלותא ואתלבש באלין אחרנין בגין
לנטרא לישראל דאינון מתלבשין באלין קליפין. ודא איהו בכל צרתם
לו צר וכו'.*בקדמיתא יהב לון בידא דשליח דאיהו גבריאל ולא הוה מזונא
לסמאל ולמשריין דיליה אלא על ידי שליחא ובגין חובין דישרא'
אתלבש הוא בהון וכביכול אתי ליה על ידי דקב"ה והאי אם ישראל
אזלין בארח מישר ומקיימין אורייתא ופקודין דיליה ואם ח"ו לא מקיימין
אורייתא ופקודין דיליה יהיב עשר כתרין בידוי דסמא"ל ולא צריך
מזונא לא מידא דקב"ה כל שכן משליחא דיליה. ודא לפרעה דאמר
לי יאורי ואני עשיתני בגין דהוא כתרין נוכראין בידא דסמא"ל
דבקדמיתא כד הוו כתרין תתאין בידא דקב"ה מה כתיב בישראל וראו
כל עמי הארץ כי שם ה נקרא עליך ובזמנא דאינון כתרין נוכראין
בידא דסמא"ל לא דחלין אומין דעלמא מישראל ועבדין בהו כרעותיהו
עד שעתא דפורקנא דיתקיים בהו ואת רוח הטומאה אעביר וכו' דאלין
קליפין גרמין אפרשותא בין קב"ה ובין ישראל. ודא איהו רזא כי אם
עונותיכם היו מבדילים ביניכם לבין אלקיכם ועתיד קב"ה לאעברא
אלין קליפין ולאתחזאה לישראל במוחא מלגאו הה"ד ולא יכנף עוד

* קט ע א

תמן והדפסין במהירו ואנון דינין דפיסין דהתקא בתר רוחקא. ואנון עת צרה היא ליעקב וממנה יושע. ומאנא דנקודין איהו נפש. נשמתא איהי בתר על כלהו ומינה כתרין דאינון טעמי. תנועה דנקודין ואתוון. ואיהי תליא במחשבתא. ונקודין תליין באמירה. אתוון בעשיה. ודא איהו אומר ועושה. מסטרא דימינא אמירה. מסטרא דשמאלא עשיה. עמודא דאמצעיתא כליל תרוייהו אומר ועושה ובמאי אומר ועושה בהויה דאתמר בה יהי אור ויהי אור. יהי י' באור ואתעביד אויר. דאחיד בתרוייהו בעמודא דאמצעיתא ואית דפיקו דעץ הדעת טוב ורע דמהאי אתר יצר הטוב ויצר הרע. ואיהו רזא דלהט החרב המתהפכת דאתהפך ממטה לנחש ומנחש למטה דפיקו דיצר הטוב אחזי בריאותא ואסותא דכל אברין. ודפיקו דיצר הרע אחזי מרעא דכל אברין דגופא וכל מאן דאלים גבר. אי מתגברין זכוון אתהפך מנחש למטה ומיד מטה כלפי חסד וכל גופא אתסי. ואם מתגברין חובין אתהפך ממטה לנחש ונשיך כל אברין בכמה נשיכין דכאבין ומרעין בההוא זמנא אתמר בדפיקו אין קול ענות גבורה ואין קול ענות חלושה קול ענות אנכי שמע. קול דענויא קול דדפיקו דבי מרעא דגלותא אנכי שמע. ואית דפיקו מאילנא דאיהו ביש לית ביה טב כלל דמגיה נפיק רוח סערה דאסעיר ביה גופיה דבר נש ואתמר ביה רוח חזק מפרק הרים. דאנון גרמין דגופא ומשבר סלעים דאנון צלעות דגופא דאנון כגוונא דסלעים. והאי איהו נפיק בזדון ולית ליה משקל ושעור. וביה והאניה דאיהו גופא חשבה להשבר. והאי דפיקו סליק ונחית בגלי ימא דאינון עשר כתרין תתאין כגוונא דאיהי מלכות קדישא הכי איהו מלכות חייבא. כגוונא דמילה הכי איהי ערלה דתמן סמא"ל ערל. ובת זוגיה ערלה נחש ואשת זנונים. דקביל תרי ירכי קשוט מסטרא דמקבלו תאומיא"ל תומיא"ל ולקבלייהו אתמר תהומות יכסימו ירדו במצולות כמו אבן. דקביל עמודא דאמצעיתא איהו עוגיא"ל דמתמן עוג מלך הבשן מסטרא דתרי, דרועין אינון (אנגיא"ל) עזיא"ל. אנגיא"ל כתמן אגג וביה כי גאה גאה סוס ורוכבו רמה בים. עוזיא"ל. מתמן

דלהון איהי לד' סטרין דספינה. תרין בתרין כנפי ריאה. ותרין בתרי בתי לבא ותנועה דדפיקו דרוחא עביד תנועתיה ודפיק בנקודה אחת או תרין או תלת ואתחזר לאתריה. ובנקודין דדפיס אשתמודע דפיקו לזמנין דפיק זמנא חדא ואתחזר לאתריה. ודפיקו דא אשתמודע בנקודין דאורייתא. בההוא זמנא דדפיס בנקודה חדא לתתא איהי חיר"ק. ואם היא לעילא איהי חל"ם (ס"א קוצא דאת יוד). כד איהי באמצעיתא איהו שור"ק. אם היא לעילא אחזי דאתגבר אשא דאיהו חם ויבש ואיהו סל דעליה אתמר זאת תורת העולה. ואם הוא דפיק נקודה לתתא איהו חר"ק ונחית במיא דאיהו קר ולח ואיהו כבד ואי דפיס נקודה באמצעיתא שר"ק דנשיב (נ"א דנחית) ברוחא על מיא ואחיד בתרוייהו ואיהו חם ולח. והאי איהו דנקיד מנא חדא לעילא ואסתלק דפיקו. או דפיק זמנא חדא לתתא ואסתלק דפיקו או דפיק זמנא חדא באמצעיתא ואסתלק דפיקו. ואם דפיק תרי זמני דא בתר *ואסתלק דפיקו הא אינון צר"י דדפיקו דלהון שוין. אבל דפיק נקודה הדא לעילא ונקודה חדא לתתא דא בתר דא אינון שב"א. ותרין נקודין. אינון אש ומים לזמנין דא סליק ודא נחית. כגון את המאור הגדול (לממשלת היום) ואת המאור הקטן (לממשלת הלילה) ולזמנין אינון שוין ואינון שמים אש ומים ולזמנין דפיק תלת דפיקין חד לעילא ובתריה תניינא באמצעיתא ובתריה תליתאה לתתא הא תלת יסודין יתערון ביה דאינון אש ומים ורוח באמצעיתא ודא שר"ק. ואם דפיק תרין דפיקין שוין דא בתר דא ונקודה בתר תרין לתתא הא אינון סגו"ל דאינון מים ואש רוח לתתא. ולזמנין דפיקו בפותיא באריכו דא פת"ח. ולזמנין דפיק באריכו ונקיד נקודה אבתריה דא קמץ באריכו אחזי רחמי אם זכו דפיקו דפיק באלין נקודין תשע שכינתא מאנא לכלהו. עשירית לון בגין דבה כלילן כל אתוון. ואתוון אינון לגבי נקודין כגופא לגבי רוחא ובין כל דפיקו ודפיקו (י' שעוריה דאיהו שעור קומה) ו שעוריה דאיהו שיעור קומה *וכד נקודין דפקין ביה אינון דפקין כלהו דפיקין בנייחא ברחמי. וכד לית

ישראל בעבודה קשה דא כבד דאיהו כבד על ערקין (דמרה) דדמא בחמר ובלבנים דא ליחא חוורא דאיהי כבדה על בר נש. ומינה יתון ליה כמה מרעין בישין דאינון מים הזדונים דמתגברין על אברין דיליה ובכל עבודה בשדה דא דפיקו דדמא דאתמר ביה איש יודע ציד איש שדה. ומאי ניהו דפיקו דדמא רוח סערה דאתגבר ביה דמא דערקין דכבד דאיהו עשו הוא אדום דערקין דיליה כי רגליהם לרע ירוצו וימהרו לשפוך דם. אשר עבדו בהם בפרך דפיקו במרה אוכמא דאיהו יבש בריקניא ובגין דא אתכד ביה בפרד. וכד אתעבר רוח סערה כד"א ואת רוח הטומאה אעביר מן הארץ אתער דפיקו בההוא רוחא. עליה אתמר בדבר יי' שמים נעשו וברוח פיו כל צבאם. בההוא זמנא הבלים דצלותין סלקין ביה ברוחא דקודשא לגבי עילא. ויתערו לגבייהו הבלים עלאין דאתמר בהו *כי לא על הלחם לבדו יחיה האדם וכו' דאיהו הבל דלבא דשכינתא קדישא להב המזבח ומיד דסליקת בהבלים דפומייהו דישראל בצלותין. קב"ה שאיל בגינה מי זאת עולה מן המדבר. מי בזאת עולה ודאי ובגין דא אית הבל ואית הבל. אית הבל דאתמר ביה ותוסף ללדת את אחיו את הבל. ואית הבל דצלותין ופולחנין טבין. ואית הבל דמלין בטלין מלין ריקנין דאתמר בהון הבל המה מעשה תעתועים בעת פקודתם יאבדו מאי בעת פקודתם אלא בזמנא דאתי פורקנא ופקידה לישראל יאבדו מעלמא. הבל תעתועים דתועים לבני״ נשא ורוחא דקודשא שליט בעלמא דאיהו דפיקו דאתמר ביה קול דודי דופק. דפיקו דסליק בגלגלי ימא. דספינה דאיהי לבא וכל גליא עלייהו אתמר אל אשר יהיה שמה הרוח ללכת ילכו. ובהון החיות רצוא ושוב רצוא תרין ושוב תרין אינון ויקו"ק דאתמר בהון כד אמר יי' מארבע רוחות באי הרוח. שכינתא עלה אתמר אשר שמתי חול גבול לים. ואיהו תחומא דכלהו כגונא דתחום שבת. וכד רצין גלין בד' רוחין מיד דחזיין שכינתא דאיהו חול לב (נ"א לים) דאיהי חול דאסחר לימא. אתמר בהון ושוב. חזראן לאתרייהו. ואלין ד' רוחין כד נפקי מן לבא תנועה

בריאה אלא בארח אצילות. דשכינתא עלאה איהי כסא כבוד מרום מראשון דאיהו מלכות ובהון יסק״ז סס״ז (ס״א ההו״י) אתלבש בשית ספירן דאינון שש מעלות לכסא. י׳ אתלבש בחכמה וסליק לעשרה דאינון י׳ גלגלים דכרסייא. א לעילא דמות כמראה אדם עליו מלמעלה ודא אויר קדמון ה׳ זעירא איהי לימינא. וחכמה לימינא נטיר לה ובהאי אתר ה׳ בחכמה יסד ארץ ה׳ לשמאלא אש על לבא ו׳ רוחא דנשיב לגבה ובעי דחמי מינה דלא אוקידת עלמא. בגין דגרמי לה דאתרחקת מבעלה ומאריך רוגזהא. ולזמנין דייתי פורקנא אתמר לגבי ו׳ דאיהו דרגא דמשה מוליך לימין משה. לסמכא ה׳ דיליה בימינא ודא איהו חי י׳ שכבי עד הבקר. בקר דאברהם י׳ אזיל לשמאלא וזקיף לה דיליה ודא איהו קרבן עולה ויורד. ורזא דמלה יעקב בהאי אתר שכל את ידיו ולחכימא ברמיזא אתחזר י״ק לשמאלא דאינון שמור ו״ה לימינא דאינון זכור ודא איהו זה שמי וזה זכרי י״ה עם שמ״י שס״ה לשמאלא ו״ה עם זכר״י רמ״ח לימינא. בפסח יהון ו״ק לימינא. בראש השנה י״ק דשמאלא שבועות אחיד בתרווייהו. ודא עמודא דאמצעיתא הה״ד מלא שבוע זאת ונתנה לך גם את זאת ביה אשתלים יקוק ועם כל דא לא איהא שלם אלא בבת זוגיה דאיהי אדני. ובאן אתר. בסוכה דאיהו כ״ו ח״ס דאיהי יאקדונק״י. ורזא דמלה ויבא יעקב שלם ביקוק מיד ויבן לו בית דא סוכה כמה דאת אמר ויעקב נסע סכתה ויבן לו בית בההוא זמנא מה דהוה אני ישנה בגלותא דאסתלק דפיקו דילה שלימו דילה בההוא זמנא אתמר בשכינתא ולבי ער לאתערותא דפורקנא. ובההוא זמנא נשיב רוחא דקודשא בה דבזמנא דרוחא דקודשא לא נשיב רוח סערה נשיב באודנא שמאלא דלבא ויביר למטעי עלמא והאי איהו דאתמר ביה והנה רוח סערה באה מן הצפון דסעיר גופיה דבר נש דאתמר ביה מצפון תפתח הרעה ובההוא זמנא שלטין בעלמא כל רוחין ושדין ומזיקין בישין דמחבלין עלמא דאינון מלאכי חבלה. ודא דפיקו דמרעא הסליק באשא דגיהנם דאיהי מרה ומחמם לגופיה דבר נש וביה וימררו את חייהם. דאבדין דאינון

שֶׁל מַעְלָה וכו׳. לָא יָבֹא בָהּ עִלָּאָה דְּאִיהִי יְרוּשָׁלַיִם דִּלְעֵילָא עַד דְיֵיעוּל ו׳ בה׳ דְּאִיהִי יְרוּשָׁלַם דִּלְתַתָּא. אדהכי הָא סָבָא דְסָבִין קָא נָחִית וְאָמַר ר׳ ר׳ הָא כַּלָּה אִיהִי בְּבֵי מַרְעָא מֵרְחִימָהָא צָרִיךְ לְאִתְעֲרָא בִּרְפִיקוּ דִילָהּ יַתִּיר דְהָא קוֹל דּוֹדִי דוֹפֵק. קוֹל רְחִימָהָא. דְּפִיק לְגַבָּהּ בְּתְקִיפוּ סַגִּי לְאַרְבַּע סִטְרִין, הה״ד כֹּה אָמַר יי׳ מֵאַרְבַּע רוּחוֹת בֹּאִי הָרוּחַ מִסִּטְרָא דַאֲוִיר קַדְמָאָה דְּאִיהוּ קַדְמוֹן עַל כֹּלָּא דִּפִיקוּ דְרוּחָא אִיהוּ קַר. מִסִּטְרָא דְחָכְמָה אִיהוּ קַר. מִסִּטְרָא דְאִימָּא אִיהוּ בַּחֲמִימוּ סַגִּי. בְּגִין דַּאֲוִיר קַדְמָאָה נָטִיל בְּעַמּוּדָא דְאֶמְצָעִיתָא, נָטִיל בְּצַדִּיק וְחָכְמָה דְּאִיהוּ קַר נָטִיל בְּחֶסֶד וְנֶצַח. וְאִימָּא דְּאִיהִי חֲמִימָא נָטִילַת בִּגְבוּרָה וְהוֹד וּמִסִּטְרָא דִשְׁכִינְתָּא תַּתָּאָה אִיהִי יָבֵשׁ. דְּאִיהִי אֶרֶץ דְּאִתְּמַר בָּהּ וַיִּקְרָא אֱלֹקִים לַיַּבָּשָׁה אֶרֶץ וְהָא אִינוּן אַרְבַּע וְסַלְקִין לְעֶשֶׂר כְּגַוְונָא דְאַרְבַּע אַתְוָון דְּאִינוּן יקו״ק דְּסַלְקִין לְעֶשֶׂר יוד קא ואו קא. וּלְתַתָּא מִיכָא״ל גַבְרִיא״ל נוּרִיא״ל רְפָא״ל אִינוּן לְבוּשִׁין לְאַרְבַּע רוּחִין דְּאִתְּמַר בְּהוּ רוּחַ יי׳ רוּחַ חָכְמָה וּבִינָה רוּחַ עֵצָה וּגְבוּרָה רוּחַ דַּעַת וְיִרְאַת יי׳. רוּחַ יי׳ דָא אֲוִיר קַדְמָאָה. רוּחַ חָכְמָה וּבִינָה תְּרֵין סְפִירָן אֲבַתְרֵיהּ. רוּחַ עֵצָה וּגְבוּרָה יְמִינָא וּשְׂמָאלָא רוּחַ דַּעַת וְיִרְאַת יי דָא עַמּוּדָא דְאֶמְצָעִיתָא וּמַלְכוּת. וַהֲרִיחוֹ בְּיִרְאַת יי׳ דָא רֵיחַ נִיחֹחַ. וּמַאי נִיחוּ רֵיחַ נִיחֹחַ דָא צַדִּיק דְּבֵיהּ נַיְיחָא דְנָחַ אִישׁ צַדִּיק. אִשֶּׁה לַיי׳ דָא נֶצַח וְהוֹד עֲלַיְיהוּ אִתְּמַר אֶת קָרְבָּנִי לַחְמִי לְאִשַּׁי. אִשֵּׁי יי׳ אִתְקְרִיאוּ עֲלַיְיהוּ אִתְּמַר סַמְּכוּנִי בָּאֲשִׁישׁוֹת עַל כֵּן בָּאוּרִים כַּבְּדוּ יי׳ וְרֵיחַ אַפֵּךְ כַּתַּפּוּחִים תַּפּוּחֵי זָהָב בְּמַשְׂכִּיּוֹת כָּסֶף וְאִינוּן תְּרֵי אוֹפַנֵּי הַמֶּרְכָּבָה. דִּתְלַת דַּרְגִּין אִינוּן שְׂרָפִים וְחַיּוֹת וְאוֹפַנֵּי קֹדֶשׁ. שְׂרָפִים תְּרֵין דְרוֹעִין יְמִינָא וּשְׂמָאלָא. חַיּוֹת גּוּפָא וּבְרִית. אוֹפַנִּים תְּרֵין שׁוֹקִין. מֶרְכָּבָה דְּכֻלְּהוּ שְׁכִינָה. בְּגִין דְּאִינוּן שִׁית תִּקּוּנִין מִסִּטְרָא דְאָת ו׳ דְּאִיהוּ רוּחָא קַדִּישָׁא (נ״א דקב״ה) דְּדָפִיק וּמְנַשֵּׁב בְּכֻלְּהוּ. מַלְכוּת מֶרְכָּבָה דִילָהּ כְּלִילָא מד׳ רוּחִין וְדָא אִיהוּ רָזָא דְּד׳ פַּרְצוּפִין דְּאִינוּן עֲשָׂרָה דְּפִיקִין דְּאִינוּן ה׳ דְּנָפִיק מִלְּבָא דְּאִיהוּ הֶבֶל הל״ב ד׳ אַרְבַּע מַחֲנוֹת. ד׳ חַיּוֹת לַכִּסֵּא. ו׳ ו׳ דַּרְגִּין דְּאִינוּן שֵׁשׁ מַעֲלוֹת לַכִּסֵּא דְמִתַּמָּן כָּל נִשְׁמָתִין בְּאֹרַח אֲצִילוּת וְדָא אִיהוּ הַאי כָּרְסְיָיא בְּאֹרַח

קרבן עולה ויורד. קרבן קריבו דאתוון דמתקרבין י׳ עם ה׳ ו׳ עם ה׳ ובג״ד קרבן ליי׳ דאתקריבת אתתא לבעלה הה״ד אדם כי יקריב מכם קרבן ליי׳ מאי אדם דא יוד הא ואו הא דאיהו קריבו דאתוון. ומאן קריב לגבי אתוון. דא עלת על כל העלות. בההוא זמנא דפיקו נחית וסליק מארבע דפיקין לעשר. דפיקו בד׳ אתוון סליק באשא ורוחא ונחית במיא ועפרא ורזא דמלה והנה מלאכי אלקים עולים ויורדים בו. עולים תרי ויורדים תרי ואינון מים קמ״ץ. שב״א אש חל״ם רוח. שור״ק עפר מאנא דכלהו. בגין דקמ״ץ דאיהו מים י׳ ביה סליק ה׳ דאיהי לשמאלא דאיהי שב״א אש. ואמאי סליק ה׳ בקמץ. בגין דתמן י׳ דאיהי חכמה. כמה דאוקמוהו הרוצה להחכים ידרים ויהון י״ק בימינא. ה׳ איהי עם אבא. ואיהי ארץ נחית לשמאלא דתמן רוחא דאיהו חל״ם דאיהו רוח דנשיב באזן שמאלא דלבא. ויהון ו״ה בשמאלא לקבל לבא. בההוא זמנא אל אשר יהיה שמה הרוח ללכת ילכו. כל נביאיא מתנהגין אבתריה בערקין דלבא דמתנהגין כלהו בתר רוחא דלבא. ומאי ניהו שמה דא מש״ה דאתמר ביה הולך אל דרום וסובב אל צפון וגו׳ ולבתר דסלקין תרין ונחתין תרין סלקין (ד׳) דפיקין לעשרה. כגוונא דא יוד הא ואו הא. באת י׳ סליק ה. ובאת ו ה תניינא בא׳ סליק י. דאיהו בעשר אצבען דידין ובי אצבען דרגלין כל אתוון סלקין בוא״ו דאיהו אח״ד כחשבן אר״ץ. דאיהי שכינתא סליקת לנקודי לחושבן זעיר דחנוך. קמץ י״ד. פתח כ׳ צרי י״ב. שבא ו׳ סגול ח״י. חלם ט״ו חרק י״א חירק בי׳ י״ב. שרק ו׳. שורק עם ו׳ י״ב. (נ״א מאי ניהו שורק דא איהו ארץ) לחשבן זעיר דחנוך והאי איהו חשבן לכל נקודין לחשבן זעיר. א״ל והא אתוון דיקו״ק דאינון קרבן עולה ויורד מאן סליק בקדמיתא ומאן נחית. ו׳ נחית בקדמיתא לגבי ה׳ ולבתר סליק י׳ לגבי ה׳ עלאה דהכי אוקמוה מ״מ לא אבא בירושלם

לבשר אחד כראה אותות ו״ה עם כולל ב׳ אותיות עולם מספר אחד מים קמץ שבא אש, חלם רוח וכו כרא״ר מים ג״י ל׳ וקמץ הוא אותות קם ל׳ ושבא אותות באש חלם במק ג׳ רוח בית ק עם הכולל ושורק עפר מאכל דכולהו זר כו שורק אותיות קושר שהוא מאכל דכולהו כי הכל מתערבים וקשרים זר בזר ע העפר של

דתמן אבא ואמא דאינון י"ה. ובהון אשתלים תורה דאיהו ו'. כליל תרי"ג ה' תתאה אורייתא דבע"פ בלילא מכלהו אתוון ובה אשתלים יקו"ק. ועוד אני ישנה שניה ודאי לחכמה דאיהי י' כד אתרחק מיני דהימאי דאיהי ו'. ורזא דמלה יי' בחכמה יסד ארץ כונן שמים בתבונה בחכמה דאיהו אבא י' יסד ברתא דאיהי ארץ ה' זעירא דארץ ודאי. כונן שמים דא ו בתבונה דא אימא עלאה. דבינה אתקריאת לעילא כד איהי עם ו דאיהו בן ו' ות' דאיהו תפארת אשתארת איהי ה' עמיה ובההוא זמנא דאת י' איהו עם אימא. ואיהו מרחק מינה אתמר בה אני ישנה (ואיהי שניה לה). ועוד ישנה בגלותא דלא דפיק בה. ובההוא זמנא דייתי בעלה. קול דודי דופק. דאיהו ו רחימו דילה. רוח צפונית נפיק לגבה דנשיב בכנור דדוד ורוח דרומית מסטרא דימינא ורוח אלקים מרחפת על פני המים דאינון מים מסטרא דחסד דתמן חכמה ובזמנא דייתי פורקנא דפיקו סליק ונחית כגוונא דקרבן עולה ויורד. סליק ה' עלאה לגבי י ונחית ה תתאה לגבי ו'. ומה דהוה יקו"ק אתחזר יקו"ק אבא עם אימא ברא עם ברתא ובגין דא אמר נביאה כה אמר יי אל יתהלל חכם בחכמתו דאיהו לימינא בזמנא דקב"ה מרחקא משכינתיה. ואל יתהלל הגבור בגבורתו. דתמן גבורה בצפון ותמן עותרא. הה"ד מצפון זהב יאתה ובגין דא ואל יתהלל עשיר בעשרו. (תמן לצפון שנאמר מצפון זהב יאתה). בזמנא דאת ו' מרחקא מה דיליה כי אם בזאת יתהלל המתהלל השכל וידוע אותי כי אני יי' וגו. כד יהא יקו"ק כדקא יאות כל אות בחברתה. הה"ד עצם מעצמי ובשר מבשרי לזאת יקרא אשה כי מאיש לקחה זאת על כן יעזוב איש את אביו ואת אמו דא חכמה אביו ובינה אמו הה"ד כי אם לבינה תקרא. ודבק באשתו דא ו' בן ולבתר דאתדבק באתתיה דאיהי ה והיו לבשר א. ודא איהו

דא ה ל ל שבת ל ל שמור ס פ רוש ל לר רס אות ות ל לר ור נו ל רמז למות, הגמשכן מן אות ו ד קומי לך באורי תא דבכתב וה נו שלר ך לקוס מקמי ס ת שהוא אור תא שבכתב גס קום רוא קו מי, כ תורה שבכתב מב נר דאקרי מ נפקא ולכ לך ברלכה כ יכ לשון רלכה הוא ולבתר דאתדבק באתת ה דאיר ה והו קרבן

דאיהו רוח. ומיד קול דודי דופק בשית אתוון מן בראשית דאינון לקבל שית תיבין דיחודא ואינון לקבל שית יומי בראשית ועוד פתחי לי ביומא קדמאה דאיהו ימינא דעליה אתמר פותח את ידיך ומשביע לכל חי רצון. ידיה יודיך דא י' דאיהו לימינא. אחותי ביומא תניינא דתמן ה'. יונתי ביומא תליתאה דתמן ו'. שראשי נמלא טל ביומא רביעאה (נ"א תליתאה) דאיהו כללא דיו"ד ה"א וא"ו דאיהו חושבן טל ודא איהו ווא ובריה דחשביה חד בחשבן דאיהו וא"ו דסליק אח"ד. ו' עלאה עמודא דאמצעיתא. ו' תתאה צדיק. א אחזי על תרויהו דאינון חד. קוצותיו אלין שית קצוות דאינון ה' שית פרקין דכלילן בתרין שוקין דאינון יום חמישי ויום ששי ועלייהו אתמר שוקיו עמודי שש. רסיסי לילה דא שכינתא תתאה כלילא מיוד הא ואו הא. ואמאי אתקריאת לילה דאיהי ליל שבת ליל שמורים דאיהי ודאי ליי'. בהוציאי אותם מארץ מצרים. ועוד אני ישנה במשנה ולבי ער באורייתא דאתמר בה התאנה חנטה פגיה דאינון ת"ת כלב נתיבות פליאות *חכמה בל"ב אלהים דעובדא דבראשית. בל"ב דאיהו ב מן בראשית ל' מן לעיני כל ישראל והגפנים סמדר נתנו ריח אלין בעלי מצות סומי לך רעיתי יפתי ולכי לך. סומי לך באורייתא דבכתב יפתי ולכי לך בהלכה אורייתא דבע"פ ועוד אני ישנה בתלת מאה ושתין וחמש פקודין דלא תעשה כחושבן אתוון ישנ"ה. ולבי ער ברמ"ח פקודין דעשה כחשבן ולב"י ור' מער רמז דאתייהיבו מימינא ומשמאלא מאי ע' מן ער דאיהו בתוספת. דא עמודא דאמצעיתא דאתמר ביה עין יעקב. דאיהו עמודא דאמצעיתא דכליל פקודין דעשה ול"ת דאתייהיבו מימינא ומשמאלא ביה כלילן ועוד קול דודי דופק דא עמודא דאמצעיתא דאיהו תורה כליל תרי"א דאתייהיב מתרין דרועין

דוד דופק דא וא"ו ואות ו' ש בראשו נקודה כמו ו ד שמספרה עשרה ועוד כתב ל ב ומה קדמאה פ רוש יום ראשון בשבת רוא חסד שר ס מ, ו קרא תורה וס אחד ומספר א הוא אחד וצורתו שנ וד, ואות ו באתלש ולז א אל תקר ד ך אלא וד ך ית"ש וכמ ב ומה אל הלה דתנן וא ו נראה כל מספר שלש עולה במספר יקרת יתספר שער רס"ש ללר דא שכ נתא התלה כליילה וכו פ רוש ללר של ללה מספר שס אדנ שה ם שכינתא התאר ונשאר וד יתספר עשרה כ יד ו ד ה א וא ו ר א שרס עשרר אות ות ואמא אתקריאת ללה דתמן

* קו ע"ב

ואיהי אשתמודעא באסיא ואמרת קול דודי דופק ואיהו אמר פתחי לי. פתחי לאת י' דאיהי עשרה מיני דפיקו. קול דודי דופק דא ו' דפיק לתרעא בשית (ס"א דפיקין) פרקין דדרועין ורזא דמלה ידיו גלילי זהב ממולאים בתרשיש בתר"י שש בתר דרועין שית פרקין. וכלהו רמיזין במלת בראשית דאיהו בר"א שי"ת. ועלייהו אתמר פתחי לי באת ב'. פתחו לי שערי צדק. שאו שערים ראשיכם והנשאו פתחי עולם ויבא מלך הכבוד. ובג"ד פתחי לי באת ב' זה השער ליי'. ורא את ב' מן בראשית. אחותי באת א' מן בראשית רעיתי באת ר' מן בראשית יונתי באת י' מבראשית תמתי באת ת' מן בראשית שראשי באת ש' מן בראשית (נמלא טל רזא דמלה יקו"ק אח"ד דסליק לחשבן ט"ל. ר"א) נמלא ט"ל באלקים וביה איהי מליא"ה. באן אתר ביומא שביעאה דאיהו שתיתאה. ועל רישיה י' עטרה כלילא מעשרה. י' איהי טפה דאתמשכת מן מוחא לגבי אפיקי מים ו' רוחא דנפיק מאנן שמאלא רוח צפונית דהוה נפיס מאנן שמאלא דלבא והוה מנשב בכנור דדוד והוה מנגן מאליו. ועליה אתמר קול דודי דופק. דבקדמיתא אמרת ה' זעירא אני ישנה מן י"ס. עד דאתער ו' לגבי

משך, מטעם רמוזים רמז לאורות חג"ת ואיהי אשתמודעא באסיא ואמרת קול דודי דופק פירוש ראשא השלמה באורות חב"ד ג"כ שהם שלשה ראשונות וכו' ,עם ה' בה עשר ספירות ועל זו אמר קול דודי דופק דוד ד' ו' ד' וראש התב"ד הוא חכמה שהם שם ע"ב שהם בו ד' יוד, ונרמזים באותיות דוד שהוא ד' ו' ד' ועל שם ע"ב זה שיש בו ד' וד' ין דרש פסוק פתח לי וכו' באומרו ואיהו אמר פתחי לאות י"ד הוא אות שבראש שם רו"ר רע"ה ונה תית ה' נו רע"ה י"ד ונה י"ד תמת י"ד כנגד שלשר וד', של מלוים דאותיות רו"ה שרש ר' ו' ו' ר' דפיק לתרעא דשית פרקין כ"יוש כללות ה' ד' ש' בה ששה פרקים שרש שלשר באצבע ועוד שלשר בכף וזרוע ורסמוך לכתף ועלייהו אתמר פתח לי באות ב' כ"רוש באות ב' של בראשית ש"ש לה שלשר יתה לות מזרח דרום מערב ולד רלפון, פתות פתחו לי שער לדק התורך נקראת שער כמ"ש בגמרא אבל על דל"ה דראה והרעא לדרת ה' עביד לכן בראשים ברא את"ם ר"ת בב"א שרוא שער ועל כן מפרש בזר עוד פסוק שאו שערים ראשיכם והינו שערים קא על חמשה חומש הוריד שכל חומש נקרא שער וראשים של חתשר חומש תורך עולם מספר אהיה שה"ס ב' נה הנקראת מלך הכבוד ולז"ה שאו שערים ראשיכם ובא מלך הכבוד נמלא ט' באר"ם וב"ה אהי מלאה, פירוש מיתוק ועלו שם אלהים ריס על ד' ט"ל אותות של רו"ת ע"ב ס"ג מ"ה ב"ן, וכ"ן שגילא שם אלהים האחרות אלו הן אותות אלהים אותות מלאה אימתי ב' ומה שב עתה דאה רו שתאה פירוש וס השבת שהוא בסוד ר' סוד שרוא שש בספירות וכיה ש בז"ת וכמ"ש לעיל בשם רב"ו ראה ז"ל בשער הכונות בדרושי השבת א' כמ שב עתה דאה רו שתת ה' קא על ב', רשמשות של' וס שבת שנחשב לשביע ונחשב ל' וס רשש ואותו זמן הר' מתוק שם אהרים דשם י"ר וכיה ש בזור ק' על תלת זמנ, אהים דאת בפרשת וכלו ומ"ש ועל ר' ש"ה ו' ד' עטרה כללא מעשרר אור לדבר באות י' שרש באחיד על ו' בפסוק קול

דאידו

דיתהרית ושרבית. ודא קרבן עולה ויורד. ה' עולה בעמודא דאמצעיתא ו יורד בצדיק אע"ג דכלא כשוט. עולה ויורד ה' באת י'. ה באת ו מיד דאמר מלין אלין פרח. אמר ר' שמעון להבריא זכאה חולקנא דעלאין ותתאין אינון באסכמותא לסייעא לן. האי איהו דאוסמוהו מארי מתניתין דבר נש דאשתדל בפולחנא דמאריה. דכל בריין דעלמא אינון בסייעתא דיליה. כמה דאוקמוה כל העולם כלו לא נברא אלא לצוות לזה. ואפילו שרפים וחיות ואופנים לא אתבריאו אלא לסייעתיה וכד בר נש אפיק הבלים ודבורים בצלותיה כמה עופין פתחין גדפייהו ופומייהו לקבלא לון. הה"ד כי עוף השמים יוליך את הקול ובעל כנפים יגיד דבר. ונטיל קב"ה אלין מלין ובני בהון עלמין דאתמר בהון כי כאשר השמים החדשים והארץ החדשה אשר אני עשה. ורזא דמלה ואשים דברי בפיך ובצל ידי כסיתיך לנטוע שמים וליסוד ארץ ולאמר לציון עמי אתה *אל תקרי עמי אלא עמי בשותפו. אדהכי דא סבא קא נחית פתח ואמר אני ישנה ולבי ער אני ישנה בגלותא דאתרחקו מני. ולבי ער כד אתיא לגבי. לכלה דהות נשואה לחתן ואתרחקו מינה נפלת בבי מרעא ואתכנשו כל אסיין לגבה ולא הוו יכלין למנדע מרעא דילה. אסיא קרטנא הוה תמן דהוה אשתמודע בדפיקו בעשרה מיני דפיקין דבעי לאסתכלא בהון אסיא לקבל עשר אצבעאן. ולא הוו אשתמודעאן במרעא דילה אלא הוא דכמה משכו, וריחין טבין מתפוחים דאתמר בהון וריח אפך כתפוחים. וכמה משכין מעסים רמונים הוו משכין לה אסיין אחרנין. ולא הוו מהניין לה. עד דאתא (נ"א דהאי) אסיא קרטנא אסתכל בדפיקו דילה.

הוא דפ' בן פרות שם רו ר דילו רר ן שעולה כ, ולו א רב פנחס בן א ר שמ ר ודוק ר ע ב ה' עו"ה בעמודא דאמצע תא ו' וירד לדק פ רוש ה א אחרונה שה ס מלכות עולה בעמודא דאמצע תא רתפארת שהוא סוד ות ו דשמא קד שה וגם רוא ו שר ס רתפארת וירד בצד ק שרוא ה סוד לתת בו ה"ת ור ג אע"ג דכולא קשוט עו"ר ו ורד ה באות ו"ד ר באות ו' כ רוש אע פ שהרמז שרמזנו עתה בעולה ו ורד רוא רמז את ת עכ ז יש לדייק עוד בעולה ו ורד באופן אחר ורוא ר סוד כ ה עולה כ ו ד דשמא קד שה שה ס חכמה ו ורד אות ו' דאשונה שה ס כ נר באות וא ו שרוא רתפארת אסיא קרטנא הוה תמן קר ל ר קרטנא לרמוז בנמשל קרט נא או קטר נא ורוא סוד שם אדנ י במלוי ית ולוא שעולה כ א אות ות בסוד ועטר גדל נא כח אדנ וכנז סודו בשער רפסוק ס ע"ש משכן יד ת, טבן יתפוח ם נראה זה רמז לאורות נה כ רתפוח משולש טעם גר ח ומראה ואמרו

ו' א ר

* קו ע"א

עם ה'. ועל כן יעזב איש את אביו ואת אמו וגו' ובג"ד כד סליק ה'
לגבי י אתמר בה זאת תורת העולה היא העולה דהיא (נ"א דהוה)
סליקת לגבי אבא וכד נחיתת לגבי ברא אתמר בה ואש המזבח תוקד
בו אתוקד ביה בשלהובין דרחימו. והכי כד נחית ו' לגבי ה' דיליה. וי'
סליק לגבי ה' דיליה בההוא זמנא והנה מלאכי אלהים עולים ויורדים
בו. כל אלין דפיקין דשאר ערקין והכי אוקמוהו סלקין תרין ונחתין
תרין סלקין תרי י"ק דא לגבי דא. ונחתין תרי ו"ה דא לגבי דא. ועוד
סלקין תרי רוחא ואשא דאינון קלין וסלקין בדפיקו. ונחתין תרי מיא
ועפרא. דאינון כבדין בדפיקו ואינון מיכא"ל גבריא"ל נוריא"ל רפא"ל
מיכא"ל מיא. גבריא"ל אש"א. נוריא"ל רוחא. רפא"ל עפרא י' ברישא.
ה"ה בידין. ו' בגופא. ה"ה הבל סליק הבל נחית. הבל סליק דא ה'
עלאה דסליק לגבי י דאידו עשר אמירן. ובמאי סליק בקלא דאיהו ו'.
והבל נחית. דא ה תתאה דנחית לגביה ואתעבידת דבור קריבו דכל
הבלים וקלא ודבורא איהו פ"ה דאיהי בחושבן מיל"ה כליל כלא. איהו
קריבו דאדם בעמודא דאמצעיתא. קרבן ליי ודא שכינתא תתאה.
ואיהי (נ"א ואיהו) יחודא דאתוון יקו"ק בצדיק דאיהו אות ברית וזכאה
איהו מאן דקריב אתוון אלין בצלותין דאיהי קרבנא דקב"ה שכינתא
דיליה בפומוי. זכאה איהו מאן דמיחד לון בקריאת שמע ובצלותיה.
דקריבו דלהון ודאי בעמודא דאמצעיתא. יחודא דלהון בצדיק. ומאן
איהו דמיחד ברא ונקרב כלא עלת העלות:

אדהכי הא סבא קא אודמן ליה דהוה נהיר עלמין דבי פנחס בן יאיר
שמיה ואמר רבי רבי. ודאי קריבו דארבע אתוון ויחודא דלהון
בעמודא דאמצעיתא. וקריבו ויחודא דלהון הכי הוא בצדיק. ובתרין
דרגין מיחדין לון ישראל בכ"ש דערבית ושחרית ומקרבין לון בצלותא

יו ד בהומרו ענית ייאד דור קת על ח ביר ר ו ד עם ר ח וכן והמר וכשר מבשרי בתוספת ו ד לרמוז דקת על
ח ביר הוא"ו עם ה א איהו קריבו דחדכ בעמודא דאמצעיתא פירוש הפה נריזו בו ח בור בח שם אדג י שהוא
רמלכות בעמודא דאתגע תא שהוא ותפארת לכן ש בפה שפר בתחלתו שהוא מספר שכינה שה כ שם אדג והלשון
עומד באמצע ה ם הפחרה עמודא דאמצעיתא דהוה נהיר עלמין רב פנחס בן א ר שז ר פירוש עלמין על ד'
עולמות אב ע שממשך להם אורות ין ריחלי רעי ין ולכך אמר ששמו פנחס כלומר דוק בשמא שתמלא פנחס
דשחריה

אֶל אֲשֶׁר יִהְיֶה שָׁמָּה הָרוּחַ לָלֶכֶת יֵלֵכוּ. כָּבֵד. הוא סמא"ל הוא עֵשָׂו דְלֵית ביה רוּחָא דקוּדשָׁא לָא דַפְסִין עַרְקִין דִילֵיה. ובגין דָא לָא שַׁרְיָא שְׁכִינְתָא בְּאוּמִין דְעָלְמָא. ובגָלוּתָא דאסתַלַק רוּחָא דקוּדשָׁא דאתמַר ביה וְנָחָה עָלָיו רוּחַ יי' וגו' לית דפיקו בלבָא דאיהי שְׁכִינְתָא. ובגין דָא אתמַר בָהּ אֲנִי יְשֵׁנָה ולבי ער. ולֵית בַּת קוֹל בפוּמָא (דהות סלקא (נ"א דבה סליק) קָלָא ברוּחָא בתקיעה בַאֲריכו וּבְשברים בתבירו. ובתרוּעָה שַׁלְשֶׁלֶ"ת קָלָא בינונית לָא בַאֲריכו וְלָא בקצירו. בַּת קוֹל איהי קוֹל דממָה דַקָּה זעירָא. קָלָא נמוּכָה בַחֲשָׁאי דְהָא קוֹל באשה עֶרְוָה. וכַד ייתי מְשִׁיחָא נָחִית רוּחָא דקוּדשָׁא עֲלָהּ וּמִיַד איהי אֲמַרַת קוֹל דודי דוֹפֵק דפיקו סָלִיק ונָחִית. סליק ה' עִלָאָה (ס"א תתאה) *לְגַבֵּי י' ונחית ה' תַתָאָה (ס"א עלאה) לְגַבֵּי ו'. דאיהו קָרְבָּן לַה'. קָרְבָּן עוֹלֶה ויוֹרֵד. וְרָזָא דמִלָה יְיָ בְחָכְמָה יָסַד אָרֶץ כּוֹנֵן שָׁמַיִם בִּתְבוּנָה. באַבָּא דאיהו י' יָסַד בְּרַתָּא דאיהו ה' זעירָא דַעֲלָה אתמַר ואביו שָׁמַר אֶת הַדָּבָר. באִימָא דאיהי ה' עִלָאָה כּוֹנֵן שָׁמַיִם דאיהו ו' ואיהו בן י"ה. וכַד יהון מתקרבין אַתְוון אָב עִם אֵם. בֵּן עִם בַּת כל חַד בבת זוגיה. ה' עִלָאָה (סליק) לגבי י'. ה' תַתָאָה (נחית) לגבי ו' האי איהו קרבן עוֹלֶה ויורד. בהַהוּא זמנָא ותקרבו עֲצָמוֹת עצם אל עַצְמוֹ. וְרָזָא דמִלָה עֶצֶם מֵעֲצָמַי ובשר מבשרי עצם מֵעֲצָמַי דָא י' עם ה. וּבָשָׂר מבשרי דא ו'

מלת אל במקום עם כמו ... עם רכוש ... ורוח יתוסף לדפק. **קלא** מוכר בחשאי דהא קול באשה ערוה פירוש כמו ואת בת קול בגלותא לרשמ"ע דברים שמתחו ... דקול שיר בחשאי כי אותר אין שומע יכל ... אלא רק במקום שכי ... ישמע דקול דרוח דר ... נאמר בת קול ואחרי ... אין שומע קול זה בכל העולם כי אם רק באותו בית"ד הגדול ... כמו שנאמר בת קול ... אלא בבהמ"ד ... ומשום דלא שמע הקול בחוץ ... קלא מוכר בחשאי והטעם ... טעמא לדוגמא משום דקול באשה ערוה ... הקול של האשה כן דוגמא ... בת קול ... כן דרכם ... **סליק** ... **האי איהו** קרבן עולה ויורד פירוש ... **עצם** ...

דהביאו לה בחשאי. וכד שכינתא איהי בגלותא. אתמר בה אני ישנה ולבי ער. כד איהי ישנה לית בה דפיקו. בגין דקב"ה דאיהו קול דפיקו דילה אתרחק מינה הה"ד נאלמתי דומיה החשיתי מטוב. למה נאלמתי מ"ק דאיהו דומיה דאתרמיז באלקים דאיהו ל"ב אלקים דמעשה בראשית דדפיק רוחא דקודשא דאתמר ביה ורוח אלקים. בגין דהחשיתי מטוב דאיהו קול. בההוא זמנא אשתארת בת יחידא בלא קול. ובגין דא לית בת קול בגלותא. ובגין דלית בת קול בגלותא הביאו לה בחשאי. ובגין דא צלותא איהי בחשאי. אף על גב דהזין סגיאין אית הכא שבעין אנפין אית לאורייתא. ובההוא זמנא לית לה דפיקו דאיהו כגוונא דנקודי דמנגדין בדפיקו דאצבען דאינון עשר. דבהון מנגדין בדפיקו דרוחא ואינון מנגדין בנימין דכנור דדוד. דפיקו איהו כגוונא דקלא דסליק בנגונא לקבל עשרה דפיקין דאסתכל אסיא בדפיקו עבד דוד עשרה מיני נגונים בתלים. ארבעה אינון אחותי רעיתי יונתי תמתי לקבל יקו"ק עשרה דפיקין לקבל יוד קא ואו קא. דפיקו נפיק מאדנא שמאלא דלבא ודא הוא רוח צפוני דהוה מנשב בכנור דדוד דהוה מנגן מאליו וכל ערקין וורידי גופא דאינון דפקין. מלבא אינון (נ"א הוה) דפקין. ורזא דמלה

דאתלבשת בה בתרוייהו שלשלת כנראה שלשלת רוח אות ות לשלשת. **בההוא** זמנא אשתארת בת יחידה בלא קול ובגין דלית בת קול בגלותא פירוש בת קול ה"ס דהתחברות המלכות שנקראת בת בתפארת הנקרא קול שהם הוי"ה אדנ"י וזהו אמר על מלכות דאצילות שר א אמר דבכת נה בת קול וזו הבת נה של מלכות דאצילות שר א אמר ד בסוד בת קול אנכה בסוד רגלות שארז"ל כל מקום שגלו שכינה עמהם כי אור שכינה שעמהם בגלות אנו בסוד בת קול שרוא בה' מלכות דאצילות אלא רוח מבח נה מלכות דב"ע ששם ע הטעות אשתארת בת יחידה בלא קול ואמר עוד בגין דלית בת קול דר בגלותא הב או לה בחשאי פירוש רב או לה לבה קול שהם מלכות דאצילות בחשאי זה חוד של בשכמל"ו שרוא חוד דמלכות שאומרים אותו בחשאי ובגין דא צלותא איר בחשאי שצריך לאומרה בלחש שלא תקנוהו בה רת לוג ם **לקבל** עשרה דפקין דאסתכל אסא בדפקו פירוש ש עשרה מינים בדפק של האדם שכל מין דפק מורה על דבר אחד ועתה הרופאים אינם בקיאים בעשרה מינים אלו אלא במקצתם שיודעים מן הדפק אם זה מכים מת רקודחת גם יודעים מן הדפק שבאשה אם היא מעוברת או לאו אבל שאר חולאים חוץ מזה רקדחת אינם מכירים מן הדפק ורבינו מוהרח"ו ז"ל בשער רוח הקודש על רבינו האר"י ז"ל שהיה יודע בית כ הדפק חולאת רנכם כמו שיודעים וכנגדן החולאים הגופנים אלו הרופאים וכו אור רעגן הוא כ הנקודות רם בחכמה ואמלא לפעמים דופק נקודה אחת ודופק נקודה ב בלדה וזו ם לירי"י דופק נקודה אחת למעלה ונקודה ב' תחתיה וזה א נקודת שבא ולפעמים דופק נקודה אחת ארוכה ורסג ת נקודה אחת בלבד קטנה וזה א נקודת רקמ"ץ וכן עד ז כל שאר נקודות ע"ש **ורזא** דמלה אל אשר יהיה שמה הרוח ללכת לכו כנראה דר ש

אל

כד אתגבר מיא על אשא או אשא על מיא או כד אינון יסוד על מלכות כל ספירה דא על גבי דא בכל אתר, איהו שב"א. ורזא דמלה את המאור הגדול ואת המאור הקטן. כד אינון שוין הוו צר"י את שני המאורות הגדולים. וכל נקודין אינון דבור ואתוון הבל דבלים דתליין מן ה"ה. ואינון אתוון רברבן ואתוון זעירן. (נקודין מי. בת קול ודאי קלין אינון מן ו' ואינון אתון ונקודי', וטעמי כליקן בהו) (נ"א נקודין מתלבשין במיא בימינא דאתמר הרוצה להחכים ידרים) אתוון מן ה"ה נקודין מן י'. טעמי מן ו' נקודין *מתלבשו במיא בימינא דאתמר ביה הרוצה להחכים ידרים. אתוון מתלבשין באשא בשמאלא ועלייהו אתמר קול ה' חוצב להבות אש דאינון הבלים. טעמי מתלבשן באו רא באמצעיתא וטעמי אינון מסטרא דכתר ונקודין מסטרא דחכמה. ואתוון מסטרא דב נה. (דבינה) ומתלבשין במיא אשא ורוחא דאינון חסד גבורה תפארת. והכי מתלבשין בנצח הוד יסוד מלכות מאנא דכלהו כלילא מכלהו איהי פה דמינה הבלים נפקין וקלין ודבורין כלהו אתכלילן בה. ואיהי לב דכלהו בה אתכליל, ומינה נפקין דפיקו דרוחא לכל ערקין דדרועא. כד רוחא דפיק במיא דאיהו לימינא אתמר ביה קול דודי דופק פתחי לי אחותי. לההיא דאתמר בה אמור לחכמה אחותי את. וכד דפיק לשמאלא דאיהי אשא אתמר בה רעיתי דביה אתוקד בבמה רשפ"ם דאינון שרפים דאתמר בהון רשפיה רשפי אש שלהבת יה. מסטרא דעמודא דאמצעיתא יונתי תמתי. בגין דאיהי דרגא דיעקב דאתמר ביה ויעקב איש תם. ודפיקו דיליה תמן במשקל לא סליק ולא נחית. די במיא נחית לגבי צדיק נביעו לגביה באריכו וסליק ביה באריכו דתקיעה. באשא איהו דפיקו בשברים בתבירו. ובעמודא דאמצעיתא נחית (נ"א אחיר) בתרוייהו שלשלת. בינוני ודא תרועה קול דממה דקה לגבי שכינתא תתאה תמתי תם ההוא דפיקו בגין

רות מכוכר כבס שמ ס שאכרו ל מא שת ס אש ימים ור ו דאמ ד ב"י א יאשא ואיי ע ד כד אמ ד כת א יהר
אתמר ביה קול ה' על רמ ס וכד אמ ד באשא ותר אתתר ב ר קול ר חוצב להבות אש וכד אמ ד ברוחא כ'ווי"
שנ כר בו חלק הרות ותר משאר חלק ס א רו רוא חזק ומ ס תר עוז' דא יהח ב יום תאות י"ג ר **בעמודא**

רדב א (כח)

* קד ע א

שבא סמך קמץ לימינא קול יי על המים. וכד רוחא אחיד ביה דאיהו
חל"ם אתמר ביה ורוח אלקים מרחפת על פני המים. שב"א איהו באש.
וכד אחיד ביה רוח. איהו רוח חזק מפרק הרים ומשבר סלעים מסטרא
דגבורה דאיהו תקיף. כד אחיד ביה רוחא דאיהו חל"ם בין קמ"ץ
שב"א דאינון מיא ואשא דאינון תרין דרועין דאית בהון יד ימין יד
שמאל דאינון כ"ה פרקין אתמר בהו קול ה' בכח. כד האי רוחא אחיד
בעמודא דאמצעיתא אתמר ביה קול יי' בהדר. כד אחיד בתרין שוקין
דאינון צרי אתמר בהון קול יי' יחולל אילות. דאינון תרי עולי דאילתא
תרין אחים איש באחיהו ידובקו והכא רזא דיבום דאם יפול אחיו הא
תניינא דיוקים ליה ורזא דמלה נתנני שוממה כל היום דוה. ודא
הו"ד דאתמר ביה כי נגע בכף ירך יעקב בכף דיליה שכינתא דוה
איהי בגלותא בגין דפרחת מניה ירך דאיהו ו מן ה. ואשתארת איהי
ד' דילה. קול יי' יחיל מדבר דא חירק ודא צדיק. כד רוח אחיד ביה
איהו יחיל מדבר. שבע קרין לקבל שבע שמהן אבגית"ץ וכו' רוח
סליק באויר דאיהו כתר עלאה אויר קדמון אש סליק לגבי ה' דאיהי
אימא ואתעביד אשה מים סליק לגבי י' ואתעביד ימים ודא חכמה
והכי נחתין לגבי נצח והוד יסוד. מלכות מאנא דכלהו. ואיהי עפר
כלילא מכלהו. ואיהי כללא דכל אתוון דאינון מאנא לנקודין ועל אלין
ז' קלין אתמר וכל העם רואים את הקולות. ועל תלת גניזין אמר קול
דברים אתם שומעים. בת קול דכלהו שכינתא תתאה. תא חזי ג
נקודין אינון חירק חלם שרק חלם קוצא די' לעילא איהו חלם קוצא
דאת י' לתתא איהי חירק לגו באמצעיתא איהו שורק. כד אינון תלת
כחדא אינון סגולתא ואינון שלשלת ואינון שר"ק ואינון סגו"ל כתר על
חכמה ובינה איהו סגולת"א חל"ם על צר"י. סגו"ל איהו נקודה תחות
צר"י חסד גבורה תפארת לתתא. נצח הוד יסוד באמצעיתא איהו שרק
והכי כד תפארת באמצעיתא איהו שלשלת. שב"א איהו תרין נקודין.

מים הוא ל' ושלים אש הוא ק' דאות א' איט מתחלק הרי רוחא דא רו ו אח ד במ א שלוקח של ש שלו שהוא ל'
כי כל אחיזה ה א סיעור של ש כנודע ואח ד נמי באשא שלוקח של ש אש שהוא ק דר אתעב ר קול ולכן תמלא
כד

בשותפו עמי. דבמלולך אתעבידו שמיא וארעא ועוד הבל הל"ב. ה' אתפלג לד"ו פרצופין, ד"ו ד' ד' רגלין דכ"ס"יא. ו' שש מעלות לכסא וכאה איהו מאן דירית נשמתא מכרסייא יקירא בלילא מי תקונין אלין. ועביד לה כרסייא לה דשמא דיקוק דאיהו בארח אצילות לתקנא ליה כ"ס"יא בר נש לנשמתיה. ההבי אוקמוהו קדמאין כל הנשמות גזורות מכסא הכבוד. ותמן שריא שכינתא עלאה ולית ה' בלא י'. ובג"ד כי יד על כס י"ה שריא במטטרון ודא איהו רוח השכלי דאיהו אצילות. ה' שרייא באופן ודא נפש השכלית בארח אצילותא דאית נשמה ורוח ונפש שכלית ולא בארח אצילות אלא אתמר בהון גזורות ,אינון כסא ומלאך ואופן. זכאין אינון ישראל דסלקין הבלים דצלותין, בהון לגבי אתו, דקב"ה ושכינתא עלאה ותתאה. ובג"ד יש הבל אשר נעשה על הארץ. ו"ש הבל דה' שע"א דאינון הב"לים דשקרא ונטלין לון מלאכי חבלה ונטעין בהון רקיע ן וארעין דשקרא ועלייהו אתמר הבל המה מעשה תעתועים (כאן חסר) קמו כ"להו ואשתטחו קמיה ואמרו אלו לא אתינא לעלמא אלא למשמע דא די:

לנרות אשר על ראשה ואינון י"ה יו"ד ה"א ו"ה וא"ו ה"א. ואינון ז' כפולות בג"ד כפר"ת *לבושין לון. ובלהו סלקין מלבא לפומא. שבע הבלים סלקין. שבע נחתין לאשקאה לון. ובגין דא שבעה ושבעה מוצקות. תלת אינון גניזין לעילא. דלבושין דלהון אמ"ש דאינון אש מים רוח. הא אינון עשר דסלקין מל"ב נתיבות. ואינון לקבלייהו עשר אמירן ול"ב אלהים דבראשית הא מ"ב. מלבא נפיק אשא. מכנפי ריאה רוחא ממוחא מיא. ורוחא אחיד במיא ואשא ואתעביד קול. כד אחיד במיא אתמר ביה קול ה' על המים כד אחיד באשא אתמר ביה קול ה' חוצב להבות אש. כד אחיד ברוחא איהו רוח חזק מפרק הרים ומשבר סלעים ועליה אתמר קול ה' שובר ארזים. ותלת נקודין אינון לקבל אמ"ש ואינון חש"ק הה"ד רק באבותיך חשק יי' ואינון חל"ם

הוא יר וסוד רחפיר ועובדא יו מ"ת לדקה וכת ס רז ל ע פ אב בנדק אחזר כ ך דבמילולך אתגבר דו סת ה וארעא פ"יוס ב"ן ותקון זו, שהם תפארת ומלכות ר קרא ס סת יה וארעא ר"ה על ד התפלר שלך דסלקין יכלס דצלות, כרין ל"ב אתוון דקב"ר ושכ נתא עילאה ותתאה פ"יוס אתוון, דקב ר רוח הו ר דילו אלף, רנקרא קב"ר בכתס ושכ תא עילאה רוח רו ר דילו ס נ שהוא סוד הב גר ס קראת שכ נתא עלאה אבל שכ נתא תתאה רוח הו"ר בילו רר ן בר"ס ריילות הנקראת שכינתא תתאר וכל אלו רס בסוד ב ע ועול ס יאלות סר ס שם הו"ר דוד, שעולר ע ב, רוחא אחד ביה ואשא ואתעבד קול פ"יוס רוחא נופר הוא סוד ואו ושל ש

שבא

אתכסייא חכמתא דא מן חבריא אמר לון רבנן בודאי רזא עלאה אית תמן אבל אימא לכו ברמיזא. ז' הבלים אינון וזכאה מאן דלא נטיל אגרייהו בהאי עלמא ואינון דכלילן בבת שבע ואינון בהאי קרא הבל חד. הבלים תרין. הא תלת. הבל הבלים תלת. הרי שית. הכל הבל הא שבע ולקבלייהו ז' שמהן אבגית"ץ וכו' אלו ז' הבלים אינון כפולים לקבל ז' שרגין דמנרתא כפולים דאתמר בהון ז' וז' מוצקות (ואינון שבע הויות דאתמר בהון באמירה יהי אור ויהי מיד ולבושין דאינון ז' הויות אינון ז' שמהן אב"ג ית"ץ וחברוי. הבל איהו להב הבלים להבים. ועלייהו אתמר קול יי' חוצב להבות אש. ומאן דידע באלין הבלים כד אפיק לון מפומוי ומלביה ידע לכוונא בשכינתא עלאה דכל הבלים מינה תליין ומתלבשן בשכינתא תתאה דכליל שבע שמהן אבגית"ץ וחברוי. דאינון אתוון דבהון אתבריאו שמיא וארעא. דאלין תליין באמירה ואלין בעשיה. ברזא דאומר ועושה מיד ואלין ז' הבלים אינון כפולים לקבל ז' שרגין דמנרתא כפולים דאתמר בהו שבעה ושבעה מוצקות לנרות. (ואלין באמירה ואלין בעשיה ואינון י"ה יו"ד ק"א ו"ה וא"ו ק"א אלין אינון שבעה ושבעה מוצקות). זכאה עמא דידעין לסלקא צלותין באמירה ועובדא. ועליה אתמר ואשים דברי בפיך וגו' והא אוקמוהו אל תקרי עמי אלא עמי בשותפו. כמה דאתמר ביה בדבר יי' שמים נעשו וכו' הכי אנת

עתק ולדקר ועוד [illegible] כתב פסוקים כולה בזה זבאה מאן, ד"ל על אור הו' כר"א גלתא פירוש זר דלותר סורות רס ורוח עודו בצוה ז ופועל בהם פעולות כולה כאשר תחתים כר"ם ועושה פעולות הר יוח לוקח סכר ליחוד סורות ר' כר"א פ' ודע כי סודות אי' דשבעה הבלים לא וכו' [illegible] הוחם ו' האר ז"ל בפירוש ולא דבר' כענ גם ודק דיך דעבדה דמז על' חלק [illegible] מן סים מסודם וע' [illegible] בשער רקוו ות בדרוש דלא [illegible] בדרוש ז' תמתוממת דלית [illegible] רוות דס"ג דריתלו תוא [illegible] בזה [illegible] רם סוד ז דכ"ם דספר קוהלת ע"ש וגם בע"ח שער ז' [illegible] כתוב יון רפה דז"א ולא ס"ו דכ"ם דקהלת והם [illegible] ז"ת דנוקבא דז"א דוכמת הבל פו דז"א וכו' ע"ש הך רואה רמוס אלו הם חלק [illegible] רם הידול ואשר הוא [illegible] שבעה הבלים אינון כפולים [illegible] הכפל באות ות הבל שהוא ב' לה כלומר כפל [illegible] לה לבת [illegible] וז של דבל [illegible] נקנה שהם בסוד [illegible] וקבלה [illegible] ומאן דידע באלין, הבלים כד אפיק לון מפומוי ומלביה [illegible] על כן דבל הוא אות [illegible] הלב [illegible] לה ות דבל הפה ולא מן הלב [illegible] עלאה דכל הבלים [illegible] שם הוא שם ס"ג אשר [illegible] מספר הבל זכאה עמא דידעין, לסלקא צלותין, באמירה ועובדא פירוש אמירה הוא נוסח התפלה ועובדא הוא [illegible] שפתו [illegible] [illegible] הדבור בשפתו וכמ"ש [illegible] ולכן, אומר אדני שפתי תפתח [illegible] שפתים [illegible] התלתך דלא [illegible] שהוא נוסח התפלה [illegible] לרז"ל בעדים [illegible] שאמרו [illegible] שפתים [illegible] גם בשותפו

הַבָלים אָמַר קֹהֶלֶת. וְהַאי קְרָאן הַאי קְרָא זִמְנִין בְּרִיא הוּשְׁבָנָא. אָמְרוּ לֵיה אִינּוּן חַכִּימִין מָארֵי דְּדָרָא מַאי הָאי וְכִי לֵית קְרָא אַחֲרָא בְּסֵפֶר קֹהֶלֶת. מִיַּד קָם הַהוּא מָארֵי קַבִּין דַּהֲוָה יָתִיב עַל כָּרְסַיָּא וְאָחִיד בִּידֵיהוֹן וְאָעִיל לוֹן לְז' הֵיכָלִין וּבְכָל הֵיכָלָא וְהֵיכָלָא הֲוָה כְּתִיב הֲבֵל הֲבָלִים וּבְהֵיכָלָא שְׁבִיעָאָה הֲוָה נִשְׁרָא וַעֲטָרָה בְּפוּמָהָא וּדְמוּת יוֹנָה בְּהַהִיא עֲטָרָה וַהֲוָה כְּתִיב בַּעֲטָרָה כָּל מָאן דְּלָא יָדַע בְּאִלֵּין הֲבָלִים וּבְרָזָא דִּלְהוֹן עֲלֵיהּ אִתְּמַר וְהַזָּר הַקָּרֵב יוּמָת מִיַּד אִתְהֲדָרוּ אִינּוּן לַאֲחוֹרָא אָמַר לוֹן הַהוּא בַּעַל קַבִּין, אַתּוּן חַכִּימִין מָארֵי דְּדָרָא דַּאֲזָלִית אֲבַתְרַיְיכוּ עַד כְּעַן לְמִנְדַּע יַת חָכְמָתַיְיכוּ וּבְוַדַּאי לָאו אַתּוּן חַכִּימִין. דְּוַדַּאי בְּהַאי קְרָא עֲבִידְנָא כָּל בִּנְיָנָא דָּא וּבֵיהּ הֲוֵינָא שָׁם עָלְמָא בְּמִיסָה חֲדָא. וּבְזִמְנָא בִּתְרֵין. וּבְזִמְנָא בִּתְלַת. וּבְזִמְנָא בְּאַרְבַּע. וּבְזִמְנָא בְּחַמְשָׁא. וּבְזִמְנָא בְּשִׁית. וּבְזִמְנָא בְּשֶׁבַע. וְאִנּוּן בְּהַאי אַרְעָא כֻּלְּהוּ אֲזָלִינַן בַּעֲלֵי קַבִּין' וְהַאי קְרָא יְרִיתְנָא מֵאַבָּא וְאַבָּא מֵאֲבוֹי עַד דָּרָא דָּא לְכֻלְּהוּ יְהַב לוֹן מָמוֹנָא סַגִּיא וְשַׁוִּי לוֹן בְּאַתְרַיְיהוּ כְּהֶרֶף עַיִן וּבְגִ"ד יֵשׁ הֶבֶל אֲשֶׁר נַעֲשָׂה עַל הָאָרֶץ. אָמְרוּ לֵיהּ חַבְרַיָּיא רַבִּי אֵימָא לָן, שׁוּם רְמִיזָא בְּהַאי קְרָא דְּלָא

כ"רוש הו' אומרים חוקו כתר פעמים בלא תספר וג"ה דבכל פעם הן יתכוונו בו פירוש אחר ומשמעות כן כמו שכתבתי למורה ע"כ רסוד וכל אלו הפירושים למדו תרבם אך לא רצו לגלות הפירושים של הסוד לפני אותם החכמים ורק רז"ו מזכירים הפסוק כפיהם ויתכוונים הפירושים בלבם **ובהיכלא** שביעאה הוה נשרא ועטרה בפומהא נראה מן ראשון, פירוש לורה נשר נקבר מפני דאלו בעל קב, רמ מכוונת הנוקבא ולכן נקבה אות ות ר' קב, ולכן דמוה ו' ר' נקבר ברה"א בגדר ור"ש ה"ו תשיבות שרוא רחמנ וחס בות ה' ונר ריא שאנר נוקבת למ, אחר ומש בהא קרא עב"ד א' כל ב' נא דא פירוש בסוד שם מ"ב דרמוז בהאי קרא שהוא ג"כ נקרא שם המפורש **וביה** רוכא שם עלמא בג"ה חדא נראה מ"ש רז"ל מ כהל עם רעולם בנ"ס חדא וגבר בשתים ואלרו זכור לעוב בארבע זהו ע, אחר שפירש רב נו האר"י ז"ל בשער מאמר רז"ל כונתם הנו בענין ארבער סודות ורס א' נס גם ס ע שם המפורש, אך כאן יואו ע"י שם המפורש שהוא שם ב"ן, מ"ב ש ש בו שבע, שמות ואם משתמש בשם הראשון, פירוש שרשו אב"ג ית"ץ גם כל רעולם בנ"ס חדא ואם משתמש בשם רב' בלבה שהוא שרשו קר"ע שטן, עם רעולם בתר, ואם שתמש בשם השלים בלבד שרוא נג"ד יכ"ש גם בתי"א וכד עזה ד' **ואינן** בהא ארעא כולרו אולין בעלי קבין, כ' רוש ברא ארעא שהיא שב בות ע ור א' תכלל קרקע ג"ע ש"ש כמו פרדסים שהם כולם עשוים בנוים ונטועים כמו פרדס זה שראו וש בכל אחד ז' הכלות כנגד ז' שמות של שם מ"ב כאשר יראו בחותו רפרדס, הנה כולם רם בחינת בעל קב, ורא קרא שבו רמוז סודות שם בן מ"ב בכל פרט רשמות שבו כ' הנא יתאבא ואבא מאבא וכל אותם הדורות שקדמו לו ש לכל אחד פרדס עשו כמו זה וש בו לדקים שרש תלת דש יזר הנדק בעל רפרדס אשר בנר ושכלל כל ב, הפרדס ועג כ"ו וה כלו והוא אחד מרס אך כולם כבר נפטרו מעוה"ז והשלמו התקון, נפשם והם זוכים לכל רכבוד הזה בפיטות לה ותם בחינת בעלי קב, **יהיב** לון ממונא סגיא אפשר יקרוב לומר שלא נמן להם ממון כסף וזהב אלא מסר להם סודות על ונים ולרסודות מכנה אותם בשם ממונא סגיא וכמו שאמרו במשל דתכנה ד"ת בשם ממון דכתיב עושר וכבוד רון,

דְעוֹבָדָא הֲוָה בְחַד ב״נ מֵאִינוּן בַּעֲלֵי קַבִּין דַהֲוָה אָזִיל בְּאָרְחָא אַעֲרַע בְּתְרֵין חַכִּימִין מָארֵי דְדָרָא דְחָכְמְתָא דְאוֹרַיְיתָא. א״ל שְׁלָמָא עֲלַיְיכוּ רַבָּנָן שְׁמַעְנָא עֲלַיְיכוּ דְאַתּוּן חַכִּימֵי דָרָא לְאָן אֲתַר אֲזִילְתּוּן א״ל לְדוּך פְּלָן וְעַ״שׁ הֲוָה. אֲמַר לוֹן אֲנָא אֲזִילְנָא תַמָּן (אֵיזִיל) וְאַתְקִין לְכוּ אֲתַר בֵּי מוֹתְבַיְיכוּ אִי אַתּוּן בְּעִיתּוּן. א״ל וַדַאי אֲנָן בְּסוּסָוָן וְאַנְתְּ בְּלָא רַגְלִין אֵיךְ יִתְכַּן לְמֶהֱוֵי הָאי א״ל אע״ג דְאַתּוּן רַכִּיבִין בִּבְעִירֵי דִרְהִיטֵי סַגִּי. וַאֲנָא חִגֵּר בְּלָא רַגְלִין. אִי אַתּוּן בְּעִיתּוּ אֲנָא אַקְדִּים לְתַקְנָא לְכוֹן שַׁבְתָּא. תְּוַוהוּ אַדְהָכִי אַחֲזָרוּ רֵישַׁיְיהוּ לְגַבֵּיהּ וְחָמוּ לֵיהּ *דַהֲוָה רָהִיט כְּשַׁרְבִיטָא דְכֹכְבָא עֲבַד לוֹן קְפִיצָה וְאַשְׁכְּחוּ גַרְמַיְיהוּ לְפוּם מְעַרְתָּא כְּהֶרֶף עַיִן.

(ס״א אמר לון שמא דמ״ב אתוון, דליג לון ה׳ק כרסי ברגעא חדא אשכחו וכו׳)

אֲמַר לוֹן. רַבָּנָן עוּלוּ עָאלוּ אֲבַתְרֵיהּ מְעַרְתָּא גוֹ מְעַרְתָּא עַד דְעָאלוּ לְחַד פַּרְדְּסָא. וַהֲוָה תַמָּן הַהוּא בַּעַל קַבִּין מִתְפַּשֵּׁט מֵהַהוּא גוּפָא וַהֲוָה מִתְלַבַּשׁ בְּגוּפָא אַחֲרָא. דְאַנְפּוֹי הֲווּ נְהִירִין כְּשִׁמְשָׁא וַהֲוָה יָתִיב עַל כָּרְסַיָּא דְמַלְכוּתָא וּתְלַת מְאָה תַלְמִידוֹי תְּחוֹת כָּרְסַיָּא לְרַגְלוֹי. וַהֲווּ קָרָאן הֲבֵל

דקים כמו אפר תחת רגליהם **אערע** בתרין חכימין מארי דדרא יאמר דחכמתא דאורייתא פירוש מארי דדרא בחלק דנגלה הלכות ואגדות מארי דחכמתא בחלק דסוד **אמר** לון שלמא עליכו רבנן ר״ת שער רמז לדבר זה השער לה׳ צדיקים בואו בו לכן דחכמים נקראים זקני השער **עבד** לון קפיצה ואשכחו גרמייהו לפום מערתא הנה מן הלשון נראה דאחר דרחו אותו דרך כשרביטא דכוכבא עשה להם הקפיצה כי במהלך דראה אותם כמו כוכב הגדולה אע״פ שרואה בלא רגלים ואז עמד במקום רחוק מהם וכשקרבו אצלו עשה להם הקפיצה ע״י כוונות הידועים לו בשם מ״ב **עד** דעאלו לחד פרדסא נראה שזה הפרדס קרקע הוא ר״ת מכלל קרקע ג״ע דרך כי מלמד ונודע כי ג״ע הוא גדול מאד שכל הישוב של עוה״ז הוא אחד מששים ממנו וכנזכר בגמרא וגם אמרו בסוף ק בן הודע דקרקע ג״ע בגם רוח עומד שאינו לוקח מקום מקרקע עוה״ז עד שאמרו ז״ל על מקום ארון וכרובים בגם רם עומד, דאינם מן המדה וכן רענ, בקרקע ג״ע וענין הפרדס הנז׳ רוח דרש ת מן הישוב וכולת לצדיקים שהם בסוד בעל קבין רמז׳ לחדש אחר פעירדס פרדסים סביבות ג״ע וקרקע תם מזוככת כמו קרקע ג״ע כגון תוספת מחול על הקודש כדרך שנתן כח לצדיקים לבריאה כמו דברים בספר לדר ולכן אמר האשם הקדוש לחכמים בריה קרא עב ד״א כל בני נא דא דישתמש לא דר הפרדס הרוח שעשר שמים ולא תן רשות זר אלא לצדיקים שהם בסוד בחינת בעל קבין וזה האשם הקדוש רוח הק׳ אחד מהם שעשה ותקן הפרדס ההוא אחר שנפטר מעוה״ז והיתה נפשו ונפש תלמידיו ג״כ שכבר נפטרו מתלבשים בגופים שלמים המאירים ושם תורה קבע ישיבתם בתורה וסודותיה וזה לאותו פרדס פתח מן מעורר חסר הא בכלל קרקע עוה״ז ודרך שם נכנסין ויוצאין **ודע** דאע״ג דבהיותו בעוה״ז עם החכמים היה מלובש בגוף בעל קבין ואחר שנכנס לאותו פרדס פשט אותו הגוף ונתלבש בגוף זך המאיר כשמש הנה ודאי גם אותו הגוף שנתראה בו לחכמים בעוה״ז אינו חומרי ואינו צריך אכילה ושתיה ופשוט **והוה** יתיב על כורסיא דמלכותא נראה קראו כסא דמלכותא מפני שכל אלו בעלי קבין הם בסוד המלכות ותלת מאה תלמידו תחות כורסיא לרגלוי נראה דר״ו שלש מאות כמנין שם מלפון ודוו קראן הבל הבלים אמר קהלת ר״ת פסוק זה הוא ק״א כמנין אלי״ף במלואו והוו קראן הא קרא זמנין בלא חושבנא

הבלים

• קג ע ב

וכי שלמה לא עבר קרא אתרא בסהלת. עאל להו ההוא דאתחזי תגר בארחא לד היכלין מכספא ודהבא ואבנין יקרין. וכהיכלא ז' כרסין דד' חזון ויונה תמן דכספא ועטרה דדהבא על רישה וכתוב כה כל מאן דלא ידע בא"ץ הבלים עליה כתיב והזר הקרב יומת. אינון חכימי דרא מיד דחזו הכי דהוה כתיב בההיא עטרה חזרו לאחורא אמר לון ההוא דאתחזי עלייהו כתגר וכי עלייכו אתמר דאתון, חכימי דרא לית אתון אלא טפשי דרא. ולא חזיתון ככל (למודייכו):

(נ"א)

למודייכו כי כי חשק עד אורך ימים אשביעהו לעלמא דבלא אריך אלין הכליב דקהלת. אינון כרזא דשבע שמהן דבהו מ"ב אתון לקבל ז' יומי דבראשית דאית כהו עשר אמירן ול"ב אלקים. ואינון מ'ב ועלייהו לב דאתמר בהו אלקים האלקים והיינו וגבוהים עליהם אלין, שבע תיבין אבגית"ץ עליהו אתמר שרפים וגו' והאי שמא איהו סגולתא דיליה לכסאה דנשמתא כד סליקת לעילא בכל ליליא לאסהדא על עובדין טבין דבר נש מםלאכי חבלה ומכל מזיקן ורוחין ולילין ושדין ובהון פרחת לעילא בב אתוון מכל שם תכסה אנפהא מנחון ובב' את,ון תכסה רגלהא ובב אתוון פרחת לעילא ואוף הכי לרוחא ואוף הכי לנפשא ואית שם ב, מ"ב בצורת חותמא דשעוה נכתב ואית שם מ"ב בציור דיוקנא דמלכא חקיק על חותמא ואית שם מ"ב דאיהו דיוקניה ממש שם מ'ב דאיהו דיוקניה איהו יקו"ק יוד קא ואו קא י"ד וא"ו דל"ת ה"א אל"ף וא"ו אל ף ואיו ה"א א"ף שם מ"ב דאיהו חותמא איהו אהיה אשר אהיה. ציור מ"ב בשעוה דא אבגית"ץ. ורשיעייא נשמתהון משדין וממזיקין ולא פועלין בהון אלא כישוף ועוכדי שדין כותייהו כגין דרשיעיא כל שמהן וכל הויין דקב"ה וכל מלאכים שנאין לון ובג"כ לא מועיל לא מםיע ולא שמהן קדישין ולא מלאכיא דלא תפים אלא מין כמינו ובגין דא לא תזרע כרמך כלאים דאתמר בהון כי כרם יי, צבאות וגומר צבָאות נקודה דיליה יקֹוָק עליה אתמר רק כאבותיך חש"ק חולם שבא קמץ ואינון זרע אברהם יצחק ויעקב דדגא דלהון, חסד כהנא רבא גבורה לוי ישראל עמודא דאמצעיתא בגין דהלם כתר על תפארת. קמץ חכמה על חסד וביה הרוצה להחכים ידרים ובחכמה אשרי המחכה לתחיית המתים חכמה מחכ"ה קמו כלהו ואשתטחו קמיה וכו':

פָּתַח כְּמִלְּקַדְמִין וְאָמַר יֵשׁ הֶבֶל אֲשֶׁר נַעֲשָׂה עַל הָאָרֶץ וכו'. ת"ח

אלף עלמין דנטע ליה עד דאצלח. וארכיב ליה תמן. ורזא דמלה ועשה חסד לאלפים. למאן. לאהביו ולשמרי מצותיו לאלף דור. א"ל ולרשיעיא מאי. דהא כתיב ובכן ראיתי רשעים קבורים ובאו וכו' מה תימא בהון. א"ל שמענא בהון רזא. יפול מצדך אלף וגו'. הכי אמרו לי ברמיזא א"ל אי הכי מאי אשר קומטו ולא עת וגו'. א"ל אלין תשע מאה ושבעים וארבעה דרין דאתקמטו ואסתלקו קדם זמנייהו ודא איהו אשר קומטו בלא עת דאסתלקו קדם זמנייהו וזריק לון קב"ה על כל דרא ודרא דא איהו נהר יוצא יסודם ודא איהו רזא דאין בן דוד בא עד שיכלו כל הנשמות שבגוף. וכדין הדתין עתידין למיתי. ארהכי אסתלק סבא. אמר ר' שמעון לחבריא. חבריא ודאי האי סבא דסבין אדם עלאה. זכאה דרא דהאי רזא אתגלייא ביה:

(נ"א וז"ל והוא מב"י)

עובדא הוה חד ב"נ חגר בלא רגלין אשכח לתרין חכימין דלא הוו בכל דרא חכימין כותייהו אע"ג בהו ההוא חגר א"ל שלמא עלייכו רבנן (שמענא עלייכו דאתון חכימי דרא) אנה אתון אולין א"ל להך פלן, ע"ש הוה א"ל אף ע"ג דאתון רכיבין בבעירן דרהטי סגי ואנא חגר בלא רגלין אי אתון בעית אנא אקדם לכו לתקנא לכו שבתא תוותו א"ל והא את חגר ואיך את יכיל לאקדמא לבעירן דרהיטי טובא. א"ל שמא רמ"ב אתון ודליג לון ת"ק פרס ברגעא חדא. אשכחו גרמייהו לפום מערתא חדא ופתורא לשמאלא בכל מעדני עלמא מלייא ומנרתא לדרום בז נרין עלה ומטה דכספא ודהבא ואבנין יקירין למערב בין צפון לדרום וכרסייא למזרח ותלת מאה תלמידין על ההוא פתורא בתר דאכלו כלהו ואינון חכימי עמהון קם ההוא חגר ופשט גרמיה מההוא גופא בלא רגלין ואתלבש בגופא דאנפוי זהירין כזוהרא דאתמר ביה והמשכילים יזהירו וכו' ואנפי תלמידוי נהירין ככוכבים לעולם ועד והוו פתחין ספרא דקהלת וקריין ביה הבל הבלים אמר קהלת וכו' והוו חזרין כמה זמנין. אמרו ליה אינון חכימי דרא

בו א"ל שמענא בהון רזא פול מצדך אלף, פ' יום ישכון מצדך אלף ורבבה מימינך, פירוש הרשעים נפרדים חלקים רק כמו אפר תחת רגלי הצדיקים שהיו מספר רבבה שוכנים מימין ומספר אלף משמאל וחוזר וא"ל אי הכי מאי דכתיב אשר קומטו בכל עת דיש יש על הם נהר ולך סודם דתשע מ"ט להם תקנה של מר מסוד הנהר וס ריו פרצופים כפ ע"א א"ל ור קאי על אותם דאסתלקו קודם זמנייהו שע עליהם ס"גור א סובה לומר א לא אסתלקו קודם זמנם רו נכשרים ולכך יש לרם תקנה זו דנהר ולך סודם משא"כ הנך הן נבררים אחר הנד ק"ם כחלקים זכי

זבענפוי יד רון צפרי שמיא דאינון נשמתין, קדישין ומיניה יתזן כל בשרא וארכיב ליה עד אלף דור. כגוונא דשכינתא דאיהי סליקת לאלף דור בעשר ספירן דברון סליקא עשר זמנין מאה עד דסליקת בהון לאלף דור ומיד דאצלח אילנא בארעא. נחית אילנא מלעילא שרשוי בארעא דאיהי שכינתא ואתרביאו תמן ענפוי עד אין כוף ואתפשטו בה שרשוי עד אין תכלית בההוא זמנא אתרבי אילנא במלקדמין הה"ד רבא אילנא ורומיה מטי לשמיא וחזותיה לסוף כל ארעא ומיניה יתזן כל בשרא כל בני אדם דלתתא. בההוא זמנא אתרבי אילנא במלקדמין הה"ד רבא אילנא ותקיף וכו חיות ברא אלין חיות הקדש צפרי שמיא אלין נשמתין ומיניה יתזן כל בשרא לתתא דבזמנא דחב אדם והוה מקצץ בנטיעות. כביכול כאלו אעקר חיון ומלאכים ושרפים ואופנים מאתריהון ולא הוה מאן דמקבל צלותי, דאתמר בהון כי עוף השמים יוליך את הקול ובעל כנפים יגיד דבר. מאי יגיד דבר בצלותין ובכוון דישראל. א"ר ר' אלעזר. בודאי עלאין ותתאין הוו *תליין באדם קדמאה. ולאו למגנא אוקמוה מארי מתניתין לעולם יראה האדם על עצמו כאלו כל העולם תלוי עליו אבל בר נש דטרח עליה קב"ה בגלגולא ולא אצלח באתריה. אעקר ליה מאתריה ושוי ליה באתר אחרא ושני ליה אתר. ורזא דמלה ועפר אחר יקח וטח את הבית ודא שנוי מקום (כאן חסר והוא בס קונ ז"ח דף כ ח ע ג) אם אצלח מוטב ואם לא אצלח אעקר ליה מתמן וארכיב ליה באתר אחרא ושני שמיה ודא שנוי השם. אם אצלח מוטב. ואי לא אצלח אעקר ליה מתמן. ודא ונתץ את הבית את אבניו ואת עציו ונטע ליה באתר אחרא ושני עובדוי מכל מה דהוה בקדמיתא ומכל ציורין דיליה משנה פניו ותשלחהו. והן כל אלה יפעל אל פעמים שלש עם גבר קרקע דנטע ליה תמן ואצלח ומתפשט ענפוי ושרשוי עד אלף דור דא שכינתא ודא שנוי מעשה. ועד כמה זמנין. עד אלף כמה דאת אמר דבר צוה לאלף דור. ועליה אתמר האלף לך שלמה ואינון

אלא ודאי יש קרא דהכי רזי ולהכי ונטע בתחלה במקום דלא אצלח לטובה רא לן כדרך המגבל עיסה שאם ימצא ש ר ר גבולה פה חזור ושברנו וגבלנה וכן עושה כמה פעמים וכזה נגבלת פה פה וכן הענין כו כול רעים וכו ולא

* קג ע א

באברהם דאיהו לימינא. ואמא ביצחק דאיהו לשמאלא יעקב בגין
דאיהו כליל תרוייהו אבא ואמא אתמר ביה ישראל עלה במחשבה
בכתר עליון דאיהו מחשבה סתימא. וכד אתא אדם אצטרף באברהם
ואתפשטו שרשוי בארעא ורזא דמלה מצרף לכסף וכור לזהב מצרף
לכסף דא אברהם וכור לזהב דא יצחק. ובוחן לבות ה' דא יעקב
לית ספירה דלא אתגניז אדם עלאה דאיהו יוד הא ואו הא כ"ה מ"ה.
חכמה ודאי בגין לצרפא וללבנא לאדם דברא בדיוקניה להתא
ואצייר ביה ציורותיה. וכל טרחא דלעילא לא הוה באדם אלא בגין
ציורות דאדם דלעילא. דדא בדא תליא. אמר ר' אלעזר אם כן מאי
וישוב לימי עלומיו (נ"א ובג"ד ישראל עלה במחשבה. אמר ליה מנלן דאברהם
תמן במחשבה א"ל לאו למגנא תנינן במתניתין הרוצה להחכים ידרים דאיהי
חכמה ואיהי מחשבה באברהם אתלבן אדם וביצחק אצטריף ורזא דמלה מצרף
לכסף וכור לזהב מצרף לכסף דא אברהם וכור לזהב דא יצחק. ובוחן לבות יי'
דא יעקב והן כל אלה יפעל אל פעמים שלש עם גבר א"ל א"כ מאי וישוב לימי
עלומיו)' א"ל לאילנא דהוה קשיש יומין ואתיבשו ענפין דיליה. קציצו
ליה. ואצמח בשרשוי דקמו בניה ענפין חדתין בקדמיתא כגוונא דהוה
בעולמוי. ודא איהו וישוב לימי עלומיו. ודא הוה חלמא דחזא נבוכדנצר
בחלמיה אילנא רבא ותקיף. ובסוף חלמיה דוה אמר גדו אילנא וקציצו
ענפוהי ובתר אמר ברם עיקר שרשוהי בארעא שבוקו. ולית אילן
הכא אלא אדם עלאה דאתמר ביה כי האדם עץ השדה והאי אילנא
קב"ה אנטע ליה בכמה דרין ולא אצלח עד דנטע ליה בארעא דישראל ואדכיב
ליה בתרין אבהן ואצליח תמן. בגין דא הן כל אלה יפעל אל פעמים שלש עם גבר.
מיד דאצליח תמן ואהדר תמן אתפשטו שרשוי על ארעא דאיהי שכינתא ואסתלקו
ענפוי. בכל רקיעין ובכל מרכבין דנשמתין ומלאכיא וחיון ושרפים ואופנים עד
דאתחזר בקדמיתא (ס"א עד אין סוף) ודא אוקמוה עץ החיים מהלך ת"ק שנה רבא אילנא
ותקיף ורומיה ימטי לשמיא וחזותיה לסוף כל ארעא תחותוי תטלל כל חיות ברא

והמעשר כ"ד ס' סרוא בעקב ודכוף של יתחבר ודכור והאי אילנא קב"ה אנטע ליה בכמה דרין ולא אצלח
עד דנטע ליה בארעא דישראל, א, יתשוב ... דכל ... ולא אצלח
ובענפוי

עד אַבְרָהָם תַּמָּן רָוַח ה׳ דיליה ואתקרי מש"ה ורָזָא דמלה מוליך לימין משה זרוֹע תפארתו בוקע מים מפניהם לַעֲשׂוֹת לו שֵׁם עוֹלָם. וּבָה אַפִּיק לבני ׳מגָּלוּתָא. וּבָה מָחָא למצרָאֵי הה"ד הִנֵּה יַד יְיָ הוֹיָה ה׳ חָמֵשׁ אֶצְבְּעִין. וּבָה בָּקַע יַמָּא. וְדָא איהו בוֹקֵעַ מַיִם מִפְּנֵיהֶם וּבָה עָתִיד לְמֶהֱוֵי בּוֹקֵעַ יַמָּא דאורייתא מימינָא. ההוא זִמְנָא מָה דַהֲוָה לִשְׂמָאלָא בִּלְבָא. הֲוָה הֶבֶל. דאיהו הַלֵּב הֶבֶל אִסְתַּלַּק לימינָא וּמִתַּמָּן סָלִיק למוֹחָא דאיהו חָכְמָה דהָא לִבָּא איהו אִימָא עִלָּאָה. עֲלָהּ אתמר הַלֵּב מֵבִין. וּלְבָתַר נָחִית עַל אַרְעָא לנַחְתָּא אוֹרַיְיתָא עַל אַרְעָא. וּבגין דָא יֵשׁ הֶבֶל אֲשֶׁר נַעֲשָׂה עַל הָאָרֶץ. אֲשֶׁר יֵשׁ צַדִּיקִים אֲשֶׁר מַגִּיעַ אֲלֵיהֶם כְּמַעֲשֵׂה הָרְשָׁעִים. דָא אָדָם והבל דְּדָא חָאב בְּמַחֲשָׁבָה וּבְעוֹבָדָא. ודא חָאב בְּמַחֲשָׁבָה וּבְעוֹבָדָא. בְּמַחֲשָׁבָה איהו י׳. עֲלֵיהּ אִתְּמַר וַיְנַסּוּ אוֹתִי זֶה עֶשֶׂר פְּעָמִים וּבגין דָא כַּד אָתָא אָדָם בגלגול באַבְרָהָם אִתְנַסִּי בֵּיהּ בעשר נסיונין. וּבגין דחָאב בְּמַעֲשֶׂה כַּד אִתְגַּלְגַּל בְּיִצְחָק נִתְנַסָּה בְּמַעֲשֶׂה בְּאַבְרָהָם נתנסה בְּמַחֲשָׁבָה וּבְיִצְחָק בְּמַעֲשֶׂה יַעֲקֹב כָּלִיל תַּרְוַיְיהוּ. מִסִּטְרָא דְיִצְחָק קָרָא לֵיהּ יַעֲקֹב. מִסִּטְרָא דְאַבְרָהָם דְּתַמָּן מַחֲשָׁבָה קָרָא לֵיהּ יִשְׂרָאֵל. דְּאַבָּא אִתְגַּלְגַּל

אברהם דאיהו ה׳ דיליה ואתקרי משה פירוש דאיהו ה׳ דאברהם שרויות לחסדים כטעם ותרגם ה׳ ר׳ בסוד דחסדים דכתב ב׳ כ׳ ר׳ ותרלא אותו כ׳ טוב דוח ואות ה׳ במלואר כזה ה׳ ה׳ א׳ מספר עשרה ורזא דמלה מוליך לימין משה זרוע תפארתו בוקע מים מפניהם לעשות לו שם עולם פירוש בפסוק זה רמוז כל אותיות שהוא כ׳ הוא שהוא כפול משה מסר וב׳ ש׳ הם ת׳ ר׳ וגרמז בתפארת שרוא אותיות פאת ת׳ ר׳ ורשת ש"ן הם בסוד דחסדים כי כל ש"ן במלואה ש׳ ם שרוא מספר ה"פ חסד ואותיות ת׳ ר׳ ומ׳ ר׳ סבב. שהוא וישר ישר רמוז באות ות י׳ ם, שאם תבקע ו׳ ד׳ של מ׳ ם ת׳ ר׳ ב׳ רה ן סר מ׳ ם דיהא ת׳ ם ומ׳ ר׳ ולזה ם ם לעשות לו שם עולם כ׳ כאן נרמז שהוא רמוז
ובה אפיק לבנו מגלותא פירוש קא של אות ר׳ ה׳ דקאתי לגל תוד תמן דוח ר׳ ד׳ ל׳ ר׳ ואתקרי משה וכאן מחא למצרא׳ רד ל׳ הנה ד׳ ר׳ רוה דתחת א׳יבתא הם מספר ר׳ וכד בקע את כ׳ ד׳ של׳ ש׳ ם כר חמש אצבעאן דכתב רדם את משך וכתר את דך על ה׳ ם וכקצרו ופ׳ רש ת׳ ר׳ ם א׳ לך ז׳ ׳ סלק את דימא׳ ותבקעי׳ בך **ובה עתיד** למהוי בוקע מה דהוה תתמ׳ ת׳ ה פירוש תורה דהל׳ וה שהם מס ל׳ מין **דדא** חב במחשבה ובעובדא ודא חב במחשבה ועובדא פירוש ת׳ כת במעשה ר׳ ו עובדא וה כה ישם מסבר ת׳ ר׳ ך כמ׳ן כתר שמם סוד מחשבה ולו א׳ במחשבה א׳ ר׳ וה׳ד ור נו ו׳ ד׳ באותיר עשר ם. כה׳ שם סוד דמחשבה **באברהם** נתנסה במחשבה נראה לכן ת׳ קן עון ע׳ ז׳ שבות אסור אף׳ לו במחשבה בלבד דכתב לתקן התפום שר׳ אל בלבם וכן כת אות א׳ דאברהם תתחלף באתר ע׳ בת ת׳ ואות י׳ ב׳ בוסשר"ך תתחלף בם, כר אברהם רוא אותיות מחשבה ואמר עוד וב׳ לנתק במעשר כראר המעשה תה מם ל׳ ד׳ ם ש׳ ש כר טו"ב פרק ם וזוגתה ותלו ה׳ בסוף רבקה שבות פרק ה׳ ת, וזר נרמז בל׳ מתק ק׳ ה ועקב כלל תרוו כו בשם שראל ועקב ור׳ ט שראל אותיות ל׳ראש דמחשבה בראש ועקב אותיות עקב שרוא סוף ודמעשה ר׳ א׳ סוף כ׳ דמחשבה בראשתבר באמצע שראל בפר
באברהם

יום הצ"ץ ומת. אמר ר' שמעון בגין דא כתיב יש הבל אשר נעשה על
הארץ אשר יש צדיקים שמגיע אליהם כמעשה הרשעים וגו'. ודהא
אתרמיז צדיק ורע לו רשע וטוב לו. צדיק ורע לו הבא אתרמיז
יש צדיקים שמגיע אליהם במעשה הרשעים ודא הוא דצדיק דאערע
ליה במעשה הרשעים. לאו דאיהו רשע. ולאו בן רשע. אלא
במעשה הרשעים דחב בעובדא דחייביא דאינון סמא"ל ונחש. איערע
ליה עובדא דלהון. והאי איהו הוא פוקד עון אבות על בנים בגין
דמעשה אבותיהם בידיהם. דא גרים להבל מיתה ומת בלא בן. ובג"ד
אזיל בגלגולא. שין דמשה איהו ש"ת. מתמן רוח שי"ן (ס"א ש"ת)
דה"ד כי שת לי אלקים זרע אחר תחת הבל כי הרגו קין תחת הבל
ודאי דהבל רכיב עליה ואתעביד שת הרכבה ליה. ואיהי סיומא דאלפא
ביתא. ובג"ד תחת הב"י. הבל הלב. ועליה אתמר הלב רואה ואיהו
ה' ממשה. והלב איהו לשמאלא דאיהו אלקים. הלב מבין ואיהו
סתיר בגיינא ונפלת בגיניה. ובגין דא ויסתר משה פניו כי ירא מהביט
אל האלקים. בגין דתמן הוה דחב באלקים דאיהו אלקים דעובדא
דבראשית ודא איהו דחב במעשה יבת אש ברתא דמרכא דחב ביה
ואתבייש כסי ליה בדיליה (ס"א בחיליה) בשת. ומה דהוה שת אתחבר
עמיה ב' ואתעביד בשת. ודא איהו יד"א בש"ת. ועוד שת בא"ת ב"ש
אינון א"ב. ש"ת לבתר דזכה באת יו"ד ברא שית ואיהי יו"ד דאתמר ביה
יי' קנני ראשית דרכו. דאיהי עשרה דורות ותב לה לאתרה, אתקרי
בראשית. ומתמן זכה לאורייתא דאתייהיבת על ידיה. והאי י' איהי
מיעקב וי' מישראל י' מאדני י' מיקוק. ש"ן ממשה איהי משת תמן
רוח לה. וכד אזל לשם רוח תמן תרין אתוון ש"ם. וכד אזל י' דורות

ותשעה ק' לשון קהלת והאי וד ה' וד י' יעקב וד י' ישראל וד מאדני וד מהו ר' פרוש וד של ישראל
א' ר' כנגד וי"ד דסו ה' שר א' בראש רשם ולכן ישראל הוא תוהו וד לראש כ"ל וד של ראש אך וד של
יעקב ר' א' כנגד וד דשם אדני שעולה בעקב ובסוף רשם ובזה פרשה בס"ד ונתנך ר' לראש וא' לו ב' שתוכה
תמ"ד לשם ישראל דר ו"י שבו ר' א' וד של ראש דרו "ר וא' תקרא בשם עקב ש"ר ו' ד' שבו ריא וד של עקב השם
דאחד י' והיינו זכב כ' י' עקב וסוף והתויר כלו"ר כו"ס בעשרת הדברות הכתובים על הלוחות ואחז ל' בכל לוח
כתוב עשרת הדברות וים עוד יזר ויתור הם כתובים הר' ד"פ וד דברות כנגד ד' וד"ן דשם הוי"ה ושם אדני
וישראל ו' עקב ולו"ת ויתתן זכר יאור תא דאת ה' בם על ר' ורא וד א"ר מ' עקב וכו' וכד אזל יו"ד עד
עד

דאחריב לעלמא וכו'. ומאן דאתייליד בהסרונא דסיהרא בכל י"ד יומין איהו חסר דמזליה גרים. ולהאי בר נש קשין לו מזונותיו כקריעת ים סוף) *נ"א אפשר דנכלת בשעתא דמזוני דלהאי בר נש דאת יל ד ב"ד שמא"א קשין מזונותיו כקריעת ים ס"ף. דמ"נ דנשמתא אודייתא מזונא דגופא נהמא בין בהאי ובין בהאי קשין מזונותיו) בגין דאינון מסטרא דדינא דאתברי בדינא דאיהו אדני. ומאן דאתברי ברחמי דאיהו יקו"ק לאו אינון קשין מזונותיו. ומזונא דנשמתא אורייתא מזונא דגופא נהמא מחמשה המינין ומאן דאיהו מסטרא דאדם דאיהו יוד קא ואו קא אתמר ביה וירדו בדגת הים וכו' בכלא שליט כמה דאתברי בשמיא ובארעא ובימא ועליה אתמר מה שהיה כבר הוא מה שהיה קדם דייתי להאי עלמא. בכמה דאת אמר אין כל חדש תחת השמש. כבר הוא מחויב למהוי בהאי עלמא. כמה דאת אמר בטרם אצרך בבטן ידעתיך. ואשר להיות כבר היה. ואשר איהו למהוי בהאי עלמא כבר הוא מחויב למהוי קדם דייתי לעלמא הכא בגלגולא והאלקים יבקש את נרדף. זה הבל דאיהו נרדף מקין וקם קין וקטל ליה. דה"ד ויקם קין אל הבל אחיו ויהרגהו ויקם ודאי דהוה הבל עליה. וקם קין ויהרגהו. קין אתברי על שם דקני על אחוה בגין דחזא יקריה ותוספיה לעילא. דקרבניה אסתלק לאתר דעתיק יומין דאתמר ביה ועתיק יומין יתיב וכו'. וקרבניה הוה מבכורות צאנו. ואתקבל ליה ברעוא. א"ל אם כן דקרבנא דיליה אתקבל אמאי אתייהיב חילא לקין למקטליה (בגין דא יש הבל אשר נעשה על הארץ וגו'. אמאי) א"ל הכא ודאי רזא עלאה. דאיהו הוה דרגא דעץ הדעת טוב ורע דהאב ביה. ובמה דהאב ביה קביל ענשיה בהאי עלמא. ובההוא קרבנא דאתקביל מיניה. אשתזיב מענשא דההוא עלמא דתרי ענשי הוה מחוייב חד לעילא וחד לתתא הה"ד כי ביום אכלך ממנו מות תמות א"ל והא אדם הוה דחאב בהאי אילנא א"ל עובדא דאבוה הוה ליה ומת. א"ל כי ביום אכלך ממנו כתיב. א"ל בההוא

זה ויקם ודא דרור דבל עליר יקם קין ודרגרו כ רוש כמ ש יז ל מחלר ר ה יבל וכי על קין ויכחו תחתו ואח כ רשיאו קין בעלר בערר ועזבו ויחזר וקם על ו והרגו ומש קין אחקד על שם דק על אחוה ראר דר ש ום (בה)

לכל זמן ועת לכל חפץ תחת השמים ודא שכינתא תתאה דאיהי זמן ועידן לכל ספירה וספירה ולכל גלגולא וגלגולא ואיהי עדן ועדנין ופלג עידן דכל עדנין שפיר מאי ופלג עידן אלא כגון פלג דמנחה בשמאלא אתפרות לדינא ובימינא לרחמי בעמודא דאמצעיתא אשתלימת. וכד אתפליגת בימינא ושמאלא אתמר בה לאסתר מה בקשתך עד חצי המלכות ותעש ואיהי כ"ח יכוס פרגו דילה יד ימין. ופלגו דילה יד שמאל ולקבל תרוייהו אדכר קהלת בה כ"ח זמנין עת. הה"ד עת ללדת ועת למות עת לטעת וכו' ואינון י"ד י"ד. יד ימינא רחמי ללדת לטעת לרפוא לבנות לשחוק לרקוד כנוס אבנים לחבוק לבקש לשמור לתפור לדבר לאהוב שלום. יד שמאלא דינא למדן למות לעקור להרוג לפרוץ לבכות לספוד להשליך אבנים לרחוק לאבד להשליך לקרוע לחשות לשנוא מלחמה. יד ימינא איהי פשוטה לקבל שבים דכתיב ובני ישראל יוצאים ביד רמה ימינך יי נאדרי בכח. יד ימינא רחמי. יד שמאלא דינא. דכתיב הנה יד יי' הויה. יד יי היתה בם להמם ובגין דא אית עת רצון. ואתמר בה בזאת יבא אהרן אל הקדש ואית עת דדינא דאתמר בה ואל יבא בכל עת אל הקדש ובגין דא אינון כ"ה יומי דסיהרא י"ד יומין אידי שלימתא וי"ד חסרה. ומאן דאתיליד ביומי שלימותא איהו שלים בבנין בחיי ובעותרא במזוני בחדוה בשלוה בבניינא בכל י"ד עתות טב. ומאן דאתיליד בזמנא דאיהי חסרה. בכל י"ד יומין אלין. איהו חסר בכלהו. איהו עניא מסכנא בלא מזוני ובלא בני. ובלא חיי. מאן דאתיליד באמצעיתא יהא בינוני. וכל דא מאן גרים דאתיליד ברישא או בסיפא או באמצעיתא דא גלגול דיליה דמחייב ליה. (ומאן גרם דא דאתיליד תמן. בגין דמזליה גרים דאתחייב מלעילא). קדם דאתייא לעלמא ובגין דא אמר לרבי פדת דאי בעי

או רוח גדול ממגר לה שעתא קיימא להווא כד דאתיליד מזווג כזה דכל נשמתא אית לה עת וזמן בגלגולא פירוש בזווג דתחתון של איש ואשתו אשר גם הוא נקרא בשם גלגולא של נשמה עת דוע וקלוט וזמן דוע וקלוט שהבא בו לעוה"ז ע' הזווג דתחתון של א"ש ואשה, וה' ינו זמן על השנה ועל החודש דר' ינו בשנה פ' בחודש פ' והעת על הימים והשעות דה' ינו ובם פ' שעה פ' ומאן דאת' ליד בומי שלימותא א' הו של'ם בבנין בחיי ובעותרא ככר כתבת במ"א בס"ד דכל זה א' רי בל' דת הנשמות ולאו בלידת הגופים ובזה תדלון כמה קושיות ע"ש
דאחריה

בגין דאתמר ביה מי יתנני במדבר מלון אורחים חד אקדים
לפשפשא בה בצפרא ותניינא יפשפשא בה ברמשא. יעקב
מה כתיב ביה ויפגע במקום פגע בה זכאה איהו מאן דפגע כגון
יעקב דעליה אתמר וילן שם וההוא לינה ההוא לויה מיד דאערע
בה ויפגעו בו מלאכי אלהים. ועכ"ד דפגע בה הוה נטיר לה ולא
אתאחר עמה עד דאתא בעלה ודא איהו וילן שם כי בא השמש
דבגינה ויזרח לו השמש דאיהו משה דאתא ביה בגלגולא רוחיה דמשה
ובגין דא יעקב ומשה הוו קיימי בדרגא חדא בעמודא דאמצעיתא
אבל דא בגופא ודא בנשמתא ובג"ד לית שעתא קיימא לכל ב"נ דאיהי
שכינתא בלא בעלה ובג"ד כד דחיקת ליה שעתא לר' פדת ואמר אי
בעית דאחרביה לעלמא ואפשר דנפלת בשעתא דמזוני ואולי דנפלת
מאי ואולי אלא ואולי אי בעי קב"ה דנפלת בשעתא דמזוני דהא אתתיה
עביד ואולי אי בעי בעלה דהוי קיימא מה דאיהי עבידת בלא רשותא
דבעלה ובגוונא דא לית שעתא קיימא דאיהי שכינתא דההוא בר נש
אלא אם ייתי בגלגולא בההוא בר נש דההיא שעתא ורזא דמלה בזאת
יבא אהרן אל הקדש ובלא בעלה אתמר ואל יבא בכל עת אל הקדש
והזר הקרב יומת ולית מיתה אלא עניותא והאי זר לאו כזר אחרא
דמום זר אלא זר מבעלה זכאה מאן דאיערע בשעתא דאתברי מז' ימי
בראשית דכל נשמתא אית לה עת וזמן בגלגולא. כמה דאמר קהלת

עם אשתו לנשמות שבאו ולא נתקנו ועתה רוצה לתקנם ע"י זווג שלו ולאלה הזווג ס"ש שבתפלה קורא אותם ג"כ בשם גלגולא ואחר כתיב ביה ו' שכם אברהם בבקר אל המקום שקדמה השכ"נ אליו ועשה הזווג בתפלה ו' לאחר מה כת"ב ב"ה בגלגולא פירוש בזה הת"קון שנעשה בזווג א"ב עם אשתו שנקרא בשם גלגולא ו' לא יצחק לשוח בשדה שהשכ"נ הקדימתו כשבא להתפ"ל ולעשות הזווג של ת"קון הנשמות בתפלה ואתמר ב"ה מי תנג במדבר מלון אורחים במדבר זו דתפלה שהיא בדבור וה"א בסוג אורח שהת"קון הנעשה בה אינו מאריך אלא כמו אורח כן זה הת"קון מסתלק אחר התפלה ואחר מלון אורחים לשון רבים דשת תפלות של עמ"דה רס חדא בצפרא זו תפי"ת שחר ת' וחדא ברמשא זו תפלת מנחה ואמר עוד יעקב מה כת"ב ב"ה ויפגע במקום וזכאה איהו מאן דפגע פירוש אברהם ויצחק עשו הכנות גדולות להתקרב אל ה' אבל יעקב אע"פ לא עשה רכ"ות אלא פגע בה שלא בכונה שהשכ"נ הקדימתו והכינתו ללון שם ולא לי"ר זה בדעתו מע"קרא כי אם אחר שעבר אמר אפשר עברת על מקום שהתפללו שם אבות ולא התפ"לתי והשכ"ס עוררה אותו בכך ע"ב את השמש, ואחר רהוא ל' נר הרות לו ר' פירוש באותה ל' נה נתלווה עמה שנעשה מרכבה אל"ה כדכתיב ורנה ר' גלב עלו אלא אם ת' בגלגולא בההוא בר נש דהוית שעתא פירוש אא"כ בא זה הולד לעולם מזווג א"ש עם אשתו שהא בת זוגו ור"א מפרשו ור"א שלו הבאתו ה' אלו והוא רמו לר' אבל אם א"ן האשה בת זוגו של אותו הא"ש וא"ר ש' כר לו אלא ר"א גדולה יתינו
לכל

יקוק ונקרא בשם יקו"ק אתקרי יקו"ק רחמי. לבר מאתריה אשתני ואתקרי אדני ואתקרי דין ודא רזא עומד מכסא רחמים ויושב על כסא דין. שנוי השם דא מצפ"ץ דאיהו באת בש יקו"ק. שנוי מעשה דא שבת דצריך כל כלאחר יד כל דאיהו צדיק אחר יד דאיהו שכינתא דא שנוי מעשה. ובזמנא דאיהו כלאחר יד לית תמן סגידו דאתמר ביה כל הכורע כורע בברוך תעלא בעידניה סגיד ליה דבזמנא דאיהו כלאחר יד אתעביד זנב ועכ"ד דאמר תעלא בעידניה סגיד ליה באתריה אבל חוץ מאתריה הוי זנב לאריות ואל תהי ראש לשועלים דהא צדיק גמור אע"ג דנחית מדרגיה ואתעביד זנב לאריות עליה אתמר לא ראיתי צדיק נעזב מאי זנב דיליה ההיא קוצא דאת ד' מן אח"ד דאיהו י' זעירא שכינתא תתאה עליה אתמר כי שבע יפול צדיק וקם. ת"ח גלגול דאת ו' איהו דנפיק בשעתיה דעליה אתמר מזל שעה גורם כמה דאוקמוה אין מזל יום גורם אלא מזל שעה גורם באברהם מה כתיב ביה כד אתיא בגלגולא וישכם אברהם בבקר אל המקום ובגין לאקדמא לה. יצחק מה כתיב ביה בגלגולא ויצא יצחק לשוח בשדה לפנות ערב נפק לגבה לחקלא

ושמאל שהם חסד וגבורה פירש ועוכתה יתספ"ה דעיונה דאמלא את שהוא המספרים שהוא עו"ד ב, חסד וגבורה ודרים זה כאן מכח תוספת וא"ו דכת ב ועוכתה דאות וא ו רומז לעיונה דאמלא את שהוא הספי"ת **שינוי** מעשה דא שבת דלר ך כל כלאחר ד כ"ל ת בת כל מ רר וכך ל"ל דלר ך כלאחר ד כלומר ש נוי מעשה שהותר בשבת מן התורה ה ט לר ך ש ה ה עושה כלאחר ד דבזה חש ב ש ו ויותר מן התורה וחזל דרשה על ד, כלאחר ד דאמור בהלכות שבת, ואמר כל דא רו צדיק אחר ד דא ה שב נתא דא ש נו מעשר, פ רוש מחלק ת בת כלאחר לשתי ת בות וקר בה כל אחר דה נו כל שהוא רמוז אחר אות ות ד כ אחר אות ות ד ש אות ות כר שהם מיתה תמ"יס שכל אחד כלול יתחמשה רדי הם כ ר ושנ ד ש נמצא רם כ"ר וכ ה שעולה מספר כולם כל ולכן ה סוד נקרא כל וידוע מ"ש רבינו האר" ז"ל (שער הכונות דף ס ג ע ג) בענן מחוס שבת דכל העולמות עולים בשבת בבח נת ז ו' ווס שאנו קור, את השבת שב ע ועו כ בח ,ת כל השבע ות הם ב סוד כנודע לכן אומר ם היאלב ם אותו רם ר המסח ל האדרת והאמור וכו כ בח ת רשב ע ות דשבת כולם הם ב סוד דנקרא ת העולם ס ע ש, ולכן, בש נוי מעשר שרותר בשבת בדן כלאחר ד גרמז היסוד דנקרא כל שרמוז אחר אות ות ד וה נו כל אחר ד וכאמור **איהו** דנפ ק בשעת ה דעל ר אתמר מזל שער גורם פ רוש כל סוד קרא מזל ב, דדוכרא ב, דנוקבא על שם שזו ל מ ד או מ ן ולכן סוד דדכורא נקרא מזל ום ו סוד דנוקבא נקרא מזל שעה וקדושת הנשמה דהולד ומעלתר תלו בקדושת ראש ומר תן ראב ולכן אמרו א, מזל ום שהוא סוד דדכורא גורם אלא מזל שער שהוא סוד דנוקבא גורם ולכן ראוי ש דבק יסוד הזכר ו ז ל הת ד בשעת ה דה ו בזול שעה השייכה לו דהי נו אשתו שה א כנגדו ובת זוגו וכל הזווג ם של מעלה קורא אותם בשם גלגולא לכן, גם זווג א ש עם אשתו לתשה זה נקרא נמ גלגול ולז א באברהם מה כת ב ב ה כד אתיא בגלגולא כשבא לתקן בזווג שעושה

אבי סבריה לאתריה (כל זר מיותר) דאידו שעתא דקיימא ליה. זכאה איהו מאן דקיימא ליה ולא דחיקא ליה שעתא כמה דאוקמוה כל הדוחק את השעה השעה דוחקתו. והא ר׳ פדת דדחיקא ליה שעתא א״ל קב״ה אי בעית דאחריב עלמא ואפשר דנפלת בשעתא דמזוני. א״ל בוצינא קדישא כולי האי אמאי. א״ל דא רזא דרבא. שמענא דבר נש דאתי בגלגולא ואתחייב למאריה קדם דייתי לעלמא אע״ג דיעביד כמה זכוון לאו בזכותיה תליא מלתא דהא מזליה גרים ליה ומה דאמר אי בעית דאחריב לעלמא ואפשר דנפלת בשעתא דמזוני. בודאי הכי שמענא דכל צדיקא וצדיקא אית ליה עולם בפני עצמו. ודא גופא דב״נ דאתקרי עולם קטן. וכג״ד אמר אי בעית דאחרביה לעלמא ואייתי ליה בגופא אחרא ואפשר דנפלת בשעתא דמזוני. א״ר הא כתיב אם אחרת יקח לו שארה כסותה ועונתה לא יגרע. והן כל אלה יפעל אל וכו׳ ואם שלש אלה לא יעשה לה ויצאה חנם אין כסף. א״ל ודאי אתגלי הכא רזא עלאה כמה דאוקמוהו מארי מתניתין אשתו כגופו דמיא. ואשתכח דאיהו חיים דיליה הה״ד ראה חיים עם אשה אשר אהבת. עץ חיים היא למחזיקים בה ואיהי פרנסה דיליה. הה״ד ארץ אשר לא במסכנות תאכל בה לחם וכו ומינה בני חיי ומזוני. ולקבל אלין גלגולין שנוי מקום ושנוי השם ושנוי מעשה. שנוי מקום כגוונא דקב״ה דאתמר ביה הנה יי׳ יוצא ממקומו. וכד נפיק אשתני מדינא לרחמי ומרחמי לדינא כמה דאוקמוהו מארי מתניתין לא כשאני נכתב אני נקרא בעולם הבא דאיהו אתריה נכתב ביקו״ק ונקרא ביקו״ק בעולם הזה נכתב ביקו״ק ונקרא באדני דא שנוי מקום לבר מאתריה דאיהו עלמא דאתי. עלמא דאתי לית ביה שנויא הה״ד אני יי׳ לא שניתי נכתב בשם

כלומר אין הרמז שעם את בשארה כסותה ועונתה מפורש הוא עד לענין, הדרש כי נראה כמגדל יפורח באור וכרדר ס
הסלו ס בשערה ולכך חזר ועשר את הרמז של שארה כסותה ועונתה שיש ברם שלשה מדרגות שבזה רמוז על
שלשה מדרגות של גלגול באופן אחר והוא שארה דא מזונא דא רו מסטרא ד״מ נא וכו׳ כסותה מסטרא דשמאלא
דא הו כסות ע״כ ס דתין לך כסו א וכמלא בזר רביאור, דמפרש שארה וכסותה על סטרא דימ נא וסטרא דשמאלא
יש כאן ב׳ מדרגות זו למעלה מזו כ׳ המ, ודא נחשב ראשון והשמאל שני ואחר שפירש שארה וכסותה על ימין

אמר ר' שמעון סבא סבא פתח מלין יתיר דהא סתימן מלין דילך.
אמר ליה ההוא סבא שארה דא מזונא מסטרא דימינא דמתמן כל
מזונא קא אתיא. הה"ד פותח את ידיך ומשביע לכל חי רצון. כסותה
מסטרא דשמאלא דאיהו כסות עינים דמתמן עריין לשמאלא בגין
דסטרא שמאלא תמן פגימו הה"ד מצפון תפתח הרעה ובגין דא אתמר
ביצחק ויהי כי זקן יצחק ותכהין עיניו מראות ותמן צריך כסויא.
ומשה בההוא אתמר ביה ויסתר משה פניו כי ירא מהביט אל
האלהים. ובגין דא ציצית ותפילין אינון כסויא דילה. הדא הוא דכתיב
כי היא כסותה לבדה היא שמלתו לעורו (ובעור דתפילין כסותה
לבדה היא שמלתו לעורו) *בעור דתפלין. כסתה. על ד' כנפות כסותך
אשר תכסה בה. ועונתה כסטרא דעמודא דאמצעיתא דאיהו ישראל.
שמע ישראל לתמן יחודא דילה. הה"ד ואם שלש אלה לא יעשה לה
ויצאה חנם אין כסף. דהן כל אלה יפעל אל פעמים שלש עם גבר
אבא דאיהו חכמה באלין תלת נחית בגלגול והא כתיב באדם וחוה
דסלקין במטה שנים וירדו ז אמר ודאי הכי איהו. דאינון אדם וחוה
קין ותאומתו הבל ותרין תאומותיו. וקין בגין דהוו להבל ב' תאומות
וליה לא הוה אלא חד קני להבל ודא ורים ליה כי שבע יפול צדיק וקם.
דחב בשכינתא דאיהי בת שבע. ובג"ד נפל בשבע דאתתא גרים לה
מיתה ודא ירידה דיליה דנחיתת שכינתא תתאה מאתרהא. ולבתר
דאשתרש בה (נ"א דאשתכ"ש בדא) אילנא ונחית תמן נביעו למעבד
אבא דאיהו פריה ורביה. דא גרים אדם דאתברי בדיוקניה דאסתלק
נביעו משכינתא תתאה ומשבע דרגין דילה. לבתר דנחיתו תמן, כלא
סליק לאתריה ורזא איהו וקם. ומאי הוה נביעו דאסתלק מניה ו' דאסתלק
עד אין סוף דאיהו מזלא עלאה דנחית ליה ו' דאיהו אבא לאתריה ולבתר
סליק אבא כל בריה לאתריה נ"א דנחית לון דאיהו אבא לבריה ולבתר סליק

על דעור דכתיב כ ה"א כסותו לבדה ריל שמלתו לעורו מפרש ליה על גלגולא תני נא אך בעונתה הוסיף וא"ו דכתיב ועונתה דאות וא"ו רומז לקו דאמצע שנקרא עמודא דאמצע תא שרוא התפארת שה"ם אדם ורזא של ם בגלסה אמצע וה לכך מפרש ועונתה על גלגולא תל תלה ואמר לו רשב כתח מ ל, ת ר דהא סת מ ן מילין ד לך
אבא

* קא ע"ב

דכבר אתחייב קדם דייתי לעלמא דאיהי שכינתא תתאה. הא אתחייב בספירה דאיהי לעילא מניה עד דאתתקן להוא אתר דאתנטיל בר נש נשמתיה לית ליה תקנה בשכינתא תתאה דאיהי שעתא דכלהו ובגין דא שעתא לא קיימא ליה. ואם תליא במזלא עילאה. אפילו דיעביד כמה זכוון לאו בזכותא תליא מלתא דהא מחוייב איהו מלעילא. אמר ר' שמעון, מהכא משמע גלגולא דתליא בשכינתא דאיהו במיניה. אבל אם אחרת יקח לו אם ההוא רוחא ייתי בגופא אחרא דהא לאו איהו מניה מה כתיב ביה קיימא ליה שעתא תמן. ואיהי בת זוגיה אמר ודאי קיימא ליה שעתא דאיהי בת זוגיה דאתגלגל עמיה. אם לא קיימא ביה שארה כסותה ועונתה לא יגרע. שארה דא גלגולא קדמאה שאר בשרו. כסותה כי היא כסותה לבדה היא שמלתו לעורו דא גלגולא תניינא. ועונתה אדם יחודא דיליה דאיהו גלגולא תליתאה.

דקשורת ומעלה אותם ליסוד שהוא לו ב"כ מ פנייתי ות"ו, גם הוא סוד ששה שכל א' כלולה מששה דרי ל"ר ולכן נקראת אולי שהוא אות ו' וא"ו שמעלה בירורים של י"א לו"ז וכזה יובן דברי המגיד אילו הול אנו ממצרים א"ל עשה בהם שפטים א"ל עשר בא"ה הם וכן בכולרו בב דריוז על שכינתא ש קראת אולי י"ד כל המכות והשפטים נעשים על ד"ה כמ"ש רבינו האר"י ז"ל בביאור עשר מכות **דכבר** אתח"ב קדם ד"ת לעלמא דא"ר שכינתא תתאה פירוש אם נתח"ב בגלגול דקודם בעבור חסרון שהגיע לספירה מן הספירות שהוא ה"ה מכת כתם שסם למעלה מן המלכות דא"ה שכינתא תתאה דע"כ גרם דחסרון גם במלכות שהיא סופא דכלהו לכך כל זמן שלא השלים חסרון, אותה הספירה שהיא אתר דאתנטילת נשמתיה מנה לית ליה תקנתא בשכינתא תתאה ר"ל מלכות שהיא שעתא דכלהו ר"ל היא סופא דכל דרגין שנקראת כן, ומושב לכלהו ספירות דלא לא מניה **ואם** תליא במזלא עלאה אפילו דעביד כמה זכוון, לאו בזכותא תליא מלתא דהא מחוייב איהו מלעילא פירוש אם החסרון, שעשה תלוי במזלא עלאה, לו דלא בזכותא אלא עד שישלים החסרון ביסוד, השייכים לאותו חסרון רז, בבג"י, כמו הן בזווג **אר"ש** מהכא משמע גלגולא דתליא בשכינתא דאיהו במיניה פירוש כמו דאמרינן דבכל ספירה יש סוד גלגול שכל אדם גלגול שלו בספירה שהיא בחינתו ורואה אותו בה על כן מה שמשמע באיזה יותר שאומר גלגולא תליא בשכינתא, הכונה על כל גלגול וגלגול של כל אדם אלא זה דוקא על אדם שהוא מבחינת רשב"י שהיא המלכות שהוא מן חסד דמלכות וגלגולו הוא שם ויש מספירת דמלכות ויש מן סוד דמלכות וש"מ מלכות דמלכות ובכל אלו אמר גלגולו בשכינתא, אך יש ב' סוד שבה ויש בתפארת שבה וכן עוז ד, וזה שא' רז במ ר לומר בשכינתא שהיא בת זוגו אם בחסד שבה ואם בתפארת שבה ואם ב' סוד שבה **אבל** אם אחרת יקח לו וכו' יאמר דלשון מעורב ויתהפך וכך צ"ל אמר ש מרכא תשמע גלגולא דתליא בשכינתא דאיהו במ"ר ואמר בת זוגיה אמר ודאי קיימא ליה שעתא דאיהי בת זוגיה דאתגלגל עמיה קמא ל"ר שעתא תמן, אבל מה כתיב בה אם אחרת יקח לו אם יהוא רוחא בגופא אחרא דהא לאו איהו מניה אם לא קיימא ב"ר שארה כסותה וכו' יגרע וכו' כך יש לפרש דלשון, ולא הוספת אפילו תיבה אחת ולא גרעת כלום מן דכתוב הכל זו תיבה אחת ורק סדרית דלשון, בסדר נכון ובא התשובות לנכון. **שארה** דא גלגולא קדמאה שאר בשרו כסותה כי היא כסותו וכו' פירוש אע"ג דהעור רוא לתעלה ן, רבשר גבי בתעלה ובתם כית היא תדיבר ש"ה לבשר ולכן, שאר סרותו על רבשר דכת ב שאר בשרו תכריש יו על גלגולא קדמאה וכסותה דקא

אמר

דעביד כמה זכוון בעלמא. ובגין דא אוקמוה מארי מתניתין בני חיי
ומזוני לאו בזכותא תליא מלתא. אלא במזלא תליא מלתא. דגלגולא
גרים ליה כאלו במזלא תליא מלתא. ומה דאמר אי בעית דאחריב
לעלמא ותהדר אבריה ואפשר דנפלת בשעתא דמזוני הכי שמענא
בודאי דכל צדיק וצדיק יש לו עולם בפני עצמו דא גופא דבר נש
דאתקרי עולם קטן. ובגין כך אתמר. אי בעית דאחריב לעלמא
ואיתי ליה בגלגולא אחרא ואולי דנפלת בשעתא דמזוני אדהכי
הא סבא דסבין עתיקא דעתיקין קא נחית לגביה ואמר. עולם
דכל צדיק דא שכינתא כד אסתלק מינה עמודא דאמצעיתא
ואשתארת חריבה. ובגינה אתמר תבעי דאחריב עלמא דכל ספירה
וספירה אתקריאת גלגל. ועם ו׳ איהו גלגול. ושית ספירן באתוון סלקין
לס׳ רבוא ודא איהו דור הולך ודור בא. ולית דור פחות משתין רבוא
והארץ לעולם עומדת דא שכינתא דאיהי אתקריאת אולי ועלה אתמר
בולי האי ואולי דזכי לשעתא דמזוני. ועלה אתמר על אובל אולי

מלשון אל קן ואל מ.חבו לא שמה שרוא ר״ל לא פגר וכן שעו וא״ן מוש ע שפ רש השרש פגו ים, ושמאל וא, יוש ע
והי׳ מ שעתא ד״ל ה כלומר אשת כח זווגו לא לקח אלא לקח אהתא דלאו בת זוג ר דא א״א לד״ק ורע לו דלאפשר
דר א׳ קוברתו וכמד דאקמור מארי מת״ג פין כל מ שדוחק את רשע״ר ש״לוקח אשה שא ״ה בת זוגו רשע״ר דוחקתו שר א
תקברנו ש מות קודם ממנו ועוד ל שעתא לא קא על אשר אלא על מזל שער שנולד בשע״ר שא ה ראו״ר לו ימן
רשמים אלא לדתו אמו קודם זמנו ע״י הס בה עקר ת שגרם לו לגאת מרחם אמו שלא בשעתו רא א״רו לד״ק
ורע לו ש ה ה לו עניות וכיולא ד״מ והקשר לו מ, ר א בן פדת שס״ר ״לו לער ע.ות מאד ד״לפ דבר״ך לר״ך
לומר שלא נולד בשעה ריאו״ר לו מן השמ״ם ואמא קר״ר לו כך דריה מן רראו ש ר ה על״ו רשנחה ימן השמים
ש היר נולד בשעתו רראו״ר כד שלא מלא ו סור, כאלו ורשיב לו מר שקרד ל לער ויסור, לא ד״ר ימחום
קד מת רשע״ר שנולד בר אלא כך ראו לר״ות לו לתקן דבר שר״ה לו בגלגול רקודם וימחות כן נתגלגל ש ולד
בשעה שמורר לסבול לער עג״וה וכמ״ש רב נו דאר״י ז״ל על רחב״ד ביאחר ד לו בקב חרוב, **דגלגולא** גר״ם
ל ה כאלו בי׳ולא ת״י א מ לתא פ״יוש סהכרח סוא מסבת רגלגול שקדם שרוא המח ב בדברים הנעשים בש״ער
אלר שרס בנ ת יזוג רן לגוב הן לרפך אך לע״כ הרוא, גראר כאלו ביזולא ת״י א מלמא כ״יותר כאלו
ריזול הוא ימח ב בכך **עולם** דכל לד ק דא שכ נתא כד אסתלק מ״נר עמודא דאילעיתא כ רום כאשר יסתלק
ממנו שפע התפארת הנקרא עמודא דאילעיתא לך שרלד ק רתחתון, שפ ע בר ביתוס הש... וכמ״ש בזוה״ק
על פסוק ועמך כולם לדיקים לעולם ירשו ארץ, וב״אר דברו רב״נו ראר״י ז״ל בשער מאמרי רשב״י ע״ש ולכן
ד א נקראת עולם של רלד ק ולזא לו כחא לך דאחר״ב ר לעלמא פירוש שאת ע רשכינה רשכע ימן רהבארת
למלכות כדי שתה״ר אחר ישפ״ע לאלכות במקום רתפארת וע״כ מתעשר וכל״ זר קא על חלק רשכ״ר שרוא
בשרשו של ר א בן פדת ועל זה אמר ובגנ״נה אתמר תבע דאחרב ע״למא **דכל** ספ ר ה וספ ר ר אתקר את גלגל
נראה דא, ק שור ״לדבר ס אלו עם דבר ס שקדיו אלא ש כאן רשותא דבר״ים שבשיעו בהעצמן ודבר ס אלו
קא על רו **דא** שכ נתא דא ר אתקר את אול ״ב דאתקריאת כן בעבור ש״לוקחת בירור ס ימן א ש מני
דבבר

וכלָא אתרמיז בצדיק דביה גלגול. ועוד יסוד תַמָן יו"ד דאתְגַלגַל ביה
וְנָח ביה בכל גלגולין דאתגלגל. ובגין דָא וַיְכַל אֱלֹהִים בַּיּוֹם הַשְּׁבִיעִי
מְלַאכְתּוֹ אֲשֶׁר עָשָׂה. ואות ו' דגלגול ביה כָליל צדיק לְשִׁתִּין רבוא.
בצַדיק אינון שית. ובעַמוּדָא דאֶמצָעִיתא סליק לשתין. ובכֶתֶר עִלָאָה
דאיהו א' סָלִיק לשתין רבוא. ודָא איהו דור הולך ודור בָּא. א"ל ר'
שמעון והא סָבָא אָמַר דאיהו גלגול ביסוד איהו. ותַמָן י' דמתגַלגַל
ביה ושַרְיָא עֲלֵיה ונָח ביה מההוא טַרְחָא דגלגולָא דטָרַח בשית יוֹמֵי
דסליקן לשית באת ו' ולשתין בי' שית זמנין עָשֶׂר ולשית אַלְפִּין באַלֶף
ולשתין רבוא בכתֶר עלאה ודא איהו דור הולך ודור בא וְהָאָרֶץ
לְעוֹלָם עוֹמָדֶת ובכל זמְנָא דאתי ואזיל שעָתָא קיימא ליה הה"ד וְהָאָרֶץ
לְעוֹלָם עוֹמָדֶת. דלהאי בַּת זוגיה קיימָא ליה בכָל אַחַר ובכל גלגולָא
ובכָל שעָתָא אַף על גב דאזיל ואתי בכַמה גלגולין. הָאי איהו צַדיק
וטוב לו. ולמאן דשַעְתָא דיליה לָא קיימא ליה אלָא שעְתָא אַחֲרָא
דלָאו בת זוגיה קַיימא ליה. והָאי איהו צַדיק ורע לו. כמָה דאוקמוה
מָארי מַתניתין כָל מי שֶׁדוחק אֶת הַשָׁעָה. הַשָׁעָה דוחֲקתו. א"ל ר'
אלְעָזר והא ר' פְּדָת צַדיק גָמור הֲוָה ואַמאי לא נפַל בשעְתָא דיליה
דאיהי בת זוגיה בן גילו. א"ל ברי אית גלגולָא דמְחַיֵיב ליה דנָפִיל
במזליה דאיהו בן גילו דאתמר ביה אֶרֶץ אֲשֶׁר לֹא בְמִסְכֵּנֻת תֹּאכַל
בָּה לֶחֶם. דאיהי שעתא דמזוני ושעתא דחַיֵי ובָני ואית גלגולָא
דמְחַיֵיב ליה דלא נָפִיל בשעְתָא דמזוני. דאיהי בַת גילו אף על גב

דנוקבא דקל' פה וכו' ע"ם רבנו האר"י ז"ל בשער הפסוקים וקל' פת הזכר שם ה' ... אבל ...יג, ועוגם, ע קרים
מן רוכי דקל' פר וקל' פות דנוקבא שפ"ל ם יאם **ותמן** ו"ד דאתגלגל ב"ר ושר"א על"ר ונח ב"ר כלהר ק"ם
שלשה דברים כנגד ' חוק"ם של ו"ד שלך הסופר לכון בכח בת אות ו"ד והכר היסוד ע"קרו ו' דא"רו ש"ם
כאחד ם ויתגלגל ב"ר בעשרות דר"נו ש"ם זמנין עשר ושר"א על"ה כא"לפ, דא"רו ש"ם אלפ, ונח ב"ר בשם
רבוא **ודא** א"רו דור הולך ודור בא פירוש דור זה הסוד שנקרא דור שהוא דו ר"ש דהיינו שני ראשין כי הוא
רא"ב בתיקונו בשלשה התיקונות שהם נה"י וראש בשלשה ראשונות שהם חב"ד שעולה עד דעת שהוא ראש בשלשה
מהתא לע"יא וסוד דכתוב דור הוא כי סוד הולך יהעלות אור מן מלמטה לעיל ודור בא לרבא שפע מ"ד
מלמעלה למטה והארץ דמלכות לעולם עומדת לדעיום ומגה אורות מ, ולרבא לר שפע דעלו"ן, ולזה בכל זמנא
דאתי ואזיל בסוד דעלים ור"ד בזוהים כ"ז הגר שעתא ר"א המלכות ק"מא ל"ה לטו' ממנו ולהביא לה
ודוגיים זה ה"א הנשמר באדם בעוז בכל גלגול וגלגול וכן דוגמת זה רוח האדם ברוחו עם אשתו **ולמאן**
דשעתא דל"ה יא ק"מ ר"לה, פירוש דאשר נקראת שעה לבעלה כ"ר א פונר לבעלה ובעלה פונר א"לה והוא

בכל דרא ודרא. איך הוה אזיל מצדים לצדים עד שתין רבוא. עד דמטי לההוא דאתמר ביה בשגם הוא בשר. בשגם זה הבל. ואוקמוה קדמאי בשגם דא משה. ומיד דהמא דעתידה אורייתא לאתייהבא על ידיה אוסיפת בגניה כמה קרבנין לקב"ה וכמה צלותין ובעותין. ודא איהו והוסף ללדת ובגין דא אתמר ביה דור הולך ודור בא. ולית דור פחות משים רבוא. ולעילא דור הולך דא ו דסליק רבוא בשית ספירן. והארץ לעולם עומדת דא שכינתא דאיהי עומדת ליה. ואיהי שעתא דקיימא ליה ובגינה אתמר לית מזל יומא גרים אלא מזל שעתא גרים. ולית לכל בר נש קיימא שעתא. דהא אית בר נש צדיק דלא קיימא ליה שעתא. דלא קיימא שעתא אלא לבעלה והאי שעתא מינה בני חיי ומזוני לבר נש ובגין דא אוקמוה מארי מתניתין. בני חיי ומזוני לאו בזכותא תליא מלתא אלא במזלא תליא מלתא. מאי מזלא דילה בעלה ולבעלה לית מזל כמה דאוקימנא אין מזל לישראל. ואף על גב דכלא תליא במזלא אפילו ספר תורה שבהיכל. היכל שכינתא תתאה ספר תורה צדיק. ותריסר מזלות אינון. ואינון ו"ו (דאשתבח ו' (נ"ל דאשתבחו) במאת א'. ודא רזא דואו. וא' תמן ו' עלאה דאיהו מזלא עלאה דסליק במחשבה). דאיהו א' תמן ו' דאמצעיתא דאת א' איהו מזלא דכלא דסליק באת י' עלאה דאיהי ברישא דאת א'. וכד סליק במחשבה אתמר ישראל עלה במחשבה דאיהי י' דעל רישא דא'. ובגין דא לית מזל לישראל. (דהא במחשבה סליק וכל מזלא איהו ממנא על שעתא מי"ב מזלות) דאיהו מזלא דכלא וכל מזלות מניה תליין דאינון ו"ו. די ממנן על תריסר שעתי דאינון ה"א ה"א. וכאה איהו מאן דקיימא ליה שעתא דאיהו ולגוף דכלהו דא י דאיהו גלגל. ועם ו' אתעביד גלגול. דאיהו ברזא דס"ו. מן יסוד דאתמר ביה כל הנפש הבאה ליעקב מצרימה ששים ושש. לאתערותא דעמודא דאמצעיתא ששים. לאתערותא דצדיק וש"ש.

ינה ע נקרא בשם אור כמ ש רז"ל ע פ ו קרא אלהים לאור וכו ואם מעריב עמו לה י שכוא ש כ לר ג' ש' אז ה ר ל רוק שאור כ ש עם אור רוח שאור וזרו שאור שבעיסה וכל זורמא של תאוה רעה באה מן פלוג ת וכלא

אֲתַר דְאִתְנְטִיל נִשְׁמָתֵיהּ בְּאֹרַח אֲצִילוּת תַּמָּן חָאב. וְחַוָּה בְּמַעֲשֶׂה דִילָהּ דְאִיהִי בַּת דִילֵיהּ כ״ח אַתְוָון דְמַעֲשֵׂה בְרֵאשִׁית וְכֹלָּא חכמ״ה כ״ח מ״ה. וְעוֹד וְהָאָדָם יָדַע. יָדַע הוֹבָא דִילֵיהּ בְּמָאי. בְּקַיִן. כְּמָה דְאַתְּ אָמַר וַתַּהַר וַתֵּלֶד אֶת קַיִן. בְּגִין דְעָלֵיהּ אִתְמַר [ג] כִּי מִשֹּׁרֶשׁ נָחָשׁ יֵצֵא צֶפַע. דְאִיהוּ זוּהֲמָא דְאַטִּיל נָחָשׁ בְּחַוָּה. וְהַוָּה יָדַע זוּהֲמָא דִילֵיהּ דְאִתְפַּשַּׁט עַד כְּנֵי חָתָן מֹשֶׁה. וְכַד חָמָא גִלְגּוּלָא וּתְיוּבְתָּא דִילֵיהּ תַּמָּן אָמַר קָנִיתִי אִישׁ אֶת יְיָ. כְּעַן יָדַעְנָא לֵיהּ דְקָנִיתִי לֵיהּ בִּבְנֵי הַתָּן מֹשֶׁה וְרַחֲמְנָא לֵיהּ *תַּמָּן וּבְגִין דָא אִתְמַר קָנִיתִי אִישׁ אֶת יְיָ׳. וְדָא אִיהוּ רָזָא וּבְכֵן רָאִיתִי רְשָׁעִים קְבוּרִים וָבָאוּ וְכוּ׳ אָמַר לֵיהּ ר׳ שִׁמְעוֹן סָבָא סָבָא וְאַמַּאי טָרַח קב״ה בְּהוֹן לְאַיְיתָאָה לוֹן בְּגִלְגּוּלָא. א״ל בְּגִין יְקָרָא דְצַדִּיקַיָּיא לְאַעֲבָרָא חוֹבָא מִבְּנַיְיהוּ. דְעַד דְקַיִן תָּב בִּתְיוּבְתָּא פְּגִימוּ דְאָדָם לָא אִשְׁתְּלִים וּבְגִין דָא לִיקָרָא דִילֵיהּ טָרַח קב״ה בְּקַיִן. וְהָכִי בְּכָל רַשִׁיעַיָּא דְאִינוּן בְּנֵי צַדִּיקַיָּיא. א״ל וּמָאי אִיהִי זוּהֲמָא דְאַטִּיל נָחָשׁ בְּחַוָּה. א״ל דָא לילי״ת טִפָּה סְרוּחָה אִיהוּ זוּהֲמָא. וְאִיהִי שְׂאוֹר שֶׁבָּעִסָּה דְאִתְמַר עֲלָהּ מִי מְעַכֵּב שְׂאוֹר שֶׁבָּעִסָּה וְאִיהוּ אִבָּא דְסמא״ל דְאִתְמַר בֵּיהּ וַתִּקַּח מִפִּרְיוֹ וַתֹּאכַל דָא מו״ת דְאִתְמַר רַגְלֶיהָ יוֹרְדוֹת מָוֶת. וְאִיהִי טִפָּה בִּישָׁא זוּהֲמָא דְאֵל אַחֵר סַם הַמָּוֶת. זוּהֲמָא וְעָרְלָה דְאִילָנָא דְמוֹתָא. וּבְגִינָהּ אוֹקְמוּהָ מָארֵי מַתְנִיתִין. אָדָם מוֹשֵׁךְ בְּעָרְלָתוֹ הֲוָה. וַתֹּסֶף לָלֶדֶת אֶת אָחִיו אֶת הָבֶל. פָּתַח וְאָמַר תּוֹסֵף רוּחָם יִגְוָעוּן וְאֶל עֲפָרָם יְשׁוּבוּן. הָכָא רָמִיז גִלְגּוּלָא דְצַדִּיקַיָּא וְאַחְזֵי לֵיהּ קב״ה גִלְגּוּלָא דִילֵיהּ

ברזול אתר דאתמר ב״ר סרבל עלה במסכנה וחוה במעשר דל״ה פירוש במלכות ש״ם התעשר ור״ש במלכות דרהוא אתר דאתב ב״ה אדם כלומר באותו עולם ולז״א במעשה דל״ר כ״ה אתוון דתעשר בי״אם מ פירוש פסוק בראשית ברא אלהים את השמים ואת הארץ ש״בו כ״ח אותיות ודמלכות ר״א סוד דאות ות כ״וד״ג וכלא חכמה כח מה שגם המלכות נקראת מה בסוד מה אש״ב לך ידע חוכר ד״ל רבאת בקין, פירוש דכתוב אחר והאדם ידע את חוה אשתו וק׳, רמז בזאות ות דילו הראשונים של חוה כ׳ חור בתלומר כו״ח ה ואו ד׳ יאם דמלו דסתוך יאות ות הפסוק של חור כס אות ות מ׳ ואם תקיאם כזו וי״ד אל״ף ו״ד עולה מספרם עם כולל דאות ות שלהם כמספר ק׳ן, תמן אמר קנית אם את ה׳ פירוש אמר דכתוב סוד רוא מאמר תור ולא קיא אמר על אדם א״ל דא ל״ל״ת ספר סריתר קי לה סריתר כ״ה ריכל דפותאר של בעלר שרוא רוח דעל ה אחיר ואת רות הטומאה אעב״י ין הארץ, כל נקבה י״ה ר״כל לבעלר ומסבר ד׳ כל רוח ס״ר ות״ח בתוך ס״ה אותיות רוח שהוא בעלר דנקרא רוח דפותאר כ׳ כל זכר נקרא יום דר עשר אלא לירוק סריותר שהוא תערובת רות בתוך סר שהוא מספר ד׳ כל ואיהי שאור שבעסה דאתמר עלה שאור שבעסה ,ב רוע בכל

* ק׳ ע״א

ברית שֶׁקֶל הַקֹּדֶשׁ. וַוי לְמַאן דְּלָא נָטִיר לֵיהּ וְהַבָּאָה אִיהוּ מַאן דְּנָטִיר לֵיהּ. וּמַאן דְּנָטִיר בְּרִית הָאי אִיהוּ עֵד עֲלֵיהּ. ע' מִן שְׁמַע. ד' מִן אֶחָד. וְאִי לָא נָטִיר בְּרִית פָּרַח מִנֵּיהּ קוֹצָא מִן ד מִן אֶחָד וְאִשְׁתְּאַר אַחֵר (עֵר עֵד): כאן מסר

וְהָאָדָם יָדַע וְכוּ'. קָם סָבָא פָּתַח וְאָמַר. ר'. ר'. וְעַד הָכָא לָא הֲוָה יָדַע אָדָם לְאִנְתְּתֵיהּ. אֶלָּא בִּזְמַנָּא דְּחָאב אִסְתַּלַּק שְׁכִינְתָּא מֵאַתְרֵיהּ. וְהָכִי אוֹקְמוּהוּ מָארֵי מַתְנִיתִין דִּבְזִמְנָא דְּלֵית שְׁכִינְתָּא בְּאַתְרָהּ אָסוּר בְּתַשְׁמִישׁ הַמִּטָּה. בְּגִין דַּעֲלָהּ אִתְּמַר וַיִּשְׁתַּחוּ יִשְׂרָאֵל עַל רֹאשׁ הַמִּטָּה. וּמַאן אֲתַר אִסְתַּלְּקַת מִימִינָא וּמִשְּׂמָאלָא דְּתַמָּן הֲוָה וְדָא הוּא דְּזָא דְּעִבּוּר (ס"א וְיַעֲבוּר) ע"ב רי"ו חָסֵר גְּבוּרָה. וְלָא לְמַגָּנָא אוֹקְמוּהוּ מָארֵי מַתְנִיתִין הַנּוֹתֵן מִטָּתוֹ בֵּין צָפוֹן לְדָרוֹם הָוְיָין לֵיהּ בָּנִים זְכָרִים. וְאִיהוּ גָּרִים דְּאִסְתַּלַּק הַהִיא מִטָּה מִתַּמָּן הָכִי אִסְתַּלִּיק אִיהוּ מִתַּשְׁמִישׁ הַמִּטָּה. וּבָתַר דְּקַבִּיל עוֹנְשֵׁיהּ אִתְחֲזַר מִטָּה לְאַתְרָהָא בְּהַהוּא זִמְנָא וְהָאָדָם יָדַע אֶת חַוָּה אִשְׁתּוֹ. וְעוֹד וְהָאָדָם יָדַע אֶת חַוָּה אִשְׁתּוֹ. אִית יְדִיעָה לְטַב. וְאִית יְדִיעָה לְבִישׁ. כְּגוֹן וַיֵּדְעוּ כִּי עֵרֻמִּים הֵם. וּכְגוֹן וְאַתְּ עֵרֹם וְעֶרְיָה עָרוֹם מֵאוֹרַיְיתָא דְּבִכְתָב וְעֶרְיָה מֵאוֹרַיְיתָא דְּבְעַל פֶּה. וְעוֹד וְהָאָדָם יָדַע. כְּגוֹן וּמָרְדֳּכַי יָדַע אֶת כָּל אֲשֶׁר נַעֲשָׂה. הָכִי אָדָם יָדַע דְּגָרִים אַפְרַשׁוּתָא בֵּין קב"ה וּבֵין שְׁכִינְתֵּיהּ דְּאָדָם חָאב בְּמַחֲשָׁבָה וְחַוָּה חָאבַת בְּמַעֲשֶׂה בְּהַהוּא אֲתַר דְּאִתְּמַר בֵּיהּ. יִשְׂרָאֵל עָלָה בְּמַחֲשָׁבָה בְּהַהוּא

עולם ישו אדך וכ אר רב ו ראר ז"ל כונתו בשער מאמר רשב י לך נא ראה ו נעם לך וכזר מובן רדבר הזה כאן, שאתר יתן ד ע ר בר ת זכה למלכות ומאן אתר אסתלקת מ מ נא ומשמאלא דתמן רוח כירוס מלפון ומדרום כ דרום חסד ולכון יבוריה ולכן רכותן יטתו בן לפון לדרום רו , ל ר בנ ם זכרים כ רע בור יתסך מן שבע אור השכ ני החו ה בנכון, ובדרום של התאר כ ע בור רוא ע"ב ר ו שהוא מספר חסד גבורר ורס דינן, אסר א ם ואשתו אחוז ם בהם כ רא ם יוא חסד בסוד ר מן ואשתו גבורה בסוד רשמאל ואשר יזורעת תחילר ולדם זכר ולכן אתר ר ות, מטתו ב ן לפון לדרום רקד ם הלפון שלא אמר ב ן דרום ללפון רי נו לרורות שראשר ת לפון, ורגל ר לדרום וכ ן דראשר לנכון שרוא דרגא דאשר אז ה א מזרעת תחלר בראשונה ורא ם לבסוף ולכן רו , ל ר ב ם זכר ם אתחזר מטר לאתררא בררוא זמנא והאדם דע את רוה אשתו כ רוס כת ב והאדם ברוסכת ר א שלא חטר והדם כ ריגו באות ר א על אור השכינר שחזר לשרות על מטתו גם אתר ורהדם וה אדם כ ו ה לשון שתחר ובהפרשת שכ ה ם שתחר ערם יתוד תא דבכתב וער ר יתור הא דבע פ פ פרוש לשון זכר ער ר לשון נקבר והאדם דע כגון ומרדכ דע את כל אשר נעשר פ רוש כמו דע דכת ב במרדכ שהיתה דעתו ם דע מה שנעשה למ גלר בשת ס כת ם רז ל כן הא דע דהאדם הכונה ם דע רקלקול שנעשה למעלה ע' דו בההוא אתר דאתמ ר ב ר שראל כ לר במחשבר פ רוש מ ם אדם חטא במחשבר ה כו אדר

דהאי) עד בין ברא וברתא לא תקרבו. דגלות ערוה לא תקרבו ו' לה' דלא אתגליא רע בינייהו דאיהו אתר דעליה אתמר וס"ד אהר אל תגל ערוה תעור קשתך עד יה רע בזמנא דאיהו בין י"ה. ההוא רע לא תקרב י' בה. והאי איהו קליפה דערלה ע"ר מן ערלה רע. אדם בהאי חאב כמה דאוקמוה מארי מתניתין אדם הראשון מושך בערלתו הוה. ודא גרים עריין בעלמא. ובגין דא עריה תעור קשתך. תעור איהו ערות בהפוך אתוון. באן אתר קשתך דאיהו קשת הברית דעליה אתמר ותלד רחל ותקש בלדתה תק"ש איהו קש"ת (ורזא דמלה בעצם תלדי בנים) ומתמן אמרה הנה אשר קש"ת רוחה אגבי ודא רזא את קשתי נתתי בענן. ואוקמוה חברייא מלך דאקיש לי. מוקש כתיב ביה דביה הוה מוקש לאדם קדמאה. כמה דאוקמוהו אדה"ר מושך בערלתו הוה. ומה דנטיר איהו ליה ברקש בשותפו עמי בדיוקנא דילי עלה אתמר ויברא אלקים את האדם בצלמו בגין דמאן דנטיר ברית זכה למלכות. הרי איהו כהקש לי בשותפו עמי ואם לא נטיר ליה אתהדר קש"ת קשה ליה כשה לאת ה'. ועל דא קש אתמר ובית עשו לקש. ואיהו לק"ש בהפוך אתוון שק"ל לצדיקים דנטרין

יזכה כו' לגן עדן שנרמז בטוב. **דאיהו** קשת הברית דעליה אתמר ותלד רחל ותקש בלדתה תקש אותיות קשת כו' יוס דר"ש תקש דגבי רחל על קשת הברית מפני דרחל הקושה שיה ש"ל אחר פטר יוסף, דאותו חלק דרוח דשבק בר עקב את"ר בב אה ראשונה שר"י לצורך ח"ות שלה דולדה יתתו לבנימין, ב"ר ונתלה רקוש בי"ר בא לר יוכד קשת הברית דבעלה דא יו"ד ר"ב בר"א רוחא ולכן דר"ש תקש דכתיב ברחל רוח אות ות קשת שהוא מן קשת הברית דבעלה נולד לה הקוש הזה עתה וכן דר"ש ת"ש חנה קשת רוח א"כ ג"כ ריתזר ע' רא רוחא ד"ר"ב בר קשת הברית דבעלה וכונתה לומר אנ"ש ל' מר שלר"ך יר ות בעבור רע בור כ' מלאי אנ' מן יוח דשבק ב' קשת הברית דבעל **ודא** רזא את קשתי נתתי בענן ואקמוד חבר א יתלר דא ק"ש י' פ' יוס דרשו חכמ"ס ת"ש את קשתי נתתי בענן שעשר רס מן בקשת שלא ב"א מבול עוד ולמה עשה רס מן של זה בקשת ר"נו יתכנ כ' אע"כ שדור ריתבי חטאו בכמה מיני עברות מה שה"ר קשה לפני רוח תטא פגם קשת הברית שה"ו משחית זרעם שקלקלו זה שקלקלו באבר הברית ה"ר קשה לפני ותר מן כל עונות ובעבור קלקול זה רבאת המבול ע' רס לכן הכ"תן של מ"עת ר' דת המבול מכאן, וא לך עם ת"ו בקשת ואמר עוד יתוקש כת ב"ב ר' דב ר' רור יתוקש לאדם קדמאה ור נו וחן עס למר אבר ריתסמ"ש נרמז בקשת מפני כ' קשת לשון יתוקש דבור האבר רור יתוקש לאדם קדמאה שקלקל באבר זה כמ"ש אדה"ר מושך בערלתו הוה וכ"יש עוד טעם אחר שנקרא אבר זה בשם קשת ורוא כ' קשת לשון רקש וישוואה ור נו כ' מאן דנטיר ל"ר לאבר הברית הזה אר"ו ברקש ובשותפו עמ' ש"ר ר' יו דמ"ון לפרטן הקדוש של ספירות דקדושה דעליה אתמר ויברא אלקים את האדם בצלמו וא"ו שהוא ר' סוד הקדוש ה' קרא אות הקדוש שהות בסוד וא"ו בג', דמאן דנטיר ברית זכה למלכות רר"ר אה"ו ברקש י' בשותפו עמ' ורכונה אומרו זכה למלכות כלומר זוכה להשפיע במלכות כמו שאנ' משפיע במלכות וכמ"ש בזוה"ק על פסוק ועמך כולם לר ק"ס

ברית

בכלא תקונין אלא אם הוא) (נ"א כלא הוה) כליל. בשמיא וארעא ושמשא וסיהרא וכוכביא ומזליא וכרסיא ומלאכים וגן עדן וגיהנם. מסטרא דתרוייהו אתיהיב יצה"ט ויצה"ר ג"ע מצא אשה מצא טוב. גיהנם ומוצא אני מר ממות את האשה. ותרויהו בלבא לב חכם לימינו ולב כסיל לשמאלו:

תקונא שתין ותשעה ליום ל"ה

בראשית ב' תרין חכמה ותבונה (ובינה) תליתאה יראת יי' ראשי"ת דעת. ובהאי דעת אתמר והאדם ידע את חוה אשתו דלית זווג אלא בדעת דאיהו עמודא דאמצעיתא. יחודא דאבא ואימא. הכי איהו לתתא צדיק יחודא דעמודא דאמצעיתא ושכינתא דלתתא. וגוף וברית עלייהו אתמר כי אל דעות יי' וגו. ותרוייהו עדות. דלית עדות פחות מתרין. והאי בן איהו יחוד דאבא ואימא. איהו עמוד סביל כלא כגוונא דשמיא וארעא דאתמר בהון דעומדא על חד סמכא קיימא. כד"א וצדיק יסוד עולם הכי אבא ואימא סמכין על עמודא דאמצעיתא ואיהו יחוד בין אם ובת כגוונא דא קו"ק וביה אתעבידו ה"ה אחד אחד. י"ג הכא וי"ג הכא ואידו ו' יחוד דתרי אחיות בגוונא דא וייצר יי'. דא רזא דא' י' לעילא י' לתתא ו באמצעיתא יחודא דתרוייהו כלה והטותה (ה' מן אלקים ו) (נ"א ה"י מן אלקים ו' מיא) כללא דתרוייהו. ה"ה אמא וברתא. ו' בין תרוייהו לעילא לית ערוה ובאתר דא אמר לא תדמה ליוצריך לתתא. בר מאתריה אמר לא תקרבו לגלות והא אוקימנא לעיל ועוד אשכחנא רזא עלאה ערוה ער וה. כד ו' בין ער דאיהו רע אתעביד עור הה"ד ויעש יי' אלקים לאדם ולאשתו כתנות עור וילבישם. ועלייהו אתמר ולפני עור לא תתן מכשול*דהא רע מן עור איהו ערוה דאפריש בין ו"ה דאינון אח ואחות כד אתלבש אילנא דחיי באילנא דטוב ורע הה"ד ועץ החיים בתוך הגן ועץ הדעת טוב ורע. בזמנא דאיהי (ס"א דהאי

י גן עדן מלא אשה מלא טוב דרים גן במ ק עשר כ טו , דמכלפ ד גימ' ז' במ ק והוא כמנין אשה במ ק עב הכולל שעולה עשר ועדן במ ק י ח כמנין טוב עם הכולל ולכן על גן עדן נרמז מלא אשה מלא טוב דאם זכה לגן

* צט ע ב

זאמרין כאדם טוב כחוטא כולהון שוין יהיו כמוץ לפני רוח אלין חייביא דאמרי הכי ומלאך ה' דוחה מצייהו. דאית אדם דאיהו ישראל ואית אדם דאיהו מלאך ודא מטטרו"ן. ואית אדם בדיוקנא דקב"ה דאיהו אצילותיה ודא יו"ד ק"א וא"ו ס"א. ולית ליה בריאה ויצירה ועשיה אלא אצילותא ובאתר דא לית חטא ולא מות. ההד"ד לא יגורך רע. ועל האי אדם בליעל מני קב"ה דלא למיכל מיניה. ודלא לערבא ליה עם טוב. דהאי איהו כמאן דעריב כספא עם עופרת. ודא גרים בלבולא בפמליא דלעילא ועריב חשוכא בנהורא. מה דאפריש קב"ה כמה דאת אמר. ויבדל אלקים בין האור ובין החשך. ולא עוד אלא מאן דאעיל זרעיה בנדה או שפחה או גויה או זונה. כאלו מערב מה דאפריש קב"ה דכתיב ויהי מבדיל בין מים למים. דאינון מי נדה למי דכיא דדא אסור ודא מותר ודא כשר ודא פסול דא טומאה ודא טהרה. אלין אינון שית סדרין דאתיהיבת (בהון משנה) (ס"א למשה) לאפרשא בין טוב לרע דערב לון אדם ודרין דאתו אבתריה:

תקונא תמניא ושתין

בראשית ברא אלקים. כא אלקים. להט החרב המתהפכת לשמור את דרך עץ החיים. מטה האלקים ודאי ודא מטטרו"ן. והא אוקימנא ליה דאתהפך מדינא לרחמי וביה אשתניו (נ"א אשתכחו) כל דיוקנין דלא דמו דא לדא. כד אתהפך מימינא לשמאלא אחזי פרצופא דשור. וכד אתהפך משמאלא לימינא אחזי פרצופא דאריה. וכד אתהפך מתרויירו למערב אחזיר אנפוי ואתהפך לנשר. (נ"א לאדם) וכד אתהפך מתרוייהו למזרח דאיהו באמצעיתא אתהפך לאדם (נ"א לנשר) מלמטה לנשר לית דיוקנא בעלמא דלא אשתמודע ביה. י"ב מזלות אתהויין ביה. כל דיוקנין דמלאכיא ודיוקנין דנשמתין ודיוקנין דכל מה דאתברי בשמיא ובארעא. ולאו איהו דיוקנא דאדם שלים

שד' י נאמר כלשון, בג אדם אבל שם רו ר רוח חד חודו דעלמא דלאו אתקרי ביה אלא דקב"ה לבדו ולכך נקרא שם העלם ושם אדנ"י נקרא רשות של שם דוי ר ען כ שם הוי"ה א א לקריתו ככתבו אלא נקרא בשם אדנ"י ולכך נחשב רשות שלו ובאתר דא ל ת חטא ול ת מות כירוש באצלות לא ר ה חטא דהיינו חסרון בחו ב ול ת מות דר נו שב רר כאשר כ ר בשבעה מלכים דמלכו בארץ אדום דשב רתם כאמרו בלשון מיתה בבלא

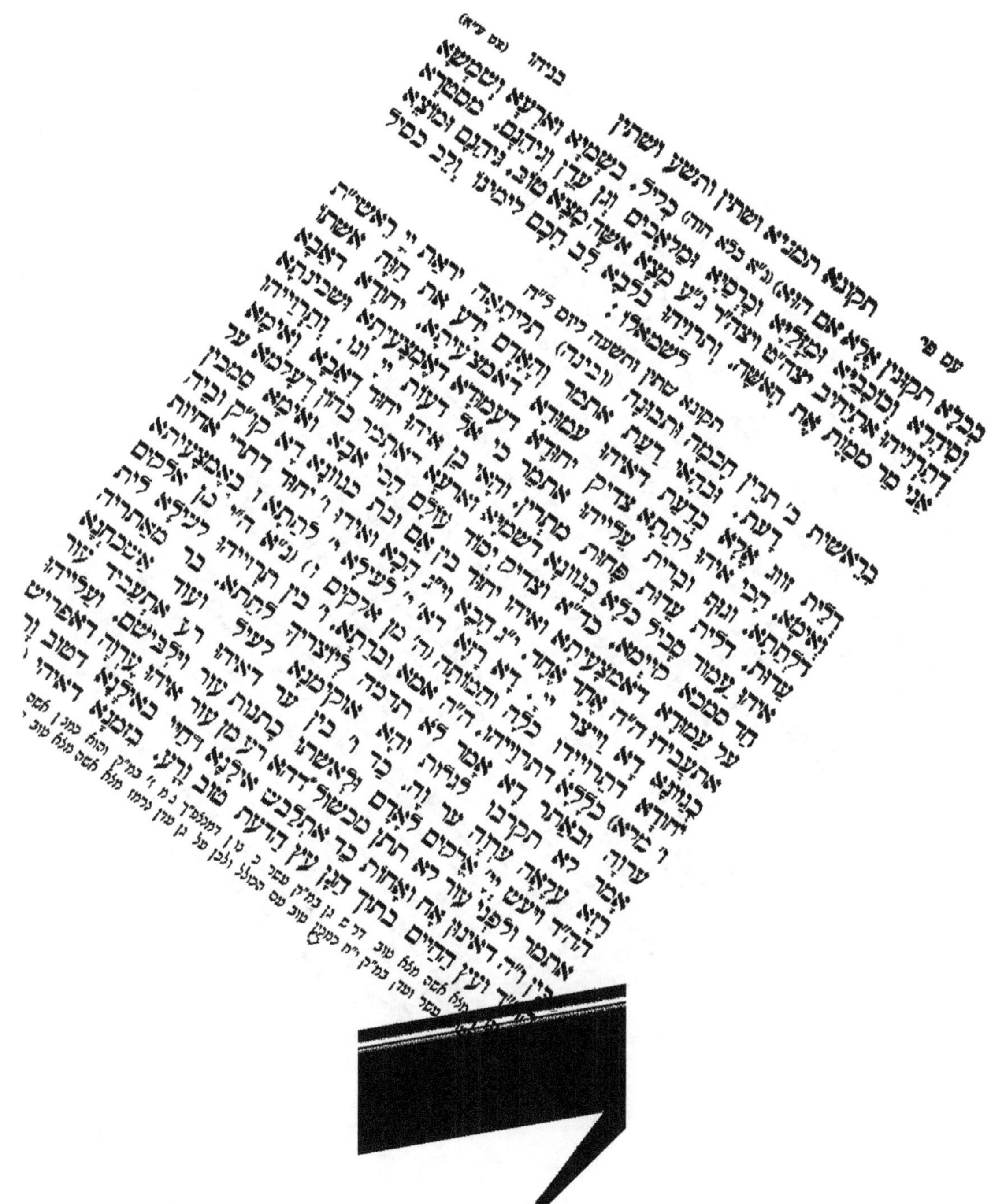

ואמרין כאדם טוב כחומא כגרדין שוין יהוי כמוץ לפני רוח אלין
חיורא , ואמרי הכי ומלאך ה' חונה מנייהו . ראית אדם דאיהו ישראל
ואית אדם דאיהו מלאך ודא מטטרון . ואית אדם בדיוקנא דקב"ה
דאיהו אצילותיה ודא י"ד ק"א ו"א מ"א . לית ליה בריאה ויצירה
ועשיה אלא אצילותא ובאתר דא לית חטא ולא מות . החד"ד לא
יגורך רע . ועוד דא אדם טוב בליעל מני מב"ה דלא למכל מינה . ודא
לעילא ליה עם דא נפמליא דלא תעריב כספא עם עופרת . ודא מה
גרים כלבושא דהוא אדם דעילא חשוכא בנהורא . באלין
דאפריש מב"ה במה דאת אמר ויבדל אלקים בין האור ובין החשך .
ולא עוד אלא מאי דאעיל זריעיה בנדה א שפחה א נכריה א זונה . דאינון מ
נעריב מה אפריש מב"ה דכתיב ויהי מבדיל בין מים למים . ודא משומאה
נדה למי דבא דא אמר ודא מותר ודא אסור ודא כשר ודא פסול דא (ס"א פמשה)
ודא פרדה אלין אינון שית סדרין דאיהו נבלה (כרוזי משנה) (ס"א
לאפרשא בין טוב לרע דעיר דן דאיהו אדם וכרין דאיהו אברהם ;

בראשית ברא אלקים

תקונא תמניא ושתין

אוקמוה נא' אלקים . לרמי החרב המתהפכת לשמור
דיוקנין ליה חדד עץ החיים . מטה האלקים נביה אשתניו (נ"א מטטרון) . ודא
פרצופא דלא דאיהו מתהפך מרינא לרחמי ונביה אשתני (נ"א אשרכבו) כד
וכד אתהפך דמו רא לדא . כד אתהפך מימינא לשמאלא אתי
וכד אתהפך לשור . וכד אתהפך משמאלא לימינא אתי פרצופא דאריה ,
וכד אתהפך מתריירין למערב אחזור אנפי ואתהפך לנשר . (נ"א לאדם)
(נ"ב) מלכמר מתריירין לגזרח דאיהו באמצעיתא אתהפך לאדם (נ"א
ברזות אתחזיין לנשר לית דיוקנא בעלמא דלא אשתמודע ביה , ר"ב
דכל מה דאתברי ביה וכל דיוקנין דמלאכיא (לאו איהו דיוקנא דאדם ודיוקנין
בשמיא ובארעא דמלאכיא איהו דיוקנא דאדם שלים

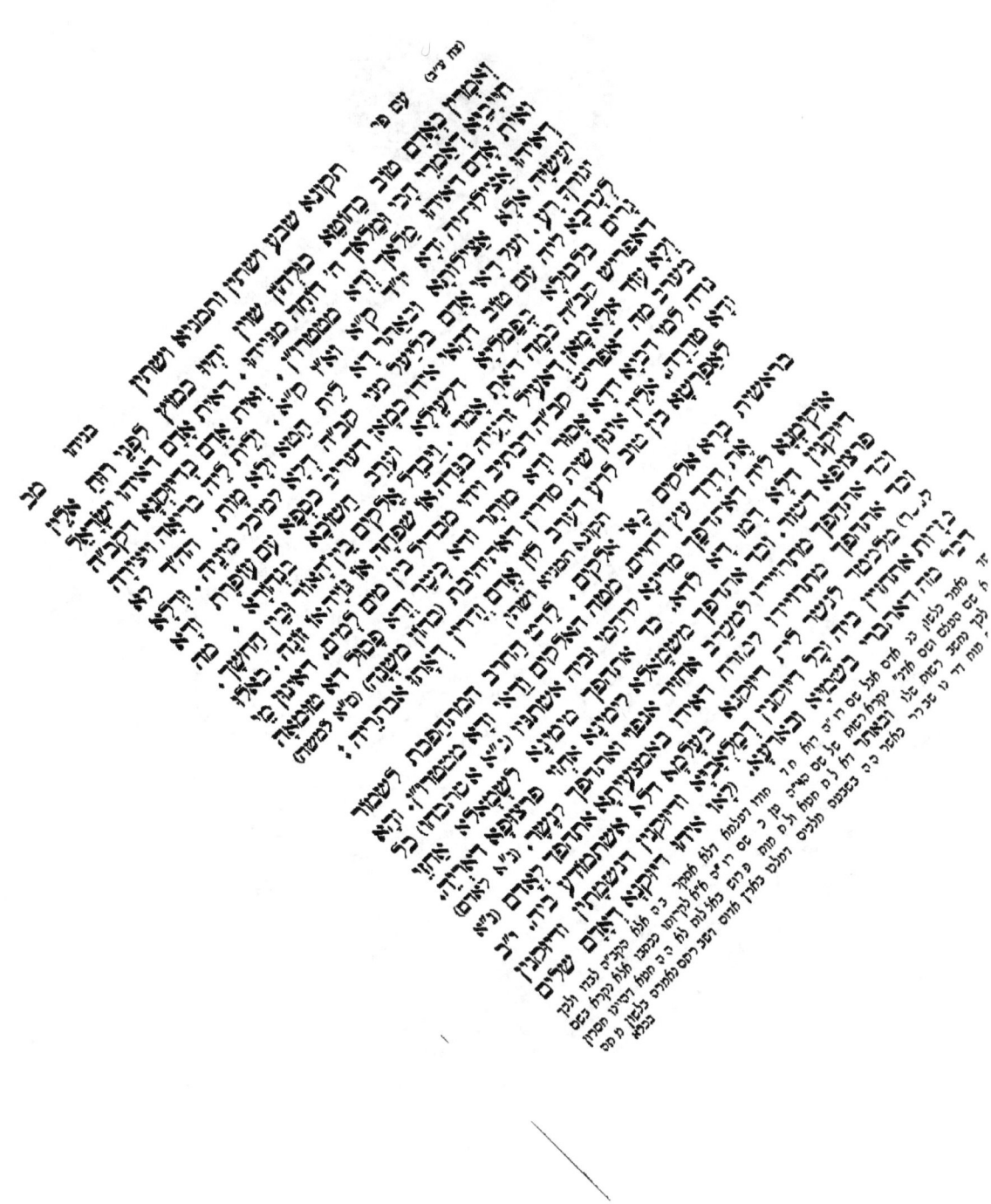

חוזי דמלאכת ... ח"ר ... כלומר בלשון גג אדם אבל גם רו"ס ... נקרא בשם גם ... ולכן
... גם כשמים ... נקרא בשם על גם ... ובאתר דל ... מותה מלאכה
... בשבעה מלכים דמלכו בארץ אדום ... כלומר ... בלשון מ מם
בכלא

דאתמר ביה אדם להבל דמה ועליה אתמר אדם כי ימות באהל. ועליה אתמר ארור הגבר אשר יבטח באדם. ושם בשר זרועו ודא סמא"ל אדם בליעל איש און ואית ליה תרין נוקבין בישן. ועלייהו אתמר על כל נפשות מת לא יבא לאביו ולאמו לא יטמא. ולית אביו אלא קב"ה. ולית אמו אלא שכינתא. ובי לא אתמר בקב"ה ובשכינתיה הלא כה דברי כאש נאם יי'. מה אש אינו מקבל טומאה. הכי איהו לא מקבל טומאה. א"ל והא כתיב את מקדש יי' טמא ודא שכינתיה. א"ל ודאי דקב"ה ושכינתיה לא מקבל טומאה. אבל כל מאן דסאיב אתר דאיהי שריא ביה. אתחשיב ליה כאלו עביד ליה. ובגין דא לאביו ולאמו לא יטמא ולית אביו אלא קב"ה ולית אמו אלא שכינתא ודא איהו רזא מאן דאעיל מרשות הרבים לרשות היחיד ובגין דא אמר ולא תחללו את שם קדשי. ודא אדם דאיהו רשות היחיד דאיהי יקו"ק יחידו דעלמא ודא איהו אדם. (ובגין דא לאביו ולאמו לא יטמא. ודא איהו רזא מאן דאעיל מרשות הרבים לרשות היחיד. ובגין דא אמר) אדם כי ימות באהל דא אדם בליעל ומסטרא דא בר נש רשע קרוי מת מעיקרא מקמי דאתברי עלמא. אבל לא אתמר על אדם דאיהו מסטרא דקודשא. ובמה טפשין אינון בעלמא דאמרין. הא קב"ד גזר על בר נש דמות הה"ד אדם כי ימות. ואיך אמרין דלא יהא מיתה מניה ני לון דטב לון דלא אתבריאו בעלמא דאלין אינון דשוין לון לאדם דאתקרי ישראל. ולאדם בליעל.

לה"ס כי ימות באהל ידרוש באהל בדבר שאם תוסף מספר אחד רמ"ז על א' ר"ר ג' ושם בשר זרועו ודא ס"ת דכוכר ש' שאלת ש' ושם ה"א במקום ס"ת ך ואלו כת"ב ושם בשר זרועו ור"ת נו"ס ס"ז ר"ס מ מאלבש בתוך סר' סו"א ד"ר זרועו אותיות עוזרו שבושה בו לבקש עזר מ"ת ו וכונת הכתוב כך אחר בטח באדם כי ע' ויפרש בשמו ו סו"א כם ש' סות לב' ה"ר בתוך סר סדוא עוזרו ות"ת לה לאדם בל ע' סר' נוק' ג"ב ן ברס ל"ל ת ויתות ש"ס רכ"ב ס זו ל"ר ווז סתו' ועל רו אחד ע' יל נפשות מת לא בא ר"ל נפשות אלו שהי נוקב ן ב"ש ן ר"ו ש"ס נפסול ש' מת רות פיו אדם בליעל לא בא הכהן להדבק ברס ולרעמא ברס לאביו ולאמו לא ויתא לת אבו ולית אמו אלא שכינתא כ"ריש אכלו בעבור לק"ס מלות אב ו וליתו ששם קבר ו לא ויתא באלו נוקב ן ב"ש ן ס"רס נקראת נפשות מת דה נו ס הרתקן מן דטומאה ד"לרן אכ בשביל קיום מלות אבו ואמו סרס קבר"ו ודא אדם דאיהו רשות היחיד דאיהו רו"ה כ"ריש שם אד" רוא רשות של היחיד הוא שם רו"ה דנקראת יחיד שהוא תוהו דעליה כל שמות רקודש נמלאים בדבר ס אחר ס כגון שם אלוה קראו בו אד נ"ס וכו ואלא וכן שם אל וכן שם אדנ נאמר על אדם ג"ב וכן שם אד ר שם

ואמרין

בְּה הֲוָה חַד. הה"ד כִּי אֶחָד קְרָאתִיו וגו'. וְדָא רָזָא דנשמתא. לבתר אָמַר לֹא טוֹב הֱיוֹת הָאָדָם לְבַדּוֹ אֶעֱשֶׂה לוֹ עֵזֶר כְּנֶגְדּוֹ. דָא גּוּפָא דאיהו עֶבֶד שִׁפְחָה כליל מטוב וָרָע. בגין לְמֶהֱוֵי ליה אַגְרָא וְעוֹנשא ובגינה אָמַר רְאֵה נָתַתִּי לְפָנֶיךָ הַיּוֹם אֶת הַחַיִּים וְאֶת הַטּוֹב וְאֶת הַמָּוֶת וְאֶת הָרָע וא"ל וּבָחַרְתָּ בַּחַיִּים דאם לָא יַהֲבָה בידיה לא הֲוָה לֵיה אַגְרָא ועונשא וַהֲוָה כבעירא*עִם כל דָא אַחְזֵי קב"ה ליה כָּל מַה דְאִירַע ליה אם הֲוָה מַטֶּה כלפי חֶסֶד. דהוא כלפי זכו או אם הֲוָה מַטֶּה בָּה כְּלַפֵּי חוֹבָה. דאי קב"ה בָּעָא במיתתיה. לָא הֲוָה אַחְזֵי ליה תרין אורחין דיליה דאינון מָוֶת וחיים בְּיַד לָשׁוֹן. ואַחְזֵי ליה דלָא הֲוָה מְעָרֵב טוב בְּרָע דאַפְרִישׁ לוֹן קב"ה. כְּמָה דְאַתְּ אָמַר וַיַּבְדֵּל אֱלֹהִים בֵּין הָאוֹר וּבֵין הַחשֶׁךְ. ורזא דְמִלָּה והבדילה הַפָּרֹכֶת לָכֶם. והכי עָבַד קב"ה בגופא דבר נש טַרְפַּשָׁא דאַפְרִישׁ בין דַרְגִּין דאִילָנָא דטוב. ובין דַרְגִּין דְאִילָנָא דרע. ומני לון דלָא לְעָרְבָא טוֹב עִם רָע. כמה דאַתְּ אמר וּמֵעֵץ הַדַּעַת טוֹב וָרָע לֹא תֹאכַל מִמֶּנּוּ. קב"ה מָנֵי ליה לאסתמרא מיניה. ולבתר אמר אִיהוּ הָאִשָּׁה אֲשֶׁר נָתַתָּ עִמָּדִי וגו'. ארהכי הָא סָבָא חַד אִזְדַּמַּן ליה. וְאָמַר ר' ר' חָא חֵזִוָנָא קְרָא דאָמַר באורייתא אָדָם כִּי יָמוּת בְּאֹהֶל. והא אורייתא קָדָם דאתברי עָלְמָא הֲוַת. והזינא דעלמא אַקְדִּים לאָדָם דכל עָלְמָא וצרכוי אתבריאו קָדָם דאתברי אָדָם. אי הָכִי מַאי תקותא אית הָכָא. א"ל סָבָא וְהָא כתיב דנשמָתין דצַדִּיקַיָּא אתבריאו קָדָם דאתברי עָלְמָא כד"א בראשית בָּרָא אלהים. ולית ראשית אֶלָּא נְשָׁמָה דאתמַר ביה נר יי נִשְׁמַת אָדָם איהי נִשְׁמָתָא דאָדָם דלעֵילָא. אלא אית אָדָם ואית אָדָם. אית אָדָם דאיהו אָדָם דנשמתא. ואית אָדָם דגופא

הה"ד כי אחד קראתיו. פירוש שזכר ה"ה אחד ע' דנוקבא שלו כי ש"כ אחד קראתיו לאברהם שהיה רח"ם הזכר ע' כ' אב, כמו באשר ר' קראת ביצר ואברהו בר כ' א', דברכר יתא"ר בתוך ב'תו של אדם א"א בגוור אשתו ולכך אחד קראתיו. ואחזי ליה דלא הוה מעורב טוב ברע דאפריש לון קב"ה פירוש יא"ר ר"ו דטוב ורע מעורב, כמו תערובת לא ביא דאו ר"ר יזוכרת ש חטא יגד תערובת דרע אלא באותו אפריש לון קב"ה שעשאם כמו תערובת בש ב בש דרא לאד ר קא והא לאוד ר קא ו יצא אם חטא אדם רוא דיתערב אותם ב ד ס שמכנים חול בקודש. ולבתר אמר א' רו האשה אשר נתת עמדי וגו'. פירוש אע"ג דבאמת דקב"ה הפריש בין טוב לרע כדאמרן עכ"ז אדר"ר בא בטענה כחכא שאמר האשה אשר נתת עמדי וכו' כוונתו לומר אתה גרמת לי ובאמת לא צדק בטענה זו כי הקב"ה תיקן הדבר בהפרשת התערובת טו"ר ולא ה"ר מוכרח לגמות אחר דברי אשתו. ואית אדם דגופא דאתמר ביה אדם לאבל דמד ונראה דת דרבינא נ"כ על זה כסוק

דאתמר

* צח ע"ב

הארץ נפש היה למינה ואיהו עץ פרי עושה פרי למינו. כגוונא דלעילא
וי מאן דעביר ערבוביא לעילא ולתתא דהאי אילנא דערבוביא.
ערבוביא מאילנא דמותא. בגין דא אתקרי מטה דאתהפך לנחש
לאלקאה ביה לחייביא. ומאן איהו דאפיד ליה קב"ה דשליט עליה והא
אוקמוה. א"ל ר' אליעזר אבא כיון דקב"ה הוה ידע דאילנא דא היה
עתיד לגרמא מיתה לאדם. (ולכל דרין דעתידין למהוי אבתריה) (כת"י
אמאי ברא ליה א"ל וא כ) אמאי ברא ליה לאדם דעתיד למחטי קמיה. א"ל
ברי. דיוקנא דלעילא לא הוה שלים עד דברא לאדם. דהכי הוה אדם
דלעילא (כ"י לגבי אדם דלתתא) כגוונא דנשמתא לגבי גופא ובמה דלא
אית עובדא לנשמתא בלא גופא הכי הוה צריך למעבד דיוקנא יתתא
לאפקא ביה עובדא. וכלא כגוונא (כ"י כעובדא) דלעילא. אד"ם איהו
לחשבן זעיר דהנו"ך ט' נקודין פעולה דיליה שכינתא כלילא בכל (כ"י
מכל) אתוון דאורייתא וכלא כגוונא דלעילא אדם דלעילא לא היה
שלים בלא נוקבא הה"ד זכר ונקבה בראם ויקרא את שמם אדם. אדם
דכר ואדם נוקבא. וכד אתברי אדם דלתתא דאיהו נוקבא הה"ד ויברא
אלקים את האדם בצלמו אשתלים דיוקנא דלעילא. ודא איהו רזא
כי לא המטיר יי' אלקים וכו'. ואמאי בגין דאדם אין. ובג"ד מוכרח הוה
אדם למברי ליה לאשתלים ביה דיוקנא דלעילא ונוקבא בהאי אדם

לאו ולכן אמר עליו אתמר שראו, הלזו תולא ,פס ה ה כ גופו חסב בערך ,פס ש' ב, אדם וקר לס ח ה
כ נשאר חי ואמר למיכר כ"ל לי, שלר כ תחלתו ר אדם מת, עפר ראכך שרוא אדיה **בגין דא** אתקר
מטה דאתרפך לנחש כ רוס על א יגא דערבוב א קא ד דאתקר מטר דאתרפך לנחש ומ רוא רמהפך אותו
רקב ר רוא המהפך אותו ועג, רה פוך רזר רוא דס' ע על ר דבר נס ור מ שזר רמטה שרוא א לגא דעירבוב א
סולט בזה האדם וזרו ענין רהפוך שלו שמתרפך לנחש **אדם** א רו יחשבן וע ר דחנוך ט נקוד, פירוש חשבון
מספר קטן נקדא על שם חנוך שקיר ן אותו מספר דחנוך וכאן רכ קאמר אות ות אדם בחשבן וע ר דת וך
ר"ל במספר קטן של חנוך עולר מספרו כמנין תשער נקוד ן כ אות וה אדם ג' ט שרס כנגד תשעה נקוד ן
כ תשעה מיכ נקודות ש ולא ותר **פעולה** ד י ר שכינתא כלילא מכל אתון, דאור תא פירוש כל פעולה
ד ל ר יר ה על ד השכינה שר א כלולה מכל אתוון, דאור תא כ דוע שרחות ות הס סוד השכ נה ולכן כל
הפעולות ,עש ס על דה **אדם** דלע לא לא רוה של ס בלא נוקבא פ רוש אדם דלע לא הוא אדם דכר אה
ולכן הב א על זה פסוק זכר ונקבה בראם דנק ט ברו לשון בר אר משום דקא על אדם דכר אה **וכד** אתבר
אדם דא רו נוקבא פ רוש כל תחתון נקרא נוקבא בערך העל ון ממ.ו אע"פ שרוא בעצמו במקומו רוא זכר
מפני שכל תחתון מקבל מעלה מ"ן אל אותו שלמעלה ממנו וכל מעלר מ, הוא בסוד ,וקבא ונמלא שרעל ון אשתלים
ד וק ס בתחתון ודבר זה נוהג בכל רעולמות מעולם לעולם ולכן, אדר ר שרוא בעולם התחתון ר תה בריאה
שלו מוכרחת כדי להשל ס בו ד וקנא דלעילא מכ ה בעולם שלמעלה מעור"ו **ונוקבא** כהא אדם בה הוא חד
בר

דידעין אילנא דקב״ה דאיהו עץ החיים נטוע בגן דיליה דאיהי שכינתא דיליה דאתמר בה לא יגורך רע יכלין לנחתא חילא מתמן לגבי שכינתיה בלא ערבוביא כלל. בגין פקודא ופקודא איהו עץ פרי עושה פרי* למינו נטוע בגן בלא ערבוביא כלל. ובגין דא אמר למינו אבל עץ הדעת טוב ורע לא אתמר ביה למינו אבל מעורב מין דלא במיניה. ובגיניה אתמר שדך לא תזרע כלאים וכו׳ שעטנז לא יעלה עליך. זבאה איהו מאן דסליק אמונה דקב״ה דאיהי שכינתיה כלילא מעשר אמירן במחשבתא חדא ברעותא חדא בלא ערבוביא כלל. דכל ספירה וספירה נטועה ביה ואיהי גן. דכלהו ספירן בה אינון חד. וכל חד עביד בה פרי למינו. איהי מין דכל חד וחד לא נפיק מניה זרעין לבר. הכי צריך בר נש דלא אפיק זרעא לבר מבת זוגיה דאיהי מין דיליה. יחודא דיליה ובההוא זמנא דצריך בר נש ליחדא לקב״ה בשכינתיה צריך להפשיט מניה כל מחשבין דאינון קליפין. דאתמר בהון רבות מחשבות בלב איש. ולסלקא שכינתיה לגביה במחשבתא חדא. הה״ד ועצת יי׳ היא תקום. כגוונא דבר נש דמתיחד בבת זוגיה ואתפשט מלבושוי למהוי עמה חד. הה״ד והיו לבשר אחד. הכי צרך לאפשטא מניה כל מחשבין אחרנין בזמנא דמיחד לקב״ה בכל יומא תרין זמנין

שמע ישראל יי׳ אלקינו יי׳ אחד:

תקונא שתין ושבעה ליום ל״ד

בראשית ברא אלקים דא מטטרו״ן דברא ליה קב״ה קדמון וראשית לכל צבא השמים דלתתא. ודא איהו אדם הקטן דקב״ה עבד ליה בדיוקנא וציורא דלעילא בלא ערבוביא. ועליה אתמר תוצא

דהחתו ס״ם דת ו ס ידב ס רע׳ו ס וכן לרכך אם תוא ברס לתוה פונס ב״כ כנגד לתעלה וזהו וםס בכתר בספרו של עולם ר׳ בדת ג ס פרס יתוס ס בתו של עולם ולכן יתב א כאן אח ז פסוק ואל מ תדמ וג ותם ר אחר קדוש ואל ת סדת ון אל ויתר דעות תערכו לו דסליק אמו ר דקב״ר דאיר שכינתיה כלולה מעשר אמירן כרוס כשיזכור שם אד פר ס שכ כר תכו כ בשם רו ה פרוא כולי ס ור נו קולו של וי״ד כתר וו״ד עלמס חכמר וה א רחשו ה כ ר וא ו שם קליות חי ת נר ה א אחרונה מלכות ואתרו במחשבתא חדא ברעותא חדא ככל הדבר ס כ כרך שה כוונות בזה רא ש כון שם רו ה ו׳ ר שם אדני בתוך הא אחרונה וכיד זה אתר במחשבתא חדא ורב ש כון שם הו ר ושם אדני בשלוב וכנגד זה אמר ברעותא חדא ועליה אתמר תולא דהרך נפש חיה למ ר פ יוש כ מת״ש בתחלה גוכו ה ד לדס מבנ הארץ ואח כ נהפך

הארץ

מֵאוֹת בְּרִית קֹדֶשׁ וְאַעִיל בִּרְשׁוּת נוּכְרָאָה כְּאִלּוּ הַאי נָטַע אִילָנָא דְטוֹב וָרָע וּבְגִין הַאי בַּר דְנָטַע בְּזוֹנָה אוֹ שִׁפְחָה אוֹ גוֹיָה אוֹ נִדָּה אִתְמַר לֹא תַעֲשֶׂה לְךָ פֶסֶל. וְעַל בְּרַתָּא דְאִתְעֲבִידַת בְּגַוְונָא דָא אִתְקְרִיאַת מַסֵּכָה, וַעֲלַיְיהוּ אִתְמַר אָרוּר הָאִישׁ אֲשֶׁר יַעֲשֶׂה פֶסֶל וּמַסֵּכָה וְגוֹ' וְשָׂם בַּסָּתֶר. מַאי בַּסָּתֶר בְּסִתְרוֹ דְעָלְמָא. וּבְגִין דָא אָמַר קב"ה לֹא תַעֲשׂוּן אִתִּי אֱלֹהֵי כֶסֶף וֵאלֹהֵי זָהָב. וְהָכִי אוּקְמוּהוּ חַבְרַיָּיא לֹא תַעֲשׂוּן אִתִּי בִּדְמוּת שַׁמָּשַׁי שֶׁמְּשַׁמְּשִׁין אוֹתִי (נ"א לְפָנַי) בַּמָּרוֹם לְצַיְירָא בַּסֵּתֶר דִילִי שׁוּם צִיּוּר אוֹ דִמְיוֹן. דְכָל מַאן דְצַיֵּיר לְעֵיל לקב"ה בַּסֵּתֶר (וְאִיהִי שְׁכִינְתֵּיהּ כְּלִילָא מֵעֶשֶׂר סְפִירָאן). שׁוּם צִיּוּר וְצֶלֶם וּדְמוּת כְּגַוְונָא דִמְצַיְירִין בְּשַׁמָּשִׁין דִילֵיהּ נִשְׁמָתֵיהּ אִתְלַבְּשַׁת בְּהַהוּא צַלְמָא כַּד נָפְקַת מֵהַאי עָלְמָא קָלָא נָפְקַת לְגַבֵּהּ לְצַלְמָא תוֹקְדִין בְּנוּרָא. וּבְגִ"ד אָמַר קב"ה וְאֶל מִי תְדַמְּיוּנִי וְאֶשְׁוֶה יֹאמַר קָדוֹשׁ. וְאֶל מִי תְדַמְּיוּן אֵל וּמַה דְּמוּת תַּעַרְכוּ לוֹ. וּבְרִי וַדַּאי כָּל מַאן דְאַפִּיק מֵרְשׁוּת הָרַבִּים וְאַעִיל בִּרְשׁוּת הַיָּחִיד אוֹ מֵרְשׁוּת הַיָּחִיד וְאַעִיל בִּרְשׁוּת הָרַבִּים כְּאִלּוּ עָרַב שְׁמָא דְקב"ה בְּע"ז וְעָבִיד אִילָנָא דְטוֹב וָרָע. וְדָא הוּא דָּא דַהֲוָה נָפִיק בֵּלַע מִפִּיו דְבֵיהּ הֲוָה אָמַר צַלְמָא דִנְבוּכַדְנֶצַּר אָנֹכִי יְיָ אֱלֹהֶיךָ וּבְגִ"ד לֹא תִשָּׂא אֶת שֵׁם יְיָ אֱלֹהֶיךָ לַשָּׁוְא. וְעָתִיד הקב"ה לְאַעֲקְרָא הַאי אִילָנָא מֵעָלְמָא וּלְאוֹקְדָא לֵיהּ בְּגֵיהִנָּם הה"ד וְהָיָה הֶחָסֹן לִנְעֹרֶת וְגוֹ. א"ל ר' אֶלְעָזָר א"כ אָסִיר לְעַמָּא לְאִשְׁתַּמְּשָׁא בְּשׁוּם מַלְאָךְ וְלָא בִשְׁמָא בְעָלְמָא בָּתַר דְאִית עִרְבּוּבְיָא. א"ל בְּרִי. לָאו הָכִי דְהָא אָמַר קב"ה לְאָדָם מִכָּל עֵץ הַגָּן אָכוֹל תֹּאכֵל וּמֵעֵץ הַדַּעַת טוֹב וָרָע לֹא תֹאכַל. א"ל ר' אֶלְעָזָר הַאי הֲוָה קֹדֶם דְחָאב בָּתַר דְחָב וְנָחִית מֵאַתְרֵיהּ אִתְעָרַב בְּאִילָנָא דְטוֹב וָרָע. א"ל וַדַּאי הָכִי הוּא וּבִזְמַנָּא דְיִשְׂרָאֵל אִינוּן בְּגָלוּתָא כְּאִלּוּ הֲווּ מְעוֹרְבִין בְּאִילָנָא דְטוֹב וָרָע. וּבְגִ"ד אוּקְמוּהוּ קַדְמָאִין יִשְׂרָאֵל בְּגָלוּתָא עוֹבְדִין ע"ז בְּטָהֳרָה הֵם. אֲבָל אִלֵּין

ועכ"ז מלמד ונעשה עובר שכך גזר הקב"ה בטבע שברא בעולם שיעשה פעולתו בכל אופן שיהיה כך שבזה ה"ה שכר ועונש ושם בסתר מה בסתר בסתרי של עולם פירוש באותיות רז"ל של אותיות עולם כי המילוי נסתר בתוך אותיות דפשוט והינו אם תחלת עולם כזה ע"ן וי"ו למ"ד מ"ם תחלת דמלוי לבדו אותיות דמוכים, כרמז בזה כי מה שיש בעולם התחתון היה דמוכ"ס למר שיש בעולמות העליונים ולכן מלוי שעושה האדם בעולם התחתון בדברים גשמיים כמו שופר ולולב וסוכה וכיוצא פעל בהם תיקון בעולמות העליונים כן שדברים

דידעין

דיוקנין כפום ההוא מזל דהוו בעאן לנהתא ליה. כגון טלה או שור או בתולה או תאומים דאיהו צורת אדם דו פרצופין דאיהי דיוקנא דנוקבא או סרטן או אריה או מאזנים או עקרב או קשת או גדי או דלי או דגים והוו מקטרין לון באלין עשבין בכל גוון. לכל חד כפום גוון דיליה לעילא ודכי הוו עבדין דיוקנין דצורת חמה ולבנה ושבעה כוכבי לכת. והוו מקטרין לכל צורה דהוו בעאן לנהתא לעלמא ובג"ד אתמר עלייהו כה אמר יי' למקטרים ולמזבחים לכוכבים ולמזלות ולשמש או לירח או לכל צבא השמים אשר לא צויתי. א"ל מאי למזבחים א"ל לכל דיוקנא הוו עבדין דנטלין בעירן או עופין כפום ההוא מזל והוו דבחין עלייהו ודא איהו למזבחים. והוו נחתין לון ומללין עמהון והוו עבדי רעותיהון והוו סגדין לון ורמזין בהון א"ל במאי הוו נחתי לון. א"ל ברי הוו ידעין כל שמהן דשמא מפרש והוו משביעין לון ולבתר עאלין שמא מפרש בפומיהון דאלין דיוקני, והוו ממללין. ודא איהו רזא דקרא והוצאתי את בלעו מפיו נפל שמא מפרש ומיד נפלת צלמא על אנפוהי. א"ל רבי אלעזר וכי איך הוה שמא דקב"ה מליל בהון. א"ל ברי על האי אתמר לא תשא את שם יי' אלקיך לשוא כי לא ינקה וכו'. א"ל וכי יכיל בר נש לאולפא שמא דקב"ה למגנא. א"ל אין ובגוונא דא מאן דאפיק מרשות היחיד ואעיל ברשות הרבים. או דאפיק זרע מניה

א"ל ע"ן, ידעת טוב ורע דלא ר"ה דקלקול שלו יותר ולא ר"ה אדר' ר' עולה לתקום על"ן שפגם בו ולא יד ר' מור ר' רעליאות ורכר וכ"ס ייקום בור לתיקום תחתון ר' דה ממש ת אלא כל דברים נאחזו בדרך משל ודמיון ולגור והעל"ר ור' ר"ד דכל רוח בלור מחשב ודיו צורת אדם דו פרצופ, דאיהו דיוק"ד וקבא פירוש לורת אדם זכר שש בו שני פרצופ, דתד ת' יו איהו דיוק' א' דנוקבא כבת"י עא', שאח תפרש בפותיהן, דהל, דיוקנין כ"יוס כותב, שם ריפורש על קלף או כ"ר וכו ולא ותותב, אותו בפר של הפרלוף ומשב"ע, את רפר רוח לדבר דברים שאומרים לו לדבר, דשם ריפורש שחותם בפיו נותן כח לדבור כפר רוח לדבר ע"י הרשבעה שמשביע יותו ויתם בנתירא בחכמים שבורא, אדם בסכר לרה שאל ירם לדבר שום דבור ריתם א"ן עושים רשבעה בשם ריתכורש כי אם בוראה, ע' כונה שיכונו בלבם בל רוף אותיות ושמות רקודש אמר לה וכו' כל בר נש לאולף שאל דקב"ר לית נא כ' יוש זה שהוא תשביע בשם מפורש מוכרח שלמד סודו תחלה ונתחכם בו ויריר לו דעת וכנה להש"ג כודו על אמתותו וכו', שודע דקב"ה שזר לומד סוד שם מכורש כד לעשות בו מעשים זרים של"א כרצון, רש"ם אך יתע קרא נתן לו לב מבין לרש"ג סודו ור"ר מן הראו שמעקרא תעלם ממנו וסתיו שער בינתו וחכמתו שלא וכי לרבנו ולדעת אותו והשג לו דרכשות נתונר ין השמים בדברים אלו להשג כל אדם יתר ש"לה להשג ות, השער ננעל בפניו כדי ש"ר בזר שכר ועונש ואמר לו דוגמא לזר שהאדם תפיל זרעו בזונה או שבחה או דר ומן, דראו שלא ה"ה נקלט רזרע הרוא ברחם ראשר ולא לנטייר ותמנו עובר

מאות

* צז ע ב

שמעו לסוף נביא וחוזה. וכמה. הוה מסר לון נביא. הוה אומר להון דיהון חזרין בתיובתא ואי לאו ועצר את השמים ולא יהיה מטר והאדמה לא תתן את יבולה. ואינון הוו מזלזלין ביה והוו אמרין אנן אומנין לאלין דממנן על מטרא ובפינן להון לנחתא מטרא. וקב״ה אחליף להון לממנן בשליחותיהו בגינייהו. וקטיל לון והריב בי מקדשא בגינייהו וגלו ישראל בין אומין דעלמא ודא איהו חובא דאדם דגרם ליה חויא מיתה ליה ולאתתיה דפתי לון בההוא אילנא הה״ד כי יודע אלקים וכו׳. ובגין דא מני קב״ה לבר נש במה שהורשית התבונן אין לך עסק בנסתרות:

אמר רבי אלעזר במה הוו נחתין אלין חיילין א״ל ברי. מה את חשיב דהוו נחתין ודאי הא רזא דאילנא דעץ הדעת טוב ורע דלא עתיד קב״ה לגלייא ליה מפורסם לעלמא אלא בינֵי חבריא עד דייתי דרא דמלכא משיחא. א״ל כיון דאיהו אתגליא בינֵי חבריא מאי ניהו. א״ל בני ממראה מתניו ולמעלה הוה טוב ממראה מתניו ולמטה הוה רע. נבוכדנצר הוה ידע ביה והכי עביד צלמא דיליה וביה אשתמודע אילנא דטוב ורע. הה״ד רישיה די דהב טב חדוהי ודרועוהי די כסף עד הכא הוה מסטרא דטוב ובגין דא אמר די דהב טב. ממראה מתניו ולמטה רע הה״ד מעוהי ויִרכתיה די נחש מסטרא דנחש הקדמוני. ומהאי אילנא נחתין נשמתין דערב רב דאינון דערבוביא דטוב ורע וכמה נימין תליין מהאי אילנא דאינון צבא השמים די ממנן על כוכביא ומזלי. וכלהו מעורבים טוב ורע והוו ענפין תליין מהאי סטרא ומהאי סטרא אלין ממיתין. ואלין מחיין. אלין שדים בסטרא דשמאלא ואלין מלאכים מסטרא דימינא והוו ידעין כל גוונין דענפין דאילנא דאינון מזלות וכוכבים והוו לקטין עשבין בגוונא דאילין גוונין. והוו עבדין

פירוש ולכל אות ואות אל כ״ו שרואה שם א״ל הוא המאיר בל״ר וזוא הקרא אנא דא ובגין דא מני קב״ה לבר נש במה שהורשית התבונן אין לך עסק בנסתרות פירוש מחמת דאלו דעו ב׳ סתרות שם למעלה בטחו על חכמתם ודעתם ונפלו בחשבם שהכל, להגלות מן הפרעניות וזה גרם להם שאבדו מן העולם לכן צוה לפתם ב׳ אדם במה שהורשית התבונן אין לך עסק בנסתרות כד שלא תהיה דעה זו לך למכשול מה אתת חשיב דהוו נחתין, ודא פירוש אין יורדים ממש אלא מורידין נחות הם במחשבה שלהם שהם מחשב, ומכוונין בהם ומדמי זה לסוד

דיוקנין

משם. הַהוּא דאתמַר ביה וַייִצֶר יְיָ אֱלקִים אֶת הָאָדָם עָפָר מִן הָאֲדָמָה. דְלָא הֲוָה כְּדָאי לְמֶהֱוֵי בגנתא דאוֹרַייתָא. כֵּיוָן דְלָא נָטִיר בָּהּ עֵץ הַדַּעַת טוֹב וָרָע באיסוּר וְהֶתֵר ועָבַר עַל מימְרָא דמָארֵיה. דאם הֲוָה נָטִיר דְלָא עָבַר עַל מימְרָא דמָאריה וְלָקַח גַם מֵעֵץ הַחַיִים דאתמַר בָּהּ תּוֹרַת חָכָם מְקוֹר חַיִים לָסוּר מִמוֹקְשֵׁי מָוֶת. עֵץ חַיִים הִיא לַמַחֲזִיקִים בָּהּ וְדָא איהוּ וְלָקַח גַם מֵעֵץ הַחַיִים וְאָכַל וָחַי לְעוֹלָם. גַם יְרַבּוּת נוּקְבָא אֲבָא דְאִילָנָא פְרִי צַדִיק. ועוֹד הֵן הָאָדָם הָיָה כְּאַחַד מִמֶנּוּ אָמְרוּ מַלְאָכִין קַדִישִׁין בגִין לְמֶהֱוֵי איהוּ כְּאַחַד מִינָנָא כמה דאמר חִוְיָא וִהְיִיתֶם כֵּאלקִים יודעי טוֹב וָרָע. וְדָא איהו לָדַעַת *טוֹב וָרָע דא גרים לֵיה מוֹתָא. דְאם זָכָה לְמֵיכַל מֵאִילָנָא דחַיֵי דאיהי עֵץ חַיִים היא לַמַחֲזִיקִים בה כתיב בָּהּ וְלָקַח גם מֵעֵץ הַחַיִים וגו. אָמַר ר״ש ווי לוֹן. לְאִינוּן דמַנִיחִין לְאִשְׁתַּדְלָא בְּאוֹרַיְיתָא דאתמַר בָּהּ וְלָקַח גם מֵעֵץ הַחַיִים וּבִפִקוּדִין דִילָהּ דאִינוּן אִבָּא דְאִילָנָא דאתמַר בֵּיהּ וְאָכַל וָחַי לְעוֹלָם. וְאַזְלִין בָּתַר אִלֵין דִמְפַתֵּי לוֹן מִסִטְרָא דנחש הַקַדְמוֹנִי דְאַמְרֵי לוֹן הִשְׁתַּדְלוּן בְּמַלְאָכַיָא דִמְמַנָן עַל כּוֹכְבַיָא וְשִׁמְשָׁא וְסִיהֲרָא. וְעַל אִלֵין דִמְמַנָן עַל רוּחִין וְשֵׁדִין. לְמֶהֱוֵי כֵּאלקִים יודעי טוב ורע ועֲלַיְיהוּ אתמַר כֹּה אָמַר יְיָ לַמְזַבְּחִים וְלַמְקַטְרִים לַכּוֹכָבִים וְלַמַזָלוֹת וְלַשֶׁמֶשׁ וְלַיָרֵחַ וּלְכָל צְבָא הַשָׁמַיִם אֲשֶׁר לֹא צִוִּיתִי וְדָא איהוּ דמַנִי קב״ה לְאָדָם וּמֵעֵץ הַדַּעַת טוב ורע לא תֹאכַל מִמֶנּוּ וגו׳. וּמִכ״ף הַיְיבָא בְּהַאי הֲוָה מִשְׁתַּדֵל וְדוֹר אֱנוֹשׁ וְדוֹר הַמַבּוּל וְדוֹר הַפַּלָגָה. וְקב״ה אַעֲקַר לוֹן מֵעָלְמָא דֵין וּמֵעָלְמָא דְאָתֵי. וְדָא איהו כִּי בְּיוֹם אֲכָלְךָ מִמֶנּוּ מוֹת תָּמוּת. מוֹת בְּעָלְמָא דֵין. וְתָמוּת בְּעָלְמָא דְאָתֵי. וְחוֹבָא דָא גָרִים חָרְבַּן בֵּי מַקְדְשָׁא וְגָלוּת יִשְׂרָאֵל בֵּין אוּמִין דְעָלְמָא וְאִתְבַּטִילוּ מִנַיְיהוּ. דְכָל חַד הֲוָה מִזְבֵּחַ וּמִקַטֵר וַהֲווּ נחתין חַיָילִין דִרְעָ״א. כַּד הֲוָה נְבִיא מַסַר לוֹן מַה כְּתִיב בְּהוֹן וְלֹא

אמר המגיה ר״ש לקח משמעות הענין מפסוק אחד שהוא במלכים ב כ״ג וכן עשה למטה באמרו ולא שמעו לקול נביא וחוזה:

[illegible] לאשתדלא [illegible] ובפקודין [illegible]
שמעי

* צו ע א

בראשית ברא שית. דא אדם דכליל שית ואינון תרין שפחות מסטרא
דאילנא דטוב ורע. עצם ובשר. איש ואשה דאתמר בה כי
מאיש לקחה זאת. הא ארבע אדם זכר ונקבה הה״ד זכר ונקבה בראם
וגו׳. הא שית. ובג״ד ויאמר יי׳ אלקים הן האדם היה כאחד ממנו לדעת
טוב ורע וגו׳ ואוקמוהו קדמאין כאחד ממלאכי השרת. א״הכי הא אליהו
אזדמן לגביה. ואמר ר׳ כאחד מהם הוה ליה למימר אם על מלאכי
השרת הוה אמר מאי כאחד ממנו. ועוד הן אדם הוה ליה למימר מאי
האדם בתוספת ה אלא ה׳ דהאדם היה כאחד ממנו יהא (נ״א היא)
לא כתיב אלא היד חד מד׳ אתוון דאינון יקו״ק כחד מן ד אתוון דאיהו
ו׳. ועתה פן ישלח ידו דא י׳. אם זכה ולקח גם מעץ החיים דא ו׳
(נ״א ה׳) ואכל וחי לעולם דא ו׳. חי ודאי. כד ה הות יחידא מנית
עאלת בין טוב לרע הה״ד וייצר יי׳ אלקים את האדם תרין יצירות
טוב ורע למנדע (ואתמר בהון ויפח באפיו נשמת חיים ודא ה לדעת
טוב ורע למנדע) מה דהוו גרמין למעבד. ובג״ד עאלת בינייהו. בתר
דחאב אדם דיצירה אתפרשת ה׳ עלאה ואסתלקת מניה ובגין דלא
אתחזרת לגביה אמר אם זכה ולקח גם מעץ החיים ואכל וחי לעולם
והאי עץ החיים הוה נטוע בעץ הגן. ובגין דלא זכה למיכל מניה מה
כתיב ביה וישלחהו יי׳ אלקים מגן עדן לעבוד את האדמה אשר לקח

[illegible]

משם

מסטרא דעצם הקיפא דינא קשיא וחדא מסטרא דבשרא . מתמן אינון רכיכי לבא ואינון דגרמא אינון קשי קדל ועל אתתא דאתנטילת מגרמא אמר בן סירא גרמא דנפיל בחולקך טב או ביש גרריה . ועל אתתא דגרמא אמר אדם האשה אשר נתתה עמדי . לא קרא לה אתתיה כגוונא דהוה דאתמר בה ויקרא האדם שם אשתו חוה . דאחרא שפחה הות דמסטרא דעץ הדעת טוב ורע הדא רע וחדא טוב ומסטרא דעץ החיים תרווייהו חיים ובסתרי תורה חוה ה' ו"ה . ח' חכמה כ"ה מ"ה כללא דשמא קדישא. ה איהי כגוונא דאימא עלאה דאיהי תמינאה לעשר ספירן מתתא לעילא וחכמה בה אשתמודע ועלה אתמר עץ חיים היא למחזיקים *בה . ומסטרא דילה ויפח באפיו נשמת חיים ועלה אתמר לזאת יקרא אשה כי מאיש לקחה זאת ולא אחרא דאתנטילת מגרמא דגריטת ליה מיתה דהא שפחה גרמת וידעו כי עירמים הם. ובג"ד ויעש יי אלקים לאדם ולאשתו כתנות עור וילבישם א"ל רבי אלעזר אמאי אמר בגינה כי מאיש לקחה זאת . כי מאדם הוה ליה למימר אמאי מאיש. אלא מאיש. תמן א"ם ותמן י"ש. תמן יש דה"ד להנחיל אהבי יש תמן אם כי אם לבינה תקרא ואינון אבא ואימא חכמה ובינה דמתמן אתנטילת. ובג"ד כי מאיש לקחה זאת. ואית ליה אחרא דאתקריאת בת זוגיה הה"ד זכר ונקבה בראם ויברך אתם ויקרא את שמם אדם ת"ה אדם הראשון בדיוקנא דיוקן אתברי . ובדיוקנא דעשר ספירן דאינון יוד קא ואו קא . מסטרא דיקוק מסטרא דיו' אתקר איש. ומסטרא דה עלאה אתתיה אתקריאת אשה אם כל חי . ומסטרא דו"ה חוה אתתיה . ומסטרא דיוד קא ואו קא חוה אתקרי אדם . ובכל מה דהוה בדיוקניה לקה :

ונלמד ממנו ועם זה יתלק ר"ר שוכב אחשורוש וא"כ גם בחוה ה"ר כך שהם שני חלקים אך לאחר עינים כ"יה, שהם גוף אחד ולזה חד כד"ג וחד לד"ר כ"ל רם דוגמת לר"ט ולד"ר שהם שני חלקים ונכללים כחד זה בגוף ראדם מסטרא דו"ד אתקר איש ומסטרא דה"א עלאה אתתא אתקר את אשה כ"ח וא"שר שוכו שם ה ב רם ור נו ו"ד בא"ש וה"א כאשה, וחזר ונדם על שם חוה ואדם ואחר תמסטרא דו"ר חוה אתתר פירוש וא"ו ר"א במלו אלף, כדנקט לעיל עולים מספר ט כמנין חוה ומשם נולד שם זה לאתתר ומסטרא דו"ד ה"א וא"ו ר"א אתקר אדם כי רשם רזה כולו נקרא אדם ורק המלו של שם זה נקרא חוה שרא חלק מן אדם ובכל מה דהוה בדיוקניה לקה כלום כל בר ואם שהוא בדיוקניה דאדם כלומר

יומיהון. ואינון דאתיילידו בחסרונא דסיהרא לא צמחין ומייתין מיד. ואינון דאתיילידו באמצעיתא דסיהרא. מתקצרין בפלגות יומיהון. ואית ארעין דאתמר בהון והבור רק אין בו מים. מים אין בו אבל נחשים ועקרבים אית ביה. אוף הכי אית בריין דאינון עמי הארץ דבתיהון מליין מלאכי חבלה דאינון נחשים ועקרבים ונשבין לון בכמה נשובין דיסורין דאינון גרמו קדם דייתון לעלמא (כגין דייתו) בגלגולא באילין גופים ובאילין בתים. וכד נשבין לון אינון נחשים ועקרבים בכמה יסורין אינון צווחין ווי ווי ואית לון סטטה לכלהו בביתא וצווחין באלין מארי דגיהנם דנדונין בו. ואית אחרנין דכל יומיהון בחדוה ובשלוה בלא עציבו כלל מכל מה דאתרבי בשבעה ארעין. ואתדנו בשבעה מדורי גיהנם. ואית בבני נשא כגוונא דא. וחכימי דרזין אלין. לון אתמסר למנדע:

תקונא שתין וחמש ליום ל"ג.

בראשית ברא אלקים (רישי תיבין וכופי תבין א"ב ואם תמן דאינון י"ס) תמן אם ורזא דמלה ויקרא האדם שם אשתו חוה כי היא היתה אם כל חי כגוונא דההיא דאתמר בה כי אם לבינה תקרא. האי אם כל חי לאו איהי באתתא קדמאה דאתמר בה האשה אשר נתת עמדי דגרמת מיתה לכל עלמא. דהא אם כל חי כתיב בה. דאתמר בה ראה חיים עם אשה אשר אהבת. א"ל ר אלעזר וכי תרין נשין הוו ליה. א"ל אין. חד יצה"ט וחד יצה"ר. חדא

ארעא כ רוש עוכד, כנ עת אימות ורקות ותולדות מעכות של קרי ואינון דאת ילדו בחסרונא דסיהרא לא צמח, וכו פירוש דנולדים בעת נקודת חסרון הבקר שנכנסת ונעלמת לגמר ורואה שעור קטן, מאד ואח לאדם יכו, אותו אבל א, כוגת רדבר ס על רנולדים בחלי השנ של סיהרא אלא קא על נקודת רחסרון ורואה שעור קטן וכן מ ס דאת לדו באמצע הא ג"כ א ר בנקודה האמצעית ממש וגם זה רואה שעור קטן, וביה"א כתבת בס ד דכל זה לא קא על לדת הגופים אלא על לדת הנשמות בעת הזווג ולכן ב ס ותכ ו דרז, אי, לון אתמסר למנדע, כ דבר זה לא אפשר ידע רו לדע את נולדר נשמתו דאפילו אם כאתר לדת הנשמה הה ה בליל הע בור מ ודע מת היר הע בור אם ב' ל טבילה או את כ ולכן, לא וכל לדעת ד ז אלא בעל רוה ק א"ל ר א וכי תר, הוו לה א לא, חד לה"ט וחד לה ר, פירוש כי תוה אחת היתה ובגוף אחד עוידה אך באמת שנים הם שהיבם ס זכ ז דה כו חלק טוב בחלק רע כענין, שאמרו בזוה ק על אסתר שלא ה תר ה א עליה שוכבת עם אחשורוש אלא ש דר ית כלי נר ודמותר שוכבת עמו, ופ רש רב נו האר ז ל הכונה על חלק הרע סבר שר ר יה דיעה וכא להפרידו ממנה ורואה שלם ברמ ח אבריס ושס ה ג דין וכדמותה

מסטרא

יעץ החיים בתוך הגן ועץ הדעת טוב ורע והוה ליה רשו למטחא בידא דאדם דלא יכול מאילנא דמותא ולא מחאת בגין דא אמר בעבורך. א״ל רבי אלעזר וכי אית דעת בארעא לכולי האי אמר ליה אין. הה״ד יי׳ בחכמה יסד ארץ. א״ל והא בחכמה עלאה ובארעא דקב״ה אתמר האי קרא. א״ל ברי דא לקבל דא עבד קב״ה. אית חכמה ואית חכמה. אית ארעא ואית ארעא. א״ל אם כן מה חבאת ארעא לצדיק דלקתה תשעה א״ל בגין דעץ הדעת טוב ורע איהו בגוונא דברית. אות ברית מלגאו טוב. ערלה רע דא מלגאו ודא מלבר. ובגין דחובא דעץ הדעת גרים פרודא בין צדיק ושכינתא. בגין דא לקאת ארעא תשעה. ואינון דהאבו בשכינתא דאיהי עשירית לקו עשר עשר ות״ח שבעה ארעין אינון. ארץ אדמה ארקא גיא נשיה ציה תבל. ואדם חאב *בבת שבע ואתמר ביה כי שבע יפול צדיק. הרהר תיובתא ואתמר ביה וקם והוה סליק. וכד נחית תמן הוה עביד עובדין ותולדין בכל ארעא וארעא. מנהון הוו צמחין. ומנהון לא הוו צמחין. ואית תמן בריין מנהון בתרין רישין ואית מנהון בתלת עד שבע. ואית תמן אתר דנהרא שמשא וסיהרא וכוכביא ומזלי. ואית אתר דליות ביה נהורא כלל אלא חשוכא וקבלא. הכי אינון, אלין דנחתין לשבעה מיני עניותא. אית מנהון דלית לון נהורא כלל דכל יומיהון אינון בעניותא. ואית מנהון דאית להון נהורא כל יומידון ואינון בעותרא. ואית מנהון דלזמנין אית לון נהורא ולזמנין חשוכא. אלין אינון דאתילידו באמצעיתא דסיהרא בינונים. לזמנין אית לון עותרא וסלקין ולזמנין עניותא ונחתין ואית אחרנין דעבדין תולדין ומצליחין ואית מנהון דלא מצליחין. ואית מנהון דמצליחין (נ״א צמחין) עד פלגו יומיהון ומייתין בקצרות יומין. אלין דאתילידו במילוייא דסיהרא. אינון צמחין וחיין ומשלימין כל

ע״ש וכל כוכב וכוכב נקרא ע״ש כת״ש בברכות (דף נ״ח) שנמסרים ונעשית בהם זכר כמו בזה ק״ו מבואר בספר מאורי רשב״י **שבעה** ארצות איתן ארץ אדמה וכו׳ ר״ת שלרס תקמ״ו כמנין, לוסס פרס מתק ימים בהלכה של לוסס **ואתמר** ביה כי שבע יפול צדיק ר״ל שנפל בשבע ארצות דרס משום דחב בבת שבע וע״י התשובה פרית אותו משבעה דביסם נבראו קודם שנבראת העולם הזה קם דהוה סלק מגרון וכד נחת תמן רוה עביד עובדין ותולדין בכל

ברישא. ואיהי חכמה בסוף ואיהי תורה באמצעיתא בעמודא
דאמצעיתא תורת אמת. לעילא תורת חכם. לתתא חכמת שלמה.
ובגין דא מסטרא דשלמה אתמר וחכמת המסכן בזויה. דנחיתת ביה.
וסליקת ביה כמה דאתמר ביה ותרב חכמת שלמה מחכמת כל בני
קדם. אבל בחייביא מה כתיב בהו נתנני יי׳ בידי לא אוכל קום.
נפלה ולא תוסיף קום. ואף על פי דלית לה רשו למיקם מגרמה קב״ה
יוקים לה כד״א ביום ההוא אקים את סכת דוד הנפלת. ומאן גרים
דנחתת לה מאתרה דא נחש. כד״א ויאמר יי׳ אלקים אל הנחש
כי עשית זאת דאיהי שכינתא דגרמת דאשתכחת יבשה
ונפלת מאתרה. ארור אתה מכל הבהמה וגו׳ לית ליה דלא יהא
ליה מלכין ושליטין על כה דסמיך דאינון רגלוי וירכוי דקציץ
לון. כמה דאיהו גרים קצוץ ופרוד לעילא ובג״ד על גחונך תלך ועפר
תאכל כל ימי חייך ודא איהו דאמר יצחק לעשו משמני הארץ יהיה
מושבך עשר לוטיא לית לחויא בגין דגרים דאתפרש שכינתא דאיהי
עשיראה מבעלה. ועשר לאדם ועשר לחוה ותשעה לארעא דהבאת
לצדיק דאיהו תשיעאה כלהו האבו לעשיראה. וארעא לצדיק (וממאי)
(נ״א ואמאי) האבת לצדיק דהא בעבורך אמר לאדם ועוד בגין אדם
לית לארעא דאתנטיל מינה. הה״ד וייצר יי׳ אלקים את האדם עפר
מן האדמה אם כן מה הבאת לצדיק דאיהו תשיעאה. אלא בגין דאתמר
בה ויצמח יי׳ אלקים מן האדמה כל עץ נחמד למראה וטוב למאכל

בריש׳ ר״ל בספירת חב״ד חג״ת נה״י ס״ל דחכמה ראש הגוף והיא חכמה בסוף כי במלכות נאמר בחכמה בנה
בית דאבא סוד בינה ואי׳ תורה באמצעיתא ס״ה התפארת תורה שבכתב: **דנחיתת** ביה וסליקת ביה
פי׳ שהחכמה ר״ל אותיות כח יתר ושל נר אות ומ של מר ואות ומ מר״ם לרס מעמעות של דבו כמו מר רב
...וכן ו״ם ״רס מעמעות להפך כיוו וכח ו יתר ואהרן יתר רוח **אבל** בח בא כתב בהו גם נ ר בד לא אוכל
קום פ״ רוח הרשעים מהפכ״ם מדת רחמים מדת רחמים רוח מדת רחסד שרוח שם רוי״ ר
בניקוד סגול שתספיו קוס ואחרד לא אוכל תיכון, אלפים בה כל ר״ל לא תכל אה מדת רחסד שרוח מספר
קום ועד ז רוח עג, פסוק נפלה ולא תוסף קום ואחר שרב״ה פסוק זה של נכלר חוזר ואמר בו דרשה שדרשו
בי ירא לא תוסף יקום מגרמה אלא הקב״ה קם ליה ולא ואע״ג דלית לה רשו למקם מגרמה וכו׳ **עשית**
זאת עשית של נחש דגרים דאשתכחת בשה ונפלה מאתרה נראה תרי מיל דרים בם בם עשים והם הא׳ שיבשתה
את זאת כ״א שכינתא וה״נ עי״ן באחה ע יתחלף בחית ואת בא״טב״ח יתחלף בב״ת הרי עשית היא אותיות
בשת ועוד דר״ש עשית לשון כפה כיוו עשה ואפ״ק מ״יה וענין כפה הוא ענין כפ לה מאתרה, גם דרים עשים לשון
ועץ

וכי אָדָם גָרים והָא כְתיב וַיֹאמֶר הָאָדָם הָאִשָּׁה אֲשֶׁר נָתַתָּ עִמָּדִי וגו'. וּבגין דָא אָמַר קב"ה לאתתָא מַה עבדַת בּמַה דאַת אָמַר וַיֹאמֶר יְיָ' אֱלקים אֶל הָאִשָּׁה מַה זֹּאת עָשִׂית כָּל חוֹבָה דעַבדַת לשכינתא דאיהי זאת עבדַת. וּבגין דָא מַה זאת עָשִׂית דאיה"י ביה שמו. מַה זאת וַדַאי. מַה יְיָ אֱלקיךָ שׁוֹאֵל מֵעִמָּךְ כִּי אִם לְיִרְאָה. וְאַל תקרֵי אם אלא אם (הה"ד איש אמו ואביו תיראו דאיהו י"ה אבא ואימא עלאה) וְאנת יְרָא דחִילת מאימא עִלָּאָה. לזאת עבדַת כָּל דָא וַדַאי דאתמַר בה זאת אוֹת הַבְּרִית דאָדָם ואתתיה אתבריאו בדיוקנא דקב"ה ושכינתיה וּבגין דָא חוֹבָא דאָדָם בֵיה תַלְיָא. בעמודא דאמצעיתא וחוֹבָא דחַוָה בשכינתָא. וּבגין דָא מַה זאת עָשִׂית. לזאת עָשִׂית ודאי. וחוֹבָא דָא גָרַם דנחתת שכינתָא בגָלוּתָא. דהָוו ישראל עבדין מַעֲשֵׂה אֲבוֹתֵיהֶם. וּבגין דָא אָמַר ואַף גַם זאת בהיוֹתָם בְאֶרֶץ אויביהם לא מאסתים ולא געלתים וכו וּבָה אָמַר דוד אם תַחֲנֶה עָלַי מַחֲנֶה לא יִירָא לבי וגו'. בזאת אֲני בוטחַ דָא אתמַר במלחמת גוג ומגוג. וּמַאן גרים למהוי איהו נָטִיר בָה בגין דַעֲלִיה אתמַר. אם אתן שנת לעֵינַי לעפעפַי תנומָה עד אמצָא מָקוֹם לַיְיָ' וגו'. והַאי איהו חָכְמַת שלמה וַעֲלָה אתמַר וְחָכְמַת הַמִסְכֵּן בְּזוּיָה. וַעֲלָה אתמַר כִּי מְכַבְּדַי אֲכַבֵּד וּבֹזַי יֵקָלּוּ כַד נָחִית שלמה ממַלכותיה הֲוָה חָכְמָה דיליה בזויה בעיני שטין. וכד אסתלק במלכותיה אתמר ביה וַתֵּרֶב חָכְמַת שלמה דאתרביאת עד דמטַאת להַאי אַתַר דאתנַטילַת מתַמָן. לאַתַר דחכמה עִלָּאָה דאיהי חָכְמָה

ולכן נרמז אתם ב"פ לרמוז שגם זה מותר בו האדם **דהוו** ישרא' עבדין מעשה אבותהם פירוש אבות הם אדם וחוה ובגין דא אמר ואף גם זאת בהיותם בארץ אויביהם קר' בארץ, אבותם, וארץ הוא רומז שנקרא בשם ארץ שהוא של אבות רס אדם וחוה שהם עומדים במומר זה ותוא"ס בו עכ"ז לא מאסתים אלא לקבלם בתשובה וגם רמז גם זאת דשכינה נקראת זאת שורה בתוכם בה ותם בארץ אויביהם לכן, לא מאסתים **בזאת** אני בוטח דא אתמר במלחמת גוג ומגוג פירוש נרמז זה בת בת יחה שעולה ק"נ כמנין גל גוג ומגו **והאי** איהו חכמת שלמה ועלה אתמר חכמת המסכן בזויה פירוש קאי על מ"ש לעיל וחובא דא גרם דנחתת שכינתא בגלותא וכו' ולזה והאי היא חכמת שלמה ר"ל כמו שזה בזו"ש שירס התמא דנאמר שכינתא בגלותא כן קרה ונעשה לחכמת שלמה אחר שעלי שנתעלה אלא כל העולם שהכל פונים אליו ויש לשפל המדרגות שא, פונים אליה שנתקיים בו חכמת המסכן בזויה בזמן שנטרד מאסיתו גם עלה אתמר כי מכבדי אכבד ובוזי יקלו כי בתחלה נתכבד שמו על ידי בנין בהמ"ק והתפללו לבקש לו לב טוב, לשפוט העם כאשר ולכן נתכבד בעיני הכל שהכל פונים אליו לשמוע דבר חכמתו וכאשר בזה ח"ו דבר ה' בלקחו גם נשים נכריות הוקל גם בעיני הכל וחזר ופירש הדבר שהלא להדיא ותר ואמר כד נחית שלמה ממלכותו וכו' **דאיהי** חכמה כו' פירוש

כָּל עָלְמָא. וְכָל מָאן דְאוֹמֵי בשקרא כאלו וַתַּשְׁלֵךְ אֱמֶת אַרְצָה ושקרא שָׁלְטָא כִּבְיָכוֹל בַּאֲתַר. (נ"א אתתרך מאתר) דִילֵיהּ דאיהו ירושלם. וְדָא גָרִים דאתחרב בֵּיתָא ואתחזר עָלְמָא לתהו וָבהו. דְהָכִי אוקמוהו חָרַב בית ראשון. וְהָאָרֶץ הָיְתָה תהו. חָרַב בַּיִת שני וחשך עַל פני תהום. דֶאֱמֶת הוא סָבִיל עִלָאִין וְתַתָאִין ובזמנא דאתעביד שִׁקְרָא יתהרס הבנין בההוא זמנא אתמר בשכינתא נָפְלָה לא תוסיף קום. הה"ד איך נָפַלְתָּ מִשָּׁמַיִם הילל בן שָׁחַר. נָפְלָה עֲטֶרֶת ראשינו. דאינון ה' עִלָאָה ה' תַתָאָה. ו עַמוּדָא דאמצעיתא סביל תרוייהו. יסודא דכלא י'. דָא ברית. כָּל מָאן דמשקר וְעָבַר בֵּיהּ. כאלו אַעֲקַר כלא ואפיל לֵיהּ. וְהַאי י' היא אבן השתיה דמינה הושתת עָלְמָא. ועליה אתמר אבן מָאֲסוּ הַבּוֹנִים וכו'. ואיהי יסודא דכלא וְעָלָה אתבני. ומאן דהאב באות שַׁבָּת ובאות תפילין ובאות יומין טבין ובאות ברית מילה כְּאִלוּ אַעֲקַר לֵיהּ מאתריה וְאַהְדַר עלמא לתהו ובהו. אָמַר ר' אלעזר. אַבָּא והא י' לְעֵילָא איהי. אמאי איהי לתתא הָכָא. אָמַר ליה ברי רא רָזָא עִלָאָה. מארבע אַתְוָון תַּלְיָין אַרְבַּע שמהן. בן י' יקוק מן ה' מוי"ם (נ"א קויק) מן ו וסים. מן ה' קוקי (נ"א והיה הוהי) עֲלַיְיהוּ אתמר וַדַאי וראית את אֲחוֹרָי (ופני לא יראו). ומסטרא דאחורים איהי י' לתתא ומסטרא דפנים לְעֵילָא. וְדָא איהו רָזָא דאתהפך שְׁמָא מדינא לרחמי. ומרחמי לדינא. כַּד אתהפך לדינא. איהו קוקי י' לתתא. דאתמר ביה אבן מָאֲסוּ הַבּוֹנִים. מָאֲסוּ יסורין דילה. ואלין דחביבין יסורין אתהפך לון מדינא לרחמי יקוק. ובההוא זמנא אבן מָאֲסוּ וכו'. מַה דהות י' לתתא אתחזרת לְעֵילָא. ומסטרא דוקיק איהי י' בְּאֶמְצַע בההוא זמנא אשתטח לגביה וְאָמַר זַכָּאָה חולקי דזכינא להאי. דדא עיקרא ויסודא דכלא:

תקונא שתין וארבע

בראשית בָּרָא אֱלקים. תַּמָן איש. תַּמָן אשה עם ה' דאלקים. וַעֲלַיְיהוּ אתמר סַמְכוּנִי בָּאֲשִׁישׁוֹת באיש וְאִשָּׁה. וּמָאן גרים דָא. בגין דאתפשטו מכתנות אור אָדָם וְחַוָּה. ובגין דא סַמְכוּנִי בָּאֲשִׁישׁוֹת בכתנות עור דאינון לָקֳבֵל ועורות אֵילִים מְאָדָּמִים וכו.

דיחזיר לה לאתריה ויקרב לה תמן. בההוא זמנא דשכינתא מרחקא מבעלה אתמר בבר נש והיו חייך תלואים לך מנגד חייך אתקריאת הה"ד ויפח באפיו נשמת חיים. זכאה איהו מאן דקריב לה לגבי בעלה. מאי (נ"א ומיד) קרוב יי' לכל קוראיו וכו' דמאן דקרא ליה בשקרא רחוק הוא מניה. אמת א' ברישא דאלפא ביתא מ' באמצעיתא ת' בסופיה. (נ"א ד' אתוון) עשורא דיליה יוד קא ואו קא. אמת דאיהו עישור דארבע מאה וארבעין וחד הא רזא דחמשא וארבעין מ"ה בזמנא דישראל משקרין בתורת אמת (נ"א באומאה דשקרא) אתמר ביה ותשלך אמת ארצה. מאי ארצה דא שכינתא. ובזמנא דישראל מקיימין תורת אמת (נ"א באומאה דקשוט) אתמר ביה אמת מארץ תצמח. ובגלותא אתמר ותהי האמת נעדרת ושקרא שלטא בעלמא ובזמנא דאתתקן אמת ואסתלק לאתריה אתמחי שקרא מעלמא. הה"ד שפת אמת תכון לעד כוננת לא כתיב אלא תכון לעד אמת עד ארגיעה לשון שקר. מאי אמת. עמודא דאמצעיתא שכינתא דיליה תורת אמת היתה בפיהו) ומאן שקר דא סמא"ל בזמנא דאמת שלטא אתעבר שקרא מעלמא אמת איהו בסוף תיבין ואינון בר"א אלקי"ם לעשו"ת. בר"א אלקי"ם א"ת. ביה ברא עלמא. ועליה אתקרי וקיימא

קודש **בההוא** זמנא דשכינתא מרחקא מבעלה אתמר בבר נש והיו חייך תלואים לך מנגד פירוש נפש האדם שהיא חיה ונקת ונשפעת מן השכינה שהיא סוד המלכות הנקראת בת שבע שהם ז' ספירות חג"ת נהי"ם שלכן עבד יעקב אע"ה בלאה ורחל שבעה ושבעה ומזה בהמ"ק היה שבעה ושבעה כנודע ולכן רמיים ש' האדם הקלוב"ם רם שבעים שנה כי שבע ספירות הנז' כל א' כלולה מעשר הרי רם שבעים וזמן שהשכינה מתייחדת ודבוקה בבעלה שהוא התפארת נמצא דנפש האדם שהיא נקראת חיים דליה יונקת מתפארת ומלכות שהם סוד הוי"ה אדנ"י כיון דדבוקים זב"ז אבל בזמנא דשכינתא מרחקא מבעלה שהוא התפארת נמצא אין נפש האדם הנקראת חייו של אדם ונקת מן התפארת ג"כ שהוא סוד שם הוי"ה אלא רק מן המלכות שהיא שכינתא בלבד שהם שם אדנ"י ונז"א אתמר בבר נש והיו חייך הם נר"ן שלך תלואים לך מנגד כלומר מרחוק גם נרמז בתיבת מנגד אותיות מן ג"ד ר"ל מן שכינתא שהיא סוד בת שבע כמנין ג"ד בלבד ואמר עוד חייך אתקריאת הה"ד ויפח באפיו נשמת חיים כי הנפש שהיא יונקת מן השכינה קרא אותה בשם חיים דכתיב נשמת חיים **אמת** א' בו בסוף תיבין ברא אלהים לעשות ברא אלהים את צריך להבין למה נרמז האמת בכפלים ונראה כי תרי גווני אמת איכא הא' הוא אמת בפה ובלב והב' אמת בלב דוקא אבל לא בפה כי הוא יאמר מלתא דמשתמעת לתרי אנפי ובגלוי ישמע אם השומע שיבין הדבר ס בדרך השקר כי כן נשמע ן לו יוסר אך בלבו מכוין בדרך אמת וכמ"ש יעקב אע"ה אנכי עשו בכורך כי בלבו הפסיק הדבר אנא מה דהוא אבל עשו הוא בכורך אבל בפה בגלוי מובן מדבריו שאומר אנכי הוא עשו או בלבו כיון לומר כיון שקניתי הבכורה נעשית אני עשו בכורך

כל

* צד ע א

חכמה דלא אשתמודע אלא בה. בצ"ר שדי יתלונן דא אימא תתאה (נ"א עלאה) צל דשדי דאיהו אות ברית קדש דאתמר ביה אך בצלם יתהלך איש ודא שכינתא תתאה דאיהי צלמו דקב"ה. ועליה אתמר ויברא אלקים את האדם בצלמו. בצלמו ממש דא שכינתא צלמו דקב"ה. במדה דיליה בשעור דיליה דלא אוסיף ולא גרע מאי האדם דא שכינתא (נ"א דא עמודא דאמצעיתא) אמר ר' אלעזר. והא בשכינתא לא כתיב בה בריאה אלא אצילות. ועוד דהוה ליה למימר ויברא ה' את האדם מאי אלקים אלא שכינתא אתקרי אלקים ועל ההיא נשמתא דאתיהיבת בבר נש אתמר ויברא אלקים את האדם בצלמו בדיוקנא דשכינתא ועל ההיא נשמתא אתמר אך בצלם יתהלך איש ודא בזמנא דאסתלק מבר נש נשמתא לא יכיל לאתנענעא. א"ל בריך ברי לעתיק יומין. וברי כל מאן דפגים האי דיוקנא כאלו ממעט את הדמות ושכינתא לא שריא תמן. ובההוא זמנא שלטין עליה כל מקטרגין מסטרא דההוא פגימו. ורזא דמלה על כי אין אלהי בקרבי מצאוני הרעות האלה. הרעות מצאוני בגין דאסתלק שכינתא מני דאיהי אלהי:

תקונא שתין ותלת ליום ל"ב.

בראשית ברא אלקים. מאי אלקים מי אלה ועל האי מי. אתמר מי הגיד לך כי עירום אתה וגו'. אשר צויתיך. ההיא דאתמר בה אשר קדשנו במצותיו. וההיא דאתמר בה אשרי האיש אשר לא הלך בעצת רשעים דהיא רשות הרבים אשת זנונים. מאי רשעים דא סמא"ל ונחש ההיא דאמר עלה פרעה מי יי' אשר אשמע בקולו אשר דאתמר ביה אשר הוצאתיך מארץ מצרים. מי ודאי דאיהי תיובתא אסוותא לכל מרעין ומכתשין הה"ד מי ירפא לך. ועלה אתמר ושב ורפא לו. רפאות תהי לשרך. זכאה איהו מאן דתב לגבי בעלה דידה איהו רזא דתיובתא דיחזיר ויתוב ההוא דרגא דרחים ליה מאתריה.

בה את בה מכשון כי בה השמש ששמו פגם בסס והפגם הוא תוסך דא אימא תתאה צל דשדי דאיהו אות ברית קודש פ רוש אימא תתאה מלכות עומדת אחר הנה י דו א ונמלא ה א בצל שדי שהוא ה סוד אות ברית דיחוד

אנפוהי מן בשת דתמן חאבו במה דהוה בתוך עץ הגן. תמן אתכסיאו אנפוהי. אית מאן דאמר בתוך עץ דא צדיק. ובאתר דא ויכתר משה פניו דאקבר מה דארע ליה. בקדמיתא אדכיר חוביה ואתכסי מבשת. ובגין דא זכה ותמונת יי יביט ודא י' דאיהו חכמה תתאה. ואיהו אבא דאילנא דהוה בריש צדיס. ו' גופא דברית. ה' ה' דא אתר דערלה ופריעה. ד' אתוון הוו על צדיס דאיהו עץ פרי. איהו גרים דאסתלקו מניה ואתעקר איהו מגנתא הכי אעקר קב"ה לאדם מגופיה ותריך ליה מגנתיה כמה דאת אמר ויגרש את האדם:

תקונא שתין ותרי.

בראשית תמן ב"ת תמן א"ש. (נ"א המן אשרי) בההוא זמנא אסתלק קודשא בריך הוא משכינתיה ואשתארת בת יחידה הה"ד איכה ישבה בדד ורזא דמלה ויקרא יי אלהים אל האדם ויאמר לו לו איכה איה כה. א"ל אף על גב דנרכת כולי האי. ועבדת פרודא באתוון דאסתלק י' מן ה' ו' מן ה' ואשתארת שכינתא לעילא יחידאה. ושכינתא לתתא יחידאה בג"ד ויאמר לו איכה אי"ה כה. ויאמר את קולך שמעתי בגן. בג"ד ואירא כי עירום אנכי ואחבא. ועוד ואחבא הא דמלה ערום ראה רעה ונסתר מאי סתירה דב"נ אלא תא חזי בזמנא דאית רשו למחבלא לחבל* אתמר ביה. כי תצא אש ומצאה קוצים וכו ובההוא זמנא והיה כצדיק ברשע ובגין דא אית ליה לבר נש בההוא זמנא לאתטמרא ולאתכסייא דלא ישתכח בינייהו דבההוא זמנא יש נספה בלא משפט. ובגין דא ואירא כי עירום אנכי ואחבא. ובמאי נסתר בר נש מאלין דינין וקטרוגין דלא שלטין עליה. בתיובתא הה"ד יושב בסתר עליון. דא אימא דאיהי סתר. עליון מנה דא

אדני שהוא סוד ארץ כי שתים ה"ס שם הוי"ה וארץ ה"ס שם אדני. דתמן חאבו במה דהוה בתוך הגן פירוש חטאו בזו"ן שהם סוד שכינה ספירות חג"ת נה"י שכל אחד כלול מעשר הרי הם שבעים ורמזו בתוך אותיות עץ הגן דהיינו עץ גן במלואם כזה עין נון גימ"ל הגן אותיות התוך שלהם עולים מספר שבעים ותמן אתכסו או אנפוהי בעץ של עור שמספרו שבעים ואית מאן דאמר דחאבו ביסוד שהוא צדיק הנקרא עץ בג"ד ואירא כי עירום אנכי ואחבא פירוש פגם בשם הוי"ה אלהים שהם מ' אותיות כדכתיב וישמעו את קול ה' אלהים שנזכרו ב' שמות אלו שפגמו בהם והמה מ' אותיות כמנין אם ולכן ואחבא, חלק המ בה לשניים וקר

חכמר

* צד ע ב

(ורזא דמלה מחשבה מצטרפא למעשה ודא רזא יוד דהיא י' . וקלא ודבור דאיהו שמים וארץ וכל צבאם) קול דהוה אזיל בגן דא עמודא דאמצעיתא שמע קליה דהוה אזיל בגנתא בענפי אילנא מההוא אילנא דחאב ביה אדם קדמאה. דהוה אמר אילנא לסמאל חייבא נחש הקדמוני רשע אל תגע בי. ובאן אתר הוה אזיל קלא בגנתא דאיהי אדני דינ"א לכתרא דשמאלא. דאתמר ביה. ויהי היום ויבאו בני האלקים להתיצב על יי. ודא איהו לרוח היום. ומה הוו אמרין בני האלקים. אלא אתו להתיצב על מימרא דיי' דכד אמר קב"ה נעשה אדם בצלמנו כדמותנו. אמרו אינון מה אדם ותדעהו (ס"א אמרו אינון מה אנוש כי תזכרנו וכו') ועוד וישמעו את קול יי אלהים ההוא קלא הוה בגנתא דאירי שכינתא דתמן עץ החיים נטוע דהוה גרמת דאתעקר אילנא מגנתא ואדם גרים במחשבתא דיליה דאסתליק נביעו דאילנא דהוה נחית לגנתא ואשתארת יבשה. יקו"ק דא אילנא. ה"ה ענפוי ושרשוי. ו' גופא דאילנא. י' אבא דיליה. נביעו דיליה נקודה דיליה. כגוונא דא יקוק דאיהו אחד ושמו אחד. ומ"ל דאתקרי נביעו אחד. כמה דאתמר יקוו המים מתחת השמים אל מקום אחד ותראה היבשה אדנ"י ובג"ד ויתחבא האדם ואשתו מפני יי אלקים וכי יכיל ב"נ לאתכסיא מניה והא כתיב אם יסתר איש במסתרים ואני לא אראנו נאם יי. אלא כסו פני. חרוזים אתכסיאו אנפוי מבשת דאתפקחו עינייהו וחזו מה דעבדו לעילא דגרימו לאעקרא אילנא מאתריה ונביעו לסלקא מתמן. ודא איהו ויתחבא האדם וגו' תמן אתכסיאו

וקלא ודבורא רמז לדבר ויטע ה' אלהים גן בעדן מקד"ם ר"ת מחשבה מעשה קול דבור דאתכליל ביה ארבע אותיות הו ה ב ה פרוש סוד או א וזו"ן ולכן אחר דוד רע"ד ואלה ים מלך מקדם פועל ישועות בקרב הארץ הוה או ל קלא בגנתא דאיר אדנ כ רום הקול שהוא סוד תפארת מתלבש במלכות שר א שם אדנ. בהפוך אמון דינ א ותשם היר נשמע הקול לאדה ר ומ"ש דאתמר ב ר ו ר ר ום ו בואו בנ האלה ם וכו רוח ע"פ דרשת רז ל ו ר ה ום ומא דר ה רור שהוא ד נא קם א יכך אחר לשון ויר יד ד א בא דיל ה נב עו ד ל ר פירוש גוף היוד רוא חכמה ודיינו תיבא ד י ה וקוץ של וד רוא כתר ור ו נב עו ד ל ה ואמר עוד מ לשא אחר ת על שם רו ה כולו וה נו נקודה דיל ר כגוונא דא יהוה ואמר עוד ילתא אחרמי על רו ה זו דאירו אחד ושמו אחד כלומר א הו אחד על קוץ של וד דקר ליה נב עו ושמו אחד רם ארבע אותיות השם ושאל מנ ל דאתקר נביעו אחד כי אמר ו א רי הנב עו פרוש קוץ ה ו ד אחד ורשיב דכת ב קוו המ ם מתחת השמ ם הוא ד אות ות הו"ר הנקרא שמ ם אל מקום אחד זר רנב עו פרוש קוץ ה י ד רנקרא אחד ותראה ר בשה ר ם שם אנפודי

דאמצעיתא דהוא משתמש ביה והוה מנהיג תתאין ביה. אוף הכי משה דהוה כגוונא דיליה הוה משתמש במטה. ואמאי אתקרי מטטרו"ן מטה דלזמנין מטה כלפי זכו לצדיקיא ולזמנין מטה כלפי חובא לרשיעיא ובגין דא אתהפך ממטה לנחש לרשיעיא לאלקאה לון ביה ומנחש למטה לצדיקיא למיהב לון ביה אגרא. דהכי איהו על האי מלאכא קב"ה. כגוונא דנשמתא דרכיב על גופא. וצדיק בהאי אתר אתמר ביה צדיק מושל יראת אלקים בגין דאיהו מהפך דינא לרחמי. ובהאי אתר צריך ישנוי מעשה בגין דיתהפך מדינא לרחמי. ושנוי השם ושנוי מקום. וקב"ה דאיהו מקנאו אתמר ביה אני יי לא שניתי. דאיהו רחום וחנון לית ביה דינא כלל ולא שנויין וכד בר נש שליט על יצריה נהפך נחש למטה. ואם יצריה שליט עליה נהפך ממטה לנחש. ומיד וינס משה מפניו. מאי וינס אלא הכי רמיז שנוי מקום דברח מאתריה ומקמיה ודא אהו רזא ותפקחנה עיני שניהם ובמאי אתפקחו למנדע טוב ורע דאיהו מטה כליל מתרוייהו כד אתהפך מנחש למטה אתמר ביה צדיק וטוב לו. וכד אתהפך ממטה לנחש אתמר ביה רשע ורע לו:

תקונא חד ושתין ליום כ"א

בראשית רא מחשבה. אלקים דא אימא עלאה. עובדא דתרוייהו דחילו ורחימו את השמים דא קלא. ואת הארץ דא דבורא. ובכלא חאבו אדם וחוה ואפרישו בין אבא ואימא דאינון מחשבה ועובדא. ובין קול ודבור דאינון ברא וברתא ובגין דא וישמעו את קול יי' אלקים מתהלך בגן לרוח היום את קול דא *עמודא דאמצעיתא ושכינתא עמיה. יי אלקים אבא ואימא. ואינון ארבע אתוון יקו"ק. י' אבא ה' אימא ו' ברא ה' ברתא. דאינון מחשבה ומעשה קלא ודבורא

מ"ה וס"ך היתספר לשלשה חלקים שהם דאגה ו' ש"ך לדאוג על ו' מלגאו ועל ו' מלבר **וכד** כד נש שליט על יצריה נהפך נחש למטה ואם יצריה שליט עליה נהפך מיטה לנחש כ"ב היצר נקרא שר כנז' בעץ חיים ואם הס"י ממספר נחש מספר ש"ד שרות ר"ל ר' שאר מטה וכן אם תוסיף על מטה מספר שד יה"ה נחש **בין** אבא ואימא דאינון מחשבה ועובדא פירוש אבא ר"ם מחשבה ואמא נקראת אומנא בבריאת העולם כמ"ש אבריה דרב ספרא בזוהר תרומה וז"ל והו דרא עלמא דאת הוי אומנא דכתיב ויאמר אלהים יהי אור ויהי אור בויאמר אלהים יהי רקיע רא אומנא רוה **את** קול דא עמודא דאמצעיתא ושכינתא עמיה פירוש את שכינתא שהיא המלכות הנקראת את וקול דא עמודא דאמצעיתא שהוא התפארת הנקרא קול **דאינון** מחשבה ומעשה ורזא

* צד ע"א

מלגאו דאבא הה"ד ותקח מפריו ותאכל ותתן גם לאישה וגו'. הרי אבא דאילנא דתמן מו"ת. (מלגאו גרם לה דאכלה) ואית קליפין דאבא דאינון תהו ובהו וחשך ותהום. דקליפין אלין אינון רע מוחא מלגאו טוב אילנא דחיי קליפין דיליה שפירן ומוחא דיליה שפיר. ודא איהו עפייה שפיר ואנביה שגיא. ואית אילנא דבוליה ביש מוחא וקליפה כלהו מרירן ומיין דלהון מרירן הה"ד ויבאו מרתה ולא יכלו לשתות מים ממרה כי מרים הם וגו' ויורהו יי' עץ וגו' וביה וימתקו המים. עץ מתוק דמניה נפקין ענפין ושרשין דאתמר בהון ומתוקים מדבש ונפת צופים.*וכגו"ד אית עץ דענפין דיליה מתיקן ועץ הענפין דיליה מרירן ואית מיין מתיקן ומיין מרירן. דדא לקבל דא עבד קב"ה. ואית דאיהו פירגו דיליה מתיקה ופלגו דיליה מרירא. ורא עץ הדעת טוב ורע כגוונא דכספא מעורב בעופרת ואית אילנא דקליפין דיליה בישין מלבר ומוחא מתיקא מלגאו הכי תשכח ב"נ (נ"א דפומוי מפיק ביש מלבר) וטב בלביה מלגאו ואית מפומוי טב ולביה ביש. האי איהו עץ הדעת טוב ורע. הכא מכאן נחש רמאי הכי איהו בר נש דתשכח ליה גופיה שפיר וסימנין דיליה כלהו שפירן ונשמתיה נפש חייבא מלגאו. ותשכח בר נש גופיה ביש בכל סימנין דיליה ונשמתיה מלגאו שפירא דא איהו צדיק ורע לו. אבל מאן דאיהו טב מלבר ורע מלגאו איהו רשע וטוב לו. בגין דלא יהא ליה חולקא בעלמא דאתי. טוב מלבר ומלגאו צדיק וטוב לו. ביש מלגאו ומלבר רשע ורע לו. והא אוקמוהו טב מלגאו ולבושא דיליה ביש. דא איהו עני ורוכב על חמור. רע מלגאו ולבושא דיליה שפיר מלבר. על האי אתמר ראיתי עבדים על סוסים וכלא אשתמודע בעובדוי דבר נש. מאן דאיהו מלגאו. לאו למגנא אוקמוהו קדמאין לא המדרש הוא העיקר אלא המעשה הוא העיקר. דשטיין מסתכלין בגופא דאיהו לבושא הה"ד עור ובשר תלבישני וצדיקיא בעובדין טבין. עוד ויורהו יי' עץ דא מטה דמשה דהוה מתהפך ממטה לנחש ומנחש למטה כגון להט החרב המתהפכת. ודא מטטרו"ן דביה הוה משתמש משה רבינו. כגוונא דעמודא

* צג ע ב

לְחַוָּה. בגין דְּדַעְתָּן שֶׁל נָשִׁים קַלָּה. וּמַה אָמַר לָהּ וַיֹּאמֶר הַנָּחָשׁ אֶל הָאִשָּׁה אַף כִּי אָמַר אֱלקים לא תאכלו מִכֹּל עֵץ הַגָּן וקב"ה לָא אָמַר אֶלָּא מִכֹּל עֵץ הַגָּן אָכֹל תֹּאכֵל דְּאִיהוּ לָא מַנֵּי לֵיהּ דְּלָא לְמֵיכַל אֶלָּא מֵעֵץ הַדַּעַת טוֹב וָרָע דְּאִיהוּ עִרְבּוּבְיָא דְּטוֹב וָרָע. אִילָנָא דְּאִתְקְרֵא חַד בַּלֵּב וְחַד בַּפֶּה לִבֵּיהּ מָלֵי שִׁקְרָא. וּפָתֵי בְּפוּמֵיהּ בְּמִלִּין דִּקְשׁוֹט. וְחִוְיָא בִּישָׁא אַעֲבַר הָכָא עַל לֹא תַעֲנֶה בְרֵעֲךָ עֵד שָׁקֶר. וְעַל לֹא תִרְצָח וְעַל לֹא תִנְאָף. וְעַל לֹא תִגְנֹב וְלֹא תִשָּׂא אֶת שֵׁם יי אֱלֹהֶיךָ לַשָּׁוְא. עַל לֹא תַעֲנֶה בְרֵעֲךָ דְּסָהִיד שִׁקְרָא דְּאָמַר (אַף כִּי אָמַר אֱלקים לא תאכלו מִכֹּל עֵץ הַגָּן. וְעַל לֹא תִגְנֹב. הַגַּנָּב דַּעַת חַוָּה כְּגַוְונָא דָּא דְּאָמַר אַף כִּי אָמַר אלקים וגו') כִּי יוֹדֵעַ אֱלֹהִים כִּי בְּיוֹם אֲכָלְכֶם מִמֶּנּוּ וְנִפְקְחוּ עֵינֵיכֶם וִהְיִיתֶם כֵּאלקים יוֹדְעֵי טוֹב וָרָע בגין דְּלָא תֶהֱוֹן בְּדְיוֹקְנֵיהּ וְעָבַר עַל לֹא תִנְאָף דְּהַטִּיל זוּהֲמָא בְּחַוָּה. וְעָבַר עַל לֹא תִרְצָח דְּקָטַל לְאָדָם וּלְחַוָּה. דְּהָכִי אָרְחָא דְּיִצְרָא בִּישָׁא מְפַתֵּי לִבְנֵי נָשָׁא וּלְבָתַר סָלִיק וְאַלְשִׁין לֵיהּ וְנָטִיל רְשׁוּ וְנָחִית וְנָטִיל נִשְׁמָה:

תקונא שתין

בְּרֵאשִׁית דָּא בְּרִ"ת. דְּאִתְּמַר בֵּיהּ עֵץ הַחַיִּים וְהָא אוּקְמוּהוּ. וּבְהַפּוּכָא תְּבִ"ר דְּגָרַם תְּבִירוּ לְאָדָם הָרִאשׁוֹן. וְדָא עֵץ הַדַּעַת טוֹב וָרָע. טוֹב אִיהוּ אִילָנָא. הַהוּא דִּכְתִיב וַתֵּרֶא הָאִשָּׁה כִּי טוֹב הָעֵץ לְמַאֲכָל וְכִי תַאֲוָה הוּא לָעֵינַיִם. וְאִבָּא דִּילֵיהּ רָע. כְּפוּם חֵיזוּ דִּילָהּ הָכִי הֲוָה (נ"א אִיהוּ) אִתְחֲזֵיא לָהּ מִלְּבַר. כְּגַוְונָא דְּפוּמָא. מִלִּין שַׁפִּירִין מִלְּבַר וְלִבָּא מַלְיָיא טִנּוּפִין מִלְּגָאו. וְדָא לָא הֲוַת יָדְעָא דְּסַם הַמָּוֶת הֲוָה

ומה אמר לה אף כי אמר אלקים לא תאכלו מכל עץ הגן פירוש אחר יש שהגזירה היתה מאת השם על כל עץ הגן דכך שלא תכשלו בעץ הדעת עשה לכם ה' גדר וכו', שלא יאמר אתכם על הכל ובכך אכלתם מעץ הגן ולא הגיע לכם נזק ועונש על כן אם תאכלו מעץ הדעת גם כן לא יגיע לכם עונש ונזק ובזה נתפתה חוה וז"ש לבה מלא שקרא וכו' בפומיה במלין דקשוט וקשא מר"ש מלין דקשוט שאמר כפר ובזה כו' חוה שאל דברים של טעם שראו שאסר לכם כל עץ הגן, יען גדר וס"ג ועוד ראה אומרו ופתי בפומיה במלין דקשוט ר"ל כמ"ש רמב"ם ז"ל שרסב"ר לרם סברה לומר דעץ הדעת רת"ו באכילה ראשונה ולא אסרו אלא באכילה שנית שדקדק לומר אמר מכל עץ הגן אכל תאכל פעם אחת שאכל כן דלא אסרו אלא ודאי רצונו לומר תחלה מכל עץ הגן תאכל וגם עץ הדעת בכלל ואחר כך הפרוש מעץ הדעת לבדו דאחר שנרגע טעמו ותפרוש ממנו תסיר כרישתך ממנו מלומר גדולי ויזר רשעים קאמר מלין דקשוט ר"ל דבר מסתבר שנראה רואה אמת אך בלב ה' רע דאלו רדכי"ם תוכו ושקר ואין רצונו תכרך בכך **ובהפוכא** תב"ר דגר"ס תבירו לאדה"ר פירוש אדם עולה מספר

מלגאו

ויבא וים. בזמנא דמתעברין כתנות עור דחויא נהרין תלת גוונין דנהורא דשכינתא. ומיד וראיתיה לזכור ברית עולם ואינון תלת ווי"ן אינון תלת גוונין דאת ב תד לשמיא וחד לארעא וחד לימא. ומהאי ב' תליין שבעין גוונין. ואינון שבעין ותרין. דעלייהו אתמר הנה יי רוכב על עב קל ובא מצרים. על ע"ב בשבעין ותרין גוונין נהירין. ומיד ונעו אלילי מצרים מפניו. ואינון תלת גוונין רמיזין בה'. ה' תלת גוונין דילה אינון לבושין נהירין דברתא דמלכא דאיהי י' בת עין. ואיהי חמש אלפי שנין דבריאת עלמא. ואיהי ה' זעירא דאברהם דדרגיה חסד דסליק בשבעין ותרין. ה"י מן אלקים. ה"י מן יוד קא ואו קא (נ"א יו"ד ק"י וא"ו ק"י) ה' לבושא דכסי על י':

תקונא תשעה וחמשין ליום ל'.

בראשית כי באש יי' נשפט דאינון כתנות עור דצריך בהון הבדלה כד אמרין ישראל בורא מאורי האש. אמרין המבדיל בין אור לחשך *חשך אוכם. כתנות עור דיליה אוכמין דאתמר בהון שחורות כעורב והנחש היה ערום מנייהו. דלכל היה ברא לבושין ולכל בריין דאתבריאו בשית יומי בראשית. ואשתארו גופין דמזיקין למעבד ולא עביד לון בגין דהוה ערב שבת. ודא איהו אשר ברא אלקים לעשות ובגין דא והנחש היה ערום מכל חית השדה אשר עשה יי' אלקים דלכלהו עבד לבושין וליה לא עבד בגין דהוו מזיקין דעלמא. ואמאי לא עביד לון. בגין דהוה ליה למברי לאדם ערב שבת ובגיניה לא ברא לון. ובגין דא עאל קנאה בליביה דחויא עם אדם. בגין דאשתאר ערום בגיניה בלא לבושין ואיהו גרם לבתר דאתפשט אדם מלבושוי. וירית לון נמרוד ועשיו. דהוה עשו דיוקניה דחויא ובגין דא והנחש היה ערום. ערום לביש. דגרם בערמה דיליה נוקבא בישא. סם המות. מיתה לאדם ולאתתיה. וערמה דיליה הוה רפתי

בתלת גוונ, נה ר, דא נו, כסנ ס לו ס ושרא' נראה לו א רו ל אי, האשה כורתת בר ת אלא למ שעשאה כל בריה ד קא כלי ר ת כהנ ס לו ס שרא' ערום לביש דגרם בערמה ד ליה נוקבא ב שא סם המות פירוש ערום רע ת שהדביק אות ות מ"ו עם אות ת' של ותרא ותקח ותאכל ונעשה לר לירוף מות וזהו סם המות ב"מ

* צב ע"א

ובשת איהו בתלת גוונין. חור וסומק וירוק באנפין דאתמר בהון לא עתה יבוש יעקב בגוון סומק וירוק. ולא עתה פניו יחורו בגוון חור. ואלין תלת גוונין דאית בהון בשת. אלין אינון תלת גוונין דתלת קליפין דאגוזא. דאינון ערין דבהון אתלבשת קשת ואתחזיא בהון. ובגין דאינון עריות תלת קליפין אתמר בהון אין דורשין בעריות בשלשה. ואסיר לאסתכלא בהון ובגין דא אסיר לעמא קדישא לאסתכלא בגוונין דקשת. ודא רזא דערלה דאית לה תלת קליפין. דצריך לאעברא לון מאות ברית קדש. ומיד וראיתיה לזכור ברית עולם. ועל אלין תלת אתמר של נעליך מעל רגליך ומיד וראיתיה. ובזמנא דמשה הוה מתלבש בהון מה כתיב ביה אל תקרב הלום. מיד דאתפשט מינייהו אתקריב תמן. ודא רזא דקרבנא דהוה נחית אשא לאדלקא אלין תלת קליפין הה״ד זאת תורת העולה היא העולה על מוקדה וגו׳. הא תלת גוונין דאשא דהוו נחתין בתלת צלותין לאדלקא ולאוקדא אלין קליפין. ובההוא זמנא הוה קב״ה מתקרב בשכינתיה. והוו מתקרבין אתוון דיליה י׳ בה׳ ו׳ בה׳. ובזמנא דהוו מתלבשין באלין קליפין אתמר בהון לא תקרבו לגלות ערוה. ולא צריך לקרבא אתוון י׳ בה׳. ו׳ בה׳. ובגין דא תקינו תלת צלותין בכל יומא לאעברא תלת קליפין אלין דערלה מאות ברית דאיהי שכינתא. ובדא שריא בתלת גוונין נהירין דאינון כהנים לויים וישראל דעלייהו אתמר מה יפו פעמיך בנעלים בת נדיב. ואינון נעילת חגין וזמנין ומועדין. דעלייהו אתמר שלש רגלים תחוג לי בשנה תלת קליפין עלייהו אתמר ויעש יי׳ אלקים לאדם ולאשתו כתנות עור וילבישם. בקדמיתא כתנות אור ולבתר דחאבו כתנות עור. מעור דאיהו משכא דחויא. ולשבעין שנין אתפשט ההוא (חויא) (נ״א משכא) מניה דתלת גוונין דלבושין דשכינתא אינון תלת ווי״ן דויסע

ניתנה תורה ולכן מאותו מעמד שעמדו על הר ס״נ ב״וס שבת לקבל תורה נמשך לרס מדת הבשת שרואה אותיות שבת **ובשת** איכי בתלת גוונ פרוש מן הבשת נו״ד תלת גוונין בפנ״ס דלפעמ״ס ר״ה לו חוורו דל״פ ן ולפעמים אודם ולפעמים ירקון **לא** עתה יבוש עקב בגוון סומק וירוק נראה הכו״ה ס של בוש תמצה אותה אותיות קר או מיבת יבוש תה״ס ב רוק ר״ל לא עתה בירוק עקב ובתיבת עתה נרמז סומק כ׳ עתה במ״ק מ״ז ועם הכולל י״ו כמג״ן סומק במ״ק **לאעברא** תלת קלפ״ן דערלה יאות כר״ת דא״ה שכ נתא ובדא שריא ויבא

בגיניה (צב ע"ב)

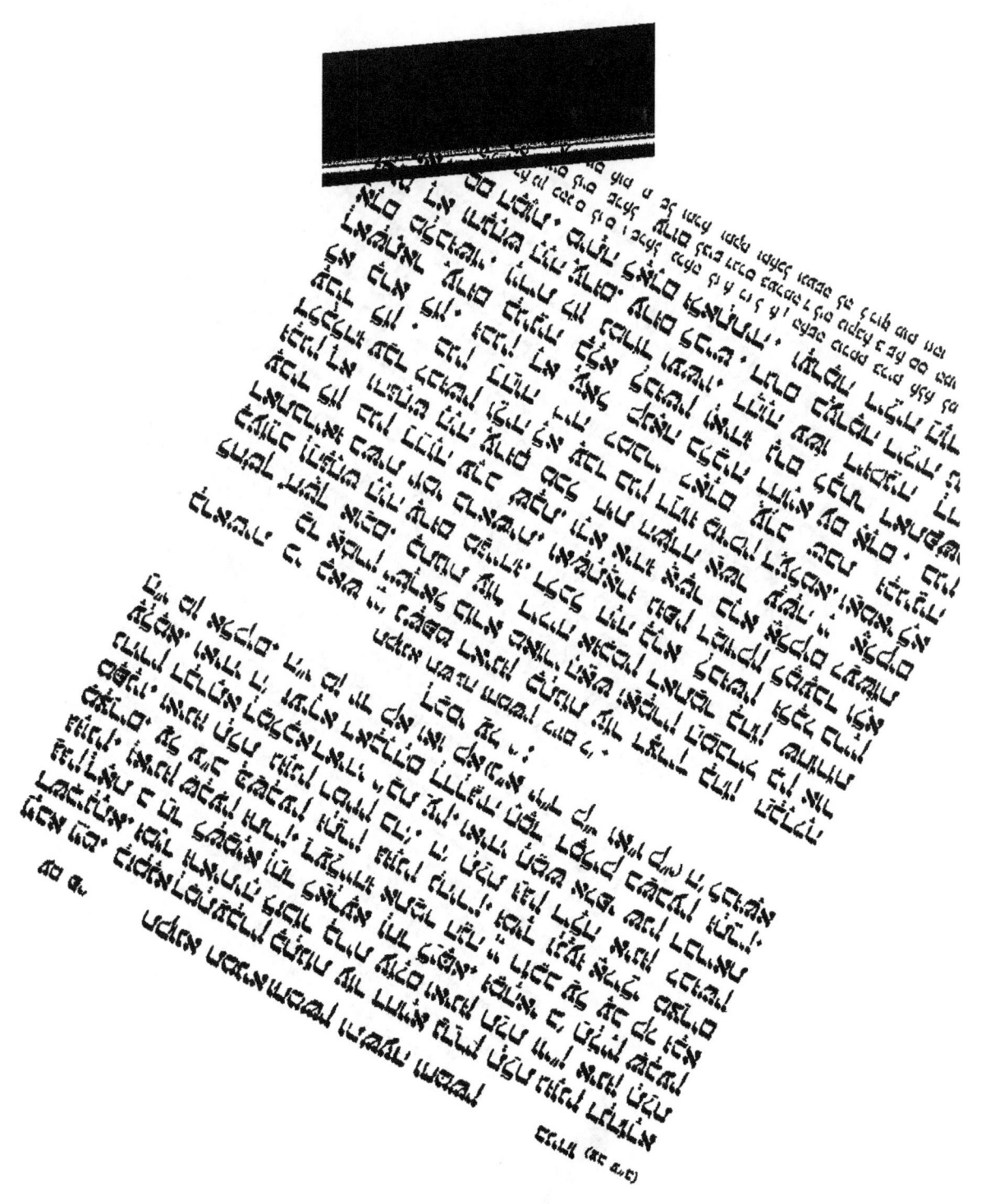

תקונא תמניא וחמשין

עם פי

ויבא וים. בזמנא דמתעברן כתנות עור דחויא ואינון תלת נדרין תלת וו"ן אינון תלת גוונין דנהורא דשכינתא. ב חד ראיתיה לזכור ברית עולם וסהאי ב' תלין קך ובא גוונין, ואינון שבעין ותרין, דעלייהו אתמר רוכב על עב מצרים. ואינון ע"ב בשבעין רמיזין, ח' תלת גוונין נהירין, וגוון דילה אינון דבריאת מצרים. על תלת גוונין דאידי בת ציון. ואידי חסד דסליק שנין ותרין ספנין, ואינון תלת דמלכא דאברהם. ואידי חמש אלפי בשבעין נהורין דבריתא. ועירא קא ואו קא (נ"א יו"ד ק"י ואו ק"י) ה' לבושא עלמא. ואידי ה' ה"י מן יוד ה"י מן אלקים.
דכסי על י"י.

תקונא תשעה וחמשין

כי באש י"י נשפט דאינון כתנות עור דצריך ליום ל'. בראשית. כד אמרין ישראל כתנות האש ואמרין הבדלה בין אור לחושך אובם. ערום בראשית מיידיה. דלכל מאורי אוכמין דאתמר המבדיל בין שחורות בעורב והנחש בשית. ערב שבת. ואשתארו דיליה. ברא לבושין ולבל בריין דאתבריאו ביומי דהוה ערום מכל חית. ודא אידו. הוה נופן דמזיקן למעבד ולא עביד לון בגין דהוה לא עבד בגין השדה אשר ברא אלקים לעשות ובגין דא היה ולית. דלמברי דהוו מזיקין ערב עשה. י"י אלקים לא עבד לון. בגין דהוה ליה. לאדם בלביה דעלמא. ואמא ובגיניה דלבלהון ויאר לבושין ואידו. ערב שבת. בגין לא אשתאר ערום. קנאה דהוה נרם אדם. עם דאתפשט ברא. לון ערום. ועשיו. לרחוויא לכתר די מלבושוי. בגיניה עשו לכתר דיומניה. אדם דא והנחש דהוה ערום ולאתתיה. דרם דילידה סם המות. מיתה לאדם. נמרוד לביש. וערמה בערמה דיליה הוד

[redacted]

ובקשת אחיד בתלת גוונין. חוור וסומק וירוק באנפין דאתמר בהון לא
עתה יבוש יעקב בגוון סומק וירוק. ולא עתה פניו יחורו בגוון חוור.
ואלין תלת גוונין דאית בהון בשת. אלין אינון תלת גוונין דתלת קליפין
דאגוזא. דאינון עריין דבהון אתלבשת קשת ואתחזיא בהון. ובגין
דאינון עריות תלת קליפין אתמר בהון אין דורשין בעריות בשלשה.
ואסיר לאסתכלא בהון. ובגין דא אסיר לעמא קדישא לאסתכלא בגוונין
דקשת. ודא רזא דערלה דאית לה תלת קליפין. דצריך לאעברא לון
מאות ברית קדש. ומיד וראיתיה לזכור ברית עולם. ועל אלין תלת
אתמר של נעליך מעל רגליך ומיד וראיתיה. ובזמנא מיד דאתפשט משה חזה
מתלבש בהון מה כתיב אל תקרב הלום. מניהו
אתקריב תמן. ודא רזא זאת תורת העולה היא העולה על מוקדה וגו'. תלת
קליפין הה"ד קרבנא דהוה נחית אשא לאדלקא ולאוקדא. הא
תלת גוונין דאשא דהוו נחתין בתלת צלותין לאדלקא אלין
קליפין. ובההוא זמנא הוה קב"ה מתקרב בשכינתיה. והוו מתקרבין
אתוון דיליה י' בה' ו' בה'. ובזמנא דהוו מתלבשין באלין קליפין אתמר
בהון לא תקרבו לגלות ערוה. ולא צריך לקרבא אתוון י' בה' ו'
בה'. ובגין דא תקינו תלת צלותין כבר שכינתא. וכדא לאעברא תלת קליפין
דערלה מאות ברית דאיהו שכינתא. אתמר מה יפו פעמיך בנעלים בת
דאינון כהנים לויים וישראל דעלייהו אתמר שלש רגלים
נדיב. ואינון נעילת תלת תגין זמנין ומועדין. דעלייהו אתמר ויעש יי' אלקים לאדם ולאשתו
...ג לי' בשנה תלת קליפין עלייהו אתמר כתנות עור.
...נות עור וילבישם. בקדמיתא כתנות אור לבתר דחאבו כתנות עור (נ"א
...דאיהו משכא דחויא. ג"פ שבע"ן שנין דשכינתא אתפשט ההוא חויא) תלת
...מניה דתלת גוונין דלבושין דשכינתא אינון תלת ווי"ן דויסע

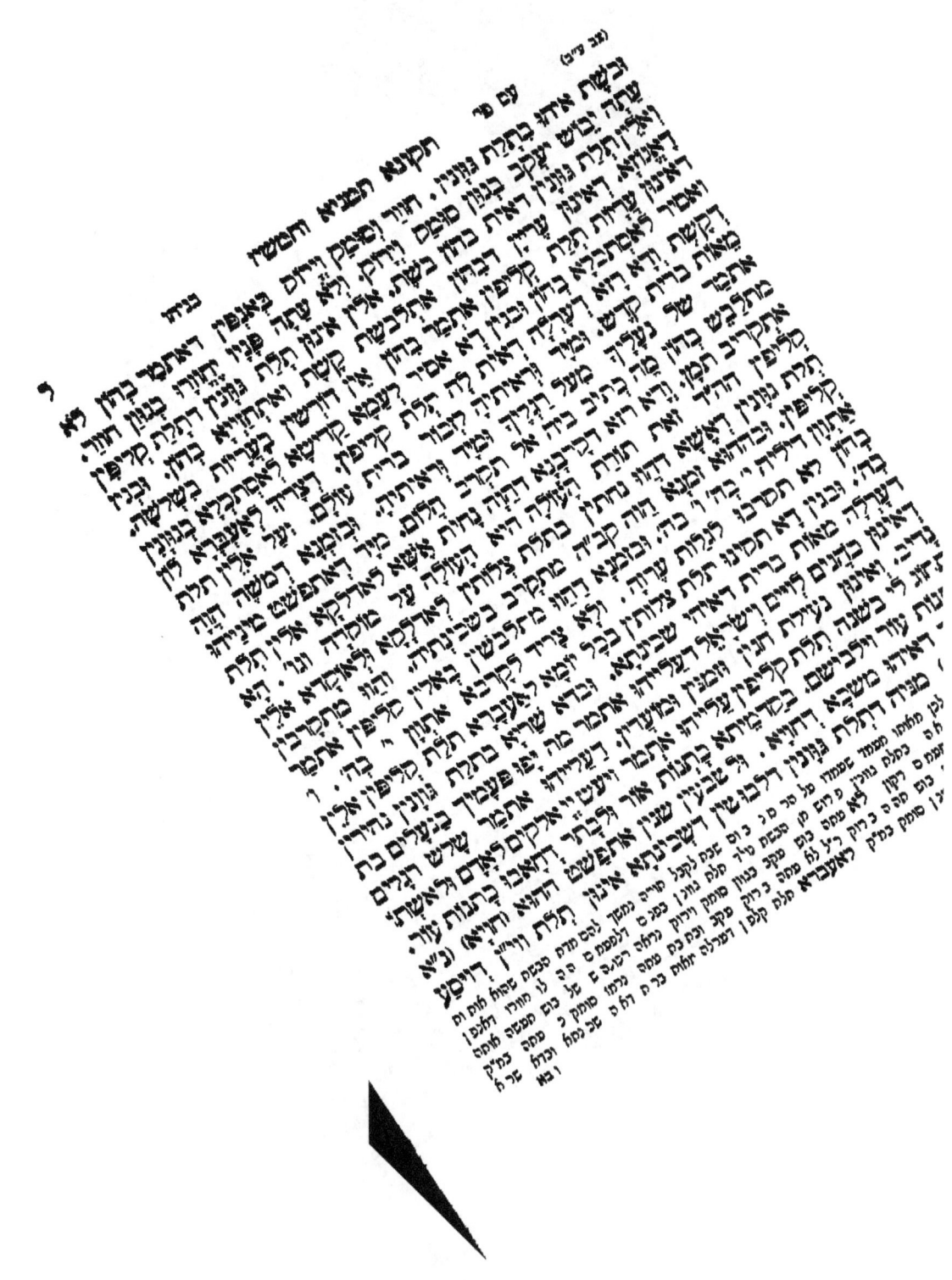

[illegible]

עינא סוגרת ומסוגרת בעינא. ותלת גוונין סחרין לה. ועלייהו אתמר
הן כל אלה יפעל אל פעמים שלש עם גבר. וכד נחית לון משה
אורייתא לישראל מינה אמר. היו נכונים לשלשת ימים אל תגשו אל
אשה. שלשת ימים לקבל תלת גוונין דעינא ואינון טמירא וסתירא
בהון. ואיש לא ידע בהון עד דאתפשטת מנייהו ובההוא זמנא
דאתפשטת מאלין לבושין. אתיחדת עם בעלה בקירוב בשרא. הה"ד
עצם מעצמי ובשר מבשרי לזאת יקרא אשה כי מאיש לוקחה זאת על כן
יעזב איש את אביו ואת אמו ודבק באשתו והיו לבשר אחד. דבך דרכא
לאתיחדא דכר ונוקבא בקרוב בשר. והא דבוקא (נ"א קורבא) דיחודא
דלעילא דלא יהא דבר חוצץ. ובגין דא אוקמוהו מארי מתניתין דכד בר
נש מצלי ומיחד קב"ה בשכינתיה דלא יהא דבר חוצץ בינו לבין הקיר
שכינתיה (סרקוריה דקיר קירות הלב) דלא יעביד פירוד וקצוץ בין
קב"ה ושכינתיה ורזא דמלה ויהיו שניהם ערומים האדם ואשתו
ערומים בקרוב בשרא בלא לבושא כלל. ובההוא זמנא דקב"ה
ושכינתיה כחדא בלא לבושא כלל אתמר ביה ולא יכנף עוד מוריך
והיו עיניך רואות את מוריך א"ל ר' אלעזר אבא מאי סומא דקרא ולא
יתבוששו. א"ל ברי באתר דאית ערוה אית בשת. והא איהו ירא בשת.
ומאן דלית ליה בשת. בודאי לא עמדו רגלי אבהתוי על טורא דסיני.

סגורה כפתח בג"ת הראש ומסוגרת בתלבוש הללו וזה בבח' אבא ר' שעדיין לא נשמת אבל אחר ש שאת נפתח
השער ראשון של ב"ת דראש ושער לה רסיס של מלבוש הללו ות"ת זו"ן ודרש סוגרת ומסוגרת באופן אחר
וקא על כל אשה שוער ויז"א סוגרת ומס ר"ת כב"נא ותלת גוונין סחרין לה דה ט מלבד הסגר במלבוש דלל עות
היא תסיר מע כי אדם שלא תפילה יען כי אדם שהוא שלרם יואר מן השחור שבעין ותלת גוונין
סחרין לה לנ"ה שהוא נקודה השחורה שואת ה"א קראת עין באת תוח ועליהו אתמר הן כל אלה פעל
אל פעמים שלש עם גבר כלומר עשר הקף לבן שר"א נקודה השחורה בתלת גוונ לרמוז לאדם שמקום זה לכך יו
שמ לה בג ותר כי ריוק שלו גדול ולכך ר' סוגרים את ה ושלש תפי שהעין היא סוד חכמה ששם הוא דקות
בותר ולכך אע"פ שאין בריאה ממשות עושה פגם וכד נחית לון משה אור' תא לישראל תכה פירוש מן בת
העין שהי"ם חכמה והיו לבשר אחד דבך דרכה לאתיחדא דכר ונוקבא בקרוב בשר אין הכונה שיהיו ערומים
לגמרי כל שום מלבוש אלא הכונה שיפשטו ויסלקו הכתונת למעלה
ומ"ש את כי דאדם ואשתו היו ערומים בקרוב בשר בלא לבושא
כלל שכן כך היו עומדים אדם וחוה קודם החטא בלא לבושא כלל כי עדיין לא היה מלבושין גשמיים ומה שהיה
לבוש אור אין זה לבוש גשמי אלא רוחני ואינו מפסיק ביניהם **ומאן** דלית ליה בשת בודאי לא עמדו רגלי
אבהתוי על טורא דסיני פירוש בשת אותיות שבת וישראל עמדו רגליהם על הר סיני ביום שבת דלכ"ע בשבת
ובשת

שְׁמָהָן שֵׁוִי כִּנּוּין לִשְׁמָא דָא. לֵית שְׁמָא עַד אֵין סוֹף וְעַד אֵין תַּכְלִית. רַבְרְבָא וְשָׁלְטָנָא מִן דָא לְעֵילָא עַד אֵין סוֹף. וּלְתַתָּא עַד אֵין תַּכְלִית וְכָל חַיָּילִין וּמַשִׁרְיָין מִנֵּיהּ דַחֲלִין וּמִזְדַּעְזְעִין:

תקונא תמניא וחמשין

בְּ רֵ א שׁ י ת בָּרָא אֱלֹקִים (איהי) אֶת בַּת יְחִידָה אִיהִי בַּת מֶלֶךְ פְּנִימָה (איהי) אֶת אַמְתָּא דִילָהּ נַעֲלָה אִתְּמַר וַיַּפֵּל יְיָ אֱלֹקִים תַּרְדֵּמָה עַל הָאָדָם וַיִּישָׁן וכו מַאי וַיִּסְגּוֹר פָּתַח רִבִּי שִׁמְעוֹן וְאָמַר וִירִיחוֹ סוֹגֶרֶת וּמְסֻגֶּרֶת מַאי וִירִיחוֹ דָא אִיהִי יָרֵחַ דְאִיהוּ גוּפָא דִילָהּ אַמְתָא. מַטְרָתָא דְמַלְכָּא דְאִיהִי נְקוּדָה דִילָהּ סוֹגֶרֶת וּמְסֻגֶּרֶת מִלְּגָאו. בְּגַוְונָא דָא וּבְגִינָהּ אִתְּמַר לְעֻמַּת הַמִּסְגֶּרֶת תִּהְיֶינָה הַטַּבָּעוֹת וגו׳. מַאי הַטַּבָּעוֹת אִלֵּין תְּרֵין אוּדְנִין דְּלִבָּא דְּאִינוּן עֲגוּלִין כְּטַבָּעוֹת וְלִבָּא אִיהוּ לִשְׂמָאלָא. הָכִי פְּתוּרָא צָרִיךְ לִשְׂמָאלָא שֻׁלְחָן בַּצָּפוֹן. לְבָתִּים לְבַדִּים מַאי לְבָתִּים אִינוּן תְּרֵי בָּתֵּי לִבָּא. מַאי לְבַדִּים אִינוּן תְּרֵין כָּלְיָין תַּרְוַיְיהוּ לְבַר עֲלַיְיהוּ אִתְּמַר וְהָיוּ תוֹאֲמִים מִלְּמַטָּה. תְּרֵי כַּנְפֵי רֵיאָה וְיַחְדָּיו יִהְיוּ תַמִּים עַל רֹאשׁוֹ. וּבְגִין דִּשְׁמִיעָה תַּלְיָא בְּרֵיבָא אוּקְמוּהוּ מָארֵי מַתְנִיתִין הַלֵּב שׁוֹמֵעַ. ת״ח אִתְּמַר בְּהַאי צֵלָע וַיִּקַּח. וּלְבָתַר וַיִּבֶן יְיָ׳ אֱלֹקִים אֶת הַצֵּלָע. מַאי וַיִּבֶן. אֶלָּא בָּנֹה בָנִיתִי בֵּית זְבוּל לָךְ וגו. וְהַבַּיִת בְּהִבָּנוֹתוֹ אֶבֶן שְׁלֵמָה מַסָּע נִבְנָה. תְּרֵי בָּתֵּי לִבָּא אִינוּן תְּרֵי בִּנְיָנִין דְּהַאי קְרָא. הה״ד וְהַבַּיִת בְּהִבָּנוֹתוֹ דָא בַּיִת רִאשׁוֹן. אֶבֶן שְׁלֵמָה מַסָּע נִבְנָה דָא בַּיִת שֵׁנִי. וּלְקִבְלַיְיהוּ אָמַר בָּנֹה בָנִיתִי תְּרֵין בִּנְיָנִין. חַד אִתְקְרִיאַת בִּנְיָנָא דְאִימָּא עִלָּאָה וְתִנְיָינָא בִּנְיָנָא דְאִימָּא תַתָּאָה. וְעוֹד וַיִּבֶן לִישָּׁנָא וְאִבָּנֶה גַם אָנֹכִי מִמֶּנָּה. בִּנְיָנָא דְיִבּוּם. וּכְמָה דְהַאי נְקוּדָה אִיהִי סוֹגֶרֶת וּמְסוּגֶרֶת הָכִי צְרִיכָא בְּרַתָּא דְאִיהִי בְּתוּלָה לְמֶהֱוֵי סְגוּרָה וּמְסוּגֶרֶת בְּבֵית אָבִיהָ בְּתוּלָה וְאִישׁ לֹא יְדָעָהּ. וְתָרֵד הָעַיְנָה דָא בַּת

כמ ר ש ש לו סכן כ דו **בראשית** ברא אלר ס את בת חדא א ה בת מלך פנ מר ׳ ל לרג ר רב בראש ת ברא אלר ס א ת בשר ומפרש בשר בת חדר א ר בת מלך פנ מר כלומר רחל עקרת רב ת שנקראת בשר ות בת את לרבות אמתא ד לר שרוא פרלוף בלרה העומד אחר פרלוף רחל ועלר אתמר ו פל ר׳ אלר ס תרדמה על האדם ו שן ו קח אחת מצלעות ו וסגור בשר תחת ר בשר רחל בת מלך פנ מר תחתנה אמתא ד לר דא הו פרלוף בלרר שרוא תתגר במעלר **הכי** לר כר כרתא דא ר כתולר למהו סגורה ומסוגרת בב ת אב ר כלומר

עינא

ידיע וכבב ידיע ותמן אשתני. האי מלאך אתקרי בששים רבוא שמהן דמלאכיא. הוא אתקרי חסדיא"ל בזמנא דעביד חסד עם עלמא. גבריא"ל בזמנא דעביד גבורה בעלמא סתוריא"ל בזמנא דסתיר בני עלמא בגדפוי מאלין מלאכי חבלה הה"ד ותחת כנפיו תחסה וגו'. ואתקרי חתמיא"ל בזמנא דחתים זכוון וחובין על בני עלמא. כתביא"ל בזמנא דכתב חובין וזכוון וכל מלאכא כפום שמיה אית ליה קרא באורייתא כתביא"ל על שם והמכתב מכתב אלקים הוא וגו'. זכריא"ל על שם זוכר ברית אבות ואית ליה קרא זכרנו לחיים ואתכפיא בזכור. שמריא"ל בשמור. חסדיא"ל בחסד. גבריא"ל בגבורה. צדקיא"ל בצדק. רפא"ל (בדפואה יתוא"ל) בתפארת. מלכיאל במלכות לית מלאך דלית ליה עקרא ויסודא בספירן. וכל ספירה אית לה שם ידיע והויה ידיעא וכל שמהן תמן אית לון עקרא ויסודא. והאי כללא נקוט בידך דכל מכנן דלעיל שמהן דלהון תליין בספירן ושמהתהון כל חד אית ליה קרא על שם שמא דיליה. וכל מלאכיא דסוסיהון סוסי אשא ומרכבותיהן אשא. וקשתותיהון אשא ורומחיהון אשא וכל מאני קרבא דלהון אשא יסודיהון בגבורה. ומלאכי חבלה דאינון אשא יסודא דלהון בגיהנם. ואית מלאכיא דאתמר בהון עושה מלאכיו רוחות יסודא דלהון בעמודא דאמצעיתא ואית מלאכיא דאינון ממיא דרקיעא דאתמר בהון והמים אשר מעל השמים מסטרא דימינא. כלהון עקרידהון לעילא ולית מלאכא דלא אשתכח ביה שם יקו"ק. דאשתכח בכל אתר כגוונא דנשמתא דאשתכחת בכל אבר ואבר ובג"ד אית לבר נש לאמלכא יקו"ק בכל ספירן ובכל כרסיין ובכל מלאכין ובכל אבר ואבר דבר נש דלית אתר פנוי מניה לא בעלאין ולא בתתאין. יקו"ק לא אתקרי ביחודא דארבע אתוון אלא בעלת העלות דמיחד לון. ובגין דאיהו מיחד *ארבע אתוון. ביה אתקריאו יקו"ק ביחודא חדא יי אחד ושמו אחד. ובגין דא שוי אמונה דישראל בארבע אתוון אלין. וכל

פי' לכל שליחותא דלהון רגפא וסעתא ומזל יד ע וס דיע וכל מלאכיא דסוסיהון סוסי אשא ומרכבות הם אשא וכו', אין לרס סוסים ומרכבות ממש אלא כך נדמה לעינ הרואין אותם ולשון מל נה הוא זר כדרך שאמרו שמדן

* צב ע"א

דְּאִימָּא עִלָּאָה. כַּלָּה מִסִּטְרָא דְּכ״ל כ״ל ה׳. אָחוֹת מִסִּטְרָא דְּעַמּוּדָא דְּאֶמְצָעִיתָא שְׁאֵר בְּשָׂרוֹ. מִסִּטְרָא דְּהַהוּא דְּאִתְּמַר בֵּיהּ בְּשַׁגָּם הוּא בָשָׂר מִסִּטְרָא דְּדַרְגֵּיהּ:

בְּרֵאשִׁית תר״י שב״א. וְאִינּוּן *תְּרֵין נְקוּדִין. תְּרֵי יְצִירוֹת. דְּאִתְּמַר בְּהוֹן וַיִּצֶר יי׳ אֱלֹהִים מִן הָאֲדָמָה כָּל חַיַּת הַשָּׂדֶה וְאֵת כָּל עוֹף הַשָּׁמַיִם וַיָּבֵא אֶל הָאָדָם לִרְאוֹת מַה יִּקְרָא לוֹ וְכוּ׳. ת״ח כַּמָּה נִשְׁמָתִין וְכַמָּה צִיּוּרִין צִיֵּיר קב״ה בִּדְיוֹקְנָא דְּמֶרְכָּבוֹת דִּלְעֵילָּא דְּאִינּוּן חֵיוֹת הַקֹּדֶשׁ. דְּיַרְתִּין בְּנֵי נָשָׁא נִשְׁמָתִין מִנַּיְיהוּ וְאַיְיתֵי קב״ה לְאָדָם בְּגַלְגּוּלָא עַל כֻּלְּהוּ. לִרְאוֹת מַה יִּקְרָא לוֹ. וְלָא אַשְׁכַּח עֵזֶר בְּהוֹן הה״ד וּלְאָדָם לֹא מָצָא עֵזֶר כְּנֶגְדּוֹ וְאִיהוּ קָרָא לוֹן לְכָל חַד שְׁמָהָן כְּפוּם חֵילָא דִּלְעֵילָּא דְּאִתְּמַר בְּהוֹן הַמּוֹצִיא בְמִסְפָּר צְבָאָם לְכֻלָּם בְּשֵׁם יִקְרָא. לְכָל חַיָּה וּמַלְאָךְ וְאוֹפָן קָרָא לוֹן בְּשֵׁם יָדוּעַ. לְכָל חַד עַל מִתְכּוּנָתוֹ בַּעֲבוֹדָתוֹ וּבְמִשְׁמַרְתּוֹ. ת״ח אָדָם הֲוָה יָדַע כָּל מַלְאָךְ וְאוֹפָן וְחַיָּה וְשָׂרָף. כָּל חַד דַּהֲוָה מְמַנָּא עַל שְׁלִיחוּתֵיהּ. וַהֲוָה יָדַע כָּל שְׁמָא דְּכָל חַד דַּהֲוָה כְּפוּם שְׁלִיחוּתֵיהּ וְהָכִי הֲוָה קָרֵי לֵיהּ. דְּהָכִי. אַשְׁכַּחְנָא בְּסֵפֶר רזיא״ל דְּאִתְיְהִיב לְאָדָם קַדְמָאָה. דְּמטטרו״ן קָרָא לֵיהּ קב״ה שְׁמָהָן סַגִּיאִין. לִזְמַנִּין אִתְקְרֵי מי״טטור (נ״א מי״טוד) בְּזִמְנָא דִּמְמַנָּא עַל מִטְרָא וְלִזְמַנִּין אִתְקְרֵי פתחו״ן סגרו״ן (אטימו״ן) (נ״א אטמון. אטמו״ן בְּזִמְנָא דְּאִיהוּ אוֹטֵם חוֹבִין דְּיִשְׂרָאֵל. סגרו״ן בְּזִמְנָא דְּסָגַר תַּרְעִין דִּצְלוֹתָא פתחו״ן בְּזִמְנָא דְּפָתַח תַּרְעָא דִּצְלוֹתָא פסקו״ן (נ״א פיסקו״ן) בְּזִמְנָא דְּפוֹסֵק הֲלָכוֹת דְּמַתְנִיתִין בִּמְתִיבְתָּא תַּתָּאָה וְהָכִי כָּל שְׁמָהָן כְּפוּם שְׁלִיחוּתֵיהּ וְהָכִי כָּל מַלְאָךְ אִשְׁתַּנֵּי שְׁמֵיהּ כְּפוּם שְׁלִיחוּתֵיהּ הה״ד לָמָּה זֶּה תִּשְׁאַל לִשְׁמִי וְהוּא פֶלִאי וּבְפוּם נִיסָא דְּעָבְדִין הָכִי אִיהוּ שְׁמֵיהּ וּלְכָל שְׁלִיחוּתָא וּשְׁלִיחוּתָא דִּלְהוֹן אִית רִגְעָא וְשַׁעֲתָא יְדִיעָא וּמַזָּ׳ יְדִיעַ וְיוֹם

וזהו אבד א בד דה נו כל אחד עומד ח ד סגרון בזמנא דסגר תרעו, דלאותא קשר רואה ממונה על הטובה זכה לה שער תפלה הוא להפך ועוד הוא לרקדים להזכיר שם פתחון קודם סגרון, וגם יתר שסותם שערי התפלה לאו על תפלות ישראל קאמר אלא על תפלות אויב ישראל ותפלות פושעי ישראל שהם רשעים גמורים ויתם פתחון בזמנא דפתח תרעא דצלותא קא על תפלות ישראל ולכל של שוחה ושל מוחא דלהון את רגעא ושעתא וכו׳ ג״ב לכן נקראים רמ״לכים בשם שרים כמ״ש קדושים שרים אחר טוגנים כי שרים ר״ת שמר רגע ושם יוזל

ידיע

איהו עקב ואיהו רש בעקב ודא רזא וידו אוחזת בעקב עשו. דאיהו רש בעקב בגלותא ובעולא דמלכותא דע' אומין דהוא לזנב ולא לראש) כמה רגרים אדם דשכינתא אתפרשא מקב"ה כמה דאת אמר ובפשעיכם שלחה אמכם ואשתאר קב"ה יחידאי בלא מטרוניתא הה"ד הצדיק אבד מאי אבד אבד למטרוניתא. ובגין דא לא טוב היות אדם לבדו. אעשה לו עזר כנגדו דא אחרא דלית איהי בת זוגיה מסטרא דעץ הדעת טוב ורע. באיסור והתר טומאה וטהרה כשר ופסול דם טהור ודם נדה. ובג"ד אוקמוהו זכה נעשה לו עזר לא זכה כנגדו. דאסתלק מניה אתתא דאיהי עץ החיים דאתמר בה עץ החיים היא למחזיקים בה ראה חיים עם אשה אשר אהבת. דעלה אתמר ולקח גם מעץ החיים ואכל וחי לעולם. דאיהו הוה חרות על הלוחות חירו ממלאך המות. חירו משעבוד מלכיות. חירו מכל מרעין בישין. מעניותא וטפשותא וצערא ודוחקא וכפנא. דעלה אתמר ארץ אשר לא במסכנות תאכל בה לחם וכו'. אסתלק מניה. ואתיהיב ליה אחרא מסטרא דסיהרא דאתמר בה עת ללדת ועת למות וכו'. דאיהי פלגו דילה חיים עותרא. ופלגו דילה מות עניותא. כגוונא דלבא דאתמר ביה לב חכם לימינו ולב כסיל לשמאלו. תרין בשותפו ובג"ד אם זכה עזר במלויא דסיהר'. ואם לא זכה כנגדו בחסרונא דסיהר. עריות מסטרא די"ק ע"ר י"ה תעור קשתך. עריות מסטרא דו"ה לא תכרין לגלות ע"ר ו"ה. ודא ליל"ת דא הי ערות אשה ובתה דאינון ה"ה. ערות כלתך דא י זעירא דאדם דאיהי כלה האמורה בשיר השירים ת"ח שכינתא תתאה אתקריאת בתה מסטרא

לא סוף מורעם ככו' בשער הכונות בדרוש רפור ס ועלייהו אתמר ותכלת וארגמן ותולעת שני וכו' כק ט חמשר מ כ ס והכ ח בכל מ, אות וא ו לרמוז כ רס כנגד חמשר גווכ, דשית ספ רן ואשתאר קב ר ח דא בלא מטרוכ תא פ רוש לתפארת שרוא סוד דשמא קד שא קר ליר קב ה וכאשר תולא כן בספר התקונ ס ובזוה ק בכמה מקומות ולמלכות קר לה בשם שכ נתא ובשם מטרונ תא והתחברות התפארת עם המלכות הוא ע"ה סוד שבו שנקרא לד ק ולז א רר"ד רלד ק אבד מא אבד אבד למטרוניתא פ רוש א ך תכן לכרש לשון אבד כפשוטו על כן אמר מאי אבד ומפרש אבד למטרוניתא כלומר אבד מענין דתתברותו עם המטרונ תא שה א המלכות ולכן נקיט קרא לשון אבד ה ינו א' בד כי א הוא אחד ובד לשון יחידות כמ ש רז ל בברכות (דף ב') חרב אל הבד ס חרב לשונא הס של ת"ח ש ושב, בד בבד ועוסק ס בתורה ודרונה שיושב ס ב ת דוח ואין מתחבר ס ב חד

דאימא

וכתוב אחר אומר ישת חשך סתרו והא אוקמוהו חבריא אוכמו נוקבא
לחוורו. ואורייתא מתמן איהי חוורו מלגאו אוכמו מלבר. ולעילא אבא
ואימא אמרו על עמודא דאמצעיתא ושכינתיה. נעשה אדם בצלמנו
כדמותנו. עמודא דאמצעיתא בחוורו ושכינתא באוכמו הה"ד שחורה
אני ונאוה. ותא חזי אימא עלאה הות אוכמא קדם ההוא נהורא דלגאו
מינה. אבל כד נחתא לתתא אתחזיית גוונהא בחמש ספירן דאינון ה'
ענפין דאילנא דרועא ימינא ושמאלא וגוף ותרין שוקין. צדיק נטיל כל
גוונין. הה"ד וראיתיה לזכור ברית עולם. וראיתיה בגוונין נהירין והכי
שכינתא תתאה אתחזיית בחמש גוונין מתתא לעילא ואלין גוונין דשית
ספירן ועלייהו אתמר והכלת וארגמן ותולעת שני *ושש ועזים. וכמה
דאתכלילן כל גוונין מעילא לתתא בצדיק הכי אתכלילן כל גוונין מתתא
לעילא בעמודא דאמצעיתא. תא חזי ארבע אנפין רברבין הוו באילנא
ואינון הוו תרין דרועין ותרין שוקין וכלהו בשיעורא דאת ו' עלאה
ובכל אמה ה' ענפין זערין דאינון זרת דאתמר ביה ושמים בזרת תכן
ואינון שעורא דה. ועל ה' ענפין הוה י' דאיהו כף היד. ודא איבא
דאילנא וכמה שרטוטין מרקמן בכף דיד דאינון גוונין שפירין דאיבא.
דבהון אתפתחת שושנה דאתעבידת מינה איבא. ואינון כפתור ופרח
לששה הקנים היוצאים מן המנורה. ואלין תלת גרמין בדרועא ימינא
ותלת בדרועא שמאלא. מנרתא גופא דאמצעיתא. ברי בכל אלין
תמונין ברא לאדם ובת זוגיה (ואי) ואיהו עבד פירודא לעילא בין קב"ה
ושכינתיה. דגרים לסלקא שכינתיה מקב"ה. הכי קב"ה סליק מניה
בת זוגיה ואסתלק קב"ה מניה דבאתר דלא שריא שכינתא תמן.
קב"ה לא שריא תמן ומנא לן דאסתליק בת זוגיה מניה כד"א ויאמר
יי' אלקים לא טוב היות האדם לבדו. ודא גרים ליעקב דאתמר ביה
ויותר יעקב לבדו. ובההוא זמנא נצח ליה סמ"א ויגע בכף ירכו. באן
אתר פרח בגיד הנשה. דפרח י' מגיד דנשה דאיהי י' דיעקב ואשתאר

רקרוב ס לו לב, חורו העקרי הה"ד ורת ס ה לזכר ברית עולם פרוש דר ש רת תי ה רס חמש כהור ן
דחמש ספירן שפרש למ ל תזה לזכר ברית עולם הוא ר סוד שהוא בסוד זכר ובסוד בר מ בסוד הכתוב וזכרם
איהו

* צא ע"א

טוב עם רָע ואם לָא מות תָמות. אתמַר הָבָא מות תָמות ואתמר בְשַבת מחַלליהָ מות יוּמָת. ואדָם. וַדאי אתעֲביד בדיוקנָא דלעילָא. וְעָבַד תַמָן פרודא ואתפַריש מתַמָן א״ל רבי אלעָזָר אַבָא איך אתעֲביד בדיוקנָא דלעילָא. דהָא שמַעְנָא כמָה דעָות תַמָן. אָמַר ליה בְרי כַד אתעֲביד. כֻלהו ספירן אתכלילו בדיוקנָא דנשמָתֵיה. ונשמָתיה הֲוָה מרכָבָה יון כגַוונָא דנשמתיה דעלה אתמַר ויברָא אלקים את הָאָדָם בצַלמו. כגַוונא דעֶשֶר סַפירות בלימָה וכלהו גוָונין דנשמָתין הֲוו נַהֲרין בנשמתיה וַהֲוו נהירין עַל אַנפוי. ומניה הֲוו מזדעזעין עִלָאין ותַתָאין וַהֲוו סגדין ליה בגין אלין נהורין דַהֲוו נהירין ביה. כגַוונא דאָדָם דלעילָא דַהֲוו סַגדין ליה הָכי הֲוו סגדין לאדם דלתַתָא עַד דַהֲוָה אָמַר איהו בואו נשתַחֲוֶה ונכרָעָה נברכָה לפני יְיָ עושנו. ובההוא זמנָא הֲוָה איהו שַליט עַל כָל הַמוני עילָא ותַתָא. גוָון אוכָם דעֵינָא ושַערוי אוכמין וכָל גוָונין שַפירן אתיַהיבָן ביה מסטרָא דאימָא. חוורו דעֵינָא וחוורו דאנפין וחוורו דמוחָא וחוורו דגַרמין אתיַהיבַת ביה מסטרָא דאַבא. דהָכי אוכמו מארי מתניתין דלובָן שבעין ומוחָא ועַצמות אתיַהיבו מאבא. ואוכמו דעינא, שַערא אתיהיבו מאימָא וחוורו ואוכמו הַרַייהו אשתַכחו מכתרָא עִלָאָה אוכמו מלבַר וחוורו מלגַו. וַעֲלֵיה אתמַר ועַתה לא רָאו אור בָהיר הוא בשחָקים

אמר ביה ומעץ הדעת טוב ורע לא תאכל ממנו. פירוש יש לה ב׳ סוד הקדוש שרומז אל ו״ק ד׳ דאצילות י״ת ערוה וקליפה ופירוד ולכן נקרא ר׳ סוד דקדוש עץ החיים ואכל ממנו בסוד זווג וחי לעולם בכל בחי׳ ובחי׳ ובכל הפרצופים אבל לאחר באדם דאצילות נקרא ר״ר עץ הדעת טוב ורע שיש בו זווג כי בר מר מסטרא דת״ס ו״ש בו זווגים אסורים מסטרא דמות ורוח הן דמות ולכן נקרא טוב ורע על כן דעת הוא מספר ת״ס ומספר תו של מות בסוד ותקח ותאכל ותרא. עד דהוה אמר איהו באו נשתחוה ונכרעה נברכה לפני ה׳ עושנו פירוש נשתחוה כנגד עולם האצילות נכרעה כנגד עולם הבריאה נברכה כנגד עולם היצירה לפני ה׳ עושנו כנגד קודשא שבעולם העשיה לכך אמר עושנו ולא אמר בוראנו או יוצרנו וכו׳ נשתחוה וכו׳ כון על כלומר אתי לרם כל אחד מכם צריך שיהיה נכון על מה אל [illegible] בדעתכם להשתחוות ל[illegible] קרא. ועליה אתמר ועתה לא ראו אור בהיר הוא בשחקים פירוש ק׳ ש׳ שחקים תחלק באות כ״ף בג כ״ק וגילה שחקים הוא השכים כי אור דכתר לרוב זכותו וגודל עלמותו לא כו״ם דפרצופים דקרובים אלו לסבול יתאחרו ולכן עשר האצי״ל דעל זין אור חשוך סב בו ז״ר נפתח כזר אור ראשון אשר רוא לגבי אור הכתר נחשב חושך ויתם לא ראו באור דכתר ולז״א בהיר רוא בשחקים אל חק׳ בשחקים אלא בחשכים וכח״ב שת חשך סתרו פירוש וד דרומז לכתר הוא ספר עם כ״ת יתחלק לע״ל ומוד וד בתלוהר עשרים ואות עשרים עולה מספר כתר ולז״א וד הכתר שת חשך סתרו נסתר אורו באור חשך שנחשב חשך לגבי ד״ר כד ש פסוק ב׳ ובהיב

(לית לך לידמה ליוצרך דתימא הכי דלעילא) אית יחודא באח ואחות ובבן ובבת ובאם עם בן. א"כ לית לך לידמה ליוצרך. דאנת הוית גרים דלא תהא בדיוקנא דיליה לעילא בד"א כי עונותיכם היו מבדילים ביניכם לבין אלהיכם ות"ח בשעתא דבעא קב"ה למברי אדם הכי הוה בעי למעבד ליה כגוונא דדיוקנא דיליה בלא ערוה ובלא פריץ ופירוד כד"א נעשה אדם בצלמנו כדמותנו. למהוי כל ספירן כלילן ביה בלא פרוד וקצוץ. ולאתיחדא בן עם בת דאינון אחים דעלייהו אתמר אחים תאומים. הה"ד ויהיו תואמים מלמטה ויחדיו יהיו תמים על ראשו. כאן אתר אל הטבעת דא טבעת דאות ברית מילה דאיהו שיעור לכל ערין לתתא ושיעור דיחודא לעילא. ולעילא אתמר ביה ולקח גם מעץ החיים ואכל וחי לעולם. אבל לתתא אתמר ביה ומעץ הדעת טוב ורע לא תאכל ממנו. לא תערב ביחודא

הרכבה מ׳ פ׳ מ״ס שביאר אותם ר״ו הא׳ ז״ל כבעה״ס נגלים בהרכבה חיזוק כפי״ז ומ״מ לא יעלה כלומר בעולם יתלבש הספירות שבשם א׳, פועל ר״ע ופ׳ ס׳ מ׳ ע׳ ושם לא׳ ש׳ הפרש בין מ׳ רמוז שבת ו״ע ווזוג תדיר הוא בגדלות וע״ז גם בכח חו״ת וזו״ן יתלבש רשב״י מ׳ קרא אלו ובשם אלות ומר שזג ע׳ פנים ע׳ עונות ות קון ע״ז יתמות וגם ש׳ הפרש ב׳, ת׳ השוי׳ ית שבת ו״ע כל׳ זו״ר יוה בהתלבש ה׳ בשות ה׳ קרא אלו כו בשם בר״ה **איתא** תודה דאח ואחות פירוש אח ואחות הם או״א ובבן ובת הם זו״ן, שהם בן ובת לאח ואחות ובאם ובן הוא זווג ז״א עם ילה״פ לאה ה״א בתכת תיכות דא״א כ׳ ודע יסוד אות ות שם לאה וע׳, בעקן ת״ס שער יעקב ולאה **הה״ד** ויהיו תאומים מלמטה ויחדו יהיו תמים על ראשו כאן, אתר אל הטבעת פירוש ע״פ מ״ש רב״ו ז״ל בשער רוה״ק ש״ש ללם יש שם הו״ה יתפשט בכ׳ מ׳ ות האדם ואות ה׳ א׳ אחרונה שבשם ה״א בעטרה ו״ש בכ׳ עוד לים יש שם אלהים יתפשט בתליו ות האדם ואות ם של שם אלהים ר״א בעטרה ולז״א והיו תאומים קרי בה אות ת״ם זה אות ם דשם אלהים של ללם שתילוג ות מלמטה הוא אות ר״א של שם הוי״ה דלים רפנימים כ׳ ש׳ פת ת תת ע דלמטה ו׳ עשירה אות ר׳ ת רד לרמוז על אות ה׳ ה׳ ז׳ ויחדיו אות מ״ם ואות ה״א הוא תמים על ראשו ראש ואו כ׳ הי״ד דונתא ד׳ ואלו הם תו״ם בראש הי״ד ופירש כאן, אתר אל הטבעת וכו׳ **דא** טבעת דאות ברית מילה דא הוא שעור לכל ערין לתתא ושעור תודה לעילא פירוש כ׳ העטרה ה״א בשר שבראש הג״ד וכתב ש״ס ז״ל בביאות (דף ה׳ ע״ב) עטרה יראש הג״ד ר״א ואתכה מן הג״ד היא בשר ע״ש ו״ש בתחתית העטרה חוט ולא ותקף כתו גרעת סבב העטרה ולזר התוס קורא אותו כאן, טבעת ושעור העטרה הוא עד טבעת זו ואתא בתורה (בגיות דף ה׳) אי׳ ותן הערלה זו הכבת עטרה גיד ב׳ אי׳ הוא בא״ה ממש ע״ש ולז״א שעור הטבעת שהוא סוף העטרה הוא שעור איסור ב׳ את הערות לתתא בתחתונים ות״ש שהוא שעור תורה לעילא רנו ע״פ מ״ש רב״ו ז״ל בשער הפסוקים בסוד אפרים בן יוסף כ׳ יוסף הוא הסוד ורוע שב סוד יש ב׳ בח׳ ות שהם ר׳ סוד ועטרה שבראש ה׳ קראת ראש לדק בסוד ברכות לראש לדיק ועטרה זו ה״א בת נת המלכות של ז״א עליו הדבוקה תח׳ ד׳ ב׳ סוד ואפרים הוא הארת הגבורות ש׳ ולאות דרך הדפנות לד׳ עטרת ה׳ סוד ע״ש ולז״א כאן, על הטבעת הא׳ שה״א שעור תודה לעילא כלומר שם רוא שעור הפשטת הזווג של יסוד העליון בסוד אפרים בן, וסוף ה׳ ז׳ וכן, יתתא בתחתונים הטבעת הה״א שיעור איסור בה״ר של ערוה כ׳ כיון שהכנים העטרה שה״א עד הטבעת נתח״ב בזו״ר **ולעילא** אתמר בה ולקח גם מעץ, רח״ם ואכל וחי לעולם אבל לתתא

טוב

לון קדם יי'. ובגין דא אתסריאו עריות. ודא איהו רזא וסוד אחר אל תגל. דדא גרים גלות ואתגלי בין עממיא. מאן דגלי עריתיה תמן. הכי איהו אתגלי בין ערין דאינון אלהים אחרים. ומאן דמכסי עלייהו הכי איהו אתכסי ביניהו ובגין דא ולא יגלה כנף אביו דא שכינתא דגלת בין עממיא בגין חובא דא כד"א ובפשעיכם שלחה אמכם. וד' זמנין גלת שכינתא בגלותא בגין דאעילו ערוה בין ד' אתוון. ואע"ג דאתמר כל אלין ערין בספירן ובשמא דיקו"ק. לאו באתריה דלעילא. אלא כד שכינתא גלת כל ספירן נחתו עמה. ולית פרודא בה ובגין עשר ספירן וכד נחתו אתלבשו בשית יומי דחול שית ענפין. חסד ביומא קדמאה גבורה ביומא תניינא. עמודא דאמצעיתא ביומא תליתאה. תלת ספירן תניינין בתלת יומין אחרנין דאינון רביעאה חמישאה ושתיתאה ועשר אמירן דא י' אבא. חמש אור דא ה' אימא. שית זמנין טוב ו' דאית בשית יומי דחול ה' דהששי ה דיקו"ק רא"ש דבראשית דא כתר רישא דכל רישין ואמאי אית פרודא בגין דלית צדיק אות ברית תמן ורזא דמלה אין אדם צדיק בארץ דאיהו אות ברית תמן. ובשבת דאיהו יומא שביעאה תמן קריבו ויחודא דשמא דיקיק וכל ספירן ובגין דא תלמיד חכמים זווגייהו מלילי שבת לליל שבת האי ערין אינון ודאי לתתא. אבל לעילא *אתמר לא יגורך רע. וצדיק דקריב לאתתיה בזמן דחולא ההוא בן דעביד עליה אתמר צדיק ורע לו. דגרים דאתעביד קודש חול דאיהו יום השביעי. ובההוא זמנא איהו רזא דצדיק ורע לו רשע וטוב לו. אבל לעילא לית ערוה ומצוץ ופרוד ופרוץ ובגין דא לעילא

לו כתר לבית ועיין בטעם הרבעה שנכנסו לפרדס במה שנרמז קליפ' בסוד ס"ז"ס אלא ס' דרוש כלאו וכן זה כיולא בזה ולא גלה כנף אביו דא שכינתא פירוש ה"א סוד הא אחרונה דשתא קדישא ואות ראשון וכן אות אחרון נקרא ס כנף ובשבת דאיהו ויתא שב מלה תמן קריבו ויחודא דשמא דהוי"ה וכל ספירן פירוש דעשר ספירות כולם ליחודים בשם הוי"ה ויחוד דשם הוי"ה בתלותו ותלוי תלותו ש כי כח אותות וגרמו בשבת שהוא ום השב עי וכל מספר שבעה נחשב בתספר הקדמי כ"ח כוח אבגד הוז ובזה פירשת כם ד ריתו הכתוב וזכרת את ה' אלהיך כי הוא הנותן לך כח לעשות חיל כח זה השבת שהוא ום שב ע שנספרו כח לעשות בו חיל מן תלות הרכ"ס הקבועם בו ובההוא זמנא איהו רזא דצדיק ורע לו רשע וטוב לו פירוש כ תנו לבנו הנולד לו מזווג דחול נפש רשע מגולגלת ולכן הצדיק רע לו מריי שבא לבנו נפש רשע אך הרשע הזאת עלמו שנתגלגל בבן הצדיק טוב לו בודאי אבל לעילא לית ערוה וקיון ופירוד ופירון נקט הרבעה דבר ס כ ד

לית

* צ ע"ב

דדכר ונוקבא אלא בצדיק. דיחודא דתרוייהו לאו איהו בכל אברין דלהון אלא בברית מילה. בשאר אברים קורבא דאחוה אית תמן ולאו דיחודא. ודא איהו רזא דאילנא דענפוי מתפרשין לעילא בכל סטרא ורזא דכלה ותשב באיתן קשתו ויפוזו זרועי ידיו אבל לתתא כלהו אגודה אחת יחודא חדא ובגין דא לתתא בצדיק צריך לקרבא אתוון דיקו"ק עם שכינתיה דאיהי קורבא דילה קרבן ליי"קוק. והכי שכינתא עלאה חכמה צריך לקרבא לון בצדיק. וכל ענפין תמן מתיחדין ומתקטרין ומשלבין ומקבלין דא מן דא וכלא על ידא דצדיק. ובלא צדיק לית קורבא דיחודא אלא אחוה. ובגין דא חסד תמן אתקרי ו' אח וה אחות. מסטרא דימינא. ובהאי אתר אתמר ואי"ש אשר יקח את אחותו בת אביו או בת אמו וגומר חסד הוא. ועם כל דא דחסד הוא ונכרתו לעיני בני עמם. מאן דמחבר אתוון באתר דפרודא כאלו אפריש בינייהו. ובגין דא ונכרתו. מדה לקבל מדה. והכי י"ס בימינא אינון באחוה. ולית יחודא אלא ע"י דצדיק ובג"ד בהאי אתר לא תקרבו לגלות ערוה. והכי בשוקא ימינא ושמאלא תמן אלקים אחרים ולא צריך לקרבא תמן אתוון בזמנא דאלקים אחרים תמן דאינון מסטרא דע"ז. ורזא דמלה ויקריבו לפני יי' אש זרה. וכל אינון עריין אינון סמא"ל ונחש דתבעין למעבד דינין ומגלין

שנקרא צדיק ולא ביחוד זה תראה כאלו הם תרי גופי. עכ"ז דבר באחת אין בו כ"כ פירודא אלא הם נחשבים גוף אחד ועלם אח' יאחר דרם נכללים זה בזה ודומה לזר אבר ו של אדם שאתה רואה הם חלוקים זמ"ז ע"כ ם לחוד אז, ם יחוד אבל יחוד ד"ס יחוד אבל באמת הם גוף אחד ונכללין ברוחם זב"ז וכן הענין כאן וכו' ין דליכא כ יחודא כ"ן דפרצופין אן, שם אסור ערוה בקורבה **דיחודא** דתרוו רו לאו איהו בכל אברין דלהון אלא בברית מילה בשאר אברים קורבא דאחוה אית תמן ולאו דיחודא פירוש הפרצופין דזו"ן הם מלבשים זא"ז ודרי כן כיתלבשות זו לא קירבא בלבד כשאר אברים דכרצוף אבל רק בברית דה נו ר סוד אחוה אחוה פירוש זוו יתמם שבוק, יהוד מ"ד בסוד כינוף דמלכות **מאן** דיתחבר אתוון באתר דכ רודא כאלו אפריש ב"כ יו רבונה ע"כ י"ס דיאקוק"ם ז"ל ביאתם כל מ שחנו ודע בשוב גם, וקדושין לא דאו עסק בר, ר"ל נרך למשות דיקל"ר ג"ע, דר ו י"ס דיקו"ק ואח"כ קדוש, דישכת אורות בכרצוף, דקדושה כד שלא האחוו דקל פות בה קן, וב יחוד זר שעוסר לרנות ממנו וכן כאן קחמר מאן דיתחבר אתוון לעשותם יחודם בשמות הקודש לרמש ך דייית ושבע לעליוות באתר דפרודא קודם שעשר בכונתו גרוש ן לא נוגם שהם אתר דפרודא כאלו אפרש ב"כ רו ב לבשר ש האחוו דא נוגם ב יחודם שעשר לרנות ין, דשבע שנמשך על ד"ס וכאשר אנחנו נזהרם בהכ יה שחר ז יומר קד"ש כ"ן כל שולם ושולם כד לדחות דקל פות של"א תאחזו והוא בתקון התפלה **ובגין** דא וכיהו ידר לקבל ידר פ יום יוה נשתתם בכתר קדושה דעל ו"ה שגרם ש תאחזו דקל פות ויהנו ממנו נרפך

ואיהו בפירודא לעילא הענפין מתפרדין לימינא ושמאלא. ובגין דא נפרצו עליו פסול נפרדו עליו כשד. והאי פרץ איהו פרוץ בערוה. דאיהו בין ענפא וענפא. ובגין דא אתמר תמן לא תקרבו לגלות ערוה. לאו צריך לקרבא אתוון דאינון יקו"ק באתר *דערוה. ורזא דערוה אתרמיז בתרין (נ"א בהדי) אתוון ע"ר ו"ה. ע"ר ר"ע בעיני יי'. ואלין ענפין (נ"א לא) אתפרשו דיהא ערוה בינייהו לאו איהו אלא בר מאתריה דקב"ה דאיהו אדני הה"ד לא יגורך רע. דבספירן תשכח אב ואם. וכן כחדא בבינ"ה ב"ן י"ה. ולית תמן ערוה ותשכח לון לתתא אח ואחות תרוייהו ביחודא אח איהו עמודא דאמצעיתא. ד' אחות דיליה. ותרוייהו אינון חד בלא פירודא.

אף על גב דצדיק איהו יחודא דכלהו:

אדהכי הא אליהו קא אזדמן ליה לר"ש וא"ל ר' ר' שעורא דעריין הכי הוא ודאי. בכל ספירן לית יחודא חד בחברתה כגוונא

בעליהו ובקטטה אתגלא בה עריתא פירוש עלבון וקטטה הם סימן של דלות ולכן נוסף מספר ד' דרומז לדלות ועניות על זרע ו"ה מספר ערוה או עלב קטטה מספר רפ"ר כמנין ערור עם כולל האותיות וז"ש הדלת תסב על צירה זה הזרע שנוסף בו מספר ד' והוא עלל זו הסוטה תחרה על מטתו ולא בשבת אשת חיל צופיה הליכות ביתה ולחם עצלות לא תאכל א"ש ואשה שזכו שם י"ה בנ"הם צופיה גוף י"ה סתר הליכות ב' חס שמאירים אל ה' ולחם עצלות רמז לתשמיש שאינו רצון לא תאכל ורזא דערוה אתרמיז בתרין אתוון ע"ר ו"ר פירוש אע"ג דאב ואם הם עקרים בעריות לא נרמז בהם ערוה אלא ענין אח ואחות שהם סוד ו"ה כי כן אותיות ערוה הם ער ו"ה שלא נאמר ער"ה אלא ערוה ומזר ופירש אמאי אתרמיז באותיות ער ואמר משום כי ער הוא אותיות רע דכתיב רע בעיני ה' ואלין ענפין אתפרשו דיהא ערוה בניירו לאו איהו אלא בר מאתריה דקב"ה דא הוא אדני וכו' פירוש אין דין ערוה נוהג אלא דוקא בר מאתריה דקב"ה כלומר בארץ התחתונה דוקא שאתי חם לשם אדני אבל למעלה באתר דאקרי שמים שתחייתם לשם הוי"ה שהוא אתריה דקב"ה אין דין ערוה נוהג שם כי בספירן תשכח אב ואם וכן כחדא דלפעמים עולה הבן שהוא פרצוף התפארת ונכלל באביו שהוא פרצוף חכמה ואע"ג דפרצוף חכמה שהוא אב מודווג עם פרצוף הבינה שהיא אם ובאותו זווג פרצוף המלכות שהוא בת הוא נכלל בפרצוף הבינה שמזדווג עם האב שהוא חכמה שהוא אב למלכות ועל כן פרצוף התפארת שהוא אח מזדווג עם פרצוף המלכות שהוא אחות ד' ליה ולו"א לית תמן ערוה ותשכח לון לתתא אח ואחות תרווייהו ביחודא אח הוא פרצוף התפארת שה"ס וא"ו דשמא קדישא וה"א ר"ל המלכות אחות דיל"ה דבספירן תשכח אב ואם וכן כחדא פירוש בספירן הוא מחגב"ד ספירות ומ"ש ותשכח לון לתתא קאי על מחלב הגשמות שגם בו יש כל הפרצופין אשר במחלב הספירות וכנז' בשער קדושה למהרח"ו ז"ל והוא לתתא ממחלב הספירות ותרווייהו אינון חד בלא פרודא אע"ג דצדיק איהו יחודא בכלהו פירוש אף למעלה דוגמא להרחקה של ערות ש"ש למטה בתחתונים שהוא ארץ משום דלמעלה תרווייהו שהם עמודא דאמצעיתא שהוא תפארת ואחות ד"ל ה' שהיא המלכות אינון חד בלא פרודא כלומר אינן נחשבים תרי גופי אלא נחשבים גוף אחד ועצם אחד שנכללין זה בזה אע"ג דמלך אחד תרהה דנחשבים לשנים מצד ההשפעה שהתפארת משפיע והמלכות נשפעת ממנו דוגמת דזווג דאנחנו רואין דהצדיק שהוא היסוד איהו יחודא דכולהו דר"ל דכל הפרצופים שהם קרובים זע"ז הם מודווגים תמיד ע"י ה' סוד

ז. וְדָא רָזָא דִסְלִיקוּ לְמַטָּה תרין וְנַחְתּוּ שבעה. תְּרֵין טִפִּין אִינּוּן לִזְמָנִין צֵר״י ול׳ מנין שְׁבָ״א. תְּלַת לִזְמָנִין אִינּוּן סְגוֹ״ל. ולזמנין שוּרֶ״ק. לִזְמָנִין שֵׁבַע כְּגַוְונָא דָא ז׳ מן זֶרַע ותלת טפין צריכין נטירו מן כָּבֵ״ד טְחוֹל מָרָ״ה דאִתְּמַר בהון ויצו יְיָ אֱלֹקִים עַל הָאָדָם. ואוקמוהו לית צו אֶלָּא ע״ז וְדָא כָּבֵד דְאִתְּמַר בָּהּ. כָּל הַכּוֹעֵס כאילו עוֹבֵד ע״ז. וּבְגִין דָא לָא צָרִיךְ לְאַרְקָא טפין אֶלָּא ברחימו ולָא בכַעֲסָא ובקטטה. וְכַד זָרִיק בַּר נַשׁ אִלֵּין תְּלַת טפין ברחימו אתקריאו סֶגוֹלְתָ״א. וְרָזָא דמִלָּה זַרְקָ״א מַקַּ״ף שׁוֹפָ״ר הוֹלֵךְ סֶגוֹלְתָ״א. עַל הָאָדָם. דָא שְׁפִיכוּת דָמִים. הה״ד בָּאָדָם דָמוֹ יִשָּׁפֵךְ דָא אִתְעֲרוּתָא דטִפָּה דנוּקְבָא דאיהי מְלִיחָה סוּמָקָא. ואי איהי סֶגוֹל נְקוּדָה לְתַתָּא איהי נוּקְבָא. נקודה דלעֵילָא דכַר. וְכַד זָרִיק לָהּ בְּמָרָ״ה דאיהי גֵיהִנָּם קְטִילַת (לה). לאמר דָא גלוּי עֲרָיוֹת ודא טחו״ל. מַאן דזָרִיק טִפָּה באתתיה בַּעֲצִיבוּ ובקטטה אִתְגַלִּיאַת בֵּיהּ עֶרְיָיתָא. ובגין דָא עֶרְוַת אָבִיךָ וערות אִמְּךָ לא תְגַלֵּה איהי טחול לילי״ת. מָרָה אוכמא. עֶרְוָה (דכלא) (נ״א דכלה) אָמַר ר׳ אֶלְעָזָר אַבָּא שיעורא דַעֲרָיוֹת אינון בַּאֲתַר יְדִיעַ אוֹ לָא. א״ל ברי יקו״ק איהו. י׳ אָב. ה׳ אם ו׳ בֵן. ה׳ בַּת. ה״ה אינון אשה ובתה כַּלָּה וַחֲמוֹתָהּ כְּפוּם עַנְפִין דאילנא הָכִי אתקריאו ענפין דאילנא מתפרשין לעֵילָא באילנא כמה דאוקמוהו ופניהם וכנפיהם פרודות מלמעלה וַעֲלֵיהֶן אִתְּמַר וְלֹא יְגַלֶּה כְּנַף אָבִיו. ואינון מתיחדין לְתַתָּא כגון לוּלָב דאיהו אֲגוּדָה חֲדָא לְתַתָּא בכל אלין מינין דהֲדַס וַעֲרָבָה דאינון תְּלַת הֲדַסִים ותרין עֲרָבוֹת

עולם בפ״ע אבל אם יהיו השלש נקודות זה תחת זה יהיה מהם נקבה שה״א דין והקבוץ הוא נקודת היסוד שהוא דין כי הוא שמאלא ומ״ש כאן לזמנין ת׳ טן סגול ולזמנין אגון שורק הנה לנקוד דקבוץ קורא אותו שורק וכמ״ש לעיל בכמה מקומות **ותלת** טפין לר כין נטירו מן, טחול כבד מרה שהם שלשה קליפות ואותיות סג ות שלרם הם חרב ועל זה אמר וחרב לא תעבור בארצכם וס״ת דלה שדלה אותם וס לקס מן תלת טפין **וכד** זריק בר נש אלין תלת טפין ברחימו אתקריאו סגולתא פירוש הסגול הוא נקודת החסד שנקרא אהבה ותרגום אהבה רחימו ולז״א אם תן איש את כל הון ביתו באהבה או בז יבוזו לו אות ב׳ שמות ואות ז׳ רמז לספירת החסד שהוא ספירה ז׳ מתחת לעילא וזה בזיין, שהוא החסד שם הסגול יבוזו לו מלמעלה **ורזא** דמלה זרקא מקף שופר הולך סגולתא הכונה כי תלת טפין הגדולים שמהם יהיה העיבור הם כנגד ג׳ קוין של ג׳ ספירות חג״ת כמ״ש לעיל ודוק כ אותיות משה הם כנגד שלשה ספירות חג״ת כמ״ש רבינו האר״י ז״ל בספר הפסוקים בפרשת שמות בסוד הפסוק ותקרא את שמו משה ע״ש ור״ת מקף שופר הולך הוא משה שהם חג״ת ח״ש זרקא ר״ל זורק ג׳ טפין שהם כנגד חג״ת הרמוזים בר״ת מקף שופר הולך דאתקריאו סגולתא **מאן** דזריק טיפה באתתיה

ואידו

יעֲקֹב שַׁ"ם הַדּוֹרֵ"שׁ. יְיָ אֱלֹקִים נָתַן לִי לְשׁוֹן לִמּוּדִים לָדַעַת לָעוּת אֶת יָעֵף דָּבָר וְדָא יַעֲקֹב יְדִיעַת קוּדְשָׁא בְּרִיךְ הוּא בִּשְׁכִינְתֵּיהּ בְּהַאי נְקוּדָא יִתְהַלֵּל הַמִּתְהַלֵּל הַשְׂכֵּל וְיָדוֹעַ וְדָא יַעֲקֹב כָּל אִלֵּין נְקוּדִין צָרִיךְ לְנַקְּדָא לוֹן מִקְרָאִין דְּאוֹרַיְיתָא כְּמָה דְּאִינּוּן כְּתִיבִין בְּאוֹרַח קְשׁוֹט וְכָל הֲוָיָה אִית לָהּ מְשַׁמְּשָׁא דְּרָכִיב עֲלֵיהּ. וְאִיהוּ מֶרְכָּבָה לֵיהּ וְהַהִיא הֲוָיָה אִית לָהּ מַנְהִיגָא דְּשַׁלִּיט עֲלֵיהּ כְּגוֹן דְּכוּרָא עַל נוּקְבָא. וְלֵית רְשׁוּ לְנוּקְבָא וְלָא לִשְׁלוּחָא דִּילָהּ לְמֶעְבַּד מִדַּעַם בְּלָא רְשׁוּת בַּעֲלָהּ דְּהָכֵי מָאן דִּמְקַבֵּל *אִיהִי נוּקְבָא מֵאֲתַר דְּאִיהוּ מְקַבֵּל. וְרָזָא דְמִלָּה כִּי גָבֹהַּ מֵעַל גָּבֹהַּ שֹׁמֵר. וּכְגַוְונָא דָא שְׁלִיחָא לְעֵילָּא מטטרו"ן. וְכַמָּה מִמַּנָן דִּתְחוֹת יְדֵיהּ דְּאִנּוּן שְׁלִיחָן דִּשְׁכִינְתָּא וּשְׁכִינְתָּא אִיהִי נוּקְבָא לֵית לָהּ רְשׁוּ לְאַעֲלָא וּלְמֵיזַל לְשׁוּם אֲתַר בְּלָא רְשׁוּ בַּעֲלָהּ. וְרָזָא דְמִלָּה וְיִקְחוּ לִי תְרוּמָה אִם אַתּוּן בְּעִיתּוּן דְּשָׁרְיָא שְׁכִינְתִּי בֵּינֵיכוֹן. וְיִקְחוּ לִי נְסִיבוּ מִנִּי רְשׁוּ בְּקַדְמִיתָא לְאִתְגַּלְיָא:

תקונא חמשין ושתא

בְּרֵאשִׁית בָּרָא אֱלֹקִים. אֱלֹקִים הָא אוּקְמוּהָ תַּמָּן דְּהֵיכוּ. מִסִּטְרָא דְּאָת ה' (נ"א ה"י) דְּאִיהִי לִשְׂמָאלָא. דְּאַעֲ"ג דְּאָת י' אִיהוּ רַחֲמֵי. בַּאֲתַר דְּשַׁלְטָא ה עֲלָהּ. נוּקְבָא אִתְקְרִיאַת כְּגַוְונָא דָא ק"י. וְרָזָא דָא אִתְגַּלְיָיא (בְּיה סא ואו קא) (נ"א יו"ד ה"י וא"ו ה"י) ס"א ביוד קא ואו קא) דְּלֵית בְּרִיָּה בְּלָא דְכַר וְנוּקְבָא דִּתְרֵין שׁוּתָפִין אִינּוּן בְּבְרָא וּבְרַתָּא אַבָּא וְאִמָּא. חַד יָהִיב טִפָּה דְכוּרָא. וְחַד נוּקְבָא. וְכַד שַׁלִּיט דְּכוּרָא עַל נוּקְבָא אִיהוּ דְכַר. וְכַד שַׁלִּיט נוּקְבָא עַל דְּכוּרָא אִיהוּ נוּקְבָא וְהָא אוּקְמוּהוּ בְּרָזָא דְאִשָּׁה כִּי תַזְרִיעַ וְיָלְדָה זָכָר וְרָזָא עִלָּאָה הָכָא. לִזְמַנִּין אִזְדְּרִיקוּ תְּרֵין טִפִּין לִזְמַנִּין תְּלַת לִזְמַנִּין אַרְבַּע לִזְמַנִּין ה' לִזְמַנִּין ו' לִזְמַנִּין

יכוין כי הדרשן שיליה בדרשתו ולכן נקרא שם הדורש וי"א שם זה הוא שם השפעת הקלמוס ומשתמשים בו הדרשנים למהר מלאכת הכתיבה: לזמנין אזדריקו תרין טפין לזמנין תלת וכו' פירוש זרע האיש ברחם האשה לפעמים יתחלק לשני טפין בזא"ז ולזמנין תלת טפין בזא"ז עד שבעה רמז לדבר אם יתן איש את כל הון ביתו באהבה בשעת הזווג שמזדווג עם ביתו זו אשתו בוז יבוזו לו ב"ז שנים ושבעה כ' מר משרים ועד שבעה יהיו נזרקין טיפות הזרע שלו ואין הולד נוצר מן הזרע אא"כ היו נזרק, שלש טיפין אבל בשתים בלבד לא תתעבר האשה מהם ואלו השלש יהיה מהם עיבור הם גדולים אבל מה יהיה יותר מג' אז הם קטנים הנקראים נפולי הזרע ואין נעשה מהם העבור גם אלו השלש טפין גדולים אם יהיו נזרקין ברחם האשה דוגמת הסגול יהיה מהם ולד זכר שהוא תולד החסד והסגו"ל הוא נקודת החסד רמז לדבר עולם חסד יבנה כי האדם נקרא

ד

* סט ע"ב

תלת אצבעין מתיחדין בקולמוס לכתיבה. ועליה אמר בן זומא. אין בין מים העליונים למים התחתונים אלא כשלש אצבעות. ותרין אצבען אינון דסמכין לון ואינון בתרי גלימי דסחיפי אהדדי. רזיא"ל איהו אוריאל. ועליה אתמר וזה זכרי עם ו"ה רמ"ח ודא רזיא"ל. שמי עם י"ה שס"ה. ש' מועא"ל מטטרו"ן י' הוא"ל ד"ת שמי חסדיאל מסטרא דחסד. גבריא"ל מסטרא דגבורה. אוריא"ל מסטרא דעמודא דאמצעיתא. בכל סטרא אל"י איהו מסטרא דאם ואינון אל"י. א' כתר. י' חכמה. ל' אימא עלאה דאיהי מגדל עוז שם יי'. ועוד אמר ההוא סבא ר' ר' והמכתב מכתב אלקים הוא תרין ידין כותבות מימינא ומשמאלא. אבל חרות על הלחות עמודא דאמצעיתא (נ"א בן יה איהו ודאי) כמה מלאכיא ספריא אית לעילא דכתבין זכוון דישראל וכמה מלאכיא דחותמא דמלכא בידיהון דחתמין זכוון דישראל. וכמה מלאכיא אינון שקלין קלין ותומרין דאורייתא הה"ד איה סופר איה שוקל וכד איהו חתום בטבעת המלך דאיהו ו' (נ"א י') אין להשיב חותם איהו ו'. חותם אמת יד כותב ויד חותם. ה' תתאה כותב ה' עלאה חותם דאינון ה' אצבען דיד ימינא וה' אצבען דיד שמאלא ה' תתאה כותב באת ו' דאיהו קולמוס קנה דדרועא ה' עלאה חותם באת י' דאיהו כף היד ש"ם הדור"ש איהו צדיק עליה אתמר יי' אלקים נתן לי לשון למודים. ודא יו"ד זעירא. לדעת לעות את יעף דבר אינון ה"ה ייבהון ועוף יעופף על הארץ. ונקודה דשם הכותב והמכתב מכתב אלקים הוא דא

המשיך אותם לעמו גם כח הם ב' שמות סוי"ה ואהי"ה דמלוי אלפין שהם ד' ו"ד הגיד לעמו ולכן כוונה דאתכו במרכן בית ראשון שהיה בשביל בטול תורה שפגמו באלף לשון חנין אסתלק הא כ"ח שהוא ב' שמות דאלפין מני יהו **תל"ת** אצבען, מה מדין בקולמוס לכתיבה פירוש כשכותב האדם משתמש בשלשה אצבעות גודל ואצבע ואמה שהם חג"ת ומים העליונים רם ג' ראשונות ומים אחרונים רם ג' ספירות אחרונות כנגדם בשלש אצבעות שהם ג' ספירות חג"ת שרמוזים בגודל ואצבע ואמה אבל תרין אצבען שהם קמי"ה ורת שהם סימוכים וקרובים לשלש אצבעות הנז' הם כתרי גלמ' דסתפי' אהדדי כ' קיי"לה וזהת רומזים לנ"ה וריוד שרם כתר גלמ' דסחיפי אהדד' שהם זמ"ז **וכמה** מלאכי' איתון שקלן קלין ותומרן דאור תא' פירוש ממונים על כל קל ותומר שעושין התחתונים למטה לתבוע שפע עליון מידת אל בעבור אמירת רקל ותומר שרוא מכוון כנגד מדת אל אשר ב"ג מידות והם ממונין לקבל השפע ההוא להוריד לכל העולמות שכל א' וא' קח חלק מן השפע ההוא וכת' המקובלים דע"י קל ותומר שנאמר בפג, מרים ומשה ירק ירק בפני' נמשך שפע מן מדת אל שבי"ג מידות ונתרפאת מרים **והמכתב** מכתב אלהים הוא דא יהו"ה שם הדורש בעל קבלה מעמ"ת אומרים שם זה

בכסה בההוא דאתמר ביה במכוסה ממך אל תחקור כתבנו לחיים איהו בקרא דא והלחות מעשה אלקים המה והמכתב מכתב אלקים הוא חרות על הלחות. מאי חרות דא ה' דאתמר בה וקראתם דרור בארץ דרור איהי חרות ו"ה לחו"ת אינון ו"ה ברא וברתא. ואינון מעשה אלקים דאיהי אימא עלאה. מעשה איהו בתרין ידי"ן דתמן עשיה ומכתב אלקים בתרין ידין* דתמן כתיבה ואיהי חרות על הלחת יד כותבת ויד חותמת ואיהי חד. יד הגדולה דאתמר בה וירא ישראל את היד הגדולה. ותניינא יד החזקה הה"ד וביד חזקה וכו'. ורזא דמלה יי אלקינו יי י"ד הגדולה. כוז"ו במוכס"ז כוז"ו י"ד החזקה. ואינון יד עלאה מסטרא דימינא יד תתאה מסטרא דשמאלא. ובלא כ"ה פרקין דאתמר בהון ועתה יגדל נא כח אדני. ודא כח מעשיו הגיד לעמו. כח מעשה בראשית. ועוד אית יד דאתקרי יד רמה ודא יקוק. יוד קא ואו קא. ואית יד תניינא לקבלא. ודא אקיק אלף קא יוד קא ודא כה. בזמנא דהאבו ישראל אכתלק האי כח מינייהו. ואתמר בהון וילכו בלא כח לפני רודף. ובמלאכים כתבי"ל ממנא על הכתיבה. חתמיא"ל על החתימה כתביא"ל כתב אל"י אל"י איהו א"ם בחשבן זה אלי ואנוהו. כתב כ' כתר. ת' תורה. ב' ברכה. ובלא אימא עלאה איהי כתר בראש כל צדיק. ואיהי תורת יי תמימה. ואיהי ברכת יי היא תעשיר התביא"ל מסטרא דחכמה ותרוייהו חיים. חכמה דכתיב החכמה תחיה בעליה אימא עלאה עץ חיים היא למחזיקים בה. ותרוייהו לימינא ושמאלא.

וה גו בכסה כ"ך ס ה **בכסה** בההוא דאתמר ב ר במוכסה ממך אל תחקור פירוש עתה דר ש באופן אחר בכס ר של ב נר פר א טלית דאתכס א וה א מן נ ראשו ות דאתיר ברו במוכסה ממך אל תחקור **כתבנו** לח ס א הו בקרא דא פ רוש נרמז זר העני ן של כת בר בב נה בפסוק זר של והלוחות מעשה א"ר ס המה והמכתב מכתב אלהים הוא חרות על הלוחות יתאי חרות דא ה"א ע"אר ב נה דאתמר בר וקראתם דרור **מעשה** בתר ן וד , דתמן עש ר פ רוש דעתשר תה תם ל ד ס שרס תר , ידת חסד ומדת דגבורה וכן דמכתב ת תם לתר ן ד, שרס תסד וגבורה ולכן , קריאת כת בר לות ות כתב ר כ חסד וגבורה ונק ס מן חו ב שהם חות ות ה דסמא קד שא דחסד בקו מ , כחת חכמה וגבורה בקו שמאל תחת ב נר **יד** כותבת ו ד חותמת וא ה חד פ רוש הכותב כותב נ ד מ ן אך לד ך לתפוס הלוח שכותב עלו ב ד שמאל יכך שנ הם משותכ ס נכת בה **ורזא** דמלה ה א"ר ט ה' יד הגדולה כוזו במוכס ו כוזו ד החזקה פ רוש כל שמות דגלו יס הכתוב ס כמו שהם הם בסוד החסד שנקרא ד הגדולה וכל ת בות ושמות שרס בחלוף כגון כוזו במוכס"ו כוז ו שרס חלוף שמות ה אלהינו ה' באותיות שניות הם בסוד דגבורה שנקראת ד החזקה וא נן ד עלאה מסטרא ד מ נא ו ד תתאה מסטרא דשמאלא **ודא** כח מעש ו הגיד לעמו פ רוש כ ח פרקין ו ד ס שתת חם המעשה אל דס רנ ד ר ל הלת

ושברים מסטרא דשמאלא. שלשלת דאיהי תרועה מסטרא דתרוייהו: בראשית (ברא שי"ת) ברא אלקים האי אלקים איהי אימא עלאה.

דרכיבת וסליחת בתרועה. (ודאיהו ראש השנה. הה"ד עלה אלקים בתרועה) דאתמר ביה לא הביט און ביעקב ולא ראה עמל בישראל יי' אלקיו עמו ותרועת מלך בו. הרי קא דתרועה איהי ביעקב ואתמר ביה עלה אלקים בתרועה יי' בקול שופר סליק תקעו בחדש שופר דא תקיעה ודא ירחא דסיהרא אתכסיא. מלכיות מסטרא דמלכות דאיהו זה שמי דתמן קב"ה אשתמודע למלך על כל הארץ ובה איהו המלך הקדוש המלך המשפט. מסטרא דשמאלא מלך על כל הארץ אלקים ודא לבא לשמאלא מלכות זכרונות זכור לזכר ודא מוחא לימינא ותמן זכרונות. שופרות דא קנה דאיהו שופר ומתמן נפיק קול השופר דאיהו עמודא דאמצעיתא. ואיהו יקו"ק במוחא בלבא בגופא ואוקמוהו מארי מתניתין דלית פותחין ביה מעשרה מלכיות ומעשרה זכרונות ומעשרה שופרות דא יוד הא ואו הא נ"א יו"ד ק"י וא"ו ק"י מלכיות ותמלוך אתה הוא יי' אלקינו. זכרונות אתה זוכר. זכרנו לחיים. שופרות תקע בשופר גדול. ועוד תקעו בחדש שופר בכסה ליום חגנו. מאי בכסה דא שכינתא תתאה ובה כתבנו לחיים דאיהי כתיבה מסטרא דימינא ומסטרא דשמאלא. ובגין דאתאחד ביה אדכיר תרין זמנין בתיבה (נ"א דאיהו יד עלאה יד תתאה נ"א אימא תתאה מס דשמאלא איהי)

קכ"ד כמנין ענג עם הכולל ושלשה אלף שם דבר והפכו וכן אות וה ענג הם דבר והפכו שהם ענג והפכו נגע **את** האדם דרוה בד וקנה להורייסה פירוש בדיוקנא דז"א דנקרא תורה שה"ם תורה שבכתב ודוא"ו סוד שם סו"ד דאלפין שעולה מספר אדם **דרכיבת** וסליקת בתרועה פירוש ד"ם תרועה על דתפארת שהוא סוד תורה שנדרשת בשבעים פנים ונראה זה בתרועה שהוא תוי"ר ע' ותיבת רוכבת שתרועה קא על דתפארת שהוא יעקב מרכבה ב' לא הביט און ביעקב ומפי"ס ותרועת מלך בו **שופרות** דא קנה דא"י שופר פירוש קנה הוא בינה בסוד קנה בינה דא"ו שופר כי דקנה הוא כמו שפופרת **ואיהו** הו"ר ביותא בלבא בגופא פירוש יו"ד דשם הוי"ה הוא מוחא דאו חכמה וה"א ראשונה בינה דאה לבא כמ"ש בפתיחת אליהו זכור לטוב יוחאת חכמה בינה לבא וגופא הוא ו"ק שהוא וא"ו דשית קצוות. **מאי** בכסה דא שכינתא תתאה וכו' כתבנו לחיים וכו' פירוש דרש ב' של בכסה רומז כ"ל שתים וכף של בכסה כ"ל כתיבה ומ"ר של בכסה דא שכינתא שהוא שם אדנ"י שעולה ס"ה והנה דמלכות עומדת בין קו ימין ובין קו שמאל ולכן כד יש כתיבה מתרין סטרין מסטרא דימינא ומסטרא דשמאלא זלו א' ובג, דאחיד ב"ה בפרצוף דמלכות קו ת"ן וקו שמאלי לכך אדכר תרין זמנין כתיבה וי"ש לפרש ית' בכסה על המלכות שה"א בסוד שם אד. שעולה ס"ה ורא סוד כ"ב אותיות דתורה

דימינא. פרת כליל כלהו. האי פריה ורביה. עליה אתמר אם תשכבון בין שפתים אם ודאי למעבד תמן פריה ורביה. ובאלין ארבעה עאלו לפרדס אלין ארבעה. אלין דעאלו בקליפין. חד הציץ ומת חד הציץ ונפגע וחד אשתמד (נ"א נפק לתרבות רעה) רביעאה דעאל במוחא דאגוזא עאל בשלם ונפק בשלם. האי דאתמר ביה הציץ ונפגע עאל בענג ולא עאל ביה כדקא יאות. אתהפך ליה לנגע. ודא נהר דיוצא מעדן דאיהו סימן ענ"ג ע'דן נ'הר ג'ן. הכא אסור והתר טומאה וטהרה כשר ופסול.

ויקח יי' אלקים את האדם ויניחהו בגן עדן לעבדה ולשמרה. תא חזי קב"ה אוליף לאדם אורייתא הה"ד אז ראה ויספרה הכינה וגם חקרה ויאמר לאדם ודא איהו ויניחהו בגן עדן דא גן דאורייתא לעבדה בפקודין דאורייתא דעשה דאיהו זכור דכר. ולשמרה בפקודין דלא תעשה דאיהי שמור נוקבא. את האדם דהוה בדיוקנא דאורייתא. דא"ת לרבות אורייתא דאתיהיבת לאדם מא' ועד ת'. דאתיהיבת מימינא ומשמאלא דתמן פקודין דעשה ולא תעשה. פקודין דעשה מימינא לקבל ו"ה זכר"י ודא זכרונות. פקודין דלא תעשה משמאלא לקבל י"ה שמ"י עמודא דאמצעיתא כליל תרוייהו יקו"ק שמיה. ואיהו קול השופר מסטרא דאימא עלאה דאיהי שופר. תקיעה איהי מסטרא דימינא.

בד"ה וקבור אותו בגי תיקן שר"א לספירא דמ"א פירוש קא על מרע"ה דכתב בה ויקבור אותו בגי שר"ה מלך החסדים בסוד חסד אל כל היום ושם אי' שרוא חסדים מגנת בספירא דשמאלא בסוד אל זועם בכל יום ושם רשו בזור ק זועם בבחינות דרך, וזהו ענין גוא בגמון, או הכו"ר כשון פי שוכר דלכות שנתנו ע"י מרע"ה שנרמז בגמון, שרוא אות ג' מון, שנקבר בגי ואז רו בגלגת שרוא סוגא דמינא שהוא חן וחנוכה"ס ראש וסוף גלת הואמן. פרת כליל כולרו כ"יוס כלל כוגרו דרות כ' כן אמרו בימרא ורנהר הגדול הוא פרת הוא נהר דמעקרא דאתייר עליה ו' ידי ולא יתעדן, ומשם כירד נאמר רוא כו"ל כולם שיתני ואלין ומשכין לארבעה ראשים וגם די"ש פרת ישן ב"ר ודב"ר כליתר שזה פר"ר ורב"ה בתורה שהו"ד נשיות ע"י עסק רתורה וכת"ב ירב"ע ראר"ו וי' על אברים אמ"ר ומרע"ה ורב עקבר ובן עזאי כשהו פורש, מגשות רם ה"ו בוראין נשיות בעסק רתורה ועל זה תקון יוסדר הסלחות בר"ה וור"כ שעי' פר"ה ורב"ה בתורה ורייט דקאמר ועל"ר אתיר אם תשכבון ב', שפתים דר"ש אם בל"ל למעבד בר באם רעליונה פר"ה ורב"ה בעסק רתורה שרוא ב', רשפתים כ' ספר בשכנה ב' רתכם נעשר בעי"ה דתעדיונא בענין זה עאל בעונג ולא עאל בד"ר כדקא הוא אתהפך לי"ר ' נגע ודא נ"רר ד' ולא יתעד, דאה"ו ס"ת, עדן נהר גן. פירוש עדן חכמה נהר ב"נר גן מלכות וכיון דר"ש לעל שלי"ך לעשות רתשובה כסדר ית, חכמה לבנה ומבנר לזלכות וזרו כסדר אותיות ענג אך א"רו לא עאל כדקא הוא שהפך ית חכתר לזלכות תחלה ורקדים רתוחור לי"ך אתהפך ליה לנגע שנפגע ור"ע כי אותיות נפגע הם כסדר נ"ע ולית פי' נוספת ב', גון שהוא נהר וב, גמ"ל שרוא גן מפני שרוא קלקל בהם שסגר רסדר כאן. הכא אסור והתר וכו' פירוש ר"ר אסור רתר טומאה טריה כשר פסול מספר ושברים

בגופא. ומשם יפרד והיה לארבעה ראשים. אלין תרין דרועין ותרין שוקין. מאן גן דאתשקיא מניה לתתא דא שכינתא דתרין גנין אינון. חד לעילא וחד לתתא. הה"ד היושבת בגנים והא אוקמוה ואית נהר לתתא. דאיהו מטטרו"ן דאתפרש לארבע סטרין. דאינון מיכא"ל גבריא"ל נוריא"ל רפא"ל. שם הא' פישון הוא הסבב את כל ארץ החוילה אשר שם הזהב. וזהב איהו לצפון הה"ד מצפון זהב יאתה. ורזא דמלה הולך אל צפון דא גבריא"ל. ולבתר הולך אל דרום ודא גיחון דתמן מיכא"ל. הפוכא מלעילא דאמר קרא עליה הולך אל דרום בקדמיתא ולבתר סובב אל צפון. סובב סובב לתרין סטרין דאינון מזרח ומערב דאינון חדקל ופרת דתמן אוריא"ל רפא"ל פישון לקבל אורייתא דבע"פ ומתמן פישון פי שונה הלכות גיחו"ן ג' גומל חסד. ותמן חיוון דאתקריאו חיות הקדש מסטרא דאריה. מסטרא דימינא. מסטרא דשמאלא נחש דאתמר ביה כל הולך על גחון לאענשא ביה למאן דאעבר על אורייתא דאתיהיבת מימינא. פישון תמן שפיפון לאענשא למאן דאעבר על אורייתא דבע"פ. חדקל ח"ד ק"ל. דא חריפא בלישניה וחד מסטרא דימינא ק"ל מסטרא דשמאלא לאולפא. תרוייהו ח"ד בשנים וקל בשפוון. ובג"ד פישון פי שונה הלכות. גיחו"ן גי חון ההוא דאתמר ביה ויקבור אותו בגיא תמן שריא לסטרא

דתרין גנין אינון חד לעילא וחד לתתא פירוש לאה לעילא ורחל לתתא [illegible] **דאיהו** מטטרון, דאתפרש לארבע סטרין, דאינון מיכאל וכו' נ"ב מטטרון [illegible] **נחש** [illegible] כל הולך על גחון [illegible] **פישון** תמן שפיפון לאענשא למאן דאעבר על אורייתא דבע"פ [illegible] **חדקל** חד קל פירוש חד בתורה שבכתב [illegible] **גיחון** ההוא דאתמר

ו'. מסטרא דאבא ואימא אתקרי נחל קדומים ומסטרא דעדן עלאה אתמר ביה ונחל עדניך תשקם. ומסטרא דימינא אתקרי נהר פלגיו. ומסטרא דשמאלא אתקרי נהר דינור ומניה תליין שתין ענפין דנורא דאתקריאו ששים גבורים. ואינון שתין פולסין דנורא דמחיוה למטטרו"ן ומסטרא דימינא ושמאלא אתמר בכל נחלין דתליין מנייהו נגרי נחלי דבש וחמאה ונחל עדניך דא נהר דנפיק מעדן דאתמר ביה ונהר יוצא מעדן. והאי איהו עדן דעין לא ראתה אלהים וכו' סתים וגניז דאיהו כתר עלאה. ומשם יפרד והיה לארבעה ראשים (א דאיהו ד' אתוון דשם בן ד') אלין יסוק דאינון אבא ואימא ברא וברתא.

(נ"א

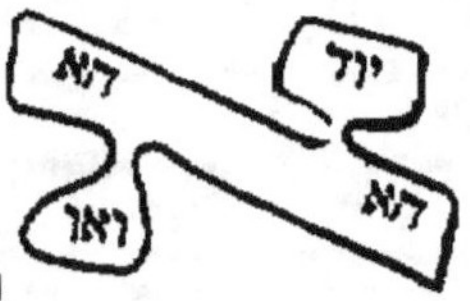

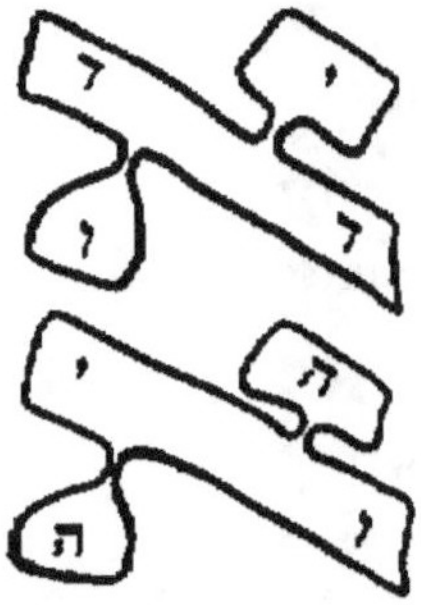

תא חזי קרקפתא דא כגוונא דא א' ארבע סטרין דיליה בהון הוה יקו"ק הוא חד ושמיה חד. (נ"א תא חזי קרקפתא דא אל"ף כגוונא דא ארבע סטרין דיליה בהון הוה הוא ושמיה חד אין עוד מלבדו בלא פירוד ובלא שיתוף כלל. ועוד ונהר דא ו' יוצא מעדן דא י' ומשם יפרד והיה לארבעה ראשים דא ד' (אלין ארבע אתוון)

ועוד ונהר יוצא מעדן. דא אימא עלאה דאיהי א תניינא כמה דאוקמוהו מארי מתניתין מאי א"לף. אלף בינה. ולאן אתמשך

מסטרא דאבא ואימא אתקר נחל קדומים פירוש או' הם הו"ב שהם בשלשה ראשונות ולכן אקרי נחל קדומים ומסטרא דעדן עלאה דהינו הכתר פירוש עלאה מן הכל אקר נחל עדניך עדני ך שהוא כתר, ומסטרא דימינא אתקרי נהר פלגיו פירוש חסד דרועא ימינא ובזרוע ימין ש"ו פרקים שהם י"ד באצבעות וש"ס בכף וזרוע וזהו פלגיו פלג ו פלג ר"ל חלק של ו' ומסטרא דשמאלא אתקריי נהר דינור שרוא נגד י"ו שגם בה ש' י"ו פרקים אך שם אש שהוא דין ומינה תלין שתין דרים דינור דו"ר נ"י שרוא תספר ששים ומ"ש נהר נחל דבש וחמאה פירוש דבש גבורה חמאה חסד וזהו סטרא דמ"נ ושתאלא כחדא ועוד ונהר דא ואו ולא מעדן, דא וד ומשם פרד והיה לארבעה ראשים דא ד' נראה כל זה הרמז נרמז באות וד במלואה יוק ותשכח וכן דרשה הב דדר ש' ונהר דא אימא עלאה דר"א אלף תנ"כ כמ"ש רז"ל במ"א אלף בית אלף חכמה אלף בינה דדרשו אות אלף בכפל שם א' לחכמה וא' לבינה והטעם כי באמת אות אלף רוא כפול בשמושו שהוא משמש במספר האחדים ומשמש במספר רמאות שהוא משלים מספר אלף בקר אחו כמ"ש רבינו והר"ר ז"ל ולכן אמר כאן אימא עלאה דא ה' אלף תנ"כ ואפשר דזו אלף תנ"כ רמוזה במלוי אות דא שמתמלאה באות א' ודרשה זו רמוזה במלוי ו"ד ה"א דמלוי רוא אות ות תור דהינו אלף בינה אתמשך בגופא דהוא ו' ומשם פרד והיה לארבעה ראשים שרוא מספר ד' אלין תרין דרועין ותרין שוקין שהם יובדלם ומ"ז ו"ש להם ד' ראשים בסופם

בגופא

תקונא ארבע וחמשין

בְּרֵאשִׁית בָּרָא אֱלֹקִים אֵת הַשָּׁמַיִם עֵץ הַחַיִּים וְאֵת הָאָרֶץ כָּל עֵץ נֶחְמָד לְמַרְאֶה וְהָאָרֶץ הָיְתָה תֹהוּ וָבֹהוּ דָא עֵץ הַדַּעַת טוֹב וָרָע. וְדָא רָזָא תֹהוּ עֹמֶק רָע. בֹּהוּ עֹמֶק טוֹב. ורא עֵץ הַדַּעַת טוֹב וָרָע. כִּי שָׁם בָּלַל יְיָ שְׂפַת כָּל הָאָרֶץ וּמֵהָכָא נָפַק כָּל עִרְבּוּבְיָא דטוב וָרָע דאיהו רָזָא דצַדִּיק וְרַע לוֹ רָשָׁע וְטוֹב לוֹ:

*תקונא חמשין וחמש ליום כ"ח.

בְּרֵאשִׁית בָּרָא. בי"ת רא"ש. ואינון אַבָּא ואִימָּא. בְּרָא תַּרְגּוּם. בְּרָא איהו עַמּוּדָא דאֶמְצָעִיתָא וַעֲלֵיהּ אִתְּמַר וְנָהָר יוֹצֵא מֵעֵדֶן אית עדן ואית עֵדֶן. הה"ד וְנַחַל עֲדָנֶיךָ תַשְׁקֵם. עֲדָנֶיךָ וַדַּאי. דָא עֵדֶן עִלָּאָה כֶּתֶר עִלָּאָה. עדן דלתתא דָא י'. ואית עֵדֶן דלְתַתָּא דָא אִימָּא עִלָּאָה ד'. איהי עֵדֶן לגבי נָהָר דלְתַתָּא מִינָהּ הה"ד וְנָהָר יוֹצֵא מֵעֵדֶן לְהַשְׁקוֹת אֶת הַגָּן. תָּא חֲזֵי כַּמָּה נְהָרוֹת אינון מְשַׁנְיָין דָא מן דָא. אית נָהָר ואית נָהָר. אית נָהָר מִנְּהוֹרָא דלְעֵילָא דאתְקְרֵי נַהֲרָא דמַיָּא דְאוֹרַיְיתָא דאתְּמַר בה תּוֹרַת חָכָם מְקוֹר חַיִּים. ואית נָהָר דאתקרי נְהַר פְּלָגָיו. דכַּמָּה פלגין עֲמִיקִין תַּלְיָין מיניה דאתְּמַר בְּהוֹן פַּלְגֵי מַיִם לֵב מֶלֶךְ וגו'. ואית נָהָר דאתקרי נַחַל קְדוּמִים דאתְמַשֵּׁךְ מֵעִלָּאִין. וּמִנֵּיהּ תַּלְיָין שִׁבְעָה נְהָרוֹת דאתְּמַר בהון נְהָרוֹת יִמְחֲאוּ כָף יַחַד הָרִים יְרַנֵּנוּ ואית נהר דְאִתְקְרֵי נְהַר דִּינוּר מִסִּטְרָא דִשְׂמָאלָא דאתְּמַר בֵּיהּ נְהַר דִּי נוּר נָגֵד וְנָפֵק מִן וגו'. וְנָהָר בְּכָל אֲתַר איהו

מן אותיות ו שבשמא קדישא שהם זכר ס **עדניך** ודאי דא עדן עלאה כתר עלאה עדן דלתתא דא יו ד פירוש כל בחי' עליונה נקראת עדן לגב בחינה דלתתא מ נה לכן כתר נקרא עדן לגבי חכמה דאיה ו ד וכן חכמה דאיה יוד נקראת עדן לגבי ב נה אימא עלאה שה א סוד הא ראשונה ולז ת עדניך ודאי דה ינו כל זה רמוז בתיבת עדנ ך כי לא אמר הכתוב ונחל עדן תשקם אלא אמר עד ך שהוא עדן יו"ד ך' וה נו יו"ד חכמה ך' כתר בסוד כי מאתך ה א מנותתם שצריך לכו ן מאת כתר מנותתם וה נו עדן חכמה עדן כתר ולכן אמר עדניך לשון רבים **ואית** עדן דלתתא דא אימא עלאה ר פ רוש ש עוד לתתא מן חכמה שהיא וד עוד עדן והיא א מא עלאה שהיא ר כלומר ראשונה שה א אימא ראשונה ולכן רשם אות ר כלומר ראשונה אבל המלכות היא אימא אחרונה שהיא סוד אות ה א אחרונה דשמא קד שא **אית** נהר מנהורא דלעילא דאתקר נהרא דמיא דאורי תא, פ רוש קא על הספארת שה ס תורה שבכתב ואינו נהר דאקרי נהר פלג ו זה היסוד שגם הוא וד זע רא בסים אמה שהם ה"ת וה נ וכל אחד כלול מחמש שהם כ"ר וכ ה ואית נהר דאקר נחל קדומים הוא הדעת ואית ־הר דאתקרי נהר דינור מסטרא דשמאלא שרוא אש נור דל ק והוא סוד דמלכות

* פח ע א

הוא דבכל אתר. כ"ל צדיק איהו אבל כלא חד. כל דא צדיק. עץ דא עמודא דאמצעיתא. דגוף וברית חשבינן חד. אבל בהאי קרא כל עץ נחמד למראה וטוב למאכל דא צדיק. למראה דא שכינתא דאתמר בה במראה אליו אתודע. ועץ החיים דא עמודא דאמצעיתא. דאיהו עץ החיים דלעילא דאתמר בה החכמה תחיה בעליה. א"ל הא שכינתא תתאה איהי גן דמתמן עץ החיים נטוע כמה דאתמר ועץ החיים בתוך הגן. מאי מן האדמה. אלא דא שכינתא עלאה דמינה אתנטע כל עץ דאיהו צדיק. כ"ל איהו מסטרא דמ"י. דהכי סליק לחושבן כ"ל מ"י. ובגינה אתמר מבטן מי יצא הקרח וגו. דאיהו הקרח הנורא. ועץ הדעת טוב ורע איהו לתתא. עץ הדעת טוב דא מטטרו"ן ורע דא סמא"ל ובגין דא ועץ הדעת ו' אתא לרבויא דאיהו אתי מאתר אחרא עץ הדעת טוב ורע. ועוד ויצמח יי' אלקים מן האדמה כל עץ דא איהו צמח צדיק ומתחתיו יצמח. תא חזי כל מאן דנטיר ברית. ההוא בר דיהיב ליה קב"ה עליה אתמר ויצמח יי' אלקים כל עץ נחמד למראה ברזין דאורייתא. וטוב למאכל בפקודין דאורייתא. אבל ברא אחרא דלא אתעביד בדחילו ורחימו דקב"ה מה כתיב ביה ועץ הדעת טוב ורע ודא עדבוביא דטוב ורע מעורב ממצה ושאור ובגין דא מני קב"ה לישראל לנטרא גרמיה בפריה ורביה הה"ד ומעץ הדעת טוב ורע לא תאכל ממנו. טוב מסטרא דדם טהור ורע מסטרא דדם נדות. דהא בר גרם אבודא דתרין עלמין הה"ד כי ביום אכלך ממנו מות תמות. מות בעלמא דין. תמות בעלמא דאתי: בראש ה

אבל ברא קרא כל עץ נחמד למראה וטוב למאכל דא צדיק פירוש כיון דאמר כל עץ אתרמיז עמודא דאמצעיתא שהוא תפארת בתיבת עץ וצדיק דא הוא סוד בתיבת כל אבל הולך לחזור לפרש על הצדיק שהוא היסוד בפ"ע באומרו וטוב למאכל גומר דאתגלי ו"ד בפום אמה שהם דאו"ג שבזה יה"ה ראוי לזווג המכונה בשם מאכל ולזה א' וטוב למאכל כי קודם דאתגלא ו"ד בפום אמה אע"פ שנשתכלל הסוד דאיהו צדיק לא הוה טוב לאכל כלומר לא היה רעת ראוי לזווג **מאי** מן האדמה אלא דא שכינתא עלאה פירוש שכינתא עלאה בינה שנקראת מי כמנין אדמה **ועוד** ויצמח ה' אלהים מן האדמה כל עץ דא איהו צמח צדיק ומתחתיו יצמח פירוש בדרש זה לא דריש כל עץ על הצדיק שהוא היסוד עצמו כמו דדריש לעיל אלא דריש על ה"ח וה"ג שנתנים ביסוד ולאלו הה"ח וה"ג קרי להו צמח צדיק שהם צמח כלומר זרע של הצדיק וידוע דחמשה חסדים כל א' כלול מן חמשה הרי הם כ"ה וכן הוא בה"ג וסך הכל שמם כמנין כל וקרי להו צמח צדיק כי ההורעה ריא מהם ואמר ומתחתיו יצמח חלק היבר מתחת ו לשנים וקרי בה מתחת י"ו יצמח כי הם ו' נמשך

גן ואתרבי אילנא ובגין דא מעין גנים. בקדמיתא אדכיר מעין ולבתר גנים. ודא נ"ן סדרים דאורייתא. וכמה דאית גן לתתא הכי אית נ"ן לעילא. והאי מעין איהו במוחא. אילנא גופא ענפין דיליה דרועין ורגלין. ונוזלים מן לבנון דא לבנ"ה דאיהי דל"ה. דלה בגלותא. ועלה אתמר יזל מים מדליו. וי לון לבני נשא דלא משתדלין באורייתא דאתקריאו עצים יבשים דאינון עתידין לאתוקדא בנורא דגיהנם. ולאו למגנא אמרו מארי מתניתין דאינון עמלין ירתין גיהנם. ואע"ג דמתרבי אילנא דאיהו גופא דאורייתא ולית ליה איבא דאינון פקודין דעשה. מה כתיב ביה רק עץ אשר תדע כי לא עץ מאכל הוא אותו תשחית וכרת. ובגין דא אמרו מארי מתניתין דלית מדרשא עיקר אלא המעשה איהו עיקר:

*תקונא תלת וחמשין, ליום כ"ז

בראשית ברא אלקים. תמן ב"ת תמן א"ם. דהוא א"ם מאלקים. ואינון גן עלאה גן תתאה. פתח ר"ש ואמר ויטע יי' אלקים גן בעדן מקדם וישם שם את האדם אשר יצר. ויטע יי' אלקים גן דא שכינתא בעדן דא אימא עלאה. מקדם אבא עלאה וישם שם את האדם אשר יצר דא עמודא דאמצעיתא. ועליה אתמר וייצר יי' אלקים את האדם עפר מן האדמה ויפח באפיו נשמת חיים וגו'. וייצר צייר ליה בתרין עלמין בעלמא דין ובעלמא דאתי. ויפח באפיו נשמת חיים דא נשמת כל חי ויהי האדם דא רוחא דחיי. לנפש חיה. דא שכינתא תתאה ועוד ויטע יי' אלקים גן דא אורייתא דבכתב. עדן דא עדונא דאורייתא וישם תמן את האדם דבריאה. ומה כתיב ביה. ביום נטעך תשגשגי. ויצמח יי' אלקים וכו'. יסוק אלקים אבא ואימא. כל עץ נחמד למראה דא עמודא דאמצעיתא דבי' גוונין שפירין ביה אתחזיין ובגין דא נחמד למראה תפארת שפירו דכל גוונין. וטוב למאכל דא צדיק. א"ל ר' יהודה והא כל עץ כתיב אי הוה אמר עץ שפיר אבל כל עץ כתיב א"ל ודאי הכי

בר את אדם ר' נעשר מאל ו שלא ע"י מלות כי אדם א, בראשית ברא אלהים תמן בת תמן אם, פירוש בת רדיעוה בראש וסוף בראשית דא הי גן תתאה ברא לה האם רישוה בראש וסוף שם אלהים דאב גן עלאה הוא

* פז ע"ב

מלעילא חילי חיל י'. ודא אבא תוקפא דיליה נביעו דלית ליה סוף. אמר ר' אלעזר אבא ודא אוקמוהו מארי מתניתין. דעד ארבעין יומין יכיל לאחזרא נוקבא דכורא. ואתהפך מדינא לרחמי. ואוקמוה בגין דעד כען לית תמן דיוקנא דאתמר ביה וייצר יקו"ק אלקים אם כן אמאי נטיל שעורא במ'. בגין דאיהו שעורא דנקודה דאיהי י' טפה (שעורא). דבה אתעביד י"ם מ"י. ודאי נחל קדומים דא ו' דאתמשך מן י' (ס"א ים). והשקה את כל פני האדמה. מאי פני האדמה אלא אלין אנפין דאינון סומק וחוור וירוק ואוכם באלין גוונין נהירא ההיא מבועא. דגוונין אינון מהאי יבשה. נביעו נהורא דילה. (ס"א דחילא) דהכי איהו נביעו לארעא כנשמתא לגופא כמה דאילנא לא מתרבי אלא במיא הכי ישראל דאינון אנפין דאילנא לא מתרבין אלא בנביעו דאורייתא ורזא דמלה מעין גנים באר מים חיים ונוזלים מן לבנון. מעין דא חכמה. כתר איהו אמון מופלא דבעא לנטעא אילנין בגנתא. אסתכל בכל גנתא ולא אשכח תמן מבועא דמיא. מה עבד אמר אפיק מעין ולבתר אטע

שהם ראשית דשם אדני ברא אלקים ר"ל וקק וברא אותם שם אלקים שהוא חמש אותיות כמנין ב' אותיות א"ד - **בגין** דעד כען לית תמן דיוקנא דאתמר ביה וייצר ה' אלקים פירוש דע מ"ש רבנו ז"ל שהאדם מתפשט בו צלם שהם הוי"ה בפנימותו וצלם משם אלהים בחצוניותו ולכך אמר דכתוב ויברא אלקים את האדם בצלמו שהוא צלם משם הוי"ה שהוא בפנימיות בצלם אלהים ברא אותו הוא צלם משם אלהים שהוא בחיצוניות וכנז בשער רוה"ק ע"ש ולכן כתיב וייצר בשני יודין א' כנגד צלם משם הוי"ה וא' כנגד צלם משם אלקים וכל אחד כלול מעשר ספירות לכן נכתב וייצר בשני יודין וד"ן ונזכרו שם ב' שמות שהם הויה אלהים דכתיב וייצר ה' אלקים וז"ש עד ארבעין ומין אפשר להשתנות מזכר לנקבה כיון דעדיין לא תמן דיוקנא כלומר צלם כי הצלם קורא אותו בשם דיוקנא כלומר לא נשלם ונעשה הצלם דאתמר ביה וייצר ה' אלקים וכל זמן שלא נעשה הצלם דפנימות והצלם דחצוניות אפשר שישתנה העובר ועל זה מקשי א"כ אמאי נטיל שיעורא בארבעים פירוש כיון דהדבר הוא של שינוי העובר תלוי בהבאת הצלמים הנז' הנרמזים בשני יודין של וייצר מפני שכל אחד כלול מעשר ספירות א"כ די בעשרים וכמו שיאמרו גם צורה של גם כן דעובר הוא עשרים יום שהוא כנגד ב' הצלמים שכל אחד כלול מעשר ספירות שנרמזו כ בשני יודין של וייצר ולמה נקטי גם צורת ארבעים ותירץ בגין דאיהו גם צורת דנקודה דא רי' וד', פירוש כי נקודת היו"ד כשתמלא אותה היא מספר עשרים וב' יודין הם מספר ארבעים, והוסיף עוד לבאר ברמז זה דבה אתעביד ים מ"י, פירוש בשני יודין של וייצר שמספרם ארבעים אתעבד ים כלומר יוד עם מ"י שהיא מם ובהפוך אתוון של ים יהיה מ"י שהוא הבינה שנקראת מי, והכונה רוצה כדי לקבל צלם ההוא הארה מן בינה הנקראת מ"י ולכן לא נשלם הצלם הרמוז כאן אלא בארבעים יום לרמז לדבר מ"ש במשנה דאבות בן ארבעים לבינה ולכך נקטו שיעור ארבעים יום ולא אמרו עשרים. **מאי פני** האדמה אלא אלין אנפין דא נון סומק וחוור וירוק ואוכם כ"ב לפני אותיות האדמה ם אותיות וא"ו ב' ה' נ"ן וא"ו שמספרם ס"ע כמנין ר"ת סומק חוור אוכם **אסתכל** בכל גנתא ולא אשכח תמן מבועא דמיא מה עבד אמר אפיק מעין ולבתר אטע ואחרי אילנא פירוש כי זווג העליון בשם האלילות קודם

גן

דאינון שרשא דאילנא ודא ח"י עלמין דאיהו אות בצבא דיליה צבאות
איהו עמהון כליל תלת דרגין דקבל תלת ענפין דש'. והא ש' דתלת
אבהן אינון אלא ש' עלאה ענפי אילנא. ש' תתאה שרשי אילנא.
ובג"ד וכל שיח דא צדיק וכל עשב ע"ב ש' דא יעקב כליל תלת אבהן
דאינון ענפי אילנא וסרקין לשבעין ותרין שמהן דויסע ויבא ויט.
דבהאי שמא אתבריאו עשבין ואילנין דאינון נשמתין דצדיקיא. והאי
עשב עליה אתמר ועשב לעבודת האדם להוציא לחם מן הארץ,
לחם אבירים אכל איש. ואיהו נהמא דאורייתא דאתמר ביה לך
אכול בשמחה לחמך ואיהו לעבודת האדם ה' דאדם דאתמר בה
המוציא לחם מן הארץ. מאי לעבודת האדם לית עבודה הכא אלא
צלותא דאיהי פולחנא דשכינתא עבודת יקוק ודאי. ועלה אתמר
יצא אדם לפעלו ולעבודתו עדי ערב. יצא אדם לפעלו דא צלותא
דשחרית. ולעבודתו עדי ערב דא צלותא דמנחה דאתמר בה ויצא
יצחק לשוח בשדה לפנות ערב:

תקונא תרין וחמשין

בראשית ברא אלקים. אלקים חמש אתוון כחושבן ה. א"ד מן אדנ"י
הכי סליק לחמש. ורזא דמלה ואד יעלה מן הארץ והשקה
את כל פני האדמה תא חזי אתערותא צריכא מתתא לעילא. ולבתר
והשקה את כל פני האדמה. והשקה ו' איהו שקיו מעילא לתתא
דאיהו נחל קדומים. דאתמשך מן מוחא והכי צריך לאתערא אתערותא
בקדמיתא מאתתא ורזא דמלה אשה כי תזריע ומיד וילדה זכר.
נוקבא אדני. דכר יקו"ק. כד אקדימת ברתא שליט דכורא ואתעביד
יאקדונק"י. ורזא דמלה יקוק אדני חילי. ועל במותי ידריכני אלין
אבהן. למנצח בנגינותי אמה ותרין שוקין מאי חילי תוקפא דכלא

רחפ לות תקנו בעבור ה קו, דילבוה בר א סוד ר הנו ולכן נקראת הפ לה שהוא אותיות פת לה ר ל לאות ה"א
יצא אדם לפעלו דא צלותא דשחרית ולעבודתו עד ערב דא צלותא דמנחה כ ב במנחה לא ס ק ס וסתכ כן
על ק ס דשחרית וכמ ש רב ו ז' בשער רכו ות ולז"ת לא אדם לפעלו דא צלותא דשחרית ותאר האדם פעולתו
עד ערב דא מנחה בראשית ברא אלקים חמש אתוון כחשבן ה פרוש ב' אותיות א ד דשם אדנ
שהם ראש ה השם עולם תספי חמשה כנגד חמש אותיות דשם אלהים, והכי קאמר ב' ראשית ר ל ב אותיות
מלעילא

א"ל ר' אלעזר אבא וכי יכיל בר נש לאחזרא לקב"ה לאתריה, א"ל אין, כמה דאשכחנא בדוד דאמר אם אתן שנת לעיני לעפעפי תנומה עד אמצא מקום ליי' וכו'. בההוא זמנא דבר נש אחזר ליה לאתריה מה כתיב ביה ממקומו יפן ברחמיו לעמו. ובמאי חזרין ליה לאתריה. אלא בשלימו דתקונא דתקינו בצלותא. ואוכח דבתר דאמר ממקומו יפן ברחמיו לעמו. אמר המיחדים את שמו ערב ובקר בכל יום תמיד אומרים פעמים. ואינון ה"ה דצריך לאחזרא י' לגביה ה' דאיהו מקום דלעילא. ולאחזרא ו' לגבי ה' דאיהו מקום דלתתא. בגין דקב"ה אומי דלא יהיה ליה דלעילא עד דיחזיר לה' דלתתא ורזא דמלה לא אבא בעיר וגו והא אוקמוה:

תקונא חד וחמשין ליום כ"ו.

בראשית ברא אלקים את השמים ואת הארץ מאי את אלא הכי אוקמוה קדמאין כל אתין לרבויא ודא א"ת. אורייתא כלילא מא' ועד ת' דבה אתבריאו שמיא וארעא. ועוד את השמים. שמים דא קב"ה הה"ד ואתה תשמע השמים ואת בת זוגיה עמיה ואת דא צדיק ובת זוגיה. הארץ מאנא דכלהו לאפקא בה זרעין ואבין. ורזא דמלה וכל שיח השדה טרם יהיה בארץ וגו אמר ר' שמעון ברי רזא עלאה הכא אע"ג דכלא אתברי ואתקן בשמא דיקו"ק דאינון את השמים. ורזא דמלה י"ק בשמים ו"ק בארץ הה"ד ישמחו השמים ותגל הארץ עם כל דא דכלא אתקן בד' אתוון, לא נחית נביעו מלעילא על זרעין ואיבין דאינון שיח השדה דאיהו צדיק. ועשב השדה דאיהו עמודא דאמצעיתא. ולמה בגין דאדם אין דאיהו יו"ד ק"א וא"ו ק"א לעבוד את האדמה א"ל ר' אלעזר אבא. שיח מנא לן דאיהו צדיק א"ל ברי ביה תשבח ח"י. ש' איהו כליל תלת עדרי צאן

וכן אמרו ז"ל למה נקרא שמם כשפים שמכחישים כח של מעלה ול"ל עורת ח"ו אלא רוח לשון מושאל לשבר את האוזן דדברה תורה כלשון בני אדם, למעבד ישובא מ"כ רז, פירוש הם תולדין, דתהו ולא נבראו להתקיים אלא לשבת יצרה למעבד מנייהו ישובא פירוש לברר מהם נ"ק ומלקים טובים ורי"ה הבירור רזר בכלל הישוב דהוא ספרא דקדושה כי בעולם הקליפה חרבן והקדושה ישוב ואחר הברור שאחרו אלין תולדין דתוהו דקין ויתבסמו ויתוו מטלמא וכמ"ש ואת רוח הטומאה אעביר מן הארץ ובג"ך האי ה' אלה דא כו, תלת אכרן תקנו ח"ל גלות, פירוש דאינון

למעבד ישובא מינייהו. ובגין האי ה. אלה דאינון תלת אבהן. תקינו תלת צלותין לנחתא בהון לקב"ה לסלקא לשכינתא בהון דאיהי ה' זעירא. דעמודא דאמצעיתא איהו גופא. ותרין דרועין דיליה ימינא ושמאלא. דבהון אחיד בה. ועל גופא אסתלקת. ומאן סליק לה על גופא. מ"י. אימא עלאה מי ברא אלה. וכד סלקת סלקין עמה כל צבא דלעילא הה"ד המוציא במספר צבאם וכל ישראל דאינון שתין רבוא מתיחסין בצבא דלעילא. לכלם בשם יקרא כלהו אתקריאו על שם צבא דלעילא איש לא נעדר מחושבנא. ושכינתא בגלותא בזמנא דאיהו מרחקא בעלה מינה לזמנין אתפרנסת ע"י שליח. לזמנין ע"י אבהן לזמנין ע"י אימא. לזמנין ע"י אבא. לזמנין ע"י בנין. לזמנין ע"י דצדיק ובלא יהיב בעלה דאיהו ו. איהו בין אבא ואימא בן יה. וכד איהו בין אבא ואימא נחית לה פרנסתא ע"י אבא ואימא. וכד נחית בין תרין דרועין דאית בהון שית פרקין נחית לה פרנסה בתרין דרועין. וכד נחית בגופא דאיהו יעקב נחית לה מזונא על ידיה. וכד נחית בתרין שוקין דאינון עמודי שש דאית בהון ו' פרקין נחית לה מזונא על ידייהו. וכד נחית בצדיק נחית לה מזונא על ידיה. וכד נחית בה דאתהבר ו' בה לא צריך לנחתא מזונא לה ע"י שליחא בעלמא אלא על ידיה. וכד נפיק בה אסתלק* על אין סוף דאיהו א'. מזונא דילה לאו בזכותא תליא מלתא. ולא בחיים דאינון אבא ואימא. ולא בבני דאינון נצח והוד. אלא במזלא תליא מלתא. וכד נחיתת מאתרהא ונחית קב"ה* לדיריא עמה אתמר ביה ובבנהא אין מזל לישראל אלא קב"ה רכיב על כרו"ב דאיהו מטטרו"ן. ואיהו כרו"ך ומתפרנסת על ידיה דאיהו עבד עולם. עבד דילה. ובההוא זמנא איהי אתפרנסת ע"י שליח. וכל דא כפום עובדיהון דישראל הכי אתפרנסת. זכאה איהו מאן דסליק לה לאתרה ולקב"ה לאתריה דאתמר ביה (הנה יקוק רוכב על עב קל) הנה יי' יוצא ממקומו

רפאים כ ב ר"ת אלו הם נג"ע ר"ע, ובנג"ד סרחת ה' בניני הו פירוש אלו הממשה בקליפה הם כנגד ה' שבקדושה כי זה לעומת זה וכו' ובגין דא סרחת ה' דקדושה סריאת המלכות בבריאת העולם בנינייהו בסוד נור ילדך תשי אל

ותתאין דאתמר בהון כי את אשר ישנו פה עמנו עומד היום וגומר כלהו תמן. איש לא נעדר. לא הסר מנייהו חד מחשבנא כגוונא דצבא השמים. ועוד מרוב אונים דא כדנא דאתמר ביה כהן און. ואמיץ כח דא אלקים דאיהי אימא עלאה דאתלבשת בגבורה וברא עלמא במדת הדין. ובג"ד איהו גבור אמיץ כח. איש לא נעדר דא יעקב דאתמר ביה ויעקב איש תם. מה דאתמר בתלת אלין אתמר בתלת עלאין. ואתמר בתלת תתאין. מספר דכלהו שכינתא איהי מספר הימים:

תקונא חמשין

בראשית ברא אלקים פתח ר"ש ואמר שאו מרום עיניכם וראו מי ברא אלה ראשי תבין שאו מרום עיניכם שחרית מנחה ערבית. תלת צלותין. עלייהו אתמר הן כל אלה יפעל אל פעמים שלש עם גבר. בגין דאינון מרכבה דתלת אבהן. ועלייהו אתמר אלה תולדות השמים והארץ בהבראם אלה פסל את הראשונים. אלה וראי פסיל לקדמאין דאמרו אלה אלקיך ישראל דאינון תולדין דתהו דאתרמיז בראשי תיבין תולדות השמים והארץ תה"ו. ואינון חמש מינין דאתמר בהון בה' בראם. ואנון עמלקים. גבורים. נפילים. ענקים. רפאים. ובגין דא טרחת ה בגינייהו בגין דבה' בראם ה' דאברהם. ועלה אתמר לא תהו בראה למיתב בינייהו לשבת יצרה

אמן והם אותיות אמן של אלקים וכשאר ו' הייני היסוד דוגמת אות ו' וה"ו ד' ה' א' דעטרה שבו ולכן, דר"ם אלקים על יסוד הנקרא צדיק והוא רמוז בקרב הארץ כי בתוך אותיות ארץ ש אות ר"ם שהוא ר"ל ראש והיינו היסוד שנקרא ראש הגויה אלא אדם דאתתון שהם נרמז ואמ"ץ כח דא אלקים דאיהי אימא עלאה כ"ב דר"ם ר"ת אמיץ כח אך שהוא מספר שם אהי"ה שהוא בכ"נה אימא עלאה וס"מ נ"ח דאתלבשת בגבורה **מה** דאתמר בתלת אלין אתמר בתלת עלאין ואתמר בתלת תתאין פירוש בתלת אלין שהם שלשה אמצעיות חג"ת. אתמר נמי בתלת עלאין חב"ד ובתלת תתאין נה"י, ומספר דכלהו רית השכינה שנקראת מספר הימים כי בה סוד המספר והחשבון בסוד ע"כ ברכות בחשבון **עלייהו** אתמר הן כל אלה פעל אל פעמים שלש עם גבר פירוש פעמים שחרית ומנחה שהם ב' וגם שלש ערבית שהיא כל לה דאיה רשות מפני שהיא כנגד אברים ופדרים של הקרבת היום ולהב שלגיהו בהב ואמר עם גבר ג' בר כ' האבות הם שלשה וכל אחד נקרא בר לקב"ה **ועלייהו** אתמר אלה תולדות השמים פירוש אלה רם האבות וה"ינו א' אברהם ולמ"ד יעקב בחיר שבאבות שוכר לשלשה שמות שהם ד' ת' ג' ור"ן ישראל יעקב ישורון ושלשה יודי"ן אלו הם מספר ל' ואות ה"א דאלה רומזת ל' יצחק שמדתו גבורה והוא בסוד אות ה' שגבורתו ד', ובאות וה אלה שהם האבות פסל את הראשונים שהם דור תרח והקודמים לו שהיו עע"ז ככתוב בעבר הנהר ישבו אבותיכם מעולם תרח אבי אברהם ואבי נחור ויעבדו אלהים אחרים והן הן שאמרו אלה אלהיך ישראל דאינון תולדין דתוהו הם דורות הקודמין וכאלו הם חטאו בכך **ואינון** עמלקים גבורים נפילים ענקים

למעבד

אדם לשבת בית. דקרא שמהן לכל חיות הקודש ולכל שרפים ואופנים וצבא דלעילא. לכל חד קרא ליה בשם ידיע. ובדרגא ידיעא. לאשתמודעא לכל חד מאתר דאתנטיל. כגווני דנחלי ימא דאתחזרו לאתר דאתנטילו בשליחותא. הה"ד כל הנחלים הולכים אל הים וגו׳ אל מקום שהנחלים הולכים שם הם שבים ללכת מאתר דאזלין. תמן חזרין בשליחותא מרוב אונים דא כתר עלאה. ואמיץ כח דא חכמה. מאי כח דיליה אימא עלאה. איש לא נעדר איהו כללא דתלת ספירן. מאי איש יי׳ איש מלחמה יי׳ שמו. איש א כתר עלאה. י׳ חכמה. ש׳ שרשא דאילנא דאיהי אימא עלאה תשובה ודאי. ועוד מרוב אונים דא עמודא דאמצעיתא אונים דיליה נצח והוד. ואמיץ כח דא צדיק איש לא נעדר יי׳ איש מלחמה. והא אתמר קם סבא בתר טולא דרבי שמעון ואמר ר׳ ר׳ האי קרא הכי שמענא ליה. שאו מרום עיניכם. שאו כמו שאו ידיכם קדש. ודא קדש ישראל ליי׳ ראשית. מרום דיליה כתר עלאה. מי אימא עלאה דברא עלמא באלה מאן אלה. אלה ראשי בית אבותם ואינון תלת אבהן. המוציא במספר צבאם אלין צבא השמים דאינון נצח והוד. מאי מספר דלהון אלא מספר וחשבון דכלא דא שכינתא עלאה. לכלם בשם יקרא דא שכינתא תתאה דאתמר למשה בניגה וארעך *בשם. מרוב אונים ההוא דאתמר ביה וידגו לרוב בקרב הארץ. ודא צדיק. ואיהו אמיץ כח איש צדיק. כח דיליה איהי כח דעובדא דבראשית דאתמר בה ועתה יגדל נא כח אדני. לא נעדר משכינתא לעלם. והאי והאי כלא קשוט. שבעין אנפין לאורייתא א"ל סבא סבא מרוב אונים ואמיץ כח תמן אדם קדמאה. תמן אברהם יצחק ויעקב. תמן משה ואהרן תמן דוד ושלמה ותריסר שבטין. וכל נשמתין דשתין רבוא דישראל ורכל דרין עלאין ותתאין

מ ן מן הארץ שמלכות שמעלה מ"ן, לתפארת שהוא סוד וא"ו דשמא קדישא וזהו לאמו נ סן לאם וא ו או מ מ ו שהם המ"ד נאמנ ס מרוב אונ ס דא כתר עלאה ואמיץ כח דא חכמה פירוש הכתר נקרא אין וכתר עלאה כליל כמה כתרים וזהו אונ ס לשון רבים דכמה אין, כליל ביה וחכמה א הי כח מה ולז"א ואמיץ כח דא חכמה וכ ל תיבת אונים ה א ממספר אות ות והרוב של ממש הוא שלשה והם שלש אותיות א ן דהכתר נקרא א ן מרוב אונים ההוא דאתמר ב ה ודגו לרוב בקרב הארץ ידא לד ק פרוש ריסוד בו שלוב הו ה אדנ"י שמולים מספר

* פו ע א

דְּאַבְרָהָם דְּאִתְּמַר בֵּהּ מִפְּנֵי שָׂרַי גְּבִרְתִּי אָנֹכִי בֹּרַחַת מָחוֹל עָלָהּ אִתְּמַר שַׁל נְעָלֶיךָ מֵעַל רַגְלֶיךָ נָעַל מְטוּנַף דְּטִפָּה סְרוּחָה. כִּי הַמָּקוֹם אֲשֶׁר אַתָּה עוֹמֵד עָלָיו אַדְמַת קֹדֶשׁ הוּא דָא שַׁבָּת וְעָלֵיהּ אָמְרַת שְׁכִינְתָּא פָּשַׁטְתִּי אֶת כֻּתָּנְתִּי אֵיכָכָה אֶלְבָּשֶׁנָּה רָחַצְתִּי אֶת רַגְלַי אֵיכָכָה אֲטַנְּפֵם. וּבְגִין דָּא צָרִיךְ בַּר נַשׁ בְּשַׁבָּת לְשַׁנּוֹיֵי בִּלְבוּשִׁין, בְּשַׁרְנָא, בְּמַאֲכָלִין, וְצָרִיךְ לְמֶהֱוֵי מוֹסִיף מֵחוֹל עַל הַקֹּדֶשׁ. וְכָל הַמּוֹסִיף מוֹסִיפִין לֵיהּ נֶפֶשׁ יְתֵירָה בְּשַׁבָּת. וְכָל הַגּוֹרֵעַ גּוֹרְעִין לֵיהּ הַהִיא נֶפֶשׁ יְתֵירָה ח"ו:

תקונא תשע וארבעין ליום כ"ה

בְּרֵאשִׁית בָּרָא אֱלֹקִים. שְׂאוּ מָרוֹם עֵינֵיכֶם וּרְאוּ מִי בָרָא אֵלֶּה. מִי אֱלָהּ הוּא אֱלֹקִים. מִי בָרָא לְאֵלֶּה. שְׂאוּ מָרוֹם עֵינֵיכֶם דָּא כ"ח רָאשֵׁי תֵּיבִין שְׁמַע דְּמִיַּחֲדִין יִשְׂרָאֵל לְקֻבְּ"ה פַּעֲמַיִם. וְתִשְׁבְּחוּ תַּמָּן מ"ח. דְּאִיהוּ כְּלָלָא דַּחֲמִשִּׁין אַתְוָון. וּבְמַאי צָרִיךְ לְיַחֲדָא לֵיהּ. בְּשַׁחֲרִין. בְּהַהוּא דְּאִתְּמַר בֵּיהּ רוּם יְדִידוּ נָשָׂא דְּאִיהוּ מָרוֹם בְּגִין דְּאִיהוּ מְרוֹמִים יִשְׁכּוֹן. וּרְאוּ דְּתַמָּן אוֹר. וְדָא אוֹר הַכּוֹכָבִים דִּבְהוֹן שְׁכִינְתָּא נָפְקַת הה"ד הַמּוֹצִיא בְמִסְפָּר צְבָאָם. וּבְגִין דָּא קְרִיאַת שְׁמַע בְּלֵילְיָא, כְּמָה דְּאוּקְמוּהָ מָארֵי מַתְנִיתִין בִּיצִיאַת הַכּוֹכָבִים. עֶרֶב וָבֹקֶר צְרִיכִין לְיַחֲדָא לָהּ עִם מַלְכָּא בְּגִין דְּבָעֶרֶב הִיא בָאָה עִמֵּיהּ וּבַבֹּקֶר הִיא שָׁבָה לְגַבֵּיהּ. וְדָא עֶרֶב דְּיִצְחָק וּבֹקֶר דְּאַבְרָהָם דְּתַמָּן בָּעֲלָהּ בֵּינַיְיהוּ יִשְׂרָאֵל. וְעוֹד הַמּוֹצִיא דָּא הַמּוֹצִיא לֶחֶם מִן הָאָרֶץ בְּגִינָהּ אִתְּמַר לַחְמוֹ נִתָּן וְכוּ'. וְעוֹד הַמּוֹצִיא בְמִסְפָּר צְבָאָם אִלֵּין רמ"ח תֵּיבִין דְּק"ש. לְכֻלָּם בְּשֵׁם יִקְרָא הה"ד וַיִּקְרָא הָאָדָם שֵׁמוֹת וְגוֹ'. דָּא הַהוּא דְּאִתְּמַר בֵּיהּ כְּתִפְאֶרֶת

דמיה דא רו נויא דנ"ר ס"ג כ"ב יתול יהר אם ר"ח טמא דלא תערב שיחא בשבת גם טחול מרה ג' רלח מלך פיוג סרות בעל סרלא ולא חקרב בשבת דא רו ח"ס ומ"ש רעב ולאתון וכו מנה ששה מ"נים כנגד של שתו בששת ית רחול לשנויי בלבוש, בשרגא בתאכל, ג"ב ר"ח שרגא לבוש, מאכל, שלש כ' השבת יהיה שלש בשלשה אלר, וגם אמר עוד וכי ך למהו מוסף מחול על רקודש רנה דבר זר נרמז באות וא"ו כ' למולם ק"ל וא"ו לרבות וא"כ כנגד זו רדוספר מוסף וא"ו באות ות ש"ים הנז ו' היה שלום לכך אומר ס' שבת שלום **בראשית** ברא אלקים שאו מרום עיניכם כ"ב דר"ש ר"ח שאו מרום ע"נכם שמע דא קריאת שמע ומ"ת שאו מרום ע"נכם מספר אלה"ם שהוא תוהו ומ"י אלי"ה **ותשבחו** תין מ' דא רז כללא דחמש, אתוון פירוש בפסוק שמע שרש ש' כ' ר' אתוון, ושכ"ם הם בבוקר ובערב הר מ"ח, אתוון וו"ש שאו מרום ע"נכם ר"ח שמע ולאו מ"ר ל' תשבחו תמן סוד ית"' אתוון **ועוד** המוציא דא הלחם הוציא לחם מן הארץ בנ"ה אתמר לחמו נתן פירוש המוציא לחם ה"ם אדם

וחד לאתמליא מיניה בני ישראל אנון תרין כליין נצח והוד בנוי דישראל סבא עמודא דאמצעיתא. תלת שביעי שביעי שביעי. אין תלת אבהן ענג שבת ונהר יוצא מעדן להשקות את הגן. ונהר. אית נהר ואית נהר. אית נהר דאתקרי נהר פלגיו. ואית נהר דאתקרי נחל קדומים. עדן עלאה עליה אתמר עין לא ראתה אלקים זולתך. האי נהר איהו ו דנפיק מעדן עלאה דאיהו א' ואעבר בין אבא ואימא ואזיל חמש מאות שנה ומטי על צדיק שביעי ומתמן אשקי לגנתא דאיהי שכינתא תתאה זבאה איהו מאן דנטיר דידה לשבת דאיהו לבא דלא אתקריב תמן עציבו דטחול וכעס דמרה דאיהו נורא דגיהנם. דעלה אתמר לא תבערו אש בכל מושבותיכם ביום השבת. והכי הוא ודאי. דכל מאן דכעיס כאלו אוקיד נורא דגיהנם. ארבעים מלאכות חסר חד. אינון לקבל ארבעים מלקיות חסר חד בטבת ואינון עשרה דלקה אדם ועשרה לחוה ועשרה לנחש ותשעה לארעא ובגין דא אמרו מארי מתניתין אין לוקין בשבת. דאלין מלאכות אינון חייבין לישראל לקבל מלקיות. יציאות השבת שתים. אינון עבודה והנחה דעביד לון בבת אחת. מאן דאעקר חפץ מאתריה ואנח ליה לבר מאתריה ומרשותיה כאלו אעקר אילנא דחיי דאיהו אות ברית ואנח ליה ברשו נוכראה. מאן דעביד דא גרים דאעקר נשמתיה מרשות דילה ואנח לה ברשו אחרא דאיהי מרה וטחול ודא גרם לישראל דאתעקרו מארעא דישראל ואתגליאו בארעא נוכראה. דאיהי רשות הרבים. והכי איהו מאן דאעיל אות ברית קדש דיליה ברשו נוכראה. שבתאי איהו טחול חמ"ה אתתא בישא מרה שבתאי עליה אתמר והבור רק אין בו מים. מים אין בו אבל נחשים ועקרבים יש בו. ואיהו רעב וצמאון וקינה והספד *וחשוכא וקבלא. ואיהי גלותא לישראל וצריכין ישראל למעבד לה שנוי בבלא והא אוקמוה. ואיהו דבור דחול דאיהו אסיר בשבת ובד לא אשכחת אתר לשריא תמן איהי ברחת. כגוונא דשפחה

שם ה משרשו דנטיר דידי' לשבת דא רז לבא פ רוש השבת נקרא לב שהוא באמצע ב ן דר ו וכן אב"ג וקרי לב בשם ד רה שהוא אות זה דר י"ד שבו באלות תו ב פרש סוד י"ד דלא אתקריב תמן על בו דטחול וכעס

* פר ע"ב דאברדם

בן יוחאי ואמר ר׳ ר׳ שפיר קאמרת. אבל האי כוס צריך לסלקא ליה בדרגוי. עטור מסטרא דעטרה דאיהי כתר עליון על רישא דצדיק. עטוף כגון עוטה אור כשלמה. מאי עוטה דא י׳ דאתעטף באור ואתעביד אויר. והאי דאתעטף איהו חכמה. הדחה ושטיפה דאיהו וטהרו וקדשו. טהרה מסטרא דכהנא. דאתמר בכהנא טבל ועלה אתדכי למיכל בתרומה וקדשו מסטרא דשמאלא הה"ד וקדשת את הלוים. ח"י מסטרא דצדיק ח"י עלמין כליל ח"י ברכאן דצלותא. ומלא מסטרא דעמודא דאמצעיתא. ומקבלו בשתי ידיו ונותנו בימין דא דהוא דאתמר ביה מימינו אש דת למו. כי ימינך פשוטה לקבל שבים. ואיהו ימינך יי׳* נאדרי בכח תרין ידין אינון ה"ה. חד שמאלא וחד ימינא ובג"ד צריך לאתייהבא בחמש אצבען משום כוס ישועות אשא. ונותן עיניו בו. עלייהו אתמר עיני כל אליך ישברו. ואינון תרי סמכי קשוט דאינון י׳ י׳ דאינון בת עינא ימינא ובת עינא שמאלא. ובנייהו ו׳ זעירא זעיר אנפין. דאיהו שוקיו עמודי שש. ומסלקו מן הקרקע טפח מסטרא די׳ זעירא חכמת שלמה ומשגרו במתנה לאנשי ביתו דא אימא עלאה דאתמר בה ישמח משה במתנת חלקו. ובגלותא לית לן אלא ארבעה ח"י מלא שטיפה הדחה. וסימניך חמש"ה ואינון מסטרא דאת ה׳ דאיהי רביעית לחשבנא ואיהי דל"ת. עניה בגין דאסתלק מינה ו׳ דאיהו שית דרגין. הכו"ס איהו ברזא דיאהדונהי דאיהו כ"ו ה"ס. כו"ס בחשבנא אלקי"ם:

תקונא תמניא וארבעין

בראשית תמן תר"י תמן שב"ת. כגוונא דא בראשית.** ברא שי"ת. ואינון תרי שבתות. עלייהו אתמר ושמרו בני ישראל את השבת לעשות את השבת וכו׳. תרין זמנין ארכיך הכא שבת לקבל שכינתא עלאה ותתאה לדרתם. מאי לדרתם. אלא זכאה איהו מאן דעביד לון דירה בשבת בתרי בתי לבא ואתפני מתמן יצר הרע דאיהו חלול שבת. ברית עולם דא צדיק דשריין תרויהו עליה חד לאמלאה ליה

קמלה בכדתה ושטיפה וקדשו את כ בברכה דמברך עליו ומ"ש קס סבא חד מבתר טולא דרשב"י פירוש קמ"ל וחד

* פה ע"א ** נ"א ברא שת"י

אוקמוהו מארי מתניתין. שנים שאוכלין על שלחן אחד וכו'. ואם הוא חד אורח וחד בעל הבית. בעל הבית בוצע. ואורח מברך. בעל הבית בוצע דא עמודא דאמצעיתא לעילא. ואורח מברך דא צדיק דאתמר ביה וארח צדיקים כאור נגה וגו' וצדיק איהו בשבת כאורח. דאתי ואזיל בכל שבת ושבת שבת שכינתא. בעל הבית דילה עמודא דאמצעיתא. ואיהו בוצע ופרים פרוסה דנהמא. דאיהי טפה ויהיב לאורח דאיהו צדיק ועני. ואורח מברך לבעל הבית בכל מכל כל. דאינון תלת אבהן בברכן דאתברכו אינון (ס"א תשע ברכאן) דברכאן על ידי דצדיק נתתין לעמודא דאמצעיתא הה"ד וברכות לראש צדיק. מאן ראש צדיק. דא עמודא דאמצעיתא. תשע ברכאן אינון מעילא לתתא מכתר עד צדיק. ותשע אינון מתתא לעילא. מצדיק עד כתר עלאה וכלהו סלקין ה"י וכלא כלילא מנייהו. תפלה למשה תפלה לדוד. בית הכנסת. איהו כנוסיא דכלהו ברכאן תפלה איהי. בגין דאיהו סוס לקב"ה. ואיהי אתעבידת טפלה לרוכב. הכי אוקמוהו מארי מתניתין אין הרוכב טפל לסוס אלא הסוס טפלה לרוכב. אית טפל בטית ואית תפל בתיו כגון היאכל תפל מבלי מלח. והאי תפלה הכי איהי בתיו. ואיהי כוס דיין דאיהו יי"ן הוטבן סו"ד מין יסוד. וצריך ביה עשרה דברים. כמה דאוקמוהו מארי מתניתין. ואינון כחשבן י' מן יסוד. ואינון עטור. ועטוף הדחה. ושטיפה. חי. ומלא. מקבלו בתרי ידוי. ונותנו בימין. ויהיב עינוי ביה. ומסרקן מן הקרקע טפח. ומשגריה במתנה לאנשי ביתיה. עטור מסטרא דעטרה דברית מילה. עטוף עוטה אור כשלמה. ואם הוא עני דלית ביה אלא רביעית לוג. דאיהי שעורא דאת ד' אתמר תפלה לעני כי יעטוף הדחה ושטיפה. הדחה מלגו. ושטיפה מלבר. ורזא דמלה וטהרו וקדשו. קם סבא חד מבתר טורא דר' שמעון

פיק שבה כ בשבת רוא עת ריוו של בת ת כ ד ר ו ולז"א כל ר ות, מטתו ב ן לפון לדרוס כלומר שמשמש בשבת שע לו פלו ריוו ב, מספר לפון, למספר דיוס רוא סוד בת הכ ד רוא זוכה לבנים זכרים לרול ד רוחות שה"ם דכור, ועל פ ב חור זר בת כון, ידדבר דדר ש לקחן, בגיוד ב בפסוק וקרא זה אל זה דראשון יב ו"ב וכו בגין דא ר סוס לקב"ר וה ר תתעבדת סוס לרוכב פירוש לקב ה דתפלה וה א ש בר הארת ג פ מ ב שרם מספר סוס ורזא דמלה וטהרו וקדשו כ ריום רוא דאלר דבע קן הדחה ושם כר קודש וה ט דבת ב וטהרו

בן

דא תנינא. ויברך אלקים את יום השביעי הא תלת לאתכללא בעשר ספירן דלית ספירה דלא אתכלילת בעשר. כל חדא בממשלה דילה אבל ממשלה דצדיק יום הז' ביה אתכליאו כל ספירן שביעיות. שבעין תבין אינון בקדוש ויכלו וזכור ושמור הא שבעין ותרין כחשבן ויכלו. ושבת צריך לתקנא ביה פתורא בארבע רגלין כגוונא דפתורא דלעילא דאתמר ביה זה השלחן אשר לפני יי. ועליה אתמר תערוך לפני שלחן. פתורא דקב"ה דא שכינתא איהי מסטרא דצפון דאיהו גבורה ובג"ד תקינו מארי מתניתין שלחן בצפון. ונר דריק לימינא כגוונא דלעילא דאתמר ביה מנורה בדרום מטה באמצעיתא מסטרא דעמודא דאמצעיתא. ת"ח שכינתא אתקריאת פתורא מסטרא דשמאלא. ומנרתא מסטרא דימינא. ומטה מוצעת כסטרא דעמודא דאמצעיתא ובגין דא זווגיה דיליה באמצעיתא בין צפון לדרום. והא אוקמוה רבנן כל הנותן מטתו בין צפון לדרום הויין ליה בנים זכרים וכו' פתורא איהי סמיכה על ארבעה סמכין. סמכין דאיהי כגוונא דגופא דסמכין ליה דרועין ושוקין דאינון ארבע. וצריך שית נהמין מהאי סטרא ושית נהמין מהאי סטרא *ורזא דמלה זה השלחן אשר לפני יי. ז"ה בחשבן ו' ו' דאינון שית פרקין דתרין דרועין. ושית פרקין דתרין שוקין. דהא שכינתא אתעבידת גופא למלכא בכל תקונא דילה ובאלין תרין עשר פרקין דנוקבא. ותרין עשר פרקין דדכורא מלאכיא אמרי וקרא זה אל זה ואמר קדוש קדוש וגו ז"ה עם קב"ה אח"ד. ז"ה עם שכינתא אח"ד. וכלא יקו"ק אחד מיחד תרוייהו. ולקבל זה אל זה אמר דוד כ"ד רננות. ואינון לקבל כ"ד ספרי אורייתא. זה איהו לקבל ד אנפין לכל חיה לתלת חיון. זה תניינא לקבל ד גדפין לכל חיוא לתלת חיון. ודא איהו רזא דמלה וארבעה פנים לאחת וארבע כנפים לאחת להם. דכלהו פרחין בפתורא קדם יי בכמה רננות. וצריך להברא להאי פתורא אורייתא דאיהו קב"ה ובגין דא

סוד רסות ה מיד שרתבו ד' וגברו עטרה ובגין דא זווגא ד' ה כלא צ תא ב, נפון לדרוס כ ב לכך מתלא רהפרס ש ס ב ן תספר לפון לספר דרוס רוא מספר כ ד כנגד כ ד קסוס כלר וכ ד לרוס סס אה" וכ ד אוקמוהו

* פד ע"ב

ברא אותו בצלמו בתפלין דרישא כגוונא דתפלין דמארי עלמא דאינון שכינתא עלאה תפלין על רישא (דאיהו) דעמודא דאמצעיתא דאיהו כללא דתלת ספירן קדמאין. ועמודא דאמצעיתא כליל שית ספירן. ואימא עלאה תפלין על רישיה. איהו תפלין דאנח קב"ה בכל יומא בצלם אלקים. תפלין דיד דא שכינתא תתאה דאיהי קשירא ליה. ועלה אתמר ונפשו קשורה בנפשו תרוייהו ביחודא חדא בקשורא חדא רצועה כריכא באצבעא שמאלא דא קדושין דילה דאיהי טבעת כריכא באצבעא דילה ובה איהי קשירא עמיה ואיהו עמה הא קדושה. ברכה כללא דז ספירן ואנון שבע ברכאן דחתן דאנון ז' יום השביעי צדיק עליה אתמר וברכות לראש צדיק דירית באימא עלאה. ואת י' על רישיה איהו חכמה י'. בה אתעביד ז'. שבע ברכאן דירית חתן וכלה וכלילן בצדיק יום השביעי דביה מתיחדין התן וכלה דאיהו יאקדונק"י. והא אוקמוהו כי כל בשמים ובארץ ותרגום דאחיד בשמיא ובארעא. ואיהו אות ברית דלית יחודא להת, וכלה בר מניה ויכלו השמים והארץ וכל צבאם. ויכלו בצדיק אתכלילן כל אברין וכל ספירן. כי אברין דאינון פקודין דעשה דביה אשר קדשנו במצותיו וצונו. למעבד כל פקודין. דאיהו כ"ל כליל כלא. ואיהו כלא. ומיניה תלוי כלא. עמודא דאיהו סביל שמיא וארעא עליה. וביה אתעבידו כל פרט וכלל. ובג"ד ויכלו כליל שמיא וארעא. שמים אש ומים. ודא שמאלא וימינא שמים עמודא דאמצעיתא כליל תרוייהו. הארץ שכינתא תתאה. וכל צבאם נצח והוד דאינון צבא השמים. בגין דאיהו כליל שבע ספירן דשבח דוד בהון לקב"ה הה"ד לך יי' הגדולה והגבורה וגו'. בג"ד אתקרי יום השביעי כלל שבע. וסלקין לשבעין דחשבן תיבין דקדוש ויכלו. ויכל אלקים ביום השביעי דא אימא עלאה דאיהי אלקים. בתר דכליל ביה ספירן אתקריאו על שמיה כלהו שבתות שבע שבתות. דבתר כליל ביה תלת ספירן עלאין דכליל באימא עלאה וקרא לון שביעי שביעי על שמיה. הה"ד ויכל אלקים ביום השביעי הא חד דכליל ביה. וישבות ביום השביעי

דוד הע"ה שרזא סוד המלכות מספר שמו ד וכן כת ב ביה ודוד מני, ב ד שר ה מתקן כם רוח ו את המלכות שהית

קק"ק כדמותנו לעמתם משבחים ואומרים ברוך כבוד ה' ממקומו. ועוד לעילא נעשה אדם. הכא אתכלילו כל ספירן דאינון יוד קא ואו קא דאינון עשר וסלקין חושבן אד"ם ואמרו בני ישראל לתתא נעשה אדם בצלמנו כדמותנו. (נ"א כאן, ש"ך הכתוב לקמן בת קון ס"ח ועוד נעשה אדם עד והאדם ידע)

וירדו בדגת הים אלין ת"ח דמתרבין בימא דאורייתא דירתין מתמן נפש חיה. ובעוף השמים אלין מארי הזכוון דבזכותהון (נ"א דזכותהון) פרחין לעילא וירתין מתמן רוחא דאיהו עוף יעופף בגדפין דפקודין דעשה. ובבהמה אלין עמי הארץ דאתמר בהון, אל תיראו את עם הארץ כי לחמנו הם. ועוד נעשה אדם שכינתא תתאה נטילת עצה מקב"ה דאתמר ביה כתפארת אדם לשבת בית. דעמודא דאמצעיתא ושכינתא עלייהו אתמר זכר ונקבה בראם ואתקריאו אדם. ובגוונא דיליה אמר לתתא באדם וחוה זכר ונקבה בראם ויקרא את שמם אדם וכמה דקב"ה ושכינתיה אתקרי אחד הכי קרא לון אחד לאדם ולאתתיה הה"ד כי אחד קראתיו. דתפארת איהו א"ת כליל תשע ספירן, מלכות ד'. עשירית ליה כלילא מעשר דאינון יוד קא ואו קא ואיהי ד' כלילא מארבע אתוון דאינון יקו"ק. קוצא דאת ד' מורה על עשר וד' על ארבעה. דהכי רשות היחיד רחבו ד וגבהו עשרה והא אוקמוה. ויברא אלקים את האדם בצלמו בצלם אלקים ברא אותו. הכא פקודא דתפילין. ת"ח כל מאן דאנח תפלין על רישיה ועל דרועיה, קלא סליק בכל יומא לכל חיוון מרכבות ואופנים ושרפים ומלאכין דממנן על צלותין הבו יקר לדיוקנא דמלכא דאיהו מאן דאנח תפלין. דעליה אתמר ויברא אלקים את האדם בצלמו בצלם אלקים

עולה מספר ר' ו' שרות ג' שיות ע"ב ו' דוע כל שם ע"ב רוח בבחינת דנקרא קדוש לכן דר"ש בצלמו ועל אמרת קק"ק גם דריש כדמותנו על את רת ברוך כבוד וכו' כי ת"ב בדמותנו עולה תקכ"ו ועם כולל האות ות עולה תקל"ג כזה, ברוך כבוד ה' ממקומו עם האותיות ורי"ה **ובעוף** השמים אלין מאר דזכוותן דבזכות הון פרחין פירוש קא על רעש ר' ס' שרם יתוז קם ביד ת"ח א"ב"פ שמעשר דלדקה שלהם ה' א' בעשיר עכ"ז כיון דדם מחו קים ביד ת"ח שהם ב"ל רה ששם רוח עסק התורה גם הם פרח, לע לא שעול"ן מן עם ס' לילירם וירת"ן מן התורה של ת"ח רוחא דאקר עוף השמים שה"ם זכר ויעופף בגדפין דפקודין, דעשה דילהון **קרא לון** אחד לאדם ולאתת ה' רה"ד כי אחד קראתיו לע"ב דפסוק זה כתוב באברהם לע"ה הנה מודע דאברהם לע"ה היה דוגמת אדם ושרה היתה דוגמת חוה שאל הם תקנו עון אדם וחוה **קוצא** דאות ד' מורה על עשר וד' על ארבעה וכו' ,דאר לכן ברא

בצלמו דאיהו מוכן לשבת על הכסא הה״ד ויברא אלקים את האדם בצלמו והכא תרין פקודין. חד נעשה אדם בצלמנו כדמותנו. ותניינא ויברא אלקים את האדם בצלמו. נעשה אדם דא פקודא למגזר ית גיורא למהוי בצלמנו בגזירו דערלה כדמותנו בפריעה ואם נטיר אות ברית בתרוייהו איהו בצלמנו כדמותנו. ואם לאו לאו. ואי מקיים זכור ושמור בשבת איהו בצלמנו כדמותנו. ואם לאו לאו ולא אית ליה חולקא בזרעא דישראל. ואם מיחד לקב״ה תרין זמנין בכל יומא בק״ש ביממא ובליליא איהו בצלמנו כדמותנו. ואם לאו לאו. ואם הוא מנח תפלין דיד ותפלין דרישא בכל יומא דאינון לקבל זכור ושמור איהו בצלמנו כדמותנו ואם לאו לאו. ואי איהו מקיים יבום וחליצה איהו בצלמנו כדמותנו. אי לאו לאו. וכלא ברחימו ודחילו דקב״ה. ועוד נעשה אדם בצלמנו כדמותנו למאן אמר דא (לע״ח) לאינון מלאכיא דמברכין ומקדשין לקב״ה לעילא בכל יומא בברוך וקק״ק. הדא הוא דכתיב וקרא זה אל זה ואמר קק״ק. ומגלן דמברכין ליה. אלא כד שאלין איה מקום כבודו להעריצו אמרין ברוך כבוד יי׳ ממקומו. ואנן לקבליהון מקדשין ליה בקק״ק ומברכין ליה ברוך כבוד יי׳ ממקומו. ואינון אמרין על ישראל נעשה אדם בצלמנו כדמותנו. בצלמנו דמקדשין לקב״ה כמה דאוקימנא. וקרא זה אל זה ואמר

הכא סלק אומר, ושוב אמר [illegible] אותן חד וכו׳ פירוש [illegible] אותן חד [illegible] אותן חד [illegible]
דבור [illegible] ואי א׳ [illegible]
מקיים יבום וחליצה איהו בצלמנו כדמותנו [illegible]
בום [illegible] (ביצות דף ל״ז) [illegible]
[illegible] בקדושה [illegible]
העשר של יבום [illegible]
[illegible]
[illegible]
[illegible]
[illegible]
[illegible]
[illegible]
אבל [illegible]
ואי לא לאו **בצלמנו** דמקדשין לקב״ה כמה דאוקמנא [illegible] קק״ק [illegible]
קק ק

בהמה ורמש וגו'. בהמה אלו עמי הארץ דעובדיהון כבעירן. עלייהו אתמר תוצא הארץ נפש חיה למינה בהמה ורמש:

תקונא שית וארבעין

בראשית ברא שית. ואינון שית גדפין דחיה דאתמר בה ועוף יעופף על הארץ על פני רקיע השמים. אינון שית ספירן דכליל האי עוף. דאיהו עמודא דאמצעיתא. אית מאן דירית רוחא דקודשא בארח אצילות מהאי עוף ואית מאן דירית רוחא מההוא עוף דאיהו נער שמיה כשם רביה. ואית מאן דירית רוחא מלתתא דארעא כמה דאמר קהלת מי יודע רוח בני האדם העלה היא למעלה ורוח הבהמה הירדת היא למטה לארץ:

תקונא שבע וארבעין ל' ום כ"ד

בראשית ברא שית. ודא יומא שתיתאה דאתמר ביה ויהי ערב ויהי בקר יום הששי הכא תלת אומנין תניינן. אומן חד אפיק נהורין ביומא רביעאה. דהוו תריין ביומא קדמאה דאתמר ביה אור. אומנא תניינא אפיק דיהטא ממיא הה"ד ישרצו המים. ודא הוה תליא ביומא תניינא דאתמר ביה מים הה"ד יהי רקיע בתוך המים. הכא מיא והכא מיא. אומנא תליתאה (ס"א אפיק עשבין וזרעין) לקבל יומא תליתאה דאתמר ביה. תדשא הארץ דשא עשב מזריע זרע למינהו ואתמר ביומא שתיתאה פרו ורבו ומלאו את הארץ. מאי ומלאו את הארץ אלא ההיא דהות יבשה ביומא תליתאה. אתמר הכא ומלאו את הארץ. הה"ד מלא כל הארץ *כבודו. ודא ברוך שם כבוד מלכותו לעולם ועד. קק"ק יי' צבאות לקבל יקוו המים מתחת השמים אל מקום אחד ותראה היבשה. לקבל מלא כל הארץ כבודו ביומא שתיתאה אתקנו שית דרגין דכרסייא. וביה אתברי אדם

דג ורין בברס תלבשו האשיות הולדות לעוה"ז וכמ"ש רבינו האר"י ז"ל בשער רגלגולים בענין עסק התורה שם ה בורא אברהם אע"ה ומרע"ה וכן רב עקבר וכן מוא וכ ולא **אית מאן** דירית רוחא דקודשא בארח אצילות מהאי עוף פירוש עוף רוח ז"א שהוא סוד רתפארת הנקרא עמודא דאמצעיתא וידוע דהבריאה נקראת ארח אצילות וכו' לוקח רוח מן ז"א דבריאה דאיה אורח אצילות ויש לוקח רוח ירהוא עוף דאיהו נער פירוש מטטרון שהוא בי"ע ואית מאן דירית רוחא מלתתא דארעא פירוש מן ז"א דעשיה **הכא תלת** אומנין כך ר"ל הגירסא בצלמו

רָזָא מִי עָלָה שָׁמַיִם וַיֵּרַד. זַכָּאָה אִיהוּ מָאן דְּסָלִיק צְלוֹתִין בֵּיהּ. דְּהָא צְלוֹתָא אִיהִי סֻלָּם דְּבָהּ מַלְאֲכֵי אֱלֹקִים סָלְקִין וְנַחְתִּין לָהּ. אִית לְמָאן דְּסָלְקִין לָהּ לְעֵילָא. וְאִית לְמָאן דְּנַחְתִּין לָהּ לְתַתָּא. כַּד סָלְקִין לָהּ לְעֵילָּא סָלְקִין לָהּ בְּזַכְוָון. וְכַד נָחֲתַת נָחֲתַת בְּזַכְוָון. הַאי לַצַּדִּיק גָּמוּר. סָלִיקַת מִינֵיהּ בְּזַכְוָון וְנָחֲתַת בֵּיהּ בְּזַכְוָון לְבֵינוֹנִי דְּזַכְוָון דִּילֵיהּ שְׁקִילִין לְחוֹבִין. אִיהִי תַּלְיָא בַּאֲוִירָא אִם חוֹבִין מִתְרַבִּין עַל זַכְוָון (כחוט השערה) אִיהִי סַלְקָא לֵיהּ בְּחוֹבִין. וְנַחְתָּא לֵיהּ בְּזַכְוָון וְנָטִיל בַּהּ אַגְרֵיהּ בְּהַאי עָלְמָא. לְרָשָׁע גָּמוּר דְּלֵית לֵיהּ זְכוּ בְּעָלְמָא לָא לְעֵילָּא וְלָא לְתַתָּא סַלְקָא מִינֵיהּ בְּחוֹבִין וְנַחְתַת עֲלֵיהּ בְּחוֹבִין. הָא הָכָא כִּי עוֹף הַשָּׁמַיִם יוֹלִיךְ אֶת הַקּוֹל דְּאִתְּמַר בֵּיהּ וְעוֹף יְעוֹפֵף כְּגוֹן מוּעָף בִּיעָף. עַל פְּנֵי רְקִיעַ הַשָּׁמַיִם דָּא נְשָׁמָה. דְּאִלֵּין דְּזַכָּאֵי בְּאוֹרַיְיתָא אִתְּמַר בְּהוֹן יִשְׁרְצוּ הַמַּיִם שֶׁרֶץ נֶפֶשׁ חַיָּה וְגוֹ׳ דִּירְתִין נִשְׁמָתִין מֵאוֹרַיְיתָא. לְאַהֲרָנִין כָּל חַד לְזִנוֹי כְּפוּם עוֹבָדוֹי. הה״ד בְּיוֹמָא שְׁתִיתָאָה וַיֹּאמֶר אֱלֹקִים תּוֹצֵא הָאָרֶץ נֶפֶשׁ חַיָּה לְמִינָהּ

לשון סלק. דהא צלותא א״ה סולם דבה מלאכי אלקים סלקין ונחתין לה פירוש דהתפלה היא בקול שהוא מספר סולם ועוד א״ה דוגמת הסולם ש״ש בו מדרגות זו למעלה מזו עד ש״ע למעלה וכן בקרבנות עולים למעלה וכוונת רות עולים ליל דר וביולד עולים לבר אח ואז עומדים בתפלת רעית דר באצלות שהוא העליה ואח״כ חוזרים ויורדים מן העליה שה״א האצלות לבר אח בקדושה ובא לציון ומשם כ״ל דר במזמורים ומשם למעלה בסדר אמרת דקטורת גם בגוף תכלית דעמידה עמר בסדר דברכות של ראשונות ואמצעות ואחרונות ש׳ כמו הדרגות כמדרגות דסולם ולכן אמר צלותא א״ה סולם ומ״ש מלאכי אלקים סלקין ונחתין לה פירוש כי התפלה מעלין בה מן מגמל הקדושה דלמטה וכנגד זה אח״כ ויורד בה שפע דנקרא מ״ד מעלה לתתא ואלו דמין וה״מ ד׳ תלבשו באורות שהם בת מלאכים אשר ברא ועשה הצדיק במצותיו ועל זה אמר סלקין לה בזכוון ונחתין ליה בזכוון ויש לב נוני אם חובין מתרבין על זכוון א״ר סלקא לה בחובין ולרשע גמור סלקא מיניה בחובין ונחת עלי״ר בחובין הכוונה כי מי שעושה עונות מתאחזים בתפלתו כוחות החיצונים דמתגברים מחובין דיליה והב׳ שני דרכו עונות מתאחזין כוחות החיצונים בעלית תפלתו שעולין עמה אבל בשפע דירד ממנו אין מתאחזים אלא השפע מלבש ברוחות הטובים הנעשים מזכוון ד״ר כי כל אדם ממשיך שפע בתפלתו וכמ״ש רז״ל ע״פ טוב ה׳ לכל לטובים ולרעים דגם לרעים נותן שפע ולכן בעלית התפלה שלו מתאחזו כוחות החיצונים שמתגברים מרבוי חובין דיליה כי מ מונע אותם אבל בשפע היורד מהשם ית׳ באותה התפלה לא תאחזו בו כוחות החיצונים כי השם ית׳ לא ירצה שיורד השפע שלו בהתלבשות שלהם כיון דלא כלה להרוח בר״ש וכוון שאמרם נבראו כוחות טובים וקדושים ע״י השפע בכלים ולבושות של אלו הטובים אבל רשע גמור דאין לו זכוון כלל ואין לו לבושות וכלים מן כוחות דקדושה אז בהכרח שגם שפע היורד ע״י תפלתו שלו תלבש בלבושות וכלים של כוחות החיצונים כיון דאין לו כלי טהור לקבל בו ודוק היטב. על פני רקיע השמים דא נשמה פירוש דר״ש השמים כ׳ נשמה שהם תעשר מן אותיות ים דשמים אותיות נון תה״ה השמים אותיות נשמה אי נמי דשמים תפארת שרים ואז דשמא קדשא ורקיע שעל השמים הוא בינה שרים אות ר׳ אח דאשונה דשמא קדשא שה׳ א׳ בינה שמשם הנשמה כנודע. דירתין נשמתין מאור תא לאתרגן נראה נשמתין אלו הם הנקראים נפש הגר כי הצדיקים ע״י עסק התורה בוראין נפשין

תקונא ארבעין וחמשא ליום כ"ג

בראשית ברא אלקים. א"ל הי"ם. ימא דאורייתא. ועליה אתמר ויאמר אלקים. ישרצו המים שרץ נפש חיה ועוף יעופף על הארץ. דבא פקודא למלעי באורייתא דאתמר בה הוי כל צמא לכו למים ואלין דעסקין באורייתא ירתין נפש חיה משכינתא הה"ד ישרצו המים שרץ נפש חיה. ועוף יעופף דא רוח. דאתמר ביה כי עוף השמים יוליך את הקול ובעל כנפים יגיד דבר. ודאי איהו יקוק עמודא דאמצעיתא. לקבליה מטטרו"ן דשמיה כשם רביה. י' רישא דעופא ו' גופא דיליה. ה"ה תרי גדפוי דבהון פרח לעילא ונחית לתתא. ואלין תרין גדפין אינון תרין הבלים. ה"ה דבהון אתמר והחיות רצוא ושוב. דאינון י"ו. הבל סליק בי' הבל נחית בו. כהבל דנפיק מפומא דכבשן. והכי ימא סליק ונחית ונגלו רצים ושבים ובעאן לאחזרא עלמא לתהו ובהו. ובזמנא דמסתכלין בשכינתא *דאיהי תחום ימא חזרין לאתרייהו ת"ח י' איהי אמירה ודבור וקריאה ו' קול. ה"ה הבל נחית בדבור הבל סליק בקול. קול סליק. דבור נחית. וכד איהו סליק ונחית מלאכי אלקים סלקין ונחתין ביה. דאינון משריין וחילין דיליה. ודא איהו

דוגמת דתפארת שה"ם שמש שרוא על או שהוא עומד דוגמת ד סוד שרוא על ועליה אתמר ויאמר אלר ס
שרצו רמים שרץ נפש ח ה ועוף יעופף על הארץ כ ב ישרצו רמ ס הם דבר תורה שרץ נפש חיה לדעלות על
ידם ב רור ס מבחינת נפש עד בח ח ס שיעלו בסוד מ ן ואז ע כ ועוף גי וסף שהוא ד סוד ש ש בו קנ ו אורות
כמני, עו ף יעופף על דארץ דמלכות ואלי', דעסקין באור יתא ירת ן נפש ח ר משכינתא פ רוש דגם דנפש ש
בר כללות נר ן ונשמה לנשמה דנקראת ח ה וזרו ירתין נפש ח ה כלומר נפש הכלול בר עד ח ר שר"ס נשמר
לנשמה כ ר ח דה איגה נזכרת מחמת גודל הסעל"ס שלר ונזכרת בכלל החיה ועוף יעופף דא רוח דאתמר ב ה
כ עוף השמים וליך את רקול ובעל כנפים ג ד דבר פ רוש דרוח ה ס תפארת דנקרא שמים ול ך את דקול
כ רוא סוד קול כנודע כ דבור בסכ נר ורקול בתפארת שה"ס רוח ובעל כנפ ס זה התפארת ש ש לו כנפ ס שרס
חו ג ג ד דבר ג ד לשון המשכה וזרו ג ד משוך דבר שרוא המלכות כי דבור במלכות ורוח בתפארת ת"ח יו ד
איהי אמ רה ודבור וקר אה דורש זה על שם רזי ר שהוא במלכות כי בכל ספ רה ש שם הו ה ורק במלכות הו ה
בלא קוד ו דוש אות יוד ש בה שלש חלוקות ראש וגוף ויר ך כנודע בסוד הכת בר שלה ושלש חלוקות שלה מפרש
להו כנגד אמ רה ודבור וקר אה ופירושם אמ רה בלחישו דאפ לו אוזן האומר אין שומעת מה שאומר ודבור
בהכרזה שנשמע ס הדבר ס להעומד אצלו בלבד ולא יותר וקריאה ממולעת שהקר אה נשמעת לאוזן הקורא
והוא מדרגה מיוצעת ב ן אמ רה שא ן נשמעת לאוזן האומר וב ן דבור שנשמע לאוזן אחר העומד אצלו ואמר
וא ו קול דהי נו שנשמע בכל משך ארבע אמות המדבר ו ותר ואות ות ה ה סם סוד הבל כי בדבור ובקול ש
דבל ממש דבק בדש ורק בד בור הוא הבל דק ולכן אמר דבל נח ת בדבור דנקיט לשון נחית כ מחמת דקותו
יפול בו לשון נחית שהוא לשון נחת אבל הבל של הקול הוא עב וגם יותר ולכן אמר הבל סליק בקול דנק ט ב ה
רוא

* פג ע"א

יאות. עץ פרי דא ת"ת. עושה פרי דא בת זוגיה לכל חד כדקא יאות (כל חד אפיק לזנוי). ועוד עץ פרי דא עמודא דאמצעיתא. עושה פרי דא צדיק. אשר זרעו בו על הארץ דא שכינתא דכל זרעין אתכלילן בה. והכא פקודא דפריה ורביה. למעבד אבין וזרעין ההוא לא תהו בראה לשבת יצרה. ומאן דאתבטל מפריה ורביה כאלו אהדר לההיא ארץ יבשה ומנע ברכאן מינה כל חד לפום דרגיה. מאן דפגים לתתא פגים לעילא. לאתר דאתגזר נשמתיה:

תקונא ארבעין וארבעה

בראשית תמן תר"י תמן א"ש. ועלייהו אתמר ויאמר אלקים יהי מארת ברקיע השמים. מארת כתיב חסר ו' דא אורייתא דבכתב. מאי מארת דא אורייתא דבע"פ ואע"ג דאוקמוה מארת חסר דא לילית ע' אנפין לאורייתא ובגין דא מארת בהאי אתר ההיא דאתמר בה כי נר מצוה ותורה אור עמודא דאמצעיתא ועלייהו אתמר את המאור הגדול לממשלת היום ואת המאור הקטן לממשלת הלילה הכא פקודא למעבד צדקה. את המאור הגדול רזא דעתירין. ואת המאור הקטן רזא דמסכנין. וכמה דסיהרא לוה מן שמשא. ולא אית לה נהורא אלא ממה דיהיב לה שמשא. הכי שכינתא אמרת לוו עלי ואני פורע. דהכי צריך ב"נ למהוי מלוה למסכנא. וכוונא דא לוין ככביא ומזלי דא מן דא. ומלאכיא דא מן דא. ורזא דמלה ומקבלין דין מן דין והכי לווה שכינתא דאיהי סיהרא קדישא מקב"ה ומקבלת מיניה דאתמר ביה כי שמש ומגן יי' אלקים. והכי הוה מקבל יהושע מן משה במה דאוקמוהו פני משה כפני חמה ופני יהושע כפני לבנה. והכי הוו כל נביאייא קדם משה כגון סיהרא וכבביא קדם שמשא דלא אית לון נהורא אלא משמשא:

או חסר י' מספר בשר תספר כ"ו ושאר מספר אלכן **בראשית** תמן תר תין אש פירוש תיבת בראשית ש
בה אות ות סר אש ורס אתר ולב ר ע ד מ ש רז' ע"פ סתכוג באש שות בתר א שות **מארת** כת ב חסר ו דא
אורי תא דבכתב סר ם ואו דשתא קד שא ות ש תא מארת דא אור תא דבע פ כמ ש אמרת ה' צרופה ורייתא
ע' תורה שבע כ סר א ב'ת שו שנעשור ין עכו ם וכ' את יר ר א בלת שו ולכן דר ש כאן יאמרת על תורה שבע פ
כ מארת בהפוך אתוון אמרה **הכי** שכ כתא אמרת לוו על ואני פורע פ יום לוו ין הטעם ר פרות עויד בעור ז
בראשית

יחודא. וזריק לה באתר אחרא. גרם לה למהוי יבשה מסטריה דאסתלק נביעו ויחודא מנה ואשתארת איהי יבשה. ודא גרים חרבן עלמא. ומיד אתמר ונהר יחרב ויבש דאיהו נהר דנפיק מעדן דאשקי ליה לגן דאיהי אורייתא שבע"פ דאיהי מתשקיא מאורייתא דבכתב דבכ"ילא ג"ן סדרים דאורייתא:

תקונא ארבעין ותלת ליום כ"ב

בראשית תמן את"ר יב"ש.. ודא איהו ונהר יחרב ויבש. בההוא זמנא דאיהו יבש ואיהי יבשה. צווחין בנין לתתא בי גורא. ואמרין שמע ישראל ואין קול ואין עונה. הה"ד אז יקראונני ולא אענה והכי מאן דגרים דאסתלק קבלה וחכמתא מאורייתא דבע"פ ומאורייתא דבכתב. וגרים דלא ישתדלון בהון. ואמרין דלא אית אלא פשט באורייתא ובתלמודא. בודאי כאלו הוא יסלק נביעו מההוא נהר ומההוא גן. ווי ליה טב ליה דלא אתברי בעלמא. ולא יוליף ההיא אורייתא דבכתב ואורייתא דבעל פה. דאתחשב ליה כאלו אחזר עלמא לתהו ובהו. וגרים עניותא בעלמא ואורך גלותא. ויאמר אלקים תדשא הארץ דשא וכו'. אמר ר אלעזר אבא. והא קרא ליה יבשה מאן תדשא הארץ. א"ל ברי הכי אוליף תיובתא לכל בני עלמא. דאם בר נש יחזור בתיובתא. נחית לה נביעו דאסתלק ומה דהוה יבשה קרא לה ארץ. ונהר דהוה חרב ויבש. קרא ליה מקוה המים וימים. הה"ד ויקרא אלהים ליבשה ארץ ולמקוה המים קרא ימים. בההוא זמנא דאתקרי ארץ. מה כתיב ביה. ויאמר אלקים תדשא הארץ. לאפקא זרעין ואיבין דאינון נשמתין*כל חד לזנייהו אלין נשמתין דאתגזרו מכורסי יקריה. ואלין רוחין דאתגזרו ממלאכים ואלין נפשין דאתגזרו מאופנים. כל חד לזנייהו לכל חד כדקא

ואת בשלה ש קרא את ס בסוד ולד ק ע' שלמ, בה כמ"ש יהר, ז ל גרם לה למהוי יבשה מסטר י פירוש כ פע פר דומר לקוץ של ד' ת שרות כמ, ט פה עוזדת בקן, ז ה והזורק טפה זרעו שלו באתר אחרא דר ו בב את א סוד גורם שגם קוץ דדל"ת אסתלק ואשתארת יבשה וכו ל ומה דהוה יבשה קרא לה ארץ פירוש ארץ לשון רצו ורצון, וכמ ש בזוה ק ח א על פסוק ארצות הת ס שהוא לשון רצו ארצה ארצך וכדאמר בס ד העג, אם האדם חוזר בתשובה שבה נש"ס שם הו ה שנתפרדו כ ו בסוד תשובה תשוב ה א ובסוד שובה ישראל עד ה' אלקיך

יאות

בכל יומא אשתאר ו׳ שית. זמנין שית. סרקין תלתין ושית. כחושבן גדפין דשרפים דאתמר בהון שרפים עומדים ממעל ל״ו. ואלין גדפין תליין מן ו׳ דאיהו שית תיבין דיחודא. ובה סלקין ארבעין ותרין אתוון דבהון אתבריאו שמיא וארעא. תשכח *מקום דסליק יקו״ק. בחשבנא. כגוונא דא. י׳ ק. ה״ה כ״ה כ״ה. ו׳ ל״ו. סליק כלא קפ״ו כחושבן מקו״ם. וביה פקו פלילה. וביה קפ״ו תהומי בלבא דימא. בהאי שמא דאיהו יקו״ק צריך לאתכנשא דרגין דיחודא, ולאכללא ביה עשר ספירן כגוונא דא יו״ד ק״א וא״ו ק״א דאינון עשר ספירות בלימה. יקו״ק. מקום ליו״ד ק״א וא״ו ק״א דאיהו סתים ונעלם. ובג״ד אתקרי עולם עלם. דצריך לאעלמא ליה מכולי עלמא. דאיהו עלם ושכינתא נעלמה דה״ד ונעלמה מעיני כל חי. לאו ספירה דלית תמן יקו״ק יו״ד קא ואו קא והכי צריך לאתכנשא כלא ביה בכל אתר. דכל שמהן אינון כנויין ליה. ושכינתיה איהי יקוק. איהי כלילא מארבע אתוון. ולא אתקרי איהו מקום אלא בה מקום אחד ודאי איהו לא אתקרי אדם (נ״א אחד) אלא בה. כגוונא דאדם דלתתא דברא בדיוקניה דאתמר ביה זכר ונקבה בראם ויברך אתם ויקרא את שמם אדם. ועוד כי אחד קראתיו כגוונא דעשר ספירות. דאינון. א׳ כתר עלאה. ח תמניא ספירן מחכמה עד צדיק. ד׳ מלכותא קדישא. עלה אתמר למען יאריך ימים על ממלכתו. ואם ח״ו פחית בר נש מעשר ליחדא בה. אסתלק קוצא מן ד׳ מן אחד. ואשתארת יבשה. ורזא דמלה יקוו המים מתחת השמים. דאיהי תחת השמים דאיהו קב״ה. דאתמר ביה. ואתה תשמע השמים דנוקבא איהי תחות בעלה. והכי כל מאן דפגים אות ברית בההיא טפה דאיהי

כי בשם הוי׳ קבל בעל המאמר דטעם מרבו אך בזה רוצה מחדש הטעם מעצמו. ע״ה אתמר למען יאריך ימים על ממלכתו. פירוש על ספירת המלכות דקדושה כתיב ממלכתו שהיא מושרש מלך דתחתון שלמטה ומשם, קרא גם קרא לה ממלכתו ר״ל מתלכת וא״ו שהיא סוד ה׳ אחרונה שבשם שמשלמת לכח נתו הוא ו. ואם ח״ו פחית בר נש מעשר ליחדא בה פירוש שאינו מיחד במלכות כל די״ס כולם אז פוחת ומסלק קוצא מן ד׳ דאחד כי קוצא דדלת הוא נקודה לורת יו״ד שמספרה עשר. ורזא דמלה יקוו המים מתחת השמים פירוש המים שם כולל ראות ות והמלה עולה ק וז״ש יקוו המים רס ״ם שבכל א׳ כלולה מעשר עולה ק׳ ואמר יקוו ר״ל תקבלו ו״ה חדו כל הי״ם מתחת השמים דהיינו במלכות שהיא תחת השמים דא הוא תפארת דנקרא קב״ה ואמר דנוקבא איהי תחות בעלה הכוונה דבקל פה הנקבה למעלה מבעלה בסוד פתולה אשר על הכהר אבל בקודש הנוקבא שהיא דמלכות

קדמאה ביה כלילן ותליין מאתן וארבעין ותמניא פקודין דעשה. הכי נמי מיצחק דאיהו כגוונא דיומא תניינא תליין ביה שס״ה מצות לא תעשה יומא תליתאה ביה כליל כלא. מניה תליין פקודין דעשה ולא תעשה כעינבין באתכלא:

תקונא ארבעין ותרין

בראשית תמן איש דאתמר ביה ויעקב איש תם. ודא יומא תליתאה.

דהא תלת אומנין הוו עד הכא. יומא קדמאה ויומא תניינא ויומא תליתאה. כל חד אפיק אומנותיה. יומא קדמאה אמר ליה ההוא אמן מופלא ומכוסה דאיהו אי״ן כליל תלת ספירן. א׳ כתר י׳ חכמה ן׳ בינה. וה אתוון מנצפ״ך מעלמא דאתי אינון לקבל ה׳ עלאה. אמר לכל אחד מתלת יומין דיפיק אומנותיה. אמר ליומא קדמאה יהי אור. מיד אפיק אומנותיה ועביד ליה הה״ד ויהי אור. והא אוקמוהו דלית הויה אלא ע״י עשיה. א מן אי״ן דהוה פרח באויר אפיק אור. י׳ אפיק רקיע. ן׳ מן אין אפיק יבשה הה״ד ויאמר אלקים יקוו המים מתחת השמים אל מקום אחד ותראה היבשה. ויאמר אלקים יקוו המים הכא כמה פקודין פקודא דיחודא ופקודא דפריה ורביה. פקודא דיחודא דאיהו יקוו המים. מתכנשין יחודא דכל ספירא וספירא לאתר חד דאיהו כנישו דכלא. אל מקום אחד דאיהו מקוה ישראל יי׳. יומא תליתאה שמע ישראל יי׳ אלקינו יי׳ אחד. ואיהו יקו״ק מקום אתקרי והא אוקמוה מארי מתניתין דקב״ה אתקרי מקומו של עולם ואין העולם מקומו. כגוונא דא. י׳ עשר זמנין איהו ק׳ מן מקום. ה״ה. חמש זמנין כל חד וחד. סלקין כ״ה כ״ה. כחושבן אתוון דיחודא תרין זמנין דמיחדין שמע ישראל. דאינון שית תיבין דבהון ב״ה ב״ה אתוון. אם בן מאי ק׳. מאה ברכאן דחייב בר נש לברכא לקב״ה

ר״ל הבדלו מן מתוך רדין הרמוז בתוך העדה אם בן מאי ק׳ מאה ברכאן דח״ב בר נש לברכא לקב״ה בכל ומה פירוש בשלמא מספר של שם ההוי״ן שכפלא לומר ה׳ פעמים ה׳ עולה כ״ה מלאה לו טעם שהוא כד לכון בזה תרין תודין של כ״ה וכ״ה אך יספר של ק׳ שעשית ע׳ כפל של אות ו״ד לומר ו״ד פעמים ו״ד עולה ק׳ מה טעם ש׳ בזה המספר של ק׳ ורש״ב ש׳ טעם למספר ק׳ שעם נו ע׳ רכפל של ו״ד כד לכון בזה מספר מאה ברכאן דחייב בר נש לברך לקב״ה והא דלא פירש הטעם במספר ק׳ מא קרא כאשר פירש בשם דרך מספר בבל

מַהוּ. כֵּיוָן דאסתַּלַּק מֵעָלְמָא בְּמָאי הוּא עוֹנשיה. אָמַר ליה בְּדָא אתקַיַּים ויש נספָּה בלא משפט דכַד עָנשא נָחית לְעָלְמָא. איהוּ דאְעֲרַע בְּהַהוּא מחבלָא אתעֲנש. דלָא אַשגַחוּ עֲליה מלעילא וַעֲליה כתיב עֲונוֹתָיו ילכדוּנוּ את הָרָשָׁע. את יְאַסגאה מאן דלָא מטוּן יוֹמוי לאתעֲנשָׁא. עֲוונוֹתָיו ילכדוּנוּ. ולא בי דינָא דלעֵילָא. וּבחַבלי חַטָּאתוֹ יִתָּמֵךְ ולא בי דינָא דלתַתָּא:

תקונא חד וארבעין ליום כ"א

בראשית תַּמָן תשר"י. ודָא דרוֹעָא תנייָנָא. יום תנייָנָא. יָשָׁ"ת חשך סתרו. *אשתָּאר ר' איהי ראש הַשָּׁנה. ותַמָן הַבדָלָה בין טוֹב לָרַע. וּבר"ה מַלכא איהוּ דין. וכָל סַפִירָן אתקריאוּ דינין וּמשפָּטין מסטריה. וכל צבא הַשָּׁמַים קיימין עֲליה מימיניה וּמשמָאליה. אלין מַימינין לכַף זכות ואלין משמאלין לכף חובָה וכַד ישראל יתְעָרוּן בַּשּׁוֹפָרוֹת וסַלקין תַּמָן לשכינתא דאיהי תרוּעת מלך. כַּעֲשָׂרָה שוֹפָרוֹת. בגין דאיהי לָא סַלקָא פחוּת מעֲשָׂרָה בהַהוּא זמנא ויהי מַבדיל בין מים לָמָים. אַפריש קב"ה בין אלין דמַימינים לכַף זכוּת וּבין אלין דמַשמאילים לכף חובָה ואתמר (נ"א מבדיל כגון) הבָּדלוּ מתוך הָעֵדה הַזּאת וַאֲכַלֶּה אוֹתָם כְּרָגַע. וַעַל הָאי תשרי. אתמר בתשרי נברא הָעוֹלָם. ותַמָן (שַׁבָּת תניינא מאלין שֶׁבַע שַׁבָּתוֹת) (נ"א ותמן בת שית בת מאלין שית) וַחֲמִשָּׁה רקיעין ושתיתאה שָׁמַים אינון לָקבל שית יומי בראשית וּבכלהוּ אמַר טוֹב בַּר מיוֹמא תנייָנא בגין דלית בתשרי א לאשלָמָא בראשית. בגין דאסתַּלק בחובה דאָדם. וּבגין דא צפון איהוּ פגים. וּבגין דָא מצפון תפתח הרעה עַד דאשתלים. וּכמָה דאַברָהם דאיהו ימינָא יוֹמָא

לומר אלו ר"ו בג' אדם ת"ש ישראל דכתיב כדו ישראל אשר בך אתפאר שזכו לכאר אך מב"ה הם גרמו להם שנרפך לרם רפאר יאכר ואתמר רבדלו מתוך העדה פרוש הת מ"ס לכף זכות רס מן מתשר חסדים שרם נקראים ת"ם דכור, ורישמאלים רס מן מתשר גבורות ש קראים מ"ס נוקב, ו דוע דתשה חסדים כל א כלול מתשה ר"ר רס כ"ה וכן רות במתשר יבורות רס כ"ר וכש ר"ו רמתשה חסדים ומתשר גבוריות כלולים זכ"ז ביחד שהם מספר חתשים ב' חד אז ה"ו המשמאלים גם רס ת"מ ס לכף זכות אבל כש חבידו מספר רחמשים רהם או רות כ"ו עלד, קשה ולא יורם ורכר בר ותם יתותקים ע" התחברותם כ"ר וכ"ה ב' חד ש ה"ו מספר חמשים רס ימוזים בתוך אות עדר בילותם כוז ע, ד"א ר, ראשם ריאו רות מספר חתשים וזר וירד על רתחברותם ב' חד שאו ה"ו רמשמאלים ימותקים וריו ת"ת ס גם רס ולכן כד לעשות פועל ד, קשר אתר רבדלו מתוך רעדה

קדמאר

דהוו עץ יבש בהאי עלמא הכי נמי בההוא זמנא וגופא בתראה יקום.
ההוא דאתנטע ואצלח ונטע שרשוי כדקא יאות. ועל ההוא גופא
בתראה כתיב. והיה כעץ שתול על פלגי מים העבד אבין ונטע שרשין
ואצלח כדקא יאות. ועל ההוא גופא קדמאה כתיב והיה כערער
בערבה ולא יראה כי יבא טוב. דא כי יבא טוב דא תחיית המתים.
ואתנהיר ההוא נהורא דזמין לאנהרא לצדיקיא דהוה קמיה גניז מיומא
דאתברי עלמא. הה"ד וירא אלקים את האור כי טוב. ביה זמין
קב"ה לאתיא מיתיא הה"ד וזרחה לכם יראי שמי שמש צדקה
ומרפא. וכדין יתגבר טוב בעלמא. וההוא דאתקד רע יתעבר מעלמא
וכדין אינון גופין קדמאין ליהוו כלא הוו. אמר ר' יצחק זמין קב"ה
לארקא על אינון גופין רוחין. אי זכו בהו יקומון לעלמא כדקא יאות.
ואם לאו יהון קטמא תחות רגליהון דצדיקיא הה"ד ורבים מישני
אדמת עפר יקיצו וגו'. אמר ר' אלעזר והאי מאן דאסתלק מעלמא עד
לא מטון יומוי לעשרין שנין מאן אתר אתענש בגין (דהוי מתליסר
שנין ולעילא) דהא מתליסר ולתתא. לאו בר ענשא הוא. אלא בחטאה
דאבוי. אבל מתליסר ולעילא מהו. א"ל קב"ה חס עליה דלימות
זכאה ויהיב ליה אגר טב בההוא עלמא ולא ימות חייב דיתענש בההוא
עלמא והא אוקמוה. א"ל אי חייבא הוא ולא מטון יומוי לעשרין שנין

באות מ' נמלא ה"א ותלופר ריחר אותיות מ שרואה ר"ל תם ולזה דמיון מן דכן נפקין א"ר יוסי אי הן
גופין דלא זכו ולא אליהו רב אינון כלא הוי פירוש דרב הוקה שאל אם נשתאר תדא לא אשתי יתא בגוף אחד
אלא הם לרך לה ארכבע או תתם גופם או ותר עד שרשלי תו תקון שלר ה' יעתד בתתם התתם ודלא ררר
דנשמר דה א בגוף אחד מרם ושאר גופין מר תר"ר על הו ורם ב לורי וםם דאם יק אחד יתאלו הגופם או
שנים מסם לא זכו ולא אליהו ר"ל לא זכו יתקן דשמר יתלד עסק התורה וילא אליהו יתקן בה יתלד רתלות הר
אינון כלא הו וכיתו שהו ען בם בהא עלתה הכ"ת יהוו בהסוא וזיא דתת ת התתם דלא קומו ולא תו
כלל אבל גופא בתראה קום בתת ת המתם ויתפרם מ זה אשר קום רוח דלתגע ואי"ת ו טע שרשו כדקא
אות דהינו שתיקן חלק אחד מן רנשתר תקון גמור אע"פ שלא תקן כל חלק רנשתר עכ"ז בגבור אותו רחלק
שתקן קום בתת ית התתם וקת"ו אותו רחלק אשר תקן וכן שאר גופין כל אחד קח החלק אשר תקן ולא
הו כל החלקם בגוף אחד ורק גוף אשר לא תקן תקון תקון שלם אפ"לו לחלק אחד זה לא קום שאם קום יתנן
לו נשמר שהם בקרבו ואם לאו יהון קטמא תחות רגליהון דלדק א פירוש רב לתק לא ם ל כרב ום
שאמר אינון דלא זכו כלל אבדו ורו כלא הו אלא ם' הו בערך קטמא תחות רגליהון דלדקיא ולאו קטמא
ממש קאמר אלא ישון מלר רוח זה ובגרל יתדבר לותר בערך רקע לא ש ר ר יתדים כף רגל ם קומו ו ר ה
בקרבם רות תו ת שנתם ינב נפשות של רלדקים בערך קטמא שתחת רגלי ודתר אותם לקטמא שרוא אפר
מדו

אחרנין מסטרא דעץ הדעת טוב ורע. דמתמן אתייהיבת אורייתא באיסור והתר מימינא חיי ומשמאלא מיתה. ובגין דא אמר ר' עקיבא לתלמידוי. כשתגיעו לאבני שיש טהור אל תאמרו מים מים ולא תהוון שקילין אבני שיש טהור. לאבנים אחרנין דאינון חיי ומיתה. דמתמן לב חכם לימינו דבר נש. ולב כסיל לשמאלו. ולא עוד אלא אתם תסכנו עצמכם. בגין דאלין אבנין דעץ הדעת טוב ורע אינון בפרודא ואלין אבני שיש טהור אינון ביחודא בלא פרודא כלל. ואם תאמרו דהא אבתלק עץ החיים מינייהו ונפלו ואית פרודא בינייהו. דובר שקרים לא יכון לנגד עיני דהא לית תמן פרודא לעילא. ואלין דאתברו מאינ ן (נ"א מאנין) הוו. אתו לנשקא ליה פרח ואסתלק מינייהו. אמר ר' יצחק כל אינון מתים דארעא דישראל יהון ויקומון בקדמיתא לעידן דיתי קב"ה מיתיא בגין דקב"ה יתער עליהו. הה"ד יחיו מתיך נבלתי יקומון. יחיו מתיך אלין אינון דארעא דישראל נבלתי יקומון אלין אינון דבארעא נובראה דלא כתיב בהו תחיה אלא קימה. דהא רוחא דחיי לא תשרי עליירו אלא בארעא דישראל ובג"כ כתיב בהו יחיו. נבלתי יקומון ארין דלבר. יתברי גופא דלהון ויקומון גופא בלא רוחא ולבתר יתגלגלון מתחות עפרא עד דמטו לארעא דישראל. ותמן יקבלון נשמתא ולא ברשו אחרא. בגין דיתקיימון בעלמא כדקא חזי. אמר ר' אלעזר תא חזי בשעתא דזמין קב"ה לאחייא מיתייא. כל אינון נשמתין דיתערון כלהון יסומון בההוא דיוקנא ממש דהוו בהאי עלמא. ונחית לון קב"ה וקרא לון בשמה, הה"ד לכלם בשם יקרא. וכל נשמתא תיעול לדוכתהא ויקומון בקיומא בעלמא כדקחזי. וכדין יהא עלמא שלים. ועל ההוא זמנא כתיב וחרפת עמו יסיר דא יצר הרע דאחשיך אפי דבר נש ושליט ביה. אמר ר' חזקיה אי תימא דכל גופין דעלמא יקומון ויתערון מעפרא אינון גופין דאתנטעו בנשמתא הדא. מה תהא מינייהו. אמר ר' יוסי אינון גופין דלא זכו ולא אצלחו. הרי אינון כלא הוו כמה

טרור ה נון, ו"ד ו ד דמ,הון מ ן דכ , נפקן נ ב ו ד במלוחר מספר עשר ס ולות ות עשר ס מספרס תר ך
כמ, ן ס ס כ ו ד דס ס ולוה במבטל בשנ וד , כמוסנ ודן של ו לר והנה חוה וד בלו ת כ ס תתחלף

ג א קם סבא דסבין עתיקא דעתיקין ואמר ר׳ ר׳. מאי ניהו דאמר ר׳ עקיבא לתלמידוי כשתגיעו לאבני שיש טהור אל תאמר מים מים שמא תסכנו בעצמכם הה״ד דובר שקרים לא יכון לנגד עיני והא כתיב יהי רקיע בתוך המים ויהי מבדיל בין מים למים ועוד מים עליונים ומים תחתונים אית תמן למה אמר אל תאמרו מים מים אמר ליה בוצינא קדישא סבא דסבין קד יאות לגלאה רזא דא דלית חבריא יכלין לקימא ביה על בורייה א״ל סבא דסבין ר׳ ר׳ בוצינא קדישא בודאי אבני שיש טהור אינון י׳ י׳ דאינון חד יוד עלאה מן א ותניינא יו״ד תתאה מינה והכא לית טומאה אלא אבני שיש טהור ולית הפרשה בין מים למים דהכא יחודא חדא דאלין אינון מסטרא דאילנא דחיי דאיהו ו באמצעיתא דא דאתמר ביה ולקח גם מעץ החיים ואכל וחי לעולם אבל אילנא דע״ך הדעת לתתא):

אדהכי הא סבא דסבין עתיקא דעתיקין קא נחית ואמר לון רבנן במאי עסקיתו א״ר ודאי בהאי דאמר ר׳ עקיבא לתלמידוי כשתגיעו לאבני שיש טהור. אל תאמרו מים מים. ואמר לון ודאי רזא עלאה אית הכא והא אוקמוה במתיבתא עלאה. ובגין דלא תטעון נחיתנא לכון בגין דיתגלי רזא דא בינייכו דאיהו רזא עלאה טמירא מבני נשא (נ״א חדא) בודאי אבני שיש טהור אינון י׳ י׳ דמנהון מיין דכיין נפקין ואינון רמיזין באת א רישא וסופא י׳ י׳. ו דאיהו גופא בינייהו איהו עץ החיים. מאן דאכל מניה וחי לעולם. ואלין תרין יודי״ן אינון רמיזין בוייצר. ואינון תרין יצירות יצירה דעלאין ויצירה דתתאין ואינון חכמה בראש וחכמה בסוף. תעלומות חכמה ודאי אינון תעלומות מחכמה עלאה (דאיהו) דתחות כתר עלאה ואינון לקבל תרין עיינין דבהון תרין דמעין נחתין בימא רבא. ואמאי נחתו. בגין דאורייתא בתרין לוחין אלין הוה משה נחית לון לישראל. ולא זכו ואתברו ונפלו. ודא גרים אבודא דבית ראשון ובית שני. ואמאי נפלו בגין דפרח ו׳ מינייהו דאיהו ו׳ מן וייצר ויהיב לון

נ״ב אות ש׳ דשי״ן ר״ת שלום נמנה עם ס׳ רות שלום ת״ס והשלום הוא כ׳ לאה כנגד חג״ת ורחל כנגד נ״ה וכללם זה בזה ולכך יצא רדת״ן כנגן לאה ורחל וע׳ בשער הכונות בדרוש ר״ל לר מר שלפעמים לוקחת לאה מרחל ולפעמים לוקחת רחל מלאה וי״ו א׳ והתעבד שלום ב׳ הוי ודא מחלוקת לשם שמים בודאי אבג ם ם אחרנ׳

פנים וגו'. ומארי דקלין ומארי דדבורין ומארי דרוחא דקודשא. ומארי דידין דאתמר בהון וידי אדם וגו'. ומארי דקומה. ומארי דאות. ומארי דרגלין דאתמר בהון והחיות רצוא ושו"ב. בההוא זמנא ויבדל אלקים בין האור ובין החושך. אלין אינון נביאי דשקרא. דאתמר בהון ויעשו גם הם חרטומי מצרים וגו'. דאפריש לון קב"ה מנביאי קשוט. ויאמר אלקים יהי רקיע בתוך המים ויהי מבדיל בין מים למים הכא רזא דאתעסקא באורייתא דבעל פה ולאפרשא בין אסור והתר דאינון מיין מתיקן. ומיין מרירן. מסטרא דשמאלא ולא יכלו לשתות מים ממרה כי מרים הם. ומסטרא דימינא וימתקו המים. ואינון כגוונא דדם טהר ודם נדה. דצריך לאפרשא בנייהו. בגין דההוא זוהמא דהטיל נחש בחוה גרים לערבא מיין דדכיו עם מיין דמסאבו. ובגין דא תקינו תקנה דא לחובא לאפרשא בינייהו וההוא דאפריש בינייהו. דא רקיע דעל ראשי חיון. דאתמר ביה ודמות על ראשי החיה רקיע דא מטטרו"ן. ויעש אלקים את הרקיע ויבדל וכו. הכא לית מיא מסטרא דמסאבו אלא מיין מסטרא דשמאלא הוו בעאן לאתגברא ומיי, מסטרא דימינא הוו בעאן לאסתלקא עלייהו. עד דאלין אמרין אנן בעינן למהוי קדם מלכא. ואלין אמרין אנן בעינן למהוי קדם מלכא. עד דאתא עמודא דאמצעיתא ואעיל שלם בינייהו וקטיר לון ואתעביד שקל (נ"א של"ם) בינייהו ודא מחלוקת לשם שמים. כגון לאה ורחל דדא בעא לאתחברא בבעלה ודא בעא לאתחברא בבעלה ונטיל לון יעקב וקשיר לון ביה *לתרוייהו. בגין דהות קא מחשבת לאה בלבה אם יעקב נטיל לאחתי. נטיל לי עשו חייבא והכי קא חשיבת רחל כגוונא דא. בגין דא קב"ה יהיב לון ליעקב תרוייהו ושזיב לון מההוא חייבא ואתחברו בצדיקא. אמר רבי אלעזר אבא יומא חדא הוינן בבי מדרשא ושאילו חבריא מאי ניהו דאמר ר' עקיבא לתלמידוי כשתגיעו לאבני שיש טהור. אל תאמרו מים מים שמא תסכנו עצמכם. שנאמר דובר שקרים לא יכון לנגד עיני׳

ימשך אות א׳ לאות ות׳ ה״ר וכשלם שם אר״ר שהוא בג״כה ואתעביד ש״וס ב״יירו ודא מחלוקת לשם שמ״ס נ״א

* פ ע"ב

בראשי"ת. וכד תהא בחבורא עמיה כגוונא דא יאקדונק"י. איהו אמר לגבה. ושכחי עמך ובית אביך. ועל כן יעזב איש את אביו ואת אמו ודבק באשתו והיו לבשר אחד. כי הוא אדוניך והשתחוי לו. אדון כל הארץ ודאי. ובגין דא. מסטרא דיקוק אתקריאת אספקלריאה דנהרא. וכד איהי אדני בלא בעלה. אתקריאת אספקלריאה דלא נהרא. ונביאיא מסטרא דיקוק אינון מאספקלריאה דנהרא. ונביאיא מסטרא דאדני אינון מאספקלריאה דלא נהרא. דאלין מתנבאין רחמי. ואלין מתנבאין דינא. דנבואה איהי שקילא לאורייתא דבכתב ואורייתא דבע"פ. ובההוא זמנא דמתפתחין היכלין דנבואה כמה מארי דעתידות יתערון בעלמא הה"ד ונבאו בניכם ובנותיכם וכו'. וכמה מארי דאותות ומארי דעתידות ממה דהוו ועתידין למהוי. ממה דהוו. מסטרא דמחשבה דאתמר בה ישראל עלה במחשבה וממה דעתיד יהוי מסטרא דאיהי עלאה. ורזא דמלה מה שהיה כבר הוא ואשר להיות כבר היה. וכמה מארי רעיינין דאינון חוזים ונביאיא יתערון בעלמא דאינון עיני יי. וכמה מארי דאודנין דתמן שמיעה דאתמר בהון ואשמע את קול כנפיהם. ומארי דאנפין דאתמר בהון. וארבעה

וכו' דר"ת את שתו ואות ב' של בראשית ר"ת בת יבוד"ר"ת אין בת דאות ה' של בראשית שר א"ר ת אתן דר"ת י"ר ע"ס ר"ת דכת בר"ת י"ד ח' יעס ס' דשתו וגם ב' של בת וחזר עוד בת אתן אשתמודע בר שת וסופר דת בר פ"יוש תיבת בת ה' א"ח וגימ' ס' ל"רמזו תותי בר"ת דוקא א"א ש"כר רמז לכולה בית בראשית כ' ר"ת וסוף בראשית רוח בת ו' תנא רמזו בו"ר כמו ה' בת ר"א שברמזה כולה במ"ל בראשית באתלצר שם אות ות ר"א בחיבג בראשית ו"א שתר רמזו בר"ת אלא רק לה בת שתו שברמזה באות ש' בר"ת ועל זה דרש פסוק ור"ו לבשר אחד כ' בשר ר"ת בת שתו ר"ת **איהו** אמר לגבה ושכחי עמך וב"ת אבי"ך ב' תכארת דאצילות אומר לאצילות דאצילות שבת ביחך א"י כ' ע' שהם ח' י"ת של דאצילות כנודע כלומר לא תרד לב ע' בסוד ותקם בעוד ל"ר יתה ר"ך ל"ב תר יחד לגרותיך ואומרו וב"ה אבי"ך כלומר לא תפל לבדך לקבל מן חו"ב אלא תר בית בזווית חדה דעל כן ביזוב ת"ש את אביו ואת אמו כלומר בעבור דאצילות דאצילות שה"א כן דאצילות עווב ת"ש התכחירת חו"ב ו' ואת אמו חו"ב ש"א תעסק בקבלת האורות מרש א"א דבק באשתו המלכות ור"ו לבשר אחד כי בעת ש"ס ר' כך לא עשר כך וכתכורש בשגל רכוגות כדרוש ר"ל **כי הוא** אדוניך והשתחוי לו אדון כל הארץ ודאי פירוש דתפארת ר"ס רו"ר בשמם אדון כל הארץ דאצילות שנקראת ארץ ואמר כל דר"נו על בחכם י"אר וכחי שנקראת ס' ארץ ורש דאצלבות ותוספר אדון רמז בזאת שקודם שם רו"ר ובזאת שאחר שם סוף שהם מספר אדון **דנבואה** היא א"ה שק"א לאור את שבכתב ולאור את דבע"פ נ"ב נרמזו זר בזאת ות נבואה שהם אות ות אבן ו"ר דיתור"ר נקראת אבן ושבכתב ר"א ה' ספרים ושבע"פ ו' שם סדרים ולכן כמו דתורה שבכתב היא סוד שם רו"י ושבע"פ סוד שם אדנ"י כן נ"ב נבואה ש' מלד שם רו"ר אספקל"א המאירה ויש מלד שם אדנ"י **ורזא** דמלה מה שהיה כבר הוא ואשר להיות כבר הוא ר"ד נ"ב דר"ש הוא על רכתר שהיא נעלם וממנו

פנים

דרבוניה. ורבוניה אבטח ליה לאפקא ליה לחירו ואפיק ליה. אית ליה לשבחא גרמיה *באפיק ליה מגו שעבודא. והא קב"ה אמר לאברהם כי גר יהיה זרעך בארץ לא להם והא איהו אבטח לאפקא לבנוי מגלותא הה"ד ואחרי כן יצאו ברכוש גדול. ואיהו משבח גרמיה במה זמנין אשר הוצאתיך מארץ מצרים. א"ל ברי שפיר קאמרת אבל לאו איהו רא לשבחא גרמיה אלא כל ספירה וספירה אתקריאת ראש לחברתה. ובגין לאשתמודעא לון מאן אתר אפיק לון מגו שעבודא. פתח באנכי ואדכיר ביה אשר הוצאתיך מארץ מצרים וגו׳. חמשין זמנין לקבל חמשין תרעין דבינה. ועוד אשר קדשנו. אמר רבי אלעזר אבא הא אם עמודא דאמצעיתא איהו מצוה וצוה הוה ליה למימר בגיניה אשר קדשני וצוני מאי אשר קדשנו וצונו. א"ל ודאי שפיר קאמרת. בודאי על עמודא דאמצעיתא צדיק אתמר עד תרווייהו אקב"ו. אשר ודאי דאיהי אשר אהיה אימא עלאה. מני לון על שכינתא דאיהי מצוה לכל חד מינייהו. ואינון לעילא תרין. כענפין דאילנא דאתפרשו לימינא ולשמאלא ולתתא אתעבידו בה אגודה חדא ובג"ד אינון לעילא תרין ולתתא חד דיהודא לא אית בכל ענפין דאילנא אלא בה. דאיהי אגד דכלהו. איהי אגודא דכל אבר ואבר. ובה אתעבידו כלהו חד. ועוד ויאמר אלקים יהי אור. דא נבואה במראה דאתמר בה במראה אליו אתודע. ואיהי חזון דנביאיא. איהי חזון וקב"ה חוזה. דאיהו יקו"ק אדנ"י דהכי סליק חזון חסר ו חמש ושתין כחשבן אדני. בנבואה ס"ו. ס"ה כחשבן אדנ"י. ותיבה הא *ס"ו. ובמאי היא חזון באת ו ביה אתעבידת אספקלריאה דנהרא ארון דילה:

תקונא ארבעין

בראשית שמעי בת וראי והטי אזנך וגו. בראשית תמן שמע"י. תמן ב"ת תמן רא"י. שמע"י ש מן בראשית. ב"ת תמן אשתמודע ברישא וסופא דתיבה. רא"י תמן אשתמודע באמצעיתא. כגוונא דא

אלה ס דס נו עשרה מאמרות אתר אלרס ובזר - אור בראשית תמן שמע תמן רא תין בת פירוש אות ת' של בראשית ר"ת תמן ועם אות ית' של בראשית דר"ת תין רא ונשאר ש' של בראשית שהוא ר"ת שמעי

(ודא איהו הקרה הנורא). אשר דאיהי אימא עלאה. קדשנו במצותיו בצדיק. דאיהו קדש ידיד מבטן. וצונו עלייהו בגין דאיהו מצוה ועושה ועוד אשר קדשנו דא עמודא דאמצעיתא דאתמר ביה קדש ישראל ליי. וצונו דאיהו הכי מצוה ועושה ועוד קדשנו מסטרא דשמאלא דאתמר ביה וקדשת את הלוים. ולית קדושה פחות מעשרה ואלין עשרה מאמרות (דאיהי קדש לי כל בכור דאיהו כתר עלאה וחכמה דאיהי ישראל עלה במחשבה) דאתמר בהון ויאמר אלקים יהי אור. וצונו על מסטרא דימינא דאתמר ביה הוקם על. דתמן כל ברכאן לימינא דאינון ק׳ ברכאן כחושבן ע״ל. דאתי׳ בק׳ אסתליק למאה. דאיהו קרבנא דכלא. מסטרא דאבא ראש מסטרא דאימא אשר. מסטרא דאבא מצוה, ומסטרא דאימא עושה. ומצוה דא עץ פרי. ועושה דא עושה פרי. ושמעינן דאינון גוף וברית דחשבינן חד. עלייהו אתמר שתי כתפת חברת כמה דאינון חוברות. הכי שכינתא עלאה ותתאה חוברות אשה אל אחותה. ועוד אשר קדשנו במצותיו וצונו ולא אמר קדשתנו וצויתנו. אשר. איהו אשר אהיה ודאי. ודא כתר עלאה. מסטרא דנוקבא אתקרי אשר ומסטרא דדכורא אתקרי ראש רישא דכל רישין. קדשנו דא אבא (סבא) דאתמר ביה ויאמר אלקים יהי אור. וצונו דא אימא דאתמר בה ויהי אור ולית הויה אלא ע״י עשיה. ותרוייהו לימינא ושמאלא. ומאן מצוה ועושה על המצוה דאיהי שכינתא, דא עמודא דאמצעיתא, והכי צדיק בצלמיה וכדמותיה. ועל שמיה אתקריאו ישראל בני בכורי ישראל. ועל שם צדיק אתקרון צדיקים. הה״ד ועמך כלם צדיקים לעולם ירשו ארץ. ועוד אנכי יי׳ אלקיך אשר הוצאתיך מארץ מצרים אמר ר׳ אלעזר אבא וכי מאן דאיהו תחות שעבודא

לזה כ׳ טעם ס״ת משום דכתיב אשה אשר אריה דא מא ה א בסוד אר ר וקאמר בה אשר אה ה והכ דכתיב באשרי כי אשרוני בנות דא מא עלאה אומרת באשר כי אשרוני בנות הם לאה ורחל או לאה שבשער בא מא עלאה אומרת אשרוני בנות הם רחל הגדולה ורחל הקטנה ע״ד מ״ש עט״ר רר״כ מור אבי זלה״ה על מאמר זכר של רחלים נזדמן לי זוקן אחד מנהיגנו וכן מאמר רחילא כנגד רמ לא אולא שרש רחל הגדולה ורחל הקטנה כנז׳ בספרו רבה״ר מדרש אליהו **וצונו** דאיהו הכי מצוה ועושה נ״ל במצותיו וצונו דא הו הכ מצוה ועושה וסכוכה דעמודא דאמצעיתא א הו כ״כ מצוה מן או א וא״א דאבז ל הקב״ר מק״ס כל המצות וה ינו על עמודא דאמצעיתא **ואלין** עשרה מאמרות דאתמר בהון ויאמר אלהים יהי אור כ״כ וא״ו של ו אור שמוש ודרש כן הכ וד אמר דרבוניה

מפומיה אתעביד מלאך וְדָא איהו וכל הָעָם ראים אֶת הַקולות ואֶת הַלַּפִּידִים. וּבַאֲתַר אַחֲרָא אָמַר קְרָא אַחַת דִבֵּר אֱלקים שתַים זו שָׁמָעְתִּי. מָאי הָאי. אָמַר ר"ש סָבָא סָבָא שמַעְנָא רב"נ יהיב ביה קב"ה תְלַת קטירין. נשמתָא ורוחָא ונַפְשָׁא נשמָתָא מכורסייא יקָרָא תַמָן נחיתַת שכינְתָא עִלָּאָה כלילָא מתלַת ספירָן עִלָּאין וַעֲלַייהו אתְמַר אַחַת דִבֵּר אלקים שתַים זו שָׁמָעְתִּי. אַחַת וּשתַים הָא תלַת ספירָן עִלָּאין דאתמַר בְּהון. אַחַת אַחַת ואחַת. תרַת אַחֲרָנִין. וְדָא איהו אַחַת דִבֵּר אֱלקים שתים זו שָׁמָעְתִּי. ז"ו. ביה עָבִיד לון אֶחָ"ד. וּלְבָתַר מַלִּיל עִמֵּיה מרוחָא דאיהו מטטרו"ן כליל כל צְבָא הַשָּׁמַיִם דלתתא. בגין דאתלַבַּש ביה וְרָכִיב ביה עַמּודא דאֶמצעִיתא כליל שית ספירָן ובגין דָא בכל דבור ודבור דנָפִק מ-יה הֲוָה נָפִיק מניה מַלְאָך. וְדָא איהו וכל הָעָם רואים אֶת הַקולות לְבָתַר נָחִית שכינְתָא תַתָּאָה עֲשִירית באוֹפָן דאיהו נֶפֶש דבַר נַש מתַמָן. ואתמַר ביה וְעַל דאָרֶץ הראֲךָ אֶת אשו הַגדולה. בגין דַעֲלֵיה אתמַר והִנֵּה אוֹפַן א' בָאָרֶץ בגין דישתַמַע קליה ודבוריה מן כָרְסַיָּיא וּמַלְאֲכַיָּא וּשמַיָּא וארעא דישתמודעון ליה בכלָא. עילאו ותתא. כנשמתא דשָׁלְטנותָה בכל גופָא אפילו באבר זְעֵירָא ולית אבר פנוי מינָה:

תקונא תשע ותלתין ליום ד'

בראשית תמן אֲשֶׁר. דאתמר ביה אֲשֶׁר הוצֵאתיךָ וכו' אֶקיק אֲשֶׁר אקיק. אָשֵר בְּאָשרי כי אשרוני בנות. וְדָא אִימָא עִלָּאָה. אֲשֶׁר קִדְּשָׁנו בְּמִצְוֹתָיו וְצִוָּנו ע"כ כל פִּקּודָא ופקודא. דאינון פֶּטֶר כָּל רֶחֶ"ם דאינון רמ"ח. דכלהו קטירין בצַדיק דאיהו כל. דאיהו אות ברית דאַפתַּח (פטר כל) רחם דאינון רמ"ח. בקודין דַעֲשֵׂה וַעֲלֵיה אתמַר אֲשֶׁר קדש ידיד מבטן. וְדָא אימא דאתמר בה מבטן מי יָצָא הַקָּרַח.

תמאה סליק, דא על גב דא כו' שכינתא עלאה לאה שכינתא תתאה רחל ות"ש סלק, יא על גב דא באורו ע"פ הקדמה שכתב בספר הכוונות בדרוש לילה נשמתא מכורסיא קרא כו' עולם דבריאה שנקראת עולם הכסא ורוח סוד ב"ן ה"ש קראת שכ"ה עלאה כלולה מתלת ספירן עלאין שהם כח"ב ורכיב ביה עמודא דאמצעיתא כליל ו"ק ספירן, כ"ב לכן מטטרון הוא ששר אותיות וכו', דמליל עמיה מרוחא סוד יתע"ש שרוח מלאך בגין דא כל דבור דנפק ית כיה רוח ית"ך ולכך כתיב עושה מלאכיו רוחות ד"ק בגין דישתמע קליה ודבוריה מן כרסיא ומלאכיא וכו' ואימא כ"ב לכן בתוריה ש"ד חלקים שהם פרד"ס ולכן פתח באלף שרוא ד' אותיות אשר כי אשרוני בות פרוש דרש אשר דבראשית על א"מ ולית אשר רומז על א"מ עלאה עשה

ודא

יקים את דברי התורה הזאת וכו'. דא חבורא דחתן וכלה כי אז אהפוך אל עמים שפה ברורה וכו'. ודא רזא ואמר כל העם אמן) ועד דיפקון ישראל מן גלותא לא יהון בזווגא חדא. ובזמנא דיפקון ישראל מן גלותא יתחברון כחדא בההוא זמנא א"ז ישיר משה. ומיד ויאמר אלקים יהי אור דאיהו מפמנו דגלותא. בההוא זמנא דמטרוניתא בעאת לאעלא בהיכלא דילה. קלא סלים ברומי דרקיען ויימא הכי. משריין סגיאין דמתיבתא עלאה ותתאה דנשמתין קדישין אתתקנו לקדמות מטרוניתא דקא אתיא יאתתקנא למפרק בנאה מן גלותא. בההוא זמנא כמה מארי שופרות ומארי דקלין ומארי דברקים דאתמר בהון ויהי קולות וברקים וענן כבד על ההר וקול שופר חזק מאד משה ידבר והאלקים יעננו בקול. בההוא זמנא משה ימלל בשכינתא הה"ד פה אל פה אדבר בו. והאלקים דאיהי אימא עלאה יעננו בקול דאיהו עמודא דאמצעיתא והא אוקמוהו מארי מתניתין בקולו של משה. בההוא זמנא שכינתא עלאה ותתאה סלקין דא על גב דא. כגוונא דאתמר בטורא דסיני דאתמר תמן מי זאת עולה מן המדבר מי בזאת עולה. מ"י אימא עלאה דבה פתח קב"ה בטורא דסיני אנכי. קם סבא חדא מבתר טולא דר"ש ואמר ר' ר' הא הזינא דאתמר מן השמים השמיעך את קולו ליסרך וכו' ובאתר אחרא שמענא דמליל עם ישראל מסטרא דמלאכיא דהכי אוקמוהו דכל דבור ודבור דנפיק

בההוא זמנא כמה מארי שופרות ומארי דקלין ומארי דברקים פירוש ש(ו)פר אימא רם מן שלשה אמהות וה שרש חג"ת ומארי שופרות הם מצד הגבורה שהיא דרגא דיצחק ומארי דקלין הם מצד החסד דרגא דאברהם ומארי דברקים הם מצד התפארת דרגא דיעקב והם מתעוררים בזכות אבות יצחק ויעקב והא דיקא מארי דשופרות בראש מפני דלעתיד דרגא דגבורה מתעוררת בראש וכתיב כי יצחק וכו' ז"ל (בשער הפסוקים ב' ע"ד) ע"פ חנם נמכרתם ולא בכסף תגאלו וז"ל דע אתה כי לרודעת בדא קדא וכו' ולא בכסף תגאלו דלא לרו פורקנא דלרון מסטרא דחסד דהוא כסף אלא מסטרא דגבורה דהוא אמא עלאה דלית יום דינא רוח ב' עוד דשמר מן דב נו אימא עלאה זה יגו דאמר כן במסכת שבת דאמרו שרא על יצחק כי אתה אבינו דבגבורה עיקר דאתאחדת באמא עלאה לרו כנו כורקנא דאתגלא אמא עלאה ביצחק ובר פקון וכו' עכ"ל, ולכן כאן דמדבר בפורקנא דלעתיד נקט מאר שופרות בראש ור"ת שלהם שבק וגם קשב וגם יומן וגם מ"מ וגם תן שרוא תרגום של שמונה בההוא זמנא משה ימלל בשכינתא פירוש שכינה מדברת מתוך גרונו כדכתיב פה אל פה אדבר בו ותבנית בו דיקא וביאר שזה כל נבואתו בלשון זה הדבור ולא יאמר כה אמר ה' והאלקים יעננו בקול וכו' הא אוקמוהו מארי מתניתין בקולו של משה כלומר מדרגה על וזה שבנבואה שהיא קול בקול וזהו רם שלו וכמ"ש בר"ם שער רוה"ק וכזה א"ש עמ"ש וישמע את הקול מדבר אליו קול לו קו' אל ורבן שכינתא עלאה ושכינתא מפומוי

(אור וַיְהִי) אוֹר. וַיְהִי עֶרֶב וַיְהִי בֹקֶר יוֹם אֶחָד. בַּיּוֹם הַהוּא יִהְיֶה יְיָ אֶחָד וּשְׁמוֹ אֶחָד:

תקונא תמניא ותלתין

בראשית בָּרָא אלקים. פתח ואמר כְּשׁוֹשַׁנָּה בין הַחוֹחִים וכו' שׁוֹשַׁנָּה אית בה חָמֵשׁ עָלִין מלגאו. וחָמֵשׁ עלין מלבר. ואינון ה"ה. שרביט דילה ו תפוח דילה י'. וכלא אֱלקים. חָמֵשׁ אַתְוון דיליה ה חמש עלין מלבר. ה' חָמֵשׁ עָלִין מלגאו. י' תַּפּוּחַ. ו. מַל"א. שַׁרְבִיט. בזמנא דהאי שׁוֹשַׁנָּה איהי בגלותא איהי אַטִימָא בזמנא דיהא פּוּרְקָנָא בעלמא אתפתחת בחָמֵשׁ אוֹר הה"ד וַיֹּאמֶר אלקים יהי אור. ובההיא זמנא דאתפתחת אתלבשת בכמה לבושין דנהורין דאורייתא ואתקשטת בכמה קשוטין דפקודין דעשה. ובזמנא דאתפתחת ואתקשטת בקשוטהא בארבעה בגדי לבן דאינון יקו"ק ובארבע בגדי זָהָב דאינון אדני בארבע בתי דתפלין דיד ובארבע בתי דתפלין דרישא. דאינון לקבלייהו ד לבושין דכהן הֶדְיוֹט. אינון לקבל ארבע כנפות כסותך אֲשֶׁר תְּכַסֶּה בה. וכד אתתקנת באלין לבושין מיד אתפתח היכלא לגבה. הה"ד אֲדֹנָי שְׂפָתַי תִּפְתָּח. ולקול נעימו דרמונים וזגין דלבושא דילה אתמר בחיזון וָאֶשְׁמַע אֶת קוֹל כַּנְפֵיהֶם. וכד אמרין ישראל ק"ש מה כתיב בה וַיִּשְׁמַע אֶת הַקּוֹל מִדַּבֵּר אֵלָיו. קָלָא אשתמע לגבה מבין תרין כרוביא דאינון דו פרצופין. וכד מתיחדא דבור בקלא אתעבידו קול דממה דקה. ודא צלותא בחשאי ובההוא זמנא מאן דבעי למשאל שאלתוי ישאל. דבההיא זמנא יהא עת רצון דהא תרין שמהן כחדא יאקדונק"י. אָז תִּקְרָא וַיְיָ יַעֲנֶה מיד א'ז יאקרונק"י. ב שמהן וח אתוון דבהון הא עשר. ודא רזא ארור אשר לא

עולמות אב ע כר סך הכל ואלקים או תורה שנכתב ה א אור, של אש שר א אנך ותורה שבע פ נדרשת ב ג מדות הנזכרים בבר יאת דרכ שיעלה הר י"ו וכנגד זה ם במלות רבר ה סרות שלש תקונים של מילה ופר ער ומל לו דדמא ועם י ג בר אות שנזכרתו על ה הרי י ו יוד תפוח ו' מלא שרביט פרוש ו ד דשם אלרים הוא תפוח שאמרנו בשם רו ה שהוא אות ו ד ורוא הורד הקטן רעומד באמצע השושנה ואות ום מל א דשם אלה ם הוא סוד וא ו שאמרנו בשם הו"ה שהם הערב ט דה נו רקלא של השושנה ב שמהן וח אתון דבהון הא עשר פירוש עשר אות ום שער שבהם נפתח שער הרצון ולכך אומרים קודם התפלה אדני שפתי תפתח

שמענא במתיבתא. דערלה איהו נחש וכיון דאעברינן ליה מאתריה צריך למיהב ליה מזוניה הה"ד ונחש עפר לחמו ובודאי ברי ברא אשתזיב בר נש מדינא דחבוט הקבר ודמא דאטיפין מפריעה למיהב מזוניה להרוא כלבא דאיהו רוצח ובדא אשתזיב בר נש מחרבא דמלאך המות ועל דא אמר אדם קדמאה קמי קב"ה מי מציל בני מחרב המתהפכת אמר ליה חרבא דמילה כמה דאת אמר עשה לך חרבות צורים וחרבא דקב"ה י"ו פיפיות לקבל מילה ופריעה ומציצה וי"ג בריתות שנכרתו עליה וכן אורייתא שזיב לבר נש מי"ו פיות דחרבא כמה דאמר שלמה עץ חיים הי"א דסליק לי"ו. ולקבל אלין תרין אמרת אורייתא לא תרצה לא תנאף. לא תנאף לקבל נחש אשת זנונים. לא תרצח לקבל כמא"ל ואמר דוד עליה הצילה מחרב נפשי מיד כלב יחידתי. תלת קליפין דערלה אינון משחי"ת אף וחימ"ה. לקבל ערלה איהו עון. והיינו דתקינו בצלותא לגבייהו והוא רחום יכפר עון דא עון. ולא ישחית דא משחית. והרבה להשיב אפו דא אף ולא יעיר כל חמתו דא חימה. ומאן דאעיל אות ברית ברשו נוקבאה. אלין ארבעה שלטין עליה הה"ד והמים גברו מאד מאד על הארץ. על הארץ דא גופא דיליה וארבע זמנין אתמר בפרשת נח. ויגברו המים גברו לקבליהו והא אוקמוהו ערלה ופריעה שמענא דאינון רומי רבתא ורומי זעירתא. בזמנא דמתעברין מעלמא אתגלייא אות הברית דאיהו בת עין ציון דאיהי נקודת עלמא. דבזמנא דאלין קליפין שלטין בעלמא אתחזר עלמא לתהו ובהו ה"ד והארץ היתה תהו ובהו בזמנא דייתי פורקנא מיד ויאמר אלקים יהי אור ויהי אור. היה אור לא כתיב אלא יהי

סרחי וזהו וקס סבע מ סרחי ד קח **שמענא** במתבתא דערלה איהו נחש כ"ב ע , ר ס לת ד ה ה סוף המלוי נ סו , סהוא נחש עם רכולל נס ערלר ר"ת ר"נחש כ"ע עפר לחמו **ובדא** אשתזיב בר נש מדינא דחבוט רקבר א , רכונר ס כלל ינתר דת"ה סלא ר ר י"ו חבוט הקבר אלא סתוב מן רקום סי"ו ס בזר כמה רדרגות **ודמא** דאט כ , תכר עה למ רב מזוכא לררות כלבא דא רו רוצח כ ב אחר אות ות דס ס אות ות הן סרס מספר כלב עם כולל ראות ות וי"ו א אסכ ר חל מדס, חל אלו החיצונים סבס כחל ס לפועל הפרענות חדס הוא דס ר ז וחרב זס רחרב סל ית לר תאכל בסר ב סר סרס כחס וסטן ומ"ס ובדא אסתזב מחרבא דמ ה כ ל לא בר ר ית התו קסר הדומר לחרב וסכין אלא נוחה כמסתל בכיתא יתחלבא **וחרבא** דקב ה ו פ ות כ ב סס הויה ס בו ד אות ות וכל אות כ"ול יסס סלס רר ו אות ות וכן הוא בתורר סה א ד חלקם פרדס וסנה כד'

אור

באטיפו דדמא. תלת קליפין אינון בערלה לקבל תלת קליפין דאגוזא ועלייהו אתמר והארץ היתה תהו ובהו וחשך. תהו קו ירוק קליפה קדמאה. בהו קליפה תנינא. חשך קליפה תליתאה. ותלת אלין דא על גב דא. לקבל תלת גוונין דעינא דאתמר בהון ולא תתורו אחרי לבבכם ואחרי עיניכם וכו' לקבלייהו תלת גוונין דקשת דבהון נקרא בת עין דאיהי נקודה אות ברית עלה אתמר וראיתיה לזכור ברית עולם. ועלייהו אתמר תלת זמנין כל גוים וכו' כי אמים. ואימתי יעביר קב"ה הני קליפין מעלמא ויזכור ברית עולם בזמנא דפורקנא הה"ד ולא יכנף עוד מוריך אימתי לבתר דמתעברין תלת קליפין בישין מינה. ובזמנא דאיהי מתלבשא באלין קליפין איהי אמרת אל תראוני שאני שחרחרת דבאלין קליפין איהי מתחלית. ובגין דא מחלליה מות יומת תהו"ם איהו המו"ת. לגביה צריך פריעה באטיפו דדמא ועד דאתפרע האי פריעה איהי לא אתגלייא בעלמא ולא יהא אות בעלמא. ורזא דמלה כד אתעבר מינה ערלה ופריעה גפים ודפבנתטקמטת מיד אתגלייא אות בעלמא לההוא דאתמר ביה וזה לך האות כי אנכי שלחתיך לקיימא ביה קרא כימי צאתך מארץ מצרים אראנו נפלאות ובג"ד אלעזר ברי לא תצפי לרגלא דמשיחא עד דתתחזי קשת בגווני נהירין או עד דאתגלייא אות בעלמא מאי אות. אלא הדך כבב מיעקב דא את י' אות ברית. ומיד וקם שבט מישראל לגבה. ההוא דאתמר ביה ויהי בישרון מלך חסר ת"ח יומא חדא שאילנא *לאליהו. ערלה אמאי שוינן במאנא בעפרא. א"ל

כ ב ערלה פריעה טיפו דדמא כ ת עמ"ק כ הקלפה עוטפת את רפר ואימתי עב ר קב ה ה קל פ ן מעלמא ויזכור ברית עולם בזמנא דפורקנא הה ד ולא יכנף עוד מור ך פ רוש כ ף אחר ע' הכסו שתכסן בו את הדבר כי הכנף הוא מכסה את ה יך ככתוב בשת ם כסה רגל ו ודוע דהקלפות נאחז ם ב רך של אור דקדושה בסוד הג ברכי דרבנן דשלה מג הו שהם נו"ה ונראה הקלפה נחשבת למכסה שיכסה את האור וכן דרכה של קלפה שהיא מבחוץ ומכסה את הפר ולכן קורא אותו בשם כנף שהוא מכסה והבטיחנו דכתוב ולא יכנף עוד מוריך כלומר מור ך שהם האורות דנה שהם ניקת דנביא ם לא יה ה בהם עוד את זר לקלפה שה א כ נוי כנף דמכסה הילך יען כי הקלפה תמחה ותתבטל ולא ישאר מכסה על האורות שהם מור ך א"א יהו ע נ ך רואות את מור ך שהם אורות הנה"י ומיד וקם שבט מישראל לגבה דהוא דאתמר ב ה ו די בישורון מ"ך דוע שפסוק זה נאמר על מרע"ה והוא נק"א ה ש כמנ , שבט וידוע כי תרע ד הוא יסוד דהכתר דמתפשט בתוך סוד דתפארת דנקרא

שמענא

* עח ע"ב

בחלל דילה. דאיהי רשות הרבים. יין נסך זונה. עליה אתמר את מקדש יי׳ טמא ונכרתה וכו׳. והאי נקודה איהי אות דשבת. אות דימין טבין. אות דתפלין. אות דברית מילה. עטרת דברית. תגא דספר תורה קרינן ליה. כתרא בריש כל צדיק נקודה דעלה אתמר אדם וחוה דהוו דו פרצופים ועלה אמרה סיהרא אי אפשר לשני מלכים שישתמשו בכתר אחד. רזא דא לחכימי קבא אתמסר. (דא) (נ״א ד״ו) איהו ה׳ כתראה. דתרוייהו י׳. ובה אתעבידו חד. והאי נקודה איהי סתימא וחתומה בשית יומין דחול הה״ד יהיה סגור ששת ימי המעשה במאי באת ו׳. (ב) סתים באת ו׳ כו יומי דחול וביומא שביעאה אתפתחת לקבלא לבעלה. ובגין דא זווגא דת״ח משבת לשבת וירתין נשמתין חדישין חדתין לבנייהו. ובגין דא איהי נקודא אתקריאת בתולה ואיש לא ידעה כד איהי גל (נ״א גן) נעול מעין חתום. עד דאתפתחת לבעלה וכד איהי סתימא אתקריאת יראה בכל ו׳ יומי דחול דאיהי סגירא ונטירא. בעשר אמירן ול״ב אלקים דאינון מ״ב אתוון*דגרובה דתמן בינה בשבת ויכלו השמים ויכל״ו חס״ד דימינא כליל ע״ב שמהן דתמן חכמה כמה דאמרן הרוצה להחכים ידרים דחילו בשית יומין דחול איש אמו ואביו תיראו. רחימו בשבת כבד את אביך ואת אמך. כד אתפתחת לגבי בעלה אתקריאת אהבה. ומדחילו ורחימו אתייהיבו פקודין דעשה ולא תעשה:

(נ״א כאן סיים תקון א׳ הכתוב דף קל״ז ע״א ונדפס בדף ע״ב ע״ב)

תקונא שבע ותלתין ליום יט

בראשית איהו ברית. ודאי כד איהו בלבושין דאלין קליפין דאינון ערלה ופריעה צריך תמן דחילו. ועלייהו אתמר לא יהיה לך אלקים אחרים על פני. והאי אות לא ירתין ליה אלא ישראל. דלית אות ברית על דעברין מנייהו אלין קליפין דאינון ערלה ופריעה

הוא יום השבת שי סוד אות ז׳ שמספרו שבעה ובמלואו נקרא זין ר״ת סנו לרמוז דמחלל השבת כזה דא איהו ה׳ בתראה דתרוייהו י״ד ובה אתעבידו חד פירוש ה׳ אחרונה לורתה ד ו ומספר ד״ו הוא עשרה דאיהו י׳ ובמלא שני אותיות דו כעשו אות אחת שהיא ו ד עד דעברין מנ יהו אלין קליפין דאינון ערלה ופריעה באתפו רמת

* דגבורד

בראשית

דאיהו שבת בראשית. דהא שבע שבתות אינון. ולכל חד אית ליה שית
ימי המעשה. וכל יומא דקודשא בריך הוא. הוא אלף שנים הה"ד
כי אלף שנים בעיניך וכו'. ושבת בראשית ו' זמין דיליה אינון ב' אלפים
תהו. ב' אלפים תורה. ב' אלפים ימות המשיח. ב' אלפים תהו והארץ
היתה תהו. ב' אלפים תורה ורוח אלקים מרחפת על פני המים ולית מים
אלא אורייתא. פני המים תרין אנפין דילה דאינון מצות עשה ומצות לא
תעשה. חוור וסומק ימינא ושמאלא. ואלין אינון ב' אלפים תורה. ב'
אלפים ימות המשיח ויאמר אלקים יהי אור ויהי אור. עלייהו אתמר על
כן באורים כבדו יי. על כן ודאי דאתמר ביה ויהי כן ואינון שבעין ועל
ב' מאורות אלין אתמר פרצופין דכר ונוקבא. יהי אור דא פסח אור
לארבעה עשר. ויהי אור ראש השנה דאתמר ביה ויהי היום. הכא ויהי
והתם ויהי. ובכל אתר ויהי לישנא דצערא שבת בראשית נקודה בחלל
דילה (דאיהי שבת ברית) י' שבת חלל. חלל למאן דההיא נקודה מחלליה
מות יומת. למאן דעאל נוכראה בחלל דילה דאיהי רשות הרבים יין נסך
זונה ובג"ד הכא צריך דחילו ודא איהו בראשית ירא שבת הה"ד איש
אמו ואביו תיראו ואת שבתותי תשמורו. ומאן דעאל רשו נוכראה

חוור וסומק ימינא ושמאלא ואלין אינון ב' אלפים תורה ב' אלפים ימות המשיח פירוש דר"ש בתרין אנפין היינו חוור
וסומק הם ב' אלפים תורה ועוד בתרין אנפין היינו מ"ג ושמאלא הם ב' אלפים ימות המשיח רמ"ת, ומ"ש
ויאמר אלקים יהי אור ויהי אור זו היא דרשה אחרת ולא כאשר עשו המדפיסים לחבר פסוק זה עם ב' אלפים
ימות המשיח **ויאמר** אלקים יהי אור ויהי אור עלייהו אתמר על כן באורים כבדו ה' על כן, ודאי פירוש דורש
יהי אור ויהי אור על שמש וירח שהם תפארת ומלכות דעלייהו אתמר דו פרצופין הוו דכר ונוקבא והנה הם סוד
שבעים כי תפארת הם ששה קצוות שהם חג"ת נה"י ועם המלכות הם שבעה וכל אחד כלול מעשר הרי שבעים
ולכן אמר עלייהו אתמר על כן שהוא מספר ע' באורים שהם תו"מ הנז' כבדו ה' ולכן אמר בבריאת שני המאורות
דיום ד' וה"ל כ"ן ג' שבעים **דאיהי** רשות הרבים יין נסך זונה כ"ב ר"ת יין נסך זונה [illegible] ז' והשבת
בחלל

תפלה קודם הלימוד

קבלה מהאר״י זלה ה

רבון העולמים ואדוני האדונים אב הרחמים והסליחות מודים
אנחנו לפניך ה׳ אלקינו ואלקי אבותינו בקידה ובהשתחויה
שקרבתנו לתורתך ולעבודתך עבודת הקדש ונתת לנו חלק
בסודות תורתך הקדושה מה אנו ומה חיינו אשר עשית עמנו חסד
גדול כזה ועל כן אנחנו מפילים תחנונינו לפניך שתמחול ותסלח
לכל חטאתינו ועונותינו ואל יהיו עונותינו מבדילים בינינו לבינך):
ובכן יהי רצון מלפניך ה׳ אלקינו ואלקי אבותינו שתכונן את לבבנו
ליראתך ולאהבתך ותקשיב אזניך לדברינו אלה ותפתח לבבנו
הערל בסודות תורתך ויהיה למודנו זה נחת רוח לפני כסא
כבודך כריח נחוח ותאציל עלינו אור מקור נשמתנו בכל בחינתינו
שיתנוצצו ניצוצות עבדיך הקדושים אשר על ידם גלית דבריך אלה
בעולם וזכותם וזכות אבותם וזכות תורתם ותמימותם וקדושתם
יעמוד לנו לבל נכשל בדברים אלו ובזכותם תאיר עינינו במה
שאנו לומדים כמאמר נעים זמירות ישראל גל עיני ואביטה נפלאות
מתורתך. יהיו לרצון אמרי פי והגיון לבי לפניך ה׳ צורי וגואלי:
כי ה׳ יתן חכמה מפיו דעת ותבונה:

פתחו לי שערי צדק אבא בם אודה יה:

ספר

תקוני הזהר

שחבר התנא הא־לקי רבי שמעון בר יוחאי זיע"א

אשר גלה סודו שבעים פנים לתורה פנים דמארם במלה בראשית
רוקבעו בדפוס פעמים רבות והן היום יצא לאור בתוספת נופך באותיות
גדולות ומבדיקות

ועוד הובה יתירה פירוש נפלא קב ונקי הנקרא בשם

בניהו

מאת הרה"ג הגאון האדיר המפורסם בכל קצוי ארץ אשר כל רז לא
אנים ליה וכל סתום לא עמדו כי מלאך ה' צבאות הוא
כמהור"ר יוסף חיים יצ"ו בכמהר"ר אליהו בכמהרה"ר משה חיים נצ"ל

ע"י המשתדלים והמו"ל האחים מו' ישראל ומו' נתנאל
ומו' בנימין שאוולוף יצ"ו

כרך שני

פעה"ק **ירושלם** תובב"א

שנת תרס"ג לפ"ק

ע"י המגיה בן-ציון מרדכי חזן יצ"ו

גל עיני ואביטה נפלאות מתורתך:

אשרי אדם שומע לי לשקוד

על דלתותי יום יום לשמור מזוזות פתחי:

בדפוס הרי"ן לעווי ושותפיו הי"ו

תקונא תלתין וחמשא

(עז ע"ב)

אָדָם דְאתְבְּרֵי בְתִשְׁרֵי. וּבגִין דַעֲתִידָה אַרְעָא לְאִתְלַטְיָא מִינֵיה. דָא הוּא אֲרוּרָה הָאֲדָמָה בַּעֲבוּרֶךָ אִסְתַּלַּק מִן תִּשְׁרֵי. וּפָתַח בב' דְאִיהִי בְרָכָה לְאִתְבָּרְכָא אַרְעָא וּלְאַפָּקָה לָהּ מִן לְוָטְיָא. וְלָא עוֹד אֶלָּא בְגִין דְתִשְׁרֵי אִיהוּ דִין לָא אִדְכַּר תַּמָּן בְּתִשְׁרֵי דְלָא יִתְכַּן בֵּיהּ זִמְנָא אַחֲרָא. הה"ד נֵר יְיָ נִשְׁמַת אָדָם:

(כך מלאתי)

כם"ש לרמוז על אדם בשם החודש הזה שהוא דין שאם היה רומז בשם החודש הזה שהוא דין הוא משמע שאין הקב"ה מתנהג בחודש הזה עם האדם במדת החסד והרחמים ובאמת הקב"ה מתנהג עם האדם בחודש הזה במדת החסד והרחמים והוא ענין הגלגול שמחזיר נשמות בני אדם בחודש הזה בגלגול להחיותם בעוה"ז וזה התיקון של הגלגול נעשה בכל שנה ושנה בחסד גדול מאתו יתברך וכאשר תקנו אנשי כנה"ג לומר בעשי"ת מי כמוך אב הרחמן זוכר יצוריו ברחמים לחיים ופירש רבינו האר"י ז"ל כוונת דברים אלו הוא שביום ר"ה נידונין כל הנשמות העתידות לחזור בגלגול בעוה"ז וזוכר אותם ברחמיו להחזירם לחיים להחיותם בעוה"ז בסוד הגלגול וכנז בספר הכוונות ולכן הנשמה נקראת נר דכתיב נר ה' נשמת אדם כלומר כמו הנר שדולקין אותו ונכבה וחוזרין ודולקין אותו וכן עוה"ד כמה פעמים ועל כן ר"ת של ס"ת רמז ר"ת אדם בשם החודש הזה שלא רמזו בו לקרות אתשרי אע"פ שהיה ראוי לרמוז אותו בו כ' מפני שהאדם נברא בו והטעם הוא כאשר אמרנו כי הוא מפני שחודש זה הוא דין ובאמת הקב"ה מתנהג עם האדם בחודש הזה במדת החסד ובמדת הרחמים מצד הגלגול שמחזירו בגלגול להחיותו בעוה"ז וכאמור כן י"ש להעמים כל זה בדבר התיקונים אך פשט דבריו הוא כאשר ביארתי לעיל בס"ד

עור. ורזא דמלה ערום ראה רעה ונסתר. ולבתר דמתפשטין מנייהו מתאחדין כלהו ולא יתבששו. ומתחדין אבא עם אימא, אח עם אחתיה, כגון דערוה ביניהו אית פרודא באתוון דאינון יקו"ק. הה"ד כי המות יפריד (בין אחים) ביני ובינך לבתר דאתעבר עריות מנייהו יהא יקוק אחד ושמו אחד. ורזא דאחד אח ד'. ערוה דתרוייהו אחד. בזמנא דאסתלק הוצא מן ד' מן אחד אשתאר אחר. ועליה אתמר וסוד אחר אל תגל:

תקונא תלתין וחמשא ליום י"ח.

בראשית בתשר"י אתברי עלמא. חסר א' למהוי בראשית. דא

אחר גורת ד"ו ואחר גורת ד"י **ולבתר** דמתפשטין מנייהו מתאחדין כולהו ולא תבוששו פירוש בתר דמתפשטין הקליפות מן פרצופים דקדושה או מתי חדין הפרצופין דקדושה אח עם אחותו ולא תבוששו כגון דערוה הם הקליפות לא תביניהו דבר ערוה דאינון הקליפות בינייהו את פרודא באתוון דאינון הוי"ה דרומזין על דפרצופים הקדושים הה"ד כי המות יפריד בני ובינך כלומר ביני בין וד ובינך ובין ד' דהיינו כל פרצוף הוא בעשר ספירות וזהו בן יו"ד שהוא רומז לפרצוף הזכר שהוא אח ובינך רמז לפרצוף דנוקבא שהם שתים אחיות וכל א' בעשר ספירות שהם ך' **בתשרי** אתברי עלמא חסר א' למהוי בראשית דא אדם דאתברי בתשרי פירוש חודש זה ריון שנברא בו אדם היה ראוי לקרותו אתשרי בתוספת אל"ף לרמוז על שהתחיל בו בריאה של אדם והא דלא ס"ף אות אל"ף מפני כי עתידה ארעא לאתלטייא בג"כ כמ"ש ארורה האדמה בעבורך וארור הוא באל"ף לכן חסתלק אות א' מן שם תשרי ולא אתקרי אתשרי ולהכי בת בת בראשית דרומזות על תשרי פתח בה באות ב' כי ב' ריא ברכה ופתח בה לאתברכה בה ארעא לאפקא לה מן האל"רור **ולא עוד** אלא בגין דתשרי איהו דין לא אדכר המן בתשרי דלא יתכן ביה זמנא אחרא הה"ד נר ה' נשמת אדם פירוש דאות תשרי מורין על דין גמור כי הם בסדר תשר"ק שהם לאחור והיינו כי תחלת הבריאה היתה בדין גמור ולכן לא נזכר אות א' בשם החודש הזה של תשרי כי אות א' הוא סוד החסד והרחמים אמנם דוע שכל ש"ר ושנה בראש השנה שהוא התחלת חודש תשרי יהיה בפנימיות מעין בריאת העולם וכמ"ש רבינו האר"י ז"ל בשער הכונות בדרוש ר"ה אך אינו נעשה בדין גמור כאשר ר"ה בתחלת דבריאה אלא היה בשתוף רחמים כלומר בדין ממותק וממוזג ולכן כשבאה התורה לספר על בריאת העולם שה"ה בתשרי כתוב בה בראשית ברא אלהים את השמים וכו' ולא נכתב בתשרי ברא אלהים וכו אלא הוסיף אות א' שהוא רחמים ולא נכתב סדר תשר שהוא סדר תשר"ק שהוא דין אלא נכתבו אותיות תשר בתיבת בראשית בסדר ראשית שהוא סדר אבג"ד ולא סדר תשר"ק והטעם מפני כי אותה דבריאה שהיתה בתחלת בריאת העולם בחודש זה בדין גמור לא יתכן לה ועוד זמנא אחרא בדין גמור כאשר היה מקודם דהע"ג שה"ה בפנימיות בכל שנה מעין בריאת העולם לא היה בדין גמור כאשר היה מקודם אלא יהיה בשיתוף רחמים שהדין הוא ממותק וממוזג ומביא על זה פסוק נר ה' נשמת אדם להורות שגם בחידוש בריאה וחידוש העולם בפנימיות תמיד ושינו נשמת אדם קאי על דפנימיות וקראה נר ה' להורות שהיא כמו נר שנכבה ומתחדש בכל יום ויום וכן הפנימיות יהיה בהם בריאה וחידוש תמיד ורבנן בדברים **כן הוא** פשט אמרי קדוש של ספר התיקונים הנז' אמנם יש להטעים עוד בדברו שגם טעם למה לא אדכר אות א' בתשרי שהיה מן הראוי לקרות אתשר"י כדי לרמוז באות א' על אדם שנברא בו ואמר הטעם מפני כי תשרי הוא דין ולא רצה

אדם

ט"י. וְאָנָה אשתַכַח ה' בתְרָאָה אֶלָא ד' הֲוַת לְמֶהֱוֵי ה'. אֶלָא מָאן גָרַם הַפְּרַח מִינָהּ ו' דאיהו יֶרֶךְ דִילָהּ אֶלָא נתָנַנִי שׁוֹמֵמָה כָל הַיוֹם דָוָה. הָא הוד דאיהו יֶרֶךְ דִילָהּ דְאתחַזרת איהו דָוָה בְאֶלֶף חֲמִשָׁאָה בגין דִפָרַח מִנֵיה יֶרֶךְ דַעֲלֵיהּ אתמַר וַתֵקַע כַף יֶרֶךְ יַעֲקֹב. אִשְׁתְמוֹדַע דמִימִינָא קָא מַתְחֶלֶת למִמְנֵי אֶת ד' עַד נֶצַח. והוד איהו יֶרֶךְ שְׂלִימוּ דִילָהּ. וְדָא איהו דאִתְיְהִיב למשה הה"ד וְנָתַן הוד למשֶׁה:

תקונא תלתין וארבע.

בְרֵאשִׁית ב' נוּקְבָא פתִיחָא לְקַבְלָא מימִינָא לְהַהוּא (נ"א מההוא) דגָמִיל חֶסֶד עִמָהּ וְאַמָאי דאָת י' עַל רֵישָׁהּ כְגַוְונָא דָא ג' ובג"ד הָרוֹצָה לְהַחְכִים יַדְרִים. א"כ אַמָאי ג' אָחוֹר לב'. אלא רָזָא דמִלָה וְאִישׁ כִּי יִקַח אֶת אֲחוֹתוֹ בַת אָבִיו אוֹ בַת אִמוֹ וְרָאָה אֶת עֶרְוָתָהּ וְהִיא תִרְאֶה אֶת עֶרְוָתוֹ חֶסֶד הוּא. ב' חֲזַרַת אַנְפוֹי מא ג' אַחֲזֶרֶת אַנְפוֹי מב'. ד' חֲזַרַת אַנְפוֹי מג' ה' חֲזַרַת אַנְפוֹי מד'. כָל אַתְוָון חַזְרִין אנפין דָא* מן דָא וְלָאו אינון אַנפִין בְאַנפִין. ואַמָאי אֶלָא רָזָא דמִלָה וְרָאִיתָ אֶת אֲחוֹרָי וכו' וְאַמָאי חַזְרִין אַנְפִין דָא מן דָא. בגין עֶרְיָין דאינון לקבלייהו. א' לָקֳבְלֵיהּ אָרוּר דְאִיהוּ עֶרְוָה וְעָלָה אתמַר אָרוּר שֹׁכֵב עִם אֲחוֹתוֹ. דאִלֵין עַרְיָין כָל מַאן דְשָׁכִיב עִם אִמֵיהּ וְעִם אַחְתֵיהּ וְעִם בְרַתֵיהּ וְחַזְרִין אַנְפִין לְגַבַייהוּ דלית לוֹן בֹשֶׁת פָנִים. אֲבָל אַתְוָון קַדִישִׁין חַזְרִין אַנְפַיְיהוּ בבשת בַעֲנָוָה. עֶרְיָה תֵעוֹר. ובגינָהּ אתמַר וְלִפְנֵי עִוֵר לא תִתֵן מִכְשׁוֹל. עִוֵר דאיהו

דאורייתא שהוא סדר אלפא ביתא דאבג"ד ולכן סידורו אות ה' בראש ואחריו אות וא"ו ואחריו אות ו"ד כאשר מסודרים באלפא ביתא דאבג"ד דבסדר ה ו ש פי ד מלא וד אחר וא"ו בדרס הא קשא ליש מאחר שזה דצירוף כנו של אלפא ביתא דאבג"ד שרס אתוון, דאורייתא אלא כיתא באלפא ב תא דאבג ד אות ר"א מלבד אות ר א האחת שהיא דאשונה כ בצירוף זה של הוי ה ש אות ה א ת ר ה בסוף הצירוף וא ה הוא מקומה של אות ר א זו באלפא ביתא דאבג ד שהם אתוון דאורייתא ובלא שם לא כמלא אלא רק אות ה א אחת ולא שתים וא ר מקומה של אות ה א הב שבצירוף זה של הוי ה באתוון דאורייתא שהם אלפא ב תא דאבג ד והם ב דאות ד ש ש באלפא ביתא היא היתה צריכה להיות צורתה כמו אות ה ורק בחטא גרס דפרח מ נה אות ו' שהוא רך ד לה ונשארה צורת ד' בלא ירך בתוכה ובמלא ש באלפא ביתא עוד אות ס אחרת שצורתה ה א צורתה ד בלא ירך ולפ ז ש שת הסי"ן באלפא ב תא דאור יתא ואות ה א אחרונה של צירוף הו"ה תקומה באות ד' שהיה לר ך לה ות צורתו כצורת ה' וכאן הוא מקום שלה ולכן ה א עומדת בל צירוף זה של רוי"ד אחר אות ו ד שהוא שלא כסדר מפני שמקומה באלפא ביתא אינו גלוי וא נו כ כר וידוע כ מקומה הוא אות ז שר ה ראוי להיות צורת ה ואם תאמר קודם החטא איך ר ה אות ד' צורת ר דבמלא של אות ות שום כפול ם פימד ם זה בלד זה ד ל אפשר שר תה צורתן

עוד

* עז ע"ב

ליה יראַת יְיָ לעקָרָא. אֲבָל מָאן דדחיל לקב״ה בין בטיבו בין בעאקו. הָא דָא שַׁוִי יראַת יְיָ ביה לעִקָרָא. דתלת דַרגין אינון ביראָה. אית יראה בֵין בטיבו בין בעָאקו ואית יראָה דדָחיל לקב״ה בטיבו ולָא בעָאקו. ואית יראה דלָא שוי לָה עֲליה לעִקָרָא בין לטיבו בין לעָאקו. צַדיק גָמור שַׁוִי לה עֲליה לעקָרָא בין לטיבו בין לדינָא. בינוני שַׁוִי ליה עֲליה לטיבו ורא לדינָא. רשָׁע גמור לָא שַׁוִי ליה עקָרָא לָא בטיבו וְלָא בדינָא. ושכינתא אַמָאי אתקריאַת יראָה דהָא היא מסטְרָא דעַמוּדָא דאמצָעיתא אתנטילַת. אלָא כמָה דעַמוּדָא דאֶמצָעיתָא נָטיל מרַחֲמי ודינא דאינון ימינא ושמָאלא. הכי איהי נַטלא מתַרוַייהו. מסטְרָא דשמָאלא דָא אתקריאת יראָה פַחַד יצחָק דמסטְרָא דימינָא אַהֲב״ה אתקרי. וּדָא פקוּדָא תניינָא דאתמַר בה ואַהֲבַת עוֹלָם אַהַבתיך עַל כן משַׁכתיך חסד. ומתרין סטרין אלין אתקרי עַמוּדָא דאמצָעיתָא אור ונר. ושכינתָא אורה אֲבוקה. אורָה. לַיהוּדים הָיְתָה אורָה. אֲבוקָה הָכי אוקמוּהו מארי מַתניתין דצַדיקים קַיימין קָמי שכינתָא כַנר לפני הָאֲבוקָה. מסטְרָא דימינא יקו״ק. ומסטרא דשמָאלא אֲדֹנָי דתַמָן דין. ובגין דָא. ביומא קַדְמָאָה. ויאמֶר אלקים יהי אור. בגין דחָמש אור אינון ביומָא קַדמָאָה. ואינון ה׳ עלָאָה ומתַמן נַהֲרין. י׳ בשמָאלא ודָא נר. ודא ה״י מן אֱלקים. ה׳ לימינָא י׳ לשמאלא. (ו׳ מָל״א מתַרוַייהו. עמוּדָא דאֶמצָעיתָא. בֵן י״ק ודא איהו רָזָא אלקי״ם מל״א ה״י. דָא כתיבה קדמאָה. ורָזָא דמלָה ה״א. אֱלקים דא מלֵיאה בהפוּך אַתוָון. והָא ה׳ זעירא דאיהי מַלְיָא מתלת אַתוָון ואתעבידַת קיו״ק. לעילא איהו קוי״ק ובה מַתחילין אַתְוָון דאורַייתא ה״ו ולבָתַר

אחר כו ואז כו עם רעה ריה ל רוף רלועד **ושכינתא** אמאי אתקר את ראר דרא ה א מעמודא דאמצעיתא אתנטלת פירוש מקום כ ו, דאמצע לא מעמודא דאמצע תא שהוא קו רראות ס ותרין רח מו אמאי אתקריאת ראר שהיא דח לו **אתקרי** עמודא דאמצע תא אור ונר ושכ נתא אורה אבוקה כ ב לכן נקראת עמודא דאמצע שא בשם נורא בסוד ראל רגדול רגבור ורנורא ה נו נורא אות ום אור נר דאות ר ש מלט־ף לכאן ולכאן ושכ נתא אורה אבוקה ר נו אורה אור ה׳ שה א ה א אחרונה דמאה קד שא ואבוקה אות ות או ר ק ב בסוד רולה אשה בקב דפרצוף שלר אוה ומשמוקק לק ב אורות **לעילא** א ה הו ר וכר ממח ל, אתוון דאור תא ה ו ולבתר ע י ואנה אשתכח ר בתראר פ רוש ל רוף של רו״ה שרוא אחד מן ב לרופ ס רוא בנו ומסודר ע פ סדר אתוון

תקונא תלתין ותרין ותלתין ותלת

ארבעה לא אשיבנו ועל ארבעה דאיהו מזל אדם לא אשיבנו. דלא יסלסלו ליה אבל לצדיקייא ועושה חסד לאלפים ודאי. תלת גלגולין. בהון איהו רוח תלת אנפין דאינון עלמין דכסופין. ולמאן לאהביו ולשמרי מצותיו. לחייביא דאינהו לא יחזרון בתיובתא בתלת גלגולין אלין, אתמר בהון והאבדתי את הנפש ההיא מקרב עמה, אמר רבי אם כן אנה נהות. אלא שבע ארעין אינון וסלקין לשבעין לקבל שבעים נפש. ושבע ארעין אינון ארץ אדמה ארקא גיא ציה נשיה תבל. ואינון שבע מדורין דגיהנם. ההיא נפשא דלא חזרה בתיובתא באלין תלת. נחית לה קב״ה במדורין דגיהנם אלין, ותמן אתנשי לדרי דרין ואם הוא צדיק אתמר ביה כי שבע יפול צדיק וקם. א״ל רבי אלעזר ואם הוא צדיק אמאי נחית תמן אלא בגין לאפקא מתמן כל נפשא ונפשא מאלין דהרהרו בתיובתא ומתו בקצרות שנין ואיהו טרח בגיניה. דא איהו מאמר קדמאה דאיהו בראשית:

תקונא תלתין ותלת ליום ט״ז

בראשית דא פקודא קדמאה דאתרמיז בל״ב שבילין דאינון ל״ב אלקים דעובדא דבראשית. כ״ב אתוון ועשר אמירן. דאתכלילו בהו. תקונא קדמאה יראה. ועליה אתמר ראשית חכמה יראת יי ראית דחילו ואית דחילו *יראת יי דא שכינתא מלכות קדישא. יראה רעה דא רצועה לאלקאה לחייביא. ומאי ניהו סם המות. דסמא״ל. נוקבא דיליה. יראת יי איהי אגרא למאן דנטיר פקודין דלא תעשה יראה רעה איהי רצועה לאלקאה למאן דאעבר עלייהו קם רבי שמעון ואמר אלעזר ברי. אית מאן דדחיל לקב״ה בגין דיהון בנוי ויסגי עותריה בהאי עלמא ואי חסר מהא. לא דחיל ליה הא לא שוי

[illegible]

יציאת מצרים לאשתמודעא בדרגא דאפיק לון דאיהו יובלא דאתמר ביה יובל היא שנת החמשים שנה ואנון חמשין תרעין דבינה דאתמסרו למשה בסיני בר חד דלא אתמסר ליה. ובגין דא אדכיר חמשין זמנין באורייתא יציאת מצרים. אמר הא ודאי אתישב דעתאי מאן אלקים אחרים. אלין ממנן דשבעין אומין. וסמא״ל ונחש הא ע״ב. בגין דא יהיב קב״ה אורייתא מימינא דאיהו חסד ומשמאלא דאיהו גבורה דאית בה שבעין אנפין לשזבא משבעין אומין. ואורייתא אתייהיבת ממיא ואשא דאינון תרין, לשזבא לישראל מסמא״ל ונחש דאינון מיא ואשא. ובגינייהו אתמר לא יהיה לך אלקים אחרים על פני ולקבל ע׳ אומין ע׳ נפש. ומאן דעבר על ע׳ אנפין דאורייתא דאתמר לא יהיה לך אלקים אחרים על פני. שלטין שבעין ממנן ואומין דיצר הרע על ע׳ נפש. וכמה גלגולין יתון לבר נש על חובין אלין. ואם לא חזר בר נש בתיובתא באלין גלגולין ההוא גופא נחית באבדון גלגולא קדמאה אצטבע בגוון חוור ורכיב נפשא בסוסיא חוורא דאיהו גופא אם חזר בתיובתא אתמר ביה אם יהיו חטאיכם כשנים כשלג ילבינו. ואם לאו ייתי בגלגולא תניינא ורכיב בסוסיא סומקא. ואם חזר בתיובתא אתמר בחובא דיליה אם יאדימו כתולע כצמר יהיו. ואם לא אתחזר אתגלגל בגלגולא תליתאה ורכיב בגופא ירוקא ודא גופא ואינון מזל אריה מזל שור מזל נשר דעלייהו אתמר הן כל אלה יפעל אל פעמים שלש עם גבר. ואם שליט אלה לא יעשה יה לנפשא בתלת גלגולין דעביד לה. שאר כסות ועונה ויצאה חנם אין כסף ועל שלשה פשעי ישראל ועל

ר״ו כוס מדבר זו ורמ״ב לי ר״ם דרגא לא את ישכחא גרית״ר הלא ליחוד״ע דריה דאפק לרז ב״ה שבות מלך רב גר ע״ד ליו פירק א וזי יתב ... ולי ושמ ג׳וס ור׳ל ש״מא, תשי׳ לאחד שרר בכם האסירים ושלח הולך אחד ית״ם ת׳ של׳ו ירולאו ואם של׳ם את ריש״ר של׳ו לרי׳או כיר תכבד זו האסור שילא מבם האסור, ע״ תם״ר ילך שבא לבם רלש״ר, וירולאו בגין דא רב קב״ר אור תא ת״ת דאהו חסד ותשמאלא דאהו גבורה פירוש תורה ם ת״ ת״מ, חסד וחור״ם ע״פ גבורה משמאל דאם בר שבע, אנפין אורייתא אם רבם מת א ואשא דא ון, חסד פירוש דא ו, חסד וגבורה של תדות דעתר דורש על שורש רורה שבכתב ושבע״פ שרס תוג לזוכא לשראל תפלו ותם ר׳ בכם מ״א שרוא חסד גליו מן פלוג ובכח אשא שרוא גבורה גגלו מן חם לכן אם ותם סופם שור ולכן מ ם תם ב שריפה חם מכשו ובגינייהו אתמר לא יה׳ לך אלהים אחרים פירוש אחרים תי׳ יתשע ערם ם מ ת״ת ומאן דעבר על ע׳ א״פ, דאור תא

ארבעה

תקונא תלתין וחד ותלתין ותרין

ואתטנפת) בזוהמא דהאי עלמא. הא הכא תלתין וחד זמנין דאתפרש בראשית ותשע אמירן. ותלתין ותרין שבילין. הא שבעין ותרין וצריך לפרשא לון:

פתח ואמר בראשית

תקונא תלתין ותרין

בראשית מאמר קדמאה לכלא. ואיהו כליל תרין דבורין אנכי ולא יהיה לך דאתמרו בדבורא חדא. ותרוייהו אינון רמיזין במלת בראשית בגין דא בראשית א״ב רשי״ת א״ב א׳ אנכי. ב׳ לא יהיה לך ובלא באת אחד ב׳ ואיהי ב׳ מבראשית. אמר רבי אלעזר וכי מאן דאית ליה עבדא ואפיק ליה לחירו משעבודיה אית ליה לרבוניה לשבחא גרמיה במפקנותא לחירו לעבדיה. וכי קב״ה דאמר לאברהם כי גר יהיה זרעך וכו׳. אית לשבחא גרמיה במה *זמנין אשר הוצאתיך מארץ מצרים. א״ל רבי שמעון הכי הוא ודאי. אבל הכא לא משבח קב״ה גרמיה דאפיק לון מן גלותא. אלא חמשין זמנין אדכיר באורייתא

[illegible]

צ״אר

עֹשֶׂה וגו'. וכלָא בגין דלָא יִשְׁתֵּצוּן עוֹבָדֵי ידוי דאינון נשמָתין וגופין דאתאֲבידו מתרֵין עָלמין. ואלֵין עֲתידין דבגָלוּתָא בגין דְהָאי עָלמָא איהו דלהון. אֲבָל מסבני דאינון צַדיקַיָא טוּבָא דלהון לְאינון עָלמין טבין די בהון אתבריאו תְרֵי תורות אוֹרַייתָא דבכְתָב ואוֹרַייתָא דבְעַל פֶּה דאַגְרָא דלהון תַמָן. ובגין דלתַתָא דאֶרֶץ הַחַיִים. תַמָן גופין לנשמָתין קַדישין דאתבַריאו בשמָא דַיְיָ. וגופָא דמשֶׁה דאתמַר ביה לא כהֲתָה עֵינוֹ ולא נָס לחה מתַמָן הֲוָה. ובגיניה הֲוָה איהו בעא רַחֲמי דלָא יָמוּת ויפוק מנֵיה ולָא עַל גוּפָא דהָאי עלמָא דאתקרי סַנְדָל לגַביה. דעֲליה אתמַר ליה שַׁל נְעָלֶיךָ מֵעַל רַגְלֶיךָ ואָדָם וחיון ובעירָן ועוֹפין דתַמָן אינון עוֹבָדָא דבראשית. ואינון בדיוּקנָא עלאָה. דאלֵין דאתמַר בהון במֶרכבתא ודמות פניהֶם פני אָדָם וגו'. דאינון בעדן עלָאָה עֲלייהו אתמַר יַעֲשֶׂה לִמְחַכֵּה לוֹ. ותַמָן עֵץ חַיִים. דמָאן דאכיל מנֵיה אתמַר ביה ואָכַל וָחַי לעולם. וְתַמָן כָרסַיָין די דהַבָא וכַספָא ואַבנין יקירין ועַרשין דכַספָא ודַהֲבָא ורמַ"ח פקודין דמני לון משה לישְׂרָאֵל בהָאי עָלמָא לדַכאָה רמ"ח אבָרים דההוא גופא וגופָא דהָאי עלמָא שפלָה. איהו סַנדל לנשמַתָא. דאתמַנַף (נ"א

ובגין דלתתא דארץ רח ס תמן גופ, ונשמתי, קד ש, פירוש בג ע התחתון דאקרי ארץ הח ס מהחומר אשר רוא שם נעשה גופ, לנשמתי, קד ש, והן הן רגופ ס שמתלבש ס בהם נשמות הצד ק ס בג ע התחתון אחר פטירתם ימוה ז וגוכא דמשה דאתמר ב ר לא כהתה ע נו וכו תמתן הוה פ רוש בר והו עומד בסכא אחר שא ל הש"ת של נעלך מהם נתחדש לו חומר חדש ונעשה לו גוף חדש ולכך לא ש"ט בגופו חק הטבעי של חומר עוה"ז ולכן כת ב ב ר לא כהתה ע נו ולא נס ' חו ועל זה הגוף החדש שבא לו מ, חומר ארץ החיים שבג"ע התחתון הנז הוה בע רחמי דלא מות ופ ק מ נ ה ולכן אחר כמ רתו נתעלם מן הע ן כי חומר גופו ה ה זך כמו נפשות ש' בנ אדם שא, נראי, לע נ ב אדם גופא הוא הוא החומר דהא עלמא אקרי ס.דל לגבי גוף החומר רתדש רנז ואדם ות ון ובעיר, ועופ, דתמ, א נון עובדא דברא ת פירוש תמן קאי על ארץ הח ים שר א ג"ע התחתון דיתשתע בר קודם זה והומר כ האדם הם גופות הצד ק ס ש ש בג"ע וגם ח ות בהמות ועופות אשר שם בג ע הם יתעשה ברא ת שנבראו בששת מי ברא ת כ בג ע התחתון ש מכל מין בע"ת אך גם הם חומר זך וא נם מת ס ורם בד וקנא עלאה שהם ח ר ובריאר ועוף ואדם ש ש במרכבה כ במרכבר יש צורת אדם ו ש ח ר שרוא אר ו ש בריאר שהוא שור ו ש עוף שהוא נשר ורבע ח ש ש בג ע התחתון הם יוסדם ס ברם ועלייהו אתמר עשר למחכר לו נ"ב למחכה ברפוך אתון, הוא לחכמה דכת ב כולם בחכמה עש ת כי חכמה הוא כ ח מ"ר ותון עץ ח ם בסוד ח מחכמה כמ ש והחכמר תח ר בעל ר ותמן כרסוון די דהבא ואבנין ק רין וערש, דכספא ודהבא דבר זר ודע רוא שכל מה שנמצא בעוה ז הן ממ ן האומה הן ממין הדומם רן מין בע ח נמצא בג"ע ורק בעור ז רם חומר עכור שלר כ ם הוגה באכ לר ושתיה אבל בג ע כולם

ואתמנפת

ודא ברית מילה דאיהו בועז ב"ו ע"ז תקיף על יצריה. ויאמר שש שעורים וישת עליה שוקיו עמודי שש. שויאת לון עלאה לאגנא עלה. ואוקמוה ותלכנה שתיהם בשכינתא עלאה ותתאה. ועלייהו אתמר ותקראנה לו השכנות שם לאמר ילד בן לנעמי דא עמודא דאמצעיתא דאתמר ביה בני בכרי ישראל. כד חאבו ישראל וגרמו לאסתלקא שכינתא, עלה אתמר בשכינתא תתאה. ותגל מרגלותיו. דבר אחר ותלכנה שתיהם. איהו ממלל בגופא ונפשא. ומרחימו דגופא כד איהו בעל תשובה יימא נפשא לגבה. באשר תמותי אמות ושם אקבר ולא תזוז נפשא בקברא מניה ועלה אתמר בהתהלכך *תנחה אותך בעלמא דין. בשכבך תשמור עליך בקברא והקיצות לתחיית המתים (נ"א לעולם הבא) היא תשיחה. דא נפשא לגבי גופא ובוצינא קדישא אם גופא לא חזר בתיובתא וחזר עורף לגבי תיובתא. נפש אתפרש מיניה ואתקרי ערפ"ה וגופא דא אתאביד מתרין עלמין. אמר ליה סבא סבא והא כמה קברין למגנא והא אם גופא אתאביד על מה תקום נפשא לתחיית המתים. דהא ודאי גופא אתאביד ואתמר דאתאביד מתרין עלמין. והא נהית לנשיה דתמן אתנשי לדרי דרין אם כן כמה קברין למגנא. אלא ודאי קב"ה לא ישני עובדי ידוי. דודאי עלמא דין ועלמא דאתי דאינון שמיא וארעא דקב"ה אינון. ועלייהו אמר דוד השמים שמים ליי'. ארעא אתהלך לפני יי בארצות החיים. עלייהו אתמר עלמא דין ועלמא דאתי. בשמא דיקו"ק. הה"ד ישמחו השמים ותגל הארץ. אימתי. בזמנא דאתמר לגבי שמים והארץ דסמא"ל ונחש כי שמים כעשן נמלחו והארץ כבגד תבלה ולבתר דימחי לון וישצי לאלין ממנן דעלייהו מיד יחדש יון קב"ה לשמיא וארעא דיתמחון בגין אלין ממנן בישין. הה"ד כי כאשר השמים החדשים והארץ החדשה אשר אני

ודא ברית מלה [illegible] כל בגלותה [illegible] ומ"ש כאשר [illegible] בסוד
דאיהו בועז כו' עז רמז לשלשה רוחות שהם מספר ע"ח כנז', גם ע"ס רבוע' והם נחלקים לשמנה מספר בו
ולשבעה [illegible] ובאר אות ז' רומז סוד הבריח ועטרה בריתו. וכלא כגון דלא שלטין עובדי דו דאינון
נשיה, וגו', [illegible] עלמין, [illegible] דאלו [illegible] מהר, עלמין, נ"כ
[illegible]
[illegible]
עיש"ד

* עו ע"א

תקונא תלתין וחד ליום ו"י

בראשית ברא"א שת"י. ועלייהו אתמר ותלכנה שתיהם וגו' ואינון תרי תורות. אורייתא דבכתב. ואורייתא דבעל פה. ועוד תרין לוחות אזלו לטורא דסיני. מיד ותהם כל העיר עליהן אזדעזע כל עלמא הה"ד וכל העם רואים את הקולות וכו' וירא העם וינועו ואמרו הזאת נעמי דא איהו נעימו דאורייתא מיד אתמר וישבר אותם תחת ההר. פרחת אורייתא מתמן ואמרת אני מלאה הלכתי לטורא דסיני וכען וריקם השיבני יי' מליא"ה מל"א י"ק. וכען פרח מני מלא י"ק דאיהו יק"ו ואשתארת ה' יחידה אל"ם נאלמתי דומי"ה דו"ם יק. החשתי מטוב דאיהו ו'. דבר אחר ותלכנה שתיהם גוף ונפש. לאן אתר אזלו לבי קברא גוף אתדן ואתרקב. נפש אתמר בה ותגל מרגלותיו ותשכב. קם סבא חד ואמר בוצינא קד שא חזור בך. ערפה איהי גוף, רות איהי נפש. שותפו דילה נעמי נשמת חיים מחלון רוחא. גופא דאיהי ערפה חזרה עורף לגבי נשמה (נ"א שכינתא) נפש אתדבק בה בנשמתא הה"ד באשר תלכי אלך בפקודין דעשה ובאשר תליני אלין בפקודין דלא תעשה. דבר אחר. באשר תלכי אלך. בגלותא דאתמר בה. ובפשעיכם שלחה אמכם. ובאשר תליני אלין דמשכבא דילך בגלותא הה"ד על משכבי בלילות עמך עמי. אליך ישראל ואלקיך אלקי דא קב"ה. אלימלך דא י'. נעמי דא ה'. מחלון ו'. רות ב"ה אתדבקת ה' ואתעבידת תור"ה ועלה אתמר וקול התור נשמע בארצנו. ערפה אימא דערב רב דאתמר בהון כי עם קשה עורף הוא דחזרת לסרחנה. וחזרת עורף לגבי חמותה. כליון בעלה דערפה. יצר הרע דאתיא כלייה מיניה לעלמא ואיהו כליון. ואתתיה לילי"ת כלייה. נשמה ונפש כד בר נש איהו מחוייב בחובין ומתגברין על אברים נשמת חיים אסתלקת מן גופא. ונפש אשתארת תמן. ואתמר בה ותגל מרגלותיו לגבי מאן. לגבי צדיק

שרס לאה וירחל רו בה לדקר וש" דפח ת וכען פרח מ, מ'ת ה דא רו רו כרוש מלו "ר כזה יו ד ה הוא רו כ הדלת של מלו רו"ד רות בסוד ה כנודע באשר תלכי ללך בפקודין דעשר ג ב הרליכה הא בוס ששולט ס רחסד ס ומלות עשר הס בחסד ס כ ודע אך הי"ה הא בי לר זין שי שת ריבורות והלאון הס

ודא

תקונא תלתין

אלקים לָאור יום אלין מָארי מִקרָא. דמָארי מקרָא אינון פתילָה. וּמָארי מִשְׁנָה זית. וּמָארי תַלמוד דאיהו קַבלָה לְמשה מסיני. נֵר פקוּדָא רביעָאָה לאתעסקא באודייתא דבעל פה ולאפרשא בָה בשית דרגין באיסור והתֵר טומאה וטהרה כָשר וּפָסול. הה"ד וַיאמר אלקים יהי רָקיעַ בתוך המָים ויהי מַבדיל בין מַים לָמים בין מַים דדכיו דטַהֲרָה הֵתֵר כָשר וּבין מַים דמסָאבו דאינון אסור טָמא פָסול דאינון מי בורות נשברים מַים סרוחים מים מטונפין וַעֲלַיְיהו אתמר לא יהיה לךָ אֱלקים אחרים על פני. והַאי רָקיעַ דאפריש בינייהו דָא רקיע דעל רישי חיוָן, ודָא מטטרו"ן דעליה אתמר ודמות על רָאשי *הַחַיָה רָקיעַ. וַעֲליה אתמר וַיעש אֱלקים. ודא נָתיב שתיתאה. ואית רָקיע לעילא מרקיע ודָא צַדיק דמַפריש בין מים נוקבין למַיין דכורין. לאשתמודעא ביה. וַעֲליה אתמר וַיעש אֱלקים את הָרָקיע וַיַבדל בין הַמַים אֲשר מִתַחַת לָרָקיע וּבין הַמַים אֲשר מֵעַל לָרָקיע ודא נתיב שביעאה צדיק. נתיב תמינָאה ויקרא אלקים לרקיע שמים. ויקרא אלקים דָא אימָא עלָאָה. לָרקיע דָא עַמודא דאמצעיתא דאיהו בין ימינָא ושמאלָא וכליל תַרוייהו הה"ד ויהי ערב וַיהי בֹקֶר יום אֶחָד ואינון ערב דיצחק ובֹקֶר דאַבְרָהָם:

מארי מקרא [illegible] ... בשית דרגין [illegible] ... ודא צדיק [illegible] ...

* עד ע"ב

כמה נביאים סלקין עמה ומתכנשים עמה. דאית נביאים ואית נביאים. אית נביאים דאינון מארי דביתא דמטרוניתא. ואית נביאים דאינון מארי דביתא דמלכא אלין מאספקלריאה דנהרא ואלין מאספקלריאה דלא נהרא. נביאים דאספקלריאה דנהרא אינון מסטרא דיקוק ונביאים דאספקלריאה דלא נהרא. אינון מסטרא דאדני. ואינון שקילין לאורייתא דבכתב ואורייתא דבעל פה. נביאים מסטרא דאדני. מסטרא דיראה. ונביאים דאינון מסטרא דיקוק. אינון מסטרא דאהבה. בההוא זמנא כמה מארי תרעין מזדעזעין ומזדמנין להיכלא. וכמה מארי חותמות וכמה מארי שאלתין וכמה מארי תשובות דבהון נביא שואל ומשיב. וכמה מארי עתידות מה דהוה ומה דעתיד למהוי. וכמה מארי דעיינין דאינון מראות וחזון דנביאים וכמה מארי דאודנין דאינון מארי דגדפין דאתמר בהון ואשמע את קול כנפיהם וכמה מארי דחוטמא דתמן ריח. דאתמר בהון אשה ריח ניחוח. וכמה מארי דאנפין דאתמר בהון וארבעה פנים לאחת. וכמה מארי דקלין ומארי דדבורין ומארי דהבלים דאינון להבות אש הה"ד קול יי' חוצב להבות אש וכמה מארי דידין דאתמר בהון וידי אדם מתחת כנפיהם וכמה מארי דקומה ואינון שעור קומה דכרסייא. וכמה מארי דאות ברית דאתמר בהון וזה לך האות. וכמה מארי דרגלין דאתמר בהון והחיות רצוא ושוב. כל תקונין דנביאיא מלבר (נ"א מלגו) בגופא באברים דגופא. מארי דחכמה אינון מלגאו במוחא. ובגין דא חכם עדיף מנביא. וממוחא תליין ל"ב נתיבות ודא ל"ב דאתמר לב מבין. ויבדל אלקים בין האור ובין החושך. הכא רזא דנתיב רביעאה. מאי הבדלה הכא בנבואה. אלא כמה נביאי שקרא אינון מסטרא דחשך דאזלין באוידא לאטעאה בני נשא. בההוא זמנא דיהא קב"ה בשכינתיה ויבדל אלקים בין האור ובין החשך. נתיב חמשאה ויקרא

שבעה עשר ות שכל ר כל כלול מעשר ספירות **נביאים** דלאו, מסטרא דרו ס אינון מסטרא דאהבה ל"ב רמז לדבר ב פ אהבה רוא מספר שם הו ה והינו כ דנביאים נבואתם כפולה ש ש בר משל ונמשל ורק בלעם אע"פ שנתנבא לא רק ג הנמשל אלא רק דמשל טרכה ב ו שא משלו ו אמר משלו דוקא וכמ"ש בספר ס ולא כ גב א אמה דנבואתו מסטרא דאהבה כ ון דנבואתו כפולה משל ונמשל הר אלו ב פ אהבה כמנין שם הו"ה אלקים

שכינתא תתאה אבא ואימא תפלין דמארי עלמא קב"ה ושכינתיה דאינון ברא וברתא אינון תפלין דילן. ועוד נתי"ב תליתא"ה ביה פקודא תליתאה דאיהו נבואה הה"ד ויאמר אלקים יהי אור ויהי אור. חמש אור אינון ועלייהו אתמר נפתחו השמים ואראה מראות אלקים. אימא עלאה מראה סתימא דלית בה דמיון, אימא תתאה. מראה באתגלייא דאית בה דמיון. ועלה אתמר וביד הנביאים אדמה. אדמה איהו דמיון לכל נביאייא. ולכל חד כפום חיליה ובגין דאיהי שלטא על כל מרכבות דלתתא ועל כל כוכבייא ומזלי ואילנין ודשאין, ועל כל עופי שמיא וחיון וארעא ונוני ימא. בגין דא אתקריאת בשמא דכלהו. מסטרא דחיון אתקריאת חיה. ומסטרא דעופין נשר יונה צפור. ומסטרא דנונין הדג. סטרא (נ"א שפחה) בישא בהפוכא דגה ומסטרא דעשבין אתקריאת שכינתא שושנה. *נתיב רביעאה ויבדל אלקים בין האור ובין החשך. דכר ונוקבא אינון. חשך לילה. הה"ד ולחשך קרא לילה. ואית חשך מסטרא דדכיו ולילה מסטרא דדכיו הה"ד גם חשך לא יחשיך ממך ולילה כיום יאיר כחשכה כאורה וחשך איהו טסבא דמקבל מנהורא דאיהו אור דכר. כגוונא דסיהרא דמקבלת מן שמשא ותרוייהו אינון אספקלריאה דנהרא ואספקלריאה דלא נהרא. ואית חשך דסטרא אחרא דאית בה הבדלה ולאו חבורא וההוא אור איהו כמוחא באגוזא. אדהכי קלא אשתמע ברומי רקיעין מארי דאוצרין מארי דהיכלין אפתחו היכלין. הא מטרוניתא קא בעיא לאעלא בהיכליה. בההוא זמנא אדני שפתי תפתח היכלא כלילא משבעה היכלין. בההוא זמנא

ומלכות בשם ברא וברתא שהם ברא וברתא דת"ב שרש או"א אבל תפלין דילן הם זו"ן שרש תפארת ומלכות דאצילות ביה שרא"ל נקראים בנים למאצילות ומלכות בסוד בנים אתם לה' אלהיכם **ביה** פקודא תליתאה דאיהו נבואה הה"ד ויאמר אלהים יהי אור וכו' כ"ב נבואה ר"ת נצח והוד בהם יה אור כי חמשה פעמים אור הם חמשה חסדים אשר מתפשטים בחג"ת ונו"ה שהם התפשטותם הוא בנצח והוד שרש תרין דכין קשוט **ואית** חשך מסטרא דדכיו ולילה מסטרא דדכיו נ"ב חשך במילואו ית"ה שי"ן, כף אות ומ"ם לו הם אותיות פתי, שהם סטרא דדכיו דכת"ב לכו לחמו בלחמי ושתו ביין מסכתי והם יושבים בתוך החשך כמוחא בגו אגוזא, ולילה במלואו כוה למד יוד למד הה הם אותיות מודד מדה שהם החסדים **מארי** דאוצר, מארי דהיכלין אפתחו היכלין פירוש מארי דאוצרין נשרשים בשם שד"י שהוא ב' סודות מארי היכלין נשרשים בשם אדנ"י שהוא סוד היכל כמ"ש וה' בהיכל קדשו הס מפניו כל הארץ, בההוא זמנא אדני שפתי היכלא כלילא משבעה היכלין דשם אדני הוא סוד היכל שמספרו ס"ה ועם כולל האותיות וכולל השם עולה שבעים שהוא

כמד

* עד ע"א

שביעָאה באימָא עלָאָה ולתַתָא שית קָלין ברָקים מסטְרָא דצַדיק דאתמַר בֵיה ויָצָא כבָרָק חצו. ענָן דָא שכינתָא כלילָא משבעָה עַנָנֵי כָבוֹד דבָהָ מתכַסיָן קָלין וברָקין. ומסטרָא דימינָא. אתקְריאַת עֲנָנָא. ומסטרָא דשמָאלָא עֲרָפל הה"ד ומשה נגש אֶל הָעֲרָפֶל אֲשֶׁר שָׁם הָאֱלקים. ועוֹד אָנכי דָא שכינתָא תתָאה. ורָזָא דמלָה אָנכי אָנכי הוּא מנַחֶמכם. אימָא עלָאָה אָנכי לעילָא אָנכי אימָא תַתָאָה לתַתָא ועַל תרַוייהו אתמַר. ראו עַתה כי אֲני אֲני הוּא כשמְךָ אֱלקים כֵּן תהלָתְךָ עַל קַצְוֵי אֶרֶץ. הָא הָכָא פקוּדָא קַדמָאָה. ולית פקוּדָא דלָא אתייהיב בדחילו ורחימו דאיהו ב' ודָא ב' מן בְרֵאשית. דחילו דיראָה ורחימו דאינון ב' עלָאָה ב' תַתָאָה. ב' עלָאָה. הָא אתמַר דאיהו דחילו ורחימו ב' בַתרָאָה (נ"א תתאה) תוֹרה ומצוָה. ואיהי ב' מבָר"א בהפוּך אַתוָון אבֶר. איהי מצוָה בכָל (נ"א דבל) אֵבֶר ואֵבֶר פקוּדָא קַדמָאָה איהו אָנכי יְיָ אֱלקיךָ ואיהו ב' דחילו ורחימו. איש אמו ואביו תירָאו. מסטְרָא דדחילו. כַבֵּד את אָבִיךָ ואת אִמֶּךָ מסטרא דרחימו. ותַרוייהו אינון זָכור ושמוֹר תפלין הראש. ותפלין דיָד אַבָא. תפלין דרישא (נ"א עַל רישא) דאיהו ראש דברךָ אמֶת עַמוּדָא דאֶמצָעיתָא. אימָא תפלין דיָד דאיהי

שבע קלן, פירוש שבע קלן רמז בסוד בינה אימא עלאה והמלכות שהיא שכינתא תתאה נקראת בת קול כי היא בת הבינה ועולה בכל קלא וקנה ורזא דמלה אנכי אנכי הוא מנחמכם פירוש אנכי שכינתא תתאה מלכות ואנכי הוא שכינתא עלאה איהי אימא עלאה ולכך אמר הוא לשון זכר בסוד אין התורה מתקיימת אלא במי שממית עצמו עליה דקאי על הבינה שנקראת מ' ואתמר עלה תבת עליו שהוא לשון זכר ול"ז ראו עתה כי אני הוא כשמך אלהים כן תהלתך על קצוי ארץ פירוש כשמך אלהים שהם בינה אימא עלאה דנקראת אלהים חיים שהיא בסוד כסא כמנין אנכי וכן אלהים גי' דכסא כן תהלתך על קצוי ארץ ר"ל המלכות שהיא נ"כ אנכי אימא תתאה לתתא הא הכא פקודא קדמאה פירוש פקודא קדמאה דעשרת הדברות פתח ב"ר בת בת אנכי שהם אימא עלאה שכלול בה דחלו ורחמו, כי דחלו דא חכמה ורחמו ב"נ, וידוע דבינה כליל חכמה בסוד מ"ש בם לדר שבן בחכמה ותכם בבינה ולז"א לית פקודא דלא את"ב בדחלו ורחמו דא הו ב' ודא ב' מן בראשית ר"ל דוע ב' ש' תבת בראשית ר"ל בסוד ב"נ, ולז"א עוד ב' עלאה הא אתמר דא הו דחלו ורחמו כלומר ב' עלאה ור"ל ב' דתבת בראשית שהם בינה, אך ב' תתאה הא ב' דתבת ברא שהיא כוללת תורה ומצוה כלומר כמו שהב"נ שהיא רחמו כליל בה דחלו שהוא חכמה כן המלכות שהיא בסוד מצוה כליל בה התפארת שהם תורה ולז"א ב' בתראה תורה ומצוה, ואיהי מצוה בכל אבר ואבר כי רמ"ח מצות הם כנגד רמ"ח אברים כבד את אביך ואת אמך מסטרא דרחמו פירוש כבוד איהו מסטרא דרחמו אבל מורא מסטרא דדחלו ותרווייהו אינון זכור ושמור פירוש זכור אב ושמור אם ורמז לדבר זכור אותיות זכר וא"ו ושמור אותיות לומר דנוקבא רוצה של דוכר דאיהו ראש דברך אמת עמודא דאמצעיתא פירוש עמודא דאמצעיתא שהוא התפארת נקראת אמת ואורות דאבא הם תפלין ראש שלו, וכן יד דא שכינתא תתאה ותפלין, שלה הם אורות דאימא וזה אינו ראש תפלין דמארי עלמא שהם זו"ן ויקראם מארי עלמא שהנהגת העולם על ידם וקרי לתפארת

שכינתא

המצווה ועושה. ממי שאינו מצווה ועושה ועוד מצוה דא עמודא דאמצעיתא דאיהי מצווה מסטרא דאבא. דאיהו רא״ש ומסטרא דאימא דאיהי אש״ר והכי צדיק מצווה ועושה מתרוייהו ובגין דא אתמר על תרייהו אשר קדשנו אימא קדשנו. ואבא צונו. על מאן. על שכינתא תתאה דאיהי פטר כל רחם פתיחו דרחם דאיהו רמ״ח פקודין איהי מצות יי בכל אבר ואבר דמלכא איהי מצוה. ועוד אשר קדשנו מסטרא דאבא*ואימא הה״ד ויאמר אלקים יהי אור ויהי אור. ויאמר מסטרא דאבא דאיהו י׳ יהי מסטרא דאימא דאיהי ה׳. חד אמירה וחד הויה. עשיתה דתרוייהו יהי אור. ועוד אשר על שם באשרי כי אשרוני בנות. אשר הוצאתיך מארץ מצרים. וכי עבד דאיהו בבי אסירי דמלכא ואבטח ליה מלכא דאפקא ליה מבי אסירי אית ליה למלכא לשבחא גרמיה אשר הוצאתיך מארץ מצרים בכמה זמנין אלא חמשין זמנין אדכיר באורייתא יציאת מצרים לקבל חמשין תרעין דבינה לאשתמודעא לון מאן אתר אפיק לון מן גלותא וכד נחתת לגבייהו נחתת למפרס לון בכמה קלין וברקים הה״ד ויהי ביום השלישי בהיות הבקר ויהי קולות וברקים וגו. ועלייהו אתמר וכל העם ראים את הקולות. את דא שכינתא תתאה דהות סלקא בכל קלא וקלא מאינון שבע קלין. ואיהי הות בת קול דכל חד וחד. קול דברים אתם שמעים. דא קלא עלאה כלילא מתלת קלין עלאין דאינון תלת ספירן עלאין. ועל אימא עלאה אתמר ותמונה אינכם רואים זולתי קול. אבל בת קול עלה אתמר וכל העם רואים את הקולות ואת. ואת ידאי. דאתמר בה ותמונת יי יביט. קולות אינון מסטרא דעמודא דאמצעיתא איהו קול השופר

[illegible]

שביעאד

* עד ע״ב

אתרא ואכחיש עובדא דבראשית דלא בעא לאתדבקא בשמאלא דאיהו לוי אמר הבדלו מתוך העדה הזאת. ורזא דמלה ויבדל אלקים בין האור ובין החשך. ויקרא אלהים לאור יום ולחשך קרא לילה. שוקא דימינא דהוא אור דאתמר ויבדל אלקים בין האור. איהו שוקא ימינא כהנא דאתמר ביה נעימות בימינך נצח וכמה דנצח אתקשר בימינא. הכי הוד אתקשר בשמאלא. ויהי ערב ויהי בקר יום אחד. ערב דא ערב דיצחק. בקר דא בקר דאברהם. יום אחד עמודא דאמצעיתא וצדיק דחשבינן חד. ולית יום בלא לילה דאיהי שכינתא. אדהכי הא קלא סליק ומתפוצץ ברומי רקיעין והוה אמר משריין קדישאן דמתיבתא דרקיעא דלעילא ותתא אזדרזו ואתכנו לקדמות מטרוניתא דקא אתיא למיעאל קדם מלכא בכמה קשוטין דפקודין דעשה. קומו משריין לקדמותה. אדהכי הא קלא תניינא הוה מתערא לגבי מארי מפתחן. הא שכינתא קא אתיא למיעאל להיכלא דילה אדני שפתי תפתח בההוא זמנא מטרוניתא עלאה קא נחתת לגבה לקבלא לה בפקודא קדמאה בכמה קלין ושופרות. וסלקין תרוייהו לגבי מלכא. וכלהו הוו שאלין מי זאת עולה מן המדבר מ"י דאיהי אימא עלאה בזא"ת עולה. וכד סליקת לעילא אתעבידת כסא למלכא עלאה. ובה פתח אנכ"י דהכי סליק לחושבן כסא. וכד אתחברו תרוייהו אתמר בהו אנכי יי' אלקיך אשר הוצאתיך מארץ מצרים. אשר איהו רמיז במלת בראשית. אשר דא אימא דאיהי אשר אקיק אשר קדשנו במצותיו. אשר קדש ידיד מבטן. דאיהי בטן דאתמר ביה מבטן מי יצא הקרח הקרח הנורא מאי נורא דא עמודא דאמצעיתא מאי קדש ידיד מבטן. בטן דאתמר ביה דא צדיק. אשר דאיהי אימא עלאה קדשנו בעמודא דאמצעיתא. וצונו בצדיק על כל פקודא ופקודא בגין דחד איהו מצוה וחד עושה חד מצוה על המצוה דאיהי שכינתא מצות יי' ברה מאירת עינים. וחד עושה עשייתה דאיהו מעשה דפקודא דהכי אוקמוהו מארי מתניתין גדול

דחושבנא דר"ן כחושבנא דדין ולית יום בלא לילא רמז לדבר מלוי אותיות דיום כזה ד' יוד*ם עולה מספר המצווה

* וין

תקונא תלתין

אתַגריאַת מִסִטְרָא דשְׂמָאלָא וְאַהֲבָה יאתגריאַת מסטְרָא דימִּינָא אית יראָה ואית יראָה אית אַהֲבָה ואית אַהֲבָה יראָה דדָחיל בַּר נָשׁ לקב״ה בגין דלָא נָחית מנכסוֹי או בגין דלָא ימוּתוּן בנוֹי בחַיּוֹי אשתַּכַח דאם הֲוָה נָחית מנכסוֹי או אם ימוּתוּן בנוֹי בחַיּוֹי דְּלָא הֲוָה דָחיל לֵיהּ ובגי״דָ הֲוָה רָחים ליה, הָאי יראָה וְאַהֲבָה לָא שַׁוִי לירְאַת יְיָ וּלְאַהֲבָה דילֵיה לעיקָרָא. אֲבָל רחימו ודחילו עִיקָרָא דיליה בין טַב וּבֵין ביש. ובגי״דָ אתגריאַת הָאי יראָה וְאַהֲבָה על מְנָת לְקַבֵּל פְּרָס ובגין דָא אָמַר קב״ה השְׁבַּעתי אֶתְכֶם בנוֹת ירושָׁלַם בצְבָאוֹת או באַיְלוֹת הַשָּׂדֶה אם תעִירוּ ואם תעוררו אֶת הָאַהֲבָה עַד שֶׁתֶּחְפָּץ (ראיהו רחימו) (נ״א דאיהי רחמ׳) בלָאו פְּרָס (עד דאיהו יחפץ) ולָא עַל מנת לְקַבֵּל פְּרָס דיראָה וְאַהֲבָה על מְנָת לקַבֵּל פְּרָס *איהי של שפחָה. ותַחַת שלוש רָגזָה אֶרֶץ וגו׳ תַּחַת עֶבֶד כי ימלוך ושפחָה כי תִירַשׁ גבירתָה. אלקי״ם דָא מן וַיֹּאמֶר אלקים יהי אוֹר איהו נָתיב תליתָאָה יהי אוֹר יְ״ה אֲוִי״ר או״ר י׳. וכד הָאי נקודָה אתעַטפת (נ״א אתפשטת) בהָאי אור ואתעֲבידַת אֲוִיר מֵהָכָא אתמַשׁכו כָּל **הַחַיּוֹת. קָם סבא חַד פָּתַח ואַמַר יהי אור וַיְהי אור. יהִי אור דָא ימינָא. וַיְהי אור דָא שמאלָא דבכָל אַתַר וַיְהי איהו לָשׁוֹן צַעַר ובגין דָא ויהי הַיּוֹם דדָא איהו ראש הַשָּׁנָה דאיהו שמָאלָא דאיהו דָן דינָא דכָל עלמא ובגינה אתמר וַיְהי אור. וַיַּרְא אֱלקים את הָאוֹר כי טוב דָא עַמּוּדָא דאמצעיתא דאיהו טוב וַיַּבְדֵּל אלקים בֵּין הָאוֹר ובין הַחוֹשֶׁך. בֵּין הָאוֹר דָא אַהֲרֹן כהַנָא. וּבֵין הַחוֹשֶׁךְ דָא קֹרַח. אָמַר משה לי אתחֲזי לאפרָשָׁא מחלקת דַאֲנָא איהו דיוקנָא דטוב דלְעֵילָא. חָזָא דאתדַבַּק קֹרַח בחֲשׁוכא דסטרָא

פי׳ א׳ סוד י״ד השמאל קד שא׳ **את האהבה** עד שתחפץ דא הו רח יו ב׳ אלו פרס ל״ב וא״ז זכר תשפ״ע ר״ת נקבה נשפעת ומקבלת פרס והעובד הקב״ה ע״מ לקבל פרס אין זה בסוג וא״ו דא הו זכר ותשפ״ע אלא בסוד נקבה שנשפעת ותקבלת פרס וסנה וא״ו במילואו ג״ת אהבה ר״ת ש״ה ראדם עובד יאהרבר מבזה ר״ה בסוד וא״ו וזכר משפ״ע ואוה ו׳ מספרו ש״ת ועם מלואו עולה מספר אהבה ח״ב אם תעירו ואם תעוררו את האהבה שם שתעוררות כנגד מספר הפסוק והמלו שמסכרם כולם עולה אהבה עד שתחפץ, אי״ק כת בה לשם וקר בה ש״ם חפ״ץ סיסים הלב כסוד ו׳ שבוא ש״ם חפץ בעבודה זו שהיא ע״מ שלא לקבל פרס אלא היא בסוג אהבר **בין האור** דא אהרן כהנא ובין החשך דא קרח נ״ב וא״ו של האור אם תאר ך אותו מעם היר אות כון פסוקים דמנלפ״ך נמלא האור הוא אות וח אהרן, ואותיות חשך עולה מספרם כקרח כי החשך וקרח דוי״ן זל ו וכת״ב לחשך קרא לילה כי קרח רלה לסיום כהן וא״ן זה שלו לכך ,הפך לו יתפר כהן למספר לילה שהם החשך

אחרא

* עד ע״א ** דרויות

מעשר אמירן בכל סטרא האי י' אתקריאת יראה בין בשבת בין בברית
מילה בין בדינא והכי בכל פקודא. אלקים דא נתיב קדמאה עליה
אתמר נתיב לא ידעו עיט ולא שזפתו עין איה מאי עין איה אלא מאינון
מלאכין דאמרין איה מקום כבודו להעריצו. כד איהי בהאי נתיב לית
לון ידיעה בה דאיהי סתירה מחיזון דמרכבתא. והארץ היתה תהו ובהו
מאי והארץ היתה תהו ובהו אלא מאן דאפיק מרשות היחיד לרשות
הרבים גרים לשכינתא למהוי תהו ובהו חשך ותהום. דאתלבשת באינון
קליפין דאינון ארבע גליות ולא עוד אלא דגרים לה למהוי יבשה תהו
דאסתלקת נקודה מחלל דילה דאיהי ב' ואשתארת יבישה. נתיב
תניינא ורוח אלהים מרחפת על פני המים. מאי ורוח. אלא בודאי
בזמנא דשכינתא נחתת בגלותא. האי רוח נשיב על אינון דמתעסקי
באורייתא בגין שכינתא דאשתכחת בינייהו. והאי רוח אתעביד קלא
ויימא הכי. אינון דמיכין. דשינתא בחוריהון סתימן עיינין. אטימין
דלבא. קמו ואתערו לגבי שכינתא. דאית לכון לבא בלא סכלתנו
למנדע בה. ואיהו בינייכו ורזא דמלה קול אומר קרא. כגון קרא נא
היש עונך ואל מי מקדושים תפנה. והיא אמרת מה אקרא כל הבשר
חציר כלא אינון כבעירן דאכלין חציר. וכל חסדו כציץ השדה כל חסד
דעבדין לגרמיהו עבדין. ואפילו כל אינון דמשתדלין באורייתא כל חסד
דעבדי לגרמיהו עבדין. בההוא זמנא ויזכור כי בשר המה רוח הולך
ולא ישוב לעלמא ודא איהו רוחא דמשיח. וי לון מאן דגרמין דיזיל ליה
מן עלמא ולא יתוב לעלמא. דאלין אינון דעבדין לאורייתא יבשה ולא
בעאן לאשתדלא בחכמה דקבלה דגרמין דאסתלק נביעו דחכמה דאיהו
י' מיניה ואשתארת ב' יבישה. וי לון דגרמין עניותא וחרבא וביזה והרג
ואבדן בעלמא והאי רוח דאסתלק איהו רוח ממשיח כמה דאתמר
ואיהו רוח הקדש ואיהו רוח חכמה ובינה רוח עצה וגבורה רוח דעת
ויראת יי'. פקודא תניינא ויאמר אלקים יהי אור ויהי אור ודא אהבה
דאיהי אהבת חסד. הה"ד ואהבת עולם אהבתיך על כן משכתיך חסד.
ועלה אתמר אם תעירו ואם תעוררו את האהבה עד שתחפץ. יראה

אתקריאת.

תקונא שית ועשרין ותלתין

דילך לסדרא מלין בפומאי לקיימא בי האי קרא ואנכי אהיה עם פיך. דלא אעול בכסופא קדמך:

פתח ואמר

תקונא תלתין

בראשית מאן ראשית דא חכמה דא נקודא דלגו דאתמר בה כל כבודה בת מלך פנימה, ודא יראה דאיהי פקודא קדמאה ועלה אתמר יראת יי' ראשית דעת. ואיהי רמיזא במלת בראשית ואית יראה רעה רצועה לאלקאה לחייביא. והאי נקודה איהי אות שבת ויומין טבין ואות דתפלין ואות דברית מילה. ההיא רצועה איהי יראה רעה איהי ערלה. זכאה איהו מאן דאעבר לה מיניה דלית לה רשו לרצועה לאלקאה ליה. והאי נקודה עלה אתמר מחלליה מות יומת. מאי מחלליה אלא מאן דאעיל רשו נוכראה בחלל דילה דאיהי רשות היחיד. דעלה אתמר ונכרתה הנפ"ש ההיא מתוך הקהל כי את מקדש יי' טמא. וכלא אתרמיז בהאי תיבה. ירא"ה ברי"ת שב"ת כגוונא דא ירא"ת בראשי"ת ברי"ת בראשי"ת שב"ת בראשי"ת והאי נקודה איהי ראשית. יי' קנני ראשית דרכו. כוונא דא בראשית. כלא איהי נקודה חדא איהי ראשית, ואיהי אות ברית ואיהי אות שבת. ואיהי יראת יי'. מאן חלל דילה ב ו' איהו בעלה ביה איהי נטירא וסתימא בגלותא הה"ד יהיה סגור ששת ימי המעשה כגוונא דא [ב] סתימא והא אתמר ונקודה איהי שביעאה תגא על רישיה תגא דס"ת עטרה על ברית ז' דאיהו יום ז יום השבת שביעי ודאי ועליה אתמר וביום השבת יפתח אבל ביומין דחול גן נעול אחותי כלה. "אתקריאת סתימא באות ו' והאי ערלה ופריעה אינון כמוץ ותבן דחטה. ביומין דחול אתקריאת ה"א דאיהו הב"ר לה"ב המזבח לארקא מוץ ותבן. ואשתארת איהי סלת נקיה, אבל ביומין דשבת ויומין טבין אתקריאת י' עטרה על כלא, וביתא (נ"א וכסא) דילה ל"ב אלקים דעובדא דבראשית. ואיהי ב' בלילא

ה א אות ות סס הו ה כ מן כא ת ב ב הוא ה וכדאתרן לקמן, ביומין דחול אתקר את ה א דא ה הב ל לר ב המזבח לאדלקא תוץ ותבן, פ רוש ב ומין דחול הב רור אוכל מתוך פסולת וזרו לאדליקא מוץ ותבן, שהם הפסולת אבל בשבת ו ט אתקר אה ו ד עטרה על כלא שב י ס אלו הב רור הוא אוכל מתוך אוכל שהוא בלא לות

מעשר

תקונא תשע ועשרין ליום ט ו

בראשית ברא אלהים ב נקודה בהיכליה. עליה אתמר גן נעול אחותי
כלה גל נעול מעין חתום מאן מעין חתום דא נקודה מאן
ניהו נעו"ל דילה. דא ו'. דסתים להיכלא ובה אתעביד ☐ סתימא. איהי
ם דבתא מלסרביה המשרה. והאי נקודה עלה אתמר ונעלמה מעיני
כל חי ומעוף השמים נסתרה. והאי נקודה מסטרא דימינא אתקריאת
אהבה ומסטרא דשמאלא אתקריאת יראה ומסטרא דעמודא
דאמצעיתא. אתקריאת תורה ואיהי מצוה. דעמודא דאמצעיתא כליל
תרווייהו בגין דאיהו ו' כליל י"ה דאינון, לימינא ושמאלא ואיהו ו
באמצעיתא כליל תרוייהו. ושכינתא תתאה מצוה כלילא מארבע
אתוון, איהי אתקריאת י' מסטרא דחכמה. ה' מסטרא דאימא עלאה
ואתקריאת תורה מסטרא דעמודא דאמצעיתא. הה"ד יי' קנני
ראשית דרכו. דרכו דרך ו'. קנני דאיהו קן דילה. ובגין דאיהי כלילא
מכלהו ארבע אתקריאת מצוה מ"ץ באותיות א"ת ב"ש איהי י"ה י"ם
ה"ץ. ובה כלילן פקודין דעשה ולא תעשה. פקודין דלא תעשה.
מסטרא דדין דאיהו אלקים דתמן י"ה. ועלה אתמר זה שמ"י והא
אוקמוהו. פקודין דעשה מסטרא דימינא דאיהו רחמי דכלילן באברהם
ועלייהו אתמר ברגז רחם תזכור. קם סבא חד מבתר טולא (כותלא)
ואמר ר' ר' בוצינא קדישא קום אדליק שרגא דאיהי מצוה שכינתא
קדישא. דעלה אתמר אש תמיד תוקד על המזבח לא תכבה ועלה
אתמר להעלות נר תמיד. נר יי' אתקריאת ודאי. אור דנהיר ביה
נשמת אדם. קום אדליק בה. קם רבי שמעון על רגלוי ויתיב רגעא
חדא ואמר רבון עלמין, דאנת איהו מארי מלכין וגלי רזין. יהא רעוא

לוס קול ממון אי נמי שלשה שהם ודוי חרטה דמעה וזהו יפעל אל פעמים שלש עם גבר ובני יד ד כס"ד
יעקב כר ו פ רש תלת זמני, א נון במחשבה ודבור ומעשה עכ ד נר ו דא ו' דסתם לה כלא ובה אתעביד ☐
סם מא פירוש אות ו' סותם לאות ב שהיא ה כלא כדאמר לע ל בה קונה כ"ח ונעשים מם סתומה ואות ו ד
שברלאש אות ו תה ר נקודה באמצע אות מ ס סתומה כזה ☐ ועל האי נקודה אתמר ונעלמה מעיני כל חי
בגין דאיהו ו' כליל ה דאינון לימינא ולשמאלא פירוש אות ו שהוא רתפארת עמודא דאמצעיתא קשור בדעת
שעומד בין חו"ב שה ס י ה והם חכמה בקו הימין ובינה בקו שמאלא ודעת שב נ הם כלול משניהם ולכן על ו'
שקשור בדעת אמר כאן כל ל "ה דא נון לימינא ושמאלא וא הו ו' באמצע אא כל ' תרווייהו ושכינתא תתאה
מצוה כלילא מארבע אתוון, פירוש שכינתא תתאה היא מלכות נקראת מצוה וה א כלילא מארבע אתוון כי מצוה
דילך

* עג ע"א

תקונא תמניא ועשרין

אתמר גן נעול אחותי כלה גל נעול מעין חתום. גן איהו אורייתא דבכתב דאיהו גן סדרים דאורייתא. גל איהו אורייתא דבע״פ ותרוייהו ב׳ מבראשית. מעין חתום. דא ראשית נקודה בהיכליה. ובמאי איהו חתום, באות ו׳. ואתעבידת ב׳ עם חתימו דו׳ ם. מה דהוה ב׳ אתעבידת ם. יין סתום וחתום. יינא דאורייתא סתים וחתים. דלא יעול נוכראה תמן ודא יין המשומר בענביו מששת ימי בראשית. ולאו למגנא תקינו מארי מתניתין חתימת יין דלא יתנסך ויתערב בסטרא אחרא ועל האי יין אתמר לא עשה כן לכל גוי ומשפטים בל ידעום. כ״ן ודאי. יי״ן. שבעין אנפין דאורייתא ועלייהו אתמר סוד יי׳ ליריאיו. קנקן דהאי יין דא לבא דבר נש. אם הוא קנקנא חדתא ואתנסך ביין נסך דאיהו יצרא בישא צריך תלתא זמנין הדחה. והן כל אלה יפעל אל פעמים שלש עם גבר. ולאו למגנא תקנו בכוס דברכה. אוף הכי הדחה ושטיפה הדחה מבפנים שטיפה מבחוץ למהוי תוכו כברו ורזא דמלה ושהרו וקדשו וכד איהו קנקן דאיהו לבא דכיא מלגאו ומלבר. שריא תמן חכמה דאתמר בה יי׳ קנני ראשית דרכו. קנני איהו קנקן ודאי ואם האי קנקן איהו דכיא אתמר ביה ונקה. ואם לאו לא ינקה כל הנוגע בה. וקנקן דבר נש. דא אתתא ואיהו כוס דהכי צריכה שטיפה והדחה אם היא כוס דברכה ועלה אתמר להניח ברכה אל ביתך. ואם לאו. אתקריאת כוס התרעלה. ויין דילה עליה אתמר תנו שכר לאובד ויין למרי נפש וכו׳. שרים דילה אינון אשכולות מרורות אבל יין דכוס דברכה. עליה אתמר ויין ישמח לבב אנוש דתמן פקודי יי׳ ישרים משמחי לב דאינון אשכולות דילה:

אוצרא דרא חכמה א״ה כ׳ פרוש ב״ה אור לתכתר. גל א׳ הוא אוריתא דבע״פ כ״ב גל הוא ג׳ למ״ד כלומר ג׳ מ״כ למוד [illegible] בחלק [illegible] ורע״ן שנקרית ס״כ ועוקר הר״ם ולמוד השלים הוא חלק דנכסה וכנגד זה קורין בכל [illegible] וגתרא שקבלה והוא תורה שבכתב דריתה בג״ן ושבע פ׳ הרמוזה בגל נפטו לנו מעולם הבי׳ את סרא סוד את כ׳ פ׳ בראשית וכו׳ [illegible] ז״ל קנקן דרא [illegible] לבא דבר נש [illegible] לכן [illegible] הסתכל בכן קנקן [illegible] קנקן מדש מלא שן וכו׳ כ׳ קנקן זה הלב והסתכל בתורה [illegible] ר׳ לעיין [illegible] במלו של אותיות לב שהוא רק [illegible] לב כוה [illegible] תורה בתמ דות וזה ע״ק יסוד קוס התורה אם הוא קנקנא חדתא ואתנסך ביין נסך [illegible] זמנין הדחה [illegible] בכ״ד שעות, וכן [illegible] ע״י שלשה שהם

אשכח אתר לינקא (נ"א לנקאה) בנוי ודא שנוי מקום ויית חד מניהו דלא אתבליל בתלתא. לקיימא הן כל אלה יפעל אל פעמים שלוש עם גבר. קם סבא ואמר ר ר במאי אוקימתא סוד יבום וחליצה. דהא ברירא דמלה שמענא, אמר ליה מה דשמעת אימא אמר ודאי ברזא דיבום אשכח אתרא ההיא נשמתא ערטילאה. הה"ד גם צפור מצאה בית והא נפש דאתיא בגלגול זמנא קדמאה ודרור קן לה דא רוחא דאתיא בגלגולא זמנא תניינא. אשר שתה אפרוחיה. דא נשמתא דאתיא בגלגולא זמנא תליתאה ומינה נפקין אפרוחין דאינון בנין, וברזא דיבום כלהו תלת נחתין בבת אחת הה"ד אם ישים אליו לבו רוחו ונשמתו* אליו יאסוף. לבו דתמן נפש. רוח בכנפי ריאה נשמתא במוחא וכלהו חד בקשורא חדא אבל חליצה איהי שזבת ההיא נשמתא ורוחא ונפשא דאינון קטירין בתלת קשורין דחויא. ורזא דמלה נפשנו כצפור נמלטה מפח יוקשים הפח נשבר ואנחנו נמלטנו קם ר' שמעון כדי לנשקא ליה, פרח מיד ולא אתחזי: (ס קון כ ז נדפס בהקדימר כ סס ב תו)

תקונא תמניא ועשרין

בראשית ביה תלת פקודין חד יראת יקוק כגוונא דא בראשי"ת יר"א בשת. והא אוקמוהו. תניינא ברי"ת. כגוונא דא בראשי"ת ברי"ת א"ש. תליתאה שבת כגוונא דא שב"ת יר"א. פקודא קדמאה יראת יי'. עליה אתמר יראת יי' היא אוצרו. ועוד אתמר בה יראת יי' ראשית דעת. ראשית חכמה יראת יי' ובודאי מאן דלית ביה דחילו דאיהו אוצר לית תמן חכמה. אוצרא דהאי חכמה. איהי ב'. ובתקונא אחרא בראשית ב' ראשית. נקודה בהיכליה עליה

ש"י מעשה וכתב ש"נו מקום ע"כ כל אחד מהם כלל בשלשה הם קן ס רמז שיה לו שותפות ויש יכות בשלשתן מלך הנפש וברזא דיבום כולהו ת"ת [illegible] בבת אחת דבר זה מפורש בדברי רבינו האר"י ז"ל כשמתגלגל אדם בעולם והיה לו מקודם כו', כשחוזר בגלגול בעוה"ז אח, נקשרים [illegible], חד בגוף אחד אלא מפוזרים בגופים מחולקים ויתוקנו כל אחד במקום אחד אבל ביבום יש תועלת רבה וגדולה שאז, מתפזרים אלא יבואו שלשתן יחד אבל [illegible] שזכה [illegible] נשמתו ורוחו ונפשו [illegible] רמז לדבר [illegible] יש כי כך כל אחד כלול מן [illegible] שלשתן הם ע"ו [illegible] מספר ה' וכולם נגולים ונשלפין מן הקשור, דהו בבת אחת [illegible] ורוח דמלה נפשנו כצפור נמלטה נפש [illegible] במשמעה ונשאר אותיות [illegible] נשמה ורוח דשלשתן [illegible] מפח יוקשים קשר, דהוי [illegible] ונרמז באותיות [illegible] מכאל פה דתולות [illegible] כולם נשלם כאן קון אתפר

* עב ע"ב

איתי ליה קב"ה תלת זמנין לאדם קדמאה בגלגולא. הה"ד הן כל אלה יפעל אל פעמים שלש עם גבר. ודא איהו שנוי מקום ושנוי השם ושנוי מעשה. ועל ההיא טפה אתמר בה מה יפו פעמיך בנעלים בת נדיב. ואתדבקת ביעקב ואפיקת מניה י"ב שבטין. הה"ד שבטי יה עדות לישראל. דאתמר ביה אדם ישראל. ובההוא זמנא רוח יעקב מה דאביד דאוהו* מיעקב הה"ד לא יעקב יאמר עוד שמך כי אם ישראל. באברהם שזיב מסם המות חובא דאדם גיהנם נחש אשת זנונים דאתמר ביה לא תנאף. ביצחק שזיב מאל אחר דאתמר ביה לא תרצח. ביעקב

[illegible]

* בבסמר ** בנוי

אשתַּנֵּי לְעוֹלָם. ואינון תמורות אינון רָזָא דְיבום דאתמַר בָּה בַיְבָמָה עַל הַגְּאוּלָּה ועל הַתְּמוּרָה לְקַיֵּים כָּל דָּבָר שָׁלַף איש נַעֲלוֹ וְנָתַן לְרֵעֵהוּ בְּהַהוּא נַעַל דנָתַן לרעהו אית תמוּרָה ושנוי רָצוֹן. ותַמָן צָרִיךְ שִׁנּוּי מָקוֹם ושנוי הַשֵּׁם ושנוי מַעֲשֶׂה לְקַיֵּים כל דָבָר. נַעַל איהו גוּפָא. וְאַמַּאי בַּחֲלִיצַת נַעַל דנָתַן לְרֵעֵהוּ אית תמוּרָה ושנוי. אָמַר סָבָא חֲדָא ר' ר' לָא תֵימָא הָכִי אֶלָּא אַמַּאי חֲלִיצָה בנעל אֶלָּא איהו קְלִיפָּה לאתטַמְרָא בָּה לאשתַּזָּבָא מִנֵּיה וְלָא אשתמוֹדַע לְגַבֵּי מקטרגין דילֵיה. וּבַחֲלִיצָה דנַעַל חָלִיץ ליה י"ק. וּבגין דָא שָׁלַף איש נַעֲלוֹ וְנָתַן לְרֵעֵהוּ. נַעַל ו'. גן נָעוּל. דאיהו בן י"ק לְאַעֲלָא בֵין ו"ק וְדָא איהו חָלֵץ י"ס. וּמֹשֶׁה אתמַר ביה שַׁל נְעָלֶיךָ מֵעַל רַגְלֶיךָ. דָא בהפוכא דאַחֲרָנִין דלָא צריך לאתחַזְיָא קֳדָם שכינתָא בקְלִיפָּה. ורזא דמלָּה כִּי אֵין לָבוֹא אֶל שַׁעַר הַמֶּלֶךְ בִּלְבוּשׁ שָׂק. וּלְגַבֵּי אֲבָהָן לָא אתחזיא אֶלָּא בַּנְּעָלִים הה"ד מַה יָּפוּ פְעָמַיִךְ בַּנְּעָלִים בַּת נָדִיב. אֲבָל לְגַבֵּי משה בלָא כסוּיָא כלל. ורזא דמלָּה וָאֵרָא אֶל אַבְרָהָם אֶל יִצְחָק וְאֶל יַעֲקֹב בְּאֵל שַׁדָּי וּשְׁמִי יְיָ לֹא נוֹדַעְתִּי לָהֶם. וּמשה אתמַר ביה וְאָמְרוּ לִי מַה שְּׁמוֹ מָה אֹמַר אֲלֵיהֶם. ועוֹד אַמַּאי צריך חֲלִיצָה בנַעַל באִשָּׁה בגין דמאן דימוּת בלא בַר איהו קָשִׁיר ברגלֵיה דיבָם. וְרָזָא דְמלָּה הוּא יְשׁוּפְךָ רֹאשׁ וְאַתָּה תְּשׁוּפֶנּוּ עָקֵב. וּבגין דלָא יָמִית ליה חוְיָא. דאיהו כרוּך על עֲקֵבוֹ. צָרִיךְ לְחַלּוֹץ לְגַבֵּי נַעַל דאתתָא וְאתפְּטַר הַהוּא חויָא מִנֵּיה. וכלא על ההיא טִפָּה דאיהי י' דפָרַח מן יַעֲקֹב לאתרֵיה ויַעֲקֹב בגין דא קנה מיניה בבְרוּתא לאַחֲזָרָא י' לאתריה. דאיהי טִפָּה בוּכְרָא דכֹּחַ חָאב אָדָם. ופָרַח מיניה ואשתְּאַר יָחִיד בלא עֵזֶר. וּבְגִין דָא אָמַר לָמָּה אִירָא בִּימֵי רָע עֲוֹן עֲקֵבַי יְסֻבֵּנִי. וּבגין דָא

אדם סבא ומשה אתמר ביה של נעלך מעל רגלך דא בהפוכא דאח׳ ן פירוש הת"ל דעלמא הנקבה הולכת כנ"ל רזכר ואין הזכר הולך הנעל דרא כת"ב ואלא נעלו מעל רגלו וכא, הזכר הולך דכת"ב של נעלך וזהו בהפוכא וכו ולא בזה אתמר בגמרא דאיר אותו מ, ליפ כת"ב בכו הל, מרם א"כ אין לכם תקנה אלא מי כת"ב נחלץ הלך כת"ב רוא הלך אכ א, כאן דין הלר ולגבי אבהן, לא אתחזי אלא בנעלים אבל לגבי משה בלא כסויא כלל. כ"ב ע פ מ מ מהרח ו ז ל בשער קדושה ח"ג שער וא ו מרע"ה ר ר עולה עד האצלות וממש רואה ממש אלא רוא ע"י התלבשו בבר אה לבדה וגם זה אינו אלא בדרך מעבר לבד כי האצלות לבדו רוא גמנע וזהו סוד כי לא ראני האדם וחי ואחר הגב א ס הו רוא, באצלות ע"י התלבשות גמור באורות הברי אה על ל וח ם לגב אבהן לא אתחזי אלא בנעלים ר"ל התלבשות גמור באורות הברי אה אבל לגב משה בלא כסויא כלל כי לא היה לו הברי אה התלבשות גמורה דהיינו כסוי אלא בדרך מעבר לבד ובגין דא אי תיל ה קב ה

לא שניתי. אמר ליה ברי וי לבני עלמא דאינון אטימין לבא דחשבין דידעין ולא ידעין ודאי אני איהי שכינתא הה"ד ויסרתי אתכם אף אני. איהי לא אשתני ולא איהי תמורה מינה באחרא, ואיהו לא אשתני ולא אסתתר מנה. אבל לגבי חייביא אשתני קב"ה ואסתתר מנייהו, הדא הוא דכתיב אסתירה פני מהם אראה מה אחריתם ואמאי בגין כי דור תהפוכות המה בנים לא אמון בם. מיד קמו כלהו חבריא דשמעו מלין אלין ונשקו ליה על רישיה. ואמרו אלו לא אתינא לעלמא אלא למשמע דא דיינו. דודאי קב"ה ושכינתיה לא אשתני דא מן דא. אבל לגבי אחרנין אשתני. ואסתתר בכמה לבושין ובכמה כסויין ובכמה קליפין. ובגין דא אמר שלמה ע"ה אל גנת אגוז ירדתי דאיהו הוה ידע בקליפין כלהו ובגין דא לא שביק אפילו מיני דכישוף דלא ידע. בגין דידע (נ"א למנדע) בקליפין. ורעיא מהימנא איהו תבר כל קליפין ונפיק מתמן מוחא דאיהו יקו"ק. לארבע סטרי דאגוזא. (דאינון תהו ובהו וחשך ותהום). ומפרנס מניה לההיא חולה דאיהי אדני. דבאלין קליפין די באגוז דאינון תהו ובהו וחשך ותהום. אמר אסתירה פני מהם. ואית שנויין אחרנין לטב לכל חד כפום עובדיה. *זמנין אתגליא לון בדמות אריה. הדא הוא דכתיב אריה שאג מי לא יירא וזמנין בדיוקנא דשור. הה"ד בכור שורו הדר לו וקרני ראם קרניו. וזמנין בדיוקנא דנשר. הדא הוא דכתיב כנשר יעיר קנו. וזמנין בדיוקנא דאדם סבא כמה דאתדמיא לאלין דאמרי זה אלי ואנוהו. דאיהו הוה אתדמייא לון בדמות סבא ואתמר בהו (נ"א ביה) ויניקהו דבש מסלע ושמן מחלמיש צור. אבל לאלין דתליין מניה ומשכינתיה לא

וכן [illegible] וכתו תשבון, [illegible] ונשקו [illegible] על ראשו [illegible]
פרוש מקום החכמה כי [illegible] בספר [illegible]
[illegible] ונגלות [illegible]
[illegible] דא מן דא וכיון על
[illegible] ואסתתר בכמה
לבוש, וכו' [illegible] על [illegible]
[illegible] זמנין אתגליא לון בדיוקנא [illegible]
[illegible]
[illegible] קבלה בדמות

אשתני

* עב ע"א

בהו עַד דייתי רַעְיָא מהימנָא דאתמַר ביה ורוּחַ אֱלקים מְרַחֶפֶת. דאיהו רוּחַ דמָשִׁיחַ דאתמַר ביה ונָחָה עָלָיו רוּחַ יְיָ׳ ברוּחָא דָא אַרְחַת הָהִ׳א חוּלָה ואתסִיאַת. וּבגין דָא השְׁבַעתי אתכם בנות ירושָׁלַם בצְבָאוֹת אוֹ באַיְלוֹת הַשָּׂדֶה אם תָּעִירוּ ואם תְעוֹררוּ את הָאַהֲבָה עַד שֶׁתֶּחְפָּץ. ואיהו אֹרַח רֵיחַ בתְרֵין תַּפּוּחִין (נ״א ואיהו ריח דתרין תפוחין) דאתמַר (ביה) בהו וְרֵיחַ אַפֵּךְ כַּתַּפּוּחִים. וּמָאי נִינְהוּ תרי סַמכי קשוט ואינון תְרֵי רמונים. אֱגוֹז דא צַדִּיק. גִּנַּת אֱגוֹז דָא שכינתָא ודָא איהו דאָמַר שְׁלמה אֶל גִּנַּת אֱגוֹז יָרַדְתִּי. גנ״ת ג׳ גמטְרִיָאוֹת (אדני ביסוק) דאינון פַּרְפְּרָאוֹת לַחָכְמָה. נ׳ נוטריקון ת׳ תמורָה. גימַטְרִיָאוֹת דָא אדני יקוק סָלִיק בחֻשְׁבַּן אמן אקי״ק אדני סָלִיק בחושבַן פ״ו. אֱלקים דאיהו כְּנוּי. מ״ה מ״ם הֵ״א. מ״ם ה״א בגימַטְרִיָא אלקים. יוד קא ואו קא בגמַטְרִיָא מ״ה. ודָא איהו עשר סְפִירוֹת בלי מה. ואיהו מעיד עַל יחוּדָא קַדִּישָׁא. וּבגין דָא מ״ה אֲעִידֵךְ. ד״א א״ב ג״ד ה״ו ז״ח ט״י בגימַטְרִיָא שכינָ״ה בגַוְונָא דָא. א זמנָא חֲדָא. ב׳ תרי זמנין. ג תלַת זמנין. ד׳ אַרְבָּעָה זמנין. ה׳ חֲמֵשׁ זמנין. ו׳ שית זמנין. ז׳ שבעָה זמנין. ח׳ תמַנְיָא זמנין. ט׳ תשעָה זמנין. י׳ עשַׂר זמנין. כלהו סַלְקִין לחֻשׁבן שכינָה. וְרָזָא דְחוּשְׁבְּנָא לְקַיְּימָא דלית שְׁכִינָה נַחתָא פחות מעֲשָׂרָה ולָא סַלקא לְמַעְלָה מעשר. ועוֹד קב״ה הוּא אַתריה דעָלְמא. וּמַלְאָכִין לָא יַדעין ושַׁאֲלִין אַיֵּה מקוֹם כבודו לְהַעֲרִיצוֹ. ואשכַּחְנַן ליה בגמרָא מקום נוטריקון בגַוְונָא דָא. י׳ עֶשֶׂר זמנין מאָה. ה׳ חָמֵשׁ זמנין עשרין וחָמֵשׁ. ו שית זמנין תלָתין ושית. ה׳ חָמֵשׁ זמנין עֶשְׂרים וחָמֵשׁ. בגמטרִיָא מָקוֹם. וַעֲלֵיה אָמְדוּ מַלְאָכַיָּא ברוּךְ כבוד יְיָ ממקומו. אית אחֲרָנִין בגימטַרְיָאוֹת דלית לון חוּשְׁבַּן. בגין דאינון פַּרפְּרָאוֹת לַחָכְמָה דלית לָה סוף. תמורות אלֵין אַלְפָא ביתוֹת בגוֹן כוז״ו במוכס״ז כוז״י דא נון תמורות יקו״ק אלקינ״ו יקו״ק. ואית תמורות אחרנין מכַּמָּה מינִין. אָמַר רבי אלעָזר והָא כתיב אֲנִי יְיָ

האהבה הכונר אם בל״ תעירו ואם תעוררו את האהבה כי האהבה משכת מת״ה וכמה תקן* לאתערא לה
בימינא כי האהבה בסוד החסד ימין ולכן נקראת אהבה שסוא ה׳ א׳ ב׳ ה׳ עד דייתי רע א׳ מר מ״א דאתיר ב׳ ה׳
ורוח אלקים כ״ב רוח אלקים עולה מספר ש׳ ור״א ש׳ ן דמשר דה״ו ״ע אמר מנא מרחפת על פני המים חסדים
בגוונא דא א׳ ומנא חדא ב׳ תרי זמני פרוש שב כעת״ס שת״ס רס אדבער ושלש פעמים שלשה הם תשער

לא

* לאתערא

תקונא חמשא ועשרין ושית ועשרין

ובן בשושנה תניינא כ"ה גרעינין. וסלקין כולהו לחמשים. שושנה בין החוחים. דא בראשית ברא ודא [illegible]

תקונא עשרין ושית ליום י"ד

בראשית ב' שושנה חמש עלין דילה ראשי"ת בראשי"ת לחשבן זעיר דחנוך תלת עשר. חוחים דילה תלת עשר תיבין מן אלקים ועד אלקים. ואלין אינון. את השמים ואת הארץ והארץ היתה תהו ובהו וחשך על פני תהום ורוח אלקים. חמש תיבין אחרנין מרחפת על פני המים ויאמר מאי איהי בין החוחים אלא מדחרב בי מקדשא והארץ היתה תהו ובהו ונפלת שושנה בין החוחים. כד ייתי פורקנא תהיה כשושנה דשחרית דאתמר בה הבקר אור והאנשים שלחו. ואינון חמש אור חמש עלין דשושנה עלאה. הה"ד ויאמר אלקים יהי אור. תניינא ויהי אור. תלת וירא אלקים את האור. ארבע ויבדל אלקים בין האור. חמש ויקרא אלקים לאור יום. תלת עשר עלין מלגו ויהי ערב ויהי בקר יום אחד. אחד אחד בתרין שושנים דא יקו"ק. עליה אתמר ביום ההוא יהיה יי' אחד ושמו אחד ואיהו עמודא דאמצעיתא הרועה בשושנים והושענה אח"ד. שושנה תתאה בה הילו ואיהו יראה שושנה עלאה רחימו דאהבה ובה אתמר אם תעירו ואם תעוררו את האהבה עד שתחפץ במה יתקן לאתערא לה בימינא. ואיהו לא רעית

[illegible] בראשית [illegible]
[illegible]
[illegible]
[illegible]
החוחים [illegible]
[illegible]
[illegible]
[illegible]
[illegible]
[illegible] אחד אחד [illegible]
[illegible]
[illegible]
[illegible] ה' [illegible]
שושנה [illegible]
[illegible]
בהו

* צא ע"ב ** והספר

וסליק התם. אמרו ליה סליק והא אנן אבתרך. סליקו כולהו אבתריה למורא. ואיהי סליקת לעילא עד דלא אתחזיאת. לפום שעתא הא נשרא קא אתיא ותרין שושנים בפומהא והריס לון על (ידהא) רישייהו (על ידוי) מיד חדא רבי שמעון הדוה סגיא אמר לון חבריא בודאי הדוה אזדמנת לגבי שכינתא דאיהי תולה דהא אם שושנה חדא יהיב בינגא לא הוה אסוותא. בגין דשושנים אינון רמיזין לקבל בית ראשון ושני. דאומי קב"ה דלא יעול דא בלא דא. ובגין דזריקת תרין רמיזת דא תרי שושנים כען איהי אסוותא שלימתא וכדין צריך למפתח עלייהו כמה דהוינן:

פתח ר' שמעון ואמר אני לדודי ודודי לי הרועה בשושנים. מאי שושנים אלא שושנה עלאה שבינתא עלאה ואיהי ק"ש דשחרית. ושושנה תניינא ק"ש דערבית שכינתא תתאה דא לימינא ודא לשמאלא. הרועה בשושנים. דא עמודא דאמצעיתא ושושנה עלאה דק"ש דשחרית. דאיהו בקר ימינא דאברהם. אית ליה ה' טרפין. ואינון שמע ישראל יי' אלהינו יי'. ותלת עשר עלין מלגו אח"ד. שית סומקי ושית חוורי ושושנה דאתכלילת בהון. הא תלת עשר כחושבן אח"ד. וכן שושנה בה כ"ה גרעינין כתפוח דילה כחשבן כ"ה אתוון דיחודא.

עבודה וכתר מלכות שנקראו מלכים כי"ש בגמרא מאן מלכי רבנן דכת"ב ב' מלכים מלוכו והם נרמזים באות ש' שיש לה שלשה קוין שיש בראשם שלשה עטרות **אמרו ליה** סליק והא אנן אבתרך כ"ב נרמז גם לוק שלו וכסילוק שלהם דבר אחד כי למעלה מן אותיות שמעון ש' מספר ש"ר כמנין הר ס"נ שמשם קבל מרע"ה התורה וסודותיה ושב"י נ"כ נמשך לו מן האורה זו דרך ס"נ שפע השגה גדול בתורה וסודותיה והארה של הר סיני רמוזה באותיות שהם למעלה מאותיות שמעון ולכן באומרם אלו סליק למורא רמזו לו על סילוק להארת הר סיני שרמוזה למעלה מאותיות שמו ובאומרם ואנן אבתרך רמזו לו על סילוקם ועל יתם להארה גדולה אחרת והיא הרמוזה בשמו של ר"ש כי שמעון עולה מספר ב"פ רנ"ל וידוע כל רגל הוא מספר הוי"ה דיודי"ן שהוא ע"ב והם אהי"ה דיוד"ן שהוא קס"א שהם סוד מ"ו ב' ולכן בעליתם לכד אחריו בשני רגל שלהם מכוונים לנ"פ האורות שמות הקודש אלו דרמוזים בשמו של רבי שמעון נמצא רוצה בסילוקו למורא כו' להארת הר סיני שרמוזה למעלה מאותיות שמו והם גם לוקם אחריו למורא בשתי רגל שלהם מכוונים לסילוקם להאיר שמות הקודש שרמוזים בשמו הטוב של רבי שמעון ולזה אמר אבתרך דיקא **אינון** רמיזין לקבל ב"ת ראשון ושני דאומי קב"ה דלא יעול דא בלא דא כ"ב בית ראשון ושני לאו על בהמ"ק קאי אלא ירושלים של מעלה קרי לה בית ראשון שהיא סוד ה"א ראשונה דשמא קדישא שנקראת בית, ובית שני קאי על ירושלים של מטה דאיהי אות ה"א דשמא קדישא דנקראת ב"ת ואחז"ל בגמרא דתענית נשבע הקב"ה שלא יכנס בירושלים של מעלה עד שיכנס בירושלים של מטה ופרש"י ז"ל כו' ודן של דברים בענין ת"ם שער הזווגים פרק א' ירושלים של מעלה זווג הוא שבא להוריש עטרות ומות"ן על שיכנס בירושלים של מטה שהוא זווגא שלים דזו"ן שהם תו"מ ע"ש והדברים מפורשים וברורים כאן **אית לה** חמש טרפין וכו' הכונה יש שושנה שיש לה חמש טרפין מקיפין אותה מלבד

וכן

בערסין דילה. וכלהו חשיבין בגלותא כמתים ואתמר בהו במחשכים הושיבני כמתי עולם. ובגין דא בגלותא אני ישנה ואיהי חולה בגלותא וכמה אסיין תלמידי חכמים קא משתדלן לגבה בכמה בוסמין וריחין דשושנים תפוחים ואגוזים ורמונים. ולא אתחזרת רוחא לגבה בהון בגלותא במרעא דילה. ולא דפיקו אתחזרת לגבה עד דייתי רעיא מהימנא רחימו דילה דאתמר ביה הרועה בשושנים. ואייתי לה תפוח ושוי לחוטמא וארחא ביה ואשתמודעת לגביה הה"ד מנחם משיב נפשי מיד חזרת רוחא ודפיקו לגבה. בההוא זמנא שבחת ליה כתפוח בעצי היער כן דודי בין הבנים וכו'. ולבתר יעול לגנתא ואפיק מתמן רמונים ויהיב לה מעסים רמונים. ולקיט אגוז ותבר *קליפין ויהיב לה מוחא מלגאו. ואיהי אכלה. ושתית מעסים הרמונים ואתסיאת. ודא הוא דאמר קרא אל גנת אגוז ירדתי. אדהכי הא נשרא קא אתיא הנשר הגדול בעל הכנפים. ויהיבת תלת קלין וסליקת לטורין. אמר ר' שמעון לחברוי בודאי רעוא אשתכח לעילא. ורחמים אשתכחו לגבי שכינתא וישראל בגלותא. דודאי תלת חיון אינון במרכבתא. אריה שור נשר. ובכלהו לית רחמים כנשרא. ובגין דא אמר לישראל ואשא אתכם על כנפי נשרים ואביא אתכם אלי. אדהכי הא נשרא קא אתיא לגבייהו זמנא אחרא ובטשת בגדפהא עלייהו ורמת קלין וסליקת לטורא. אמר ר' שמעון בודאי איהי דקא בטשת בגדפהא עלנא

גדולים **בכמה** בוסמין וריחין דשושנים ותפוחים וכו' נקיט ד' מינין שהם שושנים תפוחים אגוזים רמונים דנפקי מן יהו בוסמין וריחין שהם כנגד ד' חלקים פרד"ס שיש בתורה והיו שושנים כנגד חלק הסוד תפוחים כנגד דרש אגוזים כנגד רמז רמונים כנגד הפשט **ואשתמודעת** לגביה הה"ד מנחם מש"ב נפש פירוש שנודעה ונגלית אליו בכל כחותיה ואמר מנחם ישיב נפשי מנחם עולה מספר פה חמה רמז למרע"ה שנקרא על שם החמה כמ"ש רז"ל פני משה כפני חמה גם עוד מנחם אותיות מן מ"ח שהוא סוד הבל בן אדה"ר שיש לו ב' גבורות מן הה"ג שהם מ"ח צרופין דאותיות מ"י דשם אלהים ומ"ש ואייתי לה תפוח ושוי לחוטמא נ"ב תפוח זה רמז למקרא שהוא משולש בתנ"ך כי התפוח משולש ריח טעם מראה ולבתר יעול לגנתא ואפיק מתמן רמונים ויהיב לה מעסים רמונים זה לימוד המשנה ולקיט אגוז ותבר קלפין זה לימוד תלמוד בבלי שיש בו קושיות ותרוצים ופלפול ויהיב לה מוחא מלגאו זה למוד הסוד והיא אכלה ושתה מעסים רמונים זו המשנה ואתסאת לכן כתיב גם כי יתנו בגוים עתה אקבצם ודרשו רז"ל יתנו לשון מתניתין זו המשנה **ובטשת** בגדפהא עלייהו נ"ב הא דבטשת בכנפים שלה עליהם לרמוז להם כי עסק התורה שלהם עושים יחוד נר שהוא הוי"ה אהי"ה הוי"ה אלהים הוי"ה אדנ"י, שעולים מספר נ"ר והוא רמז באותיות נר דנסר שהם שתי קלות ו' דמין כנפים ובאמצע יש אות ש' שרומזת לת"ח שהם מסולסים בשלשה עטרות שהם כתר תורה כתר כהונה שעוסקים בהלכות וסליק

* פא ע"א

טל. ובתקונא תמני סרי (נ"א ובתקונא דא שית אתוון) דאיהו ברא שי"ת
אינון רמיזין כגוונא דא. פתחי לי באת ב' דאיהי תרעא אחותי באת
א רעיתי באת ר'. יונתי באת י'. תמתי באת ת'. שראשי נמלא טל.
דא יו"ד נקודה דאת ב'. קווצותיו. אלין שית סטרין דאתמר בהון שוקיו
עמודי שש. ואינון דפיקין במוליך ומביא למאן דארבע סטרין דיליה
ומעלה ומוריד למאן דשמיא וארעא דיליה. ושית סטרין אינון שית
ספירן. ודפיקו סליק ונחית בהו. באריכו דחסד כגוונא דא תקיעות.
בתבירו דגבורה דאינון שברים במהירו דעמודא דאמצעיתא דאיהו
תרועה. בחסד גבורה תפארת סלקין בנצח והוד יסוד נחתין. וכלהו
דפקין לגבי שכינתא דאיהי סלם דביה שית דרגין ודא לבא וביה
מלאכי אלהים סלקין ונחתין. דאינון דפיקין דרוחא ואינון שית סלקין
לעשר ודא י'. ואינון קשר"ס קש"ס קר"ס עד דאתכלילו בעשרה
זכרונות. ובעשר מלכיות. ובעשר שופרות. תלתין סלקין מתתא לעילא.
ותלתין נחתין מעילא לתתא וסלקין כולהו לשתין שית זמנין עשר.
כד סליק דפיקו בתקיפו דגבורה בגבידו איהו דינא תקיפא. כד סליק
דפיקו ואתארך מרעא אתארך דהא מטה כלפי חסד. קם סבא מאינון
מארי מתיבתא ואמר בוצינא קדישא הא סמנין אלין אינון דמרעא
בגלותא כד דפיקו אתקצר וגלותא אתקצר הא מטה כלפי גבורה בי
דינא רברבא. ומותנא קא אחזי למשיח ושבטין. ובגין דא אומיאת ההיא
חולה בגלותא לישראל. אם תעירו ואם תעוררו. דלא יהא במהירו
אלא עד שתחפץ ואם דפיקו אתארך הא מטה כלפי חסד ועם כל דא
מרעא בגלותא אתארך ואי דפיקו איהו לא אריך ולא קצר. הא אתער
רחמי לגבי חולה בגלותא. דאיהי לבא ולגבי ערסין דילה דאינון בנהא
ישראל ודא איהו עמודא דאמצעיתא עליה אתמר וברחמים גדולים
אקבצך. ועוד כד דפיקו איהו בתרועה במהירו דוחקא בתר דוחקא
ייתי פורקנא ועוד ההיא חולה דאיהו לבא כד רוחא לא נשיב לגבה
דאתמר ביה. ורוח אלהים מרחפת על פני המים. איהי לא דפיקת

יחוד התפארת ודא איהו עמודא דאמצעיתא עליה אתמר וברחמים גדולים אקבצך פירוש עמודא דאמצעיתא הוא התפארת שנקרא קו הרחמים שעומד בין החסד והגבורה וכאשר ימשכו לו רחמים מן כתר יתמלא רחמים בערקין

תקונא חמשא ועשרין

כדיוקנא דספר תורה דלעילא. כגוונא דא אינון חמש כנפי ריאה כגוונא דחמשה חומשי תורה. ווורדא כגוונא דזה ספר דאיהו ספר ישרים. אי אוני חסיר או יתיר או חליף. איהו אמרא פסול ומאן דעבר עלייהו כאלו עבר על אורייתא וחמשה חומשי דילה. דחמשה כנפי ריאה ווורדא אינון שית. דא ו׳ כל מאן דעבר (על דא כאלו עבר) על דא וחמשה דברים המפסידין את השחיטה. (כל מאן דאעבר עלייהו) כאלו אעבר בה׳ מן יקו״ק. כנפי ריאה צריך דלא יהא בהון סרכות. תמני סרי סרכות אינון. מאן דאעבר עלייהו כאלו אעבר ברית דאיהו ח״י עלמין. וסירכא איהו סם המות. סם דאל אחר דאיהו סמא״ל. עלה אתמר רגליה יורדות מות. בכל אתר דאסתריך קטלת. וכנפי ריאה אינון כנפי חיון וצריכין למהוי פרודות מלמעלה הה״ד פניהם וכנפיהם פרודות מלמעלה. אם אינון בחבור טריפה. ותרי אומות אינון בריאה ובהון שית גדפין. חמש אונות וורדא. ועלייהו נאמר שרפים עומדים ממעל לו שש כנפים שש כנפים לאחד. שיתא אינון מסטרא דאת ו׳ דאיהו ספר תורה. ארונא דספר תורה דא כיסא דלבא. ואיהו נור דליק. ואי לאו כנפי ריאה דאינון נשבין עליה הוה לבא אוקיר כל גופא. וההוא נורא דאיהו דדם דערקין דלבא רוחא נשיב אבתריה בערקין דדמא וכלהו מתנהגין אבתריה. ודא הוא דכתיב אל אשר יהיה שמה הרוח *ללכת ילכו וגו׳. ולבא כד סליק מניה רוחא (ואתפרש מן נפשא. דאיהו ו׳) על דמא נור דדליק אתמר בנפשא אני ישנה. וכד ייתי רוחא לגביה אתמר ולבי ער ודא איהו נפשי אויתיך בלילה אף רוחי בקרבי אשחרך. וכד ייתי רוחא לגבי לבא דתמן נפשא אתמר ביה קול דודי דופק. דפיק לתרעא דלבא שית דפיקין לאשתמודע דאיהו ו׳. דייתי לגבי ה׳ (נ״א ד׳) דאיהי נפש ובה אינון עשרה. וכלהו בפיוסא. הה״ד פתחי לי אחותי רעיתי יונתי תמתי שראשי נמלא

מהכות אסר דאתמר ביה מכון כסאך מאי שהבריאה היא נקראת עולם הכסא שה״ם כסא הכבוד והיא בסוד הבינה שה״א ספירה שמינית ותחתא לע״לא כמנין א״ז ההה״ד פתחי לי אחותי רעיתי ונתי תמתי נ״ב נקוט ששה תיבות שית דפיקין דנפקין מן אות וא״ו ואמר שראשי נמלא טל דהיינו ששם הרכבה מלואים ע״ב ס״ג מ״ה ב״ן שהם ע״ל אותיות ועולים מספר הברכה וס״ת דפקן הם כנגד ששה תיבות של פסוק שמע ישראל שהוא טל

* ע ע ב

בליל שבת דאיהי ממש אות ברית מילה. אמר רבי אלעזר וכי ברית מילה לכל בני נשא איהו שוה. אמר ליה לא. דברית מילה לחייביא עפרא דתקין במנא איהו מזונא לחויא דאפריש מניה. הה"ד ונחש עפר לחמו. ודם ברית איהו מזונא לסמא"ל דאיהו רוצח דאפריש מניה. ורזא דמלה אם רעב שונאך האכילהו לחם. ואם צמא השקהו מים. לבינונים אתחשיב ברית מילה אעברו דדמא ובשרא בקרבנא. הה"ד וזבחת עליו את עולותיך ואת שלמיך. לצדיקיא ודאי באתר דמילה ופריעה שריא יקו"ק ודא איהו ומבשרי אחזה אלוה. ועלייהו אתמר ואמר לך בדמיך חיי לצדיקיא וכתיב גם את בדם בריתך שלחתי אסיריך מבור דאיהו גהינם:

תקונא חמשא ועשרין

בראשית דא אורייתא הה"ד יי' קנני ראשית דרכו קדם מפעליו מאז.
מההוא אתר דאתמר ביה נכון כסאך מאז ואורייתא תרין פקודין אית בה. חד והגית בו יומם ולילה. תניינא למהוי למלכא ספר תורה דאזיל עמיה בכל אתר הה"ד והיתה עמו וקרא בו כל ימי חייו. ספר תורה אמאי למלך בגין דאיהו לאו איהו מלכא אלא מסטרא דמלכות וצריך למהוי ליה עמיה בכל אתר ספר תורה דאיהו עמודא דאמצעיתא לאתקשרא ביה קב"ה עם שכינתיה. וספר תורה היא דרגא דיעקב דאתמר ביה ויעקב איש תם. וספר תורה כך צריך למהוי תם בלא פסולת. ואם ספר תורה איהו חסר באתר דמלא או מלא באתר דחסר או אות חד חסיר או יתיר או חליף. ספר תורה פסול. לאו איהו

הארץ רוח רל מן המלות ולכן מושבו נקרא אתר הדיוט כ הדיוט ג' רל **לצדיקייא** ודאי באתר דמילה ופריעה שריא הו ה פירוש אמרו המקובל ס ז ל העטרה כנגד יו דשמא קדישא והסכין של המוהל שבה כורת הערלה כנגד וא"ו דשמא קדישא ושת ידים של המוהל שעושה בהם הפריעה כנגד שתי ההי"ן דשמא קדישא ואם המוהל יר ש שעושה המצוה בשלימות הכושר והמחשבה הנה ע י המעשה והדבור של ברכת המילה והכונה ורמחשבה שלו או באתר זה דמילה ופריעה שריא הוי ה ועלייהו אתמר בדמיך ח דהיינו שם הוי ר ש ש בו כ"ח אות וש במלו רמלוי כמנין חי **בראשית** דא אורייתא הה ד ה קנני ראש ת דרכו כ ב ד דוע התורה נתנה לנו מעולם הבריאה שהיא סוד בינה ונקראת כסא הכבוד ולכן מתחלת בבית וכמ ש רבינו האר י ז ל בכונת ברוך אלהינו שבראנו לכבודו ונתן לנו תורת אמת, וידוע דאצלות היא בסוד ב ת אבל בי ע הם בסוד דרך כי דרך שם יורד השפע מאצילות לתחתונים ודרך שם עולה המ ן ממטה למעלה לעולם האצילות הקדוש ולכן אמרה תורה ה' קנני ראש ת דרכו ר ל מעולם הבריאה שהיא ראש ת לעולמות שהם בסוד דרך ולכן אמר קדם מפעליו מאז

בדיוקנא

תקונא ארבע ועשרין

ביום השבת ואי בר נש אוקיד בשבת אמר קב"ה אנא הויתי מכבר לנורא דלא אוקיד ואתון מוקדין ליה. אתון תתוקדון בגיהנם. בגין דא לא תבערו אש בכל מושבותיכם ואפילו בגופא ומאי ניהו גיהנם בגופא. כבד. דביה מרה דאיהו גיהנם סם המות סם דאל אחר חרבא דמלאך המות. ועליה אתמר ואחריתה מרה כלענה חדה כחרב פיות. וצריך דלא יתער (נ"א לאתערא) עציבו וקטטה, מסטרא דטחול. אלא דתהא לב נטיר מכלהו דאיהו שבת שמור. ומוחא זכור וצריך לקבלא אושפיזין דאינון מלאכין עולימן דנשמה יתירה דאיהי שכינתא עלאה ונפש יתירה דאיהי שכינתא תתאה. ואושפיזין דנחתין עמה. וצריך אתתא לתקנא שרגא בליל שבת לימינא. ואתהשיב לה כאלו תקנה מנרתא בדרום ופתורא בצפון ועלייהו אתמר הרוצה להחכים ידרים. הרוצה להעשיר יצפין ואינון שכינתא עלאה ותתאה שכינתא עלאה מנרתא לדרום צריכא לאתקנא לה בגין דתמן חכמה ובגין דא הרוצה להחכים ידרים. ובההוא ביתא דאשכחין דירה דא מתקנא בראי סדורא מנרתא בדרום ושלחן בצפון ומטה בין צפון לדרום. אמרין אלין מלאכין דקא נחתין עם שכינתא. דאיהי נשמה יתירה. לית דין אתר הדיוט דעם הארץ אלהין אתר דרעוא ביה מן קדם יי. פתורא צריכא לתקנא לה לגבי צפון ופתורא איהי שכינתא תתאה דאתמר בה כל כבודה בת מלך פנימה ממשבצות זהב לבושה. מאי זהב דא גבורה דאתמר בה מצפון זהב יאתה. ממשבצות זהב תרי סמכי קשוט. מטה למערב בין צפון לדרום לתקנא ליה לגבי עמודא דאמצעיתא דאתמר ביה בני בכורי ישראל. ובביתא דלאו אינון מתתקנין אלין תקונין בליל שבת. אושפיזין אמרין לאו איהי דא דירה דישראל דאתמר בה ושמרו בני ישראל את *השבת לעשות את השבת לדורותם לדרתם כתיב חסר מלשון דירה. וכל אלין תקונין צריכין לתקנא

אגוז ברבוע כזה א׳ א׳ ג׳ אג"ו אגוז עולה מספר לב **דאיהו** שבת שמור מוחא זכור כ ב השבת שלש בש מור קומה שרש י"ס כמ ב חג ת נרי ס שעולה מספרם שמור וסמוחן רם שם הוי ה דוד ן שהוא ע ב ושם אה ה דוד ן שהוא קס"א ושניהם עולים מספר זכור **וצריך** אתתא לתקנא שרגא בל ל שבת לימינא כלומר מלבד השלחן שמתקנת בצפון של חדר המסיבה עוד צריך לתקנא שרגא לימינא, וקאמר בגשון וע כ נחשב כאלו תקנה מנרתא בדרום במקדש של מעלה ושלחן בצפון בית המקדש של מעלה **לית דין** אתר דר וע דעם הארץ פ רוש כי עם בליל

הה"ר לָמָּה יִקְצוֹף הָאֱלֹקִים עַל קוֹלֶךָ וְחִבֵּל אֶת מַעֲשֵׂה יָדֶיךָ. ורזא דמלה לַשָּׁוְא הִכֵּיתִי אֶת בְּנֵיכֶם וגו'. ובגין דא לא תִשָּׂא אֶת שֵׁם יי' אֱלֹקֶיךָ לַשָּׁוְא רמון בן זומא ביה חָאב. אֲבָל רבי מאיר תוכו אָכַל קליפתו זרק. דקליפין אינון א"ה ישראל מוחא בינייהו. כן כגוונא דא שכינתא איהי פרדס *בגלותא ואיהי מוחא מלגו. אגוז קרינן ליה כמה דאמר שלמה מלכא אל גנת אגוז ירדתי ואיהי שכינתא איבא מלגאו הה"ד כָּל כְּבוּדָּה בַת מֶלֶךְ פְּנִימָה מִמִּשְׁבְּצוֹת זָהָב לְבוּשָׁהּ. וקליפין הן כמה רשויות נוכראין. ובשבת מכלא אתפשטת ואתלבשת בלבושין שפיראן. וכן צדיכין ישראל לתתא. לאתחדשא בשבת. בלבושין שפיראן. וכן לאטעמא בשבת מכל מאכלין טבין בגין לקשרא ולארקא ברכאן לגבה מכל ספירן ומ"יו אשתקיא מכלהו. וצריך לסיימא בה ענג דאיהו צדיק דנפיק מעדן דאיהי בינה עלמא דאתי. להשקות את הגן דא שכינתא תתאה ונהרא איהו ו דנפיק מן י"ה. ואזיל חמש מאה שנין דאינון חמש ספירן. ומטי לצדיק. לאשקאה מניה גנתא דאיהי ה'. ועל כן יַעֲזָב אִישׁ אֶת אָבִיו וְאֶת אִמּוֹ וְדָבַק בְּאִשְׁתּוֹ וגו'. וכן ברית מילה איהי כגוונא דאגוז. צריך לתברא קליפין דערלה ופריעה. ולאעברא לון מתמן ואתגלייא מוחא מלגו ודא אות ברית. ודא עץ חיים. אבל ברית דאיהו בערלתיה ולא אית ביה פריעה. עליה אתמר וּמֵעֵץ הַדַּעַת טוֹב וָרָע לֹא תֹאכַל מִמֶּנּוּ כִּי בְּיוֹם אֲכָלְךָ מִמֶּנּוּ מוֹת תָּמוּת מות בעולם הזה תמות בעולם הבא. ועוד לבא הוא אגוז. ומאן דתבר קליפה דיליה דאיהו יצר הרע עליה אתמר לֵב נִשְׁבָּר וְנִדְכֶּה אֱלֹקִים לֹא תִבְזֶה. ונסות לבא דהוא שלים בקליפין דיליה ולא אתבר עליה אתמר תּוֹעֲבַת יי' כָּל גְּבַהּ לֵב. ושכינתא לא שריא עליה. ומסטרא דקליפין אתקריאו בני נשא ערלי לב. ובשבת גהינם לא שלטא בעלמא ולא ממנן דיליה. בגין דא מני לישראל לא תְבַעֲרוּ אֵשׁ בְּכֹל מוֹשְׁבֹתֵיכֶם

כחסר ענב"ס דרמז על העושר ורשעור הרמוז במלו ענב"ס **ועל כן** יעזוב א"ש את אבו ואת אמו ודבק באשתו כ"כ רוס עזוב א"ש דא וא"ו דנפיק מן ה' את אבו ו"ד ואת אמו ה"א דאשור ודבק באשתו ה"א אחרונה דא ה' גנתא **וכן** ברית מילה איהו כגוונא דאגוז שהפרי הוא בפנים ויש עליו קליפה רכה ועוד על זה קליפה קשה חופפת על שתיהן וכן בברית מילה העטרה היא הפרי ויש עור קשה שהיא הערלה שכורתין אותה ויש עור דק שפורעים אותו ואח"כ זריקה ולא נכרת ולכן אבר הברית נקרא בשם טוב ואיוו ג' טוב **ועוד** לבא הוא אגוז כ"ב ביום

מבית לבית דאינון שכינה עלאה ותתאה. ועלייהו אתמר את שבתותי תשמורו. ומקדשי תיראו דא מקד"ש י' אות שבת (דא ברית) דצריך לנטרא ליה בכת זוגיה דאיהי קדושה דיליה ברכה דיליה. דעלה אתמר ויברך אלקים את יום השביעי ויקדש אותו. ויברך דא ברכה. ויקדש דא קדושה וגבי תרוייהו הוו נפקי קדמאי לקדמות כלה והוו אמרי תרי זמני באי כלה באי כלה. בההוא זמנא קול חתן וקול כלה. ועוד מקדשי באת יו"ד בגין דלית קדושה פחות מעשרה. וצריך לברכא לון ולקדש לון בקדוש על היין בשבעין תיבין דקדוש ויכלו כחושב"ן ביין. וצריך למימר סברי מרנן ואינון דאמרי וענו לחיי בגין דאתקשרו באילנא דחיי. ולא באילנא דמותא. דאיהו גפן דחב ביה אדם קדמאה דחד אמר חטה היה וחד אמר גפן וכלא קשוט. שבע מינין אינון חטה ושעורה גפן ותאנה ורמון זית שמן ודבש חטה ושעורה והא אתמר וצריך לאהדרא עלייהו חטה הא אתמר. שעור"ה דאפיק ה' משעור דילה. גפן. סחטה ענבים ברשו אחרא ועבד יין נסך ואתעביד אילנא דטוב ורע תאנה לקיט תאני קדם זמנייהו כרם דאתבשלו כך לקיט הוא מעלמא קודם זמניה ודא איהו רזא מאן דגרים די ימותון בנוי קדם זמנייהו

א נמי מספר פלג. עם ניקוד ה שנקראת חי"ר רוא יד ועם רכו"ל י"ר כת"ן סק"ר **דא** מקדש וד אות שבת פירוש הברית עטרה שלו ר"א סוד אות וי"ו שהיא משלמת שם שדי כנודע ומ"ש דצריך לנטרא ליה בכת זוג ר' דאיהי קדושה דיל"ר ברכה דיל"ר נראה קדושה בירכה י"ת יקב ולז"א רולר אשר בקב **והוו** אתר תר זת כא כלה בא כלה בההוא זמנא קול חתן וקול כלה פירוש א"ג שאומרים ג"פ י"ת בקול רם אותם יק ב"כ וזהו קול חתן וקול כלה כנגד ב"פ שאומרים בקול רם כי שהם קול רוא רם **וצריך** למימר סברי מרנן וא"נ אחרין וענו לחיים פירוש סבר מרנן מספר בר"ת ורם מ"ב ם לחיים כלומר בר"ת קשור לחיים דאתקשרו באל דח **ודח"א** חטה היה זה א גפן היה וכלא קשוט פירוש אלו ואלו דברי אלהים חיים דרא והא דור ולכן לחם רבא ין רחם ם קבע ברכה לעצמו לבריך רמולא יחם מן הארץ שבור הר עור וכו' יתקון אכילת אדם הראשון מן רחטר וכן , ש ולא מן הגפן קבע ברכה לעצמו לברך בפה"ג וגם זה ר"ר לעזר דתקון חטא אדה"ר בגפן **שעורה** דאפ"ק ה' משעור דלה פירוש רפ"ר ד ם מן ה"ו דשם הו ר דאות ר ה"א חומש של ר"ו שמסברים כ"א ולכן קראם שעור ד"ל וזהו שעורה עשור ה דבא ה"א אחרונה דתר מ"לאר בים וגרם שהר ר לסלק ר"עשר מתנר ותשאר נקודה קמ"ר ור ם רם שעור ד"ל מע קרא ואפ"ק תא מן השעור שלה דזה ולכן אות ה' נרשר די זאות ו"ד דויזות ל"ים ש"ר ובסלוקם תשאר ד לשון דלות וכו' ד"ד כה"ר יעקב נכ"ו פ"רש שעורה אותיות עושר ה' וזהו כשר א בלורת ד"ו דאות ו' היא עושר ד"לר והוא שעור ד"ה ועל ידי פגם שלו עשה אותה עניה כלורת ד כמ"ש רבינו ראר ז"ל בבאור ה"א יחמא מנא ד"י אבלו אברית"א על"ד נכ"ו **סחטה** ע"ב ם ברשו אחרא ע"ב סחטה שכה עי' דבר המונח כבטן רפר ובלועבו וזה ירמוז על המלוי של ראות שהוא בתוך האות ורנכ אותות ענב ם במלואם ע"ן נו"ן בי"ת ו"ד מ"ם עולה המלו מספר שעור ומספר עושר והוא כבר דרש בשעורה דאפ"ק ה"א משעור דיל"ר ופרש"ו שעור ד"לה הוא עושר של"ד ולז"א ד"ר ד

בראתיו יצרתיו אף עשיתיו בראתיו דא נשמתא קדישא דאיהי עולם המחשבה. יצרתיו דא רוח ממללא דמניה חיון (נ״א חיין) ממללין. עשיתיו, דא נפש דתמן עשיה דשריא ברמ״ח פקודין:

*(אלו השני תקונים הם בספר כ״י אחר תקונא ג׳ בס״ר ואח״כ מתח״ל תקון תמני סרי)

תקונא עשרין ותלת

בראשית ברי״ת א״ש ברית דא צדיק. כל אתקרי. כשורא דכל אברין דגופא. ח׳ דאיהו תמניא יומין. אינון שעורא דשבת דאיהו תרין אלפין אמין דכל סטר ינטרא ברזן אות שבת. בגוונא דא אינון תמניא יומין תחום לקבלא בהון אות ברית ונטרא ליה בהון דלא אתעביד באות ברית חלול. א״ר אלעזר אבא יומא חד הוינא אזלי אנא ורבי יוסי. ואתא בריה דרב המנונא סבא מהדוא עלמא ברזוקנא דהאי עלמא. ואזדמן לן בארחא כגוונא דמחמר בתרין חמרין ושאילנא (נ״א ושאיל לן) מאי את שבתותי תשמורו ומקדשי תיראו. ואמר איהו מלין שפירין. אבל עם כל דא בעינא למשמע מפומך. א״ל ברי. בודאי ברית איהו שקיל לשבת ובגין דא בראשית ירא שבת:

תקונא עש״ין וארבע ליום י״ג

בראשית ירא שבת (ובה) שבתותי תהי דחיל. יר״א תור״ה יר״א ברי״ת כמה דצריך נטירו דברית דלא יעול ליה ברשו נוכראה כגוונא דא צריך בר נש נטירו דשבת דלא לאפקא מרשות היחיד ויעול ברשות הרבים. רשות היחיד איהי שכינתא רחבו ד׳ ואינון יקוק וגבהו עשרה יוד קא ואו קא. רשות הרבים נחש אשת זנונים סם דאל אחר דאיהו סמא״ל. ואיהו כללא דע׳ אומין. ואיהי חללה זונה. ובעלה חלול שבת איהו. ובגין דא מאן דאפיק מרשות היחיד לרשות הרבים חייב סקילה. ערוב איהו עמודא דאמצעיתא וביה מטלטלין

הג״ה ו׳ תוך דלת ה׳ ו׳ אות ות דו אות ות ה׳ דאיהו תרין אלפין אמין לכל סטר לנטרא בהון אות שבת נראה לפ״ז דל״ש בראשי״ת בר״ת אש על רשבת דתחום שלו שמונה אלפים אמות שהם ב׳ אלפים לכל צד וכריתו באות אש שהוא ר״ת שמונה אלפים והוא דוגמת הבר״ת דתחום שלו שמוגר ת״ם דנשלם ת״קונו ביום השמיני בת לא ומ״ש בר״ת דא לד״ק כל אתקרי קשורא דכל אברין דגופא נראה לכן תמלא ברנאה חשמ״ש שבאבר הבר״ת שבאדם שתחתון מרג״ש ן כל האברים שבגוף ברסיא רנאה כ׳ מתפשטת בכולם וכמ״ש חכמי הטבע ובגין דא מאן דאפיק מרשות ר״ח ד׳ לרשות הרבים ח״ב סקילה נ״ב סקילה עולה מספר ר״ה ר״ת רשות היחיד ור״ת רשות הרבים

* סט ע א

תלין מן תרין ה"ה פשוטות ובהון סלקין לחושבן י"ד ודא איהו כי י"ד
על כס י"ה. ובן ואו י"ג מכילין דתלין מן ו"ו פשוטה. ובה אשתלים
י"ד. ודא איהו יד ליד לא ינקה רע דא עמלק. לעילא ותתא נטיל
נוקמא מניה. נטיל נוקמא לעילא בי"ד ולתתא בי"ד ודא איהו הנה
י"ד יי' הויה ו' ו' ה"א. (נ"א ו' וה"א עם ו') וה"ה אינון כ"ח יו"ד כ' ותלין
מן י' פשוטה הרי כ"א בחושבן אה"ק. וסליק כלא מ"ט אנפין דאורייתא
כגוונא דא. כ"ח דאיהו תמניא ועשרין. אהי"ק דאיהו כ"א הרי מ"ט
כלא יו"ד ה"א וא"ו ה"א יקו"ק. יוד הא ואו הא מ"ה. יקו"ק ד סליק מ"ט.
לבושא דיו"ד חסד. לבושא דה"א גבורה. לבושא דוא"ו תפארת.
לבושא דה"א מלכות. נצח קשורא דיליה חסד. ההוד נעימות
בימינך נצח. הוד קשורא דיליה גבורה. צדיק קשורא דיליה עמודא
דאמצעיתא. דגוף וברית חשבינן חד. מלכות שלימו דלהון. איהי
שלימו דעלאין ותתאין. כתר עליון דא איהו שלימו דחמשין שערי
בינה. ודא איהו דלא אתייהיב למשה דעליה אתמר נתיב לא ידעו
עיט. ועליה אמרו ז"ל במופלא ממך אל תדרוש וכו'. בגין דאיהו מקור
דלית ליה סוף. ובמקורא דלית ליה סוף. מאן יכיל לאשגא ולאשכחא
ליה (ס"א):

קם סבא ושאיל. ואמאי אתקשר נצח עם חסד כמה דאוקימנא. נעימות
בימינך נצח וכן הוד עם גבורה אלא בגין דדרועא ימינא לא אית
ביה אלא תלת פרקין. וכן בשמאלא ובגין דא אתקשר שוקא ימינא
דאית בה תלת פרקין עם דרועא ימינא. לשריא ביה ה"א. וכן דרועא
שמאלא עם שוקא שמאלא לשריא ביה ה"א. וכן גוף וברית אינון ו' ו'.
ושריא בהון א דאיהי אימא ואתעבידו י"ג וא"ו יו"ד שריין בעשר
אצבען דידין ובעשר אצבען דרגלין משום דאתחלתא רשמא קדישא
מחכמה שריא דאיהי באצבען. כתר עלאה שריא ברישא דבר נש
דתמן מחשבה סתימאה ובמה דמחשבה איהי סתימא כך איהו סתים
אין סוף אתקרי מלגאו כתר עלאה מלבר כתרא דרישא עלאה ארבע
יסודין דגופא בהון שריא יקו"ק ודא איהו כל הנקרא בשמי ולכבודי

אמת ארצה. ובההוא זמנא נפיל דיוקניה וחותמיה לתתא ונפיל מזליה ואסתלק ההוא כח מניה. בההוא זמנא סמאל וחיליה דאינון חיוון ובעירן ועופין מסאבין רדפין אבתריה הה"ד וילכו בלא כח לפני רודף. אם תב בתיובתא תב ההוא כח לגביה דאיהי שכינתא עלאה. בההוא זמנא אתקיים ביה ואתן אדם תחתיך ולאמים תחת נפשך. מאי אדם הא אוקמוה אל תקרי אדם אלא אדום. ולאמים ולאם מלאם יאמץ. בההוא זמנא אומה דישראל יתקפון (נ"א יתגברון) על אומה דעשו בחילא דהאי כח דאתלבש בשבע תיבין דעובדא דבראשית. כ"ח אתוון שכינתא עלאה. ז' תיבין כליין בשכינתא תתאה. והאי כ"ח איהו רזא דכ"ח פרקין די' אצבעות. דבהון והיה כאשר ירים משה ידו וגבר ישראל. ובג"ד אוקמוהו ז"ל למי נושאין כפים לרום השמים. דצריך האי כח לסלקא ליה לגבי חכמה ודא איהו רום שמים ואיהו יוד קא ואו קא דשארי בי' אצבען על האי כח ואיהו חכמה כ"ח מ"ה והאי כח עליה אתמר ואשר כח בהם לעמוד בהיכל המלך. לעמוד בצלותא דעמידה בהיכל המלך סתם דא אדני דסליק לחושבן היכל והאי כח איהו רזא דיקו"ק אלקינו *יקו"ק כוז"ו במוכס"ז כוז"ו. ועליה אתמר כל העונה אמן יהא שמיה רבא מברך בכל כחו. דאיהו כ"ח דאתלבש בתרין דרועין דאינון חסד וגבורה וצריך לסלקא לה לגבי י' דאיהו רום שמים ולנחתא לה לגבי ו' דאיהו שמים. דעליה אתמר. ואתה תשמע השמים כד נחתא לה לגבי עמודא דאמצעיתא למפרק בה לישראל בנוי וכד סליק לה לגבי רום השמים דאיהי י למיטל נוקמא מעמלק. ודא איהו והיה כאשר ירים משה ידו ואיהו יד ו. ואיהו יו"ד ואיהו י"ה. ולבתר נחית האי כ"ח לגבי וא"ו דאיהו י"ג מכילן דרחמי למפרק לבנוי דישראל כד"א וכרחמים גדולים אקבצך. וכ"ח בהאי וא"ו אשתלים ואתעביד אם. בההוא זמנא כי היא היתה א"ם כל ח"י. ודא ח"י עלמין דבה אתמלי ואשתלים בח"י ברכאן דצלותא. ה"א ה"א תליין מן ה"ה דאינון ה"א ה"א בחושבנא י"ב. ומנייהו תליין אתוון כפולים. ואינון

מדת שבס אמת עם כולל האותיות כאשר ריש משה דו ול רו יד ו' ואיהו ו"ד ול הו י"ה פירוש דר ש תתלה ידו יד ו' וקות ע ד הדרשה דקא בה ועוד דריש דו א הו ו ד כהפוך אתוון ועוד דר ש ידו אות וס ה שלש תליין

* סח ע"ב

אוכח דכתיב בעצבון תאכלנה. אדם חאב בנוקבא אתייהיב ליה יצה"ר נוקבא חוה חבת בדכורא אתייהיב לה יצה"ר מדכורא. ועלה אתמר בעצב תלדי בנים. ודא איהו כי עזה במות אהבה וכו' ועוד כי עזה במות אהבה אם ישראל יתערון לה להאי אהבה קדם זמנא צריכין לאתערא לה כדקא יאות. ואי לאו לא יתערון לה הה"ד השבעתי אתכם בנות ירושלם בצבאות או באילות השדה וגו'. דאומאה איהי דלא שריא על כרסיא עד דנטיל נוקמא מעמלק דהלל תרין אתוון דאינון י"ה דנפיק מן מיל"ה מ"ל י"ה ובג"ד כי יד על כס יה ודא א וכד מטא זמנא לנקמא מניה ושלהובין דאשא נפקין מהאי י"ה כד"א רשפיה רשפי אש שלהבת י"ה ואינון שלהובין דאיש ואשה דתמן א"ש א"ש ותמן י"ה. איש כד"א יי' איש מלחמה דנטל נוקמין מפרעה ומעמיה. אשה דא שכינתא דאתמר בה מצא אשה מצא טוב וגו'. ד"א שימני כחותם כ"ח ת"ם. כ"ח דא שכינתא עלאה כ"ח מ"ה מן חכמה. ועלה אתמר ועתה יגדל נא כח יי' ת"ם דא ישראל דלעילא דעל שמיה אתמרי יעקב תם כד"א ויעקב איש תם. ובגין דאיהו דיוקנא דחותם אמת דלעילא אתמר ביה תתן אמת ליעקב. ומאן דאשתדל באורייתא דאתקרי תורת אמת דיוקניה חקיקא לעילא בההוא חותם אמת. ומאן דמשקר בה כאלו אפיל אורייתא לתתא הה"ד ותשלך

והכו' דכתיב יב ו ז"ל בשער הפסוקים כי שם ברא"ת דבמקום אחד בזוהר נראה דאדם הראשון חאב בדוכרא שרות ז"א ובתיקונים אמר יראה דחאב בנוקבא דז"א וכתב יראתא חאב כאן וכאן ומנר שם שמו ה' ת' נ' פגמים ורפים י' דול יתכולים רוה כ"ם רשמ"נ שפ"ס ביתל שנים ש"ר ו' ינ"ל ר' וידוע מות ע"ם ולז"א כאן אדם חאב ב' וקבא ר"ל פים רידול ב' זחר ד"ר בנוקבא לכן את ר"ב ל"ר יל"ה ר' נוקבא ולכן חטא בעץ הדעת ע' אשתו ש"ר א' קבה אבל חור חבת בדכורא דק ל' לתקונים דרפגם ש"ה ה"ר וחר בדכורא לכך את יה"ב ל"ר לה"ר מדוכרא ולכן רפתו שלר ה"ר ג' רנתם שרות דכורא וידוע נעשה לר לר"ר ועלה אמר בעצב תלד בנים ענב לשון, זכר עלבר לשון, קבה יש זכר בנים שהם זכרים **עד** דנטל נוקמא מעמלק דהלל תר"ן אתוון דא"ן ה' דנכ"ק יון ת"לר תל ר' פירוש כ' אר"ז ל' שר"ר חותך ערלות וזורקן כלפי מעלה ואומר טול וכו' נמצא ת"רף ונ' דק בתלות הת ל"ר שסודר רוא בשם "י' וכמ"ש רב"ט האר ז"ל תילה מל*כר ער כרע ה' **ובגין** דא כי יד על כס ה' ודא **א'** פירוש ד' שלו שחרף כר בזרקו רערלות כלפי מעלר על כס יה כס מקום ומושב של ר' ששם תלות כת לה ודא ר"ת ז' באות **א** שנחסר מן כסא דרמוז בל"ור **א** ו' וי' שעשה ח' רוף במלוה זו שים בה שה"ס כר"יכם, באותיות ה' שהוא ת"לר מל ה' פריעה פרע "ה ודאו לקרוא על זה ו' כפול על שני תלולים של אות ות ה' **כח** דא שכ נתא עלאה כח מה מן חכימה כ"ב שכ נתא עלאה ב' נר ולכך נאמר הבן בחכמה **ומאן** דאשתדל באור תא דאתקרי תורת אמת ד' וקנ"ה חקוקר לע"לא בהרוא חותם אמת פירוש דאשתדל ללמוד תורה לשמה שרוא לשם ה' א' לתקן את לאר ד' וקנ"ר חקוקר לע"לא ברר"א חותם אמת שהוא סוד ארבע אלפין שעולים מספר

אמת

עלאה. מ״ל דאתקרי חיים כד״א עץ חיים היא ודאי ותרויהו כי חיים הם למוצאיהם ושכינתא תתאה איהו רשימו בהאי חותמא דאיהו חותם אמת. וכל ציורין דהאי חותמא אינון רשימין בה לאשתמודעא דאיהו ציורא דעמודא דאמצעיתא דאיהו אמת. אדם (נ״א דא איהו) חותם דיליה יוד קא ואו קא איהו חתים ביה לחיים. ומניה ירתין בני ישראל בני חיי ומזוני. חיי מסטרא דאבא ואימא דאינון י״ק בני מסטרא *דעמודא דאמצעיתא דעל (נ״א ועל) שמיה אתקריאו ישראל לתתא בני בכרי ישראל ואיהו ו׳. מזוני מסטרא דה׳ דאיהי המוציא להם מן הארץ. ובזמנא דירתין מניה אלין תלת (נ״א תרין) דרגין דכליל בשמיה. אתקריאו ישראל לתתא בנוי דקב״ה כד״א בנים אתם ליי׳ אלקיכם. ובזמנא דירתין ישראל משמוי דקב״ה אלין תלת בני חיי ומזוני. אתמר בהון כי עזה כמות אהבה תקיפא איהי ממיתה אפרשותא דקב״ה מבנוי. ומ״ל דאפרשותא אית בין קב״ה ובנוי. הכא אוכה כי אם עונותיכם היו מבדילים וכו׳ ואיבה (ס״א והבה) איהי ממיתה ועלה אתמר כי המות יפריד ביני ובינך ובזמנא דישראל מקיימין פקודיא דאורייתא ברחימו. קשה כשאול קנאה דמקנא קב״ה על סמא״ל ועל נוקביה דאינון גרמין לבני נשא מיתה בחוביהו וגרמין לון למחטי ובגין דא עתיד קב״ה לנטלא נוקמא מינייהו ולאעברא לון מן עלמא דסמאל ונוקבא דיליה איהי מיתה דאיהי לילית מלאך המות יצה״ר. דנוקבא איהי עם דכורא. ודכורא עם נוקבא. והאי מ״ל קרא

ובכללו כל השבעה ספירות זו״ז: בני מסטרא דעמודא דאמצעיתא דעל שמיה אתקרו ישראל לתתא ג׳. בכור ישראל כ״ב לכן אמר יעקב אנ״ר הילדים אשר חנן אלהים את עבדך כ׳ רוא״ר ה׳ בח״נ הבכורה עמודא דאמצעיתא ולכן יחס הבנים לעצמו: דנוקבא א״ר עם דכורא ודכורא עם נוקבא פירוש דנוקבא דקליפה מצטרפת עם הדכורא דקליפה בדברים המעשים ע׳ הדוכרא דקליפה וכן דדוכרא דקליפה מצטרף עם הנוקבא דקליפה בדברים ש״עם ס״ע דנוקבא כ״ש דברים מקר עם הס ר״א ע׳ דוכרא דקליפה וזה עיקר עם הס ע׳ דנוקבא דקליפה וכיוצא בזה כתב רבינו ז״ל בשער הפסוקים שכל מתום ונוקן וסורן ע״ם ס ע״י דוכרא דקליפה כי הזכרים הם בעלי דמלחמה אך הנוקבא ותילוסיה נפלים בדבר זה לדוכרא וא לוט ו אבל הפתוים והסתר לדעב״ר בנ אדם על דת נעש״ם ע׳ נוקבא וא לות ה והדוכרא וא לות ו דם נפלים עמהם ולכן כל פסוים של עבודת אמרם שלמה דע״ה בשם הנוקבא ושאל דאי מנא לן והא ב׳ קרא אוכח בעלבון תאכלנה וכוא כל הקליפות נקראים בשם עלב כ״ש רבינו ז״ל בפסוק ולא ושיף עלב עמה וכאן אמר בעלבון תאכלנה ב׳ עלבון ר״ל שני מיני עלבון חד קליפה דדכורא וחד קליפה דנוקבא שני מינין אלו עוסקים ב׳ חד זע״ז ואמר עוד מלתא אחרת אדם תלב בנוקבא אתייהיב ליה לד״ד נוקבא ותור חבת בדכורא את ידיע ליה לה ר מדוכרא

אוכח

* סח ע״א

תקונא תרין ועשרין

ואתייחדו שית ספירן הה"ד ויכלו השמים והארץ דא קב"ה ושכינתא דאינון ו"ה. יום הששי בנין דעליה אתמר כי כל בשמים ובארץ. ותרגומו דאחיד בשמיא ובארעא. ודא איהו כ"ל ועליה אתמר וכל צבאם מאי צבאם תרי סמכי קשוט וביה אתקריאו תלת אבהן שביעיות כד"א ויכל אלקים ביום השביעי וישבות ביום השביעי ויברך אלקים את יום השביעי ויברך אותו מסטרא דברכה. ויקדש אותו מסטרא דקדושה. וישבות בו מסטרא דיחוד ודא איהו ויכלו דאתכלילו ביה תלת אבהן דאינון ברזא דשמא דע"ב כגוונא דע"ב תיבין. גבורה כללא דרי"ו אתוון דאית בשמא דע"ב. עמודא דאמצעיתא דאיהו ו כליל כלא. ודא איהו רזא ויעבר יי על פניו ע"ב רי"ו. יסו"ק. על פניו. מאי פניו אנפוי דא וא"ו י"ג מכילן דרחמי דאתמר בהון וברחמים גדולים אקבצך. גדולים ודאי מסטרא דחסד דאיהו האל הגדול. וכלא אתכליל בשביעית דאיהי מלכות. ה' שביעי ה' ודאי בכל שביעיות כלילא. ואיהי ה' דיום הששי. יום דא צדיק עליה אתמר והיה יי למלך על כל הארץ וגו'. איהו יום הששי. ויום השביעי יום דכלהו יומין. ועליה אתמר שכבי עד הבקר. ודא הוא בקר דאברהם. דכתיב וישכם אברהם בבקר. וישכם לפורקנא. וביה הבקר אור דאתמר ביה ותורה אור. והאי איהו אור דאתמר ביה ולכל בני ישראל היה אור ואיהו פסח. דרועא ימינא. וביה עתידין ליגאל. ר"א שימני כחותם על לבך. האי קרא על שכינתא אתמר דאיהי בגלותא. חותם לא כתיב אלא כחותם כההוא חותם דגושפנקא דאיהי חותם אמת ובה (נ"א ודא) חתמנו לחיים. ומאי ניהו האי חותם דבה חיים. אלא דא עץ החיים דביה בני חיי ומזוני נפקין. עץ ודאי ההוא דאתמר ביה עץ החיים מהלך ת"ס שנה. והאי עץ איהו ו'. מהלך ת"ס שנין דא ה' החיים אינון אבא ואימא דאינון י"ה. י' איהו חכמה. ומ"ל דאתקרי חיים כד"א והחכמה תחיה בעליה. ה' ביה אימא

באותיות ו של ויכלו הנה הוא מפרש רמז ליסוד ביום הששי שהוא ה סוד בנין דעל ה אתמר כי כל בשמים ובארץ ותרגומו דאחיד בשמיא ובארעא והכי קאמר יום הששי הוא היסוד בו ויכלו השמים והארץ ר ל בו אתכלילו ואתאחדו שמים שהם ספירות והארץ המלכות והרחבת הלשון בזה מפני שגלית הלומדים מ קונים נבוכים הם בדברים אלו של ספר התיקונים וביה אתקריאו תלת אבהן שביעיות פירוש תלת אבהן הם ג' אמצעיות שהם חג"ת ועל י היסוד נכללים בהם ג' תחתונות נה י עם המלכות שעומדת אחר כסא וכזה נעשו שבעה ות שעמדו עלאה

דע״ב איהו ויכלו. ביה אשתלים רזא דפורקנא ועליה אתמר ללב״י
גליתי דאיהו חושבן ויכלו. וביה אתקיים קרא אמרתי עולם חסד
יבנה וכמה דנפקו ממצרים ברזא דע״ב שמהן כך יפקון בהון כד
יפרקון בבתרייתא בההוא זמנא חסד ה׳ מלאה הארץ ועליה אתמר
וחסדי מאתך לא ימוש. ובחסד עולם רחמתיך. ובגין דא שבח דוד
לקב״ה בגלותא דאיהי שאול בהאי חסד כד״א כי חסדך גדול עלי
והצלת נפשי משאול תחתיה ואי אומין *דעלמא דחקין להו לישראל
יותר מדאי קב״ה חס על ד׳ מן חס״ד דאיהי דל״ת בגלותא ואתקיים
קרא ביה בטרם תחיל ילדה. ושבעין תיבין דמזמור יענך יי ביום צרה
אינון לקבל שבעים שרים ואומין דאינון צירים וחבלים דשכינתא עלאה
ותתאה, דאתוון ב ביה אתקריאן פלטרין גדולים. הה״ד גדולים מעשי
יי׳ וקב״ה ביה אתקרי גדול כד״א גדול אדונינו ורב כח וביה סלקין
ישראל לגדולה. ושכינתא בה אתמר הנה מקום אתי. בההוא זמנא
אתקיים בה קרא גדלו ליי׳ אתי. ובה (נ״א וביה) אתמר בקב״ה בההוא
זמנא כי גדול אתה ועושה נפלאות וגומר. וביה עושה גדולות עד אין
חקר. ודא איהו חסד ביה ויכלו ה׳ בששי (נ״א וביה ויכלו בהששי) בגין
דביה ה׳ דאברהם אזיל ו׳ לנגבה. מיד יתעד י״ה לקרבא. הה״ד כי יד
על כס י״ה וששי איהו אלף שתיתאה. שביעי יסוד. וביה אתבלילו

הנה אנכי שולח לכם את אליה הנביא בלא וא״ו שנתמשכן אצל יעקב אע״ה וששי איהו באלף שתיתאה שביעי
יסוד ב״ה אתכלו ואת יחדו ש״ה ספירן פירוש ושם השם א״רו כנגד אלף הששי שהוא ערב שבת כי אלף
השביעי הוא כנגד השבת ומש שביעי סוד הכוכב על ושם השביעי שהוא שבת יש בו בחינת סוד כי בשבת ש
סוד שביעי ות וכל שבעות הם ב׳ סוד וכמ״ש לעיל בשם רבינו האר״י ז״ל בשער הכוונות ודענין נראה כאן כי
ה׳ סוד הוא רית חד שש ספירות שהם חג״ת נה״י עם המלכות וכמ״ש רבינו האר״י ז״ל בעץ חיים (שער הנקודים
פ״ח) בסוד ברוך אברם לאל עליון קונה שמים וארץ דאברהם מתקן שמים וארץ ע שקונה מחדש בחינת ה׳ סוד
דמזווג שתים כמש״ה כ״ל בשמים ובארץ והוא הקונה אותם בסוד מזל ה׳ קרא ונקה וכו׳ ע״ש וידוע שמים הם שש
ספירות וארץ מלכות הרי דכללתם ויחודם הוא שבעה ועל זה מ חם ר סוד לום השביעי שהוא ושם השבת
ואמר ב״ר אתכלו ואת חדו ש״ת ספירן תיבת ביר קא על שביעי שהוא יום שבת אתכלו ואת חדו ש״ת ספירן
שהם של ששת ימי החול ודתכללותם ודתאחדותם הוא ע״י סוד ולכן אמר שביעי סוד ומפרש בזה דפסוק דאמר
ויכלו השמים והארץ ור נו אות וא״ו של ויכלו קא על ר סוד שהוא לוית ו וכראשו עטרה שהא ו״ד כלו
השמים והארץ דהינו השמים הם ששת ספירן חג״ת נה״י דששת ימי החול ר קרא ם בשם שמים והארץ ה״א
דמלכות דנקראת ארץ והכי קאמר ו הוא ר סוד כולו דשמים וארץ ר״ל בו אתכלו השמים שם ספירות חג״ת
נה״י והארץ דמלכות שכולם הם שבעה ומפרש השמים והארץ דא קב״ה ושכינתא דא נון ו׳ ר שבשם כ שמים דא
קב״ה שיש בו שש ספירות והארץ דא שכינתא דא ון אות וא״ו דשמא קדישא ומלבד דרמז שרמזו ו׳ לסוד
ואת יחדו

* סו ע״ב

דיפרוק לבנוי. וְרָזָא דְמִלָּה כִּימֵי צֵאתְךָ מֵאֶרֶץ מִצְרַיִם אַרְאֶנּוּ נִפְלָאוֹת. וְרָזָא דְפוּרְקָנָא בְּהַאי חוֹתָמָא אִיהוּ דַעֲלֵיהּ אִתְּמַר כִּי בְשִׂמְחָה תֵצֵאוּ וּבְשָׁלוֹם תּוּבָלוּן. בשמחה סָלִיק לְחוּשְׁבַּן אֲדֹ"ן דְּאִיהוּ אדנ"י אֲרוֹן הַבְּרִית אֲרוֹן כָּל הָאָרֶץ אִתְקְרֵי. בַּר מְאַת ש' דְּאִיהוּ תְּלַת מְאָה. וְאִינּוּן תְּלַת אֲבָהָן דְּאִתְחַבְּרוּ בָהּ. וְאַתְוָון בשמ"ה אִיהִי מַחֲשָׁבָה ש תְּלַת אֲבָהָן. בחמ"ה ה"ן וְאִיהוּ שְׁכִינְתָּא דְלֵית לָהּ יִחוּדָא אֶלָּא בְמִנְיָן כַּמָּה דְּאַתְוָוָתָא דה"ן. וְאִתְעֲבִידוּ עֲשָׂרָה וְאִתְעֲבִידוּ מְאָה בְּמָה דִשְׁכִינְתָּא כְּלִילָא כֻּלְּהוּ עֲשָׂרָה וְכֻלְּהוּ מְאָה וְהַיְינוּ דִכְתִיב הֵן לַה' אֱלֹקֶיךָ הַשָּׁמַיִם וּשְׁמֵי הַשָּׁמָיִם וְרָזָא דְמִלָּה הן אדני. וּבְשָׁלוֹם תּוּבָלוּן ש תְּלַת אֲבָהָן ו"ו תְּרֵין מְשִׁיחִין מ' ל"ב דְּבְשָׁלוֹם סָלִיק ע"ב. וְדָא דְּאִתְּמַר וְשַׁבְתִּי בְשָׁלוֹם אֶל בֵּית אָבִי שִׂמְחָה אִיהוּ דְּאִתְּמַר בֵּיהּ לֵךְ אֱכוֹל בְּשִׂמְחָה לַחְמֶךָ וּשְׁתֵה בְלֶב טוֹב יֵינֶךָ. דָּא יַיִן הַמְּשׁוּמָּר בַּעֲנָבָיו וַעֲלֵיהּ אִתְּמַר סוֹד יי לִירֵאָיו. יַיִן טוֹב דָא צַדִּיק דְּאִתְּמַר בֵּיהּ הַצַּדִּיק אָבָד וּמַאי אָבַד אָבַד הַהוּא נְבִיעוּ וְאִשְׁתְּאַר נֶחֱרַב וְיָבֵשׁ בְּבַיִת רִאשׁוֹן וְשֵׁנִי. קָם סָבָא וְאָמַר אֲדֹנָי בְּמַחֲשָׁבָה סַלְקָא וְלָאו בְּחוּשְׁבַּן וַעֲלֵיהּ אִתְּמַר הַ"ס כָּל בָּשָׂר מִפְּנֵי יְיָ כִּי נֵעוֹר מִמְּעוֹן קָדְשׁוֹ. יִתְעַר בֵּיהּ כְּמָה דְּאִתְּעַר מִשְּׁנָתֵיהּ וְתָוַר לִשְׁנָתֵיהּ עַד דְּיִתְעַר יקוק דְּאִיהוּ רַחֲמֵי לְקַיְּימָא בֵּיהּ וּבְרַחֲמִים גְּדוֹלִים אֲקַבְּצֵךְ. גְּדוֹלִים אִתְקְרִיאַת מִסִּטְרָא דְהָאֵל הַגָּדוֹל דְּאִיהוּ חֶסֶד. וּשְׁכִינְתָּא בֵּיהּ סַלְקָא לְאִתְקְרֵי גְדוֹלָה. וּבֵיהּ וַדַּאי רָזָא דְפוּרְקָנָא כְּגַוְונָא דָא יוד הא ואו הא יקוק. וא"ו בֵּיהּ רָזָא דְפוּרְקָנָא דְּאִיהוּ רָשִׁים בִּשְׁמָא דע"ב דְּאִינּוּן וה"ו אנ"י וה"ו ר"ת וא"ו. תְּלַת עֲשַׂר מְכִילָן דְּרַחֲמֵי דְּאוֹרַיְיתָא דְּאִתְיְיהִיבַת מִימִינָא. אִשְׁתְּאַר יו"ד ה"א ה"א דְּסָלִיק לְחוּשְׁבַּן ל"ב. וְאִיהוּ ב מִן בְּרֵאשִׁית ל לְעֵינֵי כָּל יִשְׂרָאֵל. וְעוֹד אִיהוּ ל"ב אלקים דְעוֹבָדָא דִבְרֵאשִׁית דַּעֲלֵיהּ אִתְּמַר כִּי יוֹם נָקָם בְּלִבִּי וּשְׁנַת גְּאוּלַי בָּאָה וּשְׁמָא

למהו ל ר בה שם שלם כ בה אשתלם ר דיתשר דע אות ר רנו' של אברים שר א רויזת לחסד ס כאמור אשתלם אות ר דיתשר שה א בשמו גבורר שגם ר א נמתקר ובעש ת חסד ע קבנת יתורר שקבל מ מן ובעש ת גם אות ר' כמו אות ות ש מ שבשמו רטוב שרם חסד ומ ש דאיר במשכונא לגב ר דאברים כיתשר בלומר ה א משכון בשם משר מלדו של אברהם וכא לו אמר רכ לגב אברים איה משכונא ביתשה עד ש בא ויפרוק לבנו גם לעתיד כ רוא גואל ראשון, וגואל אחרון כמ ש רז ל ע'כ עד כ בא ש לר ולו יקרא עמ ס וכ ולא בזר ארז ל גב עקב אע"ר שנכתב שיו מלא בוא ו והוא משל אלרו זכור לטוב ש בא לבשר ו על רגאולה ול כ כת ב

דע ב

דשבת ויומין טבין. ורזא דמלת חי יי שכבי עד הבקר. ודא בקר
דאברהם ההוא דאתמר ביה וישכם אברהם בבקר ואיהו חסד דיליה
בגין דבהאי חסד אתתקן כרסייא דאיהי נפילה הה"ד והוכן בחסד
כסא. וביה תסום רזא דמלה ובחסד עולם רחמתיך וכל ספירן מתקשרין
בימינא בגין דעליה אתמר מימינו אש דת למו. מימינא אתייהיב
אורייתא בג"ד מוליך לימין משה זרוע תפארתו ובוקע מים דאורייתא
מתמן. מה דאברהם י למהוי ליה בה שם עולם. ובה אשתלים ה'
דמשה דאיהי במשכונא לגבי דאברהם במשה דאייתי אורייתא עד

עלמו מ ניה וביה הוא כלול מכמה אלף אלפי אלפים ורבי רבבות עולמות וכולם הם מעין בשבת בבחינת ז ו
עד עתיק ומן וזה שאנו קורין את השבת שביעי ויען כ בחינת כל השבעות הם ביסוד כנודע לכן אומרים
המלאכים אותו הש"ר דנזכר בפרק היכלות דמקמ"ל האדרת והאמונה לחי דעולמים עולם שכולו שבת ומנוחה
לחי דעולמים ודטעם כ בחי' השבעיות דשבת כולם הם בסוד ה סוד דנקרא ח העולמים עכ"ל וכן איתא
בספר פרי עץ חיים ז"ל וזהו סוד השבת הנקרא שביעי לפי ש סוד הוא סוד כל הז' כנודע לכן אומרים דמלאכים
באותו השיר עולם שכולו שבת ומנוחה לחי העולמים כ סוד שביע ושבת כולם בסוד היסוד הם עכ"ל ולפ"ז
אע"ג דיום שבת הוא כנגד המלכות שהיא שביעית בשבעה ספירות הבנין של השבוע הא דאמר הכא מאן שביע
לא לדיק שהוא ענין אחר דקא על סוד השבעות הנעשין בשבת שכולם הם בסוד היסוד וכאמור, ובזה מובן מה
שכתוב בזוהר תרע דהשבת הוא ביסוד ודוק היטב **מימינא** אתיה"ב אור תא בג"ד מוליך לימין משה זרוע
תפארתו ובוקע מים דאור יתא מתמן נ"ב מפורש בשער הפסוקים (פרשת שמות דף כ"ו ע"ג) דשלשה אותיות
שם משה רוא מ בחסד שהוא רמים ואות ש בתפארת הממכריע בין ב' קוים ימין ושמאל ולכן צורת ש' היא ג'
קוים ואות ה' בגבורה דמתמן אתקשרת הנקבר וכנגדן ש שם מר"ש בשמות ע"ב של וסע ובא וט והוא כפי
הסדר האמתי שהם חג"ת וכבתוב של ותקרא שמו משה ותאמר כי מן המים משיתהו בא לתת טעם למה קראתו
משה ולא מה"ש כפי הסדר האמיתי של חג"ת, ואמר שהסיבה היא כי מן המים משיתהו פירוש כי החסד שהוא
המים גברו במשה והיה נוטה יותר כלפי החסד ואם היה נקרא מה"ש היה אות ה' שהיא הגבורה מכרעת
בנתים והיתה היא גוברת במשה ולכן היה אות ש' שהוא התפארת מכריע בין אות מ' ובין אות ה' שהם חו"ג
ואז התפארת נודע דתדיר מטה כלפי חסד ונט"ל למינא עכ"ד וז"ש מימינא שהוא החסד אתיהיב אור תא
וכמ"ש מימינו אש דת למו ובג"ד כתיב מוליך לימין משה זרוע תפארתו פירוש אות מ דמשה היא עומדת
בראש שמו שהוא מין הקורא כי אות מ' דמשה היא בחסד ומוליך ר"ל סומך לה זרוע תפארתו שהוא אות ש
ולא סמך לה אות ה שהיא בגבורה כפי סדר חג"ת והטעם כ בוקע מים מפניהם כי במשה גובר החסד שהוא
מים ולכן התורה שהיא בסוד מים נתנה על ידו ואם היה למין משה שהוא אות מ מוליך אות ה' שהיא דגבורה
היתה אות ה דגבורה גוברת במשה ולכן סמך לאות מ את אות ש שהיא התפארת שתהיה מכרעת באמצע
שהתפארת מטה כלפי חסד ונט"ל למינא **ובוקע** מים דאורייתא מתמן מה' דאברהם למהוי ליה שם עולם ובה
אשתלים ה' דמשה נ"ב הטעם דתחלה נקרא אברם ואח"כ אברהם בתוספת אות ה' מפורש בדברי רבינו האר"י
ז"ל בשער הפסוקים (פרשת לך לך דף י"ו ע"ג) שבזמן אברהם אע"ה עיקר הגדלה המוחין היה במוח דחכמה
הקרוב אל החסד שהוא אברהם וכל הזווג הנעשה במיוחד היה בבחינת החסד בלבד ודוע דטיפת הזווג היא מן
החסדים שבאים מן מוח הדעת וכאשר הגדילו המוחין וירד מוח הדעת אז נתנו בו החמשה חסדים של טיפת
הזווג והם תוספת אות ה' דנוספה בשמו ע"ש וכאן בא לפרש טעם אחר למה שנתנה תורה על ידי מרע"ה ובוקע
מים דאורייתא מתמן כלומר מן ה' דאברהם שהיא רמז לחסדים שהם חמשה כמנין אות ה'
מתמן נמ בקע מיא דאור יתא תורה שבכתב שהיא חמשה ספרים כנגד חמשה חסדים הרמוזים באות ה' הנז'

תקונא תרין ועשרין (סו ע"ב)

דיליה שד"י מסטרא דההוא דאתמר ביה. כל הנקרא בשמי וכו'. ומאי ניהו. מטטרו"ן דסליק לחשבן שד"י ואיהו אדם זעירא בדיוקנא דלעילא. ודא איהו אם כבנים אם כעבדים וכו'. מאן דאיהו רשימו דאריה בחותמא דיליה איהו חוור באנפוי. מאן דאיהו בחותמא דשור איהו סומקא באנפוי. מאן דאיהו בחותמא דנשר איהו ירוקא באנפוי. מאן דאיהו בחותמא דדמות אדם איהו אוכם באנפוי. כגוונא דאורייתא דאתמר שחורה אני ונאוה. שימני כחותם. דא אורייתא דאתמר בה תורת אמת היתה בפיהו. ואיהי כלילא מעשר אמירן דאינון י' ומעשר דברן דאינון ה"ה. ומאי תורה ו'. כליל שית ימי בראשית. על לבך דא ל"ב אלקים בחושבן ל"ב. דתליין מן ו' דאיהו ו' זמנין טוב. ובה אשתלים (נ"א ו') שמא דמ"ב אתוון דבהון אתבריאו שמיא וארעא. וכל מה דאית בהון. ודא איהו רזא כי יום נקם בלבי. לבי סליק מ"ב ויכלו ע"ב שמהן דשמא מפרש ועליה אתמר ללבי גליתי. ולאברי דאינון רמ"ח פקודין דאורייתא לא גליתי ובהאי ויכלו (ה' בששי דאיהו בו'. ודא איהו. ויהי *ערב ויהי בקר יום הששי. דהאי) ה' דהששי איהו מלכות שביעאה. ואיהו אתקריאת ע"ב ובה רכיב ו' למפרק לישראל הה"ד הנה יי' רוכב על ע"ב קל. בגין דאיהי כללא דתלת אבהן. דתליין מנהון ע"ב שמהן ואתכלילן בה. ולקבל תלת אבהן אתמר בויכלו תלת זמנין שביעי ודא איהי רזא דשבת. בת ש דאינון ויסע ויבא ויט דאתכלילן בבת. בההוא זמנא חלה זכות אבהן. דמיומא דאתחריב בי מקדשא. עלמא אתכרי תהו ובהו. מתמן ואילך אתקיים קרא אמרתי עולם חסד יבנה. חס"ד סליק לחושבן ע"ב שמהן. ודא רזא דאתקשר שביעי ביומא קדמאה. ומאן שביעי דא צדיק אות

ע' פס אלו ה בסוד כ מי אלוה שמרני שעולה מספרו מ ב ודא רזא דאתקשר שב עי ב יומא קדמאה פ רוש במה שאמרו שצריך במוצאי שבת להוסיף מחול על רקודש בזה אתקשר וס רשב ע ביומא קדמאה דשבוע שהוא בחסד ומאן שביע דא צדיק אות דשבת וימ ן טוב, כ ב כוונת דברו שאמר מאן שביע דא צד ק הוא ע פ מ ש רבינו האר י ז ל בשער רכוונות בענ, תוס שבת (דף ס ב ע ב) ענין השבת ש בו ב' בחינות שרש במי ז' וכמ' ג והבחינה של ז' ר א באופן זה שב וס שבת עולות ג ר דעש ר ונכלל ן במלכות ד ציר ה ונשאר ן בעש ר שבעה תחתונות בלבד בגלו כ הבלשר ראשונות נתעלמו ונכללו תוך ילכות ר ציר ואלו השבעה מתחתונות לא נשארים במקומם ראשון ממש אלא גם הם עולות דה ינו חג ת דעש ה במקום חב"ד שעלו וכה"י דעשיר במקום חג"ת ונמלאו מקום ראשון של נה דעשיה פנו וכן עד"ז בכל עולם מארבע עולמות אב מ דנס בעולם האצילות

רשבת

* סז ע"א

זיתף. ועניותא איהי לישראל באתר דצרעתא וארבע דיוקנין אינון (ס״א גוונין) בארבע גוונין דצרעת. ואינון נגע לבן אדמדם ירקרק בהרת שחורה הא ארבע. ובלהו אית לון אתרין ידיעאן בגופא ומנהון אתיין לבני נשא כמה מרעין. לבן אדמדם חלב טמא וכבד. ירקרק מרה. בהרת שחורה טחול. ומנהון נביעין ארבע מיני מרעין ואינון מרה חוורא. מרה סומקא. מרה ירוקא. מרה אוכמא. ואם תב בתיובתא. נחית עליה סם חיים דאיהי שכינתא ואתמר בה ושב ורפא לו מאלין מיני מרעין ומחיה ליה ממיתא דעניותא בד״א והשיבו וחיו. דישראל בזמנא דאינון עניים קרויים מתים ובגינייהו אתמר שובו וחיו. ולית עניותא כעניותא דאורייתא. דמאן דלא אית ביה אורייתא אתקרי מת. אסוותא דיליה מאי היא לההוא עלמא. אורייתא דאתמר ביה עץ חיים וגו׳. ואיהי אסוותא לכל מרעין כד״א רפאות תהי לשרך וכו׳ שימני כחותם. מאי חותם בהאי אתר. דא אות שבת ויום טוב דאיהו שקיל לברית מילה כגוונא דא שבת. ש׳ לקבל שי״ן דשם שדי בלילא מתלת חיוון עלאין מתלת אבהן ב׳ דא ד׳ דאיהי רביעאה לאבהן ורביעאה לתלת חיוון ואיהי דמות אדם ולאו אדם. הה״ד ודמות פניהם פני אדם. אלא מאי אדם יוד הא ואו הא. שבת ביה שד״י יקו״ק הוא רשות היחיד. רחבו ארבעה וגבהו עשרה יוד הא ואו הא. יו״ד דשד״י לקבל אות דשבת ויום טוב. י׳ ביה אתרמיזו עשר ספירן האי רשימו איהו לברא דמלכא אבל לעבדא דמלכא רשימו

ד״ה ומנהון נבעין, ארבע מיני מרעין, ואינון מרה חורא וכו׳ נגד ארבע מיני מרעין, אלו שהם לבן אדום ירוק שחור ר״ת ירא״ה רמז לדבר כי אחר שהלם לא״ה כמעשרו ר״ל לפי התעצם הרעים של בני אדם השי״ת גרם נתולים בארבע מיני מרעין, שהם לא״ה כל ית, מא״ה מרעין, כא״פ מ, עון הם דרך לו ומה שהוא רשע ה״ה לו על ידות יכל מ נ על ידות רשם כם לארבע מיני מרעין, אלו שרם ר״ת לא״ה רנה רוא יתחבר עם כל אלו מיני מרעין, הישת ה״ס כו׳, ובזה ובן רמז דכתוב (משלי כ״ח) גוזל אביו ואמו ואומר אין פשע חבר הוא לא״ה יכבת ה״ו וידוע פסוק זה דנוז׳ דרשו אותו רז״ל על ירבעם גוזל אביו קב״ה ואמו כ״י שהם ישראל ואומר אין פשע דיוריד וא״י יודר בריעתו כד״ה שוב רנה זה חבר לא״ה ישת ה״ם מתחבר לארבע מרעין, דרמוז ס׳ באות ה׳ לא״ה שרם ר״ישת ה״ס את וק׳ ראדם **ואם תב** בה ובמא נח״ר על״ר סם ח״ס דא״ר שכינתא ואתמר בה ושב ורפא לו יאל, ת׳ תירע, ״ב רבוע של שם ב׳, שרות סוד רשב״ר רוא יתסבר קד״ס ועם כ״ד אות וה הרבוע עולה קס״ת כזר ו״ד ו״ד ר״ר ו״ד הר״ר ו״ד ר״ר ו״ר ר״ר וכת״ס ררמ״ז ז״ל ורוא מספר סם ח״ס שעולה קס״ת ולזה ,תה על״ר סם ח״ס דא רי שב תא ושב ורכא לו מא״ל, ת״נ מרעין, דאלו רם ארבע מ״נ מרעין וכל חד מ״ר רו רפואתו תב״ר ב״ ראית סם ת״ב וארבער כעמ״ס מ״ב עולה קס״ת כמנ, סם ח״ס או הרפואה הנ״ה ד ליד

תקונא תרין ועשרין

בוניו בו. ולית לון סיומא. אבל ציודין דחויין אינון רשימין בשמא דקב"ה בהאי רשימו דמזוזה דאיהו שדי מלבר יקו"ק מלגאו. והאי איהו רשימו דברית מילה שדי מלבר יקו"ק מלגאו. שד"י הא אוקמוהו ש תלת אבהן. דאינון תרין דרועין וגופא אלין אינון תלת ענפין דש ד' שכינתא. י' צדיק אות ברית מילה ועל האי שד"י אתמר וארא אל אברהם אל יצחק ואל יעקב באל שדי. בהאי שד"י דאיהו מלבר במזוזה. אבל ושמי יקו"ק דאיהו מלגאו במזוזה דאיהי תרעא דקב"ה דאתמר בה זה השער ליי' לא נודעתי להם וכתבתם על מזוזות ביתך ובשעריך. אלין תרין סמכי קשוט זז מות מן ביתא דאיהי שכינתא ולא אתקריב לגבה. הה"ד והזר הקרב יומת. ואתוון דמזוזות אינון ממש ז"ז מו"ת. ובגין דא מאן דנטיר ברית מילה. דאיהו חותמא דיליה זז מות מניה דאיהו שטן יצה"ר רע טמא צפוני מלאך המות ולא יתקריב לגביה ולא ימות על ידיה ומאן דמשקר בברית מילה הוא משקר בחותמא דמלכא דאיהו רשים ביה שד"י מלבר יקוק מלגאו. מנא לן מהאי קרא משמע. מי יעלה לנו השמימה רישי תיבות מיל"ה ס"ת יקו"ק ובודאי מאן דמשקר בברית מילה אסתלק מניה יקו"ק. ושריא עליה שטן דאיהו אל אחר חויא שריא באתר דיקו"ק מלגאו וסם המות שריא באתר דשדי מלבר. ודא איהו דאמר קרא את מקדש יי' טמא וכו'. אם לא תב בתיובתא וסביל כמה יסורין *לאעברא ההוא חויא מתמן ולסם המות דיליה. דאיהי צרעת ממארת בכמה מרעין ומכתשין עד דלא אשתאר ביה בשרא דאיהי עפרא. ורזא דמלה ועפר אחר יקח וטח את הבית ובגין דנחת עפר לחמו עד דיתפרנס מההוא בשרא לא יזוז מניה ועני חשוב כמת. מה מיתא אנפוי משתניין כגוונא דא עני אנפוי משתניין. והא אוקמוהו כרום זלות לבני אדם. מאי כרום זלות אלא מאן דאצטריך לברייתא אנפוי משתניין ככרום. וכמה נשוכין דיסורין נשך ליה ההוא חויא ולא עוד אלא דעני חשיב כמצורע מה מצורע וראשו יהיה פרוע ובגדיו יהיו פרומים וכו' כך עני. מה מצורע מחוץ למחנה מושבו כך עני ערום

ויחף

אורייתא גליפו דאתוון דחותמא דא צדיק חי עלמין. חותמא. דא עמודא דאמצעיתא דאיהו ס"ש. והנה מלאכי אלקים עולים בזמנא דאיהו זוקף בשם סלקין עמיה בזמנא דאיהו מאיך וכורע בברוך. נחתין עמיה. ודאי איהו והנה מלאכי אלקים עולים ויורדים בו. מלאכי אלקים עולים. בזמנא דאיהו קאים בדינא קיימין כלהו ומליפין עליה זכות. ויורדים בזמנא דנצחין ליה בדינא ונחית לתתא כלהו נחתין עמיה. כמה דאוקמוהו ביעקב. אנכי ארד עמך מצרימה. ואנכי אעלך גם עלה. שימני כחותם דא נשמתא דאיהי חקוקה בכורסייא בזמנא דאיהי אתערת לתתא בצלותא כרסייא אתער לעילא. כחותם דא רוח דאיהו ציורא דדיוקנא (נ"א דש) חקיקא במלאכיא בזמנא דאיהי אתערא לתתא בצלותא. מלאכיא אתערון עמיה לעילא. על זרועך דא נפשא דאיהי חקיקא בארבע סטרין דעלמא. בזמנא דאתערא איהי בצלותא לתתא ארבע סטרי, דעלמא מתערין עמה נשמה איהי חותמא. רוחא ציורא דאתוון דאינון חקוקין בחותמא. נפשא רשימו דאתוון בחותמא דאינון רשימין בציורין דבר נש. ברשימו דחותמא בפתקא ובההוא רשומא דנפשא אשתמודע פרצופא בגופא דבר נש מאן אתר איהו ובגין דא אוקמוהו בהאי חותמא כמה רשימין אית ביה ארבע. רשימו דאריה תמן. רשימו דשור תמן. רשימו דנשר תמן. רשימו דדמות אדם תמן. ומאן איהו דרשים לון בחותמא יקו"ק אמת. דבהאי ארבע רשימין אינון כל בריין דעלמא אבל אומין דעלמא דשקרו ביה לאו אינון רשימין ביה אלא בחותמא דשקרא ואיהו נחש דמליל שקרא על קב"ה ובגיניה אתמר בארח מתלא שקרא לית ליה רגלין ובך חויא לית ליה רגלין על גחנך תלך. ועתיד קב"ה למחאה שקרא מעלמא כד"א ומחה יי' אלקים דמעה מעל כל פנים וכו' דודאי האי חויא איהו מלאך המות דקטיל לבני נשא וגרים דמעה דאיהו אל אחר. ובמאי קטיל בסם המות דיליה דאיהי גיהנם ודא איהו סמא"ל. ובאלין פרצופין דחיוון אתגלייא איהו לבני נשא. בארח שקרא לפתאה לון. ורזא דמלה אם יי' לא יבנה בית שוא עמלו

בזמנא [illegible]

(ס)

* סו ע"א

תקונא תרין ועשרין

בכור. ה' והיה כי יביאך. ו' שמע ישראל. ה' והיה אם שמע. ומההוא רשימו מזדעזען אומין דעלמא הה"ד וראו כל עמי הארץ כי שם יי' נקרא עליך ויראו ממך. והכי אוקמוהו שם יי' אלין תפלין דרישא. שימני כחותם דא אות ברית מילה ואות דיומין טבין דאיהו רשימו דשמא קדישא. כגוונא דא. מי יעלה לנו השמימה רישי אתוון (נ"א תיבין) מילה. וסופי אתוון יקו"ק. מאן דנטיר האי רשימו כאלו נטיר שמא קדישא. ומאן דמשקר בהאי רשימו כאלו משקר בשמא קדישא. דהאי אתקרי חותמא דגושפנקא דמלכא. דכל בר נש דנטיר האי רשימו לתתא דאיהו אות ברית אות שבת אות תפלין אות דיומין טבין איהו רשים וחקיק לעילא ונהיר לעילא. ומניה מזדעזעין עלאין ותתאין כד"א וראו כל עמי הארץ כי שם יי' נקרא עליך. שם יקוק ודאי. דא ההוא רשימו דאות ברית מילה ואות דתפלין ואות דשבת ויומין טבין. ומאן דמשקר לתתא. ביה אתעבר גליפו דיליה מלעילא. בההוא זמנא שלטין עליה כל מקטריגין עלאין ותתאין. שימני כחותם דא נשמתא. דאיהו רשימו דילה גליפא לעילא. כמה דאוקמוהו ביעקב. דיוקנו של יעקב חקוקה בכסא הכבוד. דכל נשמתין דאינון גזירין מתמן גליפין דלהון חקוק איהו לעילא. ורשימו דלהון לתתא. וההוא גליפו דלעילא איהו חותם. ורשימו דלתתא רשימו דחותם ומיד דרשימו דגליפו דנשמתא איהו לעילא. ורשימו דילה לתתא. אתמר בה והנה מלאכי אלקים עולים ויורדים בו. סלקין לעילא ומסתכלין בדיוקנא דנשמתא דנהרא בההוא גליפו ומזדעזעין מניה נחתין לתתא ומסתכלין ברשימו דההוא דיוקנא דלתתא וחזאן דלא אשתני מדיוקנא דלעילא ודחלין מניה. שימני כחותם דא צלותא דבה איהו חקיק ורשים ח"י עלמין בתמני סרי ברכאן דצלותא ודא איהו רשימו דחותמא בפתקא דאיהי

כמנ ן ו ד וה ה כ חמש אות ות כי אות ו' של וה ה שמוש ופסוק שמע שראל שש תיבות כמנ ן אות ו' גם והיר אם חמש תבות מספר ר' כ אות וא ו של ויה שמוש והנה סדר זה הוא כפי סדר רש"י ז ל כי כו ע קר הא וב לכל אדם ולכן נראה דהנוהגין לקרות בכל וס קדש וה ס כי ביאך קראום לכתחלה אחר הנחת תפ ל, כמנהג העולם כדי שתהא קריאתם כפי סדר אותיות שם הוי ה ב ה דמסדר הכא **כגוונא** דא מי יעלה לנו השמ מה ר שי אתוון, מ לה וסוף אתוון, הו ה נראה מביא זה רוכחה לדבר ו שאמר על אות ברית מ לה א הו רשימו דשמא קד שא והב א רמז לדבר וה בפסוק ור דר"ת ש"ו מ לה וס ת שלו אתוון דשמא קדישא גם אורייתא

דאינון מלכין ושלטין על תתאין. ומלאכין (נ"א ומלכין) אתקריאו מסטרא דמלכות ומסטרא דגופא אתקרי חסד דרועא ימינא. גבורה דרועא שמאלא. גופא עמודא דאמצעיתא נצח והוד תרין שוקין. צדיק אות ברית. והא אוקמוה ואיהי ציורא דכלהו. ומלגאו מניה דאיהו תקונא דגופא. נהיר קב"ה דאיהו יקוק כנשמתא בגופא לגו מכלא ההוא דאחיד כלא וקשיר כלא דלא אתרמיז בשום רמיזו וכלא אתרמיז בשכינתא. דאתלבישת בלבושין דבהון מצויירין כל בריין. איהי אתקריאת בכל שמהן ואיהי דמות ארבע חיון בלבושהא. דבכל חד וחד רשים ארבע אתוון. ודמות אדם לדנה דא רשימו *דעשר אתוון דאינון יוד קא ואו קא דסליק לחושבן אדם דמות אדם ודאי. דא שכינתא דאיהי דיוקניה (נ"א דיוקנא דאדם) ועלה אתמר ותמונת יקוק יביט. והאי מסטרא דלבושא אבל מסטרא דגופא איהי יחודא דעמודא דאמצעיתא. איהו (נ"א איהי) חותמא מסטרא דגופא ובגין דאיהו חותמא אמרת שכינתא לגבי יקוק דאיהו מלגאו. שימני כחותם על לבך. דאף על גב דאנת תסתלק מני בגלותא. חותמא דילך אשתאר עמי ולא אתעדי מני לעלם. קם ר' שמעון ואמר סבא סבא אימא לך קרא דאוליפנא בגוונא דא. שימני כחותם על לבך שימני חותם לא כתיב אלא כחותם. אמרת שכינתא רבון עלמין שימני כחותם כההיא רשימו דחותמא דילך דאף על גב דחותמא אשתאר בידך. רשימו דיליה בפתקא איהו. ומההוא רשימו. מזדעזען עלאין ותתאין. כגוונא דמלכא דאיהו בשרא ודמא מאי דרשים בפתקא רשימו דיליה. דחותמא בידיה הוא. ואף על גב דחותמא בידיה אשתאר הכי דחילין מרשימו דחותמא כאלו הוה מלכא. על אחת כמה וכמה אי הוה חותמא. שימני כחותם על לבך. וכי מאן חמא (נ"א שוי) חותמא על לבא. אלא אלין תפלין דאינון רצועין דלהון תליין על לבא. ואלין תפלין דרישא. ותפלה דיד דאיהו בשמאלא לקבל לבא. ודא איהו כחותם על לבך. וכחותם על זרועך. תפלה דיד דאינון רשימו דשמא קדישא דאיהו י' קדש לי כל

דמנהון בריא קב ה כרסי, ויתלתכ ס וכו פ רוש קח על ב ע ערס ח לות ריתיכות ורס לבוש, ד לה יו"ד קדש ל כל בכור ס' ור ר כ כ אך ו שתע שרלו ר ור ר אם שמוע ריתו לדבר קדש י כל בכור עשרי אות ות בכור

* סה ע ב

תקונא תרין ועשרין

חכם בחכמתו. ומאן גרים לאנהרא לה. ולאשתמודעא בה לקב"ה. מאן דנטיר ברית ורזא דמלה זה השער ליי צדיקים יבאו בו. דא איהי תרעא דצדיקיא ואית לון רשו לאעלא תמן. ודא איהו מאן דאיהו צדיק וביה יסוק. איהו זכי בשכינתא וירית לה וסליק בה למלכא דאיהו עמודא דאמצעיתא דאיהו מלך ואיהי מלכות דיליה ורזא דמלה. ועמך כלם צדיקים לעולם ירשו ארץ ודא איהי שכינתא דאתמר בה. והארץ הדום רגלי ושכינתא איהי ציורא דעלאין ותתאין. כל דיוקנין דספירן וכל שמהן דלהון בה אינון מצויירים. ובה אינון גליפין נשמתין ומלאכין וחיון קדישין. ובה גליפין מה דאתמר בהון ודמות פניהם פני אדם וכו':

קם ר' שמעון ואמר סבא סבא והא שכינתא איהי יחודא דקב"ה איך גליפין בה דיוקנין דלתתא דלאו אינון מציאותה. א"ל רבי למלכא דאיהו יתיב בהיכליה וכמה בני נשא עאלין למחזייה מנהון מסתכלן בלבושוי ומנהון בגופוי ומנהון מסתכלין בעובדוי. וכודאי בעובדוי אשתמודע מאי ניהו מלכא ולבושין איהו משתני בהון לכמה שנויין. ולבושין דאיהו לביש בצפרא לא לביש ברמשא. ולבושין דלביש יומא חדא לא לביש יומא תניינא והכי בכל יומא וירחא ושתא ושבתא וזמנין טבין אשתני בלבושין. כגוונא דא שכינתא כמה לבושין אית לה דמנהון ברא קב"ה כרסיין (נ"א כרסיא) ומלאכין וחיון ושרפים ושמיא וארעא וכל מה דברא בהון. וכל בריין דברא מאלין לבושין דילה. רשים לון בידיהו. וגליף לון בלבושהא. בגין לאסתכלא מינה בכל בריין לרחמא עליהו. ורזא דמלה וראיתיה לזכור ברית עולם. וראיתיה באלין לבושין דאינון נהירין בכל (בריין) זמנין דישראל נהרין לון בעובדין טבין. ובגינייהו קב"ה רחים עלייהו ואי עבדין עובדין בישין איהי אתלבשת לבושין אחרנין אוכמין דבהון רשימין כל אינון מארי דדינין דאתקריאו ילות למידן בהו לעלמא. ובההוא זמנא איהי אמרת אל תראוני שאני שחרחרת. ובגין דא אלין מסטרא דלבושין אינון גריפין בה. עלאין

עשר לכל ית, סוכה וסכנ יתיו ה כב ב ות, פרש ת ריבוכות עוזד, בערבוב א כמה לבוש, א ת יה
דא נון

בתושבן כד שריא בדרגא דאינון (אחרנין) (נ"א אחרין) משאר דרגין. ואיהו לית ליה חושבן. כד שריא על כל עלמין (ס"א עלאין) ועל כל ממנא דלהון אתקרי על שמיה לאחזאה לכל חד מישראל מאתר דקרא ליה לפום צרכייהו כמה דאוקמוהו הרוצה להעשיר יצפין להחכים ידרים. קם בוצינא קדישא וכל מארי מתיבתא ואשתטחו קמי סבא ובריכו ליה. אמר בוצינא קדישא ודאי האי סבא מאתר דעתיק יומין קא אתי ותמן אתרבי. זכאה חולקנא דזכינא למשמע מלין עתיקין מאתר עתיק יומין. זכאה חולקנא דזכינא להאי. קם ר' שמעון פתח ואמר. בראשית ברי"ת א"ש דאיהו אות ורשימו דעלאין ותתאין ביה קיימין. איהו אות דצבא דלעילא. דבהון אתקרי סב"ה יקו"ק צבאות. ואיהו אות דצבא דלתתא. איהו אות וברית דביה קיימין שמיא וארעא כד"א אם לא בריתי יומם ולילה חוקות שמים וארץ לא שמתי. איהו אות ודאי דאיהו רשימו דחותמא דמלכא:

אדהכי הא סבא קא נחית לגביה כמלקדמין פתח ואמר ר' ר' (י') ברית איהו ודאי צדיק ח"י עלמין. דאיהו י' זעירא מסטרא דחכמה דלעילא. דכד נחתא י' לגביה אף על גב דבאתריה י' עלאה אתקרי כד נחית לגבי צדיק י' זעירא אתקרי. ואת ו' אף על גב דאיהו ו' עלאה באתריה בעמודא דאמצעיתא כד נחית לגבי צדיק לאתחברא בה'. ו' זעירא אתקרי. אלפא ביתא דאתוון זעירן ביה אינון. וה' עלאה כד נחתא לגבי צדיק. זעירא אתקריאת. ואעג"ב דאתוון דשמא קדישא ביה כליל. סתימין אינון ביה ובגיניה אתמר סוד יי' ליראיו ובריתו להודיעם ואי סתימין אינון ביה במאי אשתמודען בשכינתא דאיהי אספקלריאה דנהרא כד נחית יקו"ק לגבי צדיק לנהרא בה ודאי. ומנה אשתמודען הה"ד כה אמר יי' אל יתהלל חכם בחכמתו אי איהו תמן אתסריאת אספקלריאה דנהרא ובההוא זמנא כי אם בזאת יתהלל המתהלל השכל וידוע. ואם יסתלק מצדיק ואשתאר איהו חרב ויבש. מיד אתקריאת אספקלריאה דלא נהרא. בההיא זמנא אל יתהלל

כ"כ יוצא הקול ובא ממנו ונמצא ראו בע"נ הם דהוא מקומו של העולם ומלא כל הארץ כבודו במה דאוקמוהו הרוצה להעשיר יצפין הרוצה להחכים ידרים פירוש בא להורות מזה שאלו כל מן השפעה במקום אחד נמצא חכם

* סה ע"א

תקונא תרין ועשרין

דשמה שור כגוונא דא קוק"י ה' ברישיה. ו' בפומוי. ה בגדפוי. י'
בזנביה. ודא איהו ופני שור מהשמאל ולבתר הוה נחית על חיה
ששמה נשר. כגוונא דא וקי"ק ו' ברישיה. ה' בפומיה י'
בגדפוי. ה' על זנביה. ודא איהו ופני נשר לארבעתם. ואינון תרי
עשר אנפין לכל חד שית סלקין לע"ב. ודא איהו וכל העם
רואים את הקולות. ואדם רכיב על גבייהו דא מטטרו"ן דאיהו
כליל שמא דארבעין ותרין אתוון. ואינון (שית אתוון ולכל את
סלקין שית) ז' תיבין, ובכל תיבה שית אתוון וסלקין למ"ב. ודא איהו
שרפים עומדים ממעל לו שש כנפים לאחד בשתים
יכסה פניו ובשתים יכסה רגליו ובשתים יעופף. דכמה דאיהו שמא
דקב"ה דמ"ב וע"ב יעילא כך איהו שמא דמ"ב וע"ב לתתא הה"ד
כשמך אלקים כן תהלתך על קצוי ארץ. ודא איהו וכל העם רואים
את הקולות. ואינון הוו מלאכין דכל חד הוה אתעביד קול ופרח באוירא.
וכל חד מישראל דהוה אמר נעשה ונשמע. הוה שריא *בפומיה והוה
אוליף ליה אורייתא כלא ולבתר מליל עמהון מן שמיא וארעא הה"ד
מן השמים השמיעך את קולו ליסרך ועל הארץ הראך את אשו הגדולה
וכו'. בההוא זמנא דאמרו ישראל נעשה ונשמע מיד ישמחו השמים
ותגל הארץ לבתר הוה ממלל עמהון מארבע סטרין והוו מסתכלין
לגבי מזרח והוו שמעין ית קלא ולגבי מערב ודרום וצפון הוו שמעין
ית קלא לאחזאה דמכל אתר מליל עמהון. ולא הוה אתר לעילא ותתא.
דלא מליל עמהון. לאחזאה דמלא כל הארץ כבודו. דאיהו סביל עלאין
ותתאין ואיהו סמיך עלא ותתא. וכרסייא יקרא ומלאכין ונשמתין.
איהו סביל כלא וקשיר כלא ומיחד בלא. ולית מאן דסמיך ליה. ואיהו
אתקרי בכל שמהן לאשתמודעא תוקפיה בכל שמא ושמא מההוא
דרגא וממנא דשריא עליה וליה לית שמא ידיעא. ואיהו אתקרי חד

זה הוא רק לאחר ות הם מדשים של אב סמולן אר ה ולא דור אחר לע לא ולתתא דלא מלי עמהון לאחזאה
דמלא כל הארץ כבודו כראה לזר אמר המגיד ברוך המקום ברוך הוא כי הוא מלא כל הארץ כבודו ולכן .קרא
המקום וזה נודע וכ כר לע ני הכל בעת שנתן תורה לעמו ס"אל דמלל עמרון מכל ארבע סטרין, דרוו מסתכל,
לגבי מזרח והוו שמעין ית קלא ולגבי מערב ודרום ולפון והוו שמעין ת קלא דלא הוה אתר לע לא ותתא שלא
בחושבן

* בפומיה

דאיהו מַחכים מסטרָא דחָכמָה דאיהי י'. ובָה סָליק ו' לעֶשֶר ו' זמנין. וב' ההי"ן אינון. ה הֲבָל מלגָאו. ה' הֲבָל מלבַר. ותְרוויְיהו אינון בלבָא ובפומָא. אינון עֶשֶׂר דברָן דקב"ה ובהון אינון לבָא ופומָא שָׁוִין ומָאן דאתעסק באוֹרַייתָא. כּדין צָריך דיהֵא פומָא ולבָא שָׁוין. ולָאו למַגנא אוקמוהו מָארי מָתניתין כָּל מי שֶׁאֵין תוכו כברו. אַל יכָּנֵס לבית הַמִּדְרָשׁ. תרין ההין וַדאי אינון ב' דבורין דאתמַר בהון שתַים זו שמָעתי. ו' קָלָא דנָפיק מנַייהו. ועֲלֵיה אתמַר קול דבָרים אַתֶּם שומעים והַאי קול נפיק מב' דבורין דאיהו ה"ה דכלילָן עֶשֶׂר דברן. ה' בלוּחָא חַדָא וַהֲוו מסַדרין לגַבייהו רָאשֵׁיכֶם שבטֵיכֶם זקניכֶם ושוטריכֶם כל איש ישׂרָאל הא חמש בלוּחָא קדמָאה. בלוחָא תניינא הֲווּ מסַדרין לגַבייהו חָמֵשׁ תקונין אחֲרָנין דאינון טַפְּכֶם נשֵׁיכֶם וגרךָ מחטב עצֶיךָ עד שואב מֵימֶיךָ דָא אינון ה'. הא ב דבורין דכלילָן בהון עשר. וקלָא דהַוָה נפיק מנַייהו הוָה כליל לון ודָא ו' כליל ו' זמנין דכתיב טוב בששת ימי בְּרֵאשִׁית כאן חסר ואיהי הַוה סלְקָא מנַייהו באָת י'. ו זמנין י' אינון שתין אשתַכַח דאיהי י' אַמִירָן (דלא הוה סליק לע"ב שמהן). ה"ה ב' דבורין ובהון עשר הא תריסר. ו' הוא סליק באָת י'. ו' זמנין י' דאינון שתין הָא ע"ב ואי תימָא דבאוֹרַייתָא מַליל ולא יתיר לָא אשתַכַח אֲתַר לעילָא ותַתָא דלא מַליל מניה אֲפילו במלאכין דלָא אשתַכח רְאֵהֶ אַחֲרָא אית בעָלמָא ומַליל בְּכרסַייא הה"ד אנכי. והַכי סליק אָנכ"י לחשבַן כס"א. ולבָתַר מַליל במַלאָכין. הה"ד וכָל הָעָם ראים את הקולות. דעֲלַייהו אתמַר כי עוף השמַים יוליך את הַקול וכו'. בגין דכד קב"ה בָעא למַללָא במַלאָכַיָא נָחת שמ ה עֲלַיהו כגיונא דא יהו"ה י' בחַיָה חַדָא דאיהי אַריה וביה אתמַר אריה שאג מי לא ייָרָא ובאָן אֲתַר י' ברישָׁא. ה' על גַדפוי. ו' בפומיה. ה בזַנביה. ובגינָה אתמר הוי זָנב לָאֲרָיוֹת *וכו' ודא הוא ופני אַריה אֶל הַיָמין לאַרבַּעתָם. ולבתַר הַוָה נָחית בחַיָה

דהלולות ריתחלם בלות הל פ שהלמוד בה בתכרך בת כנסות ובת מדרשות ושני הר, הנון ר הבל מלגאו ה' הבל מלבר ותרוו רו הנו, בלבא ופומא נראה לכך אתר דהעה ר ו לרצון, אתר פ ורגון לב לפנך ר נורי וגוהל כ ההבל דלבא וכומא שרם ב' ררי, נשים שם רו"ר והיו לרצון, יוד ברישא ה על גדפו ו' בפות ה ה' בזנביה נראה לכן, ר ולד בחודש אב בחל הש, ש' רחודש שבו אותות ור המורין על שמחס רוא מוללת ויללח משא"כ בשאר חדשים וו"ש רו זב לאר ות ר ל רו לשון, רעתדר ורוו ת רק וס לזנב שהוא סוף החודש דששר

* סד ע"ב

י' דבור דשריא בפומא. ועליה אתמר בדבר יי' שמים נעשו. ואיהו דבור חד דכליל עשר אמירן. ורזא דמלה אחת דבר אלהים שתים זו שמעתי. לאחזאה בה דעשר דברן בדבור חד אתאמרו. שתים זו אלין אנכי ולא יהיה לך. ואיהו אחד חד בינייהו ודא איהו דאמרן דבתרוייהו תליין *פקודין דעשה ולא תעשה. וקב"ה מתרוייהו מליל למיהב יקרא לאורייתא דהא איהו בדבורא חד אמר כלא. ולמה אמר שתים זו שמעתי ז"ו אחד הוי בחושבן דתרי תורות הוו. וקב"ה חד בינייהו. ושמיה חד ומתרין דבורין נפק קלא ואתפלג לע' קלין לקבל ע' אנפין וקטל בהון ע' אומין על דלא קבילו אורייתא. ובתרין דבורין קטיל לב' אומין דאינון עשו וישמעאל. דלא בעו לקבלא אורייתא דהא קב"ה חד איהו ואיהו לא הוה ממלל באלין קלין ודבורין דאנכי אלא לאחזאה דשמיה ויקריה הוה באורייתא ובגין דא קב"ה מליל מניה (נ"א בדינא) בגין דיתזעזעון כל אומין דעלמא מאלין דמשתדלין בה. ובגין דא אמר קב"ה למשה זה שמי לעלם וזה זכרי לדור דור. שמי עם י"ה שס"ה פקודין דלא תעשה. זכרי עם ו"ה רמ"ח פקודין דעשה. לאחזאה דאורייתא בשמא דקב"ה אתבריאת ועל שמיה אתבריאת. הה"ד כל הנקרא בשמי וכו'. ובה שריא קב"ה ומניה מליל בסיני ואית אורייתא עלאה דלא אתקרי בה בריאה. אלא אצילותא דיליה והיא והוא כלא חד. וכל בר נש דאשתדל באורייתא שמיה דקב"ה תמן. כל שכן וכל שכן בבוצינא קדישא ובוצינא קדישא ודאי פומך איהו סיני שבע הבלים דנפקין מפומך שכינתא שריא עלייהו דאיהי בת שבע דאינון שבע שמהן דשמא מפרש דאיהו שמא דארבעין ותרין אתוון. ומניה סליק קול דאיהו עמודא דאמצעיתא ואסתלק לע' קלין. דאיהי ודאי ביה סלקא לשבע דאיהי ה' עלאה. אוירא דביא אוירא דארץ ישרא

דה נו ר"ב גלגלות עכ"ד נכ"ו ואית אורייתא עלאה דלא אתקרי בר בר אחר אלא אצילות דלבר ור"א ירוק כולא חד פרוש ס"ה זר יתמ"ל בתות אלף כ' רות תורה דאצילות ברוא אלף יתא"כ כ"ס ת ש"ם ש"ם ל"י עבר יתמ"ל בתות ב' לרוזות שרמורד נתנה לנו מעולם רבר אחר שר א' סוד ב"ר וכמ"ם רכ"ו רחד' ז"ל בס"ד רכו"ר ש"ל ברוך אלהינו שבראנו לכבודו ונתן לנו תורת אמת ואם לא ר"ו עון העגל ולא נשתברו לוחות ראשונות רו זוכין לתורה זו דאצילות שהא פנימות הסוד שמתחלת בתות אלף ועתר לוידם בה רלד ק"ס ב"ע ולעתיד אחר נמר התקון נזכר ללמוד בה גם בעור"ז וכור פרשת בס"ד ריזו הכתוב עוב וס בחלרך יתאלף שתתאור לתירה יבפ מא

* סד ע"א

כלהו אתפשטו מדיוקניהון ואתלבשו באוירין דהאי עלמא. דאיהו כנוי וסתירה לאתוון קדישין אדהכי הא אליהו קם אקדים לתקנא לון מותבייהו. פתח ואמר ר' ר' בוצינא קדישא דפומא דילך איהו ממלל רברבן באורייתא. מניה מזדעזעין עלאין ותתאין. ופומא דילך אתמר ביה והר סיני עשן כלו וכו בגין דאת י' שריא במוחא דילך. ה בלבך דאיהי בינה ובה לב מבין. ו' בפומא דילך ומניה וכל העם רואים את הקולות דאיהו באינון הבלים דנפקין מפומך דעלייהו אתמר קול יי' חוצב להבות אש. שית עזקאן אינון בקנה דבהון סליק ו'. ואינון ו' דרגין לכרסייא. ה' בלבא איהי הב"ל. ה' ל"ב. הודאי איהי ה' בלבא ו' (קול) בקול דנפיק מניה. והאי איהו קול דנפיק מהבל. ותרין בתי אית בלבא. חד אפיק הבל וחד אפיס הבל. ואינון ה' עלאה ה' תתאה בתרי בתי לבא דאינון יקבל בית ראשון ושני. ו' קול דנפיק מתרווייהו.

דלך י' שר בשית ם ולכן יתנחר ששית נקב אע"ה לגשו ל' נחו בה ה' תה תק"ן כיון נשר כד שבה תגבר על עשו יונד שר הדיבבר אדהכי הא אליהו קם אקדים לתקנא לון מותבי הו לצרך להכין מה שנן תיקון ריתקויות האלה דיתהן, אליהו זכור לטוב ל' אינות הצדקים ולמלאכים דנתקו מלע לא לעוה"ז וכ' למטות ולכסאות הם רכן, והיא גם יכוש, דהתלבשו בהן באוירא דהאי עלמא הם רוחנים בודא (אמנם רנראה בזה הוא הלא דהתלבשו ברון באוירא דהת עלמא הם רוחניים בודא) אמנם רנראה בזה הוא הלא דעת הלא שמעת מה שהקנו חז"ל לרכן, כסא יהיה רו רנב א זכור יטוב בעת רמ לה וכמ ש בזוה"ק ונודע רוח שצרך לויתר בכה קודם רמ לה זר רכסא של אליהו הג"א יתאלך רבר ת זכור לטוב ולרך לנו ידעת למר אצרך לרזמן בפה בפ רוש אך רב ן רוא כ אליהו זכור לטוב רכא בעת המ לה רוא רוחני יכא מתלבש בלבוש רוחני ואך שב על רכסא ר שיי על כן, לרך יעשות מלע על רכסא שרוא אמלע כלול יתגשית ורוח כד שישב על המלע הזה ויהי נו ש חיתי ראדם רגשית רזמנה זו של זר רכסא וכו' בפ ו דרבל פ ו רוא רוחני אך כן, שולא מפ האדם הגשמ כ ר תיגע יתורב מגשיי ורות ויתן ירבל רזה של רזמנה זו תהוה מלע על הכסא ושב עליו אליהו זכור לטוב ולכן נרך יו רזמנה בכה כד שתהוה יתן רבל דברים אלו של הזמנה מלע רוחני אך רוא גם ועב וישב עליו ובזה תבין מ"ש בר ש אדרא זוטא דאתר ישב לחברייא רא יפב הכא אתקינו דוכתא והדבר פלא מר בידם לעשות בת קון היקום וכ' יתנעות כ' עו ואם כונתו לויתר שמו לו כסא הול ל שמו לו כסא אך בזה שכתבנו נראה כונתו שתקנו דוכתא כדבור שאמרו בכהם על א זה כסא המוכן שם או על כ מה אחת זה המקום של רב כחם בן אר ובזר ררבל של דבר רזמנה זו תהוה יתלע על אותו מקום שהיה ראוי לשב עליו רפב וכן הענין, כאן, א א שישבו ושכו כל אותם הנשמות של הצדיקים וגם המלאכים על הארץ הגשמית אם לא קדם אליהו זכור לטוב יעשות להם מלע רוחני לכל או א בפ"ע ע"ר רזמנה שיזמין בפיו לכל או א על היקום ההוא שרוא אך, גשמ ת כ ם מן רבל פיו של אליהו זכור לטוב תהור יתלע אמלעי מפני כי הוא מתלבש בדמות גוף מיתם כיון ב. אדם התמתוכים וירק אני צריך יאכילה ושתיה ושאר נרכי הגוף ולכן מנהגנו כשנכנס לסוכה בכל לילה ששם יוכן כסא לכבוד שבעה אושפיזין ועל ו ספר הקודש שנאמר כל לילה בתחלת כניסתינו אחר אמירת עולו וכו זה הכסא של שבעה אושפיזין, עלאין קדישין ברשמת דינו על הכסא **בוצינא** קדישא דפומא דילך אירו ממלל רברבן באורייתא כל בס"ד רמז על ג' ראשונות כח"ב רב כתר רב חכמה נון בינה שיש בה חמשים שערים ולו"א ממלל רברבן ובנ דד כה ר עקב נר ו פ"ים ממלל מלשון וקטפת מלילות רברבן הוא רב רבן

תקונא תרין ועשרין

תקונא עשרין ותרין ליום י"ב.

בראשית ברא אלקים. בראשית חד איהו דלא אתגלייא. וברא תרין. תרין אינון ואינון ב'. ואינון תרין עלמין סתימין. ובמה ברא לון. בנקודה חדא סתימא. ראשית אתקרי. ועלה אתמר כלם בחכמה עשית. ותרין עלמין סתימין לא הוו אתגליין עד דעביד לון תרין לבושין. ומאי נינהו. את השמים ואת הארץ. את השמים לבושא לעלמא עלאה דאתברי בנקודה עלאה ואת הארץ לבושא לעלמא תתאה דאתברי אלהים דאיהי אימא עלאה. י' ראשית אתקרי ואיהו אבא דכלא. ה' אלהים ואיהי אמא דכלא אם כל חי והחכמה דאיהו אבא לא אשתמודע אלא בבינה דאיהי אלקים. ותמן י"ה אבא ואימא כחדא תרין עלמין סתימין. ו"ה אינון תרין בנין ואינון עלמא דין ועלמא דאתי. ו' עלמא דאתי דאיהו עלמא אריכא. ה' עלמא דין דלאו איהו אריך. ב' תרין היכלין לתרין אתוון דאינון י"ה. ועלה אתמר אלהים הבין דרכה והוא ידע את מקומה ומאי ניהו ב' היכלין אלין אלא חד איהו אהי"ה. ותניינא אדני ותרווייהו אינון כנויין לתרין אתוון י"ה. אבא ואימא והכי סליק חושבן אהי"ה אדני (ס"א וחושבן אלקים) לחושבן כנוי. וב' גניזין אבא ואימא. ודא איהו הנסתרות ליי אלקינו י"ה. ודא אינון סתירין וגניזין ואינון סתרי דאורייתא ממש. ובגין דאינון סתירין צריך דלא לגלאה לון. ודא איהו דנא דעריין דאתמר בהון ערות אביך וערות אמך לא תגלה. לא תגלה ודאי מן כסויא דלהון. קם סבא פתח ואמר ר' ר' נחית הכא דאת בוצינא קדישא. דהא שכינתא קדישא הא נטירא לך ויחברך. באומאה עלייכו לא תתעכבון התם לנחתא הכא אתון. והכי אומינא לכל אינון מארי מתיבתא עלאה ותתאה דיהון בהדיהון נחתין עמכון. ובן אנא אומינא לאינון מלאכין חיילין קדישין די מנכון לנטרא לכון. ולאו ליקרא דידי עבידנא ולאו ליקרא דאבא ואמא אלא ליקרא דשכינתא. מיד קלא אתער בענפי אלנין דגנתא דעדן. עלאין נחתו (מלאכין). (נ"א תתאין) אתכנשו לנחתא באלין מארי מתיבתא עלאה ותתאה. דהא רשותא אתייהיב לכון מלעילא. מיד

כלדו

רע בליעל. אדם להבל דמה. לקבל מוח"א איהו ארי"ה דנחית למיכל קרבנין ועליה אתמר ופני אריה אל הימין לארבעתם. לב"א לשמאלא ועליה אתמר ופני שו"ר מהשמאל לארבעתם. ריא"ה. דא נשר דאית לה גדפין דפרח בהון. ועלה אתמר ופני נשר לארבעתם. מחשבה דאיהו אדם רכיב על כלהון ואינון מרכבה דיליה כסוסון לבני נשא. הילין דמוח"א גרמין בקרבנא ותקרבו עצמות עצם אל עצמו. הילין דריאה ודלבא ערקין. קשירו וחבורא ותנועה דלהון, רוחא דכנפי ריאה. ואיהו רוח אלקים מרחפת על פני המים (נ"א ראיהו מוחא) בגין דריאה (נ"א דרישא) כלילא מתרוייהו. בגוונא דעופא ממיא וארעא ואינון כלילן מתרוייהו על מוחא שריא ברכה על לבא שריא קדושה על ריאה שריא יחוד מחשבה כלילא מכלהו. ואינון יברכך יי. יאר יי ישא יי יברכך במוחא יאר בלבא דתמן נהורא דעיינין כמה דאוקמוהו הלב רואה. ישא בריאה דאיהו שלום הה"ד וישם לך שלום. ואינון שמיע"ה ראי"ה ריח"א שמיע"ה במוח ואיהו בהפוכא חו"ם דשריא בלחותא וקרירותא דמוחא לחממא ליה מסטרא דגבורה. ואיהו אריה מסטרא דגופא שור מסטרא דנפשא דאינון אש ומים. אש שכלית. מים יסודית. ראי"ה בלב"א דאיהו אש. ראי"ה ארי"ה מים שכלית. לקררא אש יסודי דלבא דלא יוקיד כל גופא. ריחא בריאה דנפיק לחוטמא עליה אתמר ויפח באפיו נשמת חיים. וריאה. איהי מסטרא דמוחא קרירא. ומסטרא דלבא יבשה ואיהו חציו מים יסודית וחציו יבשה יסודית בגין דא שריא עלה רוחא שכלית דאיהו חם ולה חם לחממא קרירותא לה לדטבא יבשותא דא שכלי. ודא יסודיי. דבור דא אדם דכליל מכלהו. ומאן אפיק ליה. מחשבה. ובגין אלין שכליים. הוו נחתין בקרבנא לקרבא קרבנא וליחדא כלא. ואלין אינון בתחיית המתים דבהון יהא קב"ה מקרב עצם אל עצמו וגידין וערקין בלהון לחברא דא בדא ויקבלון אלין באלין ומשלבין אלין באלין הה"ד מקבילות הלולאות וגו' בההוא זמנא יהא חדוה ונגונא בקריבו דלהון.

ו"מקבליה צלותא דמנחה דאמר דוד עלה מצמיח חציר לבהמה ועשב לעבודת האדם. מאי עשב ע"ב ש' ואינון ע"ב שמהן דאינון לבושין לע"ב שמהן עלאין. בגוונא דעשב דאיהו לבושא דחטה. ובג"ד להוציא לחם מן הארץ. והיינו לחם אבירים אכל איש ודא נהמא דאורייתא. וג"ל עולם כל קרבנין שחיטתן בצפון בגין דמצפון תפתח הרעה. (ס"א ורא יצ"ר הרע) ובגין דלא יהא צריך מנשמתא דילך (נ"א דלא יסריך נשמתא דילך (האכילהו לקרבנא לסיימא ביה אם רעב שונאך האכילהו לחם ואם צמא השקהו מים ולבתר דאיהו נטיל דמא דקרבנא לא יטול מדילך וכו') דמתמן ההוא דאושיד דמא מלחך ההוא דמא דבעירן. ובג"ד לא צריך לכסאה ליה מניה לקיימא ביה אם רעב שונאך האכילהו לחם ואם צמא השקהו מים ולבתר דאיהו נטיל דמא קרבין קרבנא לעילא דאתמר בה את קרבני לחמי לאשי ו"מקבליה דשור איהו חמור נוער. אם זכו הא שו"ר מקבל קרבנא ואם לאו הא חמור נוער. ובגין דא אתמר לא תחרוש בשור ובחמור יחדיו. יחדיו כלומר. לא תגרום דיאכל חמור קרבנא דשור. קרבנא תליתאה דערבית. קרבנא דעופין דאתמר בהון שתי תורים או שני בני יונה וגו' דאי זכו נשר"א דיעקב נחית לקבלא לון. ואם לאו נשרא דסטרא דמסאבו נץ לגבי יונה. וכפום קרבנא הכי יתרבי או יתזער. קרבנא רביעאה אדם האי איהו דמקבל קרבנא דאד"ם דאיהו מחשבה דקריב ומיחד כלא ועליה אתמר אדם כי יקריב מכם וגו'. האי איהו דמקרב קרבן ליי' ודא אורייתא. ובגין דא תקינו בצלותא למשמע בה ספר תורה למהוי ביה קרבנא שלים באדם דאתמר ביה זאת התורה אדם. ובג"ד מסיר אזנו משמוע תורה גם תפלתו תועבה. וכל קרבנין אלין רמיזין בגופא דבר נש. מוח"א ורב"א וריא"ה אינון ארי"ה שו"ר נש"ר. סטרוגא דלהון כלב חמור נץ טחו"ל מר"ה וקב"ד. דאינון משחי"ת א"ף וחימ"ה. מחשב"ה דא אדם. אית מחשבה טבא דחיון טבין. ואית מחשבה בישא דחיוון בישין. ומחשבה טבא איהו אדם טוב ומחשבה בישא דא אדם

דאי זכו נשר"א דעקב נחית לקבלא לון נ"ל דר"ל כי חסר לעקב סר"ם דספירת שנקרא עת ט' ולכן אמר רע

ולקבלייהו חד ועשרין אזכרות דתפלין דיד דסלקין כלהו ארבעין ותרין לקבל שמא דמ"ב. תנא איהי י' על רישא דז'. גופא דיליה ו' וספר תורה עמודא דאמצעיתא כליל שית ספירן מחסד עד יסוד מלכות י' זעירא. בה אתעבידת שביעי יום שבת. ואיהי אות תפלין אות שבת אות ברית ואיהי כתר כהונה וכתר מלכות מסטרא דימינא דאתייהיבת אורייתא אתקריאת כתר תורה. וימינא איהו כהנא מסטריה איהו כתר כהונה. ועמודא דאמצעיתא איהו מלך. ומסטרא דגבורה ב"ד הגדול. נפיק מתמן אשא ואוקיד ליה. וכד כהנא נפיק בשלם מהיכלא בחדוא זמנא יתערון לויים בנגונא (כאן חסר ורזה בתז"ח רכ"ד ע"ג) ועוד אית תקונא ה' בצלותא. צלותא איהי בקרבנא. במה דאוקמוהו קדמאין תפלות כנגד תמידין תקנום. ת"ח קרבנין אינון מארבע מינין דאינון לקבל אריה שור נשר אדם דאינון מצויירים בכרסייא. אית קרבנא דהוו מקרבין ישראל וכהנא הוה קריב קרבנא דלהון. קרבנא קדמאה קרבנא דהוה קריב לימינא דא צלותא דשחרית. ואם הוו זכיין הוה נחית דיוקנא דארי"ה והוה מקבל קרבנא ודא מיכא"ל דדרגיה חסד דאיהו מקבל צלותא דשחרית ואם לא זכו מה כתיב בקרבנא לכלב תשליכון אותו דחשיב ליה כטרפה. ובג"ד הוה נחית דיוקנא דכלב לקבל ההוא דורונא וקרבנא. ודא איהו כלב דאמר דוד ע"ה הצילה מחרב נפשי מיד כלב יחידתי. וכל מלאכי חבלה דאינון כלבים צועקים במשמרה תניינא דליליא. אינון צווחין ונבחין ואמרין הב הב בגין דאינון מסטרא דגיהנם סם המות דאתמר ביה לעלוקה שתי בנות הב הב. קרבנא תניינא לקבל שו"ר דאתמר ביה שור או כשב או עז וגו'.

סודות אשר תולא בשפתך דהאות ות נקרא ס אב"ס **אית** קרבנא דהוו מקרבין, שראל כ' דלל הרו קרבנא או כל אינון קרבנא דהוו מקריבין שראל ואין מקרבין כדס ממש אלא כרנא סור קרב קורבנא דלהון, ותלא קורבנ, דלהון אינון, מארבע מינין וזה רמז גם א רת נשר שור אר ה את דאש בנ שראל דאש זה אדם **ואי לא** זכו מה כתב בקרבנא לכ"ב תשלכון אותו פירוש מתאחזת ב ה קל פר דעשיר שקראת כלב כמש רב נו סאר ז ל בב אור פרק ש רה במאמר כלב ם אומר ם בואו נשתחוה ונכרעה נברכה לפנ ר עושנו ולז א דתם ב ליה כטרפה בכף הדמיון משום דמתאחזת בר רקל פה אבל לא תר ר טר פה ממש ואם לא זכו לרתפלל בכונת כלב בל תערובת מחשבה זרה אין אחר ואחר ותפיסר לקלפה בר ותתקבל ע ת כאל שר החסד כ תפלת שחר ת סית בחסד וקרי לה בשם אר ה שרות אות ות רת ה שר א בחסד ש ונק מן המכמר שםם רת ה ולכן, אברהם אע ה קרא למקום הר המוריה בשם ראה דכת ב ו קרא למקום ררוא ר ראה וכו' כי יראה אות ות אר ה

ולקבליד

תקונא חד ועשרין

יי אלקינו יי וכד שוי לון בקדושא דאיהי שפה דפומא צריך למעבר לון בה כלהו אחד. דבזמנא דינצח בה סב"ה כל אומין דעלמא. יתקיים בהון כי אז אהפוך אל עמים שפה ברורה לקרא כלם בשם יי ולעובדו שכם אחד והא שפ"ה ודאי דא שכינ"ה דהכי סליקת בחושבן שפ"ה. בגין דהכי כל אומין דעלמא עתידין לאשתעבדא תחות ידדא. ולאמלכא לה עלייהו בזמן דמלכא משיחא. לקיים מה דאתמר בה ומלכותו בכל משלה. זכאה איהו מאן דנטיר האי אמונה בלביה ובפומיה. דודאי איהו אמונה דישראל ואיהי יחודא דקב"ה. ובה מיחדין ישראל לקב"ה תרין זמנין בכל יומא וזכאה איהו מאן דאיהו באמנה אתו בגלותא דלא דחיל מעלאין ותתאין דבגינה אתמר לאדם ויניחהו בגן עדן לעבדה ולשמרה לעבדה בפקודין דעשה ולשמרה בפקודין דלא תעשה. בגין דאיהי ג"ן סדרים דאורייתא ואיהי עדונא דאורייתא מאי אורייתא עמודא דאמצעיתא. איהי ג"ן דיליה ועדן דיליה. ר' ר' קום אסחר *להאי קורטא ואקף ואסחר לה בשפה דילך. בהאי אבנא דאיהי כלילא (נ"א מוכלל ומעוטר) מכל אבנין דבניינא דאורייתא (וציורתא) איהי אבן יקרה מוכללת ומעוטרת באות ברית ובאות דשבת ובאות י"ט ובאות תפלין. והוט דילה כרוכה באצבעא. ודא כריכו דרצועה דתפלה דיד. דבה הוו קדמאין כורכין את שמע עם ואהבת ברחימו דאהבה דהיינו ואהבת את יי אלהיך. בגין דהא רחימא לגבי בעלה ולא מפסיקין. ולבתר דאתא יעקב דאיהו כליל תלת אבהן התיר ההוא כריכו דילה ואמר בשכמל"ו. בגין דאיהו בעי למהוי איהי סגולת מלכים בההוא זמנא אתמר שופ"ר הול"ך סגולת"א ואזל"א לשריא בתרא על ישראל דאיהו עמודא דאמצעיתא. דאיהו ס"ת כליל ה' חומשי תורה ואתעבידת תגא על רישיה בכל את ואת דיליה מאלין אתוון ידיעאן דספר תורה כגוונא דא שׁ עׂ טׂ נׂ זׂ גׂ צׂ קלהו זיינין אינון חד ועשרים. לקבל חד ועשרין אזכרות דתפלין דרישא.

וקט"ל ל"ס ומפרש עוד דוגמה לזה בחמש תיבות של שמע ישראל וכו' דאחר חמש ת' בין אלהינו תיבה אחד להורות כד שו לן, האדם בפומא צריך למעבד לן, בה כולהו אחד כי שפה דפומא רמז למלכות יען שפה נ"י שכינה שה א' סוד רמלכות קום אסחר להאי קרטא ואקף ואסחר לה בשפה ד' לך פירוש המשיך לה אור מקיף ע"י ולקבלייהו

* סב ע"ב

יקירא ומלאכין ואופנים כלהו אזדעזעו מאבנין דילך ואלין אינון ארבעה טורי אבן דכלהו חד. זכאה איהו מאן דאפיק אבנין אלין שלמין בצלותיה בארבע צלותין עם צלותא דמוסף דעלייהו אתמר אבנים שלמות תבנה. ואית אבן דאורייתא דאתמר בה והאבן הזאת אשר שמתי מצבה יהיה בית אלקים. דאיהי מסטרא דעמודא דאמצעיתא דאתמר ביה וזאת התורה אשר שם משה דאיהו דיוקנא דיליה. ואלין אבנין כלהו חד. מלכות קדישא איהי מסטרא דשמאלא אתמר בה אבן שלמה וצדק יהיה לך. והאי איהי אבנא די מחת לצלמא דהוות לטור רב ומלאת כל ארעא. מאי ומלאת כל ארעא אלא בגינה אתמר מלא כל הארץ כבודו. ועלה אתמר על אבן אחת שבעה עינים. דאינון שבעה רועין קדישין ואינון שבע דכורין ושבע נוקבין. כלהו כלילן בה. ורזא דמלה שבעה ושבעה מוצקות. והאי אבן איהי חמשה אבנין דשוי דוד בקירטא ואתעבידו כלהו חד. הה"ד ויקח דוד חמשה חלוקי אבנים מן הנחל ואינון גדולה גבורה תפארת נצח הוד. דבהון שבח דוד לקב"ה ואמר לך יי הגדולה והגבורה וגו'. ואלין ה' חלוקי אבנים נטיל לון מן הנחל דאיהו יסוד ח"י עלמין. וכד שוי לון בקידטא דאיהי מלכותא קדישא אתעבידו בה חד וטבע במצחא דפלשתאה וקטיל ליה. ואינון חמש אבנין דאינון שמע ישראל

על אות ו' שהיא נחלקת לשלש וד"ן שמספרם ש"ין ועם אות ב' עולה ג"שה ל"ב וגם ש' פי' אחד על אות ב' כי רא"מ בזק חד וכתב"ן ש"כ"ין, ו' דכרא"ש שמספר עשיה דר' עשה ארבע, ותרין מאי ומלאת כל ארעא בגינה אתמר מלא כל הארץ כבודו פירוש אותיות הארץ, הם תיא"ר כזה ר' אלף רי"ש לדי יעלה מספר רמלו יספר מדת שרש ארבער אלפין שלוקחת לאה שרש יסבר יודת בסוד ומדת ימי מה ה"א ואלו נחשבים לד' בכונה כידוע בסוד הכוונות של תורה של תורד לגמר ועל זה רמז הכתוב מלא כל הארץ כבודו ולכן עתה בעסקו בסודות אלו ישיה הישך תת ד' תורות אלו שרש ארבעה אלפים, לילה והא רו בה ולזה הא אבנא הות לטור רב ומלאת כל ארעא דיקא דאינון ז' רועין קדישין ואינון שבע דכורין ושבע נוקבין פירוש אלו הם שבעה ספירות הבנין, שבכל אחת ש' יורם וש' ותדם לנה ונמלא הם ז' דכורין וז' נוקבין ואלין חמשה חלוקי אבנים נטיל לון מן הנחל דאיהו יסוד ח"י עלמין, וכד שוי לון בקירטא דאיהו מלכות קדישא אתעבידו חד פירוש ר"ר דוע כ"ר, חמשה חסדים וה' חמשה גבורות הם מתפשטים מן חסד עד הוד שהם חמש ספירות חג"ת נ"ה בסוד התפשטות אך ב' סוד הם בסוד כללות ובמלכות הם בסוד כללות דכללות. ורזה דוד הע"ה לחם עם גלית ע"י חמשה גבורות כי הם כל מאיתר קדישין ולהיות שחמשה גבורות שמתפשטים בחמש ספירות הנו' נעשים כולם ב' סוד בסוד דתכללות לכן עשה פועל דמיון שלקח חמשה אבנים מן הנחל דאיהו יסוד ח"י עלמין וכד שוי לון בקירטא דאיהו מלכות קדישא לעשותם שם בסוד כללות דכללות אתעבידו חד ונעשו כולם אבן אחת בידו שהוא ה"ה בסוד המלכות ואז טבע ההוא אבן במצחא דפלשתאי

והַברוי נֶחֱזֵי מַאי גִיהוּ חֵילָא ותקיפוּ דִילֵיה. דהָא איהוּ אַתַּר עִלָאִין ותתָאִין. ויוֹדְעָנוּ כָּל עלמין עִלָאִין ותַתָאִין. וּבאוּמָאָה לְקָבֵל חַיָלִין לעֵילָא ותַתָא לְמֶהֱוֵי בעֲזָרֵיה *אֲנַת לֵיה. קוּם רבי שמעוֹן זָרִיז גַרְמָךְ בְמָאנֵי קְרָבָא דילָךְ נחזי מָאי תַקיפוּ וגבוּרָה דילָךְ:

קָם רבי שמעוֹן פְּתַח ואָמַר זַרְקָ״א מַקַ״ף שוֹפָ״ר הוֹלֵ״ךְ סְגוֹלְתָ״א. קָם ונטיל תלַת אַבנין דאינון יו״י. ואַבנָא עִלָאָה דאיהי בְקִירְטָא תַנָא בחוּטָא דא אַרבַע דאינון אַרבעין והוּט דסיהֲדָא (נ״א דסתרא) עִלָה הַיינוּ ב׳ זְרְקָא דמִלָה בראשית ב׳ ראשית הָאי נקוּדָה *עִלָה אתמר בַעֲשָׂרָה מַאֲמָרוֹת נִברָא הָעוֹלָם מַאי ב׳ הַהוּא חוּט דאַסחַר עִלָה והָאי נקוּדָה אית יָה רישָא ואמצעיתָא וסוֹפָא ואתעֲבִידַת תלַת יוֹדִין יו״י דסַלְקִין לתלָתין וההוּא חוּט ב׳ תלָתין ותרֵין תַנָא דעַ״ חוּט י׳. והָא אַרבעין ותרין. לָקֳבֵל ל״ב אֱלֹקים ועשר אֲמִירָן דאתברי בהון שמַיָא וארעא וכָל חיליהון. וַיַרְא אֱלֹקים אֶת כָּל אֲשֶׁר עָשָׂה דאיהוּ רָזָא וַיֵרָא מַלְאַךְ ה׳ אֵלָיו בְלַבַּת אֵשׁ בלבת דאוֹרייתָא. ודָא איהוּ כי יוֹם נָקָם בלבב״י וּבהוֹן פוֹעֲרִים מ״ב אַתְוָן דיסו״ס. ורָזָא דמִלָה פתחו לי שַׁעֲרֵי צֶדֶק אָב״א בָם אוֹדֶה יָה. וכלהוֹן אתכלִילָן בבאר שָׁבַע. דָא אבגית״ץ והבריוּ) אָמרוּ לֵיה מָארי מתניתין ר׳ ר׳ כַמָה תקיפין אַבנין דזריקָת דאזדַעְזַעוּ בהון שמַיָא וארעא וְהֵיוָן וּבְעִירָן ועוֹפִין כָלְהוּ בָרחוּ. וּמנהוֹן נַפלוּ לאַרעָא. וכרסיָיא

ד״ה כ״ב ח״י תלד רוח והקפו מלך ר״ת יש ת״לא מתכיתו ותקפו יב נתו גם ת״לא מלך אור כ״מ והקפו י״ה אור יתק גם עוד ח״לא תי״ד נוק רדברים של הסוד שאותם על אותותם והקפו שרוא וכל להיכ״ם אותם בלשון קלר אור לשון קב ונק שלא וכל כל אדם לרבנים וכ״ת הסכמה קד שא עלו בר ויתא דע לאסתתירא אורתו ופ״רש רב ו רא״ה ז״ל רואל ונטיתו מן אור מקף וכל להיכ״ם רדברים באופן נכון ו״כן הן יו ישוע לכתוב רדברים ולגליון. קם ר״ש פתח ואמר זרקא מקף שופר הולך סגולתא כ״ב אתר שנתן לו ישועות י״ג א יה ת״א שהות מרע״ה לדרוש עתה פתח לדרוש בכל מרע״ר בחמשה תבות אלו שהם זרקא מקף שופר הולך סגולתא שהם ר״ת ז׳ יתה ם וד נו כ מרע״ה זכה לאדרגה גדולה של נבואה שנתנבא בזה שהתר שכ״ה מדברת מתוך גרונו וד״ר אומר זה הדבר אשר לוה ה׳ וכמ״ש רז״ל ועוד זכה לבינה בריותה בסוד ס׳ אבל יעקב אע״ה זכה לב נס בה ופר בסוד מ׳ ושל מרע״ה זכה גדולה ופר וכנו׳ בזוה״ק ובדבר רבנו האר״י ז״ל ולכן דרש על זרקא מקף שופר הולך סגולתא שרס ר״ת משה באתלג וזכיות שלו ו׳ מכאן ואות ס׳ מכאן שרמוז בהם יתעלות הגדולים. קם ונטיל תלת אבנין דאינון יוד יוד נראה לא נטל ממש בידיו אלא רכונה נטל במחשבתו וכונתו או אפשר דנטל ממש בידו תלת אבנין לעשות פועל דמיון אל דברי הסוד הזה כדרך שעושין בלולב ובשופר וכיוצא. והאי נקודה אית לה רישא ואמצעיתא וסופא הנה מפורש בדברי רבנו האר״י ז״ל בשער מאמר רשב״י במנ, כמ בה הוד בס״ת שכל יוד יש בה ג׳ חלוקות של יוד״ן שהם רישא ואמצעיתא וסופא ולכך לכוין, בכל חלק יהם בפ״ע ולכן אות ב׳ של בראשית שהיא דגושה שם בקרבה נקודה ורמזו באותה נקודה יקירא

* אנח ** סב ע״א

דברתא כאבא אתעבידת. הה"ד יי' בחכמה יסד ארץ. בחכמה דאיהו
אבא יסד ברתא דאיהי ארץ הדום רגליו והאי חוט דילה איהו ו'.
דאבנא דאיהי תגא עטרה על רישיה עטרה דס"ת. ובגינה אתמר
ודאשתמש בתגא חלף. איהו כתר תורה ודאי. דתלת כתרין אינון כתר
תורה וכתר כהונה. וכתר מלכות. וכתר תורה (נ"א וכתר שם טוב) על
גביהו. והאי אבנא איהי י' ברישא א ואיהי י' בסופה עלה אתמר מגיד
מראשית אחרית. ואיהי (נ"א ואיהו) יוד קא ואו קא. (נ"א יוד הי ואו קי)
כליל עשר ספירן דאינון (נ"א דאיהו) נעוץ סופן בתחלתן ותחלתן בסופן.
קמו כלהו מארי מתיבתא ואמרו. רעיא מהימנא כמה אנת תקיף
לזרקא אבנא דהא מטא לאתר דלית מאן דידע אתרהא ומלאכין קדישין
שאלין בגינהא איה מקום כבודו להעריצו דלית מאן דידע מקומו בר
סלקא לעילא באתר דזריקת לה עד דאמרין כלהו ברוך כבוד יי'
ממקומו. ואף על גב דאיהי זעירא לתתא. לעילא לית ליה סוף ומאן
יכיל לאנהא קרבא באתר דאנת תמן באבנא זעירא דזריקת אזדעזעו
רקיעין עד אין סוף ומלאכין עד אין תבלית. וכל מארי מתיבתא. כלהו
אזדעזעו ונפלו בנפילת אפים מקיומייהו קדמהא ואמרו ובי באבנא
זעירא האי כל שכן מאן יגיה עמך בסייפא דאתמר בה. רוממות אל
בגרונם וחרב פיפיות בידם דאיהי ק"ש חרבא דילך דאנת תקינת לך
(נ"א לה) דבה קטילת למצרי הה"ד ויפן כה וכה וגו' ויך את המצרי
כ"ה וכ"ה סלקין לחמשין אתוון. דמיחדין בהון לקב"ה פעמים שמע
ישראל יי' אלקינו יי' אחד. דאית בהון כ"ה אתוון תרין זמנין. וסלקין
לחמשין תרעין דבינה. דאיהי ח' תמינאה מעשר ספירן מתתא לעילא.
י' רישא דחרבא. ו' גופא דחרבא. תרין פיפיות דילה ה"ה נרתקא
דחרבא אכי"ק. והכי לתתא נרתקא דהאי חרבא אדני. ואיהו יאהדונקי"
לתתא. יאהדויה"ה לעילא. (נ"א יהו הוה יהה) ורזא דמלה אז
ישיר משה. תמניא אתוון בתבורא לעילא א"ז תקרא ויי' יענה לתתא.
ומאן יכיל ברומחא דילך דאיהי רמ"ח תיבין דק"ש *אנת קרבא לר"ש

מקננא בעולם הכסא שסוא מספר שם אלהים כנודע אנת קרבא לר"ש וחברו נחו מה ג הו ח נא ותק פו
וחבדוי

* אנת

דאתמר בה ואף גם זאת בהיותם בארץ אויביהם וגו' ובגינה אמר קב"ה וזכרתי את בריתי יעקוב. קום שלמה מלכא דאנת שלם דילה. קומו למהוי עזר לגבה בהאי קרבא. נער נער דאנת מארי מפתחן דאוצרין דמלכא דכל מאני קרבא דמלכא בהון. קום אפתח היכלא. אדני שפתי תפתח ופי יגיד שבחוי דמלכא עלאה דהא היכלא (עלאה) דיליה איהו טול רשו ואפתח היכלא בגין יקרא דשכינתא. פתח ואמר. זרק"א מקף שופ"ר הול"ך סגולת"א. אדהכי הא עולימא קא נחית (רעיא מהימנא פתח ר"ש) ואמר. רעיא מהימנא אנת איהו מארי דקידטא דרעיא דאזיל בעאנא. בגין רובין זאבין וחיון בישין דקא אתיין למיכל עאנא *ארחא דיליה. למהוי קירטא בהדיה לזרקא אבנין לגבייהו למהוי עאנא נטיר מחיון בישן. קום נטיל קירטא בידך. פתח ואמר זרק"א שכינתא קרישא אנת היא קירטא קדישא דקב"ה. דבר אזרדיסו תלת אבנין דאינון סגולת"א תלת אבנין יקירין דאינון תלת אבהן ואנת אבן **יקרה על כלהו תגא ברישא דכלהו. עלך אתמר אבן מאסו הבונים היתה לראש פנה. והאבן הזאת אשר שמתי מצבה יהיה בית אלהים. אנת הוא דאתמר עלך אבנא די מחת לצלמא והות לטור רב ומלאת כל ארעא. ואיהי תגא כגוונא דא ם ברישא דהוטא דזרק"א אבנא (כלילא ומתעטרא) (נ"א מוכללת ומעוטרת) כאבנא בריש עזקא וכך אית בישראל משכילים בחכמה דאיהי י' מחשבה עלאה. ידעין לזרקא לה להאי אבנא דאיהי בת יחידה. לההוא אתר דאתגזרת בגין

שכ' זה סגולה כ"ב כר כתלה שרן ר"ת נפש נער נער דא"ת מאר מפתחין דאוצר' דמלכא דכל מאני קרבא דמלכא בהון כ"ב נער הוא מטטרון וכפל שמו נער עד יום. שהתחיל תוך אדם מן המחתורים ואח"כ נעשה מלאך וכן רעי' ו"ס ו"מלא פרוה בשית ס' ובה"ר, ידוע פרות בסוד שם שדי כי שמו עולה מספר שדי וכמ"ש רז"ל נ"ף כי שמי בקרבו זו מט' שמו כשם רבו וידוע ששם שדי הוא משדד המערכות ויש בו ששה מיני לרופים שהם יה אות ות כינן ג"ג של יפתירן וכנו בכונת ה' כסוק ס' של ה' כבוד ומלא בשם שדי יש כמה מאני קרבא דמלכא ש"ש בו ששה מיני לרוכ ס' דנעשר בהם קרבא למעלה שבה משדד המערכות והוא בת נת היסוד שבו נפתח דר כל שהוא סוד דמלכות שנקראת ר"כל כינן שם אדני פתח ואמר זרקא שכינתא תתאה כ"ב שכ' נתא תתאה מלכות רמוזה בזרקא כ"ב ה' של מה בארבע עולמות אבי"ע שהם קשורים זו"ן דתמונת הזרקא הוא ד' חתכות קשורים ותלוים זו"ן ה' נת כנגד ארבע אותיות שם אדני כשהם מתחברים וקשורים זו"ן דלא תפסר הוא א' מני הן דהו ה"ה בסוד נערים כד קב לת דכר ולא בסוד נער דאינון תלת אבהן ואנת אבן יקירה על כלהו תגא ברישא דכלהו פירוש כאשר עולה רחל עם המלכות עד הכתר נמצא ר"ת תגא ברישא דאבהן שהם חג"ת כי הבינה ר"ת למעלה מן חג"ת ולז"א והאבן הזאת אשר שמתי מצבה ר"ה בית אלהים דהיינו בבינה שהיא

דברא

* סא ע"ב ** יקרד

דאמצעיתא. ולזמנין צדיק ולזמנין שכינתא עלאה. איהי תעודה ביה ולזמנין שכינתא תתאה היא תמורה ביה ודא איהו גן נעול. וביה מעין חתום דאיהי שכינתא י' כלילא מעשר ספירן. י' מן מיטטרו"ן כל ספירן פועלים ביה בהאי עלמא שפלה. וביה יבום וחליצה וגט פטורין וכל אתוון ביה. אינון תמורת כגון מצפ"ץ ואיהו נעילת חגין וזמנין ויומין טבין. נעילת דלת בפני לוין ביום הכפורים דאיהי עלמא דאתי לא אתקרי יקו"ק באדני דאיהי דין ואיהו נעל נעילת דלת ואינו נועל הדלת. אלא איהי פתחא לקבל שבים ובגין דא יום הכפורים אסור בנעילת הסנדל דלית יחודא ביה לקב"ה ושכינתא. דלזמנין איהי שכינתא ואסתלק קב"ה. ולזמנין קב"ה ואסתלק שכינתא. ובגין דא עונת תלמידי חכמים בשבת. דביזמן דחול דשליט מטטרו"ן אתמר יהיה סגור ששת ימי המעשה ביה איהי סגירא תרעא. וביום השבת יפתח יפתח תרעא. ותפיק מינה שכינתא. לאתייחדא עם בעלה. ובההוא זמנא אתקריאת כוס מלא. הה"ד ומלא ברכת ה' ים ודרום ירשה. דביזמן דחול אתקריאת יבשה במטטרו"ן. הה"ד ויאמר אלקים יקוו המים מתחת השמים אל מקום אחד ותראה היבשה. ובזמנא דאתמליאת אתמר עלה כוס ישועות אשא ובשם יי אקרא כו"ס איהי אלקים בחשבן דסליק לחשבן כנו"י במאי אתמליאת באת י' ואתעבידת כוסי רויה ובגין דא כוס צריך עשרה דברים וכו. קם רבי שמעון ואמר אם תחנה עלי מחנה לא ירא לבי אם תקום עלי מלחמה בזאת אני בוטח. בזאת. בודאי אנא בעינא לאתתקפא בהאי קרא דדוד. קום דוד הא זאת דילך לגבן. אהרן כהנא קום משנתך הא זאת דילך לגבן דאתמר בה בזאת יבא אהרן אל הקדש. קום רעיא מהימנא לאגנא על זאת דילך דאתמר בה וזאת התורה אשר שם משה. דהא כמה מארי מגיהי קרבא קא אתיין לאגחא עלה. קומו נביאי קשוט דהא זאת דלכון לגבן דקא הויתון מתנבאין. עלה אתמר אל יתהלל חכם בחכמתו ואל יתהלל הגבור בגבורתו וכו כי אם בזאת. זאת אשיב אל לבי על כן אוחיל לו. קומו אבהן מארי דברית דהא זאת הברית דלכון ביננא

תקונא חד ועשרין

ומנא יתקיים קרא כי אז אהפוך אל עמים שפה ברורה לקרא כלם בשם יי׳ וגו׳ בההוא זמנא אתבני ביתא דשכינתא דאיהי בית הבחירה על ידא דקב״ה דאתמר בה ואני אהיה לה נאם יי׳ חומת אש סביב ואני אבנה אינון אבנין טבין דאתבני מנה הה״ד ואבנה גם אני ממנה נטיעין קדישין. הה״ד נצר מטעי מעשה ידי להתפאר. ובניינא דבי מקדשא תהא בנויה מכספא ודהבא ואבנין יקירין ותהא מרקמא מכל ציור׳ דעובדא דבראשית ועלה נהרא ירושלם דלעילא לעילא מרקמא מכל מיני גוונין דנהורא. ורזא דמלה. ירושלם הבנויה כעיר שחברה לה יחדיו. דאתהדרא על גבוי. בההוא זמנא אתקיים בישראל לא יבא עוד שמשך וירחך לא יאסף וגו׳. ואתער שיר השירים בעלמא ואדליק נהורא על זיתא ושרגא דישראל אינון פתילה. אורייתא משחא. שכינתא שרגא. הה״ד בהלו נרו עלי ראשי בההוא זמנא אתמר בשכינתא וחלצה נעלו. נעלו דקב״ה לקיים ביה של נעליך. ואתייחד בשכינתיה דאתקריאת חליצה. ואיהו הלוין הנעל ולא צריכין דאתחברא בארח יבום לעולם. דאתמר בה וזאת לפנים בישראל וגו׳ שלף איש נעלו ונתן לרעהו. מאי נעלו דא בני. ההוא דאתמר ביה גן נעול. אתפתח ההוא נעול מפתחא בגין דלפתה הטאת רובין אתעבר ההוא חטאת ואתפתח תרעא הה״ד זה השער ליי׳. יהון תבון שכינתא דאתמר בה וזאת לפנים בישראל ד״א וזאת לפנים בישראל על הגאולה ועל התמורה. על הגאולה דא שכינתא עלאה ה׳ עלאה. ועל התמורה דא שכינתא תתאה דאיהי תמורה בההוא דאתמר ביה אל תמירני בו ואינון ה״ה. וזאת דא בן ובת ישראל דא אב. ובגין דא לתתא איהו תמורות אתוון יקו״ק בארני. אבל לעלמא דאתי ית תמורה כמה דאוקמוהו מארי מתניתין לא כשאני נכתב אני נקרא ובעולם הזה נכתב ביהו״ה ונקרא בארני. ובעולם הבא נכתב ביהו״ה ונקרא ביהו״ה. ועוד שלף איש נעלו דא גופא דאיהי אתתא. בלי דיליה ודא מטטרו״ן. ונתן לרעהו דלזמנין אשתבח ביה עמודא

בזה סוגה על עיקר בלכתך ס״ה עיק ר״ת סגלת ת״י״ר כ״ס ה דישראל א״נון פה לר אור תה משחה
א) מלכות ר כנגד נר״ רי״ה חה כ״ס ר כנגד תי״ה דלר חה עטרת דלר כנגד חב״ד דלה וכזה יובן י״ה
דאמצעיתא

ובגין דשכינתא איהי מלכות על בר נש. אתמר ביה שום תשים עליך מלך למהוי ישראל בה כלהו בני מלכים.*דלית מלך בלא מלכות. דבגלותא שפחה תירש גבירתה ובזמנא דייתי משיחא אתמר ומלכותה יתן המלך לרעותה הטובה ממנה איהי מלכותיה איהי כרסייא איהי עטרת דיליה. למלכא דאית ליה מאנא דיקר ואיהו מחבבא לגביה. לזמנין שוי ליה עטרה על רישיה דא תפילין דרישא. לזמנין קשיר ליה באצבעא. ודא תפילין דיד. לזמנין שוי ליה תחותיה ואתקרי כרסייא דיליה לזמנין עביד מינה לבושא. ובען דאיהו מרחקא מן מלכא אתמר במלכא אלביש שמים קדרות ושכינתא אמרת אל תראוני שאני שחרחרת. ובני נשא דאינון שטיין מסתכלין בלבושא. ואחרנין הכי מסתכלין בגופא. ובגלותא כלהון שטיין. אבר פקחא חכימא אסתכל מגואו וכד ייתי פורקנא אתפשט מלבושין דקדרותא וזריק לון על אומין דעלמא. הה"ד ויהי חשך אפלה וגו'. ולכל בני ישראל היה אור במושבותם. דבההוא זמנא דאתלבש באלין לבושין אתמר ביה. ויאמר אסתירה פני מהם לבתר דאתפשט מנייהו. וייראו העם את יי'. וכל ינוקין אחוין ליה באצבע הה"ד זה אלי ואנוהו. ובגלותא ישת חשך סתרו ובגין דא אמר דניאל ידע מה בחשוכא ונהורא עמיה שרא. ובההוא זמנא דאיהו בחשוכא מתלבש בתהו ובהו ובחשך ותהום כביכול אתוון אינון בפירודא ולא מתיחדין תמן ולבתר דנפיק מנייהו והיה יי' למלך על כל הארץ ביום ההוא יהיה יי' אחד ושמו אחד. בההוא זמנא כל חיון יתערון בנגונא וכנפיהם פרודות מלמעלה לקבלא ליה בחדוה. וכלהון יהון רצין ושבין בנגונא ושליחותא לגביה. הה"ד והחיות רצוא ושוב כמראה הבזק לבשרא לישראל. ובההוא זמנא הללו את יי' מן הארץ תנינים וכל תהומות וגו'. כלהו לעילא ולתתא מה דאתברי עד יתוש זעירא. כלהו משבחין ליה ומלאה הארץ דעה את ה' כמים לים מכסים. בההוא

נ"ב ר"ת שלשה אלה דתפלין לאילן שהם שרש ן פיר ן ענפין, הוא ספ"ע שבעבורס שתלשל השפע איהי מלכות ה א"ה כרסייה א"הי עטרת ד"לה כ"ל בס"ד נק"ט תלתא אלו כנגד ב ע שהם ה' ות המלכות א' כמי א"הי

זמנא

* ס ע"ב

סמא"ל בדינא לגבי בנוי ובגין דא אמרו מארי מתניתין איזהו גבור הכובש את יצרו מאי הכובש כר"א וכבשוה דיהא כבושה תחות ידיה ככלבא דאיהו כבוש וקשור תחות ידי דבר נש. וצריך בר נש לקבלא עליה חמש ענויין בגין ענוי דגרים לה' זעירא דגלה בגלותא. ואתקריאת עניה סוערה לא נוחמה. ואבא ואימא אינון נתתי בימינא ושמאלא לקבלא בהון ו"ה דאינון תורה ומצוה ורזא דמלה ושב ורפא לו ודא איהו שובה ישראל עד יי' אלהיך. ועוד מצות פריה ורביה דא שכינתא לא תוהו בראה לשבת יצרה. כל ת"ח דמנע מינה עונת ק"ש כאלו מנע מינה ברכאן מלעילא שית סטרין אינון דכלילן באת ו דאיהי עץ פרי עושה פרי. מאן פרי דיליה י'. דאת ו' איהו ענפא דאילנא דאתפרש לשית ענפין. ומשית לענפין דלית לון חושבן י' איהי איבא על כל ענפא וענפא דאיהו ו. קם סבא ואמר ר' ר' חזור בך. אילנא הוא ו'. איבא דיליה י'. הכי הוא ודאי אבל ענפוי לעילא איהו ה' עלאה. ושרשוי ה' תתאה. ומאן דאפריש ענפא מניה דא איהו מקצץ בנטיעות. והכי אתקצץ איהו מעלמא דין ומעלמא דאתי. ועוד מצוה לאתעסקא באורייתא יומם ולילה הה"ד והגית בו יומם ולילה. וכי יכיל בר נש לאתעסקא באורייתא בכל יומי ולילי כל יומוי. והא קב"ה לית בא בטרוניא עם בריותיו. אלא כל מאן דקרא ק"ש בכל יום ערב ובקר כאלו מקיים בו והגית בו יומם ולילה. כל פקודין אית מנייהו דתליין בפרי אילנא. מנייהו בענפין מנהון בשרשין. מנהון באילנא. ובגין דא אתקריאת אורייתא עץ חיים. וכל מאן דאכל מניה ואכל וחי לעולם. ואית אילנא לתתא דענפוי ושרשוי וגופא ואיבא דיליה כלהו סם המות. ודא סמא"ל. מאן דאעבר על אורייתא. אתשקיא מההוא אילנא ואתפרנס מניה ועליה אתמר כי ביום אכלך ממנו מות תמות ומסטרא דיליה חיי צער. ועוד שכינתא איהי מצות העמדת מלכא הה"ד שום תשים עליה מלך. וכביכול כל זמנא דלית שכינתא באתרהא לית מלכא.

שהוא סם לשם הוי"ה שנקרא דשם אדנ"י אית מנייהו דתליין בפרי אילנא ומנייהו בענפין ומנייהו בשרשין ובגין

דא ה' דסליקא בי' לתמשן. זרקא מו דתניקת בתלת אתוון דשכינתא תתאה איהי דן ד' מיתות ב"ד איהי חניקת לחייביא והרג לון בשרפה וסקילה. ובגין דא ראו עתה כי אני אני הוא. הה"ד ויסרתי אתכם אף אני וגו'. וכמה דכשמיה קטיל למאן דאעבר על כריתות ומיתות בית דין דאורייתא הכי מסי ומחי בשמיה למאן דמקיים לון ועוד מצות גזלת העני בבתיכם דא שכינתא. דמאן דגזיל צלותא דאיהי צדקה לצדיק ח"י עלמין כליל ח"י ברכאן כאלו גזיל ליה חיים דיליה דאיהי שכינתא דאתמר בה ראה חיים עם אשה אשר אהבת וכן מאן דגרע מענג שבת כאלו גזיל ליה שכינתיה דאיהי שבת בת יחידה ודא גרם דאתגזילת מניה בגלותא הה"ד ובפשעיכם שלחה אמכם. ותיובתא מאי ניהי. והשיב *את הגזלה אשר גזל דיחזיר שכינתא לאתרה. או את העשק אשר עשק דא סב"ה דאתפרש מניה. דשכינתא אתקריאת מצות עשה מסטרא דימינא. ומצות לא תעשה מסטרא דשמאלא. ותורה אתקריאת מסטרא דעמודא דאמצעיתא וכל מאן דגזל או עשק באורייתא ובמצות עשה ולא תעשה כאלו גזל שכינתא מדרועוי דקב"ה. וכן מסטרא דיסוד חי עלמין אתקריאת מצות ברית מילה. מאן דגזל בברית ואפיק זרעא מיניה לרשו נוכראה כאלו אפיק מרשות היחיד לרשות הרבים. וגרם למהוי שכינתא נפקא מאתרה דאיהי ארץ ישראל רשות היחיד. וגלה אותה בין אומין דעלמא דאינון רשות הרבים הה"ד ובפשעיכם שולחה אמכם. ובג"ד לא תשא את שם יי' אלקיך לשוא. מאן שם יי' דא שכינתא. לשוא דא ע"ז דגלת תמן. ועוד איהי תשובה יום הכפורים כלילא מעשרת ימי תשובה דאינון י"ה. יום הכפורים דא ה' כלילא מחמש צלותין. עשרת ימי תשובה דא י' לקבל שבים דא ו"ק כל מאן דחזר בתיובתא כאלו חזר ו"ה עם י"ה. ועקרא לסלקא כלא במחשבה דאיהי יו"ד ק"א וא"ו ק"א. וגבורה תמן סמא"ל דאיהו יצר הרע וכל מאן דיתגבר על יצריה כאלו הוה מתגבר גבורה על

בזה בדוק כמו פ רוש נתן ירס הסכן פר שסבדקו לותר ותר כמו זה הסכן מתוקנת ול' הסחטו בסכן שאני נותן לכם ורייש בזה אות ב גטר קון של בדוק מאן שם ה' דא שכ׳תא כ ב השכ׳ה ה א סוד שם אדני סמא ל

* ס ע"א

עוֹף דְאִינוּן כַּנְפֵי יוֹנָה וְאִלֵּין אִינוּן כַּנְפֵי מִצְוָה דִמְכַסְיָן עַל דְמֵיהוֹן דְלָא שַׁלְטִין עֲלַיְיהוּ כַּלְבִין דְאִינוּן חֲצִיפִין דְאִינוּן מַלְאֲכֵי חַבָּלָה (ס״א וכלהו) וּדְלָא אִשְׁתְּמוֹדְעוּן בְּהוֹן מָארֵי חוֹבִין (ס״א הרי) הָכִי דָם הוּא הַנֶּפֶשׁ וְעַפְרָא דִמְכַסְיָא עֲלֵיהּ רָמִיז וְכִפֶּר אַדְמָתוֹ עַמּוֹ. וְעוֹד שְׁכִינְתָּא אִיהִי בְּדִיקַת סִימָנֵי חַיָּה אוֹ עוֹף, מִבְּנֵי נָשָׁא דְדַמְיָין לְחֵיוָן וּבְעִירָן וְעוֹפִין, דַּעֲלַיְיהוּ אִתְּמַר וּשְׁחַטְתֶּם בָּזֶה, בְּדוֹק כְּמוֹ זֶה דְאִינוּן סַבְלִין מַכְתְּשִׁין כַּמָּה דְאוּקְמוּהוּ כִּי עָלֶיךָ הוֹרַגְנוּ כָל הַיּוֹם וּבְכָל יוֹמָא לָא מַנִּיחִין צְלוֹתִין וּבָדִיק לוֹן קוּדְשָׁא בְּרִיךְ הוּא בְּכַמָּה מַכְתְּשִׁין וְאַמְרִין זֶה לָזֶה. בִּצְלוֹתִין קוּדְשָׁא בְּרִיךְ הוּא פָּרִיק לָן מִדִּינָא דִבְעִירָן וְחֵיוָן דְאַרְעָא. וְאָעִיל לָן לְמֶהֱוֵי לָן הוּרְקָא בְּמַלְאֲכַיָּא דְאִינוּן חַיּוֹת הַקֹּדֶשׁ. דְקָרָאן זֶה לָזֶה וְאַמְרִין קָדוֹשׁ קָדוֹשׁ דָא אִיהוּ (קדוש) דְאִתְקַדַּשׁ שְׁמֵיהּ דְקוּדְשָׁא בְּרִיךְ הוּא עַל יְדֵיהּ וְיֶהֱא לֵיהּ חוּלְקָא בֵּיהּ עוֹד וּשְׁחַטְתֶּם בָּזֶה דָא אל״ף דל״ת נו״ן יו״ד דְבֵיהּ דָן קוּדְשָׁא בְּרִיךְ הוּא כָּל נְזִיקִין. וְעַל כָּל אִלֵּין דְקַטְלִין חַד לְחַבְרֵיהּ וְעַל הַכֹּל אִלֵּין דְגַזְלִין יהו״ה אִיהוּ דָן דְאִתְלַבַּשׁ בְּתֹהוּ וָבֹהוּ וְחֹשֶׁךְ וּתְהוֹם. וְדָן בְּהוֹן אַרְבַּע מִיתוֹת בֵּית דִין. וְהָא אוּקְמוּהוּ כֻּלְּהוּ בְּאַתְוָון י׳ נַחֲלַת. ו׳ שַׁלְהוֹבָא. ה ה׳ גַוְונִין וְנְהוֹרִין דְנוּרָא. דָא אִיהוּ שְׂרֵפָה כִּי יְיָ אֱלֹהֶיךָ אֵשׁ אוֹכְלָה הוּא. סְקִילָה בִּתְלַת אַבְנִין י׳ י׳ י׳. וְאִינוּן יהו״ה כ״ו וְד׳ אַתְוָון י׳ י׳ י׳ הֶרֶג בְּחַרְבָּא י׳ רֵישָׁא דְחַרְבָּא. ו׳ גּוּפָא דְחַרְבָּא ה״ה תְּרֵין פִּיפִיּוֹת דִּילֵיהּ. חֶנֶק ו׳ (ס״א ג׳) אִתְעֲבִיד חוּט כְּגַוְונָא דָא זַרְקָא וַעֲלָהּ י׳ דְעוּקָא בְּחוּטָא. לְמֶהֱוֵי כָּרִיךְ לָהּ עַל צַוָּאר. וְרָזָא דְמִלָּה אָבִינוּ מֵת בַּמִּדְבָּר. מַכֶּה וְהוֹלֵךְ אִינוּן ה״ה. חַד מַכֶּה לֵיהּ. וְחַד הוֹלֵךְ עַד דְחָנִיק לֵיהּ. וּבְגִין דָא אָמַר קוּדְשָׁא בְּרִיךְ הוּא רְאוּ עַתָּה כִּי אֲנִי אֲנִי הוּא אֲנִי אָמִית וַאֲחַיֶּה מָחַצְתִּי וַאֲנִי אֶרְפָּא וְאֵין מִיָּדִי מַצִּיל. ו׳ עֵץ גָּבוֹהַּ חֲמִשִּׁים אַמָּה

כנפים ולכך קרי להו כנפי והם אלין הם כנפי תלויין דיתבים על רישיהון דלא שלטין עלייהו כלבין, כי יש יא קליפות כנגד יא סמני הקטורת והם ד׳ בחינות וכנגד זה אומרים יא סמני הקטורת בכל יום בשחרית בפסוק תורה ובערב את ובמנחה ג״כ בפסוק תורה דקח לך סמים ובבקר את דהלכה ואלפורן וד״פ יא רם ד׳ ם ולכן, רצו לשלוט על דם האדם וע״כ פ מלוה הפרוים על הגוף שהוא דם האדם נשמר דם האדם מהם כלבין שהם ד״פ י״א קל״כ, דאינון מלאכי חבלה דמזיקין לאדם וגם עוד גינו כנפי מלוה על בני אדם שלובשים אותם ומתכסים, בהם שלא רגשו בהם מאחר דתוב, הם המקטרגים ויתשנים על מעשים של בני אדם דע ר״ל א שמתכסין בו לא כירוס ולא דעו אותם המקטרגים כד להשגו, ולקטרג עלהם דעלייהו אתמר ושחטתם

אלא בגין דעברין בנהא על פקודי אורייתא עשה ולא תעשה הה"ד
ובפשעיכם שלחה אמכם. וישלח את היונה מן התיבה דא
עמודא דאמצעיתא. מאן גרים דא דאתתרכת מניה. בגין דישראל
עברו על אורייתא. ויחל עוד שבעת ימים אחרים (נ"א וישלח את היונה
ולא יספה שוב) דא ז' יומא שביעאה דכליל ז' שבתות ומאן גרם
דאתתרכת מניה בגין דעברו ישראל על אות שבת ויומין טבין ואות
ברית מסטרא דיצחק דאיהו ראש השנה אתמר ביה ותבא אליו
היונה לעת ערב ודא ערב דיצחק. ומסטרא דצדיק אתמר בה והנה
עלה זית טרף בפיה וידע נח כי קלו המים מעל הארץ. ובכל אתר דלא
אשכחת לתתא דיוקנא דבעלה באורייתא לא הות שריא עליה. הה"ד
ולא מצאה היונה מנוח לכף רגלה בגלותא. מיד דאשכחת בעלה לרעיא
מהימנא שריא עליה ולא חזרת לתיבה. הה"ד ולא יספה שוב אליו עוד.
ועל דא אתמר על כן יעזב איש את אביו ואת אמו וגו' איהי אתדבקא
ביה ואיהו בה. בההוא זמנא ויפתח נח את חלון התיבה אשר עשה
ונפקו כלהו ואזלו לגבי יונה ובעלה ואתמר לגבי נח ויפתח נח מאי
ויפתח נח אלא רמיז ותפתח ותראהו את הילד. אדני שפתי תפתח.
ודא ישראל דפתחין בתיובתא בבכיה. ומיד ותחמל עליו. ועוד
שכינתא אתקריאת חג בכל זמנין ויומין טבין. חג דתלת רגלין. דאתמר
ביה שלש *רגלים תחג לי בשנה. ובגיניה יראה כל זכורך לקיימא זכור
ושמור זכור לזכר ושמור לנקבה. כלהו אלין דאזלין לאסתכלא (נ"א

רג"ו לדיקים כי אומרים רנה על אשר חג"ה הע' ונעשה רי' דאות ום רנה הם אותות נהר ובכל אתר
דלא אשתכחת לתתא דיוקנא דבעלה באור תא לא הוות שרא עלה הה"ד ולא ימצאה הע"ר מ וח לכף רגלה
פירוש כל מקום שלא תמלא השכ"ר תכם עוסק בתורה שרות בדיוקנא דתפארת בעלה שהוא משפיע כן רוא תכם
שמלמד תורה לאחרים ומשפיע נרם לא תשר"ה עליו ומב"א ע' זר פסוק ולא מצאה הו"ה מנוח לכף רגלה
דאותיות העומדים רגל אותיות ו"ר רם כ"ז ס"ו *) שבהם נרמז תורה שבכתב שכתובה בכ"ז אותיות ובאותיות
ס"ו רמוז תורה שבע"פ שהיא ששה סדרי משנה וששים מסכתות והם ס"ו וכו' ד"י כר"ר יעקב נר"ו כ"כ רש"ע
לימוד התורה מסתלקים נה"י דמטרוניתא מן הם לג"ס שלא ירו רגלה יורדות מות ומגות רוא האדם מ"ו ר"ת
וקראה וכה נה"י וכ' הנה"י עולות מן רת לוים ומתחברים בוא"ו קלות דם פ' בעלה עב"ד נר"ו מאי ויפתח
נח אלא רמז ותפתח ותראהו את ה' לי אדני שפתי תפתח פירוש כאן נרמז דראתה עמו שכינה שהא סוד הפתח
בסוד אדני במלואו עולה תרע"א שהוא תרגום של שער ועי' הבכ"ה שלו זכתה שנפתח הפתח לפניה שראתה
מראות שכינה וכן ישראל פותחין רפתח בבכיה ומיד ותחמול עליו ועוד שכ' תא אתקריאת חג בכל זמנין ומ"מ
טובין נראה הטעם כי רחג הוא שלש רגלים ולכך להרבות בו חזור למחדי בה וזרו חג ה' רם מדוה ואות

*) פי' אמר אותות יוצר יש אותיות כ"ו ס"ו דמגיה

לאתכללא

תקונא חד ועשרין

מן דין מההוא דמקבלין מנה. בעל קבלה איהו עמודא דאמצעיתא
ואיהי קבילת מיניה. ובאן אתר קבילת מיניה בימינא. בגין דעליה
אתמר כי ימינך פשוטה לקבל שבים הלכה איהי מסטרא דשמאלא.
קבלה *היא מסטרא דימינא. הלכה בשמאלא לגבי בעלה. וקבילת מניה
בימינא. ונחתא מליא לגבי צדיק. ובגין דא לא ראיתי צדיק נעזב
וכו' (ובמאי) וכד נחתא מליא לגבי בעלה דאיהו ו' נהר דאתמשך מעדן.
ו' עאל בד'. ואתעבידת ה'. ומה דהוה צדק אתעבידת צדקה לגבי
עני דאיהו צדיק וההוא נהר עליה אתמר שמש בשבת צדקה לעניים
ועליה אתמר צדקה תרומם גוי ומה דהות צדק דינא אתעבידת
רחמי. וכל ספיראן על שמה אתקריאו מאזני צדק אבני צדק איפת
צדק והין צדק. כד אתרחק מניה בעלה דאיהו רחמי. מאזני צדק
תרין דרועין. אבני צדק תרין סמכי קשוט. הין צדק צדיק וכד עמודא
דאמצעיתא מרחק מנה איהי משפט וביה כתיב כי אלקים שופט
זה ישפיל וזה ירים זה ישפיל מאן דגרים לאשפלא לשכינתא מאתרהא
וזה ירים מאן דגרים לסלקא לה מאתרהא. דחובין דישראל אינון
אשפילו לה לתתא וזכוון דלהון סלקין לה לאתרהא הא זכאה איהו
מאן דעביד זכוון לסלקא לה לאתרהא. ועוד שכינתא איהו שלוח הקן.
מאן קן דילה דא ירושלם. ולעילא קן דילה ההוא דאתמר ביה ונקה
לא ינקה ודא מטטרו"ן. עליה אתמר אל תסתכל בקנקן אלא במה
דאית ביה. ודא איהו כי יקרא קן צפור לפניך בדרך בכל עץ או על
הארץ. בכל עץ דא גוף וברית. צדיק איהו ברית ואיהו כ"ל. עץ דא
עמודא דאמצעיתא. או על הארץ דא אימא תתאה אפרוחים תרין
דרועין או ביצים תרין שוקין והאם רבצת דא אימא עלאה. שלח
תשלח את האם דא אימא תתאה את ודאי. שלח תשלח הה"ד
וישלח את היונה מאתו ואתמר ביעקב ויהי אך יצא יצא לקבל
שלח תשלח ואינון תרין דרועין שני גרישי"ן ואינון תרין תרוכין. ודא
איהו שלח תשלח את האם ואת הבנים תקח לך אלין שית פרקין
דאינון בתרי דרועין. אשתארת ה' ד' בלא ו'. מאן גרים לה תרי תרוכין

* נח ע"ב

הרשע הה"ד מצר תצרני דאיהו צר ואויב. ובגין האי קנאה דכסי קב"ה באות דיליה על אסתר דאיהי קדושה דיליה. דלא איהי סרוחה פחות מעשרה. אתלבשו עשרה כתרין תתאין בעשרה בנין דהמן דתמן אל אתר. דהמן אמר ועשרת אלפים ככר כסף אשקול וגו'. וכלא לנטלא נוקמא מאסתר ואומה דאתמר בה ותלבש אסתר מלכות וקב"ה מסר לון בידהא ובידא דאומתה. ותלו אותו ואת בניו על העץ. ואיהו עבד עץ גבוה נ' אמה וקב"ה נטיל נוקמא מניה ומבנוי בשכינתא עלאה דמחאת למצראי חמשים מכות. ועוד שכינתא אתקריאת צדקה וקב"ה בעל צדקה. ובגלותא איהי עניה ובנהא עניים וקב"ה כביכול איהו עני כד איהו בר מאתריה. ובגינה אתמר הן אראלם צעקו חוצה וכו'. ובאן אתר איהו עני ואיהי עניה. בצדיק דאיהו ברית. ובגין דחאבו ביה ישראל לתתא. איהו נהר יחרב ויבש בבית ראשון ושני ושכינתא איהי ביה חרבה ויבשה. בגין דאינון גרמי דיתכנשון מניה מין עלאין. ושכינתא אשתארת יבשה. הה"ד יקוו המים מתחת השמים אל מקום אחד ותראה היבשה. וכל מאן דעביד צדקה במסכנא. גרים ההוא נהר דיתמשך מעדן דאיהי אמא עלאה. להשקות את הגן דאיהי דל"ת דלה מסכנא ועני איהו יום שבת. ומאן דמקיים בה ענג שבת גרים לאשקאה ההיא דל"ת וההוא עני אתמלי ואתקרי נהר. ומאן דאית ליה רשו למעבד ענג שבת ולא עביד. אתהפך ליה ענג לנגע צרעת וחריב ביתיה וממוניה. וכן עניה איהי אורייתא דע"פ ודאי. ואיהי קבלה כד מקבלא מבעל צדקה דאיהו אורייתא דבכתב. כד אזלת לגביה לקבלה אתקריאת הלכה. כד מקבלא מניה אתקריאת קבלה ובההוא זמנא איהי פליגת מה דיהבין לה לעבדין דיליה ולבנין ולעולמין דילה. כד"א ותתן טרף לביתה וחק לנערותיה. ומקבלין דין

אחר ביאת משיח במהרה דלא יתאחרו אותן עגונין ומדוה וכמה שב"ן שרוכבתו ברש אחר ב' את המשיח בזמן רבר אלא סיתוף לביאתו ישיגו כל הטוב השלום והרב הזה ועוד שכ' נתא אתקריאת צדקה וקב"ה בעל צדקה כבר כתבתי דהנו קב"ה קאי על אות ואו דשמא קדישא שס"ם הספירה ובוא בעלה דמטרוג את המלכות שהיא אות ה"א אחרונה דשמא קדישא ועל אות וא"ו רמז אמר את ו וקב"ה א הו עני כד איהו בר מאתר ה' וההוא על אתמלי ואתקרי נהר פירוש עני במלואו כזה ע"ן נו"ן וי"ד מספר רנ"ו ורוא מספר נהר עם הכולל דעתה נתעשר ונעשה נהר להשקות את המעשה שזוגם ממנו ולכן אום פ"ס רנה בשבת כזמרות של

תקונא חד ועשרין

בְּעָלָהּ דְּאִיהוּ דִּבְרֵי תּוֹרָה עִם כָּל דָּא עָאלַת בְּאַבָהָן דְּאִינּוּן שְׁלֹשֶׁת יָמִים לַיְלָה וָיוֹם דְּאִתְעַנַּת בְּהוֹן. וְאִינּוּן סַהֲדִין דְּעוּלֵימְתָּא עָאלַת בֵּיהּ לְמַלְכָּא. הה״ד וּבָזֶה הַנַּעֲרָה בָּאָה אֶל הַמֶּלֶךְ. נַעֲרָה וַדַּאי בָּאָה אֶל הַמֶּלֶךְ דְּאִישׁ לֹא יְדָעָהּ אֶלָּא בַּעְלָהּ וּכְמָה דְּבָעֶרֶב הִיא בָאָה נַעֲרָה בְּתוּלָה. וַדַּאי הָכִי נַמֵּי בַּבֹּקֶר הִיא שָׁבָה נַעֲרָה בְּתוּלָה וַדַּאי. וּבָהּ עֶרֶב וָבֹקֶר פַּעֲמַיִם סוֹדִין לְיִשְׂרָאֵל בַּעֲדָהּ וְסַהֲדִין עֲלָהּ דְּלָא חֲלִיפַת לֵיהּ הִיא וּבְנָהָא בְּאַתְרָא. וּבְגִין דָּא יִשְׂרָאֵל אַמְרִין בְּכָל יוֹמָא שְׁמַע יִשְׂרָאֵל יְיָ אֱלֹהֵינוּ יְיָ אֶחָד. שמ״ע אח״ד ש״ם א״ח ע״ר. אָח נָטִיר לָהּ. בְּגִין דְּאָח לְצָרָה יִוָּלֵד וַעֲלֵיהּ אִתְמַר אַתָּה סֵתֶר לִי. בָּרוּךְ אַתָּה בְּבוֹאֶךָ. יְהוּדָה אַתָּה יוֹדוּךָ אַחֶיךָ בְּגִין דְּבֵיהּ יקוק וּבֵיהּ ד׳. בֵּיהּ אִיהִי נְטִירָא. וַעֲלֵיהּ אִתְמַר וַיְהִי אוֹמֵן אֶת הֲדַסָּה. הוּא אוֹמָן דִּילָהּ וְאִיהִי אֱמוּנָה דִּילֵיהּ. וְדָא אִיהוּ דְּאִתְמַר כַּאֲשֶׁר הָיְתָה בְאָמְנָה אִתּוֹ. וְלָא נָגַע בָּהּ נוּכְרָאָה דְּאִיהוּ אֲחַשְׁוֵרוֹשׁ. בְּגִין דְּאָח עִמָּהּ וַדַּאי וְאִיהוּ סָתִיר לָהּ מִנֵּיהּ. בְּמַה סָתִיד לָהּ מִנֵּיהּ בִּנְקוּדָה דְּאִיהִי קוֹצָא דְּאָת ד׳ מִן אֶחָד א״ח נָטִיד ד׳ דְּלָא יִתְקְרִיב לְגַבָּהּ אַחֵר. הה״ד אֲנִי יְיָ הוּא שְׁמִי וּכְבוֹדִי לְאַחֵר לֹא אֶתֵּן. וְהַאי נְקוּדָה אִיהִי אוֹת בְּרִית. דְּבָהּ אִשְׁתְּלִים א״ח לְעֶשֶׂר. וּבָהּ אִתְעֲבִיד י׳*. וּמָאן דִּמְשַׁקֵּר בִּבְרִית מִילָה. גָּרִים לְאִסְתַּלְּקָא מִנֵּיהּ שְׁכִינְתָּא דְּאִיהִי יִחוּדָא דְּקוּדְשָׁא בְּרִיךְ הוּא וְשַׁלִּיט עֲלֵיהּ ש״ד דְּאִיהוּ אַחֵר. וַדַּאי י׳ דְּשַׁדַּי אִיהִי קוֹצָא מִן ד׳ דְּאֶחָד וְאִם מְשַׁקֵּר אַעֲבַר קוֹצָא מִן ד׳ מִן אֶחָד וְאִשְׁתָּאַר אַחֵר. וּבְגִין דָּא אָמַר קְרָא לֹא תִשְׁתַּחֲוֶה לְאֵל אַחֵר וְגוֹ׳. וּבְהַהוּא זִמְנָא דְּשַׁלִּיט עַל בַּר נַשׁ שֵׁד דְּאִיהוּ אֵל אַחֵר אִיהוּ מִשְׁתַּעְבֵּד בֵּיהּ בְּכָל מִינֵי עִנּוּיִין. וְתוּ דָּא גָּרִים לְיִשְׂרָאֵל לְאִשְׁתַּעְבְּדָא בְּהוֹן אוּמִין דְּעָלְמָא. וּמָאן דְּנָטִיד אוֹת בְּרִית בְּכָל אֲתַר דְּאִיהִי. בֵּין בִּבְרִית מִילָה. בֵּין בְּשַׁבָּת וְזִמְנִין טָבִין. קוּדְשָׁא בְּרִיךְ הוּא נָטִיר לֵיהּ בְּגִינָהּ בְּכָל אֲתַר. וּמְכַסֵּי עֲלוֹי מִשַּׂנְאוֹי כְּגַוְונָא דְּמֹשֶׁה דְּאִתְמַר בֵּיהּ, בְּצֵל שַׁדַּי יִתְלוֹנָן. וּכְגַוְונָא דְּאֶסְתֵּר דְּסָתִיר לָהּ מֵאֲחַשְׁוֵרוֹשׁ דְּאִיהוּ עָרֵל וְטָמֵא. וְשַׁוֵּי בְּאַתְרֵיהּ שֵׁנִית (נ״א שֵׁדִית) בְּדִיוּקְנָא דִּילָהּ. הה״ד אֵת כָּל אֲשֶׁר תֹּאמַר יִנָּתֵן לָהּ וְגוֹ׳ בָּעֶרֶב הִיא בָאָה וּבַבֹּקֶר הִיא שָׁבָה אֶל בֵּית הַנָּשִׁים שֵׁנִי. וְאִיהוּ נָטִיד לָהּ מֵהָמָן

* נח ע״א

לשון תקיעה דודאי שכינתא תתאה איהי תקיעה דקב"ה מסטרא דימינא ואתקריאת שברים דיליה מסטרא דשמאלא ואתקריאת תרועה דיליה מסטרא דעמודא דאמצעיתא דאיהו דעת. ובגין דא אתמר אשרי העם יודעי תרועה. יודעי בדעת דאתמר ביה בדעתו תהומות נבקעו. ובדעת חדרים ימלאו. איהי שופר. וקב"ה קול השופר. ובזמנא דהיא סלקא לגביה בתלת קטרין אלין אתמר ביה ויהי קול השופר הולך וחזק מאד. הולך בתקיעה וחזק בשברים. מאד בתרועה ואיהי יום הכפורים. וכד אתקשטת קדמיה בלבושין שפירין דאינון לבושי כפרה. אתקריאת ציץ דיליה. מצנפת דיליה. אבנט דיליה. איהי כלילא מארבע בגדי לבן מסטרא דימינא ומארבע בגדי זהב מסטרא דשמאלא. בההוא זמנא דאתקשטת באלין לבושין דכפרה. אתמר בה ותלבש אסתר מלכות. ובהון עאלת לפני ולפנים. הה"ד ותעמוד בחצר בית המלך הפנימית ובהון נשאה חן בעיניו ורזא דמלה וראיתיה לזכור ברית עולם. ומיד יי שמעה יי סלחה יי הקשיבה ועשה אל תאחר. פורים אתקריאת על שם יום הכפורים דעתידין לאתענגא ביה. ולשנויי ליה מענוי לענג. ומה דאיהי שכינתא אסור ביה נעילת הסנדל. בההוא זמנא אתמר בה מה יפו פעמיך בנעלים בת נדיב. וענוגא וחדוה וכמה טבין מזומנין לגבה. ודא יהא בזמנא דפורקנא בעגלא. ומאן גרם ענוי לשכינתא בגלותא. אלא רזא דמלה ובכן אבא אל המלך אשר לא כדת. בגין דעאלת בלא בעלה דאתמר ביה מימינו אש דת למו. דבטילו בה אורייתא. ודא גרם אבודא דבית ראשון ושני. הה"ד וכאשר אבדתי אבדתי. ועם כל דא אף על גב דעאלת בלא

פורים אתקריאת על שם יום הכפורים דעתידין לאתענגא ביה כי יום כפורים יהיה עונג לומר שהוא דבוי שמחה בלב האדם עד יותר ויותר כמו פורים שעיקר עונג שלו הוא בסוס שהוא קרוב לרוחניות. וגם דאות כף של כפורים הוא כף הדמיון, וקוד בשבת כפורים יהיה כמו פורים שעיקר העונג הוא בשמחת הלב שהוא עונג רוחני והיינו משום דאין במאכלים ועונות כד שעשו בו ענוי בשביל סליחה וכפרה ורק לא יהיו אוכלין ושותין בו משום אחר דאותו היום הוא סליחה הבנה דאין שם אכילה ושתיה ורק, הלום שהוא מניעת אכילה ושתיה בו כיום לא ירגישו בענוי כלל אלא לכם יהיה הוא שמחה גדולה ועצומה מה לו עד שלא יערב לנפש לאכול ולשתות. וכמ"ש בגמרא (ברכות דף ו) דאקרו לאב בחלום שורך טבוח לפניך וכו' ופירש לו בר הדיא כפ"ש עסקך ומכרת ולא אכלת ולא שתית מחמת חדוותא דלבך וכזה גם את דודה אין מלות כם לום לנפש ולא יאכלו וישתו ביום כפורים ורק מן הלום לא יהיה ענוי אלא שמחה ותענוג. **ודא יהא** בזמנא דפורקנא בעגלא. פירוש

בעלר

תקונא חד ועשרין

על נהמא חדא. בשבת יוסיף תניינא. דאינון כגוונא דלחם משנה, מטה הא אתמר דאם רגיל לשמש ביומא דחולא בקטטה עם אתתיה ובפרודא. לא יזדווג לאתתיה בשבתא אלא בשלמא. ובגין דא ת"ח עונתן מליל שבת לליל שבת. וצריך לשנויי שבת מיומא דחולא בכלא. ואם אית לון שלמא בכל שית יומין דחולא. יעבדון תוספת בשבתא בפיוסא דא לדא ברחימו סגי. כגוונא דלעילא דאתמר לגבי שכינתא פתחי לי אחותי רעיתי יונתי תמתי בתוספת מלין דפיוסא. כגוונא דא צריך בר נש לפייסא לאתתיה בשבת בתוספת מלין דפיוסא ובזמנא דאלקים אחרים חזיין בשבת שנוייא בכלא. לית לון רשו לקרבא. הה"ד והזר הקרב יומת. בגין דקדש היא לכם מחלליה מות יומת. ובגין דא אתמר בקרא את שבתותי תשמורו וגו'. ובאלין תוספת אתקריאת שכינתא מוסף שבת וכד מתרחקין מינה כל דרגין דחול ולא אית רשו נבראה בשבת לאעלא בין קב"ה ושכינתיה איהי אתקריאת קדושה דיליה וכד מברכין יה בברכת מזונא אתקריאת ברכה דיליה. ובתרווייהו איהי יחוד דיליה כלה דיליה בההוא זמנא איהי שבת שקולה כבר אורייתא. ושרגא איהי דיוקנא דמנרתא וצריך למהוי לימינא. ועלה אתמר הרוצה להחכים ידרים ופתורא דשבת צריך למהוי לשמאלא ועלה אתמר הרוצה להעשיר יצפין. מטה בין צפון לדרום. ושבת איהו אות ברית מילה אות דתפלין מאן דמחלל דא כאלו מחלל דא. תפלין דרישא לקבל זכור. תפלין דיד לקבל שמור מה רשות הרבים איהו חלול שבת אוף הכי אות ברית חלול דיליה זונה. ודא רשו נוכראה לית פקודא דעשה ולא תעשה דלא אשתכח בשבת. ובגין דא שבת היא שקולה כבר אורייתא כלה וכן שכינתא תתאה אתקריאת שופר מסטרא דשכינתא עלאה דאיהי שופר גדול. תקע בשופר גדול לחרותנו. תקע שופר איהו

מניעת המלבון לשינוי מעשה מפני שבאמת משתנה מעשה הכלות ע"י המלבון שיש הפרש גדול בגוף הכלוה בין אם יעשנה במלבון לבין שיעשנה בלא מלבון לית פקודא דעשה ולא תעשה דלא אשתכח בשבת פרוש מאחר דהלכות שבת רבים המה מ"מ יש ממינים שונים ימלא בהם דוגמא לכל העשין והלאוין שיש ללמוד בענין דיני שבת מכל דיני העשין והלאוין אי נמי הכונה על האורות שורש העשין והלאוין כולם מאירים ומשפיעים בשבת וכמו התיקונים שמתקן האדם בעשיית מצות עשין כולם הוא מתקן בפרטות בשבת בשמירתו אותו וכן דוגמת הקלקולים שמקלקלים במיני העבירות באיסורי הלאוין כן מקלקלים ופוגמים באיסורים של השבת לשון

דאיהו סמא"ל. ורא איהו השיב אחור ימינו וכו'. אם זכאן לנטרא שבת צריך לשנויי ליה מיומין דחולא בלבושין. ומיכלין דאינון ענג שבת. דאם הוה רגיל למיכל ב' סעודות ביומא דחולא. בשבת אכיל ג'. דכתיב ויאמר משה אכלוהו היום כי שבת היום ליי' היום לא תמצאהו בשדה. ובכלא צריך למעבד בשבת תוספת. דאם הוה רגיל למיכל ביומא דחולא נהמא וחמרא. יוסיף בשבת בשרא. דא תוספת שבת. שנוי מעשה דאם הוה רגיל למעבד עובדא בחול לא יעביד בשבת הה"ד ששת ימים תעבוד וכו. שנוי השם לכל יומא קארי ליה מעשה כד"א ששת ימי המעשה. וליום השביעי קארי ליה שבת דאיהו השבתת מעשה ביטולא דעובדא. שנוי מקום אם הוה רגיל לאוקדא נורא בחולא דישני ולא יוקיד ליה בשבת הה"ד לא תבערו אש בכל מושבותיכם ביום השבת. ועוד אית שנוי דצריך לשנות מעבדא למטרוניתא. דלא יהון שוין. דמטרוניתא איהי מקומו דקב"ה צריך לשנות למלכא הה"ד וישנה ואת נערותיה ביום השבת דאשתני יומא דשבתא מיומא דחול דשלטא ביה עבדא דמלכא ועוד מושבותיכם מושב דבר נש איהו מקום דיליה ועוד שנוי מקום לתקנא ביתיה בשבתא תוספת מבחול. ועוד שנוי מעשה. אם הוא עציב בחולא. דיהא חדי בשבתא. ואם אית ליה קטטה בחולא עם בר נש או עם אתתיה. דיהא ליה שלמא עמה בשבתא. ובדא לית רשו לקרבא לסם המות הליה ולבעלה דאיהו אל אחר חלול שבת (לית לון רשו לקרבא) ובגין דא אמרו קדמאי אם ישראל הוו מקיימין שבת אחת כהלכתה (נ"א שתי שבתות כהלכתן) מיד הוו נגאלין וכך צריך לשנויי בנר דלוק ובמטה מוצעת ובפתורא כגוונא דא אם הוה רגיל ביומי דחול לאדלקא שרגא בפתילה חד. יוסיף בשבת תניינא ובפתורא אם רגיל לברכא המוציא

מעריב ולרתוי תלשין, מ ליר ית ס בשמלה וכן לרוד רכסף לקח כ דו שהוא ענין קם רה **שינוי** מקום אם הוא רג ל לאוקדא נורא בחול ד שב ולא יוקד לה בשבת קשה הבערה האש היא אסורה כמו שאר מלאכות ולמה הלא זו דוקא במקום וג ל בסוד דהאריז"ל אן גה נס בוער בשבת ואחז ל המבעיר בשבת גורם להבעיר גיהנם והמקד ס הבערה האש מבע" גם גיהנם נבער ול ען ל ה רשעים וכנז' בזוה"ק נמצא שמירת מטר זו של בימול דלקה עושה ש נוי מקום ממש בגיהנם ולכן גם הכתוב עצמו תלה איסור ההבערה במקום דכת ב בכל מושבותיכם דייקא לומר זו גורמת ש נוי במקום אחר **ועוד** ש נוי מעשה אם הוא עלב בחול ד הא חדי בשבתא. הא דחשב
על

ומלכותו בכל משלה אף על גב דאתמר בה עץ חיים היא למחזיקים
בה איהי שלטא על העץ הדעת טוב ורע מסטרא דילה היא קריבא
למלכא נ"א ומסטרין אלין לזמנין איהי נוקבא קריבא למלכא תה"ד בזאת יבא
אהרן אל הקודש מסטרא דימינא ולזמנין איהי רחיקא מינה
מסטרא דשמאלא ואל יבא בכל עת אל הקדש מסטרא דימינא
איהי לא מקבלא טומאה טוב הוא ימינא אבל אתרהא טוב
מקבלא טומאה מרע ומות הוא אתר לית ליה קריבו. (נ"א אל
הקדש איהי לא מקבלא טומאה אבל אתרהא טוב מקבלא טומאת מרע ומההוא
אתר דלית ליה קריבו) ותמן צריך קורבנא לקרבא וקטורת לרחקא רוח
הטומאה מההוא אתר ולקרבא זכותא לשמאלא גבירתא ולרחקא
שפחה מתמן ובגין דא כל שמהן אית בה. ואתקרי שרגה אחור מסטרא
דסיהרא ומסטרא דעמודא דאמצעיתא אתקרי קדם. והא דמלה
אחור וקדם צרתני. ובגלותא השיב אחור ימינו מפני אויב. מאי
אויב דא סמא"ל דכל אלקים אחרים אינון לאחור. ובגין דלא יסתכלון
בשכינתא דאיהי למערב דאיהו אחור. שוי לה בימינא. ובגין דא אסור
לצלאה למערב דאיהו אחור. בגין דתמן אלקים אחרים. ותמן סם
המות שבתאי. ובגין דהוית בקדמיתא למערב וחזרת לימינא שאלין
עלה אלקים אחרים שבתא"י. א"י שב"ת. שבתא"י. אתוון דיליה אי
שבת. וצריכין ישראל לשני לה אתר ושמא ועובדא ודא איהו שנוי
מקום. ושנוי השם. ושנוי מעשה. בגין דלא אשתמודע ביה אויב

בכרת ויש אומרים ירוק כמו גוון תלמון ב לה וכרה, דבריהם **אבל** אתרהא טוב מקבלא טומאה פירוש
אתרהא היא העשיה ומש ותמן צריך קורבנא לקרבא פירוש שהקרבנות הם תיקון הנפש כו לקרב רעשיה
להעלותה אל היצירה וכו' בכוונת התפלה וצריך קטורת לרחקא רוח רטומאה כי סגולת הקטורת לרחק רקליפות
שלא יעלו עם עלית הנפש הליגק **ובגין** דא אסור לצלאה למערב דאיהו אחור פירוש תרי תלוקות איכא בגד
מערב כי מצד מזרח העולם עד כותל המערבי של בהמ"ק זה רמערב נקרא פנים דהיינו פני המערב אבל מצד
אחור כותל המערבי של בהמ"ק עד סוף מערב העולם כל זה המערב נקרא אחור כי הוא אחור של כותל המערבי
דבהמ"ק. וכפי הדין המתפלל אחר כותל המערבי של בהמ"ק לא ישים פניו כנגד מערב העולם אלא יהפוך פניו
כנגד כותל המערבי יען כי אותו המערב של העולם שהוא אחר הכותל נקרא מערב של אחור ועל זה קאמר
כאן בתיקונים ובגין דא אסור לצלאה למערב דאיהו אחור שלא אמר למערב בסתם אלא פירש להדיא על מערב
דאיהו אחור אבל למערב דאיהו פנים שהוא מצד מזרח העולם עד צד הפנים של כותל המערבי שזה נקרא מערב
שהוא פנים מתפללים כנגדו ועל זה היתה הרעשה של הגאון יעב"ץ ז"ל בדבר זה והוא פשוט וברור ונמצא
לפ"ז כותל המערבי של בהמ"ק נקרא אחור וקדם ורזא דמלה אחור וקדם צרתני דלעולם לא זזה שכינה מכותל
דאיהו

לעילא כד"א בעטרה שעטרה לו אמו ביום חתונתו וביום שמחת לבו. ביום חתונתו דא שכינתא תתאה. וביום שמחת לבו דא שכינתא עלאה. והכי צריכין ישראל לאתעטרא בכלא (נ"א כלהו) בעטרא על רישייהו ביומא*דשמחת תורה ולקחתם לכם ביום הראשון פרי עץ הדר כפות תמרים וכו'. אתרוג אהי שכינתא תתאה. ורמיא ללבא דאיהו לשמאלא דאיהו גבורה ובגין כך צריך בר נש לנטלא אתרוג בידא שמאלא. וצריכא למהוי אתרוג דדמיא ללבא. שלימא בתיומת דידה בגין ההוא דאתמר ביה ויעקב איש תם למהוי שלימא עמיה. וכמה דלית פסול ביעקב דלעילא. כן צריך דלא יהא פסול באתרוג. לקיימא קרא כלך יפה רעיתי ומום אין בך. ואם היא ירוקא היא משובחת יתיר. בדיוקנא דהוית אסתר ירקרקת דאתמר בה ותלבש אסתר מלכות. ואתקריאת הדסה על שם הדס. והדס אית ליה תלת הדסין לאשתכללא בתלת אבהן. ואתקריאת ערבה מסטרא דתרין שפוון דאינון למודי יי'. ואתקריאת לולב מסטרא דחי עלמין דאיהו כליל ח"י ברכאן דצלותא ולקבלייהו עבדין ח"י נענועין בשית סטרין. תלת לכל סטרא וסטרא. שית סטרין דכלילן בגופא דאיהו עמודא דאמצעיתא דלולב על שמיה אתקרי לו ל"ב ואינון נענועין ח"י ד' זמנין דסלקין ע"ב. ואינון ח"י נענועין**בהודו ליי' תחלה וסוף. ח"י באנא יי' הושיעה נא הא ע"ב. ואינון תליין מן דלת דאיהי שכינתא וצדיק בה אתקרי ד' זמנין ח"י ח"י ח"י ח"י דסליק ע"ב מסטרא דתלת אבהן. ושכינתא דאשתתפת עמהון. דאינון ח"י (פרקין) בדרועא ימינא וח"י בשמאלא. וח"י בגופא לגבי שדרה. וח"י בברית מילה. ואינון ו' סטרין תרין דרועין דמלכא. ותרין שוקין דמלכא דאינון תרי נביאי קשוט. וגופא וברית הא שית. ח"י נענועין לקבל ח"י חוליין דשדרה מסטרא דגופא. וכל דא מסטרא דאילנא דחיי. ומסטרא דאילנא דטוב ורע אתרוג דמי לצדיקייא. והדס לבינונים וערבה לרשעים. ושכינתא אתמר בה

אלא אמר לשון מל לה על חג השבועות שהוא וה חמשים שזכה אותו ה' וה לראות התמים ולכן אומר על וה חג השבועות בן חמשים כלומר שהוא וה החמשים זוכר לזקנה שאותו היום נדמה להם כזקן ועל תנם פקפק ה"אין יעב"ץ ז"ל במאמר זה וכתב שהוא ז"ר ותמוה ואם היא ירוקה ה"א משובחת ת"ר יש אומרים רוק כמו גוון ומלכותו

* נו ע"ב ** בנטילת לולב, חי חי חרין זמנין

שבתות וכהון מ"ט יומין כחושבן מ"ט אתוון דק"ש דאינון שמע ישראל וכו' ברוך שם וגו'. ביומא דחמשין שריא שכינתא עלאה בה ואתקריאת מתן תורה ועמודא דאמצעיתא איהו תורה דאתיהיבת בחמשין יומין דשבועות ועליה אתמר בן חמשים לזקנה (נ"א לבינה) בההיא דאתמר בה כי זקנה אמך. ועלה אתמר כי אם לבינה תקרא. בגין דאיהי ה' וסלקא באת י' לחמשין. חמש זמני עשר ועלה אתמר בן חמשים לזקנה. בההיא דאתמר אל תבוז כי זקנה אמך. (ו' בן י"ק) וזמנין אתקריאת ם' סתימא ואתמר בה בן ארבעים לבינה. (כד לא איהי) בשותפא דאת י' אתקריאת ארבעים. ואיהי עלמא דאתי דלית ביה אכילה ושתיה. וכד סליק משה לגבה אתמר ביה ויהי משה בהר ארבעים יום וארבעים לילה וגו'. מתן תורה דא שכינתא תתאה ועלה אתמר ישמח משה במתנת חלקו בגין דאיהי דוגמא דעמודא דאמצעיתא ועוד שבועות על שם מלא שבוע זאת ונתנה לך גם את זאת. מלא שבוע זאת דא שכינתא עלאה. (מלא שבוע ה' מלא י"ה) דאתמר ביה כי יד על כ"ס י"ה. ונתנה לך גם את זאת דא שכינתא תתאה ה' זעירא מליא דכלא עלאה ותתאה דא ו' איהי מלא י"ק לעילא. דאיהי מליאה אלקים. ועלה אתמר אני מלאה הלכתי. מליאה הלכתי לטורא דסיני ובגלותא ריקם השיבני יי'. ואיהו מלא ה. ובה (ס"א וביה) מלאה הארץ קנינך. ושכינתא תתאה איהי סוכה כ"ו ה"ס דאיהי יקו"ק אדני כלילא *מתרווייהו שמהן סוכה חבורא דתרווייהו כגוונא דא יאקדונק"י בגין דאיהי כלה דיליה. ואיהי בת שבע בללא דשבע יומי סוכה. וכד נטלא מאימא עלאה דאיהי שמחת תורה שמחת בית השואבה. ואיהי חופה דיליה אתקריאת שמיני חג עצרת. בההוא זמנא דשמחת תורה שוין (נ"א שריא) עטרה בריש כל צדיק

פתוח שא, בו יתן לה וכמ ש בספר סבי ה ז"ל ע"ש ועמודא דאמצעיתא א הו תורה דאת הבה בחמשין ומן דשבועות ועלה אתמר בן חמשים לזקנה פ"יוש כ אותו הוס של חמשים נדמה לרס כזקן ופרש סודו רב נו רמ"ר ז"ל בשער הכונות ולכן אמר סת קוגס דבר זה בלשון מלה על וס חמשים שנדיתה להם כזקן ואין דבר זה חולק על מ"ש באבות בן שש ס לזקנה כ שם מדבר במדרגות ועל ות ש ם לז א וע, בשער המלות פרשת קדושים בפסוק מפ שיבה תקום כ מ שהוא זקן משש ם שנה ולמעלה לר ך לקום מפנו ולכן ר"ת מפני יש בה תקום הוא מש ה כ תשת, ש., וא לך נקרא ש בה ע ש וכא, כא לדבר בענין זה וכסוד מדרגות הפנים לעילא

* מתרין

דקב"ה ובה אתעטף קב"ה בר"א עוטה אור כשלמה. ואיהי ציצית דצדיק דאיהו עני בגלותא תה"ד תפלה לעני כי יעטף עני ודאי דביה אתעטף בגין דאיהי כסותה לבדה היא שמלתו לעורו. דא משכא דתפלי דאתמר בהון ויעש יי' אלקים לאדם ולאשתו כתנות עור וילבישם. ארבע בתי דרישא אינון אקי"ק ד' פרשיין דאינון קדש לי. והיה כי יביאך. שמע ישראל. והיה אם שמע דא יקו"ק. ד' בתי דיד דא אדני. ד' פרשיין דא יקו"ק. ובהון מ"ב אזכרות בתמניא פרשיין דאתמר בהון. יי' בם דא איהו כי היא שמלתו לעורו. ואיהי תכלת שבציצית. איהי סוד היבום יבמה דילה בגלותא. י"ב מ"ה ב"י מ"ה תלת גלגולין דילה אינון תלת אבהן. דעלייהו אתמר הן כל אלה יפעל אל פעמים שלש עם גבר איהי ישועה דיליה גאולה דיליה בגין דקב"ה לית ליה רשותא לאפקא מן גלותא עד דאיהי נפקת עמיה. היא נבואה דיליה. נבואה בלילא שית דרגין מסטרא דאת וי"ו דאיהי עמודא דאמצעיתא ואיהי חלום אחד משתין בנבואה ומאי שתין אלא לית שינ"ה (נ"א שינה) פחותה משתין. ודא ישראל סבא דסליק באת ו' שית זמנין עשר דאיהו שתין. ואיהי יראה מסטרא דשמאלא אהבה מסטרא דימינא. ואיהי תורה מסטרא דעמודא דאמצעיתא. ואיהי אנכי מסטרא דאימא עלאה דאחידא בימינא. בגין דאנכ"י איהו בס"א בחושבן ואתמר ביה והוכן בחסד כסא. ועלה אתמר לא יהיה לך אלהים אחרים על פני. מסטרא דסמא"ל ונחש דאינון אלהים אחרים. ואיהי פסח מסטרא דימינא ואיהי ר ה מסטרא דשמאלא ואיהי מצה פרוסה מסטרא דשמאלא. ואיהי מצה שלימה מסטרא דימינא בגין דסטרא דצפון לאו איהו שלים ובג"ד מצפון תפתח הרעה והיא (מצה) מצוה באת ו' מסטרא דעמודא דאמצעיתא. ואיהי שבועות מסטרא דעמודא דאמצעיתא שבעה שבועות ודאי אית בהון שבע

תוספות - בגין דקב"ה לית ליה רשותא לאפקא מן גלותא עד דאיהי נפקת עמיה. הנה נודע בכמה מקומות בתיקונים ובזוהר דלאור התפארת אשר ב"ס מכנהו וקורא אותו בשם קב"ה וכן בכונת לקב"ו שאומרים קודם כל מצוה מכוונים קב ה על אות וא"ו דשם הוי"ה שהוא התפארת ושכינה ה על המלכות אות ה"א אחרונה דשם הוי"ה והכונה כאן לומר לית ליה רשותא מן המאציל העליון אשר האציל וברא הכל לאפקא מן גלותא עד דאיהי המלכות נפקת עמיה. בגין דסטרא דצפון לאו איהו שלים. נודע שגם חכמי הטבע מודים שיש בצד צפון מקום

שבתות

במ"י. מקטרת מר ולבונה תרי ירכי קשוט מכל אבקת רוכל דא צדיק דאיהו כליל כלא איהו רוכל ואיהו אבקת דיליה. הה"ד ודבק באשתו וביה סליקת לגבי בעלה שכינתא תתאה איהי כפרת דקב"ה ואיהי קרבן דיליה מזבח דיליה דבה מתקנין ישראל מאכלים דקרבנין דצלותין לקב"ה. דאינון לקבל קרבן השחר וקרבן דבין הערבים וקרבנא דאמורים ופדרים דמתאכלין כל ליליא. ואיהו קרבן מוסף דאיהו צדיק ואיהו קרבנא דשבתות וימים טובים דלית קרבנא (קריבו לעמא קדישא לקב"ה בשבת ויום טוב) אלא בה הה"ד בזאת יבא אהרן אל הקדש. ואל יתהלל המתהלל כי אם בזאת איהי משבחא דיליה דבגינה איהו שארי בגווייהו. הה"ד ועשו לי מקדש ושכנתי בתוכם וגו'. איהי ארון דיליה ואיהו ספר תורה גניז בגווה איהי מנרתא דיליה מנורת המאור מההוא דאתמר ביה ותורה אור. *ואיהי נר דדליק קדמיה בר"א להעלות נר תמיד.**ואיהו בת שבע מנרתא כלילא משבעה בוצינין. איהי נר לגביה מסטרא דשמאלא. ואיהו אור לגבה מסטרא דימינא. ועל תרוייהו אתמר כי נר מצוה ותורה אור איהי קדושין דיליה מסטרא דשמאלא בגין דקדושה מסטרא דלוים כד"א וקדשת את הלוים ועלה אתמר תהא לי מקודשת בטבעת זאת ואיהו ברכה דיליה מסטרא דימינא דאיהי כהונה הה"ד כה תברכו את בני ישראל. ואתקריאת כלה דיליה מסטרא דצדיק דאיהו כ"ל. ודא איהו כל"ה כ"ל ה בגין דאיהו ברית דאחיד בתרוייהו ומסטרא דצדיק איהו יחוד דילה דאיהו קוצא דאת ד מן אחד דקשיר בין א"ח ובין ד'. ואיהי צלותא דיליה מסטרא דחי עלמין דאיהו ח"י ברכאן דצלותא איהי אות דשבתות ויומין טבין שבת איהי כלל דתלת אבהן. בגין דאיהי בת כלילא בג' ענפי אבהן דאינון ש איהי תחום דיליה ואיהי רשות דיליה. רשות היחיד. דגבהו עשרה ודא יו"ד ס"א וא"ו ס"א ורחבו ארבעה דאינון יקו"ק איהו. עירוב דילה מסטרא דימינא ושמאלא דאינון ע"ב רי"ו דהיינו חסד וגבורה ואיהי ערבית דיליה. עיבור דיליה. איהי טלית

ב"ס תתלה שלקח בתי ב נה ה"ה שנלה ולו הקיים אותו זמן נחת כ ואת תספר ס"ח ומי שלה ט"ן ררי נתחברו אותיות נחת. ולד"א בשובה ונחת תושעון כלומר בשוב ה א' ונחת דסלקא זאת במ שאז יהיה נחת בעולם דקב"ד

* ואידו ** ואידי

ילבינו. ולגבי עשו וישמעאל כתיב כרסיה שביבין די נ"ר. (ס"א רוס"י) ומאינון שביבין דכרסייה אוקדון כל טעון דלהון גלגלוהי נור דליק דנחתין מניה עשר גלגלין מסטרא דאת י' ושביבין מסטרא דאת ה' תרין אתוון יתערון בנורא לאוקדא טעון דלהון. בההוא זמנא והיה החסן לנעורת וכו' בההוא זמנא סליק ו' על דרגא דיליה דאיהו שש מעלות לכסא ודא איהו דרג"א תרי טעמי מאי תרי טעמי" אלא בתר דסליק לדרגיה ימר לישראל ועשה לי מטעמים כאשר אהבתי מפקודין דעשה דכליל בה' דאברהם דכליל רמ"ח פקודין דבהון אתקריב ה' לגבי ו' וקרבנא דא איהו קריבו דקב"ה עם שכינתיה. בכל אתר ואתר (נ"א אבר ואבר) קריבו י"ה ה' חמשת אלפים לבריאת עולם ו' אלף הששי ברמ"ח ובשמאלא דתמן לבא יטול נוקמין מאומין דעלמא. ורזא דמלה כי יום נקם בלבי ודאי אתכליל בעמודא דאמצעיתא דפקודין דעשה אתייהיבו מימינא ופקודין דלא תעשה משמאלא ואלין אינון תרי"ג טעמי" ופקודין דעשה אינון מאכלין דקב"ה ופקודין דלא תעשה פרנסה לסמא"ל למאן דעבר עלייהו (ואלין הוו קריב) נ"א אכדים נ"א ובאלין מתקרב עשו ליצחק וא"ר יקום אבי ויאכל מציד בנו וסמא"ל בגינייהו הוה אכדים (נ"א קריב) לשמאלא לאטעמא לקב"ה מחובין. דבגוי דאינון מאכלין מרירן דבגינייהו אתמר ואת עשו שנאתי. עמודא דאמצעיתא מתמן אתייהיבת אורייתא דאיהי כלילא 'דימינא ושמאלא בההוא זמנא. עשן יתער לגבי שמאלא לאעברא מתמן סמא"ל ומיד סליק עשן אחרא דאיהו עשן הקטרת. (איהו כללא דאורייתא קשורא דיליה פקודין דעשה) לקשרא ולקרבא ימינא בשמאלא. דעמודא דעשן איהו עמודא דאמצעיתא (ברחימו ופקודין דלא תעשה בדחילו עמוד) הקטרה מאי קטרת דיליה שכינתא תתאה דאיהי סלקא בכמה ריחין ובוסמין טבין וכד סלקא לגביה אתמר בה מי זאת עולה מן המדבר וכו' דסלקא בהון דא ה' תתאה זאת סלקא

דתפארת שהוא ספירה הת ש ה את שנה לגאולה דא ה"א תתאה זאת סלקא במי פרוש זאת המלכות שהיא בס י

י נד ע"ב

בנוי וביה כנשר יעיר קנו. מאן קנו ירושלם קנו (לשכינתא) בההוא
זמנא שופ"ר מהופ"ך קדמ"א זק"ף קט"ן. אתהפך ממשלה דאומין
דעלמא. וישראל דאינון מזרעא דההוא דאתמר ביה קטנתי מכל
החסדים אסתלק ואזדקף ואתמר ביה זק"ף גדול. בימינא אסתלקו מן
גלותא בגין דמוליך לימין משה דדרגיה עמודא דאמצעיתא
דאיהו שבועות וביה מארי"ך טרח"א ביה מאריך קב"ה דאיהו ארך
אפים על בנונים וטרח בגינייהו לקיימא וברחמים גדולים אקבצך
וביה יפקון על ידא דההוא דאתייהיב אורייתא על ידיה בשבועות
דאזיל לימינא דהיינו פסח בההוא זמנא אז ישיר משה ובסוכות ויבא
יעקב שלם שלם בגופיה שלם בממוניה ואסתחר בשבעה ענני יקר
כגוונא דקדמיתא כד נפקו ישראל ממצרים לקיים כימי צאתך
מארץ מצרים וגו' ורשיעיא דאינון ערב רב אתמר בהון סו"ף פסוק
דאינון מזרעא דעמלק דאתמר ביה. ויאמר כי יד על כס י"ה ואינון
חמש מינים עמלקים גבורים נפילים ענקים רפאים דכולהו מסתכלין
ומתגברין על ישראל בגלותא הה"ד ויגברו המים וירבו מאד על
הארץ. ארבע זמנין כתיב ויגברו וגברו לקבל ארבע גלוון. ועלייהו
אתמר סוף פסו"ק דפסיק לון קב"ה לסוף יומיא מעלמא. ובההוא זמנא
הקטן יהיה לאלף מסטרא דשמאלא. והצעיר לגוי עצום מסטרא דימינא.
אני יי' בעתה אחישנה מסטרא דעמודא דאמצעיתא ומיד יתפסקון
עמלקים מן עלמא. וקב"ה יתיב על כרסייה ודא איהו שופ"ר הול"ך
אתנ"ח יתי"ב. בההוא זמנא דיתמחון עמלקים מעלמא יהא קב"ה נח
נייחא לישראל ויתיב על כרסייה כמה דאתמר ביה ועתיק יומין
יתיב לבושיה כתלג חור לקיימא אם יהיו חטאיכם כשנים כשלג

זקף גדול בניגון וזרו לעת ערב קר כה ע ן רב כלומר עתה שנמשך הארת טעם זה הב כה שה א ע ן ר ב
בההוא זמנא שופר מהופך קדמא זקף קטון אתהפך ממשלה דאומין דעלמא פירוש קדמא על רעבו ס שהם
מלך רקל פזם שקדימו לפרי כ בקדמת את חשוכא והדר נהורא ולזה אתהפך ממשלה דאומין דעלמא כי ממשלה
שלהם באותיות מלך ונתהפך אותיות מלך שהוא ר נקראת למפרע ואז אותו זמן זקף קטן ישראל שהם מזרעא
דיעקב דכת ב ב ה קטנתי מכל החסדים ומש אסתלק ואזדקף ואתמר ביה זקף גדול פירש בני יד ד כה ר
יעקב כר ו דקא על יעקב אע ה דבתחלה ה ה כנגד יעקב העליון שהוא מן החזה ד ו א ולמטה ואח"כ נתגדל
וה ה כ נד כל קומת ז א שנקרא ישראל ולז א אסתלק ואזדקף כנגד העליון ג"כ ולזה נאמר בו זקף גדול עכ"ד
כר"ו **אני** ה בעתה אחישנה מסטרא דעמודא דאמצעיתא ומתמן לעילא הוא ספירה תית ת ולז א בעת ה א
ילבינו

ואם לאו יכתבון למיתה עם אחרנין דאתמר בהון ויגוע כל בשר וכו'. ובינוניים בגין דאית בהון פקודין ותובין אתמר בהון ומכל החי מכל בשר וכו'. מכל החי מסטרא דזכוון. מכל בשר מסטרא דחובין. (ועוד דבזמנא דייתי משיחא כל אינון דנטרו אות ברית ישזיב יתהון ממותנא דבההוא זמנא יתבטל מותנא דהוו מתנבאין אינון נביאייא דאספקלריא דלא נהרא דלא ישתארון אלא חד מעיר ושנים ממשפחה כגון ההוא דכתיב שנים שנים באו אל נח ואית מאן דאמר שבעה שבעה מסטרא דבת שבע ואלין אינון חד מעיר. נח דא שבת דביה נייחא ירית לה צדיק שנים שנים תרין יומין חד דר"ה וחד דיום הדין דתנייינא איהו מספק. ויומא חדא דיום הכפורים. ויומא חדא דשבועות ושבעה שבעה אינון שבעה יומי דסוכות ושבעה יומי דפסחא דמאן דנטיר אינון יומין עתיד לאשתזבא בגלותא' ובגין דגלי כל דא קב"ה למשה, שאיל רחמי עלייהו ומסר גרמיה, הה"ד ואם אין מחני נא מספרך. ובפיוסא דיליה אדבק במלכא ואחיד בדרועא דימינא ואמר זכור לאברהם ולבתר אחיד בשמאלא ואמר זכור ליצחק ולבתר אחיד בגופא ואמר ולישראל ואמר קב"ה לאלין בנונים לגבייהו תמה זכות אבות. כיון דלא תאבו בתיובתא הא אינון כרשעים גמורים. ואם תאבין בתיובתא אתמר לגבייהו חלה זכות אבות. ובגין דלא יתאבידו אלין בנוניים אמר משה וכי ימרון בני עלמא דאנא כנח דלא בעא רחמי על דריה. בההוא זמנא מסר גרמיה עלייהו הה"ד ואם אין מחני נא. ובגין דא עתיד רעיא מהימנא למהוי בגלותא בתראה וביה יתקיים והוא מחולל מפשעינו אתאביד[*] חול בגינייהו מדוכא מעונותינו במכתשין דיסורין דעניותא בכמה דוחקין דסביל עלייהו. ובגיניה וינחם יי' על הרעה וגו'. והה"ד ובחבורתו נרפא לנו. ובגיניה שמאל דוחה לבינוניים דאיהי ראש השנה וימין מקרב לון בתיובתא דאיהו פסח[**] דרועא ימינא לקבל שבים ויזקים לון מנפילו דלהון ואחיד בידיהון. ויימא לון קומי שבי ירושלם. ובשבועות יפקון בזכותא דמשה דאיהו מתן תורה רחמי. וגלי לון ספר תורה ויתכנשון לירושלם ותראה היבשה מלכות הרשעה ורחמי על

בגרי

* אתעביד ** נד ע"א

תקונא חד ועשרין

ועופין וחיון. ואלין אנון דאוקרין ימים טובים וחגין דאינון שנים שנים תרין יומין. חד דראש השנה. וחד דשבועות תרין יומין דפורים. שבעה שבעה. אלין שבעה יומין דפסחא. ושבעה יומין דסוכות או דמתפללין ח"י ברכאן דצלותא בכל יומא *דסלקין לחושבן שנים שנים שבעה שבעה ת"י. או אלין דהוו נטרין י' דאיהו אות ברית מילה דאיהו לשמונה דבלא ח"י או אלין דמנחין תפלי בכל יומא דאינון אות י' כד"א והיה לאות וכו'. והוו משרין ליה בה' בתי דתפלי דאינון ד' בתי דתפלין דרישא וד' פרשיין דתפלין דיד. או אינון דנטרין אות י' שבת בתחומא דיליה דאיהו ת' תרי אלפי אמין לכל סטרא. ובלא ח"י לאלין אינון מקבלין בתשובה דאיהי תיבת נח יום הכפורים. אבל לאחרנין לא יקבל לון בתיובתא ואם יפקון ביומא דדינא אלין דלא הוו נטרין אתמר בהון ויגוע כל בשר הרמש על הארץ. ואלין אתקריאו רשעים גמורים דנדונין לאלתר למיתה דבהון בשית יומין הוות שכינתא מתתרכא. הה"ד ולא מצאה היונה מנוח לכף רגלה ואלין אינון יומין דחול. צדיקים גמורים אלין אינון דנטרין ח"י ושבתות ויומין טבין. עלייהו אתמר ותשב אליו היונה לעת ערב. ודא ערבי שבתות ויומין טבין. דשכינתא קא אתיא לשריא עלייהו. בגין דאינון קדש כד"א קדש ישראל ליי'. ואתם הדבקים ביי' אלקיכם חיים כלכם היום. ואינון צדיקים גמורים דנכתבין ונחתמין לאלתר לחיים. וכתיבין בספרא דחיי. כד"א ובספר חיים ברכה וכו'. בינונים דכלילן מחול וקדש. תליין עד יום הכפורים. דאיהו כגוונא דתיבת נח. אם תייבין בתיובתא יקבל לון ויכתבון לחיי.

ודאי שפה מוזרתא דכ"ה אמל"ס גד ואתעביד ג"ד. ע"כ כז"ע גד דא וזה שה"א המלכות שמוזרעת מן גד שהוא מלוה גמול דלים ורמז קאי על מין שמולר מתמה לעילא אלא המלכות שה"א ו"ה ולכן ע' הפרוטר שהיא בסוד יו"ד שהיא בן שמשיר וכן שעני סומכה ו"ד בן ג"ד שרומזים לעשר ועני כדאמרן ו"עשה ג"ד שהוא היסוד דנקרא ג"ד שבו יחוד הזווג **ואלין** א"ע דאקרון ימים טובים וחגין דאינון שנים שנים וכו הנה בדרשותי בס"ד פירשתי כנגד החסד שעשה הקב"ה לעולם בשחרית דפלגה ממין האדם בדור המבול שהיו שמונה נפשות אנחנו עושין ז' ימי סוכות ושמיני עצרת וכנגד אחרים בעל חי הטהורים שהן שבעה שבעה אנחנו עושין ז' ימי שבעה ימי פסח וכנגד בע"ח הטמאים שהיו שנים שנים אנחנו עושין ו"ט אחד דשבועות ויו"ט א' של ר"ה השנה דכל אלו נקראים ימים טובים מן התורה **עלייהו** אתמר ותשב אליו היונה לעת ערב ודא ע"ש ויו"ט כ"ב דוע"שין דבתי הוא סוד הב"ה כתם כמן דבתי של יתוע ישראל ובכ"ל שת שבת ויו"ט נמשך הארה של נועם מן הבינה ולכן בשבתות וימים טובים מתפללין ואומרים זמירות ושבח ושמחה ולך וקדושה

ואם

אשתלים נר ואתעביד גיד ועל דא האי זרעא דאיהי יו"ד דאיהו טפה קדישא אתמר ויקא את יונה אל היבשה דאיהי נוקבא. וממה דהות יבשה ה' אתקריאת ארץ לאפקא זרעין ואיבין הה"ד ויקרא אלהים ליבשה ארץ ולמקוה המים קרא ימים דא מקוה ישראל מושיעו בעת צרה מקורא דנביעו מההוא זרע דאתמשך ממוחא עלאה והאי (נ"א וההיא) טפה איהי י' זעירא כד נפקת א מן מוחא דאיהו חכמה. כל ספירה נטלת חלקהא עד דאתפליגת לט' נקודין. וכד נטיל כל חד חולקיה אשתארת עשורא מכלהו טפין דנטילת ההיא יבשה דאיהי עשירית האיפה סלת. ובגינה מעשרין וההיא טפה בעמודא דאמצעיתא אתארכת ואתעבידת זרע ו'. דכליל שית סטרין ובמה דכל ספירן נטלין חולקיהון מההוא טפה, הכי נטלין מזרע (נ"א מההוא זרע) דאיהו ו'. כד איהו זעיר אתעביד שית. כד נטיל ביו"ד סליק לשתין. שית זמנין עשר. אבל כל ספירן כל חד איהו תשע. ומלכות בה אשתלים כל חד לעשר. וכלא אתמשך לגבי דגיד דאיהו צדיק ומניה לההוא יבשה ובההוא זמנא דאריך בה כלא. אתקריאת תיבת נח. ורזא דמלה ותנח התיבה בחדש השביעי מה דהות ה' יבשה אתעבידת ה"א השביעי. ודא איהו ותנח התיבה בחדש השביעי. ותנח ודאי בחדש השביעי ודא איהו גיד צדיק ח"י עלמין. בגין דמניה נפיק זרע להאי יבשה, וכל מאן דאפיק האי זרע דאיהו נביעו מלעילא דלא בהאי יבשה, גרים פרודא בההוא נביעו. כביכול כאלו אתפסק נביעו דשכינתא. ויתרבי נביעו דסטרא אחרא דאינון מי טופנא. הה"ד והמים גברו מאד מאד על הארץ בההוא זמנא דלית נביעו בההיא יבשה דהיא כברה אתעבידת קלה לאסתלקא מעל ישראל ואתמר בה ותרם מעל הארץ ולא נחתת עד ירחא שביעאה דאתמליאת בזכוון דילה ואיהי כברה נחתת הה"ד ותנח התיבה בחדש השביעי דאיהו תשרי. דרועא שמאלא. דאי הוו נפקין ביה יפקון במיתה ולא ישתארון אלא חד מעיר ושנים ממשפחה. חד מעיר כגון נח. וב' ממשפחה כגון שם ויפת. ומאתרין. שנים שנים שבעה שבעה. מאינון עמי הארץ דדמין לבעירן

כי הַכַּעַס בחיק כסילים יָנוּחַ. לִבְלוֹעַ אֶת יוֹנָה דָא נַפְשָׁא. מסטְרָא דִילֵיה ולא שָׁמְעוּ אֶל מֹשֶׁה מִקֹּצֶר רוּחַ וּמֵעֲבוֹדָה קָשָׁה. מסטרא דְכָבֵד דאתמַר ביה כָּבֵד לֵב פַּרְעֹה תִּכְבַּד הָעֲבוֹדָה. מסטְרָא דְמָרָה וַיְמָרְרוּ אֶת חַיֵּיהֶם דָג גָּדוֹל איהוּ עֶרֶב רַב דאִינוּן (נ"א דאיהו) רַב הַחוֹבֵל. מָאן חוֹבֵל אֶלָּא רַב מִכָּל מַלְאֲכֵי חַבָּלָה. איהוּ חוֹבֵל וְאִיהִי חַבָּלָה. עֶרֶב רַב בְּנִין דְּלֵית חַיָּבָא דִבְהוֹן חָאבוּ יִשְׂרָאֵל חַבִּילוּ יַת בִּשְׂרַיְיהוּ בְּאָת בְּרִית. אִינוּן רַב עֲלַיְיהוּ בְּגָלוּתָא. ואִינוּן דָּגָה לְיִשְׂרָאֵל וּבְגִין דָא אָמְרוּ זָכַרְנוּ אֶת הַדָּגָה וכו'. וּבְזִמְנָא דְנַפְקוּ יִשְׂרָאֵל מִמִּצְרַיִם קָטִיל מִנַּיְיהוּ סַגִּיאִין וּבְגָלוּתָא בַּתְרָאָה עָתִיד הַקב"ה לְקַטְלָא לוֹן וְדָא איהוּ וְהַדָּגָה אֲשֶׁר בַּיְאוֹר מֵתָה וַיִּבְאַשׁ הַיְאוֹר דָא אוֹרַיְיתָא דאתמַר בָּהּ וְתוֹרָה אוֹר סָרְחַת לְגַבַּיְיהוּ. ואתמַר בְּיִשְׂרָאֵל כָּל הַבֵּן הַיִּלּוֹד הַיְאֹרָה תַּשְׁלִיכֻהוּ. אוֹר איהוּ ר"ז. הַיְאוֹרָה בַּת זוּגֵיה דְהַהוּא אוֹר. דאתמַר בָּהּ וּלְכָל בְּנֵי יִשְׂרָאֵל הָיָה אוֹר בְּמוֹשְׁבוֹתָם כְּגַוְונָא דָא בְּגָלוּתָא בַּתְרָאָה (הַיְאוֹרָה) הַזּוֹהַר בֵּיהּ הֲוָה רָ"ז. דאיהוּ אוֹר דְפוּרְקָנָא בַּתְרַיְיתָא. לְקַיֵּים כִּימֵי צֵאתְךָ מֵאֶרֶץ מִצְרַיִם אַרְאֶנּוּ נִפְלָאוֹת וְדָא איהוּ כָּל הַבֵּן הַיִּלּוֹד הַיְאוֹרָה תַּשְׁלִיכֻהוּ וְכָל הַבַּת תְּחַיּוּן. אִלֵּין דְמִשְׁתַּדְּלִין בְּאוֹרַיְיתָא דְבְעַ"פ. ד"א וַיְמַן יְיָ דָּג גָּדוֹל לִבְלוֹעַ אֶת יוֹנָה דָא עֲנִיּוּתָא דאיהוּ עֶצֶב וְנוּקְבָא דִילֵיה עִצָּבוֹן. דְּכוּרָא דָּג נוּקְבָא דָּגָה. דָא הוּא וַיִּתְפַּלֵּל יוֹנָה אֶל יְיָ אֱלֹהָיו מִמְּעֵי הַדָּגָה מִכַּפְנָא דַעֲנִיּוּתָא דָּמְטֵי לִמְעוֹי דְיִשְׂרָאֵל. בְּהַהוּא זִמְנָא וַיֹּאמֶר יְיָ לַדָּג וַיָּקֵא אֶת יוֹנָה וכו' בְּדוּחְקָא דְדָאֲגָה דִלְהוֹן דְדָאֲגִין מִן עֲנִיּוּתָא מִדּוּחֲקָא יִפְקוּן מִן גָּלוּתָא הה"ד וְאֶת עַם עָנִי תּוֹשִׁיעַ. דָא נְבוּאָה דְיוֹנָה דְנִתְנַבָּא דְיִפְקוּן יִשְׂרָאֵל מִן גָּלוּתָא בְדְאָגָה (ס"א בדוחקא) דַעֲנִיּוּתָא וּבִימִינָא יִפְקוּן בְּגִין דְצַדִּיק חַ"י עָלְמִין איהוּ עָנִי דאתְקַשַּׁר בִּימִינָא דאיהוּ פֶּסַח כְּגַוְונָא דְיִשְׂרָאֵל דאתמַר בְּהוֹן וְאַתְּ עֵרוֹם וְעֶרְיָה. וְהַאי יוֹנָה איהִי יוֹנָה דְתֵיבַת נֹחַ. ד"א וַיֹּאמֶר ה' לַדָּג וַיָּקֵא אֶת יוֹנָה אֶל הַיַּבָּשָׁה. קָם סָבָא מִבָּתַר טוּלָא פָּתַח וְאָמַר וְהַמָּן כִּזְרַע גַּד הוּא. מַאי כִּזְרַע גַּד. אֶלָּא גַד איהוּ יְמִינָא וּשְׂמָאלָא גוֹמֵ"ל דַּלִּים. כִּזְרַע גַּד דָא יוֹנָה. *וַדַּאי טִפָּה חִוָּורְתָא דְבֵיהּ

שב"א בסוד אל"ף בברכה שבך חותם יוסף ה' עליכם ככם אלף פעמים אלא גד איהו ימינא ושמאלא גמול דלים פירוש גימל הוא גומל דמשפיע שהוא בימין ודלת זהו דעני שהוא בשמאל כזרע גד דא יו"ה יו"ד אשתלים

* נד ע"א

תיובתא עלך. ואיהי אגינת עלך. דעלה אתמר כנשר יעיר קנו דא ירושלם. על גוזליו ירחף דאינון ישראל. יפרוש כנפיו עלייהו בשבתא וזמנין טבין. ובגינה מברכין בהון *בא״י הפורש* סכת שלום. ובזמנא דפרישת גדפהא על ישראל אתמר יקחהו ישאהו על אברתו. כמה דאוקמוהו ואשא אתכם על כנפי נשרים וכו׳. ובגין דא קום קרא אל אלקיך דאיהי שכינתא עלאה דאיהי תיובתא דילך. ותוב בה למארך דאיהו קב״ה אסתכל דשפחה בישא שלטא עלך. דאיהי טפה סרוחה ועלה אתמר ויאמר יי׳ אל השטן מאין תבא דכל חובין אינון מאברין דטפה סרוחה. דבגינה אתמר לגבי חייביא מאין באת מטפה סרוחה. ויחתרו האנשים להשיב אל היבשה בתיובתא ולא יכולו כי הים דאיהי גזרת דינא הולך וסוער עליהם. בההוא זמנא וימן יי׳ דג גדול לבלוע את יונה דא גלותא קדמאה. דאתמר ביה ויונה ירד אל ירכתי הספינה ודא הוא אנכי ארד עמך מצרימה בגדה דאוקמוהו בכל אתר דגלו ישראל שכינתא עמהון סלסלו ישראל עובדיהון. ביה זמנא אתמר בהון ויקם מלך חדש על מצרים. ודא פרעה עליה אתמר וימן יי׳ דג לבלוע את יונה דבעא לבטלא ישראל מעלמא הה״ד כל הבן הילוד היאורה תשליכוהו. לקבליה וימן יי׳ דג גדול לבלוע את יונה לקטליה. לבלוע יונה לא כתיב אלא לבלוע את יונה את אתא לרבות רעיא מהימנא דעתיד לאתיהבא אורייתא על ידיה דאיהי מאל״ף ועד תי״ו. כל אלין גלגולין על ידיה הוו. ודא איהו דג גדול דאתמר ביה התנין הגדול. איהו דג מצרים ובת זוגיה דגה ויתפלל יונה אל יי׳ אלהיו ממעי הדגה. מאן מעי הדגה אלין מצראי ועוד וימן יי׳ דג גדול דא סמאל לילי״ת דאיהי ערב רב מההוא רב החובל (נ״א רא סמאל דגה דא נחש לילית בת זוגיה מההוא רב החובל סמאל דאיהו ערב רב) דאתמר ביה וגם ערב רב וכו׳. וסמאל איהו שחוק הכסיל עליה אתמר

נ״י ד״ה דלא את אתא לרבות רעיא מהימנא דעתיד לאתהבא אורייתא על ידיה דאיהי מאלף ועד תי״ו נ״ב תורה שנה״ל לא עשה ע״י מרע״ה ר״ל מעולם הבר״א שה״ם נ״ב ולכן התורה מתחלת בא׳ נ״ב אבל נוכח לעת״ד ש׳ ותן י״ו ע׳ מרע״ה תורה דאצילות שהיא מתחלת באות א׳ והיא סוד אל״ף ולזה לאתיהבא אורייתא על ד״ה דאי״ר מאלף ועד ת״ו והיא יכו תורה דאצילות שהיא יתחלת מאות אל״ף ורמזה מרע״ה לתורה זו דאצילות

בהון נ"ד בתרי בתי לבא ואינון נפש ורוח סימן נ"ד. והאי ו' איהו דנשיב בדרועין בשית פרקין דלהון ואיהו נשיב בתרין שוקין בשית פרקין דאתמר בהון שוקיו עמודי שש. ועליה אתמר ונחה עליו רוח יי'. כד אברין דגופא מתנהגין בהאי רוחא באורייתא קדישא בפקודין דאורייתא. ספינה מתנהגא לכל סטרא דבעי בר נש. כד"א אל אשר יהיה שמה הרוח ללכת ילכו. דספינה איהי רישא ואיהי לבא ואיהי גופא. ואם אברין דגופא דאינון מארי ספינה דאינון עמא קדישא לא מתנהגין באורייתא דאיהו נשמתא. ובמצוה דאיהי נפשא. פרח רוחא מבינייהו. בההוא זמנא ויי' הטיל רוח גדולה אל הים דאיהי רוח סערה דאיהי גזרת דינא קשיא דסערה גופיה דבר נש דאינון ישראל. וישראל אינון בסערה והאניה דאיהי גופא חשבה להשבר. ביה זמנא ויונה ירד אל ירכתי הספינה דא שכינתא תתאה. דאתמר ביה ותגל מרגלותיו ותשכב שכיבת עפרא. ודא איהו וישכב וירדם. ואמאי נפלת בגין דפרח מינה רוחא דאיהו עמודא דאמצעיתא דסמיך לה ואיהי נפלת ובההוא זמנא אתמר בה איכה ישבה בדד. ומאן גרים נחיתו דילה. בגין דבטילו ישראל אורייתא ומצוה בההוא זמנא דאיהי נחתת בין רגלין ישראל בנהא אינון מהודקין בין רגלין. ואינון במרעין במכתשין. בההוא זמנא דגופא בבי מרעין דאינון ישראל. ושכינתא עמהון דאיהי יונה. מה כתיב ביה ויקרב אליו רב החובל ההוא דחביל בשרא בבי מרעא. ועוד מאן רב החובל ההוא דאתמר ביה אם חבול תחבול שלמת רעך. חבול בבית ראשון תחבול בבית שני. ואיהו רב דכל מנהיגי ספינה ומה אמר ליה קום קרא אל אלהיך דהא דינין קא אתיין עלך ועל בנך דהא מארי דחובין מתבגשין דאינון סתרין לספינה דילך. דאינון רוחין בישין אסתכל בזכוון דילך באלין אברים דמשתדלין באורייתא ובפקודין טבין. ויחזרון שכינתא עלאה דאיהי

ברית עם הוי"ה עולה סבוכה דרמ"ח עשה הם בהויות ו"ב שבהם ול"ת בהויות י"ה ובגלות אין השם שלם כי יד על כס יה נמלה המספרן הוא בהויות ו"ה עשה מקודין ועשה ולכן כיון דנגלתה בפקודין ועשה עשה בהויות ו"ה הו ברית עם הוי"ה עולה שנעשה נה אלימות עם הוי"ה ואמאי נפלת בגין דפרח מינה רוחא דאיהו עמודא דאמצעיתא דסמיך לה כ"ב שכינ"ה עולה עפ"ה ואם תסיר מן עפ"ה מספר רוח ישאר מספר עקה ודא תיובתא

תורו דאנפין. שברים סומסו דאנפין. תרועה ירוקא דאנפין ובה נפקין ישראל מן גלותא בזמנא דמתהפכין אנפין דישראל לירוקא כאתתא עוברא ובאלין תלת גוונין נהרא שרגא דאיהי נר יי' נשמת אדם מאי אדם יו"ד ק"א וא"ו ס"א. תלת גוונין דשרגא ותלת גוונין אלין אינון לבושין לתלת אבהן דאינון חוור סומק ירוק. גוון אוכמא איהי קדרותא דיהון נעלה אתמר אלביש שמים קדרות. ובהון מתלבשין הוי"ה תכלת לבושא דאת י' דאיהו תכלית דכלא. נר איהו* שלהובא דסליק מניה ו' ונענועא דיליה הבא והבא דא ה"ה. ובסטרא אחרא אית נר חשוכא דגהינם. ואית ליה תלת גוונין. גוון סומק דא כבד עשו הוא אדום. מרה. גוון ירוק טחול גוון שחור. ועליה אתמר ותכהין עיניו מראות וסמניך באלין גוונין שקערורות ירקרקות או אדמדמות. ומראיהן שפל מן הקיר שפל הוא גוון אוכם דאתמר ביה ושפלה איננה מן העור והיא כהה. ואיהו שפלותא דנשמתא בגופא. נ"ר (נ"א כר) נשמתא ורוחא ונפשא אתגליין בכבד מרה וטחול. כל אינון איברי דגופא דאינון עמא קדישא כלהו דחסן במרירו בגין דנשמתא. אתרא דילה מוחא יונה קדישא נשמתא נשרא. דבהאי יונה אתפרנסת בכמה צלותין ופולחנין. ספינה דיונה קרקפתא. וכמה ממנן אית בהאי ספינה דמנהיגין לה ואינון אודנין עיינין חוטמא פומא. שבע ממנן אינון וסלקין לשבעים לשון דהוו בספינה דיונה. ויונה איהו צלותא שכינתא תתאה נשרא דאתפרנסת בה דא שכינתא עלאה. אם ישראל לא משתדלין בצלותין ובעותין ופולחנין דנשרא. דאיהי ראה מיד ויי' הטיל רוח גדולה אל הים דאיהי רוח סערה. רוח יי' תניחנו בקדמיתא רוח דנשיב בכנפי נשר"א דאיהו עמודא דאמצעיתא דביה פרח נשרא באינון תרין שפוון. רוח דנשיב בכלהו דא רוח החוטמא האי רוח. בכל אתר דאיהו. שכינתא עלאה ותתאה תמן אשתכחו. איהו ו' דנשיב בכנפי ריאה ועל לבא. דתמן נר יי'. דא נשמתא במוחא. רוח בכנפי ריאה. נפש בלבא. ולזמנין. תלת בתלת מוחין ומחשבה רכיב עלייהו דאיהו אדם והכי תלת בלב. נ"ר נשמה רוח. רוחא דנשיב.

* נג ע"א

ואתמר בה וראו כל עמי הארץ כי שם יי נקרא עליך ויראו ממך
וממנן דכבד ושרקין דיליה. וממנן דטחול וערבוביא בישא דיליה.
מתכפיין תחות לבא דתמן נשמתא. ואם נשמתא איהי מתטנפא (ס"א
פגימא) בחובין. או גרע מינה אפילו פקודא חדא מאינון פקודין כמה
דאוקמוהו מארי מתניתין עברה מכבה מצוה. בההוא אתר (נ"א אבר)
דשריא עברה ואסתלק מצוה מינה ההוא אבר איהו פגום. ואיהו מום
דנשמתא בגיניה לא שריא קב"ה על נשמתא. הה"ד כל אשר בו
מום לא יקרב. נשמתא דאית בה מום בחד מרמ"ח פקודין דילה לא
אתקריבת בגיניה לגבי קב"ה. אבל נשמתא מסטרא דשכינתא לית
בה מום הה"ד כלך יפה רעיתי ומום אין בך. אם יצר הרע בעי לקרבא
לההוא אתר כיון דשכינתא שריא תמן דאיהי נשמתא אתמר בה
והזר הקרב יומת. בגין דעלה אתמר אני יי הוא שמי וכבודי לאחר
לא אתן דהיינו אל אחר אל זר דנשמתא איהי יקריה ואיהי תושבחתיה
דבה משבח בר נש לקב"ה בצלותא בכל יומא בכמה תושבחן והודאן
ובג"ך אני יי הוא שמי וכבודי לאחר לא אתן ותהלתי לפסילים אלין שבעין
ממנן דלא יהיב לון קב"ה לשלטאה עלה דאינון שרקין דכבד דאיהו
אל אחר. טחול נחש יותרת הכבד אשת זנונים. כתר דעבידת זיופא
(נ"א נאופא) עם אלקים אחרים ופליגת דמא דילה דאיהי תמצית דילה
לכל שרקין. שיורא קריבת לגבי טחול דאיהו בעלה כסיל. דלא נטיל
טחול אלא תמצית (נ"א שמרים) דדמא. ולא יהיב ליה מדמא אחרא.
ובגין דא אתקריאת יותרת הכבד בגין דלא יהיב ליה אלא שיורין
וכבד איהו סטרוגא דריאה. דסליק לגבי לבא. נורא מניה. ואי לאו
דנשיב ביה כנפי ריאה הוה אוקיד ללבא. (ס"א ,הוה אוקיד כל גופא נורא
דלבא) הדרא דכנתא לויתן לקבל חלב טמא ועליה אתמר אפילו נחש
כרוך על עקבו לא יפסיק אבל עקרב פוסק. שרף איהו מרה קטרוגא
דריאה. בגין דמרה איהי שריפת כל גופא. בגין דא. תקיעה שברים
ותרועה אינון תבירו דלהון. ועלייהו אתמר אשרי העם יודעי תרועה יי
באור פניך יהלכון. מאי פניך אלין תקיעה שברים ותרועה. דאינון תקיעה

לה תרי פיות דאמרין הב הב הה"ד לעלוקה שתי בנות הב הב. שתי
בנות דאמרין הב חייבין לגיהנם שבעין ערקין אינון בכבדא לקבל שבעין
ממנן כבד ויותרת ע"ב. יותרת דיליה איהי נחש אשת זנונים. בגין
דשיעורין דיליה (נ"א דילה) נטלא טחול דאיהו חושך. ועלה אתמר ולחשך
קרא לילה. דשלטנותה בגלותא דאיהו לילה. ובגלותא שעתא קיימא
לה דאיהי לילית. אימא דערב רב. ואיהי שחוק הכסיל (ס"א הטחול).
ובגינה אתמר כלה ענן וילך כן יורד שאול לא יעלה ודא איהו צדיק
ממנו בולע. דרשע ודאי דאיהו כסיל עליה אתמר למה תביט בוגדים
תחריש בבלע רשע צדיק ממנו ואוקמוהו מארי מתניתין צדיק ממנו
בולע אבל צדיק גמור אינו בולע. ובגיניה אתמר מוריד שאול ויעל
ווי לנשמתא כד בלע לה טחול. ווי לישראל כד אתבלעו בערב רב
דעלייהו אתמר ולא נודע כי באו אל קרבנה ומראיהן רע כאשר בתחלה
בזמנא דגלותא כל ממנן דאומין דעלמא וערב רב אתמר בהון היו
צריה לראש אויביה שלו צריה ודאי אינון ערב רב עלייהו אתמר שריך
סוררים וחברי גנבים כלו אוהב שחד וגו'. אויביה שלו אלין עשו
וישמעאל ושבעין ממנן. דאינון כלהו בשלוה בעותרא וישראל בדוחקא
בעניותא. ובגין דא ווי לעלמא כד אתבלעו בערבוביא בישא ומאן
גרם דאתבלעו במעיהו ולא נודע כי באו אל קרבנה. בגין דעובדיהון
בישין בידיהון. הה"ד ויתערבו בגוים וילמדו מעשיהם. כגוונא דא
נשמתא איהי כנסת ישראל כד *איהי שלימא בפקודין דעשה אתמר
בה כלך יפה רעיתי ומום אין בך. בההוא זמנא שריא שם יי עלה

סוף פסוק פירוש סוף לשון יתדיו יסופו ופסוק ר"ל אותם עמלקים דעבדו פיסוק ופירוד כמ"ש רז"ל אין השם שלם ואין הכסא שלם עד שימחה שמו של עמלק **אויביה** שלו אלין עשו וישמעאל כ"ב אותיות עם הכולל גי' ל"ד כמנין עשו וישמעאל במ"ק **ומאן** גרם דאתבלעו במעיהו ולא נודע כי באו אל קרבנה פירוש מאן גרם ערבוב א' בישא דאלו שאינם מרגישים בה ואמר משום דאתבלעו במעייהו דהיינו לצורך אכילה ושתיה שהוא צורך בני מעים שלהם ולא נודע להם כי באו אל קרבנה שאינם מרגישים בכל זה מן בגין דעובדיהון בישין בידהון כלומר הורגלו במעשים רעים ולכן אין מרגישים ברעה הבאה להם מצד התערובה שלהם עמהם הה"ד ויתערבו בגוים וילמדו מעשיהם פירוש וילמדו לעשות מעשיהם של הגוים בחלליהם ובנה הם ביניהם לבין עצמם ולאו דוקא בפני הגוים ונראה למדרש ויתערבו לשון עריבות שהיו הגוים מראים להם עריבות ומיבה וכוה ממשכו לעשות כמעשיהם **כנסת** ישראל כד איהי שלימא בפיקודין דעשה אתמר בה כלך יפה רעיתי ומום אין בך כ"ב ודריש כלך במלואם כזה כ"ף למ"ד כ"ף עולה מספר רמ"ח ומספר שם הוי"ה שנרמז בזה לעשות רמ"ח עשה לשם ה' גם י"ל דריש כל כף דהיינו כל מצות עשה המתייחם ס לידים ולכן אמר כן על כפים תקותיך **בההוא** זמנא

* נב ע"ב

בתרוּעָה הֲוָה סָלִיק קָלָא דנגוּנָא לְגַבֵי עַמּוּדָא דְאֶמְצָעִיתָא. וַהֲוָה נָחִית מִנֵּיה מַלְכָּא לְגַבֵּי *כַּלָּה דאיהי קוֹל דְּמָמָה דַקָּה. בְּהַהוּא זִמְנָא יתְעָרוּן כָּל מיני נגוּנָא. הה״ד הַלְלוּהוּ בְּתֵקַע שׁוֹפָר הַלְלוּהוּ בְּנֵבֶל וְכִנּוֹר הַלְלוּהוּ בְּתוֹף וּמָחוֹל הַלְלוּהוּ בְּמִנִּים וְעוּגָב הללוּהוּ בְּצִלְצְלֵי שָׁמַע הַלְלוּהוּ בְּצִלְצְלֵי תרוּעָה. שׁוֹפָר איהי שׁכינתָא עִלָּאָה. תֵּקַע דִילָהּ שׁכינתָא תַּתָּאָה. דאתְמַר בָּהּ וַתֵּקַע כַּף יֶרֶךְ יַעֲקֹב בְּגָלוּתָא. בְּהַהוּא זִמְנָא סַלְקָא מִן גָּלוּתָא בַּשּׁוֹפָר גָּדוֹל. ואתסריאַת תֵּקַע בַּשּׁוֹפָר גָּדוֹל לְחֵרוּתֵנוּ. בנבֶ״ל בְּ״ן ל״ב. בְּהַהוּא זִמְנָא בֵּן יֵעוּל לְהֵיכָלֵיה. דאיהו לֵ״ב וְאִתְּמַר בֵּיהּ וְטוֹב לֵ״ב מִשְׁתֶּה תָמִיד. וּמַה דאתְמַר בְּקַדְמִיתָא וַיִּתְעַצֵּב אֶל לִבּוֹ בְּגִין חַיָּיבַיָּא. מִיַּד דאִתְאֲבִידוּ אִתְקַיַּם בֵּיהּ וּבַאֲבֹד רְשָׁעִים רִנָּה. כִּנּוֹר כ״ו נ״ר. קב״ה דאיהו יקו״ק דאתְמַר בֵּיהּ יְיָ אוֹרִי וְיִשְׁעִי. נָגִיד בנ״ר דאיהו שׁכינתָא מִצְוָה דיליה וְהָדִי בָּהּ צלצלי שָׁמַע חֶסֶד גְּבוּרָה. צִלְצְלֵי תרוּעָה נֶצַח וָהוֹד. וּבְכֻלְּהוּ כֹּל הַנְּשָׁמָה תְּהַלֵּל יָהּ דאיהו חָכְמָה וּבִינָה. דִּי בְּהוֹן יְהֵא פּוּרְקָנָא לו זל״ה דאינון בֵּן וּבַת. וּבְהוֹן יִתְמַחוּן עֲמָלֵקִים מֵעָלְמָא וְדָא איהו סוֹף פָּסוּק. ד״א וַעֲשֵׂה לִי מַטְעַמִּים כַּאֲשֶׁר אָהַבְתִּי מִפִּקּוּדִין דַעֲשֵׂה. וְלָא כַּאֲשֶׁר שָׂנֵאתִי מִפִּקּוּדִין דְּלָא תַעֲשֶׂה. פִּקּוּדִין דלא תַעֲשֶׂה תַּלְיָין מִדְּחִילוּ דיראָה ואינון יְרַחֲקָא הַשָּׂטָן מִנַּיְיהוּ דְּלָא יִתְקַרֵיב לְגַבֵּי כָּרְסְיָא דאיהו ד״בָא. דתבעא דִינִין עַל אֵבָרִין קַדִּישִׁין דאינון יִשְׂרָאֵל וּלְבָא שׁכינתָא בֵּינַיְיהוּ. הַשָּׂטָן איהו סמא״ל שָׁלְטָנוּתָא דִילֵיהּ בְּכָבֵד דַעֲלֵיהּ אתְמַר עֵשָׂו הוּא אדום. עַרְקִין דִּכְבְדָא חַיָּילִין וּמַשִׁרְיָין דיליה. וְכָבֵד נָטִיל כָּל לִכְלוּכִין וְחוֹבִין דְעַרְקִין הה״ד וְנָשָׂא הַשָּׂעִיר עָלָיו אֶת כָּל עֲוֹנוֹתָם אֶל אֶרֶץ גְּזֵרָה. עֲוֹנוֹת דְּהַהוּא אִישׁ תָּם. אל אֶרֶץ גְּזֵרָה אֲתַר דִּגְזִירַת עִירִין. מָרָה. חַרְבָּא דִילֵיה עֲלָהּ אתְמַר וְעַל חַרְבְּךָ תִחְיֶה. וּמ״ל דְמָרָה איהו חַרְבָּא דְמַלְאַךְ הַמָּוֶת. דכתיב וְאַחֲרִיתָהּ מָרָה כַלַּעֲנָה חַדָּה כְּחֶרֶב פִּיּוֹת. איהי הַיִּים לְכָבֵד וְסַם הַמָּוֶת לִלְבָא מָרָה איהי גֵיהִנָּם ואית

דיליה בההוא זמנא בן יעול להיכליה דאיהו לב ואתמר ב״ה וטוב לב משתה תמיד פירוש בן הספירה שהוא סוד וא״ו דשית קדישא יעול להכליה הם האורות של הבינה דאיהו לב כי בינה היא ליבא ואתמר ב״ה וטוב לב. פירוש וא״ו דשמא קדישא הוא טוב לב שמאיר בהארות הלב שה״ס בינה משתה תמיד הם אותיות המלוי של לב למ״ד בי״ת שהם אותיות תמיד שעולה מספרם תנ״ד והם הארות הבינה שהם סוד שלש מלואים של אהי״ה שהם מספר אותיות תמו״ת בי תנ״ד ומשתה הוא השקאה וגם לשון המשכה ובהון יתמחון עמלקים מעלמא ודא איהו לה

* נב ע״א

סלקין. מניהו. מרובעים מסטרא דרבי"ע בארבע חיון. ואינון חיות קטנות עם גדולות אינון תמניא. ואינון יאקדונק"י ועלייהו אתמר אז ישיר משה כד יהא קב"ה בשכינתיה בחיון תמניא דאינון חיון דאשא עתים חשות עתים ממללות וכלהו מחאן בגדפייהו בנגונא ונגונא בהון (נ"א סלקא) בארבע אנפין לכל סטרא מרובעין. הה"ד וארבעה פנים לאחת וארבע כנפים לאחת להם לכל חיה תמניא אינון בין אנפין וגדפין יקבל תמניא רי בהון שבח משה א"ז. ודוד בגין דא תקין מנא בתמניא נימין ושבח לקב"ה בתמניא הה"ד למנצח על השמינית. ותמניא אתוון לכל חד תמניא סלקין כלהו ע"ב. יאקדונק"י תמניא ותליין מניהו ס"ד תמניא לכל חד סלקין כלהו ע"כ רזא איהו רזא דחשמל. ואית נגונא דסלקא בעשר. ודא איהו יוד קא ואו קא ועלייהו אתמר ידיו גלילי זהב. ואית נגונא דסליק בשית הה"ד שוקיו עמודי שש י"ס יקו"ק. צור עולמים. י"ק י"ס י"ק אר"ם ארבע כנפים אריה שור נשר מרכבה תנינא י"ס יקו"ק.

יה יהוה	יה יהוה	יה	ארם יהוה

י"ק יקו"ק. י"ק יקו"ק לעילא מכלהו. י"ס יקו"ק חכמה בינ"ה. כתר אקיק אשר אקיק ועלייהו אתמר שרפים עומדים ממעל לו שש כנפים שש כנפים לאחד. ודא אבגית"ץ בשתים יכסה פניו לישרא' דלא יסתכלון בהון שנאיהון. ובשתים יכסה רגליו דלא אדכיר לון עובדא דעגלא ובשתים יעופף מן גלותא. הה"ד ואשא אתכם על כנפי נשרים ואביא אתכם אלי. ואית נגונא דסלקא בתרין כגון הללויה. ואית נגונא דסליק באת חד כגון הללי בי'. ואית נגונא דסליק בחמש כגון ה' והא אתמר בכנור דחמש נימין. אבל נגונא דסליק בשית דאינון אבגית"ץ מן ו' איהי. ואית דסליק ליה בתלת ודא יה"ו דאיהו אקי"ק וסליק נגונא כיה בתקיעה שברים תרועה. בתקיעה הוא קלא ארוך בנגונא עד דהוה סליק ליה לגביה ימינא דאיהו חסד. בשברים הוה סליק קלא דנגונא לגבי גבורה דתמן יק בימינא ושמאלא והוה נחית מניה בחדוה חכמתא ועותרא כמה דאוקמוהו הרוצה להחכים ידרים להעשיר יצפין.

תמה פנימותא דסיהרא דבזמנא דתמה נפקא (נפקא) ממזרח סיהרא
חזרת אנפהא מיניה כגוונא דא כ. ובגין דא אמר בלעם הרשע לא
הביט און ביעקב ולא ראה עמל בישראל. עמל ואון סמא״ל
ונחש ובזמנא דהתקין לה לאסתכלא בה אתכסיא מכל וכל.
ואימתי בירחא שביעאה הה״ד תקעו בחדש שופר בכסה ליום
חגנו. מאי בכסה בירחא דאתכסייא ביה סיהרא בההוא זמנא
דאתכסיאת מיניה איהי אמרת לישראל דיתקנון צלותין במאכלין
טבין מפקודין דעשה דצלותא שקילא בכל פקודין *בההוא זמנא
ימא קב״ה לישראל ועשה לי מטעמים ברעותא דשכינתא כאשר
אהבתי מפקודין דעשה ותקינת שכינתא עם ישראל מאכלין
דצלותין דאינון קרבנין. ובזמנא דאיהי תקינת מזונא למלכא. יהיבת
לון עיטא לאתערא בשופר דביה עתיד קב״ה לאכנשא ביה לישראל מן
גלותא מארבע סטרין. הה״ד תקע בשופר גדול לחרותינו ושא נס
לקבץ גליותינו. ואיהו חשיב דאיהו יומא דדינא דיליה וברה (ס״א ובר״ח)
עד ההוא זמנא דקב״ה מאריך עלייהו דחייביא ולבסוף אפסיק לון ותריב
לון מעלמא. ודא איהו מארי״ך טרח״א סוף פסוק. ועוד שופר הול״ך
רביע דרג״א תרי טעמי בההוא זמנא דיתמחון חייביא מעלמא סלקא
צלותא בנגונא בד׳ מינין. דאינון שיר פשוט ודא י׳. שיר כפול ודא יק
שיר משולש ודא יקו. שיר מרובע ודא יקוק בשמא דיקוק סלקא
צלותא דאיהי שכינתא. אורייתא בנגונא שכינתא בנגונא. ישראל
סלקין מגו גלותא בנגונא. הה״ד אז ישיר משה ובני ישראל את
השירה הזאת ליי׳. צלותא דאיהי שכינתא סלקא לגבית דמלכא
בעשרה זכרונות ובעשרה מלכיות ובעשרה שופרות דאינון יו״ד. ועשרה
כתות דמלאכים יתערון לגבייהו. וסלקא לון לגבי עשר ספירן ונגונין

קב״ה ימא זמנא **בההוא** עשה מצות שהם קרבנ׳ ביתקוס דא נון, צלות, מתקנ׳ וגם עשה מצות שרות בשופר
דשכינתא כרעותא מטעמים ל׳ עשר קדישא דאמא ו׳ וא סוד שהוא דספירה קב״ה כ״כ מטעמים ל׳ ועשה לישראל
ו״ה בלותיות סס ועשה כי פקודין מפקודין אהבת כאשר קדשא דשמא ה״א הוא סוד שהיא המלכות
רשופר של תקיעות ע״י חושב פירוש וברה ד״ל ה דדינא ויומא דאירו תשיב **ואיהו** כנודע קדשא דשמא
בשופר בו שיתקע ד״ל ה דדינא יומא ריש אותו שיריה הקב״ה יתלפני לנון כמשה ישראל קיבוץ בכל שעושים
דדינא ביומא בו לתקוע המוכן לא דלע גדול שופר קי׳ מעוררים למטה שעושים זה שופר בקול פן ירא כי גדול
סלקין

* נא ע״ב

דעובדא דבראשית בת כליא מעשר אמירן. איהו בת עין אוכמא דאתמר בה שחורה אני ונאוה וביה נהיר אור הה״ד ותורה אור. ל״ב אלהים ביה נהיר מצוה. דאתמר ביה נר יי׳ נשמת אדם וכו׳ (כאן חסר והוא בתקו׳ ז״ח דכ״ו ע״א) ותרפוי דשכינתא אינון כסוי דם חיה ועוף דמכסי עלייהו ברחימו וכד מכסי עלייהו ברחימו דאהבה מי טופנא לא שלטא עלייהו מים רבים דמי טופנא לא יוכלו לכבות את האהבה דישראל באבהון דבשמיא בההוא זמנא כרסיא יהא על ארבע חיון. ודא איהו שופ״ר הול״ך. רבי״ע מרובע דרג״א בשית דרגין. דאינון שש מעלות לכסא הא איהו מלכא על כרסיא. בההוא זמנא ועשה לי מטעמים כאשר אהבתי מפקודין דעשה דאתייהיבו מאהבה. ולא מפקודין דלא תעשה דהוא אקריב ליה ממנא דעשו לקטרגא בהון לישראל דבגינייהו אתמר ואת עשו שנאתי. ודא איהו דרג״א תרי טעמי דמסטרא דפקודין דלא תעשה ממנא דעשו איהו רבי״ע על ישראל. ואיהו דרג״א עלייהו. ואי תימא דשלטא על שכינתא דאיהי עמהון בגלותא הא אמר קרא אני יי׳ הוא שמי וכבודי לאחר לא אתן ותהלתי לפסילים וכבודי שכינתא עלאה. לאחר לא אתן. אל אחר. ותהלתי לפסילים דא שכינתא תתאה. ובגין דא בשית יומין דשלטא סם המות אל אחר אתמר בשכינתא יהיה סגור ששת ימי המעשה. בשבת ובראשי חדשים דלא שלטין ממנן בישין אתמר בהון (נ״א בה) וביום השבת יפתח וביום החדש יפתח ועוד רבי״ע איהו כגוונא דא כ ודזמנין כגוונא דא ׳ בת מלך פנימה סגירא בביתא. ואיהי סיהרא קדישא לעולם לא אסתכלת בה חמה בישא גיהנם סם המות נוקבא בישא. כ״ש אל אחר דהכי אוקמוהו מדמאן לעולם לא חזא

כוח יהו כלומר כדוגמתם וקאי על כולהו ע״ב ש״ש דוגמתם בכל דור ודור כדי שיהיה הצדיקים קים עליהם דכתיב עולם חסד יבנה דריינו ע״ב לצדיקים כמו׳ חסד דוגמת ע״ב הנו ועשה לי מטעמים כאשר אהבת מפקודין דעשה דאתי היבו מאהבה כ״ב לכן הם רמ״ח מצות אות ות רחם שהוא הרגוש של אהבה ונרמזו בתיבת מטעמים חלק התיבה לשתים וקרי בה מטעם מים כי מים ה״ם החסד שהם סוד אהבה ולא מפקודין דלא תעשה דהוא אקריב ליה ממנא דעשו לקטרגא בהון לישראל ג״כ באלו שהם איסורים מצו קטרוג כיון דאפילו על מקצת איסור ש קטרוג דהאי שעור אסור מן התורה ולכן אף כי שלא ימצא להם עבירה באיסור גמור של לאו לא פלטי מקטרוג מקצת עבירה דג״כ הוא אסור מן התורה אבל בפקודין דעשה לא יוכל למצא קטרוג גמור דאפילו אם יבטלו מצות עשה אין מענישים על עשה אלא בעידן רתחא ולכן ג׳ רתח שבינתא באים ישראל

תקונא חד ועשרין

רישא וגופא ולבא ופומא ואברין כגוונא דאית בישראל דאינון רישין רישי עמא ומנהון עיינין הה"ד והיה אם מעיני העדה. ואית מנהון לבא דאינון לקבל שבעין סנהדרין. ומשה ואהרן על גביהו. דלא חסרין מעלמא כוותייהו. ודא איהו ללבי גליתי אבל אחרנין דאינון כשאר אברין אתמר בהון ולאברי לא גליתי. וכן באורייתא שבעין אנפין תליין מתרין תורות אורייתא דבכתב ואורייתא דבע"פ. ובגלותא חלק לב"ם דאינון ע"ב צדיקים דאינון כגוונא דסנהדרין. ורזא דמלה אשרי כל חוכי לו ל"ו בחושבנא סליק תלתין ושית. ואינון ל"ו בארעא דישראל. ול"ו לבר מארעא דישראל. ודא איהו חלק לב"ם ומאן חלק לבם "שאור והמץ דאינון ערב רב. ורזא דמלתא ויהי מבדיל בין מים למים דעלייהו אתמר אך ביום הראשון תשביתו שאר מבתיכם אך חלק. ואומאה דיתמחון בי"ד דאינון ארבע סרי יומי דפסחא לקיימא כימי צאתך מארץ מצרים אראנו נפלאות (ודא ז' יומי דפסחא דגלותא קדמאה וז' יומי דפסחא דגלותא בתראה) הה"ד חג שבעת ימים מצות יאכל ובגין דא אור לארבעה עשר בודקין את החמץ לאור הנר. ודא אור הנר דאיהי אורייתא ובפקודיא דאתמר בהון כי נר מצוה ותורה אור. נר בלבא אור בעיינין. דאיהו אור הנר בדחילו ורחימו בי"ה מתעברין חשוכא וקדרותא מנייהו. ובגין דא כי יום נקם בלבי. ועוד בלבי דא ל"ב אלהים דעובדא דבראשית. ועשר אמירן דאינון י' מן לבי. ולב. האי איהו לב דביה נהיר ההוא דאתמר ביה וירא אותו כי טוב הוא וביה עתיד לאתגלייא קב"ה למשה באורייתא בגלותא בתראה. כגוונא דפורקנא קדמאה דאתמר ביה וירא מלאך יי' אליו בלבת אש בקדמיתא בלבת אש דנבואה. ובגלותא בתראה בלבת אש דאורייתא. ודא בת מן בראשית דאיהי כלילא מעשר אמירן. ול"ב אלהים

מותקי תורה כוללים ר שא וגופא וכו' והוא כמ"ש באל"י במע' ת"ו אות ג' בשם הרב ז"ל בע"ת בהקדמה על תורה שבכתב שהיא כ"ד ספרים אחוזים בספירות עד"ז והוא התפארת כולל חמשה ספרים של תורה וכ' דרושין ד לפ ה"ח וה"נ כילד הושע חסד שופטים גבורה שמואל תפארת מלכים נו"ה כ הם ב ספרים הרי ה ת ישעיה חסד ירמיה גבורה יחזקאל תפארת תרי עשר נו"ה בסוד שוקיו עמודי שש דרי ה"נ ודמלכות כוללת חמש מגילות ושני דרוש, ד לה ה"ח וה נ והם חמש ספר תהלים הוא ה ת אך סה"ג הם משלי חסד איוב גבורה דניאל תפארת עזרא נלה דברי הימים הוד עכ"ד ע"ש **ומשה** ואהרן על גבייהו דלא חסרין מעלמא

דעובדא

ההוא דאתמר ביה יי' איש מלחמה מאי וילפת כד"א ילפתו ארחות דרכם. בההוא זמנא ייתי קב"ה ויימא לה ליני הלילה והיה בבקר. ליני הלילה דאיהי שמאלא והיה בבקר דאיהי רחמי ימינא דמתמן נהיר אור הדא הוא דכתיב הבקר אור. אם יגאלך טוב יגאל. אם יעביד בך ישראל עובדין טבין לסלקא לך מבין רגלין שפיר. תגאל ע"י דישראל עלאה דאיהו בערך טוב ודאי. ואם לא יעבדון בך עובדין טבין וגאלתיך אנכי. והא אוקמוהו חי יי' שכבי עד הבקר בח"י דאיהו כליל ח"י ברכאן דצלותא. שכבי עד הבקר עד ההוא נהרא דבההוא זמנא צלותא תהא נהרא בלבא ובעיינין ובגין דבח"י ברכאן דצלותא תליא פורקנא וביה אתגליא דאיהו יסוד ח"י עלמין אתמר ביה והיו עיני ולבי שם כל הימים והיו עיני ולבי אדכיר עיינין ולבא בגין דצריך בר נש בצלותיה למהוי עינוי לתתא לגבי נשמתא דאיהי שכינתא דאיהי אסירא בגלותא ולביה לעילא בקב"ה ורזא דמלה עיני תמיד אל יי' כי הוא יוציא מרשת רגלי ולביה לעילא לנטלא נוקמא מעמלק הה"ד כי יום נקם בלבי בלבי ודאי ביה עתיד לנטלא נוקמא. כמה דנטיל ביה נוקמא ממצראי דאיהי לב"י שם בן ארבעין ותרין אבגית"ץ ביה אפיק לישראל מגלותא קרע שט"ן דאיהו שמא תניינא דיומא תניינא ביה קרע ימא. ובהאי שמא אתמר יהי רקיע בתוך המים. נגד"י כ"ש נגד כל עמך אעשה נפלאות. בכל שמא נטל נוקמא במצרים ופורקנא בלבא תליא דאתמר ביה הלב רואה ובג"ד כי יום נקם בלבי נקמה במאי בלבי בי"ה דאתמר ביה כל הנשמה תהלל י"ה ועליה אתמר כי יד על כס י"ה. ופורקנא בלבא תליא דביה אתמר הלב רואה ובגין דא אוקמוהו מ"מ ללב"י גליתי ולאברי לא גליתי. מאי ללבי אלא אורייתא דבכתב אתקריאת לבי. ואורייתא דע"פ אתקריאת פומא. ואוקמוהו מארי מתניתין מלבא לפומא לא גלי. ללב"י גליתי דא שמא דע"ב שמהן. ואינון שבעין אנפין לאורייתא דתליין מן ב'. ואורייתא אית לה

כת"ב דברו על לב ירושלים וקראו אליה ואורייתא א"ת לה רישא וגופא ולבא ופומא וכו' נ"ב דחמשה
רישא

תקונא חד ועשרין

כל הנשמה תהלל יה. ומאן אינון אלין חשוכין. אלין סמאל ונחש. ומאן גרים-לון לשלטאה עלייהו אלא רזא דקרא אוליף. כי אם עונותיכם היו מבדילים ביניכם לבין אלקיכם ודוד בגינייהו אמר גל עיני ואביטה נפלאות מתורתך. ובההוא זמנא מה דהוו שלטין חשוכין על נהורין דעיינין. מתהפכין נהורין ושלטין על חשוכין. ורזא דמלה שופ"ר מהופ"ך קדמא זקף קט"ן. ההוא דאתמר ביה קטנתי מכל החסדים ומכל האמת אזדקף ואקרי זקף גדול ואין אמת אלא תורה הה"ד תורת אמת היתה בפיהו. ובההוא זמנא מתהפכא כרסיא מדינא לרחמי. ודא היא רזא דאוקמוה מ"ם צדיקיא מהפכין מדת הדין למדת רחמים ובההוא זמנא אתהשיב כאלו אתברי עלמא. ויסדר נהורין כדקא יאות הה"ד ויקרא אלקים לאור יום ולחשך קרא לילה. ויקרא אלקים לאור יום דא ישראל דשולטנותהון יהא לזמנא דפורקנא ורשיעיא ישתארון (נ"א אזלי) בחשוכא הה"ד, ולחשך קרא לילה ואתמר בימינא *ושמאלא ויהי ערב ויהי בקר יום אחד דאיהו ערב דיצחק ובקר דאברהם בההוא זמנא מה דהוות נשמתא מהדקא בין רגלין הה"ד ותגל מרגלותיו ותשכב דאתחזרת ללבא דאיהי כגוונא דירושלם. בההוא זמנא הלב רואה הה"ד ולא יכנף עוד מוריך והיו עיניך רואות את מוריך. הלב שומע דאתחזר עבודה וכרובים לבי מקדשא דאתמר בהון וישמע את הקול מדבר אליו מעל הכפרת מבין שני הכרובים. וכל ענגין (דאינון דומי רבתא ורומי זעירא) דאינון מכסיין על צלותין הה"ד סכותה בענן לך מעבור תפלה. מתעברין ונהרין עיינין דאינון בית ראשון ובית שני דבהון סלקין צלותין. דבזמנא דאינון ישראל מלוכלכין בטנופין דשאר עמין. נשמתא דאיהי שכינתא אמרת אל תראוני שאני שחרחרת וצלותא נפלת הה"ד נפלה לא תוסיף קום בתולת ישראל וכד נפלת שכיבת לעפרא בין רגלין. והא אוקמוה. ותגל מרגלותיו ותשכב ואיהי מצלא לקב"ה דיוקים לה מעפרא הה"ד ופרשת כנפיך על אמתך כי גואל אתה בההוא זמנא ויחרד האיש וילפת.

מסך י"ת מרה מחול ככד שככנשו מ' ממה כה"ס דאתחזרת ללבא וה' הי כגוונא דירושלים וכו' כ"ב לכן

ההוא

י ג ע"ב

טוב יגאל טוב דאיהו ברית יגאל ואם לא יחפוץ לגאלך וגאלתיך אנכי
ח"י יי שכבי עד הבקר. אנכי דאיהי אימא עלאה אנכי דיציאת מצרים
חי יי שכבי עד הבקר דאיהי ימינא דביה תוקפא דאורייתא דבכתב
דאיהי עמודא דאמצעיתא דמימינא אתייהיבת אורייתא דבכתב.
ומשמאלא אתיהיבת אורייתא דע"פ דאיהי נוקבא ובגין דא טוב צדיק
ח"י עלמין איהו מסטרא דשמאלא דאיהו גבור הכובש את יצרו דאיהו
סמא"ל. ובג"ד שמאל דוחה. ובימינא יקום דמאן דנפיל לא צריך
לאקמא אלא בידא ימינא. ובג"ד ח"י יי שכבי עד הבקר ושמאלא איהי
ראש השנה וימינא פסח וביה הוה אומאה בי"ד ימין ודא איהו כי יד
על כס יק. ועל ההוא זמנא איהי אמרה אל תראוני שאני שחרחרת
אל תראוני מסטרא דשמאלא דיצחק דאנא בקדרותא ביה. הה"ד
ותכהין עיניו מראות. מראות ודאי בפורקנא. דאיהי אור מראות
דנבואה. דאתמר בהון נפתחו השמים ואראה מראות אלהים. ודא
איהו ותכהין עיניו מראות מסטרא דשמאלא. ואתמר בההוא זמנא
בקב"ה אלביש שמים קדרות נר איהי ה'. חמש גוונין נהירין בה ואינון
חוור סומק ירוק ואוכם ותכלת. ו' אור הנר מלגאו סמא"ל חשך נחש
קדרות. ועלה אתמר אלביש שמים קדרות. נוקבא דיליה ושק אשים
כסותם ווי לנשמתא כד אתלבשת בקדרותא דלהון ועליה אתמר
ותכהין עיניו מראות. ואינון חשוכין דמכסיין על עיינין דלית לון רשו
לאסתכלא בקב"ה ושכינתיה. ואור ונר דנהרין (נ"א דחשבו) בהון אתמר
בהון וחשכו הרואות בארבות. כמה דאמר קהלת עד אשר לא
תחשך השמש והאור וגו'. ואור ונר עלייהו אתמר כי נר מצוה ותורה
אור ואמאי אתחשכן בהון בגין דלא הוו משתדלין באורייתא ומצוה
בדחילו וברחימו דאינון י"ק ומיד דמשתדלין בהון. בדחילו ורחימו.
אומאה איהו להקב"ה בי"ה דאינון דחילו ורחימו לאעברא לון מעלמא
דנשמתא בגין דאינון חשוכין אפרישין בין י"ס ובין י"ק כמה דאוקמוהו
דכתיב כי יד על כס י"ה. ובההוא זמנא אתמר באדם לבשו שמים
קדרות וגו'. ובההוא זמנא דמתעברין קדרותא וחשוכא מנשמתא מיד
כל

ודיצנותא ועניותא מטחול נפקא. כד נשמתא אסירא בה בגלותא הדא איהו ושפחה כי תירש גבירתה ובההוא זמנא טחול שוחק, ולזמנא דייתי מלכא משיחא לנטלא נוקמא מטחול דאיהי שפחה יושב בשמים ישחק. ישחק איהו באבודא דלהון כד"א ובאבד רשעים רנה. רנ"ה איהו הנ"ר איהו נהר יוצא מעדן ומאי ניהו מצות עשה ומצות לא תעשה כחושבן נה"ר נו"ן ה"א רי"ש ואיהי הנר המאיר לארם ועל דא באבד רשעים רנ"ה ובההוא זמנא הטחול דשוחק אתאביד ואז יתקיים אז ימלא שחוק פינו ולשוננו רנה ודאי ואז לא יבכה בלילה נרה בגין דטעמה כי טוב סחרה. ובההיא זמנא מתתקנא ירושלים דאיהי לבא. לבא איהו לה"ב המזבח יבב"ה כחושבן הל"ב לה"ב הב"ל. לא יבכה בגלותא דאיהי לילה. ואתבניאת ע"י דקב"ה כד"א בונה ירושלם יי (מאן דנטיר נר ה' נשמת אדם בפקודין דעשה ולא תעשה לא שליט עליה נורא דגיהנם דאיהי כבד מרה טחול) ועוד מרה טחול כבד אינון גלותא לנשמתא ורוחא ונפשא דאיהי שכינתא כד גלת בכבד אתמר באברים דאינון עמא קדישא חילהא דילה תכבד העבודה על האנשים כד גלת במרה אתמר בה וימררו את חייהם כד גלת בטחול אתמר בה ולא שמעו אל משה מקצר רוח (דהוה בבטנה ומעבודה קשה דהוה בטחול והוו צווחין לקב"ה מינה הה"ד מבטן שאול שועתי שמעת קולי ואתמר בהון ותעל שועתם אל האלקים מן העבודה ונשמתא בגלותא בתראה *אתמר בה ותגל מרגלותיו ותשכב שכיבת לעפרא. ווי ליה לבר נש דנשמתיה נחיתת תחות רגלוי. דבההוא זמנא אתמר במזליה נפלה לא תוסיף קום ולית ליה עלוי וסלוק אלא בידא דקב"ה דאזיל שמא קדישא לימינא ואוקים לה ורזא דמלה ליני הלילה והיה בבקר אם יגאלך

נוקמא מטחול דא ה' שפחה ג"כ טחול אותיות לו חטא גם טחול רעי"ת טמא ובשאר חול. ואז ימלא שחוק פ"י ולשונינו רנה ודאי ואז לא יבכה בלילה נרה. ג"כ נרה אותיות הנר ואותיות נהר גם נרה שהוא הלב לא בכה בהפוך אותן לא יבכה כי בגלות כתיב בכה תבכה בלילה שתי בכיות הם בעינא ובלבא ועתה אף לו הל"ב שהוא פנ"מ לא יבכה ועוד מרה טחול כבד איתן גלותא וכו. נ"ב לכן א"ל קח את מטך ודשך לכך כרעה וכן א"ל קח מטך ונטה ידך על מ"מי מצרים וכן נטה את מטך והך את עפר הארץ והיינו טוב

* נ"א

דמא צח דאיהי קרבנא דצלותא נסיה בלא חובין ובלא פסולת וקריבת לגבי בעלה שופרא דכלא אבל יותרת הכבד לא יהיבת לבעלה אלא שיורין ופסולת ומאי ניהו בעלה. (טחול) (ס"א כבד) אל אחר. ומאלין שיורין דנטיל מנה אתעביד דם. טחול חשוך ואוכמא הוא נחש רמאי דפתי לחוה דאיהי לבא וגרם לה מותא. והא תרי בתי לבא אינון למאן פתי מינייהו אלא ההוא דשמאלא דאתמר ביה לב כסיל לשמאלו ועליה אתמר ומוצא אני מר ממות את האשה לב חכם לימינו דא אשת חיל עטרת בעלה עלה אתמר מצא אשה מצא טוב דאיהי יצה"ט מזליה דבר נש עלה אתמר להניח ברכה אל ביתך. ברכת יי היא תעשיר. ועלה אתמר ראה חיים עם אשה אשר אהבת. איהי בדיוקנא דשכינתא תתאה כלילא מעשר ואיהו נר מצוה ורוחא דנשיב בה ת"ת ישראל איהי בכנפי ריאה. ודא איהו ותורה אור דנהיר בה דא שכינתא עלאה נשמת חיים דנחתא מן מוחא לאנהרא לון בלבא מאי נ"ר נפשא ורוחא דנפשא איהי פתילה (נ א על שם דאיהי שותפא דגופא) רוחא דא זיתא נשמתא נר יי נשמת אדם. (אדם דאיהו אור נר נהיר ביה אורייתא דכתב ונשמתא דאיהו נר נהיר בה מצוה ובזמנא דלא נהירין בה אור ונר אתמר בנשמתא אל תראוני שאני שחרחורת. ואתמר בארם אלביש שמים קדרות) ומאי נ"ר נפשא רוחא נ' נפשא ר' רוחא לקבל ג' קטרין אלין אינון תלת גוונין אשא אוכמא חוורא ותכלתא. מאן דנטיר נר ה' נשמת אדם באורייתא בפקודין דעשה ולא תעשה לא שליט עליה נורא דגיהנם. ודא איהו כבד מרה וטחול כבד אשא סומקא מרה אשא ירוקא טחול אשא אוכמא. יותרת הכבד כללא דכלהו תכלת חשוך ותכלת דציצית מצוה. ותכלת לית בסטרא אחרא בגין דאיהו דומה לכרסיא יקרא. גוונין דשרגא אינון לבושין לנר ה' נשמת אדם גונן אוכם דאיהי טחול כד מתלבשת תמן נפשא בחובין איהי אמרת אל תראוני שאני שחרחרת שחרחרת בקדרותא דבני בדוחקא דלהון בעניותא דלהון קדרותא

טופר הולך רביע כלומר מאח רקב"ה שהוא אור העולם וש פורו הולך רביע הוא הרומח לדקרס ולסרדס מן שמייא ולארעא וזהו שני גריסין קדרותא ול לנותא וש ותא מטחול נפקא כ"ב ג אלר ר ת קל"ע ומ ש לכסלא וליצנותא

תקונא חד ועשרין

נשמתא ורוחא ונפשא דבר נש אינון תקיעה תרועה שברים נפשא בלבא ודא שברים כד"א לב נשבר ונדכה נשמתא במוחא ודא תקיעה. רוחא בכנפי ריאה דנשיב על לבא דאיהו נור דליק. ואם לאו הוה דליק כל גופא. ורזא דמלה כנפי יונה נחפה בכסף וגו'. ורוחא כליל מאשא ומיא ובג"ד איהו תרועה. ועליה אתמר אשרי העם יודעי תרועה. בגין דנשמתא איהי נשמת חיים. בינה דנטלא מחכמה נפש מלכות תבונה. רוח תפארת ואיהו דעת כליל תרווייהו. עליה אתמר ובדעת חדרים ימלאו ומבינה נביאים ואינון נצח והוד. וממלכות כתובים ואינון חסד וגבורה. תפארת תורה כליל כלהו. וכלא על עמודא חד קיימא ודא צדיק יסוד עולם כבד וטחול דא ס"מ ונחש כבד אשא סומקא מרה אשא ירוקא. טחול אשא אוכמא. יותרת כליא דכלהו. כבד וטחול סמא"ל ונח"ש. כבד אל אחר. מרה סם מות דיליה טחול נח"ש נוקבא דיליה חלב טמא. ומרה איהו חרבא דמלאך המות. כד"א ואחריתה מרה כלענה חדה כחרב פיות ובאורייתא דאיהי סם חיים דאיהי נשמתא טמא אתעברת מן עלמא. (כבד וטחול דא סמא"ל ונח"ש דאינהו אל אחר) וכבד דהוא אל אחר בתרועה דאיהו רוחא מתעברא מן עלמא. טחול דהוא נחש בשברים דאיהו נפש מתעברא מן עלמא מרה דהוא סם המות בתקיעה מתעברא מן עלמא. זכאה איהו דכליל נשמתא ורוחא עם נפשא בקלא דאורייתא. דבאורייתא אתתקפון. דכל מאן דלא אתעסק באורייתא חליש נשמתיה רוחיה ונפשיה עילא ותתא ויותרת הכבד איהו זונה. שיורין איהו לכל אלהים אחרים מתתקפא. ואמאי אתקריאת יותרת הכבד אלא בתר דעביד נאופא עם כלהו יהיבת שיורין לבעלה. ועלה אתמר כי בעד אשה זונה עד ככר לחם דאיהי אתחממא מכבד. וטחול *איהי שחוק הכסיל ועליה אתמר אם ראית רשע שהשעה משחקת לו אל תתגרה בו. בגין דאיהו שאול תחתית דאתמר ביה צדיק ממנו בולע אבל צדיק גמור אינו בולע. כבד כועס וטחול לב מבין לב יודע לב רואה. לב איהו שכינתא דלא נטלא אלא

* מט ע"ב

דאיהו ברומחא לקטלא לון בהרג. שלשל״ת תרועה למתפש לון. אסורין בבית אסורין דמלכא כד״א לאסור מלכיהם בזיקים וכו׳ שופ״ר הול״ך פס״ק מק״ף. קלא דשופרא סלקא בתרועה ׳ברומחא לעורר עלייהו קול תרועת מלחמה ודא שופ״ר הול״ך. פסק דא שברים דעביד לון פסקות וקטרין (נ״א וקרטין או וקרעין) ודא מכת חרב והרג ואבדן. מקף תרועה דא חנק ודא איהו הולך וחזק מאד מאד דא מות דאתתקף עלייהו כגוונא דמתן תורה. ועוד אזל״א גרי״ש שכינתא אמרת לקב״ה גרש האמה הזאת ואת בנה. אלין ערב רב דגרשוני מהסתפח בנחלת יי׳. גריש לון מן עלמא דין ומעלמא דאתי דלא יהא לון חולקא עם ישראל. שופ״ר הול״ך רבי״ע שני גרישי״ן שלשל״ת בההוא זמנא נטיל קב״ה רומ״ח. דאיהו רמ״ח תיבין דאית בק״ש ושית תיבין דיחודא. ובה וידקר את שניהם דכר ונוקבא דא סמא״ל ונחש ורבי״ע דיוקנא דומיא דרומ״ח. שני גרישין יתרך לון קב״ה מן שמיא וארעא. בההוא זמנא שקר הסוס לתשועה וכו׳ דקב״ה רדיף אבתרייהו ונטיל לון בשלשלת על צואריהון ולבתר קטיל לון ברומחא דאיהו רבי״ע. בקדמיתא תריך לון ולבתר רדיף אבתרייהו ותפיס לון ולבתר קטיל לון. ורבי״ע ושני גרישי״ן ושלשל״ת אינון תקיעה שברים תרועה. שברים שבר תשבר מצבותיהם אלין דאתמר בהון ויבואו בני האלהים להתיצב על יי׳ בדינא על ישראל ושכינתא דאתמר ביה ויבא גם השטן בתוכם. דא סמא״ל דאתא לקטרגא על בני דישראל ולדון לשכינתא וכיון דהוא בעי דינא על שכינתא ובני באלו קיימין עליה. תרועה בה תרועם בשבט ברזל. תקיעה והוקע אותם ליי׳ נגד השמש. ושופר איהו קלא מניה נפיק קלא בתקיעה שברים תרועה תקיעה מן מוחא שברים מלבא כד״א לב נשבר ונדכה וגו׳ דא איהו זבחי אלהים רוח נשברה. קלא בתרועה מכנפי ריאה ובלהו אתכלילו בקנה וריאה ואתעבידו קול ובפומא דבור ועוד

ל מודים חלק הנסתר וחלק הנגלה הרי י״ב וקמה של שבע שנים בזכות יוקי דב רב שעוסקין בתורה שבכתב שהיא שבעה כמ״ש רז״ל ע״פ חלבה עמודיה שבעה כי פסוק ויהי בנסוע הוא ספר בפני עצמו **ורביע** דיוקנא דומיא דרומחא פי׳ רוש הרביע הוא נקודה קטנה ומגולגל וכן רומח ראשו קטן ועגול כמו נקודה והכי דריש לה

(מה) נשמתא

* מט ע א

תקונא חד ועשרין

באתין דעבד. באת קדמאה וא"ל הבא נא ידך בחיקך וכו' ואמאי בחיקך הכא רמיז משוכבת חיקך שמור פתחי פיך. והנה מצורעת כשלג. ולבתר אחזי ליה דאתדכיא באורייתא הה"ד בה והנה שבה כבשרו. ועוד שכינתא תתאה איהי עגלה ערופה. ומסטרא דפרה שור ודא איהו ופני שור מהשמאל. ומסטרא דעגלה עגל בן בקר לחטאת. ופרה ודאי אתקריאת שכינתא עלאה כד נטלת מן גבורה ושכינתא תתאה עגלה כד נטילת מניה ועוד קרני פרה נצח והוד. בהם עמים ינגח יחדיו. קרני ראם חסד גבורה דיעביד בהון קרבא בעמלק וימחי ליה ולזרעיה מן עלמא. ועוד קרני פרה אלין תלמידי חכמים דמתווכחין דא עם דא באורייתא ומתנגחין כשוורים דא עם דא בגין דאורייתא דבע"פ איהי מסטרא דגבורה דאתקרי אלקים. וביה פתחת אורייתא בראשית ברא אלקים. בג"ד תלמידי חכמים אינון מתנגחין באורייתא כשוורים דא עם דא. ובג"ד יקו"ק כגבור יצא מסטרא דגבורה יריע בתרועה יצריח בשברים על אויביו יתגבר בתקיעה. בההוא זמנא כל ספירן נטלין מגבורה. ושמא דיוד קא ואו קא ואפילו מלאכים דלעילא וישראל דלתתא. ולבתר דנטיל נוקמא מנייהו יתמלא רחמין על ישראל. וקדם דיהא נטיל נוקמא מעמלק לא יתיב בכרסייא. ובההוא זמנא דנטיל נוקמא מבני עשו ייתי לפייסא לאילתא ואיהי גע"א ובוכה הה"ד רחל מבכה על בניה עד דאומי לה קב"ה לאעברא לון מעלמא ויקטול בהון עד דיצטבע ימא מן דמהון. ויקטול בהון עד דיתפרנסון מנהון חיון ברא י"ב שנין. ועופין דשמיא שבע שנין ועוד גע"א תלש"א אזל"א גרי"ש. גע"א בתרועה ויהיב בהון סקילה הה"ד ונטה עליה קו תהו ואבני בהו. תלש"א בשברים ת"ל א"ש (ודא שריפה) ת"ל דא חנ"ק כגוונא דא אש שריפה. אזלא גריש בתקיעה

בשנה וס' אותיות שמו הס' ר"ת יתסר שת רגל ובשנ"ס ג' ג' שס **הבא** רמז משוכבת חיקך שמור פתח פיך כי יתגרעה מתהוור מכת חטא חוה שוכבת חיקו של אדה"ר שהאכילתו בפיו עץ הדעת ולזה פתחי פיך שלא תכנס בו יאכל אסור כזה **ולבתר** אחזי ליה דאתדכיא באורייתא הה"ד והנה שבה כבשרו גראה בה בה והנה נרמזה תורה שבע"פ כי אות ה' ו' הוא ששה סדר משנה ואותיות הנה רס"ה ששים מסכתות ובשב"ל תורה שבע"פ הרמוזה באותיות ורנה גהר ושבה כבשרו **עד** דיתפרנסון מיוון ברא י"ב שנין ועופין דשמיא שבע שנין כ"ב נקמה של י"ב שנים חה"ה בזכות התלמידים שעוסקים בתורה שבע"פ שהיא ששה סדרים והיא תגלה עפה דכפולה בשנ ראיהו

דנפל מקדושתיה ומה דהוה טהור סאיב ליה בגין דשליט על חילין דמסאבו. וכהנא דאיהו טהור כד הוה משתדל לקרבא ליה לעזאזל הוה מטהר לישראל מכל חובין דלהון כד"א כי ביום הזה יכפר עליכם לטהר אתכם וכו'. ואיהו דהוה טהור הוה מתטמא בההוא עזאזל והכי למי נדה. הוה כהנא מטהר לה. ואיהו הוה מסתאב עד עדן רמשא דהוה מתדכי. ועוד מטהרת את הטמא כד נולד משה אתמר ביה לגבי בת פרעה ותרא אותו כי טוב הוא דחמאת עמיה שכינתא. ומיד דנגעה איהי ביה אתדכיאת ואתסיאת מצרעתא דילה ומשה אתדבקת ביה צרעת כד"א והנה ידו מצורעת כשלג. דבההיא זמנא דנגעה ביה בת פרעה פרחת שכינתא מניה. ובגין דא כד בעא לאתקרבא לגבה בסנה אמרה ליה אל תקרב הלום של נעליך מעל רגליך. עד דיתפשט מההוא גופא דנגעת ביה בת פרעה תמן אחזי ליה דגופא דבר נש בהאי עלמא איהו צרעת ממשכא דחויא. לבתר דאתפשט מניה והדר לגנתא דעדן אתלבש בגופא קדישא דיליה ודא איהו והנה שבה כבשרו והכי אתלבש משה בה ודא איהו והנה שבה כבשרו כקדמיתא דאתמר ביה עצם מעצמי ובשר מבשרי. ובגין דא א"ל של נעליך מעל רגליך דא גופא דהוה ליה כנעל. ההוא דנגעה ביה בת פרעה ואתלבש באתרא. ובההוא זמנא אהדרת עליה שכינתא. ובגין דא אתחזי (נ"א אחזי) ליה

הא ודאי היו האורות הולכים ומתגברים והיו מתבטלים כולם ולכן לא רצו ליתן ברצו"ם וקטרגו עליו ואז הפילם למטה כדמוכח בפרק רבי אליעזר וכו"ת ההפלה ר"ת כדי שלא יינקו מן הקדושה ואחר כך ואתם למעלה ואין מ"ש בכדי מתוכם הקדושה כיון שאין נותנים חלק באדם ולכן הפילם עד זמן שאמר בלע המות לנצח ועל כן סיתא ל' בא לפתות את האדם ולרדתו אך כיון שאין לו חלק בו וכם כמו הוא דורו לנטות דלה שפול גם אדם כמוהו כי לא היה לו שום רחמנות עליו עכ"ל ובזה תבין, ת"ש כאן על' סיתא ל' דנפל מקדושתיה שהיה תחלה במדרגה דקדושה למעלה ונפל למטה במקום הנ"ס ובמקום שעומדים עתה הה לוג"ס והקלפות ומ"ש ומה דהוה טהור סא"ב ליה פירש ענין סא"ב ליה מה הוא ואמר הינו בגין דשליט על חילין דמסאבו כ' עתה יורד למקום הקלפות שהם חילין דמסאבו ונמלא ע"כ הוא סא"ב ואליו הם נ"ס שהיו דק"ס בי"א סיגי הקטורת שהם רוחות שבתוך ס"מ הנה ב' רידתו ונפילתו למטה נתעבו ונתגלו ב' ואחר שנעשו קליפות ממש **כד** נולד משה אתי' ב' ר' ותרא אותו כי טוב הוא דחמת עמיה שכינתא ומיד דנגעה ב"ה בת פרעה ליה אתדכאת כך לך לגרום ובספרים של הדפוס הגרסה אתמר ביה לגביה בת פרעה ותרא אותו כי טוב וזה טעות כי ותרא אותו ב' טוב אתי' על יוכבד אמו בעת שילדה אותו אך תבות בת פרעה שייכא למטה שאמר ומיד דנגעה ביה בת פרעה ובדפוס נשמטו תיבות תלמטה ונכתבו למעלה וזה ברור **ודא** אהו והנה שבה כבשרו פירוש כבשרו הראשון שהיא גופא קדישא דעליה כתיב בשנס הוא בשר והיו מ"ו מאה ועשרים שנה ואריז"ל בש"ס זה משה שעולה מספר

באתין

תקונא חד ועשרין

תלת טפין דמוחא עלאין דאינון יי"י ואתבלילו בחכמה בתבונה ובדעת א"ל ר' שים בסלע קנך דהא קשתא לגבך דאיהו אות הברית. אסתמר מגירין דיליה דאינון תלת וו"ו דסלקין ח"י בחושבן. ודא ח"י עלמין. קם תנא תניינא וא"ל הא תניא דמסייע לך ברומחא דאיהו כלילא מארבע פרשין ודא ו' דאיהו עמודא דאמצעיתא כליל שית תיבין דיחודא ורמ"ח תיבין דאתמר בה ושים בסלע קנך. דהא קרני פרה לגבך דאינון תרין נביאי קשוט עלייהו אתמר אצמיח קרן לדוד. ומצמיח קרן ישועה מסטרא דשכינתא אתקרי קרני פרה מסטרא דשור וקרני ראם קרניו. ואינון משיח ראשון ושני י' ו'. בית ראשון ושני ה"ה. ושכינתא נטלא פורפירא מאשא סומקא ואצטבעת בה ואתקריאת סומקא פרה אדמה תמימה. אדומה ודאי מסטרא דגבורה תמימה מסטרא דההוא דאתמר ביה התהלך לפני והיה תמים. אשר אין בה מום מסטרא דיעקב דלית ביה פסולת דאתמר ביה ויעקב איש תם יעקב דלעילא ובדיוקניה יעקב דלתתא. אשר לא עלה עליה עול משעבודא דגלותא בגין דאיהי שכינתא עלאה אתקריאת. ולא עוד אלא דאיהי אתקריאת שבת דאיהי אסור במלאכה בגין דאתקריאת חרות. ושלמה בגינה אמר אמרתי אחכמה והיא רחוקה ממני. בגין פרה אדומה דאיהי מטהרת את הטמא. ומטמאה את הטהור דאתעסק בה ורזא דמלה מי יתן טהור מטמא לא אחד מטהרת את הטמא מסטרא דימינא דכהנא מסטרא דימינא אתקרי איש טהור. בגין דיסטרא (נ"א דסטרא) דימינא איהי מיא דאורייתא. אף על גב דיהא טמא אתדכי בה. ומטמאת את הטהור דא גבורה דלסטרא סמא"ל

דלסטרא סמא"ל דנפל מקדושתיה ומה דהוה טהור סאב ליה בגין דשליט על אילן דמסאבו הבנת דברים אלו הוא ע"פ דברי רבינו ז"ל בספר הלקוטים בפרשת שמות דף ס"א ע"ג בענין אדה"ר קודם שנברא רצה השי"ת לתת לו העליון שיתנו לו כל עולם ועולם חלק ברצונם כדי שכולם ירחמו עליו ואם יחטא יפגום בכולם וכולם בקשו עליו רחמים ואם יזכה יגיע לו וישמחו בו כולם ולכן רצה שיתנו לו חלקם שנתנו לו זו"ן דעשיה אחיות פנים שבהם נפש ורוח מזו"ן דיצירה ונשמה מזו"ן דבריאה הרי בעולמות למטה וכן מעולם האצילות נפש ממלכות רוח מז"א נשמה מאימא חיה מאבא ועל כן אמר נעשה אדם נעשה לשון רבים שהעליונים והתחתונים יתנו כולם חלקם ברצונם בו וכן חיה והשיג אדה"ר חלק מכולם עד נשמה לנשמה מאבא דאצילות ולכן כשחטא פגם עד המחשבה כמובא בזוהר והנה סמא"ל וסיעתו לא רצו ליתן וזהו שקטרגו ואמרו מה אנוש כי תזכרנו כי הוא יתברך ה"ר רוצה שיתנו לו מן החיות שבתוכם וידוע כי החיות שבתוכם הוא בח' י"א סמני הקטורת ואם היו נותנים מאותו

דנפל

דא שברים. ואין קול ענות חלושה דא תקיעה. אלא קול ענות אנכי שומע. דא תרועה דסלקא בעגויא דא בתר דא בתרועה. ובגין דא אשרי העם יודעי תרועה אף על גב דשכינתא איהי בעגויא מימינא ומשמאלא. לית עגויא כעגוייא דבעלה. תרועה דאיהי תור"ה ע"ין אנפין. ואיהי תרועה דיליה ובגין דא *אשרי העם יודעי תרועה. ד"א קול ענות אנכי שומע. דא איהו עגויא דאנכי שומע. דאיהי צווחת בכל יומא לבעלה היא ובנהא וקראן ליה תרין זמנין ערב ובקר שמע ישראל. וכל בר נש דאית ליה עגוי משכינתא דאיהי עניא בגלותא רחיקא מן בעלה. וקרא ליה בכל יומא שמע ישראל דיהא נחית לגבה. ודאי עליה אתמר קול ענות אנכי שומע. קול דעגויא דהאי עניא אנכי שומע. קם חד בקירטא ודא שכינתא תתאה. וחד בקשתא דא ברית צדיק עליה אתמר שופ"ר הול"ך פז"ר גד"ל. גירין דילה אינון צדיקים דישראל דקבילו ברית. דבזכותיה נפקין מגלותא ורזא דמלה הא לכם זרע דאינון טפין. דא זרקא קמו תנאין ואמוראין דלעילא ובריכו ליה ואמרו מטרה (נ"א עטרה) תהא אגינת עלך מחצים בגלותא עלך אתמר לא תירא מפחד לילה מחץ יעוף יומם. וקשתא ותצא דסטרא דקדושה יגן עלך ותחת כנפיו תחסה צנה וסוחרה אמתו. צנה דא שכינתא תתאה. וסוחרה דא שכינתא עלאה. אמתו דא עמודא דאמצעיתא. קם איהו ואמר. תנאין תנאין. משנה תהא בעזרייכו ולא תשתניאו מרחמי לדינא. הלכה אזלת לימינא דלכון לאתגברא בה על שנאיכון. קבלה תתקבל צלותכון בריתא אפיקת לכון ולבנייכו מגלותא ומשעבודא ודינא דההוא דממנא על גלותא על בנייכו מיד דבריך לון סליק לאתריה. קם ר' שמעון בקדמיתא פתח ואמר תנא תנא אכתמר לך דהא קירטא לגבך ודא שכינתא ובה אזדריקו תלת אבנין. דאינון

מה שנשתמש בחצי השם שהוא י"ה כי משה מספרו הוד י"ה שנחסר לו רומז על שם כ"ה **משנה** תהא בעזריכו כרחא כיון שקם לילך ב"ך אותם באורבעה דברים הנרמזים באות ות בקם ה' שהוא ר"ת 'ברייתא קבלה משנה 'הלכה ומיד דבריך לון סליק לאתריה ובזכות המשנה ש"ש בשמה משמעות של שינו ברכם דלא תשתניאו מרחמי לדינא ובזכות ההלכה פסוקה שרלומדה זוכה לימינה של תורה וכמ"ש אורך ימים בימינה ברכם אזלת לימינא דילכון לאתגברא בה על שנאיכון כי התגבורת של האדם ה"א ביד ימין ובזכות הקבלה ברכם תתקבל צלותכון לפי המשמעות של הקבלה ובזכות הברייתא שיש בה משמעות של ברא וחוצה ברכם יצאו ממאסר הגלות לברא

* מח ע"א

לה לגביה אתקריאת ההיא נקודה קרית מלך רב. בההיא זמנא דסליקת ההיא נקודה בתרין ירכי מקבלין לה תרין דרועין דאינון כ' נהרות עלאין. וסלקין לה בעמודא דאמצעיתא. ודא איהו נשאו נהרות קולם תרין ירכין אזלין לה לגבי בעלה ותרין דרועין אינון מקבלין לה לגבי בעלה ובגין דא תרין נהרות אתמר בהון נשאו נהרות יי'. ותרין תניינין ישאו נהרות. ועוד אתמר כה סליקו ונחיתו כגוונא דא. כד סלקין לה לגבי עמודא דאמצעיתא אתמר ביה נשאו נהרות קולם. אבל כד נחתין לה לגבי צדיק אתמר ביה נשאו נהרות דכים. ומה דהוה סגולתא לעילא כגוונא דא ⸪ כד נחתא לגבי צדיק אתעבידת סגול כגוונא דא ⸫ ובג"ד מה דהות לעילא אתנטלת (נ"א אתחזרת) לתתא ובגין דא אתקריאת בצדיק דכים. ובה מים התחתונים בכאן. בגין דאינון תרעין הדמעה ועלייהו אתמר שערי דמעה לא ננעלו. ובגין דאיהי דמעה דלהון דכים ודאי. וצדיק בה ד"ך י"ם. והא אוקמוהו אל ישוב דך נכלם וביה אל דמעתי אל תחרש. ועלה אתמר צעקת בני ישראל באה אלי. תנועה דסליק לה לגבי בעלה דא רביע. ובההוא זמנא אתקרי זק"ף גדול ואיהי אתקריאת קרית מלך רב. ובאן איהו זקפא לגביה. בתרין נהרות דאתמר בהון ימינך יי' נאדרי בכח ימינך יי' תרעץ אויב. ועלייהו אתמר נעימות בימינך נצח מאי בימינך דא גדולה בההוא זמנא אתקרי זק"ף גדול. וכד נחתת בצדיק אתקריאת זק"ף קט"ן ומאי איהי תנועה דקא נחית לה דא רבי"ר. רבי"ע לימינא. ארך אפים על בינונים וביה איהו מאריך. תביר לשמאלא תבירו דחייביא חד סליק בתקיעה ומאריך בה. וחד נחית לה בשברים שלשל"ת דא תרועה קשורא דתרוייהו. דיוקנא דשורק דלתתא בשלשלת סלקא בשר"ק נחתא הא איהו סלם (נ"א חל"ם) דסלקא לעילא. והאי איהו סלם (נ"א חיריק) דנחתא לתתא. והיינו דרג"א תרי טעמי. וענויא דשכינתא. אף על גב דאיהי בתלת סטרין. בתקיעה דאיהי דינא רפיא רפ"ה. ובשברים דאיהי דינא קשיא דג"ש גבורה לית לה ענויא כענויא דבעלה. דאיהו תרועה שלשלת. ורזא דמלה אין קול ענות גבורה

דאורייתא. קול יי בכח דא קרע שטן. ודא גבורה. קול יי בהדר דא נגר״כש ודא תפארת. כסאו כשמ״ש נגד״י וביה אתמר למשה נגד כל עמך אעשה נפלאות. קול יי שובר ארזים דא במר״צתג ודא נצח קול יי חוצב להבות אש דא חקב״טנע ודא הוד. קול יי יחיל מדבר דא יגל״פזק דאיהו יסוד הר סיני. קול יי יחולל אילות דא שקו״צית ודא מלכות. רעיה אתמר למנצח על אילת השחר ודא איהו מסולות מים רבים. אדירים משברי ים אלין טעמי דאורייתא דאתמר בהו כל משבריך וגליך עלי עברו ואלין אינון זרק״א מק״ף שופ״ר הול״ך סגולת״א. *זרקא. קו דיוקנא דאת ו רישא דיליה י. תלת גלגלים סלקין (נ״א אית) ביה בימא דאורייתא ואינון סגול (נ״א סגולתא). וכל גלגל סליק לי׳ גלגלים לעילא והאופנים ינשאו לעמתם. ולזמנא דינשאו האופנים לעומתם מיד נשאו נהרות יי. תרין נקודין דאינון סגולתא סלקין לההיא נקודה חדא על גדפוי ואתעבידו י״ה. ודא איהו נשאו נהרות יי אינון ב׳ נקודין דא׳ י׳ לעילא וי׳ לתתא סלקין ו על (גדפוי) גדפין ולאן סלקין אלא חושבנא דלהון לחושבן שמא דיקו״ק. וכד סלקין לה על גדפייהו לקבלא עלייהו עלת העלות דנחית על גבייהו ועוד זרק״א איהו יפה נוף משוש כל הארץ איהו ז׳ יום השביעי ודא צדיק ואיהו ענפא מגופא דאילנא דאיהו עמודא דאמצעיתא הר ציון ירכתי צפון דא נקודא חדא י. (נ״א א) זעירא אות הברית. ועלה אתמר נשאו נהרות יי ומאי ניהו ירכתי צפון. דסלקין לה לגבה דיקו״ק דאיהו בעלה. וכד סלקין

ארבעה קול ה׳ בהדר דא נג״ד יכ״ש ודא תפארת כסאו כשמ״ש נגדי פ״רוש כסא וא״ו ר״ל כסא וא׳ ו שהוא התפארת הכולל ו״ק הוא כשמ״ש נגד י׳ אותיות אלו ר״ס אות ות״ש ס״ג נג״ד יכ״ש וביה אתמר למשה נגד כל עמך אעשה נפלאות הנה בשער הפסוקים בפרשת שמות כתב ז״ל הנה נתבאר כ״ס ת״ש של מי שמך לאיש שם יכ״ש שרוא אלו שם נג״ד כ״ש והוא אחד משם בן מ״ב להודע כ״ בשם זה של יכ״ש הרג את המצרי ולא נשתמש רק באלו השם הנז וז״ש רז״ל מלמד שהרגו בשם המפורש ולפיכך רוצרך לברוח מפני פרעה ולפת״ל ישתמש בו וז״ס מ״ש ה׳ עד כי יבא שילה בג׳ משה ושתמש בשם המפורש בר״ת כי יבא ש״לה ר״ת יכ״ש ואמר שמואל גם שם זה נרמז ל״ודעי מדע בפסוק אשגברו כי ידע שמי ר״ת יכ״ש ורמזו חז״ל לסוד שם המפורש הזה באומרם במשנה יומא היה אומר נגד שמא אבד שמיה ומלת נגד הוא אלי הראשון של שם הנז ורמזו חז״ל כי המושך אל השם האחרון מאבד שם אותו הא״ש הנזכר על״ו וממית אותו והיה נגד מלשון המשך כי תרגום משכו נגידו וכרית אלי רשם במש״ה למשה נגד כל עמך אעשה נפלאות ודי בזה ע״כ מזולתו ע״ש ובספר לקוטי תורה הנדפס כתוב וז״ל ולעת״ד יהרג בשם נג״ד וזהו נגד כל עמך אעשה נפלאות ע״כ ע״ש ובזה מובנים מ״ש כאן וב״ה אתמר למשה נגד כל עמך אעשה נפלאות שמבשרו ש׳ שתמש בחלי השם שהוא נגד לעתיד ובשמו הקב״ה משה נרמז לה

תקונא חד ועשרין

לגבי מאן סלקאן ליה לגבי אימא עלאה דאיהו כ"ה בימינא וכ"ה בשמאלא ערב ובקר. ואינון תמשין תרעין דבינה קראן ליה בהון דנחית לגבי צדיק וצדק דאיהו ד"ך בשוקא ימינא ואיהי כדה על שכמה בשוקא שמאלא דאינון תרין סמכי קשוט. ובגין דא ישאו נהרות דכים דך ים. ואיהו דך בכ"ד אתוון דבשכמל"ו דערבית. ואיהו דך בכ"ד אתוון דשחרית ודא דמלה ושמתי כדכ"ד שמשותיך ואיהי כדה בתרוייהו. ואל ישוב ד"ך נכלם וצריך דלא אשתמע קלא בההוא דך אלא ישאו נהרות. נשאו לא כתיב אלא ישאו. בגין על כתף ישאו. בההיא זמנא ותמלא כדה ותעל. ותאמר שתה אדני וגם לגמליך אשקה. אלין אינון דמ"ח תיבין דארבע פרשיין דיחודא דק"ש דבכלהו אינון דמ"ח אברים דכלילן בברית דאיהו צדיק. כלהו אתשקיין ע"י שכינתא דאיהו כ"ד ים כ"ד ספרין דאורייתא ודאי אינון כ"ד דאתמלי מן ימא עלאה דאורייתא דאיהי כלילא דחמשין אתוון דיחודא דאינון כ"ה וכ"ה דמיחדין בהון לקב"ה ב' זמנין. וכד סליק י"ם חמשין. דא איהו ישאו נהרות דכים בהפוך אתוון דך ואיהו כ"ד ודך איהו צדיק בהאי כד. בגין דאיהו תבירא בגלותא. שכינתא דאיהי כד עליה אתמר לב נשבר ונדכה אלהים לא תבזה. צדיק איהו דך במיא דאורייתא. ואיהו כתית במשחא דאורייתא הה"ד שמן כתית. אימתי בזמנא דאסתלק ו' מן ה ואשתארת ד' דלה ודאי ובגין דא שמן כתית דביעית ההין רביעית ה"א ודאי דאתחזרת דל"ת. וההוא כתית איהו ו' זעירא שלימו דה'. ועליה אתמר ביני ובין בני ישראל אות היא לעולם אות ה' ודאי ובגין דא אתקריאת ה' על שמיה יום הששי ה"א דששי. מקולות מים רבים. אלין ז' (קלין) שמהן דמתפלגין לז' נהרות וכלהון מתפלגין בההוא נהר דנפיק מעדן. ואינון הבו ליי'. שבע אינון דאזלין על שבע שמהן דאינון אבג"יתץ וכו' ואינון ז' ספידן קול יי' על המים דא חסד ואיהו אבג"יתץ דמתמן מיא

רומז ליוה"כ שהוא וס עשור העליון שבימי השנה **ואשתארת** ד' דלת ודה פירוש דלת ודה כלומר לשון דלות ואמר עוד ובגין שמן כתית רביעית ההין רביעית ה"א וד' פירוש ההין נעשו רב ע"ה דה ו' דל"ת שתספיר דאורייתא

ומבועין. וכד נחתא קליה נחתא על כל אינון נחלין ומבועין דאורייתא הה״ד נשאו נהרות יי נשאו נהרות קולם נשאו נהרות אלין אינון ב׳ נקודין דאינון צר״י מאן איהו דסליק על גביידהו בתרין דרועין דא חול״ם. וביה אתעבידו סגולת״א. ומאן איהו דנחית תחותייהו בב׳ שוקין דא חיר״ק וביה אתעבידו סגו״ל. בההוא זמנא נשאו נהרות קולם דאיהו קול יעקב. קול השופר. ולאן סלקין ליה לגבי אבא ואימא. וכד נחית נחית בתרין נקודין דאינון שב״א תרי ירכי קשוט הה״ד ישאו נהרות דכים כגון על כתף ישאו ואבא נחית בצדיק דאיהו שור״ק בנקודת חיר״ק חדא כי שם חלקת מחוקק ספון קשורא דתרין ירכין דקשוט דאיהו דכים דך ים דך דכליל כ״ד אתוון דיחודא. תניינא עליה אתמר אל ישוב דך נכלם. דך איהו בכ״ד ספרים דאורייתא ושכינתא וכד״ה על שכמה וכד צדיק איהו מלא מעמודא דאמצעיתא דאתמר ביה ותמלא כדה ותעל סליקת האי נקודה דאיהו הד שור״ק על תרין דאינון שב״א ואתעבידו שור״ק בתר דאיהו מליא מסטרא דיליה ומסטרא דעמודא דאמצעיתא אתמר בשכינתא ותמלא כדה ותעל ותורד כדה מעל שכמה כל הכורע כורע בברוך ותמלא כדה ותעל כל הזוקף זוקף בשם סליקת ודאי מגלותא לגבי בעלה בהאי שעתא*איהי אמרת לגבי צדיק ותאמר שתה אדני וגם גמליך אשקה דאינון גמולי מחלב ועוד חול״ם אתקרי עמודא דאמצעיתא לגבי מוחא וחיר״ק לגבי לבא. שור״ק אתקרי בקשורא דתרוייהו. ועוד חול״ם אתקרי בכל סטרא דימינא. הה״ד על כל קרבנך תקריב מלח וחיר״ק אתקרי בכל סטרא דשמאלא. ואיהו שור״ק קשורא דתרוייהו. ועוד חלם אתקרי באימא עלאה יום הכפורים דאיהו עשור וביה יהא מוח״ל וסולח חובין דעמיה וחיר״ק אתמר באימא תתאה. וביה חור״ק עליו שניו על סמא״ל דאשתעביד בבנוי דשכינתא בגלותא. ד״א נשאו נהרות קולם דא תרין זמנין דמיחדין ישראל לקב״ה וסלקין ליה ביה קלא ערב ובקר וצהרים דאינון ימינא ושמאלא בתרוייהו סלקין קלא דאיהו עמודא דאמצעיתא

קשר ונקודה ג׳ תולדות אלו כנגד ג׳ חלוקות שיש בו שהם ח׳ לון תיכון פנ״מ ועוד חולם אתקרי באמא עלאה יום הכפורים דאיהו עשור פירוש כי החולם הוא י׳ ד׳ שמספרה עשרה והוא נקודה עליונה עומד בראש ולכן

* מז ע״א

ועמיה איהי שכינתא ריב. והאתנים אלין תרי תנאי. אתנים בהפוך אתוון תנאים מוסדי ארץ אלין צדיק וצדק. ד"א שמעו הרים אלין ג' נקודין דאינון סגול והאיתנים אלין תרין נקודין דאינון צרי. ועוד שמעו הרים מאן הרים אלין תלת נקודין תניינין דאינון שורק ואיתנים אינון תרין נקודין תניינין דאינון שב"א. מאי ריב י' דא חירק. ריב י' לעילא חולם, ריב י' לתתא חיר"ק. תרי ריבות אינון על שור"ק דאיהו (חד) צדיק כשורא דתרוייהו (עמודא דאמצעיתא) כד איהו מתרחק מניהו איהו ריב. וכד מתקשר בין תרוייהו איהו רבי. ואיהו קשר. הה"ד ונפשו קשורה בנפשו. ועוד תרי ריבות אינון חד צדיק וחד עמודא דאמצעיתא. חד איהו ריב בין אבא ואמא דאינון קמץ ופת"ח דא עמודא דאמצעיתא איהו דיב ביניהו (נ"א דאינון ריב בין ארא דאינון קמץ ופתח ואמאי אינון ריב בינייהו) בגין שכינתא דלית לה מזונא בגלותא בגין דתרעא איהו פתח דאתמר ביה פותח את ידיה דאיהו י' חכמה קמץ סתום עליה אתמר פותח את ידך ומשביע לכל ח"י ודא ח"י עלמין דאיהו כליל ח"י ברכאן איהי חרב ויבש בצלותא דאיהו שכינתא ובגין דא איהו צלותא יבשה בגינייהו איהו ריב בין אבא ואמא וכד אתפתח קמ"ץ בפת"ח דאיהו תרעא דיליה עמודא דאמצעיתא נהית מלא ומהלך ה' מאה שנין עד דמטו בח"י עלמין (דאיהו כליל ח"י ברכאן) ואתמלא מניהו ומניה אתשקייא לשכינתא דאיהי צלותא ומאי דהוה יבשה קרא לה ארץ הה"ד ויקרא אלהים ליבשה ארץ למעבד פדין ואיבין דאינון ארעא קדישא דישראל לתתא הה"ד ויאמר אלהים תדשא הארץ דשא ועמודא דאמצעיתא כד סליק לאבא ואימא לנחתא מזונא מתמן קליה סלקא על כל אינון נחלין

הוי"ר שבע פ' מאן הרים אלין תלת נקודין תניינין דאינון שור"ק* נראה דספר התיקונים מכנה לנקודת הקיבוץ לפעמים בשם שור"ק ועיין לעיל (דף ע"ג ע"ב) דאמר כד סלקא על גדפייהו דתרין נקודין שב"א אתעבידת שורק וכ"כ בילון בשם רב נחמן ז"ל דאמר בתיקונים (דף ז') שור"ק נקודותיו קבוץ ולר' י' ע"ש ועיין מ"ש גם ד' לעיל (על דף ע"ל ע"ב סג"ז) ולקמן בסוף העמוד הזה ג"כ איתא כהאי לישנא דלעיל דאמר סליקת האי נקודה דאיהו חד שור"ק על תר, דאינון שב"א ואתעבידו שור"ק ריב י' לעילא חולם ריב י' לתתא חיר"ק פירוש החולם הוא י"ד וכן החירק הוא י"ד ולכן דריש ריב על חולם ועל חיר"ק והיינו רב יו"ד ורב לשון מריבה כמו הוי רב את וגו' איהו רבי ואיהו קשר נ"ב שלשה אותיות אלו רמוזים בשור"ק שהוא ר"ת שלום רבי ומבועין

ותתכין לון לכמה סטרין ולבתר מתקנין לון בכמה פרוקין לאתחזאה בהון
מטרוניתא קדם מלכא בההוא זמנא דאיתיה לזכור ברית עולם ואלין
אנון לבושין דכהנא דאנון ארבע בגדי לבן וארבע בגדי זהב ואית פסקות
מאלין מארי תריסין דקא אתיין לבי מדרשא דפסקין ותתכין בהון. בלישנהון
דאינון כרומחין וסייפין. ואלין אינון פרשין ותסיפין כמגיחין קרבא
בימא וביבשתא דאינון אורייתא דבכתב ואורייתא דבע"פ זכאין אינון
אם מלכא בינייהו דאיהו עמודא דאמצעיתא כליל תרין תורות דאנון
תורה שבכתב ותורה שבע"פ דאתייהיבו מימינא ומשמאלא דביה
נצחין קרבא. ווי לון לאלין דיעלון לאגחא קרבא בתרין תורות בלא
מלכא דעלייהו אתמר אין אמר ואין דברים בלי נשמע קולם. כל
בעלי אומניות משתבחין בתורה שבע"פ ואיהו מלגאו הה"ד כל כבודה
בת מלך פנימה. איהי הלכה דמלכא כד איהי אזלת גביה בתרין
שוקין דאינון תרי סמכי קשוט. וכד סליקת בגופא בתרין דרועי
דמלכא אתקריאת הבדלה. וכד נשיקת ליה בפומיה אתקריאת
אורייתא דבע"פ בההוא זמנא דסליקא לפומא דמלכא מיד יתקיים
ברעיא מהימנא פה אל פה אדבר בו. כד קמת על רגלהא
בגלותא בתראה אתקריאת הלכה למשה מסיני. וכד שריא בדרועי
דמלכא *אתקריאת קבלה למשה מסיני. וכד שריא בפומא דמלכא
מיד פה אל פה אדבר בו. וכד איהי מרחקא הלכה ממשה שכינתא
איהי ריב ליי' לתתא וכד לאו איהי בדרועי קבלא איהי ריב לעילא.
ובגין דא שמעו הרים את ריב יי' אלין תלת אבהן. מאי ריב דלהון
דא שכינתא, ובהפוך אתוון ר"ב איהו רב"י. דאיהו רבי מארץ ישראל

ומחלוקת נ"ב שער עולה מספר שדי וידוע דשם שדי הוא משדד המערכות גם א' פה בזוה"ק שם שדי *בתווך
מבריח לשדים ולמזיקים וידוע דכל קוש' ומחלוקת בה"כ בא"ם מצד הקל' פום וכו' ע"ש דף ו' האר"י ז"ל בשער רוה"ק
דעלייהו אתמר אין אומר ואין דברים בל' נשמע קולם ל"ב הזווג מכונה בשם אמירה ומכונה ג"כ בשם דברים
בסוד דאור מדברת אך זווג עליון דחו"ב מכונה בשם אומר וזווג תחתון דתו"מ מכונה בשם דברים וכ"ומר תורה
לשמה עושה זווג עליון וזווג תחתון ולכן על אלה הלומדים שלא לשמה דאין מלכות בינו כתיב אין אומר ואין
דברים שאין עוסקין בעסק התורה שלומדים לא זווג עליון ולא זווג תחתון בלי נשמע קולם קול תפארת ומ"ם
מלכות נשמע לשון וישמע שאול את העם קולם קול מ"ם כל בעלי אומניות משתבחין בתורה שבע"פ פ' רזה
הצדיקים שעושים כמה מיני תיקונים ובני נים ויחודים למעלה כל אחד כפי כוחו וכפי שורש נשמתו קורא אותם
בעלי אומניות דאלו הם אומניות רוחניות שהם למעלה וכל מיני תיקונים ובנ"י ויחודים תלוים ונעשים ע"י
ועמיה

* מו ע"ב ** במזווד

תקונא חד ועשרין

שאלה איהי בפומא דמלכא הה״ד שאל אביך. ותיובתא לגביה הה״ד ויגדך. ובה בר נש שואל כענין ומשיב כהלכה. שמעתתא איהי בלבא דתמן מחשבה תיקו איהי כד אסתלק מלכא מינה הה״ד נאלמתי דומיה החשיתי מטוב. ובה צלותא בחשאי. וכד איהו תיקו אתמר בה אז יקראונני ולא אענה. כד שריא בה יקו״ק אתקריאת הגדה. בההוא זמנא אז תקרא ויי׳ יענה. שטה אתקריאת כד לא יהא קושיא ומחלקת הה״ד כל גיא ינשא וכל הר וגבעה ישפלו. והיה העקב למישור. פסק אתקריאת מכמה גוונין אית בני נשא דמשתדלין באורייתא דבעל פה לשמה ואינון בעלי אומנות לגבה. אית דפסקין בה אבנין כטורין וסלעין תקיפין ולבתר דפסקין לון מתקנין לון בכמה פרוקין ועליידהו אתמר אבנים שלמות תבנה ועבדין בהון כמה בניינין למלכא ולמטרוניתא לדיירא בינייהו אית פסקות דאינון לבושין דמטרוניתא

עבדא ריב בשביל אינו, מסכנין **שאלה** א״ה בפומא דמלכא הה״ד שאל אביך וכו׳ פירוש כל השואל שאלה בבהמ״ד על ההלכה נמשך להשואל בהלכה אור וכח דשפע״ר ש״א עוונות כשאינו לשאל שלא כהוגן, אלא יה״ר לו השגה באותו דבר שהוא שואל בו כנ״ל, וגם יש לא מעך שפע אור וכח השגה לזה הנשאל שהוא זוכה להשיב בהלכה דר״ו שזוכה להשיב תשובה נכונה ושפע כח השגה הואת לשואל ולהשיב נמשך מן אור פומא דמלכא שהוא התפארת שרות אביך הקרא מלכא בשתם לפומא של השואל שהוא שואל כנ״ל, ולפומא של המשיב שהוא משיב בהלכה ומ״ש ותיובתא לגביה הה״ד ויגדך פירוש גם ריש ותיובתא שאומרים בבהמ״ד שפע השגתה נמשך משם שהוא התפארת שהוא אביך ודרש ויגדך על התיובתא עד שאמרו לו על פסוק ותגד לבני ישראל דברים קשים כגיד, **שמעתתא** א״ה בלבא דתמן מחשבה פירוש כל הלכה ברורה שאין עליה שאלה ותשובה דאתיא בקיאות נמשך שפע כח השגתה מן לבא דמלכא שהוא התפארת ורק שפע כח השגת שאלה ותשובה נמשך מן אור פומא **תיקו** א״ה כד אסתלק מלכא מינה פירוש תיקו שיה׳ בבעיא האמורה על ההלכה שהיא סוד הכלה הנ׳ וגה יורה דאסתלק מלכא שהוא דתפארת מן הכלה שהם ההלכה ולכן לא נשפע כח השגה לתתאי׳ם לפשוט את הבעיא דבעו בהלכה למטה בבהמ״ד ונשארה בתיקו ותביא ע׳ זה פסוק נאלמתי דומיה שלא היה לי להשיב תשובה על הבעיא לפשוט אותה מפני כי החשיתי מטוב דאסתלק השפעת מלכא מן הכלה שהיא סוד ההלכה **ובה** צלותא בחשאי פירוש לצורך תיקון הכלה הנ״ל וגם דאסתלק מלכא מינה תקנו התפלה בחשאי כי דתפלה היא כדי לחבר הכלה עמה ולכך לך בחשאי כדי שלא ירגישו המקטרגים ולא יעכבו בתיקון שאנחנו עושים בתפלה ואמר עוד כד איהו תיקו אתמר בה אז יקראונני ולא אענה פירוש אם ישארה בבח תיקו שהוא הורא״ר דאסתלק מלכא מינה אז באותה שעה שנשאר הדבר בתיקו אתמר אז יקראונני ולא אענה שאם אותה שעה תפללו על א׳ זה דבר לא תקובל תפלתם דא, אותה שעה מסוגלת לתפלה **כד** שריא בה הוי״ה אתקריאת הגדה פירוש שם הוי״ה הוא כולל ה׳ בחינות שהם קוצו של יו״ד וארבע אותיות שהם חמשה פרצופין ובזה פ׳ דבת טעם לשבח מה שנוהגין העולם כשכותבין בספר יקודש הן בדפוס הן בכתב יד כותבין אות ה׳ שרות ש׳ מן של שם הו״ר והדבר יפלא למה כותבין אות ה׳ לשם מן ושלא א׳ אות ה׳ א׳ הוא ראשון באותיות השם ורק אות יו״ד ראשון, ולזה ידק מה שנוהגין לכתוב ב׳ יודין לשם מן ובזה ניחא כי שם הוי״ה כולל חמשה פרצופין שהם בקוצו של יו״ד ובארבעה אותיות ולז״א כאן כד שריא בה הוי״ה אתקריאת הגדה שהוא הגד ה׳ א׳ הגד לשון המשכה ה׳ הוא שם הוי״ה גם הגדה גי׳ מ״ב כמנין שם הוי״ה ביד״ק שעולה ... כ״רוע **שטה** אתקריאת כד לא יהא קושיא ותתכין

מסכנא. ומאן איהו מסכנא דעבדת ריב בגיניה דא מסכנא דאיהו מסטרא דצדיק וכ"ש בר צדיק דאיהו חרב ויבש בח"י ברכאן דצלותא וצווחין לגבי קב"ה. ואתמר לגבייהו אז יקראנני ולא אענה וכמה דשכינתא תתאה איהי ריב על צדיק דאיהו ח"י עלמין חרב ויבש (חרב מבי מקדשא. ויבש מנסכים ועולות) הכי איהו ריב שכינתא עלאה בגיניה עם קב"ה ועלייהו אתמר דברי ריבות בשעריך ובזמנא דתרוייהו אינון ריבות בגיניה עם קב"ה. קב"ה צווח לגבי ישראל לתתא או יחזק במעוזי יעשה שלום לי שלום יעשה לי. תרי שלומים לקבל תרי ריבות וקשיא איהי לה מכלא אפרשותא דקב"ה *מניה. ודא איהו מחלקת לש"ש. וכד נפילת נפילת לרגלוי הדא הוא דכתיב ותגל מרגלותיו ותשכב. ואתנפלת קדמיה בנפילת אפים בגין צדיק דאיהו ח"י עלמין עני בגלותא וצדיק כד איהו לבר מאתתיה אתמר ביה נשקו בר פן יאנף. ושכינתא כד איהי לבר מאתרהא אתקריאת ברייתא איהו בר ואיהי ברייתא.*דשבת דאתוסף לעני דאיהו צדיק יום השבת ודאי. הלית ליה מדיליה אלא נשמתא יתירה דאתוסף לגביה. בגין שכינתא אתקרי איהו מוסף שבת.

ובההוא זמנא אתקריאת איהי תוספתא מסטרא דיום שבת כמה תוספות נחתין עמה לתלמידי חכמים דאתקריאו נשמות יתרות כדאמרן נשמת כל חי תברך את שמך יי' אלקינו וכו' ואלין (אינון) דמתוספאן לעמא קדישא בערב שבת ירתין לון ת"ח ביומין דחול. ובהון אתעביד חול קדש. ואלין אינון תוספות דקא נחתין מתוספתא דודאי שכינתא איהי תקונא דגופא דקב"ה. איהי ברייתא כד אתמר בה ותגל מרגלותיו ואיהי תוספתא מסטרא דח"י עלמין דאיהו מוסף שבת. ואיהי משנה מסטרא דגופא משנה תורה ודאי. ואיהי התכפא מסטרא דדרועא ימינא דמלכא הה"ד ימינך יי' נאדרי בכח. בכח תרגום בתוקפא. הצרכה איהי מסטרא דשמאלא ובדרועא שמאלא אחיד בה ובדרועא ימינא אתקן בה ויימא קומי שבי ירושלם ועוד מסטרא דימינא איהי תוקפא לבר נש ומסטרא דשמאלא יהיב לון צרכיהון בארע מדברא.

תקונא חד ועשרין

עַנְפִּין דְּשׁ' דְּשַׁבָּ"ת בַּ"ת יְחִידָה, אִיהִי נְקוּדָה בְּחָלָל דִּילָהּ. וְאִיהִי חָג דְּכֹל (נ"א דְּכָלִיל כֹּל) יוֹמִין טָבִין. עָלָהּ אִתְּמַר הַיּוֹשֵׁב עַל חוּג הָאָרֶץ. אֲבָל נִשְׁמָתָא יְתֵירָה בְּשַׁבָּת וּבְיוֹמִין טָבִין וּבְכָל מוּסָפִין אִיהִי אִימָּא עִלָּאָה תּוֹסֶפֶת רוּחַ הַקֹּדֶשׁ. צְלוֹתָא דְּשִׁית יוֹמִין דְּחוֹל תְּלַת זִמְנִין בְּכָל יוֹמָא אִיהִי שְׁכִינְתָּא תַּתָּאָה כַּלָּה דְּתַמְנֵי סְרֵי צְלוֹתִין תְּלַת זִמְנִין בְּיוֹמָא סַלְקִין בְּו' יוֹמִין חַ"י וְעַל שְׁמֵיהּ אִתְקְרֵי תְּפִלַּת כָּל פֶּ"ה בְּיוֹמִין דְּחוֹל אִיתֵי לָהּ מְזוֹנָא עַ"י שְׁלִיחַ אֲבָל בְּשַׁבָּת וְיוֹמִין טָבִין אִיתֵי לָהּ מְזוֹנָא עַ"י דְּקֻבָּ"ה. וַוי לְאִתְּתָא דְּאִתְפַּרְנְסַת עַ"י שְׁלִיחָא וְהָא אוֹקְמוּהוּ בְּיוֹנָה דְּאָמַר וְהִנֵּה עֲלֵה זַיִת טָרָף בְּפִיהָ. וְאַמַּאי עֲלֵה זַיִת אֶלָּא אָמְרַת יוֹנָה רִבּוֹן עָלְמִין תְּהֵא מְזוֹנָא דִּילִי מְסוּרָה בְּיָדָךְ וּתְהֵא מְרִירָא כְּזַיִת וְלָא תְהֵא מְתוּקָה וּמְסוּרָה בְּיַד שָׁלִיחַ וְשָׁלִיחַ בְּהַאי אֲתַר דָּא מְטַטְרוֹ"ן וְעוֹד שְׁכִינְתָּא אִתְקְרִיאַת צְלוֹתָא דְּפִסְחָא מִסִּטְרָא דִּימִינָא צְלוֹתָא דְּרֹ"ה מִסִּטְרָא דִּשְׂמָאלָא. צְלוֹתָא דִּשְׁבוּעוֹת מִסִּטְרָא דְּאֶמְצָעִיתָא. יקו"ק אִיהוּ בְּכָל אֲתַר לְקַבְּלָא לָהּ (וְלִתַמְנֵי מָאנֵי קְרָבָא). ד"א שִׁמְעוּ הָרִים אֶת רִיב יְיָ. מָאן רִיב יְיָ וּמָאן הָרִים רִיב ה' דָּא שְׁכִינְתָּא. הָרִים אִלֵּין אֲבָהָן רִיב אִיהִי קְטָטָה וּמַחְלוֹקֶת לְקֻבָּ"ה עַל בְּנָהָא דְּאִינוּן בְּגָלוּתָא. וּבְזִמְנָא דְּלָאו אִנּוּן בְּגָלוּתָא אִיהִי רִיב לְגַבֵּיהּ עַל אִנּוּן מִסְכְּנִין דְּאַזְלִין מִתְתָּרְכִין מֵאַתְרַיְיהוּ בְּגִין דְּיַדְהֶם עֲלַיְיהוּ וְקָרָא אוֹכַח הה"ד אוֹ יַחֲזֵק בְּמָעֻזִּי יַעֲשֶׂה שָׁלוֹם לִי שָׁלוֹם יַעֲשֶׂה לִּי. תְּרֵי שְׁלָמֵי חַד עִם שְׁכִינְתָּא דְּאִיהִי רִיב לְגַבֵּיהּ עַל

וכאשר פרש אותם רבינו האר"י ז"ל בשער מאמר רשב"י בבראשית ע"ב **אבל** נשמתא יתירה בשבת וכו' מים טבין ובכל מוספין הנה בודאי אין נשמה יתירה אלא בשבת ולא ביו"ט ולכן אין מברכים על הבשמים אלא במוצאי שבת ולא במוצאי יו"ט והא דאיתא כאן ימים טבין ובכל מוספין, הי"נו שיש דארה תוספה ביו"ט ובעת מוסף של ר"ח ושל חוה"מ ולזאת הדאגה קורא אותה בשם נשמה יתירה בלשון מושאל אבל ודאי וברור דאין של נשמה יתירה ממש אלא רק בשבת **כללא** דתמני סר צלותין תלת זמנין, ביומא סלקין *בששא ומין ח"י פ"רוש בששת ימי דחול יש בכל יום שלש תפילות נמצא הם י"ח תפלות ובכל תפלה יש י"ח ברכות אשר תקנו אנשי כנה"ג נמצא הם ח"י ח"י כלומר ח"י פעמים ח"י וז"ש חזקיהו הע"ה חי חי יודוך וכו' ומ"ש על שמיה אתקרי תפלת כל פה פ"רוש דאלנ י"ח תפילות אע"פ דכנה"ג תיקנו בכל תפלה י"ח ברכות הנה אח"כ בזמן התנאים אמר תרבן בית שני הוס פו ברכה אחת שהיא למלשינים וכו' ונעשו י"ט נמצא סך הכל בששת ימי החול הם קל"ו ברכות רמז לדבר הקול קול יעקב ומספר כל פה עם הכולל קל"ו ולזה"א ועל שמיה אתקר תפלת כל פה ר"ל על שמיה דחול הכי אתקרי כי סוף דבר תפלות של חול הם מספר כל פה **איהי** קטטה ומחלוקת לקב"ה על בנהא דאינון בגלותא פירוש עבדא קטטה ומחלוקת לפני הקב"ה עם כוחות העומדים לקטרג ולהשטין כמ"ש ויבואו בני האלהים להתיצב על ה' ועבדא עמהם קטטה ומחלוקת לפני הקב"ה דית"ש לקב"ה הכונה לפני הקב"ה ובזמנא דלאו אינון בגלותא ג"כ

מסכנא

* בששת

למיכל קרבנא דיליה . ווי ליה טב ליה דלא אתברי בעלמא. ועליה
אתמר גם בלא דעת נפש לא טוב . וכד סלקא שכינתא בצלותיה
כמה חיון ומרכבתא וגלגלי דכורסייא כלהו יתערון לגבה בנגונא
בחדוה. וכלהו גדפיהו פתיחי לקבלא לה. והא אוקמוהו ופניהם
וכנפיהם פרודות מלמעלה וכד סלקא סלקא כיונה. וכד נחתת נחתת
כנשרא דאיהי מטרוניתא דלא דחילת מכל עופין דעלמא. ונחתא
בכמה מזונין לבנהא הה"ד כנשר יעיר קנו על גוזליו ירחף. מאן גוזליו
אלין אינון ישראל דאינון כגוזלייא מצפצפין לה בכמה צפצופין דצלותא
ונחתת לגבייהו. לכל חד נחתא ליה מזונא כדקא יאות ליה. למאן
נחתא מזונא דאורייתא דאיהי מזונא דנשמתא. למאן נחתא מזונא
דגופא. לכל חד כפום רעותיה ד"א אם תשכבון דא אימא עלאה דאיהי
צלותא דשבת דצריכין שפוון לקבלא לה בע"ש דאיהי נשמת כל חי
איהי נחתא על ראש צדיק דאיהו יום השביעי. לשון למודים קרינן
ליה. ואיהי שריא עליה בין תרין שפוון דאינון נצח והוד. ושבת איהי
פה (נ"א פתח) דאתפתחא בע"ש לקבלא לה בהאי צלותא דשבת. דהא
צלותא דשבת אתקריאת קבלה. ומינה מקבלין כל ספירן דין מן
דין. ובה צלותא דבר נש מקובלת קדם יי'. ואיהי צלותא דעשרת ימי
תשובה, ואיהי ה' עלאה דתקינו בה חמש צלותין ביומא דכפורי. אבל
שבת איהי שכינתא תתאה כלילא מתלת אבהן דאינון תלת

ודא מן המדבר ודא ר"ל מן הדבור בלבד בלא לרוף תשובה **וכד** סלקא סלקא כיונה פירוש כיונה שהיא
מזדווגת לבן זוגה אחר כך בגמ"ח כך סלקא בלתי תערובת סגים ומזונים ומזדווגים עמה תפלות אחרים שהם
יתוקנים ועיידים בירומו של עולם ולא מתערבין עמה דברים בטלים וכד נחתת בסוד אור חוזר נחתא כנשרא
שאין שולטין בו עופות אחרים כי הוא גבור ומובדל מכולם כן כאן אין של טה לה לוגים באור חוזר היורד ונמשך
יין הפתפלר על ד מגרונתא ה"א הסכנה **ואיהי** צלותא דעשרת ימי תשובה פירוש בצלותא דעשרת ימי
תשובה דר ו מתקבלית ביום שבת כמו צלותא דעשרת ימי תשובה מפני כי בשבת נמשך נועם מן רבינה שר"א ה
עלאה אמא עלאה בסוד ור נועם ר אלר נו גלנו ובעשרת ימי תשובה מתקבלת וחד רתפלה אע"ג שה"א של
חד דכתב דלעו ר' בסילאו וה כו מחמת ראירת בגנה עלאה הנמשכת בימים ההם וא"ה ה עלאה דתקנו בה
חמש צלותין ביומא דכפור **ואמר** עוד אבל שבת א"ה שכינתא תתאה פירוש אע"פ שאמרת לך דמתקבלא
צלותא ביום שבת מכח ראירת הבר ר"א יחא עלאה אל תחשוב שיום דשבת עליו הוא כמו עשרת ימי תשובה או
ור"כ אי"א ודא דרשבת רוא שכ יתא הכתר שה"א המלכות ורק שמתא ת"ה שר"א בסוד נועם רבינה על
כן שעת רצון לקבלת רתפלות בשבת והר מ"ץ הכול גן כי שער תפלה רם בכ"ר עילאה כידוע בסוד הכה
ושם ס כידוע ועי' אי"ו ר ס של ב ה שהם בכי ודש יע' רישון הא ר סוד ותר שכוון רם נח יחיד

הם מדברים ואני אשמע זכאה איהו מאן דלא מעכב מטרוניתא לסלקא למלכא. דכל מאן דאיהו צלותיה שגורה בפומיה בלא עכובא ההוא ממהר מטרוניתא למלכא. ווי לון לבני נשא דאינון אטימין לבא ועיינין, דלא משתדלין למנדע ביקרא דמאריהון. לרצויי ליה בשכינתיה בכמה תחנונים ופיוסים. לנחתא ליה לגבי שכינתא. כל שכן לאתערא ביה רחימו לגבה. כמה דתקינו הבוחר בעמו ישראל באהבה. וכד קיימין קדמיה צריך למיקם קדמיה בדחילו. זכאין אינון ישראל דידעין לפייסא למאריהון כדקא יאות. ולחברא בפומייהו בצלותהון תרין שמהן אלין דאינון יאקדונק"י דבההוא זמנא א"ז תקרא וי' יענה וי' הוא ובית דינו. ודא שכינתא (נ"א ודא חכמתא עלאה ושכינתא) (נ"א חכמה עלאה ותתאה ודא איהו רזא אם תשכבון בין שפתים. דאיהי קרבנא דקב"ה דודאי שכינתא איהי קרבנא דיליה. ובג"ד תקינו צלותא בקרבנא. היא העולה ודאי. זכאה איהו מאן דסליק לה לגביה כדקא יאות. דאיהו שאיל בגינה מי זאת עולה. עולה ודאי מן המדבר מן המדבר ודאי. דפומוי חשיב קודשא בריך הוא כטורא דסיני. ובג"ד מי זאת עולה מן המדבר וגו' מקטרת מר דא צלותא דשחרית דתקין אברהם דהוא מר. ועוד מקטרת מר צרור המר דודי לי ודא נצח דסליק לה בימינא. הה"ד נעימות בימינך נצח ולבונה דא הוד דסליק לה בגבורה מכל אבקת רוכל. דא צדיק דסליק לה בעמודא דאמצעיתא ואם לא סלקא שכינתא בצלותיה קרבנא לקב"ה הא כלבא קא נחית

זהו שעומדים ב' תרין שלא עזב הלב את הפה ויצא לחוץ אז אני אשמע שאקבל תפלתם ברצון זכאה איהו מאן, דלא יתעכב מטרוניתא לסלקא למלכא כי מי שאין תפלתו שגורה בפיו אלא לבו מהרהר בדברים אחרים אז תפלתו אינה עולה למעלה במקום הראוי לה לעשות תיקון הייחוד לה אלא נשארת במקום הוא עד שתבא תפלה אחרת של מה שאינו של אחרים ותעלה עמה ויש תפלות שהם מתעכבים כמה וכמה זמנים וכנו' בזוה"ק ונמצא ממילא התיקון שעשה למטרוניתא על ידי תפלתו של אותו אדם כפי הנוגע ומגיע לשורש נשמתו רצה הוא ג"כ מתעכב כי כל אחד עושה תיקון בתפלתו כפי מה ששייך לשורש נשמתו ווי לון לבני נשא דאינון אטימין לבא ועיינין, נקט לב ועין, בתפלה דאמרו ז"ל המתפלל צריך שיכוין לבו למעלה ועיניו למטה ורזי הניחו ב' אברים אלו לצורך התפלה ופירשת כשיר כונתם לבו למעלה דהיינו לתפלה מן אותיות לב יש אך שהוא לשון מיעוט שמסתכל בשפלותו ומחשבתו אנכי שאינו יתפלל לפני הקב"ה ועיניו למטה היינו למטה מאותיות עין יש כסף שהוא ילבשו כספים וגם כלתים לאחרות ה' ואותם אמיתי ישא ועינין אינון מסתכלים לא בזה ולא בזה היא העולה העולה ודאי פירוש אל תחשוב שהתפלה דומה לקרבן כמו הדמיון כדרך שאמרו כל הקורא בפרשת עולה כאלו הקריב עולה ואינו מיגע אינה כן, בתפלה כ"א עולה ודאי דאיהי קרבן ממש ולזה אמר מי זאת עולה

למיכל

בצלותא דערבית סליקת בשמא דאתקרי יקו"ק ורזא דמלה אל אלקים יי דבר ויקרא ארץ ואמרו מארי מתניתין הצריך בר נש בצלותיה לשהות שעה אחת קדם דמצלי. ושעה אחת לבתר דמצלי. ורזא דמלה דישהא בצלותיה שעתא חדא בגין דאתמר והאיש משתאה לה מחריש ההוא דאתמר ביה יי איש מלחמה ולבתר דשהא ליה בר נש וצלי אם שגורה תפלתו בפיו ודאי אתקבל צלותיה ורזא דמלה בר נש צריך למשהא ואתתא לאקדמא כר"א אשה כי תזריע וילדה זכר. ורזא דמלה אשה מזרעת תחלה יולדת זכר ועוד שבשפלנו זכר לנו ורזא דמלה שבשפלותו של אדם זכור זכרנו לטובה. ועוד אם שגורה תפלתו בפיו אידו רזא ויהי הוא טרם כלה לדבר והנה רבקה יוצאת. ורזא דמלה והיה טרם יקראו ואני אענה עוד

ה מין על חמש אצבעות השמאל וגם האצבעות עושים פועל למעלה כו דוי אחר תפלה כנודע **ורזא** דמלה ד שהא בצלותיה שעתא חדא בגין דאתמר והאיש משתאה לה ר"ל משתאה לה עם כולל ב' תיבות עולה מספר שעתא חד וכ"ל טעם לשיעור שעה דידוע דתפלה חשיבה מצות עשה לפי דרשת רז"ל ע"פ ועבדתם את ה' אלהיכם ודרשו רז"ל עבודה זו תפלה ולכן התפלה שהיא מצות עשה שיעור שלה שעה שהיא ההפוך אתוון עשה ובכ יד די כה"ר יעקב נר"ו פירש טעם לשעור שעה כי התפלה היא תיקון המלכות שנקראת שעה לכך קראו לה בגמרא חיי שעה עכ"ד נר"ו **ורזא** דמלה בר נש צריך למשהא ואתתא לאקדמא כר"א אשה כי תזריע וילדה זכר ר"ל כי התפילות אינם שוים יש בהם אדם שתפלתו יש בה כח לעלות למעלה בלי מעכב ולא עוד אלא מעלה עמה גם תפילות אחרים התלושים שאין בהם כח לעלות ואלו הצדיקים נקראים בשם איש זכר אבל תפילות שאין להם כח לעלות נקראים בשם אשה כי זה כלל גדול כל משפיע נקרא איש וכל נשפע נקרא אשה ואותם הצדיקים שעוזרין בתפילתם יש בהם כח לעלות ולהעלות תפלות אחרים צ"ל עמהם וזה הצדיק נקרא איש והנשפע ממנו שמעלה אותו נקרא בשם אשה ולכן זה שיש בו כח לעלות ולהעלות אחרים עמו צריך לשהות ועי"כ מעלה גם תפלת אחרים שנקראים בשם אתתא שקדמא תפלתם לתפילתו והוא דוגמת מ"ש אשה כי תזריע וילדה זכר דאם אשה מזרעת תחלה יולדת זכר דהאחרון שהוא זרע האיש גובר על זרע שקדם ועושה אותו כדמותו זכר ולז"א בר נש צריך למשהי זה הצדיק שהוא עולה ומעלה אחרים עמו ואתתא זה אדם שאין כח בתפלתו לעלות כי אם ע"י כח הצדיק אחר להעלות אותה צריך לאקדמא כדי שתבא תפלת הצדיק שיש בו כח של עליה להתגבר עליה ולעשותה כמוהו שיעלה אותה במקום שהוא עולה כר"א אשה כי תזריע וילדה זכר ולז"א תפלה לעני כי יעטוף ר"ל יתאחר וישהה שזה הצדיק נקרא עני מפני שרואה עצמו עני ולכך זוכה לעטוף תפלות אחרים ולהעלות אותם כי עטוף הוא לשון איחור ולשון עטוף ודרשינן לתרווייהו **ועוד** אם שגורה תפלתו בפיו אידו רזא ויהי הוא טרם כלה לדבר והנה רבקה יוצאת פירוש מי שאין תפלתו שגורה בפיו אינו מתפלל בכונה ומוכרח שאין דומה התחלת תפלתו לסופה כי בהתחלה התחיל בכונה ואח"כ טרדוהו מחשבות זרות והתפלל בלא כונה אבל השגורה תפלתו בפיו שמתפלל בכונה הנה תפלתו הוייתה מתחלה ועד סוף דומה זה לזה דכל דברי תפלתו הוציאם בכונה אחת ולז"א ויהי הוא טרם ר"ל התחלת התפלה עד כי כלה לדבר שהוא סוף תפלה בהוייה אחת שוים ודומין זה לזה או אדם זה רבקה שלו דהיינו תפלתו יוצאת למעלה באין מעכב כנגדה ופירוש רבקה היינו תפלה כמ"ש פרה שהכניסה לרבקה ר"ל לפטמה מלשון עגלי מרבק כמ"ש בערוך וכן התפלה היא פטומי דברים **ורזא** דמלה וה"ה טרם יקראו ואני אענה פירוש וה"ה טרם דהיינו התחלת התפלה שהיתה בכונה נשאר בהוייתו שלא נשתנה אז יקראו ואני אענה שאקבל תפלתם עוד הם מדברים הפה

אדני. (ותרבא יקו"ק) וכד איהו יקוק בר משכינתיה איהו רין דהתיך מכל סטרא. כד עאל בנרתקה אתעביד רחמי ולא התיך דינין. ורזא דחרבא בנרתקה יאקדונק"י הכי ודאי. ובזמנא דיקו"ק בר משכינתיה אתמר ביה כי יי אלקיך אש אכלה הוא. דנטיל מגבורה לאוקדא עלמא י' אתעביד גחלת. ו' שלהובא דנחלת ה"ה חד חמש גוונין. תניינא חמש נהורין דנהרין בהון. ובזמנא דה' עלאה אסתלקת מה' תתאה איהי אמרה אל תראוני שאני שחרחרת ובזמנא דאית נהרא בגוונהא אתמר בה וראיתיה לזכר ברית עולם. קמו תנאים ואמוראים דלעילא. ואמרו ר' ר' כמה תקיפא קירטא דילך די סליקת לה עד אין סוף ונהיתת לה עד אין תכלית:

פתח כמלקדמין ואמר שמעו הרים את ריב יי אמר לון. אבהן אבהן טורין רברבין שמעו. דהאי אבן דאתגזרת מאלין טורין דלכון דאיהי כתרא ברישא דכלהו והאיתנים דאיהי כתרא על כלהו איהי סליקת ריב עליכו. בגין בעלה. דאיהי מבועא סתימא בסלע עד דיית בעלה לא יהבא מימוי דהא לישנין אינון כפטישין דמחאן בההוא סלע ולית חד מנייהו דאפיק מניה נביעו בר מבעלה דידע לאמשכא לה:

פתח רבי שמעון ואמר זכאה איהו מאן דמצלי וידע לסלקא רעותיה לעילא דהא פומוי אפיק שמהן ואצבעוי כתבין רזין וכד סלקין שמהן מפומוי. *כמה עופין פתחין גדפיהו לעילא לקבלא לון. וכמה חיון דמרכבתא כלהו מזדמנין לגביהו לנטלא לון. כל שכן אם שכינתא שריא בצלותיה ואסתלקת לקב"ה. ורזא דמלה אם תשכבון בין שפתים. אל תקרי אם אלא אם. זכאה איהו מאן דסליק לה בצלותיה דמצלי בשפוי לעילא לגבי בעלה בצלותא דשחרית סלקא בשמא דאתקרי א"ל האל הגדול ודאי בצלותא דמנחה סליקת בשמא דאתקרי אלקי"ם.

עומדים ובזמנא דהוי ה לבר מסכנת ה אתמר ביה כי ה' אלהיך אש אוכלה רוח כ"ב יסתלק ו ד הרומזות לשכינה שהיא ספ"ה ו ד מן תיבת א ש הכתוב בפסוק ה' איש מלחמה ו שאר אותיות אש ומ"ש יו ד אתעב ד חלת וא ו שלהובא דנחלת הייט אות ו"ד ואות וא"ו דשם הוי ה הם זכרים אך אות וא ו והא ברא כרעיה דאבוהי שכת הבן יוצא מכח האב וכמו כן רשלהבת ונלה מן הנחלת וגם הם סוג אחד דהא פומוי אפיק שמהן ואצבעוי כתב ן רזין, קשא אצבעות מתן דכר שמייהו בצלותא וכרא"ר לאמשר גבורות שהם חמשה מוצאות הפה קרי להו אצבעות מפי שהם מתגלים בחמש האצבעות כמ"ש רב נו הא"ר י ז ל ולכן משים אדם בשעת תפלה חמש אצבעות בצלותא

* מד ע א

זה השער ליי' צדיקים יבאו בו. ועוד שמעו הרים את ריב יי' אלין תלת יודי"ן. והאתנים מוסדי ארץ אלין תלת ווי"ן דכלהו אתרמיזו בויסע ויבא ויט. קום אלעזר ונטיל קירטא דאיהי שכינתא (ואקיף לה תגא) וזרק סנה איהי אבן טפה קדישא דעליה אתמר ואד יעלה מן הארץ. ובגין דא"אסתלקת עזקא מן א' מן זרק"א לקבלא עלה אבן יקרה דאיהי טפה, ומיד והשקה את פני האדמה. כד סליקת סליקת באימא דאיהי א' מן אדני אק"ק. ועד מאן סליקת. על עמודא דאמצעיתא דאיהו ו' דאיהי כריכא ביה כעזקא באצבעא וסליקת בד' מן אדני דאינון תרין דרועין ותרין שוקין עד דסליק לאת י' דאיהו אבא חכמה י' עלאה. בגין דמתמן אתנטילת הדא הוא דכתיב יי' בחכמה יסד ארץ. ונטלת נביעו ושקיו מניה לעילא. בקוצא דילה לעילא ובאמצעיתא ובקוצא דיליה לתתא. וכד נחיתת נחיתת כלילא מתלת טפין. בההוא זמנא אתמר בה הולך סגולתא ואתקריאת יי"י בתלת יודי"ן. י' עלאה איהי על רישא דא דאיהי כתר עליון על כל עלאין ולבתר נחיתת באמצעיתא ונטלא מתמן (בעמודא דאמצעיתא) נ"א באמצע) ולבתר נחיתת לתתא באתרהא י' דאיהי לתתא מן א'. קם עולימא בתר טולא אמר. רבי רבי הא טפה קא נחתא. טול קשת בידך דאיהו כגוונא דאצבע ועזקא ביה. טול ליה ודרד (ס"א וזרקה) ליה לגבה דקבילת לה עליה, דהא כד סליקת מתתא לעילא על רישא דאת ו' איהו כרומחא ו', אתארכת ביה כשרביטא דכבבא וכד סליקת לעילא שריא עלה י' ואתעבידת ז'. ודאי תגא על רישא דס"ת כיון דנחתת צריך למדרך קשת לגבה דאיהו צדיק. ומניה נחיתת ואזדריקת באתרהא וחרבא דאיהי (דהאי) טפה איהי חתיכת לה לתלת טפין. בגין דאזילת סגולתא דכד נחיתת עלה הוה י. ולבתר חתיכת לה לתלת למהוי תגא ועטרה ברישא דתלת אבהן דתהא כתר תורה וכתר כהונה וכתר מלכות. ודא רזא דש' תלת תגין עלה. דרישא דחרבא איהי י גופא דחרבא ו' תרין פיפיות דילה ה"ה. נרתקא דילה

מטטרון וכו' כי בשלש במלואו כזה סמ"ך למ"ד עי"ן עולה שכ"ד כמנין מטטרון ביו"ד שמעו הרים את ריב ה' אלין ודי"ן והאתנים מוסדי ארץ ר"ל דר"ם אות ם שהיא בסוד האבות ם ם לד שלשה יודי, ושלשה ווין אדני

ביה ודברתם אל הסלע ונתן מימיו. בלא טורח ויהיה מתקיים בהון ולא ילמדו עוד וגו' והוה נפיק מיא בלא קושיא ומחלוקת ופסק בגין דשכינתא דאתמר בה הלא כה דברי כאש נאם יי' הוה שריא בפומיהון דישראל. דאיהי אורייתא דבע"פ דאיהי סלע ע"ל ס' דאינון שתין מסכתות דהכי איהו סלע על ס'. דשכינתא הוה נח על טנרא. דבכל אתר דבעי קב"ה למעבד נס שכינתא אקדימת לההוא אתר וכיון דשכינתא הוות תמן לא הוה ליה למחאה בסלע דקלנא הוות לשכינתא דהוות תמן דלא הוה ליה חילא למיהב מיא. ודא איהו על אשר לא קדשתם אותי יען לא האמנתם בי להקדישני ובגין דא אסתלק שכינתא מן הסלע דאיהי י' מן מיטטרו"ן. ואשתאר מטטרו"ן יבשה ורזא דמלה יקוו המים מתחת השמים אל מקום אחד וגו'. אחד איהי מלכות ותראה היבשה דא סלע מטטרו"ן. דבגיניה אתמר ויקח אחת מצלעותיו ויסגור בשר תחתינה מאי בשר בשגם הוא בשר. ועד דנחית לה. לא עדה הסלע ולא יהיב מימוי ובתר דאסתלק האי מבועא מתמן. שליטת מרה באתרהא הה"ד ויבואו מרתה. ורזא דמלה וימררו את חייהם בעבודה קשה וגו' דא קושיא. בחמר דא קל וחמר. והא אוקמוהו. והכי הוו ישראל עד דאחזי לון עץ הה"ד ויורהו יי' עץ וישלך אל המים וימתקו המים ודא עץ החיים דאתרבי על ההוא מבועא דאיהי שכינתא י' מבועא דאשקי לאילנא דאיהו ו'. והאי עץ מהלך חמש מאות שנה דאינון ה' וימתקו המים דא ה בתראה. דאתמר בה קראן לי מרה דשכינתא תתאה איהי מעין גנים דלית ליה פסק. טפה דאתמשכא מן מוחא וכמה טפין אתמשכאן מניה דאינון בתולות אחריה רעותיה. קרקפתא איהי סלע ומבועא מלגאו דא מוחא על אלין טפין אתמר אשרי הגבר אשר מלא את אשפתו מהם וגו' את אויבים בשער דאיהו תרעא דצדיק אות ברית קדש דעלה אתמר

קאמר ר"ב פס' אבכן ומפרש על אינון דאתקריאו אמורא ס' יש לה ר"ץ עמהם מפנ' שא"ן עוסק ס' בסודות התורה כרשב"י וחביריו אלא עוסקים בחלק הנגלה בלבד ולכך מרחקין לה מבעלה כי הזווג הע"ל ון וספנימי הנעשה פ"י עסק התורה הוא נעשה ע"י לימוד סודות התורה ונרמזו בת"כ את ר"ת תלמוד אמוראים אי נמי של תלמוד שהאמוראים אמרו"ל בגמרא במחשכים הושיבני זה תלמוד בבלי ובגין דא אסתלק שכינתא מן הסלע דא הי' יו"ד מן
זה

בסיפא החזק מגן וצנה דאית מארי תריסין דאינון מגיחין בסוסן ואית אחרנין דאינון רגלאין דעלייהו אתמר במפקנותא דגלותא דמצראי כשש מאות אלף רגלי וגו'. קם ר' שמעון פתח ואמר שמעו הרים את ריב יי'. מאן ריב. דא שכינתא דאיהי ריב יי'. דאיהי רבי. רב. בגין בנהא איהי ריב ברבי ורבן ורבא. ריב ודאי בכלהו תנאים ואמוראים. דאיהי מריבת בהון בשית סדרי משנה בגין בעלה דאיהו עמודא דאמצעיתא כליל שית סדרין ועלייהו אתמר או יחזק במעוזי יעשה שלום לי שלום יעשה לי תרי שלמי חד בעמודא דאמצעיתא וחד בצדיק. דעלייהו אתמר שלום שלום לרחוק ולקרוב. דבגלותא אתמר בעמודא מרחוק יי' נראה לי. צדיק קרוב לה. ובגיניה אתמר טוב שכן קרוב מאח רחוק. ובגין דא שמעו הרים אין אבהן. את ריב יי' דא שכינתא דאיהי ריב עם אבהן בגין דמרחקין לה מבעלה דאינון אתקריאו אמוראים. והאיתנים מוסדי ארץ אין אינון תנאים. ואלין תנאים איתנים בהפוך אתון. ואינון נצח והוד (צדיקים) איתני עולם. והא איתן בהפוך אתוון תנ"א דמסייע ליה בגלותא. ועליה אתמר איתן מושבך ושים בסלע קנך. והאי סלע (אתמר בה דלא נפיק אלא טפין טפין דמיא דאורייתא באילין פסקות ובגין ויך משה את הסלע במטהו פעמים דא גרים ד) לא נפיק מינה אלא טפין טפין זעיר שם זעיר שם. וכמה מחלוקות על אלין טפין ומאן גרים דא המורים דאתמר בהון כל המורה הלכה בפני רבו חייב מיתה. ובגין דא שמעו נא המורים. ובגינייהו ויך משה את הסלע במטהו פעמים דאם לא דמחא בה לא הוו טרחין ישראל ותנאין ואמוראין באורייתא דבע"פ דאיהי סלע אלא אתמר

ונקראת שן וכמ"ש בגמרא (שבת דף קי"ט) וחזן בהו מרגניתא א' תבא בה ג"ה ועוד שם (בדף קל"ח) סיינא שר פ רוש כוכב שמשימין בו. אדר בראש הם וכו' בערוך ע"ש ועלייהו אתמר או יחזק במעוזי יעשה שלום לי שלום יעשה לי. נ"ב ששה תיבות אלו הם כנגד ששה סדרים והולרך לפרש בה השלום כי בתורה שבע"פ יש מלחמה ומחלוקת בין רבותינו ש אך אמרו"ל את והב בסופה אין קמים מכאן ד א"ל כ עושים שלום זה עם זה וכפל השלום דאמרו בגמרא מנין שכופלים שלום למלך דכתיב שלום שלום לך ומזה למדו דכופלין שלום לרבנן דמאן מלכי רבנן ורתורה נקראת עוז היינו ע' שבעים פנים לתורה ו' ששה סדרים תורה שבע"פ ז' שבעה ספרים תורה שבכתב אלבה עמודיה שבעה לכן אמר יחזיק במעוזי דאיהי ריב עם אבהן בגין דמרחקין לה מבעלה אינון דאתקריאו אמוראים פירוש מ"ש ריב עם אבהן אין הכונה על האבות אברהם יצחק ויעקב זיע"א אלא הכונה על החכמים כי כל חכם נקרא אב שהוא אב בחכמה וכמ"ש רז"ל ע"פ אבי אב אבי אב בחכמה וכו' ובא לומר על איזה מהם

כד"א ועלמות אין מספר וכו'. ואינון הלכות פסוקות דאינון בתולות אחריה רעותיה דשכינתא. חיות קטנות אלין אתוון דאדני עם גדולות אינון אתוון דיקוק. דאינון מרכבות דקב"ה ושכינתיה. אתו כלהו חברייא לנשקא ליה פרח ולא חזו ליה ולא מידי:

פתח רבי אלעזר ואמר אבא. והא שבע ימים אינון וים עלאה איהו על כלהו ועלייהו אתמר כי שפע ימים ינקו. למאן אינון יונקים. א"ל ברי שבעה בשבעה אינון מוצקות. והכי אינון רקיעים שבעה בשבעה והכי אינון טורין שבעה בשבעה. והכי אינון ארעין שבעה בשבעה ישובין שבעה בשבעה וראשין דלהון תרין. ורזא דמלה שנים שנים שבעה שבעה. וכלהו זכר ונקבה. ולעילא חד גניז וטמיר. והכי אינון שבע כרסיין שבעה בשבעה. שבע היכלין שבעה בשבעה. והכי ממנן אינון שבעה בשבעה. לויתן דימא דא צדיק. רישא דאיהו עמודא דאמצעיתא מטי עד ימא שביעאה*דאיהי רישא דכלהו ותרין גדפוי ותרין קשקשין בארבע ימים שעורייהו שעור דזנבא דחויא מטי עד ימא שביעאה בתראה דאיהו כליל שבע ימים. דעליה אתמר שבע ביום הללתיך. אמר רבי שמעון ברי. הא מארי תריסין קא נחתין מלעילא מלובשין שריין קשתותיהון קשתי אש. ורומחיהון אשא וסייפיהון להבה. כלהו מארי עיינין בודאי הא מארי תריסין בבי מדרשא. ואילין בהון יתערון לאגחא קרבא לעילא. ולא עוד אלא דהא נונא רברבא קא אתיא. רב המנונא סבא ודאי בכמה נונין חיילין קדישין דתלמידי חכמים דמתרבין בימא. כען צריך לפרשא לון רשת למהוי ברשות דילן ולמארי תריסין מארי קרבא כען צריך לאתקנא בקירטא באבנין דקירטא. בקשתא בגירין דקשתא ברומחא

דצדיק כ"כ דרים בעתו בעת וא"ו ע"ד הכוכב שתכוונים בכל חות באותם אלה ו' שבשתים תן טל ומ"ר לברכה בעתו בארץ ואומרו תתן להם ילקטון דא מנא. כ"כ דרש מלו אותיות להם כוה למ"ד ה"ה מ"ם שולר עם רכולל כמנין מן. **הא מארי** תריסין, קא נחתין מלעלא מלובשין שריין וכו'. כ"כ מלובשין שר', כנגד חלק דפשט קשתיהון כנגד הרמז ורומחיהון כנגד חלק הדרש סייפיהון כנגד חלק הסוד כולהו מאר עיינין פירוש חכמים מסוד החכמה שהם עינים וכן כמו את זו נקיט בקירטא באבנין דקירטא כנגד חלק הפשט בקשתא בג"ר דקשתא כנגד חלק הרמז ברומחא דרש בסייפא חלק הסוד **הא מארי** תריס', ד"ב מדרשא כ"ה תריסין אלו מורכבת שהיא תר"ס ן' שיש בידם חלק הנגלה וחלק הנסתר ול"מ התורה נמשל לכוכב שרואה מלבוש ומעריך לראש בסייפא

* דאיהו

בימא דאורייתא דאינון אניות עיינין דמסתכלין באורייתא. וכמה אניות מנייהו אתברו ונפלו בימא עד דייתי מורשה דילה וקרע ימא דאורייתא וסוס ורוכבו רמה בים. דאיהו חויא ובת זוגיה דאיהי סוסיא דיליה. ואיהו אעבר עלה לישראל דלא טבעו בה הה"ד ובני ישראל הלכו ביבשה בתוך הים. בקדמיתא בימא בההוא חמר. בפורקנא בתרייתא כלא בימא דאורייתא. מטה דיליה דקרע ביה ימא דא קולמוס בגין דעליה אתגליא זרוע יי' דאתמר ביה וזרוע יי' על מי נגלתה. בההוא זמנא דאתעבר ההוא חויא בישא מן ימא שליט חויא קדישא ובההוא זמנא (שם רמש ואין מספר חיות קטנות עם גדולות) אזלין אניות בהבטחה בימא דלא טבעין. דהא רוח סערה אתעבר שלטנותיה מן ימא דאורייתא ובההוא זמנא שם רמש ואין מספר וגו' שם אניות יהלכון לויתן זה יצרת לשחק בו ויהא חדי עמהון. הה"ד שיתו לבכם לחילה וגו' לחולה כתיב כלם אליך ישברון לתת אכלם בעתו (דאינון עתותי דאורייתא כמו שאמרו חז"ל קבעת עתים לתורה) דאיהו עתו דצדיק. תתן להם ילקוטון דא מנא דאתמר ביה ששת ימים תלקטוהו וגו' מסטרא דעמודא דאמצעיתא דאיהו כליל שית סטרין. לויתן לעילא דא צדיק דאיהו כדג *קטן על כף ימא נחש בריח דא ההוא דאתמר ביה הבריח התיכון בתוך הקרשים ודא עמודא דאמצעיתא דאתקרי תיכון בגין דאיהו עמודא דאמצעיתא תרין גדפוי ימינא ושמאלא דמתמן אורייתא אתייהיבת. תרין קשקשוי תרין סמכי קשוט. שכינתא עלאה איהי ימא. שכינתא תתאה איהי דרך אניה בלב ים דאיהו ל"ב אלקים דעובדא דבראשית שם רמש ואין מספר

עשר ספי' יתענר ושם ס' תקונים **בקדמיתא** ב' מא בהרות חיר בפורקנא בתר דא כלא בימא דאורי תא כ' רוס מקודם בחלק רכבו ח"ם בהרות חיר פרוח חלק רכבו ובפורקנא בתר דא ב' מא דאור דא שהוא חלק רסוד **מטה** ד' י' ר' דקרע ב' ר' מא דא קוליטום נ' ב' תורה שבע"פ ר' א' ששה סדרים שהוא מספר ו' שהוא דוגמת רקולמוס או וכן בכ"ד קולמוס אות ות קול מ' זו תורה שבכתב שנהגה בארבע ס' וס' ונשאר בקולמוס אות ות ו"ס ריתו יתורה שבע"פ שר א' עשר סדר משנה ושם ס' מסכתות **בגין** דעלי' אתגליא זרוע ה' דאתמר ביה וזרוע ה' על מי נגלתה נ"ב זרוע ר' זו תורה שבע"פ שהיא סדר משנה מסכר ו' שהוא דוגמת הזרוע גם זרוע הוא עוזר ו' ונאמר זרוע ר' זו תורה שבע"פ על י' רוח מרע ה' נגלתה כ' מרע ה' ריה רבל שהוא סוד אות וה מ' דשם אלהים שהם גבורות דפומא וחותמא משה כ' ק' הוא סוד גבורות אל ר' דשם אלהים כידוע. א' גי' מרע ה' זכה לב' נה שנקראת מ' בסוד מ' עמוד ולכן קוראו כא, בשם מ' **לתת** את אכלם בעתו דא הו עתו כד"א

* מג ע"ב

כמה מארי תריסין. אתכנשו בבי מדרשא לאגחא קרבא עם חויא בגינה. וכמה תריסין אתעבידו פסקות בגינה דברתא דמלכא ויפן כה וכה וירא כי אין איש. לית בהון דקטיל לחויא עד דייתי ההוא דאתמר ביה ויפן כה וכה ויך את המצרי ובגין דא אתמר עד כי יבא שילה. שיל"ה מש"ה. דאיהו מורשה דיליה. ובגין דא בגיניה אתמר ביה עד כי יבא שיל"ה דיליה (נ"א דילה) ודאי איהו קטיל לחויא ול"ו יקה"ת עמ"ם. בגין דאיהו בן יצהר בן קה"ת בן עמר"ם בן עמא דמא דאתמר ביה ובני רחביה רבו למעלה וקטיל לחויא וחיליה בימא וביבשתא וברקיעא. וכמה מארי קרבין אגחו עמיה קרבא על ימא כמה דאת אמר שם אניות יהלכון

סברה לדבריו ולאלו קרי להו הכא בשם גברין, שהרא"ן גבורה במלחמתה של תורה אך ש' מלחמים זע"ז ע"י הוכחות ממשניות וברייתות מ[illegible] שכל אחד מביא ראיה לדבריו עד סבר הא או התשובה המדברת מענין אחר ולאו בסברא לחודא פלוני ולאלו קורא אותם בעלי תריסין, כי מעמידין מש' ות וברייתות לה ות ינן להם מדברי הלוחמים בהם ומקשים ע"י דבריהם ויבא הברייתות לקיים דבריו ומעמידים ע"י הברייתא או רמשנה להגן עליו כתרים לפני הפרענות וכל קרבא דא עבדי בבהמ"ד כדי לברר ההלכה שהיא סוד הכלה ברתא דמלכא ולהוציאה לאמתותה ולאורה עם כי הקושיות שהם גורמת דתוו אותה יתערבו, דעתם של בני אדם באין מנינים שיב, דבר ההלכה על אמתותו כדי שתצא ההלכה לאורה מבוררת ומזוקקת וכתב רבינו האר"י ז"ל דכל הקושיות ש[illegible] לאדם בלימוד ההלכות מניהו הוא וכן כל השכחה שיש לאדם בתורה דע כי נכנס לבירור ספיקות ואין פותח נמי יתכן הוא הוי וא"כ תנ"ח הלוחמים בהלכה וע"ז בבהמ"ד כדי לברר הלכות ריחה עושים המלחמה בעבור תיקון המלכות שמשם ההלכות נפקי ומש וכמה תריסין אתעבידו פסקות בגינה דברתא דמלכא כ"ב כ לפעמים תהיה המלחמה בתורה חזקה מאוד שהרבה הוכחות ראיות יבא בעל ההלכות לדבריו ואותו שבידו עבד ליה תיובתא בכל תדא ותדא נמצא הבר תות שהבא זה בשעת מלחמה במקום ינ"ס ועשו שברים ותתבות דעבד להו תיובתא ולזה כמה תריסין אתעבדו פסקות פירוש שברים ותתכות וכתב ש במאמר דגעם פרק י"א התה פסיקות איכה מעתה בגעם רב הודר אומר אפילו פסקא אחת וקשרה אות יעתה בגעם ופירוש תתבות ושברים ע"ש או פסקות ארבע חלוקות של פרד"ס ויפן כה וכה על תכת הכשג וע' תכמ רסוד ובג"ד אתמר עד כי יבא שילה שילה משה דאיהו מורשה דילה פירוש לשון הירושה שהוא יורשה שלה ודוי שהקב"ה הכניס את שיראל בגאולה כפולה לעתיד דכתב נתמו נתנו עת ווו הגאולה רכפולה התורה ותתקון ס"ע מרעה ושני פעמים נאמר עולה ר"ו וצרוף ר"ו עם משה ה"ה מוזה צרוף יורשה שיוא מורשה שיל"ה דוד כי דר בגין דאיהו בן לוי בן קהת בן עמרם וגרסה דגרס בן יצהר טעות רוא ודרש תיבת וליו על לוי ותיבת קהת על קהת כי אות וד של קהת תתחבר עם תיבת ולו ואז תהיה תיבת לוי ודרש תיבת עמם של בעמ"ס כי יו"ד של עמים תתחלף באות כי ש בית"ס ואות זה של מ"ם מזור ותתלף באות ם בטעם באות רש נמצא עתם אותיות עמרם ותלוף כזה נמצא בארבעה נהרות כדוע ורנה אם נגרף עמו וכות אבותיו עד עקב אעה ש בהם י"ד אותיות שהם עמרם קהת לוי עקב ותוסף י"ד על שמו רעוב משה הה אלו יספר ש"ע שהוא אחד יתר על נתש וזה סמן שתבטל את רנחש אי נמ הר יעקב מלא בואו יהו ט"ו אותות ועם מככל משה רר אלו שם שהוא מספר אחד יתר על שטן וזה סמן שגובר עליו גם שם הוא יספר תשה פעמים חסד שהר בסוד החסדים כידוע וקטיל לחויא ומילר בימא בשתא וברקיעא כי נקט ג' מקומות כנגד ג' כוחות שמו הטוב שהוא שלשה אותיות או כנגד שלימות מעשיו הטובים במחשבה ובדבור ובמעשה או מא יקרא יבשתא תלמוד רקיעא סוד ומ"ש כד"א שם תנות רלכון במא דאור הא כי אור רמז לתורה שבעל פה כי אש עולה סוד והא

ביטא

סָבָא. חָדוּ בֵיה וְאָמְרוּ. בְּוַדַאי אִי אַנְתְּ הֲוֵית בְּהַאי עָלְמָא הֲוֵינָן קָא נַתְתִּין מְסוּסְוָון דִילָן וַהֲוֵינָן אֲנַן מְחַמְּרִין בָּתַר בְּעִירָךְ. אָמַר לוֹן הַהוּא חִוְיָא דְאַתּוּן מַגִיחִין קְרָבָא בֵיהּ אֵיךְ אִשְׁתֵּזַבְתּוּן מִנֵּיהּ דְאִיהוּ בָּלַע וְקָטִיל. וְלָא עוֹד אֶלָּא דְאִיהוּ קָטִיל לְאָדָם קַדְמָאָה וּלְכָל דָּרִין דְקָא אַתְיָין אֲבַתְרֵיהּ וּבְרַתָּא אִיהִי עַל מַגְדְּלָא דְפָרַח בַּאֲוִירָא. וּמַכְרִיזִין בְּכָל יוֹמָא בִּרְקִיעָא דְּכָל מַאן דְּקָטִיל לְהַאי חִוְיָא דְיַהֲבִין לֵיהּ לְאַנְתּוּ בַּת מֶלֶךְ פְּנִימָאָה מִמִּשְׁבְּצוֹת זָהָב לְבוּשָׁהּ. וְהַאי זָהָב ז' אִיהוּ ז' יְמֵי בְרֵאשִׁית. ה' חָמֵשׁ אוֹר. ב' אִיהִי ב' מִן בְּרֵאשִׁית עָלָהּ אִתְּמַר יָפָה כַלְּבָנָה תּוֹרָה שֶׁבְּעַל פֶּה קָרָאן לָהּ בְּמַתִיבְתָּא. וּבְגִין דָא כְּרוֹזָא כָּרִיז. כַּמָּה גַבְרִין.

הרי ו' א' חלקנו בקרא הה לש"ס וקר כר יר ו' א' ואות ות מה מורין עי' רבו גדלות כמו מר רב טובך ונמלא נוגא רוח כשתו יתם ומר יורין שרוא דברכא וכ"ל דאן, כוונתם לומר שרוא בנו של רב המנונא סבא אלא כוונתם לומר שרות עלמו רב ריתנו א' אית שהוא בחכמת נפש בלבד ולנכם קרו לה ברת ומש אחר דוכתי מגדלא חדא דכרית בתורא כריות אילות שרא כנגד וד ישמא קדשא ששם הוא סוד אור אור ו"ד בודאי אי אנת רית ברא עליתא הוינן קא נחתין, תסוסוון דילן והוינן אנן מחמרן, בתר בעירך נראה שנדמה להם מחמר אחר בע"ר, וכיוש בתחלת ריתאור הא עולתא הזדמן, לגבי רו מחמר אחר בער"ן, וכיוש רביעו האר ז"ל דנפש הלדק שתבא לרתגלות בעוה"ז כדי לזכות את רפתחוכ"ם בד"ת תדמה כלורת אדם מחמר אחר בעירן מפני שהא חלק רעש"ר ורם ודעים כל זה אך ודעים דלעולם רנסמר באור הסמיר יורלכת ורק לעכ הרואן, נדמר לרם לורת אדם יחמר אחר בער"ן, ולכן לא רדו ין סוסוון, דלרון אלא דברו עמו בעודם רוכבים כי דעו דאן לורת אדם ומרת בעירן יתם אלא כך נדמה להם אבל באמת רוח רוכב באור ואנו מחמר אחר בער"ן, ממש כד שנם הם ירדו ולכו אחריו ובְרַתָּא א"ר על מגדלא דפרח באורא פירוש רמלכות רחל א"ר על יוגדלא רמז לאצילות שקראת מגדל ורא סוד א' וזרו יוגדלא מגדל א' ושם הוא סוד אור אור ו"ד שהוא סוד חכמה ו"ד דשמא קדישא ומַכְרִיזִין בכל יותא ברקיעא דכל מאן דקטיל לרא חויא דרבן, לה יאנתו בת מלך פנימאה פירוש נוהגן, יוכנם ממלכות דאלות שהם פנים ועוד ית ממשבלות זרב לבושר סוד בע ודוגמא לזה הכרוז נעשה לאיור אחר כפרת מרע"ר שנשתכחו ש' הלכות בימי אבלו ודוע דרשכחר "כי באר יתכה רדות תי א' ורמזו ר אותר רר זר קעל להוא חוא בלד יר כנגד אותו החלק רנשכח ולכן הכרוז כלב ימעה כל מי שילכוד קרית ספר ר"ל שש"ג אותם הרלכות דכזר קע"ל להוא הוא שנגרם שכתתם שכן, לו בתו עכסר לאשר וה' נתשבת בתו של מלך דמאן, ילכ רבנן וכן ר"ה שרחזרם עתניאל בן קנז בפלפולו ובזר רכלפול ראמת הרג לרוא חוא בחלק מה ממנו שתגבר בעג, זה וכנז בגמרא דתמורה וכן דוגיתר לזר נעשר למטה שהכריז שאול העה"מ שכר את גלית דרוא מלד רהוא חוא תן, לו בתו של מלך לאשר וכן רה דקטל תר דוד העה ולקח בתו של שאול ר"עה נמלא עושה רם תע כנם בתחתונים דוגמא למה שנעשה בעל וכים כד שנב, עג כם רעל וכם מן רגשה בתחתונים וְהַאי זָהָב ז' ית ברא"ת ר חתש אור פירוש ז' ספירות חג"ת נה ס של מ ברא"ת וחתש אור הם חתשר חסדים רמתפשטים בהם עד הוד כי בשני ספירות סוד ומלכות אן שם התפשטות אלא כללות בסוד וכללות דכללות במלכות ולז א' ב' אה ב' מן ברא"ת כי סוד ומלכות רם רא"ת באור חוזר עָלָה אתמר יפה כלבנה נ"ב כלבנר אותיות כל"ה ב"ן, שנקראת כלר וגם שלמה בשם הור דהרן שעולה כ"ן כַּמָּה גברן כמר מארי תרם, אתכנשו בב יודשא כרוש תרם, רל מגנים שמשתמשן בהם במלחמה וכמ"ש רם ז"ל בבכורות עת"ם עד שכנו בעלי תרם, לבהמ"ד עש והנה תח שעוסקים במלחמתה של תורה בברמ"ד שנלחמים זע"ז בחדושי סברות שמחדשים זה אומר כך ועושה סברה לדבריו וזה אומר להפך ועושה

וברתה *מינה. אבל עקרב יפסיק כמה דעבד יוסף צדיקא הה"ד וינח בגדו אצלה וינס וכו'. ארהכי הא עולימא קא אזדמן לגבייהו מתמר בתר בעדן א"ל מאי וינח בגדו אצלה וכו'. אלא עקרב עקר ב' דעקר ביתא דשכינתא כד בעיא לאתחברא עם צדיקייא צריך לאפסקא מניה ולא יתהני מניה ואפילו **ממשכא דיליה לך לך אמרי נזירא סחור סחור לכרמא לא תקרב הה"ד וינח בגדו אצלה משכא דיצר הרע ודא בגדו דחויא ע"ז כד איהו קא אתיא לאתחברא עם צדיקייא ואמרה שכבה עמי חצופה זונה אתמר באות ברית וינס ויצא החוצה) א"ל מאן אנת. א"ל אנא איהו ברא דנונא חדא דשט בימא רברבא ובלע כל נונין דימא ואפיק להון חיים לבר ולזמנין איהו נפיק ביבשתא לקיימא ביה וידגו לרוב בקרב הארץ. תווהו. אמרו ליה בתר דלית רעותך לגלאה מאן אנת וברא דמאן אנת. מאן איהו (נ"א מאי איה) אתר דדוכתך. אמר לון. אתר דדוכתי איהו מגדלא חדא דפרח באוירא. תווהו. א"ל לא תימא לן מידי (ס"א מילי) מאי איהו אבוך אמר לון אבא דילי איהו חד נונא רברבא דכד צחי אפתח פומיה ובלע מיא דימא. ועד שבעין (ס"א שבעה) שנין לא הדר ימא לתוקפיה. ורזא דמלה יבטח כי יגיח ירדן אל פיהו. ואיהו בלע כל כך מן ימא ואתון לא אשתאבתון מניה אלא בד חד דאיהו ב"ד ספרי דאורייתא. איך לא אשתמודעתון ביה בההוא זמנא אדכר ר' אלעזר ואמר ודאי אנת איהו ברא דרב המנונא

מה נקרא על למער בהתקוג ם ואיתר דא לד ק. ברא דנונא חדא שה ה נלון מרע ר שהיה יח ד בעולם דכה כ ולא קם נכ א עוד כ שראל כמשה דש כ יא רברבא לא אמר ימא רבא אלא רברבא מר ן שהם ג לפנימיות הסוד שאם לא ר ו יתהבר ם יות ת ראשונות ה נו מם גים אותו בעוה"ז אך עתה הצדיקים מש נ ם אותו כג ע וכמ ם רכ נו מכרח ו ו ל בסוד מאיר כל רעוסק במורר לשמה שרוא לשם ה א ב זר חלק חמים לארבע חלק הפרד ס ולכן קרא רברבא שרוא חלק דיסוד וחלק דפנימיות של ריסוד ובלע כל נונין ד מא הם דברי תורה הם יכ ס לחלק נשמהו ואפ ק לון ח ם לבר שהוא אם מכ ו שלמ ס בלא שום חסרון וטעות כלל ולזמנ ן נפיק ב בשמא ב רום יבא בעוה"ז לזכות אם הח ם לקיימא ו דגו לרוב בקרב הארץ פ רוש בא כחלק כנגד שה ם שם אלה ם דייתוו במלוי הארץ שמספר המלו הי ר כמנין חמשה שמות אלהים ומזר ואחר אבא דילי איהו חד נונא רברבא כ מרע"ה זכר ל סוד דאבא דיתלבש תוך סוד דאימא ולו א רברבא מר ן וכנ דידי כה"ר עקב נר ו פ רש דמרע ה אמור ם דאבא שהם ***תפ ד ופנ ם דא מה שהם קם א ונרמזים בשמו כי תפ"ד וקם א עולים מספר משר ואמר בלע כל נוני מא שה ם ודע כל מה שתלמ ד ות ק עת ד לחדם עכ ד נר"ו שם א ל לא תימא לן מדי מה א רו אבוך נראה לא רצו ם אמר להם שמו להדיא דכבר אמרו בפ רוש שרם יודע ם שלא רוצה לומר אמנם עתה רצו ם אמר להם ברמז ולא בפ רוש ולכן אמרו לו לא ת מא לן מדי כלומר דבר אחד שבו נדע שם אביך ודא אנה הוא כי ה דרב המנונא סבא נראה דהרגישו בזה מפני שאמר אבא ד ל חד נונא רברבא כי שם

סבא

* מגיד ** מג ע א *** קפ ד

דנער קטן נוהג בם. דאלין עשר סלקין ביוד קא ואו קי וכל חד אית ליה צלותיה. ואם חסר חד מנייהו אפילו בתראה דלא סליק צלותא דילה עמיה בגין דאיהו עניא ולית ליה רשו לסלקא צלותיה עם אחרנין. כלהו צלותין מתעכבן לסלקא עד דההיא צלותא דעניא סליקת. ובגין דא תפלה לעני כי יעטוף דכלהו מתעטפין בגינה עד דאיהי סלקא עמהון דלית פרודא בה מנייהו. וצלותא דעני איהו שכינתא. מאן עני דא צדיק והאי צלותא אתקריאת עקב לגבי צלותין אחרנין ובגינה אתמר אפילו נחש כרוך על עקבו לא יפסיק. אף על גב דסחיר לה להאי נקודה דאיהי קוצא דאת ד׳ בבמה חובין לאולפא קטיגור על בנוי דשכינתא. לא יפסיק לההיא נקודה. דאם יפסיק. בגיניה אסתלק קוצא מן ד׳ מן אחד ואשתאר אחר דאיהו נחש כרוך בעקבו דבגין חויא לא יפסיק ולא אסתלק קוצא דאת ד׳ מן אחד אבל בגין עקרב אסתלק ואיהו פוסק

וברח מניה ויעזב בגדו אצלה וינס ויצא החוצה:

אדהכי הא עולימא דקא אזדמן לגבייהו מתמר אחר בעירן אמר לון מהו

ויעזב בגדו בידה א״ל עקרב איהו עקר כ׳ דעקרת ביתא דשכינתא. ודא איהו בגדו אצלה דחויא דע״ז בר הויא אתיא לאתחברא עם גוף אדם ישן דאמרת שכבה עמי חצופה זונה. אתמר באות ברית וינס ויצא החוצה (נ״א כ״י ובגין דא אפילו נחש כרוך על עקבו לא יפסיק. אף על גב דסתיר לה להיא נקודה דאת ד׳ לא יפסיק דאי יפסיק בגיניה אסתלק קוצא מן ד׳ דאחד ואשתאר אחר דאיהו נחש כרוך בגין דחויא לא יפסיק ולא אסתלק ואיהו פוסק

לקבל יחוד ר״א המלכות שבעה שהיא שביעית וכו׳, דא רזא חנו, שבגר שבועות דאלין עשר סליק, ביו״ד ר״א וא״ו ה״א וכל חד אית ליה צלותיה, ב׳ יוד בר כן, על תפלה לבור שלר כה עשרה ות, פחות מזה דכל ב׳ עשרה שכנתא שר״א והטעם דבא עשיר כנגד עשר ספירות וכאשר מתפללים דעשרה למטה מתעוררים כנגדם עשרה ספירות של עשיה או של יצירה או של בריאה שהם חלות דאצילות ואז לוקח כל חד צלותא דשייכא ליה בתבלא דלבור כי כל ברכה שבה תקון, לורך ספירה אחת כנודע וסלק, חלקי צלות, דעשר ספירות הנז׳ לאל לוה ביו״ד ה״א וא״ו ה״א שהוא רשם באצלותו שם בו נ״כ עשרה אותיות ואם חסר חד מיהו די״ס הנז׳ אפילו בתראה שהיא המלכות שבי״ס הנז דלא סליק חלק צלותא דילה עמה כו׳, דא הו ענא וליה לה רשו לסלקא צלותיה עם אחרנין פירוש דהמלכות נקראת ע״א מחמת חסרון, שם בה מלד התחתונים ולכן חלק צלותא שם ך לה היא מתעכבת להעלותו ואז כולהו חלק צלותין של שאר ספירות מתעכבן לסלקא עד דא״ה סליקת ובגין דא תפלה לעני כי יעטוף וכו׳ ורגו צלותא היא שכנתא שר״א ריאליכות ר״ז ואיתי עוד מאן ע״א דא לדיק פירוש וברחת

ואנן דא הוינן (נ״א ולא הוינן) *ולא ב׳ תרין ראשית הא סבא עלאה
קא נחית בינייהו. אמר הא אנן חד ותלת הוינן. ובען אנן חד אלהים
ודאי מ״י ברא אלה. מ״י ברא באלין תלת ואיהי רביעאה ושביעאה
(ס״א ותשעאה וס״א ותשיעאה) בראשית אינון שית סבין. ומאן ניהו את
השמים ואת הארץ הא אנן שבעה. ותלת גניזין עלייהו באלין שבעה
סבין ובת שבת יהודה לקבלייהו שבעה ובגין דא הא אנן שבעה
שבועות. חד עולימא הוה מזנב אבתרייהו. ואלין סבין **אערעו בבוצינא
קדישא וחברוי. אמרו ליה ר׳ ר׳ אנת וחברך אשכחתון חד עולימא
דאיהו בארחא מזנב אבתרייכו. א״ל אערענא במשריין סגיאין דהוו
קא אתיין מקרבא דחויא. ואינון משריין דמלאכין דנחתין. מזרזן
לקבלא צלותין מסטרא דנ׳ אתוון דמיחדין ישראל בכל יומא דבהון
וחמושים עלו בני ישראל מארץ מצרים. דמלאכין דנחתין לאגחא
קרבא דקא ממנן על צלותין. כלהו הוו נחתין (ס״א סלקין) בתוקפא
דגבורה כד נצחין לחויא. וכמה חילין דיליה דקא רדפין אבתרייהו
בכמה חובין דישראל. ואינון מארי צלותין ומסתכלין בשם יהוה דאיהי
בינה דנחתא עלייהו בתוקפא דגבורה. כלהו נפלין מסוסיהו ואתקיים
בהו סוס ורכבו רמה בים דא ים נ׳ שערי בינה נ׳ אתוון דק״ש א״ל
ולחברייא הוה לבו לעיינא לאסתכלא בתר ההוא דמזנב בתר צלותין
דאינון חלשין ולית לון רשו לסלקא עם אחרנין ולפרחא עמהון לעילא.
ובגין אינון צלותין חלשין אתמר ויזנב בך כל הנחשלים אחריך

כ״ש בה של מעל׳ת ת״ה רו׳, דכל אחד יתנו יתקומו כ״ש בר פר״ת ולא הו כולנו כ״ש בר אחת ד׳ דוע דיש
כ״ש בוא לתעל׳ת ר׳, של כ״א ס ר׳, של שופט ס ה׳, של תנא ס או וכן מ״ש הא אנן חד ותלת הוינן רבונה
דהוא הר׳, סב׳, ר׳ הר נשיאים מבת חו״ב וסבא עלאה דנחית באחרונה ר״ת שמתו מן בח כתר ו׳ דוע דקודם
התקון, ר׳ ו׳ כל א׳ סכ״ה בכ״ע ואחר התקון, נעשו חד קשור ס זו״ן או נמ׳ ע״ד מ״ש הסבא דמשכ״ס דף ל״ר
ע״א השבא הר׳, דח״נ תלת ותלת דא״נ כחד ובני ד״ד כר״ר עקב נר״ו פ״רש ע״פ מ״ש בזוהר בראשית דף
וא״ו דהלד ק״ס שבא ס׳ עור ז׳ לייד סודות תורה להחתונים לפעמים לא בואו אלא בחלק הנכש בלבד אך הרוח
ונשמה סוכים למעלה ואינם באים עמהם ולכן אמרו הא אנן חד ותלת הוינן פירוש עתה כולנו לא באנו לעוה״ז
אלא בבחינת נפש בלבד ולמעלה תלת הוינן שכל האי, שלנו נשלמו וריו מרכבה זל״ז וכמפורש בשער מאמרי
רשב״י שם עכ״ד נר״ו בראשית אינון שית סבין, ומאן ניהו את השמים ואת הארץ הא אנן שבעה ב׳
דר״ש בראשית ששה אותיות כנגד ששה ספירות שהם חג״ת נה״י ומאן ניהו הששה אחר את רשימים שהוא ז״א
תפארת הנקרא שמים שרוא ששה קצוות שהם חג״ת נה״י ואת הארץ המלכות הא אנן שבעה ותלת גניזין עלייהו
הם שלשה ספירות ראשונות שהם כח״ב וחוזר וכ״ש הדבר באלין שהם ששה ספירות רנו׳ ובת שבת יהודה
דנער

* ודא ** אערעו

א מן אֲקָוָ"ק איהי וּמכל שמָהָן אָמַר לֵיה ברי , אית א דאיהי כריוקנָא דָא יו"ד . י' לעֵילָא ו בְּאָמצַע ד' לתַתָּא . ודָא א מן אֲסָוָ"ק א מן אֲדנָי אֲבל הָאי א סוֹפָה כתחלָתָה ותחלָתָה כסוֹפָה וּבה אָמַר עֲלַת הָעלוֹת אֲני ראשוֹן וַאֲני אַחֲרוֹן. וּבאָת ו' דאֲמצָעיתָא וּמִבַלעֲדַי אֵין אֱלקים. א"ל הָא וַדאי אתגַלְיָא לי מה דלָא ידַעְנָא עַד הַשתא ולָא עָתיד לאתגַלְיָא עַד יוֹמין דיֵיתי מַלְכָּא משיחא. א"ל אי הָכי אשתמוֹדַע דאית אָדָם קַדמוֹן לְכָל קְדוּמים ואית אָדָם אַחֲרָא . א"ל ברי הָכי הוּא וַדַאי אָדָם דכָרָא ליה עִלַת הָעלוֹת בדיוּקנא דיליה סתים וּגְניז הָאי גָרַם דאסתַלַק עִלַת העלוֹת . אָדָם תנְיָנָא חָאב בְּמַחֲשָבָה . וְאָדָם תליתָאָה חָאב בְּמַעֲשה . דתלת אָדָם אינוּן אָדָם דבריאָה אָדָם דיצירָה אָדָם דַעֲשיָה. דלָאו כל חוֹבין שוין. א"ל ברי עַב"ד הֲוָה ה קַיימָא קמיה דאָדָם. בתַר דאָתוּ ערב רַב ועבדוּ יַת עגלָא גָרמוּ דאסתַלַק ה' לגבי ו י ואתעֲביד הוֹי וּמאן גָרם דָא הוֹי גוֹי חוֹטֵא. ואשתאֲרַת ה בַּתרָאָה יחידָה הה"ד איכָה יָשבָה בָדד דבקַדמיתָא וְתלַבנה שתיהן. ה"ה לבָתַר אסתַלַק ה' עלָאָה. אשתָאֲרַת ה' תתָאָה בתראָה יחידָה דאתעָרבוּ טוֹב עם רָע מַה דאפריש קב"ה הה"ד וַיַבדל אלקים בין האוֹר וּבין הַחשֶך גָרמוּ דגָלַת שכינתא ואתעָרבַת בין אוּמין דעָלמא. (ס"א בין אומין דעלמא ובנהא עמה) וּמנַטרא לוֹן (ס"א לנטרא לה) בגָלוּתָא. בהַהוּא זמנָא נָחית קב"ה בכָל אַתוֹוי דאסתלקוּ בגלוּתָא הה"ד אֲני יְיָ הוּא שמי וּכבוֹדי לאַחֵר לֹא אתן וכו .

*תקונא עשרין וחד ועשרין ליום י"א

בְּרֵאשית בָּרָא אֱלקים. אלקים. מ"י אל"ה עֲליה אתמר שאוּ מרוֹם עיניכם וּראוּ מי בָרָא אל"ה:

בראשית נַחתוּ תַמָן תרין סָבין . וַאמרין אתעַסקנָא בּמַה דַהֲויתוּן

אתעביד אות ואח"כ ר"ת אי הכי ראה א דתמן ו לעילא מן אס ה א"ד פירוש מה שאמרת שהוא דאסתלק יוד על וזה של אלף משמע לפי דבריך עתה דא, זה דאלף של שם אדני ר אלא רוא יתגלה יותר ורמז לו את א' דא רי כד וקנא דא וכו׳ אתעסקנא במה דהויתון וא"ן לא הוינן כ רוש ב"ם בר של יתעלה ר נו עסוק ס בודשר זו של בראשית ה דהויתון דורשים למטה ואנן לא הוינן ברא עלתא עמכם ובאנו עתה למודים על בראשית ב' הרן כראשית ואחר שאמרו רסבן דברים אלו אז סבא עלאה קא נחית ב כ רו דאלו סבן רנו׳ ואמר הא אנן חד ואלא הוינן וכען אינן חד פירוש עתה ב ר דת נו למטה נתחברנו ביחד שלשתנו ונעשינו חד במושב אחד אך ואנן

* מב ע"ב

סתימא ואשתאר ערום מינה מכל מה דלעילא מן אימא עלאה דאיהי תשובה חאב ואסתלקו מיניה ואי לאו דקמת עמיה תשובה וגלת עמיה. הוה מכל וכל ובגין דא אם עונות תשמר יק יי מי יעמוד ודאי. ובגין דא ובפשעיכם שלחה אמכם ההיא דאתמר בה שלח תשלח את האם. את לאסגאה שכינתא תתאה עמה. אימא עלאה קמת באדם ואימא תתאה בהבל. דחובא דאדם רב הוה מדהבל. ובגין דא ברי א״ מן אקי״ק איהי א״ דחב ביה הבל ואסתלקו ואשתארת (נ״א קין ואסתלק ואשתארו) ה״ה ובגין דא א״ הבל אחיך. ואיהו א״ מן אדני ואשתאר ד״ן מן אדני חובא דאדם גרם דאסתלק י״ו מן יקו״ק ואשתאר ה״ה. א״ל אבא והא י״ו הוה ליה למהוה ו״י. א״ל ברי ודאי דא רזא דחב במחשבה עלאה דאסתלק י׳ מן א ואשתארת ו״י. בגין דאסתלק מתמן עלת העלות דאיהו מחשבה סתימא באת י׳ מן א דלית יחודא (ס״א מחשבה) בר מניה. והכא רזא דלא אתגלייא עד השתא ודא איהו כי ידע שמ״י יקראני ואענהו. שם י׳ דלית לעילא מניה בכל א״א ההוא דברא כלא. ולית מאן דברא ליה. דאית בורא דאתברי בוון מיא דאיהו ברא לעשבים *ודגל לון. ואיהו אתברי. אבל האי ברא ולא אתברי איהו דלית אלה לעילא מניה. א״ל אבא מאי או״. הוי. א״ל ברי האי איהו כד אסתלק א מן אקי״ק עם י״ו מן יקו״ק אתעביד או״. א״ל אי הכי האי א דתמן ו״י. לעילא מן

גרעון ח ו כיון דאמר לרדיא פגו משה כ גבי אדם שאיר ואחבא זה ורה על רתפשטות הלבוש לגמרי שנשאר ערום לגמר ולכך ,תבא וא״ל ברי בכלא חב וכו הענין הוא לפי שמעלתו היתה גדולה שזכה ל קח נר , ממקום על ון, וגבוה מאד לכך הג ע חובו במקום גבוה וחב בכלא **ואיהו** א מן אדנ י ואשתאר דן מן אדנ״י הא א״י דאה ה א ה א מן אדנ ואשתאר דן מן אדני שפגם למעלה כשם אסיר ולמטה בשם אדנ״י **חובה** דאדם גרם דאסתלק י״ו מן הו ה ואשתארו ה״ה א ל ורא ו הו ל למהוי ו פ רוש דר א שמע שנעשה פגם בחובא דאדם ובזה הפגם נעשה ל רוף ו י ולכן כששמע מאב ו שאמר אסתלקו ו מן הוי ה ואשתארו ה ה ולא אמר רפגם שנעשה באות וא י ו עלמם דמלבד ם לוקס עוד נעשו לירוף ו לכן א״ל אבא י ו הו ל למהוי ו ואחה לא אמרת פגם זה כ אם דאסתלקו י״ו מן הוי ה והשיב לו רשב י דמה ששמעת מענין הפגם שנעשה לרוף ו י רוא אמת אך לא נאמר זה כ אם על פגם שנעשה באות א שהוא לורתו ו והוא דאסתלק ו״ד עליונה מג ור **א׳** וממילא נשאר בליור זה אות וס ו״י כסדרן ו פה כונת ועל זה קאי מה ששמעת **א״ל אבא** מאי או הו פ רוש מדקדק ר א על מ ש הכתוב כפלה עטרת ראשנו או נא לנו כ חטאנו דרוה לריך לומר הו לפ הדרשה שלך שאמרת דאסתלק י ו מן הוי״ה ואשתאר ה״ה ואסתלק יו ד עליונה של **א׳** ונשאר ו״י דנמלא שנשארים הם הו״י שהם ה׳ בשם הוי״ה ו״י באות אל ף וא״ל רשב״י כי זה האו מורה על אתוון דאסתלקו דכד אסתלק **א׳** י״ן אהיה עם ו מן הוי״ה

א

* ודגל

כריכו דכלהו ו' דאיהו כליל שית תיבין דיחודא דאינון שמע ישראל יי אלהינו יי אחד. ובההוא כריכו צריך לסתרא קירטא ולארכא בה. האי אבנא כלילא מחמש (נ"א מעשר) עד דסליק לה עד אין סוף. ורזא דמלה למען יאריך ימים על ממלכתו כד האי אבנא בעאת למעבד דינא בעמלק או בסטרין אחרנין וכן בחייבין. נטלא מגבורה ואתכללן בה כל ספירן ואתקריאו בה כלהו גבורות וכד בעאת למעבד חנא וחסדא בעלמא. נטלא מחסד וכלהו ספירן אתכלילן בה. ואתקריאו חסדים. וכד בעאת לרחמא על עלמא נטלא מעמודא דאמצעיתא וכלהו ספירן אתכלילו בה ואתקריאו רחמי. והאי י איהי בכל סטרא. א"כ במאי אשתמודעת כד נטלא מאבהן אלא בנקודה. כד איהי נקודה מסטרא דקמ"ץ נטלא מחסד. וכד איהי נקודה מסטרא דשב"א נטלא (ס"א ינקא) מגבורה. וכד נקודה מחל"ם איהו מסטרא דעמודא דאמצעיתא דתלת נקודין אין אינון מיא ואשא ורוחא (כאן חסר והוא בתקו ח דכ ד ע ג)

ויאמר אי הבל אחיך ת"ח תרין אתוון אלין דאסתלקו מניה דבהון חב. גרמו ליה מיתה א' אמון מופלא ומכוסה. י' מחשבה א"ל ר' אלעזר אבא והא כמה מחשבין אינון שבינתא תתאה אתקרי מחשבה. חכמה עלאה אתקרי מחשבה. ולעילא לעילא מחשבה. ולעילא מכלהו מחשבה דלית לעילא מינה והיא סתימא דכל סתימין עלאה דכל עלאין. אי תימא דסליק מחשבתיה דאדם תמן. לא דהא אתמר ביה ואירא כי עירום אנכי ואחבא. דהאי ערום אחזי דאתפשט מלבושיה. ובגין דא אתמר באבא ואחבא. ובברא ויסתר משה. א"ל ברי בבלא חאב במחשבה דאיהי לבושא למחשבה סתימא ובמחשבה סתימא. ורא הוה מיתה דיליה דאסתלק מחשבה סתימא דכל סתימין מניה דאיהו ח"י החיי"ם. דבאתר דאיהו תמן לית מיתה תמן. ותאב במחשבה

רגוף כולו ויאמר אי הבל אחיך ת"ח תרין אתוון אל, דאסתלקו וכו' נראה לר"ה דרשה זו על פסוק ואייר איכה דדרש זה על א של אכה ותכן לומר דנקיט זה על א רבל אחיך ויש חסרון, דבר ס דהכא תחלה דרשה זו של ויאמר אכה וחזר לדבר על א הבל אחיך דהאי ערום אחז דאתפשט מלבושא ובגין דא אתמר באבא ואחבא ובברא ויסתר משה פניו פירוש אחבא קאי בה כח דהופשט כל מלבוש ולגמרי דלכך נחבא ולשון זה איור באבא שרוא אדה כי אב לכל בני אדם אבל בברא שהוא מרעה שה הגלגול דבל אתמר ויסתר משה פניו ואין זה מורה על התפשטות מן לבושו דהא על הפ"כ אין מלבוש ויכסה ועל כן א"ר ויסתר דאמור כאן יורה על סתימא

תקונא תשסרי

פתיל ה') דאתאחדן ביה תלת גוונין דשרגא דאיהו נר יי' נשמת אדם זית מזתים דא צדיק דאתמר ביה שמן זית זך. כתית דכתיש כתישא באינון אתין (ס"א זתין) דאינון אברי גופא ודא ברית מילה לגבי שכינתא דאתקריאת גד. ורזא דמלה והמן כזרע גד הוא. בההוא יו"ד אתעבידת גיד. ואמאי אתקריאת גד בגין דאיהי כלילא מז' ספיראן דסלקין לחושבן גד. ואמאי אתקריאת מן (נשה) בגין דכלא לא ידעו מה הוא דנהית לון קב"ה מן דאיהו כזרע גד חור. ועינו כעין הבדלח דאיהו חוור מסטרא דימינא וטעמו כצפיחית בדבש מסטרא דשמאלא מה הוא כליי מעשר אתוון דאינון *יו"ד ק"א וא"ו ק"א ודא מנא דאורייתא וסליק לחשבן מ"ה. ולא ידעו מ"ה הוא. וערב רב שאילו בשרא ויהיב לון. ומה כתיב הבשר עודנו בין שניהם טרם יכרת ואף יי' וכו'. והאי בשר הא אוקמוהו מארי מתניתין בבשר היורד מן השמים. דא מנא דאכלו ערב רב. ועם כל דא אמרו עלה אין דבר טמא (ס"א רע) יורד מן השמים. ורזא דהאי בשר מאי ניהו אלא כמה דאת אמר בשגם הוא בשר. ורזא דא לחכימי לבא אתמסר והאי בשר בהפוכא שב"ר. ועלה אתמר שבר רעבון בתיכם. אם זכו בשר קדש דאתמר ביה ומבשרי אחזה אלוה. ואם לא נטרין בהאי בש"ר אות ברי"ת. אתהפך לון בשב"ר (ס"א מצאתי):

ות"ח כל שמא דאיהי מן תרין אתוון כגון כי ביה יי צור עולמים תליא מן חכמה ומן תלת אתוון תליין מן בינה ומן ארבע תליין מן שכינתא תתאה. מן חמש תליין בחמש ספירן. ומן שית תליין מן צדיק. ומן שבע ותשעה ביה. מן עשר בשכינתא תתאה. דאיהי עשירית האיפה סלת. ובה מעשרין. ובגין דאיהי כלילא מעשר אתמר בה. אין שכינה שורה בפחות מעשרה. (כאן חסר) זרק"א האי תגא איהי י' וחוטא דילה ו'. והא אוקמוהו בורכין שמע עם ואהבת את. ולא הוו מפסיקין בגין דאת י אבנא מרגליתא קדישא יקרא קירטא איהי שפה כלילא מחמש תקונין דאינון אחה"ע בומ"ף וגו' ודא ה' זעירא. חמש אבנין דקירטא דא ה עלאה דאינון שמע ישראל יי' אלהינו יי' אתעבידו ה' אבנין אחד

לראש צדיק. מאי ראש צדיק דא עמודא דאמצעיתא דביה שריין ח"י ברכאן דה' עלאה ומניה אתמשיכו לה' זעירא על ידא דצדיק ובגין דא גוף וברית השכינן חד ו' דאיהו במציעות ה"ה איהו שיעור קומה ואיהו אמה וסליק (נ"א דסליק) באת י' לעשר אמות דאתמר ביה עשר אמות ארך הקרש ואמה וחצי האמה רחב הקרש האחד דא ו"י דאיהו ברזא דז' דכל תגין ביה אתקריאו שתי כתפות חברת דא כתף עלאה וכתף תתאה דאינון ימינא ושמאלא ואינון ה"ה. אל שני קצותיו אינון ו"ו ובהון אתעביד ה"ה בחבורא ובגין דא אל שני קצותיו וחבר בכל אתר אמה איהי ו. ובגין דא איהי בת ששה טפחים וחצי האמה דא י'. דתרין יודין אינון שעורא דאמה. ואת י' שעורא דילה ג' טפחים ידא ג'. ועשר אמות דא איהו שעורא דגופא דבר נש דקבל עשרה דברים דאתמר בכוס של ברכה. ולא אשתאר בזמנא דא אלא ארבע (ס"א דאסתלק ו' ואשתאר ד' מן דו פרצופין ושעורא יכלא ו' באת י' סליק לעשר) במה דאוקמוה וכלהו רמיזי בגופא כגוונא דא בדרועא ימינא תרין אמן מן פרקא לפרקא וכן בדרועא שמאלא תרין הא ארבע וכן בתרין שוקין ד' הא ח' ובגופא תרין הא עשר דא איהו עשר אמות ארך הקרש הקש"ר איהו בהפוך אתוון בין קשר לקשר וחמשה בריחים לקרשי צלע המשכן האחת אינון חמש אצבען דיד ימין וחמשה בריחים לקרשי צלע המשכן השנית ה' אצבעאן דיד שמאלא ואינון חמש אצבעאן כלהו מדה לבריחים ואינון מי מדד בשעלו מים וגו'. והא אוקמוהו ואינון אאאאא חמש נקודין אלין דאינון קמ"ץ צר"י חל"ם חיר"ק שר"ק אינון ברזא דאלקים דהכי סליק בחשבן. ורזא דאלקים מרא ק. ודא איהי (ע"א יה"ו) בינה ודאי והכי ברזא ה' אלפין כליקן בה' תתאה. ואלין אתוון אינון תלת נשמה רוח ונפש ה' זעירא גופא. בית קבול דכלהו. פתילה (ס"א

וזה למטה ואות יו"ד שיעורא דילה ג' טפחים פירוש אות וי"ד צורתה היא ג' יוד ו' ד' למעלה וי"ד באמצע וי"ד למטה וכנז' בזוה"ק ופירש דבר"ו רב"ו ז"ל בשער מאמרי רשב"י שער ך הסופר לכן בזה בכת בחה ולכן אמר שיעורא דילה הוא ג' טפחים כי כל נקודה מן שלשה נקודות הנז' היא סוד טפח בדרועא מנה תרין פרקין בין פרקא לפרקא פירוש מן פרק דכף עד פרק הכתף ש' תרין אמין שהם הזרוע אמר אחת ועוד פרק שני שמניח בו תפילין וכן ברגלים מן הגוף עד כף הרגל ש"ב פרקין ארוכין שהם חלוקים לב' ג"ס וכן בגוף ג"כ ש' שנים שהם שני כתפים דכתף ימין לחוד וכתף שמאל לחוד וחוט השדרה מחלק אותם לב' ג"ס וזהו בכל אורך

כפירן אתקריאו חֲכָמִים. וכ״ת אַתוָון אינון דְכָל עוֹבָדָא דִבְרֵאשִׁית וכֻלְהוֹן אינון בֵּין לכתיבָה בין לְכָל מִלָּה דיתְעֲביד בידין. דעוֹבָדָא דכ״ה פִּרְקִין אינון בְעֶשֶׂר אצבְעָן. וְדָא איהוּ רָזָא מֵהַכֹּהַ אֶל הַפּוֹעֵל. וכלָא בחָכמה. וְרָזָא דמלָה כֻּלָּם בְּחָכְמָה עָשִׂיתָ. אית חָכמָה מסטְרָא דאַתְוָון ואית חָכמָה מסטְרָא דנקוּדין. דאַתְוָון אינון בַּת קוֹל. ובהוֹן רָזָא דדבוּרָא לדָרְשָׁא וּלְכָל מִלָּה דתַלְיָא בדָרְשָׁא. תָגִין אינון לְמַחֲשָׁבָה ואינון בְּרָזָא דְהָאי קְרָא. ולַחֲשׁוֹב מַחֲשָׁבוֹת וכו׳. וכֻלְהוֹן תַלְיָין בשכינְתָא תַתָּאָה. ואיהי כַּלָּה דכֻלְהוּ וּבְרָזָא דא תשכַח טְעָמֵי ונקודין ואַתְוָון. וְהָכי בכָל אֶת וְאֶת. וְרָזָא דמלָה שׁ תלַת תָגִין לעֵילָא כמו זַיינין דסֵפֶר תוֹרָה בָּה רשׁימִין (ס״א רמיזין) בתרין ונקודין ואַתְוָון והָכי בכָל אֶת וְאֶת. ש שַׁבָּת הגדול בינָה. שַׁבָּת הַקָּטָן מַלְכוּת. ב׳ תְרין דרוֹעִין גדוּלָה גבוּרָה ת תפארת ביה שקיל שַׁבָּת לכל אוֹרַיְיתָא תלַת כתרין רש תלָת ספִירָן עִלָּאִין וכלהו כּרִילָן בהיובתא. דאיהי שכינתָא עִלָּאָה. וַעֲלָהּ אתמַר תפִלַּת כל פֶּה. וְדָא עַמּוּדָא דאֶמְצָעִיתָא אתקְרֵי תפִלַּת כָּל פֶּה אֶלָּא (כל) איהו בֶּ״ן יַ״ק מן בִּינָ״ה ואיהו עמוּדָא דאמצָעִיתָא איהו מְמוּצָּע בתְלַת אַתְוָון דאינון יק״ו דאתכְּלִילָן בבינה ואיהו ממוּצָּע בגוּפָא בין תרין דרוֹעִין ואיהו *אות בַּצָּדִיק דאיהו כְּליל בא״ת דאיהי שכינְתָא תַתָּאָה כְּלִילָא מא ועַד ת. ואיהו כליל תלָת ברכָאן דצלותָא קַדְמָאִין ותְלַת בַתראין ואיהו כליל תרין ו״ו דאתמַר בהון עַל שְׁנֵי קְצוֹתָיו וחִבֵּר דאינון (נ״א ואינון) י״ב ברכָאן דצלותָא דאתקְרִיאוּ אמצָעִיוֹת וכלהו ח״י ברכָאן דאתכלִילָן בה׳ דאינון תלַת ווי״ן. (נ״א דאתמר בהון יו״ד ק״א וא״ו ק״א) דאיהו דו פַּרְצוּפִין וְדָא איהו ישעוּד קוֹמָה דאתמַר ביה עשר אַמּוֹת אורך הַקֶּרֶשׁ בְּמָאי סַלְקָת יעשׂר באת י. קָם סָבָא חַד פָּתַח ואָמַר וַדַּאי ה׳ אית בָּהּ תלַת וָוי״ן דאינון ח״י ברכָאן. בגוונָא דָא ה׳ דאתמַר בהון וּבְרָכוֹת

ב׳ פירוש שהאותיות נקראות את כ״ב וכל התפשטות אשר באותיות הן ה׳ טעמים נ״ל דה ובראזא דא תשכח טעם ונקוד, ואתוון פירוש אות א׳ ראה שיש בה ג׳ חלקים שהם צורת י׳ד למעלה וצורת ו׳ באמצע וצורת י׳ד למטה דוגמא טעם ונקוד, ואתוון דבאמצע הם עומדים למעלה והאות באמצע ונקוד למטה והכי בכל את ואת פירוש כן תמצא בשאר אותיות דרוש, לאות אל״ף שם כסה ג׳ חלקים שעומדין זה למעלה וזה באמצע וזה למטה כגון אות ב׳ וכן אות ג׳ ד׳ וכן אות ה׳ ו׳ וכן אות כ׳ וכן אות ל׳ וכן אות מ׳ ס׳ וכן אות נ׳ ע׳, ופ״צ ולדי וקו״ף וש׳, בכולם ג׳ חלקים זה למעלה וזה באמצע וזה למטה דוגמת טעם נקוד אתוון שהם זה למעלה וזה באמצע

לדאש

* מא ע״א

מה שאמר על זאת הוא מורה שהוי"ה היא על כל ספירה וספירה.
כמו שאמר דוד לך ה' הגדולה והגבורה וגו'. ואין לך פעולה בתחתונים
אלא על ידי מלכות שנאמר בה ומלכותו בכל משלה. אבל בזמן
שצריך קב"ה להצדיק לצדיק ולעשות עמו צדקה שהיא מלכות עם
התחתונים נכללים בו כל הספירות ונקראין צדיקים על שמו ה' נקרא
על שמו צדיק. שנאמר צדיק יי בכל דרכיו ומרחם על בריותיו בצדקה
אין צדקה אלא תפלה צ' אמנים. ד' קדושות. ק' ברכות. ה חמשה
חומשי תורה וזהו צדקה תרומם גוי ועליו נאמר לאברהם ויחשבה לו
צדקה וכשהוא רוצה בה נאמר בה וילבש צדקה כשריון מצד ה היא
צדקה ומצד י היא כובע על ראש צדיק אות ברית עטרה בראש כל
צדיק. ומצד ו נאמר בה ארוכה מארץ מדה מצד ה עליונה ורחבה מני
ים וכשרוצה הקב"ה להמשיך נבואה כל הספירות כלולים בהם
ונקראים נביאים ומלכות היא דמיון כלם. שנאמר וביד הנביאים
אדמה כמ"ש הנביא ודברתי על הנביאים וגו' שהיא כמו האספקלריא
שבכל הפנים נראין בה. כן כל הספירות מראין בה. כחם ודמיונם
וצורותם לכל נביא כפי השגתו למעלה וכמו כן למטה היא מתלבשת
בכסא הכבוד ובכל המלאכים והאופנים וחיות הקדש ובכל הרקיעים
והכסאות שבהם והמלאכים התלוים מהם שיש מלאכים גבוהים עליהם
שנאמר כי גבוה מעל גבוה שומר וגבוהים עליהם. וכן בכל כוכב ומזל
כמ"ש ומלכותו בכל משלה. וזהו וביד הנביאים אדמה. ולכל אחד
נדמה כפי כחו שהיא נשמתו והבן אמן בכל כתו יהוה הוא בכתר שהיה
קודם שנברא העולם הוא ושמו לבד בכתר כשברא העולם במדת
ראשית ירד עליו ולא היה חסר מלמעלה וכן בכל ספירה כמדליק נר
מנר ואינו חסר מן הראשונה ולא מחברתה עד אין סוף ואין תכלית.
ומי שמכיר אותו בזאת כמו שמכיר אותו בעליונים ובתחתונים בעבור
שהיא כלולה מהעליונים ואיהי יחוד וקשר כלם והיא מתלבשת
בתחתונים ועל זה אמר הנביא אל יתהלל המתהלל כי אם בזאת היא
אתקריאת נבואה מסטרא דנביאיא חכמה מסטרא דחכימיא דכל

ספירן

* מ ע"ב

לדור ודור. ומאי ניהו לדור ודור. אלא ההוא דאתמר ביה, דור הולך ודור בא והארץ לעולם עומדת. ולית דור פחות משישים רבוא. ומאי ניהו משה דשקול לשתין רבוא בישראל. ודרגא דיליה אספקלריא דנהרא בזאת יבא אהרן אל הקדש. ת"ח אין אדם מפיק רצונו מיי' אלא בזאת. דעלה אתמר מצא אשה מצא טוב ויפק רצון מיי'. ודא היא עת לעשות ליי' וכמה עתות יש. ועלייהו אתמר ואל יבא בכל עת. ושלמה אמר עת לשתוק וכו'. דאינון כ"ח עת. וע"ד קב"ה אמר ואל יבא בכל עת אל הקודש דאיהו קדש ישראל ליי'. וכד שכינתא דאתקריאת זאת עם ישראל כד"א ואף גם זאת בהיותם וכו' מאי אינון אמרין לה. אנה הלך דודך היפה בנשים אנה פנה דודך ונבקשנו עמך בכמה התחנונים וצלותין בציצית ובתפלין בשבתות וביומין טבין דעלייהו אתמר ביני ובין בני ישראל אות היא לעולם. אות ברית מילה אות דשבת ויומין טבין ואות דתפלין עלה אתמר על זאת יתפלל כל חסיד אליך לעת מצא. ומצא אשה מצא טוב ויפק רצון מיי' ויעקב בריך לבנוי בזאת הה"ד וזאת אשר דבר להם אביהם ודוד בזאת הפיק רצונו מיי' כשנלחם עם אויביו כד"א אם תחנה עלי מחנה וכו' בזאת אני בוטח. והנביא כשראה את ישראל בגלות לא ראה להם מנוחה אלא בעבור זאת ופורקנא דישראל לא ייתי אלא בזאת הה"ד זאת אשיב אל לבי על כן אוחיל. ויהודה לא אתברך אלא בזאת הה"ד וזאת ליהודה. ומשה לא בריך ית ישראל אלא בזאת וזאת הברכה. ומי שי"א שת לבו גם לזאת עליה כתיב איש בער לא ידע וכסיל לא יבין את זאת. וכיון שהאדם בה יפיק רצונו ובה משיג השם שזהו סוד על זאת יתפלל כל חסיד על זאת ודאי לשם ה' שהוא על זאת למה תקנו בשחרית למדה ידועה. וכן במנחה למדה ידועה וכן בערבית למדה ידועה. וכן בשבת למדה ידועה. וכן בי"ט למדה ידועה. וכן בעשרת ימי תשובה למדה ידועה. אלא

אין אדם מפיק רצונו מה' אלא בזאת דעלה אתמר מצא אשה מצא טוב פירוש אין אדם יכול לקבל השפע של מעלה אלא באמצעות המלכות שנקראת זאת וזה ה' הרצון, ונקדמן שני שמות א"ל הע"ל ועים לכך שנ' שמות א"ל ומספר רצון עולים מספר זאת ועי' זה דורש תלת אשה או יצא טוב ויפק רצון מה' ודא הוא עת לעשות לה'

מה

אתה ההוא דאתמר ביה יי אלקי אתה ארוממך. בההוא דאתמר ביה רום ידיהו נשא ובגיניה אתמר למי נושאין כפים לרום השמים הדא הוא דכתיב רום ידיהו נשא ומאי ניהו. יו"ד ק"א וא"ו ק"א דאיהו חכמה כ"ח מ"ה. ועליה אתמר "כ"ח מ"עשיו ה"גיד לעמו והאי איהו כ"ח פרקין דידין דמלכא עלאה. דאינון כוז"ו במוכס"ז כוז"ו כגויין דיהודא עלאה דאיהו יקו"ק אלקינ"ו יקו"ק ובגין דאסתלק האי חילא מישראל אתמר בהון וילכו בלא כח לפני רודף. יו"ד ק"א וא"ו ק"א אינון עשר אצבעאן דאתמר בהון ידיו גלילי זהב. דבהון כ"ח פרקין כ"ח אתוון דעובדא דבראשית. ובגין דא יי אלקי אתה. ומאי אתה. ההוא דאתמר ביה נכון כסאך מאז מעולם אתה. ומאי נכון. דא נאמן יושב. ונאמן עומד באמצע הה"ד כתפארת אדם לשבת בית. ומאי מאז אלא ההוא דאתמר ביה אז תקרא ויי יענה ומאי א"ז אלין ח' אתוון דאינון יאקדונק"י דסלקין לחושבן אמ"ן. ודא איהו העונה אמן בכל כחו בההוא כ"ח. ובגין דא אוקמוה מארי מתניתין העונה אמן בכל כחו קורעין לו גזר דינו של שבעים שנה. ובגיניה אתמר נכון כסאך מאז מעולם אתה. וביה אתה יי לעולם תשב. אתה. ההוא דאתמר ביה אבינו מלכנו אבינו אתה. ומאי ניהו אבינו אב הרחמן. ואיהו כליל כל אתוון דאורייתא ומאי ניהו אורייתא דבכתב עמודא דאמצעיתא ועליה אתמר ברוך אתה. וכד ישראל קיימין בעמידה דצלותא. איהו יתיב על כרסייא. ובגיניה אתמר בההוא זמנא אתה יי לעולם תשב כסאך

סג לאו קראה שמוליאים בפה בלבד אלא לריך שיהיו כל האותיות של התיבות כתובים באברים דר"ו באלבעות רסופר בשלמות שאם כתב אות אחד חסר או מלא ר"ז פסול אע"פ שקורא אותו ומולאו יפה כדלכר והאי איהו כ"ח פרקין דידין דמלכא עלאה דאינון כוז"ו במוכס"ז כוז"ו דיהודא עלאה דאיהו ה' אלרינו ה' פירוש שמות ה' אלרינו ה' ראמורים בפסוק שמע ישראל שאם ה' חוד רם ד' אותיות ואותיות כוז"ו במוכס"ז כוז"ו רם אותיות המתחלפים רבאים אחר אותיות ה' אלהינו ה' ורם ג"כ י"ד אותיות ורכל הוא כ"ח אותיות ואלו רן כ"ח פרקין דידין דמלכא עלאה כי אותיות ה' אלהינו ה' הם בימין ואותיות כוז"ו וכו' המתחלפים הם בשמאל דרועים ש"ש ב"ד מין וב"ד שמאל כ"ח פרקין שהם כנגד שמות הנז' דבהון כ"ח פרקין דאינון כ"ח אתוון דעובדא דבראשית פירוש בראשית ברא אלרים את השמים ואת הארץ, שהוא כ"ח אותיות ומאי נכון, דא נאמן ישב ונאמן עומד באמלע הה"ד כתפארת אדם לשבת בית פירוש כי נכון ס"ן בראש ומ"ן בסוף רומזים לחסד וגבורה שהם ב' ידים ובכל יד חמש אלבעות ורמוזים באות ס"ן ומ"ן זה חמש בעשרות וזה חמש במאות אבל באמלע כו"ן ש"כ ו' ררומז להפארת הנקרא אדם שבו שם הוי"ה בסתם שעולה מספר כ"ו ובמלוי אלפין עולה אדם ועל זה אמר כתפארת אדם לשבת בית כי שוא רמוז באמלע ועליו אמר נאמן עומד באמלע ועל חסד וגבורה אמר נאמן ישב

לדור

מ ע א

תקונא תשסרי

חסד וגבורה. ותמן ריחא דשושנה ודא איהו עמודא דאמצעיתא. ובגין דארחת ביה אמרת סמכוני באשישות ובה אתעבידת - סגו"ל כד נהתא. רפדוני בתפוחים אלין אינון תרי סמכי קשוט דאינון חוור וסומק. ובגין דארחת באת ו' דאיהי בבריה, אמרת רפדוני בתפוחים. וכד אתחברת ביה אתעבידת סגו"ל. מה דהוו צר"י אתעביד צייר. הה"ד וייצר יי' אלהים את האדם עפר מן האדמה וגו'. ויצמח יי' אלהים מן האדמה כל עץ נחמד למראה וגו' דא צדיק איהו עץ פרי עושה פרי למינו. ובהאי אתר. איהו רחימו דילה בהבורא ויחודא דבעלה ובגין דא אמרת כי חולת אהבה אני וכד ישראל חאבין בברית מילה אהפסיק נביעו דנקודין וייצר דכלילן בשכינתא תתאה ואשתארת יבשה. בההוא זמנא מה כתיב בשור"ק חירק. שרקו ויחרקו שן אמרו בלענו קמץ פתח. דא סגיר ודא פתח. אלין תרין אינון דסגרין ופתחין מבועין דאינון נקודין לגבי אתוון. ואת ו' כד איהו נטוי על רישי אתוון ע"אן אתקרי רפ"ה. וכד איהו במציעו דאתוון אתקרי דג"ש. אתוון אלין אינון חיוון דאתמר בהו והחיות רצוא ושוב רצוא ברג"ש ושוב ברפ"ה כתרין דאתוון דאינון תליין במחשבה דאינון כגוונא דתגין נקודין תליין בדבורא. אתוון תליין בעובדא. שבע זיינין אינון כגוונא דא ההה יי"ו איהו ז'. דא צריכין תגין דאינון אתוון אתקרו תגין כגוונא דא יהוה תגין תליין במחשבה דלבא ומוחא. נקודין בדבורא דפומא. אתוון בעובדא דאברין ומאלין נקודין וטעמי ואתוון עביד ההוא. סתים וגניז כרסיא טמירא עלאה. ועליה אתמר אתה יי' לעולם תשב וכו' מאי

האמצע כלול משתים שעל גב"ו ונמצא רוח כפול ולכן דרש על זה פסוק רפדוני בתפוחים **ודא איהו** עמודא דאמצעיתא ובגין דארחת כו' אמרת סמכוני כאשישות וכו' ובה אתעבידת סגו"ל פירוש עמודא דאמצעיתא תפארת העומד בין חסד וגבורה שהם רוח סוד סגו"ל והוא רישא דס' צורת סגו"ל ולכן כיון דאתחברת בו נעשית גם ר"א של מה כסגו"ל **ובגין** דארחת באות ו' דאיהו כברית אמרת רפדוני בתפוחים כ"ב כ' בשלש ספירות אחרונות שהם נה"י ג' כ' לזור סגו"ל וה' סוד שעומד בין נצח והוד בו נשלם דסגו"ל כמו שאמרנו בעמודא דאמצעיתא שהוא דתפארת שעומד בין חסד וגבורה ולכן כד אתחברת ב"ה אתעבידת סגול וצריך לרב, לומר כאן, שמדבר ב' סוד נקודים אתחברת ולעיל דמדבר בתפארת נקט ער חת ב"ר ורעים רוח פשוט כי ר"א קרובה לסוד אך רחוקה מן חג"ת לכן אמר ער מה ב"ה **תגין** תל, במחשבה דלבא ומוחא פירוש דתגין כתובים אך אין דקורא בהם שום עושה בו שום הרגשה בפיו אלא רק מבט בדם במחשבתו והנקודים אינם כתובים בהם אלא תל, בדבורא דפומא כי תנועותם ניכרים ונראין מכח דקריאה ואתוון כעובדא דאבר, פירוש האותיות הם פ"ש ולא, בפה בקר ער נגמרה ושל מה לא אחד

איהו חלם בהפוך אתוון לח"ם ודא איהו לחם אבירים אבל איש
דאתמר ביה יי איש מלחמה. מסטרא דחכמה אתקריאת חל"ם.
ומסטרא דעמודא דאמצעיתא אתקרי שור"ק. כד"א ואנכי נטעתיך
שור"ק כלה זרע אמת ההוא דאתמר ביה. תתן אמת ליעקב. מסטרא
דיליה אתקריאת חר"ק. ובהפוך אתוון חקי"ר. ובגיניה אתמר החקר
אלה תמצא. ואיהי קרית הנורא דאיהו שמא תליתאה דצלותא דאתמר
ביה האל הגדול הגבור והנורא. הנורא איהי עמודא דאמצעיתא.
ושור"ק איהו טמיר וגניז מסטרא דצדיק. דאיהו ברית אור גנוז. דאיהו
ר"ז כחושבן אור. כמה דאוקמוהו מארי מתניתין אור זרוע לצדיק. ודא
הוא אור הגנוז לצדיקיא. דחמש אור דלעילא מיניה כולהון אינון
באתגלייא. ומאי ניהו. תלת אור סגול ותרין אור שב"א. כד סלקא
על גדפיהו דתרין נקודין דאינון שבא אתעבידת שורק. ורזא דמלה
סמכוני באשישות. וכד נחתת איהי תחות צרי. אתעבידת סגול.
ועליהו אתמר רפדוני בתפוחים. ומאי ניהו אלין אשישות. אינון תרי
אשות דאינון איש ואשה אשא חוורא ואשא סומקא דתמן אב ואם.
דאינון י"ה. ואינון אנפי דינא ואנפי דרחמי. אמאי בעאת לאסתמכא
תמן. בגין דאינון תרין גוונין דשושנה. חוור וסומק. רחמי ודינא דאינון

כוונה דא' קמץ פירוש ה' ו' ד' דתחתונה של נ' וד' אלף עם ו' שלמעלה דוא דוגמת קמץ שדוא כזה **דחמש**
אור דלעילא מיניה וכו' פירוש חמש אור ר"ו הם חמשה חסדים ושלשה מהם רמוזים בסגו"ל ושנים בשב"א כי דם
מתחלקים שלשה התפשטות ושנים כלילות וכלולות דכללות וד"ת סגול שבא שנים כמספר חמשה פעמים חסד שעולה
שנים דכל אור דוא חסד אחד **כד סלקא** על גדפיהו דתר' נקוד' דא נון שבא אתעבידת שור"ק ה"ר ביל"ק
הב"א מן, רב למטה ז"ל ב' אור לזה שורק בק בין תחת רש' כנו' בדף ז' ע"ב ל' והכו"ר כי לע"ל בדף ז' ע"ב אמר
שורק ש' בו חתם ניגול, דר יגו חמשה ודי"ן שהם שלשה קבוץ תחת רשי, ושנים של נר תחת ר"ש ולכן מפרש כאן,
מ"ש אתעבידת שורק דהיינו שגם ה' קבוץ שדוא הנקודה שישה בשורק ודוא דוחק ויותר נכון לגרוס ואתעבידת קבוץ
ואפשר לומר שהשורק דוא ביסוד והקבוץ בהוד שהם סמוכים זל"ז וגם דות שקלת כי דשורק דוא נקודה אחת עומדת
באמצע האות והקיבוץ ג' נקודה א' עוירדת באמצע לכך אמר ואתעבידת שורק, וש"ר לקמן דף מ"ו ע"ב דאמר אל, תלת
נקוד ן תניינ, דא נון שורק ע"ש נמצא קורא לנקודה הקיבוץ בשם שור"ק ועוד נ"כ איתא לקמן בדף מ"ו ע"ב כנו' בסוף
דעמוד וז"ל וסליקת האי נקודה דא רו חד שור"ק על הר ן דא נון, שב"א ואתעבידת שורק ע"כ ע"ש ואומרו ורזא דמלה
סמכוני באשישות כלומר סמוכה לשה' יסוד שרס שג' נקוד ן של שב"א להתחבר עליהם ודה"ר דוגמת קבוץ **וכד**
נחתת א' כי תחות צר"י אתעבידת סגו"ל ועליהו אתמר רפדוני בתפוחים ג"כ הסגול נקרא תפוח שהסגול משולש
בשלש נקודות והתפוח משולש בשלשה הגוונים שהם טעם ר"ת מראה והנה הגוונים המראה ה' א' בשת עי"ש שעומדים
דוגמת ב' נקודות של צרי ודנקם דריח ה' א' בחוטם שהוא מיועד בן ב' ע"נ כנגד נקודה התחתונה של הסגול
שעומדת באמצע בין שתי הנקודות וגם הנאת הטעם בפה שהוא ג"כ עומד באמצע תחת החוטם נמצא נקודה
התחתונה של סגול שה' א' מיועלת הרמז שלה כפול שהר"ח שבחוטם והטעם שבפה שרוי הי רמוזים כי באיזה כל
חסד

דא לדא אבע מימך קול שני ריעים אני שומע. ואינון לקבליהו תרין
שפוון דאתקרו אפיקי מים ומאן נינהו נצח והוד דאתקרון שקתות
המים. ותרוייהו אתשקיין על ידא דצנורא דאיהו עמודא דאמצעיתא
דכליל כלא. ואיהו ברית דכליל ביה כל אברין דגופא. כל צנורין
אינון אתשקיין מן את ו דאיהו נהר דנגיד ונפיק מעדן. ואיהו צנור
דנפיק ממעיינא דמיא דאיהו י'. ומניה אתפשטא ה' דאיהי ים עלאה
ות"ח תשע נקודין אינון מן קמ"ץ עד שור"ק. ובלהון אתקריאו צנורין
ומבועין לאתוון דאינון כלילן בקרקע דאיהי שכינתא תתאה.
דאקריאת גן כלילא מתלת וחמשין סדרין דאורייתא. ועלה
אתמר גן נעול אחותי כלה גל נעול מעין חתום.
חתום ודאי בגין דאיהי בתולה ואיש לא ידעה. ואיהי חכמת
שלמה דעלה אתמר ותרב חכמת שלמה אתרביאת מכל
שקיו דכל ספירה וספירה. על ידא דההוא צנורא דאיהו ו' עד דמטיאת
לההוא מבועא עלאה דאיהי י' עלאה חכמת כל בני קדם. ובההוא
זמנא אתעבידת איהי תגא ברישא דאת ו. ות"ח שכינתא תתאה
כד איהי אתשקיין מן נקודין אתקרי חר"ק חל"ם שור"ק. למאן. לההוא
צנור דאיהו ו' דכלילן. שית צנורין דכלהון משית אתוון. דאינון
אבגית"ץ וכו'. שית צנורין אינון דתליין מניה ואיהו כליל שית אחרנין
וכלהו סלקין למ"ב אתקריאת חר"ק חל"ם שר"ק דההוא ציור כגוונא
דא ו. והכי אתקריאת לגבי י'. והכי לגבי ה. ורזא דמלה אני ראשון
ואני אחרון וכו'. ולזמנין איהי עטרה על רישא דאת ו' כגוונא
דא י. ורזא דמלה נוטה שמים כיריעה ודא רזא דרישא דאת י. ולזמנין
נחית תחותיה כגוונא דא י קמין. כד סלקא על רישא אתקריאת תגא
זרק"א. בההוא זמנא אתמר בה אשת חיל עטרת בעלה ואתקריאת
חלם וכד נחתת תחותיה אתקריאת חיר"ק. ואיהי *קם. דהכי

למעלה הנקוד למעלה **כל צינורין** אינון אתשקין, מן אות ו דא הוא נהר וכו' פירוש וא"ו דשם הוא רוח שנהר שמליך שכל הצינורות יונקים ממנו דהנהגת העולם הוא ע"י בת נח ואו דשם הוא ר וכל התפלות הם א"ו ולורם ו' הוא דוגמת הציור ודוגמת הנהר הנמשך באורך וכראש ו' יש יו"ד הרומז לחכמה שנקרא עדן ובקוץ של היו"ד רמוז הכתר שהוא מקור כל ההשפעות **ורזא** דמלה נוטה שמים כיריעה פירוש אות ו' שנקרא שמים אינו זקוף כזה ו אלא כפוף כיון שהוא דרייעא כיון אות ו' של ציור אות א' שהוא ... והיו"ד עומד עטרה למעלה ולזמנין נחית תחותוי איה.

* לט ע"ב

סְפִירַת הָעוֹמֶר דְבָה מָנֵי שְׁבַע יוֹמִין דְאִינּוּן ו' שַׁבְּתוֹת דְאִית בְּהוֹן מ"ב יוֹמִין דְשִׁיתָא דְכָל שָׁבוּעַ. וְשֶׁבַע שַׁבְּתוֹת הָא מ"ט. (נ"א דמטטרון) דְאִינּוּן מ"ט אַנְפִּין טָהוֹר שְׁמַע יִשְׂרָאֵל יְיָ אֱלֹהֵינוּ יְיָ אֶחָד בָּרוּךְ שֵׁם כְּבוֹד מַלְכוּתוֹ לְעוֹלָם וָעֶד. דִבְהוֹן אִתְדַכְיָאַת שְׁכִינְתָא תַתָּאָה לְגַבֵּי בַּעְלָהּ בְּמִקְוֶה דִילָהּ דְאִיהוּ מִקְוֵה יִשְׂרָאֵל יְיָ. וְאִיהוּ שִׁעוּר קוֹמָה דְהָכִי אִינּוּן אַתְוָון דְמִקְוֶ"ה קוֹמ"ה. וְאִנּוּן סְתִימָא בְּרָזָא דָא דְהַשַׁע נְקוּדִין לְבַר סְטַר בִּנְקוּדָה דְאֶמְצָעִיתָא. אִשְׁתְּלִימוּ לְמ' סְאִין אִיהוּ שִׁיעוּרָא דְמִקְוֶה דְבֵיהּ אִתְדַכְיָאַת אִתְּתָא לְבַעְלָהּ וְקֹדֶם דְאִתְדַכְיָאַת צָרִיךְ לְמַנָאָה שֶׁבַע יוֹמִין דְהָכִי. לְאַשְׁלָמָא בְּהוֹן מ"ט פָּנִים דְבֵיהּ דְאוֹרַיְיתָא וּבְהוֹן אִתְחַבְּרַת אוֹרַיְיתָא דְבִכְתָב וְאוֹרַיְיתָא דְבַעַל פֶּה בְּיוֹמָא דְשָׁבוּעוֹת דְאִינּוּן דוּ פַּרְצוּפִין דְאָדָם. וְחִבּוּרָא דִתְרַוַיְיהוּ רֶחֶם דְאִיהוּ רמ"ח פִּקּוּדִין דַעֲשֵׂה. וְרָזָא דְמִלָּה קַדֶּשׁ לִי כָל בְּכוֹר פֶּטֶר כָּל רֶחֶם. בְּהַאי חִבּוּרָא דְשָׁבוּעוֹת מִתְקָרְבִין כָּל פִּקּוּדִין דַעֲשֵׂה בַּעֲצָמִים בְּבֶטֶן הַמְּלֵאָה וּבְהַהוּא זִמְנָא כָּל אִינּוּן אֵבָרִין מְקַבְּלִין ע"י צִנּוֹרִין דָא מִן דָא. הֲדָא הוּא דִכְתִיב מַקְבִּילוֹת הַלֻּלָאוֹת אִשָּׁה אֶל אֲחוֹתָהּ וְכַד אִינּוּן מְקַבְּלִין. כָּל סְפִירָאן מְקַבְּלִין דָא מִן דָא. וּמַלְאָכִין מִתַּתָּא מְקַבְּלִין דֵין מִן דֵין כד"א וּמְקַבְּלִין דֵין מִן דֵין. וְכָל חַד וְחַד יָהִיב רְשׁוּ לְחַבְרֵיהּ לְאַעָלָא בִּתְחוּמָא דְחַבְרֵיהּ כד"א וְנוֹתְנִין רְשׁוּת זֶה לָזֶה. וּמָאן גָרִים דָא יִשְׂרָאֵל. כַּד מְקַבְּלִין דָא מִן דָא בֵּין בְּאוֹרַיְיתָא בֵּין בְּמָמוֹנָא. גַרְמִין לְקַבְּלָא לְעֵילָא דָא מִן דָא. וּלְאַשְׁפָּעָא דָא לְדָא. וּבְלָא עַל יְדֵי צִנּוֹרִין הה"ד תְּהוֹם אֶל תְּהוֹם קוֹרֵא לְקוֹל צִנּוֹרֶיךָ וְגוֹ' וּמָאי אֲמָרֵי

סג"ל כד מקבלין דא מן דא בין באורייתא בין בממונא גרמין לקבלא לעילא דא מן דא ר"ל בזה שבין שעמם דאמרו ז"ל העולם קיים על א' ש"ר שעונין בקדיש של הדרשן כי בשעה שדורש ברבים נמצא שרבים כולם מקבלים ממנו דברי תורה ביחד וכזה אז גם למעלה מקבלים כל הספירות והעולמות מעמודא דאמצעיתא כי החכם הדורש בצבור הוא כנגד עמודא דאמצעיתא ומחמת שרבים מקבלים ממנו למטה לא זו תועלת גדולה למעלה ולכן אמרו ז"ל שמוחלים עונותיהם וכן הענין בצדקה אם האדם נותן צדקה לעני שהדבר שזה מעלה גדולה והוא ועוד מזה תועלת למעלה יותר שע"כ מקבלים פרצופים רבים ועולמות רבים ולכן אמר הכתוב ר' לנך על יד מ גן דוגמת רגל שרות מכון כנגד קומת האדם ושעוטר שלו וכל מה שעבר רגוף נרהר בגלל שלו כן האדם אם מן למטה נתן למעלה וכמו שנתון הסך לו נתון למעלה ע' ברכה למטה וזהו לקבלא דין מן דין ולכן ונתנו איש כופר נפשו נקרא ונתנו מע לא לתתא ונקרא ונהנו מתתא לעילא ובלא ע"י צנורין הה"ד תהום אל תהום קורא לקול צנוריך רנה צנור אות ות רצון שאם האדם עושה מצות צדקה או לימוד שמלמד לאחרים ברצון לב אז ה"ר התעוררות

דא

• לט ע"א

תקונא תשסרי

רביעאה תמתי ביומא חמשאה תם ענך בת ציון. שראשי ביומא
שתיתאה דאתמר וישתחו ישראל על ראש המטה דאיהו יום הששי
נמלא טל ביומא שביעאה דא טפה י׳ ודאי ודא נקודה דאת ב׳. ובגין
דא זווגא דתלמידי חכמים משבת לשבת ליריתא ההיא טפה דאידי
חכמה ט״ל תורה לבנייהו ולאו למגנא אוקמוהו ז״ל כל העוסק בטל
תורה טל תורה מחייהו גל נעול גל איהו כמו גלגל איהו רמיז דביה
מעין חתום דאיהי י׳. ומיד השקו הצאן דאינון איברין קדישין דאתמר
בהון ואתן צאני צאן מרעיתי אדם אתם בלהו רועים ומשה על
כלהון דכתיב וישב על הבאר וכתיב תפלה למשה איש האלהים וכו
איהו שולטנותיה בשבעה רקיעין צדיק איהי רקיע דפליג בין מיא למיא
בין ים עלאה דאיהי אימא. ובין ים תתאה דאיהי אימא תתאה, ועליה
אתמר אין בין מים העליונים למים התחתונים אלא כמלא נימא
כמה דאוקמוהו מארי מתניתין. והאי נימא איהו צדיק, ולאו למגנא
אוקמוהו קדמאין דקב״ה מדקדק עם הצדיקים אפילו כחוט השערה,
ולית נימא ונימא דשערה דעתיקא קדישא דלא נפקא ממבועא עלאה
והאי נימא איהו ו׳ מבועא דיליה י׳ דסלקא באוירא עד אין סוף ונחתא
עד אין תכלית ואיהי עשר. ובבינה אתמר עשר אמות אורך הקרש
אמו״ת אינון מאו״ג בהפוכא ואמה וחצי האמה רחב הקרש האחד.
דא רזא דשיעור קומה דאיהו אזיל על ק״ו המדה מאי ס״ו דא את ו׳.
דאיהו מדה לכל שיעורא דגופא. איהו מדה בין עינא לעינא. ועלה
אתמר אצבע אלהים היא. איהו שעורא דאורכא דחוטמא. ואידי
שעורא דכל אצבעא ואצבעא. ושעורא בין אצבעא לאצבעא ו (נ״א י׳)
י׳ איהו מדת דשפה ומדה דכל עינא ועינא בעגולא. ומדה דפן ופן
דאנפין. ומדה דקמין סתים. וכד אתפתח סמין אתפתח בחמש אצבעין
ברזא דה׳. דבהו האי ק״ו אזיל חמש מאה שנין, וכד (ס״א ו׳ כד)
נחית לתתא לגבי צדיס. אתקרי שיעור. וכד סליק לעילא לגבי אימא
עלאה אתקרי קומה ורזא דמלה וימדו בעמר דא שכינתא עלאה
דאיהי עמר לגלגלת דאיהי גלגלתא דרישא. ושכינתא תתאה איהי

ז' איהו נעול בשית יומי השבוע הה"ד יהיה סגור ששת ימי המעשה וביום השבת יפתח ובשבת בגין דלא תהא כנועל דלת בפני לווין דאתמר בהו לוו עלי ואני פורע. איהו פתיחא לגבייהו דאינון נשמתין יתרין ובאלין דלא מלווין לה ולא אוסיפין לשבתות וימים טובים איהי סתימא לדהון. ובגין דא כל המוסיף מוסיפין ליה ודא תוספת נשמתא יתירה ואיהי תוספת רוחא דקודשא. וכל הגורע גורעין ליה ההיא נשמה יתירה ואשתאר עני. ואם הוא חכם אסתלק מניה חכמתיה. ואם הוא עשיר בממונא אסתלק מניה ואשתאר עני יבש כמה ראיהו מנע מלעילא נשמתא יתירה דאיהו נשמת כל חי ואשתאר יום השבת עני ושכינתא יבשה הכי אתמנע ברכאן מניה ואיהו מדה כנגד מדה. וכל מאן דאוסיף בשבת אז וכגנה זרועיה תצמיח. אוף הכי נמי אצמח טובה דיליה. ומאן זרועיה דשכינתא לעילא. אינון נשמות יתירות דזרעין מניה. ויהרון לון לישראל לתתא מזיו כבורה. ובזמנא דההיא ם סתימא אתפתחת לא אתפתחת אלא בפיוסא. כמה דאת אמר פתחי לי אחותי רעיתי יונתי תמתי שראשי נמלא טל. והאי פיוסא לגבי ו' דאיהו מפתחא דסתים לה ובג"ד פתחי לי ביומא קדמאה למאן לאת י' דאיהי נקודה דקמץ. כד אתפתחת אתפתחת בפתח דאיהו ו'. כד סתים סתים בקמ"ץ. ואיהו י"ו טפה וזרע דאתמשך מניה ובג"ד פתחי לי ביומא קדמאה לאת י' דאיהי נקודה דקמץ. אחותי ביומא תניינא רעיתי ביומא תליתאה דאיהו רעיא מהימנא יונתי ביומא

ב בחול ונעשית אות מ ס סתומה וביום שבת נפתח ותר ר אות מ"ס סתומה לאות ת כ' ו ודרש כזה יהיה סגור ששה כלומר אות ו' שרות ששה ומהי ידיה סגור הוא בימי המעשה דוקא אך וביום השבת יפתח כלומר ו ב של ת בת ו ב וס יום השבת פתח וע י, בסה ק בן א ש ח פרשה ויקרא מ ש בזה בס"ד **פתחי לי** ביומא קדמאה לאות יו ד נקודה דקמ ץ נ"ל יומא קדמאה הוא באברהם שרוא בחסד ש ונק מן הכתר בסוד והוא עומד עליהם תחת העץ ונקוד החכמה הוא פתח שהוא מחבר לאות ו"ד בנקוד הקמ ץ שהוא נקוד הכתר כי הקמ"ץ לורמו פתח ותחתו יו"ד וז ש פתח ל ר ל פתח לאות יוד של רקמץ ואמר אחותי ב ומא תנינא שרוא ב לחק שרוא בסוד הגבורה שה א בסוד אחות **רעיתי** ביומא תל תאה דאירו רעיא מה מ.א וכו נ ל שצר ך להגיה כך רעיתי ב ומא רב עאה דא הו רעיא מה מנא יונה ב ומא תליתאה שרוא ביעקב ודרש רעיתי לשון רועה והקדים רעית דקא ברעיא מהימנא ל ונתי דקאי ב עקב מפני כי משה מלגאו יעקב מלבר ועוד הדבור תדרש וא ן קפ דא על סדר הימ ס תמתי ביומא חמישאה תם עונך בת ציון כי הוא באהרן הע"ה שאל ידו נסגה של תם העון ואמר שראשי ביומא שתיתאה דאתמר ויפתחו שרא"ל על ראש המטה כי יוסף ביסוד שהוא נקרא ראש הגויה נמלא על ביומא שביעאה דא מ פה יו"ד נראה דרים טל, טיפה למ"ד, כי הטיפה כלולה משלש טפין שהם סוד אות ל' שס"ם

רביעאה

* לח ע"ב

את האור כי טוב. ויבדל אלהים בין האור ויקרא אלהים לאור. ואינון חמש תקונין דמדה דאינון לקבלייהו אאאאא ועלייהו אתמר מי מדד בשעלו מים דא חסד. ושמים בזרת תכן מאי זרת דא גבורה וכל בשליש דא עמודא דאמצעיתא דאיהו תליתאי ושקל בפלס הרים דא נצח. וגבעות במאזנים דא הוד. ואינון ברזא דאת ה׳ דהאי נקודה מדיד בהון ה׳ נקודין. דאיהי דנפיק מגו אוירא דכיא דאיהו כתר עלאה. ובגין דאלין חמש מדידין אינון ברזא דה׳ עלאה. איהו אזיל בהון חמש מאה שנין בין כל חד וחד ורזא דמלה עץ החיים מהלך חמש מאות שנה ובין כל חד וחד חמש מאות שנה. ובעובי דכל חד וחד חמש מאות שנה. דכלהו סלקין במהקלא דחמש חמש לכל סטרא. ורזא דמלה ועשית בריחים עצי שטים חמשה לקרשי צלע המשכן האחד וחמשה בריחים לקרשי צלע המשכן השנית וחמשה בריחים לקרשי צלע המשכן לירכתים ימה לירכתים אינון ירכי קשוט ימה מאי ימה דא שכינתא עלאה ההוא דאתמר ביה ודמות על ראשי החיה רקיע ואיהו דאוקמוה אין בין מים העליונים למים התחתונים אלא כמלא נימא. והאי נימא עליה אתמר אין מלכות נוגעת בחברתה אפילו כמלא נימא ובה הקב״ה מדקדק עם צדיקייא אפילו כחוט השערה והאי חוט איהו חוט דחסד לאות ברית מילה וברית איהו נימא ווי לון מאן דאפריש אות ברית בין מים למים. ומנע זרעא מניה דאהדר עלמא לתהו ובהו ורזא דמלה לא תהו בראה לשבת יצרה ודאי. מים עליונים אורייתא דבכתב מים תחתונים אורייתא דבעל פה נימא דאיהי בין תרוייהו דא יסוד. דאיהו רזא דאורייתא ואיהו יסודא ועקרא דתרוייהו. ומאן דמנע רזא דעקרא דתרי תורות באלו אהדר עלמא לתהו ובהו ואלין אינון דאמרין דלא אורייתא אלא כפשטא ולית בה רזא אחרא. ואינון דו פרצופין איהו ג״ן סדרים דאתמר בה ג״ן נעול אחותי כלה גן נעול מסטרא דמ׳ סתומה

נימא דא ה בן תרוו רו דא סוד פירוש נימא הוא וה אמן כ רו״ד א נה ונאה במבטא ושם השילוש של הוי ה שה ס תורה שבכתב ושל אדני שה ס תורה שבע״פ הוא יספר אמן ושם רמוז סוד של אמן והוא בחינת יסוד שרוא בין תרתי הו גן נעול מסטרא דמ ס סהויר וא ו ה הו נע ל בש ה ומי פירוש הוא ו הוא סוגר אות ר

עפר הארץ ודא א (ג א א). ושקל בפלס הרים ודא א. וגבעות במאזנים ודא א דא סליק באוירא. ודא אזיל לצפונא ודא לדרומא הה"ד הולך אל דרום וסובב אל צפון. תרי אחרנין סובב לגבי מזרח ומערב דאינון כלהו נקודי כגלי ימא. דא סליק ודא נחית ואינון כחוטא חוורא דעינא דאיהו *אחסר עינא ובחוטא ירוקא ואוכמא וסומקא ותכלא. אלין גלגלין כלהו סהרין לההוא נקודה ואיהי מדה לכלהו איהי בארבע וסלקא בעשר. ורזא דמלה יקוק יוד קא ואו קא. אלין אינון ארבע גוונין דסלקין בעשר ואינון כלהו להביות אשיות ועלירון אתמר כי ה' אלהיך אש אכלה הוא. שבע אינון מהאי עשר ואינון לקבל שבעה רקיעין. ואינון שבע ספיראן. ובין כל חד וחד ת"ק שנין. והכי פותיא דכל רקיעא ורקיעא ת"ק שנין עד דסלקין בלא למדה ידיעה. דאיהי נקודה חדא לחושבן ידיעא. והכי איהו רזא דחושבנא כגוונא דא תשע נקודין

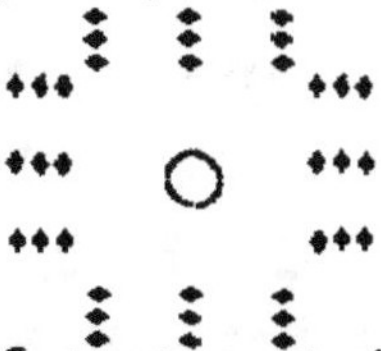

אינון לכל סטר דאתבריקן בנקודה דחלל דילה. ובגינה אתמר מחלליה מות יומת וכו' קם ההוא סבא וא"ל רבי רבי באומאה עלך בהאי נקודה טמירא עלאה. נחית הכא יגלאה רזא טמירא ולא ליקרא דילי עבידנא אלא ליקרא דשכינתא לאחזאה יקרה דהאי נקודה טמירא גניזא דאתמר בה ונעלמה מעיני כל חי. ועלה אתמר נתיב לא ידעו עיט וגו' אדהכי הא ר' סליק לעילא באוירא לנטלא רשו מההיא נקודה דאיהי גניזא תמן והא קא נחית בעמודא דאשא דאיהי הבל דפומא דביה הוון רצין ושבין. הה"ד והחיות רצוא ושוב וגו'. ואמר

**תיקונא תשסרי ל"ס י

בראשית תמן בת. והאי בת נקודה סתימא באוירא. עלה אתמר שמרני כאישון בת עין. איהי ודאי גניזא באור ובה אתעביד אויר ובגינה אתמר וירא מלאך יי' אליו בלבת אש מתוך הסנה. חמש זמנין ארכיד סנה. וחמש זמנין אור. אינון לקבליהו בעובדא דבראשית ואינון יהי אור ויהי אור

* אסתר ** לח ע"א

שכינתיה בגלותא ואינון קמצנין לגבה דורונא דלהון לכלבא אתמסר. ודורונא דשכינתא צריך למעבד בגינה מההוא חביב דאית ליה. *כמה דאוקמוה מארי מתניתין ואהבת את יי וגו' בההוא דאיהו חביב עלך בההוא זמנא כמה חיון פתחין ידייהו דאתמר בהון וידי אדם מתחת כנפיהם. יהבי דורונא לנשמתא דההוא בר נש מכמה מתנן טבין מכמה דרגין דנבואה. ועל כלהו יהיבת ליה שכינתא מתנן. דאתמר בה ישמח משה במתנת חלקו בגין דמתת אלהים היא וההוא דאתמר ביה פותח את ידך וגו' יהיב ליה כמה מתנן טבין ופרנסה לנשמתיה ולגופיה וכלהו דעאלין כד נפקין מבי מלכא יהבין תלת פסיען לאחורא דלא חזרין כתפיהו לגבי קב"ה דלית דורונא חביבא קדם קב"ה כדורונא דשכינתא זכאין אינון דרועין דסלקין לה לגביה תפילין על ידייהו ועל רישייהו זכאין אינון רגלין וגופא וידין וכל אבר ואבר דביה סליק דורונא חביבא דשכינתא זכאה איהו אבר דעביד ביה מצוה לקב"ה דבגינה נחית קב"ה לשריא בכל אבר דיליה ועל האי בר נש מכריזין לעילא הבו יקר לדיוקנא דמלכא: בריש הורמנו דמלכא. בוצינא דקרדינותא לא חוור ולא סומק ולא ירוק ולא אוכם כלל. והאי בוצינא איהו קו המדה דאיהו אתלבש באוירא וכד איהו באוירא איהי סתימא ולא אתחזיא כלל וכד אתפשטת לאתגליא נפיק מהאי אוירא נקודה חדא ומה דאשתאר איהו אור. והאי איהו אור קדמאה דעובדא דבראשית. הה"ד ויאמר אלהים יהי אור יהי * אויר. ורזא דא לחכימי לבא אתמסר. והאי נקודה בתר דאתפשט מהאי אור. אתלבשת בגוונין ארבע בהיכלא עלאה. ומאי איהו. ב. ועלה אתמר בחכמה יבנה בית. ורזא דהאי נקודה איהי מדיד חמש גוונין ועלייהו אתמר מי מדד בשעלו מים ודא א. ושמים בזרת תכן ודא א. וכל בשליש

בגלותא וכו' פירוש הם עושים גמ"ח ואינם עושים לש"ש אלא לכבודם ורגלתם, ואלא לא עבדין הגמ"ח עם שכינתא אלא עם עצמם הנה מה שעשו שהוא דורונא דלהון לכלבא אתמסר שנדחה לצדדים שמשם יונקת קליפת כלבים ועל כלהו יהבת ליה שכינתא מתנן כי כל שפע שבא מן השכינה נקרא בשם מתנה שהוא מתן כ' השכינה היא בסוד ה' אחרונה שבשם דאתמר בה שמח משה במתנת חלקו השכינה היא חלק מן בחינת וא"ו וזהו חלקו חלק וא"ו כי היא משלמתו ולדא בקבלה מתת אלהים היא פירוש יתה שהוא לשון מתנה מתת חם לשכינה שהש"ם שם ם

אלין נפקין הא אתרגין דפקין לפתחא ואינון מארי דרועין ואמרין אדני שפתי תפתח. מיד עאלין נטורי תרעין ואמרין רבון עלמא הא מארי דדרועין קא דפקין לפתחא. קלא נפיק ויימא הא אינון מארי דדרועין בקשורא דתפילין ובעטיפו דמצוה דאתמר בהון וישימו על שכם שניהם כגוונא דשם ויפת דאתמר בהון ויקח שם ויפת את השמלה וגו' וערות אביהם לא ראו ערוה איהי מסטרא דחם ודא איהו יצר הרע דמחמם גופיה לדבר ערוה (נ"א עבירה) וגלי עריין בעלמא דאיהו מסטרא דנחש הקדמוני דאתמר ביה ארור אתה מכל הבהמה. ובגין דהאי איהו מסטרוי אמר ארור כנען וגו'. ועוד אלין אינון מארי מתנן. דעבדין גמילות חסדים עם שכינתא דאיהי עניא דאינון פתוח תפתח נתון תתן העניק תעניק וגו' עשרה אינון. והא אוקמוהו חברייא מארי מתניתין ואינון ידי נדיבים מסטרא דאבהן דאתמר בהון נדיבי עמים וגו'. ידין פתיחן בתרנותא לגבי עניין דאינון צדיק וצדק דגמלין עמהון בגלותא גמילות חסדים באורייתא דאתייהיבת מימינא ומשמאלא. הה"ד יומם יצוה יי' חסדו ובלילה שירה עמי. אורייתא דבכתב ואורייתא דבעל פה. דמתרווייהו אתיהיבו הה"ד מימינו אש דת למו. ועוד רבון עלמא קבל דורונא דלהון דאיהי מתנה טובה דסלקא עלייהו דאתמר בה מתנה טובה יש לי בבית גנזי ושבת שמה. אלין אינון דהוו עבדין צדקה עמה. דאיהי. צ' תשעין אמנים. ד' ארבע קדושות. ק' מאה ברכאן. ה' חמשה חומשי תורה מיד ודי אדם דאינון חסד גבורה הוו נפקין מאדם דאיהו עמודא דאמצעיתא לקבלא דורונא דלהון ויהבין ליה למלכא דאלין דלא עבדין גמילות חסדים עם

במלואם כזה ה א ו ו עולה מספרם ח דאינון פתוח תפתח נתון תתן פירוש כפל הלשון הוא מורה פתוח יותר תפתח למעלה נתון לתתא עד תתן לתתא רע"ק למטה מעניק למעלה עשרה אינון והא אוקמוה חברייא פירוש לשונות אלו הכפולים בענין הצדקה הם עשרה תבות והינו פתח תפתח והעבט תעביטנו הם ארבעה וכתב אח"כ נתון תתן הרי ששה וכתב אח"ז על כן אנכי מצוך לאמר פתח תפתח הרי שמונה וכתב אח"ז העניק תעניק הרי עשרה להורות שבמלות הצדקה נעשה תיקון, ותוספת על זה בשכינה שהיא סוד המלכות שהיא מדה עם ר"ת אינון נדיבים מסטרא דאבהן פירוש נותן הצדקה נקרא נדיב יד בן כי ע"י מתן הצדקה שנותן בידו מוכח שהוא בן להקב"ה שנ' לישראל דין בנים והיינו מסטרא דאבהן דאתמר בהון נדיבי עם אורייתא דבכתב ואורייתא דבע"פ דמתרווייהו אתייהיבו פירוש מתרווייהו קאי על ימין ושמאל כי שבכתב מימין ושבע"פ משמאל הה"ד מימינו ימין אש שמאל כתן דת זו התורה למו ואלין דלא עבדין ג"ח עם שכינתא שבינתייהו

תקונא תמני סרי

והאי איהו דאתקרי שמים דביה אתפתחון חמש נהורין ההד נפתחו השמים ואראה מראות אלהים. ואינון חמש נהורין דאינון ה' ספרי דאורייתא בגין דאיהו ו' וביה אתפתחן חמש נהורין דאת ה' דסלקין לחמשין תרעין דתירו. ובזמנא דאלין דפקין לפתחא ואמרין אדני שפתי תפתח אתפתחת לון תרעא דהיכלא בכמה נהורין מרקמן נהרין מכל גוונין דעלמא. ובזמנא דאלין עאלין להיכלא שכינתא אליפת זכו עלייהו ואמרת רבון עלמא הא אלין מארי דקומה דקא סגרין בצלותא לגבך ארבע זמנין. בתלת קדמאין תרי ובתלת בתראין תרי לקבל ד' אתוון דילך וזקפין ארבע זקיפות בהון לארבע אתוון דילי דאינון אדני. לסלקא* ארבע דאינון יקו"ק. וצריך למכרע בכלהו בח"י חוליין דאינון לקבל תמני סרי ברכאן דכלילן בח"י עלמין. ודא איהו דתנינן מארי מתניתין עד דיתפקקו כל חוליות שבשדרה ושדרה איהו לולב אם נפרצו עליו פסול. כגוונא דא צריך דלא יפסיק בתמני סרי ברכאן דצלותא דאינון לקבל ח"י נענועין דלולב כמה דאוקמוהו מארי מתניתין אפילו נחש כרוך על עקבו לא יפסיק בגין דח"י עלמין איהו דאחיד בין יקו"ק אדני כגוונא דא יאקדונק"י דסליק לחשבן אמן. ובגין דא אפילו נחש כרוך על עקבו לא יפסיק כשהוא כורע בברוך. ומה דאתמר אבל עקרב פוסק בגין דהא אוקמוהו וחי בהם ולא שימות בהם. ועוד כל הכורע כורע בברוך הא אוקמוהו דצריך לכלול ביה עשר ספירן. דאינון יוד קא ואו קא. דאינון כ' מן ברוך כתר ר' ראשית חכמה. ב' תרין היין שכינתא עלאה ותתאה. ו' שית ספירן הא עשר. ובגיניה אתמר וברוך אל עליון וגו'. ויתן לו מעשר מכל. יוסף בגין דזכה לצדיק חי עלמין דביה צריך למסגד בכל ספירן לגבי שכינתא. זכה להאי חלמא ההד והנה השמש והירח וגו'. ונביא דסליק להאי דרגא. שמשא וסיהרא וכוכביא ומזלי כלהו יהבין ביה נביעו בנשמתיה. ורוח דנבואה לאתנבאה מכלהו. והאי איהו. משתחוים לי. דמכלהו נחית ליה נבואה. ומכלהו אתכלילת נשמתיה. והאי איהו אגרא דאלין מארי דקומה. הא

את קדוש ישראל כמוכו אחור בגין דת עלמין, איהו דאת - בין רו"ה את, י פרוש אותיות ה"ו סבב לוב אלי,

* לז ע"א ארבע אדי בארבע

ואינון מארי דקומה. מסטרא דאימא עלאה אתקריאת שכינתא בטן הה״ד מבטן מי יצא הקרח. כעין הקרח הנורא גוף דילה עמודא דאמצעיתא בטן עליה אתמר בטנך ערמת חטים. שררך אגן הסהר אל יחסר המזג וגו׳ שררך דא ציון דאיהו טבור עלמא נקודה דמינה הושתת העולם לארבע סטרין דאינון מזרח ומערב צפון ודרום ולקבלייהו רישא למזרח. גופא למערב. דרועין לדרום. רגלין לצפון. אות ברית נקודה באמצעיתא כגוונא דטבור. אגן הסהר דא נקודה דסיהרא כגוונא דא כ. והיא ראשית נקודה באת ב. בת קול איהי ודאי. כללא דנקודין ואתוון. ואיהי פתוחה כלפי צדיקיא. וחסידיא. וחכימיא. מארי דאורייתא. ופתיחא לגבי נביאיא ולגבי נטרי ברית וכל אינון דתליין בספירן דאינון שמא קדישא דקב״ה. ואיהי סתימא מסטרא אחרא כלפי רשיעייא דבזמנא דאתיין לאסתכלא בה חזרת אנפין לאחורא מנייהו כגוונא דא כ ובגין דיעקב דאיהו דיוקניה חקוקה בסיהרא תמן. אתמר ביה לא הביט און ביעקב ולא ראה עמל בישראל יי אלקיו עמו ותרועת מלך בו. ועל אינון דזרעא דיעקב אתמר וישכן ישראל בטח בדד ואתמר התם באתר אחרא יי בדד ינחנו ואין עמו אל נכר. דא יהא ביומוי דמלכא משיחא דלא יהא פסולת בישראל אלא יי בדד ינחנו. ומאן פסולת אינון גרים. ובגין דא אוקמוהו מארי מתניתין דאין מקבלין גרים לימות המשיח. ובההוא זמנא מתפשטא סיהרא מאלין קליפין חשוכין ומתחדשא בלבושין שפירין. והאי איהו חדושא דסיהרא. הה״ד ותסר בגדי אלמנותה מעליה. ואתמר בה תתחדש כנשר נעורייכי ומיד דאיהי מתחדשא מיד אתקיים קרא דנבואה בישראל ואת רוחי אתן בקרבכם וגו׳ ונתתי בכם לב חדש ורוח חדשה אתן בקרבכם וכו׳. ונבאו בניכם ובנותיכם. הא אלין נפקין הא מארי דקומה קא דפקין לפתחא דאידו קומה דגופא דמלכא דאתמר ביה וגויתו כתרשיש

בריקמת הברית ועל זה אמר ולהכי מה ברמיזא ואיהי סתימא מסטרא אחרא כלפי רש״ע ייא כיולא רמז לדבר ואת האגס אשר פתח הב ח רכו בסגור ס למקטן, ועד גדול ז לאו למלאות הפתח וכן הוא אומר כאלו

דעלמא מטה כלפי חסד ואם לאו כלפי דינא. והכי אינון תלת אתרנין בגוונא דא ולחכימיא ברמיזא. הא אלין נפקן הא אתרנין דפקן לפתחא מסטרא דקשת. דאיהו אוף הכי אות ברית. דאתמר ביה כמראה הקשת אשר יהיה בענן ביום הגשם כן מראה הנגה סביב הוא מראה דמות כבוד יי וארא ואפל על פני ואשמע קול מדבר. ואמאי הוא נפיל על אנפוי בגין דאסור לאסתכלא בקשת. אמר רבי אלעזר אבא ואמאי אסיר לאסתכלא בקשת. א"ל ר"ש ברי בגין אינון קליפין דמתלבשין ביה דאינון רוח סערה ענן גדול ואש מתלקחת ונגה לו סביב ודא איהו חזוא יחזקאל ע"ה דאמר וארא והנה רוח סערה באה מן הצפון דא קו תהו קליפא ירוקא דאגוזא קו ירוק. ענן גדול קליפה תניינא חוורא דאגוזא ודא בהו. ואש מתלקחת קליפה תליתאה דאגוזא ודא חשך ונגה לו סביב דא קליפה ד' דאגוזא דאיהי אתאחדא במוחא. ומתוכם כעין החשמל דא מוחא דאגוזא ודא יאקדונק"י. וכרי עד דאלין קליפין דאגוזא מתעברין ומתתברין בתקיעה ושברים ותרועה דבהון שברים שבר תשבר מצבותיהם דאינון קליפין דאגוזא. ובתרועה תרועם בשבט ברזל. ובתקיעה והוקע אותם לה'. דאלין גרמו דותקע כף ירך יעקב בגיד הנשה דאיהו צדיק. ואתפרש מינה שכינה ואיהי בגלותא ואתדבק באתרהא קליפה דערלה דאפריד בין צדיק ושכינתא. על כן לא *יאכלו בני ישראל את גיד הנשה עד דאתעברת האי קליפה מתמן. וכדי כל זמנא דאלין קליפין לא מתעברין מקשת. לא יהא קשת בגווני נהרין. וסימנא דא יהא בידך עד דתחזי קשתא בגווני נהירין לא תצפי לרגלי דמשיחא. ומיד דיהא נהיר בגוונין נהירין. מיד וראיתיה לזכר ברית עולם. ומיד אתגלייא ההוא דאתמר ביה וזה לך האות כי אנכי שלחתיך. לקיימא ביה כימי צאתך מארץ מצרים אראנו נפלאות בההוא זמנא אתגלייא מ"ה שהו"ה הו"א שיהיה. הא אלין נפקן אתרנין דפקן לפתחא ואמרין אדני שפתי תפתח

גדול ורב וזה נרמז בברוך אות ות כ ו רב שנעשה רב ודליש זוקף בשם ב שם על שם הו"ה אהיה והכי אינון תלת אחר כ כגוונה דא ולחכ מא ברמיזא נראה תלת אחר ני קאי על כה דאו אור אות היסוד ג"כ ארוך

* לו ע"ב

ואינון

י״ד. ביה וכיד הנביאים אדמה ודא שכינתא יד תותמת מסטרא דצדיק
יד כותבת מסטרא דעמודא דאמצעיתא איהי תמונת כל ובגין דא
וכיד הנביאים אדמה. הא אלין נפקין הא אחרנין קא רפקין לפתחא
ואמרין אדני שפתי תפתח ואינון מארי דאות דאיהו ח״י עלמין דמצלין
בח״י ברכאן דצלותין דמקרבין בהון קרבנא לקב״ה דחשיבא לקבל
שבעה פרים ושבעה אלים ולקבל שתי תורים או שני בני יונה. דמסטרא
דהאי אות אמר למשה וזה לך האות ואיהו כליל תרין עשר מזלות ושבעה
כוכבי לכת. מסטרא דקדושה דאיהי בת שבע. ומסטרא דוו׳ דאיהו ו׳
עלאה ו׳ תתאה. ועלייהו אתמר ומאתת השמים אל תחתו כי יחתו
הגוים מהמה. ה״א אינון שית ככבי לכת ה׳ ככבא שביעאה ו״ו תרין
עשר מזלות. דכל מזל אתקרי אות ואיהו ממנא על כל שעתא דתרין
עשר שעתין. כל נביא אית ליה מזליה ושעתיה וכפום ההוא מזל
וכפום פעולה דיליה הכי אתגלייא ליה אות. מן וא״ו דתרין עשר
מזלות ממנן על תרין עשר שעתין ועל תרין עשר ירחין.
ואלין מזלות מתמן הוו ירתין תרין עשר שבטין נשמתין
דלהון. ואית מסטרא אחרא תרין עשר דאתמר בהון שנים
עשר נשיאים לאמתם דאינון אתקריאו טל״ה שו״ר תאומים סרטן וגו׳
רא כגוונא דדא עבד קב״ה. שית מזלות אינון מעילא לתתא מחסד
ועד יסוד. ושית מתתא לעילא מיסוד ועד חסד. מסטרא דמלכות
אתקריאו ז׳ ככבי לכת משכינתא עד חסד. וכפום פעולה דההיא
ספירה הכי אתגלייא אות. אות מסטרא דחסד איהו רחמי. אות
מסטרא דגבורה איהו דינא ואחזי על קטולא דחייביא ושפיכו דדמא.
ואחזי בצדיקייא דם דבעירן למיכל בחדוה וענג דמאכלין בחתן וכלה.
ובשפיכו דדמא דקרבנין הה״ד וזבחת עליו את עלתיך וכו׳. ועלייהו
אתמר איזהו מקומן של זבחים שחיטתן בצפון. ועוד אחזי בצדיקייא
דם ברית דאתמר בה ואומר לך בדמיך חיי ואומר לך בדמיך חיי.
מסטרא דעמודא דאמצעיתא איהו אות תלוי ארוך אם זכוון עוברין

בלכתם ילכו. דבהון והחיות רצוא ושוב כמראה הבזק. ואינון רגלין בעגולא אינון כנקודין לאתון. דאינון רגלין ברבועא ונביא דאיהו מסטרא דלהון תמן הוה סליק רוחיה ומתמן הוה שמע כל מה דהוה ליה למשמע הה"ד ויאמר אלי בן אדם עמוד על רגלך ואדבר אותך ועוד ותבא בי רוח כאשר דבר אלי ותעמדני על רגלי. ואשמע את מדבר אלי. ותשאני רוח ואשמע אחרי וגו' בגין דדרגין אינון מסטרא דשכינתא דאתמר בה וראית את אחורי אמר ואשמע אחרי מאי קול רעש גדול. דאית רעש ואית רעש אית רעש דאתמר ביה לא ברעש יי' דלא יתי תמן קב"ה. ואית רעש דייתי תמן. אלא רע"ש בהפוכא ער"ש. כמה דאתמר יי' יסעדנו על ערש דוי ודא איהו כל משכבו הפכת בחליו דאתהפך רע"ש לער"ש. ומאי ניהו ערש אלא איהו עש"ר בהפוך אתוון ודא שכינתא דאיהי כללא דעשר ספירן דעלה אתמר אין קדושה בפחות מעשרה דאיהי שריא לרישא דחולה. ובגינה יי' יסעדנו. ובמאי על ערש דוי על שכינתיה ודאי. ואם שכינתא לאו תמן. רוח סערה תמן דאסעיר גופיה דבר נש. דכתיב ביה והאניה חשבה להשבר דאיהי גופא דספינה כד לית שכינתא סמיכת לה. רוח סערה מהפך לה ותבר לה. ובזמנא דשכינתא סמיכת ליה מיד קלא נפיק בן אדם עמוד על רגלך וקאים מטרעא דיליה ונפיק מדינא שלים בגופיה שלים בממוניה. הא אלין נפקין. הא אחרנין דפקין לפתחא ואמרין אדני שפתי תפתח ואינון דסמיכין לשכינתא בכמה רגלין דמועדים דזמין טבין וכד אדין עאלין קב"ה משבח לה בהון מה יפו פעמיך בנעלים בת נדיב דאלין אינון דאתמר בהון שלש פעמים בשנה יראה כל זכורך. אמר קב"ה בכמה אנת שפירא באלין נעלים דאינון נעילת פסח ונעילת עצרת ונעילת חג חמוקי ירכיך אלין אינון מסטרא דתרי ירכי קשוט דאתמר בהון שוקיו עמודי שש ואינון שית דרגין דנבואה מסטרא דאת ו' דאיהו צדיק עמוד דסמיך לון. ואיהו שית לקבל שש מעלות לכסא וסליק באת י' לששים כגוונא דששים ושית גלגלית דסחרין לכרסיא. ואינון ס"ו מן יסוד. והא אוקמוה אשתאר

יי"ד

הוו ידעין בני נשא קרבן עולה ויורד דכד לא הוה בר נש קריב את ה' עם י"ה' עם ו'. ומאן עולה ויורד. מאן הוה ידע מאי ניהי ה' דאיהי ברתא דאית ליה לסלקא לה לגבי אבא וה' דאיהי אימא לנחתא לה לגבי ברא אלא בגין האי הויה דאיהי יקק"ו דה' דאיהי על ו' איהי אימא עלאה ובה אשתמע ה' תתאה דאיהי תחות י' דאיהי ברתא ודא רזא דקדבנא דצריך לסלקא ה' לגבי י' ולנחתא ה' לגבי ו' יוק"ק י' איהו לימינא חכמה. ו תורה שבכתב. מימינו אש דת למו והאי איהו דאמרין מוח הבן דאתמשך ממוח האב ה' עלאה לשמאלא ומתמן אתיהיבת אורייתא שבעל פה דאיהי ה' תתאה. זכאין אינון ישראל דידעין רזין עלאין בהויות דבהון סלקין צלותין בהבלים דפומהון. ונחתין אינון חיילים בהון בדקא יאות. דכד בר נש סליק שכינתיה בצלותיה קב"ה נחית עליה הה"ד בכל המקום אשר אזכיר את שמי אבא אליך וברכתיך. זכאין אינון ישראל דאינון רגלין לשכינתא למיקם עמה בין בריוח בין בעאקו דכד אינון בדינא *ביומא דדינא דאיהי ראש השנה איהי קמת עמהון לדינא דקיימין לה בצלותהון דעלייהו אתמר בהתהלכך תנחה אותך בשכבך תשמור עליך והקיצות היא תשיחך. דבכל אתר דקיימין ישראל בכל פקודא ופקודא לשכינתא. איהי קיימת בגינייהו בכל דוחקא וצערא בין בארחא בין בישובא בין בימא ודא איהו בהתהלכך במדברא תנחה אותך הה"ד צדק לפניו יהלך וישם לדרך פעמיו. בשכבך בישובא תשמור עליך. והקיצות למיזל בימא היא תשיחך. ועוד בהתהלכך בהאי עלמא תנחה אותך בשכבך בקבר תשמור עליך והקיצות בתחיית המתים היא תשיחך. הא אלין נפקין והא אחרנין קא דפקין לפתחא ואינון מארי רגלין מסטרא דרגלין דקב"ה דאתמר בהון ועמדו רגליו ביום ההוא ועלייהו אתמר כשש מאות אלף רגלי הגברים לבד מטף. אלין נפקין הא אחרנין עאלין מסטרא דאלין דאתמר בהון ורגליהם רגל ישרה. רגלין בעגולא אינון רגל ישרה. ואית רגלין אחרנין מרובעין דאופנים דאתמר בהון על ארבעת רבעיהם

בקדמאין. ומה שאלתך עד חצי המלכות באמצעיות ותעש בבתראין
דתמן איהו בר נש כעבד המקבל פרס מרבו והולך לו. אלין נפקין
דיהיב לון מלכא בעותהון. הא אחרנין קא דפלקי לתרעא מארי דברית
מילה ואמרי. אדני שפתי תפתח. זכאין אינון ישראל דאינון רגלין
דשכינתא דקמת עלייהו בצלותא בעמידה דאיהי ודאי עלייהו תפלה
מעומד. וקמת עלייהו בגלותא. ובמאי קמת עלייהו. בגין דנחתין
לגבה יקוק דעליה אתמר כל הזוקף זוקף בשם. דביה צריך בר נש
לזקפא לשכינתא. ואלין דלא זקפין לה בשם יקו"ק בצלותהון או
בפיקודין דאורייתא (נ"א דלהון) איהי צווחת עלייהו נתנני יי בידי
לא אוכל קום דסמיכו דילה איהו בתרין דרועין דאינון חסד וגבורה,
ועמידה דילה בתרין שוקין דאינון נצח והוד. וזקיפו דילה בגופא דאיהו
עמודא דאמצעיתא יקו"ק שמיה. ובגין דא כל הזוקף זוקף בשם ויחודא
דילה בצדיק ובגין אלין דלא יכילת למיקם בהון בצלותא ולית לה
סמיכו ולא זקיפו בהון בגלותא. אתעציבת בהון. ורזא דמלה בן
חכם ישמח אב ובן כסיל תוגת אמו. ובגין דא ויתעצב אל לבו. ואמאי
כולי האי לאמיה ולא לאבוהי אלא דא רזא עלאה איהו. פקודין דעשה
אינון מימינא דתמן חכמה כמה דאוקמוהו מארי מתניתין הרוצה
להחכים ידרים ופקודין דלא תעשה אינון משמאלא דתמן אימא עלאה.
דבהון אדני ש"מעה אדני ס'לחה אדני ה"קשיבה ועשה אל תאחר.
ביום הכפורים. וכד לא הדרין בתיובתא. אינון דעברין על לא תעשה
דאינון משמאלא. אתמר עלייהו ובן כסיל תוגת אמו. בגין דתמן
אימא לשמאלא. ולבא איהו לשמאלא (ורזא דמלה) ובגין דא ויתעצב
אל לבו. ותרין הויות אינון לימינא ולשמאלא כגוונא דא יקקו יוקס.
י' לימינא וביה יי בחכמה יסד ארץ אב עם ברתא. ה' עלאה עם
ברא. דאיהו ו' תפלין על רישיה הה"ד ובזרוע עוזו אלו תפלין דרישא
דבכל אתר דאת ה' על ו' איהי אימא. ודא רזא דקרבן עולה ויורד
דסליק ה' לגבי י' ונחית ה' לגבי ו'. ואם לאו האי הויה יקקו דאתרמיז
בהאי קרא כי אם בזאת י"תהלל ה"מתהלל ה"שכל ו"ידוע אותי לא

לימינא ושמאלא והכי בתרין דרועין מתפרדין ענפין לימינא ושמאלא בצדיק אינון ביחודא חדא יאקדונק״י ודא רזא התשמל חיון דאשא ממללן. כל הכורע כורע בברוך דאיהי יאקדונק״י. וכל הזוקף זוקף בשם בתרין שמהן ודא יקו״ק אקי״ק ובהון הוה משבח שכינתא בשיר השירים מתתא לעילא הה״ד מה יפו פעמיך בנעלים בת נדיב חמוקי ירכיך כמו חלאים מעשה ידי אמן. שררך אגן הסהר שני שדיך צוארך ראשך הא הכא מתתא לעילא והיא משבחת לקב״ה מעילא לתתא ראשו כתם פז עיניו לחייו שפתותיו ידיו שוקיו. זכאה איהו מאן דסליק צלותא בכל אבר ואבר בתקונא דא. ת״ח יקו״ק אדני איהו קב״ה ושכינתיה בתרין שוקין יקו״ק לימינא אדני לשמאלא ואינון אספקלריא המאירה ואספקלריא שאינה מאירה. בצדיק תרוייהו חד יאהדונהי והכי בתרין דרועין יקו״ק לימינא אדני לשמאלא בעמודא דאמצעיתא יאקדונק״י תרוייהו ביחודא חדא בסוד אמן. ובגין דא גדול העונה אמן יותר מן המברך. הא איהו מתתא לעילא. מעילא לתתא יקו״ק אקי״ק תרוייהו חד בכתר עליון. כגוונא דא יאקקויק״ק. בחכמה ובינה יקו״ק אקי״ק. בתרין דרועין יקו״ק אקי״ק. בעמודא דאמצעיתא תרוייהו בחדא. בנצח והוד יקו״ק אקי״ק דא לימינא ודא לשמאלא בצדיק תרוייהו ביחודא כחדא וכן במלכות תרוייהו ביחודא חדא כגוונא דא יקו״ק אדני. ובה מתחברין יקוק אקיק ובג״ד איהי קרית ד׳ חבורא דארבע שמהן דאינון בארבע פרשיין דתפלין דיד ובארבע בתי דתפלין דרישא. וכד נביא הוה סליק לעילא ודפיק לתרעא אי הוה סליק בשכינתא הוה פתח ליה מיד והוה אמר ליה. בן אדם עמוד על רגליך ואדבר אתך דאנת הוא דהוית סביל לשכינתא בצלותא בעמידה. עמוד על רגליך דאתמר בהון וכף רגליהם ככף רגל עגל עגולים בנקודים דאינון מנהיגים לאתוון. ומסטרא דאתוון אינון מרובעין הדא הוא דכתיב על ארבעת רבעיהם בלכתם ילכו. ועוד על ארבעת רבעיהם אינון ארבע *קדושות דאומר בר נש בכל יומא. ועוד עמוד על רגליך

לשון מנעול וכ סוי בורע בברוך דא הי אהדונהי ״צ שם רוי ה מספרו כ״ו ואם שת״ב בשם אדנ ה ר בקדמאין

* לד ע״א

תקונא תמני סרי

ובגין דא אדני שפתי תפתח ופי יגיד תהלתך דתלת צלותין אינון בשבת. ורביעאה צלותא דמוסף צלותא דערבית אתה קדשת ודא שכינתא תתאה דאיהי מסטרא דשמאלא דתמן ליואי דאתמר בהון וקדשת את הלוים צלותא דשחרית ישמח משה במתנת חלקו ודא נשמת כל חי דאיהי אימא עלאה עלה אתמר אם תשכבון בין שפתים אל תקרי אם אלא אם דעלה אתמר וישכב במקום ההוא באתר דיש כ״ב אתוון דאורייתא שכיבת תמן. זכאה איהי פומא דאורייתא דההיא שעתא שכיבת תמן. צלותא תליתאה אתה אחד ושמך אחד. דא יקו״ק עמודא דאמצעיתא דאחיד בתרווייהו ואינון נשמה יתירה ורוח יתירה ונפש יתירה. נפש יתירה בערב שבת אתה קדשת נשמה יתירה נשמת כל חי. דאתמר בה ישמח משה במתנת חלקו. רוח יתירה אתה אחד ושמך אחד. זכאה איהו מאן דאפתח פומיה בתלת צלותין לקבלייהו בשבת. תפלת מוסף דא צדיק דכליל בלהו צלותין וביה אמרין בצלותא דמוסף כתר יתנו לך יי׳ אלקינו. וכתר איהו כתר עליון. יי׳ אלקינו אבא ואימא קק״ק תלת אבהן. יי׳ צבאות ברית מילה ותרין ירכי קשוט. מלא כל הארץ כבודו דא שכינתא. זכאין שפוון דאינון תרעין דהיכלא לקבלא בהון צלותין אלין. ובגין דא אדני שפתי תפתח. פתחו לי שערי צדק. דכד בר נש אפתח פומיה בצלותא בשכינתיה מיד אז תקרא ויי׳ יענה הוא ובית דינו. א״ז תמניא אתוון דאינון יקו״ק אק״ק אבא ואימא. ויי׳ יענה מיד. הוא ובית דינו יקו״ק אדני. כד אינון באבא ובאימא לימינא ושמאלא כל חד איהו שם בפני עצמו וכד אינון בכתר עליון אינון ביחודא חדא כגוונא דא יאקקויק״ק. בחסד וגבורה אינון יקו״ק אק״ק ענפין מתפרדין לימינא ושמאלא. בעמודא דאמצעיתא אינון תרוייהו ביחודא יקו״ק לימינא אק״ק לשמאלא. בצדיק מתיחדים. הא הכא רזא דאילנא דמתפשטן ענפוי מעילא ומתיחדין בשרשוי לתתא ודא עץ החיים. עץ הדעת טוב דלית ביה רע מתתא לעילא כגוונא דא. אדני שכינתא תתאה. יקו״ק עמודא דאמצעיתא. ואינון בתרין ירכין ענפין מתפרדין

לא נחית תמן הה״ד בכל המקום אשר אזכיר את שמי אבא אליך וברכתיך. ותרגם אנקלוס בכל אתר דאשרי שכינתי תמן וגו׳ דכד ב״נ סליק שכינתא בפסודין דיליה לגבי קב״ה. קב״ה נחית עליה בגינה. ובג״ד אמר הנביא ע״ה יתהלל וגו׳ כי אם בזאת ודא אוקמוהו. והכי כד בר נש סליק שכינתא בצלותא דיליה לגבי קב״ה, קב״ה נחית לקבל צלותיה ושכינתיה אקדימת לאפתחא ליה הה״ד ויהי הוא טרם כלה לדבר והנה רבקה יוצאת. ודא איהו רזא דאוקמוהו מארי מתניתין אם שגורה תפלתי בפי יודע אני שהוא מקובל ואם לאו יודע אני שהוא מטורף וטורפין ליה צלותיה באנפוי. ובג״ד ויהי הוא טרם כלה לדבר ולמללא בצלותיה בשם יקו״ק מיד שכינתא נפקת לגביה. ובגיניה נחתת שכינתא לרגלוי הה״ד צדק לפניו יהלך וישם לדרך פעמיו וכד שכינתא איהי עומדת על ישראל וישראל אינון רגלין דקמת עלייהו בגלותא. קב״ה משבח לה בהון מה יפו פעמיך בנעלים וגו׳. ועוד מה יפו פעמיך כד ישראל הוו מקיימין שלש פעמים בשנה. ועוד מה יפו פעמיך בנעלים בזמנא דעמדו ישראל על טורא דסיני דעלייהו אתמר ועמדו רגליו ביום ההוא. ועוד מה יפו פעמיך בנעלים כד קיימין בר״ה ביומא דדינא בצלותא קב״ה בגינייהו עומד מכסא דין ויושב על כסא רחמים. בזמנא דאינון קיימין בשכינתא בגלותא וסבלין עלייהו כמה דינין וכמה יסורין דאמרין כי עליך הורגנו כל היום נחשבנו כצאן טבחה וכד בר נש מצלי צריך בקדמיתא לנחתא קב״ה דאיהו יקו״ק בק״ש. וליה אמרין שמע ישראל בכל שבתות וזמנין טבין בגין דיומין דחול תרעא דהיכלא פנימאה איהי סתימא הה״ד כה אמר יי׳ אלקים שער החצר הפנימית הפונה קדים יהיה סגור ששת ימי המעשה. ואמאי בגין דמטטרון שליט עלייהו. וביום השבת דאיתי בעלה יפתח וכן ביום החדש יפתח ובגין דא כד נחית בר נש יקו״ק בק״ש צריך לנחתא ליה בארני דאיהו בפומיה.

הם אומרים ע״ש ועוד מה יפו פעמיך בנעלים בזמנא דעמדו ישראל בטורא דס״נ כ״ב דרים נעלים עם כולל חמשה אות ות עולה מספר ה״ר ודרש עוד על יום ראש השנה דכתיב ביה בכסה ליום חגנו ודרים בנעלים

יהיב לון שאלתין דלהון. ולאתרנן דהוו אכלין בקא צלותא אתרחיין מתמן ויהבין לון בידא דכמה מלאכי חבלה דאינון מזיקין. הא אלין נפקין הא מארי דקלין ודבורין בזמירות ותושבחות והודאות דצלותא דפקין ומארי דקלין דקראן לקב״ה בקריאת שמע שמע ישראל תרין זמנין ערב ובקר. אדהכי הא מארי תרגלין קא דפקין לפתחא מארי דעמידה דצלותא דאתמר בהון ואשר כח בהם לעמוד בהיכל המלך המלך סתם דא קב״ה היכל המלך דא אדנ״י דאתמר ביה אדני שפתי תפתח אדני סליק לחושבן היכ״ל ואתמר וה׳ בהיכל קדשו הס מפניו כל הארץ זכאה איהו מאן דזכי לאעלאה להיכליה דקב״ה למחזי למלכא ומטרוניתא זכאה פומא דשריא ביה צלותא דאיהי אדני דאמרין לה אדני שפתי תפתח וזכאין שפוון דאינון תרעין דהיכלא כגוונא דאלין דאתמר בהון פתחו לי שערי צדק, דכד פומיה פתח בצלותא בשכינתא. ויי׳ יענה מיד. הה״ד אז תקרא ויי׳ יענה. א״ז תמניא אתוון יקו״ק אק״ק. ויי׳ יענה הוא ובית דינו ודא יקו״ק אדני יאקדונק״י דקבל תמניא אתוון אלין. אינון חיוון דחשמל דאינון חיוון דאשא פעם חשות ופעם ממללות בצלותא מיושב ממללות בצלותא דמעומד חשות. ות״ח אם בר נש סליק במחשבתיה בצלותא דיליה לשכינתא. או בכל פקודא ופקודא דעביד מיד דדפיק לפתחא דהיכלא דמלכא נביא או חוזה או חכם או צדיק או חסיד מיד דקרא לה. לתרעא. אם שכינה סליקת תמן יקוק יענה מיד. ולא אמתין לעבד או ממנא דאפתח ליה. אלא איהו ממש אפתח ליה מחביבו דרחימו דאית ליה לגביה כחתן לגבי כלה, ואם שכינתא לא סליקא בההוא צלותא או פקודא. לא חשיב ליה קב״ה למפתח ליה היכליה ואפילו ע״י שלוחא. *ולאו איהו כדאי למיעאל להיכלא דמלכא. ועליה אתמר בחוץ תעמוד ומלבר יהבין ליה בעותיה ע״י שליחא או ממנא. ואי לא סליק צלותיה כדקא יאות דחיין ליה לבר וסגרין תרעין באנפוי. ועליה אתמר אז יקראנני ולא אענה ישחרנני ולא ימצאנני והכי כד קראן ישראל כל חד וחד לקב״ה בק״ש או בצלותא או בכל פקודא. אם שכינתא לאו איהי תמן

צדקה צ׳ תשעים אמנים ד׳ ארבע קדושות-ק׳ מאה ברכאן. ה׳ חמשה חומשי אורייתא ומיד מני לון למפתח לון. בההוא זמנא וידי אדם נפקין. דאינון גדולה גבורה ומקבלין דורונא דלהון הה״ד וידי אדם מתחת כנפיהם מאי אדם ההוא דאתמר ביה כתפארת אדם ומקבלין מנייהו דורונא ויהבין ליה למלכא ואם דורונא לאו איהו כדקא יאות לכלבא אתמסר והדיין לון לבר. דאית דלא פתחין לון תרעין ואתמר בהון בחוץ תעמוד וממלל מלכא בהון מלבר ויהיב לון שאלתהי מלבר ואזלין לון דלאו כלהו עאלין לבי מלכא. אלא אלין מארי דביתא דאתמר בהו ילדים אשר אין בהם כל מום לא בצלותהון ולא בנשמתיהון. וטובי מראה בכל עובדיהון ומשכילים בכל חכמה ושפירין למחזי דעלייהו אתמר הראיני את מראיך השמיעיני את קולך כי קולך ערב ומראך נאוה. ויודעי דעת ומביני מדע דידעין בחכמה ובתבונה ודעת דאין דורשין במעשה בראשית אלא אם הוא חכם בחכמה, ומבין בבינה ויודע בדעת ואשר כח בהם דא שכינתא עלאה דאיהי כ״ח אתוון דעובדא דבראשית לעביד בכלהו בעמידה דצלותא. אלין יעלון להיכלא דמלכא דאינון צדיקים גמורים. בינונים יהיב לון שאילתין דלהון מלבר ולא עאלין לגאו רשיעייא אדחיין מתמן ולא יהיב לון שאלתין דלהון אלא עלייהו אתמר מי בקש זאת מידכם רמוס חצרי. ואלין אינון רשיעייא דהוו מבזין למלכא בצלותהון דמגחן למשמע צלותא ופסקין לה על שיחה בטלה אלין נפסין. הא אחרנין עאלין. אינון מארי דצואר דהוו מברכין לקב״ה על מאכלין ומשתיין דקרבנין דאמרין בכל יומא צו את בני ישראל ואמרת אליהם את קרבני לחמי לאשי ריח ניחוחי דהוו מקרבין לקב״ה ושכינתיה בכמה קרבני דצלותין ואלין אינון דמהניין בעונג שבת ומברכין לקב״ה. קב״ה

ב ע לד קליפה לפי ערך אותו עולם לכך אמר ולכסאה לון מכל סטרין ׀ ווידי אדם נפקין, דאינון גדולה גבורה קר׳ לחסד גדולה כמ״ש שכתוב לך ה׳ הגדולה והגבורה להורות על השוואתם דראש וסוף גדולה גבורה שוה ונשאר בתמלא גדולה דלו כלומר דלו השפע מכאן שהוא חסד ונשאר תוך גבורה אותיות רוב ר״ל רוב ש״ס שוה עם הגדול״ר שהוא רחסד דרובה נכללת ב׳ מין ואם דרוגא לאו איהו כדקא יאות נכללת אתמסר והת״ן שאלתהי לכל פירוש א״ן התפלה נכנסת לאלילות אלא רומז אומר לעסיה שהוא עולם הא לון ושם הוא הו״ה דהס״ן שעולה כ״ן והקליפה שם נקראת כלב שהוא מספר ב׳, וכת״ב רבינו ז״ל בבאור פרקי ם׳ ר״ה במאמר כלב ס׳ מה יהיב

ושכינתיה תמן דצדיק תשיעאה איהו מעילא לתתא ומתתא לעילא. תשע נקודין תשע טעמי ועלייהו אתמר ויתן אותם אלהים ברקיע השמים ודא צדיק דביה כל נקודין. להאיר על הארץ דא שכינתא דאיהי כלילא מכל אתוון. מיד מארי שאלתין דפקן לתרעא כמה נטורי תרעא עאלין קדם מלכא ויימרון רבון עלמא הא מארי צדיקיא מארי דצלותין דמברכין לך בח״י ברכאן בעון לאעלא קמך. מיד מני למפתח לון ולמיהב שאלתיי ואלין אינון מארי דאותות. מסטרא דאלין דאתמר בהון והיו לאתות ולמועדים ולימים ושנים. ואלין אינון דסגדין בח״י עלמין בח״י ברכאן לגבי שכינתא. אלין נפקין הא מארי דקומה דפקין לפתחא דאינון כרעין וסגדין למלכא בצלותין. כמה דאמרו כל הכורע כורע בברוך וכל הזוקף זוקף בשם. כורע לגבי אדני בצדיק דאתמר ביה והמלך שלמה ברוך וזוקף לגבי יקו״ק. לחברא לון תרוייהו כגוונא דא יאקדונק״י. ועל כלהו אוליפת שכינתא זכו. ואינון כד סלקין לעילא נשמתהון כמה חיוון מקבלין לון על גדפייהו וסלקין לון עד תרעא דהיכלא דמלכא. מיד דאלין דפקין לפתחא אולפין זכו קדם מלכא בגינייהו ומני מלכא למפתח לון. ואלין אינון דממללין קדם מלכא בחשאי ושאלין מניה בעותהון בחשאי. יחידים קדם מלכא ומלכא יהיב לון שאלתין דלהון. מיד הא מטרוניתא אחרת בהו ואוליפת זכו בגינייהו קדם דיפקון מן היכלא ואמרת רבון עלמין אלין אינון דהוו מכסיין לי בעטופא דמצוה דציצית בחמש קשרין ותלת עשר חוליין לכל סטר ובתלתין ותרין כנפי מצוה. מיד מני קב״ה למלאכין דמרכבתא דלעילא לנטרא לון בגדפייהו ולפרחא בהון מאתר לאתר ולכסאה עלייהו מכל מזיקין ומלאכי חבלה. הא אלין נפקין והא אחרנין דפקין לתרעא. מיד עאלין נטורי תרעין ואמרין רבון עלמא הא מארי ידין דקשרין תפלה של יד על דרועייהו שמאלא בצלותא ותפילין על רישא קא עאלין ואלין אינון דיהבין דורונא לך בימינא דאיהי

ר״ה בתוהו הקו רשית״ל ולכן תתקר על אחר ספר ח״ס בחמש קשרין ותלת עשר חול, וכו׳ כ״ב ל״ב חוט, יחתם קשר ס׳ ו׳ ג׳ חוליות עולים מספר ל״ב הלוח ד׳ יש הס מספר ל״ב ח״י ומ״ם לפתוח בהון יאתר לאתר פ״ריום יעלים לגוים בגלמות ב׳ ע׳ להכאותם הנ״ל. אשר תגיו בריח הם ותפ׳ ם״ם בכל עולם מן צדקה

בלבושין דמלכא. דלא הוה לון רשו לאסתכלא יתיר. אבל משה בכל
אתר הוה משיג נבואה דיליה. ובכל אבר ואבר איהי הוה נחתת לגביה
מה דלא הוה הכי לשאר כל נביאיא. דכל חד סליק לאבר דיליה דנשמתיה
הוה אצילות מההוא אבר וההוא אבר הוה ליה אבוי. וברתא דמלכא איהי
היכלא דכל אבר ואבר מצוה דכל אבר ואבר אדנ"י איהי כחשבן
היכ"ל ובגין דא אתמר אדני שפתי תפתח יקו"ק איהו בכל אבר
ואבר. אדנ"י היכל ואיהי נבואה דכל אבר ואבר. מראה דכל אבר ואבר
אתקרי וכל אבר ואבר אית ליה ספידה ידיעא היכלא דכלהו שכינתא
תתאה אדנ"י. וכמה ממנן נטורי תרעין אינון להיכלא דלא יעלון תמן
נביאיא אלא ברשו. קום רעיא מהימנא קום אפתח היכלא דהא כמה
מארי דנבואה אינון דפקין לתרעין דהיכלא ואמרין אדני שפתי תפתח
ואיהי סתימא לגבייהו. עד דאנת תיתי תמן איהי לא אתפתחת. למלכא
דהוו צדיכין ליה עבדוי ואפרכסוי וממנן ושלטני ארעא למחזי עמיה. כל
חד כפום צרכוי. וכל חד כפום שלטנותיה. וכל חד כפום עסקוי. מה
עבד מלכא. שוי כלא בידא דמטרוניתא. ואמר. כל מאן דבעי למשאל
שאלתוי ייתי למטרוניתא דאיהי בית דילי. בית י' היכל דילי והאי איהו
אל יתהלל המתהלל השכל וידוע אותי כי אם בזאת. בההוא זמנא
דפקין כלהו לפתחא דתמן סגרו"ן דסגיר. ותמן פתחו"ן דפתח. מיד
ייתי רעיא מהימנא ויימא אדני שפתי תפתח קמ"ץ פת"ח. דא סגיר ודא
פתח. תרין שפוון (נ"א שב"א) שערי צדק. עלייהו אתמר פתחו לי
שערי צדק מלגאו איהי סגולתא סגול איהו בעלה. ואיהי סגולתא עטרה על
רישיה חלם עליה אתמר אבא בם אודה יה אבו"א איהו עשר דאיהי נקודת
חל"ם וביה *אודה יק דאיהו כתר על כלהו. זה דא צדי ואינון תרי סמכי
קשוט צדיקים יבואו בו דא צדיק דאיהו אות ברית בתרוייהו איהו
חיר"ק תחות צר"י. ואיהו שורק קשורא דתרוייהו. ובגין דא
אודך כי עניתני ותהי לי לישועה. דא שכינתא דאיהי מסטרא
דצדיק שורק לגבי בעלה. קשורא דיליה ואיהי חר"ק תחות צרי תרי
סמכי קשוט. ואיהו סגו"ל תחות תרין דרועין. ואיהו חל"ם לעילא

ככתר

*לב ע"א

השכל ליה אלא בשכינתיה. דלא יכיל לאשגא ליה שום נביא וחוזה
אלא בשכינתא. ואית אדם לעילא מאדם מסטרא דחכמה. כ"ח מ"ה
ודאי ואתמר ביה חכם עדיף מנביא. קם ר' שמעון וכלהו חבריא ואמר
רעיא מהימנא רבן דכל נביאיא קום אתער משנתך. דאנת איהו בכל
נביאיא כגוונא דשמשא. דסיהרא וככביא מניה נהרין. ולית לון
נהורא מסטרא אחרא. ובזמנא דאנת אתכנישת מעלמא. אתמר בהון
יחשכו כוכבי נשפו. קום אנהיר נהורך ולא עוד אלא בזמנא דאנת
אתכניש מן עלמא ביתא דנבואה דאתמר בה לא כן עבדי
משה בכל ביתי נאמן הוא. איהי סתימא קום אפתח לה דאיהי
ביתא עלאה גניזא דכל גניזין דלעילא סתימין דמלכא עלאה
תמן ואנת הוית כבן בית בן דההוא ביתא ב"ת ב' אימא עלאה. י'
חכמה אבא. ת' תפארת בן בית דלעילא ואנת הוית בדיוקניה דבההיא
בית לא הוה רשו לנביא וחוזה. לאעלא תמן אלא ברשו ואנת הוית עאל
בלא רשו כברא דמלכא דלית תמן תרעא סתימא ליה. ולא עוד אלא
דנביאין אחרנין לא הוו עאלין למחמי למלכא. אלא בשעתין ידיעא
וביומין ידיעאן. כגוונא דאשכחנא באהרן דהוה עלאה מכלהו. דאתמר
ביה ואל יבא בכל עת אל הקדש. אלא בזאת יבא אהרן אל
הקדש כל שכן אחרנין. ואנת בכל שעתא ושעתא ובכל יומא דאנת
בעי הוית עייל למחזי למלכא. ולא עוד אלא כל נביאיא הוו חזיין
נבואה דלהון באברין דמלכא. כל חד וחד באבר ידיעא ולא
יתיר מנהון ברישא דמלכא מנהון בנימין דרישא דאינון ככביא
ומזלי דלית לון חושבנא. מנהון בעיינין מנהון באודנין מנהון
באנפין מנהון בחוטמא מנהון בפומא מנהון בצואר מנהון בידים
מנהון בקומה דאיהו גופא. מנהון בשוקין. מנהון באות ברית. מנהון

ואתמר ביה חכם עדיף מנביא. פירוש נביא מנ"ה וחכם בבינה שרואה בשכל. ע"ב שרואה במחשבה עד
תם. ס"נ שכינה מ' נביא **אתמר** בהון יחשכו כוכבי נשפו כ"פ שכן ככה ואין שהכוכבים ה"ס ככה של ולו
קום אנהיר נהורך כ"פ נהורך, פי' ס' דקיעת תה' הותם באור דגדלות **דאתמר** בה לא כן עבדי משה
בכל ביתי נאמן, רוצה פי' מרע"ה זכה לדעת בית מפריקה קדמאה דנלח וריח וכ"ש דרג, דלאתחא ונמלא הוא
נאמן, בכל הב"ת של הנבואה לז"א קום אפתח לה וכו' וכו', פירש הלא כריק, ואינו בפרקא קדמאה לכך אמר
בלבושין

בס' כ כתוב כאן תקונא כ ג כ"ד ואת כ הת קון ח

תקונא תמני סרי

בראשית ברא שי"ת. אינון שית דרגין דנבואה דאתמר בהון שוקיו עמודי שש. דאינון שית לתתא הכי אינון שית לעילא. ואינון שית סלקין לשתין. באן אתר ביסו"ד ה"י עלמין. אשתאר י"ד מן יסו"ד דא שכינתא תתאה כלילא מארבע סרי פרקין די"ד. דאינון בחמש אצבען. ואינון יקו"ק יוד קא ואו קא. ארבע סרי אתוון דקב"ה דכלילן בה. ודא איהו וביד הנביאים אדמה. ס"ז מן יסוד אינון לקבל שית דרגין דכרסיא דאתמר בה שש מעלות לכסא. ואת ו' סליק בי' דאיהי עטרה דברית לשתין שית זמנין עשר. וסלקין לשתין לקבל שתין גלגלין דסחרין לכרסיא וכרסיא תמן שכינתא דאיהי דמיון ומראה דכלא. דמיון הא דאתמר וביד הנביאים אדמה ועלה אתמר ותמונת יי' יביט. על שם דכל פרצופים דנביאי בה אינון רשימין אתקרי דמיון ועל שם דכל נהורין דלעילא מניה בה אתחזיין אתקריאת מראה. הה"ד יי' במראה אליו אתודע. בסתימו דעיינין אתקריאת מראה בחלום ורזא דמלה אני ישנה ולבי ער. ובפתיחו דעיינין איהי מראה בהקי"ץ. ותרין ממנן תמן. חד סנדו"ן וחד פתחו"ן. וממטרו"ן דאתקרי בשם תרוייהו ממנא על תרין מפתחין אלין. מסטרא דעמודא דאמצעיתא איהי שכינתא מראה בהקי"ץ. ומשה בסטריה. דכתיב ביה פה אל פה אדבר בו ומראה ולא בחידות ותמונת יי' יביט. מסטרא דצדיק דאיהו אור הגנוז לצדיקים לעלמא דאתי. (נ"א לעתיד לבא). אתקריאת מראה בחלום. והוא דאתחזייא בה. מסטרא דגופא איהו יקו"ק. עמודא דאמצעיתא דאתנטיל מתרין סטרין. ואיהו רכיב על ארבע חיוון דאינון פני אדם פני אריה פני שור פני נשר. יוד כא ואו קא אתקרי מלגאו דגופא. ואיהו אדם לשבת על הכסא. למאן דאיהו אדם אתחזייא ליה כדמות אדם. למאן דאיהו כשאר חיוון אתחזייא ליה בדמות חיוון דכרסיא לכל חד כפום חיליה ואל יתהלל המתהלל

גמלא שכם מלה ספיכן בה אתחזיין אתקריאת מראה פ רוש כמראה רלוטשת שכ־אה בה כל לורס שסביה דשבל

דרחימו לְגַבֵי בַעְלָה. וְדָא דמלָה מַיִם רַבִּים לֹא יוּכְלוּ לְכַבּוֹת אֶת הָאַהֲבָה. ואתְעָרוּ דהַמִימוּתָא דליל שַׁבָּת מאתתיה צְרִיכָה ברחימו וּדחילו וְדָא איהו אִשָּׁה כִּי תַזְרִיעַ וְיָלְדָה זָכָר. איהי שפיכַת דָּמִים דאָדָם. אזדריקַת דָּמָה. ועַל דָּא צריכָה לְנַטְרָא לֵיה מִדַם נִדָּה. וּבגי"ד דָּא עַל תלַת מלִין אִלֵּין נָשִׁים זהירות בְּנִדָּה וּבַחַלָּה וּבְהַדְלָקַת הַנֵּר. עַד כאן רָזָא דחטה דמתַמָּן חַלָּה. חטָ"ה איהי רָזָא דעֶשְׂרִין ותרין אַתְוָון דאוֹרַיְיתָא:

תקונא שיבסר ליום ט'.

בראשית עָלָה אתמר ראשית מַעֲשַׂר דגנך וְדָא מלכות דאיהו מַעֲשֵׂר ואיהי עֲשִׂירִית לְעֶשֶׂר ספירות. וּבגינָהּ מעַשרין. וּמוֹץ ותֶבֶן דאינון לבושין דחטָה בהַאי עלְמָא פטורין ממַעֲשֵׂר. וּמָאן דבָעֵי לְאַפָּקָא מַעֲשֵׂר מחטָה בָּעֵי לְנַקְיָיה מִן מוֹץ ותבן דאינון ח"ט ואשתָּאֲרַת איהי ה' נקיָיה בהַהוּא זמנָא יהא זָרִיק בָּה טפה דאיהי י'. וּבגַוונָא דָא בזווּגָא דבַר נַ"שׁ צָרִיךְ לנקאָה טִפָּה מהט"א דאיהו יצר הָרַע. למֶהֱוֵי זַרְעָא נקיָה בה'. הה"ד הא לָכֶם זרַע. אֲבָל בעָלְמָא דאָתֵי חטָה איהי נקיָה. איהי ולבושה. ואיהי עשרין ותרין אַתְוָון דאורייתָא. ובג"ד בהַמּוֹצִיא בַּעַל הַבַּיִת צָרִיךְ לדַקדק בה'. למהוי איהי נקיה בלָא פסולת. ותרין עשורין אינון דאמַר קְרָא עַשֵּׂר תְּעַשֵּׂר אַמַּאי אֶלָּא בגין לְקַשְׁרָא לָהּ בתרין דרועין דאינון כהן לוי דאינון מַעֲשֵׂר ראשון ללוי. מַעֲשֵׂר מן הַמַּעֲשֵׂר לַכהן. דכָל ספירָן סלקין לעשר (בשכינתא) עַד דסלקין למאָה וְאיהי אתעֲבידַת תרומה לְכֻלהו מאה. ובגין דָא שִׁיעוּר תרוּמָה *תרי ממאָה לָקֳבֵל תרין לוחין דאורַייתא. דאיהי תורָה דאתיַיהִיבַת בּאַרבעין יומין. וְדָא איהו תור"ת מ'. וּבָהּ אתעֲבידו ספירָן כלהו עשרונים. תלַת אֲבָהָן תלַת עֶשְׂרוֹנִים. תרי נביאי קשוט אינון עִשָּׂרוֹן עִשָּׂרוֹן:

שה"ל אר"ן רעל וכו' כל לא מכ'הו כ' הם כנגד ז' ספירות כידוע **תרומה** תרי ממאה לקבל תר"ן לוחין דאור' ית' כ"ב נר' כוונת המאמר דסתורה ניתנה לנו מעולם הבר' אם ששם מספר המאות כידוע וזהו תרי שהם תר"ן לוחין דאור' תא קבלנו ממאה שהם עולם הבריאה ששם המאות **ובה** אתעבדו ספירן כולהו עשרונים כידוע בעולם הבר' אם אתעבדו עשר ספירן כולהו עשרונים דהיינו שכל ספירה מן י"ס כלולה מעשר ועי' כ'

משריפה והרג דלהון יעקב בגין דלא הוה ביה פסולת אתמר בזרעיה בגלותא וישכון ישראל בטח בדד עין יעקב אתמר הכא בטח בדד ואתמר התם במפקנו דגלותא יי' בדד ינחנו ואין עמו אל נכר. לא אתערבון בבנוי ערבוביא דגיורים ובגין דא אין מקבלים גרים לימות המשיח דעלייהו דזרע יעקב אתמר גפן ממצרים תסיע מה גפן לא מקבלא הרכבה ממין אחרא כן זרעיה הוו נטרין אות ברית ולא מקבלין הרכבה ממין אחרא. וכל מאן דנטיר אות ברית זכי למלכו *כגוונא דיוסף. וישראל בגין דנטרין ברית זכו במלכותא ואתמר בהון כל ישראל בני מלכים. ומשה בגין דנטר אות ברית אתמר ביה ויהי בישורון מלך. זכאה איהו מאן דנטר אות ברית:

תקונא שיתסר

בראשית דא חלה הה"ד ראשית עריסותיכם חלה תרימו תרומה. והא אוקמוהו דאדם חלתו של עולם הוה. ומנא לן דחלה איהו ראשית. דקרא אוכח הה"ד ראשית עריסותיכם חלה תרימו תרומה מאי חלה אלא שבעה מינין אינון. חטה ושעורה וגפן ותאנה ורמון ארץ זית שמן ודבש דהוא דבש תמרים. חטה אילנא איהו דאכיל מניה אדם קדמאה. ואיהו לא אפיק מתמן חלה. ובגין דא לא חל ביה ה' ושריא ביה ח"ט וגרים ליה מותא. וחלה איהי שכינתא כלילא משבעה מינין אלין ובה חב אדם קדמאה טפה דא י' עסה צריך לאפקא מניה חלה ומיד חל על ההיא טפה ויהיב ליה זרע בליל מתרייהו דאיהו ו'. ורזא דמלה ה"א לכם זרע ובגין דא חלה ודאי איהי פקודא דאתמני לאתתא. דבגינה מת אדם דאיהו חלתו של עולם צריכה איהי לאפרשא חלה ולאפקא לה מעסתה דאיהי טפה דילה להחזירה על האדם איהי אטפת שרגא דיליה דאתמר ביה נר יי' נשמת אדם. צריכה לאוקדא ליה בליל שבת באתערו דשלהובין דאשא

בכלל והראיה לזה דאות כ זכר וסוף רע ה למלכות וכל מאן דנטר אות ברית זכי למלכו ב הטעם דאות ברית רמוז באות נד"ו אשר מספרו שלי' מספר מלך לכן מאן דנטר זכי למלכו ודבש דהוא דבש תמרים כלומר הולך לפרש תמרים כדי שלא תחשוב דבש דבורים ותקש מה ש כות ש ז"ס עם פ יום רח לגות ושב ,תת

עץ חיים היא למחזיקים בה. ואתתיה איהי בדיוקנהא הה"ד ראה חיים עם אשה אשר אהבת. אורייתא איהי טוב הה"ד כי לקח טוב נתתי לכם. ואתתיה איהי בדיוקנא הה"ד מצא אשה מצא טוב סוף סוף עשר מלין אתמר בהאי ועשר בהאי והא אוקמוה חברייא:

תקונא חמיסר ליום ח'

בראשית דא ישראל. הה"ד קודש ישראל ליי ראשית תבואתה. ראשית בלא ערבוביא אחרא. ובגין דאיהי קדש לא הוה ליה הרכבה ממינא אחרא ובגין דאיהו קדש לית ליה הרכבה דצריך ביה נטירו לגבי בת זוגיה דאיהי ה' ובגין דא ראשית תבואת ה'. לית ביה פגימו הה"ד ויעקב איש תם לית ביה פסולת. (צריך למהוי נטיר). איבא דא למלכא אתחזי ובגין דא כל אוכליו יאשמו רעה תבא אליהם נאם יי דדא איהו עץ החיים דאיבא דיליה סם חיים בת זוגיה נטירא ליה בעלמא דין ובעלמא דאתי עליה אתמר ולקח גם מעץ החיים ואכל וחי לעולם. גם לרבות בת זוגיה סם חיים דיליה ואיהו נטיר ליה בעלמא דין ובעלמא דאתי. ומאן דבעי לנטלא בת זוגיה בגון אוריה דאקדים לדוד אתמר ביה כל אוכליו יאשמו רעה תבא אליהם נאם יי. דבת זוגיה רצדיק איהי מצה שמורה לגבי מצה שלימה עשירה ומאן גרים דא למהוי בת זוגיה מצה שמורה לגביה בגין דנטר טפה דיליה ומאן דפגים טפה דיליה אתקרי בת זוגו מצה פרוסה לחם עני. ורזא דמלה כל מאן דמזלזל בנהמא או בפרורין דנהמא דאינון טפין בכזית. עניות קא רדיף אבתריה. אלא צריך לנטרא טפין דיליה דלא יזריק לון באתר דלא אצטריך. ובגין דא אוקמוהו מארי מתניתין אוקירו לנשיכו. כי היכי דתתעתרו. ואוקירו דלהון לנטרא טפה קדמאה דלא יעביד בה פסולת. דפסולת דאברהם ויצחק גרים לאומה דעשו וישמעאל דאשתעבדון בבניהון בגלותא ונסיונא דלהון באשא וסבינא שזיב לון

ר"ח פר ה רביר וגם בר יתרפא מתוך רנפש לנטרא טפה קדמאה דלא יעביד בה פסולה נראה לכן תמלא קרי אות וה קר דהנשמר מן קר עושה קר לאשתו וכאמר אוקירו דלרון וכו וכל זה ברואר קרי מחמת הרהורים רע ס שהרהר באותה הנפש אבל לאשתו או על לד הסכרת כאותם עשרים טפן דיוסף סע"ב אין זה

משריפה

בוצינא קדישא. והא רזא דא ודאי איהו רזא דלא תחרוש בשור ובחמור יחדיו. כד בוכרא דאיהו ישראל עמודא דאמצעיתא לא אתיין ליה לבית יי'. חלב אתערב בבשרא וגרמין לאתערבא שור בחמור. ודא איהו כלאים מין דלאו במיניה. אמר ר' שמעון אליהו אליהו והא שור איהו מסטרא דדכיו וחמור מסטרא דמסאבו דא איהו כלאים טב וביש. אבל חלב איהו מסטרא דדכיו ובשרא מסטרא דדכיו. אמר ליה ודאי הכי הוא. אבל האי רזא אשתמודע בקרא דא. תוצא הארץ נפש חיה למינה דאף על גב דאינון מסטרא דדכיו כלהו אינון דכר ונוקבא ואינון זוגין. ומאן דנטיל ממה דלאו איהו מיניה ההוא בר דאתרכיב מתרוייהו. עליה אתמר לא תבשל גדי בחלב אמו. אמר בוצינא קדישא. בודאי כען. איהו מלה בחכמתא ודא איהו בריירא דמלה ודא איהו מלאתך ודמעך לא תאחר כמד"א שמא יקדמנו אחר ברחמים חובא דא דערב בר נש טפה בוכרא בזווגא נדה שפחה גויה זונה, דא גרים דנטיל אחר בת זוגיה ואיהו מדה לקבל מדה *ובגין דא ראשית בכורי אדמתך תביא בית יי' אלקיך לא תבשל גדי בחלב אמו. דההוא בר איהו ערבוביא דנפיק כלאים מאתתא דלאו מיניה דאיהי כנגדו ובגין דא זכה עזר. בת זוגיה דאיהי עזר ליה באורייתא בפקודא בדחילו וברחימו עזר לו בעלמא דין ובעלמא דאתי. ואם לאו אחרא דלאו איהו מיניה איהי כנגדו לאובדא ליה מתרין עלמין. וכל דא גרים ליה בגין דלא נטיר טפה קדמאה לבת זוגיה. ועם כל דא אם חזר בתיובתא עליה אתמר ושב ורפא לו. ויהיב ליה בת זוגיה דאתמר בה רפאות תהי לשרך. ואיהי דיוקנא דאורייתא דאיהי אסוותא ואיהי חיים הה"ד

אחר ומפרש אותו על דתפארת עזר לו בעלמא דין ובעלמא דאתי פירוש דרים לו על עוה"ז ועל עוה"ב כי למד ה"ס שלשה ספירות ראשונות שרש כח"ב כנודע והם סוד עוה"ב כידוע ואות ו' סוד ו"ק שרש בסוד עוה"ז שהם כנגד ששת ימי בראשית וכל דא גרים בגין דלא נטיר טפה קדמאה לבת זוגיה נקיט טפה קדמאה כי יצו קדמאה בבת זה דלא איירי ברואה קרי או הוצאת ש"ז לבטלה אלא איירי במי שבעל בא"א אסורה ולא המתין עד ביאת שהיא באשתו בת זוגו ועם כל דא אם חזר בתיובתא עליה אתמר ושב ורפא לו פירוש אותו הרמז שרמזנו בסיבת לו על אשה לו עזר כנגדו שאמר אם לא זכה אבל מתרין עלמין דרמוזים בסיבת לו וכל זה נרפא ויזכה לתרין עלמין ודרך כי באמת אמרו הנושא אשה כמחלים עונותיו ולזאת ויהיב ליה בת זוגיה דאתמר בה רפאות תהי לשרך וכל דקרי לה רפאות דאין אשה אלא ליופי ולבנים ובת רפאות היא אות פ"ר והיינו פר

תקונא תליסר וארביסר

י"ו. גופא דיליה ו'. רישא דיליה י'. גדפוי ה"ה ובגין דא ותחת כנפיו תחסה צנה וסוחרה אמתו צנה וסוחרה שכינתא עלאה ותתאה. אמתו דא עמודא דאמצעיתא. רישא דיליה חכמה עלאה. צדיק איהו בצלמו כדמותו. זכאה איהו מאן דנטיר ברית מילה. ואורייתא דאיהו עמודא דאמצעיתא. דתרוייהו מגינין עליה חד בעלמא דא וחד בעלמא דאתי:

תקונא ארביסר.

בראשית עלה אתמר ראשית בכורי אדמתך תביא בית יי' אלקיך לא תבשל גדי בחלב אמו. ת"ח חכמה עלאה עלה אתמר קדש לי כל בכור דכל בכורים על שמה אתקריאו ושכינתא מתמן אתקריאת בכורה. חכמה ודאי עלה אתמר ראשית כל בכורי כל. וברא בוכרא דילה קדמאה דכלא דא ו' עמודא דאמצעיתא בכורי אדמתך תרי סמכי קשוט מאי אדמתך שכינתא תתאה. ואינון כל בכורי כל. מסטרא דצדיק דאיהו כל. ושכינתא איהי ארעא דביה גדלין וצמחין אלנין. דעליה אתמר צמח צדיק דאיהו עץ פרי אילנא רבא ותקיף עמודא דאמצעיתא עשבין ודשאין דאינון ת"ח מתמן צמחין בגן בגין דאיהי אוריתא דבעל פה. ומאן אשקי ודוי (נ"א ורבי) בה אלנין ועשבין ודשאין מעין גנים דאיהי חכמה ראשית כל בכורי כל. ומאן נפקא מעינא דמיא מבית יי' הה"ד ומעין מבית יי' יצא. ובגין דא ראשית בכורי אדמתך תביא בית יי' אלקיך. וכן ראשית דעאני ואמרי הה"ד וראשית גז צאנך תתן לו. וסמיך ליה לראשית בכורי אדמתך וכו'. לא תבשל גדי בחלב אמו מאי האי לגבי האי:
קם רבי שמעון על רגלוי פתח בקלא סגיא ואמר אליהו אליהו נחית הכא ברשותא דמארך ואנהיר עינייהו דאלין סבין בהאי מלה. דלא יתון למיכל בשר בחלב אדהכי הא אליהו קא נחית ולא אתעכב אמר

שעומדת מלמד אות יו"ד וכף אות וא"ו דשמא קדישא הוא אות ה' אחרונה **דאת** ז' איהו אברהו וכו' נראה נשמטו כאן איזה דברים קודם זה דידוע שספר התקונים נשמטו ממנו דברים בכמה מקומות בהעתקה הראשנה לכן ימצא בו דברים שאין להם קשר זע"ז ואפשר דדריש שאי דרשה על תיבת הזה שהוא כנוי ליסוד ודריש אות ז' של הזה על הסוד עצמו גופא דליה הוא אות וא"ו כי הוא צורת ו' ורישא דיליה שהיא העטרה דיליה ואות ז' צורתו וא"ו יו"ד **צינה** וסוחרה שכינתא עלאה ותתאה נראה זו דרשה בפ"ע דדריש הכתוב הנ"ל באופן בוצינא

על מגדלא דאתמר בה מגדל עז שם יי' בו ירוץ צדיק ונשגב. אדהכי הא רעיא קא אתי בכמה עאנין ותורין ואמרין וחוטרא בידיה. סליק עיניה למגדלא וחמא חד בר נש עולימא צדיק שמיה דההוא יתיב על מגדלא. קשתא בידוי והוה זריק חצים לגבי חויא. ודא איהו פזר. גדול. וחויא לא הוה חשיב לון. וקשתא איהו לישנא דפומא. אגוזא דקשתא פומא. חוט השני חוט של קשת דביה הוה צדיק זריק חצין דאינון מלולין דצלותא לגבי חויא. וחויא לא הוה חשיב לון. ולאו בגין חלישו דצדיק ח"ו עלמין אלא בגין חלישו דההוא דזריק לון דאיהו צדיק דלתתא מניה כד לאו איהו שלים ובג"ד לא חשיב לון עד דאתא רעיא מהימנא ונטיל חץ חד וזריק לגביה דא בתר דא בצלותיה עד יפלח חץ כבדו דחויא דאיהו סמא"ל אל אחר דתמן יסודיה ועקריה ובגין דא הכבד כועס. במאי כועס במרה דאיהי דבוקה ביה. ודא סם המות נוקבא דיליה. זנבא דיליה. יותרת הכבד יותרת אתקריאת דבתר דעבידת נאופין יהיבת שיורין לבעלה. וזנבא איהי שפחה דיליה במרה כעיס. ובזנבא קטיל מרה איהי פרצוף דיליה. יותרת זנב דיליה. כגוונא דאדם דעביד ליה פרצוף ולבתר זנב. דהאי אדם רע אתקרי. ודא כגוונא דדא דא אדם דאתנטיל מאילנא דחיי. ודא אדם דאתנטיל מאילנא דמותא. לבתר דיפלח חץ כבדו. זרע יורה כחץ לגבי כלה יו"ד זרע דאתמשך מניה. ודא ו'. ואתמר בה לשלח לי למטרה ודא בת עין בית קבול לזרע דאיהו ו' ודאי מאי מטרה דא ירח בן יומו * סיהרא קדישא מטרה איהי ודאי לבת עין נקודה זעירא מלגאו. לגבה הוה שלח חצים ברחימו דעיינין מטרה ודאי שכינתא דאיהי אגינת על ישראל מחויא בישא סמא"ל. ולמאן *דאיהי אגינת עליה אתמר ביה לא תירא מפחד לילה מחץ יעוף יומם. באברתו יסך לך. דא אבר מן החי צדיק. ותחת כנפיו תחסה א נון ה"ה דאת ו' איהו אברתו כלול

נעשה גדול **הא** רעיא קא אתי בכמה עאנין ותורין ואמרין כ"ב נקיט ג' מיניס כנגד תלות ותוקים ומשפטים אשר יעשו ישראל ותורה ב"ד"ה כנגד התורה שהיא עץ חיים ולכך קראה תורה ולכן א"ז ל הככר ורמקל ירדו כרוכים מן השמים גם תורה מספר דרך שהוא כ"כ למורה **בגין** ח' שו דההוא דזריק לון, דא הו צדיק דלמתא י"ת כ"ה פירוש חלשות אדם שהוא צדיק מתמון למטר שמתפלל ולומד ועושה תתפלות ו' ול תורו ת"ל ים **ותחת** כנפו ו' תחסה איגון ה"ה כ"ב דר"ש כנפיו כנף י"ו כ כנף אות יוד דשמא קדישא הוא אות ה' דאשגג ייון

תקונא תליסר

אעלה בתמר. א' אתרוג. ע' ערבה. ל' לולב. ה' הדס. כלהו אתעבידו לקבל ד' מינין דמרכבתא. הרוכב בהון איהו יקו"ק. וצריך לסדרא בהון בהקפה כגוונא דמזבח. ולמאן. לגן דאתנטעו אלין נטיעין ביה ורזא דמלה נקבה תסובב גבר נקבה נ' מן גן. גבר ג' מן גן. ג"ן הוא כליל תלת וחמשין סדרין דאורייתא דבכתב. וז' יומין דסוכות הא שתין לקבל שתין מסכתות שמיני עצרת חג בפני עצמו. ביה נביעו דאורייתא לאשקאה אילנא דאיהו נטוע בגן ושרשוי וענפוי איהו כגוונא דחוג הארץ דכל חגין מתהגגין בה. תשיעאה ברנה והא איהו רננו צדיקים ביי'. ודא דרגא דצדיק ח"י עלמין מתמן רנה. וביה פורקנא הה"ד צמח צדיק ומתחתיו יצמח. מתחתיו ודאי ההיא דאיהי עשירית לכלא. וצדיק נטיל משמאלא. ועמודא דאמצעיתא מימינא. הה"ד מימינו אש דת למו. בההוא זמנא דיהון תרין שמהן כחדא אתערת ברתא דמלכא בשיר השירים ומשלי וקהלת דאינון שלשת אלפים משל תלת יודין דאינון תלת טפין דמוחא הנחתין מן י'. ולאן אתמשכו. לגבי צדיק דאיהו קשת הברית ומה דהוה קטן אתעביד גדול. ורזא דמלה שופר הולך פזור גדול מתי יהא זריק חץ בדיוקנא דא י'*. פתח רבי שמעון ואמר עלאין אתתקנו ואוזדרזו במאני קרבא לגבי חויא דאיהו מקננא בטורין דברברין ואיהו קטיל לאדם קדמאה ולכל דרין דהוו אבתריה. ובג"ד כרוזא נפיק בכל יומא מאן דקטיל ההוא חויא דאיהו מקננא בטורין דברברין יהבין ליה ברתא דמלכא דאיהו צלותא דיתיב

אעלה בתמר כ"ב אמרתי אעלה בתמר כת"ב מה ואמר בחסדים הלול"ב דסוד מנא מר א' ברע"א כמ"ש שה נקרא דהחסד ר"ת אתרוג ערבה לולב הדס ואות ות בתמר רס תס רב ש' תמו ונשלמו באות ות רב דמרכבה כי רמכה שהיא גבורה אם תבית עתה אות ות רב תהר לרוף ת"רכבר וביה פורקנא הה"ד צמח צדק פירוש כמ"ש רבינו ז"ל כל גאולה היא ב' דוד בסוד אם יגאלך טוב גאל ואומרו מתחתיו ודאי דא ה' עשירית לכלא פירוש מתחתיו היא המלכות שהיא תחת היסוד וה"א עשירית ל"ס והסוגר לומר שהגאולה תהיה ע"י אתערותא דלתתא שישראל מעל' מ"ן למלכות יתוריה ומלות ור"א מעלה לצדיק יסוד עולם ומ"ש וצדיק נטיל משמאלא ועמודא דאמצעיתא מימינא פירוש הצדיק שהוא רסוד נטיל משמאלא מדת הגבורה בסוד יצחק קו"ת וכמ"ש רבינו ז"ל בסוד שמות ריבות הה"ד ממינו אש דת למו כלומר מימינו דא מ'נא אש דת י"א שמאלא למו ר"ת לעמודא מל'עא וצדיק תלת וד"ן דא מן תלת טפין דמוחא דנחתין מן י' ו"ד פירוש היו"ד עצמה היא שלשה חלקים שהם ג' יודי, כמ"ש רבינו ז"ל בספר מאורי רשב"י בכונת בת בת רו"ד דאיהו קשת הברית ומה דהוה קטן אתעביד גדול פירוש קשת לשון קשו ויתבשר אחזה שוה כמ"ב ראבר ר"ת ע"י הקשו אתעביד גדול כן אור הסוד מתגדל בעת ההשפעה ורזא דמלה שופר הולך פזור גדול שהוא כט"ב כדיוקן השופר ובעד הפזור דהיינו הרקת השפע

על

* כט ע"ב

מאן נצח דינא. אמר תסתכלון באלין דרשימן במאני קרבא בידייהו ותנדעון מאן נצח דינא. ולקחתם לכם ביום הראשון פרי עץ הדר. דא אתרוג דאיהי שכינתא לבא דאיהו עקרא דכל אברין דגופא. דאינון תלת הדסים ולולב ותרי בדי ערבה. לבא באמצעיתא ואברין סחור סחור ליה. ובגין דא אתרוג דא שכינתא. והכי אוקמוהו מארי מתניתין אי נטלה בוכנתו ואי עלה חזזית על רובו פסול. בגין דאיהו דמי לשכינתא. דאתמר בה כלך יפה רעיתי ומום אין בך כפות תמרים דא לולב. ועליה אתמר נפרצו עליו פסול בגין דדא איהו מקצץ בנטיעות מאן דמברך עלה ביומא קדמאה דסכות. בגין דאיהו קשורא ויחודא דכלא ח״י עלמין דאיהו לקבל ח״י חוליין דשדרה. ובגין דא אוקמוהו מארי מתניתין לולב דומה לשדרה ורזא דלולב צדיק כתמר יפרח. ודא איהו כי כל בשמים ובארץ. ותרגם אונקלוס דאחיד בשמיא ובארעא וצריך לנענעא ח״י נענועין בשית סטרין. דאינון חותם מזרח ביק״ו וכו׳ שית הויות דאית בהון תמני סרי אתוון. וכלהו רמיזין בספר יצירה בשית סטרין. והכי אוקמוהו מארי מתניתין מוליך ומביא למאן דארבע רוחות העולם דיליה. מעלה ומוריד למאן דשמיא וארעא דיליה. תלת הדסין גוף ותרין דרועין. ואינון לקבל עינא ותרי כנפי עינא. תרי בדי ערבות לקבל תרין שוקין ולקבל תרין שפוון. וכד אינון כלהו אגודה חדא בלולב דאיהו שדרה מה כתיב אמרתי

נלאו דינא למתק דגבורות וכדי, בחסדים ואומרו דרשימן במאני קרבא בידייהו כ״כ רזיו״ע שהוא ארוך הוא כנגד גופו של לולב שהכל תלויים בו ושלשה אצבעות ראשונים כנגד שלשה הדסים ושני אצבעות אחרונים כנגד שני ערבות והכף כנגד האתרוג ולזה דרשימן במאני קרבא בידייהו ד קא **אתרוג** דא שכינתא כ״כ שכינתא נקראת עטרה בסוד אשת חיל עטרת בעלה ונרמזה באתרוג שהוא אותיות אור תג והתג ר״ו עטרה שהיא תגא דמלכא **מאן** דמברך עליה ביומא קדמאה דסוכות בגין דא הו קשורא ויחודא דכלא כ״ב כ״ב יום ראשון, יש קשורא ויחודא דכלא מפני שאותו היום הוא חסד דמקיף, וחסד אור פנימי נמלא בו קשור וחבור או״מ ואו״פ בחסד וחסד ולכן הלולב שהוא קשורא ויחודא דכולא ראוי לברך עליו מאחר יתא ביום ראשון דסוכות שהוא ג״כ קשורא ויחודא דכלא **ורזא** דלולב צדיק כתמר יפרח ודא א״י כ כל בשמים ובארץ, ר״ל כי שלולב הוא סוד של תפארת הנקרא שמים והאתרוג מלכות שנקראת ארץ ולכן הזהיר רבינו האר״י ז״ל שלא יפריד האתרוג מן הלולב בשעת כל לה ובענוע והקפות ולזה תרגם אונקלוס דאחיד בשמיא ובארעא **תלת** הדסים אינון גוף ותרין דרועין פירוש תפארת שהוא גוף יחו״כ שהם ימין ושמאל ואינון לקבל עינא ותרי כנפי עינא פירוש תלת הדסים שהם כנגד חג״ת דרגין דאברהם יצחק ויעקב הנה הם כנגד עינא ותרי כנפי עינא ורייני עינא כנגד יעקב רמז לדבר וישכון ישראל בטח בדד עין יעקב ותרי כנפי עינא אברהם ויצחק כי עין באמצע ותרי כנפי שהם עפעפיים א׳ מכאן וא׳ מכאן דוגמת גופא ותרין דרועין **בלולב** דא הו שדרה כ״ב שדרה אות וה דר שם

אעלה

רעֲלה זַית טָרָף בפיהָ שַׁרְיָא כ"ה עַל ישׂרָאל בכ"ה נ̇בכסליו ואלֵין אינון
כ"ה אַתְוָון דיחוּדָא דאינוּן שְׁמַע ישׂרָאל וגו'. וְדָא איהוּ חַנוּכָּ"ה. חַנ"ו כָ"ה.
אַבָל נצח אתמַר בֵיה וַתָנַח הַתיבָה בַחדש הַשביעי. בגין דנצח ביה
רמיז נחַ צדיק וביה והַמַים גברו מאד כַד לָא נַטרין ישׂרָאל ברית
מילָה מתגברין אומין דעָלמא. דאינון הַמַים הַזדונים וכַד נַטרין ליה
אתמַר בהון והַמַים הָיוּ הָלוֹך וְחָסוֹר עַד החדש הָעֲשׂירי. דָא י' דמילָה
דאיהי מַלכות. עֲשׂירָאָה לעֶשֶׂר ספירָן ויַעקב בַהַהיא יַרכָא אתמַר ביה
והוּא צוֹלֵעַ עַל ירכו דפָרַח מניה י' ואשתָאַר עָקֵב. ורָזָא דמלָה הוא
ישופְךָ ראש וַאתָה תשופֶנו עָקֵב. וכד אשתלימַת סוכה בירך דילָה
אתְמַר בִיַעֲקב ויָבֹא יַעקב וַיַעקב שָׁלֵם וַדַאי איהוּ דיוקנא דעַמוּדָא
דאמצָעיתָא מסטְרָא דלבַר. והָא משה תַמן הֲוָה אלָא מסטרָא דלגָאו
הֲוָה. דָא מגוּפָא ודָא מנשמַתָא. ובגין דָא תרין יַרכין דעַמוּדָא דאמצָעיתָא
שלים אינון נצַח וָהוד. ומָתַי יהיֶה עַמוּדָא דאמצעיתָא שלים כַד
אתחַבר בשכינתָא. הה"ד ויעֲקב נָסע סכתָה וַיִבֶן לו בָיִת הה"ד וַיִבֶן
יְיָ' אֱלקים אֶת הַצֵלָע. בהַהוּא זמנָא דאתחַבר עמָה וַיָבֹא יַעֲקב שָׁלֵם
בהַהוּא זמנָא תהא סוכה שלימתָא כ"ו ה"ם יאקדונק"י. קָם ר"א ואָמַר
אַבָא אַבָא אַמַאי אתמַר ביוֹמָא קַדמָאָה דסֻכות ולְקַחתֶם לָכֶם בַיום
הָראשון פרי עֵץ הָדָר. א"ל ברי מָאני קרָבָא בימינא נַטלין לון ובאלין
מָאני קרָבָא אינון ישׂרָאל רשימין דנַצחין דינא מתַל למַלכָא דַהֲוָת
ליה דינָא וקרָבָא בע' אומין ולָא הֲווּ יַדעין מָאן נָצח דינא. ושָאלין ליה

אחר יום עשרים בחודש. **אבל** נצח אתמר ב"ה ותנח התבה בחודש השביעי. פירוש דנצח הוא ספירה שביעית ועל כן אמר ותנח התבה בחודש השביעי ר"ל בחודש דנצח שהוא שביעי. **בגין** דנצח ב"ה רמיז נח דצדיק פירוש ראש וסוף נצח הוא נח ובאמצע ש' אות צ' שרומז לצדיק ומש"ה וב"ה והמים גברו מאד כד לא נטרין ישראל ברית מילה פירוש ברית מילה הוא בצד הנקרא צדיק ומספר אות צ' הוא גימ' מים ולכן כד לא נטרי, גברו המים הזדונים אינון אומין דעלמא וכד נטרין לברית אתמר בהון והמים שהם מים הזדונים היו הלוך וחסור עד חודש העשירי שהוא רומז למלכות **אמאי** אתמר ביומא קדמאה דסוכות ולקחתם לכם ביום הראשון פירוש קשה קושית רז"ל במדרש שהקשו והלא ט"ו לחודש הוא ואמאי קרי ליה ראשון ורשב"י השיב לו מאני קרבא בימינא נטלין לון דהיינו בחסד שהוא ימין ולכן אמר ביום הראשון כי החסד נקרא יומא דכליל כולהו יומין וסדר הספירות החסד הוא ראשון, לשבע ספירות הבנין לכן יום ראשון של השבוע הוא חסד ודע דמ"ש אבא אבא בלשון, כפול הוא לשון חיבה וכמ"ש רז"ל במדרש על משה משה ועוד אבא כמשמעו שהוא אביו ועוד שהוא רבו ג"כ ומלכו ויקראו לפניו אברך ותרגמו ד, אבא למלכא וכל לשון כפול כזה הוא עד"ז **שאלין** מאן נצח דינא פירוש כמו לענין לולב ומיניו הם ענין המשכת חסדים וישראל אשר הם נוטלים לולב הם

מאן

הלל גמור והלל שאינו גמור בפסח. לקבל מצה שלימה ומצה פרוסה. ואמרין מרור על שם ו' דאתפרש מן ה'. ודא גרים לון דוימררו את חייהם איהו מרור ואיהי מרה הה"ד קראן לי מרה כי המר שדי לי. בעבודה קשה בקשיא. בחמר בקל וחמר בין אומין דעלמא ומאן גרים דא י' מן שדי רשימו דברית דיהיב משה בערב רב. בגין דא נחית משה מדרגיה הה"ד לך רד כי שחת עמך. עמך ולא עמי ועל ידיה עתידה שכינתא ליחדא עם קב"ה בגין דאיהו אפריש לון. צריך ליחדא לון. לתקנא במה דחאב. קמו כלהו חבריא ונשקו ליה ואמרו אי לא אתינא לעלמא. אלא למשמע דא די. שביעאה בנצוח דאיהו נצח ישראל. ועליה אתמר וגם נצח ישראל לא ישקר ועליה אתמר למנצח על אילת השחר. למנצח על השמינית. מאן שמינית הוד. ואיהו נצח עליה. תמינאה בהודאה וביה הוה משבח דוד הודו ליי. ודא הוד ודאי. למנצח הודו. בהון רמיזין נצח והוד. ואינון ניסין. וביה שבח משה אז הה"ד אז ישיר משה. בגין דאיהו הוד דיהיב למשה אז תקרא וה' יענה ואינון תמניא יומין דמילה ובתריה ברית דאיהו יסוד־צדיקא דעלמא וביה אתגליא* דמילה עשיראה לעשר ספירן. ואיהו הוד תמניא יומי דחנוכה. לארבעה ועשרין יומין דאינון בשבמל"ו. ומיד

דמלכות גם דרש החמה דא אימא ר"ל כמו ה' א' שה"א אמות שלה **ואמרין** מרור ע"ש ו' דאתפרש מן ה' פירוש שהוא בא אחר כל פסח כו' ש רמג"ד דבן גמל אי' אומר כל מי שלא אמר שלשה דברים אלו בפסח לא יצא ידי חובתו ואלו הן פסח מצה ומרור ר"ה דקדק לית"קו וא"ו נגד מרור ולא קשה נגד מצה כמ שלא אמר ומצה ומרור והיינו לרמוז שהיה מרור ה"ה על דאתפרש וא"ו ית' ר"ל **ודא** י' ד' מן שדי לש"ו דברית ד"רב משה בערב רב פירוש ירב לון רא אות במ"לר שמל אותם בכ"ל נ"ת וה"נו דם פסח ודם מילה שנ"קן על הפתחים וע"י מילה נגלית דעטרה שה"ם ו' ד' דשם שד"י כידוע ואמר זבגין דא נחית משה מדרגה פירוש שסיבבו הערב רב ע"י שהחטיאו את ישראל בעגל ש סתלק ממ"נו אורות אלף רבה ונשאר בו אורות אלף זעירא של ויקרא כנודע **למנצח** הודו בהון ר"ת ז' נ"א והוד ואינון נ"ס פירוש נ"ת בת בת למנלא והוד בר"בת הודו ונשאר כאן וכאן אותיות מול נמצא כך מתחלקים אותיות לית"נא רודו שהוא מ"ל נ"א סוד ואמר ואינון נסים כי נ"א הוד עם הכולל מ"ת קס"ד כ"תכין נ"ס עם כולל האותיות ואומרו בגין דאיהו סוד דיהיב למשה כו' כרביעא האר ז"ל בסוד הכתוב רוא אהרן ומשה הוא משה ואהרן כי מרע"ה אמ"ג דרוא ב"נא יש לו ש כות בהוד בסוד רתחלפות האורות כנודע **וביה** אתגלא ו"ד ד"ית לה כי במינה נגלה העטרה שה"א סוד המלכות שה"א ספירה עם ר"ית כמ"ג ו"ד ורמוזה באות יוד דמ"לה **ואיהו** הוד תמניא יומי דחנוכה לארבעה ועשרין יומין דאינון בשבמל"ו פירוש ה' מ"ת חנוכה הם בהוד שמתחלים בכ"ה בכסליו ומא"יים לכ"ד ימים שקודמין לרס בא"ותו החודש שהם כנגד כ"ד אתוון דבשכמל"ו ומ"ש ומיד דעלה ז"ם סרך בפ"ה סריא כם על ישראל פירוש עלה ז"ת זה גם המגורה ש"עשה בשין ז"ם שנעשה בפ' ה' כלומר חלק יום ה' אשר הוא
דעלה

* כט ע"א

יהון. בגין דתמן חברון דאבהן תמן קבורים. שתיתאה הללויה הללוהו ודא ה"ה. עליה אתמר ליל שמורים הוא ליי ודא איהו עמודא דאמצעיתא. ורזא דמלה השמיעו הללו ואמרו הושע יי את עמך את שארית ישראל. לקיים קרא כימי צאתך מארץ מצרים אראנו נפלאות. ורזא דמלה מ"ה ש"היה ה"וא ש"יהיה. וביה מ"מכון ש"בתו ה"שגיח. בגין דאיהו דיוקנא דעמודא דאמצעיתא בההוא זמנא אתקיים. רזא דמתניתין דאמר אוכלין כל ארבע ותולין כל חמש דהיינו אלף חמשאה, ושורפין בתחלת שש דאיהו אלף שתיתאה ובגין דלא יפרישו בין שש דאיהו עמודא דאמצעיתא ובין שבע דאיהו בת זוגיה צריך לבערא שאור וחמץ דאינון ערב רב. דלא יתחזין בין שש דאיהו ו' ובין שבע דאתמר בה שבע ביום הללתיך בגין דערב רב אפרישו בין שש לשבע במתן תורה כד"א וירא העם כי בשש משה ואוקמוהו בשש באלין שית שעתין עבדו ית עגלא ואפרישו בין ו"ק. דאינון שש לשבע. הכי יפריש לון קודשא בריך הוא בין שש לשבע דבגינייהו הות מצה פרוסה לחם עני. עני ודאי. ובההוא זמנא תהא שלימה כגוונא דחברתה דאיהי מצה שלימה הה"ד והיה אור הלבנה כאור החמה. ואמאי הות מצה פרוסה בגין דאסתלק מינה ו' רגל דילה למהוי לה מצוה ומצה פרוסה אשתארת ד'. ובגין דא מצה פרוסה ד'. מצה שלימה ה'. ובגין דא אמרין

דברים מן החמשה הא' מ"ש נשמה יושבת בחדרי חדרים והכי אמר ע' הלב אי לאו כנפי ריאה דנשבין על לבא הוה אוקיד כל גופא נמצא דלב ושב בין כנפי ריאה וזהו חדרי חדרים ומ"ש נשמה מלאה כל הגוף דשולטת בכל הגוף וכנגד זה אמר הוא בלב כמ"ש ערקין דליבא כו' יל"ן בתר מלכהון, נמצא דגוף מלך ששולט בכל ובכל מקום שנמצא כבודו מלוי והכל נשמעים אלי' כן הוא הלב שדומה למלך **ואפרישו** בין ו"ר דאינון שש לשבע כ"ב ואו סוד ו"ק חג"ת נה"י שהוא והמלכות שה"ס ה' אחרונה ה"א שב"ע ית והם בעגל שעשו ערב רב גרמו ר"ל חס ל ישראל ועברו על לא תע"לה שהוא דבור שש וגם גרמו שיה ר להם דין א"א שאז נתה תחת בעלה דלכך שיבר מרע"ה את הלוחות כדי לעשותם דין פנוי ה וכיון דבתחלה בעת חטא העגל גרמו ש"ש להם דין אשת איש שאז נתה נמצא בזה עברו על לא תנאף שהוא דבור שביעי ולכן בעון העגל אפרשו בין ו"ה דאינון שש לשבע ולהכי יפריש קב"ה לאינון ערב רב מישראל בזמן הגאולה בין שש לשבע ר"ל בין, אף השש לבין התחלת אף השביעי **דבגינייהו** הות מצה פרוסה לחם עוני עני ודאי פירוש ה' אחרונה שה"ס מלכות היתה מצה פרוסה דהיינו בצורת ד' בסוד הא לחמא עניא ד"י אכלו אבהתנא ולא בצורת ה' ולכן גאולת מצרים לא היתה שלימה ואמר בהסוף זימנא תהיה שלימה כגוונא דחברתה דאיהי מצה שלמה דה"ט כמו מצה העומדת בצדה שהיא שלמה שרומזת נהא דאבנה שהיא בינה שצורתה ה' ולזה א' רה"ל והיה אור הלבנה כאור החמה כלומר אור הלבנה שה"א סוד ה"א אחרונה מלכות תהיה כאור החמה לשון חמות כלומר כמו חמותה שה"א הב נה שנקראת חמותה

דלל

דפומא דסליק בה קלא ואמירה ודבורא דא ו'. ערקין דלבא אינון כחיילין בתר מלכהון. ורזא דמלה אל אשר יהיה שמה הרוח ללכת ילכו. הכי מתנהגין ערקין דלבא לגבי רוחא. הרי לך רוח בלב דנפיק מאזן שמאלא דלבא. ואיהו הוה רוח צפונית דבטש בכנור דדוד. ובהאי רוחא הוה בטש בחמש נימין דכנור דאינון חמש כנפי ריאה ובקנה סליק קול ללבא ואיהו אש אוכלה. מאודנא ימינא דלבא דאיהי כלפי כבד. ומניה נפיק דבור הה"ד הלא כה דברי כאש ואי לאו בנפי ריאה דנשבין על לבא. הוה אוקיד כל גופא. מחשבה בלבא ודא י'. דה"ה אינון אמירה ודבורא. ו' קלא כליל כלא. רביעאה במזמור ודא הוא דרועא ימינא הה"ד מזמור שירו לי' שיר חדש כי נפלאות עשה הושיעה לו ימינו. ועלה אתמר הושיעה ימינך ואיהו בגלותא עם שכינתא. ואיהו תמיך לה. ורזא דמלה וזרוע יי' על מי נגלתה וביה אומאה דפורקנא. הה"ד נשבע יי' בימינו ובזרוע עוזו. ועוד חי יי' שכבי עד הבקר. ואמאי אתקרי זרוע יי' בגין דכף היד ביה י'. חמש אצבעאן ה. קנה דימינא דאיהו דרועא ו'. כתף ביה ה' ודא עמודא דאמצעיתא דאתקשר בימינא לאקמא ביה שכינתא בגלותא. ומשה דאיהו דיוקנא דעמודא דאמצעיתא אתמר ביה מוליך לימין משה זרוע תפארתו ואיהו בוקע מיא דאורייתא לגבי זרע אברהם דאיהו ימינא למהוי ליה שם עולם. *ואתקשר בה' דאברהם דאיהו חמשה חומשי תורה. ובה אשתלים משה. ומיד דאשתלים אתגליא עליה ימינא. ודא הוא וזרוע יי' על מי נגלתה. חמישאה בנגון בגין דהאי נגון סליק מניה כמה נגינות עולימן מסטרא דשמאלא. דמתמן רוח צפון הוה נחתא בכנור דדוד והוה מנגן מאליו. הה"ד והיה כנגן המנגן וגו'. ומתמן רעמין נפקין הה"ד ורעם גבורותיו מי יתבונן ומתמן רעה התרועעה הארץ בתרועה מסטרא דמטה כלפי חסד. מוט התמוטטה ארץ בתקיעה פור התפוררה ארץ בשברים. בההוא זמנא תלת אבהן מתקשרין בגבורה ואתעבידו בה תרועה שברים תקיעה. ובהון רעה התרועעה וגו. ודא יהא בסוף יומיא. וכל אתין אלין בארעא דישראל

דבגינייהו אתמר כל המשים ריוח בין הדבקים מצננים ליה גיהנם ושלמה עלייהו אמר הנה מטתו שלשלמה ששים גבורים סביב לה ואינון נטרין (נ"א נטלין) ערסיה ולקבלייהו ששים המה מלכות. אלין דכורין ואלין נוקבין. אלין דקריאת שמע דתקין משה דכורין. אלין דשלמה נוקבין. ואלין בית קבול לאלין. דדגין דשלמה אינון בית קבול לדרגין דמשה. וכד מתחברן כלא כאחד שלמ"ה אתהפך למש"ה. בתיקונין דארבע אתוון אתקן שיר. ועלייהו אתמר והנה מלאכי אלקים וכו'. סלקין תרין ואינון י"ק ונחתין תרין ואינון ו"ה. וכן גלגלי ימא סלקין בעשר ואינון יוד קא ואו קא וארבע חיוון כד סלקא ברתא בשיר נשרא נטיל י' בפומא. ועל רישא ו' בגופא. ה"ה בגדפהא. אד"ם יוד קא ואו קא רכיב על כלא. ודמות פניהם פני אדם דא סליק על כלא. ופני אריה אל הימין לארבעתם דא יקו"ק. ופני שור ופני נשר אינון מרכבה לשמא דיקוק. ואדם על כלא. בזמנא דאיהי סלקא בכל אלין תקונין. איהו משבח לה הה"ר כחוט השני שפתותיך ומדברך נאוה. הא תרין מיני נגונין דשבח דוד מלכא. באשרי. בשיר. תליתאה בברכה. ודא שכינתא עלאה. ועלה אתמר ברכי נפשי את יי' מהאי אתיהיבת בבר נש נשמת חיים דאתמר בה חמשה תקונין מה הקב"ה זן כל עלמא הכי נשמתא זנת כל גופא. מה הקב"ה רואה ואינו נראה הכי נשמתא רואה ואינה נראת. מה הקב"ה יושב בחדרי חדרים הכי נשמתא יושבת בחדרי חדרים. מה הקב"ה מלא כל העולם הכי נשמתא מלאה את כל הגוף. מה הקב"ה דן את כל העולם הכי נשמתא דנה את גופא ורזא דנשמתא דאיהי שוה לקודשא בריך הוא. דא בינה מ"י. ועלה אתמר ואל מי תדמיוני ואשוה. אל מי ודאי והא אוקמוהו מארי מתניתין חמשה דברים אלין. חמשה ודאי בגין דאינון מסטרא דה עלאה. ואינון כלהו תקונין בלב. כמה דאוקמוהו מארי מתניתין. הלב מבין. הלב רואה. הלב שומע. הא תלת. ה' איהו חמש ורזא

הלב מבין הלב רואה הלב שומע הא תלת פירוש תלת מחמש דהיינו לב מבין כנגד מ ם זכה את הגוף דכותכת לו הבנה לדעת המעשה אשר יעשה בשביל מזונותיו ולב רואה כנגד מ ם נשמר רואה ואינה נראית לב שומע כנגד מ ם הנשמה דנר א״ג הגוף כי השומע תמלה ואת כ דן דכתיב שמעו בין אחיכם ושפטתם צדק ונשאר ב'

דפומא

גלגלין. ועלייהו אתמר ידיו גלילי זהב ממלאים בתרשיש בתרין דרועין דברתא. ובהון שית פרקין. דאינון שית דרגין דכרסיא. שש מעלות לכסא. וכד סליק ו' בהון יתערון לגביה לקבלא ליה שרפים בגדפייהו ה"ד שרפים עומדים ממעל לו שש כנפים וגו' ומאן דסליק על גדפייהו ופרח בהון איהו ו'. כליל שית תיבין דיחודא שמע ישרא'. ובגיניה אתמר כי עוף השמים וגו' וכד סלקא ברתא סלקא בתרין דרועוי דאינון חסד וגבורה דבהון שית פרקין דאיהו ו'. ורזא דמלה שמאלו תחת לראשי וימינו תחבקני. כד סלקא האי שיר סלקא בשית תיבין דאינון שמע ישראל וגו'. וכד נחתא נחתא בשית דאינון בשכמל"ו ונגונא כד סליק סליק בשית. וכד מאיך מאיך בשית. ועלייהו אתמר שוקיו עמודי שש. ועשרה גלגלין אינון י'. דאינון לקבל עשר אצבעאן דבטשין בנגונא חמיש בחמש ואינון ה"ה. דסלקין בי'. בשית דרגין דאיהו ו' ביה סלקין ונחתין. ואיהו כגוונא דסלם דאתמר ביה והנה סולם מצב ארצה וגו' והנה מלאכי אלקים עולים ויורדים בו וכלא יקוק יוד קא ואו קא. יד. ודוד מנגן ביד. ו' איהו גופא. גדפוי ה"ה רישא דיליה י'. ביה סליק קלא דנגונא. ועוד ו' איהו מנרתא הה שלשה קני מנורה מצדה האחת וגו'. ו' מנורה באמצע. נר על רישיה. י' כד שריא באת ו' אתעביד ז'. ורזא דמלה יאירו שבעת הנרות לקבל מנרתא דאיהו ו' שית קני מנרתא דאינון ה"ה שית ווי"ן. ורזא דמלה שבעה ושבעה מוצקות. עד דסלקין לי"ד דאיהו יקוק יוד קא ואו קא ודא איהו ודוד מנגן ביד. י"ד לקבל י"ד. וסלקא ה' באת ו' ולבתר סליק ו בי' שית זמנין עשר עד דסליק לשתין. ואינון אתוון הדבקות בקריאת שמע

אמר התנא המלכות נקנית בשלושים מעלות. ונגונא כד סליק סליק בשית וכד מאך מאך בשית. פירוש עולה בששה נקודות זו אחר זו וכן בירידה. ודוד מנגן בי"ד ו' איהו גופא גדפוי ה"ה. פירוש דורש ד' על שם הוי"ה אשר בפשוטו הוא ד' אותיות ובמלואו י"ד אותיות וז"ש מנגן בי"ד שמתכוין לעשות יחוד השם שהוא בסוד ד' ומפרש גוף האדם כנגד אות ו' והאצבעות ימין ושמאל הם כנגד ב' ההין, וראש האדם כנגד י"ד ושם הוא רפה שממנו יוצא הניגון ולכך דוד המע"ה שהיה תופס הכנור בשתי ידיו ומוציא קול הניגון בפיו היה עושה יחוד השם אשר גופו וידיו וראשו מכוונים להם. ועוד ו' איהו מנרתא וכו' פירוש דרש ומרמז שם הוי"ה במנורה דגוף המנורה שהוא קנה האמצעי הוא ו' ונר שבראשו הוא יוד ושלשה נרות מכאן ושלשה מכאן הם ה"ה כי כל אות ה' יש בה שלשה ווין, האחד גג שטוח ושני ווין, כך מכאן כך מכאן נמצא הקנים כולם הם ז' ווין והנרות שבע גם הם שבעה ר"ל שבעה ושבעה מוצקות וב"פ ז' עולה י"ד דאיהו שם הוי"ה ד' בפשוטו וי"ד במילואו

דבגיניהו

אהיה רישא לכל רישין ועלה אתמר ראשך עליך ככרמל ודא תפלין דרישא. ודלת ראשך כארגמן דא תפלין דיד. וביה משבחין לבת בהאי אשרי הה״ד באשרי כי אשרוני בנות. מאן זכי לאעלא תמן. אשר לא הלך בעצת רשעים דאיהי עצה בישא מסטרא דעץ הדעת טוב ורע. ובדרך חטאים לא עמד. מאן דרך חטאים ההיא דאתמר בה כן דרך אשה מנאפת אכלה ומחתה פיה וגו׳ ובמושב לצים לא ישב. מאן מושב לצים דא לילי״ת אימא דערב רב דאיהי מטמאה כנדה במושבה וכן ערב רב מטמאין במושבם לצדיקים דיתבין בנייהו כנדה. ומאן דאתדבק בהאי אשרי דאיהו כתרא ורישא דאורייתא אתמר ביה והיה כעץ שתול על פלגי מים. ודא עץ חיים דאתמר ביה ועליהו לא יבול והאי תקונא קדמאה. תניינא בשיר דא חכמה. שר י׳ ותלת יודין אינון י׳ י׳ י׳ ואינון רישא וסופא ואמצעיתא דאת י׳. ואינון רמיזין בשמא סתים דאיהו יוד קי ואו קי. באלין תלת. שבח דוד מלכא לברתא דמלכא. הה״ד שיר למעלות ל׳ מעלות אינון ודאי. אינון תלתין דרגין דבהון ברתא סלקא לגבי אבא. בחמש נימין דכנור דאינון חמש אזכרות דאדכיר חמש זמנין יי׳ בהאי מזמור חד עזרי מעם יי׳. ב׳ יי׳ שומרך. ג׳ יי׳ צלך. ד׳ יי׳ ישמרך מכל רע. ה׳ יי׳ ישמור צאתך ובואך. ובהון מלכא אמר לגבי כלה צהלי קולך בת גלים. בת עשרה גלגלים דסליק בהון יוד קא ואו קא בעשרה מיני נגונין. ובארבע היוון דסליק יקוק. בשיר פשוט כפול משולש מרובע דאיהו יקו״ק. דקולו סלקא *בגלי ימא. וגלי ימא דלעילא אינון עשרה

רעשרות ולכן נקראת ראש תו ודא ראשך עלך ככרמל דא תפלין דרישא כי בכרמל אותיות כר מלך כ תש״ר רוא של ו׳ הנקראת מלך ודלת ראשך כתרגמן דא תפלין, דד דרש דלת לשון דלות שרוא פתח לתש ר שלך לה ח תש״ התלה גם על רנוקבא שנקראת שער בסוד אדני שפתי תפתח״ מאן מושב לצים דא לילית. כי ה׳ עם דקרי לה מושב לצים כי לצים ר״ת רשעים ורא ושבת בתוך אותיות רשעים כי מלוי אותיות רשעים כזה ריש שין עין, יוד מם הנה רמוז שהוא בתוך הפסוק מספרו תק כמנין לילית וכזה פרשת בסוד בדרשות לדק אוכל לשובע נפשו ובטן רשעים תחסר ור״ת לילית שהיא רמוזה בבטן, אותיות רשעים שחבר מן מאכלו של רדק שהוא מכו, לשם ורכל סולך לקדושה ולכן כאן קר לה מושב לצים שיושבת בתוך רשעים שהם לצים ועוד כי, דכל רפתוים לעברות באים ממנה ולכך קר לה מושב לצים **בשיר** דא חכמה ש״ר י״ד ותלת יודין אינון, פרוש דרויד שם בה ג׳ ודן כתב רזל בשער מאמרי רשב״י בסוד הכתיבה של וד ולורתה **שיר** למעלות לי״ד מעלות אינון, ודאי אינון תלת, דרגין דבהון ברתא סלקא לגבי אבא כ״ב של זה גלגלין

* כגלי

דיימָא דאיהו אתתיה וכלָא קשוט דָא ודָא וכן אַחזי ליה דבי מקדשָא דאיהי בנייָנָא דבַר נָש דעתיד לאתחרבָא. ויתבָני זמנא אתָרא עד ידָא דקודשָא בריך הוא ההד גָדוֹל יהוה כבוד הַבַית הַזה הָאַחֲרוֹן מִן הָראשׁוֹן. בגין דאתמר ביה ואני אהיֶה לָה נאם יְיָ חוֹמַת אש סָביב אתמר בבי מקדשא בונה ירושלַם ה' ואתמר התָם לְגבי אדם וַיבֶן יְיָ אלקים את הַצלָע אֲשר לָקח מן הָאָדם דָא חָכמָה. ויביאֶהָ אל הָאָדָם דָא עַמודָא דאמצָעיתָא דַרגא דמשה. והָא צלע איהו וַדאי כַלַת משה. וַעֲלָה אתמַר וַירָא אליו מַלאך יי בלַבַת אש. דאיהי בַת יחידה דמנָה נפיק נהורא דאורייתָא כגוונא דא אתמר וַתפתח וַתראהו את הַילד. וַתראהו דָא שכינתָא דַהֲוה בכי בגינָה מיד וַתחמול עָליו. ודָא הוא בבכי יבאו ובתחנונים אובילם בתַחנונים וַדאי יקַיימא וברַחמים גדולים אַקבצך בההוא זמנא כָל חיון יתערון בקלָא ועופין מצַפצפין בשיר. לקבלָא ברתָא בחדוָה בנגונָא לַקבלא קדושין מהחָתָן דאינון קָדוש קָדוש קדוש וכו'. ולית קדושָה פָחות מעשָרָה וקדושין אינון מסטרָא דחָכמָה דאיהו י' קדש ישרָאל לַיְיָ ראשית תבואָתה ראשית וַדָאי. ומתברכין בשבַע ברכָאן מסטרָא דאימא עלאָה דאיהי ברכָה. וַעֲלָה אתמַר להָניחַ ברכָה אֶל ביתך. ושבַע ברכָאן אינון בשַחרית שתים לפניהָ ואחת לאחריהָ ובערבית שתים לפניה ושתים לאַחריהָ. ואינון שבַע ספירָן דכלילָן בחָתָן וכַלה ודָא איהו שמע ישרָאל וגו'. הא הָכָא קדושָה וברָכה ויחוד בההוא זמנָא אתער דוד בכנור דאיהו מנַגן מאליו בַעֲשָרָה מיני ניגונין. קַדמאה באַשרי ודָא בראשית:

תקונא תליסר ליום ח.

בראשית תַמָן אַשר"י. ודָא איהו אַשרי הָאיש ואיהו אהיֶה אֲשֶר

וע״ז תה״ר רגאולה שבר ה״ר התחברות הכלה עם החתן, וכן אחז ל״ר ב׳ מקדשא דא״ר בג״א דבר גם דעת ד׳ לאתחרבא כ״ב דנרמז זה בפסוק ורא ותלאך ר׳ בלבת אש קר ב״ר ב׳ לבת אש כלומר בג״ג להבות אש אחת שריפת מקדש ראשון ואחת שרפת מקדש שני ונרמז ברת״ק בתוך אותיות הסגר כ׳ אותיות סגר במלואם כזה סמ״ך נו״ן *ר״א תמלא אותיות רמלו שעומדים בתוך אותיות רפשוע הם אותיות רמכון ורומז בהם ק׳ דבת ב׳ ב׳ ה׳ בנה בנתי בית זבול לך מכון לשבתך עולמים שקראו מכון ולז״א ב׳ לבת אש היה לבהמ״ק הרמוז בתוך הסגר שהם יש אותיות ריתכון שהוא בבית ק׳ מסטרא דחכמה דא״ה ו״ד קודש ישראל לר ראשית תבואתו ראשית ודאי פירוש ה״ו״ד היא ראשית שעומדת בראש שם הו״ה וגם באלפא ב״תא ראשית אותיות

תקונא חד סר ותריסר

היבשה ולית תרעא פתיחא אלא תרעא דדמעה. ומאי איהי. בת עין דדמעה מינה נפקא. ועלה אתמר שמרני כאישון בת עין. וכה והנה נער בכה לגבי קודשא בריך הוא דירחם עליה בגלותא הה"ד אתה תקום תרחם ציון. בגין דאיהי לבת אש דאתחזייא למשה בסנה דכתיב וירא מלאך יי אליו בלבת אש מתוך הסנה. איהי ב"ת מן בראשית ודא בראשית:

*תקונא תריסר בראשית

מאמר קדמאה דכלא כלילא מעשר אמירן. ואיהי ל"ב אלקים דעובדא דבראשית ומסטרא דשמאלא אתיהיבת דאידו גבורה אשא סומקא ובג"ד בלבת אש. ומשה הוה מסטרא דליואי מסטרא דיליה ממש ואמאי אתגליא ליה סנה. לאחזאה דהוית ברוחקא בין הקוצים ועם כל דא והסנה איננו אכל. בגין שושנים דאינון בנהא דאינון ישראל דהוו עתידין למהוי בגלותא בין ערב רב דאנון קוצים. ודא איהו רזא כי אעשה כלה בכל הגוים אשר הדחתיך שמה ואותך לא אעשה כלה. אחזי ליה אגרא דכלה דאיהי לבת אש בין הקוצים דאינון חייביא כד דתקין לשכינתא וישראל אגרא דלהון כלה. נפקת שכינתא כלה מבינייהו וייתי חתן בגינה ודא איהו אגרא דכלה דוחקא. ויפרוק לון מן גלותא בגינה. ודוחקא דגלותא דערב רב לישראל ממהר לון פורקנא ורפיון דילהון מעכב לון לישראל פורקנא. בגין דא אתחזי ליה למשה בלבת אש מתוך הסנה מגו כובין. כד אתקריב תמן למחזי עובדא דא. א"ל הקב"ה אל תקרב הלום של נעליך. הכא רמז דאתפשט מן גופא דיליה. דאיהו נעל לגבי גופא אחרא דאתלבש כד אתקריב ואית מאן

שהם מושרשים ולמחוזים בסוד רנקרא לדיק דאינון ישראל דהוו עתיד, בין ערב רב דאנון קוצים פירוש מפרש שרמז רש"ה על גלות אדום וקץ לון, ע"ר רב כי אחר שבא סנחריב ובלבל העולם נתערבו באדום מכל שבעים אומות ולכן, ספק גלות אדום בעד גלות של שבעים אומות וי"ר קץ לרו ערב שנתערבו ברם התערובת רב מכל האומות וקראם קוצים כי רוב גוזרים גזירות לבטל מהם תורה ויגלות וכונתם לסלק מרם אומר אחד דכתיב בהו גוי אחד בארץ ורצונו להוסיף על דלת דאחד מספר קץ, ולעשותו ריש להות להם אומר גוי אחר בריש ולכן, קץ יהו קוצים בעבור תוספת מספר קוץ הנז **ודא** איהו כי אעשה כלה בכל הגוים פירוש מחמת דכלה שהוא כינוי לאור השכינה אכה בנייהו דישראל לכך יסיר כלה בגוים כי אותות כלה יהו כלה בדפ"ח על הגוים אבל בישראל לא אעשה כלה כי כח הכלה העליונה יגין עליהם דאלו שראל כלה בדגש בלמ"ד **ודא** איהו אגרא דכלה דוחקא פירוש שכר שיש לנו בכלה בדגש הוא בעבור דוחקא דסבלין ישראל בגלותא

* כז ע"א

השערים ננעלו. אבל שערי דמעה לא ננעלו ולית מאן דאפתח לון לאלין שערים עד דייתי מארי דדמעה דאתמר ביה ותפתח ותראהו את הילד והנה נער בכה. ולית היכלא מתפתחא אלא ביה. ודא איהו ותפתח. ותפתח דאתפתח האי היכלא לגביה. במאי אתפתח ליה בדמעה הה״ד והנה נער בכה ומיד ותחמל עליו. ועוד ותפתח כד ישראל פתחין בתיובתא בבכיה מיד ותחמול עליו. ודא איהו בבכי יבאו. בזכות בכיה דיליה יתכנשון מן גלותא. דאית היכלא דדמעה דלית לה רשו למפתח אלא בדמעה. ואית היכלא דנגונא דלית לה רשו למפתח אלא בנגונא. ובג״ר דוד מתקרב לההוא היכלא בנגונא הה״ד והיה כנגן המנגן. ואית היכלא דנהורא דלא מתפתחא אלא לבר נש דהוה מתעסק בנהורא דאורייתא ואית היכלא דנבואה דלא מתפתחא אלא לבר נש דהוה חכם גבור ועשיר. ואית היכלא דיראה דאתקרי היכל היראה דלא מתפתחא אלא למאן דאית ביה דחילו ואית היכלא דעניים דלא מתפתחא אלא לעניים דהוו מתעטפים קדם יי׳ בצלותא בעטופא דמצוה דציצית ותפלין ועלייהו אתמר תפלה לעני כי יעטוף. ואית תרעא דצדיקיא דלא מתפתחא אלא לצדיקייא הה״ד זה השער ליי׳ צדיקים יבאו בו והאי איהו תרעא דצדיק ח״י עלמין דאתמר ביה ולא ראיתי צדיק נעזב וזרעו מבקש לחם. וכען בגלותא אתמר ביה הצדיק אבד מאי אבד אבד למטרוניתא ואתמר ביה ונהר יחרב ויבש יחרב בבית ראשון ויבש בבית שני. ובגין דלית ליה מדיליה. עניים צווחין בח״י ברכאן דצלותא לגבי ח״י עלמין. והא אסתלק מתמן, נביעו דכ״י ברכאן ולית מאן דיהיב לון ותרעין אחרנין סתימין. ותרעא דצדיק חרבה ויבשה כמה דעני חרב ויבש. ורזא דמלה יקוו המים מתחת השמים אל מקום אחד ותראה

יפתח לון לאלין, שערים דבינה שננעלו שהם מושבו ואת זהו שובר לנשבר דב נה דהא לום זכ ה גמורה ולית ה כלא מתפתחא אלא בה ודא א רו ותפתח ותפתח ודאי פירוש הכתוב אמר ותפתח בכתם ולא אמר ותפתח את רת בה וה נו שבא רכתוב לרמוז על פתיחת הה כל למעלה ודא א רו בבכי בוא בזכות בכיה ד ל ה פירוש כד שראל פתח, בת ובתא בבכ ה טוס ס בבכי קס התעוררות לסוד בכ קו ואז בזכות בכיה ד ל ה תכנשון מן גלותא ואית תרעא דלד ק יא״ דלא מתפתחא אלא לצדיק יא פירוש אותם השומרים אות ברית קודש ביושר

דיבשר

תקונא עשיראה וחד סר

תתאין ובזמנא דצדיקיא מתתקנין בכנפי מצוה ובתפלין אתכפיין תחותייהו כתריז תתאין בההוא זמנא יעול מלכא בהיכליה דאיהו אדני כגוונא דא יאהדונה"י הא מלכא בהיכליה מאן דבעי למשאל שאלתוי יעול ובגו"ד אדני שפתי תפתח. בתלת קדמאין יסדר בר נש שבחוי כעבדא דמסדר שבחוי קדם רביה דאלין תלת כתבין כל זכוון ותלת בתראין חתמין. ובגו"ד צריך בר נש למהוי כעבדא דמקבל פרס מרביה והלך ליה. דתמן איהי בית קבול חותמא דקשורא ואיהי מלכותא קדישא. באמצעיות צריך למשאל דתמן וו. חד מארי כתיבה וחד מארי חתימה ואינון ו' עלאה ו תתאה כלילן י"ב פרקין. תלת קדמאין רישא ותרין דרועין תלת בתראין גופא ותרין שוקין. הא אתפטר ממלכא. בגו"ד צריך למיהב תלת פסיעו לאחורא ורזא דמלה ויאסף רגליו אל המטה:

*תקונא חד סר ליום ד׳

בראשית בר"א שי"ת. ומאי נינהו שית היכלין לקבל שית יומי בראשית אלקים אימא עלאה עלייהו.

דאיהי היכלא שביעאה. וכמה דאימא עלאה אפיקת שית הכי אימא תתאה אפיקת שית. ומאי נינהו את השמים ואת הארץ ואינון שית מאנין דאתמר בהון כי ששת ימים עשה יי׳ את השמים ואת הארץ והיכלין תתאין אינון מאנין להיכלין עלאין. וכד ישראל הוו מצלאן כל היכלין אלין הוו מתפתחין לגבייהו. וכען בגלותא אתמר בהון כל השערים ננעלו ושכינתא לבר מהיכלה. וקודשא בריך הוא לבר מהיכליה. ומלאכיא דממנן על צלותין לבר מהיכלהון. הה"ד הן אראלם צעקו חוצה. ולא אית לון לצלותין אתר לאעלא ודא איהו כל

אלפין המאיר ב ל רה הוא עשרה אותות ושם ס"ג ריאיר בבריאה רוא עשרה אותות ורזא דמלה ו ואסוף רגלו אל המטה כ ב ברגל ג שלשה פרקין שהם כף הרגל והסמוך לו ושלמעלה ותלת פסוקין כנגד ג' פרקין דרגל דאתמר בהו ויאסוף רגליו אל המטה ולא אית לון לגלות, אתר לאעלא ודא איהו כל השערים ננעלו פירוש שערי תפלה הם בבינה ויש ברש"ים כאשר מדרש רז"ל בשער מאמרי רשב"י וננעלו בחרבן ברמ"ק אבל שערי דמעה בחכמה וגם שם יש "ם והם לא ננעלו רמז לדבר וחכמה תעוז לחכם מעשרה שליטין ואומרו עד די יתי מאלי דדמעה הוא מדע ה שזכה ליסוד דחכמה ול, היו ימו ק ק שכר כמכין, דמעד עם הכולל ואידו

השערים

קדמיהון עם חזן לברכא לון. בז׳ ברכאן ולקדשא החתן לכלה בקדמיתא
בקדושין. ובעמדם עמא קדישא והזן לברכא לון. חיוון קדישין דדוו
מנגנין בגדפיהו תרפינה כנפיהן. ש׳ של תפילין דא אימא עלאה עלה
אתמר. וראו כל עמי הארץ כי שם יקו״ק נקרא עליך ויראו ממך. ש״ן
סליק אתווי ש״ס. ה׳ דיד כהה שס״ה. ורמ״ח פקודין דכלילן ברמ״ח
תיבין דקריאת שמע בד׳ פרשיין הא תרי״ג עלייהו אתמר זה שמי
לעלם וזה זכרי לדר דר שמי״ עם י״ק שס״ה זכרי״ עם ו״ק רמ״ח. וכלא
תרי״ג. אורייתא איהי שמא דקודשא בריך הוא. ועוד ציצית איהי כרסיא
תפלין קודשא בריך הוא דנחית על כרסיא דקראן ליה בקריאת שמע
הא קודשא בריך הוא יתיב על כרסיא. צריכין למיקם בגיניה בצלותא
דעמידה. תלת חיילין דיליה אתיין בזמירות שירות ותושבחות בההוא
זמנא דאיהו על כרסייה מה אמרין אל מלך יושב על כסא רחמים ומתנהג
בחסידות. האי תקונא איהו לגבי צדיקים גמורים דמתקנין כרסיא
לקודשא בריך הוא בציצית ונחתין ליה בתפלין וקיימין קדמוהי בצלותא.
לבינוניים ציצית ותפלין אינון כשור לעול וכחמור למשאוי ובשבת
אתמר בהון למען ינוח שורך וחמורך. לרשעים אינון קשורא לכל
מקטרגין דלהון. דהכי אינון עשרה כתרין. דהא דא לקבל דא ברא
קודשא בריך הוא. אבל כתרין תתאין אינון קליפין לגבי כתרין עלאין
דמתלבשין בהון עשר אתוון בצלותא למהוי כפויין תחותוי. כתרין

קד שין דרוו מנגנין בגדפיהו וכו׳ **לבינונים** ציצית ותפלין אינון כשור לעול וכחמור למשאו פירוש כיון
שעושין רפה הדעת מהם ילובשים אותם מצות אנשים מלומדה שאין אומרים קודם ליקבה״ו וכו׳ לפרש בפיהם
שהם עושים מצות אלו לקיים מצות הבורא יתברך ואין יתברכים על הם אקב״ו וכו׳ בכונת הלב שאין ודעים מה
מועילים מפירים לכן ידמו כשור שנותנים עליו ואין לו לב לדעת מה שמו עליו וכמו החמור שנותנים עליו משאוי
ואין לו לב לדעת מה נותנים עליו אלא נושא המשא עליו והולך בו ממקום למקום כפי הרגל שלו ואינו
מרגיש בפעולה הנעשית מהמשא המשוי עליו ובשבת אתמר בהון למען ינוח שורך וחמורך פירוש בשבת אין
מתענגים ונחים לשם יתוה אלא נחים להנאת גופם כמנוחת שור וחמור אשר מנוחתם היא מנוחה גופנית
ולא נפשית ולרשעים אינון קשורא לכל מקטרגין דלהון פירוש הרשעים נותנים כח למקטרגים שלהם כשלובשין
ציצית ותפלין יוצא כי שפע מצות שעושין הוא בחלקו של טורף ב״ת ומ״ש דהא לקבל דא ברא קב״ה פירוש
המקטרגים של רשעים שרשם מעשרה כתרין טמאין שיש עשרה כתרין טמאין כנגד עשרה כתרין קדישין כי זה
לעומת זה עשה האלהים וציצית ותפלין יש בהם מספר עשרה דהנה תפילין ראש וי״ד ב׳ מצות ובכל א׳ יש
ארבעה פרשיות הרי שמונה וטלית גדול וטלית קטן הם ב׳ מצות הרי עשרה **אבל** כתרין תתאין אינון קליפין
לגבי כתרין עלאין דמתלבשין בהון עשר אתוון פירוש עשר אתוון הם חמשה אותיות מנצפ״ך שהם כפולות והם
חמשה כסוד חסדים וחמשה כסוד גבורות או יובן אומרו דמתלבשין בהון עשר אתוון הכונה שם הוי״ה במלוי

סלקין ס"ד. ותמניא אתוון יאקדונקי סלקין ע"ב. וכנפי מצוה* אולפין רזא
דאינון ח' חוטין לכל סטר. לקבל ארבע אנפין וארבע גדפין דכל חיה.
ובחשבן זעיר דחנוך א"ז איהו שד"י. אז ישיר בכל אתר. ואמרו מארי
מתניתין כל מאן דפחית לא יפחות משבע וכל מאן דאוסיף לא יוסיף
על י"ג. ואינון ז' לקבל ז' ימי בראשית דרמיזין לז' שמהן אבגית"ץ
וגו' ועלייהו אתמר שרפים עומדים ממעל לו שש כנפים
שש כנפים לאחד דבהון פרחת צלותא לעילא. ואינון תמן מ"ב
לקבל מ"ב אזכרות דאינון בתפלין דיד ותפלי דרישא. ועלייהו
אתמר וראו כל עמי הארץ כי שם יי' וכו'. ואינון תכשיטין דכלה תפלי
דרישא עטרת זהב ברישא דכלה. ותפלי דיד טבעת דדרועא. דא
כלה מתתקנא בתכשיטין דילה. צריך לקרא לחתן דילה הה"ד שמע
ישראל. והא אינון בחופה צריכין עמא קדישא למיקם בעמידה

גדפין סלקין ס"ד כ"ו כל חד יון המ"ות ספרות מדבר בהם* אות ד' אנפין וד' גדפין ומ"ש סלקין ס"ד הכונה כ"ד מאות שראה יחזקאל רע"ה רס"ב ל"ה ו"ש דונמתם בעשיה בהתלבשות זו"ז וידוע דליר"ר ה"א בסוד הוי"ה ועשיה בסוד אדנ"י והתלבשותם זה בזה הוא בסוד אהדונה"י ורשאה החשבון, הוא כך ד' מאות שבי"לרה יש בהם ד' אנפין וד' גדפין, נמצא מספר כולם ל"ב שהם של אנפין וגדפין וכנגדם בעשיה ל"ב הרי סך דכל ס"ד ועם ח' אותיות הוי"ה אדנ"י שהם סורם דיל"ר ועשיה הרי מספר ע"ב **וכנפי** מלוה אולפין, רזא דאינון ח' חוטין לכל סטר לקבל ארבע אנפין וכו' פירוש כנפות דליל"ת קבלנו ולמדנו הסוד שלהם שהם ח' חוטין לכל צד כנגד ארבע אנפין, וארבע גדפין דכל חיה ועי"כ יבא נכון הזה שדרשנו **ובחשבן** זעיר דחנוך אז איהו שדי כ"ב דחנוך הוא מטטרון, כנודע גם ידוע כי מטטרון, הוא מספר שד"י כמ"ש המקובלים ז"ל ע"פ כי שמי בקרבו זה ממש ששמו כשם רבו ובחשבן זעיר ר"ל במ"ק של אותיות שד של חנוך שהוא מט"ט עולה מספר א"ז וידוע כי מט"ט הוא ב"ליר"ה שהיא עוד שם רו"ח ומתלבשת בעשיה שס"ם שם אדנ"י שהם ח' אותיות כמנין אז והם כנגד ח' חוטין דלילית **אז** ש"ר בכל אתר פירוש בכל מקום שמזכיר שירה נקראת אז דהיינו אז ישיר משה ובני ישראל בשירת הים וכן אז ישיר ישראל בשירת הבאר וכן אז ישיר יהושע וידוע דכל שירות וזמירות הם ביצירה דחתן מספר שיו"ר שהוא שמונה אותיות של צרוף הוי"ה אדנ"י שהוא התלבשות דיצירה בעשיה כדאמרן לעיל **ואמרו** מארי מתניתין, כל מאן דפחית לא יפחות משבע וכל מאן דאוסיף לא יוסיף על י"ג הנה דבר זה הובא בבר יהא בגמרא דמנחות דף מ"ל ע"א תנא רפוחת לא יפחות משבע והמוסיף לא יוסיף על שלש עשר הפוחת לא יפחות משבע כנגד שבעה רקיעים והמוסיף לא יוסיף על י"ג כנגד שבער רקיעים וששה אוירים שביניהם וכי"רש רש לא יפחות משבע הוא ע"ש **צריך** לקרא לחתן, דילה הה"ד שמע ישראל והא אינון בחופה וכו' כ"ב בסוק שמע ישראל הוא כנגד קדושת החתן, לב"ת הכלה ותפילת עמידה דלחש הוא כנגד עיי דתם בחופה ואח"כ בחזרת התפלה ענין קדושה של נקדישך והוא כנגד דקדושין של דחתן והכלה וברכות של העמידה שאומר החזן בחזרה אחר הקדושה הם כנגד ז' ברכות שמברכין בחופה ועל זה סיים ואמר מ"ן קדישין, דהוו מעגלי, בגדפיהו מרכינר כנפיהן רמז בזה על תפלת עמידה דלחש שהיא כנגד החופה ועל תפלת החזרה שהיא כנגד קדושין ושבע ברכות שדבר בהם והיינו דאחז"ל על המ"ות פעם חשות פעם ממללות ופרש בכ' דידי כה"ר יעקב נר"ו פעם חשות כנגד עמידה דלחש שהיא בנה"י ופעם ממללות כנגד חזרה דעמידה שהיא בחג"ת עכ"ד נר"ו ולכן סיים כאן הדברים שדורש בהם בדברים אלו שמדבר בלחש וחזרה באומרו תיון

* כו צ"א את

קדמיהון

ורחימו לא פרחת לעילא. ובתר ביה תליין בני חיי ומזוני דאיהו מזלא דכלהו ואיהו לא תליא במזלא ובגין דא אוקמוהו בני חיי ומזוני לאו בזכותא תליא מלתא אלא במזלא תליא מלתא דחסד איהו זכותא. ה׳ זעירא דמות אדם בה אשתלים יקו"ק והיא מלכותא קדישא. איהי מצוה. עשיית פקודין. דאיהי שריא ברמ"ח אברים ותורה ומצוה עלייהו אתמר והנגלות לנו ומצוה בלא דחילו ורחימו לא יכילת לסלקא ולמיקם קדם י"ק. איהו כלילא דכלא יעל כלא. אר"ם יו"ד ק"א וא"ו ק"א דא מחשבה דסליק כלא עד א"ס במלכותא אשתלים כלא עילא ותתא. ואיהי כלילא מד׳ פרשיין דקריאת שמע דאינון רמ"ח תיבין עם אל מלך נאמן ובגין דלא יעברון הפסקא תקינו למהדר שליחא דצבורא יי׳ אלהיכם אמת. וכד ישראל אמרין שמע מארי תיוון שמטין גדפיהו. באן אתר בכנפי מצוה דאתמר בהון על ארבע כנפות כסותך אשר תכסה בה דאיהו כגוונא דמעיל האפוד דפעמונים ורמונים אינון לקבל חליין וקשרין. שולי המעיל אינון לקבל כנפי מצוה ואינון ה קשרין לקבל שמע ישראל יי׳ אלקינו יי׳. דאינון לקבל ה׳ נימין דכתר דדוד דהוה מגנן מאליו. י"ג חליין כחשבן אח"ד. דקלא דנגונא סלקא באחד. ודא ח״י בין חליין וקשרין. לכל סטר. סלקין ע"ב ודא איהו והוכן בחסד כס"א. חס"ד ע"ב כל מאן דאתעטף בעיטופא דמצוה כאלו אתקין כרסייא לקודשא בריך הוא. ואינון יאקדונקי. לכל חד ארבע אנפין וארבע גדפין

כח ב אך החסד נקרא זכותא והוא דלא ג אמצעיות שהם תג"ת ה׳ זעירא דיוקן אדם וכו׳ זה הוא מ"ג בפ"ע ואינו מקושר ודבוק עם הקודש וקר׳ לה שבשם ה׳ זעירא כי ה׳ א׳ זעירא לגב׳ ר׳ א׳ *אחרונה ודוע כל אותיות קטנות הם במלכות שהם ה"א אחרונה שבשם ותורה ומצוה על רי׳ אתיר והנגלות כ׳ תורה היא וא׳ שבשיתא קד שה ומצור ה׳ א׳ ה׳ א׳ אחרונה והם סוד עלמ, דאתגל׳, וה׳ וה׳ נגלות ואמ׳ עוד ומצור*כנז׳ דא לי לא כילת לסלקא ולמיקם קדם ה׳ איהי כללא דכלא, פירוש תבות כללא דכלא, קא על רמצוה שם בשמר אותיות ו׳ ה׳ וגם מן דמצוה הוא בא"ת ב"ש ר׳ הר׳ שהיא כלי דכלא. ועוד אמר דבר אחר ועי׳ כ"א אדם ו׳ ד׳ ה"א וא"ו ר׳ א׳ פירוש אדם מספרו יו"ד ה׳ א׳ וא׳ ו׳ ה"א שהוא סוד שם מ"ה מ"ך הפת. הדר שרוא סוד תפארת שראל דהוא למעלה מן רמצוה דריא רמלכות ואמר עוד דא מחשבה דסליק כו"א עד אין סוף כ"ב קא על א׳ א׳ שהוא הכתר הנקרא אין סוף בערך בחינות דלמטה **דפעמונים** ורמונים אינון לקבל חלין וקשרין פירוש ע"ד שאמר לקמן שם בחלין וקשרין מספר מ"ה לכל א׳ דהם י"ג חוליות ואינם קשרים וד׳ פ׳ ח׳ י׳ לארבע כנפות עולים ע"ב ודוע דרפעמונים הם ל"ו ורמונים ל"ו הרי ע"ב כנגד מספר ע"ב **ודא** ח׳ בין חולין וקשרין לכל סטר סליק, ע"ב פירוש אות ח׳ של אחד לורסה ו׳ ד׳ במלואה מלא אות א׳ נקראת ו"ד וכרי נפשה אחד אותיות יחד וקרי בהו למפרע ד׳ ח׳ וסימנו ד׳ פ׳ ח׳ עולה ע"ב **לכל** חד ארבע אנפין וארבע סלקין

* ראשונה ** בלא

באצבעא דילה דאיהי דיוקנא דאת ו' ואתעבידת ז'. וצריך תרין סהדין דאינון לקבל ה' ה'. וכד איהי טבעת ברישא דאצבעא ואתעבידת ז' בההוא זמנא צריך לברכא לה בשבע ברכאן דירתא כלה. בההוא זמנא דמתייחדין ישקני מנשיקות פיהו. מאי נשיקות פיהו תרין שפוון דיליה ותרין דילה אינון ארבע גדפין דחיוון דאתמר בהון וארבע כנפים לאחת להם וכד אתכלילן תרין אנפין דיליה ותרין דילה וארבע דרועין דתרווייהו אתמר בהון וארבעה פנים לאחת וארבע כנפים לאחת להם. ואינון ארבע אנפין יקו"ק. ארבע גדפין אדני. בחבורא חדא יאקדונק"י כד מתחברן אתוון אקרי חשמל. חיות אש ממללן זמנין חשות וזמנין ממללות. ובגינייהו אתמר גדול העונה אמן יותר מן המברך בגין דמתחברין חתן וכלה תמניא אתוון כחדא. אינון ארבע חיוון ואינון אריה שור נשר אדם. אריה מקבל עליה י' במוחא. ובזמנא דאיהו בימינא דאתמר ביה ופני אריה אל הימין לארבעתם הרוצה להחכים ידרים. שור לשמאלא לקבל לבא ה'. הכל דלבא תמן ה' מצפון זהב יאתה. בההוא זמנא דאיהי ה' בלבא הרוצה להעשיר יצפין. י"ק דחילו ורחימו. אבא ואימא. דרועא ימינא ושמאלא ו' ד' נייעב"ר חסד וגבורה דסלקין לחושבן ע"ב תיבין ורי"ו אתוון דע"ב שמהן. ודא חזא דנייעבר עיבור כלל תרווייהו. ו' דא אורייתא דשריא בפומא. וברותא דפומא פרחת על נשר. דנשר איהו חוטמא תרין גדפוי דילה תרין שפוון ועלה אתמר כי עוף השמים יוליך את הקול ובעל כנפים יגיד דבר ודא עמודא דאמצעיתא דחכמה ובינה אינון נסתרות במוחא ולבא ברחימו ודחילו. ואורייתא בלא דחילו

ה ו"ה וכמלא במספר רוח עולה טוב ולז"א מלא אשה מלא טוב ויפק רצון מה' שכל זה נעשה בסוד אותיות שם רו ה כ ה. מאי נשיקות פיהו תרין שפוון דיליה ותרין דילה ג"ב דרש פ"ה ופ"ה ו שהם תפארת ומלכות חבו ד ליה וד לה. כד מתחברן אתוון אקרי חשמל ג"כ ד' פעמים הוי"ה אדנ"י עולה שס"ד ודוע דשם רו ה בתפארת שכולל ו"ס שהם חג"ת נה"י וגם אדנ"י במלכות שהיא ספירה אחת הרי שבעה וידוע דאלו השבעה הם כפולים בסוד שבעה ושבעה על כן מספר ד"פ שס"ד עולה חשמל. ועלה אתמר כי עוף השמים יוליך את הקול ג"ב הוא דרים עוף על חוטמא כי הוא כפול בשני נח"ם ימין ושמאל ועוף לשון כפל כמו מגילה עפה וידוע שיש דרך בחוטם שעולה ממנו הקול לאוזן ולז"א כי עוף השמים יוליך את הקול ובעל כנפים יגיד דבר דא עמודא דאמצעיתא שהוא התפארת ונקרא בעל כנפים כי כלול מן חסד וגבורה שהם כנפים ויגיד דבר לשון המשכה כמו נגר ד גור נג"ד ונפיק דחסד איהו זכור ג"ב המולא בכתר והוא רא"ש ג' ראשונות שהם ורחימו

לעילא. תגא על רישיה. ואיהו ברתא (נ"א נחתא) תחות רגלוי ואיהו ביחודא דיליה בחיקיה אתעבידת שר"ק קשורא דיליה. וכד בעי לתברא קליפין דאינון צלמים בה אתקרי שב"א תביר. ובה ישבר תשבר מצבותיהם אבל יחודא דילה בנקודה שור"ק ו דאיהו יסוד ח"י עלמין ח"י ברכאן דצלותא בזמנא דאינון ביחודא חדא צריכין ישראל למיקם בצלותא בחשאי. ורזא דמלה הביאו לי בחשאי ובג"ד בעמדם ישראל בעמידה לאתערא לגבה ח"י ברכאן בחשאי לארקא לה ברכאן. אתמר בחיון בעמדם תרפינה כנפיהם דלא צריך למשמע גדפיהו (נ"א קלא) כגוונא דחנה דאתמר בה וקולה לא ישמע והכי צריכן ישראל ליחדא בבת זוגייהו בחשאי בענוה באימה ברתת ובזיע בכסופא כמה דאוקמוהו קדמאין. כמי שכפאו שד. דאיהי שד מן שד"י דבההוא זמנא אתעבר מתרעא. ודא רזא דמזוזה דאתמר בה וכתבתם על מזוזות ביתך מזוזת כתיב ז"ז מות. ואם הוא אשתמע קליה מיד לפתח חטאת רבץ. ולא עוד אלא דאיהו זעיר במהימנותא ולא למגנא אוקמוה קדמאין כל המשמיע קולו בתפלתו הרי זה מקטני אמנה. בההוא זמנא דמיחד קודשא בריך הוא בשכינתיה. כלהו חיון מקבלין דין מן דין ברכאן. וכלהו בקדושא ובג"ד תקינו קדושין וברכאן לכלה ולקבל ברכה וקדושה ויחוד דקודשא בריך הוא. הכי צריכין ישראל דיהא יחודא דלהון בקדושה וברכה. והכי כל מזוניהו בברכה וקדושה. ולית קדושה בפחות מעשרה דאיהי י'. *ובגין דטבעת איהי י' כגוונא דא ס בה אתקדשת כלה. וצריך לאעלא לה.

ולכך אמרו ברוך כבוד ה' ממקומו לקבל ברכה וקדושה ויחוד דקב"ה פירוש הוא סוד יב"ק שהם הו"ה ושם אדנ"י ושם אה"ה ג' שמות אלו עולם ב"ק שהוא ר"ת יחוד ברכה קדושה שהם כנגד ג' שמות הנז' ואמר והכי צריכין ישראל דיהא יחודא דילהון, בקדושה וברכה פירוש קאי על שעת חופה שהוא זווגא דלהון לקדשה בברכת אירוסין וגם לברכה בשבע ברכות ומכאן אתה למד דטוב לעשות ברכת ארוסין וברכת שבע דחופה סמוכין זל"ז כמנהג עה"ק ירושלם תוב"ב שיש הסכמה קדומה בזה ואמר לית קדושה בפחות מעשרה דאיהי י"ד היינו דברכת ארוסין בעי עשרה לכתחלה ובגין דטבעת איהי יו"ד כגוונא דא □ בה אתקדשת כלה זה הציור נדפס בטעות וצריך להיות כך ○̇ שצריך להכות הנקודה דקטנה שהיא מורה על מקום האבן שבטבעת למעלה ולא בתוך הטבעת והוא רומזת ○ ליוד שעיקרה נקודה אחת וצריך לאעלא לה באצבעא דלה דאיהי ד' וקנא *את ך' ואתעבידת ך' וצריך תרין סהדין דאינון לקבל ה' ה' נ"ב הקדושין שהיא הטבעת שהיא בסוד יו"ד שנעשית ך' על ידי האצבע שהוא ו' ותרין סהדין שהם ה' ה' הרי אותיות הוה סימן לדבר את בתי נתתי לאיש

באצבעא

* כד ע"ב

סוף דאיהו י׳ רישא דא׳ ובאן סליקת בעמודא דאמצעיתא דאיהו ו׳ עטרה על רישיה כד סליקת עטרה על רישיה אתמר בה אשת חיל עטרת בעלה וכד נחיתת תחותיה. אתקריאת בת זוגיה יחודיה *איהו תגא לעילא תגא דס״ת בגינה אתמר ודאשתמש בתגא חלף ואיהו נקודה דקמץ א׳ לתתא. כגוונא דא ׳ יחודיה. לעילא איהו כגוונא דא ׳ תגא על ספר תורה לתתא כגוונא דא ׳. נקודה דאורייתא. ובגינה אתמר מגיד מראשית אחרית. כד איהי חיה בינייהו אומרים ממקומו יפן ברחמיו לעמו. כד אסתליקת מנייהו שואלים איה מקום כבודו להעריצו ובההוא זמנא דסלקא איהי כלהו חיון תרפינה כנפיהם. ואימתי סלקא איהי לעילא בעמדם ישראל בעמידה הה״ד בעמדם תרפינה כנפיהם. דסליקת עד א״ס למשאל מזונא מעלת העלות. וכד נחיתת מליא מכל טבין. בההוא זמנא חיון פתחין גדפייהו לגבה בכמה שירות ותושבחן לקבלא לה בחדוה ובאן אתר נחתת. באת ו׳ דאיהי באמצעיתא דא׳. עמודא דאמצעיתא ביה קראן ליה שמע ישראל. ש״ר א״ל. ובההוא זמנא דנחתא מה כתיב בחיזון ואשמע את קול כנפיהם. קם אליהו ואמר רבי רבי חזור בך. בודאי כד איהי סליקת כלהו חיון מצפצפין לגבה בכמה שירין ותושבחן ואיהי סלקא על כלהו עד אין סוף הה״ד רבות בנות עשו חיל ואת עלית על כלנה. עד דקראן לה ישראל לתתא בקריאת שמע דתיחות לגביהו. ובאן קראן לה בבן זוגה דאיהו ו׳ ישראל סבא. ואיהו שד אל שד דיליה. דאם לא קראן לה ביה לא נחתא עלייהו. ובההוא זמנא דנחיתת קשרין לה בתפלה דיד לתתא דתהא קשורה עמיה. ורזא דמלה ונפשו קשורה בנפשו. וקשר דתרוייהו איהו שרק לתתא ולעילא שלשל״ת תפלין על רישיה ברזא דטעמי אתקריאת תנועה. מסטרא דנקודה יהודא. וצריך לארכא לה בתנועה דאיהו רביע עד אין סוף לעילא וצריך לנחתא לה בחיר״ק עד אין תכלית לאמלכא לה על תתאין. ובשר״ק צריך ליחדא לה בבעלה. ובחל״ם איהי תגא על רישיה ובחיר״ק איהי כרסיא תחותיה ובשור״ק איהו יחודא לגביה כגוונא דא ו וכד איהי

לעילא

* כד ע א

חלל ממלכה ושריה וכרתת שכינתא ואמרת שפחה. לאו האי כגוונא דעברת שרי לשפחה דילה הה"ד מפני שרי גברתי אנכי ברחת. אמר קודשא בריך הוא. ברתא. דרשע חייבא. והא אע"ג. דשרי תרכת לה אנא רחימנא עלה ועל בנה. ואתון לא עברתון הכי אלא גמרתון (נ"א גמלתון) ביש תחות טב. אנא אומינא לאעברא מלכותא חייבא מעלמא. ולא יהא חדוה קדמי עד דיתאבידו מעלמא. ובההוא זמנא יהא חדוה קדמי הה"ד ובאבד רשעים רנה:

תקונא עשיראה

בראשית שי"ר תא"ב והאי איהו שיר משובח מכל השירים תאב מכל השירים ועליה אתמר שיר השירים אשר לשלמה למלך שהשלום שלו. הכי אוקמוה. והאי שיר מתי יתער. בזמנא דיתאבדון סמא"ל וממנן דיליה. חייביא מן עלמא. ובההוא זמנא אז ישיר משה אז שר לא כתיב אלא ישיר והא אוקמוה. והאי שיר באז סליק בפומא אבל שיר איהו ודאי חכמת שלמה בההוא זמנא ותרב חכמת שלמה ומאן סליק לה לאתרה דא משה ורזא דמלה אז ישיר משה. באן סליק לה בתלשא. האי תגא דתלשא איהו י' ישיר. ותקום מן ה' דמשה. ושריא על רישא דו' ואתעבידת תגא ז'. וסליק לה עד אתר דאתגזרת מתמן כד סלקא לגבי י' עלאה אתקריאת שיר זכר וכד נחתא לגבי ה' אתקריאת שירה הה"ד אז ישיר משה ובני ישראל את השירה הזאת לה' וגו'. דעלה אתמר. אבן מאסו הבונים וגו' דאיהי אבנא די מחת לצלמא דע"ז. בההוא זמנא דאתמחי צלמא דע"ז דיוקנא בישא אתמר בה ואבנא די מחת לצלמא הות לטור רב ומלאת כל ארעא. הה"ד מלא כל הארץ כבודו. והכי סליקת עד דלא אשכחין לה אתר ושאלין מלאכין בגיניה איה מקום כבודו להעריצו ולא אשכחין לה שיעורא עד דאמרין ברוך כבוד יי' ממקומו. בגין דסלקא ליה עד אין

פירוש דס"ל לים ומחלת והיינו לילית לבפה ומחלת חמה ולא אשכחן לה שיעורא עד דאמרין ברוך כבוד ה' ממקומו פירוש לפעמים אע"פ שלא תשיג העין לראות יש גוף הדבר בהשערת השכל הן מצד הכמות הן מצד האיכות הן מצד המקום אשר בו, וכאן קאמר לא היו יכולים להגביל ולצייר דבר בהשערת השכל מכל צד ועניין סוף

תקונא תמינאה ותשיעאה

תקונא תמינאה

בראשית ש׳ שָׁמַ״ם (ירא שמים) יר״א ב״ת דילָיה דְאיהוּ רא״ש ב״ת. דְחיל לֵיה בְביתֵיה. דָא הוא בראש״ית. ואיהו וּמִמַּנָן דילָיה לָא דְחילוּ מִנֵּיה וְחריבוּ ביתֵיה בֵּית ראשון וּבֵית שֵׁני. וּבגין דָא וְחֶפְּרָה הַלְּבָנָה דאיהי נָחָשׁ אֵשֶׁת זנונים. וּבוֹשָׁה הַחַמָּה דאיהי גֵהִנֹם. דְנָחָשׁ אֵשֶׁת זנונים חֲרִיבַת בֵּיתָא דשכינתָא. וְחַמָּה דאיהי גהינֹם סַם הַמָּוֶת אוֹקידַת הֵיכָלָא. וּבזמנָא דקוּדשָׁא בריך הוא. בְּנִי לוֹן כמלְקַדמִין הה״ד בונה ירושלִם יי׳. בהַהוא זמנָא וְחָפְרָה הַלְּבָנָה וּבוֹשָׁה הַחַמָּה. אֵימָתַי בזמנָא דכי מָלַךְ יי׳ צְבָאוֹת דבניִינָא קַדְמָאָה אתעֲביד על יְדָא דבר נַשׁ וּבגין דָא שׁלִיטוּ עֲלַייהו בגין דאם יי׳ לא יבנה בַיִת שָׁוְא עָמְלוּ בוֹנָיו בוֹ. וּבגין דבנייָנָא בַּתְרָאָה יהא עַל יְדָא דקוּדשָׁא בריך הוא יתקַיֵּם ועַל דָא אָמַר קְרָא גָדוֹל יִהְיֶה כְּבוֹד הַבַּיִת הַזֶּה הָאַחֲרוֹן מִן הָרִאשׁוֹן וּבהַהוּא זמנָא דיתבני בנייָנָא עַל יְדָא דקוּדשָׁא בריך הוא לעֵילָא וְתַתָּא. אתחַבַּר בשכינתָא עִלָּאָה וְתַתָּאָה והיה אור הַלְּבָנָה כאור הַחַמָּה וְחָפְרָה הַלְּבָנָה וּבוֹשָׁה הַחַמָּה דאינוּן נוקבין דסמא״ל וּבגין דלָא דחיל סמא״ל מן קוּדשָׁא בריך הוא דאיהו שָׁמַיִם. וּבַת זוגיה לָא דחילַת משכינתֵיה דאיהי אַרעיה. אתמַר בהון כי שָׁמַיִם כֶּעָשָׁן נִמְלָחוּ וְהָאָרֶץ כַּבֶּגֶד תִבלה הוא סמא״ל וּבַת זוגיה:

*תקונא תשיעאה ליום ז

בראשית יר״א שב״ת. דאיהי שכינתָא דַעֲלָה אתמַר מחַלְלֶיהָ מוֹת יוּמָת. דעאלו אויבים בהֵלֶךְ דילה דאיהו קֹדֶשׁ קָדָשִׁים ואתמַר בהון. אֶת מקדַשׁ יי׳ טמא. חי״ל מַמלָכָה ושַׁדַ״יה. ושפחה עָאלַת. בַאֲתַר דגבירָה. דאיהי. נדה שִׁפְחָה גוֹיָה זוֹנָה. וסאיבַת אַתְרָהָא דתַמָּן הַוָּה בֵּיתָא דשכינתָא וְקָלָא הֲוָה נָחית ואמַר ירא שבת. ואיהי לָא עֲבדַת כך אלָא

ועל זה אמר רא״ך כסופא יתקב״ר ספות דתכלית בראשית ב׳ שמים רא״ש ב״ת ג״ב אותיות בראשית ב׳ ב״ש רא״ש וב׳ ב״ש ש׳ שה״א שמים ועוד ש׳ בש ב״ת שמים ב״ת לבתנת שמים ואות ות ירא שמורה לאות ש׳ פרוח שמים ר״ל רא שמים וקא נמ על ב״ת כלומר רא בית שר״א רמלכות שר״א ב״ת לבחינת שמים פרוח התפארת דהוא ראש ב״ת פרו דת״ל לה בב ת ה שה״א המלכות דאליה שם חס ריראה ועל דא אמר גדול ה״ה רבית רזה האחרון פ״לוס רמז בתבג ר״ה על סוד יהיה דכתיב בפסוק ב״ום ההוא יהיה ר׳ אחד ש׳ תעלה השם ב״ר בכוד ר״ר וזרו נדגות שלו והקב״ה הלבנה ובושה החמה דאינון נוקבין דסמא״ל חלל

* כד ע״ב

מַלְאָכִים סוֹחֲרָנֵיה וּשְׁכִינְתָּא עִלָּאָה עֲטָרָה עַל כֻּלְּהוּ כֶּתֶר בְּרֵישׁ כָּל צַדִּיק. בְּהַהוּא זִמְנָא קָלָא אִתְּעַר בְּאִילָנָא דִּלְעֵילָּא בִּגְנוּנָא וְכַמָּה עוֹפִין דְּנִשְׁמָתִין שַׁרְיָין תַּמָּן בְּעַנְפּוֹי הה״ד רְבָה אִילָנָא וּתְקִיף וְכוּ׳ וְיֵימָא הָכִי רַבִּי רַבִּי אַנְתְּ הוּא אִילָנָא דִּרְבָה וּתְקִיף בְּאוֹרַיְיתָא בְּעַנְפִּין דִּילָךְ דְּאִינוּן אֵבָרִין קַדִּישִׁין כַּמָּה עוֹפִין שַׁרְיָין תַּמָּן. דְּנִשְׁמָתִין קַדִּישִׁין. כְּגַוְונָא דִּלְעֵילָּא דְּאִתְּמַר בֵּיהּ וּבְעַנְפּוֹהִי יְדוּרָן צִפֲּרֵי שְׁמַיָּא וְכַמָּה בְּנֵי נָשָׁא לְתַתָּא. יִתְפַּרְנְסוּן מֵהַאי *חִבּוּרָא דִּילָךְ כַּד יִתְגַּלֵּי לְתַתָּא בְּדָרָא בַּתְרָאָה בְּסוֹף יוֹמַיָּא. וּבְגִינֵיהּ וּקְרָאתֶם דְּרוֹר בָּאָרֶץ וְגוֹ׳. פָּתַח אֵלִיָּהוּ וְאָמַר כַּד נָפִיק שַׁבְּתָא וְיוֹמִין טָבִין. וְיִשְׂרָאֵל אִינוּן תְּחוֹת מֶמְשָׁלָה דְּסמא״ל וְשַׁבְעִין מְמַנָּן וְהַתִּקּוּן לְיִשְׂרָאֵל קָלָא נָפִיק מִן שְׁמַיָּא לְגַבַּיְיהוּ וְיֵימָא הָכִי יר״א בש״ת וְדָא בְּרֵאשִׁית. יְהֵא לָךְ כְּסוּפָא מִן שְׁמַיָּא וְדָא (בראש״ה)

תקינא שביעאה ליום ה

בְּרֵאשִׁית יר״א בש״ת וַוי לֵיהּ לְסמא״ל כַּד קב״ה יֵיתֵי לְמִפְרַק לִשְׁכִינְתָּא וּלְיִשְׂרָאֵל בְּנָהָא וְתָבַע מִנֵּיהּ וּמִשַּׁבְעִין אוּמִין וּמִמְּמַנָּן דִּילְהוֹן כָּל עָאקוּ דְּעָאקוּ לְיִשְׂרָאֵל בְּגָלוּתָא. בְּגִין דְּקֹדֶם דְּגָלוּ יִשְׂרָאֵל גַּלֵּי לֵיהּ קוּדְשָׁא בְּרִיךְ הוּא דְּהָווּ עֲתִידִין יִשְׂרָאֵל לְמֶהֱוֵי תְּחוֹת **שִׁעְבּוּדַיְיהוּ (ס״א לְמִפְּקַ מִתְּחוֹת שִׁעְבּוּדַיְיהוּ) וְאַחֲזֵי לֵיהּ וּלְשַׁבְעִין מְמַנָּן דִּתְחוֹת יְדֵיהּ אַגְרָא דִּלְהוֹן אִי הָווּ אוֹקְרִין לְיִשְׂרָאֵל בְּגָלוּתָא. הה״ד וַיְבָרֶךְ יי׳ אֶת בֵּית הַמִּצְרִי בִּגְלַל יוֹסֵף וְאִיהוּ וּמְמַנָּן דִּילֵיהּ לָא עָבְדִין לְהוֹן יְקָרָא אֶלָּא עָבְדִין בְּהוֹן וּבִשְׁכִינְתָּא קְלָנָא דְּאָמְרִין לוֹן כָּל יוֹמָא אַיֵּה אֱלֹהֶיךָ. וּבְגִ״ד קָלָא נָפִיק לְגַבֵּיהּ כָּל יוֹמָא מִן שְׁמַיָּא וְאָמַר יר״א בש״ת. יְהֵא לָךְ כְּסוּפָא מִן שְׁכִינְתָּא. יר״א שמ״ם. יְהֵא לָךְ כְּסוּפָא מִקּוּדְשָׁא בְּרִיךְ הוּא דְּאִיהוּ שָׁמַיִם. הה״ד וְאַתָּה תִּשְׁמַע הַשָּׁמַיִם וְדָא. (בראשית

את רלל אמר אל אחותה כמ״ש ומקבלין דין מן דין פתח אליהו ואמר כד נפק שבתא ויומין טבין וכו׳ כ״ב רשעים שאומר דבר זר במוצאי שבת ויו״ט מפני שישראל מקיימים ברית מלות רבדלה והוא שבכח מאור זו בדלו מרס פלוני ושבעים שרים ועכו״ם שם עומדים באלפותם ואין בדלין מהם אלא משתדלים לרצות ברים ולשלוני על הם לכן אומר אליהו זכור לטוב דברים אלו ואומרו כא בשת כל יראה וכו׳ בבשת המג״ע לו יעת״ד עג מ״ס שלוט ב׳ ישראל ירא בשת ר״ר לך כסופא עם שכינתא דר״ם יאיר על שכינתא שהם ראשי כל הר לך בשת יען בת נת ראש שהם השכינה ועוד דרים רא על רתפארת בעלר ד׳ ראה ולכן *נקראת ירא״ת שמים

* כד ע״א ** נקראת

תקונא שתיתאה

אינון רזא דהרכבה כגון מאן דמרכיב אילנא דלאו איהו מיניה. באילנא אחרא. כגון מאן דמרכיבין אלנין דא בדא אבל עקרא דאם המר ימירנו צריך דיהא קודש בקודש דאילנא אית מסטרא דמסאבו דאיהו רע. ובגיניה אתמר לא ימיר אתו טוב ברע או רע בטוב. דהאי איהו רזא דצדיק ורע לו רשע וטוב לו. אבל אם המר ימירנו והיה הוא ותמורתו יהיה קודש ובדא מרכיבין קודש בקודש ומקבלין דין מן דין. ורזא דמלה מקבילות הללאת. ומין במינו האי איהו צדיק וטוב לו. וכד ההיא נשמתא דאיהי קודש לא אשכחת מינה. אתמר בה ולא מצאה היונה מנוח לכף רגלה. והכי רזא דקן צפור דאתמר בה שלח תשלח את האם ואזלא מנדדא מן קנה והן כל אלה יפעל אל פעמים שלש עם גבר לקבל תלת שלוחים דיונה. וכד אשכחת אתר לשריא תמן אתמר בה ולא יספה שוב אליו עוד. למיתי זמנא אחרא בהרכבה ובגין דא. שלוח הקן. בכל עופין קדישין איהו. ולא במסאבין דאינון נשמתין דאזלין מתתרכין לאתערא רחמי עלייהו. ומה כתיב בהו. גם צפור מצאה בית דא גלגולא קדמאה דהיא נפש. ודרור קן לה דא גלגולא תניינא דרוחא. אשר שתה אפרוחיה דא גלגולא תליתאה דנשמתא. ובגין דא שלח תשלח לקבל נפש ורוח. את האם לרבות נשמתא דאתמר בה ובפשעיכם שלחה אמכם. את האם. את אתא לרבות גלגולא תליתאה. ובגין דא מאן דמקבלין אושפיזין דאינון נשמתין יתרין דאינון מרכבין עלייהו בערב שבת. באנפין צהובין בחדוה בענוגא בהאי עלמא. כד נשמתא ורוחא ונפשא נפיק מן גופיה מהאי עלמא הכי מקבלין לון בעלמא דאתי. ואתמר בהון גם צפור מצאה בית וכו' זכאה איהו מאן דמקבל אורחין ברעו שלים כאלו מקבל אנפי שכינתא דבמדה דמדד בר נש בה מודדין ליה. אתא רבי אלעזר בריה ונשיק ידוי ואשתטחו ליה כל חברייא ואמרו ליה אילו לא אתינא לעלמא אלא למשמע מלין אלין די:

ארהבי הא אליהו קא נחית מעילא בכמה חיילין דנשמתין. יכמה

חות ות תרוס ומקבלין ד ן מן דין ורזא דמלה מקבלות רללאת כ"ב דריש ת בת רללאות שתי מילות ססס מלאבים

זכו עַל עוֹפִין דיליה דממַנָא עֲלַייהו ולית בכו מָאן דאוליף זכו עַל בָּנַי דאינון ישרָאֵל בני בכוֹרי ישרָאל וְעַל שכינתָא דאיהי בגָלוּתָא דקנָא דילָה דאיהי ירוּשָׁלַים חֲרֵבָה. וּבנוי בגָלוּתָא תחות יַד אֲדוֹנִים קָשִׁין אוּמִין דעָלְמָא וְלית מָאן דבָעֵי עֲלַייהו רַחמי וַיליף זכו עֲלַייהו בהַהוּא זמנָא צָוֵּוח קוּדְשָׁא בריך הוּא ואָמַר לְמַעֲנִי לְמַעֲנִי אֶעֱשֶׂה וַאֲעַשׂ לְמַעַן שמי וּבדא יתער רַחֲמי עַל שכינתיה וְעַל בנוי דבגָלוּתָא. קָם רבי אֶלְעָזָר ואָמַר וְהָא קָדָם דגָלו ישרָאֵל וּשכינתא במָאי הֲווּ מקַיימין שלוּחַ הַקֵּן. אָמַר ליה ר' שמעוֹן ברי. בגין לְאַתעָרָא רַחֲמִין עַל אינון נַפְשִׁין ורוּחין ונשמָתין. דהֲווּ אַזלין. בגלוּתָא בגלגוּלָא מתתרכין מגוּפיהוֹן דאתחֲרבוּ דעֲלַייהוּ אתמַר דקוּדְשָׁא בְּרִיךְ הוּא הֲוָה בּוֹנֶה עָלמין וּמַחֲרִיבָן דאשתָּאֲרוּ חֲרבין גוּפיהוֹן מנַייהוּ. וּמניעו דבִיכָאן לעילָא גרים וְנָהָר יֶחֱרַב וְיָבֵשׁ וְהָכי אוקמוּהוּ אתחֲרַב בַּית ראשוֹן. וְהָאָרֶץ הָיְתָה תֹהוּ וָבֹהוּ. *אתחֲרַב בית שני וחשך עַל פני תהוֹם. וּבגין אלין נשמתין דאתבְּריאו קָדָם דאתבְּרי עָלְמָא ולית לוֹן גּופין. בגין לְאַתעָרָא רַחֲמי עֲלַייהוּ הֲווּ מקַיימי הָאי פקוּדָא. א"ל אַבָּא. אם כן תַלמיד חָכָם דאיהוּ מסטְרָא דמַחֲשָׁבָה דְאתמר ביה ישרָאֵל עָלָה במַחֲשָׁבָה ליבראוֹת הָאי אוֹרַייתָא איהי בן לתַלְמִיד חָכָם אם כן אתתא **דילָה אַמַּאי צריכָה יבוּם דהָא לָא שָׁווּ אַפְרְשׁוּתָא מָארי מַתניתין לתַלמידֵי חֲכָמִים משאָר בְּנֵי נָשָׁא. א"ל ברי וַדַּאי צריכָה יבוּם לְאלין נשמתין דאַזלין ערטילָאין משית יוֹמי בראשית א"ל וְהָא כתיב לא יַחֲלִיפֶנּוּ ולא יָמִיר אתו וגו' וכי הָאי אתתָא דאיהִי קוֹדֶשׁ קָדָשִׁין תהא קינָא לְמָאן דלָאו איהוּ ממינה דהא כתיב תוֹצֵא הָאָרֶץ נֶפֶשׁ חַיָּה למינָה ולית לָהּ הַרְכָּבָה אֶלָּא ממינָה. א"ל בני גלגולין

חומת אחר וכו' דו אחר והכן בדברים נמצא שכי את אתקריאת כשר יוכר לפור ולמפרע ר"ת ל, וז"ס מדבר ל, שמקבלת בו מרים שהיא סוד המלכות **למעני** ליתגל אעשה כ"ב כפל ראשון חד למגן רחל וחד ליתגן לאה שבה הם ה"ם מלכות שהיא ספירה עם רית ולז"א למען וד למען וד אעשה א' נת למען וד דהו"ה שמה קדשה ולמען יוד דאדני שמה קדישא שרם חד דריש שם הם לוג ותד בסוף שם רש לוג **אתחרב** ב"ה ראשון והאחר, היתה תוהו ובוהו, ב' ע' פ' מ' ש' רז"ל אחר, כנו לבית ק' שנאמר ומת ק' האחר, לכן דרש והאחר, על בית ק' **בית** שני וחשך על פני תהום כ"ב אחז"ל ב"ה ראשון, קראו א' א' הר וב"ה שני קראו לחק אע"ה שדה וב"ה של ם קראו יעקב אע"ה בית וקודם אות ות תהום יש אות ות לשדה וזה נרמז בפסוק וחשך על פ' תהום דשי"ו חשך תרבן פנ לשון קודם כמו לפנים ראהרן יסדת כלומר חשך שרות חרבן, נמשה לשדה שהות ב"ה שני שנרמז קודם

אינון

כג ע"ב ** דיליד

תקונא שתיתאה

הַ"י. וּצָרִיךְ אַרְבַּע זִמְנִין ח"י. חַד בִּנְטִילַת לוּלָב וּתְרֵין בְּאָנָּא יי' תְּרֵין אַחֲרָנִין בְּהוֹדוּ לַיי' תְּחִלָּה וָסוֹף. וּבְאִלֵּין נַעֲנוּעִין אִינּוּן מַשְׁפִּילִין מֵעֵילָּא לְתַתָּא לְשַׁבְעִין וּתְרֵין אוּמִין וּלְבָתַר דְּנַצְחֵי לוֹן אַמְרֵי אַנִ"י וָהוּ הוֹשִׁיעָה נָּא תְּרֵין זִמְנִין דְּאִינּוּן. וא"ו מִן וק"ו. אֲנִי וק"ו מִן וַיִּסַּע וַיָּבֹא וַיֵּט וּבְהַהוּא זִמְנָא לֹא תִקַּח הָאֵם עַל הַבָּנִים. בֵּיצִים אִינּוּן מִסִּטְרָא דְּאוֹפַנִּים אֶפְרוֹחִים מִסִּטְרָא דְּנַעַר מְטַטְרוֹ"ן. בָּנִים מִסִּטְרָא דְּכָרְסְיָא דְּאִיהִי סוּכַּת שָׁלוֹם דְּאִיהִי קִנָּא דִּשְׁכִינְתָּא. דְּאִמָּא עִלָּאָה מְקַנְּנָא בְּכָרְסְיָא בִּתְלַת סְפִירָן עִלָּאִין. עַמּוּדָא דְּאֶמְצָעִיתָא. כָּלִיל שִׁית סְפִירָן. מְקַנֵּן בִּמְטַטְרוֹן. אִימָּא תַּתָּאָה. מְקַנְּנָא בְּאוֹפַן דְּאִתְּמַר בֵּיהּ וְהִנֵּה אוֹפָן אֶחָד בָּאָרֶץ. וְעוֹד שְׁכִינְתָּא מִסִּטְרָא דְּכָרְסְיָא אִתְקְרִיאַת נֶשֶׁר וּמִסִּטְרָא דְּנַעַר יוֹנָה. וּמִסִּטְרָא דְּאוֹפָן צִפּוֹר וּשְׁכִינְתָּא דְּמוּת אָדָם לְהָנָה וְעוֹד שַׁלֵּחַ תְּשַׁלַּח ת"ח מַלְאֲכָא אִית דִּמְמַנָּא עַל עוֹפִין דְּאִינּוּן נַפְשִׁין דְּאִתְקְרִיאוּ צִפְרִין וְסַנְדַּלְפוֹן שְׁמֵיהּ וּבְזִמְנָא דְּיִשְׂרָאֵל מְקַיְּמֵי הַאי פִּקּוּדָא וְאָזְלַת אִימָּא מִתְתָּרְכָא וּבְנִין צָוְוחִין. אִיהוּ אוֹלִיף זְכוּ עַל עוֹפִין דִּילֵיהּ. וְיֵימָא לְקוּדְשָׁא בְּרִיךְ הוּא וְהָא כְּתִיב בָּךְ וְרַחֲמָיו עַל כָּל מַעֲשָׂיו. אַמַּאי גְּזִירַת עַל הַאי עוֹפָא דְּאִתְתָּרְכַת מִקִּינָהּ וְכֵן מְטַטְרוֹ"ן אוֹלִיף זְכוּ עַל עוֹפִין דִּילֵיהּ דְּאִינּוּן רוּחִין. דְּפָרְחִין בִּבְנֵי נָשָׁא דְּמִכָּרְסְיָא אִינּוּן נִשְׁמָתִין וּמֵהַאי חַיָּה רוּחִין. וּמֵאוֹפַן נַפְשִׁין. וְאִינּוּן בְּרִיאָה יְצִירָה עֲשִׂיָּה, בְּשַׁבָּת וְיוֹמִין טָבִין. נָחְתִין עֲלַיְיהוּ נִשְׁמָתִין וְרוּחִין וְנַפְשִׁין בְּאֹרַח אֲצִילוּת דְּאִינּוּן רוּחָא דְּקוּדְשָׁא מֵעֶשֶׂר סְפִירָן וְכָל מְמַנָּא אוֹלִיף זְכוּ עַל עוֹפִין דִּילֵיהּ דְּאִינּוּן נִשְׁמָתִין דְּפָרְחִין בִּבְנֵי נָשָׁא, וּבְזִמְנָא דְּיִשְׂרָאֵל, מְקַיְּמִין הַאי פִּקּוּדָא כָּל מְמַנָּא אוֹלִיף זְכוּ עַל עוֹפִין דִּילֵיהּ. וְקוּדְשָׁא בְּרִיךְ הוּא מַה עָבִיד כָּנִישׁ לְכָל חַיָּלִין דִּילֵיהּ וְיֵימָא וְכִי (נ"א הָא) כָּל מְמַנָּא דְּעוֹפֵי דִּלְתַתָּא אוֹלִיף

בתוכותם וגם בתוכם התלבון מקף החלמון לכך רומזים להקפות **משפילין** מעילא לתתא לשבעין ותרין אומין, אע"ג דהם רק שבעים אומות וכמ"ש רז"ל בכל מקום נקיט כאן עוד תרין לרמוז על גוג ומגוג וארמילוס הרשע עמהם דאלו אינם בכלל ע' אומות ועדיין לא באו ומעתה משפילים אותם במצות הלולב **תרין** זמנין דא מן וא"ו מן ו"ר פירוש שבשם וה"ו ש"ש וו"ן וכופל, אותו דרך ד' ווין רמז לסוד הנענוע לשית ספרין ארבעה פעמים **ועוד** שכינתא מסטרא דכרסיא אתקריאת נשר וכו' פירוש כרסיא עולם הבריאה שנקראת עולם הכסא ומסטרא דנער זו היצירה ומסטרא דאופן זו העשיה וכן אמר להדיא אח"ז וז"ל ואינון בבריאה יצירה עשיה והנה ר"ת ב' ע' הנז' דקרי לרו כורסיא נער אופן הוא אכ"ך למפרע רמז לדבר הנה ה' כלב על זכו

מאן דמתקן לה דירה נאה בלביה. וכלים נאים באברים *דילה. ואשה
נאה דאיהי נשמתיה. דבגינה שריא שכינתא עלאה דאיהי נשמת כל
חי עליה. וקודשא בריך הוא איהו שבת בחד. וינפש בחד בשכינתא
עלאה איהו שבת עלייהו. ובשכינתא תתאה איהו וינפש עלייהו ויהיב
לון נפשאן יתירן דאינון בתולות אחריה רעותיה דקא אתיין עמה.
וכמה מלאכים ממנן ומשמשין דלהון קא אתיין עמהון דאינון ע' דתליין
מן זכור ושמור. ודא איהו ויכל"ו. כליל שבעין ותרין ואתקריאו אלין
נפשות אושפיזין בגין דלא שריין בישראל אלא ביום השבת וכד
נפיק שבת כלהו חזרין לאתרייהו ונשמתין דאינון מסטרא דשכינתא
עלאה אתקריאו אפרוחין. ונפשין מסטרא דשכינתא תתאה אקרון בצים
ודא איהו רזא דהפורש סכת שלום עלינו אימא עלאה דאיהי סכת
שלום דמסכך עלייהו ושלום עמה דאתמר ביה הנני נותן לו את
בריתי שלום ואית סוכה. לתתא כ"ו ה"ס דאיהו יאהדונה"י סוכת שלום
כו"ס ת' דאיהו תפארת. *בההוא זמנא יהון בנין ברשותא דקודשא
בריך הוא וקלא נפק ויימא לא תקח האם על הבנים. מיד דנפיק זכור
ושמור דשבת וייתי ליליא דיומא קמא דשבתא. קלא תניינא נפיק.
שלח תשלח. ותו כי יקרא קן צפור לפניך. דא סוכה דאיהי אימא עלאה.
בכל עץ הה"ד ולקחתם לכם ביום הראשון פרי עץ הדר אפרוחים
אלין שבעת ימי הסכות או ביצים דבהון עבדין ז' הקפות. ורזא דמלה
נקבה תסובב גבר. פרי עץ הדר אימא תתאה. עץ איהו לול"ב. ל"ו
ל"ב נתיבות. דאיהו אתרוג. וצריך לנענעא ביה. לשית סטרין ארבע
רוחין ועילא ותתא לאתערא עליה ו'. ותלת נענועין לכל סטרא. סלקין

עד דכ א ר"ת הנז ש היה לו דירה נאה בל ב ה וכלים נאים באברי, ד ל ה ואשה נאה דא ר נשמת ה ובזה
יובן מרום וקדוש אשכון ואת דכ א ושפל רוח גם י ל אבר ם נשמה לב ר ת אילן אם תנית ח ר ק תחתם שבזה
יסיה האדם דומה לאילן, כדכתיב כי האדם עץ השדה ודא א הו ו כלו כל ל שבע ן ותרין כ ב תוך זכור ושמור
ש מספר ע ב ומ ש ואתקריאו אל ן נפשות אושפו ן וכו' בזה מובן מאמר רז ל גדולה הכנסת אורח ם יותר
מקבלת פנ שכינה אפרוחים אל ן שבעת ימי הסוכות כ ב אפרוח ם רס אות ות אור חפ ם שבשבעת ימי
סוכות ש אורות שהם סוככים ומחפ ם על ישראל היושבים בצלא דמהימנותא גם אפרוחים סוא אות ות רוח
אפים כ בהם נמשך אור מוח ן דגדלות סר"ם הפנים גם אפרוח ם ע ה רצון שהם מ רצון שכולם חסדים גם
אפרוחים חלק רת בה לשתים וקרי בה אפרוח מ הב נה שנקראת מ וה מ ם ררם כל אחד דח בפ ע לכך
הלוקים בקרבנות או ביצים דבהון עבדין ז' הקפות כ"ב ההקפות הם כמו גלגל החוזר וכן רגלים רם מגולגלים

לעזרו. דא גלגולא תניינא. במה ישכב. דא גלגולא תליתאה ואלין אינון. תלת לבושין דתלת כסויין דתלת גוונין דעינא. דאינון לבושין לבת עין דאיהו נשמתא. ובאלין תלת אתמר שלש פעמים בשנה יראה כל. זכורך ולקבל תלת זמנין אינון תלת גוונין דשרגא דאתמר בהון וירא מלאך יי׳ אליו בלבת אש מתוך הסנה וירא הא גוון חד בלבת אש מתוך הסנה הא גוון תניינא. וירא והנה הסנה בוער באש הא תליתא. ואינון לקבל שלשה גוונין דעינא בלבת אש דא בת עין. בההוא זמנא דיהון נהירין תלת גוונין דעינא דאינון לקבל תלת גוונין דקשת. מיד וראיתיה לזכור ברית עולם. ובההוא זמנא כי עין בעין יראו בשוב ה׳ ציון. אור דעינא הוא עמודא דאמצעיתא. בת עין ביתא דילה. בההוא זמנא דיתפני ענגא מן בת עינא דאתמר בה סכתה בענן לך וגו׳ דאיהי תבלול דעינא דא רומי רבתא. שכינתא עלאה עתידה למימר לקודשא בריך הוא. למה תעמוד בחוץ ואנכי פניתי הבית אנכי דיציאת מצרים ואף על גב דאין החבוש מתיר עצמו מבית האסורים. דאיהי שכינתא דאיהו אסורה בגלותא. שכינתא עלאה יפרוק לה הה״ד אם יגאלך טוב יגאל ואם לא יחפוץ לגאלך וגאלתיך אנכי חי יי׳ שכבי עד הבקר דאיהי ימינא פשוטה לקבל שבים. דלית מלתא דא תליא. אלא בתיובתא ימין עלאה דשכינתא. בההוא זמנא שכינתא עלאה כנשר יעיר קנו דאיהו ירושלם ק״ן ו׳. על גוזליו ירחף יפרוש כנפיו יקחהו ישאהו על אברתו הה״ד ואשא אתכם על כנפי נשרים ואביא אתכם אלי. דבזמנא דשכינתא איהי בגלותא דאתמר בה ולא מצאה היונה מנוח וגו׳. אלא בשבת ויומין טבין. ובההוא זמנא אתייחדת עם בעלה. וכמה נפשות יתרין קא נחתין עמה לדיירא בישראל. הה״ד ושמרו בני ישראל את השבת לדרתם. זכאה איהו

על אשר לא רגיע למדרגתו אך זר האדם אין לו מקום ומדור במחיצת הצדיקים כדי שה״ה לו בושה מהגדולים ממנו אלא בדד מושבו ועוד כ״ל כי לעלמא דאתי ירתי צדיק ארבע מאות עלמין ואלו ת׳ עלמין נקראים בזוה״ק ואדרא בשם עלמין דכסוף, מלשון נכספה וגם כלתה שהכל נכספין ומתאוים אליהם ולזה לא הא ליה כסופא לעלמא דאתי כלומר אין לו חלק בעלמין דכסופין הנז׳ דירה נאה כליביה וכו׳ כ״ב דירה כלים אשה ר״ת דכ״א בזה יובן תשב אנוש עד דכא ואמר שובו בני אדם תשב בהפוך אתוון שבת יגיע אנוש מאן

עלייהו ויהיב לון מזונא. ויפן כה וכה אם אית מאן דיתער בתיובתא לתברא בית אסורין דילהון הה"ד לאמר לאסורים צאו ולאשר בחשך הגלו ויפן כה וכה וירא כי אין איש. אלא איש לדרכו פנו בעסקין דלהון באורחין דלהון איש לבצעו מקצהו בבצעא דהאי עלמא לירתא האי עלמא. ולאו אינון מסטרא דאלין דאתמר בהון אנשי חיל יראי אלקים אנשי אמת שונאי בצע. אלא. כלהו צווחין בצלותין ביומא דכפורי ככלבים הב לנא מזונא וסליחה וכפרה וחיי. כתבנו לחיים. ואינון עזי נפש ככלבים דאינון אומין דעלמא דצווחין לגביה ולית לון בשת אנפין דלא אית מאן דקרא ליה בתיובתא דיהדור שכינתא לקב"ה דאיהי מרחקא מיניה. למהדר לגביה ואדמיין לכלבים דאתמר בהון ויתערבו בגוים וילמדו מעשיהם. ואינון ערב רב דכל חסד דעבדין לגרמייהו עבדין. ועוד אינון שאלין מזונא וכסויא ועונה דאיהי עונת-זווגייהו דאתמר בה שארה כסותה ועונתה לא יגרע ולא אית מאן דשאיל מזונא דאיהי תורה שארה דשכינתא ואיהי אימא עלאה דאתמר בה ואל תטש תורת אמך. כסותה *דא כסויא דציצית ועטיפו דיליה. ותפלין דיד דאתמר בה. תפלה לעני כי יעטף. ועונתה דא קריאת שמע בעונתה. דאם שלש אלה. לא יעשה לה לשכינתא. ויצאה חנם אין כסף לית ליה כסופא מן שכינתא חציף איהו. ועוד אין כסף לא יהא ליה כסופא לעלמא דאתי והן כל אלה יפעל אל פעמים שלש עם גבר. ובגין דא כי היא כסותה לבדה דא גלגולא קדמאה. היא שמלתו

אותיות היולא ס במבטא הס כ ח ר ס דעי"ת הס ר ס שמות **לתברא** ב ת דאסורין ד לכון כ"ב היא מ"ס סתומה של למרבה המשרה אשר למע ד תשבר באלכסון והס ה ב דלת ן של דוד רע ה כמ ש לשקוד על דלתות יום יום וז"ש לאסורים חלק רת בה לשת ס וקר בה לאסור מ"ס סתומה **בעסקין** ד להון באורחין ד להון כ ב אלות ואחמדת רממון אורחין אמדת ותאוה המשגל דרך גבר בעלמר ואמר ד לרון כלומר לא היתה כונתם בהם לש ש לק ס מ ש בכל דרכך דעו אלא כונתם להנאת עצמם בלבד **בבצעא** דרא עלמא כ ב קר להנאות עוה"ז בשם בצע כי עוה"ב נברא ביו"ד ועוה"ז נברא בה א שהוא חל ו ד וכזה פרשתי במ"ד בברכת אבות אל תהיו כעבדים המשמשין את הרב ע"מ לקבל פרס ר ל לקבל שכרך בעולם הזה שהוא פרס ולכן קר להנאת עוה"ז בשם בצע שהוא חת כה דיו ד ולכן בגד ק כמ ב אנשי אמת שונאי בצע שהוא ס הנאות עוה ז שהיא בצע לשון בליעה של המוליא **לא** רא ל ה כסופא לעלמא דאתי פירוש אין לו מאוה שאין לבו מתאוה לעוה"ב שהם עידון הנשמות ועוד י ל כסופא לשון בושה דידוע שהצדיקים בעוה"ב א ן מדרגותם שוה אלא כל אחד נכוה מחופתו של חבירו וכמ ש בגמרא על כן שם מוכרח שיהיה לכל או א בושה מחבירו הגדול ממנו

לעורו

• כב ע"ב

דְלָא זָז מִנָּנָא. אֶלָּא בְגִין דְלָא נָהֲגְנָא יְקָרָא בָּךְ דִבְגִינָךְ הֲוָה אֲסִיר עִמָּנָא כָּל שִׁית יוֹמִין הה"ד יִהְיֶה סָגוּר שֵׁשֶׁת יְמֵי הַמַּעֲשֶׂה וּבְיוֹם הַשַּׁבָּת יִפָּתֵחַ וּבְיוֹם הַחֹדֶשׁ יִפָּתֵחַ דְהָכִי אִיהִי שְׁכִינְתָּא סְתִימָא עִמֵּיהּ. בְּיוֹמָא דְחוֹלָא. כְּשׁוֹשַׁנָּה דְאִיהִי אֲטִימָא וּבְיוֹמָא דְשַׁבַּתָּא וּבְיוֹמָא דְחַדְשָׁא וּבְזִמְנִין טָבִין אִתְפַּתְחַת לְקַבְּלָא רֵיחִין וּבוּסְמִין וּלְיָרְתָא נַפְשִׁין וְעִנּוּגִין לִבְנַיְיהוּ. וַוי לוֹן לִבְנֵי נָשָׁא. דְקֻבָּ"ה אֲסִיר עִמְּהוֹן בְּגָלוּתָא. וּשְׁכִינְתָּא אֲסִירַת עִמְּהוֹן. יאִתְמַר בָּהּ אֵין חָבוּשׁ מַתִּיר אֶת עַצְמוֹ מִבֵּית הָאֲסוּרִים. וּפוּרְקָנָא דִילָהּ. דְאִיהִי תְּשׁוּבָה אִימָא עִלָּאָה אִיהִי תַּלְיָא בִידַיְהוּ. דְחַמְשִׁין תַּרְעִין דְחֵירוּ עִמָּהּ. לְקַבֵּל חַמְשִׁין זִמְנִין. דְאַדְכַּר יְצִיאַת מִצְרַיִם בְּאוֹרַיְיתָא. דָא הוּא וַיִּפֶן כֹּה וָכֹה בְּאִלֵּין חַמְשִׁין אַתְוָון דְמִיַחֲדִין לֵיהּ בְּכָל יוֹמָא פַּעֲמַיִם שְׁמַע יִשְׂרָאֵל דְאִית בְּהוֹן כ"ה וכ"ה אַתְוָון. וַיַּרְא כִּי אֵין אִישׁ. דְאִתְּעַר לָהּ בְּגִינַיְיהוּ וְאִיהִי מַשְׁגִּיחַ מִן הַחַלּוֹנוֹת דְאִתְמַר בְּהוֹן חַלּוּ נָא פְנֵי אֵל וִיחָנֵנוּ. לְהַהִיא דְאִתְמַר בָּהּ. אֵל נָא רְפָא נָא לָהּ דְאַסְוָותָא בִידֵיהּ. דְאִיהִי יָד פְּשׁוּטָה לְקַבֵּל שָׁבִים. וַיַּרְא כִּי אֵין אִישׁ. *וְאִיהוּ בְּעַד הַחַלּוֹן נִשְׁקְפָה וַתְּיַבֵּב בַּתְּרוּעָה דְאִיהִי יְבָבָא דְאִתְמַר בָּהּ וַיִּפְתַּח נֹחַ אֶת חַלּוֹן הַתֵּבָה אֲשֶׁר עָשָׂה וְדָא יוֹם הַכִּפּוּרִים דְתֵיבַת נֹחַ הִיא אִימָּא עִלָּאָה. חַלּוֹן דִילָהּ הֲוָה עַמּוּדָא דְאֶמְצָעִיתָא דְבֵיהּ אוֹר. וְתוֹרָה אוֹר. וְאִיהוּ אוֹר הַגָּנוּז וַיִּפֶן כֹּה וָכֹה מֵצִיץ מִן הַחֲרַכִּים אִלּוּ עֲשֶׂרֶת יְמֵי תְּשׁוּבָה. וַיַּרְא כִּי אֵין אִישׁ. וְעוֹד מַשְׁגִּיחַ מִן הַחַלּוֹנוֹת. אִלֵּין חַלּוֹנוֹת דְבֵי כְּנִישְׁתָּא דְאַבָּא וּבְנוֹי אִינּוּן. בְּבֵית (הַכְּנֶסֶת) אֲסִירָן וְאִיהוּ בְּכָל יוֹמָא אַשְׁגָּחוּתֵיהּ

ויסעו מתר"ח י"ת הנז ויחנו במתקה לשון מיתוק רמז למג"ת ששם מתוק הגבורות בחסדים **דבגינך** רוא לם ר עמנא כל ש"ת ומין הה"ד יה"ה סגור ששת ימי המעשה כ"ב ע"פ מ"ש רב"נו ז"ל בשער רפסוק ס"פ בהר ז"ל ולכן בימי החול יורדים העולמות ומתלבשים למטה ממדרגתם כדי לרדת ולסיע לברור הז' מלכים וז"ם היות ז"ת דאצילות ורדים ומתלבשים בשבעת ימים של מעשה כדי לברר כל זה אמנם אין כח אלא רק בז"א לבדו ולכן הם ששת ימי החול כי ו"ק דז"א הם המבררים כל ימי השבוע אך ביום השב"ע שהוא יום השבת כנגד המלכות אז אין כח במלכות לברר כי מי שהוא עליון אינו מתפחד לירד למטה ממקומו משא"כ במלכות ולכן אדרבה ע"י כח מה שנתקן בימי השבוע היא עולה ביום השבת שרוצה כנגדה וה"א מתחברים עם ז"א ואז מוציאין נשמות חדשות עכ"ל ע"ש ועוד מובנים הדברים כאן היטב **דאתמר** בהון חלו נא פני אל ויחננו כ"ב פני לשון פנימיות דקאי על המילוי והנה מלוי אותיות אל הוא קמ"ד כמנין עולם הבא היא הבינה שנקראת עולם הבא ול"נ לההוא דאתמר בה אל נא רפא נא לה וכו' גו אל נא גי' כסא עם הכולל והוא הבינה שנקראת כסא הכבוד כיא תמן לה רפואה דאסוותא בידה **מציץ** מן החרכים אלו עשרת ימי תשובה נ"ב דרים חרכים עליידו

* ואידי ** דוא

וּבגינָה קוּדְשָׁא בריך הוּא איהו מֶלֶך אָסוּר בָּרְהָטִים. איהו אָסור עמהון בתפלין דרישָׁא דאינון פאר דרישָׁא דתפלין דרישָׁא אינון בְּאֲתַר דרְהָטֵי דמוחא. ודָא איהו אָסוּר ברהָטים. ואיהו חָבוּשׁ עמהון בתפלין דיָד בְּקֶשר של יָד. ודָא הוּא דכתיב פארך חָבוּשׁ עָלֶיךָ. ובגין דאיהו חָבוּשׁ עמהון בגָלוּתָא אתמַר ביה אין חָבוּשׁ מַתיר עַצמוֹ מִבֵּית הָאֲסוּרין. ושכינתָא איהי בֵּית הָאֲסורין דילֵיה בְּגין רחימו דילָה איהו אָסור בָה. ורָזָא דמִלָה צרור הַמור דודי לי בין שָׁדַי יָלִין ובג"ד מַאן דבָעָא לאַשָׁגָא לְמלכא לית ליה רשו לאַשגָא ליה אלָא בשכינתָא. הה"ד אַל יתהַלֵל וכו' כי אם בזאת וגו'. ואַהֲרן כד עָאל לקדָשׁ קָדשין ביוֹמָא דכפורי בָה הַוָה עָאל דכתיב בזאת יָבֹא אַהֲרֹן אֶל הַקֹּדֶשׁ דאיהי עֵת לַעֲשׂות לַה'. ומשה בגינָה אתקַיָים בעָלמָא הה"ד וזאת הַבְּרָכָה אֲשֶר וגו' וּבָה עָביד עשר מכתשין לְפַרְעה הה"ד ואוּלָם בַּעֲבוּר זאת העמַדתיךָ ויעקב בגין דַהֲוָה יָדַע דכָל רעותָא דמַלכָּא בה מַני לבנוי עָלה דלָא יַעֲלון קָדם מלכָא אלָא בה. וכָל שאֵלתין דלהון בצלותין וּבָעותין לְמַלכָא. דיהון בָה הה"ד וזאת אַשֶׁר דבֶּר לָהֶם אֲביהֶם וגו'. *ודָוד בגין דהֲוָה יָדַע דכל רעותָא וחילָא ותוקפא דמַלכָא בה. אמַר אם תַחֲנה וגו' בזאת אֲני בוטחַ. דאתמַר עַלָה וּמַלכותו בכל מָשָׁלָה. וּמַאן דלָא שָׁת לביה גַם לְזאת עֲליה אתמַר וּכסיל לא יָבִין אֶת זאת. ובגין דָא כַד ישרָאֵל בעאן בָעותין לְמַלכָא אַמרין לָה אָנָה הָלַךְ דודֵךְ. דאתמַר ביה בְרַח דודי אָנָה פָּנָה דודֵךְ ונבַקְשֶׁנּוּ עמך בבָמָה בָקָשות דצלותין וּבָעותין. דבגינָךְ איהו נָחית עָלָן.

נ"ב כאן נמי מבאר את התפארת בשם קב"ה ודע דאין הדבר כפשוטו דאתמרך ח"ו אלא מאמר דגורמים ש"ש ע לאילוג ם בסוד הכתוב הנה ה' רוכב על עב קל ובא מצרים קאמר אתמרך וכל שאלתין דילהון בצלותין ובעותין נ"ב צלותין הם ברכות י"ח דעמידה בשמ"ע ובעותין הם תחנונים דאחר העמידה לית ליה רשו לאשגא ליה אלא בשכינתא הה"ד אל יתהלל המתהלל כי אם בזאת נ"ב נקראת זאת כ"ר א' נקראת בת שבע וגם היא סוד כ"ב אותיות מן אלף ועד תיו ולכן נקראת זאת ז' א"ת ודוד בגין דהוה ידע דכל רעותא וחילא ותוקפא דמלכא בה נ"ב נקיט תלת מילי רעותא וחילא ותוקפא כנגד ג' תפילות שחרית ומנחה וערבית כי היא השער שנכנסים בה התפילות בסוד אדני שפתי תפתח ולכן שם אדני במלואו תרע"א שהוא ר"ל שער ועוד נ"ל בס"ד נקיט תלת מילי הנז' כנגד בי"ע שהם מילות המלכות דאצילות או וכן כנגד נה"י דז"א כי היא עומדת אחורי נה"י דז"א ורמז לדבר חרת על הלוחות תר"ת ר"ת חילא רעותא תוקפא ובזה יובן בס"ד ויסעו מחמת ויחנו בתרח תחת רמז למלכות מדרגה התחתונה ויחנו בתרח ר"ת תוקפא רעותא חילא שהם כנגד נה"י דז"א

דלא

* כב ע"א ** ידע

וברחימו ודחילו די״ה דאינון אבא ואימא זכור ושמור אינון לקבל תפלין דרישא י׳ ותפלין דידא ה׳ דכר ונוקבא. וזכאה איהו מאן דמיחד לון בקריאת שמע ברחילו ודחימו דבזמנא דישראל משתדלין באורייתא דבכתב ובאורייתא דבעל פה ברחימו ודחילו אתמר בהון לא תקח האם על הבנים ובזמנא דלא משתדלין בהון ברחימו ודחילו אתמר בהון שלח תשלח את האם. בזמנא דישראל נטרין שבתא בזכור ושמור בדחילו ורחימו אתמר בהון לא תקח האם על הבנים ואם לאו כתיב בהון שלח תשלח וגו׳. תרין תרוכין. ובזמנא דישראל מיחדין לקב״ה בתפלין דיד ובתפלין דראש בדחילו ורחימו אתמר בהון לא תקח האם על הבנים ואם לאו שלח תשלח. ובזמנא דמקיימין מצות ברית מילה ואעברן מנייהו ערלה ועבדין פריעה בדחילו ורחימו אתמר בהון לא תקח האם על הבנים. ואם לאו שלח תשלח את האם. בזמנא דמתיחדין בזווגיהון בקדושין וז ברכאן דאינון יחודא דלהון בקדושה ובברכתא אתמר בהון לא תקח האם על הבנים. ואם לאו שלח תשלח וכו׳. ואינון ישראל בגלותא ברשותא אחרא דכד לא מתייחדין בזווגייהו בקדושין ושבעה ברכאן דאינון יחודא דלהון בקדושה וברכה באתר דקדושה שריא עלייהו מסאבא. ובאתר דברכה שריא עלייהו לטותא ובאתר דיחודא שריא עלייהו פרודא. ודא גרים גלותא לשכינתא דאתתרכת מאתרהא ומקננהא דאיהי ירושלם הה״ד ובפשעיכם שלחה אמכם תרין שלוחין שלח תשלח חד מבית ראשון וחד מבית שני. ואי תימא דקודשא בריך הוא לא אתתרך עמיה בגין דא אמר קרא כצפור נודדת מן קנה כן איש נודד ממקומו. בגין לנטרא לה בגלותא מרשו נוכראה. הה״ד אני ה׳ הוא שמי וכבודי לאחר לא אתן וגו׳. לאחר דא אל אחר דא סמא״ל. לפסילים אלין ממנן דעל שבעין אומין.

תם ר״ת תורה מצות. גם ר״ת תפארת מלכות שמתקן שם בהיותו יושב אהלים וז״ש איש תם ורא״ה ישר ומ״ש שבת יסוד הוא כמ״ש בשער הכוונות דבחינת השביעית דשבת הם ב׳ סוד שהוא חי העולמים ולכן המלאכים אומרים שיר זה בשבת ע״ש אבל בסדר הימים השבת הוא במלכות **שלח** תשלח תרין תרוכין נ״ב תורה שבכתב ושבע״פ שלא עסקו בהם גם כנגד זכור ושמור שעברו עליהם **בקידושין** ושבע ברכאן דאינון יחודא דילהון נ״ב סוד יבק הוא ר״ת יחוד ברכה קדושה והוא ר״ת יעננו ביום קראינו **ואי** תימא קב״ה לא אתתרך עמה ובגינה

עֵץ דָא אִיהוּ עֵץ הַחַיִּים דְּאִתְּמַר בֵּיהּ עֵץ חַיִּים הִיא לַמַּחֲזִיקִים בָּהּ. וַעֲלָהּ אִתְּמַר כִּי הָאָדָם עֵץ הַשָּׂדֶה. וְעוֹד בְּכָל עֵץ דָא צַדִּיק דְּאִתְּמַר בֵּיהּ עֵץ פְּרִי עֹשֶׂה פְּרִי לְמִינוֹ. וְדָא יוֹם הַשַּׁבָּת דְּתַמָּן זִוּוּגָא דִשְׁכִינְתָּא עִם קוּדְשָׁא בְּרִיךְ הוּא וְתַמָּן אִית לָהּ נַיְיחָא. וַעֲלָהּ אִתְּמַר וְהָיָה כְּעֵץ שָׁתוּל עַל פַּלְגֵי מָיִם אֲשֶׁר פִּרְיוֹ יִתֵּן בְּעִתּוֹ דָא עִתּוֹ דְּצַדִּיק דְּאִיהִי לֵיל שַׁבָּת. דְּצַדִּיק מִינֵיהּ פָּרְחִין נִשְׁמָתִין חַדְתִּין בְּיִשְׂרָאֵל עֶרֶב שַׁבָּת דְּאִתְקְרִיאוּ פָּנִים חֲדָשׁוֹת אֶפְרוֹחִים אִלֵּין ת"ח דִּבְגִינַיְהוּ שַׁרְיָא שְׁכִינְתָּא עַל יִשְׂרָאֵל אוֹ בֵיצִים אִלֵּין אִינּוּן תִּינוֹקוֹת שֶׁל בֵּית רַבָּן דִּבְגִינַיְהוּ שַׁרְיָא שְׁכִינְתָּא עַל יִשְׂרָאֵל וְאִלֵּין אִינּוּן מָארֵי מִקְרָא. וּבִזְמַנָּא דְּאִינּוּן עַסְקִין בְּאוֹרַיְיתָא אוֹ בְמִצְוָה דְּאִינּוּן קוּדְשָׁא בְּרִיךְ הוּא וּשְׁכִינְתֵּיהּ. וְגַרְמֵי לְחַבְּרָא לוֹן *כַּחֲדָא יָרְתִין מִתַּמָּן נִשְׁמָתִין וְאִתְקְרִיאוּ בָּנִים דְּקֻבָּ"ה בְּגִין דְּמָארֵי מִקְרָא וּמָארֵי מִשְׁנָה אִינּוּן **מְגַדְּפִין דִּילָהּ. וּבְגִין דָּא וְהָאֵם רוֹבֶצֶת עַל הָאֶפְרוֹחִים אוֹ עַל הַבֵּיצִים. אִיהִי רְבִיעָא עֲלַיְיהוּ בְּאַרְבַּע גַּדְפִין דִּילָהּ דְּאִתְּמַר בְּהוֹן וְאַרְבַּע כְּנָפַיִם. יוֹנְקִין אַנְפֵּי זוּטְרֵי וְאִינּוּן אַרְבַּע אַנְפִּין לְכָל חַד וְחַד. וּבְהוֹן אִימָּא רְבִיעָא עֲלַיְיהוּ. וּזְמַנִּין אִיהִי עֲלַיְיהוּ וּזְמַנִּין אִסְתַּלְּקַת מִנַּיְיהוּ. אֲבָל ***בְּגִין דְּאִינּוּן מִן מְעוֹי בִּנְיָן דְּרַחֲמוּ דְּהָמוּ מֵעַיָּא עֲלַיְיהוּ דְּאִינּוּן מָארֵי קַבָּלָה. אִתְּמַר בְּהוֹן לֹא תִקַּח הָאֵם עַל הַבָּנִים. דְּאִימָּא לָא זָזָה מִנַּיְיהוּ לְעָלַם. דְּוַדַּאי קוּדְשָׁא בְּרִיךְ הוּא אִיהוּ אוֹרַיְיתָא וּשְׁכִינְתָּא הִיא מִצְוָה זַכָּאָה מָאן דְּמִתְעַסֵּק בְּהוֹן לְיַחֲדָא לוֹן. וְכֵן זָכוֹר וְשָׁמוֹר אִינּוּן קוּדְשָׁא בְּרִיךְ הוּא וּשְׁכִינְתֵּיהּ. זַכָּאָה אִיהוּ מַאן דִּמְיַחֵד לוֹן בְּיוֹם הַשַּׁבָּת דְּאִיהוּ יְסוֹד.

בן יוסף ש, הם ביסוד אלא דמשיח בן דוד הוא ב סוד לאה ומש ח בן, וסף הוא ב סוד רחל ע ש וידוע מ ש מא א ז ל בשם זור ק דה סוד מכונה בשם אורח ע ש ולכן קרי לשנ מש חין בשם אורח ם ודרים לפור פל רחל ג כ שר ס עשיה שםם מאיר אל אדני ג' ל ו ושם סוד פ ר דינין, מספר ער וזרו לפור לו פר ודא יום שבת דתמן זווגא דשכינתא עם קב ר פירוש לתפארת קרי ליה קב ה ורמוז באות ש דשבת שהיא ג' קוין והוא מכריע ב ן חסד ובין גבורה ו,שאר בם ר א שכ נתא דאקריאת בת אבל בג ן דא נון מן מעוי דאתמר בהון היתו מעי לו כ ב אים ישראל שיבא לעוה ז לוקח תחלה מן בחינת עיבור ואחר שיגדל ויעשה מלות לוקח מבחינת יג קה ואחד ש גדל עוד ו וס ף תורה ומלות ומע ם יותר לוקח ממוח ן דגדלות הנקרא ם בשם מוחין בסתם ור ת מע" הוא עיבור יג קה מוח ן ולכן על מאר קבלה שהם גדולים ביותר אמר דאינון מעו שנשלמו בע בור יניקה מוחין דאתמר לגבייהו המו מעי לו ועוד כ ל קראם מעי אותיות עם ו"ד כ הקבלה היא סוד יוד דשמא קדישא דודאי קב ר א הו אור פה ושכינתא איהי מצה פירוש לתפארת קרי ל ה קב ר כמ ש לע ל ועסק התורה מתקן בתפארת שה ם ל רה ובמלות מתקן במלכות שה"ם עשיר וגכן כתיב ויעקב א ש תם ושב אוהלים ובר־חימו

* כחדא ** כא ע"ב *** בנין

דאינון ששת ימי המעשה כלהו פרחין לגבה בכמה תגין וזמנין וי"ט.
ואפרוחים דאינון ישראל לתתא כלהו פרחין עמה בגלותא. ובזמנא
דאינון בצים. דלית לון גדפין בפקודין דעשה לפרחא אתמר בה לא
תקח האם על הבנים אי הכי מאי כי יקרא קן אלא בזמנא דלית לה
לשכינתא אתר לשריא תמן בקביעו איהי אזלת במקרה ודא איהו כל
הקובע מקום לתפלתו וכו'. כמה דנשמתין עבדין הכי שריא שכינתא
עמהון. נשמתא דאיהי קבועה בצלותא או באורייתא איהי אתר קבוע
לשריא בה שכינתא. אבל נשמתא דלית לה קביעו בצלותא או
באורייתא אלא אי אזדמנת לה במקרה הכי איהי שריא עלה במקריה.
ודא איהו כי יקרא קן צפור לפניך וכו' וודאי נשמתא איהי
קן צפור ובן ההיא נשמתא דבר נש אתקריאת קן צפור. וגופא
קן דנשמתא. וכן נשמתין דאינון עולימאן דילה דאתקריאו
בתולות אחריה רעותיה יתבין בגופין דאינון קן דלהון בארח מקרה
בזמנא דלאו אינון קבועין בבתי כנסיות. ובבתי מדרשות. ודא איהו
כי יקרא קן צפור לפניך ועוד קן צפור לעילא איהו כרסיא. וקן דילה
לתתא מטטרו"ן ועליה אתמר ונקה לא ינקה דתמן קן. ואיהו קנא
ונוקם. בזמנא דלא אשכחת קינא לשריא. בדרך דא דאתמר בה
מתו במדבר בדרך בצאתם ממצרים. ועוד בדרך דא קבורת רחל
דאיהי בפרשת אורחין. ועלה אתמר מי יתנני במדבר מלון ארחים.
ואינון ב' משיחין דמתמן קא עברין כד אתאן למפרק לישראל בבל

ונ להא נטר ן לך שב.אה מלכות דאצלות ומילר ב"ע שהם מילות דמלכות כ ודע דודאי נשמתא א ה
קן צפור וגופא קן דנשמתא נ"ב נשמר נגב אור שכינה דשריא עלה א הי נקראת קן ורגוף לגבי רנשמה שה א
בקרבו ג כ נקרא קן ובזה יובן כס ד מאמר רז"ל אל תסתכל בקנקן א"א במה שיש בו קן קן הוא הגוף
והנשמה א"א במה ש ש בו ריוא אור השכ"ר דשרי על נשמתא ומ ש וכן נשמתין דאינון עולמין דילה תבין
בגופ, דא נו, קן ד להון באורח מקרה. פ רש בנ דידי כס ר יעקב נר ו קאי על נשמות ישראל מו תיקונם ובאים
לעוה ז בסוד העיבור לרהעבר בבני אדם בעוה"ז שרם משרשם כדי לזכותם וכתוב בשער הגלגול ס דאלו הבאים
בסוד רעיבור קראים אורח ס דא, מוכרח ס להסתר בעבור אלל המתעבר ס בי דאס חטא ולא נח להם בו
מסתלק ס ממנו תכף ולז א בגופ, דא נו, קן ד להון ר"ל משרשם ובאין דרך מקרה כמו אורח ש וכל לזאת מביא
בעפ"ב כרלונו עכ ד נר"ו ועליה אתמר ונקר לא נקה פ רוש דרים תיבת ונקה הכי והקן הוא מט"ט שס"ם
קן לא נקה ואתנא מטטרו ן עולה דיך וז"ש כי יקרא קן צפור לפניך בדרך ועלה אתמר מ יתנני במדבר
מלון אורח ס ואנון ב משיח, כ ב ע"פ ע"ם רז"ל בשער מאמרי רשב"י פרשת תלוה דמשיח בן דוד ומשיח

אַמָּה וְקָנֶה וקו הַמִּדָּה טַעֲמֵי אינון מן כתרָא ואינון ברישא דעמודָא דאמצעיתָא נקודין מן מוחָא ואינון ברכָאן עַל רישָׁא דצַדיק כד"א בְּרָכוֹת לְראֹשׁ צַדִּיק ואינון ג' טפין דאתמַשכו מן מוחָא לְגַבי ברית מילָה. אַתְוָון מסטרָא דְאימָא עלאָה וכֻלהו אתכלילן בְּמַלכותָא. ונקודי לְאַתְוָון כנשמַתָא לְגופָא. דגופָא איהו כסוס לְרוכב. ואַתְוָון אינון פְּתיחין לְנקודי לְקבלָא לון וַעֲלַייהו אתמר וכנפֵיהם פרדות מלמעלָה לְקַבלא עֲלַייהו נקודי. ונקודָא בכל אֲתַר בת קול. טעמי אינון מָאנֵי קרבָא רָפ"ה איהו לְעילָא מאַתְוָון וַעֲליה אתמר ודמות עַל רָאשֵׁי הַחַיה רָקִיעַ כעֵין הַקֶּרַח הַנּוֹרָא נָטוּי עַל רָאשֵׁיהם מלמעלָה. נָטוּי דָא איהו רָפ"ה נָטוּי על רָאשֵׁי חיוָון דאינון יקו"ק ד' אַתְוָון וַדאי דג"ש איהו מלְגַאו דאַתְוָון כגַוונא דָא יקוק רָפ"ה מלבר כגַוונָא דָא יקוק ואינון כמתג ורסן לאותיות. ובהון והחַיּוֹת רָצוֹא וָשׁוֹב רָצוא בדָג"ש ושוב ברָפ"ה:

בראשית קָם רבי שִׁמְעוֹן *ואָמַר **לְאֵלִיָּהוּ אליָהו אליָהו באוּמָאָה עֲלָךְ במלכותָא קַדישָׁא דאיהי נפילָא בגלותָא. טוּל רשותָא דלָא תזוז מינָן דהָא שכינְתָא וחילָדָא נַטרין לָךְ. מַלְאֲכֵי הַשָּׁרֵת דאתמַר בהון הֵן אֶרְאֶלָּם צָעֲקוּ חוּצָה לְבַר מהיכָלין. לא אית מאן דמַקַבל צלותין דישראל כַּמה צפרין מצַפצפין בצלותין לְגַבי אמהון דָאינון מַקִנָן על אַרעָא דנַטרין לָךְ. יכָלהו אתקַריאו צפרים עַל שם קַן צפור דאיהי אימָא קַדישָׁא דאתמַר בָּה כי יִקָּרֵא קן צפור לפָנֶיךָ. וַעֲלָהּ אתמַר גַּם צִפּוֹר מָצְאָה בַיִת ורָא ב' מבְרֵאשית דאתמַר בָּה בְּחָכְמָה יִבָּנֶה בָּיִת. ודרור קֵן לָהּ. דָא אימא עִלָּאָה יובל דאתמַר בָּהּ. וּקְרָאתֶם דרור בָּאָרֶץ בזמנָא דְצִפּוֹר מָצאָה בַּיִת דאיהי ב' מַקְדשָׁא ואתבְנִיאַת ואתתַקנת מיַד דדור דאיהי שכינתָא עִלָּאָה אַשכַחַת קן לָהּ לעֵילָא ומִיַד אֲשֶׁר שָׁתָה אֶפְרוֹחֶיהָ אלין שית בנין דילָה שית ספירָן

ולא כצורת ד' וזה אות ו' שבתוך אות ה' הא נמשך מן ו' ד' דשמא קדישא אליהו א"ר באומאה עלך במלכות קדישא נ"ב ע' פ' מ' ש' רבנו האר"י ז"ל דנקרא אליהו שהוא מספר בן כמ"ן שם הו"ה דמלוי הה"ן שמספרו בן שהוא במלכות ולכן משביעו בשם ב"ן שהוא מלכותא דרמוז בשמו ודוע שם ב"ן הוא בעשיה וכמ"ש רבנו ז"ל בסוד פרקי ש"ל שכלב"ס אומר ס' בלא משתחוה וכלרעה נברכה לפני ה' עושנו וספר הת קוג ס"ת ברו רשב"י לתקון העשיה לכך א"ל מולרשו דלא תזוז מ"כ שלה לשחף את א"ל רו זכור לטוב עמו בא בור זה ומ"ש דהא שכינתא

דאינון

* כא ע"א ** תקונא שתיתאה

קשירא עם בעלה אתמר בה ישחרונני ואז ימצאונני. אבל בליליא דאיהי גלותא. דאיהי לבר מבעלה ואיהי רשות בפני עצמה אתמר בה אל תתודע לרשות ובגין דא אמר דוד אם אתן שנת לעיני וגו׳ עד אמצא מקום ליי׳. עד כאן רזא הקמ״ץ דאיהו רזא דמחשבה עלאה ותתאה (נ״א עילא ותתא) דאיהי נקודה ברשות בעלה דאיהו ו׳ רקיע. ופת״ח בלא נקודה רשו בפני עצמו ונקודה בלא פת״ח רשו בפני עצמה. דכגוונא דאתוון אינון דכר ונוקבא. הכי נקודין אינון דכר ונוקבא. אבל אתוון אינהו לגבי נקודי כגון גופא לגבי רוחא וכן נקודה כו׳ כגון חל״ם או חיר״ק או שורק חלם לעילא מן ו׳ אתעביד ז׳ חיר״ק לתתא אתעביד זנב גימל. שור״ק באמצעיתא. קוצא דאת ד׳ באמצעיתא וכלא חד. אני ראשון ואני אחרון ומבלעדי אין אלקים. שבא מאן איהו כאשר יהיה האופן בתוך האופן ואינון את המאור הגדול ואת המאור הקטן ואינון גוף וברית ולקבלייהו חמה ולבנה דאינון לקבל אימא עלאה ותתאה. והנה אופן אחד בארץ אצל החיות דא נקודה דתחות סגו״ל נקודה דלתתא אצל החיות דאינון ציר״י את שני המאורות הגדולים. וכן איהו בתוך האופנים שור״ק אופן חד לעילא ואופן חד לתתא. ואיהו עמודא דאמצעיתא בינייהו. והנה אופן אחד בארץ דא חירק דאיהו לתתא. כל ניצוצין איהו י׳. וכל רקיע ו׳ יקוק שב״א איהו דינא. קמץ רחמי. שמאלא וימינא דמתמן אורייתא אתיהיב דאיהו עמודא דאמצעיתא. ובזמנא דאינון שב״א קמ״ץ הל״ם איהו רמוז כי בי חש״ק ואפלטהו רק באבותיך חש״ק יי׳ מסטרא דא דאיהו יו״י דסליק יקוק הוה קודשא בריך הוא ושמיה להוד בבתרא קדם דאתברי עלמא. עד דסליק במחשבתיה למברי אדם דאיהי י ברישא דא תגא לעילא ותתא נקודה ובנקודי דאתוון אשתמודעאן כל ספירן דתשע נקודי אינון. ובהון י״ד ניצוצין ועלייהו אתמר ובני ישראל יוצאים בי״ד רמה ואינון לקבל פרקין דה אצבעאן דאינון י״ד וב׳ רקיעין תמן חד מן קמ״ץ וחד מן פת״ח. לקבל תרין קני דדרועי. וכל ניצוץ איהו פרק ואיהו מדה ורקיע

אמר

בַּתְרָאָה וְכֶתֶר מַלְכוּת אִתְקְרִיאַת סְפִירָה, דְּלֵית סְפִירָה שְׁלֵימָה בַּר מִנָּהּ לְתַתָּא). וְהָאי אֶבֶן אִיהִי סְגוּלַּת מְלָכִים. אִיהִי שִׂיחַת מַלְאֲכֵי הַשָּׁרֵת. שִׂיחַת חֵיוָן וּשְׂרָפִים וְאוֹפַנִּים. שִׂיחַת כָּל עִלָּאִין וְתַתָּאִין. יְדִיעַת שִׁמְשָׁא וְסִיהֲרָא בְּעִתִּים עֵת וּזְמַן לְכֹלָּא. כָּל טְעָמֵי וּנְקוּדֵי וְאַתְוָון כְּלִילָן בָּהּ. קָלָא דִּבּוּר וּמַחֲשָׁבָה. כְּלִילָן בָּהּ. אִיהִי כֶּתֶר תּוֹרָה וְכֶתֶר כְּהוּנָּה וְכֶתֶר מַלְכוּת. וְאִיהִי תַּגָּא בְּרֵישׁ כָּל אַתְוָן כְּגַוְונָא דָא שׁ וְעַל הָאי אַבְנָא אָמַר רַבִּי עֲקִיבָא לְחַבְרָיו. כְּשֶׁתַּגִּיעוּ לְאַבְנֵי שַׁיִשׁ טָהוֹר אַל תֹּאמְרוּ מַיִם מַיִם. וְאִיהִי קוֹצָא דְּכָל אַתְוָון. ב כְּגַוְונָא דָא ד קוֹץ דְּכָל אֵת וְאֵת. שִׁיעוּר קוֹמָה דִּלְהוֹן ו' מֵעֵילָא לְתַתָּא וּמִתַּתָּא לְעֵילָא. וְרָזָא דְמִלָּה מִקְצֵה הַשָּׁמַיִם וְעַד קְצֵה הַשָּׁמָיִם. וְרָזָא דָא לְךָ יי' הַגְּדֻלָּה וְהַגְּבוּרָה וְהַתִּפְאֶרֶת וְגו' לְךָ יי' הַמַּמְלָכָה דָא מַלְכוּת דְּאִיהִי בְּכֹלָּא. וְאִיהוּ צִפְצוּף עוֹפִין קַדִּישִׁין דְּאִתְּמַר בְּהוֹן כִּי עוֹף הַשָּׁמַיִם יוֹלִיךְ אֶת הַקּוֹל. צִפְצוּפָא דְּכָל צִפְּרִין דְּאִינּוּן נִשְׁמָתִין קַדִּישִׁין דִּמְצַפְצְפִין בְּכַמָּה צְלוֹתִין. שִׂיחַת חֵיוָן דְּאִינּוּן ת"ה. וּבְגִינָהּ. אִתְּמַר וַיֵּצֵא יִצְחָק לָשׂוּחַ בַּשָּׂדֶה וְכוּ' וְלֵית שִׂיחָה אֶלָּא צְלוֹתָא. וּבְגִינָהּ אִתְּמַר תְּפִלַּת שַׁחֲרִית חוֹבָה. תְּפִלַּת עַרְבִית רְשׁוּת. דְּאִיהוּ רְשׁוּ דְּלֵילְיָא. בִּפְנֵי עַצְמָהּ. וּבְג"ד לֵית לָהּ קְבִיעוּת בְּלֵילְיָא דְּדָמְיָא לְגָלוּתָא. אֶלָּא זִמְנִין אִשְׁתַּכַּחַת תַּמָּן וְזִמְנִין לָא אִשְׁתַּכַּחַת. זַכָּאָה אִיהוּ מַאן דְּפָגַע בָּהּ כְּגוֹן יַעֲקֹב דְּאִתְּמַר בֵּיהּ וַיִּפְגַּע בַּמָּקוֹם וַיָּלֶן שָׁם עִמָּהּ כִּי בָא הַשֶּׁמֶשׁ עַד דְּאָתָא בַּעְלָהּ וְנָטִיר לָהּ וּבָת תַּמָּן עִמָּהּ מִתַּמָּן וְאֵילָךְ קְבִיעוּתָהּ חוֹבָה. אֲבָל בְּשַׁבָּת אִיהִי רְשׁוּת הַיָּחִיד דְּאִיהִי בִּרְשׁוּתָא דְּבַעְלָהּ וְלָאו כְּגַוְונָא דְּלֵילְיָא דַּהֲוָת יְחִידָה בִּרְשׁוּתָא דִּילָהּ. הה"ד. אֵיכָה יָשְׁבָה בָדָד. וְיַעֲקֹב בְּגִין דְּקָרִיב. לָהּ לְבַעְלָהּ בִּפְגִיעָה דִּילֵיהּ וַדַּאי עָבִיד לָהּ חוֹבָה. וְכַד אָתָא שִׁמְשָׁא בְּשַׁחֲרִית דְּאִתְּמַר בֵּיהּ כִּי שֶׁמֶשׁ וּמָגֵן יי' אלקים אִתְּמַר בֵּיהּ וַיִּזְרַח לוֹ הַשֶּׁמֶשׁ. מִתַּמָּן וְאֵילָךְ קָשַׁר לָהּ עִמֵּיהּ דְּאִיהוּ קֶשֶׁר דִּתְפִלִּין דְּיָד. קָשִׁיר לָהּ עִמֵּיהּ דְּלָא תָזוּז מִנֵּיהּ לְעָלְמִין. מִסִּטְרָא דִּשְׂמָאלָא קָשִׁיר לָהּ בִּתְפִלִּין דְּיָד דְּאִינּוּן בִּדְרוֹעָא שְׂמָאלָא. מִסִּטְרָא דִּימִינָא שַׁוִּי לָהּ כִּתְרָא עַל רֵישֵׁיהּ תְּפִלִּין דְּרֵישָׁא. וְהָאי. בְּיוֹמָא דְּאִיהִי

רָקִיעַ בְּאֶמְצָעִיתָא כְּגַוְונָא דָא א עֲלָה אִתְּמַר וִיהִי מַבְדִּיל בֵּין מַיִם לָמָיִם. וְהַאי אִיהוּ מַחְלוֹקֶת שֶׁהִיא לְשֵׁם שָׁמַיִם דְּאִיהוּ סוֹפָהּ לְהִתְקַיֵּים וְרָאֲוָלָא שָׁלֵם וְיִחוּדָא בְּתַרְוַיְיהוּ. וְלָאו מַחְלוֹקֶת דִּפְרוּדָא כְּגוֹן מַחְלוֹקֶת קֹרַח וַעֲדָתוֹ בְּאַהֲרֹן. וּמַחְלוֹקֶת דָא אִיהוּ לְשֵׁם שָׁמַיִם כְּגִין דְּמַיִם תַּתָּאִין אִינוּן בּוֹכִין וְאָמְרִין. אֲנַן בָּעְיָין לְמֶהֱוֵי קֳדָם מַלְכָּא עֹלַת הָעוֹלוֹת וּבָעָן לְסַלְּקָא לְעֵילָא. רָקִיעַ אַפְרִישׁ בֵּינַיְיהוּ עַד דְּעִלַּת הָעִלּוֹת שַׁוֵּי לוֹן שָׁוִין. י׳ מִסִּטְרָא דָא וי׳ מִסִּטְרָא דָא. ו׳ בְּאֶמְצָעִיתָא. כְּגַוְונָא דָא יו״י דְּאִיהִי א וְאִלֵּין כֻּלְּהוּ קָרְבִין לְעִלַּת הָעִלּוֹת וְרָזָא דְּמִלָּה וַיַּעַשׂ אֱלֹקִים אֶת שְׁנֵי הַמְּאוֹרוֹת הַגְּדוֹלִים וְאִינוּן שָׁוִין. הה״ד וְהָיָה אוֹר הַלְּבָנָה כְּאוֹר הַחַמָּה. ת״ח קָמֵץ אִיהוּ סָתִים בְּאָת י׳ מִכָּל סִטְרָא עֵילָא וְאֶמְצָעִיתָא וְתַתָּא. וְדָא קוֹמֶץ סָתִים בִּתְלַת סְפִירָן. פְּתִיחוּ דִּילֵהּ אִיהוּ בְּחָמֵשׁ אוֹר. דְּאִינוּן ה׳ אֶצְבְּעָן עִלָּאִין. וְאִינוּן ה׳ עִלָּאָה חָמֵשׁ אָאָאאָא דְּאִינוּן אוֹר אוֹר אוֹר אוֹר אוֹר ה׳ זִמְנִין. ה׳ נְהוֹרִין דְּעוֹבָדָא דִּבְרֵאשִׁית וּנְקוּדָא דִּלְהוֹן אָאָאאָא חָמֵשׁ דְּסַלְקִין לְעֶשֶׂר וְרָזָא דְּמִלָּה וְהִנֵּה אֲנַחְנוּ מְאַלְּמִים וְגוֹ׳ וְהִנֵּה קָמָה אֲלֻמָּתִי וְגַם נִצָּבָה. דָא א׳ בְּחוֹלָם דְּאִיהוּ לְעֵילָא מִכָּל נְקוּדִין בְּקוֹמָה זְקִיפָה. וּבֵיהּ אִסְתַּלַּק (נ״א אִסְתַּכַּל) יוֹסֵף בְּחָכְמָה וְכֵן יַעֲקֹב הה״ד וַיַּחֲלוֹם וְהִנֵּה סֻלָּם מֻצָּב אַרְצָה וְרֹאשׁוֹ מַגִּיעַ הַשָּׁמַיְמָה דָא א דְּאִיהוּ רֹאשׁ וְהִנֵּה מַלְאֲכֵי אֱלֹקִים עוֹלִים וְיוֹרְדִים בּוֹ. אָמְרוּ מָארֵי מַתְנִיתִין עוֹלִים תְּרֵי וְיוֹרְדִים תְּרֵי וְאִנּוּן אָאָאָא וְהַאי אֶת דְּאִיהִי אל״ף חֹלֶם דְּאִיהִי בְּאֶמְצָעִיתָא אִיהִי כֶּתֶר עִלָּאָה דְּאַסְחַר עַל רֵישָׁא דְּעַמּוּדָא דְּאֶמְצָעִיתָא. וּבְגִין דָא וְהִנֵּה תְסֻבֶּינָה אֲלֻמֹּתֵיכֶם וַתִּשְׁתַּחֲוֶין לַאֲלֻמָּתִי הַאי כִּתְרָא אִתְּמַר בַּהּ אֶבֶן מָאֲסוּ הַבּוֹנִים הָיְתָה לְרֹאשׁ פִּנָּה וְאִיהִי אַבְנָא דְּאִתְגְּזֵרַת דְּלָא בִידַיִן הה״ד עַד דִּי הִתְגְּזֶרֶת אֶבֶן דִּי לָא בִידַיִן וְגוֹ׳ וּבְגִין דְּלָא אַשְׁכְּחָן לָהּ אֲתַר מָאן אִתְגְּזַרָא שַׁאֲלִין מַלְאָכַיָּא קַדִּישָׁא. אַיֵּה מְקוֹם כְּבוֹדוֹ לְהַעֲרִיצוֹ. וְלָא אַשְׁכְּחָן לָהּ אֲתַר עַד דְּאָמְרִין בָּרוּךְ כְּבוֹד יי׳ מִמְּקוֹמוֹ. (נ״א אַדְּהָכִי הָא סָבָא לְגַבֵּיהּ וְאָמַר רִבִּי רִבִּי הַאי כִּשְׁכִינְתָּא תַּתָּאָה דְּלֵית לָהּ תַּמָּן אֶלָּא אֲצִילוּתָא וְדָא הוּא אִתְגְּזֵרַת אֶבֶן בְּגִין דְּאִיהִי גְּזֵרַת מַלְבִּין וּבָהּ גָּזְרִין דִּינָא דְּפָא דָא דִּין

כח [illegible]
בתראה

ו׳ לְגַבָּהּ. וְדָא אִיהוּ נוֹטֶה שָׁמַיִם כַּיְרִיעָה. דְּוַדַּאי כַּד אִיהִי נְהִירָא בִּגְוָונִין דִּילָהּ אִתְּמַר בָּהּ וּרְאִיתִיהָ לִזְכּוֹר בְּרִית עוֹלָם. וּרְאִיתִיהָ בְּתַכְשִׁיטָהָא כְּכַלָּה דְּמִתְקַשְּׁטָא לְגַבֵּי בַּעְלָהּ וּמִיַּד נוֹטֶה שָׁמַיִם כַּיְרִיעָה דְּאָתֵי בַּעְלָהּ לְגַבָּהּ וְדָא אִיהוּ רָזָא דְּקַו הַמִּדָּה דְּאִיהוּ ו׳ מֵהַהִיא מִדָּה דְּאִיהִי י׳ וּלְבָתַר דְּאִיתִי נַטְלָא שְׁמָא קַדִּישָׁא אִתְעֲבִידַת אִיהִי מִדָּה מִתַּתָּא לְעֵילָא. כְּמָה דִּנְקוּדָה י׳ אִיהִי מִדָּה לְעֶשֶׂר יְרִיעָן כָּךְ אִיהִי אַמָּה מִסִּטְרָא דְּאוֹת ו׳ כְּלִילָא מִי׳ אַמּוֹת הה״ד עֶשֶׂר אַמּוֹת אֹרֶךְ הַקֶּרֶשׁ וְדָא י׳ וְאַמָּה ה׳ עִלָּאָה. וַחֲצִי הָאַמָּה ה׳ תַּתָּאָה. אֹרֶךְ הַיְרִיעָה הָאַחַת דָּא ו׳. וְאַמַּאי אִתְקְרִי ה׳ תַּתָּאָה חֲצִי הָאַמָּה בְּגִין דְּאִתְקְרִי מַצָּה פְּרוּסָה לֶחֶם עוֹנִי. וְהַאי נְקוּדָה כַּד סַלְּקָא לְגַבֵּי א׳ דְּאִיהוּ אֲוִירָא סָתִים אִתְקְרִי קָמֵ״ץ. קוֹמֶץ סָתִים בְּגִין וְקָמַץ הַכֹּהֵן מִמֶּנּוּ מְלֹא קֻמְצוֹ וְאִיהִי מַחֲשָׁבָה סְתִימָא ם׳ כְּתִימָא מַפְתְּחָא דִּילָהּ מַאי נִיהוּ. פַּתַּח וְדָא ו׳. וְאִיהוּ נָטוּי כְּגַוְונָא דָּא י׳ (נ״א) כַּד אִתְפְּרִישׁ מִנְּקוּדָה אִיהוּ רָקִיעַ פָּתוּחַ וַדַּאי. נָטוּי עַל רָאשֵׁי הַחַיָּה דְּאִיהִי נִיצוֹצָא דְּקָמֵץ הה״ד וּדְמוּת עַל רָאשֵׁי הַחַיָּה רָקִיעַ. מַאן חַיָּה. דָּא מַלְכוּת דְּאִיהִי נִיצוֹץ לְתַתָּא מִן רָקִיעַ כְּגַוְונָא דָּא (נ״א) מַאן רָקִיעַ. דָּא צַדִּיק. וְהַאי אִיהִי חַיָּה אֲשֶׁר תַּחַת אֱלֹקֵי יִשְׂרָאֵל וְרָאשֵׁי הַחַיָּה דִּלְתַתָּא נֶצַח וְהוֹד. וְאִית חַיָּה עִלָּאָה כְּגַוְונָא דָּא י׳ וְדָא י׳ עִלָּאָה דְּאִיהִי עַל הָרָקִיעַ וְאִיהִי מַחֲשָׁבָה עִלָּאָה. כֶּתֶר בְּרֵישָׁא דְּכֹלָּא. רָקִיעַ דִּילָהּ ו׳ עִלָּאָה. וְהַאי אִיהִי עֲטֶרֶת תִּפְאֶרֶת. דְּאַשִׁין דִּילָהּ. תְּרֵין דְּרוֹעִין וְאִיהִי עֲטָרָה בְּרֹאשׁ אַבָּא וְאִימָּא. וְאִיהִי כֶּתֶר עִלָּאָה וַדַּאי. וְרֵישִׁין דִּילָהּ לְעֵילָא אִינוּן אַבָּא וְאִימָּא אִיהִי י׳ בְּכָל אֲתַר קוֹצָא דִּילָהּ לְעֵילָא וְגוּז דִּילָהּ בְּאֶמְצָעִיתָא וְסוֹפָא דִּילָהּ לְתַתָּא בְּלָלָא דְּאַתְוָן דִּשְׁמָא מְפָרַשׁ. רֵישָׁא דִּילָהּ לְעֵילָא בְּרָזָא דִּטְעָמֵי. וְגֵיז דִּילָהּ בְּאֶמְצָעִיתָא בְּרָזָא (נ״א כְּלָלָא) דְּאַתְוָון גּוּפָא לְתַרְוַייהוּ. וְקוֹצָא דִּילָהּ לְתַתָּא בְּרָזָא דִּנְקוּדֵי. וּלְתַתָּא אִיהוּ הַאי נְקוּדָה מַיִין נוּקְבִין וּלְעֵילָא מַיִין דְּכוּרִין

אוכם ולא ירוק ולא גוון כ״כ סומק ר״ל אדום אוכם ר״ל שחור הרי ג׳ שהם חוור סומק אוכם ו״ה עוד שנים שהוא ירוק ככרתי ועוד גוון השפוט שקורין בערבי אלפ״ר וכנגד אלו הב׳ אמר ולא ירוק ולא גוון וכמלא הם חמשה וראיתיה בתכשיטהא כ״ב דר״ס תיבת ורא תיר ורא תי ה׳ ווהו תכשיטהא ומ״ש ומיד נוטה שמים כיריעה כי בהי׳ יו״ד דשמא קדישא הוא ר״ע עם ה״א דשמא קדישא בסוד אלו רמים וכאן אמר שמים שהוא סוד וא״ו דשמא קדישא הוא כיריעה חלק תיבת כיריעה לשלשה חלוקות וקרי בה כ׳ וד׳ ריע ס׳ ר״ל יחיה כמו

(יח) רקיע

הקדמת תקוני הזהר

תקונא חמישאה ליום ד׳

בראשית ב ראשית. נקודה בהיכליה. והאי נקודה איהי מחשבה סתימא אדהכי הא איהו אזדמן לגבי דר״ש. א״ל. רבי רבי והא ב׳ פתיחא איהי. אם כן במאי איהי מחשבה סתימא בה. אלא בריש הורמנותא דמלכא בוצינא דקרדינותא כד מדיד משיחא האי נקודה נפיק מינה קו דסתים מחשבה כגוונא דא ם. ובקדמיתא איהי מ״ם סתימא וכד אתפשט קו דאיהי ו׳ מן המדה איהי אתפתחת ואתעבידת ב׳. ודא בראשית ב׳ ראשית נקודה בהיכליה. וכד איהי ם סתימא איהי מ״ם רבתא מלםרבה המשרה ואתעבידת עזקא. ובגינה אתמר לגבי כלה תהא לי מקודשת בטבעת זו ם ועלה אתמר קוטרא בגולמא נעוץ בעזקא. ואיהי לא חוור ולא סומק ולא ירוק ולא גוון כלל. וכד אתפשטא לאנהרא איהי עבידת גוונין לאנהרא. ורזא דמלה עוטה אור כשלמה וכו׳. כד איהי אור מעוטף ולא אתפשט ואיהי סתים. אתקרי אויר אור סתים באת יו״ד נקודה בהיכליה. וכד אפיק י׳ מאוי״ר אתגליא או״ר ודא איהו ויאמר אלקים יהי אור וחמש זמנין אור אינון בעובדא דבראשית ואינון ה׳. ועליהו אתמר מי מדד בשעלו מים ודא דרועא ימינא ואיהו גוון חוור. ושמים בזרת תכן דא דרועא שמאלא דאיהו גוון סומק וכל בשליש עפר הארץ דא גופא עמודא דאמצעיתא ודא גוון ירוק. ושקל בפלס הרים *וגבעות במאזנים תרי סמכי קשוט. והאי ה׳ איהי אתפשטת לאנהרא בחמש גוונין דאינון ה׳ זמנין אור י׳ איהי מדה דיליה. ה׳ עלאה חמש אור. ה תתאה חמש גוונין דנהרין בהון חמש אור. וכד אתפשטת ה׳ עלאה לאנהרא בה׳ תתאה בחמש גוונין (דנהרין) דילה. כיד אתפשט

דכל ספירה וספירה כ ריתלכות ר א עש רים וככל ספירה וספירה דעשר ספירות יש בר ם וה א משלמת העשרה בכל חד וחד ולכן נקראת כן שר א כן של כל העולמות ושל כל הספירות בסוד אמר קרקע עולם ר תה א״ל רבי רב ככל ראשון הוא דרך ח כה וכמ ש רז ל במדרש ע פ ו אמר משה משה ועוד נראה הכונה רב בחכמת הכשב רגלה רב בחכמת דסוד הנסתר וכזאת תמצא בכמה מקומות בזוהר ות קונים ור מ ועלה אתמר קוטרא בגולמא נעוץ בעזקא פ רוש קוטרא ר ל קשר גולמא ר ל גולם עזקא ר ל טבעת והכונה מ ס הסותמר ר א דוגמת רטבעת שמקדש כד את רכלר אשר רבעל מתקשר עמה בקדוש | אלו כעודה גולם שלא נפתח ונגמר הפתח שלה דכל דבר שלא נגמר ונשלם נקרא גולם ונמצא הקשר אשר מתקשר האיש עם הכלה בעודה גולם נעוץ ותלו בעזקא זו הטבעת שנותן לה לקדושין שה א דוגמת מ ס סתומה ואיהי לא חוור ולא סומק ולא

* ט ע״ב

דאשתתפת באבהן. ועלה אתמר שמרני כאישון בת עין ובלא ברזא דבראשית תמן ראשית תמן ב״ת. קם ר״ש על רגלוי ואמר רבון עלמין אפתח עיני לאסתכלא בהון לעילא אבא ב״ם בארבעים ותרין אתוון דשמא מפרש למנדע כל את ואת על תקוניה בראשית וכו׳ והארץ היתה תהו ובהו ואינון אב״ג ית״ץ. קר״ע שט״ן. נג״ד יכ״ש. בט״ר צת״ג. חק״ב טנ״ע. יג״ל פז״ק. שק״ו צי״ת. בשכמל״ו. כל את ואת אית ליה מאמר ואית ליה נתיב עשר אמירן אינון ול״ב שבילין. וכלהו תליין מן א״ק. ודא איהו אבא בם אודה יק אי ה בחושבן אודה יק. י״ק חכמה ובינה. א׳ בתר עלאה ואינון שבע ספירן. כלילן בשבע שמהן וכלהו כלילת לון בת שבע. ולית ספירא מכלהו ספירן דיהא לה רשו לארקא ברכאן ולאשפעא לתתאין אלא בבת שבע בגין דאיהי קשורא דכלהו ספירן דאי ספירן הוו מריקן לבר מינה היה פרודא ובגין דא לית רשו לארקא ספירה לשום אתר בר מינה לגבי תתאין. ובגין דא אתמר בה אל יתהלל חכם בחכמתו וגו׳ כי אם בזאת. בזאת יבא אהרן אל הקדש. דלית רשו לנביא וחכימא למנדע לעילא שום מדע אלא בה. ובגינה אתמר ומשה עלה אל האלקים ודוד בגינה אמר אם אתן שנת לעיני לעפעפי תנומה. עד אמצא מקום ליי. איהו שלימו דאדם. שלימו דיחודא. שלימו דשמא קדישא. שלימו דכל ספירה וספירה:

לכבך בש״י יבבות וכל ישר תהלת פעולתו בע״ן, ואם תאריך ב״פ ל״ב עם מספר ע״ן, ר״ה מספר צדק וכל זה בצדק שמשתתף ש״י לב בעין שלו אבל דרשע אינו מחבר בעין שלו אלא לב אחד שרואה יצה״ר בלבד ואין בזה מספר צד״ק אלא מספר קס״ב גי׳ עלב וש״ן, בעלב תלוי ב״כ ש״ם **איהו** שלימו דאדם שלימו דיהודא וכו׳ כ״ב דר״ש זה על מקום שהוא השכינה שנקראת מקום דעלה אמר דוד עד אמצא מקום לה׳ ומ״ש שלימו דאדם כי אדם ג׳ שם הוי״ה דאלפין, דמלואו עול״ה י״ם כמנין חוד ורזלוי נקרא מקום לפשוט כי אותו הפסוק עומדים על אות ות רמז לו וזה על מקום האמור בפסוק עד אמצא מקום לה׳ אמר אדרו שלימו דאדם או דכוונו ע״ד מה שפירש עמ״ר אדוג מור אבי זלה״ה במדרש אמרו ביאתר רז״ל אין מקומו של אדם מכבד אותו אלא האדם מכבד את מקומו דז״א נקרא אדם ורזא פ״ש אך המלכות שהיא ים משלמתו ל״ס וח״ש אין מקומו דמלכות שנקראת מקום מכבד את האדם שהוא ז״א אפילו שהיא משלמתו ל״ס אלא האדם שהוא ז״א מכבד את מקומו שהיא המלכות עכ״ד ודפח״ח ולזה דר״ש כאן, עד אמצא מקום לה׳ אמרו שלימו דאדם והכן ואומרו שלימו דיהודא דר״ש עוד מקום על יחודא שהוא שם הוי״ה דיודין, שעולה ע״ב עם שם אהי״ה דיודין שעולה קס״א שזה מילואו מ״ה ואה מילואו ק״ס שהם לירוף מקום כנ״ו בדברי רבינו האר״י ז״ל ויחוד זה הוא חוד עליון, וגם על זה רמזו עד אמצא מקום לה׳ והוא סוד ב׳ יסודות דאו״א ולכן אמר שלימו דיחודא ואומרו שלימו דשמא קדישא הוא ע״פ מ״ש בתיקונים לקמן דשם הוי״ה עולה מספר מקום וזה ידוע ואומרו שלימו

ידיעה כלל במלכא ובמלבושיה ובתקוניה לבר נש בעלמא עד דיעול מלכא לביתיה ולהיכליה דאיהו ב' ועלה אתמר כי ביתי בית תפלה יקרא לכל העמים. ומאן דאיהו אדם בדיוקנא דעמודא דאמצעיתא עליה נאמר אין תפלתו של אדם נשמעת אלא בבית הכנסת והא אוקמוה מארי מתניתין. ומאן דנטיר ברית אתקרי איש תמים ותמן בראשית ברי"ת א"ש דנטיר ליה מאשא דגיהנם. אבל מאן דאתעסק באורייתא ונטיר לה אתקרי אדם בדיוקנא דההוא דלעילא הה"ד כתפארת אדם לשבת בית. ת"ח כל מאן דנטיר אות ברית דיוקניה רשים בשכינתא וצדיק. ומאן דאשתדל באורייתא דיוקניה רשים בעמודא דאמצעיתא:

תקונא רביעאה

בראשית כתיב פתחו לי שערי צדק אבא בם אודה יה. פתחו לי דא אינון תרין עפעפי עינא דאינון פתחין וסגרין. ועלייהו אתמר והיו הכרובים פרשי כנפים למעלה אלין תרין כרובי עינא. פרשי כנפים עפעפי עינא ועוד פתחו לי שערי צדק אלין אינון ב' עיינין בזמנא דאינון מסתכלין בארח מישר אתמר בהון ופניהם איש אל אחיו ובזמנא דלאו אינון מסתכלין בארח מישר הא נחש עקלתון תמן. עליה אתמר כי המות יפריד וגו' תלת גווני עינא אינון תלת אבהן דאתמר בהון אלה ראשי בית אבותם. בת עין דאיהו דקיקא זעירא דא שכינתא

רש לה עמודא דאמצעיתא דכל שבע רקיעין **וליתא** ידיעא כ"ל במלכא נ"ב אין הכונה לשום כינוי באלקות ממש עד דיעול מלכא לביתיה ולהיכליה דאיהו ב' דהיינו דבר זה שזה רמוז באות ב' דבראשית דאיירי סוד ב' כה דאפילו מרע"ה לא נתנבא מאלקות לבדו ממש כי על אלקות לבדו נאמר לא יראני האדם וחי וכמ"ש מהרח"ו בשער קדושה בסוד הנבואה ויתכן ועליה אתמר כי ביתי בית תפלה פירוש דאמת שרא ב' כנגד ששם הוא סוד שער תפלה ה"א מקננא בבריאה **מאן** דנטיר ברית אקרי איש תמים נ"ב רמ"ש ע"פ מ"ש רבינו האר"י ז"ל בשער רוה"ק בתיקון עונות שבאדם יש צלם ושם אלהים ואות ו' דשם אלהים רוא"ר סוד שבו שהוא אבר דברית שבאדם ואות מם דשם אלהים בעטרה שבו נתלא באבר דברית יש אותיות ים דשם אלהים ולכן מאן דנטיר ברית אקרי איש תמים שהוא תם ים כלומר תם ים באותיות ים דשם אלהים **מאן** דנטיר ברית דיוקניה רשים בשכינתא וצדיק נ"ב כי הברית עצמו רזא יסוד שנקרא צדיק והעטרה של הברית היא מל' כנודע ומאן דאשתדל באורייתא דיוקניה רשים בעמודא דאמצעיתא שהם תורה שבכתב רוח **כרובים** אלין תרין כרובי עינא נ"ב כי בעין יראה מראה צורת אדם שהוא כמראה המלושה וזהו כרובי עינא כי הכרובים צורת אדם הם ופורשי כנפים רש רעפעפיים דוגמת כנפים פתחין וסגרין **פתחו** לי שערי צדק אלין אינון ב' עיינין נ"ב כי ריה"ש ויש לכל אחד נקרא לב והצדיק עושה ליה"ר לב טוב וכמ"ש רז"ל ע"פ כי ראות את לבבו נאמן לפניך וכן ואהבת את ה' א' בכל

דאשתתפה

עָלְמִין אע"ג רַאֲנָא בגָלוּתָא מרַחֲקָא ממך. שימני כַחוֹתָם עַל לִבֶּךָ וְלָא יתעֲדי מִנָּן דיוקנָך דאיהו חוֹתָם דילָךְ שכינתָא דילָךְ. דבגינה אַנְתְּ הֲוֵית דָכִיד לָן בגָלוּתָא. וחותמא דקודשא בריך הוא וַדַּאי איהי שכינתָא בראשית בָּרָא וַדַּאי בה פַּתְחַת אוֹרַיְיתָא בב'. דָא בראשית ב' רֵאשִׁית ב איהו וַדַּאי אוֹצָרָא דכלָּא. עָלָה אתמַר ידאַת יי היא אוצרו:

ודא (תיקונא תניינא)

(בראשית זמנין סַגִּיאִין אינון באוֹרַיְיתָא רֵאשִׁית וכל חַד אתפְּרַשׁ באַתריה. קַדמָאָה איהי יְיָ קָנָנִי ראשית דרכו דָא אוֹרַיְיתָא דאית בה טַעֲמֵי ונקוּדי ואתוון וכמָה פקודין דעשה ולא תַעֲשֶׂה דכלהו תליין בשם יקו"ק הה"ד זה שמי לעולם וכו' שמ"י עם י"ק שס"ה' זכר"י עם ו"ק דמ"ח שס"ה משמאלָא מדחילו דגבורָה אתיַהיבו פַּחַד יצחק):

(תקונא תליתאה) תקונא תניינא ליום ג.

בראשית תמָן ירא"ת. מה אשתאַר מאינון אַתְוָון ש"ב. ורָזָא דמלָה שָׁב *בירְאַת יי ואם לית דחילו לית חָכְמָה כמָה דאוקמוה אם אין יראָה אין חָכְמָה בגין דירְאָה היא אוֹצָרָא לחָכמָה. איהו גניזו דילָה. איהי טמירו דילָה איהי ביתָא דמַלְכָּא:

ודא תקונא תליתאה כגוונא דא

בראשית רא"ש בי"ת ורָזָא דמלָה בחָכמָה יבָּנֶה בָּיִת וּמַאן דבעי למחזי למַלְכָּא לית ליה רשו לְמֶחזְיֵה אֶלָּא בביתיה. ורָזָא דמלָה חָכְמָה לָא אשתמודעא אֶלָּא בבֵיתיה כגַוְונָא דָא עַמּוּדָא דאֶמצָעִיתָא דְאיהו יקוק לָא אשתמודע לנָביא וחוזֶה אֶלָּא בהֵיכָלֵיה דאיהי אֲדֹנָי ורָזָא דמלָה וַיְיָ בהֵיכַל קָדשו ואיהי כלִילָא מז' הֵיכָלִין מז' אַרעִין. וַעֲלַייהו אָמַר דָוִד אתהלך לִפְנֵי יְיָ בארצות הַחַיִּים ועַמּוּדָא דאֶמצָעִיתָא איהו כליל שְׁבַע רקיעין וַעֲלַייהו אָמַר דָוִד הַשָּׁמַיִם שָׁמַיִם לַיְיָ. ולית

הגר"א ז"ל כ' ב"ע הם א' לות המלכות דיראה א' הי' אוצרא לחכמה היא גנזו דילה וכו' כ"ב נקיט ארבע לשונות אוצרא גנזו טמירו ביתא כנגד ד' אנקים פרד"ס שיש בחכמה וכנגד הפשט נקיט אוצר וכנגד הרמז נקט גניזו וכנגד הדרש נקט טמירו וכנגד הסוד נקט ביתא בסוד כתפארת אדם לשבת בית כי הוא כנגד אצלות וכל ארבע חלקים אלו נר כון ליראה כי קום שלהם בי' יראת שמים ועלייהו אמר דוד השמים שמים לה' כ"ב שבי דרים השמים הם המשכה דמוזים באות ה' שמספרה וגאחר שמים שמים ב"פ הם שני רקיען שרי ד' ידיעה

אינון צַדִיקַיָיא אתהַתיָין מתַמָן. בָה רשימין ומצויירין ומתתַקקין דיוקנין דעלָאין, ותתָאין ציורא דאָדָם רשימָא תַמָן ואיהו דמות אָדָם רְשימָא דאַריה תַמָן לימינָא. ורשימא דשור לשמָאלָא. ורשימא דנשרָא באֶמצָעיתָא. ורזָא דמלָה ודמות פניהָם פנֵי אָדָם ופנֵי אַריה אֶל הַיָמין לארבַעתָם וכו' לכָל חיוָתא ארבַע אנפין. אִין אַרבַע אַתוָון דשמָא קַדישא יקו"ק. דנהיר בהון מַלכָא דכלהו חיוָן דָא אָדָם דאיהו יוד קא ואו קא. דסָליק בחשבָן חָד. דמות אָדָם דָא שכינתָא קַדישָא דאיהי דיוקנָא. איהי חותָם דיליה. ועַלָה אתמַר שימֵני כַחותָם עַל לבָך. דהָכי אַמרַת שכינתָא אע"ג דאַנת תכתַלק לעילָא דיוקנָך לָא אתעַדי מנָאי לעָלַם. כהַהוא חותָם דבהַהוא אַתַר דאתדבק ביה רשימו דמָארי חותָמא. לָא אתעַדי מיניה דיוקנָא דחותָמָא לאשתמודָעא ביה. ובג"כ אמרָה כ"י בגָלותָא שימני כַחותָם עַל לבָך ברשימו דתפלין ד"יַד דאינון לָקבל לבא. כחותָם עַל זרועָך בתפלין דרישָא דאינון תַליָין רצועין לכָל סטרין עַד לבָא ודרועא ובהון אינון רשימין דאינון עמיה דקודשָא בריך הוא. ועוד שימני כַחותָם דא חותָם דאות בריה קדֶש והוא אות ברית שַבָת קדֶש ויָמים טובים. כי עַזָה כַמָוֶת אַהֲבָה. תַקיפָא איהי אַפרָשותָא דקודשָא בריך הוא ושכינתָא מישרָאל כפרישו דנשמָתא ורוחָא ונַפשא מגופָא. ותו כי עַזָה כַמָוֶת אַהֲבָה כַד ישרָאל מיַחֲדין שמא דקודשָא בְריך הוא ברחימו ואָמרין הַבוהר בעַמו ישרָאל באַהֲבָה קָשה כשאול קנאָה. דקודשָא בריך הוא. יַקנֵי עֲלַידו בזמנָא דיפקון מן גלותָא דאיהו יהֵא בהַהוא זמנָא קַנָא ונוקם ובַעַל חמָה. רשָפיה רשפי אש בהַהוא זמָנָא יתעַר שמָאלָא בשַלהובין דיליה דאינון רשפי אש שַלהֶבֶת י"ק ויוקיד כַמָה היכָלין דבָתֵי ע"ז ויטול נוקמין מעֲמָלק דאיהו אומי בתרֵין אַתוָון דשמָא קַדישא דאינון י"ק לנַטלָא נוקמָא מנֵיה הה"ד וַיֹאמֶר כי יָד עַל כֵס יָק. ודָא איהו רשפי אש שַלהֶבֶת י"ק. וישרָאל אָמרין דבון

ו ידוע משה גי' אל שדי שהוא שם רמא' ר בכל אח שמשם נימנה תורה כנ' בסוד ברוך אלהינו שבראנו לכבודו וכו ולכן נקנה תורה על די מרע"ה ולז"א ומא בהון פתחי ל אחות רע פי וגם שמתי כ"ם ד' תורה ס אלו תר"א כמנין תורה ולכן התורה נקראת על שמו זכרו תורת משה עבדי בה רש מין ומצויירין ומתתקקין כ"ב רש מן בסוד רמש ר ומלוי כ ן בסוד ה לירה ומתתקקן בסוד הכר אה כ בכל במי יש ב"מ וידוע ש ש רבינו עלמין

דעד כען צדיקיא בלהו דמיכין ושינתא בחוריהון. מיד יהיבת שכינתא תלת קלין לגבי ר"מ ויימא ליה קום רעיא מהימנא דהא עלך אתמר קול דודי דופק לגבאי בארבע אתוון דיליה. ויימא בהון פתחי לי אחותי רעיתי יונתי תמתי דהא תם עונך בת ציון לא יוסיף להגלותך שראשי נמלא טל. מאי נמלא טל. אלא אמר קודשא בריך הוא אנת חשיבת דמיומא דאתחרב בי מקדשא דעאלנא בביתא דילי ועאלנא בישובא. לאו הכי דלא עאלנא כל זמנא דאנת בגלותא הרי לך סימנא שראשי נמלא טל. ה"א שכינתא בגלותא. שלימו דילה. וחיים דילה איהו טל. ידא איהו יו"ד ה"א ואו. וה"א איהי שכינתא דלא מחושבן ט"ל. אלא יוד קא ואו דסליקו אתוון לחשבן ט"ל. דאיהו מליא לשכינתא מנביעו דכל מקורין עלאין מיד קם רעיא מהימנא ואבהן קדישין עמיה עד באו רזא דיחודא. מכאן ואילך פרשתא קדמאה דסתרי אורייתא ע"ב. פתח ר"ש ואמר בראשית ברא אלקים סוד ה' ליראיו ובריתו להודיעם. סו"ד אלין אינון שבעין אנפין דאתפרש מלת בראשית בהאי פרשתא:

תקונא קדמאה ליום ב

בראשית ב' ראשית. זה השער לה' צדיקים יבאו בו. דא איהו תרעא דצדיקיא דאית לון רשו לעאלא תמן. ואחרנין דלאו

אשר עתה בא לעורר אותם משה הוא כמ"ש רבינו בתיקוני ז"ל בפרשת ח שרה דנקראת חברון על שם כל הקבור שם נפשו מחוברת למעלה בעיר אלהים עם ד' מחנות שכינה ולא לחנם חמדוה אבות העולם אלא שמשם זוכות הנשמות להתחבר שם שהיא כסא הכבוד וזהו קרית ארבע היא חברון, ע"כ כולהו דמכין ושינתא בחוריהון מפרש ית לות פרש בחור הוא י"ל בנות רחם ולדברו נרך ב אור למה תלה השינה בחורים שהוא רחוקים ונראה מפני כי הנשמה שהוא חיות רגוף היא בחוטם דכתיב נשמת רוח חיים באפו וכן ויפח באפו נשמת חיים וכיון שנפטר האדם אין נשמה באפו ולכן בדרך כבוד כינה בלשון השינה בשם שינה ועוד י"ל בחורירון ר"ל בעפעפי עינים כמ"ש לעפעפי תנומה וחורירון ר"ל לובן של עינים שלהם כי העפעפים סוככים על לובן המקיף את העין, מיד היבת שכינתא תלת קלין לגבי ר"מ נ"ב טעם לתלת קלין כנגד ג' אותיות שמו הטוב שהם סוד חג"ת כמ"ש רבינו האר"י ז"ל בשער הפסוקים פ' שמות בסוד ותקרא שמו משה כי מן המים משיתהו שהוא מ' בחסד ש' בתפארת ה' בגבורה ע"ש או וכן כי רשכ"ה נקראת זאת כנודע ומספר זאת עולה ג"פ קול לכן היבת תלת קלין או וכן היא עומדת אחר נה"י דזה ולכן היבת תלת קלין כנגד ג' ספירות נה"י והוא ברזא נה"י, ובני ידיד כה"ד יעקב נר"ו פירש תלת קלין כנגד בי"ע עלך אתמר קול דודי דופק כי משה בו או במקום אולם עולה מספר נס"א רמז לדבר נשא את ראש בני ישראל ומספר קול דודי דופק עם הכולל בני נשא זלו או בארבע אתוון דיליה כי בצירוף וא"ו שהוא במקום אולם נעשה שמו ארבע אתוון.

אינון

ורשאין וגנתא דעדן ועשבין וחיון ועופין ונונין ובני נשא. לאשתמודעא בהון עלאין ואיך יתנהגון בהון. עלאין ותתאין. ואיך אשתמודען מעלאי ותתאי ולית דידע בך כלל זבר מינך לית יחידא בעלאי ותתאי ואנת אשתמודע אדון על כלא. וכל ספירן כל חד אית ליה שם ידיע. ובהון אתקריאו מלאכיא. ואנת לית לך שם ידיע. דאנת הוא. ממלא כל שמהן. ואנת הוא שלימו דכלהו וכד אנת תסתלק מנהון אשתארו כלהו שמהן כגופא בלא נשמתא. אנת חכים ולאו בחכמה ידיעא. אנת הוא מבין ולא מבינה ידיעה לית לך אתר ידיעה אלא לאשתמודעא תוקפך וחילך לבני נשא ולאחזאה לון איך אתנהיג עלמא בדינא וברחמי דאינון צדק ומשפט כפום עובדיהון דבני נשא. דין איהו גבורה. משפט עמודא דאמצעיתא. צדק מלכותא קדישא מאזני צדק תרין סמכי קשוט. הין צדק אות ברית כלא לאחזאה איך אתנהג עלמא. אבל לאו דאית לך צדק ידיעא דאיהו דין. ולאו משפט ידיעא דאיהו רחמי ולאו מכל אלין מדות כלל. קום רבי שמעון ויתחדשון מלין על ידך דהא רשותא אתיהיב לך לגלאה רזין טמירין על ידך מה דלא אתיהיב רשו לגלאה לשום בר נש עד כען. קם רבי שמעון פתח ואמר לך יי' הגדולה והגבורה וכו' עלאין שמעו אינון דמיכין דחברון ורעיא מהימנא אתערו משנתכון הקיצו ורננו שכני עפר אלין אינון צדיקיא דאינון מסטרא דההוא דאתמר בה אני ישנה ולבי ער ולאו אינון מתים ובגין דא אתמר בהון הקיצו ורננו וכו' ר"מ אנת ואבהן הקיצו ורננו לאתערותא דשכינתא. דאיהי ישנה בגלותא

ש שתקף עמהם בת כור זה והומרו ולכל מאר יש בהא דלעילא ותתא וכל ת ל, דמלאכין וכו נראה מאר מה בהא דלע לא ותתא הם נשמות שב ל רה ושבעביה ות ילין דמלאכן עלא, רם נשמות דאצילות שנקרא ס מלאכ הספרת כמ ש רבינו האר י ז ל בשער רגלגול ס ובמ"א וגשתחין עלא, הם נשמות דבריאה דנקראים נשמה בסתם קם ר"ש פתח ואמר נראה שה ה דרכם לומר חדוש תורה מעומד לכן אתר קם ר ש והנה בפסוק זה יש חוד שבשער ספירות הב, ן שבהם הנרגת העולם לכך פתח בו באח לא הדיוש שהוא ללורך ותקון העולם עלאין שמעו אינון דמיכ, דחברון ורעיא מה מנא נ ל ד' לדיקים אלו רם חג"ת ונלח שנזכרים בפסוק הגדולה והגבורה והתפארת והנלח ונראה מה שקורא כאן ועוד בכמה מקומות למרע ה בשם רע א מה מנא כי מספר רעיא מה מנא עולה מספר סוד באל שדי גם עולה מספר בכב"ת דשם כב ת הוא פנים של שד ומרע"ה אחוז בו והוא זין שלו שבו הרג את המלך וכמ"ש רבינו ז ל ע פ למה תכה רעיך ובו הורג את אויבי ישראל וקרא לאבות בשם דמיכי חברון ולא קראם בשמם או בשם אבהן בשהם לרמוז על שבח שה ה להם בקבורתם

דער

לעלם ולעלמי עלמין. בההוא זמנא דאתחבר האי חבורא רשותא אתיהיב לאליהו לאסכמא עמהון ביה. וכל מארי מתיבתא דלעילא ותתא וכל חילין דמלאכין עלאין ונשמתין עלאין למהוי עמהון באסכמותא ורעותא כחדא. פתח אליהו ואמר רבון עלמין דאנת הוא חד ולא בחשבן. אנת הוא עלאה על כל עלאין סתימא על כל סתימין לית מחשבה תפיסא בך כלל. אנת הוא דאפיקת עשר תקונין. וקרינן לון עשר ספירן. לאנהגא בהון עלמין סתימין דלא אתגליין. ועלמין דאתגליין. ובהון אתכסיאת מבני נשא. ואנת הוא דקשיר לון ומיחד לון. ובגין דאנת מלגאו. כל מאן דאפריש חד מן חבריה מאלין עשר. אתחשיב ליה כאלו אפריש בך. ואלין עשר ספירן. אינון אזלין כסדרן חד אריך וחד קצר וחד בנוני ואנת הוא דאנהיג לון. ולית מאן דאנהיג לך לא לעילא ולא לתתא ולא מכל סטרא. לבושין תקינת לון דמנייהו פרחין נשמתין לבני נשא וכמה גופין תקינת לון דאתקריאו גופא לגבי לבושין דמכסיין עליהון. ואתקריאו בתקונא דא. חסד דרועא ימינא. גבורה דרועא שמאלא. תפארת גופא. נצח והוד תרין שוקין. ויסוד סיומא דגופא אות ברית קדש מלכות פה. תורה שבעל פה קרינן לה. חכמה מוחא איהו מחשבה מלגאו. בינה לבא ובה הלב מבין. ועל אלין תרין כתיב הנסתרות ליי׳ אלקינו כתר עליון איהו כתר מלכות. ועליה אתמר מגיד מראשית אחרית. ואיהו קרקפתא דתפלי. מלגאו איהו יוד קא ואו קא דאיהו ארח אצילות. איהו שקיו דאילנא בדרועוי וענפוי. כמיא דאשקי לאילנא ואתרבי בההוא שקיו:

רבון העולמים אנת הוא עלת העלות סבת הסבות דאשקי לאילנא בההוא נביעו וההוא נביעו איהו כנשמתא לגופא דאיהו חיים לגופא ובך לית דמיון ולית דיוקנא מכל מה דלגאו ולבר ובראת שמיא וארעא. ואפיקת מנהון שמשא וסיהרא וככביא ומזלי ובארעא אילנין

על ידו א׳ כמו שזכו לסוד חב״ד ולכן אין הילה ר׳ יכול לשלוט בהם עכ״ד נר ו׳ וכ״ל בס״ד דרך רות ו׳ הר״ר ל׳ ז׳ התשוקות דביקה שנקראת הר׳ ולז״א כזוהר יזהירו כמו ז׳ הר שנמשך לרס״א תרס מגם להתחכם בתורה בההוא דאתחבר האי חיבורא רשותא אתיהיב לאליהו לאסכמא עמהון ביה ישוע דחיבור ספר התקונים היה לגורך א׳ קון הטעם ה׳ שגם סוד שם הוי״ה דב״ן דהכי ן שהוא סוד שמו של אליהו זכור לטוב לכן רשותא אתיהב לאליהו זכור לטוב

עלים בל' וירדים בנ' דאתמר איך נפלת משמים הלל בן שחר. אתמר ביה ויורדים בו. אבל בס' בה סלקין בגין דאיהי סנ"ה איהי סל"ם לסלקא בל. ע בה מסתכל ובה מצפה ורזא דמלה ובל עין לך תצפה. פ בה כל לשון לך תשבח בזמנא דסליק לאתריה. וכי כען לא משבחין ליה כל לשון. לא. עד דיתקיים קרא והיה יי' למלך. למלך ודאי באת ל. ובההוא זמנא יתקיים כל פה וכל לשון יתנו הדר למלכותך. צ בההוא זמנא אתמר בה צדקה תרומם גוי. ולית צדקה אלא צלותא הא אוקמוהו. ואיהי אימא עלאה דנחתא לגבי צדק ואתעבידת צדקה צדיק ואתכליל י"ה בתרווייהו בצדיק וצדקה. ק בההוא זמנא יסלקון ליה קרין דצלותין קלין דאורייתא ובההוא זמנא. יהא הקול קול יעקב. ר ראשון לציון הנה הנם ולירושלם מבשר אתן. ש בה שלום שלום לרחוק ולקרוב אמר יי' ורפאתיו. לרחוק שנתקרב דקרוב קרוב (נ"א דרחוק רחוק) הוה. ת בה תם עונך בת ציון לא יוסיף להגלותך:

*הקדמה אחרת לתקוני הזוהר לד"ח יום א'

בראשית ברא אלקים וגו'

כתיב והמשכילים יזהירו כזהר הרקיע וגו' אלין אינון ר' שמעון בן יוחאי וחבריו רבי אלעזר בריה ור' אבא ור' יוסי ור' חייא ור' יצחק ושאר חבריא דאזדהרו זהירו לעילא כזהר הרקיע. מאי כזהר. אלא כד עבדו האי חבורא אסתכמו עליה לעילא וקראו ליה ספר הזהר ומצדיקי הרבים ביה יהון נפישין ככבבים לעולם ועד דלא אתחשיך נהורא דלהון

שהוא קדוש ה' כי נכלל בה קדושת ג"פ קדוש ולכתנו מקבלים הקדושה ממנה למלך ודא באות למ"ד פירוש למד במלואו ג' ע"ד והכתוב אמר בטחו בה עדי עד וכתב הרב ז"ל בספר הלקוטים צריך לכוין בבטחונות עדי עד כמ"ש רשב"י ע"ה שזו א' נקרא עד כמ"ש עד תאות גבעות עולם כלומר ז"א תאות גבעות עולם ע"ש וזהו למ"ד שהוא מספר ע"ד רוא מלך דלא אתחשיך נהורא דילהון לעלם ולעלמי עלמין, נ"ב כיון דזכו את הרבים גילו סודות התורה בפסוקי התנ"ך נשאר אור תורתם זורח לעלם ולעלמי עלמין דאע"פ שנפטרו מהאי עלמא הנה הדורות כולם צריכין מאור תורתם וגם אור רוחם זורח בג"ע שלומדים שם דברים אלו גם אמר דלא אתחשיך נהורא דילהון כי אור תורתם זורח גם בלילות שהם ישנים שעולה נשמתם לקבל סודות התורה ובני ידידי כה"ר יעקב נר"ו פירש לא אתחשך נהורא דילהון ע"ד שאז"ל כל המזכה את הרבים אין חטא בא לעלם

* יז ע א

דביתא דירושלים. ו עמודא דסמיך לדלת. ואיהו דלת דתרין תרעין
דאתמר בהון פתחו לי שערי צדק ובגין דא אית לדל״ת תרין גגין.
ואינון ב׳ דרועין בלא ו דאינון שית פרקין. איהו דלת ודא איהו דלתי
זלי יהושיע. ואת ד׳ איהו דרועא דאית ביה תרין אמין. ה שלימו דתרין
דרועין וגופא דאיהו כללא דתלת אבהן. ו׳ יחודא. שלימו דאת ד׳ דאיהי
סיהרא. כד נהיר בה אתמר בה והיה אור הלבנה כאור החמה. ואור
החמה יהיה שבעתים כאור שבעת הימים. ודא שלימו דחמה וסיהרא
דאינון ה״ה. בגין דאיהו ז׳ כליל י״ו. ובגין דא איהו זכור ושמור זכור
מסטרא דה עלאה שמור מסטרא דה׳ תתאה ח אית לה תלת גגין ואינון
ו׳ו׳ו׳ דכלילן בה״י עלמין ח איהי מפשר חלמין טבין בט׳. והא אוקמוה
חלמא טבא מסטרא דאת ט׳ דאיהי סחור לה כמה דאוקמוה חלמא טבא
חזית ודאי מתמן קא אתיא. בגין דאת ט׳ איהי ספירה תשיעאה מעילא
לתתא. ח׳ ספירה תמינאה מתתא לעילא ח׳*מסטרא דאת א. י׳ ספירה
עשיראה עשירית האיפה. כד נחית ח׳ לגבה אתעבידת ח״י ואת י׳ כד
סלקא בכ׳ אתקריאת כתר עלאה ועליה אתמר כתר יתנו לך. יקו״ק
אלקינו אבא ואימא. מלאכים המוני מעלה אין נשמתין. דאינון מלאכים
מסטרא דמלכות. יחד כלם קדושה לך ישלשו. קדושה ודאי איהי
שכינתא. לך ישלשו אינון תלת אבהן דאינון קק״ק י׳ צבאות. מאי
צבאות אלין תרין נביאי קשוט. מלא כל דא צדיק. הארץ כבודו דא
שכינתא. דאיהי קדושה דעלה אתמר אין קדושה פחות מעשרה. ודא
איהו כ׳ כתר. ל ויחלום והנה סלם מצב ארצה דא שכינתא תתאה
וראשו מגיע השמימה דא שכינתא עלאה. והנה מלאכי אלקים דא מ׳

הכף ופרק הזרוע ופרק המחובר לכתף וזרו תר שם שהם שני דרועין ימין ושמאל ובגין דא אית לדלת
תרין גגין, פירוש שני וו״ן אחד שטוח ואחד עומד וקרי לוא ו העומד ג כ בשם גג מפני שאם תטה הכתב
לרחבו יה ר וא ו זה שטות וכל שטוח הוא כמו גג וכן נמי אמר אח״ז ח א ם לה תלת גגין ג״כ הוא ע״ד
שאמרנו דכל וא ו גם העומד נקרא גג שאם תטנו לרחבו יה ה שטוח ח׳ מסטרא דאת א׳ פ רוש באלפא
ביתא דאחה ע וכן באלפא ב תא דאת ס בט ע המי״ת מתחלף באל״ף יוד ספ רה עשיראה עשירים הא פה
פירוש עשיראה לאות א׳ לכן נקראת עשירית האיפה ולכן היא ראש למספר העשרות ועל כן אות א׳ שהוא
ראש האחדים נרמז יו״ד ואות יו״ד כד סלקת בכ״ף אתקריאת כתר פירוש אות יו ד סמוכה היא לאות כ״ף
שהוא כתר בסוד כי מאתך הוא מנותחם וכאשר תעלה היו ד תהיה מספר עשרים ואותיות עשרים
הם מספר כתר ולזה כד סלקא בכף אתקריאת כתר קדושה ודאי איהי שכינתא ג ב נקראת המלכות קדושה
עלים

* טז ע״ב

כל חד על תקונוי מסטרא דגבורה עאלו כלהו למפרע בגין דאיהו דרועא שמאלא תשר"ק. ודא איהו בראשי"ת ב"א תשרי. בגין דבמדת הדין אתבריאו עלמא. ובגין דא עאלו למפרע. והא אוקמוהו דבימינא אתבריאו עלמא. וביה עאלו אתוון כסדרן ורזא דמלה אמרתי עולם חסד יבנה ובגין דא כד עאלו אתוון למפרע ומנייהו כסדרן לא בעא קודשא בריך הוא למברי בהון עלמא. עד דשתף לון בימינא ושמאלא וברא בהון עלמא. נטל א"ב מכסדרן. ונטל תש"ר מלמפרע ושתף בהון את י' מן שמיה וברא בהון עלמא. בגין דיתקיים בניינא ואינון אבי"ר תש"ר. אבי אשר בידו נפש כל חי. ת' תורת יי' תמימה. ש' שבת. ר' ראשית חכמה יראת יי'. ובכלהו לא בעא למתחל אלא באת ב' בגין דאיהו בנין אב בניינא דעלמא. ובה שארי למתחל. בגין דבה עתיד למבני ירושלם כד"א בונה ירושלם יי'. דאם יי' לא יבנה בית שוא עמלו בוניו בו. ובניינא דאורייתא ודעלמא באת ב' עתידה למבני נעלה קיימא עלמא ובההוא זמנא דאתבניאת כאלו בההוא זמנא יתברי עלמא ויתבני. ודא בראשית ברא אלקים. אבל כד חרב בית ראשון כאלו הוה עלמא תהו ובהו. ודא איהו והארץ היתה תהו מיד דאתבניאת ויאמר אלקים יהי אור. בגין דכל אתוון נהירין בה. ואע"ג דאור הוא א'. אור ריליה דנהרא בה ב' בחמש נהורין דאינון ה' עלאה דשמא קדישא. ג' עמודא דסמיך ביתא דאיהו גמילות חסדים טובים. איהו סמיך לד' דאיהו דלות. ובאן אתר סמיך לה בגלותא. א' סמיך ונהיד לב. ג' גמיל חסד עם ד'. ובמאי. ג' איהו גלגל ובה כל אתוון מתגלגלין בכמה גלגלי דדהבא. הה"ד ידיו גלילי זהב ממלאים בתרשיש מאי בתרשיש אלא בתרי שש. ואינון בתרין דרועין גדולה גבורה דבהון שרי אורייתא בב'. ובהון שית פרקין דאינון ו' אתוון דבראשית דכלילן בעמודא דאמצעיתא דאיהו ו' ועליה אתמר וירא ראשית לו. לו לאת ו'. כי שם חלקת מחוקק ספון. ד' דלת

כה ר על אנפוי דישראל פירוש לעשות הנסים לפניהם כמ"ש כי ההולך לפניהם ה' אלא באות ב' בגין דאיהו בנין אב פירוש כי א' לבדו לא יריה בו הבית שלימה ויתורה אבל כשירוף ב' ה"ה סיבה שסיא הבית אב מאי בתרשיש בתרי שש ואינון בתרין דרועין וכו הכ"ג בכל יד יש ששה פרקים והם שלשה באצבעות ופרק דביתא

ל״ב נתיבות חכמה. א׳ עם י״ק אי״ה מקום כבודו. והמשכילים אינון היכלין וציורין דגנתא דעדן כלהו מצויירין ומרוקמין באתוון. א ציורא דהיכלא גניזא דאיהי אנכ״י דסליק לחושבן כס״א. ואיהו מצוייר בנקודין דאינון ככביא דנהרין ברקיעא. ובהון מצויירין נשמתין ורוחין ונפשין דצדיקיא. וציורא דיליה כגוונא דא ׳ דא איהי דיוקנא דקמ״ץ. דאיהו ניצוץ ורקיע. ניצוץ איהו ככב ועליה אתמר דרך כוכב מיעקב. רקיע וקם שבט מישראל. ניצוץ איהו ככב. חמה דנהרא ברקיע עטרה על רישיה לתתא אתפלג א כגו״ד א סיהרא דתהות רקיע ותרוייהו בציורא דא ״. (נ״א = כד יתי סמא״ל לאסתכלא בה לתתא. אסתכלת לעילא ואתכסיאת ((אנפהא מניה = ודחרת אנפהא מניה לתתא. ואיהי אתרתקא מניה ב״הוא זמנא תקעו בחדש שופר בכסה ליום חגנו. באן ירחא בירחא דאתכסיא ביה סיהרא. ומאן הוה דמכסי עלה יקו״ק דכן סליק א בחשבן. י׳ לעילא י לתתא ו׳ באמצעיתא. ואיהו נטיר ליה הה״ד אני יקו״ק הוא שמי וכו׳ ב׳ היכלא לנקודה. גג דילה איהו רקיע ואיהו פתח עליה אתמר נוטה שמים כיריעה ואיהו ו׳ דמכסי על נקודה עלאה ותתאה ואמצעיתא כגוונא דא ו׳. צ. תרין נצוצות דאת צ אינון צר״י. תרי ראשין ד׳ אינון תרין דע ש אית לה תלת ראשין. ואינון סגו״ל. ואינון תלת נקודין שר״ק ז רישא דילה תל״ם חיר״ק שור״ק בו. קוצא מלגאו חיר״ק. קוצא דאת ג׳. וכלא אתרמיז. באת א נקודה לעילא חל״ם. נקודה לתתא חיר״ק. באמצעיתא שורק כגוונא דא ז. ועוד תרין נקודין דאת א אינון צר״י ואינון שב״א. ואינון בדיוקנא אחרא. א כגון י׳ לעילא ו׳ באמצעיתא ד׳ לתתא. א איהו קוצא לעילא קוצא לתתא. קוצא באמצעיתא. ואיהו סגו״ל ואיהו שור״ק תלת נקודין כלא איהו א. אתוון אחרנין היכלין וכסויין לאלין אתוון. וכלא איהו מתוקם ומצוייר בכרסיא. ו׳ שית דרגין לכרסיא. ס׳ שתין גלגלוי דכרסיא. דאתוון דאורייתא אתמר בהון אין מוקדם ומאוחר בתורה. אבל בכרסייא כלהו מתתקנן כדקא יאות ודא דא לחכימי לבא אתמסר. ד״א והמשכילים יזהירו אלין אינון אתוון דהוה לון שכל לאעלא קדם מלכא

לא בחפזון תצאו ובמנוסה לא תלכון כי הולך לפניכם יי יקו״ק ודאי איהו יוקים לון מעפרא ואיהו נהיר על אנפוי דישראל וביה ישתמודעין כל עלמין דאינון זרע ברך יי׳ ואתפשט קודשא בריך הוא מכל כנויין ומרכבות המטטרו״ן דאינון כוזו במוכס״ז כוזו מצפ״ץ. ואתמר ביה ולא יכנף עוד מוריך והיו עיניך ראות את מוריך בההוא זמנא כי עין בעין יראו בשוב יי׳ ציון. ואתפשט ממרכבות דלתתא ואתלבש במרכבה דיליה דאיהי אדני שם המרכבה דא יקו״ק. כנוי דא אלקי״ם דסליק לחשבן אקי״ק אדנ״י. ואיהו כנוי דב׳ שמהן אלין. וביה אתכסיין אקי״ק איהו יק״ו. ו׳ דאיהו כלילא דשית סטרין דבהון התים שית סטרין ואינון יקו קוי וקי ויק קיו יוק. נטיל ליה ימינא דאיהו חס״ד וחתים ביה לחכמתא. וביה הרוצה להחכים ידרים. *קו״י נטיל לשמאלא דאיהו גבורה וחתים ביה לעותרא וביה הרוצה להעשיר יצפין. וק״י פנה למזרח ונטיל ליה עמודא דאמצעיתא וחתים ביה בני. וי״ק נטיל ליה ירכא ימינא ואסתכל ביה לעילא וחתים ביה חיי. קי״ו נטיל ליה ירכא שמאלא ואסתלק לתתא וחתים ביה מזוני. אסתכל לעילא לגבי חכמה ואתקשר בירכא ימינא וחתים ביה חיים בגין דחכמה עליה אתמר והחכמה תחיה בעליה. אסתכל לעילא לגבי אמא עלאה ואתקשר בירכא שמאלא וחתים ביה מזוני. יו״ק. פנה למערב בצדיק דאיהו ערוב דתמן מתערבין כל חיילין ואתכליל בח״י אתוון דאינון יקו קוי ויק קיו יוק וקי. אלין אינון י״ח אתוון דבהון ח״י עלמין אתקרי. וצדיק בהון אתקרי ח״י עלמין כל הויות אלין מאמא עלאה תליין דאיהי חיים וצדיק על שמיה אתקרי הי חיוה המרכבה על שמה אתקריאו. בגין דאיהי אמא עלאה חיים כד״א עץ חיים היא למחזיקים בה ואיהי מרכבה לחכמה. מלכות תמן ה׳ וכה אתקרי יקו״ק בשלימו. שבעה זמנין אתקריאת בה יקוק יקוק יקוק יקוק יקוק יקוק. ואית בהון כ״ח אתוון דאתמר בהון ועתה יגדל נא כ״ח יי׳ ובאלין שבעה שמהן אתקריאת היא בת שבע. ועלייהו אתמר שבע ביום הללתיך. י״ס תלתין ותרין זמנין בתלתין ותרין אלקים אינון

איהי ההיא דאיהי כלילא מחכמה ובינה ודעת דאינון יה"ו. מלאכה דתלת אתוון איהי ה' שכינתא תתאה שלימו דתלת אתוון. עלה אתמר ותכל כל עבודת משכן וגו'. ואיהי ה' דיום הששי ובגין דא. אע"ג דאמרינן אין דורשין במרכבה ביחיד. חזר ואמר אלא א"כ היה חכם ומבין מדעתו. דודאי באלין תלת דורשין במרכבה ביחיד. ובלא אלין תלת לאו איהו יחודא דיליה. ודא איהו רזא דאיהו קודשא בריך הוא לעילא חד בשכינתיה וכד איהו לתתא במטטרו"ן בלא שכינתיה אשתני ביה ובגין דא אמר אלישע אחר שמא ח"ו שתי רשויות יש. ובגין דא אמר אל תמירני בו כי שמי בקרבו. בגין דמטטרו"ן איהו שני למלך. וכד איהי שכינתא בלא בעלה אתקרי האי מלאך משנה לה. ואשתניאת דלא אשתמודעין בה חיילין ומה דאיהי מטרוניתא. במאי היא מתכסיא בההיא דאתקריאת אמה ודא הוא דאמר קרא וכי ימכור איש את בתו לאמה. איש דא קודשא בריך הוא. בתו דא שכינתא. לאמה בת זוגיה דמטטרו"ן דאיהי מטטרו"ן בתוספת ו'. דשפחה בישא היא אמה דערב רב ובגין דההיא שפחה בישא ובגוה לא אשתמודעין בה. איהי מתכסיא בעבדא דילה בנשמתא בגופא. ובגלותא קדמאה דלא חזרת למלכותהא ברתא דמלכא ולא נפקת מההוא גופא לא נפקת חפשית. ובגינהא אתמר בהון עבדים היינו לפרעה במצרים בגין דהוו תחות רשו דההוא עבד ובגין דא אמר פרעה בהאי אתר לא ידעתי את יי' וגם את ישראל לא אשלח. ובג"ד נפקו במנוסה כעבדא דלית ליה כתב חירו וברח מרבוניה. אבל בפורקנא בתראה לא נפקת ברתא בהאי עבדא כשפחה. אלא בקודשא בריך הוא בגין דאורייתא דאיהי חירו איהו עמה בגלותא בתראה. דאיהי חירו דילה מה דלא הוה הכי בגלותא קדמאה דלא הוה לה ולבנאה אורייתא דאיהי חירו דאורייתא. ודאי איהי חירו במלכותא דילה ביקרא דילה הה"ד יקרה היא מפנינים ובגין דא לא תצא כצאת העבדים. ודא הוא דאמר כי

שהם ר"ת משחית אף חימה דלא הוה לה ולבנאה אור את דאיהי ח"ר וכו' כאן נפסקו הדברים ותת"ז אמר דאור יקרה ודאי איהו תירו במלכותא דילה וכו' וג"ב מלכותא דילה הוא סוד תמורות שלה וב' יקרא דילה הוא סוד הפנימיות שלה ולכן הביא פסוק יקרה היא מפנינים לומר יקרא שלה קא על הפנימיות שלה ומ"ש ואיהו

לא

אתקריאת בגין דאיהו כללא דעשר ספירן. רכב דילה מטטרון עליה אתמר רכב אלקים רבתים אלפי שנאן. מאי שנאן שור נשר אריה אדם. ודא איהו סוד מרכב"ה רכ"ב מ"ה ודאי. ומטטרו"ן איהו ארון גופא לאורייתא דבכתב דאיהו עמודא דאמצעיתא. ואיהו שלחן פתורא דשכינתא דאיהי ל"ב דאתמר ביה ל"ב מבין ואיהו לשמאלא. ובגין דא אמרו מארי מתניתין שלחן בצפון. ואיהו מנורה נור דליק מסטרא דשכינתא דאתמר בה נר יי'. וצריך למהוי לימינא לקבלא משחא. ובגין דא מנורה בדרום. דא איהו מאנא לקבלה פתילה ומשחא ונהורא פתילה שכינה. משחא דילה צדיק שמן כתית נהורא דילה עמודא דאמצעיתא. כגוונא דא נפשא דאיהי שתופא דגופא איהי פתילה רוח דא משחא. נהורא דא נשמתא. מאנא דא גופא. איהו עבד ואיהו רכב לתלת סטרין אלין. דאינון קשורא דיחודא חדא דאינון נ"ר יי' נשמת אדם. והאי עבד איהו כגוונא לכל שמהן שנוי לכל שמהן. וביה מרכיבין כל אלנין עלאין מסטרא דטוב. מרכבות דסטרא דרע עלייהו אתמר ולא בעריות בג'. מאי עריות סמ"אל ונחש לא צריך למהוי בשלשה דאינון משחית א"ף וחימ"ה למהוי תליתאה בינייהו דלא מתקשרין בהון אלא דיהון תרוייהו *בפרודא ובגין דא אין דורשין בעריות בתלתא. ועובדא דבראשית בהפוכא אין דורשין במעשה בראשית בשנים דלא יעבדון פרודא אלא ביחיד דאיהו יחודא חד. ובגין דא לא יאכל אדם תרי ולא ישתה תרי ולא במרכבה ביחיד בגין דיחיד לית ליה שתוף דאיהו מטטרו"ן כגוונא דנשמתא דלית לה שותף בגופא. ואמאי אמרו אלא אם כן היה חכם ומבין מדעתו. הכא משמע דאית ליה מרכבה לעיל לקודשא בריך הוא דאיהו מלאכה דיליה ומאי

ר"ל ס' המלכות א' מה תתאה שהיא רשב"י נה תתאה ומה"ה שם מ"ה ובפסוק במדבר על רחבן רמז בו על הבנין והע"ב וש" דפת"ח **מאי** ש.אן שור נשר אריה אדם נראה דדריש אות א' דשנאן בכפל על אריה ועל אדם ונון אחרונה לא דריש לה שהיא כפולה **ומטט"ט** איהו ארון גופא לאוריתא דבכתב דא הו עמודא דאמצעיתא רבונה דמט"ט שולט בלילה דתתן תורה שבכתב עמודא דאמצעיתא **פתילה** שכינה יתחא ד לה צדיק וכו' ל"ב לכן נאמר פנים בפנים דבר ה' עמכם והוא פנים ר"ה יחוד גדולה משחא פתילה **שנוי** לכל שמהן פירוש שני לשון כינוי שמו השם ולקמו שהוא שם לנצות הפעולות המתייחסים לכל שמהן כי לכל שם יש פעולה פרטית **למהוי** בשלשה דאינון משחית אף וחימה וכו' הנר אור ות שבתוך שם ה"מ ונתם הם מתת אידי

* טו ע"א

להלכה חד ירית עלמא חד כל שכן מאן דזכי למסכתא חדא או לתרין או לשתין דאתמר בהון ששים המה מלכות דכל מסכתא מטרוניתא איהי בגרמה. זכאה איהו מאן דירית לה בהאי עלמא. דהלכה עולימא דמטרוניתא דאיהי קבלה. זכאין אינון דמשתדלין בשכינתא דאיהי על כלהו כהלכה. לאפקה לה מן גלותא דאתמר בה ובפשעיכם שלחה אמכם. ולמיזל לה לגבי בעלה למהוי לה קבלה בדרועוי לקיים בה שמאלו תחת לראשי וכו'. דבגלותא משנ"ה דאיהי מטטרו"ן שלטא ואיהו משנה למלך באתר דמטרוניתא, יתבא משנה. ודא איהו ושפחה כי תירש גבירתה. וביומוי דמשה לא שלטא שפחה אלא מטרוניתא. לבתר דמית משה וירית יהושע דאיהו נער. באתר מלכתא שלטא שפחה. כד"א אני שר צבא יי' עתה באתי. והא אוקימנא מטטרו"ן איהו מעשה מרכבה ועליה אתמר אין דורשין במרכבה ביחיד מאי ביחיד ביחודא דעלמא אא"כ היה חכם ומבין מדעתו חכם בחכמה ומבין בבינה ויודע בדעת. דאתמר בהון ואמלא אתו רוח אלקים בחכמה ובתבונה ובדעת. בגין דאיהו משכנא דאתמלי בתלת דרגין אלין ובכל מלאכה דא מעשה בראשית שכינתא תתאה. דאין דורשין לה בעובדא דבראשית בשנים אלא ביחודא דעלמא מרכב"ה דילה איהו מטטרו"ן גוף שכינתא ושכינתא איהי מ"ה יוד קא ואו קא

כרכים הלכה שר א' סוד השכינה נעשית כרכים אל, עולימתא ר"ל שנכללת בתוך מוח ולב של כל אדם ומ"ש אל תקרי עלמות אלא עולמות כי כל נ"ר ק' הוא כנגד כל העולם כולו כמ"ש ונ"ר ק' סוד עולם **מ"ש** איהו מעשה מרכבה פירוש מתפשט אור השכינה בקרבו בסוד כי שמי בקרבו שמי די קא גימטריא פנים ותו אור שכ"נה וחילוק ותו מלאך וזהו מעשה מרכבה שהוא מורכב ומ"ש ועל"ה אתמר אין דורשין במרכבה ביחיד ר"ל מלבד כוונת דברי רז"ל קודם יש לפרש בשבת אין ההנהגה ע"י מט"ט כמ"ש בסוד רלה והתל לנו והשבת נקראת יחיד כמ"ש רז"ל אמרה שבת לפני הקב"ה לכל הימים נתת בן זוג ולי לא נתת בן זוג וז"ש אין דורשין השתלשלות השפע במרכבה רוא מט"ט בשבת שהוא יחיד **ושכינתא** איהי מ"ה יו"ד ה"א וא"ו ה"א אתקר את וכו' קשה והלא שכינתא אדני שם ב', דהוי"ן אבל שם מ"ה דאלפין, רוא בדוכרא וי"ל בסוד ע"פ מ"ש רבינו ז"ל בספר מאמר רשב"י (בהקדמת בראשית דף ט' ע"ד) וז"ל רזה הכלה בהתעוררות התחתונים והראות במקדש תחזור ה"א לחיות זכר ממש ולהתקשר במאני דוכרא ולהראות בה ברית קודש כדמות הב"נה שעם היותה נוקבא אסתיימת בדכורא וזה בהתלבשה בשם קטות הזכר אשר סיומם הוא ה' סוד ואז קרא בינה בן יה שות והיא הכל דבר אחד וכן יהיר למלכות על ד' התעוררות התחתונים כנז' עכ"ל וז"ש כאן שכינתא איה מ"ה יו"ד ה"א וא"ו ה"א אתקר את והינו כאשר תתעלה ע"י התעוררות התחתונים להתקשר במאני דכורא ובזה פרשתי בס"ד טעם שראה אותו צדיק לנשים בני לובשים לבוש דכורא כנז' בזוהר (חלק ג') ע"ש והנה בזה פ"רש טעם ר' הרב מור אב זלה"ה רמז הכתוב ירושלים שמה חלק המיבר לשתים וקרי בה שם מה והיינו

אתקריאת

אתמליאת כ"ד דאיהי שכינתא תתאה ומנה אתשקיא בגלותא. מה דהוה בקדמיתא היא אתשקיא מניה והוא דמלה ותמהר ותרד כדה על ידה ותשקהו. ועלה אתמר ותאמר שתה אדוני דאיהו ארון דילה ותכל להשקותו ותאמר גם לגמליך אשאב. אלין רמ"ח תיבין דקריאת שמע דאינון שקילין לרמ"ח פקודין דאורייתא דבהון גמולי חלב ינקין ועתיקי משדים דאתמר בהון שני שדיך כשני עפרים תאמי צביה ואינון תרי לוחי אורייתא. כ"ח איהי שכינתא עלאה דבה נפקו ישראל ממצרים כד"א כה אמר יי' כחצות הלילה וכו'. איהו כ"ה אתוון דיחודא דשחרית. וכ"ה אתוון דיחודא דערבית. ושמתי כ"ד כ"ד שמשותיך דא שכינתא תתאה. דאיהי כ"ד אתוון דיחודא קדמאה דשחרית וכ"ד אתוון דיחודא דערבית. כ"ה כ"ד דשחרית אינון מ"ט אנפין. ואית מ"ט אנפין לתתא מסטרא דישראל זוטא דאיהו מטטרו"ן. ואיהו מ"ט אנפין. ובהון יזהירו מארי משנה דאיהי תניינא להלכה, שפחה דיליה בגין כי מרדכי היהודי משנה למלך בגוונא דא *משנה משנה למלך. וביה יזהירו מארי מתניתין. כזהר הרקיע דא הלכה דאיהי קבלה למשה מסיני. וכמה עולימתאן אית לה דאינון הלכות פסוקות דאתמר בהון ועלמות אין מספר ואיהי סלקא על כולהו הה"ד ואת עלית על כלנה. ואיהי עם כלהו כמה דאוקמוהו הלכה כרבים. ומצדיקי הרבים בה יהון ככוכבים לעולם ועד ככבים ודאי דלית לון חושבנא. דכל כוכבא וכוכבא אתקרי עלמא יחידא. ודא הוא ועלמות אין מספר. ואל"ין עלמות אל תקרי עלמות אלא עולמות. ובגין דצדיקייא אינון ככבים וכל חד אית ליה כוכב. בגין דא אוקמוה קדמאין כל צדיק וצדיק אית ליה עולם בפני עצמו. וכל מאן דזכה

פי' רם לקבל מוח, אלו כ"ה כ"ד, ש"ה הם בגלות בס"ד ת', ז"ת ... ודאיהי קבלה למשה מסיני ... קבלה למשה ... הלכות פסוקות ... הלכות פסוקות אלו הם עולמות ... ואיהי סלקא על כולהו ... לדלבר

בקרב מחניך מחטב עציך עד שאב מימיך הא חמש אחרנין. חמש לגו חמש אלין ה"ה. ומניהו אתייהיבו עשר דברן דא י'. וכל העם ראים את הקולות מסטרא דו'. ד"א והמשכילים אלין מארי מקרא בעשיה. יזהירו אלין מארי משנה ביצירה. דאינון מארי מתניתין מ"ט - אנפין טהור ומ"ט אנפין טמא. מ"ט אנפין טהור אינון מ"ט אתוון דפרשה דיחודא עלאה דאיהו שמע ישראל כ"ה אתוון. וכ"ד אתוון דפרשה תניינא דיחודא דאיהו בשכמל"ו. כ"ה אתוון עלייהו אתמר כה תאמר לבית יעקב ובכ"ד אתוון דכלילן בהון כ"ד ספרים דאינון כ"ד דשאיב מן ימא דאורייתא. אתמר בהון ותגיד לבני ישראל. ומאי ניהו דשאבין מניה האי כ"ד דאיהי שכינתא כלילא מכ"ד ספרי דאורייתא דא צדיק דאיהו נהיר דנפיק מעדן עלאה. בגין דנחית ביה ו' דאיהו בן י"ה. ובגלותא אסתלק מניה ואתמר ביה ונהר יחרב ויבש יחרב בבית ראשון ויבש בבית שני. ואיהו דך בכ"ד ספרים. ועכ"ד דאיהו חרב ויבש אתמר ביה אל י"שוב דך נ'כלם. אל ישוב דך דאיהו צדיק בשכמל"ו ד"ך בשכינתא דאיהי כ"ד אתוון דיחודא. עליה אתמר והמלך שלמה ברוך ועל אלין כ"ד אתוון אתמר ושמתי כ"ד כ"ד שמשותיך וכו האי עני איהו דך ובת זוגיה דכ"ה. ואיהי כד"ה על שכמה. כ"ד ה דאיהי חמשה חומשי תורה. ואינון ה' אצבעאן דבהון אתמר ותמלא כד"ה ותעל. ומאן שאבין מכ ה אתוון. ורזא דמלה כה תברכו את בני ישראל את ודאי. במאי אתברכת ואתמליאת באת ו' דאיהו כליל שית תיבין דיחודא דאינון שמע ישראל יי אלהינו יי אחד. וביה אתעבידת אות כ"ה איהו אימא עלאה ימא דאורייתא. ו' נהר דנפיק מתמן ומניה

דא לבת ואתמר ב"ה שלחן בלפון נ"ב לכן רשלחן אמת ס ארכו ואמה רחבו ואמה וחצי קומתו הר כ"ז עפח ס ויש לו מסגרת טופח סביב הר כ"ח יעש ארבע רגלו נשלם מספר ל"ב אתמר ב"ר א' שוב דך גליס פ"רש ב"גגות שהוא י"ח אד' ע"ש וג"ל ס"ת במלך ע"ד מ"ש עשר דות ל' במלך וגם בדוד ומ"ש אל שוב דך דאירו לצדק נראה דר"ש דך כ"ל ד' פעמ ס"ך שעולה שמונ"ס מספר יסוד דא רו לדק ואו נהר דנפק מתמן ומ"יר אתמליאת כ"ד דאיר שכינתא תתאה וכו' ה"א אשתקי"א מ"ניר ורזא דמלה ותמהר ותורד כדה על ידה ותשקהו כ"ב הכונה ע"פ מ"ש רבינו בשער רכונות בדרוש של לר סוף דרוש ג' דף כ"ג ע"ג שהכלל הוא שלעולם אין שום מ"ן עולים לצורך עצמן אלא לצורך זולתם וכו' ויזהו נלמוד לענ"ן זו, ג"כ כאשר זו"ן לר"כ,

אתמליאת

ואו קא. ועשר אתוון אלין אנון שעור קומה דגופא דא דאיהו משכנא
ועלייהו אתמר עשר אמות ארך הקרש ואמלא אתו רוח אלקים
בחכמה ובתבונה ובדעת ובכל מלאכה בחכמה דא י בתבונה דא ה׳.
ובדעת דא ו׳. ובכל מלאכה דא ה׳. ד״א והמשכילים אלין ד׳ יסודין
דגופא. יזהירו בהון ארבע חיוון דאינון מזל אריה מזל שור מזל נשר
מזל אדם. דפרצופא דבר נש אשתמודע בהון באנפוי דבר נש ודא
איהו הכרת פניהם ענתה בם. כזהר דא נשמתא ומצדיקי הרבים.
כאברין דגופא. יהון נהרין מזלייהו ככבבים לעולם ועד ד״א והמשכילים
אלין ד׳ סטרי עלמא. יזהירו אלין ד׳ מלאכיא דאינון מיכא״ל גבריא״ל
רפא״ל נוריא״ל. כזהר דא כרסיא יקרא. ד״א והמשכילים אלין שפוון
דאתמר בהו ושפתותינו שבח ובהון אחה״ע בומ״ף גיכ״ק דטלנ״ת
זסשר״ץ דמשמשין בגופא בכ״ב אתוון. ובהון חתוך דבורא דצלותא
לשבחא למלכא יזהירו אלין עיינין דאתמר בהון ועינינו מאירות כשמש
וכירח. ז׳ גלדי עינא אינון דנהרין בהון ז׳ ככבי לכת. ושמשא וסיהרא
דאתמר בהון ועינינו מאירות כשמש וכירח הא תשעה. כגוונא דתשע
נקודין דאורייתא והא חמה ולבנה בכלל שבעה ככביא אינון איך חשיב
לון תוספת על ז. אלא חמה איהי נוקבא לגבי שמשא. לבנה
נוקבא לגבי ירח ושמש וירח אינון נהרין לשבעה ככבי לכת דאינון
כשבעה גלדי עינא. ושמשא וסיהרא הא תשעה. בת עין עשירית
לון כלה דכלילא מכלהו. כזהר הרקיע *דא אכפקלריא דנהרא
כאנפוי דאדם. דמינה תליין אודנין ועיינין וחוטמא ופומא דאינון
מנהיגי גופא ואברין דיליה. כגוונא דטעמי דאינון מנהיגי אתוון ונקודי
דאורייתא כמה דשפוון. ושנים. וחיך. ולשון. וגרון. אינון משמשין
לאתוון. הכי כגוונא דא כנפי עינא ועפעפי עינא, ותלת גווני דעינא.
אינון משמשין לעינא. וכלא אתקשר בחמש נקודין כגוונא דא אאאאאַ
אתוון ונקודי חמש בגו חמש ועלייהו אתמר ראשיכם שבטיכם
זקניכם ושטריכם כל איש ישראל הא חמשה טפכם נשיכם וגרך אשר

שַׁבָּת. וּבֵיה שְׁכִינְתָּא עִלָּאָה דְאִיהִי תּוֹרַת חָכָם. וּבָהּ לֵב מֵבִין. וְאִיהוּ
נְשָׁמָה יְתֵרָה דְשַׁבָּת. וְאִיהוּ חֵירוּ דְשַׁבָּת דִּבְגִינָהּ לָא שָׁלְטִין מָארֵי
דְגֵיהִנָּם עַל עָלְמָא. וּמַאי נִיהוּ גֵּיהִנָּם בְּגוּפָא. דָא כָּבֵד וְאִיהוּ מִזְבַּח הַנְּחֹשֶׁת
לְאַעֲבָרָא לֵיהּ מֵעָלְמָא. וְכָבֵד בֵּיהּ מָרָה גֵּיהִנָּם דְאוֹקִיד בֵּיהּ כַּפֹּרֶת הַלֵּב
דָא: פָּרִישׁוּ דְסֻכַּת שָׁלוֹם דְאִתְּמַר בָּהּ הַפּוֹרֵשׂ סֻכַּת שָׁלוֹם. מְנַרְתָּא דָא
רֵישָׁא וְשִׁבְעָה נֵרוֹתֶיהָ עָלֶיהָ אִינּוּן תְּרֵין אוּדְנִין וּתְרֵין עַיְינִין וּתְרֵין נוּקְבֵי
חוֹטְמָא וּפוּמָא. וּמְנַרְתָּא לִימִינָא וְאִתְּמַר בָּהּ הָרוֹצֶה לְהַחְכִּים יַדְרִים
בְּגִין דְתַמָּן מוֹחָא בְּרֵישָׁא. וְחָכְמָה בְּמוֹחָא שַׁרְיָא. וּבֵיהּ נָהִיר מְנַרְתָּא
בְּגִין דְאִיהוּ מִשְׁחָא דְאִתְּמַר בֵּיהּ כַּשֶּׁמֶן הַטּוֹב עַל הָרֹאשׁ כַּנְפֵי רֵיאָה
עֲלַיְיהוּ אִתְּמַר וְהָיוּ הַכְּרֻבִים פֹּרְשֵׂי כְנָפַיִם לְמַעְלָה סֹכְכִים בְּכַנְפֵיהֶם
עַל הַכַּפֹּרֶת דָא כַּפֹּרֶת הַלֵּב. פָּתוֹרָא דָא לִבָּא וְאִתְּמַר בֵּיהּ שֻׁלְחָן בַּצָּפוֹן
וְדָא שְׁכִינְתָּא תַּתָּאָה. אִיהִי מְנַרְתָּא. כַּד נַטְלָא מִימִינָא וְשַׁרְיָא עֲלָהּ
חָכְמָה וְאִתְּמַר בָּהּ הָרוֹצֶה לְהַחְכִּים יַדְרִים. וְכַד נַטְלָא מִשְּׂמָאלָא דְאִיהִי
גְבוּרָה אִתְקְרִיאַת פָּתוֹרָא. וְאִתְּמַר בָּהּ הָרוֹצֶה לְהַעֲשִׁיר יַצְפִּין וְשַׁרְיָא
עֲלָהּ בִּינָה דְאִתְּמַר בָּהּ בִּרְכַּת יי' הִיא תַעֲשִׁיר. וְכַד נַטְלָא
מִגּוּפָא דְאִיהוּ עַמּוּדָא דְאֶמְצָעִיתָא אִתְקְרִיאַת מַשְׁכְּנָא כָּלִיל מִתַּרְוַיְיהוּ
כִּיּוֹר וְכַנּוֹ אִינּוּן תְּרֵין כָּלְיָין וּבְהוֹן שַׁרְיָין תְּרֵין סַמְכֵי קְשׁוֹט. מוֹחָא עֲלֵיהּ
אִתְּמַר וּפְנֵי אַרְיֵה אֶל הַיָּמִין. וְתַמָּן מְנַרְתָּא דָלִיק. לִבָּא וּפְנֵי שׁוֹר
מֵהַשְּׂמֹאל וְתַמָּן פָּתוֹרָא מִתְתַּקְּנָא בְּגִין דְלִבָּא אִיהוּ לִשְׂמָאלָא. גּוּפָא
עֲלֵיהּ אִתְּמַר וּפְנֵי נֶשֶׁר וְתַמָּן מַשְׁכְּנָא מִתְתַּקְּנָא. וּשְׁכִינְתָּא אִיהִי
דְמוּת אֶחָד לְאַרְבַּעְתָּם וְאִיהִי ד' דְאֶחָד. וְאִיהִי ד' אַנְפִּין דְכָל חַיָּה.
בְּגִין דְבָהּ ד' אַתְוָון נְהִירִין דְאִינּוּן יקוק וְאִיהִי דְמוּת אָדָם דְאִיהוּ יו"ד ק"א

חכמה **כליל** ל"ב נתיבות וא"ה שבת נ"ב לכן מדות הארון אמ"ס וחצי ארכו ואמה וחצי רחבו ואמה וחצי
קומתו שהם חמש אמות וחצי עולים ל"ג טפחים מספר לב עם הכולל וכן דשבת ש"ב מספר לב שרוצ
עלמו כ"ד שעות ויש לו תוספת בתחילתו מ"וס שם שבע שעה דרח"ה שבת מתחלת יתעשר חת ש"ת בסוד ר"ת
ד"וס השטי ונמשכת הארתו בסופו שער אחת דרחמ"ה של ל"ל יוצאת שבת דרי ל"ב **וביה** שכ"ית עלאה
דא"ה תורת חכם ובה לב מבין כ"ב שכ"נתא עלאה בי"ה דא"ה תורתו של חכם רוח אבא וכד לב מבין כמ"ש
ב"ר לבא ורתורי שמונחת בארון נתנה לנו מעולם דבר א"ה שהם ב"ג ולכן יתחילת התורה בב"ת ומם מת
בלמ"ד שהם לב **ומאן** נ"ירו ג"ה"ם בגופא דא כבד י"ב לב גי כבוד אך הכבד הוא כנגד גי"ה"ם לכן חסר
וא"ו מן כבוד שהוא ו רומז לת"ים ונשאר כבד כניד נ"רנם **וחכמה** בר שא שר א ב"ב בזר מוכן רמז דכתוב
חכמות ב"נתה ב"תה חלבה עמוד"ה שבעה הם תרי אוד"נ תרי ע"נ ותרי יוקב דחוטמא וכומא **פתורא**
ואו

כ"ח אתוון בראשית ברא אלקים את השמים ואת הארץ. ועלייהו אתמר כח מעשיו הגיד לעמו ובגלותא אסתלק האי כ"ח מנייהו ואתמר בהון וילכו בלא כח לפני רודף. ובגין דא אמרין בקדיש ועתה יגדל נא כח יי'. לקבל כ"ח אתוון אחרנין דאית באלין תיבין דאינון יהא שמיה רבא מברך לעלם ולעלמי עלמיא ודא איהו העונה אמן יהא שמיה רבא בכל כחו. י"ד אחרנין אינון יקוק אלהינו יקוק וסימן. אור לארבעה עשר בודקין את החמץ לאור הנר. ובאלין י"ד אתוון אומאה הה"ד כי יד על כס יה. קם סבא ואמר בוצינא קדישא בודאי. אלין ארבע סרי. הפורי' אינון בארבעה עשר בו ובחמשה עשר בו. דא י"ד י"ה. אבל סימנין דכ"ח אינון אור ארבעה עשר י"ד קדמאין דכ"ח. י"ד תניינין אינון בראשון בארבעה עשר יום וכו'. ואינון י"ד פרקין די"ד ימינא וי"ד שמאלא וי"ד פרקין דגופא. ואינון ג' פרקין דדרועא ימינא ותלת דדרועא שמאלא. ותלת דשוקא ימינא ותלת דשוקא שמאלא ותרין דגופא ורזא דמלה שלשה פונים ימה ושלשה פונים נגבה וכו'. וכלא דא כגוונא דדא. תקונא דגופא כתמונא דמשכנא הא תלת זמנין ארבע סרי. פורים בי"ד בו. פסח אור לארבעה עשר תליתאה בראשון בארבעה עשר יום וסלקין למ"ב יומין ודא איהו ויעשו כל חכם וכו' ועשו ארון. דא שבת. דמשכנא איהו שש משזר בליל שית יומין דבראשית דאינון תרין דרועין חסד וגבורה. וגוף עמודא דאמצעיתא. ותרין שוקין תרין נביאי קשוט וצדיק אות ברית בינייהו. משכנא שכינתא תתאה כלילא מכלהו תקונא דגופא. צלע המשכן דא מטטרו"ן. שפחה דמטרוניתא עלה *אתמר עצם מעצמי עצם השמים לטהר. ארון ודאי דא ל"ב נור דליק כליל ל"ב נתיבות ואיהו

ידו דולק: כ"ח ד' תגין, א"ן בראשון בארבעה עשר לחודש כ"ב יש טעות דפוס כאן וצ"ל בחודש השני בארבעה עשר וכו' ולא גרסינן בראשון בארבעה דהוא דרוש ד' ראשים של כ"ח אותיות של שני אותיות ה' כנגד ד' פסח ראשון, דניסן וי"ד אותיות שבשם של י"ה כנגד יד פסח שני דאי"ר ומש"ה עוד תליתאה בראשון בארבעה עשר יום גם כאן נפל טעות כמו דלעיל וצ"ל תליתאה בחודש השני בארבעה עשר וכו' וסלקין למ"ב יומין ודא איהו ויעשו כל חכם לב כ"ב אזיל לפי דרשה דרז"ל לעיל חכם לב א"רו חכם בחכמה וכל ב' נתיבות ד' לה דא"נון כללן בש"ת יות, בראשית שרש כלולים מעשר אמירן וכ"ב שבילין דא מן ל"ב אלהים דעובדא דבראשית שהם מספר מ"ב וכנגדם הש"ג בר נות ד' ומין רמז' שהשם ב' ארון, ודא דא לב נור דליק כ"ב עם ש' רבינו האר"י ז"ל דצורת אות א' רוא יו אך אות ו' מחלק באורכו לשנים ואח"כ נמצא אות א' צורתו ו"ו שהם מספר ל"ב ונשאר בארון אות ות נור הרי נרמז בארון לב נור דכליל לב נתיבות

שבת

* יג ע"ב

דאיהו צדיק יסוד עולם. ה"ה. כד נטלין מעמודא דאמצעיתא דאתקרי הבריח התיכון אתקריאו אינון בריחים על שמיה הה"ד וחמשה בריחים לקרשי צלע המשכן וכו'. ותמונא דמשכנא הוה ציורא דעובדא דבראשית וגנתא דעדן ובאלין ציורין דתמודין ורקימו דגוונין דתמן והמשכילים יזהירו וכלא בבראשית ב' ראשית. בה והמשכילים יזהירו כזהר דא אלקים. והוא הכסא לחשבנא. אדהכי הא סבא אתחזר במלקדמין ואמר בוצינא קדישא חזור בך. עאלת לגנתא ואתבהילת לנפקא מתמן. ומתמן עאלת למשכנא דאיהו ציור דעובדא דבראשית. ונפקת מתמן אית לך לאחזרא תמן דהא כמה חיילין נטרין לך מעמא קדישא למשמע מאן ציורין דתמן דאינון בגוונא דדיוקנין דשכינתא דאתמר בהון ועשו לי מקדש ושכנתי בתוכם ודאי משכנא ומנרתא ומקדשא ומדבחא ופתורא כלא איהו דיוקנא דדיורין דשכינתא לעילא ותתא. מיד פתח רבי שמעון ואמר ויעשו כל חכם לב בעושי המלאכה וגו'. מאי כל חכם לב. ההוא דאיהו חכם בחכמה. ובל"ב נתיבות דיליה. דאינון כלילן בשית יומי דבראשית. והיינו שש משזר. דאינון שית יומי דבראשית כלילן מעשר אמירן ול"ב שבילין דאינון ל"ב זמנין אלקים בעובדא דבראשית. והמשכילים בהון. אשתמודעו אתוון דאתמר בהון יודע היה בצלאל לצרף אותיות שבהם נבראו שמים וארץ. ואינון כ"ח אתוון וארבע סרי אחרנין גניזין בהון. ואלין אינון

והמשכ"ל ס' והכי קאמר ו' שהוא פקודא שתיבות המשכלים יזהרו **פתח** ר"ש ואמר ויעשו כל חכם לב מאי כל חכם לב פירוש קשיא ליה כיון דאמר ויעשו לשון רבים הו"ל חכמי לשון רבים ולא חכם לשון יחיד ומתרץ דקאי ויעשו על החכם בחכמה ועל ל"ב נתיבות ד"ל שבשפיעו בהעוסקים שהם עושי המלאכה ות"ש והיינו שש משזר פירוש שש ית' בראשית ה"ו משזר בשת הבחינות אלו שהם עשר אמירן ול"ב שבילין **ואינון** כ"ח אתוון וארבע סרי אחרינין גניזין בהון פירוש שם הוי"ה פשוט במלואו ומלוי מלואו הן של ע"ב הן של ס"ג הן של מ"ה ב"ן בתלוי האלו כ"ח אותיות אבל הפשוט והמלוי רס"ד אותיות כי הפשוט הוא ארבעה ואם תילאם יה"ו עשרה וז"ש וארבעה סר אחרינן גניזן בהו דכ"ח אשר במלוי שתילוי הם כוללים כל ד' אתוון שהם הפשוט והמלוי ות"ש ואלין אינון כ"ח אתוון בראשית פירוש בפסוק זה יש בו כ"ח אותיות כנגד כ"ח הנז' וזהו כח מעשיו הגיד לעמו י"ד אחר כך את כח ה' אלקינו ה' פירוש אותם י"ד אתוון דפשוט ומלוי הנז' נרמזים בשלשה שמות ה' אלקינו ה' וסימן אור לארבעה עשר ר"ל יחוד של שמע ישראל המאיר לארבעה* שהם ג' שמות הנז' בודקין את החמץ רמז לבירור פסולת מתוך אוכל לאור הנר הוא שמע ואור הנמשך מן היחוד ההוא ובאלין י"ד אתוון אותה פירוש באלין י"ד אתוון דשלשה שמות הנז' ביחוד שמע ישראל היינו השבועה שנשבע ב"ד הנז' ועל זה קאי ת"ב יד בפסוק כי יד על כס יה וז"ש והיינו כאשר ירים משה ידו וגבר ישראל

כ"ח

* עשר

רוחא איהי כללא דנקודי דנהרין בעיינין. קם סבא חד פתח ואמר בוצינא קדישא כמה חיילין נטרין לך בגנתא דעדן כמה משריין דמלאכין מסתכלין ממשקופי רקיעא בגנתא בזמנא דתעול תמן. וכלהו מסתכלין בך. וגוונין דרקיעא בך יזהירו. בגין דבך נהרא שכינתא דאיהי זהר הרקיע וגן איהו סתים וחתים עד דתיעול ביה שכינתא הה"ד גן נעול אחתי כלה וגוונין לא נהרין ברקיעא עד דיעול תמן קודשא בריך הוא. ומיד דיעול תמן אתמר בהון נפתחו השמים ואראה מראות אלקים. מאי מראות אלא מ"ד או"ת. מד דאתמר ביה מלאכי שלום מר יבכיון ואיהו אות בצבא דיליה. ליה מתפתחין רקיען וביה נהרין כל גוונין דלהון וכען בוצינא קדישא קום נהיר גוונין דרקיעא באתוון דאורייתא ונהיר כככביא בהון בנקודי. כזהר דא כרסיא יקרא דכל נשמתין קדישין מתמן אתגזרו. קם בוצינא קדישא פתח כמלקדמין ואמר והמשכילים יזהירו אין אתוון. דכלהו כלילן באת ב' מן בראשית. ב' איהי בית בי מקדשא דתמן בה נהרין כל אתוון ראשית נקודה בהיכליה כגוונא דא ב עלה אתמר כל כבודה בת מלך פנימה. תשע נקודין תליין מינה. ואיהי ספיר גזרתם עשירית לון. ואלין אינון דנהרין באת ב' דאיהו בי מקדשא דלעילא. וספירים אתקריאו על שם השמים מספרים כבוד אל ולבתר דאינון מספרים כבוד אל. אתקריאו עשר ספירות בלי מה. ונחית בהו יו"ד ק"א וא"ו ק"א לאנהרא בהון. דעל שמיה אתקריאו וכלהו נהירין באתוון אלין ספירן. ואתוון די בהון אתבניאת. דאיהי ב' כגוונא דא ודא איהו רזא דמלה. בחכמה יבנה בית. וביתא דא אית ליה ג' גגין. ואינון תלת עמודין דסמכין לה ואינון ח"ו עליהו אתמר ווי העמודים וחשוקיהם כסף. תלת עמודין אלין תלת אבהן דסמכין לביתא דאיהי שכינתא וחשוקיהם אלין תרין סמכי קשוט דאתמר בהון יכין ובועז. ועלייהו ביתא קיימא. והבריח התיכון. דא נקודה מלגאו. דסתים מלגאו מבריח דא ו'. אתפשטותא *דההיא נקודה דאיהי י' מבריח ודאי מן הקצה דא ה עלאה אל הקצה דא ה תתאה. קשורא דתלת עמודים דאינון ווי העמודים דא ח"י עלמין. דכך אינון סלקין תלת וו"ו לחושבן ח"י.

דאיהו

* יג ע"א

דנגע צרעת. חזר בתיובתא. וטהרו הכהן דא מיכאל כהן גדול ממנא תחות יד חסד. ענ"ג איהו נהר יוצא מעד"ן להשקות את הג"ן. דאיהו עדון נשמתין. ו' נהר דנפיק מעדן מבין י"ק. ולית עדן אלא כתר עליון דאיהו מופלא ומכוסה. ובג"ד אתמר בעדן עין לא ראתה אלקים זולתך להשקות את הגן דא ה תתאה. ארבעים מלקיות חסר חד כחשבן ט"ל. מאן דנטיר לה מנייהו. נחית טל עליה דאיהו יוד קא ואו. ט"ל להחיות המתים. ועליה אוקמוהו רבנן דמתניתין כל העוסק בטל תורה טל תורה מחייהו:

*ועוד והמשכילים יזהירו אלין דידעין בפקודא שתיתאה דאתרמיזת במלת בראשית ב"ית תמן. דאתמר עלה גם צפור מצאה בית ודרור קן לה. והא ינוקין ידעין דדרור קן לה ומאי אתא דוד למימר ברוח קודשא אלא דא מצות קן צפור דאית ביה כמה רזין ועליה אתמר גם צפור מצאה בית. דכתיב בגינה כי ביתי בית תפלה דא בי כנישתא. ודרור קן לה דא בי מדרשא. אשר שתה אפרוחיה אלין מארי תורה מארי משנה מארי קבלה דבגינהון לא זזה שכינתא מישראל. בראשית ברא אלהים. פתח רבי שמעון ואמר והמשכילים יזהירו כזהר הרקיע אלין אתוון. דאינון לבושין דאורייתא מרקמן מכל גוונא דגורא. חוור וסומק וירוק ואוכם ומנהון אתפרשן לכמה גוונין. וכלהו גוונין אינון מרקמן במשכא דגופא דבר נש דאיהו בגנתא דעדן. ורקיע באלין אתוון איהו מצוייר ומרוקם בגין דבהון אתברי. יזהירו אלין נקודין דנהרין באתוון. ובהון נהירין ככביא ברקיעא בגנתא דעדן. וכלהו נהירין בעיינין דגופא בגנתא דעדן כזהר אלין טעמי אורייתא דבהון מתנהגין אתוון ונקודי ובההוא גופא דגנתא. כזהר דא נשמתא דאיהי תנועה דאתוון ונקודי. דנהרין באנפין ובעיינין. ונפשא איהי כללא דאתוון ואיהי ישותפא דגופא

הג ה א אות יו ד הסד ורא דראלך לפרש עי וד דשם אלר ם ולא אמר בק ור אחת ר א וד דשם אלה ם כדנקים בקיצור ב וד דאדנ ו וד דסד ה ט ללמדנו יפ דרכו דאות יו ד זו כ ון דעומדת תחת אות ה בשם אלריס יש בה רמז יותר למלכות משא כ בא דך והמשכילים זה רו אל ן ד דע בפקודא הששה נראה רמיז פקודא הששה על אות ר א של המשכיל ם דה א תירה דר ה נ י משכיל ם ולית עדן אלא כתר עליון כ"ב עדן ר ת על ד נהרות כי ד נהרות הם כנגד אותיות שם רו ר שסם חבת ם והכתר רוא קוץ של וד שהנא למעלה מהם יעוד והמשכיל ם זה רו אל ן ד דע בפקודא שת תאה כ"ב דר ש זר על אות וא ו של

רוחא

יב ע"ב

והולם סוגלתיה לחלמא דביה אתמר. ויחלם והנה סלם מצב ארצה וכו. ועוד חולם מוחל עונות ישראל חלם חסר איהו ה״י מן אלקים תלת ניצוצות ל׳ מן אלקים. אשתאר א״ם דאתמר בה כי אם לבינה תקרא ולאו צריך לארכא בנקודי דהא אתאמרו. ד״א והמשכילים אלין דידעי בפקודא חמישאה במלת בראשית יר״א שב״ת. אזהרה דיליה דלא לחללא ברתא דמלכא בט״ל מלאכות דאינון מ׳ מלאכות חסר א׳ לקבל מ׳ מלקיות חסר חד. רצועה לאלקאה איהי שפחה בישא. שעטנז כלילא משור וחמור דאמר יעקב ויהי לי שור וחמור. על כל דבר פשע על שור על חמור דאין מלקין בשבת. דלא שלטא שפחא בישא על עלמא ווי ליה למאן דאשליט לה על עלמא. ובג״ד את שבתתי תשמרו דא בת יחידה דאיהי שמירה א׳ לשבתות הרבה. בה תליין כל שמירות די ספירות דאתקריאו שבתות הרבה. ושמרו בני ישראל את השבת דא בת יחידה דאיהי שמירה לישראל בכל שבת ושבת. ומאן דמחלל לה לאו איהו נטיר מקודשא בריך הוא ולא עוד אלא דאתמר בה מחלליה מות יומת מאן דאעיל ברשות דילה שפחה חללה זונה. דרשות דילה איהו תחום שבת כגוונא דתחום וגבול דימא דאתמר שמתי חול גבול לים. ומאי ניהו והיה מספר בני ישראל כחול הים ולית ים אלא אורייתא. ושבת שקילא לכל אורייתא. מאן דעבר עלה כאלו חזר עלמא לתהו ובהו ובג״ד קרא סמיך ליה. והארץ היתה תהו ובהו. דאיהו חול לים כחוליא דשלשלאה דכלבא מאן דאפיק ליה משלשלאיה גרים כמה נשוכין דיסורין דנשיך ליה. ובגיניה אמר דוד הצילה מחרב נפשי מיד כלב יחידתי. ודא סמא״ל דאיהו תפיס בקולר מספרא דאלין דקשרין ליה באות דתפלין. ורצועה בקשר על דרועיה וקשור בתרין רצועין על קרני דאיהו שור מועד ושכינתא שבת יחידה איהי רשות היחיד דעלמא דאיהו גבהו י׳ אתוון דשמא מפרש יוד קא ואו קא. ורחבו ד יקוק. ענ״ג שבת בהפוכא נג ע. מאן דאית ליה ולא מקיים ליה. אתהפך ליה לנגע צרעת שפחה דחריבת ביתיה. ונתץ את הבית את אבניו ואת עציו. ודא הוא עניותא דאיהו באתר

י' בת אחת. תחות הי' מן אלקים י' מן ארנ"י. י' מן שדי כלילא מכל בינוין ומכל הויין כגון קוק"י או בזוויתיה דיהא י' תחות ה'. בכל שם דכינויי והויה איהי נוקבא ובגין דאורייתא מינה אתיהיבת אמר למשה וראית את אחורי וכו' דלית נביא וחכם יכיל לאעלא לעילא פחות מן דא. ובגין דא אתקריאת מפתחות החיצוניים אנפין דילה. ואנפין דלגאו מפתחות הפנימיים. והא אתמר לעיל דאם בר נש לית בידוי מפתחות החיצוניים במאי ייעול. ובגי"ד אתמר בה זה השער ליי' ובגין דלית השגה לנביא וחוזה וחכם פחות מינה. אמר הנביא כה אמר יי' אל יתהלל חכם בחכמתו וגו' כי אם בזאת יתהלל וכו' וידוע אותי. ובגין דא יעקב אוליף לה לבנוי ויהיב לון קבלה מינה הה"ד וזאת אשר דבר להם אביהם. ודוד דהוה ליה קבלה מינה אמר לגבה אם תחנה עלי מחנה וכו'. רמיז לה בהאי תנא. וסליק מחשבתיה לגבה ואמר לא יירא לבי וכו ואהרן דהוה ליה קבלה מינה לא הוה עאל לפני ולפנים פחות מינה הה"ד בזאת יבא אהרן אל הקדש דהוה ידע דאיהי עקרא דכלא. דאיהי קרבן ליי' עולה ליי' אשה ליי'. וישראל דהוה לון קבלה מינה. לא בעו מקודשא בריך הוא משכונא אחרא *דיפרון לון בגינה מן גלותא אלא זאת. הה"ד ואף גם זאת בהיותם בארץ אויביהם וגו ונביא אמר בגינה כד חזא בנבואתא דוחקא דישראל תקיפא אמר זאת אשיב אל לבי וכו'. וזאת ליהודה ויאמר איהי מרגלית כלילא מכל גוונין נהרין דאינון נהרין מגרמיה וסגולה דיליה בכל נקודין דאתוון וטעמי בכל שם ושם מסטרא דחל"ם איהי סגולתא. חולם מלא בוא"ו סליק באתוי אביק. ותלת ניצוצין יי"י **בחשבן יקוק דאיהו כ"ו וארבע אתוון. סליק לחשבן יקו"ק אקי"ק נ"א. ברזא יקו"ק דיי"י וסגולה דיליה אל נא רפא נ"א לה. אנא יי' הושיעה נ"א אקי"ק נ"א. כ' כתר א' אין סוף אין קדוש כיי' וגו'.

נגע בבת דברות לעשרה מלכין לרמוז לנו שהדברות הן במלכות וכן מוכרח כמ״ש בלא״ס כי ה״א בחינת דבור וכלל בה כל רעשר וכו הנה בת קא׳ על המלכות שנקראת בת בסוד בת היתה לו לאברהם א״כ נו אך ת״ב בת נגע אינו מובן וצריך לומר טעות דפוס הוא ובמקום תיבת נגע יש להגיה תיבת ש״ן וקאי על ש״ן דשבת שהוא וס השביעי דאיירי ביה ודכ״ש אותיות שבת ש׳ בבת שהיא המלכות דיוד״ן שרמוזים באות ש׳ הג׳ ת׳ בב״ם דכלל בה כל היו״ד נמצא שבת הוא יוד בת ותוך ופירש מה הם השלשה וד״ן דש״ן שאמרנו שכללם בבת הכו׳ ואמר תחות הי׳ מן אלהים שרמוזה למלכות ש יוד אחת ועוד וד׳ הב׳ ר״א אות ו׳ ד׳ דשם אדנ״י ויו״ד וחולם

* יב ע"א ** כחשבן

ואיבא. כלהון שוין למיכל. ועלה אתמר נגד וכרכם וכו' ובגין דא לאו כל קשיין שוין. פקודא רביעאה במלת בראשית. דא אורייתא דאתמר בה יי' קנני ראשית דרכו. ודא שכינתא תתאה דאיהי ראשית לנבראים ואיהי אחרית לחכמה עלאה ובגינה אתמר מגיד מראשית אחרית כד אתנטילת מכתר אתקריאת עטרת תפארת עטרה בראש כל צדיק תגא דס"ת ובגינה אתמר כל המשתמש בתגא חלף כד אתנטילת מדאי חכמה עלאה דאיהו ראשית אתקריאת על שמה. וכד אתנטילת מבינה אתקריאת על שמה תבונה. וכד אתנטילת מחסד אתקריאת תורה שבכתב דאתיהיבת מימינא דכתיב מימינו אש דת למו. וכד אתנטילת מגבורה אתקריאת תורה שבעל פה דהכי אוקמוהו מארי מתניתין. תורה שבעל פה מפי הגבורה ניתנה ומתמן גבורים עומדים בפרץ. ולא יכיל למיקם בה אלא גבור במלחמתה של תורה. גבור ביצרו. וביומא תליתאה נחיתת לעמודא דאמצעיתא ע"י המשה הה"ד ויהי ביום השלישי בהיות הבקר בתרי לוחי אבנין נצח והוד הה"ד כתובים משני עבריהם ואינון תרין נביאי קשוט. ומסטרא דעמודא דאמצעיתא. אתקריאו נביאי האמת. ושכינתא תורת אמת הה"ד תורת אמת היתה בפיהו. ואתקריאת מראה הנבואה ורוח הקדש מסטרא דתרווייהו וביום הז' נתנה דא צדיק יסוד עולם ובדרגא דיליה מלכות מליל עמהון והא אוקמוהו ליו' מלכין שמא לא יוכלו לדבר על פה אחד. נגע בבת ובלל בה כל הי'. ודא

ימות ע"י מה"מ אלא ע"י מלאך טוב דקודשא ומ"ש ואם הוא דקבל ברית איהו ממזר וכו' הכוונה לא ה"ה העפר דוגמת שמזבח כמ"ש לעיל במזבח אדמה תעשה לי אלא היה מתוקן לחו"א ומכאן נראה כשמל, ממזר לא יכינו עפר בכלי לשפוך דם המילה מן הפה אלא ישפוך בארץ ואפשר שגם הערלה יזרוק לארץ ולא יניחנה בתוך עפר שבכלי **ודא** שכינתא תתאה דאיהי ראשית לנבראים ואיהי אחרית לחכמה נ"ב שכ"כ תתאה היא מלכות דאצילות א"ה ראשית ל"ם דבריאה ואחרית לחכמה דהיינו לאצלות שהיא בסוד חכמה ומ"ש ובגינה אתמר מגיד מראשית אחרית פי' רוש שכל עולמות בי"ע נקראים תילות דמלכות דאצלות כנודע ומ"ש כד אתנטלת מכתר אתקריאת עטרת תפארת הנה הארה זו תתקיים לעת"ד שתגדל המלכות ותה"ה בסוד אשת ח"ל עטרת בעלה **ובדרגא** דיליה מלכות מליל עמהון והא אוקמוהו לעשרה מלכין שמא לא יכלו לדבר על פה אחד נ"ב טעות לשון ש"כ כאן וצריך למחוק תיבת לא וכך צ"ל שמא יכלו לדבר והכוונה דארז"ל כל עשרת הדברות נאמרו בדבור אחד ועשו משל של זה לעשרה מלכין שמא יוכלו לדבר על פה אחד והם ת"א אמר כל עשרת הדברות בפה אחד והביא בתיקונים כאן מאמר זה של עשרה מלכים להוכיח כי עשרת הדברות במדת מלכות דבר אותם עמהם ולכן היו עשרה כנגד י"ס שבמלכות והוכיח לומר שחז"ל עשו משל בעשרת

לשדייא לה בעפרא ודם דאטיפין מיניה אתחשיב כאלו עביד ליה עולה
וההוא עפרא לתקנא ביה מזבח אדמה. ודם דברית כאלו דבח עלה
עלוון הה"ד מזבח אדמה תעשה לי וגו' ושזיב ליה בההוא עפרא מחבוט
הקבר ובדם מילה שזיב ליה משחיטת מלאך המות ואם ההוא דקביל
ברית איהו ממזר ההוא עפרא תקין ליה לחויא דאתמר בה ונחש
עפר לחמו. ואיהו מן האדמה אשר ארה יי'. דאתמר בה ארורה
האדמה. ואיהי עפרא מהאי דאתמר בה והארץ היתה תהו ובהו
דאתמר בה והארץ בבגד תכלה עמיה יהא חולקיה. כאלו קשיר ליה
למעבר עולה לע"ז. דההוא בן או בת אינון פסל ומסכה. ועל דא אתמר
אשר יעשה פסל ומסכה. ואתמר ושם בסתר בסתרו של עולם.
ואמר כל העם אמן דההוא בר מנחש הקדמוני איהו דגרים מות לאדם
ולאתתיה דאתמר ביה ארור אתה מכל הבהמה וכו'. קליפה דערלה
דכסי על י' אית לה תלת קליפי כגלדי בצלים דא על דא. ואינון
קליפין דאגוזא דאתמר עלייהו. והארץ היתה תהו דא קו ירוק קליפה
קדמאה דאגוזא. ובהו אבנים מפולמות דא קליפה תניינא דאגוזא
קשה כאבן. וחשך קליפה תליתאה *ובהון אוקמוהו רבנן אין דורשין
בעריות בשלשה. שלש שנים יהיה לכם ערלים. ולקבל מוחא איהו
ובשנה הרביעית יהיה כל פריו קדש הלולים ליי'. ובהון מסטרא
דערלה ארבעה נכנסו לפרדס ג' אכלו מאלין קליפי ומתו רביעאה אכל
איבא וזרק קליפין וחי. כגוונא דא אתמר ר' מאיר רמון מצא תוכו אכל
קליפתו זרק. וכגוונא דאלין קליפין. אינון קושיין דחפיין על הלכה.
דאיהי מוחא מלגאו. ולית בר נש יכיל למיכל בנהמא דאורייתא דאתמר
בה עץ חיים היא עד דזריק קושיין מהלכות. ואית הלכה דכל
קושיין דילה. אינון כאילנא דקליפה דיליה וקנה דיליה ועציו ועלין

שמוכה מגינן על אדם מן מזיקין דלכך של כך סעות כ"ג פ"ח הוא כ"ך ור"ת ג' מלות אלו סבת מילר
תפילין הוא שמת ובזה יובן לכו חזו מפעלות אלהים אשר שם שמת בארץ אין יוצא במבטא אלא רק שמת
ואלו הם המגינים על הארץ ודם דברית כאלו דבח ליה עלוון נ"ב מזבח אדמה עם האותיות מספר עולה
עם האותיות ומ"ש שזיב ליה בההוא עפרא מחבוט הקבר אינו ניצול לגמרי כי הוא צריך להיות בשביל זוהמת
הנחש הבלועה בגוף להפרידה אך אם לא היה נמול היה צריך חבוט גדול בקבר להפריד זוהמה שכנגד
הערלה נ"כ ומ"ש ובדם מילה שזיב ליה משחטת מה"מ פירוש אם זכה לשמור בריתו את כ"א זוכה שלא

ואיבא

* יא ע"ב

דבשַׁבָּת ויו"ט מתְלַבְּשִׁין נשְׁמָתִין בכְתָנוֹת אור אָמַר הַנָּבִיא עַל כֵּן בָּאוּרִים כַּבְּדוּ יי' ואוקמוהו רַבָּנָן כַּבְּדוּהוּ בכסות נקיה מִיַּד דאָמַר מִלִּין אִלֵּין אשְׁתַּטְּחוּ קָמֵיהּ כלהו בְּנֵי מתיבתָא. דלית חֶדְוָה בֵּינַיְיהוּ כחֶדְוָה כַּד אתחַדַּשׁ בֵּינַיְיהוּ רָזָא דאוֹרַיְיתָא. ובגין דָּא מָאן דנָטִיר ברית אִישׁ אקְרֵי אִישׁ צַדִּיק תָּמִים. ואות י' דשַׁדַּי איהי חוּלְיָא עַל צַוָּאר דשֵׁד יצר הָרָע חוּלְיָא דשַׁלְשְׁלָאָה ובג"ד רשים שַׁדַּ"י בברית ורָשִׁים בַּמְּזוּזָה דמִזְדַּעְזְעִין כלהון מֵהַאי שַׁלְשְׁלָאָה. דאיהי אות ברית. אות י"ט. אות תפלין. ומִיַּד דאיהוּ תָּפִיס בָּהּ יצר הָרָע דאיהוּ ש"ד. נָטִיל בַּר נַשׁ חַרְבָּא דאתמר בה רוֹמְמוֹת אֵל בגרוֹנָם דאיהו י' רֵישָׁא דְחַרְבָּא. ו' גופא דהַרְבָּא. ה"ה תרי פִּיפִיּוֹת דִילָהּ. ושָׁחִיט ליה. ובגיניה אתמַר הַבָּא לְהָרְגְךָ הַשְׁכֵּם לְהָרְגוֹ בצְלוֹתא דאתמַר בָּהּ וַיַּשְׁכֵּם אַבְרָהָם בבֹּקֶר. וְעוד קְרִיאַת שְׁמַע איהי רוֹמַ"ח כלִילָא מִשִׁית תיבין דיהוּדָא ומרמ"ח תיבין עם יי' אלקיכם אֱמֶת. והוא קירטָא והָא אתמַר. ה' אַבְנִין דאתעַבִידוּ חַד אַבְנָא בְּאָת י' וְקָטִיל בָּהּ לְיֵצֶר הָרַע. ובאָן אַתַר איהי קירטָא. בתפלין חוּט דקֶלַע דכָרִיךְ בְּיָד. דָא רצוּעָה דיָד דאיהו כחוּט דזַרְקָא. ואיהי קְרִיאַת שְׁמַע קֶשֶׁת. דזריק חִצִּים כּסטְרָא דבָרוּךְ שֵׁם כבוד מַלְכוּתוֹ וּבְרָכוֹת לְרֹאשׁ צַדִּיק דאיהו קֶשֶׁת הַבְּרִית. רוֹמְחָא דָא עַמּוּדָא דאמְצָעִיתָא. בְּחָמֵשׁ אֶצְבְּעָאן. דיָד דאיהי ה' תַּתָּאָה ואיהי לִימִינָא דְחֶסֶד דַרְגָא דאַבְרָהָם דהוֹשׁבַנֵיהּ רמ"ח ועם ו' דעַמּוּדָא דאמְצָעִיתָא אתעַבִיד רוֹמַח קֶלַע ה' עִלָּאָה לִשְׂמָאלָא. י' אַבְנָא דקֶלַע. י"ק דתפלין. וכלָּא. י"ק עם שְׁמִ"י שס"ה זכר"י עם ו"ק רמ"ח וּמָאן דאיהו נטיר י' בתמַנְיָא יומין דמילָה. בתמַנְיָא אַלְפֵי תחוּם שַׁבָּת בתמַנְיָא פָרְשִׁיין דתפלי. איהו נָטִיר מִכָּל מַזִּיקֵי דתחוֹת יְדָא דיצה"ר דאיהו מְמַנָּא עַל שתין רבוא. כָּל שֶׁכֵּן מָאן דקָשִׁיר לֵיהּ בשַׁלְשְׁלָאִין וקָטִיל ליה. ועוד ברית דתַהִינוּ לֵיהּ מָנָא בעַפְרָא

נשמתין בכתונת אור דהיינו הארת או"א ולז"א באורים כבדו ה' ב' אורים שבת אורות או"א ולכן מדליקין בשבת ויו"ט שתי נרות ומאן דאיהו נטיר יו"ד בח' יומין דמילה וכו' איהו נטיר מכל מזיקי דתחות ידא דיצה"ר כ"ב שלשה מצות אלו בהם מילה שבת ה' בשמונה ושבת ש"ש לו תחומין ח' אלפים לד' רוחות ותפלין ש"ש בו ח' פרשיות הם מגין מן מזיקין דילה י' דבר יום ביומו כ' כל כ"ד שעות ש"ש יצה"ר בפ"ע נמשך מקליפה דכ"ד בסוד מאמר רז"ל שאמרו יצרו של אדם מתחדש עליו בכל יום ולכן ג' מצות אלו ש"ש בכל אחד מהן לשדייא

מלכות. דאיהי אהבת חסד. דיראה מסטרא דגבורה איהי. ומחסד איהי
מלכות אהבת יי׳ כמה דאתמר. מגבורה איהי יראת ה׳. ואורייתא
דאיהי תרי״א מתרוייהו אתיהיבת לישראל ודא עמודא דאמצעיתא.
מסטריה אתקריאת מלכות תורת יי׳ (תמימה) ואיהי מצוה דיליה בכל
תרי״ג פקודי דתליין משמיה. דאינון שמ״י עם י״ק שס״ה. זכרי עם
ו״ה רמ״ח. הוא בצלמו כדמותו. ועוד תמונא ז׳ והמשכילים יזהירו.
אלין דידעין במלת בראשית פקודא תליתאה דאיהי ברית מילה.
והיינו בראשי״ת ברי״ת א״ש. וברית איהו י׳ ועם א״ש אתעביד אי״ש
ואוף הכי את ה עם אש איהי נוקבא. ועל תרין אשות אתמר
בקדמיתא כתנות אור דבהון עקבו מכהה גלגל חמה. והיינו בורא
מאורי האש דאינון בהבדלה י״ה מן איש ואשה בתר דחבו ויעש
ה׳ אלקים לאדם ולאשתו כתנות עור וילבישם והיינו בורא מאורי
האש ודא עור של נחש. לאתדכאה במה דחאב. ובגין דא צדיקים
דנטרי ברית שוב אינם חוזרים לעפרן דאיהו עור משכא דחויא דאתברי
מעפרא דאתמר ביה ונחש עפר לחמו. ובגין דא מאן דלא נטיר ברית
אתדן בחבוט הקבר בההוא עפרא. ואלין אנון דגופא דלהון אינון לון
קבר בחייהון. דהתקין לו שעתא בכל יומא. ובמלאכה דלהון
דאתבלע דמא בצפרניהון. ובגין דא תקינו לאחזאה צפרנים בהבדלה.
דהוה אדם מלובש בכתנות צפרנים דהוו נהרין כענני כבוד. *ואיהו
בהבדלה מנייהו. וידעו כי עירמים הם מנייהו בגופא ונשמתא
ורוחא ונפשא עירמים מכתנות אור דאינון מאורי האש. ובגין דבשבת
אתחזא לון בהדלקת שרגא דשבת בתרין פתילות דאש ובמוצאי שבת
יתעברון מנייהו תקינו למימר במוצאי שבת הבדלה באש. ובגין

דאיפי כלילה מכל ספ כן ולכן את ה במלואה ה ה עולה מספר עשרה ולכן מלוה זו של ואהבת לריכה
להיות בכל תרי ג כי כל מלוה ומלוה לריך לקיימה ברח מו דמאר ה ו דוע שהמלות הם במלכות והתורה בתפארת
זמ״ס ובגינה אתמר מדוע אתה עובר את מלות המלך בא לרמוז בפסוק זה שהמלות הם במלכות בסוד
את מלות המלך ומ״ס וא פי בכין עלמא כי תרי ג מלות הם בה והאדם הנקרא עולם קטן, בנייתו בתרי ג
שהם רמ״ח אברים ושם ה גידין וכן עוה״ז בכללותו נבנה בתרי ג מלות ולכן המלכות .מ היא סוד שם ב ן
שהוא לשון בנין דעוה״ז נבנה בה ונשפע על ידה בסוד ומלכותו בכל משלה **ובגין** דבשבת וי״ט מתלבשין
נשמתין בכתנות אור אמר הנביא על כן באורים כבדו ה׳ כ ב בשבת ויו״ט עולים זו״ן עד או״א ולכן מתלבשין
דבשבת

* יא ע״א

נאמר בכל לבבך. ואם חביב עליה ממונא מגופא לכך נאמר בכל מאדך. במה דחביב עלך מסור ליה ברחימו דמארך בעת צרה. ודא איהו נסיון *דעתידין ישראל לאתנסאה בשבעין שנין דגלותא בתראה. דעני חשוב כמת וכאלו נטלי נפשיה. גופא ונפשא וממונא כלהו שקולין במה דחביב עליה. מסור ליה ברחימו דמאריה. ובההוא זמנא אתקשר במלת אהב"ה דאיהי בראשית וכאלו ביה ברא עלמא ומאן דלא מסר נפשיה או גופיה או ממוניה ברחימו דמאריה בשעת השמד כאלו אחזר עלמא לתהו ובהו. ומאן דמסר נפשיה וגופיה וממוניה בשעת השמד ברחימו דמאריה דא אתקרי רחימא דמאריה ודאי ובההוא עלמא לית לעילא מיניה. ובגין דא קרא סמיך ליה והארץ היתה תהו ובהו. ואהבת ה' איהי מלכות כלילא מכל ספירן. ואיהי פקודא דקודשא בריך הוא בכל תרי"ג פקודין ובגינה אתמר מדוע אתה עובר את מצות המלך. ואיהי בניין עלמא. שפחה בישא איהי חרבן עלמא. ובגין דא אתמר בה והארץ היתה תהו ובהו. ואיהי רצועה בידא דקודשא בריך הוא. לאלקאה ביה חייביא ובגין דא מאן דרחים לקודשא בריך הוא מנו נפשיה או גופיה או ממוניה דינטיר ליה קודשא בריך הוא. הא רחימו דיליה תליא בההיא דיהיב ליה ולאו עקר רחימו דלאו איהו האי רחימו דאם נטל ממוניה או גופיה כפר ביה לאו איהו עקר רחימו. עד דמסר נפשיה ברחימו דמאריה. ואם כל תלת שקולין לגביה ימסור לון כלהו על קדושת שמיה ברחימו. והאי איהו עקרא דרחימו דאיהו אהבת ה'

דר"י מאמר אחד דא הוא בראשית דאוקימוהו על ה' וכו' כ"ב תשער ואמר א"כ וי"ש עשרה מאמרות אז"ל בראשית י"ת מאמר ועל יתאיר זה של בראשית אמר הסגא והלא במאמר אחד יכול להבראות דקרי ליה מאמר אחד ה' כו' משום כ' בראשית בי"ת עולה מספר אחד וי"ש וראה אהו רחימו דמאריה וכו' רכונה מה שרמזו יתספר אחד כמספר אריכר שרוא מסכר בראשית במ"ק העג, רוח שראדם לך למסור נפשו באחד באהבר דמאר"ה דארבה מספרה אחד **ומאן** דלא מסר נפשיה או גופי' או ממוניר ברחימו דמאר"ה בשעת השמד כאלו אחזר עלמא לתהו ובהו כ"ב ממון גוף נפש ר"ת מגן כ' מסרת שלשה אלו הם מגן לעולם ועל דם ה"ה ה' מגן לחוס כו' ובלעדם ראוי להיות העולם תהו ובהו ובמלת ואהבת ש' אותיות תהו וש' אותיות בהו לרמז דר"ל תלא בכא שזר אלו ברחימו דמאר"ה הרמוז במלת ואהבת **ואהבת** ה' איהי מלכות ב' תבת ואהבת אע"פ שיש פתח תחת תי"ו הנה התיבה במבטא יש בה אות ה' כמו ונתת בלא ה"א וש ונתתה בכסף כתיב בה ה' ואמר זו אות ה"א היוצאה בתיבת ואהבת בסופה רמז המלכות שנקראת אהבה מלכות

* דעתידין

ספיר. נטיל גוון תכלת ואוכם מסטרא דדינא ונהיר ביה נהורא חוורא מסטרא דרחמי. ואיהו את י' מן אדנ"י אודם מסטרא דגבורה. פטדה מסטרא דימינא. ברקת מסטרא דעמודא דאמצעיתא איהו אל"ף דל"ת נו"ן יו"ד כלילן מ"ב גוונין. וכלהו משולשין באבהן משולשין בכהנים לוים וישראלים. קדושה לך ישלשו. כל אבן דגוון דילה חוור נטילת מחסד. דאיהו סגולה דיליה דהימו וחזא דמלה ואהבת עולם אהבתיך על כן משכתיך חסד. אבנא סומקא נטילת מן גבורה. וסגולה דילה למהוי אימתו מוטלת על בריין דעלמא אבנא כלילא מתרין גוונין חוור וסומק איהי מעמודא דאמצעיתא. ירוק כזהב. מסטרא דאימא עילאה דאיהי תשובה קו ירוק דאסחר כל עלמא ואית גוון פשוט כפול משולש מרובע עד דסליק לעשרה גוונין דנהירין בהון י' אתוון דאינון י' יק יקו יקו"ק. וסלקין אלין י'. לע"ב נהורין. דנהירין בע"ב גוונין חש"ק תל"ם שב"א קמ"ץ אינון נקוד צבאות. נצח והוד יסוד. וכלהו נהרין באבנא יקירא מלבוּת כלילא מכל סגולות. שבא גוון סומק דגבורה דנטיל מניה הוד. קמ"ץ גוון חוור ולא צריך לארכא בהון דהא אתמרו לעילא. ועוד תקונא ו והמשכילים יזהירו אלין אינון דידעין רזא בפקודא תניינא. במלת בראשית דאיהי אהב"ה. דאיהי לחשבן זעיר בראשית במתקלא חדא סלקין דא *כדא דא תליסר ודא תליסר. ודא אהבת חסד דאיהי ע"ב בחושבן. לקבל שמא מפרש ויסע ויבא ויט. דביה ואו בחושבן אח"ד. דהיינו מאמר אחד דאיהו בראשית. דאוקמוה עליה. והלא במאמר אחד יכול להבראות והאי איהו רחימו דמאריה מאן דמסר נפשיה באחד ברחימו. ובגד ואהבת את ה' אלהיך אפילו נוטל את נפשך דאם חביב עליה נפשיה מגופיה לכך נאמר ובכל נפשך. ואם חביב עליה גופיה ממוניה לכך

קא מנהגא כי הלבשני בגדי ישע זה טל"ת גדול מע"ל לדקה יעטני זר ל"ג קטן כל אבן דגוון דלה חוור נטילת מחסד כ"ב לכן מספר שם ע"ב שרוא חסד עם כולל עשר אותיות ו הוא מספר לב"ן ואית גוון פשוט כפול משולש מרובע עד דסל"ק לעשר גוונין כ"ב רמז לדבר ודיוגא מפיכם תעשו ר"ו"ד א, יולאה במבטא נמלא מפכם ר"ת משולש פשוט כפול מרובע שהם מורים על חלוקות של י"ם ודבור ר ולא רן רפר כלל מן י"ם כ בכללות הפר ש י"ם ולכן מעלת רדבור גדולה שלך רלדם לקיים דבורו לקבל שמא מפרש ו סע ו בא ו ט דב"ר וא ו כחשבן אחד כ"ב שכל פסוק משלשה הנז' מתח"ל בוא ו שמספרו אחד במילואו ומ"ם נאמר

* ע"ב ** כדא

בבסקך. ואית דנקיד לון מראשי תיבין להויה דבסופי תיבין ואם
הויה בראשי תיבות נקודה דיליה בסופי תיבין. ואית נקודה ברזא
אחרא. *כגוונא דא יקו"ק מלך. יקו"ק מלך יקו"ק ימלך. שמהן לעילא.
נקודן דלהון כתיבין דתחותייהו ארבע. שמהן תלין. מכל שמא ושמא.
ועלייהו אתמר וקרא זה לקבל י"ב אנפין דתלת חיון. אל זה י"ב גדפין
דתלת חיון. ועל כלהו פני אדם. ותפלין הוא פני אדם. ציצית פני
חיון וגדפי חיון. ואוקמוהו רבנן שם בן י"ב כל היודעו והזהיר בו כל
תפלותיו מתקבלות. ומקורו יוד קי וא"ו קי. כל י' איהו אנפוי יקו"ק א
ודמות פנידם פני אדם הבא בהאי שמא. רזא דתפלין וציצית. ת"ח
כל הויה דאיהי ה' על י' ה' על ו נוקבא. כל הויה דתרין ההין כתרא
באמצע אינון אחוות כגוונא דא יקק"ו. כל הויה י"ו כתרא באמצע היו"ה
אינון אחים. כי ישבו אחים יחדו. תרין ההין כתרא ותלבנה
שתיהן. י"ו דחוקין דא מן דא או קרובים דא מן דא. עלייהו אתמר
שלום שלום לרחוק ולקרוב וגו' דהיינו קרבן עולה ויורד יקק"ו.
ה' דאיהי אימא עולה. סליקא לגבי י'. היא העולה. ה' דאיהי ברתא
נחיתת לגבי ו' וירד מעשת החטאת על כן יעזב איש את אביו ואת
אמו וגו ודאי איהו קרבן עולה ויורד חמש אשות סלקין וחמש נחתין.
לית הויה דלא אחזי על רזא עלאה קוק"י. כד נוקבין שלטין על דכורין
דינא אחזי בעלמא ומיתה ועוני. ודא הוא רזא דהפך משה שמיה
וקטל למצרי. דאתמר ביה ואמרו לי מה שמו מה ומשה הפך ליה
כגוונא דא. מה שמו מה לי קוק"י ונקודא הוהי. מצרי דמזלזל בשמיה
ואמר מה שמו מה יכיל למעבד לי לקטיל ליה ביה. ואם אתוון בסופי
תיבות. נקודין אינון מראשי תיבין. תקונא ה' בראשית ב"ת ראשי
אלה ראשי בית אבותם. בת עלה אוקמוהו מארי מתניתין בת
בתחלה סימן יפה לבנים. ואיהי י' מן ארני. מרגלית יקרא כלילא מכל
גוונין. דאת י' מן יקו"ק לא תפיס ביה גוון כלל הה"ד אני ה' לא
שניתי. לא ישתני בשום גוון כלל. אלא נהיר מלגאו דגוונין דשם יקו"ק
כנשמתא בגופא דאיניש. או כשרגא בהיכלא. ואת י' מן ארני איהו

דאיהי ה' עלאה סליקת לחמשין. חמש זמנין עשר באת י'. והיינו ה"י מן אלקים חמש זמנין ה' באת י' חמשין. בחמש ספירן יסוד כ"ל נטיל לון כלהו. וירית לון לכלה. והיינו כ"ל. כל"ה באת ה' תתאה קרן אחת ורזא דמלה אוקמוהו רבנן שור שהקריב אדם הראשון קרן אחת היתה לו במצחו שנאמר משור פר מקרן מפרים מקרן חסר יו"ד כתיב ודא רצועה דיד דתפלי דמארי עלמא. כ כתר. דמארי עלמא איהו שמיה תפלין דשי. אבל כתר תפלין עליה ורזא דמלה אין קדוש כיי כי אין בלתך. לית פקודא דלא אתכליל ביה עשר ספירן. ועיקר דתפלין משמאלא ובגין כך נשבע יי' בימינו זו תורה. ובזרוע עזו אלו תפלין. ומסטרא דשמאלא ה' תפלין על ו'. אימא על בריה. בגין דבה אתבני הה"ד כונן שמים בתבונה. י אבא תפלין על ברתא. ה' דביה אתבניאת הה"ד יי' בחכמה יסד ארץ. ודא הוא הויה. ודא הוא רזא ארבע משמרות הוי הלילה. ואית דאמר הויות באמצע כגוונא דאיהה"ו. י' קדש לי ה' ה' והיה כי יביאך. והיה אם שמוע. ו' שמע ישראל. קו"יק ו"י באמצעיתא. יהה"ו. ה"ה באמצעיתא ובצרוף די"ב הויין אשתמודעו כלהו. ואלין אינון יקוק יקקו יוקק דרמיזי בשם יוד קיוו קי. האי שמא מקורא דאתוון ומקורא דלהון בקראי בנקודי יקוק ישמחו השמים ותגל הארץ מקורא דנקודי מן יקקו יתהלל המתהלל השכל וידוע יוק"ק. ידותיו ולצלע המשכן השנית תלת ווי"ן בהאי שמא יוד קי ויו קי וקיק וקקי ויקק. ונקודין דלהון ויראו אותה שרי פרעה וקי"ק. וקק"י. ודב"ש היו"ם הז"ה יקו"ק. ויק"ק. וירא יושב הארץ הכנעני. קוק"י קיו"ק קק"יו. מקורא דלהון הוה"י וכל זה איננו שוה לי. קו"יק המר ימירנו והיה הוא. קק"יו. עירה ולשרקה בני אתונו. קיק"ו קוי"ק קקו"י. קיקו. ליקו"ק אתי ונרוממה שמו. קוי"ק הנה יד יי' הויה. קקו"י. וצדקה תהיה לנו כי. וכל קראין דקא אתיין הויין אלין בראשי אתוון או בסופי אתוון בין מן התורה בין מן הנביאים בין מן הכתובים. יכיל לנקדא לון בנקודיהו. אוף הכי כל הויין דקא אתיין מתלת אתוון נקודה דלהון בקראין. כגון יקק. מקורא דיליה כי יקוק יהיה

בכסלך

שין של תפלין הקב"ה למשה מסיני. ש דתלת ראשין ש דארבע ראשין
לקבל שבע הנערות הראויות לתת לה מבית המלך. ואינון בשחר
שתים לפניה ואחת לאחריה ובערב שתים לפניה ושתים לאחריה.
ולקבל אלין שבעה. אית שבעה רואי פני המלך היושבים ראשונה
במלכות. ותפארת איהו כבוש באת יוד עם ה' תתאה. ונפשו
קשורה בנפשו. ואיהו חבוש עם את י' מסטרא דה' עלאה. ובגין דא
אין חבוש מתיר עצמו מבית האסורין דאיהו בגלות עם ישראל הה"ד
בכל צרתם לו צר וכו'. לא צר בא' בההוא זמנא דאיהו עם ישראל
לא צר ודאי ולית צר אלא יצר הרע דהזר הקרב יומת. ורזא דמלה
כי בי חשק ואפלטהו כי בי בגימטריא מ"ב אזכרות דתפלי אשגבהו
כי ידע שמי יקראני בקריאת שמע ואענהו. הה"ד אז תקרא וה' יענה.
יקו"ק בד' בתי דתפלי דרישא דאינון ארבע אתוון אהי"ה. ויי' יענה.
יהוה בארבע בתי דתפלין דיד דאינון אדני. ואי תימא לאו אינון
ביד אלא בית א חמישאה יד כהה. הכי הוא ודאי. דאיהי חמישאה
ואיהי*רביעאה ליק"ו יד כהה. יק"ו איהו אק"ק וסליק לחשבן
כ"א. וארבע אתוון בכלל. כ"ה ה' מן יקו"ק רביעאה ליק"ו וחמישאה
לאק"ק דאיהו ארבע בתי. ואיהו בית חמשאה ועוד אקיק אדני סלקי
לחשבן אלקי"ם דאיהו כללא דחמשה בתי תפלי יקוק ארבע פרשיין. י
קדש לי ודא חכמה. ה והיה כי יביאך ודא בינה ואינון לימינא
ושמאלא דאינון חסד גבורה. ו' שמע ישראל תפארת כליל שית תיבין
דיחודא ה' והיה אם שמוע מלכות שכינתא תתאה. תלת רצועין
נצח והוד ויסוד. יסוד רצועה דקשיר וא"ו עם ה'. כי כל בשמים ובארץ
דאחיד בשמיא ובארעא. תרין רצועין נצח והוד דאחידן בה' עילאה
והקרנים גבוהים והאחת גבוהה מן השנית אוף הכי תרין רצועין חד
ארוכה וחד קצרה קצרה עד החזה. ארוכה עד טבורא. ואתפשטותא
דה' עלאה עד הוד. באת י איהו דאיהו קשר של תפילין דרישא.

הגה"ה זו שבגליון בתוך דברי התיקו"ם שין דתלת ר"ש, שין דארבע רישין לקבל שבע הנערות הראויות לתת לה מבית המלך כ"ב דלו א' הכתוב ואמבשך בשם ואכסך משי שם הס ב' שין הנז' ואכסך משי וז"ש שם אפיס בה זה תפלין, דאית ביה ב שין שהם ש"ש תגל נפש באלקי ע"פ מ"ש בגמרא חזיה דבדת טובה וא"ל תפילין

ראידי

* ט ע"ב

מסטרא דחיון דכרסיא שרים וממנן. מסטרא דכככיא דנהרין בשמיא וארעא עברין. והאי איהו אם כבנים אם בעבדים. והאי איהו דצריך לאנפא ליה חרבא לשית סטרין דאינון שמיא וארעא שמשא וסיהרא. כסא דין וכסא רחמים. לאעברא סמא״ל ונחש מנייהו. דמסטרא דלהון שליט סמא״ל ובת זוגו וצריך לקשרא ליה ברצועין דתפלין. תרין בתרין קרני וחד בדרועא. ולבתר ישחוט לה בקריאת שמע בגין דלא יתקריב לסטרא דגבורה. אבל מסטרא דכפירן והויות דלהון אתמר לא יגורך רע. והזר הקרב יומת. ועוד ה׳ דיד בהה דאיהי יונה קדישא מצפצפן לה בנהא בכמה צפצופין דזמירות שירות ותשבחות והודאות עד דנחתין לה לגבייהו. דא נחתת לה לגבייהו קשרין לה ברצועה דאיהי ו׳ שית תיבין דיחודא. והיינו רזא והיה לאות על ידכה קשורא דתרוייהו דא י׳. ודא יהוד. ובגין דא בקשורא דתרוייהו מאן דשח שיחה בינייהו דאיהי שיחת חולין עבירה היא בידו. דעבד בה פרודא בין ו״ק דאיהי עמודא דאמצעיתא ומלכותיה. תפלין דרישא דקודשא בריך הוא דאיהו ו׳ איהי ה׳ עלאה. אימא עלאה עטרת תפארת. עלה אתמר פארך חבוש עליך. אלו תפלין שבראש והאי איהו רזא הוי״ה דאתמר ביה הנה יד ה׳ הוי״ה וכו׳. ובג״ד אוקמוה מארי דתלמודא ירושלמאה הויות באמצע. יד יקוק מימינא דאתמר בה וירא ישראל את היד הגדולה מסטרא דחסד יד רמה מסטרא דתפארת דאתמר בה ובני ישראל יוצאים ביד רמה. יד החזקה באמצעיתא דאיהי יד יקוק הוי״ה. דלהוי רחמי מכל סטרא. ודינא כבוש באמצעיתא יד רמה עלה אתמר והיה יי למלך על כל הארץ. ותלת זמנין י״ד אנון מ״ב אזכרות דתפלין דיד ותפלין דרישא. יד שכינתא תתאה איהי היד הגדולה מימינא דחסד דתמן חכמה. יד החזקה מסטרא דגבורה דתמן בינה. יד רמה מסטרא דעמודא דאמצעיתא מעוטר בכתר על רישיה תפלי דמארי עלמא.

ואילך אינון שרים ועבדים כ״ב לז א׳ בגמרא שאמרה אשתו של ריב״ז וכי תניא גדול ממך א״ל אב דומה כשר לפני המלך והוא כעבד לפני המלך ובודאי דבר כן מלך עבור שלו דודאי הוא מדרגה בגם אתם לה׳ אלהיכם ובבג״ד אוקמוה מארי דתלמודא ירושלמאה הוו״ת באמצע. נראה ברור מילות אלו אינם מדברי התיקונים אלא חכם אחד הגיה בגליון של התיקונים דבר זה לסייע מן תלמוד ירושלמי ואח״כ המדפיסים הכניסו

שם יקו"ק. י' דיליה ברישא דחרבא. דלית מאן דנצח ודאי למארי
חרבא דא. ובה נצח לכל סטרין אחרנין ולית חד קיימא קמה גופא
דהאי חרבא ו' זכאה איהו מאן דידע לאניף ליה בידיה לכל סטרא
עילא ותתא וארבע סטרין בשית ספירן. תרין פיפיות דחתיך בהון
עילא ותתא מתרין סטרין אינון ה"ה ונקודא אלקים. והיינו נרתק דיליה
ובג"ד בינה נקודה אלקים כגוונא דא יקוק כמה דאתמר. והאי איהו
דאוקמוהו מארי מתניתין כל הקורא ק"ש כאלו אוחז חרב פיפיות בידו
והא אוקמוהו על מטתו להגן מן המזיקין. אבל בקריאת שמע דצלותא
אהון המזיקין קשור לית ליה רשו למברח. וזכאה איהו מאן דשחיט ליה
בההוא זמנא. לקיים (בא להרגך) השכם להרגו בצלותא דאתמר בה
וישכם אברהם בבקר. כל שכן מאן דלא חשש ליקריה לשחטא
יצריה ושנאיה דלית שנאיה לחוד אלא שנאיה דקודשא בריך הוא
דבכל יומא תבע חובין דבנוי לשחטא לון. ואוף הכי צריך לאעברא
ליה משמיא וארעא כגוונא דאעבריה משמשא וסיהרא. ואוף הכי צריך
לאעברא ליה ולבת זוגיה מתרין כרסיין ההד כסא כבוד מרום
מראשון דתמן קודשא בריך הוא ושכינתיה בתרין כרסיין. ותמן קודשא
בריך הוא ושכינתיה *בשמשא וסיהרא ועל שמייהו אתקרי כי שמש
ומגן יי' אלקים. ובההוא זמנא יתקיים ביה לא יבא עוד שמשך וירחך
לא יאסף. והכי צריך לאעברא ליה משמאלא דקודשא בריך הוא דאיהי
גבורה דמתמן מצפון תפתח הרעה. ותמן ייתי למתבע חובין מאלין
דאתמר בהון בנים אתם לה' אלקיכם. מתמן ואילך אינון שרים. ועבדים.

שלשה י"ד סך הכל ט"ז כמספר צורת קמ"ץ שהוא י"ו וידוע כי קמץ, הוא נקודת הכתר לכן אמר א"ה קומץ כל נקודין שהכל נשרשים בכתר **זכאה** איהו מאן דשחט ל"ה בההוא זמנא כ"ב ענין שחיטה זו ה"א להפריד ממנו הרע ולכן סידר י"ב ט הרש"ם ז"ל בבקשה בכל יום אנא ר' הפרד נא ממנו יצר הרע שבלב ר' וכו' ושחיטה לשון המשכה ריא ומ"ש לקים בא להרגך השכם להרגו בצלותא דאתמר בה וישכם אברהם בבקר נרמז בה בה השכם גם על הקטורת שהיא שס"ה סמנים כמנין השכם ואע"ג דבזוהר תרומה בשו משל לבן המלך והשפחה ונמצא הוא מקיים מצותו תברך עכ"ז נחשב שונא גמור כי ע"פ מה שנצטווה די לו שיחטיא וג"ד החטא לפני מלכו של עולם ומה לו לתבוע דין על ישראל לשחטא לון ומי רגיטו בכך הנה השופט כל הארץ הוא יעשה משפט ולכן בדבר זה מודע כי שונא הוא לישראל ולאביהן שבשמים **והכי** צריך לאעברא ליה משמאלא דקב"ה דאיהי גבורה כ"ב יעב"ץ מן ספירת הגבורה שנקראת בשם שמאלא כי החסד נקרא ימין והגבורה נקראת שמאל ומאחר כי ספירת השמאל היא בריאה שבראה הקב"ה לכן מי הם אותה להקב"ה כמו ואני נסכתי מלכי וכן לא תגעל נפשי אתכם וכמ"ש מרן ז"ל בתשובתו בהאבקת רוכל **מתמן**

מסטרא

* ס"א כשמשא

שלמות תבנה את מזבח ה׳ אלקיך דא ה׳. ו׳ דא קורה ועמודא לסמוך עלה בית. ובגין דא חבורא דתלת אתוון. בית ב בניינא. י׳ יסוד בניינא. ת׳ ת״ת. ואינון ב׳ מלכות. י׳ יסוד ספירה תשיעאה דאיהו סומך גאולה לתפלה וביה סומך יי׳ לכל הנופלים. ת׳ תפארת דאתמר ביה כתפארת אדם לשבת בית. וביה כל הזוקף זוקף בשם. אבל לגבי יסוד כל הכורע בברוך הה״ד ברכות לראש צדיק. ואיהו עירוב דישפיל ביה הקורה אם היא למעלה מעשרים דאיהי יו״ד דלעילא מעשרים דאיהו כ׳ כתר איהו עלת העלות על כולא דלית עינא שליט עליה. ובג״ד מבוי דאיהי שכינתא תתאה דאיהי י זעירא עשרה טפחים שעורה. ביה צריך להשפיל הקורה דאיהו ו׳ אבל לגבי סכה דאיהי אימא דשיעור דילה יו״ד דאיהו כ׳ כתר. לעילא מכתר לית אדם דמרכבה דר ביה גו סכה דיליה עינא שליט עליה. ומקור דאליז הויין כחושבן חסד דבהון צריך למבני בנינא דא דאינון מחסד דמקור דהוייתיה איהו יוד קי ויו קי דסליק לע״ב הויין כחושבן חסד. כלהו. אבן. וקורה. ובנינא דאתבני בתרווייהו. ואלין אינון ע״ב הויין דנפקין מן יוד קי ויו קי

יקו קיו קקי קקו קוק יקק יוק יוק וקי קוי קקו קקי
קיק וקק ייק ויק קו וקי ווק ווי וי קוי קיז קוק יוק
ויק ווי ווק וקו יוו יקו יקו ויק יזק יין ייק יקי ויי
וקי וקי קיו יקו ייק יין יוי קיי קוי קו יקי קיי קקי
קקי קיק יקק ייק ייק קוק וקק וק ניק וקו קוו קקו
קקו ויו יוו ייו יוי יוי ויו ווי ווי

*ואלד מצאה בספר אחר

קו קו וק וק יית קי ק זוק קק ק
וקק קוו יקק קקו ווק קקי יקו קוק קיו יקק
קקו קו יקו קי וקקו קוי וק קק וקק
ייו יקק קק ק ק קקו קקו קיו ק ק ק ק
ו קקוק קיו ו ק קקק ויי וקק קוי קוק ק ק יוק
קו קקו קו ו ק ק קיק יקק יוק וו יקק קקי
יוק קקו קו קקו יקו ק ו ויק יקוק קוקי
וקיק ק קו יקקו קקיו וקק קקו יוקק קויק

נ״א בשם בן ע ב וכתוב בחסרונות של כתיבד זקני דרב וקק קיק

ר הור והו ריס ירו הוה ירו הוי והי היו
ר ורה רוו יהה ריו והה הוי והי היו יהו
ה ררו זוה רה וה ררו ורי הו ירו רו
רו הו וה רוי רו ה ריו יהו הוי ורי
הוי ורי ריו וה ירר ורר וו ירה
ור יוה דו היו ררי
ה ה

יהוה הוהי וה ד ה רו
ירהו הר ו ו רה הרו
ורר רויה ורר ר ור
ירו ררו הו היה ר ה
יהר ורר יוו רה ההו
יור רהו הו רה היו
ו ה

הו ההו דיו היר ה ה ו ה
רוה היו ו ר הרה ו והה
רו הוה היה יוה

שם

לדא. ובגין דא אית נקודה מלכא ואית נקודה עבדא לגביה כגון שב"א דאיהו עבד לקמ"ץ ורץ בשליחותיה ומזנב אחריו אבל באתריה מלכא איהו. ורזא דקמ"ץ הושבן קמץ י"ד ותלת ניצוצי ורקיע נ. מ דאיהו מלך אינון רמיזין ארבע יודין מן י"ד ה"י וי"ו ה"י ולאו למגנא אתמר ביה מלך. דאיהו מלך גדול על כל מלכין. פת"ח איהו מ"ב. חושבן פתח איהו כ"ב ניצוצין ותרין רקיעי וו"י דא מ"ב. כ"י ב"י חשק ואפלטהו. פתחו לי שערי צדק אבא בם וכו' בם ארבעים ותרין כי בי חשק ואפלטהו. חשק הרק שבא קמץ מן אבגית"ץ קמץ קומי"ץ סתים באת יוד פתח אתפתח ביה בחמש אצבעאן דאינון ה'. וכמה רזין בנקודי. ודאי איהו אבא בם אודה י"ק. ופתח עליה אתמר פתחו לי וכו' זה השער לי"י. מלאכין אית דמשמשין לאלין נקודין. ואינון אתוון. דאינון כסוסוון לנקודי וטעמי מנהיגי לון ואינון תנועות לגבי יהו. כגון על פי י"י יחנו ועל פי י"י יסעו ואינון נקודין לגבי טעמי. כעאנא בתר רעיין דאנהיגין לון לכל סטרא לסלקא ולנחתא עילא ותתא ולאנהגא לון לכל סטרא לימינא ושמאלא לקמא ולאחורא וטעמי אינון נשמתין ונקודין רוחין. ואתוון נפשין. אלין מתנהגין בתר אלין ואלין בתר אלין. אתוון מתנהגי בתר נקודי. ונקודי בתר טעמי. כי גבוה מעל גבוה שומר. ועוד אתוון אינון אש. נקודי רוח. אל אשר יהיה שמה הרוח ללכת ילכו ואינון כמבועי מיא דאתמר עלייהו המשלח מעינים בנחלים ישקו כל היתו שדי וכו' אלין אתוון. ואית דשוי לון לאתוון מים אש רוח ועפר ארבע רגלין דכרסיא. נקודי אדם לשבת על הכסא מסטרא דאבא יודי"ן לעילא. מסטרא דברתא יודי"ן לתתא מסטרא דבן וו"ן לעילא כגוונא דא וו"י. מסטרא דאבא וו"ן לתתא כגוונא דא יו"ו. ההי"ן דאימא כגוונא דא הה"ו הה"י. ההי"ן דברתא כגוונא דא יה"ה וה"ה. והכי בכל הויה והוי"ה ועוד מאן דאוליף אלין הויין צריך לאולפא לון למבני בהון בניינא לקודשא בריך הוא דאתמר בה וירפא את מזבח י"י ההרוס ורזא דמלה דיבלין למדרס באתוי רשמיה הה"ד פן יהרסו אל י"י ובגין דא דיהרסו לון בחובייהו צריך למבני לון בצלותהון. דאת י איהו אבן יסודא דבניינא. מן י"ק מן י"ו מן ו"י. בהון אבנים

הקטן וגו׳ וביה רזא מ״ב וביה רזא דאדם כגוונא דא. חשבן שבא ו׳ ותלת ניצוצות ורקיע יי״ו דחושבנהון ל״ו הרי מ״ב. ותלת אתוון שב״א הרי מ״ה. ורזא דמלה ואמרו לי מה שמו מ״ה אומר אלהם. ונקוד שב״א נקוד בשם יקו״ק באורייתא ׳ סגו״ל ח״י השבניה ואיהו וו״ו מן ויסע ויבא ויט ותלת נקודין יי״י איהו ת״ם: וארבע אתוון מן סגו״ל איהו חמ״ד. ותיבה הא אינון חמ״ה פ״י משה כפני חמה חלם חסר ו׳ חו״בניה י״ק. ותלת ניצוצות יי״י הא אינון מ״ה. שמא מפרש יוד קא ואו קא ועם תלת אתוון ותיבה הא איהו מ״ט כחושבן מ״ט ארוון דשמע ישראל וכו׳ ברוך שם כבוד וכו׳. ואוקמוהו רבנן דמתני׳ נ׳ שערי בינה נבראו בעולם וניתנו למשה חוץ מאחד שנאמר ותחסרהו מעט מאלקים. ולתתא במלאכים אינון מ״ט פנים טהור מן מטטרו״ן דאיהו הל״ם כמלאכים. חרק עם חושבן אתוון איהו א״ם. הרק חושבניה ו״ה. ותלת ניצוצות י״י י׳ תלתין הא איהו א״ם. שרק איהו חושבן אתווי ו וחמש ניצוצות חמשין הא נ״ו. תלת אתוון ותיבה דא אינון ס׳ סוד יי ליראיו וביה רנ״ו ליעקב שמח״ה נוטריקון שור״ק. דכל נקודי מחכמה עלאה מתפשטאן תשעה עד מלכות וטעמי מכתר עד מלכות. ושור״ק צדיק יסוד עלמא ביה סוד שורק תנינא בתוספת ו מ״ב. ועוד קמ״ץ אוקמוהו מארי דקדוק דאיהו תנועה גדולה בגין דאיהו קדמאה דכולהו נקודין דספירן. אע״ג דכלהו שמהן קדישין אתעבידו דא כסא לדא כגון ברא דצריך למפלח לאבוי ולאמיה ולמעבד לגרמיה לגבייהו כעבד ושמש וכרסייא ומצב תחותיהו. הכי אינון ספירן דא

שבעמוד זר הוא במ״ק וה״ט פתח במ״ק עשר״ס כמנ״ן וד׳ בית׳ואר וא׳ חותר דחשבון רוא בא״ק בכ״י חשבן שבא ו׳ ותלת נלות ורקיע י׳ יו׳ דחשבנהון ל״ו רר מ״ב כ״ב רכורר הוא ות סבא במ״ק סשר וקודות סנו פרס סבא וקמן ש ברס סלסה וד״ן ואות ו׳ דקיתן פרס מספר ל״ו רר סך רכל מ״ב ועם כול״ל ג אות ות סבא רי מ״ה ורזא דמלה ואמרו ל׳ מה שמו יער אומר אלהים ס״ת ל׳ מה שתו מר רוא אות ות רו ה׳ ב׳ וסר קמ״ץ רקיע וכלוץ א׳ גון י״ו א׳ הו קומץ כל נקוד״ן דא גון ש׳ תסר כ״ב רקמץ אס תחלקנו לשנ״ס ר״ר לורת פתח למעלר ולורת ח׳ רק תחתיו והפתח לורת ו׳ ורח״ר״ק לורת וי״ש דא הו קות כל קוד״ן דא גון ש תסרי דהלו פתשעה מ׳ ני נקודות ר״ר מהס עוד נקודות אחרות אסר ב״ן רכל ירו ע׳ ז׳ כ׳ רקמץ רוא נקודה אחת ואס תחלקנו לשנ״ס ה״ה ממנו לורת פתח ולורת חירק לכן נחשב בשלשר ורלר י׳ רוא סנ ודן אס תחלקנו תה״ה ודן סבו א׳ חולס וא׳ ח׳ רק כמלא רוא נחשב בשת״ס רר חמשר וסגול וקבוץ פרס א׳ חול״ס וא׳ שור״ק וא׳ ח׳ רק שהס שלשר ושלשר רר י״א ושבא רוא שת״ס רר ״ג וחולם ושורק וח״ר״ק רעקר״ם הס לדא

שתמליכהו על השמים ועל הארץ ועל ארבע רוחות העולם. ו' כליל תלת נקודין עילא ותתא ואמצעיתא דסהרין. ותלת סהרין תחותייהו להגא על עלת על כולא דאיהו ראשון ואחרון ומבלעדיו אין אלהים דאיהו כליל שית נקודין כחשבן ו' דסהרין על עלת על כלא דלית ארך אחרא לשית סטרין אלא הוא. הא תשע נקודין דכלילן באת ו' מן י' ואת א' ביה אשתלימו לעשר וביה בלהו אזלין לאתר חד. הא הבא רזא דבניינא דיחזקאל *ברזא דנקודין. ועוד רזא נקודי צריך לאהדרא עלייהו. פתח בחושבן אותיותיו איהו יו"ד וכתיב פותח את ידך ומשביע לכל חי רצון ואוקמוהו אל תקרי ידך. אלא יודי"ך ואינון י"י מן יאקדונקי. ובאן אתר מתפתחין. ברקיעא דאיהו פתח ואיהו מפתח כליל אקדונ"ק שית אתוון באמצע י"י. ותרין יודין עם רקיע דאיהו ו' סליק לחושבן יקו"ק קמץ רקיע וניצוץ אינון י"ו איהו קומץ כל נקודין דאינון שית סרי כחשבן שית סרי אנפין דחיון ובגין דא איהו קומץ כל נקודין צר"י איהו חושבן ו"ו ותחות צדי"ק תרין נצוצין דאינון י"י את שני המאורות הגדולים ואינון ו"ו י"י סלקין ל"ב. ואינון ל"ב נתיבות פליאות חכמה. ונקודה תחות ר' מן צר"י דאיהי י' עשר ספירות הרי מ"ב. ובגין דא צדי ביה צייר עלמין. וייצר תמן צר"י ביה צייר אדם. הרי רזא דנקוד צר"י מ"ב. ותלת אתוון הרי מ"ה כחושבן אד"ם: שב"א אוף הכי את המאור הגדול לממשלת היום ואת המאור

יאחת ילבוש דר כל ש ה סער, רמז כח וכן, דאית ו במלואו מספרו אחד לכן, מורה על אחדות ומוד ען, ולזה הרכך למ א ופר ד על עלה על כלא כלו ר אות ות"ו שבאמצע לור אות **א** אם תלאו ר ה מסכים חחד פרות פר ד ע' אחדות ואות ו"ד של מ, רומזת על עלת על כלא וכן, רומזת אות ו ד שבאמצע ריה ו ולזה על אות וח"ו שרוא יתספר אחד אחרכך למ כא ד"ר שגם אות ו ד דרומזת על עלת על כלא ופר ד באחדות דל ת חיד לחרה למ כא דעלמא בר מ כ ר וכן לשמא"א דעלמא דרומזת בלד השב ומ"ם ך כלל תלת נקוד, ע"א ותתא ואתנבעתא דסרד, רן הן תלת נקודין של ו ד העלונר שבלד רוא ו שבלור אות **א** ותלת סרד, תחות רו לסרדא על עלת על כו"א רם תלת נקודין שב ו ד התחתונה שבלד השב של רוה ו ור כו ד דוע מ"ם בזורק (ונקרא דף א) דכל ו"ד נורמה תלת קול, חד לעלא וחד באמצעיתא וחד יתתא ונכך הסוכר לכו, בכת בתר בכך וכת ש רב נו ז ל בשער מאמר רשב שם ונזלא בשב זד ן אלו ש עשר ניקוד, והם סהד, לשית סער, וכתבת לעל דאות וא ו עלמו ש בגופו נקודה א' בראשו פונה לתן ונקרא חולם ועוד בסוכו וקרא חרק ועוד באמצעו במקום התחברות הודי, ונקרא שורק וכנגל רר נם בנוכו ענינו ש רמז לתלת נקוד, והר נעשר תשע נקודין ועם נקודה של התחברות ו ד רשנית בו רר שלם עשר ולזה ואות א' בר אשתלמו לעשר **פתח** בחושבן, אות ור ו א רו ו ד וכו' כל זה רחשבון דקמן

וְחַמְשָׁאָה לְחסד דמִתַּמָן בנִיינָא דעלְמָא. ההי"ד עוֹלָם חֶסֶד יִבָּנֶה. ה׳ עִלָּאָה אתפשטַת עַד הוד נ׳ תַּרעין ובגין דָא קָא רָמִיז עֲלָהּ רָאִיתִי כְּמַרְאֵה אֵשׁ בֵּית לָהּ. וּבָהּ שית מַראות. שביעָאָה כְּמַרְאֵה הַקֶּשֶׁת. הַקֶּשֶׁת דָא צַדִּיק יסוד עָלְמָא. בְּמַרְאֵה דילָהּ לְתַתָּא מטטרון דָא חָזָא יחזקאל דאיהו כליל כָּל מַראות. חיזו תמינָאָה כן מראה הַנֹּגַהּ סָבִיב דָא שכינתָא תַתָּאָה דאתמַר בָּהּ נקֵבָה תסובב גָּבֶר. ובגין דָא כֵּן מַרְאֵה הַנֹּגַהּ סָבִיב אשׁ נֹגַהּ. תשיעָאָה הוא מראה דמות כבוד ה׳ חָכְמָה עִלָּאָה דמות דילָהּ חָזָא יחזקאל לתתָא ולָא חָכְמָה. וכד מָטָא לדמות כֶּתֶר דאיהי דַרגָא עֲשִׂירָאָה הֲוֵי מַר כתיב ביה וָאֶרְאֶה וָאֶפּוֹל עַל פָּנָי דלָא יָכִיל לְמִסְבַּל ואם מראות דלתַתָּא הָכִי כל שכן וכָל שכן מַראות עִלָּאִין דספירות דבריאָה. כָּל שכן וכל שֶׁכֵּן מַראות דַאֲצִילוּת ובָרָזָא דאת א תשבַּת חל"ם חיר"ק שוּר"ק כגַוְונָא דָא ׃ ואיהי גלגַל דאתהַפָּך לשית סטרין לעֵילָא ולתַתָּא ולארבע סטרין. אתהַפָּךְ לימִינָא וסָהִיד עַל עִלַּת עַל כֹּלָּא דלית אלָק אַחֲרָא לימִינָא דעלְמָא אתהַפָּך לשְׂמָאלָא וסָהִיד עָלֵיהּ והָכִי לכָל סטרא סהיד עַל יחודיה דלית אלָק אַחֲרָא עילָּא ותַתָּא ולארבַע סטרין. הָאִי איהו דאוקמוהו מָארי מַתניתין כדי

כן ראשה דאתחזיאה מתו יבה בכל היכלו, כולם משא"כ בגש, כי מ"ע סרון ג ר"ש כגורות ולו א ו ד רא ר א רס נ ל ב ורות בשמאל שהם סוד דגבורות וכד מטא לדמות כתר דא רו ד א עם דאר חז יזר כם ב ביה וארא ואפול על פני דלא כ ל למסבל אחר דקורא א׳ התתר על זר מ״ם בד א׳ חז רו ם עד דכרסון, רמ ו ועת ק ומן, ת ב ש׳מלא שראר עת ק ומין, שרות סוד דכתר כ דבר זר תפורש במאמר ו ש׳ רב נו ז ל בספר דלקוט ס הנדפס ב יושל ס תוב ב בפסוק וד׳ער שמואל מש״ת את ר׳ וז ׳ וכשר ב א ס ר ו מש נ ס רוא ברתלבשות זה האור למעד וכל אחד ר ה מש ג לב עיכו וגזר תורן, כ ד אל ראר עת ק ומן מד שלא ראה מרע ר וא ך ר ר זר א׳א מה שרש ב ד׳אל רוא עת ק דבש ר לפ שבכי הע׳ויות דאב ע ש בהם עשר ו ש בכל ש׳ים כל הכרצופ ס וכו ומזקאי רע ר רש ג ב לי״ר ור ה בו כח לראות כל המראות וכשרג ע לכתר שר ר מיאר עש ר ת לא ר ר בו כח לרש י וכי על פ׳ו ואי׳הו זכור לעוב רש ג בבר אה וכו עכ ל ע ש ודבן. ובדזא דאות א תשבת חול"ם ח"ק שור"ק כיווא דא ו וא רו גלגל דאתרפך לש ת סטר, וכו ׳ב כ צורת אות א הוא י׳ד מית, ו״ד מצמאי ודוא ו רוא באמ׳צ וד ר זה רוא ו שרוא באמצע ש בצורתו בראשו נקודה קטנה נוטה לצד י, דה נו ל מ ן של דקורא ו ש נקודה אחת קטנה בסופו נוטה לצד שמאל דקורא כאשר תראה בצורת ראות דכתוב בס ת ואלו דנקודות שבראשו וסופו קד לרו חול ם וחיר ק מפני דאחת היא למעלה דוגמת דחול"ם ואחת לתטר דוגמת ח ר ק ועל נקודת דבוק ר ודין של אות א שאחת מרס דבוקר באמצע שלו יקר לר שור ק מפני דנקוד דשורק רוא באמצע האות ולז א וא רו גלגל דאתרפך לשית סטרין, כ ב׳ נקודות רנו"ל שהם בראש וסוף הוא ו ש׳ א׳ יש ברס רמז למעלה ומטה כשתדיר ה ר עה שכתוב על ה זקופה דאז רוא זקוף מעומד וים ש ברס רמז למערב ומזרח כשתהיה ה ריער שטוחה דאז הוא שטוח אבל לפון ודרום רמוזים בשת ודן דאחוב״ס עמו אחת לדרומו שהמליבהו

בלא א'. ובלא איהו עמודא דאמצעיתא איהו יקוק דכליל א ואיהו
שמא מפרש דכליל א לאחזאה דאם רץ לבך שוב לאחור תליתאה
כמראה אש בית לה סביב ודא שכינתא. דהכי אוקמוה רבנן דנשמתין
הומין קדם שכינתא כנרות לפני האבוקה. ובגין דא כמראה אש בית
לה ואיהו בי כנישתא דלעילא. אש נג"ה כי ביתי בית תפלה יקרא
לכל העמים. ואיהי אש בית לה מסטרא דגבורה דאיהו ב' יומא
תנינא דאתברי ביה גיהנם. א' יומא קדמאה דאתברי ביה גן עדן.
ודא חסד. עמודא דאמצעיתא כמראה אדם כליל תרויהו וא"ו לימינא
אח"ד ל"ב לשמאלא יו"ד ה"א ה"א ממראה מתניו ולמעלה וממראה
מתניו ולמטה אינון תרין שוקין. תרין נביאי קשוט. ואינון רביעאה

וקמץ וסגו"ל וכחולם וסגו"ל וסגו"ל שהם שבעה נקודין שהם ז' וד' וכשאר קמץ אם תחשבנו עמהם הרי ח' ונראה בס"ד כי הקמץ הוא צורת פתח ונקודה קטנה מחוברת עמו באמצעו כצורת הפתח נחלק לשני נקודין שהם שני יודי"ן אחת מכאן ואחת מכאן כי הנקודה שתחתיו דבוקה בו ואינה נפרדת כנקודה התחתונה של סגו"ל וכיוצא צורתו של קמץ נעשית ב' יודין שהם ב' נקודות למעלה וו"ד אחת שהיא נקודה אחת למטה ובשני נקודין הנראין למעלה נשלמו תשע נקודין, דקאמר עלייהו כל"ל תשע נקודין, ועל צורת הנקודה האחת שהיא מתחת שני הנקודין היא רומזת למלכות שהיא השכינתא ועלה קאמר ושריא שכינתא כללא מכלהו יען כי במלכות לא מן שום ניקוד כי לגבן הם תשעה מיני נקודות שעל הם רומזין תשעה נקודין, שהם תשעה וד', אבל המלכות מן לד הארה מכולהו לכן נרמזה ברגל הקמץ שעומדת למטה ומחוברת ביוד שלמעלה ימנה **וכ"א** דל"ר אדם בלא א' כו' ב קאי על שם הוי"ר במלוי אלפ, שמספרו אדם דלא הי' כו' ואמר בלא א' הכוונה דבכל אות שבו שם א' מא' במלואו ואעג דבאות וד שבו לא יש אות א' הנה ר"ו עלמה ר"ה צורת א' כמ"ש לעיל שיש א' צורת ו"י ויש א' צורת יו"ד **ומ"ש** ואיהו שמא מפרש דכליל **א** כ"ב שמא מפרש קאי על ד' אותיות דכשוט של הוי"ר שמספרם כ"ו ורמוזים בצורתו של אות א' שהיא צורת יו"י שמספרם כ"ו **ומ"ש** אם רץ לבך שוב לאחור פירוש אם רץ לבך לדעת סוד שם המפורש שהוא ד' אותיות שם הוי"ה שוב לאחור כלומר לאותיות האחרונים של שם הוי"ה שהוא שם כוו"ו שעולה מספרם יהו"ה אח"ד לרמוז שם הוי"ה הוא רמוז באחד שהיא אות א' שמספרו אחד **והכי** אוקמוהו רבנן דנשמתין דומין קודם שכינ"ר כנרות לפני אבוקה הנר ודאי אין דמיון, זה אמור לא בכמות האור האיכות של שכינה ולא באיכות האור ח"ו דאין לדמות שיעור בזה לא בכמות האור ולא באיכותו ולא במראהו ח"ו בסוס לה ואופן, ח"ו אך הדמיון, הוא על שיעור האור של השכינה אשר כולים המלאכים ונשמות הצדיקים יחד כל אחד לפי יכלתו אבל באמת כולם אין להם לרש"ג אור השכינה כמו שהוא אפילו אחד מאלף אלפים ורוב רבבות וויותר ויותר ורק על שיעור ההשגה שיכולים נשמות הצדיקים לה"ג עשו חז"ל זה הדמיון, שאמרו כנרות לפני האבוקה והסבר משל בזה בדרך קצרה כמות השמש אנחנו משיגים בראייתנו שיעור ככר ועיגול שיעור גלוסקר קטנה ובאמת זה השיעור אשר אנחנו משיגים בראות עינינו לא יגיע אחד מאלף אלפים ורבי רבבות מן שיעור שי"ה האמת וכית חכמי התוכנים וכן הדבר הזה **עמודא** דאמצעיתא כמראה אדם כליל תרוייהו כ"כ דכתיב זכר ונקבה בראם ויקרא שמם אדם ופירש רבינו ז"ל העניין כי אדם שהוא מספר מ"ה רוית מספר שם הוי"ה במלוי אלפין שהפשוט הוא בחינת דוכרא והמלוי נוקבא שהוא מספר חוה **וא"ו** לימינא אחד לב לשמאלא יו"ד ה"א ה"א כ"ב סוד מ"ע בחסדים שמתייחסים לימין ורם באות וא"ו שבשם שמספרו במלוי כמספר אחד אבל מלות לא תעשה הם בסוד הגבורות שמתייחסים לשמאלא המר ביו"ד ה"א ולזף עמהם ה"א אחרונה יען כי אות ה"א אחרונה שלימה בסוד הלאוין יותר מן העשין, כי על

וחמשאר

השמל כמראה אש בית לה סביב הוא מראה דמות כבוד יי' ולא כבוד
יי' ממש אלא מראה. ציור דיליה, פתח ואמר יחזקאל נביאה קום
משינתך דנלאה הכא מראות דאתגליין לך. דכלהו לגבך בארח סתים
ובאתגליא באתגליא ציורין. אבל בסתימו דעיינין דיוקנא דמלכא
ומטרוניתא. כל שכן וכל שכן ההוא דלית ליה דיוקנא. דבגיניה
אתמר האי קרא למאן דצייר ביה דיוקנא. ארור האיש אשר יעשה
פסל וכו'. ושם בסתר בסתרו של עולם ואפילו מכל מה דבר נש
יכיל לאסתכלא בעינא ואפילו מכל דיוקנין דאחזי לנביאי צורת דיוקנא
דכלילא מכמה נהורין. הה וממעל לרקיע אשר על ראשם א כמראה
אבן ספיר דמות כסא דא אבן ספיר דמות כסא ואיהו לעילא כגוונא
דא י ותחת רגליו כמעשה לבנת *הספיר כגוונא דא א וכולא א
נקודא דא הוא כגון חלם לעילא כתר עליון דרכיב על י"ק
דאינון חכמה ובינה. כחשבן חלם ותחת רגליו כמעשה לבנת
הספיר חירק ודא מלכות והארץ הדום רגלי איהי תחות ו"ה דאיהו
חשבון חר"ק והכי סליק א יקו"ק יו"י. ועוד רקיע דא עמודא
דאמצעיתא דכליל שם יקו"ק. ואיהו כליל שית ספרן באמצעיתא.
דעליה אתמר נטוי על ראשיהם מלמעלה דעליה אתמר נוטה שמים
כיריעה כגוונא דא י באמצע א. נוטה שמים לבדי. מאן נטה ליה.
עלת על כלא. לבדו. יחידא בלא תניינא למעזר ליה. תניינא ועל דמות
הכסא דמות כמראה אדם עליו מלמעלה דא איהו יוד הא ואו הא
כליל תשע נקודין ועשיראה שכינתא כלילא מכלהו וכלא א דלית אדם

ב' כבוד ולא א שלא הוא אב ך קנך הוא עשך ויכוננך מלת כננך ר"ת כבוד נבראת כבוד נאלל ות ש ומספרא דכבוד נבראת אמר, שרצה אם כעבדים נראה מכאן רוצה רבינו רש ש ז"ל הכוונה ביום ר"ה שאומרים אם כבנים ש ש לנו מן אל לוה ואם כעבדים מן ב' ע ע ש רקיע דא עמודא דאמצעיתא דכליל שם רו ה כ ב בזוהר ויקרא (דף א') אמר שתיאמר הו ה רמז של מו דכלא עקרא דכולא וכו' ופ' רש רבינו האר"י ז"ל בשער מאמר רשב"י מעם מה נשתנו ספירת התפארת משאר עשר ספירות לר ות בה שם הוי"ה בשל מותא ע ש ובזה תבין מ ש כאן דא עמודא דאמצעיתא דכליל שם רו ר כלל ד קא כ כלל אות ות שם רו ה כמלאים חד בספירת התפארת שהוא עמודא דאמצעיתא דעליה אתמר נטוי על ראשם רם מלמעלה נ"ב ראש ה ש שהוא ת רוד סוד מלכות ר ס וראש של רוד סוד מלכות ורמוז ס באותיות ה"ס הוא רגלא שהוא למעלה והתפארת שהוא עמודא דאמצעיתא על ון על רגלא שהוא ראש ה"ס נוטה שמים לבדו מאן, נטה ל ה עלת על כלא לבדו יחידא בלא תניינא למעזר ליה כ ב הכוונה ברצונו הפשוט בלתי על ים מ"ן אלא היה מיכ ה וב ה דא איהו י ד ה א ו ה"א כליל תשע נקודין קשה והלא הנקוד שבדכום רם הול ס וסגו"ל

בלא
* ז ע"א

אם כעבדים. ומסטרא דכבוד נאצל אתמר בהון אם כבנים איהו עלת
על כלא לית אלק עליה ולא תחותיה ולא לארבע סטרין דעלמא איהו
ממלא כל עלמין ואיהו אסחר לכל סטרא דלא מתפשטין יתיר מגבול
דשוי לכל חד. ומדה דשוי לכל חד. וכלהו ברשו דיליה ברשות היחיד
ארנ"י. מרכבה ליקו"ק. ובה אתעטף. ואוף הכי יקו"ק אתעטף
באקי"ק למברי עלמא אבל שם יקו"ק איהו מרכבה למאריה לכתר
עלאה ובגין דא אין קדוש כה'. עלת על כלא טמיר וגניז בכתר
ומינה אתפשט נהוריה על יקו"ק דאיהו י' חכמה. ה בינה. ו כליל
שית ספירן. ה' מלכות. והאי איהו אתפשטותיה מעילא לתתא
ואוף הכי אתפשט נהוריה על י' מן ארני מתתא לעילא עד
אין סוף דאתרמיז בארני אי"ן. ובגין דא י"' מן יאקדונקי עשרה
הכף דא כ' מן כתר. ומארי דכלא לית ביה ציור דאות
ונקדה. הה"ד ואל מי תדמיוני ואשוה. ואל מי תדמיון אל
ומה דמות תערכו לו. איהו צייר בתרין אתוון תרין עלמין. באת
י' צייר עלמא דאתי. ובאת ה' עלמא דין. הה"ד כי ביה י"י צור
עולמים. ומקורין דכל שמהן אינון יוד קי ויו קי יקו"ק. יוד קא ואו קא
יקוק כל יו"ד איהי אחזי יקו"ק. כל א' אחזי אקיק לעילא. ארני לתתא
הכא שם יקוק איהו בכנוייה חד בגין דמניה אשתכח כנוייה אבל מסטרא
דעשר ספירן דבריאה לאו שם יקו"ק וכנויית חד הה"ד כל הנקרא
בשמי ולכבודי בראתיו וכו'. הרי ספירות אתקריאו בשם יקו"ק ובשם
ארני ואינון כארנ"י אתבריאו. ובגין דא אית שמהן דמיין לחותמא
דמלכא דבהון אשתמודע דיוקנא דמלכא ומטרוניתא ציורא ממש.
ואית שמהן דאינון כגוונא דרשימו דציורא דחותמא בשעוה. והכי
דחילין מההוא רשימו כאילו הוה מלכא ממש אבל ארון על כולא
לית ליה מכל אלין ציורין כלל הה"ד ואל מי תדמיון אל וכו'. ומסטרא
דציורין דשעוה חמא יחזקאל כל אלין מראות דחמא. ובגין דא אתמר
בהון ודמות כמראה אדם ולא מראה אדם ממש כמראה חשמל ולא

תִּפְתַּח מִיַּד וְיִפַּק רָצוֹן מִיָּ׳. וּבְגִין דָּא כַּוָּנָה דְאִיהִי מַחֲשָׁבָה צָרִיךְ לְאַקְדָּמָא לְמִצְוָה. וּבְגִין דָּא שַׁוִּיאוּ רַבָּנָן כַּוָּן מַחֲשַׁבְתָּא דִצְלוֹתָא בִּבְרָכָה קַדְמָאָה. דְּהָכִי אוֹקְמוּהוּ אִם לָא כִּוֵּן בִּבְרָכָה רִאשׁוֹנָה חוֹזֵר לָרֹאשׁ. וּבְגִין דָּא צָרִיךְ לְאַקְדָּמָא יִרְאָה מִסִּטְרָא דִשְׁכִינְתָּא בֵּין בְּאוֹרַיְיתָא בֵּין בְּפִקּוּדַיָּא. אֲבָל מִסִּטְרָא דְקוּדְשָׁא בְּרִיךְ הוּא צָרִיךְ לְאַקְדָּמָא אוֹרַיְיתָא לְיִרְאָה בְּכָל פִּקּוּדַיָּא. דְיִרְאָה דְאוֹרַיְיתָא אִית דְּאִתְקְרֵי נוּקְבָא תּוֹרָה שֶׁבְּעַל פֶּה דִּבְגִינָהּ אִתְּמַר תַּמָּן אָז יְרַנְּנוּ עֲצֵי הַיָּעַר עָנָה מַלְאָךְ מִן הַשָּׁמַיִם וְאָמַר הֵן הֵן מַעֲשֵׂה מֶרְכָּבָה. מַהַאי אָ״ז תַּלְיָין ע״ב שְׁמָהָן דְּהַיְינוּ חֶסֶד דְּבֵיהּ צָרִיךְ לְאַתְקְנָא כָּרְסְיָא לְמָארֵיהּ בְּכַנְפֵי מִצְוָה וַיֵּשֶׁב עָלָיו בֶּאֱמֶת עָשׂוֹר אֱמֶת מ״ה. יוד קא ואו קא מוֹרִיד הַטָּל לְאַנְהָרָא לְגַבֵּי ה״א. דְאִיהוּ כָּלִיל תְּלַת בִּרְכָאן קַדְמָאִין דִּצְלוֹתָא וּתְלַת בַּתְרָאִין. וְדָא עֶשֶׂר סְפִירוֹת בְּלִימָה. דְאִינּוּן לָקֳבְלַיְיהוּ תְּרֵין שְׁמָהָן יקוק אדני וּתְמַנְיָא אַתְוָון. דְאִינּוּן עֲשָׂרָה עֲשָׂרָה הַכַּף בְּשֶׁקֶל הַקֹּדֶשׁ. וְדָא כ מִן כֶּתֶר עֲשָׂרָה מִן *שְׁכִינְתָּא תַּתָּאָה אֲדֹנָי מִתַּתָּא לְעֵילָּא מִן אֲנ״י עַד אַי״ן עֲשָׂרָה. מֵעֵילָּא לְתַתָּא מֵעַמּוּדָא דְאֶמְצָעִיתָא דְאִיהוּ יקוק. וּבְגִין דָּא כ׳ כָּלִיל לוֹן וּבְקֵץ דְּפוּרְקָנָא מְ׳דַלֵּג עַל הֶ׳הָרִים דָּא מ״ה וְלֵית הָרִים אֶלָּא אֲבָהָן דְאִינּוּן מֶרְכַּבְתָּ׳א אוּף הָכִי מְ׳קַפֵּץ עַל הַגְּבָעֹ׳ות אִינּוּן אִמָּהָן אקי״ק אדני. בְּהַהוּא זִמְנָא אָז יָשִׁיר מֹשֶׁה וְכוּ׳ וְכֻלָּא אִתְקַשַּׁר וְאִתְכְּלִיל בְּחַ״י עָלְמִין הה״ד וּבְרָכוֹת לְרֹאשׁ צַדִּיק. וְאִית כָּבוֹד נִבְרָא כְּגַוְונָא דְּכָבוֹד נֶאֱצָ״ל. מִסִּטְרָא דְּכָבוֹד נִבְרָא אַמְרִין יִשְׂרָאֵל לְגַבֵּי אָדוֹן עַל כֹּלָּא

סוד ראה אמר ואין, כוד רא תוא שנזכר יראה בזה **דבגינה** אתמר אז ירננו על ד׳ עד ג״ב אז רמז לחורר שבעל פה שם בר ה דבגין שמספרם אז ומ״ם מהאי אז תליין ע״ב שמהן, דהיינו חסד וכו׳ פירוש בכנפי מצוה שם בכל כנף חוט, כמנין אז **וישב** עליו באמת עשור אמת מ״ה כ״ב עשור הם רוא מ״ד ואות א׳ אין, במספרו עשור אלא שם בצורתו ד״י ו׳ אות ה׳ שם צורת ו״י והוא בחכמה ושם צורת ו״ד ורוא בבינה כידוע בכוונת מ״ו כ״ח של הסעודה וזו הצורה של ו״ד רמוז בה מספר עשר כי אות ו״ד מספרה עשרה ועשור שלה רוא אחד ר״יי נשלם מספר מ״ה **ודא** עשר ספירות בל״מ הם דאנון לקבליהו תרין שמהן, הוי״ה אדנ״י וכו׳ כ״ב בשם הו״ה רמוז עשר ספירות כי כל קוצו של יו״ד כתר ה׳ חו״ב וא״ו חג״ת נה״י ה׳ מלכות ובשם אדני י״ג״כ רמוז עשר ספירות שהם מן כתר דנקרא אין עד דמלכות שהיא ד׳ כנודע והם הכתר שהוא ראש העשר ספירות רמוז בחות וה״א ״ן דשם אדני ודמלכות שהיא סוף דעשר ספירות רמוז באות ד׳ דשם אדני **ומ״ש** ותמניא אתוון דאנון עשרה עשרה בשקל הקדש כ״ב תיבת אתוון קאי על שם דשם לוב שהוא אדוני שאות ל׳ ביוד שמספרה עשרה ומם ס׳ ב״וד שמספרה עשרה **ואית** כבוד נברא כגוונא דכבוד נאצל כ״ב רמוז לדבר קדש תרום בכבוד
אם

* ו ע"ב

לא ידע אורייתא ואגרא דפקודייא דילה ועונשין דילה למאן דעבר על פקודיא. ומאן הוא דברא אורייתא ומאן הוא דיהיב לה לישראל איך דחיל ליה ונטיר פקודוי. ובגין דא אמר דוד לשלמה בנו דע את אלהי אביך ועבדהו. דאי בר נש לא אשתמודע ההוא דיהיב ליה אורייתא ומני ליה לנטרא לה איך דחיל *מינה ועביד פקודוי. ובגין דא אוקמוהו רבנן ולא עם הארץ חסיד ואין בור ירא חטא. בגין דאורייתא דאיהי תרי״א מתרין דרגין אתיהיבת מחסד גבורה. דמתמן תרין פקודין אהבת חסד ודחילו דגבורה דאיהי יראה. דבהון אשתלימו תרי״ג פקודייא ובגין דכל אורייתא ופקודהא מתרין סטרין אתיהיבת אוקמוהו רבנן ולא עם הארץ חסיד ואין בור ירא חטא. ואי תימא הא חסד גבורה דמתמן מלכות איהי אהבה ויראה איך אוקמוהו רבנן גדולה תורה שמביאה לאדם לידי מעשה. דמהכא משמע דכל הקודם יראתו לחכמתו חכמתו מתקיימת. אלא כולא קשוט תפארת אתקרי אדם כגוונא דיליה הוה אדם הא דלתתא דאוקמוהו עליה דהוה ראשון למחשבה ואחרון למעשה. ובגין דא אוקמוהו רבנן ישראל עלה במחשבה ליבראות דאתמר עלייהו אדם אתם אוף הכי תפארת דאיהו יקו״ק איהו ראשון למחשבה דאיהי חכמה עלאה, ואחרון למעשה דאיהו י׳ מן אדני חכמה תתאה. יראת ה׳ מלכות דיליה ובגין דא אתמר בה אשה כי תזריע אתתא אית לה לאקדמא בכל פקודיא דאתמר בה אשה יראת יי׳ היא תתהלל. ובגין דא מצא אשה בקדמיתא. מצא טוב דאתמר ביה טוב יי׳ לכל. ואי אקדים לה בגלותא כמה דאוקמוהו אדני שפתי

דייפקא מן דהפחדה בשה שקול וזויר ל׳ דאה ר׳ שר״א דתלכות בגין דאור תה דא״ר תר״א יתהר, דרג, אה רבה ייחסד גבורה דייקין תר, כקוד, אר״נה חסד וית״יו ד בורר דא״ר דאה נ״ב תר, כקוד, דס דבור ת״כ שרוא י״ב דקביה א״רותו הבלך ו״דעג, דס בסוד ריחס ד״ס וזרו ארנה חסד ודבור י״ת ר״ר י״ך רוח ל״ה והא״או, הס בסוד רגבורות וזרו דה״יו ד בורר דה״ר רקר ו״יאר עוד ת״ס אור תא שר״א תר״א בה לרמוז בא״ות ות תר״א תר ה״א כ״לווי״ר שכ אות ות ת״א״ק ורי כא, רמוז סוד שכ ה״כ״ס ש״ה ש״בריאה רקודר קודם כר״את רע״ש״כ כ״ח ש רז״ל ובי״ר ש ל״רמוז באות ות תר״א דר ו אות ות תר רמז על תר, פקוד, ר״ז שרש ה״כי ו״לה ר״ר י״ך ובאות ה׳ ש״ל תר״א כרמוז ש דרי, שרש חסד וגבורה שרס כנגד, ור״ו אות א״ל״ף באלות אות ות ת״ל רס חסד יכת ב חסד ה״ל כ״ל ר״וס ואות כ׳ רמוז לגבורה כ שורש ר״ס בפר כנודע ששס ש תיסר יוכוק ובגין דכ״ל אור הא יכקידה״א ותר, סע״ר, הת ר״בת הוקתורי רב, ול״ל עב רה״ר, חס ד וא״ן בור יר״א ת״א, ב כ״ד י״ע שרס בחסד היאו ולא עם הארץ חסד וכ״ר מ״וס ל״א שרס גבורות ששס

* מגיד

הכרת

תַּעֲשֶׂה דאינון דחילו לרמ״ח פקודין דאינון רחימו. הה״ד זֶה שְׁמִי לְעֹלָם וכו שְׁמִי עִם י״ה שס״ה זכרי עם ו״ה רמ״ח:

דַּרְגָּא שְׁתִיתָאָה בְּיִרְאַת יי׳. וְהָיָה אֱמוּנַת עִתֶּיךָ וכו׳. אֱמוּנַת זֶה סֵדֶר זְרָעִים. עִתֶּיךָ סֵדֶר מוֹעֵד. חֹסֶן סֵדֶר נָשִׁים. יְשׁוּעוֹת סֵדֶר נְזִיקִין. חָכְמַת סֵדֶר קָדָשִׁים. וָדַעַת סדר טַהֲרוֹת. אִי אִיכָּא יִרְאַת ה׳ אִין וְאִי לָא לָא. וסִימָן זמ״ן נָקַט ואלין שית סדרי מִשְׁנָה בְּאֹרַח רָזָא. אינון מֵעַמּוּדָא דְּאֶמְצָעִיתָא דכליל שית סדרי מתניתין. וּמַאן דְּבָעֵי לְנַטְלָא לֵיהּ בְּלָא שכינתיה דאיהי יִרְאַת יי עֲלֵיהּ אִתְּמַר וְנִרְגָּן מַפְרִיד אַלּוּף כאלו עָבִיד קִצּוּץ וּפֵרוּד בֵּין קוּדְשָׁא בְּרִיךְ הוּא וּשְׁכִינְתֵּיהּ. וּבְגִין דְּלָא יַעַבְדוּן פֵּרוּדָא אע״ג דאוליף אָדָם שית סדרי משנה וְלָא אַקְדִּים לֵיהּ יִרְאַת יי דאיהו שְׁכִינְתֵּיהּ קוּדְשָׁא בְּרִיךְ הוּא לָא שַׁרְיָא לְגַבֵּיהּ. וּבְגִין דָּא אִי אִיכָּא יִרְאַת יי׳ אִין וְאִי לָא לָא. כאלו לָא הֲוָה כְלוּם בִּידֵיהּ. אֱמוּנָה איהי אִמָּא עִלָּאָה מִסִּטְרָא דְּחֶסֶד. דְּבָהּ קְרִיאַת שְׁמַע דְּאִיהִי אֱמוּנָה. ואיהי עִתֶּיךָ מִסִּטְרָא דִּגְבוּרָה דְּבֵיהּ אִתְּמַר וְאַל יָבֹא בְכָל עֵת אֶל הַקֹּדֶשׁ וכו׳. חֹסֶן איהו מִסִּטְרָא דְּעַמּוּדָא דְאֶמְצָעִיתָא. יְשׁוּעוֹת אִתְקְרִיאַת מִסִּטְרָא דְּנֶצַח וְגַם נֵצַח יִשְׂרָאֵל לֹא יְשַׁקֵּר וְלֹא יִנָּחֵם. חָכְמָה איהי סֵדֶר קָדָשִׁים דאיהו הוד. וְדַעַת איהו יסוד דאיהו סֵדֶר טַהֲרוֹת. ואית דְּיֵימָא בְּהִפּוּכָא. מִסִּטְרָא דִּשְׁכִינְתָּא תַּתָּאָה איהי אֱמוּנָה. וּמִסִּטְרָא דְּצַדִּיק דְּבֵיהּ כְּלִילָן תְּרֵין שְׁמָהָן אָמֵן. דאינון יאקדונק״י. וּבְצַדִּיק עֵץ פְּרִי עֹשֶׂה פְּרִי לְמִינוֹ אֲשֶׁר זַרְעוֹ בוֹ עַל הָאָרֶץ. וּבְגִין דָּא אִתְקְרֵי סֵדֶר זְרָעִים. עִתֶּיךָ איהי מִסִּטְרָא דְּהוֹד דְּאִיהִי

עלמין הם דינים כי הם אחוריים שבו וגם הכ״ח שאמר אחז״ל גבורות יתמעטו, מ״כ ולכן גם רמוזין המתלבשין בתוך רנ״ה י״ה, ז׳ הם ד׳ כן אבל לעולם הם גבוהים במעלה ולכן תקדים שם ה׳ לאו, לרמ״ח עשין דמעלין בקודש ולא מורידין ואח״ך זכר הם אחר העשין, וכן רעג, ג״כ בנקודות רנו דנקודת השבא שרואה לאו שבשם הוי״ה הז׳ רומזת לסוד שם ה׳ לאו, ונקודת הקמץ רומזת לרמ״ח עשין שהם בסוד רחמים ולרבי קדם כרו ר רנו רשבא לקמץ כי רשבא הא תחת אות יוד שבשם שהוא שם ר׳ שבשם השם ר׳ לאו, ורקמץ רואה בחלק ו״ה שבשם סוד רעשין ולכן הקדמו דיתעל, בקודש ולא מורידין **וסימן** זת״ן נק״ט כי עשה להם סימן, בשת מלות אלו שהם זת״ן נק״ט ללמדנו שצריך לקבוע זמן לעסק דתורה כמו שקבעה עם ס לתורר משום דכל הקבוע כמסלה על מחלה דמי ולכן צריך למנקט זמן בעסק תורה שבע״פ שהם ששה סדר משנה וכ״ל ר״ל לעקב שתהא כי זמ״ן נק״ט עולה מספר רנ״ו ומש אינון מעמודא דאמצעיתא לא אע״ג דתורה שבע״פ היא בחינת מלכות ר״ה סוד השש סדרים בו א רכולל ו״ק ולכן אמר סדר

ישראל עבדים. ומסטרא דאצילות בנים אתם לי״י וגו׳. ולעילא על כלא עלת על כלא דלית אלה עליה. ולאו תחותיה. ולאו לד׳ סטרי עלמא ואיהו ממלא כל עלמין ־ ואיהי אסחר ומקבל בה יסורין ומדעין ומכאובין בדחילו דמארי אהבה בסופה כגוונא דאוקמוה מארי מתניתין על ארין מארי קושיין ומחלוקות. את והב בסופה. ואוקמוה אהבה בסופה דמה דהות לון שכינתא סוף דכל דרגין קושיא ודין מסטרא דגבורה, אתהדרת לון אהבה מסטרא דימינא אהבת חסד. ובגין דא כל המקיים את התורה מעוני סופו לקיימה מעושר והאי איהו אהבה בסופה. יכול מאן דלא מקיים לה מעושר לא יקיימה מעוני:

דרגא חמישאה בירא״ה י״י. אוקמוה מארי מתניתין כל הקודם יראתו לחכמתו חכמתו מתקיימת וכל הקודם חכמתו ליראת חטאו אין חכמתו מתקיימת. דכל הקודם חכמתו ליראתו למה הוא דומה למי שמסרו לו מפתחות הפנימיים ולא מסרו ליה מפתחות החיצוניים במה יכנס. ובארח רזא אד״י תמן י. ויראת י״י. ואלין ארבע אתוון אינון מפתחות החיצונים *דמילה. י׳ מן יקו״ק איהי חכמה. וארבע אתוון דהאי שמא אינון מפתחות הפנימיים. ובגין דא אקדימו בצלותא אדני שפתי תפתח ולבתר חתמין לה בשם יקו״ק באי מגן אברהם. ואף הכי אקדים שב״א דאיהי יראה בשם יהוה לאהבה דאיהי קמ״ץ רחמי. שב״א מסטרא דגבורה כי באש ה׳ נשפט. קמ״ץ מימינא וקמץ הכהן מבינה. בגין דמעלין בקדש ולא מורידין. ובגין דא אקדימו שס״ה לא

ור׳ ש׳ דף י״ל ע״ב ומקבל בה יסורין, ומדעין, ומכאובין, יודע לו דמאר״י אהבה בסופה זה דבר בכ״ע ותסר לשון, ק״ת ע״תסרו דבר״ס ב, ולא הו אסתר ל״ב, ומקבל בה וכו׳ ואוקמו אהבה בסופה רעג, כאשר מפרש את ז דמה דהות לון, שכ נתא סוף דכל דרי, קוש א וד, מס״טרא דגבורה אתהדרת לון, אהבה מסטרא דימינא כ ע״ דת י״ו דייתר ר׳ סתלק גר״ת, גבורה כ׳ יר הוא לשון, פחד ו שאר הב ו כ״ג, אהבה בסוד הכו י״ה כבוד ועוז לו א אהבה בסופה ובגין דא כל המק״ס רבורה תעו, סופו לק יחה מעושר דוע שלאה נקראת תם בסוד ויעקב איש תם ודרשו בזוה״ק בעל״כ דתם וק״ום ריובתר של עסק התורה רוח לשמה לשם ה׳ א׳ שר א׳ לאה על כן, כמק ים התורה מעו פרוש לו״יד בתורה מתוך עוני נגרף מספר קס עם מספר עוני ו״כ״ה מספר עושר ואוף הכי אקד״ס שבא דא׳ ה׳ ראה בשם יהוה לאהבה דא׳ הו קמץ, רחמ וכו בגין, דמעלין בקדש ולא מור ד ן, כ״כ פ״כ ית״ש רב״נו ז״ל בר״ש שער מאמרי רשב״י וגם בשער מצות כמצות פרשת בראשית בענין שם ר׳ ל״ת ד׳ רמזו תתלר בשם ה׳ ורמ״ת עשר באות ות וי״ה שקדמו רלאו ן לעם, לפי שהלאו, ה״ס אורות פיות, דנקראים ר׳ ויתר שרש בת ת גבורות לפי שאורות ריות, רנו׳ מתלבשים ב״ה דא׳ מא׳ אשר מגד

* דילד

תעשר

מאתים ותשעים לקימא בהון אמ״ת מאר״ן תצמח כד יהון לבד בחושבן אר״ך אבל גזר דינם שבעים שנים. ר״א והמשכילים אינון נקודי. יזהירו דנהרין באתוון דאינון נקודין עגולין. אתוון מרובעין. דבאתוון אתבריאו ארבע חיון דכרסיא דאתמר עלייהו בעינא דיחזקאל ודמות החיות. מראיהם כגחלי אש אלין אינון נקודי דאורייתא דאינון תשעה. דברון אתבריאו תשעה גלגלי דכרסיא. כרסיא איהי עשיראה לתשעה גלגלים דנהירין בהון י׳ אתוון דאינון יוד קא ואו קא. ובהון אתבריאו. וארבע אתוון דאינון יקוק נהרין בארבע חיון ובהון אתבריאו. ושם יקו״ק איהו עמודא דאמצעיתא אמת ושכינתיה תורת אמת בה אתבדיאת כרסיא דאיהי אלהים. והיינו בראשית ברא אלקים באורייתא דאיהי ראשית ברא כרסיא דאיהי אלקים דהכי סליק הכס״א לחשבן אלקים ואית אורייתא דבריאה ואורייתא דאצילות. אורייתא דבריאה ה׳ קנני ראשית דרכו. ואורייתא דאצילות תורת ה׳ תמימה. ובה תמים תהיה עם ה׳ אלהיך ומסטרא דילה אתמר על ישראל בנים אתם לה׳ ומנא לן דאורייתא דאצילות איהי תורת ה׳ דתליא בשמיה. אלא הכי אוקמוה זה שמי לעולם שמי עם י״ק שס״ה. זכרי עם ו״ק רמ״ח תורה בחשבן אתווי תרי״א ועם אנכי ולא יהיה לך איהי תרי״ג. והיינו ב׳ דאתוספת בתורה. זאת התורה אדם דא יוד קא ואו קא ובגין דא כבוד חכמים ינחלו. ואוקמוה רבנן דמתניתין אין כבוד אלא תורה. ואית כבוד נברא ואית כבוד נאצל מסטרא דאורייתא דבריאה אתמר בישראל כי לי בני

לכל קורא׳ו לכל אשר יקראוהו באמת דא״ת תוספת אות ב׳ של אמת. **לדעת** באר, דרכך אוף הכי ארך אלף רך, נראה זו דרשה בפ״ע היא שבא לפרש שזה החשבון של אלף מאתים ותשעים הרמוז בתיבת אתם גם רוא רמוז בתיבת ארך. **אורייתא** דבריאה ה׳ קנני ראשית דרכו. פירוש כי אצילות הוא בסוד בי״ה ועולמות בי״ע הם דרך לאצילות ולכן הכי אה שהיה ראשונה נקראת ראשית דרכו ואורייתא דילן היא מבי״ע שהיא סוד בר אור נפקא לכן מתחלת בבית אבל אורייתא דאצילות היא פנימיות של הסוד הרמוז בד׳ חלקים של פרד״ס והיא מדרגה חמשית בפרד״ס בסוד כל הלומד תורה לשמה שפירש רבינו מהרח״ו ז״ל בפרקי אבות שהוא ר״ל לשם ה׳ זו פנימית של הסוד ורזא תורה דאצילות לכן על תורה דאצילות כתב תורת ה׳ תמימה תמים ה׳ וז״ש דגלא בשמיה כו׳ זו מדרגה חמשית ג״כ רמוזה בשם הוי״ה דפרד״ס רמוזים בארבע אותיות השם וזו פנימיות דסוד כנגד קוץ של יו״ד דשם הוי״ה **והיינו** ב׳ דאתוספא בתורה כלומר ב׳ של בראשית דהיה נ״ל ראשית ונוסף ב׳ לרמוז על שני מצות עשה ול״ת של אנכי ולא יהיה לך שיש בהם הפרש משאר מצות מפני דשמיעם אלה מפי הגבורה שמענום **אין** כבוד אלא תורה׳ יש תורה דאצילות ותורה דבריאה ושניהם קיימים בכ״ב אותיות ונרמז זה באותיות כבוד שהוא דו כ״ב

מכאן המיה באמצעיתא רביעאה לכל תלת ושביעאה לשית ואיהי בצורת חל"ם. באלין חמש וקמץ הכהן משם מלא קמצו קמץ איהו י' כד אתפתח בה' נקודין איהו ה חמש אצבעאן דבהון אתפתח קומץ דאיהו י' להמשין תרעין דחירו. ואתוון י"ק בחשבון חל"ם דאיהו אמצעי וחר"ק בחשבון ו"ה. ו דרועא ה כתף. קמ"ץ י"ד פרקין דאצבען והאי איהו ויאמר כי יד על כס י"ק ואינון רמיזין יקו"ק אלקינו יקו"ק. ובחמש אצבען דיד שמאלא י"ד פרקין רמיזין כוז"ו במוכס"ז כוז"ו. ואינון כ"ח דאתמר עלייהו ועתה יגדל נא כח יי'. והכי סליק אי"ה או"ה. כ"ח דרמיזין בכסא כבוד מרום מראשון. מיד דאסתלקו. וילכו בלא כח לפני רודף. ובגינייהו אוקמוה מארי מתניתין כל האומר אמן יהא שמיה רבא בכל כחו קורעין לו גזר דינו של שבעים שנה. דאינון שבעים שנין בתר אלף ומאתן שנין דאתחרב בי מקדשא ואית דחשיב לון משבוטל התמיד בגין דבדרגא דיעקב תליא קץ דפורקנא דדרגיה אמת הה"ד תתן אמת ליעקב דאיהו סימן אלף מאתים תשעים. ואית דאוסיף ביה ב' קרוב ה' לכל קוראיו לכל אשר יקראהו באמת. לדעת בארץ דרכך. אוף הכי ארץ א' ר"ץ

חולים. באלין חמש וקמץ הכהן משם מלא קומצו פירוש באלו חמש אלפין שהם סוד חמשה וקמץ דכהן שהוא בסוד החסד משם מלא קומצו כי קומץ הי"ד כולל חמשה אצבעות שהם כנגד חמשה חסדים כנו' קמץ איהו יו"ד כד אתפתח בחמש אתוון ה' חמש אצבען. פירוש דקומץ של האדם כשקומץ חמש אצבעות ידיו תהיה קמיצת יו דוגמת יו"ד וכשפותח קומץ של יד הוי נפרדים לחמש אצבעות ומלא קומץ היד בכללותו הוא יו"ד ובפרטותו כאשר הבפתחו הוא חמש אצבעות שהם אות ה' והשתא תבין דכללות שהוא יו"ד דרמוזה בקומץ היד על הפרטות שהוא חמש בכתות ר"ד כי תאמר יו"ד פעמים חמש הרי חמשים וזה הרמז ירמוז לחמשין תרעין דבינה. ואתוון ה' בחשבון חלם דרך העולם לכתוב חלם במ"ק ט"ו כמנין י"ה וחולק במ"ק א' כמנין ו"ה כי אומרים שבספר התקונים תשתייס רשב"י ז"ע את בת"ק י"ק א"י אותו א', וצריך לרשתמש בזה ובכיולא בזה במ"ק אלא דה החשבון בתלוף אלפא ביתא דא"ק בכ"ר. ואינון רמיזין אלהינו רי"ק כרוש קאי על י"ד פרקין דאצבען רומזים ל"ד אותיות של ד' אלהינו ה' בפסוק שמע ישראל וזרוע של ימין שהם חסד אך יד של שמאל שהוא דין רומזים אי"ד אותיות כוזו במוכסז כוזו דגאים אחר אותיות ה' אלהינו ה' שהם דין. והכי סליק א"ה או"ה כ"ח דרמיז בכסא כבוד מרום מראשון, פירוש א"ה משם א"ה בלת ה"א דאשונה ואו"ה בשם אדנ"י בלתי ה"א דאשונה ודם עולים כ"ח ורמוזים א"י בכסא כבוד שהם דיוק א"ה של אהי"ה כי אהיה הוא בבינה דנקראת כסא הכבוד כנודע ואו"ה דשם אהו"ה הוא סוד הדעת והוא רמוז בר"ת את השמים ואת הארץ כנודע וכנגד זה אמר מרום מראשון. בגין דבדרגא דיעקב תליא קץ, דפורקנא דדרגיה אמת פרוש בא לבאר טעם למה דשבעים שנה דקשים היו בתר אלף ומאתן שנין ויותר משום דבדרגא דיעקב תלוי קץ דפורקנא דדרגיה אמת ולכן יעקב מספרו ז' דווית שהם כנגד ז' ספירות חי"ת נר"ם ושבעה אלו כל אחת כלולה מעשר הרי שבעים ואלו השבעים שנה הם כנגדן ורמז לדבר דבתים מי"יר את יעקב שבעים ואת ואת דאוסף בה ב' פירוש דסמך לה על פסוק קרוב ה'
מאתים

תחות רקיע כנקודת קמ"ץ ואיהו כמה זמנין רב מכל [illegible]רעא כל שכן
נקודין דאורייתא לגבי גובה דלהון ואתחזיין לן נקודין עד כאן. ואני
בתוך הגולה על נהר כבר דא נהר דינור נגד ונפק מן קדמוהי אלף
אלפין ישמשונה. ורבוא רבון דמלאכיא קדמוהי יקומון. דינא יתיב
וספרין פתיחו. דאינון ג' ספרין דנפתחין בר"ה. וטבלין נשמתין בהאי
נהר דינור מזוהמתן דמזדהמין בעלמא שפלה ודא מטטרו"ן בדיוקנא
דצדיק יסוד עלמא. דאיהו נהר דינור מסטרא דגבורה. נהר פלגיו
מסטרא דחסד פלגי מים. והאי איהו על נהר כבר. מאי כב"ר. דא
מטטרו"ן רכ"ב לעמודא דאמצעיתא. וירכב על כרוב ויעף. ואיהו
רכב אש וסוסי אש. כליל שתין רבוא מרכבות. ומסטרא דצדיק
חי עלמין הוא כליל י"ח רבוא מרכבות והיינו רכב אלקים רבותים
אלפי שנאן. ואוקמוה מארי מתניתין תרי אלפי שאינן מתרין רבוא
דאינון כל רבוא עשרת אלפים דבותים עשרים אלפים. תרי שאינן
אשתארו תמני סרי אלפי דנהתין עם מטטרו"ן לקבלא י"ח בדכאן דצלותין
דישראל לסלקא לון קמי קודשא בריך הוא בח"י עלמין צדיק יסוד עולם.
וברכות לראש צדיק. ואני בתוך הגולה דא שכינתא. נפתחו השמים
ה' זמנין רקיע דיומא תנינא. ה' דהשמים. דבה רשימין חיוון דמקורידין.
יוד קי ואו קי (נ"א יוד ק"א ואו ק"א) יקוק ואראה מראות אלקים חמש אור
דיומא קדמאה. לקבל ה' קדמאה כלילא מחמש אור דאיהו אאאאא
פתוחי חותם קדש לה'. וכל חד אחזי אק"ק. ונקודין אלין סלקין אלהים
דבהון שבע נקודין תלת לעילא תלת לתתא. חלם באמצעיתא וחד
רקיעא תמינאה לון דאתמר ביה ויתן אתם אלהים ברקיע השמים.
ושבע נצוצי דנקודי אאאאא לקבל שבע כבבי לבת תלת מכאן ותלת

לשית סכירות שרס חג ת ונה"י בלרופס חד ונקודין א' ן סליקין אלר ס דבהון, שבע נקוד ן תלת לעילא תלת לתתא חלם באמצע תא נראה דלר ך לג־ום כך תי"ת לע לא ארבע לתתא ות ב וחד רק עא תו "אה "ין קא על גג רקמן דוגמת ו נטוי כרק ע שהי"ו עומד זקוף ורשבעה נקוד ן עם ו' של סקמ ן מספרם פ ו כמנ , אלהים כ כל נקודה מספרה עשר והוא"ו שבה ואומרו ושבע גלול דנקודי אאאאא לקבל שבעה כוכבי לבת תלת מכאן, תלת מכאן, תמה באתלעיתא דסדרן הוא של ס חנכ ל דחמר ריא באמצע ומ"ש רב עלה לכל תלת ושב עלה פירוש כאשר תינה של ס חנכ ל מע לא לתתא תה כ חמה רב ע ת לשלת וכאשר תמנר מתתא לע לא תהיה רב עית לתנ"ג ' ות ב שביעאה לשית כאשר תמנה מן נכ"ל ומחזור לשל"ס תה כ רחמה שביע ת ות"ש וא ר בלורת חו"ס ה ו החתה ה ם התפארת שנקודתו מכאן

דנקודי דאתחזן כגוונא דא ה' ואינון סגולתא לעילא. תלת חיון עלאי דרמיזן י"י בראשית תיבות יהוה יהוה יהוה. ואינון יקו"ק מלך. יקו"ק מלך יקו"ק ימלך. אנפי תלת חיוון עילאין דאינון חס"ד גבור"ה תפאר"ת. ולתתא סגו"ל דאינון חיון תתאין אנפין נצ"ח הו"ד יסו"ד. דרמיזן ביברכ"ך יא"ד יש"א. נקודה דאמצעיתא חיה ששמה. אדם. כגוונא דא ה' היא מתהלכת בין החיות דאינון תלת לעילא ותלת לתתא כגוונא דא ה' איהי רביעאה לכל תלת ושביעאה לשית. ורזא דתלת חיון תתאין עלייהו איהו קא רמיז ויהי בשלשים שנה ועל נקודא דאמצעיתא קא רמיז ברביעי דאיהו ארבע אנפי אדם חכמה עלאה כ"ח מ"ה. דאתמר ביה דמות כמראה אדם עליו מלמעלה. וכלא ברזא דנקודי דאת ה. בחמשה לחדש דא את ה'. דאיהי אלהים כינוי לשם יקו"ק. ואיהי כרסיא דהכי סליק הכסא בחושבן אלק"ים ואיהי כתר עליון חמישאה לארבע חיון עלאין וחמישאה לארבע תתאין. ואיהי כרסיא למארי כלא ארון על כלא דאיהו טמיר וגניז. ואי תימא דרזא דא חזא יחזקאל. לא הוה אלא דמות דאלין חיון. ולא דחזא חיוון אלא כמלכא דשלח שטר בחותמיה ודיוקנא דמלכא רשימא על שעוה מחותמיה דבספירן דאצילות איהו דיוקנא דמלכא ממש. ובספירן דבריאה חותמא דמלכא ובספירן דיצירה ובמלאכין דאינון חיון ציורא דחותמא בשעוה ובג"ד אתמר במראות יחזקאל דמות כמראה אדם. ודמות החיות ולא החיות ממש. למאן דכל יומוי לא חזא מלכא והוה בן כפר ושאיל בגיניה ורשימין ליה על טבלא או על נייר דיוקניה. ואית נקודה דכל עלמא תליא תחותה כגון שמשא לגבי תתאין אתחזיא לבני נשא

וברוך לחלק הספירות וג"כ נרמז באומרו איכו ות ו אח ברון וקראת חייו לעצמות שם ת ס דאלויים ממנו אך דבר אה איכו דומה דבריאה עם הי ס דבר אה שרש המ.פים ד"ם של אלות סיתילבם בבריאה ואן חודש האמת אלא באליות כ שם לעולם אן לך דגע שאנם מיוחד ס ג' בחינות הנזל אך בבי ע הוא חוד לפרקס וכל תפלותינו רם לאם מברך אך לה ות שאן אנחנו כ לים לכוונו בשום כ נו ושם לזה אנחנו מספללים ע יד הספירות והשמות כ כל דכנוים והשמות הם שמות העלמות דמתפשט בספירות וכו עכ"ל ע ש, וע ן בען ת ס שער סדר אב ע וכ, תב ן את אשר לפנך כגוונא דא ר א ה רב עאה לכל תלת ושב עאה לש ת נראה דכונה דהמלכות עומדת אחר נה י דז ת ופרצופה הוא באורך נה י דז"א לכן היא רביעאה לתלת חג ת שרם למעלה מן נה"י וגם רביעאה עוד לתלת שהם נה י העומדים כנגדה ולזה לכל תלת ר"ל בין לחג ת שלמעלה מינה בין לנה"י שבלידה וגם עוד רביעאה לתלת הם ג' אות ות יה ו דשם הוי ה ולז"א לכל והיא שביעאה

תחות

אלביש שמים קדרות. ושכינתא אתמר בה אל תראני שאני שחרחורת בגין דאיהי בגלותא וכרסיא דילה פגימא בחובין דישראל. דתמן נשמתין דישראל. ובגין דא זכאה איהו מאן דתקין לה כרסיא בצלותא דיליה בפקודין דיליה. בתר דאיהו מתמן כרסיא פגים בגינייהו. ואסתלק שם יקו״ק מתמן דאיהו לא שריא באתר פגים. הה״ד כל איש אשר בו מום לא יקרב אוף הכי בנשמתא פגימא לא שריא. זכאה איהו מאן דאשלים נשמתיה לשריא ביה שם יקו״ק ועביד ליה כרסיא לגביה. וזכאה פומא דמתחבר בה קודשא בריך הוא עם שכינתיה דאיהי תורת ה. וזכאה איהו מאן דלביש מלכא ומטרוניתא בעשר ספירן דבריאה דכלילן בשם יאקדונק״י כשכיה בן לבושוהי. ומאן דתקין ליה סוסיא דאתמר בה לסוסתי ברכבי פרעה דמיתיך רעיתי. דאיהי מרכבה דיליה דביומי דשבתות וימים טובים איהו לבוש לבושי מלכותא דאינון עשר ספירות דבריאה. וביומי דחול לביש עשר כתות דמלאכיא דמשמשי לון לעשר ספירן דבריאה. דעשר ספירות דאצילות מלכא בהון. איהו וגרמיה חד בהון. איהו וחיוי חד בהון מה דלאו הכי בעשר ספירות דבריאה דלאו אינון וחייהון חד. לאו אינון וגרמיהון חד. ועלת על כלא. הוא נהיר בעשר ספירות דאצילות ובעשר ספירות דבריאה. ונהיר בעשר כתות דמלאכיא. ובעשר גלגלי דרקיע ולא אשתני בכל אתר״קום יחזקאל נביאה לגלאה אלין מראות קמי שכינתא. דאתמר בהון ודמות החיות מראיהם כגחלי אש בנקודי אורייתא וטעמי דאורייתא דעלייהו דאתוון אתמר ודמות החיות מראיהם כגחלי אש אלין אינון נקודין. בוערות כמראה הלפידים אלין טעמי. ובהון והמשכיירים יזהירו כזהר הרקיע והמשכילים אלין אתוון. יזהירו אלין נקודין דנהרין בהון. כזהר אלין טעמי. ושכינתא כלילא מכלהו. עלה אתמר היא מתהלכת בין החיות. דאינון חיוון עלאין דנקודי דטעמי. וחיוון תתאין

ב׳ ארבע דעשר ספ רוה דאצילות מלכא בהון איהו וגרמיה חד בהון א רו וח ו חד בהון וכו׳ דבר ס אלו מבואר ס ר טב בדבר רבינו ז ל בריש ספר עולת תמ ד וז ל דאצ לות רוא עצם הספירות ו חודס בא ם רוא ע העצמות המתפשט ברס רר שרס ג חלק ם חלק רא״ם וחלק העצמות וחלק הספירות עצמס ואלו רשלפר נרמז בתיקונים ברקדמר (דף ג ע ב) מלכא איהו וגרמוי חד בהון, ב ס קרא מלכא לא״ם וגרמוי לחלק העצמות

דנקודי

שיר דלוים אל מימינא דכהנים עמודא דאמצעיתא ישראל כליל תרוייהו. הכמה נחית בברכתא דכהנא בימינא וביה הרוצה להחכים ידרים. אימא נחית בקדושה דליואי משמאלא וביה הרוצה להעשיר יצפין. עמודא דאמצעיתא קשורא דתרוייהו יחודא דתרוייהו. אות הכי יסוד הי עלמין קשורא דעמודא דאמצעיתא ושכינתא תתאה באן אתר בצלותא דביה כלילן ח"י ברכאן וביה מתייחדין תרין שמהן כחדא. **אינון יאקדונק"י וחבורא דתרין שמהן צריכין בחשאי. ורזא דמלה,** בעמדם תרפנה כנפיהן בעמדם ישראל בצלותא דעמידה חיון תרפנה כנפיהן דלא למשמע בהון קלא. דתמן קול דממה דקה. קדש הקדשים דאיהו בעמידה בגין דתמן קאתא מלכא. דהא ברוח גדולה וברעש ובאש דאשתמעון בהון גדפי חיוון לא אתא מלכא אלא בקול דממה דקה דאיהי בתר רוח רעש אש. ואיהי דביעאה לון. ועלייהו אמר יחזקאל וארא והנה רוח סערה באה מן הצפון. ענן גדול ואש מתלקחת הא אינון תלת דרכיבין בהון תלת אתוון קו"ק. קול דממה דקה דא י מן קוק"י ואיהי י' מן ארנ"י תמן קא אתא מלכא דאיהו יקו"ק. דכל דויה דשליט ה' על ו'. ה על י נוקבא איהי ההויה. כגון טפה דנוקבא כד שליט על טפה דדכורא. בת איהי. אתא אליהו וכל מארי מתיבתא ואשתטחו קמיה ואמרו סיני סיני. מאן יכיל למימר מלין קמך. אלא בקול דממה דקה דבפומך קא אתי מלכא. קום אליהו תקין לבושי מלכא ומטרוניתא דאנת כהנא תקין ליה לקודשא בריך הוא ארבע בגדי לבן וארבע בגדי זהב למטרוניתא דאתמר בה כל כבודה בת מלך פנימה. ממשבצות זהב לבושה. ארבע בגדי לבן כולהו רחמי בשמא דיקו"ק. ולית מאן דמחיל בהון עריין אלא איהו. ארבע בגדי זהב כולהו דינא מסטרא דארנ"י ולית מאן דמחיל על ע"ז אלא איהי. דשלטאן שפחה באתר דגבירתה. כשמיה כן כרסייה. כן לבושיה ובאלין לבושין לא אתלבש עד כען מיומא דאתחרב בי מקדשא. דהא כתיב

בלא ברכות אלא קורא ק"ש בעונתה או על המטה או כוס אחר שעבר זמנה קום אליהו תקן לבושי מלכא וכו' נמלא תיקון ארבע וארבע רגז ראוי לה ות על יד אליהו זכור לטוב וזה נרמז בדבר רז"ל אליהו בארבע אלב"ש

כד נחית קודשא בריך הוא בקריאה שמע אתמר בחזון ואשמע את קול כנפיהם. בעשר מיני הלולים בשיר פשוט דאיהו י׳ כת״ר. כפול דאיהו י״ה חכמ״ה ובינ״ה. משולש ביק״ו דאיהו חס״ד גבור״ה תפאר״ת מרובע ביקו״ק דאיהו נצ״ח הו״ד יסו״ד מלכות דנטרין צפרא קדישא ישראל בינייהו וקראן בה לישראל דאיהו עמודא דאמצעיתא. והיינו שמע ישראל. הא נחית לגבה. צריך לקשרא ליה בהדה ולייחדא לון ביחודא חדא בלא פירודא כלל ובגין דא מאן דשח בינתים. עבירה היא בידו ההיא שיחה. ואמאי קשרין ליה בהדה לאת עם ד׳ כלילא מארבע פרשיין. בגין דלא יהא פרח מינה ואשתארת יהודה איכה ישבה בדד. ובגין דא קשרין ליה בהדה בכמה קשורי דתפלין בכמה קשורי דציצית דלא יזוז מינה. וכל קשר איהו מסטרא דאת י׳ ותרין קשרין אינון. דאינון קשר דרישא קשר דדרועא שמאלא ואינון יי׳ מן יאקדונק״י. יקו״ק ארבע פרשיין דתפלי וראו כל עמי הארץ כי שם יי׳ וכו אדנ״י ד׳ בתי דתפלי. אקי״ק אשר אקי״ק מלגאו דתפלי. בכ״א אזכרות דתפלין דרישא ובכ״א אזכרות דתפלין דיד. ודא אימא עלאה תפלי דמארי עלמא קרינן ליה. תפלין על רישא דעמודא דאמצעיתא. כסי ליה אימא בגדפהא דאנון רצועין דתפלי. וקשרין ליה ישראל בשכינתא תתאה בתפלין דיד. וליה אמרין שמע ישראל ברא דסבא דסבין ודא חכמה עלאה. ועל שמיה אתקרי. עמודא דאמצעיתא. ישראל שיר אל. שיר משמאלא

בזה מסכים זקנה ולכן כתיב (ישעיה מ״ו) ועד זקנה אני הוא כי דבור זה יוצא משם כו״ח והמכוון בזה נקרא בן זה, ירכב ה׳ כמו שם הו״ה וקול שאומר מסכים בן ימין ואח״כ בת רגלות הוא שאין אדם שם על לבו לכוין, דבור באחד שעולה מספרם זרע ולזה א׳ הלוך ילך ובכה בגלות דמר״כ נושא משך הזרע שמהעליונים בת ק״ן הזרע רנו ולכך דמשתדל בזה נקרא זרע קודש ולזה א׳ זרע קודש מצבתה מגלת ר״ה שזה א׳ סוד דמלכות ששם רוח הבור דבור באחד י׳ ולכך דאמר שזה א׳ בסוד ר׳ וקבא ששם רוח הבור דבור באחד״ נקראת עזר דכתיב אעשה לו עזר כנגדו ולכן דוד המע״ה שהוא בסוד המלכות כתיב ב״ה (תהלים פ״ט) ואמר שויתי עזר על גבור הרימותי בחור מעם מצאתי דוד עבדי והבן ודע אם תריך קול ודבור יעלו מספר שמח וכזה יובן הפסוק (משלי י״ז) לב שמח ייטיב גהה כלומר לב דמכוון בקול ודבור לתקנם יטיב ג׳ דר כלומר בת נות של אות הר׳ אמרו ר׳ שהם לאה ורחל דגדולה ורחל הקטנה כי שפים דמר כמ״ש עט״ר אדונ״י אבי מורי ר׳ אל רו ז״ל על מאמר הגמרא רמ״א בפרק לא תזכ׳ וכן פירש ג״כ על מאמר זכר של רחלים נזדמן לו וזקן אחד מכר גו זכר הוא של רחלים רחל הגדולה ורחל הקטנה נזדמן לו וזקן אחד דמיז לאבא מנה גו וכו׳ בספרו מדרש אל רו ע״ש ודפח״ח **ובגין** דא מאן דשח בנתיים עבירה ר״א בדו ההא שחר פירוש בא ללמד גם למי שקורא ק״ש

שיר

ותענה מלאך מט אשא משמיא ואמר הן הן מעשה מרכבה והוו מתקבצין מלאכי השרת בבמזמוטי חתן וכלה. אמר רעיא מהימנא בריך יהא בוצינא קדישא דאמר מלין אלין ליחדא ברון קודשא בריך הוא ושכינתיה. קום אליהו נביאה ליקרא דקודשא בריך הוא ושכינתיה ויתערון עמך שאר נביאי. ועביד ליה קנא בהאי חבורא ולכל משריין דאזלין מתתרכי בתר קודשא בריך הוא ושכינתיה. לחברא לון בהאי חבורא דאשתכחא ביה נייחא. לאלין משריין דנשמתין. דאזלין מתתרכין. משכינתא דאיהי יחידאה איכה ישבה בדד. ולאשתכחא ביה נייחא למשריין דקודשא בריך הוא דאתמר בהון הן אראלם צעקו חוצה מלאכי שלום מר יבכיון ולית שלום אלא קודשא בריך הוא. קום לחברא לון בהאי חבורא דהא בר אית בישראל משכילים מאלין דאתמר בהון והמשכילים יזהירו כזהר הרקיע דא. דאתקרי ספר הזהר. דידעין למפלח למריהון ולאפקא אזכרות דשמהן דקודשא בריך הוא ושכינתיה בכונה ולחברא לון בקול דקריאת שמע ובדבור דצלותא. דאינון תרין שמהן. יאקדונק״י דבהון כלילן כל הויין וכנויין ועשר ספירן כמה מלאכין דאינון חיוון דמרכבתא ושרפים ואופנים וכל עשר כתות דכלילן בהון דמשמשין לעשר ספירות כלהו. ופניהם וכנפיהם פרודות לפומוי לקבל אלין אזכרות דאינון יאקדונק״י בין בקריאת שמע בין בצלותא בין בשירות ותשבחות והודאות דבכל אזכרה דיפוק מפומוי בכל אתר ובכל מלל. צריך לכוונא דבור באדנות קול ביקו״ק. וליחדא לון בחדא ביחודא דאיהו יחיד נעלם דמחבר לון ומיחד לון בחדא. וביה צריך הבונה דלא תליא למימר ביה קול ודבור אלא מחשבתא.

ר״פ ו״ע״ר מלאך מי הלא אשה א׳ ואמר הן הן מעשה מרכבה פירוש תרין שהן שהם רו״ה אדני עול,
מסבר אלהך והם מ׳ אורות בת״ן, אז וכאדרים כסוק זר ש׳ אז רננו על ס״ער ע׳ שנ שמות אלו שרם
מסבב מלאך נבי״א מלאך ת, הדרשה רואה מי אשה משת א׳ דה נו מעולם ה״ל רה שמכונר בשם שמים
ואמר אותו ילהק שיות נבי״א מדרוש זה שנדרש על ב׳ שמות אלו הן הן מעשר מרכבה כ בשנ שמות אלו
ר״ה שלובים אמ״ ש׳ רו״ה אדנ שתבוא״ס באתן דבירות ואחד של אדנ רו״ה שתבוא״ס באתן דקד״ש וכו׳
ש״לוב רוא סוד תרכבר ואמר הן הן כבפלים כנגד ב׳ ש״לוב״ס יגז׳ וד מה יקבוך מלאכי השרת כבמזמוט
חתן וכלה כ ב׳ שמות אלו הם סוד חתן וכלה צ״ריך לכוו״א דבור באדנות קול בהו״ה סנה מספר דבור עם
מספר אדני עולה מספר זרע וז״ש (תהל״ס כ״ב) זרע יעבדנו סופר לאדני לדור נק״מ שם אדנ די קא והם חד
זר קרא זרע ורוא יא״ר לשם אד כ סופר לשון זו ואור ואם תצרף מספר קול עם מספר הו״ה ר״ה
בר

חנה דהוה אזיל בספינתא וחזא להחיא צפרא דימא מטי עד קרסולוי ומאן צפור הכא. חד מאלין אפרוחי או מאינון ביצים אפרוחים כגון פרחים דלאו אינון גמר פרי מתתא לעילא. או מביצים שית דאינון מעילא לתתא תולדות אימא עלאה דהא ביצים מסטרא דאימא תתאה אינון דאיהי ביצה. אפרוחים מסטרא דצדיק מתתא לעילא. ולא הוה אלא מאלין אפרוחי. וצד ק שמיה עמודא חדא מארעא עד רקיעא. וימא מטי עד קרסולוי אלין נצח והוד דאימא עלאה איהי ימא דאתפשטת לחמשין תרעין עד קרסולוי דההוא עופא. כגוונא דא י' איהו עשר ה' חמש. עשר זמנין ה' אינון חמשין. עשר בכל ספירה מאלין חמש מחסד עד הוד. יסוד נטיל לון כלהו ואקרי כ"ל כליל מאלין חמשין. וכרסיא דלתתא אים המלה כסא דין. עוף דאיהו צפור דיליה איהו מטטרו"ן. עליה אתמר כי עוף השמים יוליך את הקול קול דקריאת שמע. דאיהו כליל שית יומין דחול ושליט עלייהו ונטיל ההוא קול ופרח ביה עד עמודא דאמצעיתא דא הו קול י"י על המים ולית מים אלא תורה ואיהו קול ה בהדר עד שית קלין ואיהו שביעאה לון באימא. ובעל כנפים יגיד דבר דא צלותא דמטי לה עד צדיק חי עלמין כליל ח"י ברכאן דאתמר בהון ברכות לראש צדיק חי העולמים. וצלותא איהו דבור דרכיבת עליה ואיהו מרכבה לגבה ביומין דחול. ודא שכינתא ודא אדנ"י. קול רכיב בפומוי דאיקו"ק. ודא הדבור אדני שפתי תפתח וגו'. ואיהו מרכבה לתרוייהו כגוונא דא יאקדונק"י והכי סליק מלא"ך בהושבן תרין שמהן כחדא. ובגין דא אתקרי מלאך שר הפנים. ועל יד שליחא דא מתיחדין בשית יומי דחול אבל ביומא דשבתא לא סלקין תרין שמהן אלין דאינון עמודא דאמצעיתא ושכינתיה ולא מתיחדין ע"י שליח אלא בצדיק חי עלמין ועליה אתמר כי עוף השמים יוליך את *הקול. קול דקריאת שמע. ובעל כנפים יגיד דבר. דבור דצלותא ולא ע"י שליח ובג"ד וצדיק יסוד עולם הוא כליל כלא. וביה מתיחדין תרין שמהן אלין. ועל תרין שמהן אלין אתמר אז ירננו עצי היער.

אלו מוכרח לומר דשם דמסכתא ושם דפרק דנזכר ס כאן, בס רת קוג ס וגס לקין, בע.ן ר"א בן כדם וגם מ"ש בר מ פרשת כנחם דף יפ"ג ועוד פ פ נחם דף ר ו וכ ולא דנר שם דמסכתא ושם דפרק ד ר כתוב בגליון מבחוץ לה ות מורר מקום ולא כ רמדפ כ ס דכל סוס בפג ס ועל תר, שמר, אל, אסמר או רננו ענ ונענד

ואי תימרון אמאי צריכין למהוי תרוייהו בכל בר נש בכל יומא. בגין דלא תשתכח שכינתא דאיהו יו״ד מן אדנ״י יחידא בלא קודשא בריך הוא דאיהו יו״ד מן יקו״ק. וצריך בר נש דלא ישתכח בכל יומא פחות מתרוייהו. ואי לאו. עליה אתמר ונרגן מפריד אלוף דאפריד אלופיה דעלמא משכינתא. נוקבא אתמר בה אות היא לעולם דכורא ברית מלח עולם הוא ובגין דא אות תפלין נוקבא אות ברית דכורא. ודא רמיזא מי יעלה לנו השמימה בר״ת מיל״ה ובסופי תיבין יקו״ק. בתפלין נוקבא הה״ד והיה לאות על ידכה יד כהה. ועל קן דצפורא דא אתמר וסכה תהיה לצל יומם וגו׳ ואיהו לשון סכך שמסככת בה אימא על בניה. אפרוחים דילה תלת הדסים ותרי בדי ערבות ולולב. או ביצים דא אינון אתרוגי דכל חד שיעוריה כביצה. ואלין דרשימין בהו כתיב עלייהו לא תקח האם על הבנים. דתלת הדסים רמיזין לתלת אבהן. תרי בדי ערבות לתרי נביאי קשוט. לולב צדיק כתמר יפרח. אתרוג. רמיז לשכינתא סכה רמיזא לאימא דמסככת עלייהו. הא אינון תמניא לקבל יאקדונק״י דאיהו חושבן סוכה כ״ו ה״ס. ואלין דלא נטלין אלין סימנין בידיהון כתיב בהון שלח תשלח כת״ר חכמ״ה. דלא שריין אלין באלין תמניא. למהוי כלהו עשר ספירן בכל נענוע ונענוע דנענועי דלולב ומיניו בכל פקודא ופקודא. ועל האי צפור קא רמיזו רבנן בהגדה דבתרא דרבה בר בר

בגין דלא תשתכח שכינתא דאיהו יו״ד מן אדנ״י כו׳ בלא קב״ה דאיהו יו״ד מן הוי״ה נראה שני יודין אלו רמוזים בשם יד״ן של אות א׳ ולכן לא תשתכח פחות מתרוייהו וקרא מפריד אלוף הוא אות שבו רמוזין שני יודין אלו וכזה וכן רמז הכתוב פותח את ידך ודרשו רז״ל אל תקרי ידיך אלא יודיך רמז לשני יודין אלו שהם עומדים א׳ בראש השלוב של אדנ״י וא׳ בסוף השם השלוב ושאר בשם השלוב ששה אותיות שהוא מספר ו׳ שהוא צורת ניקוד פתח וזה כונת הרמז לאשר אותיות הנ״ל שנרמזו בניקוד פתח את יודך בשם שג״ וד״ן הנ״ל יתחברו יחד ומשביע לכל חי רצון. ועל האי צפור קא רמזו רבנן בהגדה דבתרא דרבה בר בר חנה דהוה אזל בספינתא וחזא להאי צפרא דמטו מיא עד קרסולוי נראה פסוק בספר התקונים דראשון אשר רואה מכה בה יד חכם דזורר כך כתוב קא רמזו רבנן להאי צפרא דימטא מיא עד קרסלוי אך חכם אחרון שראה דבר זה כתוב בגמרא דבתרא במאמר דרבב״ח רוסף על רגליו הנה אלו ברגדר דבתרא דרבב״ח דהוה אזל בספינתא וחזא ואמר כמה שנים רמדפ״ס דכיכו כפנים מה שראו כתוב בגליון ועל חכם הגאון יעב״ץ הרמים העולם לערער בדבר זה וכו׳ ולא בו מ״ר מלגו לרבינו מהרח״ו ז״ל בהקדמתו לשער ההקדמות דפוס רוסל״ס קוב״ב קרא תיר על מולא דבר על ספר דזורר בדבר זה וכו׳ ולא בו וכתב וז״ל מ׳ פתי יסור הנה יבינה ורואה כי כל דברי הרשב״י ע״ה הם ברוה״ק וריא רואה בעיני כל נשמות החכמים אף אותם העתידים להבראות וכמעשר שלא רע גם לרב ישמעאל בכה״ק היכלות וגם זה ע״ן ריב״ז ע״ר שאמרו עליו שלא הגה תקרא ומש״ה וכי והוית דחבי ורבא עם שהיו אמוראים וש״ס לבך והבן בדברים אלו עכ״ל ועיין גם לפ״ד מהרח״ו ז״ל חנר

אביך ואת אמך וגו'. דתלת עלמין נינהו. תרין ירית בכבוד אב ואם ותליתאה ירית באורייתא דכליל לון בן י"ה. הה"ד כי הוא חייך וארך ימיך. כי הוא חייך בעולם הזה דא גן דלתתא. וארך ימיך דא עלמא דאתי עלמא אריכא על האדמה אשר ה' אלהיך נותן לך. עלמא שפלה. ועוד אלין דקשרין לשכינתא עם קודשא בריך הוא בקשורא דתפילין אתמר עלייהו לא תקח האם על הבנים. ואינון דלא קשרין לון כחדא אתמר בהון שלח תשלח את האם. ועוד אלין דמיחדין לון כחדא לעמודא דאמצעיתא ושכינתא תתאה בקריאת שמע. אתמר עלייהו לא תקח האם על הבנים. ואלין דלא מיחדין לון ביחודא דקריאת שמע כתיב בהון שלח תשלח את האם בכל אתר את לרבות והכא לרבות חכמה עלאה אב האמונה דאיהי בינה ועלה אתמר הכא לא תקח האם. שלח תשלח את האם. הה"ד כי אם לבינה תקרא. ואיהי אורייתא דלעילא דאתמר בה ואל תטש תורת אמך. ועוד אלין דנטרין אות ברית בתחומיה דאיהו שמונה ימים. ונטרי אות שבת בתחומיה דאינון י"י מן יאקדונקי"י דבגינייהו אוקמוה מארי מתניתין דלא אשתכח בר נש פחות מתרייהו. כתיב לא תקח האם על הבנים ואינון דלא אשתכחו בכל יומא. בשתי אותות אלו דאינון אות תפילין ואות ברית מילה. ובשבת אות ברית ואות שבת. כתיב בהון שלח תשלח את האם:

והטעם כי במ נה השבעות דשבה כולם הם ב סוד הנקרא ת רעולמים עכ"ל ולזה אתי כאן, ועם קב"ה דא הו יום השבת כי סוד ויאכות תרווהו נכרתים בשבת לרבות חכמה עלאה אב האמונה דא ה בינה פירוש רתכימה ה א אב להאמונה שרא ב נר הנקראת אמו ה כ בכ"מ נחשב הדוכרא אב לאמה ה וכן, א האם נחשבת בת לבעלר וכת ם רז' ותה ה לו לבת אלו תקר יבת אלא לב ת ונטרי אות שבת בתחומיה דא גן יו"ד ו"ד פירוש תחום שבי רוא אלפים אמה וכל אלף רמוז ב ו ד כ אות א' יש לו ו יו ויש גו רו יו ד כנ בכוונות הסעודה בסוד מ ו ת ודוע ש ם ו ד בשם הו"ה ו ו"ד בשם אה. ו בראש רשם ווו בסוף השם וכבה הם עומדים בשם השלוב של הוי"ה אדנ וידוע בסעודות שבת לרך לבלוע החלה כוים לעלתו וכו, שהוא כנגד אות ו ד דשם רו ר וכב אר לאשתו וכון כנגד אות ו ד דשם אד"י יא ש. וד, אלא שרמוז בהם תחום שבת לא ישתכח בר נש בשבת פחות מתריווי רו דשי וד, אין שלרך לאכול א ש ואשתו בסעודת שבת בכו"ר של שנ וד, אלו ולא שתכח חסר ליסעוד לחודר דאינון אות תפלן, ואות ברית מילה ובשבת אות ברית ואות שבת רמז לדברי ושמתם את דברי אלה על לבבכם ועל נפשכם ש ם ר ת שבת מלה שהם אותות ת השבת וה ס ר ת תפ לן מ"ר שרם ב ת רחול כלותר שם תם ה ו את דבר אלה התורה על לבבכם ועל נפשכם וידוע יעקב סוד התפארת מ רחול שהם הוא ת ם ולכן כתב ו יעקב א ם תם אך תרע ה רוא סוד התפארת
יום שבת לכך אומרים שמח משה ולכן אמר מרע ה לפני רקב"ה ואתה אמרת דעםך בשם

מה מלידה. ליל ה ליל. שמורים הוא לה׳. ובגינה אתמר כל העוסק בתורה בלילה הקב״ה מושך עליו חוט של חסד ביום שנאמר יומם יצוה יי חסדו ובלילה שירה עמי. ההים נביאים מסטרא דנצח והוד דבהון כלילן תרין שמהן דאינון יאקדונקי דבהון תמניא אתוון יקבל תמניא ספרי נביאים ונביאים תרין הא עשר לקבל עשר ספירן לקבליה חזא יחזקאל עשר מראות. צדיקים מסטרא דצדיק על כל אלין אתמר לא תקח האם על הבנים. ועוד אלין דעסקין באורייתא לשמה ונטרין פקודאה דאינון תרי״ג מצות דתליין משם יקו״ק כענבין באתכלא כדי ליחדא בהון לשם יי בשכינה כבר נש דמתיחד עם בת זוגיה בכל אברין דיליה לאפקא זרעא מעליא. אתמר בהון לא תקח האם על הבנים. ואלין דלא משתדלי באורייתא לשמה אתמר בהון שלח תשלח את האם. את לרבות שם יי דאסתלק עמה מההוא בר נש. ועוד אלין דאוקרין שבתות וימים טובים אתמר עלייהו לא תקח האם על הבנים דעבדין עובדא דבנין עם שבת מלכתא ועם קודשא בריך הוא דאיהו יום השבת. מאן דקיים ביה וכבדתו מעשות דרכיך. האי איהו כבר את

עתידין לרתחדש כמותה ל״כ סהלק אות ה׳ מסם לבנה ש״ש לו שייכות בו כשאר ישראל וישאר אללו אות ות׳ בכל שהם אותיות למפרע מן הנשאר באות ות׳ לבנה אחר סילוק אות ה׳ **כבר** גם הנת יחד עם בת זוג ר׳ בכל אברין דליה לאפקא זרעא מעלא פירוש ע״פ מ״ש חכמי הטבע שביאת הזרע יתאבר האדם ה״א נעשית ברצון כל האיברים שבאדם שכולם רוצים ביאתו להנאתו כי מתחלתו של הזרע נמשכת מכח הראוה מכל האברים ותקבלנו ותביאנו למקום אחד לבשלו שם כמו שיתבשל הדם בדדי האשה עד ששוב חלב ומאחר שתחילתו נמשך מכל האברים לכן כל האיברים נהנים ביאתו ומרגישים בהנאה וכאשר האמרו חכמי הטבע בענין זה ועל כן ילמיד בזר הזרע ר״ול מן האדם לורת גוף שלם בכל האברים ען כי הוא נמשך מכל האברים שבאדם ולז״א כאן כבר נש דמת חד עם בת זוגיה בכל אברין דיליה לאפקא זרעא מעליא כ׳ התאוה תמשיך הזרע מכל האברים שבאדם ולכן תתעבר האשה מן הזרע ההוא ולד שלם בכל האברים וז״ש זרעא מעלא ואם תעמיק עוד בדבר זה תבין כי בהתחברות גופא דזכר שהוא רמ״ח אברים בגופא דנוקבא שהוא ר״נ ישמים מספר הק׳ כין שגם הם שהוא ילוי שם שד להאיר בולד ה׳ ולא משניהם לעשותו זרעא מעלא דלכן מדלק ן בליל שבת שהוא זמן הזווג ראיית תי״ש נרות לרמוז להתחברות ה׳ ו׳ כ״ב פ׳ נ״ר הוא ת״ק כנודע **דעבדין** עובדא דבנין עם שבת מלכתא ועם קב״ה דאיהו יום השבת פירוש ראלו הצדיקים מזדווגים רק בליל שבת כ״בר כדי לרול ד׳ בנים מזווג עלין דשבת וזרו וכבדתו מעשות דרכיך ד׳ יקא רמז לתשמיש דרך גבר בעלמה שגם זה בכלל כבוד שבת שמונע בחול ומשמש בשבת בלבד ומ״ש עם שבת מלכתא ועם קב״ה דאיהו יום השבת ל״סוד קר ל״ה קב״ה ודוע כי השבת הוא במלכות שה״א שב״עת ולכן נקרא שבת מלכתא ואלט בז״ח ש״ם חם השבת ליסוד אך דבר זה מפורש ולא בשער הכונות בדרוש תלאוס שבת שכל העולמות נעשים בשבת בבחינת ז״ו עד רישא עלאה הנקרא עתיק יומין וז״ס שאנחנו קורין את השבת שביעי ויען כ״ בחינת כל השביעית הם ב״ סוד כנודע לכן אומרים המלאכים אותו השיר הנזכר בספר פרק ה׳ כלות היתחיל האדרת והאמונה לח׳ העולמים

אביך

תכח לך אלא ואת לרבות אפרוחים. אמר ליה בריך אנת בוצינא קדישא דהכי הוא ודאי ובנים אינון ודאי תחות אימא עלאה. חסידים. גבורים. מארי תורה. חוזים. נביאים. צדיקים. חסידים מסטרא דחסד דרגא דאברהם ואוקמוה עליה אין חסיד אלא המתחסד עם קונו דעביד ליה קן דאיהו אכסניא דיליה. ודא שכינתא. דאיהי *קן דיליה בית דיליה היכל דיליה מלון דיליה. וארעא קדישא איהי יהודיה וביתיה ולאו מלון ואכסניא אלא כפום ההוא בר נש דתקין לה. ובגין דא יהיב מדת חסד לאברהם. גבורים מסטרא דגבורה. דיהבין תוקפא למאריהון לכבוש עבד תחת רבו ושפחה תחות גברתה בקשורא דתפילין. דמאן דלית ליה תפילין בשעת קריאת שמע מסטרא דיליה שליט עבד ושפחה על עלמא ובההיא שעתא רגזא שכינתא הה״ד תחת עבד כי ימלוך ושפחה כי תירש גבירתה ואוף הכי איהי רגזא יתיר על נבל כי ישבע לחם. דאתמר ביה לכו לחמו בלחמי דאיהו קמצן נבל במזוניה. נבל שמיה. דלאו איהו נדיב ולאו איהו מזרעא דאברהם דאתמר עלייהו נדיבי עמים נאספו. דהא קמצן איהו עני הדעת בתר דלא עביד טיבו למארי תורה למהוי מחזיק בידיהו. ואורייתא בלא פקודיא לאו איהו תורת ה׳ מארי תורה. מסטרא דעמודא דאמצעיתא דביה חצות לילה הוה קם דוד לחברא ליה בשכינתא דאתקריאת לילה ואיהו שומר

כאן קר ל סוד בשם קב ה וקא במולם העש ר קן ד ל ר ב ת ד ל ה ר כל ד ל ה תלון ד ל ה נראה קן ד ל ר בעולם העש ה ב ת דיל ה בעוגס ר ל רה היכל ד ליה בבריאה תלון ד ל ה באצלות וס ת ראבות מק״ב שהוא ר ת מלון קן בית דע מע ת שלהם עשו ותקנו השכ נה לה וה תלון ק ב ת נס חלוף שם שד בא ת ב״ש כנ׳ רוח מק ב ושם זה רוח ברחל שה א קן מלון ב ת וע ין בשער הפסוק ם ע פ מחזה שד חזה ע ם וראבות תקנו השכ נה ומרע״ה גמר התיקון שלה לכן ד׳ הואריס אלו נרמזו בסוף שמות דאבות וסוף שמו ש׳ מרע״ה שרות אות ה וס ען בקמ״ה ר ת ד׳ תואריס הנו׳ תחל לספור שבער שבועות לספור לשון זיוה ואורה נופך ספ ר והלוס ומספר בקמ״ה שהס תואריס של השכינה עולה קמ״ז כמנ, ז כ אר״ה שהם ז ק דאמא המושפעים בשכ נה נס ד הנו׳ רס אותיות ק ם ב ה ורייעו קס ה סוד בסוד רקמת הברית והבן תמניא אפיון לקבל תמנ א ספרי נביא ם ונביא ם תרין, הא עשר פירוש ספר הגב א ם רס א׳ כי תרי עשר נחשב בספר אחד כאשר תמלא בספר קר א מועד בליל חג השבועות וגב א ם תרין הס נלת ורוד שמשם כ קת רנביא ם והם נקראים תרין נביאי קשוט וכמ״ש לקמן דף ס ו ע״ב דאיהו קמצן נבל בממונ ה נבל שמ ה נראה הכונה כי הצדקה ר א סוד ה בנודע וה א מתקנת ומקשטת ומאירה את המלכות הנקראת לבנה והצד קים המתקנים אותה נקראים על שמה כמ״ש רז״ל פני יהושע כפני לבנה וכן אמר הש״י ת ללבנה צדיקים יקראו על שמך ולכן זה הקמצן שמונע חסד וצדקה שהם בסוד אות ה׳ יסלק אות ה׳ משם לבנה שנקראים בו ישראל שנמשלו ללבנה כמו שתקנו רז״ל במטבע ברכת הלבנה וללבנה אמר שתתחדש עטרת תפארת לעמוסי בטן שהם הם מד

* ב ע״א

הקדמת תקוני הזהר

שכינתא תתאה. האם שכינתא עלאה הה"ר ובפשעיכם שלחה אמכם דתרוייהו אתתרכו מאתריהון. וכג"ד שלח תשלח תרין שלוחין. חד מבית ראשון. וחד מבית שני. דקיימא ביה אני ה' הוא שמי וכבודי לאחר לא אתן. שכינתא עלאה. ותהלתי לפסילים. שכינתא תתאה. בן איש נודד ממקומו דא קב"ה דאתמר ביה ה' איש מלחמה דאתתרך אבתרייהו. ועוד כן איש נודד ממקומו דא משה דכתיב והאיש משה ענו מאד דאתתרך דהוה אבתרייהו ועוד כן איש נודד ממקומו מאן ראיהו איש צדיק דאזל נע ונד מאתריה כשכינתא דאתמר בה ולא מצאה היונה מנוח. דהכי אוקמוה רבנן בזמנא דאתחרב בי מקדשא גזר על בתי הצדיקים דיתרבו דאזלין כל חד נודד ממקומו דדיו לעבד למהוי כרביה. ורזא דמלה נדד הוא ללחם איה אי"ה דמרחם עליה. אוף הכי אין מנהל לה וגו'. ובג"ד דיו לעבד למהוי כרביה. ולית להם אלא אורייתא האי גרם למארי תורה דאזלין מתתרכין. זכאה איהו מארי מתיבתא. מארי מדרש. מארי תורה. דגם צפור מצאה בית בית דנשמעין ביה פתגמי אורייתא דבאתר דאית תמן תורה דאיהו עמודא דאמצעיתא גם צפור מצאה בית תמן. ובגין דא אוקמוה רבנן כל בית שאין נשמעין בו דברי תורה לסוף תחרב ואלין דנשמעין דברי תורה בהון אתקריאו ביצים. אפרוחים. בנים. ביצים מארי מקרא. אפרוחים מארי משנה. בנים מארי קבלה. ועלייהו אתמר והאם רובצת על האפרוחים או על הביצים שלח תשלח מנייהו. אבל על מארי קבלה אתמר לא תקח האם על הבנים. דלית סכלתנו לאשתמודע בשכינתא כאלין מארי קבלה. ואלין עבדין לה דירה ולקבה ופרחין עמה בכל אתר דאיהי פרחת כלהו מנדדין עמה בשליחותא דילה. אבל אפרוחי לית גדפין דלהון שלמין דפרחין בהון דאינון פקודין דעשה כל שכן בצים. ובגין דא אתמר עלייהו לגבי אימא שלח תשלח את האם עד דאמר מלין אלין הא סבא אזדמן ליה ואמר. והא כתיב ואת הבנים תקח לך. אמר ליה סבא כל אתין לדבויי ובגין דא קא אמר והבנים

כ השכינה מקננת בעשיה שהם מאיר א"ל אדני שעולה מספר נו ושם הוא סוד פ"ר דמנצפ"ך דלכן נקרא יפר שהוא בי' פ"ר כנודע נמצא שכינתא היא סוד נ"ו פ"ר שהוא צירוף נפור בן איש נודד ממקומו דא קב"ה פ רוע

תקח

הרקיע. דנהירין ביה נשמתין דמשכילים ככוכביא ברקיע. הכי נהירין
בברכאה. וכלהו פרחין מן רקיע ודא צדיק חי עולמים דמניה פרחין
נשמתין דצדיקיא ונהרין בסדרא. ועלייהו כתיב ויתן אותם אלהים
ברקיע השמים להאיר על הארץ. ואיהו רקיע דאיהו לעיל מחיון הה"ד
וממעל לרקיע אשר על ראשם. והפוך רקיע ותשכח ליה עק"ר
ויסודא דמרכבתא עלאה דעליה קיימין חיון וכרסיא דמרכבתא
עלאה ועליה אתמר וצדיק יסוד עולם על צדיק דלעילא קיימא
עלמא דאתכסייא ועל צדיק דלתתא קיימא עלמא דאתגלייא. והיינו
מצדיקי הרבים מההוא צדיקא דעלמא תליין מאי הרבים. אלין דאתמר
עלייהו הלכה כרבים דאינון מסטרא דאבהן דלית רבים פחות מתלת.
הלכה כרבים דא שכינתא. ומתמן ועמך כלם צדיקים לעולם יירשו
ארץ ההיא דאתמר בה והארץ הדם רגלי דא שכינתא דאיהי כלילא
מעשר ספירן ומתמן אתקריאו ישראל מלכים. צדיקים. חוזים נביאים
מארי תורה. גבורים. חסידים נבונים חכמים. ראשי אלפי ישראל.
ורשותא אתיהיב לאלין נשמתין דאתתרכו מאתרייהו בתר קב"ה
ושכינתיה לקננא בהאי חבורא דאתמר בה כצפור נודדת מן קנה
כן איש נודד ממקומו ולית צפור אלא שכינתא דאיהי מתתרכא
מאתראה הה"ד שלח תשלח את האם ואת הבנים תקח לך. את לרבות

דעליה אתמר וצדיק יסוד עולם על צדיק דלעילא קיימא עלמא דאתכסייא פירוש דר"ש זה מן אות וא"ו של
וצדיק כי הוא כ"ל כל וא"ו לרבות ודייקו בא לרבות על צדיק דלעילא וכן ועליו קיימא עלמא דאתכסייא לכן בא
ברמז נסתר ברבוי אות וא"ו, ונראה עלמא דאתכסייא לאה ועלמא דאתגלייא רחל וע"ן בשער הפסוקים בפסוק
ויאהב יעקב את רחל מש"ש רז"ל ועתה נבאר ענין זווג זה עם לאה וכו' ע"ש ובדברים הרס"ב ע"ב, תב"ן סוד זה
של רת"ק ו"ס ריטב **דלית** רבים פחות מתלת הלכה כרבים דא שכינתא פירוש רבים תלתא קאי על חג"ת
שהם דרגין דאבהן ולז"א רז"ל ח"ד ורבים הלכה כרבים פירוש כלומר ח"ד ר"ל סוד ורבים חג"ת שנמשכים אורות
חג"ת ליסוד ומן היסוד למלכות שנקראת הלכה אות ה' רכלר כ' ודע ואז ע"כ רלכר שהיא שכינתא דאיהי מלכות
תהיה כרבים שתעלה עד י' השפעה זו לחג"ת שנקראים רבים שתגדל ותהיה בסוד בת שבע ואז ר"ה זווג ומש"ה והארץ
הדום רגל דא שכינתא דריש רגל רגל יוד שר"א סוף וד' ספירות וכלולה מכולן, רגל ר"ל סוף **ורשותא** את ריב
לאלין נשמתין, דאתתרכו מאתרייהו בתר קב"ו ולקננא בהאי חבורא כ"ר ראשי אותם ר' שמות של הצדיקים אשר בם יהם
בעור ז' ר"ו גולים ממקומם למדברות ומערות כד לרתבודד שם בעת ת"ר חודש רעל ו"ס למורד ימוד קבה"ו
ואז אלו רנשמות עתר אחר פטרתם ורדים לעור ז' ומתלבשים בגופים דוגמת מלאכים אשר בהו אלל אבריהם
אע"ר דבת ב' ורגר שלשר אנשים נלבים עלו וגלו רזי תורה לרשב"י וחב"ר ו ע"ה וכאשר נמלא בכבא דמשפטים
ועוד כמה מעשות כ"ו לא בזר בזוה"ק ובר"מ **ולית** צפור אלא שכינתא דריש צפור ב"ו דנקראת במ"ק וים
אם ליתקרא ומלאת צפור ג' שכינה עם רכו"ל שעולה שש כמנין, דוד בן ש"ם, ועוד נראה צפור אותיות לו פ"ר

אתיהיב להון ולאליהו עמהון ולכל נשמתין דמתיבתא לנחתא בינייהו ולכל מלאכיא באתכסיא ובארח שכל. ועלת על כלא יהיב רשו לכל שמהן קדישין ולכל הויין ולכל כנויין לגלאה לון רזין טמירין כל שם בדרגא דיליה. ורשותא יהיב לעשר כפירן לגלאה לון רזין טמירין דלא אתיהיב רשו לגלאה לון עד דרא דייתי מלכא משיחא:

כזהר הרקיע דאיהו כליל כל גוון. זהר טמיר וגניז. זהר בהיר בשחקים. זהר זריק נצוצין ומבהיק כברק לעינין. זהר זהיר חוור כסיהרא. זהר זהיר סומקא כמאדים. זהר מבהיק כליל ירוקא כחמה. זהר ירוק ככבב. זהר כליל חוור וסומק. זהר זהיר לכל עיבר כמאן דמחא בפטיש וזריק שביבין לכל סטרא. הכי מהאי זהר זהרין כמה נשמתין

תאנא והמשכילים יזהירו כזהר הרקיע דאיהו זהר טמיר וגניז דא כת"ר זהר בהיר בשחקים דא חכמ"ה. זהר זריק נצוצין ומבהיק כברק לעינין דא בינ"ה. זהר חוור כסיהרא דא גדול"ה. זהר זהיר סומקא כמאדים דא גבור"ה זהר מבהיק כליל ירוקא כחמה דא תפאר"ת זהר ירוק ככבב דא נצ"ח זהר כליל אוכם וסומק הא הו"ד זהר זהיר לכל עיבר כמאן דמחא בפטיש וזריק שביבין לכל סטר דא יסו"ד:

דאינון זהרין כלהו ברקיע ואלין אינון נשמתין מאלין משכילים דאית ברזין שכל לאשתמודעא ברזין דמאריהון. כלהו רשימין ומצויירין במלכותא דרקיעא. ככוכביא דנהרין ברקיעא. והיינו יזהירו כזהר הרקיע. מאי

ד דוע ית ם רבי ו רהר ז"ל בשער ריליול ס דרשב הוא סוד ותב ר ו שרש תלמ ד ו הם עשרר טפ ן ם לאו מתנו כמלא ר ם וחבר א כולם רש ב סוד ו דוע דה סוד קרא משכל כנו בווה ק ולכן דר ם והמשכלים אל , רב שמעון, וחבר ה ו"ן, אמר תה"כ וע' יסי התמר ו כן, אותם אלהים ברקיע השמים להא ר על הארץ רקיע הוא יסוד דספירת רנקרא שי ם שמקבל מלע לא כד לתת ולהא ר למלכות כן, רש ר ו בוקום ר סוד לקבל אורות מלמעלה להא ר על הארץ ר ח רילכות, עכ ד כר ו לנחתא ב ניהו פ רוש א' רו זכור לטוב ונשמות רלד ק ס ורד ם ב רו ביהו שיהיבם ם ביוכ ס כיו רמבה ישפט ם וכיונא אך יכל תלאכ ה את ה ב רשותא לנחתא ב נ רו באהכם א כמו שר ר מרג ריתי ד עם יין, ז"ל שה, רואר דבר בע ו אלא רק שומע קולו וגם את ר ב רשותא יאי הו ושתם, ומיתב, לנחתא בירח שכל ם תלבשו בשכל ר"ם וחבר א שיול א, מכ הם סודות אמת ם כאלו למדום מרבותם וכאשר ינא בהדרא רבה שכל אחד קם על רגלו ויולא תכ ו סודות ברוס'ק כאלו למדם מרבו ע"ד שאמר ה ב ח רוח ר' דבר ב ותלחו על לשו. וכן, כמו אחר ד ה ב רשותא לשמות רקודש ם א רו בשכלם ויה ו ישפ עם בשכלם ירם ב דבר אמת לאמתו בסודות התורה שלא שמעה אזם ועל זה תמלא בכ רקודש של רב ו האר"י ז"ל הרוצאם בשער תאמר רשב שה ה כותב בתוך דבריו עד גדר ע' נו רוח ממרום אלבעת ם גם ג לו א' רו זכור לטוב יה ה יאיזה לד ק בדלך זר ם תלבש בשכלו וכו, על האמת מה לו כאלו שכלו לומר לו דבר זר שמה, קד ם, הם שיות רו ר אר"ה וכ ולא ולכל רוי, הם כיופ ם שלהם כ בשם רו ה ם ב גרוכ ם ובשם אר ה"ב ובשם אר י כ ד ובשם שדי שער ולכל כ ו, רם שיוה רחלוב ם של אגיות רקודש כיון מלכ, וב ונא דרך ג

רבי שמעון אזל ליה וערק למדברא דלוד, ואיתגניז בחד מערתא הוא ור' אלעזר בריה איתרחיש ניסא נפק להון חד חרוב וחד מעיינא דמיא אכלי מההוא חרוב ושתן מההוא מיא הוה אליהו ז"ל אתי להון בכל יומא תרי זמני ואוליף לון ולא ידע אינש בהו וכו. בזוהר חדש פ' תבוא כתוב שם ודא אתקרי:

תקוני הזוהר

דאינון שבעין אנפין לאורייתא דפריש רבי שמעון בר יוחאי במלת בראשית *מסטרי אורייתא. קום רבי שמעון אפתח מילין קמי שכינתא פתח ואמר:

והמשכילים יזהירו כזהר הרקיע וגו. והמשכילים אלין רבי שמעון וחברייא יזהירו כד אתכנשו למעבד האי חבורא רשותא

קום רבי שמעון אפתח מלין קמי שכינתא. נראה כשראתה לרשב"י לחדש ולדרוש בשבעים תקונים אלו עם רחב"ר יוסי תלמידו בא אליהו זכור לטוב שלוח מן השמים לרשות נטילת במה שמא וזה של רשב"י ורחב"ר יוסי וקודם שפתח רשב"י לדרוש בתקונים אלו אמר אליהו זכור לטוב קום רבי שמעון אפתח מילין קמי שכינתא ודבר זה רוצה נטילת רשות מן הקב"ה לדרוש בסודות אלו כי הוא של"ה מרכבה בדבר זה, ואמר קמי שכינתא דרשב"י עסקו ולמודו בסודות התורה גורם להעמיד רשב"י נר פנים בכ"יס לכן אמר לו קמי שכינתא, קמי דקא כלומר לצורך הפנים ודוע כי מטעם זה נקראים החכמים אפי שכינתא ועוד נראה בס"ד דאל אפתח מלין קמי שכינתא לרוד ע"כ ספר התקונים רוצה להחדש ונתקן בשביל התקון, רעש"ה כנודע, ודוע דמלכות מקבלת בעשיה והיא נקראת שכינתא **פתח** ואמר והמשכילים יזהירו כזוהר הרקיע, נראה ברור ופשוט כי זה מחובר עם שמה זה המתחלת כזוהר הרקיע דאיהו כלל כל גוון וכו' כי בתחלה רשב"י ואמר והמשכילים זה דו כזוהר הרקיע וכו כזוהר הרקיע דאיהו כליל כל גוון וכו תבל מש והמשכילים אלין איתא רבי שמעון וחבריא וכו' עד דלא דמלכא משיחא אין דברים אלו הם מדברי רשב"י אלא הם מדברי המעתיק ספר התקונים שכתב בשבח רשב"י וחבריא ובשבח הסודות שנגלו על ידם והוא כתב זה באותיות קטנות לסימן, אך המעתיקים והמדפיסים ערבו אותם עם דברי רשב"י כאלו הם מדברים שפתח ר"ש ואינו ובאמת זה לא הכן ועל דרוב נראה שכתב זה רבי אבא שהוא אחד מגדולי החבריא שהיה רוצה הסופר והמעתיק סודות אשר נתחדשו ונגלו בית בתה דרשב"י תמיד וכאשר תמצא בריש אדרא זוטא דאמר רשב"י רבי אבא כתוב וכן בסוף אידרא רבי אבא ואנא כתבנא וכו' וכן רע"ג כאן כי רוצה ה"ה הסופר שהיה כותב ספר התקונים בעת שנתחדשו ונסדרו במתיבתא דרשב"י שכתב בתחלת הספר שבחא דרשב"י וחבריא **והמשכילים** אלין רבי שמעון וחבריא נראה בס"ד המשכילים אותיות המושכים כלים דאותיות כי יתחבר לאותיות שלמעלה ושלמטה ודוע דאורות שלו נקראים כלים בסוד שברת הכלים, ובזה פירשתי בס"ד מאמר המשנה בסוף מסכת כלים דאמר רבי אשריך כלים שנכנסת בטומאה ויצאת בטהרה ורשב"י וחבריו ע"י לימוד הסוד ובפרט סודות התקונים שהם עקרם נגד סדר לתקון עולם דעשיה היו מושכים נצוצות הנקראים כלים מלמטה ממקום ירידתם להעלותם למעלה ולכן אמר על דרך והמשכילים יזהירו כזוהר הרקיע כלומר המושכים כלים יזהירו וכו' ועוד נראה בס"ד אותיות והמשכילים הם אותיות ישיה מלכים כי תפארת ומלכות שהם ו"ה נקראים מלכים בסוד שני מלכים וכו' ולימוד הסוד שוה אותם להשלימם בו"ד ספירות או יובן בס"ד ע"פ מ"ש רבינו ז"ל בשער ההקדמות דף ע' שהתנאים הם מגדלות דהוי"ה אבל האמוראים הם מקטנות דאלהים וכ"כ בשער רוח"ק ונרמז זה באותיות המשכילים שהם אותיות רכל שמם כי ידוע דגדלות דהוי"ה נקראים בשם שמים והקטנות בשם ים, הכל רגדלות דהוי"ה וכו', וכו ד"ה כה"ר עקב ר"ו פרש

* מסתרי

אתידיב

תפלה קודם הלימוד

קבלה מהאר״י זלה״ה

רבון העולמים ואדוני האדונים אב הרחמים והסליחות מודים אנחנו לפניך ה׳ אלקינו ואלקי אבותינו בקידה ובהשתחויה שקרבתנו לתורתך ולעבודתך עבודת הקדש ונתת לנו חלק בסודות תורתך הקדושה מה אנו מה חיינו אשר עשית עמנו חסד גדול כזה (על כן אנחנו מפילים תחנונינו לפניך שתמחול ותסלח לכל חטאתינו ועונותינו ואל יהיו עונותינו מבדילים בינינו לבינך): ובכן יהי רצון מלפניך ה׳ אלקינו ואלקי אבותינו שתכונן את לבבנו ליראתך ולאהבתך ותקשיב אזניך לדברינו אלה ותפתח לבבנו הערל בסודות תורתך ויהיה למודינו זה נחת רוח לפני כסא כבודך כריח ניחוח ותאציל עלינו אור מקור נשמתינו בכל בחינתינו שיתנוצצו ניצוצות עבדיך הקדושים אשר על ידם גלית דבריך אלה בעולם וזכותם וזכות אבותם וזכות תורתם ותמימותם וקדושתם יעמוד לנו לבל נכשל בדברים אלו ובזכותם תאיר עינינו במה שאנו לומדים כמאמר נעים זמירות ישראל גל עיני ואביטה נפלאות מתורתך. יהיו לרצון אמרי פי והגיון לבי לפניך ה׳ צורי וגואלי:

כי ה׳ יתן חכמה מפיו דעת ותבונה:

הגיוני המחבר ספר בניהו נר״ו.

הני מילי מחיים מודעת זאת בכל הארץ מזמן אשר הציץ זרח אור יקרות של שני מאורות הגדולים ספר **התיקונים** וספר **הזוהר** קיימו וקבלו היהודים קהל עדת ישראל להחזיק בלימוד הקדוש של התיקונים והזוהר יחיד ורבים מנער ועד זקן והגם דאין לאל ידם להשיג ולהבין סוד אמרות טהורות שבספרים הקדושים האלה אעפ״כ שותים בצמא את דבריהם ומתלהבין בקריאתם מאד מאד ברם אם החזיקו במקום אחד בלימוד זוה״ק מאה אנשים, הנה בלימוד התיקונים מחזיקים אלף אנשים כי כמעט רוב בעלי בתים מחזיקים בלימוד התיקונים וזה דרכן ומנהגם בכל שנה ושנה מן ר״ח אלול עד יוה״כ והטעם שנתפשט ליסוד דתיקונים בימי התשובה יותר מן הזוהר, מפני כי כל אדם אשר יחטא הוא פוגם יותר בעשיה באבי״ע שבה. וידוע כי השבעים תיקונים שעשה רשב״י ויע״א בזון שנדרשים יותר בדרך המספר, על כן לימודם מתקן בעולם העשיה יותר, ששם הוא סוד המספר והחשבון לכן בימי התשובה שהם מן חודש אלול רגילים הכל בספר דתיקונים:

ועל טוב יזכר שמו של אותו צדיק המזכה את הרבים הוא הרב **יצחק פרחי** זלה״ה הוא הראשון אשר עשה חדשה בארץ להדפיס שתי האדרות הקדושים באותיות גדולות מרובעות לעזרת האנשים אשר אין להם כח לעמוד בקריאה באותיות קטנות מחמת שכהו מאורות עיניהם מחמת זקנה או מחולשת גופם בחושיהם, והדפסה באותיות גדולות מרובעות תהיה להם לעזר וסיוע ולא יקוצו בלימודם, ואחריו הלכו כמה מדפיסים ועשו השתדלות הדפסה זוהר ותיקונים באותיות גדולות מרובעות וזיכו את הרבים בכך ולפעלא טבא אמרינן יישר כח טוב חלקם ומה נעים גורלם

וזאת היא מן המודיעים כי אשרקד דיתר יד שלוחה אלי מאיש הבינ״ים טוב לבריות ואהוב לשמים וחונן במצות איש חמודות מרובר בו נכבדות והודיעני שגם המשתדלים עתה במלאכת הדפוס בעה״ק ירושלים תוב״ב אותה נפשם לדפיס ספר התיקונים באותיות גדולות ואחר שהוגד להם שיש לי אנא עבדא זעירא וקטינא חיבור קטן, הנקרא בשם „**בניהו**" ביאורים ותימוקים פשוטים בדברי הזוהר ותיקונים נדבה רוחם להדפיס ממיו חלק קטן לחשבונם על ספר התיקונים אשר מתעסקים בהדפסתו בזה״ז ואנכי הצעיר נעתרתי לבקשתם ולקחתי מאסתתתי מילי קטיני המובנים לאנשים פשוטים ושלחתים לידידי איש הבינ״ים הנז׳ל למסרם להמדפיסים כדי להביאם תחת מכבש הדפוס בתוך ספר דתיקונים הקדוש

איכן דשתא אתן הודאת תשואות חן חן להמשתדלים הנז׳ דמטיבותייהו עשו שאזכה כשכה ליביא מן ההדיוט מילי זעירי לסדרו על שלחן מלכים הוא השלחן המדור ספר דתיקונים הקדוש ואני תפלה כה יעשה אלקים וכה יוסיף לעזור האנשים ברי לבב דמשתדלים בהדפסה הזאת להדפים גם ספר זוה״ק כולו באותיות גדולות ומרובענת ומהודרות, ואולי אבנה להיות חלק לספר „**בניהו**" גם בספר זוה״ק, והשי״ת ברחמיו הרבים יעזרנו ללמוד תורה לשמה אנא ה׳ או״א בוחן לבות וכליות הערב נא את דברי תורתך בפינו ובפיפיות עמך בית ישראל ונהיה אנחנו וצאצאינו וצאצאי צאצאינו כולנו יודעי שמך ולומדי תורתך לשמה, כ״ד הקטן המצפה לישועת ה׳ והבוטח בחסד אל להאיר עיני באור תורתו תורת חיים.

הצעיר **יוסף חיים** יצ״ו

בכמהר״ר **אליהו** בכמהר״ר **משה חיים** זצוק״ל

לרשב"י [זח"ג דרכ"ה] זכאה דרא דשמעין מילך באורייתא, חכאה חולקי דזכינא לכך, ועיין [ערי"ש דרל"ב] כילד רפב"י חובב את דברי תורה של מתנו רשב"י, וז"ל א"ר פנחס אורחא דא כוה מתקנא לי למשמע מילין אלין מעתיק יומין, זכאה עלמא דאנת שרי בגויה כו', מלה דא אהדרנא בגין דיתבסם לפומי כמתקא דדובשא, ועיין [בספרנו כחו דרשב"י, מערכה א', סי' י"ד] מה שאמר רפב"י על אור תורת רשב"י

ו) רשב"י בעצמו מבקש ואומר [גיטין ס"ז] בני שנו מדותי, ועיין [בספרנו באור השיר בר יוחאי כ"ד] מש"ש כי רשב"י באור תורתו יחד כל עשר ספירות וכל העולמות עיי"ש, וכה ארשב"י על דברי תורתו [זח"ב קל"ד] ומילין אלין זמינין לאתעתדא קמי עתיק יומין בלא כסופא כלל, וכה ארשב"י [שם קמ"ג] ולאעטרא מילין דיממא בלילוא דא קמי עתיק יומין, וכה ארשב"י [בהקדמת התיקונים] מהאי זהר זהרין כמה נשמתין דאינון זהרין כלהו ברקיע, ועיין [בספרנו כחו דרשב"י, מערכה א' סי' ע"ז] מה שארשב"י בעצמו על אור תורתו

ז) ינוקא קדישא אמר לרשב"י [בסו"ם התיקונים] בוצינא קדישא פתח פיך באורייתא, דהא פומך איהו סיני, קלין ובלין דנפקין מפומך עלייהו אתמר וכל העם רואים את הקולות וגו', וכולהו נייתין למלוך עלאין ותתאין, דאינון שיתין רבוא דמתיבתא עלאה ושיתין רבוא דמתיבתא תתאה, ואנת בדיוקנא דמארך, דבזמנא דפתח באנכי, שור לא נגח, אריה לא שאג, עוף דאיהו נשרא לא פרח, וכל חיילין דתליין מינייהו בכורסייא יקרא, ואדם לשבת על כרסייא דאיהו קוב"ה, איהו נייח למלין דילך, בגין דמטרוניתא דילה דאיהי אורייתא קדישא סליק בפומך

ח) רבי אבא אמר [זח"ב ס"ח] דמלין דרשב"י יתנהירו בעלמא עד דייתי מלכא משיחא, וכן א"ר אבא [זח"ג דרמ"א] אלמלא לא אתמסר אורייתא בטורא דסיני, אלא דאמר קוב"ה, הא בר יוחאי, אורייתא וסתרין דיליה די לעלמא, ובזה יבואר רבת בכיותיו דרבי אבא שבכה ואמר [זח"א פ"ג] ווי כד יסתלק רשב"י מעלמא, מאן ינהיר נהורא דאורייתא, וכה א"ר אבא לרשב"י [זח"ב כ"ג] ווי מאן יכיל לאנהרא מילין דאורייתא, [שם ס"ח] נהירו דרשב"י סלקא השתא עד רום רקיעא דכורסייא עלאה, לבתר דיסתלק מר, מאן ינהיר נהירו דאורייתא, [שם קל"ג] דא"ר אבא מאן ינהיר ויגלי נהירין דאורייתא, מלה דא בחשוכא אתעמר עד השתא דנפיק מתמן, והא נהיר עד רום רקיעא, ובכורסייא דמלכא רשים, וקוב"ה חדי השתא בהאי מלה, וכמה חדו על חדו אתוסף מקמי מלכא קדישא, [שם דר"א] א"ר אבא מאן ינהיר נהורין דאורייתא לעלמא, וכה א"ר אבא [זח"ב דרמ"א] מאן ינהיר בוצינא דאורייתא, ועיין [בספרנו כחו דרשב"י, מערכה א', סי' ע"ז] מה שא"ר אבא על אור תורת רבו רשב"י

ט) רבי יוסי אמר [זח"א קכ"ו] רבי שמעון דנהיר כל עלמא באורייתא, וכן א"ר יוסי [זח"ב קמ"ט] בוצינא קדישא דאיהו מתקן תבשילין מתיקין כמה דאתקין לון עתיקא קדישא סתימא דכל סתימין, ועיין [בספרנו כחו דרשב"י, מערכה א', סי' ת"י] מה שא"ר יוסי על אור תורת רבו רשב"י

י) רבי חזקיה אמר על תורת רבו רשב"י [זח"ב פ"ו] וזאת התורה אשר שם משה, אשר שם משה אתה יכול לומר, דלא שם משה אי אתה יכול לומר עכ"ל

יהא רעוא משמיא שאור תורת רשב"י יגן ויאיר לנו ולכל ישראל ועל העולם כלו, וישלח לנו בקרוב במהרה בימינו את הגואל צדק משיח צדקנו האמיתי לגאלנו מגלות המר והנמהר של הבירור והליבון והצירוף האחרון אמן

נעתק מספר אדר הזהר להריא"ז מרגליות ז"ל

נעתיק כאן ממה שמצאנו מכל הכתוב על אור תורת הרשב"י

בראשי"ת יצורף א"ת רשב"י ר"ת אור תורת רבי שמעון בן יוחאי,
הוא אשר שלחו אלקים למחיה להאיר עיני ישראל באור תורתו
[סה"ק אגרא דכלה, בתש"ך צירופי בראשית סי' נ"ה]

א) **כה נאמר למעלה** על תורת רשב"י [זח"ב ר"ד] דין הוא רשב"י דבשעתא דפתח פומי' למשרי למלעי באורייתא, לייתין לקליה כל כרסוון וכל רקיען וכל רתיכין, וכל אינון דמשבחין למאריהון לית דפתחין ולית דמסיימין, כולהו משתככין עד לא אשתמע בכל רקיעיא דלעילא ותתא פטרא [מפני שאין הקב"ה חפץ אלא בשבח תורתו הנקיה והטהורה, וחידושי תורתו מייחדין קוב"ה ושכינתיה לעולם ועד, אור החמה שם], כד מסיים רבי שמעון למלעי באורייתא מאן חמי שירין, מאן חמי חדוותא דמשבחין למאריהון, מאן חמי קלין דאזלין בכולהו רקיעין אתיין כולהו בגיניה דרבי שמעון, וכרעין וסגדין קמי דמאריהון, סלקין ריחין דבוסמין דעדן עד עתיק יומין, וכל האי בגיניה דרבי שמעון

ב) **מלכא משיחא** אמר לרשב"י [זח"א ד'] רבי זכאה אנת, דאורייתך סלקא בש"ע נהורין, וכל נהורא ונהורא אתפרשת לתרי"ג טעמין ואסתחיין בנהרי אפרסמונא דכייא, וקוב"ה איהו חתים אורייתא ממתיבתך כו', ואנא לא אתינא למחתם ממתיבתך, ופי' [שם באוהח"מ] דמשיח משבח לרשב"י שלא בא לחתום ולאשר ולקיים תורתו, כי תורתו וסודותיו הקב"ה חותם ומאשר אותם שהוא יותר מעלה, וכמ"ש בשה"ש שאמר אליהו לרשב"י זכאה חולקך דמילי יכתבון על ידך, ודילך יכתבון ע"י עתיקא קדישא עכ"ל

ג) **אליהו הנביא זל"ע,** אמר לרשב"י [זח"ג קכ"ד] והמשכילים יזהירו כזוהר הרקיע, בהאי חבורא דילך דאיהו ספר הזהר כו', אילנא דחיי דאיהו האי ספר הזהר יפקון ביה מן גלותא ברחמי, וכה אמר אליהו זל"ע לרשב"י [בתי' תי' ו' כ"ג] דנשמתין קדישין וכמה בני נשא לתתא יתפרנסון מהאי חבורא דילך כד יתגלי בדרא בתראה בסוף יומיא, ובגיניה וקראתם דרור בארץ וגו', וכתב [זח"ג דרמ"א] רבי שמעון הוה אזיל לטבריא, פגע ביה אליהו, אמר ליה שלמא עליה דמר, א"ל רבי שמעון במאי קא עסיק קב"ה ברקיעא, א"ל בקרבנות עסיק, ואמר מילין חדתין משמך, זכאה אנת ואתינא לאקדמא לך שלם, ומלה חדא בעינא למשאל מנך לאסכמא, במתיבתא דרקיעא שאילתא שאילו כו' [עיי"ש השאלה], א"ר שמעון וקוב"ה מאי קא אתיב לון א"ל אמר קוב"ה הא בר יוחאי יימא, ואתינא למשאל מנך [עיי"ש מה שא"ל רשב"י], ואמר אליהו לרשב"י, רבי, חייך מלה דא בעי קוב"ה למימר, ובגין דלא למחזק טיבו לגרמיה קמיה כנס"י, סליק מלה לגרמך, זכאה אנת בעלמא דמארך משתבח בך לעילא, ועלך כתיב צדיק מושל ביראת אלהים עכ"ל, ועיין [בספר כחו דרשב"י מערכה א' סי' י"ב] מה שאמר אליהו זל"ע על תורת רשב"י

ד) **הסבא** אמר לרשב"י [בתי' תי' כ"ב ס"ג] רבי רבי, בוצינא קדישא, דפומא דילך ממלל רברבן דאורייתא, וכ"כ [זח"א דרס"ב] קם חד סבא מאילין דנחתו ממתיבתא כו' זכאה חולקא דבוצינא קדישא דהכי נהרא ביה אורייתא, ועיין [בספרנו כחו דרשב"י, מערכה א', סי' י"ג] מה שאמרו הסבין על אור תורת הרשב"י

ה) **רבי פנחס בן יאיר** אמר לחתניה רשב"י [זח"א ג'] אפילו המלאכים העליונים המיוחדין למעלה, אין להם פתחון פה בתורה לפניך, וכה אמר רשב"י

זה היום שקוינוהו מצאנו ראינו לאור באור החיי"ם כי הפלה ה' חסיד לו ה"ה הרב המופלא ארי בן ארי כמהר"ר חיים אלפאנדארי זלה"ה מידי עברו בשליחות מצוה מקצה גבול מצרים ועד קצהו זה כלל גדול בתורה ארי שבחבורה עשה והצליה דדק ונכנס בכי טוב בבית מדרש. של מהרח"ו זצ"ל אשר יצק מים ע"י הרב הקדוש האר"י זצ"ל כי בכל לבבו דרש איש האלקים וימצאהו זה ת"ח דסליק ליה שמעתתא אליבא דהלכתא דק ואשכח מרגניתא בתורתו של ר' מאי"ר עיני חכמים ספר התורה מצא כתוב זך ונקי מוגהה באצבע אלקים ויעזקהו ויסקלהו ויטעהו זה היה מעשה בשנת התע"ט במצות הרב הנז' ואחוזת מרעיו השרידים אשר ה' קורא יגדו על נפש צדיק ומפתחות העזר"ה בידיהם בכרק המביא הוציא לאור ספר הבהיר העיר
ממזר"ח צד"ק יקראה"ו

זה וזה טעון הלל בעשייתן אשתכח בתחמתא מכ"י הרב המקובל כמהר"ר יעקב וילנא זלה"ה בגליון ספרו ביאורין ופירושין מדעתו הרחבה והגהות כמה זכאי קשט בעדן גן אלקים המה איש על דגלו ואיש על מחנהו זה ת"ח בן ת"ח מימיו מן המקדש הם יוצאים שדולה ומשקה מתורת רבו ואביו החכם השלם סיני בקדש כמה"ר חיים רחמים וילנא יצ"ו כר אכהן וכר אוריין נטיעה של הקדש אשר זרעו בו למגדלו זה היום ומה גם עתה כי פניו מועדות לחזור ולקבוע דירתו בא"י ת"ו לעבוד את בורא ההוא אמר להעלות על מזבח הדפוס ספר התורה ע"פ ההגהות
של הרב מ"א איש איש במקומו הן הראנו אות"ו ואת נוהו

זה הוא רעיון ומחשבה מעלת לדברי תורה והאיש משתאה מחריש לדעת פן יסיגו אחרים את גבולו כי לחם הוא והיה הד"ס הזה לפרנסת אנשי ביתו אם לחסד ימציאהו זה הכלל היה במקדש תמן אמרי לפועלא טבא ויישר אשר ע"כ יהיו דברינו אלה בגזרת עירין ובמאמר קדישין כי לימים עוד עשר שנים אסור בבל יראה מדפים ספר הלז ואת תבנית לכל מעשהו זה מסורת בידינו מאבותינו כל המקיים את התורה ומחזיק כיד לומדיה הנה שכרו אתו ישא ברכה מאת ה' אורך ימים בימינו בשמאלו עושר וכבוד והדר תעטרהו זה האשה אשר תקריבו לה' לקוח את ספר התורה בעין יפה ודמ"ה טעון מתנה יפה לא נצרכה אלא להעדפה והיה סחרה ואתננה קדש משב"ע ונטל כל חותמי כרכות הרחב פיך ואמלאהו זה תלוי לאלף דור וצדקתו עומדת על ספר הזכרונו' להניח ברכה שמורה בכל וערוכה מאוצר טוב סדר המערכה ותמיד כל היום יברכנהו החו' בקושט' כין שלשים לכ"ח למטמונים
הת"ק והיה זה שלום

אברהם בכמה"ר יוסף רוזאניש שבתי הלוי יצחק בכ"ר דוד יצ"ו חיים קמחי

והביא אותו מארץ מצרים זה דודי אלופי וידידי אהובי הרב המובהק כמהר"ר חיים אלפאנדארי נר"ו, אלקים חיים יתן לו חיים בתשלומי כפלים וכאשר העיד הוא בעצמו עליון למעלה וזיכה את הרבים זכות הרבים בו תלוים

והנה העיר ה' את רוח המדפיס האלוף התורני כהר"ר יונה בכמה"ר יעקב מולאייץ יצ"ו לעלותו על מזבח הדפוס, ונכון הדבר מאת האל לזכות את ישראל שיצא לאור העולם הספר הקדוש הזה נקי ומיופה בי"נ נפה מנופה לכן הנני נותן לו רשות הורמנא ולו תהיה למנה שידפיס אותו כרצונו למען תמלא הארץ דעה את ה' באמונה ולמען שלא יכנס זר בנבולו אשר לא עמל בו ולא גירלו לכן הנני גוזר בגזרת נח"ש על המדפיסים שלא יעשה איש כמתכונתו ולא יפקד מעשהו ולא ידפיסו עוד ספר התיקונים עד מלאת עשר שנים והאיש אשר יעשה בזדון בין יהודי בין שאינו בן ברית יחול עליו כל הארורים הנשנים באלה הדברים

וכל השומע לבלתי נוגע עליו תבא ברכת טוב נאם המתנועע על כנפי התנועה לעוף בגבעות ולדלג בהרים לעזוב את הארץ אדמת נכר להתהלך לפני ה' בארצות החיים ללחוך עפרותיה ולנשוק רגבותיה, החותם פה עיר העדינה ק"ק קושטנדינה היום ר"ח א'ני ל'דודי ו'דודי ל'י שנת תנזור עלי חיים לפ"ק

נפתלי הכהן

הסכמת גאוני רבני קושטנדינא יע"א

זה יאמר לה' אני מבחר עצמים הוא מרומים יתן לעמל אור בהיר הוא בשחקים עץ חיים הוא למחזיקים אשר פריו יתן, בעתו ועלהו זה מורה כאצבע הכתב והמכתב מכתב אלקים הוא דין גלי רזייא עיר וקדיש מן שמיא דין הרשב"י ז"ל התנא האלקי עבד אלה חייא שאפילו במיתתו אור תורה מחייהו זה היה בשע"ר מערה כל ימיו של אותו צדיק היה עולה בכב"ש הני כבשי דרחמנא ברו"ך מפיו יקרא רזי רחכמתא במתיבתא דרקיעא וארח לחברה עם נשמותיהם של צדיקים וילך אחר אליהו וישרתהו זה ספר כתב איש רב"י חכי קרא שמו ספר התקונים לתקן עולם במלכות שדי, על דברת די ינדעון חייא די שליט עלאה במלכות דשמיא לעלם ולעלמי עלמיא ויגידו פועל אלקים ומעשהו זה טעון ברכה ברוך שחלק מחכמתו ליראיו הקדיש קרואיו והמה באו בית לח"ם לאכול ולשבעה משלחן גבוה, איש אשר כברכתו משם הפר אוכל ויאכל תנובות שד"י ויניקהו זה יצא ראשונה לאויר העולם בדפוס מנטובה וירבו הימים ודבר ה' היה יקר שאו"ר לא ימצא אפילו אחד מני אלף, ולא אמר אדם להברו ספר התורה מצאתי ותקה אזני שמץ מנהו זה סדר קדשים בהדפסה ראשונה על העלם דבר עם שגגת המעשה וממנש"ה נפלו עליו טעיות והלוף גרסאות אשר יתנו אותו אל יודע ספר לאמר קרא נא ואמר לא ידעתי ואמצאהו

לביא היוצא מגוית הארי כמהר"ר חיים אלפאנדארי נר"ו, מחיה חיים יתן לו חיים ארוכים ומתוקנים דרך הלוכו בארץ מצרים, אור נגה אליו מבית מדרשו של מהר"ח ויטל ז"ל תלמיד נאמן של המאור הגדול כמהר"י לורייא זצוק"ל, אשר שם היה ושם נמצא ספר התקונים מוגה מכל מיג מפני תרעומת המינים אמת מארץ תצמח דבר דבור על אופניו אז נדברו יראי ה' איש אל רעהו שפת אמת לעשות למלאכ"ת השמים, כיונים שלח ירו בשלוסיו ויאמרו לו בא ברוך ה' הואיל ויקח ויטב לך ולאחרים אתך זכה זיכה את הרבים הביאו אל הדפוס כאותיות מחכימות ומאירות את העינים יקרת היא מפנינים והמלאכה מרובה והפועלים עצבים, שלא יקום איש הנראה כונתו רצויה להרביץ תורה בישראל להדפיס ספר התקונים חלזה ומעשיו אינם רצויים שהרי הוא משיג גבול רעהו והוא לא עשה אלא לפנים

על כן להרים המכשול מדרך עמינו גזרנו אומר בכח אלוה הברית שבעוד עשר שנים רצופות נמנות מהיום בל יראה ובל ימצא איש אשר ישלח ידו להדפים ספר התקונים הלז, לא על ידו ולא על יד זולתו בין שהוא בן ברית בין שאינו בן ברית לא בעיר הזאת ולא בעיר אחרת בלתי רשות המדפים ה"ה החכם הנעלה כה"ר יונה אשכנזי יצ"ו כי יעשה ה' דין עני משפט אביונים ושומע לנו ישכון בטח ושאנן יראה זרע יאריך ימים דשנים ורעננים

כה דברי החותמים בקושטנדינה בסדר אבא אליך וברכתיך שנת על תגעו במשיחי כי יבא שילה והשיב לב אבות על בנים

אברהם קמחי   שמואל הלוי   חיים קמחי   יאודה רוזאניש

הסכמת וחרם הגאון הגדול המקובל האלקי המופלג והמפורסם בדורו כבוד מוהר"ר נפתלי הכהן צדק זצוק"ל

אשר היה אב"ד ור"מ בק"ק אוסטרא ובק"ק פוזנא ובק"ק פרנקפורט דמיין יע"א ויסע משם לעלות ולירא[ו]ת לעיר האלקים ויהי בדרך במלון נתבקש בישיבה של מעלה פה ק"ק קושטאנדינה יע"א יום ד"כ לטבת שנת כי לא תעזב נפשי לשאול ולא תתן חסידך לראות שחת תנצב"ה

אנכי הרואה מראות אלקים זה הספר הקדוש ספר תיקוני הזוהר מהתנא האלקי הרשב"י זצ"ל והנה עלה כולו קמשונים מינים ממינים שונים וכולו מלא טעיות ושיבושים ולקדות בהם נלאו אנשים ובין טוב לרע היו מחליפים ומשנים ואף גם לא נמצאים אפילו במטמונים כי אם אחד או שנים והן עתה כי הקרה ה' ספר התיקונים הנונים ומתוקנים מוגהים באצבע אלקים מיד הרב הקדוש האלקי מהר"ר חיים ויטל זלה"ה מפי הרב הקדוש האלקי האר"י לורייא זלה"ה וראיתי והנה טוב מאד לא יחסר בו אפילו אות ואין בהם נפתל ועקש וכל אדם אליו יבקש

דזכרן סהדותא מהרב המובהק כמהר״ר חיים אלפאנדארי זלה״ה

חנני עני כי אך נגד ה׳ בדרך נחני ועברתי כַּאֶרץ מצרים ואשב שם ימים אחדים,
משתאה מחריש לדעת ההצליח ה׳ דרכי, כי אמרתי אשורה נא ואראה את
המראה הגדול כתב ידו של רבינו הקדוש האריא״ל זצ״ל, כי שם נגלו אליו האלקים.
וכה ענני ויביאני אל גבול קדשו הבית הגדול של תלמידו הנאמן מהרח״ו ז״ל,
ובצפיתי צפיתי ספר התקונים כתובים באצבע אלקים מנוקים מכל סיג וחלאה כי
אף הרב בעל דרך אמת ז״ל אשר עשה והגיה לא ראי זה כראי זה ויתנני ה׳ לחן
ויתנוהו לי זה הספר והנה הוא כמוס עמדי עוד נמצא אתי מבית החכם החסיד
כמה״ר יוסף ן׳ ויליסיד נ״ע ספר תקונים מוגה מרבנן קדישי תקיפי דארעא
דישראל ז״ל, קורא אני אליהם יעמדו יחד חשבתי דרכי זה לי ימים במספר ירחים
לזכות את הרבים ולהדפיסם והמלאכה היתה כבדה להוציא דבר מתוקן ומדפים
תמימים לבדק הבית.

הן עתה כי עכבו אותי מן השמים לשבת פה העיר הגדולה קושטנדינא יע״א עוד
ימים אמרתי אני אל לבי גם זה זה לטוב ויעבבני זה להוציא כלי למעשהו,
ואקדמה פני האדון התנא האלק״י הרשב״י במנחה ההולכת ואחרי כן אראת פניו
בהר הקדש גליל העליון, תוב״ב וחלית״י והייתי הוא ברחמיו יעזרני על
דבר כבוד שם אשא עיני אל ההרים מאין יבא עזרי

חלא כה דברי חיים בכמהר״ר יצחק אלפאנדארי זלה״ה

הסכמת גאוני רבני קושטנדינא יע״א

בצפיתנ״ו צפינ״ו מראות אלקים ראינו עולים מן הארש ארשׂ הצבי תפארת
ישראל אשר אליו נגלו האלקים ויגד להם את בריתו ומסתוריו גלה
להם הלא לא־קים פתרונים סודות נפלאים אשר בתורתו ושמותיו הקדושים בהם
עולם קיים חלק מחכמתו ליראיו גוי צדיק שומר אמונים טוב עין הוא יבורך דין
גלי רזיא תנא האלקי הרשב״י וסיעת מרחמוהי טובים ומטיבים לאחרים דברים
שהם כבשונו של עולם ותקונו העלו על ספר ויוחקו ויקרא שמו ספר התיקונים
מזה שנים רבות עלה על שלחן הדפוס אלה מפה ואלה מפה אשתרבובי אשתרבב
בכל תפוצות ישראל לפי רוב השנים ומטבע הדפוס בנפילת הטעיות הן חסר הן
יתר ואותיות מתחלפות וחלופיהם בגולם התיבות דין גרמא כי פסו אמונים

ובחמלת ה׳ על עמו שומרי בריתו להרים המכשולות מדרך עמנו המתאוים אמיתות
שמו הגדול נלגל זכות על ידי זכאי התייר הגדול בר אבהן ובר אוריין
משיירי כנסת הגדולה דובב שפתי ישנים החכם השלם הדיין המצויין עצום ורב

תקוני הזהר

שחבר התנא האלקי רבי שמעון בר יוחאי זיע"א

אשר גלד סודו שבעים פנים לתהדד פנם דמאירים במלת בראשית
הוקבעו בדפוס פעמים רבות והן דיום יצא לאור בתוספת נופך באותיות
גדולות וסבב קות

ועוד חיבה יתירה פירוש נפלא קב ונקי הנקרא בשם

בניהו

מאת הרה ג דגאון דאדיד דמפורסם בכל קצוי ארץ אשר כל רז לא
אנים ליד וכל סתום לא עממודו כי מלאך ד צבאות הוא
כמהור"ד יוסף חיים יצ"ו בכמהר ד אליהו בכמדר"ד משה חיים וצ"ל

TIKUNEI HAZOHAR
HEBREW

Reproduction By
Oraita Publishing

פתחו לי שערי צדק אבא בם אודה יה:

ספר

תקוני הזהר

שחבר התנא האלקי רבי שמעון בר יוחאי זיע"א

אשר גלה סודו שבעים פנים לתורה בע' התקונים במלת בראשית
התקבצו ברזים נעלמים רבות הנה דירים יבאו לאור בתוספת נופך מאותיות
גדולות ומבאר קצת

ועוד הבאת יהודה פירוש נפלא קב תקן הנקרא בשם

בניהו

מאת הרה"ג המאור הגדול המפורסם בכל קצוי ארץ אשר כל רז לא
אניס ליה וכל סתום לא עממוהו כי מלאך ד' צבאות הוא
כמוהר"ר יוסף חיים יצ"ו בכמוהר"ר אליהו בכמוהר"ר משה חיים זצ"ל
ע"י המוציאים לאור ה"ה האחים כה"ר ישראל וכה"ר נתנאל
וכה"ר בנימין שואלוף יצ"ו

כרך ראשון

פעה"ק **ירושלם** תובב"א

שנת תרס"ג לפ"ק

על ידי מכונת בן־ציון מרדכי חזן יצ"ו

אשרי אדם שומע לי לשקד

גל עיני ואביטה נפלאות מתורתך:

על דלתותי יום יום לשמור מזוזות פתחי:

www.ingramcontent.com/pod-product-compliance
Lightning Source LLC
Chambersburg PA
CBHW080402300426
44113CB00015B/2384
9781409225447